启真馆 出品

CAMBRIDGE

剑桥日本史

（第6卷）
20世纪

The Cambridge History
of Japan,
Volume 6:
the Twentieth Century

［美］彼得·杜斯（Peter Duus） 主编

［日］三谷太一郎 等 著

王 翔 译

ZHEJIANG UNIVERSITY PRESS
浙江大学出版社

总编序

自 20 世纪以来，由于这种在各卷编者指导下由多位专家所撰写的多卷本系列著作的方式，剑桥的历史叙述已经在英文阅读的世界中建立起一种模式。撰写《剑桥日本史》的计划开始于 20 世纪 70 年代，并于 1978 年宣告完成。这一任务可并不轻松。对于西方的历史学家来说，日本历史的详细情况并不是尽人皆知的。日本的文化模式与西方有很大不同，尤其是在专业术语和语言文字方面还存在着一些令人望而却步的问题。然而，值得庆幸的是，在以现代概念性和方法论的术语重新阐释日本历史方面，国外的学者一直得到 20 个世纪的日本学者们所取得的卓越成果的帮助。

在日本的文化和思想构成中，历史一直扮演着一个主要的角色，而日本的历史记录也是悠久和完整的。自古以来，日本的统治者就已经在神话和历史的传说中寻找其合法性，而日本的思想家们也是从他们国家的过去探索出民族道德和价值观念的体系。历史的这种重要性还因早期阶段即已进入日本的大陆文化的影响而越发加强。随着日本人的思想意识转为关心王朝的起源问题，随着日本人在时间和现实方面逐渐表现出佛教的观点，随着日本人为了武士阶级的统治寻找理由，日本的历史表述也在不断发生变化。到了 18 世纪，当时的历史言说又需要解释政体的神性，需要证明统治者的地位来自他们的美德和仁慈，还需要说明政治变迁已经导致形成了一种神道教、佛教和儒教规范的高度自觉的融合。

在 19 世纪，日本人开始熟悉西方的历史表述方式，并且感觉到有必要使自己国家的历史适合一种更为普遍的世界历史的叙事范式。由于现代日本国家接受了它在其他国家中的位置，日本的历史述说也就面临着把狭隘的过去与更为普遍的现在调和起来的任务。历史学家们了解了欧洲文明进程的种种往事，并把 19 世纪的日本描述为脱离武士统治、重归君主政体之下文官制度的过程，而这正是更为普遍的、世界性模式的一个组成部分。巴克尔（Buckle）、基佐（Guizot）、斯宾塞（Spencer），以及之后的马克思（Marx），都相继提供了历史叙事的框架结构。

不过，20 世纪的天皇制民族国家的意识形态，起到了抑制普世主义在历史叙事中充分表演的作用。帝国领域的扩张及其意识形态的膨胀迫使历史学家们循规蹈矩，尤其是在有关日本国家起源的问题上不得越雷池一步。

日本在第二次世界大战中的失败带来了这些压制因素的解放，取而代之的是在一段时间内对帝国的自负进行强制性的谴责。很快，高等教育的发展带来了日本学术界在研究尺度和多样性上的种种变化。历史研究的自由如今得到了大范围的扩展。朝向西方世界的新开放，带来了对于西方诸般历史表述方式的浓厚兴趣，以往那些小心谨慎并耽于考证的历史学者们也开始以更为广阔的视野来重新思考历史的资料。

也正是在这一时刻，对于日本历史的认真研究开始在西方世界兴起。在第二次世界大战之前，英语世界中唯一著名的关于日本历史的综合评述是 G. B. 桑塞姆（Sansom）的《日本：简明文化史》，该书首版于 1931 年，此后一直在销售。英国和美国学习日本学的大学生，许多曾在战时语言培训项目中接受过训练，很快就能前往日本学习游历，并与日本学者一起参与合作研究计划。国际性的讨论会和专题研讨会所产生的多种论文集，成为衡量日本史研究的理论焦点和叙事技巧进步的标杆。就日本国内而言，历史学术的繁荣，图书出版的普及，以及历史浪漫情怀的流露，都提高了一个国家的历史意识，见证了这个国家正在发生的种种引人瞩目的变化。

1978 年，作为检验日本史研究水准的一项工程，编纂这部日本史系列著作的计划被提上了日程。当代西方历史学家能够利用现代日本历史研究成果的坚实基础。把这部系列著作的卷数限制在六卷之内的决定，意味着诸如艺术史、文学史、经济史的一些方面，科学和技术史，以及地方史等一些丰富的内容将不得不忍痛割爱。本系列著作既得益于日本，也得益于西方世界那些严肃认真的研究及其出版物。

虽然多卷本系列著作自 20 世纪初以来就在日本多次出现，但直到 20 世纪 60 年代，西方世界接受过专业训练的日本史学者的数目仍然太少了，不足以支撑起这样一项事业。虽然这样的历史学家的数目有所增长，本丛书主编仍然认为最好的办法是利用日本的专家来撰写他们有明显优势的那些部分。在这样的情况下，翻译行为本身也就包含了一种编撰合作的形式，这种合作需要历史学家们训练有素的技能，这些历史学家的姓名理应得到承认和鸣谢。

展现在读者面前的这部多卷本日本史的主要目标是优先考虑英语读者的需要，而提供一部尽可能完备的关于日本历史的记录。但是，日本的历史之所以引起我们的注意，还由于其他一些原因。从某些方面来说，似乎我们对日本了解得越多，我们就越会被其与西方历史表面上的相似性所吸引。关于日本历史发展过程的悠久而连续不断的记载，一方面使得历史学家们禁不住想要寻找日本与西方世界在政治模式和社会组织之间的相似之处。现代日本民族国家的迅速崛起，曾经占据了日本和西方相当多历史学家的注意力。另一方面，专家们也都有意愿指出通过似是而非的相似性而误入歧途的危险。

我们在认识日本历史方面所取得的显著进步将会不断持续并加速。关注这一重大而复杂的研究目标的西方历史学家将会继续努力推进自己的研究事业，他们也必须这样做，因为日本所扮演的世界角色已经变得越来越重要。我们这个世界需要更加广泛和更加深入地认识日本，这将继续是一件显而易见的事情。日本的历史属于世界，这不仅是因为人们具有认知的权利和必要性，同时也是因为这是一个充满兴味的研究领域。

约翰·W. 豪尔

马里乌斯·B. 詹森

金井 圆

丹尼斯·特威切特

第6卷前言

20世纪向历史学家提出了一个问题。历史舞台上的演员正在一部持续的戏剧中演出,而我们对这部戏剧的观察,更不用说我们对它的理解了,也处于不断变化之中。关于20世纪日本历史的研究,很多都是在社会科学的领域,可以说似乎正在以一种指数速率扩张。光是关于日本经济的研究,在过去的10年里就已经成为一种主要的学术家庭工业,吸引着日本研究这一领域内外的各国专家。于是,就其本质而言,内容集中于20世纪的这一卷,是一种易于过时的劳动。就像阿克顿勋爵《剑桥现代史》第一版的后面几卷一样,本卷也可能是《剑桥日本史》各卷当中最需要尽早加以修订的。

鉴于这种现实情况,把本卷内容设计成一种松散介绍20世纪日本各方面情况的样式,恐怕要比把它设计成一种沿途每个站点和街景都能记录和编目的完备旅游指南来得明智。例如,给予政治和外交史的篇幅与它们的丰富内容相比要少,从而关于细节的报告也少。但是,由于英语中有许多关于这些主题的优秀著作,读者们要填写记录中明显的空白将不会有什么麻烦。对于他们来说,可能更加困难的是找到关于其他主题的简洁描述,特别是在经济、社会和思想文化史方面。因此,内容编排上可能的错误反而会对他们有利。

本卷内容分为四个主要的部分:第一部分,提供了日本国内政治,特别是代议制政治发展的一般状况。第二部分,论述了日本的外部关系,特别强调了日本的领土扩张及其在亚洲大陆的侵略活动,以及由此产生的后果。第三部分,提供了日本20世纪经济发展的一个概述;第四部分,研究了工人阶级和农民阶级的变化,直到最近,农民阶级仍然构成了日本人口的大多数;同时,研究了概念的和理论的工具,借用这些工具,知识分子观察到了当前的及长期的种种变化。显然,本卷内容遗漏了很多东西,其中最重要的是对教育、高等文化、精美艺术和文学等方面的情况进行综合处理。但是，时间短暂，历史悠久，对内容作这样的截取是不可避免的。

本卷中对日语和朝鲜语词汇使用了传统的罗马文字书写，但是对于中文词汇则采用了旧式的威妥玛式拼音法。由于许多学习中文的学者如今喜欢使用汉语拼音系统，本卷的做法可能会是一种倒退，但显然称不上是一种纯粹帝国主义的行径。然而，大多数日本专家尚未掌握这种新的拼音系统，因而《剑桥日本史》全部六卷仍然只能依赖于旧有的系统。另一种选择是既采用威妥玛式拼音法也采用汉语拼音系统，但那样看起来就会产生不必要的麻烦。因依赖于威妥玛式拼音法而受到冒犯的研习中文的学者们应该记住，它也被用于《剑桥中国史》当中。在本卷整个文本中，以 10 亿来表现的价值都是以美国英语的 10 亿来表现的。

脚注或图表来源注释中所提到的参考文献将会在卷末的论著引用列表中找到。表中的名单包括了英语中关于现代日本历史的最主要著作。

日本基金会提供了手稿撰写装订的成本费、日本学者撰写章节的翻译费、书稿编辑费和举行会议的费用，我们借此表示衷心的感谢。

彼得·杜斯

目　录

第七章 太平洋战争 267

圣地亚哥州立大学历史系 阿尔文·D.库克斯

第三编　经济发展

第一章　绪论

斯坦福大学历史系　彼得·杜斯

当代史的撰述者们面临着一个奇怪的悖论。由于他们所描述的就是他们自己所经历的时代，按说本应该比较得心应手。但事实上并非如此，当代历史学家的研究工作要远比那些并没有生活在中世纪的中古史学家们所做的研究工作更为棘手。中古史学家们的工作由于蛀虫和锈蚀已经毁掉了那一时期的许多证据，反而变得比较容易些。与之相反，当代史学家们所要处理的各种资料，实际上是没完没了的。例如，相对于每一册《镰仓遗文》来说，20世纪的任何一年，加以记录的官方文件、私人文书、各种书籍、期刊、照片和电影胶片都汗牛充栋。过于丰富的资料反而造成了令人尴尬的困境：一方面，它使得当代史学家们面临着中古史学家们在最大胆的梦境中也无法想象的海量资料；而另一方面，正是这种资料的充裕性削弱了当代史学家们倾其一生就能充分把握自己研究对象的自信。当代史学家们能够以某种中古史学家们无法做到的方式来决定性地探究某个狭小的问题，但当他们试图从更为宏观的角度把握问题时，则会遇到更多的困难。

在某种意义上可以说，当代史学家们知道的太多而理解的太少。一方面，虽然中古史学家们实际上可能从未确定源赖朝是怎么死的，但他们却对源赖朝在历史上的地位很少产生怀疑。另一方面，虽然像田中角荣这样的当代政治家健康上和政治上的问题在每天的新闻中都有所记录，但当代史学家们仍然不能完全肯定他们对田中角荣的评价，即便仅仅是因为他还活着，而且他的传记尚未完成。当代史学家们的困难，在于找到把握他们所研究的这段历史的恰当方法，杰弗里·巴勒克拉夫（Geoffrey Barraclough）对此概括得可谓深中肯綮：

当代史这一特有概念，就像长期以来所强调的那样，可以毫不含糊地说是一个矛盾。在我们得以接受一种基于史实的观点之前，我们必须与我们所研究的事物保持一定的距离。无论什么时候都使我们自己保持一种疏离状态，并以历史学家的批判眼光客观冷静地看待过去，这是一件十分困难的事情。在这些事物与我们自己的生活关系如此密切的情况下，要做到这点真的有可能吗？[1]

当代史的研究者们，就像自我诊疗的内科医生一样，同时既是主体又是客体。即使他们仅仅作为观察者参与他们所描述的历史事件，他们也将依然是这些事件的一个组成部分。刚刚过去的历史，有可能已经以一种遥远的历史所不可能具有的方式影响到他们的生活，而他们对自己时代的情感思绪也会与他们正在研究的那个时代的情绪缠绕纠结。历史学家们看待第二次世界大战，1980年的看法很可能与1950年的看法大为不同。如果他们能够活得足够长久，那么他们在2010年看待第二次世界大战又会是另一番光景。而且，他们在观点上的改变，将不会简单地受到新材料的发现或更复杂的专题研究结果的影响，就像他们思考源平战争（Gempei War）时所可能发生的那样。倒不如说，观点的改变将一直受到时光流逝的影响。自从第二次世界大战结束以来所发生的种种事件，将会影响到人们对这场战争的认知：它为什么会发生？它究竟意味着什么？

在当代史研究中确立观点的困难，使得这段历史的时期划分问题更为复杂。有一些标签式的观点，虽然明显是以史实为基础的，但整个语境的构成却并不总是清晰可辨。例如，本卷所涉及的"20世纪的日本"这一时间概念。25年前，日本的历史学家们就曾质疑这一概念究竟能否构成一个清晰而连贯的历史时期。虽然它也许会使有些人感觉，从1895年到1945年作为一个按年代顺序排列的时间单位，似乎正与日本帝国的兴起和衰落相一致，但是，关于战后历史的时期划分应该怎样去做才更合适？怎样才能使战后历史的时期划分适合于20世纪的前半期？也许有人会说："这并不合适。日本人已经与他们的军国主义和扩张主义的过去作了显而易见的决裂。战后的日本是一个新的社会，爱好和平，实行

---

[1] Geoffrey Barraclough, *An Introduction to Contemporary History* (Harmondsworth, England: Penguin, 1967), pp. 14-15.

民主，与战前日本社会完全不可同日而语。"而另一些人，则可能会条件反射地对日本是否已经发生了真正的改变心存疑虑，对掌控战前日本的那些势力很多是否在战后时期仍然活跃且具有影响也存在怀疑。诸如此类的历史评估，有可能反映出对于日本未来发展方向的政治判断，而不是一种平心静气地记述日本发展轨迹的尝试。

有一种强烈而明显的例证，说明 20 世纪不是一个清晰连贯的历史单位。1945 这一年，在现代日本的历史上构成了一个主要的分界点，在重要性上仅次于 1868 年。人们容易看到，在这一分界点的一边，是一个充斥着内部矛盾，饱受经济波动困扰，被它的亚洲邻居所恐惧所仇恨，并被锁定在与先进资本主义国家相互对峙状态的日本；而在另外一边，则是一个有着统一的民族政治和社会共识的，享受着持续经济增长和丰裕富足的，以及既与它的亚洲邻居又与其他资本主义国家和睦相处的日本。简而言之，在这一分水岭的一边，是帝国主义的日本，另一边则是跨国公司的日本。我们意识到，这种反差简直成了一幅讽刺漫画，但是，就像有人曾经注意到的那样，一幅漫画经常会比一张照片还要更像它的主体，因为它捕捉的是其本质，而非外表。当然，许多日本人都乐于证明战后变化的重要性。在 1945 年劫后余生的那一代日本人，目睹了他们自己生活中的一次天翻地覆，也亲身经历过社会的一次天崩地裂，这种颠覆和断裂具有前所未见的激进性和根本性。在明治维新百年纪念的 1968 年，响应《朝日新闻》（Asahi shimbun）民意调查的人中，有超过 2/3 的人认为，太平洋战争是过去的 100 年里所发生的最重大事件，而只有 14% 的人提到了明治维新。显然，对于许多人来说，1945 年将依然是现代日本历史上一个决定性的转折点。[1]

然而，当我们进入了 20 世纪最后几十年，这一分水岭的维度似乎已经不再那么令人敬畏了。战前日本与战后日本之间的连续性，如今比战争刚结束时表现得清楚多了。许多当代史著作不是由历史学家写的，而是由社会科学家写的，而在大部分社会科学学科中，占支配地位的史学范式都是一种演进模式，强调的是长期发展趋势。这种模式确实已经形塑了我们对 20 世纪历史的理解。当然，这种模式产生出了一些变种——马克思主义的，现代化理论的，以及发展经济学

[1]　这次民意调查于 1968 年 8 月举行，结果于当年 9 月 20 日由《朝日新闻》公布。引自渡边明夫 "Japanese Public Opinion and Foreign Policy, 1964-1973," in *The Foreign Policy of Modern Japan*, ed. Robert A. Scalapino (Berkeley and Los Angeles: University of California Press, 1977), p. 111。

的——每一种都提供了对 20 世纪日本的不同解释。马克思主义的观点强调的，是由垄断资本所控制的社会成长，阶级斗争造成的社会撕裂，由此导致的战前领土扩张政策，以及第二次世界大战后以新殖民主义和"管理法西斯主义"为特征的发展。现代化理论的观点较为乏味也较少戏剧性，它认为日本已经稳步地发展为一个世俗大众社会，越来越多地适应着官僚政治，并且正在向西方社会所特有的那种无人情味的、平等的社会关系模式靠拢。最后，发展经济学家们——很快他们可能就会被指责为身体力行一种"悲观科学"——已经指出了日本经济发展中的基本的连续性，世纪中叶的政治和军事动荡只是暂时中断而非彻底打碎这一经济发展。所有这些见解，无论它们对 20 世纪日本的评价是乐观主义的还是悲观主义的，都共享着这样一种假设，即在表面变化的格局之下，历史进程是在一台进化织布机上织出的一张无缝之网。

变化与延续是当代史学家必须比其他史学家更要经常面对的主题。在广义的层面上，这些术语可以用来理解连接 20 世纪 80 年代的日本和 20 世纪第一个十年的日本的社会、经济和政治模式，但是在其所给定的这些模式内部，20 世纪的历史纹理是有细微变化的，而且有时难以如此圆滑地在这些模式内相互转换。对历史学家来说，当强调变动性（变异和转换），或强调连续性（整体模式）时，往往会任意选择一种叙事模式，至于选择何种模式，则取决于研究对象的数值范围、持续时间和研究项目的目的所在。正如本卷好多章节所表明的那样，与政治史学家和外交史学家相比，社会史学家和经济史学家更乐于论证这种连续性。然而，必须牢记在心的是，每一种视角都只是可能使我们深入了解 20 世纪日本历史的整体构成。

但是，20 世纪从哪里开始，又在哪里结束呢？人类的集体行为，总是难以控制，不可预知的，不容易把它放进整齐的隔间里，就像我们惯常给时间段落做标记那样。时期划分是随心所欲的，尤其是当历史学家们直入本题时常会任意截取，就像当代史学家们经常做的那样。奇怪的是，对于本卷的覆盖范围来说，设置一个终端日期，要比设置一个开始日期来得容易。1972 年和 1973 年的两个"冲击"——日元的突然升值和世界油价的突然上涨，标志着战后日本经济快速增长时代的结束。虽然从长远来看，日本成功地克服了由这两个冲击所带来的许多经济和政治问题，但是在这里设置一个边界还是适当的。

20 世纪的开端则不容易定义。一种有力的主张，是把"20 世纪"的开端定义在 19 世纪末 20 世纪初，因为在此期间，进入 20 世纪后影响着日本的一些长期问题和趋势已经可见端倪。当然，本卷书中的许多作者对此也是赞同的。克劳科尔（Crawcour）教授开始讨论 19 世纪 80 年代中期经济方面的变化；皮蒂（Peattie）教授开始了他对 19 世纪 90 年代中期殖民帝国的研究；三谷（Mitani）教授开始了他关于 19 世纪 90 年代末政党的讨论。其他的学者也指出，19 世纪 90 年代可以看到日本情绪的一种引人注目的转变。[1]

如果我们采用 1895 年作为 20 世纪的开端，可能应该也不算是错误。在甲午战争中战胜中国所带来的"冲击"，与日本在 1972 年和 1973 年所经历的冲击不同，它对后续历史中这个国家与外部世界的关系产生了决定性的影响。在经济方面，甲午战争的结束也是一个重要的转折点。第一次，日本的许多领导人开始认为日本已经是一个工商业国家，而不再是一个农业国。突然流入的中国赔款帮助了日本重工业的发展，尤其是钢铁产业；战争赔款也使日本货币转向黄金本位；开放的中国市场提供了对日本纺织工业的一个额外刺激，日本政府开始积极地促进工业制成品的出口。时至 1895 年，毫无疑问，这个国家的工业革命已经开始了。

在政治上，1895 年也标志着一个转折的开始，从明治时代寡头政治的执政者向新一代政治领导人转变。1895 年 12 月，自由党（Jiyūtō）与伊藤博文（Itō Hirobumi）内阁达成了谅解，这是 19 世纪 90 年代后期寡头政治的内阁首相与国会众议院的政治党派之间所结成的一系列临时联盟的第一次。伊藤博文从首相职位辞职 6 年后，他成为担任这一职务的最后一个明治政治寡头。虽然作为资深政治家（元老），明治政治寡头仍在继续发挥着重要作用，但他们的影响力在接下来的 20 年里逐渐退去。权力传递到了年轻的领导人手中，这些领导人来自军队、民间机构和政治党派。正如我们将要看到的那样，与明治政治寡头相比，他们的权力范围更加狭窄也更不稳定，因此，开始于 1895 年的这种转变具有显著的意义。

---

[1] 肯尼斯·派尔观察到："在 19 世纪 80 年代末和 19 世纪 90 年代初这个时段的某个节点，潜藏着现代日本历史上一个主要分水岭。在一边，可以看到一个忙于国内改革的日本；一个奇怪的、自我批判的、前景未明的日本；一个正在打造之中，为未来预做准备，被一种强健的，通常是天真的乐观主义所推动的日本；最重要的是，一个实验性的，向世界开放，尝试新的制度，测试新的价值，专心致志于重组她的社会和政府的日本。在另一边，可以看到一个在其国民生活中具有更新的秩序和纪律意识的日本，一个不易驾驭的，不那么容忍新价值观的日本；一个自大自负，喋喋不休于她的独立和命运的日本；一句话，一个带有自身强烈统一性和排他性的日本。"Kenneth B. Pyle, *The New Generation in Meiji Japan: Problems of Cultural Identity* (Stanford, Calif.: Stanford University Press, 1969), p. 188.

日本和外面的世界：从自治到依赖

6   毫无疑问，在日本与外部世界的关系中，可以发现最引人注目的历史断裂。第二次世界大战的结束，就是作为一个主要的历史标志出现的。[1] 在 1945 年之前，日本领导人被一种对国防事务的痴迷和维护在国际事务中行动自由的狂妄所左右。虽然他们通过各种条约或联盟与其他世界列强合作，但他们不愿依赖或附属于任何一个外部国家。推动国家的自主自治开始于 19 世纪 90 年代的终结"不平等条约"运动，并在 20 世纪 20 年代和 30 年代加速推进。相比之下，1945 年之后，对于这个国家的领导人来说，在世界政治舞台上的独立行动几乎已经成为一种消失了的选项。直到 20 世纪 70 年代早期，日本对于外部强国——美国——的依赖，是明显而不可否认的。没有一任首相愿意承受有悖于美国利益的外交政策建议，几乎没有领导人主张创建真正自主的、能够在没有外部支持的情况下保卫国家的军事力量，就如日本在 1945 年之前拥有的那样。

日本与外部世界关系上的这种从自立到依赖的引人注目的变化，乃是当今世界更为宽广变化的一个组成部分。20 世纪初，欧洲的扩张达到了巅峰。欧洲的殖民统治扩展到了许多非西方国家；欧洲国家的政治平衡影响到世界各国的政治状态，在欧洲国家首都做出的决定影响着亿万非欧洲民众的命运。两代人之后，欧洲殖民帝国已被倾覆，而代之以国际贸易、对外援助和安全协议的复杂网络；那个由欧洲资本、产品和技术支配的国际市场，已经被由几个区域经济体系所主导的国际市场所取代；那个以欧洲作为文化中心的世界，已经变为一个具有巨大文化多样性的世界。由欧洲国家所主导的帝国主义秩序，已经让位于一个复杂的多极国际体系，这个新的国际体系主要由两个超级大国——美国和苏联——所主导。

7   作为第一个成为世界强国的非西方国家，日本在导致国际秩序发生这些巨大的变化中扮演了一个重要而复杂的角色。[2] 由于它是唯一一曾经经历过帝国主义入侵的世界强国，大概也正因为如此，在 19 世纪末，日本的战前外交政策产生了一种特殊的矛盾心理。一方面，日本曾经成功地抵御西方国家的侵犯，并通过谈

[1]   关于第二次世界大战前日本外交政策的考察，可以参见 Ian Nish, *Japan's Foreign Policy, 1868-1942: Kasumigaseki to Miyakezaka* (London: Routledge & Kegan Paul, 1977)。

[2]   Richard Storr, *Japan and the Decline of the West in Asia, 1894-1943* (New York: St. Martin's Press, 1979).

判取消了 19 世纪 50 年代被强加的"不平等条约"体系，从而充当了整个亚洲地区反殖民主义运动的一个"典范"和"启示"，甚至连遥远的印度也都以日本为师。另一方面，由于日本在朝鲜和库页岛南部等地"获得"了自己的"殖民统治权利"，在中国东北南部"建立"了自己的势力范围，在中国大陆"享有""不平等条约"所赋予的"特权"，它的领导人逐渐与那些西方帝国主义国家的领袖们"共享"相同的焦虑、抱负和野心。（例如，日本代表所出席的第一次国际外交聚会是 1900 年的北京会议，召集这次会议是为了讨论如何处理作为一次大众反帝、排外情绪大爆发的义和团运动。）

造成 19 世纪末 20 世纪初日本特殊国际地位的这些矛盾方面，导致其领导人实行一种奇怪的反帝国主义的帝国主义。他们能够与野兔一起交往，也能够与猎犬一起狩猎，他们的政策随着外部环境和内部权益的变化而变化。作为第一个现代化的亚洲国家，日本在整个亚洲引起了反殖民主义和反帝国主义的政治运动。甚至在世纪转换之前，邻国一小部分自称的改革者都向日本寻求国家富强的秘密。1905 年日本在日俄战争中的胜利，清楚地向那些非西方国家的人民表明，欧洲人既不是无所不能的，也不是不可战胜的。在 20 世纪的第一个 10 年里，像潘佩珠这样的印度支那反殖民统治的民族主义者，以及中国的民族主义改革家，如梁启超和孙中山会在东京寻求庇护或支持。这当然不是偶然的，而日本的同情者们试图鼓励他们，这同样也不会令人吃惊。作为第一个非西方的现代化国家，日本被赋予了"帮助提升"其不幸的邻国人民的"使命"，这种"泛亚主义"的思想自 20 世纪开始以来在亚洲拥有"广泛"的市场。[1]

但是，如果战胜俄国给了世界各地反殖民主义运动以希望，那么，它也强化了日本对于自由行动的追索。日本在亚洲大陆，特别是在朝鲜半岛吞并殖民地，目的在于减少日本在防御上的脆弱性，但讽刺的是，这对它所担忧的国家安全反而起到了相反的效果。随着其帝国疆界的扩张，它的脆弱区域也在随之扩大。在日本战胜俄国的 1905 年，日本陆军参谋本部要求更多的兵力，以保卫新得到的殖民领地，而日本海军则要求建立一支更大的舰队。为了能够远离这种战略焦虑，日本奉行了一套帝国主义的外交政策，它的军备扩张也在继续增长。

---

[1]　关于日本泛亚主义的开创性研究，参见 Marius B. Jansen, *The Japanese and Sun Yat-sen* (Cambridge, Mass.: Harvard University Press, 1954)。另一部信息量很大的著作，参见 Joshua A. Fogel, *Politics and Sinology: The Case of Naitō Kōnan (1866–1934)* (Cambridge, Mass.: Harvard University Press, 1984)。

帝国主义的对外政策和反帝国主义的泛亚辞藻之间的矛盾，在第一次世界大战期间变得显而易见。西方力量的撤退促使日本领导人追求国家的利益，不用再看西方国家的脸色。日本对德国宣战，使得日本夺占了德国在山东半岛的势力范围，同时夺占了德国在太平洋上的领地。西方力量的缺席，也"鼓舞"了日本尝试在中国"获取"进一步的"霸权地位"，先是提出"二十一条"，接着又通过了西原贷款。在凡尔赛会议上，日本代表团竭力保护其新"占有"的山东和太平洋上的德国殖民势力范围。因此，对于许多亚洲国家的民族主义者而言，事情越来越清楚，日本既是一个"模范"，同时也是一个"威胁"。1917 年，潘佩珠，一个印度支那的爱国者，曾经把他反法运动的基地建立在日本，他在日俄战争前夕宣称，日本已经"取代"了所有欧洲列强成为亚洲最危险的敌人，他还指出，日本对其亚洲邻国的政策——与欧洲殖民国家并无二致。[1]

20 世纪初，明治时代的领导人已经接受了作为常态的帝国主义秩序，而他们也在国际法和强权政治平衡的框架内与欧洲殖民列强进行交易。但是他们在 20 世纪 20 年代和 30 年代的继任者们，却不得不与一个新的世界打交道，在这个世界中，帝国主义受到了越来越多的攻击。威尔逊的国际主义吹响了民族自决权的号角；列宁的反帝国主义理论，呼吁世界上受压迫的人民去点燃世界革命的火花；而遍布非西方世界的本土民族主义者则向殖民政权发出了挑战。第一次世界大战后的日本领导人面临着的是与他们明治时代的前辈们所截然不同的一套政策选择。那就是，不必再接受旧的帝国主义秩序及其随之而来的一切。[2]

日本面临的第一个选择，是继续追随西方大国的领导，但同时坚持日本在东亚地区至高无上的地位，强调日本在这一地区具有需要欧洲列强特别承认和让与的需求和利益。例如，时任外务大臣、主张与英美国家紧密合作的亲西方外交官币原喜重郎（Shidehara Kijūrō），就从来没有忘记这样的事实，即日本需要独立的军事能力，需要维护它的利益，特别是在东亚的利益，而日本的利益并不总是与西方列强的利益相一致。日本面临的第二个选择，是宣称由于日本邻近东亚，且在这里拥有日益增长的政治和经济利益，所以应该有效地采取行

[1] 引自 David G. Marr, *Vietnamese Tradition on Trial, 1920-1945* (Berkeley and Los Angeles: University of California Press, 1981), p. 16, n. 2。

[2] 关于这一时期的描述，公认为优秀的是 Akira Iriye, *After Imperialism: The Search for a New Order in the Far East, 1931-1941* (Cambridge, Mass.: Harvard University Press, 1965).

动，而少去关注欧洲列强的态度和反应。据波田教授的描述，田中义一（Tanaka Giichi）的外交政策就是这种选择的最好代表。日本面临的第三种选择，是断言日本肩负着一个至关重要的历史使命，即推翻由欧洲帝国主义者支配的现存国际秩序，并为建立一套基于新的道德和政治原则的国际新秩序铺平道路。例如，北一辉（Kita Ikki）就呼吁日本举起"亚洲联盟的美德旗帜，并在一个必将到来的世界联盟中充当领导"。[1]

在 20 世纪 20 年代，日本的外交政策在第一个选择和第二个选择之间徘徊。为了防止帝国主义再次在东亚竞争，缓和令人恐惧的海军军备竞赛，日本政府与华盛顿会议（1921—1922 年）合作，尝试在东亚建立地区集体安全机制。但是在这个十年的其余年份里，日本领导人周期性地宣称，他们倾向于将日本视为在东亚具有特殊利益的地区强国，从而践踏了国际合作的规则。它秘密涉足北京和其他省份的军阀政治，在 1925 年的北京关税会议上采取不合作的态度，并在 20 世纪 20 年代后期两次在山东进行军事冒险，这些都使人们懂得，日本的兴趣完全不在于实行多边合作。日本外交政策在国际合作与单独行动之间的转移，促使国内外的观察家们把它形容为"双重外交"。[2]

然而，1931 年之后，日本的外交政策开始转向第三次选择——宣称不顾其他帝国主义列强，完全自主行动。[3] 中国东北易帜承认国民政府，日本退出国际联盟，伦敦会议上达成海军军备限制协议的困难，以及越来越频繁地宣称诸如"亚洲是亚洲人的亚洲"之类的口号，这些都反映了日本领导人企图放松把自己系泊于欧洲帝国主义阵营的意愿。日本与欧美列强之间的这些连接，最终且不可逆转地被意料之外的事件所切断：1937 年，中日战争爆发。在 19 世纪末 20 世纪初曾

---

[1] George M. Wilson, *Radical Nationalist in Japan: Kita Ikki, 1883-1937* (Cambridge, Mass.: Harvard University Press, 1969), chap. 4.

[2] Cf. Akira Iriye, *After Imperialism*. See also Gavan McCormack, *Chang Tso-lin in Northwest China, 1911-1928: China, Japan and the Manchurian Idea* (Stanford, Calif.: Stanford University Press, 1977), pp. 119-126.

[3] 关于这一时期的日本外交政策，已有许多优秀论著问世：James B. Crowley, *Japan's Quest for Autonomy: National Security and Foreign Policy, 1930-1938* (Princeton, N.J.: Princeton University Press, 1966); James W. Morley, ed., *Japan Erupts: The London Naval Conference and the Manchurian Incident, 1928-1932* (New York: Columbia University Press, 1984); James W. Morley, ed., *The China Quagmire: Japan's Expansion on the Asian Continent* (New York: Columbia University Press, 1983); James W. Morley, ed., *Deterrent Diplomacy: Japan, Germany and the USSR, 1935-1940* (New York: Columbia University Press, 1976); and James W. Morley, ed., *The Fateful Choice: Japan's Advance into Southeast Asia, 1939-1941* (New York: Columbia University Press, 1980). The four works edited by Morley are translations from the multivolume series *Taiheiyo sensb e no michi: kaisen gaikoshi* published by the *Asahi shinbun* press in 1962-1963。

经赢得市场的泛亚主义思想，以"东亚新秩序""大东亚共荣圈"之类的概念而重新粉墨登场。虽然这两个关于日本在世界政治进程中所起作用的虚幻概念，合理化了实际正在进行的扩张政策，但它们确实反映了一种普遍的信念，即由欧洲列强在 19 世纪所建立的帝国主义的国际秩序将要归于终结，世界体系将被重组为经济上自给自足、政治上自立自治的超国家区域集团。[1]

尽管日本人没有成功地建立所谓"大东亚共荣圈"，但他们设法摧毁了遍及东亚和东南亚的欧洲殖民统治的基础。如果说欧洲战争代表了一个转折点，即从一个由殖民列强支配的旧世界秩序转变为由超级大国主导的新的战后秩序，那么，与此平行的另一个转变，就在日本人的倡导之下发生在东亚。1941 年后，日本的军事扩张推翻了荷属东印度群岛、马来半岛、菲律宾，以及法属印度支那的殖民政权。日本占领军没有碰到什么困难就找到了合作者，至少在最初的时候，这些合作者是把日本人视为"解放者"的，而日本对东南亚反殖民统治的民族主义者的鼓励，为那些反帝国主义的革命浪潮、国内战争和解放运动铺平了道路，无论成功还是不成功，这一浪潮在 1945 年后席卷了这一地区。

随着 1945 年的战败，日本领导人发现自己已经身处一个新的世界，在新的形势下，外交上自主行动的可能性已经不被承认。战后的"东亚新秩序"完全不同于战前领导人所曾期望的那种秩序。首先，日本军事能力的毁灭及其殖民帝国的放弃，严重降低了它的国际地位并缩小了它的行动范围。其次，中国的虚弱曾经引发 19 世纪末 20 世纪初以来"大陆政策"的推行，如今这一情况已经结束。再次，日本军队在中国和东南亚的无情和残酷政策，更不用说它在韩国和中国台湾地区的长期殖民统治，让大多数亚洲人民对日本怀有敌对情绪。最后，在战前卷入这一地区政治事务的主要西欧大国，最为显著的是英国，已经失去或正在失去它们在这些地区的影响力，而新的非欧洲的三强国家——美国、苏联和中华人民共和国——则主导了地区的政治。这种新的结构从根本上改变了日本政策选择存在可能性的范围，从根本上降低了日本在国际政治事务中充当自由中介人的能力，即便日本领导人曾经对此满怀期望也无济于事。

不管怎样，战后的日本领导人已经不再想象日本是一个强国，也不再期望日

---

[1] 参见 William Miles Fletcher III, *The Search for a New Order: Intellectuals and Fascism in Prewar Japan* (Chapel Hill: University of North Carolina Press, 1983), chap. 7; Gordon Mark Berger, *Parties Out of Power in Japan, 1931-1941* (Princeton, N.J.: Princeton University Press, 1977), chap. 4.

本在世界政治事务中扮演主要的角色。确实，在战后十年的时间里，日本的领导人正在努力改正自己的行为，以使人们忘记日本作为一个颠覆性的扩张主义力量的名声。1946 年，经国会批准的新宪法宣布，日本放弃交战或维持战争潜能的国家主权，20 世纪 40 年代晚期，更有一些日本领导人提议日本维持一种薄弱而中立的国家地位，它的安全将交由主要大国所做出的某种国际担保来维护。在那些战前岁月里，大多数日本民众积极或消极地支持对外扩张，民众以日本处于一流强国的行列，拥有强大的陆军和海军，拥有繁荣的海外殖民帝国，没有强劲的地区竞争对手为荣。从那时以来，日本的自我国家形象已经大为收缩。1951 年，在美国占领的最后，《读卖新闻》（*Yomiuri shinbun*）对美国占领的结束所进行的一次民意调查发现，当被问到你是否认为日本是一个不及美国和英国那样的"文明国家"时，有 47% 的受访者给予了肯定的回答，而这两个国家正是 10 年前不共戴天的仇敌。[1] 难怪一些外国观察家得出结论说，日本人患有一种民族自卑感，无论是它的领导人还是民众都认为，如果不依赖别的国家，日本没有能力在外交政策上选择任何行动路线。

12

在战争刚刚结束的几年里，日本的首要任务是结束美国的占领和恢复正式的主权独立，其次是恢复国家的国际声誉。在 1951 年与美国签订了和平条约之后，关于日本外交政策方向的讨论再度展开。[2] 然而，选择的范围已比战前时期狭窄得多，而且这场争论背后的假设也大不相同。自明治时期以来，一直十分明显的来自外部的威胁感，如今已不再令日本的领导人或其民众像以往那样魂牵梦萦了。日本人也不再以追求军事和外交强权的虚荣，来作为决定外交政策时的主要考虑了。国内的复苏、繁荣与稳定，比国外的冒险或国际知名度的提高更为重要。在这场争论的一端，有人提出了一种"真正中立"的政策，即不卷入两个超级大国及其卫星国之间的国际争斗；争论的另一端，是保守的领导者们要重建一个或多或少独立的军事力量，这将使日本再次成为一个国际上的自由人；在这两端之间的，是有人提议成为某个超级大国的依赖国或卫星国，或是通过与美国的军事同盟来保证日本的安全，或是走"积极中立"之路，使日本的外交政策与苏联及其盟国保持一致。

13

---

[1]　参见 Watanabe, "Japanese Public Opinion," p. 119。

[2]　Donald C. Hellmann, *Japanese Domestic Politics and Foreign Policy: The Peace Agreement with the Soviet Union* (Berkeley and Los Angeles: University of California Press, 1969); George R. Packard III, *Protest in Tokyo: The Security Crisis of 1960* (Princeton, N.J.: Princeton University Press, 1966).

鉴于日本日益增长的与美国的经济联系，以及在日本的美国军事力量的存在，最简单（和最务实）的选择是与美国统一步调。尽管随着 20 世纪 50 年代和 60 年代日本的经济恢复，它建立一支一流的陆军和海军，包括核武器在内的能力也在增长，但其领导人如吉田茂（Yoshida Shigeru）、岸信介（Kishi Nobusuke）和池田勇人（Ikeda Hayato）继续盘算，日本的最佳利益仍将是维持与美国的紧密联系。中立之举不会给自己带来利益，而加速重整军备则会转移经济复苏和增长的资源。于是，在 20 世纪 50 年代和 60 年代，日本政府在与外部世界的关系上有意识地采取了一种"低姿态"，使其外交政策的重心及其经济和安全放在与美国的联系上。事实上，除了与美国保持一致以外，日本真的没有外交政策可言。当然也有例外，那就是它对核武器的反对态度。作为这一政策的表达，1968 年佐藤荣作（Satō Eisaku）首相宣布了"无核三原则"。

日本领导人所关心的是，国际关系上正在发生的微妙变化，将使其与美国这个良师益友处于一种更少对称性的关系。20 世纪 50 年代自卫队的创立和有限的重整军备，60 年代《日美安保条约》的修订，60 年代早期两国代表之间阁僚级定期例会的启动，以及 60 年代晚期和 70 年代早期关于冲绳和琉球群岛返还日本的冗长谈判，所有这些全都是指向这一目标。随着美国作为世界强国的力量开始相对下降，一个"伙伴关系"的元素在 20 世纪 60 年代被引入美日关系之中。奇怪的是，公众对美日联盟的支持，正如民意调查中所反映的那样，变得更强大了，好像是为了显示日本人更愿意依赖一个较弱的，而不是一个强大的美国似的。

日本从一个追求平等及被帝国主义列强所接纳的国家，转变为一个满足于超级大国庇护的国家，这在 19 世纪末 20 世纪初时是不可能预见到的。明治时代的领导人曾经奋力战斗，以挣脱在 19 世纪 50 年代和 60 年代被强加的不平等条约体系的束缚，但 1951 年的吉田茂却别无选择，只能接受《日美安保条约》。这一条约严重损害了日本的主权，它要求给予驻日美军士兵一种"治外法权"的权利，并允许美国使用不受日本政府控制的军事基地。1960 年，这一条约较为过分的不平等的部分得以消除，但冲绳直到 1972 年才回归日本主权控制的。[1]

到 20 世纪 70 年代初，日本领导人开始大胆地维护自己的一些独立外交政策。

14

---

[1] 关于 20 世纪 60 年代日本外交政策讨论的有益总结，参见 Donald C. Hellmann, *Japan and East Asia: The New International Order* (New York: Praeger, 1972)。

这可能是由外部因素所决定的，他们几乎没有能力加以控制。"布雷顿森林体系"的崩溃，日元自由兑换美元的固定汇率的降低，以及 1973 年的石油危机，都清楚地表明，持续的经济增长需要在处理主要的原料和资源生产国关系上更多的自由行动。到 20 世纪 70 年代中期，日本外务大臣已经能说"要剪断把日本与美国绑定在一起的脐带"了，或是表明日本要追求一种"全方位外交"。这种新的对独立的要求在很大程度上只是一种修辞手法，在日本的基本外交政策设想上几乎没有表现出什么改变（更不用说出现一个连贯的全球战略了）。但是，从一些小的方面来说，通过独立地向中华人民共和国提出建议，通过增加对主要资源开发的外部投资，通过努力保持它自己与美国中东政策的平衡，日本政府正在小心翼翼地走向更大的行动自由。但是，这些绝不代表日本想要追求大国地位，就像 19 世纪末 20 世纪初的寡头统治者们所曾推进的那样。

国内经济变化：从成功走向成功

　　在日本的对外关系上，如果已经有变化和不连续的地方出现，那么，当代日本历史上最引人注目的连续性，就是它已经稳步发展成为世界上最大最有效的工业经济体之一。1900 年，日本的工业革命尚未完成，但到了 1973 年，其产出的商品和服务已经超越了除美国之外的任何一个发达市场经济国家，它的人均国民生产总值比第一个工业化国家的英国还要高。尽管这些事实引起的争论似乎认为发生的变化比连续性更为重要，但是就连这些变化本身，也是一种一直不断的现象。增长的曲线，随着 20 世纪的展开而呈现出更为急剧的上升，经济学家的统计推断详细记录了日本经济发展的连续过程，除了战争年代受到破坏之外，和平时期一直在稳步增长。

　　然而，只是在最近几十年，日本的连续性经济增长才吸引了人们较多的关注。即使是在 20 世纪 50 年代中期，战后日本即将开始其引人注目的经济增长，但仍被广泛认为是一个欠发达国家，落后于世界上其他工业化国家。1955 年，日本的国民生产总值是美国的十五分之一，只有德国的一半；其人均收入在资本主义阵营国家中排名第 35；近 40% 的劳动人口从事农业；它是世界银行的第二大借款国。日本充其量显示出了一个三流的经济实力，远远落后于西方国家，甚至弱于它的近邻中国，后者当时正在经历一次重大的推动，迈向工业增长和经济现代化。

15

1957 年，埃德温·O. 赖肖尔（Edwin O. Reischauer）观察到，"日本的经济情形也许从根本上就不健全，没有政策，无论多么聪明也不能从缓慢的经济绝境和这种形势所伴生的所有政治和社会疾病中挽救这个国家"。[1] 这一观察远不是一种特殊的论调，而是一个由外国和日本的观察家们所共同分享的主流观点。

这样一种观点的起源并不难以发现。它反映了日本战前时期无处不在的悲观经济图景。鉴于 20 世纪开始于一波对日本经济未来的乐观情绪，到了 20 世纪 20 年代，较为冷静的评估已变得司空见惯。正统经济学家们注意到广泛的经济衰退症状，强调日本的落后性和脆弱性，外国观察人士也常常对他们随声附和。1930 年，约翰·E. 奥查德（John E. Orchard）指出，"[日本] 工业化的可能性是有限的，日本似乎不存在成为一个至关重要的制造业国家的前景。……过去在这条路上一直荆棘丛生，未来的前景也不会辉煌灿烂"。[2] 这个国家天生未被赋予诸如铁矿石和煤炭之类的工业化资源；其密集而快速增长的人口正在挤压着有限的耕地资源；它面临着严重的资本短缺；而且它是一个市场争夺中的后来者——它唯一的资产就是廉价的劳动力和邻近亚洲市场。在最好的情况下，它可能成为向更为落后的邻居们提供廉价轻工业品的供应者。奥查德认为，日本可能是"一种新的、更理智的工业秩序的先驱者"，这种新的工业秩序建立在分散化小规模企业的基础之上，拥有充沛的电力供应，而不是像西方所表现出的特点那样，以伴生着种种社会弊害的高度集中的工业中心为基础。其他的西方观察家则发出了日本可能成为一个"黄色工业祸害"的警报。在 20 世纪 30 年代常见的是，外国人把日本人视为一个恶性的竞争对手，认为它会通过"廉价工资"和"社会倾销"的手段，进入一度由先进工业国家，尤其是英国所主导的国际市场。

马克思主义的经济学家和在日本的其他批评性观察人士采取了更为灾难性的看法：鉴于经济在系统性危机的边缘摇摇欲坠，这将导致日本资本主义的坍塌。他们认为，日本的问题不是由于资源禀赋贫乏，而是源于基本的结构性弱点。像山田盛太郎这样的理论家们指出，日本的经济发展已经变得残缺不全，原因在于工业增长的军国主义特征，以及处于半封建劳役下农村大量贫困人口的存在。马克思主义者对山田所给参数的细节持有不同的意见，但他们一致认为，日本的经

---

[1] Edwin O. Reischauer, *The United States and Japan*, rev. ed. (New York: Viking, 1957), p. 51.

[2] John E. Orchard, *Japan's Economic Position: The Progress of Industrialization in Japan* (New York: McGraw-Hill, 1930), pp. 482, 489.

济从根本上说就是有缺陷的。这样的见解也找到了一个抱有同感的西方读者。在她 1937 年出版的才华横溢的论著《日本的致命弱点》(*Japan's Feet of Clay*) 中，弗里达·乌特莱描绘日本经济已经处于崩溃的边缘：

> 日本的国民经济是多么岌岌可危啊。即使在和平时期，这个国家也只能通过廉价制成品的疯狂扩张来维持生计……所有这一切……只会造成一种可能性，就是通货膨胀、工资降低、国内市场萎缩和急性农业凋敝。日本的出口一直是一种饥饿输出，是一种欲使收支相抵的绝望努力，以维持其几近破产的国民经济。这种头重脚轻的经济结构，建立在一种原始的小规模农业的狭窄基础之上，如今已经太脆弱了，以至承受不起置于其上的沉重负担，这随时都有发生爆裂的危险，造成整个上层建筑坍塌下来。[1]

乌特莱总结道，或许正是因为存在这种结构性的弱点，日本将向海外扩张。

可以肯定的是，即使在 1941 年太平洋战争爆发之前，也有一些观察家认为日本的经济前景并不如此暗淡，但战时的毁坏也促使人们回归悲观。"落后"的经济结构——人均收入相对较低，大部分人口从事农业，以及大型现代化工厂与脆弱而不稳定的小作坊同时并存的独特"二元结构"——仍然长期存在。20 世纪 50 年代的增长，通常被视为一种异常现象，是赶超型经济重建过程的产物，而不是一个长期稳定表现的标志。"落后"特性的长期存在，使得许多外国观察家难以把握正在形成中的"经济奇迹"。

只是在 20 世纪 60 年代，才出现了对于日本经济前景的喋喋不休的乐观评估，因而对其经济发展的历史也给予了积极评价。这种新的见解不仅受到了发展经济学（作为一种新出现的学科分支）的刺激，而且受到日本经济越来越多的令人印象深刻的表现和日本制造业出口在世界市场上日益增长的可见性的支撑。1964 年，日本被允许加入经济合作与发展组织，标志着一种对日本新经济地位的"正式"承认，而新的比较计量经济学分析显示，即使在战前时期，日本的经济既没有停滞不前，也没有濒临崩溃，而事实上是世界上增长最快的经济体之一。统计数据表明，日本已经享受非常高的经济增长率长达好几代人。许多结构特征一旦被贴

17

---

[1] Freda Utley, *Japan's Feet of Clay* (New York: Norton, 1937), pp. 53, 201.

上所谓"落后"的标签，如今则被认为是正在进行中的"经济奇迹"的基础。到 20 世纪 60 年代早期，学者和政府官员们开始大谈"日本模式"，以之作为"发展中国家"经济增长应予遵循的榜样，到 20 世纪 70 年代初，日本又已被吹捧为先进工业经济体的榜样。赫尔曼·卡恩（Herman Kahn）于 1970 年预测，到 2000 年，日本将达到世界上最大的国民生产总值，甚至在工业生产力和生活水平方面超越美国。[1]

这种对 19 世纪末 20 世纪初以来日本经济发展的变化看法，已经成为更容易识别的长期连续性经济增长的模式。就是说"现代经济增长"的概念，在吸收现代科技的基础上内部生成的发展，长期而稳定的基础结构，以及持续的国际交往，都强调了当代日本经济史上的这种整体连续性。这种增长中的不规则行为，曾一度被视为危机来临或接近崩溃的时刻，如今已被解释为一种短暂的插曲。例如，大川一司（Kazushi Ohkawa）和亨利·罗索夫斯基（Henry Rosovsky）把 20 世纪的经济增长描述为一系列的发展"浪潮"，其特点是一阵快速的经济增长之后跟着的是较慢的经济增长。[2] 尽管他们发现了由"波峰"和"波谷"标示的国民生产总值增长率"长期波动"，但他们还是强调了"趋势加速"，即增长率上升的长期变化趋势。总体模型显示，自日俄战争结束到第一次世界大战结束，日本经济处于快速增长期，接着在 20 世纪 20 年代开始减速；另一个增长期出现在 20 世纪 30 年代，突然终止于第二次世界大战的爆发；壮观的战后经济增长期随着美国占领的结束而开始起步，一直持续到 20 世纪 70 年代初才降低速度。正如这种周期化所显示的，国内政治的变化及与外部世界的关系，在 20 世纪日本经济史上扮演了关键的角色。虽然经济增长本身必须通过国内经济的动力来加以解释，但它的持续时间和进展速度，则会受到非经济因素的影响。

然而，重点在于新近对于战前日本长期经济增长模式的强调，已经指向了当代日本历史上一种主要的连续性，而这种连续性是能够由一大批可靠的统计信息加以证实的。关于 20 世纪日本经济史上的这种连续性也存在争议，主要集中于

---

[1] Herman Kahn, *The Emerging Japanese Superstate: Challenge and Response* (Englewood Cliffs, N.J.: Prentice-Hall, 1970).

[2] Kazushi Ohkawa and Henry Rosovsky, *Japanese Economic Growth: Trend Acceleration in the Twentieth Century* (Stanford, Calif.: Stanford University Press, 1973).

那些不可计量的证据。[1] 社会政治环境的某些特征从战前一直延续到战后时期：政府在灵活干预促进经济增长上的某种限度；对坚持纯市场经济模式的某种不情愿；对寡头垄断组织的某种偏爱；通过本土社会传统和习俗加以调和的市场关系；以及面向外部市场的一贯定位。即使战后日本经济在规模上大得多，但它仍然继承了战前经济的许多特性。

19

政府与经济

正如克劳科尔教授在他所撰的章节所说，自从明治时代开始以来，日本政府就一直在积极干预经济。那些并未承诺信奉自由放任主义的政府官员，一直乐意于促进那些经过挑选的产业发展，当政府的干预适应私营企业的需要或符合私营企业的利益时，私营企业的领导人也一直愿意或容忍这种官方的干预。在经典的纯市场模型中，追求利润最大化的私人企业家提供了经济增长的主要动力，而"看不见的手"在平稳顺利和绝对无误地运作，这种思想，在 20 世纪的日本并没有找到一个热情的观众。相反，日本人关于经济增长的观念是强调集体或国家的利益，强调的是经济增长能否表现为国家的强盛、安全或普遍的繁荣，以及假设国家参与其间起到了核心的作用。[2]

战前的政策制订者、企业领导人和许多知识分子，受到后发展的欧洲工业国家的经济学说的吸引，特别是德国历史学派思想的吸引，并于 19 世纪末 20 世纪初介绍进日本。[3] 这些思想的吸引力，虽然无疑受到国家角色、适当社会关系，以及分配正义等传统观念共振的强化，但这些也表明，日本可能会利用这种"后发优势"。马克思主义经济学于 20 世纪 20 年代被引入日本，但直到 30 年代才产生了影响，此时苏联的第一个五年计划获得了成功，而西方发达经济体的生产危

---

[1] 下列著作强调了 1945 年前后日本经济的连续性：Angus Maddison, *Economic Growth in Japan and the USSR* (London: Allen & Unwin, 1969); Kunio Yoshihara, *Japanese Economic Development: A Short Introduction* (Tokyo: Oxford University Press, 1979); Kazushi Ohkawa and Miyohei Shinohara, eds., *Patterns of Japanese Economic Development: A Quantitative Appraisal* (New Haven, Conn.: Yale University Press, 1979); Takafusa Nakamura, *The Postwar Japanese Economy: Its Development and Structure* (Tokyo: Tokyo University Press, 1981)。

[2] 关于政府在经济发展中所起作用的有益的讨论，参见 William W. Lockwood, *The Economic Development of Japan: Growth and Structural Change, 1868-1938* (Princeton, N.J.: Princeton University Press, 1954), chap. 10; William W. Lockwood, *The Stale and Economic Enterprise in Japan: Essays in the Political Economy of Growth* (Princeton, N.J.: Princeton University Press, 1965)。

[3] Kenneth B. Pyle, "Advantages of Followership: German Economics and Japanese Bureaucrats, 1890-1925," *Journal of Japanese Studies* 1 (Autumn 1974): 127-164.

机增强了马克思主义经济学的可信性。因此，即使非马克思主义的官僚和知识分子，也于 30 年代逐渐主张加强国家对经济的管理，并制订中央计划。

20　　尽管政府在促进经济增长中的作用很少被质疑，但其干预的模式则在一段时间以来已经发生了微妙的变化。明治时代的领导人认为，一旦工业化开始，政府就将退居一旁。个人的主动性和积极性，私人利润和私人财产将会提供主要的增长激励。国家预计将起到一种促进增长的作用，而不是扮演管理者或企业家的角色。在 20 世纪早期的几十年里，政府之手依然可见，它调节市场条件以促进特定行业的发展，扩大海外贸易，并诱导在新占领殖民领地的投资。但是，政府对经济的干预在很大程度上是受限的，只能精心挑选那些被认为对国家利益至关重要的大规模的资本密集型企业——钢铁、造船、国家铁路网，以及武器生产。经济政策是按部门对待的而不是针对整体经济的。

政府很少去干预和促进那些私营成分占据比较优势的行业发展。直到 20 世纪 30 年代，现代部门才在很大程度上受到市场力量和私人主动精神的支配。轻工业（棉纺织业、陶瓷业、食品业、制皂业及其他消费品生产行业）在很大程度上是自生自灭的，而在第一次世界大战中日本的"第二次工业革命"期间，重化工业（化学工业、电器产品、机床制造和化肥生产）的崛起也是如此。而当一个人研究"传统"部门的时候，政府干预的缺席甚至更加引人注目。小厂主、小店主、自耕农，甚至连小房东全都任由市场力量——潮起潮落的需求、价格和利率——摆布。尽管政府和现代企业之间高度合谋继续使外国观察家感到震惊，但那些身处这种经济之中的现代企业经常拥有截然不同的前景。大多数劳动人口已经在一个纯粹市场化的条件下运行，在这种市场化条件下，除了通过扩散技术信息或进行有限的调整之外，政府采取的是一种不干预政策。换句话说，政府对经济的干预是向大型资本密集型企业倾斜，与之相反，大多数企业家、投资者和劳动者则不得不面对市场的变幻莫测。

在 20 世纪 30 年代，改革派官僚、知识分子和政治家们呼吁终结"自由经济

21　体制"，建立"统制经济"。1929 年后，全球经济危机揭示了自由放任资本主义的弱点。当时官员竭力扩展政府在经济中的作用，对经济进行更为严格的指令和管制。正如中村教授在他撰述的章节中所说，当这个国家从"半紧急"状态进入"全面戒备"状态的十年期间的中段，一种全新的政府干预经济发展的技巧——中央计划、产业针对政策、工资和价格控制，以及原材料和消费品的配给——

目的在于建立一种"国防状态"。虽然一种成熟的"统制经济"从未完全强加于这个国家，甚至在战争期间也是这样，但自主商业决策的范围还是受到了大大压缩。[1]

在战后时期，许多这些相同的机制被用于促进经济的复苏和增长。1946年，经济稳定局成立，给因战时破坏导致的经济混乱带来了秩序，到1955年，它已经演变成经济计划署，负责经济的预测和整体经济规划的说明。更为重要的是，两个强大的政府机构，大藏省和通商产业省（MITI），使用广泛的激励和控制手段（例如：进口限制、税收优惠、加速折旧时间、低成本信贷和"行政指导"），引导投资进入高成长产业通道投资高增长行业。正如Kosai教授所说，增长的速度加快，经济的管制放松，特别是在对外贸易和外汇管制领域，但政府部门继续与大型企业密切合作，交换信息并进行其他种类的非正式合作。

20世纪日本的政治经济学，就这样寄托于在依赖市场力量和采取政府干预之间连续不断的转换平衡。正如大川和罗索夫斯基所说的那样："一方面，日本收获着社会主义的某些好处，也就是对经济工作和方向施加相当的政府控制；另一方面，日本也保留了资本主义的某些优势，也就是高效的生产商。"[2]虽然政府的管制者角色呈增大的趋势，最引人注目的也许是在劳动力市场上，但它的主体角色一直在发展变化。其原因，正如克劳科尔教授所指出的那样，在于其一直具有一种敏锐的意识，作为一个工业化的后来者，虽然工业原料的供应受到限制，但日本能够仅仅通过政府政策所提供的外部经济效益，就在国际竞争中生存下来。 22

生产的社会组织

就像几乎没有对政府干预经济进行什么抵抗一样，20世纪的日本也有一个持久的信念，就是认为市场关系在日本的运作，不会采取像其在西方经济体那样完全相同的方式。除了社会主义者、马克思主义者和社会改革者之外，大多数政界和知识界的领导人都一直不愿意承认剥削和歧视会存在于日本的社会经济组织中。反之，在"利己主义"的西方，市场关系是完全建立在金钱关系的基础上

---

[1] Jerome B. Cohen, *Japan's Economy in War and Reconstruction* (Minneapolis: University of Minnesota Press, 1949); Chalmers Johnson, *MITI and the Japanese Miracle: The Growth of Industrial Policy, 1925-1975* (Berkeley and Los Angeles: University of California Press, 1982), chaps. 4, 5.

[2] Ohkawa and Rosovsky, *Japanese Economic Growth*, p. 225.

的，有人认为，这种关系在日本受到了经济主体中的相互合作和尊重的修正。是互相信赖而不是有约束力的法律义务，成为经济行为的模板；而村庄、家庭、传统的作坊和父权制家族，则为经济关系提供了范本。

19世纪90年代的后十年里，在是否确立工厂立法的问题上，这些想法第一次浮出水面。虽然工商业领袖们在经济的其他方面乐于接受政府的干预，但他们也希望保持雇佣条件和工资合约不归政府掌控的状态。反对工厂立法的工商业者很快指出，那些把工人与其雇主捆绑在一起的自然的感情纽带、和谐及忠诚，使得工厂立法毫无必要。东京商会宣称，"在我们国家，雇工和雇主之间的关系就像家庭里的关系一样。无论顺境还是逆境，老幼相帮，共同商议，而它们都被笼罩在一种亲切友爱的情感雾霭之中"。[1] 换句话说，在日本，工作场所的伦理是与西方先进经济体完全不同的。

在19世纪末20世纪初，工厂、矿山和车间里的社会现实状况与这一概念存在相当大的差异。专门揭发社会丑闻的新闻记者，如横山源之助，揭示了日本"下层阶级"贫困和悲惨的境遇，后来的社会曝光报道也披露了日本纺织业中雇佣制度的剥削本性，在这样的工厂中，青春期的女性工人常常像在监狱里一样遭到囚禁。东京商会侈谈的"亲情雾霭"被雇主的行为证明是虚假的，正是他们通过削减劳动力成本，通过主宰劳资关系，来提升他们的利润空间。对此，泰拉教授在其撰写的章节里作了间接性的描述。

尽管如此，对这种"家庭式"工作伦理的概念完全不加理会，就像把它视为简单的伪善或纯粹的意识形态说教一样也是错误的。到了20世纪20年代，许多大型公司企业，特别是在资本密集型的重工业里，系统地推行公司家长制的政策，目的是使工人更加听话，更易满足。工人们在年轻时就被招聘，在公司开办的学校里受训；一种"终生雇佣"制度被引入并采用；工资级别日益与资历和工龄挂钩；工作委员会或其他协商机构被建立起来以解决车间里的纠纷；公司福利项目也被建立起来，以提供卫生保健及其他非工资福利。这些新的雇佣制度是实际起到作用的，而不是出于意识形态的意图，它的设计在一定程度上保证了那些非常需要的熟练工人的服务，防止了竞争对手的抢夺，同时也在一定程度上避免

---

[1] Byron K. Marshall, *Capitalism and Nationalism in Prewar Japan: The Ideology of the Business Elite, 1868-1941* (Stanford, Calif.: Stanford University Press, 1967), p. 58.

了来自激进分子和劳工运动活动家的压力，这些激进运动和劳工运动曾在第一次世界大战后的岁月里在日本出现。但是，为了解释其家长制政策或使其正当化，公司的管理人员回归了这样的想法，即日本的社会关系是独一无二的，它反映了一种深厚的嵌入式文化，关注于和谐、合作与相互信任。[1]

同时，应该记住的是，劳资和谐的思想体系也是被许多工人所接受的。在20世纪20年代，日本曾经出现过激进的劳工运动，主张不信任资本主义，对之采取对抗性的策略。在许多重要行业中，首次发生了大规模的罢工。但是，激进劳工运动的规模仍然有限，甚至在最发达的工业部门都从来没能获取大多数工人的支持。虽然有许多原因造成了战前劳工运动的"失败"，但最重要的不能不说是劳动力本身的特性。暂且不说在纺织工业部门就业的女性工人，她们天生就难以组织起来，就连大多数男性产业工人也都是来自反对参与工会活动的背景。他们经常在年轻的时候就已被雇佣，尚处于青春期晚期的时候就接受了初等教育，被训练接受了家庭主义或社群主义的价值观，而这些都会成为企业管理意识形态的一个组成部分。此外，就像加里·阿林森所指出的，工人们经常来自农村环境，在那里，劳动关系是扩散的，生产是为集体目标而进行的，而盛行的是年龄等级制度。[2] 在以上这些背景之下，他们有可能接受那种劳资双方不是对手而是伙伴的思想，双方从事着同样的业务，拥有共同的目标和利益。

家长式的意识形态和就业实践，在战前时期仅限于少数大型企业，到20世纪50年代和60年代更广泛地扩散开来。一些西方观察家认为，这些实践的持续表明在日本的企业管理中缺乏"理性"。但1958年詹姆斯·阿贝格伦（James Abegglen）所著《日本的工厂》[3] 出版，导致了在日本之外对其经济效用的广泛赞赏。日本的商人和官员经常指出，"日本就业制度"——终身就业、年功序列和企业工会制——通过减少因劳资矛盾造成的劳动时间损失，通过鼓励来自下层的创新，通过促进质量控制，以及通过普遍提高工人的劳动生产率，对经济的高速增长起到了很大作用。批评人士则抨击"日本就业制度"是一种社会神

24

---

[1] Ronald P. Dore, *British Factory-Japanese Factory: The Origins of National Diversity in Industrial Relations* (Berkeley and Los Angeles: University of California Press, 1973), pt. 3; Andrew Gordon, *The Evolution of Labor Relations in Japan: Heavy Industry, 1853-19SS* (Cambridge, Mass.: Harvard University Press, 1985).

[2] Gary D. Allinson, Japanese *Urbanism: Industry and Politics in Kariya, 1872-1972* (Stanford, Calif.: Stanford University Press, 1975), chap. 5.

[3] James C. Abeggien, *The Japanese Factory: Aspects of Its Social Organization* (Glencoe, I11.: Free Press, 1958).

话，因为只有少数的工人，即那些在大企业中长期就业的工人，受到了它的好处。但确实无疑的是，这种就业制度产生了一种特殊的工业无产阶级，其成员似乎致力于一种共同义务的意识形态，而不倾向于采取不体面的抗议活动来破坏社会的和谐。确实，除了战后早期的那些年月外，在日本主要的增长行业，诸如电子工业、重型机械行业，或汽车制造行业，都没有发生过重大的劳动争议，劳动争议仅仅发生在国家铁道工人这样的公共服务部门，或者发生在诸如煤矿开采这样的夕阳产业。

日本与世界经济

20 世纪也见证了日本对世界市场的深深参与，这造成其国内经济对外部变化的敏感性和适应性。例如，进出口占国民生产总值的比例，是一个国家的经济对外部世界依赖性的简单而明显的衡量标准，在日本，从 1900 年到第二次世界大战为止这一比例一直在大幅上升。对于对外贸易的日益增长的依赖，在许多国家已经成为工业化的特征，但考虑到日本有限的资源基础，其最初的增长率就非常之高。明治时代的领导人清楚意识到，国家的权力和威望受制于其促进对外贸易的能力。因此，除非日本可以在世界市场上出售其商品，否则它不可能获得所需要的武器来保护其帝国的扩张，或满足其日益增长的制造业的需求。由于日本人无法指望出口农产品或矿产资源——这是许多非西方经济体所走的道路——仅存的途径就是通过制造品的出口来扩大它的贸易。

19 世纪末 20 世纪初，日本的政治和商业领袖们曾经产生过一种"要么出口要么死亡"的心理状态。政府决心尽力弥补本国的劣势条件，通过建立横滨正金银行（Yokohama Specie Bank）促进外汇交易，通过加强驻外领事的经济报告，通过资助远洋商船的建设，通过鼓励建立出口协会或卡特尔组织，积极鼓励贸易扩张。私人企业，最初以棉纺织厂商为主，也在实施着一种稳步加速的积极出口促进战略。例如，到了 20 世纪 30 年代，日本已经成为世界棉制品的主要出口国，得以进军那些一度由英国支配的区域市场。[1]

从日本的角度来看，世界市场分为两个主要的领域，每一个都需要不同的贸

---

[1] 关于战前对外贸易的发展，参见 Lock wood, *The Economic Development of Japan*, chaps, 6, 7; Ohkawa and Shinohara, *Patterns of Japanese Economic Development*, chap.7。

易战略。在与先进西方经济体的贸易中，日本寻求进口机械、武器、像生铁之类的半制造品、化学品和其他工业产品。作为回报，他们出口初级产品（生丝和茶叶）、丝织品，以及劳动密集型的工艺品。日本的贸易模式与欠发达经济体有很大的不同。日本享有某些优势——更便宜的劳动力，更低的运输费用，更好的商业情报和文化知识，以及更积极的市场营销——这使它的制造品能够与那些西方的制造品竞争。在亚洲市场上，更普遍的是在欠发达国家，日本卖出便宜的轻工业品，诸如棉纱、棉布，以及其他各种各样的制造品，如肥皂、火柴等等；而它 26 买进原材料（例如铁矿石和其他矿石）或食品（如稻米）。

尽管与西方发达经济体的贸易发生在一个多边自由贸易结构之中，但日本却以一种政治架构来处理与欠发达国家的贸易，这种政治架构以双边和不对称的帝国主义关系为特征。在中国这个直到 20 世纪 30 年代一直是亚洲最大和最有前途的市场，日本的贸易在"不平等条约"体系下运行。一方面，这一条约体系阻碍了中国竞争力的增长；另一方面，则限制了日本与西方列强分享获得的特殊经济特权。然而，1905 年获得的辽东地区和南满铁路经济特权，促进了日本在中国东北三省的商业渗透，这里向日本提供大豆等农产品和重要的工业原料。日本人在中国台湾岛和朝鲜也享有市场特权，在那里他们几乎没有什么困难就能挤走外来竞争对手。

在日本政治和商业领袖们的眼中，中国市场极为重要，他们在中国市场的巨大潜在需求和日本新兴的制造能力之间看到了一种天然的互补性。与中国的贸易一上来就使殖民贸易相形见绌。1910 年，与中国，包括辽东地区在内的商品贸易总额，大约是朝鲜和中国台湾地区加起来的 5 倍。与西方企业根深蒂固的长江流域和中国南部相比，日本的贸易在中国北部得到了最强有力的推进。但是，殖民贸易一直在增长，直到 1935 年这里已经吸收了日本出口产品的将近 1/4。

日本与外部世界的贸易，和它在世界贸易中的份额一样，在 20 世纪的前 30 年稳步增长。然而，在 20 世纪 30 年代，日本在发达国家和欠发达国家的市场都出了大乱子。在某种程度上，这些混乱存在政治原因。1931 到 1932 年，日本夺取了伪满洲国，这立即对它与中国的贸易产生了严重的影响，而它对中国的侵略，则使它疏远了主要的西方贸易伙伴——美国。但是，同样重要的是经济民族主义的兴起。20 世纪 20 年代，西方经济体的关税已经开始上升，首先是在美国，接着是在欧洲，进而世界大萧条的爆发，西方市场的收缩，以及西方国家的政府

27　采取以邻为壑的经济政策，则加速了大萧条的长期化。随着日本在 20 世纪 30 年代的发展，对贸易的行政管制激增，1929 年前期多边贸易特征让位于以英联邦、美国、法国、低地国家和德国为中心的经济集团的出现。经济民族主义的兴起不仅影响了欧洲国家本身，也影响到了它们的殖民地。

　　对于世界经济特性的这一根本转向，日本的反应受到其重振国内落后经济意愿的制约，也为日益增长的世界正在脱离国际自由贸易体系的感觉所困扰。正如中村教授在他撰述的章节中所说，20 世纪 30 年代初，日本政府采取了"原始凯恩斯主义"政策，希望能使经济复苏的速度快于西方工业化国家，但是政客、官僚和商业领袖们依然对自由贸易的未来感到担忧。这些政策试图在日益萎缩的世界市场提升竞争优势的同时，也转向建立以日本为中心的日元集团，以减少日本对先进国家的依赖。日本的计划分为几个方面，包括"促使"伪满洲国的经济"迅速发展"，大幅增加在朝鲜等地的工业投资，同时努力"获得"中国华北的丰富资源。在日本政策制订的过程中，战略考虑发挥了重大甚至是决定性的作用，这个考虑虽主要来自于军方，但它最终仍取决于一个共识，即日本必须确立摆脱西方的经济自立和政治自治。这种自给自足的思想最终导致了"东亚经济新秩序"的愿景。

　　在东亚创造一个独立的自给自足的经济领域来摆脱日本对西方的依赖，这种企图是自相矛盾而难以实现的。如果没有从西方先进经济体或其侵占区域进口的技术设备、关键原材料和耐用消费品，日本就不能指望经济上的独立。这个矛盾在美国对日本实行经济制裁以遏制其扩张主义的过程中，得到了更深刻的展示。1941 年 7 月的石油禁运，迫使日本人以军事手段来解决矛盾。但是日本缺乏海军力量保护自己在东亚和东南亚地区的自主经济领域，"大东亚共荣圈"的崩溃，也昭示了日本不可能脱离世界市场而单独存在。

28　　　1945 年后，日本对世界市场的依赖程度，从进出口占国民生产总值的比例来衡量是下降的，一部分原因在于对外贸易在 20 世纪 40 年代后期陷入困境，还有一部分原因，则是 20 世纪 50 年代和 60 年代国内市场的扩张速度比外部市场要快得多。但是，从经济质量上看，日本对国外原材料和技术的依赖程度仍然很高，因此促进出口继续保持经济增长的动力并没有放缓。然而与战前时期相反，日本与外界的经济关系比起其政治关系要更为和谐。如前所述，战后的政治领导人认为，日本的经济依赖包含着一定程度的政治依赖，因此应设法把这种政治依赖转化为经济上的有利条件。

在第二次世界大战后，世界市场的构成与战前的情况发生了很大的变化，日本与它的关系也是如此。[1] 一方面，日本在朝鲜和中国台湾地区的"殖民特权"已不复存在，而中国大陆经济在 1949 年解放以及朝鲜战争爆发后也封闭了起来。在二战期间受到日本控制的地区对日本的敌对态度迟迟未能消散，使得直到 20 世纪 60 年代为止，日本一直难以重新进入这些市场。另一方面，西欧和北美的先进国家致力于重建战后的国际经济，使得货物和服务可以自由流通，这些国家不再像 20 世纪 30 年代那样，以牺牲他国利益为代价来增加自身的收益。随着冷战的开始，苏联及其卫星经济体从相对无限制的自由贸易制度中退出，而为促进自由贸易而建立的机构，诸如国际货币基金组织（IMF）和关税及贸易总协定（GATT），被用来支撑发达国家中非共产主义阵营的较弱经济体。这样的新国际经济秩序非常有利于日本的发展。

20 世纪 50 年代期间，美国担任起日本进入世界市场的保证人。尽管欧洲基于对战前日本出口竞争力的记忆表现出不信任，但美国仍支持日本加入关贸总协定和国际货币基金组织。更重要的是，美国允许日本对从美国进口的货物实行行政控制，而在美国市场上则对进口日本产品不加限制。此外，美国也没有试图阻止本国技术以低廉的价格流向日本。这些技术转让所产生的结果，在日本战后的经济复苏和增长方面发挥了关键作用。20 世纪 60 年代，当日元在 1949 年确定的汇率（360 日元 =1 美元）被严重低估显得越来越明显时，美国并未对日本施加压力让其重估货币汇率。在这种有利的政治背景下，再加上经济的基本实力和经过精心调整的贸易监管体系，使日本能够继续推行加强出口、限制进口的战前政策。

到 20 世纪 60 年代初，日本的经济进入高速增长时期，对外贸易大幅上升。1961 年至 1971 年间，进口增长了 8 倍，出口增长了 9 倍。1964 年后，日本经济在其现代历史上首次获得了正常的贸易平衡。在 60 年代，外部环境继续保持良好的态势，世界贸易和世界国民生产总值持续上升，而对发达国家出口的制成品所征的关税呈下降趋势。在日本的大部分主要市场中，关税在 60 年代平均下降

---

[1] Hugh Patrick and Henry Rosovsky, eds., *Asia's New Giant: How the Japanese Economy Works* (Washington, D.C.: Brookings Institution, 1976), chap. 6.

了 35%。由于原材料成本下降，劳动生产率上升，国外的通货膨胀和日元的固定汇率，日本的制造业价格相对于其他经济体有所降低，从而增加了日本出口的竞争力。日本企业积极投资开发新产品去发达国家销售。1970 年与战前时期相比，日本 90% 以上的出口产品来自于它的制造业部门（化工产品占 6.4%，机械产品占 40.5%，其他制成品占 46.8%）。

20 世纪 50 年代和 60 年代，日本出口驱动的特点是不愿意取消对外国进口的行政控制，同时不情愿从国外借款。日本的商人和政治领导人一直很担心经济可能被外国货物和资本所控制。1960 年做出的一项决定终于采取更充分地开放经济的政策，但"自由化"是逐步执行的。国内预算的平衡和高储蓄率意味着没有必要引进外资。同样，在这期间日本的海外投资也很少，直到 1969 年管制才得以放松，以适应外汇储备的平衡。一些海外投资流入劳动密集型产业，如纺织业——随着工资上涨，在日本能选择的工厂用地变得越来越少——但大部分海外投资流向石油、煤炭、铀矿、铁矿石和有色金属等天然资源的开发，这些都是供日本产业消费的。事实上，在 20 世纪 70 年代初期，日本近一半的外国投资是采矿业务。

国内政治：从不稳定到稳定

当我们转向 20 世纪日本的政治史时，变化和连续性的问题变得更加难以梳理。 一个有力的案例足以说明基本上不存在连续性。例如，1947 年的宪法改正，重新制订了政治游戏的规则。 更引人注目的，是精英人士的快速流转和治理制度中几乎万花筒式的变化。 明治初期所建立的稳定的政治领导阶层，在 19 世纪末 20 世纪初开始崩溃。第一代后寡头体制的政治领导人，如桂太郎（Katsura Tarō）、西园寺公望（Saionji Kinmochi）、山本权兵卫（Yamamoto Gonnohyōe）和寺内正毅（Terauchi Masatake），他们在内阁的控制权远远低于之前的寡头领导人。在 20 世纪 20 年代，他们被国会主要政党的领导人所取代。在 20 世纪三四十年代，高层级的民事官员、陆军和海军的领导人与政党领袖联合起来组阁执政。只有在 20 世纪 50 年代中期，随着保守派政党的巩固并发展成自由民主党，政治权力的稳定和政策的一致性才得以回归。

第二次世界大战前日本宪政制度结构的不稳定，原因在于寡头体制那一代人政治观点的深刻矛盾。一方面，他们的政府理念由一种强有力的知识分子传统——经世济民（*keisei saimin*）的观念——所塑造，这种理念假定那些致力于维护道德和秩序的公职人员，应该治理那些倾向于追求小事、狭隘自利，并不追求公共利益的"小民"。另一方面，明治时代的政治寡头们已经懂得，纯粹的官僚统治在现代世界中既不可能也不可取。即使是一个像德国一样强大的官僚君主制国家，也容忍一定程度的民众政治参与。虽然或许并未把民众才智或权力分享的观念放在心上，但那些政治寡头还是在帝国国会中创建了一个民选的众议院，作为在政府后面团结整个社会的一种手段。实际上，众议院的功能是制订国家政策，或测试国家政策背后共识的一种模式。[1]

这种体系构建上的困难，正如 Mitani 教授所评，在于它倾向于政治分裂而不是官僚一体化。具有讽刺意味的是，在 1945 年前的日本，相比于让谁去领导执行，在发展成为世界大国，维护海外帝国，促进经济增长方面达成了更多的共识。过错在于日本的宪政制度本身。正如 R. P. G. 史蒂文（R. P. G. Steven）所说，一个"混合型"制度难以产生强大的内阁，因为它把否决权放在了许多其他国家机关手中。[2] 政府任命的官员不仅必须要与众议院——检查和平衡功能超越其综合职能——进行对抗，而且无党派官僚体制的本身就被证明是虚假的。高层官员们纷纷远离所主持的事务和琐碎的政治活动，积极而精明地投身于派系的利益。

宪法的改变起始于 1945 年美国占领日本之后，修宪结束了这个政治制度的结构性不稳定。战后的改革废除了许多战前具有自主权的机构——枢密院、独立的海军和陆军统帅部，以及监督（有时甚至对抗）内阁的贵族院。修改后的宪法也明确规定了权力转移的规则。政府的首脑由国会众议院选举产生，从而消除了战前体系制度化的不负责任，在战前，政府首脑这一功能归一个天皇的代理人执掌，而天皇本人从未实际行使过这一职权。内阁的选择不再依赖于一个由皇室顾问——比如"元老"（*genrō*）和"重臣"（*jūshin*）——组成的核心集团的自由裁

31

----

[1]　关于明治时期宪政制度的发展，参见 George M. Beckmann, *The Making of the Meiji Constitution: The Oligarchs and the Constitutional Development of Japan, 1868-1891* (Lawrence: University of Kansas Press, 1957); George Akita, *The Foundations of Constitutional Government in Modern Japan, 1868-1900* (Cambridge, Mass.: Harvard University Press, 1967); Joseph Pittau, *Political Thought in Early Meiji Japan* (Cambridge, Mass.: Harvard University Press, 1967).

[2]　R. P. G. Steven, "Hybrid Constitutionalism in Prewar Japan," *Journal of Japanese Studies* 3 (Winter 1977): 183-216.

量，这种自由裁量意在拉拢具有强大否决权的团体结成情绪稳定的联盟。相反，它取决于众议院的控制权，除此之外，还取决于一个广泛的选举基础。通过简化宪法结构，这些改革消除了许多战前的政治波动。

32　　　然而，在 20 世纪的大部分时间里，理念迥异的精英群体之间的政治冲突，以及精英群体内部的分裂和竞争，塑造了日本国内政治的格局。当时的观察家，后来的学者和历史学家，经常将这一冲突描绘成道德剧目。一些主要侧重于研究政治精英的人，看到了这些精英由于政治理念的冲突——"自由主义与威权主义""民主主义与极权主义"，或"民事与军事的矛盾"——而发生变化。其他一些人则试图从阶级斗争的轨迹中分析政治的变迁：一个新兴的带有缺陷的资产阶级反对一个根深蒂固的绝对主义政权，地主和资本家反对正在上升的农民和工人，金融资本及其官僚奴仆反对迅速发展的社会主义运动，等等。还有一些人将政治冲突降低为由野心和自身利益所驱动的无意义的权力斗争。就像所有的精彩剧目一样，这些紧张关系一直处于冲突和对抗之中。

　　　20 世纪的政治史也被涂抹成一种倾向于将政治冲突转向"正常"或自然结果的色彩。同时代的观察家和历史学家们经常默认地假设政治变革应该朝特定的方向发展，或者走向一个特定的结果。这导致他们会提出以下的问题：为什么民主政治会在战前的日本失败？为什么战前日本没有强大的社会主义或无产阶级运动？为什么日本共产党的力量依然薄弱？为什么美国放弃了使日本"民主化"的企图，转而采取一个后来由保守派政党追求的"转向过程"？换句话说，政治史追问的是为什么一些事情**没有**发生，而不是为什么其他的一些事情发生了。[1] 这一探究线路是完全合理的，特别是对于那些希望从历史中汲取经验的人来说是这样，但是它颠倒了历史学家通常的追求，那就是懂得发生了什么，以及为什么会发生。

　　　由于把日本的现代政治经验放在跨越文化和时代的更广泛的视角中进行比较已经成为可能，过往那种戏剧性的二分法和冲突范式，已经被对当代政治史的更

---

[1] 这方面的研究具有代表性的著作，参见 A. Scalapino, *Democracy and the Party Movement in Prewar Japan: The Failure of the First Attempt* (Berkeley and Los Angeles: University of California Press, 1962); George Oakley Totten III, *The Social Democratic Movement in Prewar Japan* (New Haven, Conn.: Yale University Press, 1966); Stephen S. Large, "Perspectives on the Failure of the Labour Movement in Prewar Japan," *Labour History* 37 (November 1979).

为复杂、不那么戏剧化的理解所取代。在 20 世纪 60 年代之前，日本的政治制度通常被置于一端，被认为朝向另一端的西欧和北美先进工业社会中较老的民主政体只前进了一小段距离。但是，随着苏联周边一系列类似国家的出现，以及欠发达世界出现了越来越多独立的后殖民政权，这种比较视域的范围发生了根本变化。战前和战后日本政治的连续性变得更加明显，日本的政治制度开始被认为更接近于曾经被拿来作为对比的西方宪法议会制国家。正如一位美国政治学家所观察到的那样，"与许多后发现代化的国家不同，相比列宁主义式或卢梭主义式的庞然大物，日本更像是一个麦迪逊－孟德斯鸠式的国家"。[1]

　　关于战前日本政治制度还有一种可供选择的观点，是强调它的"多元"特征。如前所述，战前的许多政治斗争和冲突，很少是由政治原则或阶级利益的剧烈冲突所产生的，大多是由划分各种政治精英群体权力的宪政制约－平衡体系而引起的，因为这种宪政体制未能提供一种仲裁他们之间斗争的强有力机制。在这个意义上，多元主义被认为是为了控制政府而相互斗争的精英群体的分裂和流转产生的。但是，试图在更通常的意义上应用多元主义的概念——为了对国家政策的制订产生影响，在社会利益和经济利益之间展开竞争——一直不很常见，而关于利益政治的研究如今通常聚焦于战后时期。很明显，战前的日本政治在这个意义上确是多元的，尽管它显然不像美国和英国这样的宪政国家那般更加各自为政和更少中央集权。

　　一方面，就 20 世纪日本的政治史而言，它比北美、西欧和英联邦这些古老而又稳定的议会系统更易发生改变，这是由政权的变迁和政治精英的不稳定所决定的。另一方面，与世界其他地区，特别是像日本这样没有前现代代表性传统的社会相比，日本政治看起来相当稳定。这个国家一直没有受到大众革命的影响，就像 1917 年震撼俄罗斯或者 1949 年冲击中国那样，也没有受到许多欠发达国家反殖民主义斗争和非殖民化巨变的制约，这些巨变已经给许多欠发达国家带来了动乱和不安。在某种程度上，这种相对的稳定性必须归功于日本决定实现现代化的时机选择。日本的现代化革命——"明治维新"——已经解决了 20 世纪困扰其他非西方国家的许多问题。尽管人们可以争辩说，在王政复古之后紧随其后的

33

34

---

[1]　T. J. Pempel, "Political Parties and Social Change: The Japanese Experience," in *Political Parties: Development and Decay*, ed. Louis Maizel and Joseph Cooper (Beverly Hills, Calif.: Sage, 1978), p. 314.

是被压缩的现代化，"扭曲"了 1945 年之前日本的政治发展，但同样有道理的是，王政复古之后的一系列改革——建立一套民事官僚体系，对工业化的恪守承诺，以及颁布包括代议制机构在内的宪法——都不是造成这些扭曲行为的主要原因，相比起来，对亚洲大陆进行扩张的注定失败的尝试要承担更多的责任。如果把战前内阁的波动看作一种已经成为日本政治制度表征的长期连续性，那么，这个逻辑论证就会变得更有说服力。

政治党派

政党的历史为 20 世纪日本政治的强大连续性提供了看似合理的证据。可能除了军队之外，相比日本政治进程中的其他作用物，政党更加吸引历史学家的注意。日本战前在内阁与众议院各方之间的对抗具有极大的吸引力，各方的命运为研究政治精英群体各方面因素的变化提供了有效的方法。此后，西方历史学家也倾向于以议会政治来确定政治的内容，而忽略掉官僚机构中那些非显性的政治竞争形式。无论如何，政党的发展提供了追溯 20 世纪政治变革和连续性的线索。[1]

在 20 世纪头 20 年左右，正如特索·纳吉塔（Tetsuo Najita，又译奈地田哲夫）等人发现，政治冲突的主要焦点是政党试图减少和消除寡头官僚阵营（所谓的"藩阀"）的影响力，藩阀的首领尤以山县有朋（Yamagata Aritomo）为最，此人对各政治党派怀有强烈而持久的不信任。但是，这一时期的政治不能被降低为两组界限分明的对手之间简单的对抗。斗争很复杂，首先是寡头之间的内部分裂，以及藩阀派系年轻成员对完全控制政府的权力毫无耐心。这导致像伊藤博文和桂太郎这样的人或通过与政党领导人的临时联盟、或组建自己的政党，来跨越政党和藩阀之间的鸿沟。各党派的政治家之间也存在激烈的纷争和对抗。但相形之下，党派政治之间的纷争较少涉及理念和党纲，更多是争夺权力和影响，获

---

[1] 关于日本政党发展史的标准出版物，参见 Tetsuo Najita, *Hara Kei in the Politics of Compromise*, 1905-1915 (Cambridge, Mass.: Harvard University Press, 1967); Peter Duus, *Party Rivalry and Political Change in Taishō Japan* (Cambridge, Mass.: Harvard University Press, 1968); Berger, *Parlies;* Robert A. Scalapino and Junnosuke Masumi, *Parties and Politics in Contemporary Japan* (Berkeley and Los Angeles: University of California Press, 1962); Haruhiro Fukui, *Party in Power: The Japanese Liberal Democrats and Policy-Making* (Canberra: Australian National University Press, 1970); Nathaniel B. Thayer, *How the Conservatives Rule Japan* (Princeton, N.J.: Princeton University Press, 1969)。

得内阁大臣的职位，以及地方选举的利益。1900 年成立的政友会（*Seiyūkai*）和
1913 年成立的同志会（*Dōshikai*，1916 年后改组为宪政会，1927 年重组为民政党）
这两个主要政党，在国家政策和理念上的分歧，可能比任何其他先进工业社会中
的议会政党都要少。以帝制德国为例，那里活跃着一个直言不讳的社会民主党，
在意识形态上常常与更加中立和保守的政党发生冲突。

同时代及后来的观察家们经常认为政党之间的对抗是造成政党弱点的一个原
因，但也造成了内阁与国会结盟的可能性，这为政党执政铺平了道路。实际上，
在 1905 年到 1918 年间，除了一个例外，没有内阁在没有得到多数政党的支持，
也没有得到众议院中多数联盟支持的情况下获得过权力。与此同时，那些入阁担
任各省大臣的政党领导人数量也有所增加。到 20 世纪的第 2 个 10 年，很明显的
是政党最终夺得对政府的完全控制权，以至一些重要的高级官员辞去官职，成为
政党的成员，这在战后日本政治中也是屡见不鲜的现象。

然而，1918 年后政党内阁的出现，并不标志着政治实践的急剧断裂，而是
政治权力从政治寡头派系手中转归众议院的微妙变化。发生这种转变有几个原
因：第一，愿意或者能够组织有效政府的寡头派系成员已经越来越少；第二，像
山县有朋这样的寡头领导人较喜欢软弱和分裂的国会，所以决定选择那些曾经
看上去既不激进也非不负责任的政党领导人；第三，到了 1924 年，所有明治时
代的寡头都已死去，只有西园寺公望还活着，而他是一个在气质和原则上都无
意于抵制时代潮流的人。政党内阁的正式加入既不代表制度构成的根本变化，36
也不代表民主原则的胜利。恰恰相反，这只是一个由政治现实所允许的务实决
定的结果。

在第一次世界大战后的 15 年间，政党成为日本政治系统中的霸权精英，它
统治内阁、制订国家政策，并且从次要层面说，还要负责政策的执行。除了
1922 年至 1924 年的三届短命的"超然内阁"外，政党领导人直到 1932 年才担任
内阁首相和内阁大臣。相比之下，民政和军事官僚机构看到了它们政治影响力的
下降，尽管它们的声望和受欢迎的地位仍然存在。这种转变的一个标志，是允许
自己与政党合作的官员越来越多。最引人注目的叛徒是田中义一，他受到山县有
朋的栽培，被内定为"长州派系"的军队领导人，却在 1925 年同意担任了政友
会的总裁。

控制内阁会对那些经常遭到忽视的政党产生影响。掌权迫使政党领导人努

力解决国家面临的问题，并为此肩负责任。党的领导人不能仅仅简单地为桌子上的地位讨价还价，他们还必须准备好饭菜。在各种各样的政策上的显著差异——扩大选举权、引进劳动和社会立法、预算和税收政策、军费开支和对中国的政策——加剧和强化了政党之间的对抗。虽然双方政党都依赖于农村选区选民的支持，并求助于大型企业对政治基金的捐助，但在许多问题上仍然存在差异。政友会倾向于采取自由开支的财政政策，对社会问题采取保守立场，以及在对外政策上持鹰派观点。相比之下，宪政会则赞成财政紧缩，对社会问题采取建设性的回应，以及在外交政策上持国际主义的取向。不过，对于政党掌握领导权时期政策形成的研究一直十分薄弱，以至不得不说尚无法确证这些政策差异的重要性。

37 　　然而，即使在政党掌握了领导权的年代，它仍然受到公众的怀疑。即使两个主要的政党设法获得了选民投出的选票，但他们仍然不是受到深刻信任的政治承担对象。（愿意为天皇效忠的选民，肯定不会对政友会或民政党 [Minseitō] 做同样的事情。）媒体上频繁披露的公共丑闻——政治上的交易或经济上对政治资金的捐赠——侵蚀了当事人的道德权威，而在政党内部，那些决心改革的成员也常常表现出对同僚的蔑视。1927 年以后，随着危机的逐渐显现，不仅在公众之间，而且在其他精英人士中，都充斥着对政党的领导人作为国家领导人适当性的怀疑。最后一届战前首相犬养毅（Inukai Tsuyoshi）在 1932 年被暗杀，成为政党领导权时代结束的直接原因。但是，考虑到 20 世纪 30 年代初关于内部混乱和外部威胁的压倒性意识的扩散，结局的到来可能就不那么具有戏剧性了，发生于 1918 年的权力平衡再次发生了同样的微妙变化。

　　20 世纪 30 年代初期，西园寺公望在一批被称为"重臣"（老资格的大臣）的非正式顾问的协助下，决定促进组建超党派的"举国一致内阁"（kyokoku itchi naikaku）。所有主要的政治精英群体，包括政党、军队、民政官僚机构，甚至是贵族院，都对这一举动表示支持。这一努力达成了主要政治精英群体之间在 1936 年 2 月 26 日崩溃后的权力平衡。尽管有分歧，军队领导层在组阁方面发挥了更大的作用。它采取非正式的压力，这同时也是它的权力，来阻止任命一名内阁军事大臣，以阻挠它所反对的政府的成立。但是，即使在东条英机（Tojo Hideki）于 1941 年年底担任首相职务之后，军队的高层统治仍然不是统一的，也不是全能的；而政党虽然在 1940 年就被正式解散，但从来没有遭到系统性的压制，国会的功能也没有被停止。

直到战后修改了宪法，政党才再一次回到政治舞台的中心。即使如此，新宪法的稳定效应也并不是立竿见影。战前的保守派政党处于混乱之中，重要的领导人遭到占领时期的清洗被剥夺权力，并在战后选举中被"新人"所淹没。左派政党得到了相当的发展，在战前最后一次选举中，最大的左翼政党社会民主党只赢得了 9.1% 的民众选票；与之相比，在 1947 年的选举中，左翼政党获得的支持要多得多，日本社会党赢得了 26.3% 的选票，日本共产党也赢得了 3.7% 的选票。人民对根深蒂固的保守派领导阶层幻想的破灭，广泛的经济困难和供给不足，以及有组织的劳工运动爆发式的增长，这些都促成了左翼政党的发展。它们的出现在日本的政治生活中引发了一种新冲突和新动荡的可能性，尽管政治结构正在重新排序和简单化。在 20 世纪 50 年代早期，左派政党和右派政党之间关于美日同盟、重新武装，以及"大转向"等问题发生了紧张而激烈的争端，成为某种政治上两极分化的预兆，而这是日本到此时为止从来未曾经历过的。20 世纪 50 年代初左翼得票率的增长，似乎显示出最终将会出现左翼政府的趋势，而许多知识渊博的政治家和政治观察家都曾假定，随着人口变化，更多的人转移到城市，更多的工人进入工厂，这将保证社会主义者的最终胜利。

像通常的情况一样，对当前事件的长期推断并不是一个对未来的准确指导。在 1955 年，分裂而争吵的保守派政党团结起来，组成了自由民主党（LDP），在接下来的 30 多年里，它支配了众议院、控制了内阁。自由民主党的成立开始于派系，或领导导向型小政党的结盟，这些派系和小党经常因强烈的个人对抗和争夺对内阁及阁僚职位的安全控制而闹得四分五裂。从某种意义上说，对于国家领导阶层的竞争已经从国会的大厅转移到了自由民主党的总部。即使内部存在着竞争和分歧，但自由民主党总是设法支持党的总裁。谁被选为党的总裁，也就自动保证了他的首相职位。然而，单纯的政党团结无法解释其权力的连续性。的确，如果该党失去了对众议院的控制，它的团结也就不会起到多大作用。

在 20 世纪 60 年代，这似乎是不可避免的趋势，左派在选举中得票率的下降，以及选民们持续向自由民主党回归，使其占据了议会众议院的多数席位。这可以归因于前面提到的历史演变。首先，正如福井（Fukui）教授所说，在自民党（LDP）所支持的达成高速增长和提高国民生活水平的目标背后，存在着一个基础广泛的共识：只要经济整体表现有所改善，自由民主党就将在全民公投中继续获得或拥有它想要的东西。左翼政党所提出的社会正义和财富公平分配的问题，对于选民来说并不是他们最关心的问题。其次，外交政策问题的重要性，在 1960 年修订《日美安全保障条约》后也逐渐减弱了。美国在日本驻军和基地的减少，消除了公众对美日联盟产生敌意的主要来源，而中苏交恶期间所谓进步国家阵营的分裂，也对左翼力量造成了困扰和挫伤。左翼在公众支持的国内外政策问题上的犹豫不决，导致日本社会党中的温和派分裂出来，在 1960 年组成民主社会党。主要反对党的这一分裂是造成自由民主党持续统治的最后一个因素。

39

虽然政党在 20 世纪的政治中一直发挥着关键的作用，但很显然，它们的经历与那些先行的和更稳定的议会制国家是截然不同的。只是在 20 世纪的后半叶，政党才成为控制政府的主导力量。政党政治的实践，以及投票、谈判和妥协的过程，是任何议会制度得以运行的核心，所有这些都必须获得一种合法性，而这种合法性在 19 世纪末 20 世纪初是缺乏的，当时日本的宪政体制刚刚诞生了十年。

民事官僚机构

相比之下，专业官僚机构，特别是在政府部门担任最高职务的高层民事官员，则几乎没有取得合法性的必要。被明治时代寡头政治的执政者视为他们真正的继承人，官僚们组成了一个享有特权和受到保护的精英群体。他们提供给政府的稳定性和连续性，是那些备受争议和互不合作的政治党派所不能做到的。专业的官僚机构起源于 19 世纪 80 年代末期建立的公务员考试制度。[1] 教育系统被设计来筛选那些最聪明、最优秀的人——通过学业上的表现来决定——进入民事官僚的行列。在 1900 年，一个雄心勃勃的年轻人，不是要成为一个律师、一个商人或一个政治家，而是要使他的人生道路跃过“龙门”。明治时代以前的观念认为，官员同时也是一位绅士和学者，拥有更优秀的智力和教养，给予官员的尊敬是其他职业的人士所享受不到的。对于官员的自大和傲慢，即使有很多公众怨

---

[1] 关于战前官僚机构的问题，参见 Robert M. Spaulding, Jr., *Imperial Japan's Higher Civil Service Examinations* (Princeton, N.J.: Princeton University Press, 1967); Robert M. Spaulding, Jr., "The Bureaucracy as a Political Force, 1920-1945," in *Dilemmas of Growth in Prewar Japan*, ed. James W. Morley (Princeton, N.J.: Princeton University Press, 1971)。

恨，甚至嘲笑，他们还是会对那些达到更高官僚层级人士表现出顺从和尊敬。

公务员考试制度的目的是建立一个政治中立的行政服务系统，致力于国家的 40 利益而不是宗派或党派的利益。说到底，官员们是"天皇的仆人"。在某种意义上，身负专业才干的高层级公务人员会产生一种感觉，那就是他们确实要比那些选出来的官员或普通公民更好地担任国家利益的仲裁者。19 世纪 90 年代后期，当政党领导人在尝试为追随者们提供国家机构的高层职务时，山县有朋却在竭尽所能企图永久隔绝政党对官僚机构的影响。大多数新招聘的公务人员仍然对政治保持冷漠，而把他们的职业生涯花在扮演公共行政和管理的角色上。在 20 世纪的第一个 10 年期间，特别是 1905 年以后，他们得以进入部长级官僚机构的最高阶层，担任次官或大臣。

那些达到职业生涯顶层的野心勃勃的行政官员，开始追求超越其职业生涯的政治事业。政党的领导人常常积极招募有前途的高级官员，急于想要利用他们的专业技能和人脉关系。就如特索·纳吉塔所展示的，原敬（Hara Takashi）试图吸收一些年轻的行政官员，用他们的办公室作为政治选举的垫脚石。[1] 大藏省的一些领导官员，特别是若槻礼次郎（Wakatsuki Reijirō）和滨口雄幸（Hamaguchi Osachi）也成为宪政会－民政党（Kenseikai-Minseitō）的顶层领袖。但是，甚至在 20 世纪 20 年代，这种"官僚机构的党派化"也只影响到了极少数职业公务人员。

也许，强调战前时期影响高层公务人员的其他趋势显得尤为重要。第一，官僚机构变得越来越权限分离。高层官员通常都在一个单一的部门内开始并结束其职业生涯。从一个部门到另一个部门的横向转移虽然可能，但不合规范。因此，官员们对自己所在的部门，乃至部门中的处室，都表现出强烈的忠诚。虽然这具有鼓励专业化和熟悉部门职能的优点——无论是草拟预算，经营国家铁路系统，还是管理宗教机构——但也会鼓励各个部门的官僚机构之间及其内部处室之间的争斗，这种情况特别容易发生在那些分享国家预算的部门之间。其次，随着社会越来越复杂和政府职能的不断扩张，由于各部门都力争扩大自己的职责，因而在不同的部门之间存在着频繁的管辖权纠纷。有时这些争议是 41 通过设立新的部门来解决的，例如 1925 年将商工省从农商务省分离出去，又如

---

[1]　Najita, *Hara Kei.*

1938 年将内务省中的社会事务局提升为厚生省。部门间的争端经常涉及政策制定的争斗。当 20 世纪 20 年代出现激进的工人运动时，内务省和商工省竞相起草劳动法，而在 20 世纪 30 年代，它们又在如何处理劳工问题上进行持续的争斗。简而言之，高层公务人员既非铁板一块，也非政治至上，其成员不断试图扩大行政权力和控制范围。

20 世纪 30 年代，政党统治的瓦解为改革派或激进派官僚的领袖们提供了强化其政治角色的机会。在这个十年里，出现了新闻界所称的"新官僚"（shinkantyō）。这个弹性术语概括了一些发展动态。一方面，有一个官僚群体，主要是内务省及一些部门官员中最为"党派化"的人，他们致力于终结"政党恶习"的若干后果——选举腐败扩散蔓延、官僚作风侵蚀农村、党派影响力渗透至部级官僚机构，如此等等。这些人是 20 世纪 30 年代早期"选举净化"运动的支持者。另一方面，一些经济部门的年轻官员，主要是在工商业、农业和交通运输业等部门从事行政管理，他们企图增加官僚对经济和社会的控制，以促进生产和减少社会紧张感。由于 1927 年经济的崩溃，以及经常受到马克思主义或国家社会主义思潮的影响，人们对市场经济体制感到幻灭，这些经济官员想用集中的经济决策取代事实上的自由放任政策。他们认为官僚理性要优于市场理性。有意思的是，这些技术专家治国论的改革者们建立了一个联盟，他们支持对经济进行基础性的结构调整。其中不仅有军事官员，也包括一些温和的左翼政党人士，他们想要建立一种新的全国动员体制，为一场大战做好准备。[1]

高层公务人员中改革呼声的出现，是一种社会思潮的反映，这种思潮既反对政党的统治，也对常规部门官僚机构的保守主义感到不满。为了规避那些保守的部门，诸如内阁调查局（Naikaku chōsakyoku）、内阁企划厅（Kikakuchō）、内阁企划院（Kikakuin）这些新的集中协调机构被筹建起来，跨越了部门管辖的正常界限。但是，促进官僚控制权力的扩展和新的额外部级官僚机构创建的更重要的原因，在于外部危机的到来。在 20 世纪 30 年代中期，特别是在 1937 年与中国的战争爆发之后，通过立法对向来由民事官僚机构掌握的经济事务进行了全面的行政控制。由于具有或多或少的自我意识，许多这些"新官僚"都企图进行一场管理革命，通过在经济决策中以官僚机构的管理者取代企业高管或私人企业家，从

---

[1] Cf. Berger, *Parties;* Johnson, *MITI and the Japanese Miracle.*

而结束市场的"无政府状态"。

1940 年的"新秩序运动"为进一步扩大官僚机构的控制提供了机会。虽然这一运动本身得到了奇怪的政治势力联盟在背后的支持——军队领导人意图建立一个后方动员的体制，政治家们则想通过合并来改革和强化政党，温和的左派政治家和积极分子要求进行社会改革，而右翼人士则希望建立一个极权主义机制——但这一运动的最终受益者还是民政部门的官僚。内务省对农村的管理权力曾经因政党政府的崛起而大为稀释，此时通过利用大政翼赞会及其各种附属机构的机制，内务省将地方社会置于其更严格的监督和控制之下。内务省在社会管理上的权力比以往任何时候都大得多。关于"经济新秩序"的浮夸计划也在 1940 年浮出水面，虽然从未以更激进的形式付诸实施，但官僚机构对战时经济的控制确在增加。可以肯定的是，民政官僚机构不再像以前那样庞大，管辖权的斗争由于涉及军事服务、公司业务仍然错综复杂，但直到太平洋战争结束，官僚机构指令的运行范畴还是大幅扩展了。

具有讽刺意味的是，在美国占领下，其目标号称是政治民主化，但民政官僚机构仍然享受着前所未有的影响力。正如查默斯·约翰逊（Chalmers Johnson）所说："大约自 1948 年起，从占领'逆转过程'开始，到 1955 年的保守党派合并，要回答由谁统治日本的问题，答案显然是官僚。"[1] 民事官僚权力提高的原因，一部分是结构性的，一部分与政策有关。尽管美国的占领对日本战前的政治和宪法结构进行了全面的攻击，但民政官僚机构仍然保持着相对完整。[2] 内务省和其他一些中央集权的机构被废除；警察和地方政府系统被分权化；文部省被大力改革；但大部分部级官僚机构则继续像以前一样发挥作用。由于缺乏人手，未对战败的日本施加直接的军事统治，美国占领后选择通过现存的行政结构来进行管理。美国也对日本实行比日本战时政府更为彻底的经济管制，它把行政责任从工商界主导的战时"管制协会"转移到部级官僚机构。公营公司也被建立起来，用以管理各个关键的经济部门。已经适应了战时统制的工商界领袖们接受了这些新的安排，而那些政治党派的领导阶层，受到占领期间行政

43

---

[1] Chalmers Johnson, "Japan: Who Governs? An Essay on Official Bureaucracy," *Journal of Japanese Studies* 2 (Autumn 1975): 1-28.

[2] 关于战后日本官僚机构的一部有用的著作，参见 Akira Kubota, *High Civil Servants in Postwar Japan: Their Social Origins, Educational Background, and Career Patterns* (Princeton, N.J.: Princeton University Press, 1969)。

清洗和在政策问题上意见分歧的削弱，从而在许多政治决策领域放弃了主动权。只有当 1955 年保守党派合并为自由民主党之后，民政官僚机构的权力才开始减弱。自民党越来越多地参与国家政策的决定，相对降低了高层官僚机构官员们的自主权。自民党的政治事务研究委员会由国会议员组成，并对应各重要部门和管理机构组成下属委员会，开始在政策制订中发挥更大的作用。很快，那些部级官僚机构向这个团体进行咨询已经成为常规，而且必须对其成员的关切和兴趣加以回应。一位著名的政治学家升味准之辅（Masumi Junnosuke）甚至还观察到，中央政府机构已经变得只不过是"自民党政治事务研究局的营业网点"。[1]

44 同时，自民党对议会、内阁以及预算过程的持久控制，使部长级的官员同样容易受到非正式的压力，这些压力通常来自那些扮演地方或国家利益群体代表的国会议员。在某种程度上，这表现了一种向 20 世纪 20 年代没有建立起的模式的回归，而雄心勃勃的公务人员在官僚机构退休后也有竞选政治职位或担任自民党领导职务的趋势。从 1957 年至 1972 年，每一位自民党总裁，以及每一位首相，都是前任的政府官员。

与政治党派动荡的命运形成鲜明对比，民事官僚在 20 世纪政治中一直持续产生着影响。尽管战后美国发起了宪法修订和结构改革，但行政体系仍然高度集中。妥协于美国观念的更为民主的分权制或联邦制结构——即通过广泛的投票选举出地方长官和增加地方组织的权力——也建立了起来。与国会或中央部门官僚机构相比，这些地方机构仍然较弱。 战后的政治结构与明治时代以来以东京为中心的结构一样，中央官僚机构继续之丁零政策和立法预案呈递给政府，同时还负责政策的落实。唯一重大的变化或许是，与战前相比，民政官僚变得越发紧密地融入利益表达和利益代表的政治活动中了。

利益政治

自 19 世纪末 20 世纪初以来，一方面政治党派和官僚机构之间，另一方面二者和普通民众之间的裂痕，逐渐被压力集团或利益集团的活动所弥补。压力集团的政治活动在日本出现，与其他资本主义议会制国家出现的原因大致相同。

---

[1] 转引自 Ito Daikichi, "The Bureaucracy: Its Attitudes and Behavior," *The Developing Economies* 6 (December 1968): 447。

首先，就其本质而言，议会制度使利益代表制原则合法化。如果某个特定地区的选民有权将一位代表送进国会，那么，那些特殊的经济或职业群体寻求他们利益的代表也是理所当然的。（早在 19 世纪 80 年代，县议会成员就已经开始为特定的地方或经济利益游说了。）其次，随着社会结构变得越来越复杂，官僚机构的管辖权也扩大了。国家权力对社会生活的渗透越来越深，新的法律或者官方条令处理了迄今为止不受政府干预的事情。作为回应，那些受到影响的人们也会经常组织起来去影响国家权力的行使。再次，加快经济发展造成了新老经济利益群体的冲突。有关税收、预算、关税或国家投资的经济决定，会使一些社会部门受益而使其他人受损。因此，压力集团提供了一种调解或解决这种冲突的手段。

可以肯定的是，传统上对于"私人"或部门利益的不信任仍然存在。例如在关于明治宪法的官方解释中，伊藤博文（Ito Hirobumi）指出，即便是国会众议院的成员也是"全国的代表"，而不是"仅仅代表其委托人，只注意那些由他们自己的选民所交托的事务"。[1] 国会议员被预期为会代表正体的利益。这种自相矛盾的"代表"概念与当代西方并没有太大的不同，但它是由官僚精英主义的传统支撑着的。虽然公众态度仍然受到这些想法的影响，但是政治实践却很快与他们发生背离。到 20 世纪初，甚至连伊藤博文也开始承认既代表特定利益又代表公共利益的必要性。

19 世纪 70 年代和 80 年代，地方商会、农业协会和工业协会已经在回应官方的激励。[2] 在面对西方国家的经济竞争时，日本政府鼓励它们结成团体以促进国内团结。这些团体更像是国家的半社团主义机构，而不像在西欧和北美出现的政治上的自愿结社。它们通常不具备作为游说集团或压力集团的功能。例如，在 1890 年之前，商业游说采取的是离散契约的形式，这些契约将由商业和政治领导人脱离公众视野来达成，并且无须经过公开的辩论。

然而，当国会召开以后，代表一些公司或整个行业的有组织的利益集团几乎

---

[1] lto Hirobumi, *Commentaries on the Constitution of Empire of Japan*, trans. Miyoji Ito (Tokyo: Chuo daigaku, 1906), pp. 73-74.

[2] 关于利益集团的发展，参见 Ishida Takeshi, "The Development of Interest Groups and the Pattern of Political Modernization in Japan," in *Political Development in Modem Japan*, ed. Robert E. Ward (Princeton, N.J.: Princeton University Press, 1968)。

46 立即粉墨登场。利益竞争和压力集团的政治活动也是如此。特殊的行业开始游说
立法或政策变更，以保护或增加它们的利润。例如，在 19 世纪 90 年代初，日本
棉纺织工业协会进行了一场积极的运动，终止作为其原料的棉花的进口税，以及
其主要产品的棉纱的出口税。但是这样的政策，与保护国内棉花种植，以及通过
维持高进出口税来保持低地租的土地利益集团的期望相冲突。通常而言，反关税
运动向棉纺纱厂主和工商界领袖们表明，商业活动具有一套明确而可界定的利
益，这些利益与其他经济群体的利益大不相同，需要相当大的压力和谈判来加以
保护。这也使他们意识到了他们在政治上的弱点所在。

　　到了 19 世纪 90 年代后期，工商业界在推动其对于农村利益的政治诉求上表
现得越来越好斗。与德意志帝国议会中"黑麦与钢铁"的联盟不同，在日本议会
中没有出现"稻米与纺织品"的联盟。正如三谷教授所说，商业团体向内阁、议
会和各个政党频频施压，提出决议要求增加土地税，以供给日益增长的预算，而
土地利益的拥有者则竭力加以反对。增加土地税的运动迅速转变为修改选举法的
运动，以增加城市（从而也增加工商界）在议会中的代表。这两项运动不仅体现
了工商界领袖日益增长的政治自觉性，而且取得了巨大的成功。在 20 世纪的头
20 年里，压力集团和利益集团的政治活动在多个层面上变得常规化。议会中的政
党成为表达地方和国家利益的工具。正如几位学者所表明的那样，政友会的领导
层试图将高层工商界领袖纳入自己的党派之中，利用议会制订预算的权力和中央
部门对于地方官僚机构的权力，来报答或讨好支持者的政治活动，这种情况在日
俄战争之后尤为常见。地方上的公共工程项目，比如建设分支铁路、道路桥梁、
灌溉系统、改善港口等，是提高地方选举支持率的杠杆。虽然竞争对手经常反对
这种滥用权力的行为，但到了 20 世纪 20 年代，这种政治上互投赞成票以通过对
彼此都有利提案的做法，已经成为例行程序了。

　　随着现代产业部门的相对重要性日益提高，工商界领袖的合作对于某些国
47 家政策能否取得成功至关重要，这遂使中央政府系统地征求工商界领袖的意见。
19 世纪末 20 世纪初，工商界对扩张性外交政策的要求相当迫切，但随着时间的
推移，其他的政策问题也变得越来越重要。1896 年、1897 年和 1898 年，政府
召集了农业、商业和工业三个高级别委员会，大范围讨论中日甲午战争之后的
经济问题：扩大对外贸易、采用金本位制、引进外国资本、成立海外银行、提
高工人待遇，甚至还包括移民政策。这些高级别的会议把杰出的银行家、外贸

商、造船公司高管、制造商和行政部门官僚的代表聚到了一起。虽然政府的目的无疑是达成共识而不是讨论政策，但工商界代表们坦率地表达意见，他们往往表现出对官僚机构干预行为的失望。这些会议为官方的"调查会"（*chōsakai*）或"审议会"（*shingikai*）确立了先例，旨在给予工商界代表一个在政策制订中的正式角色。20 世纪第一个 10 年和第二个 10 年期间，一些关键性的机构被召集起来，包括：1910 年到 1912 年的"生产调查会"（Seisan *chōsakai*），1916 年到 1917 年的"经济调查会"（Keizai *chōsakai*），1918 年到 1919 年的临时国民经济调查会（*Rinji kokumin keizai chōsakai*），1927 年到 1930 年的商工审议会（*Shoko shingikai*）和 1930 年到 1935 年的临时产业审议会（*Rinji sangyō shingikai*）。即便它们的功能也许往往只是一种摆设，这些正式机构还是隐约表明了强大利益集团的支持对于国家政策实施的必要性，如果是在不合法的情况下，那就更是如此。

随着经济结构越来越复杂，利益集团组织也随之激增。大多数利益集团是代表着特定商业、贸易或职业群体（如造船业协会），地理区域（如大阪制造业协会）或特定区域产业（如北海道矿工协会）的专门团体。虽然它们的利益往往是狭小的或地方性的，但是当一个问题影响到一些团体时，它们往往会结成联盟加以应对。例如，20 世纪 20 年代，棉纺织工业协会与国内商会和国外商人协会联手，抗议在中国发生的抵制日货运动。此外，还出现了代表特定职业和经济集团普遍利益的"层峰组织"。一方面，农业的利益，特别是土地所有者的利益，由帝国农业协会所代表，这个协会在政府的鼓励下于 1910 年建立；另一方面，国内各地工商业者的利益，则由 1922 年组织的全国性的日本商会所代表。然而，尤为引人注目的还是代表大型现代制造企业利益的层峰组织的崛起，包括日本产业俱乐部（1916 年）、日本经济联合会（1922 年），以及日本产业协会全国联合会（1931 年）。产业领袖们察觉到，银行家和金融家的意见往往为政府所依赖，而这并不一定代表整个工商业界的看法。 48

在 20 世纪 20 年代，日本还试图建立一些利益组织，这些组织代表的是经济上的弱势群体和政治上力量较弱的那部分民众，诸如雇佣劳工（日本劳工联合会，1920 年）或佃农（日本农民联盟，1922 年）。虽然这些组织试图提高其理应代表的那部分民众的利益，比如，通过工会组织或降低租金的法制化，但它们在根本上是反对社会政治现状的。这些组织的领导者往往不是来自普通工人或农民阶层，而是来自致力于全球社会转型的知识分子阶层。正如杜斯（Duus）和沙伊纳（Scheiner）教授所说，第一次世界大战以后，劳工运动参与了争取男子普选权运动和无产阶级政党运动，其领导人往往以这样或那样的形式主张社会主义。考虑到公众情绪占压倒性的保守特征，而这些保守性状是由初级教育制度灌输的传统价值观念所培育起来的，因此这些压力集团代表着缺少特权阶层仍然规模小而政治弱。它们的领导人由于主张具有危险性和破坏性的外来阶级斗争哲学而遭到谴责，他们的政治活动往往成为官方打压的对象。

在 20 世纪 30 年代，"改革派官僚"以及许多平民政治家建立了一种分肥政治，而无产阶级政党则主张限制这种政治的流行。在这一过程中，压力集团的活动，或者说利益政治的运行，是通过强加于关键经济或职业团体的国家控制来实现的。这些社团主义者的建议是以统制经济结构取代自由经济结构的更广泛努力的一个组成部分，但也反映了渴望恢复社会和谐和民族团结的思想，这种社会和谐和民族团结由于 20 世纪 20 年代的阶级冲突和党派偏见而遭受破坏。官僚主义企图对利益集团的活动强加限制，范围包括将将计划引入中央经济规划之中，建立解决劳资纠纷的新的官方机制等。部级官僚机构以外的许多人，包括政治家以及右翼活跃分子，都呼吁采取极权主义的制度来惩戒不合规矩地获取利益，并使私人利益服从于公众利益。1940 年，"新秩序"运动试图将所有利益团体都纳入一种致力于"国家利益"（*kokueki*）的多层结构。这一"新秩序"虽然并未成为现实，但战争的压力还是限制了公开的压力集团活动。

第二次世界大战后，利益集团的迅速重建，显示出它们已经深深地嵌入了政治实践。虽然大型企业组织是第一个通过战前协会所提供的框架重建起来的，但美国占领当局积极鼓励劳工协会和农业合作社的发展。到 20 世纪 50 年代，代表特定职业（例如医生），寻求政府援助的群体（例如退伍军人和领取养老金的人，战后老兵或遗属）的全新压力团体，或支持特殊政策（例如反对核武器）的那些压力团体，开始在政治进程中扮演积极的角色。相较于战前的那些组织，经济利益集团、强大的协会组织和抗议组织在一个更大的规模和更广阔的范围内，呼吁政府的关注和公众的支持。

然而，最具影响力的声音一直来自那些规模很大且拥有专业人员的，组织结构功能流畅且具备高度代表性的国家层峰组织。正如潘佩尔（Pempel）和常川（Tsunekawa）教授所说，这些组织的发展甚至没有过从一个社会部门到另一个部门。[1] 到了 20 世纪 60 年代后期，事实上所有主要行业都已被组织成为功能强大的分级协会，其中大约一百个这样的同业公会，连同数百个大型工业企业，组织成为经济组织联合会，其会长通常比首相更强有力且更受尊重。几乎所有的农场主都属于全国农业合作协会的分支机构，这是一个能向政治家和部长级官员展示强大统一战线的团体。相比之下，尽管在战后时期经历了突然的组织爆发性增加，但在第二、第三产业就业的劳动力仍然相对缺乏组织。在 1970 年，仅有 34.5% 的工人加入了工会组织。国家劳工领导人中深刻的意识形态分歧和争端也削弱了劳工领袖们的地位。无论如何，与代表其他大企业或农业人口的利益集团相比，劳工压力团体具有的政治议价能力要少得多。

50

在一定程度上，正是由于保守政党组织的弱点——有限的政党成员以及政党的中央总部与地方选民的薄弱纽带，才使农业和工商业利益团体得以强化。利益集团的组织规模庞大，比如国家农业合作联合会，它可以通过一个全国性政党中央总部所不可能的方式，去动员关键选民支持议会的候选者，但作为回报，他们希望继续得到对大米价格的支持，以及其他有利于农业利益的立法。在国会参议院，与大型国家选区匹配的全国性层峰组织通常会提名和选举他们自己的候选人，而不是政党支持的候选人。在 20 世纪 50 年代后期，自由民主党显然努力赢得了全国主要职业协会的支持，这表明保守派领导人是多么重视培养利益集团的支持，并抵消其组织的弱点。出于同样的原因，大型工商企业和全国工商业层峰组织为保守党候选人和国家总部提供政治基金，作为向政策制订者提供更多机会和更大公共政策影响力的回报。具有讽刺意味的是，那些较大的全国性劳工联合会把它们的政治命运与左翼党派——社会党、共产党，以及其后的民主社会党——连接在了一起，从而切断了自己通往权力核心圈子的通道。这样的选择经过了深思熟虑，是兑现意识形态承诺和战前政治关系的反映，但它仍然具有重要的策略影响。大规模的劳工协会不是试图通过请愿或幕后谈判来对国家政治施加压力，而是通过大规模示威游行、室内静坐罢工，以及其他的温和抵抗行为去影响公共舆论。这些抗议战术试图从外部影响政府，相对其实际效果来说更具象征意义。在 20 世纪 50 年代，当时的对抗政治正处于

---

[1] T. J. Pempel and K. Tsunekawa, "Corporatism Without Labor? The Japanese Anomaly," in *Trends Toward Corporatisi Intermediation*, ed. P. C. Schmitter and G. Lehmbruch (Beverly Hills, Calif.: Sage, 1979).

战后高峰期，大规模的游行示威和公众抗议宣示了重大的心理边界，国家政策不能偏离于这个界限之外（例如大规模的重新武装）。但是，随着政治激情的衰减，公众示威游行几乎成了仪式化的行为，引起了知识分子的抱怨，并把学生激进分子推向采取暴力对抗的行动。

51　　成功的利益集团意识到，他们改变国家政策或获取国家资源的努力必须集中于自由民主党的身上。一位政治学家将他们定性为"乞丐团体"，指的是这些团体寄生于和服从于政治权威，而不是直率地捍卫它们自己的原则。然而，更常见的是，在压力集团、部级官僚机构和自由民主党三者的三角关系中，就像小孩儿玩的"石头—剪刀—布"游戏（类似于美国的"剪刀—纸—石头"游戏）。这是一个没有玩家具有优势的游戏，任何玩家都可以同时获胜和失败。压力集团倾向于屈服于官僚机构，但是会对自由民主党积极施压。自民党一直渴望压力集团能给它带来更多选票和政治基金，但也可通过控制国家预算来对部级官僚机构施加压力。而部门官僚机构一直小心翼翼地不要冒犯执政党政治家，同时又意识到自己的行政权力如何能够影响特定利益集团的命运。虽然"石头—剪刀—布"这个比喻说法显得比现实更为优雅，但它确实表明了保守党政客、部级官僚机构和利益集团协会之间异乎寻常的密切关系。

　　另一方面，"石头—剪刀—布"的比喻低估了战后利益政治的复杂性。现实情况是主要演员并不是铁板一块的。正如我们已经看到的那样，自由民主党是一个派系联盟，并不是所有派系都是完全一致的。虽然该党各个派系并未经常提出政策主张，但有时候非主流派别也能否决或阻挠其他派别的政策。强大的部级官僚机构，比如通商产业省（MITI）和大藏省，常常在关键的政治问题上意见相左，有时部级官僚机构也会产生内部分歧，某个局会反对另一个局所倡导的政策。最明显的是，利益集团需求的相互冲突，特别是在产业结构调整等经济政策上表现得尤为明显，因为产业政策倾斜带来的利益，对于衰退中的产业和不断增长的行业是不同的，在获取政府资金和保护的竞争方面，各个利益集团的诉求也是不同的。在极少数情况下，保守党派和左派之间的传统界限会被模糊，正如经济团体联合会（Keidanren）和日本劳动组合总评议会（Sohyō）都参与了在增加医疗保险费用中反对自民党和日本医学协会的争端，因为这项政策意味着雇主和

52　雇员的成本都会提高。总而言之，正如一位政治学家所说，在主导战后日本政策制订的主要行动者中，并不存在"简单而永久"的联盟。

　　然而，看起来毫无争议的是，自从 19 世纪末 20 世纪初以来，就像在大多数西方议会制国家一样，利益博弈和利益表达的复杂系统也在日本成长了起来。利益政治是否鼓励了"结构性腐败"，或者是把"利益表达"形成一种非常有利的方式以促进经济增长，日本的情况似乎与其他资本主义政治经济体的情况没有什么不同。与此同时，党派政治家或国家官僚机构代表公共利益的观念已经丧失了貌似可信的欺骗性，而这可能会导致政治活动中结构性的不适。事实上，从 20 世纪 50 年代中期到 70 年代初期，民意调查显示，认为议会是代表"人民意愿"的受访者人数已经稳步下降。

第一编　国内政治

第二章　政党内阁的建立（1898—1932）

东京大学法学院　三谷太一郎 著

斯坦福大学历史部　彼得·杜斯 译

1924 年是日本国内政治史上的一个转折点。是年 1 月，时任枢密院议长清浦
奎吾（Kiyoura Keigo）被提名为首相，除了军事部门的长官之外，他在贵族院议
员中挑选了他所有的内阁成员。自 1922 年 6 月高桥是清（Takahashi Korekiyo）内
阁垮台之后，内阁的选举已经开始绕开众议院。这激怒了众议院中三个主要反对
党的领导人——宪政会的加藤高明（Katō Takaaki），政友会的高桥是清和革新俱
乐部（Kakushin Club）的犬养毅，他们于 1924 年 2 月会面，并组成了联合战线以
击垮清浦奎吾的"贵族内阁"。由于在几周前，英国成立了第一个工党政府，所
以公众和许多党派政客都认为清浦奎吾的政府是逆历史潮流而动的。

在 1924 年 5 月的大选中，三个党派的联盟挥舞着"保卫立宪政府"的旗号，
在众议院中赢得了大多数选票。面对众议院中不肯妥协的反对派，清浦奎吾选择
辞职。6 月，三个反对党派组成了以加藤高明为首相的联合内阁，宪政会是众议
院中以多数票胜出的党派，而加藤高明是宪政会的总裁。这个"护宪三派内阁"
（*goken sanpa naikaku*）的建立具有十分重大的意义。这是现代日本历史上第一次
普选的结果，即众议院中多数席位的变化，导致了日本内阁的变化。

从 1924 年 6 月到 1933 年 5 月，六个政党内阁轮流统治着国家，这一时期被
称为政党内阁或者政党政府阶段。在这个时期中，5 位首相中仅有 2 位，即滨口
雄幸（Hamaguchi Osachi）和犬养毅在众议院中获得席位，但所有担任首相职务
者都是政党的总裁，领导着众议院中的多数党或第二大党。美浓部达吉（Minobe
Tatsukichi）是东京帝国大学的宪法教授，也是政党政治最重要的思想发言人，他
在 1926 年版的《宪法撮要》（*Kenpō satsuyō*）一书中，建议日本遵循英国所提供

的政党内阁负责制的模式：

自颁布之日起，我们的宪法在模式上的发展就完全背离了其最初的设想。在制度上，内阁向国会负责的体制已经失去了在宪法中的地位，而这已经形成为稳定的惯例。当（内阁）失去了国会的信任，特别是众议院的信任时，（内阁）必须解散众议院并请求公众表达意见，或者必须全部辞职。[1]

于是，在理论和事实两个方面，政党内阁都已经在政治上变得合乎正统（参见表2.1）。

57

表2.1　日本内阁（1885—1932）

首相	内阁在职次数	内阁任期
伊藤博文	第一次	1885-12-22—1888-4-30
黑田清隆		1888-4-30—1889-12-24
山县有朋	第一次	1889-12-24—1891-5-6
松方正义	第一次	1891-5-6—1892-8-8
伊藤博文	第二次	1892-8-8—1896-9-18
松方正义	第二次	1896-9-18—1898-1-12
伊藤博文	第三次	1898-1-12—1898-6-30
大隈重信	第一次	1898-6-30—1898-11-8
山县有朋	第二次	1898-11-8—1900-10-19
伊藤博文	第四次	1900-10-19—1901-6-2
桂太郎	第一次	1901-6-2—1906-1-7
西园寺公望	第一次	1906-1-7—1908-7-14
桂太郎	第二次	1908-7-14—1911-8-30
西园寺公望	第二次	1911-8-30—1912-12-21
桂太郎	第三次	1912-12-21—1913-2-20

[1] Minobe Tatsukichi, *Kenpō saisuyo* (Tokyo: Yuhikaku, 1926), pp. 129-130.

（续表）

首相	内阁在职次数	内阁任期
山本权兵卫	第一次	1913-2-20—1914-4-16
大隈重信	第二次	1914-4-16—1916-10-9
寺内正毅		1916-10-9—1918-9-29
原敬		1918-9-29—1921-12-13
高桥是清		1921-12-13—1922-6-12
加藤友三郎		1922-6-12—1923-9-2
山本权兵卫	第二次	1923-9-2—1924-1-7
清浦奎吾		1924-1-7—1924-6-11
加藤高明	第一次	1924-6-11—1925-8-2
加藤高明	第二次	1925-8-2—1926-1-30
若槻礼次郎	第一次	1926-1-30—1927-4-20
田中义一		1927-4-20—1929-7-2
滨口雄幸		1929-7-2—1931-4-14
若槻礼次郎	第二次	1931-4-14—1931-12-13
犬养毅		1931-12-13—1932-5-16

　　鉴于起草宪法的明治领导人有着反对政党政治的偏见，政党内阁的建立对纠正这种偏见具有特别重要的意义。明治领导人的目的之一，是确保内阁的建立及持续，与国会，特别是众议院的意志之间没有关联。众所周知，伊藤博文是明治宪法的主要起草人，在19世纪80年代，他感觉政党内阁不适合日本。正如他在宪法颁布后的一次演讲中评论的那样，"很难避免政党或派系出现在国会或社会当中"，但是"由他们来影响政府也很让人苦恼"。[1] 政党也许是不可避免的，但没有必要让他们来分享权力（参见图2.1）。

　　可以肯定的是，即便在宪法颁布之前或是1890年国会开启之前，许多明治领导人想要在国会中建立一个强有力的亲政府政党。井上馨（Inoue Kaoru）是伊

---

[1]　Sashihara Yasuzō, ed., *Meiji seishi*, vol. 8 (Tokyo: Fuzanbō shoten, 1893), pp. 1941-1943.

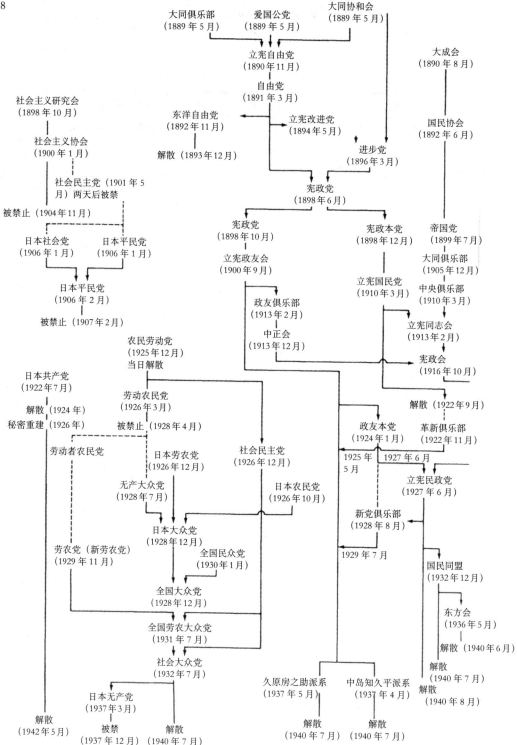

图 2.1　第二次世界大战前日本政党变迁（1889—1940）

资料来源：*Encyclopedia of Japan*, vol. 6. pp. 208-209。

藤博文的亲密政治盟友，他联合陆奥宗光（Mutsu Munemitsu）、青木周藏（Aoki Shuzo）和其他几名高官，希望组建一个自治党（Jichitō）。这是一个由县级行政官员和地方上的大土地所有者支持的国家级政党——用井上馨的话来说，是"县级贵族"。他们想要将这个县级贵族的政党同改进党（Kaishinto）联合起来，改进党的领导人是大隈重信（Okuma Shigenobu），在他就任外务大臣期间，谈判修订了不平等条约。[1]

明治领导层中的多数派系反对井上馨组建亲政府党派的计划。首相黑田清隆（Kuroda Kiyotaka）、枢密院议长伊藤博文和内务大臣山县有朋（Yamagata Aritomo）不想让内阁依赖于帝国议会中的某个单独党派。他们也发出警告，反对地方政府系统与党派政治联系起来。1889 年宪法颁布后，黑田清隆在地方长官的会议上做了关于"超然主义"（chozenshugi）的著名声明："政府必须采取固定的形式。它必须立于政治党派之上并与之隔离（chozen to shite seito no soto ni ta），同时它要开辟通向最高公平和最高正义的道路。"[2] 正如伊藤博文在此前的演讲中所引用的那样，黑田清隆的这番话是对自治党或自治党－改进党（Jichito-Kaishinto）联盟的明确反对。井上馨对其同僚的反应并不满意，在给陆奥宗光的信中，他批评了多数派系的观点："我认为，这种把政府与政治党派隔离开来的傲慢言论是笨拙的政治手段。"[3] 然而，多数派的这种观点在当时是占优势的。

那么，体现明治领导层中多数派的反政党情绪的宪法框架中，政党内阁最终是如何出现的呢？或如美浓部达吉所指出的那样，"在现实中，（明治宪法）起草者的想法是如何遭到背弃的呢？"[4]

明治宪法的模糊性

让我们首先考察明治宪法是通过何种方式阻碍政党内阁形成的。

宪法包含两种抑制政党政府出现的方法：第一种，其中存在着天皇君主权威（天皇大权）的概念。从伊藤博文的观念来看，君主的权威与政党内阁体制从根

[1] Mikuriya Takashi, *Meiji kokka keisei to chiho keiei 1881-1890* (Tokyo: Tokyo daigaku shuppankai, 1980), pp. 195-198.

[2] Sashihara, *Meiji seishi*, p. 1931.

[3] Mikuriya, *Meiji kokka keisei*, pp. 204-206.

[4] Minobe, *Kenpō satsuyō*, p. 130.

本上来说是互不相容的。1880 年，在他对欧洲宪法体系进行调查期间，他自德国写来信件，其中评论道："如果一个国家建立议会制政府，那么它必然会降低君主的权力（*taiken*）。如果一个国家强调君主的权力，那么它是无法接受议会制政府的。"[1] 因此，在他看来，君主大权与议会制政府两者无法共存。然而，这并不代表伊藤博文赞同直接由君主实行统治。在 1877 到 1879 年，他阻止了某些臣僚建立直接君主统治的努力；在 1885 年，他支持以内阁体制代替太政官（*Dajokan*）制度，从而将朝廷（宫中）与政府（府中）明确区分开来；最为重要的是，他赞同通过颁布宪法来界定天皇权力，从而使天皇成为一个立宪君主。

　　然而，天皇不仅仅是一个立宪君主；事实上是伊藤博文自己想要把天皇变成那样。例如，伊藤博文固执地拒绝将日本天皇等同于英国国王。他争辩道，日本的君主与其他国家的君主不同："我们的宪法和其他国家的宪法相比有着很大60的区别。没有哪个国家的宪法像我们国家宪法的第一章那样规定，君主的大权（*kunshu no taiken*）与国家的主权（*shuken*）是一样的。"[2] 在自由主义的西方政治制度中，议会主权或人民主权的想法是政党内阁的理论基础之一，而这在明治宪法的内容中是被明确否定的。

　　明治宪法对政党政府的另一种抑制方法，是实行权力分化的体制。由于官方对宪法的解释否定了实行直接的君主统治，因此天皇君主大权的建立并不意味着天皇将直接掌控行政权力。宪法第三款——"天皇是神圣和不可侵犯的"——其真实意义仅仅是表示天皇没有承担政治责任的能力。通过将天皇置于政治之上，也就使其超脱了政治。明治宪法在形式上多少有点矛盾，它强调天皇是最高立宪君主，并且赋予其君主大权，然而与此同时，它也否定了直接实行君主统治的想法。因此，天皇大权（*tenno taiken*）的实施不得不分配给国家的各个机构。伊藤博文将这些机构解释为天皇大权的代表。但是从某种程度上说，所有的国家机构都是以天皇大权的绝对性为前提的，它们不具备反对天皇或对天皇提出异议的权力。伊藤博文带着敬意向帝国国会强调了这个观点：

　　　　王政复古（*osei fukko*）意味着恢复天皇的统治大权（*tochi taiken*）。我

---

[1]　Hiratsuka Atsushi, ed., *Zoku Itō Hirobumi hiroku* (Tokyo: Bunshūsha, 1930), p. 48.

[2]　Shunpoko tsuishokai, *Itō Hirobumi den*, vol. 2 (Tokyo: Shunpōkō tsuishokai, 1940), p. 652.

们相信，无论是在内心里还是在思想上，日本国民都不希望创造一个夺取君主权力，并将其直接授予人民的体制。因为如此一来皇室就会失去他们的统治大权，正如幕府篡政时期所做的那样。事实上，这与我们国家的国体（*kokutai*）是相违背的。[1]

无须多说，对任何类似于幕府这样的"篡政势力"的否定，不只应用于国会，而是应用于所有的国家机构。"王政复古"不允许任何国家机构侵犯或篡夺天皇大权的绝对性。

从这层意义上说，在不同程度上分享天皇大权的所有国家机构，彼此之间存在着相关性。每个机构都独立于其他机构；每个机构都直接并仅仅向天皇负责；每个机构都有自己存在的意义，以天皇之名运作；并且每个机构都有监督其他机构的职能。朝廷（宫中）和政府（府中）都有它们自己特定的领域；内阁、国会和司法省彼此独立，而且作为独立的单独机构，坚持彼此之间的平等地位；枢密院作为天皇的顾问机构维持着自己的独立性，它能够限制内阁的权力；而军队可以直接向天皇报告，也享有一种独立的监督其他所有国家机构的权力。

在内阁内部，每个国务大臣都直接并单独向天皇负责，他们对于首相来说，也有着相当大的独立性，这常常使维持内阁团结变得十分困难。在帝国议会内部也一样，两个阵营（众议院和贵族院）的权力也互相平衡，这在某种程度上也预示着会发生冲突。

总而言之，尽管强调了天皇权威，或许正因为如此，明治宪政的结构呈现出高度的权力分化；由此它也表现出高度的政治多元主义。在集中和统一的天皇统治的表面之下，有一种机制在运作，通过这种机制，各个自主的国家机构相互监督并彼此平衡。以各国家机构间的权力多元化平衡为目标的治国才能，塑造了明治宪法体系的实际运作。这种分权体制，以及由此产生的政治多元化，是建立在否定议会内阁负责制，或至少是否定政党内阁制的基础上的，这种分权体制可以协调政府的立法和行政功能，正如英国的体制所表现的那样。

分权体制反映了18世纪到19世纪西方宪法的基本特征，明治领导者通过模仿创造了自己的宪法。例如，美国宪法的起草者也努力通过议会多数席位的方

[1]　Hiratsuka Atsushi, ed., *Zoku Itō Hirobumi hiroku* (Tokyo: Bunshūsha, 1929), p. 227.

式来控制国家的主导权。这就是为什么詹姆斯·麦迪逊如此坚持两院制体系的原因。美国的分权宪法体系的目的主要是通过多数人来限制暴政。对美国的开国元勋们来说，宪法的最高目标是保护自由，特别是宗教自由。在他们看来，政党政府隐含着国家会被特殊利益所控制，因而是与自由的主张不兼容的。与之相反，明治宪法的最高目的不是保护自由，而是保护天皇权威。分权体制也可以很好地为这个目标服务。就像美国宪法的起草者们采纳了分权体制并否决政党政府以保护自由一样，明治宪法的起草者也坚持分权体制，并否决政党内阁以保护天皇的权威。

62

在日本，分权的概念有时在思想上被用于反对政党内阁的建立。穗积八束（Hozumi Yatsuka）是东京帝国大学的教授，并以反对议会统治的思想而闻名，他反对英国式的政党内阁，把它视为一种专制主义的政治结构（专制政权），因为它允许一个国家机构支配所有其他的机构。相比之下，他认为，日本的立宪政府应把美国式的分权体制提升到最高程度。对穗积八束来说，体现在天皇权威概念方面的"国体"（kokutai）与立宪政治实践中所体现的"政体"（seitai）是不可分离的，那就是一种分权体制。[1] 换句话说，在日本宪法结构中对暴政的限制，应与美国宪法中一样强烈。同样，上杉慎吉（Uesugi Shinkichi）作为穗积八束的学术继承人，也强调明治宪法的基本原则是三权分立。例如，在对宪法的解释中，上杉慎吉坚持认为司法权应独立于立法权，并且为日本法院的司法审查权（hōritsu shinsaken）而大声疾呼。[2]

1935 年，美浓部达吉的《宪法撮要》被禁止出版，这是"天皇机关说"论争的结果。与此同时，穗积八束长期绝版的关于宪法理论的教科书却再次出版，这加强了利用分权制理论作为思想武器以反对政党内阁体制。1936 年，在军方的压力之下，广田弘毅（Hirota Kōki）内阁成立，在其任内，陆军省军务课（Rikugunshō gunmuka）成员和内阁调查局努力执行内阁的口号："全面革新政治（诸政一新）"。他们的主要目标是改革国会系统。[3] 陆军中佐佐藤贤了（Satō Kenryō）是陆军省军务课内政班（Gunmuka naiseihan）的班长（Gunmuka

63 naiseihancho），1936 年 10 月，东京《朝日新闻》（Tokyo asahi shimbun）不具名

---

[1] Hozumi Yatsuka, *Kempō teiyō* (Tokyo: Yūhikaku, 1935), pp. 67, 74-75.

[2] Uesugi Shinkichi, *Teikoku kenpō chikujō kōgi* (Tokyo: Nihon hyoronsha, 1935), pp. 164-165.

[3] Hata Ikuhiko, *Gun fashizumu undōshi* (Tokyo: Hara shobō, 1972), p. 177.

地引证他为军队中"有影响力的改革观点"的代表：

> 由于现今的日本国会来源于英国式的议会内阁体系，它主要致力于行使其监督政府的权力，而不是去立法以及批准预算。由此，国会已经转变成为一个角逐政治权力的竞技场，而重要的立法和预算批准的事务则被忽略。因此现如今，国会和政府应遵循美国的做法，将其考虑为彼此独立的机构，从而确立行政、立法和司法功能三权分立的原则；基于国会多数派而组织政党内阁的做法应当被废除；政党内阁应当被完全否定。[1]

很明显，这样的观点来源于穗积八束关于日本政治结构的理论。美浓部达吉的学术研究为政党执政提供了最具说服力的思想支持，而它被禁事实上代表着政党力量的削弱。

如上所述，被写入明治宪法的分权机制，以及事实上出现的政治多元化，是"王政复古"的一个产物，它否定了通过"篡权"（霸府，hafu）来取代天皇地位的想法，就像幕府时代那样。类似于幕府的这种政体的存在一直被认为是体制的禁忌。事实上，后来在1940年和1941年右翼势力攻击大政翼赞会的理由之一，就因为它很像是一种"幕府式的政体"（幕府的存在）。分权机制旨在阻止这样一种势力的出现，这与明治维新将统治大权交还给天皇的原则是一致的。

明治宪法框架下权力的分散意味着，尽管它表面上是中央集权的结构，但政治体制缺乏任何达成真正统一的制度途径。在欧洲期间，伊藤博文记录了德国皇帝所履行的职能："尽管皇帝在宪法上似乎是（宪政）机器诸多部分之一，但事实上并非如此。他是直接运营这部机器的首席代理人，以便其在所有事情上都畅通无阻。"[2]伊藤博文试图描绘出德国皇帝与日本天皇之间的相同之处。但是，由于日本天皇被设定为超越政治，因而不能够以同样的方式成为一名"首席代理"。日本首相也不能比拟德国总理。在阁员共同负责制的体系之下，日本首相控制内阁成员的权力被削弱了，在制订政策方面，他的工作也不得不受到内阁之外的政治实体，比如枢密院和军队统帅部的限制。在立宪政府的最初十年内，没有哪个

64

---

[1] *Tokyo asahi shinbun*, 10月30日，1936.

[2] Hiratsuka, *Zoku Itō Hirobumi hiroku*, p. 308.

首相能够在帝国国会，特别是众议院中获得支持的基础——除了 1898 年的第一次大隈重信内阁之外——这一事实使首相的地位受到进一步的削弱。正如天皇不能像恺撒一样，伊藤博文也无法成为俾斯麦。

不能只依靠机缘巧合来使构成明治宪政体系的分散国家机构之间形成权力的平衡，还必须使用许多宪法以外的手段来加以调整，以使天皇权威（国体）的神话可以与权力分散（政体）的宪法事实相调和。宪法已被设定用于防止像幕府时期的"篡权"（霸府）现象的出现，但是为了使之有效率地运行，必须由宪法以外的力量来实现这样一个权力职能。当然，这同样也适用于美国宪法，它也需要宪法以外的因素来使高度分离的宪政体系正常运作。在美国，两个全国性政治党派扮演了这个角色，它们控制了国家的总统选举。虽然矛盾但重要的是，这些全国性政党是由宪法起草者组织的，这些人最初是反对政党政治的想法。据美国历史学家理查德·霍夫施塔特（Richard Hofstadter）所说，"……我们可以说，正是政党拯救了这个反对政党的宪法，并使之成为一个可行的政治工具"。[1]

首先出来对日本支离破碎的宪法体系进行调整的"幕府式实体"是藩阀（hanbatsu），或可说是"寡头政治派系（oligarchic clique）"。之所以如此称呼，是因为它的大多数成员都来自长州藩（Choshu）或者萨摩藩（Satsuma），这是发起明治维新的两个主要地区（藩，han）。寡头政治派系使宪法能够正常运作，因为它的派系纽带贯穿了官僚机构、贵族院、枢密院、军队和宫廷。藩阀的领袖们被称为"元老"，即资深的政治家，他们事实上以天皇的名义行使了许多皇室的特权。这些志士仁人攻击幕府合法性，并在 1868 年推翻了它，然而为了在分权的基础上使他们特意创建的宪法系统得以运行，他们自己最终也形成了类似于幕府的体制，这既是历史的讽刺，也是历史的必然。

然而，寡头集团的领袖们无法支配一个关键的国家机构，那就是众议院。他们已经否决了政治党派的想法，并且既没有利益需求也没有组织手段在国会众议院中获得选举支持。这项任务被遗留给了反藩阀的领导人，他们中的许多人是 19 世纪 70 年代和 19 世纪 80 年代反政府的自由民权（jiyuminken）运动中的老

---

[1] Richard Hofstadter, *The Idea of a Party System* (Berkeley and Los Angeles: University of California Press, 1969), p. 71.

兵，组织起政党以进行选举斗争，并在全国选举中赢得了国会的席位。19 世纪 90
年代中期的两个主要政治党派：一个是由板垣退助（Itagaki Taisuke）领导的自由
党（Jiyūtō）；另一个是由大隈重信领导的改进党（Kaishintō），其后更名为进步党
（Shinpotō）。正是这两个党派控制了众议院中的大多数席位。出于反对和抵抗寡头
统治的传统，这些政党在当时的宪制结构中承担着分割或疏解的职能。他们威胁
会使用手中的宪法权力，来阻止国家预算或国家立法的通过。只要寡头集团的领
袖们致力于在明治宪政结构中工作，如果他们希望实现国内政治的稳定，那么就
既不能忽视，也不能拒绝这些政治党派。相反，他们必须把这些政党转换为对权
力进行整合与集中的工具。换句话说，藩阀领导人必须发展与这些政党的联系。

　　无疑，这些政党如果想要获取更多权力，那就必须与藩阀合作，或者结成政
治联盟。众议院中的多数席位本身并不能保证获得政治权力。通过预算或立法过
程来呼应县域经济利益的诉求，对政治党派来说，必须与掌握贵族院的藩阀领袖
们达成相互谅解。藩阀领导人意识到，在宪政构架中，他们提供中央指令的能力
是受限的，与此同时，这些政党也认识到，它们扩张权力的能力也是受限的。因
此，在 1894 年到 1895 年的中日甲午战争之后，两股政治势力开始相互结盟以克
服双方各自的局限。这标志着日本政党政治方向的第一次转变。

政友会的成立

　　1895 年到 1900 年之间，四届藩阀内阁都试图通过联合或合作，与政治党派 66
结成同盟。除了一次以外（第三次伊藤博文内阁），所有这些尝试都成功了。除
了 1898 年的第一次大隈重信内阁期间，无论是隶属于自由党还是进步党的党派
政治家，都努力同藩阀领导人进行合作，而不是去反对他们。起初，这些合作具
有临时性的特点，到了后来，这些党派与藩阀的同盟转变成为一种更加稳定长期
的安排。这些政党不仅协力支持藩阀内阁的各项政策，还通过加入内阁进行更直
接的合作。在中日甲午战争之前，并没有出现这种以政党与藩阀的合作关系为特
点的情况，特别是在国会第一次会议期间，那时双方相互对抗，争执不下。这种
变化说明，在藩阀"超然主义"的立场和反对藩阀立场的"民党"（minto）之间
已经发生了多大的转换。

　　1895 年 11 月，在第二次伊藤博文内阁的尾声，藩阀与政党相互弥合的第一

步来临了，其时，政府与自由党结成了同盟。自由党总裁板垣退助于 1896 年 4 月入阁就任内务省大臣。由于这种行为意味着超然主义原则的一次大后退，因而引起了正统卫道者的强烈反应。贵族院中大多数由天皇任命的议员、国民协会——这一众议院派系由品川弥二郎（Shinagawa Yajiro）领导，他曾作为内务省大臣在 1892 年选举中主导过政府对"民党"反对派的干涉，以及一些与板垣退助关系紧密的县知事，都对伊藤博文－板垣退助的这一同盟怀有一种危机感。他们寄希望于山县有朋能够成为一个对抗伊藤博文与政党势力的领导人，于是团结起来为山县内阁的登台做准备。

1896 年 9 月，第二次伊藤内阁倒台，依照在藩阀领导层内的长州人和萨摩人之间轮流交替执政的惯例，松方正义（Matsukata Masayoshi）被任命为首相。自 1885 年内阁体制开始实行之时，伊藤博文作为一名长州藩人成为第一任首相，之后首相职位就一直在萨摩藩和长州藩派系的代表人中间挑选。1885 年，伊藤博文由最后一名太政大臣（*dajo daijin*）三条实美（Sanjo Sanetomi）推荐执政，此后的三位首相——黑田清隆（萨摩人）、山县有朋（长州人）和松方正义（萨摩人）——每人都是由他们的前任提名。1892 年 8 月，第二届伊藤内阁组建之后，虽然由来自萨摩藩和长州藩的代表所组成的"元老"（*genro*）会议提名即将就任的首相，但在 1898 年以前，从萨摩人和长州人中挑选首相人选的原则一直被遵守。

第二次松方正义内阁中不仅包含来自萨摩和长州的代表，还有进步党的总裁大隈重信，他就任外务大臣。进步党对内阁产生了实质性的影响。该党在众议院中支持政府，而在贵族院中，该党的两个附属派系三曜会（Sanyōkai）和恳话会（Konwakai），也是政府的支持者。这届政府被称为"松方－大隈内阁"（松隈内阁 *Shōwai naikaku*），是第二个主要的政党－藩阀联盟。

1898 年 1 月，伊藤博文再次回到首相职位。最初，他提议组建一个"举国一致内阁"，内阁中将包含众议院中的两个主要政党——自由党和进步党。两个政党也都赞成合作，但是由于它们在内阁大臣选举问题上的谈判破裂，这个计划最终搁浅。其后，第三届伊藤博文内阁以超然主义的原则组建起来，这在很大程度上是为了缓解与山县有朋内阁所标榜的反政党的元素。然而，这届内阁仅仅持续了 6 个月。当内阁提出了提高土地税的法案时，众议院中的两个主要党派展开了其作为反对党派的立场。国民协会和山县有朋一派完全支持伊藤博文，但进步党

67

和自由党则迎合县域社会的政治利益，组成联盟使这一法案遭到挫败。这一反税联盟反过来又促进了两个党派的相互融合，以保证在众议院中占据绝对多数。当伊藤博文坚持税收法案而解散众议院时，计划中的两党融合依旧向前发展。1898年6月，一个新的政治党派宪政党（Kenseitō）组建起来，其成员来自进步党和自由党的行列，实际上恢复了第一次国会会议期间所揭示的"大众联盟"的策略。

　　一个新的强大反对党的前景对藩阀领袖们产生了很大的震撼，使之寝食难安。但是，藩阀领袖们在如何处置这个政党的观点上出现了分歧。有一派持强硬的观点，不赞同与政党合作，而是想要通过加强藩阀内部长州派和萨摩派的团结来抵制这个新政党。他们想要迫使国会通过一项财政政策，包括增加军事扩张和提高税收筹措资金来支持这一扩张，即便这会使宪政体制停摆或是需要解散国会也在所不惜。 68

　　还有一派想要组织一个亲政府的政党以反对宪政党，因此采取了由伊藤博文提出的、此前多次被抛弃的想法。这个想法即是由伊藤博文和大藏大臣井上馨（Inoue Kaoru）合作，结合为一个政治组织，该组织由直接或间接支持增加土地税收的势力组成。作为这个新党派的领导人，伊藤博文将在随后的选举中与宪政党人相抗争。但是，山县有朋和他的支持者们反对这项计划。虽然山县有朋认识到拥有一个能与宪政党展开斗争的政党是非常必要的，但他认为在伊藤博文仍是首相和元老的情况下，由其领导这样一个政党将会打破超然主义的原则。他担心的是，这样的策略将会打开通向政党内阁的通道。

　　第三派的人则提出了一个伊藤博文最终采纳的行动方案，即把政治权力移交给宪政党，因为它已经确定将在接下来的大选中控制众议院。当御前会议（gozen kaigi）一致反对第二派人士提出的建议时——组建一个由伊藤博文领导的新政党——伊藤博文提出了辞职。由于没有其他的元老想同新的政党进行斗争，于是伊藤博文推荐了宪政党的两个重要领导人——大隈重信和板垣退助——来组建内阁。井上馨对此不予认同，他争辩说在伊藤博文的领导下建立政党是一个更好的选择。在国会之外，一个没有势力基础的宪政党内阁很难对政府进行集中控制，不久就会解散。换句话说，具有讽刺意味的是，一个政党内阁将由其自己之手埋葬责任政府的实践。伊藤博文是否同意井上馨的预言并不清楚，但毫无疑问的是他主动提议组建宪政党的内阁。对于他自己和藩阀中的反政党势力来说，这都是一个最好的行动方案。

正如事件的结果所显示的那样，井上馨的预言被证明是正确的。成立于 1898 年 6 月的大隈－板垣内阁可以被称为日本的第一个政党内阁。除了军事方面的阁员之外，这个内阁的所有阁员都是宪政党的成员，在 1898 年的选举中，该党在众议院议席上保证了绝对多数，赢得 300 个席位中的 244 个。尽管呈现出明显的强势姿态，但这一内阁仍被致命的缺陷所困扰。两个军事方面的阁员——陆军大臣桂太郎（Katsura Taro）和海军大臣西乡从道（Saigo Tsugumichi）都是反对政党

69 的，他们向大隈重信和板垣退助明确表示，他们是作为"异己者"进入内阁的。二者与内阁之外的反政党势力互为奥援，这加速了内阁的垮台。据桂太郎后来所说，两个军务阁员都有能力"使内阁瘫痪"。[1] 除了他们的阴谋诡计之外，宪政党内部政治所产生的其他因素也缩短了这届内阁的寿命。

第一，宪政党内部也有关于加税问题的争论。尽管大隈—板垣内阁像所有中日甲午战争后的内阁一样，致力于计划增加开支用于军事装备、扩展电报事业、扩大铁路运输和炼钢能力，然而不提高税收来增加政府收入的话就无法做到这些。因为宪政党来源于两个反对提高土地税的党派联盟，所以这个内阁试图提高其他的税收。然而，该党内部反映城市工业和商业利益的强大团体认为，应当大力并有效地执行增加开支的政策，即便它意味着征收更高的土地税。这派意见的代表是星享（Hoshi Toru），他此前是自由党中关东（Kanto）地方派系的领导人，也是东京都议会的强有力的成员。星享认为，应当像对乡村中的小康份子一样，也把对本党的支持扩展到包括城市商业和制造业阶层中。他还认为增加土地税是不可避免的。但如果他表达了这些观点的话，那么宪政党的分裂也将是不可避免的。加税问题因而成为关系到该党未来的一场争论。

第二，宪政党中还存在着内部政党权力分割的冲突。前自由党成员同前进步党成员在一些决策方面互相争斗，这些决策主要关系到分支机构的建立，党派官员的选举，以及对官方指派的选举候选人的认可等。在内阁组建时，也有关于部长职务和敕任（chokunin）官员位置分配的矛盾。星享利用这些争斗所产生的不满，同其他前自由党成员合作来搞垮内阁。他希望重振自由党，并将其作为独立党派在众议院中占据绝对的多数。

---

[1] Katsura Tarō, "Katsura Tarō jiden," vol. 3 (Kokuritsu kokkai toshokan 未刊材料, Kensei shiryo shitsu).

由于这些强大势力的反对和内部派系的分裂，大隈－板垣内阁在短短四个月后就垮台了。这届内阁的垮台证明了，第一次国会会议期间这些大众党派联盟的纽带是多么的脆弱。"休养民力"（minryoku kyuyo）和"减轻地租"（chiso keigen）的口号将这些联盟团结在了一起。但是，随着前自由党和前进步党的政客们致力于战后军备和经济基础设施的扩张，随着他们声称会与"富国强兵"（fukoku kyohei）政策全力合作，这样的口号都失去了意义。反对增加土地税暂时使他们走到一起，但这无法使他们一直团结在一起，正如任何一方都不曾成功地与第三次伊藤博文内阁合作一样。他们之间的关系不是团结一致的，而是一种在国会中竞争领导权的关系。正如在寡头政治势力中存在着分裂与竞争，在党派政客中这样的分裂与竞争表现得更为激烈。

星享越来越对与之竞争的党派政客采取一种敌对的立场。事实上，为了提高他的党派在众议院中的优势，他开始积极寻求与藩阀结盟。毕竟在众议院中，他不是同藩阀而是同其他党派的政客竞争。为了使自己在竞争中处于优势地位，1898 年 10 月，他解散了宪政党并准备同在劫难逃的大隈－板垣政府的继承者——第二次山县有朋内阁结成联盟。

在中日甲午战争后被迫退到边缘的正统超然论者，热切地欢迎 1898 年 11 月第二次山县有朋内阁的成立。这届内阁包括山县有朋的长州一系的成员，也包括萨摩一系的代表（松方正义、西乡从道和桦山资纪 [Kabayama Sukenori]），但排除了党派政治家和伊藤博文派系的成员。然而，即使是这样的一个内阁，也不得不努力得到国会众议院中多数派的合作，以通过立法和预算来为其工业化和重整军备政策提供资金。无论其原则是什么，一个像山县内阁这样的超然主义政府在实践中仍然无法避免同政治党派合作。宪政党目前主要由受星享领导的前自由党人组成，当山县有朋通过桂太郎向宪政党提出建议时，他就能够建立起一种同僚关系。来自众议院的支持使山县有朋获得了信心，1898 年 11 月，他提出了包括土地税在内的增税法案。

由前进步党成员组成的宪政本党（Kenseihontō）自然会反对该项法案。但在亲政府的宪政党中也存在争论和分歧。许多成员赞成这项法案，其他人则以实际困难为理由加以反对。"减轻地租"已经成为早期国会会议期间政党的口号。对于政党来说，反对增加土地税是争取农村土地所有者阶层必要的选举基础。如果宪政党支持增加土地税，但该项法案最终未获通过，那么众议院就会被解散，留下宪政党独自面对接下来选举中的艰难困苦。星享在党内形成了通过城市商业和制造业阶层来支持税收法案的共识，他认识到了这些阶层潜在的政治力量（事实上，他正是因此而成为东京都议会议员和东京都市政委员会成员的）。得到县商会的支持，城市企业界结成了地租增长期成同盟会（Chiso zōchōkisei dōmeikai），对政府和国会议员进行游说。宪政党以铁路国有化（对铁路利益的一种要求）作为同山县内阁进行合作的条件，为达此目的，加税也是必需的。还有一些额外原因，使支持增加土地税有利于宪政党，也有利于星享战胜其党内的对手。1898 年 12 月增加土地税的方案最终获得通过，这标志着政党政治家与藩阀政治家之间关系接近的一个决定性阶段：它最终解决了土地税增加的问题。

1900 年，在国会的下一次会议期间，批准了政府提交的关于修改众议院选举法的法案。山县有朋政府和宪政党再一次实行合作，以满足城市商业和制造业阶层的需求。选举法的修订有两个关键步骤：第一，将拥有众议院选举投票权的税收资格直接从国税 15 日元降低到 10 日元，这个变化几乎将合格的选民数量翻了一番，从 1898 年的 502 000 人增加为 1900 年的 982 000 人；参选权上的税收资格也被取消了。第二，现存的小型选举区系统（每个区域一名成员，少数区域两名成员）被县级农村选举区和人口超过 30 000 的独立城市选举区系统所取代。这一新系统有利于城市区域，城市的 30 000 人口数量可以由 1 名国会议员代表，这凌驾于农村区域之上；在农村，1 名国会议员代表的人口数量达到了 130 000 人。

72　　　选举法修改的通过，极大地反映了政府和宪政党双方服务于城市商人和制造业者需求的重要性。1899 年和 1900 年，以城市为基础的商业团体发起了一场生机勃勃的运动来建立独立的城市选举区。众议院选举法改正期成同盟会（Shūgiin senkyohō kaisei kisei dōmeikai）组建于 1899 年 1 月，它宣称的目标是修改选举法，"以扩大我们商人和制造业者的权力，并且使他们获得完全的政治解放"。同盟会的领袖是涩泽荣一（Shibusawa Eiichi），两个首席干事是大仓喜八郎（Okura Kihachiro）和安田善次郎（Yasuda Zenjiro），他们都是强有力的商业领袖。组织中的成员从上到下都与增加土地税的联盟重叠，这清楚表明税收修正运动也同样增加了商人在政治中的影响力。1899 年以后，全国各地商会也联合在一起组成了选举法改正期成全国各市联合会（Senkyohō kaisei kisei zenkoku kakushi rengōkai）。星享和其他宪政党领导人追求以提高土地税运动期间同样的逻辑来应对这场运动。支持修改选举法给了政党一个机会，去争取获得城市工商业者的支持。事实上，修改后的选举法提高了代表城市区域的国会议员的数量，从总数 300 名中的 17 名（约 5.7%），增长到 369 名议员中的 61 名（约 16.5%）。

国会批准通过了修改的《选举法》，也同样批准了政府提出的《治安警察法》（Chian keisatsuho），其中包含了控制劳工和租佃争端的条规。1898 年和 1899 年发生了多起大规模的罢工事件，工会在铁路、造船、机械和印刷等行业的技术工人中取得了一些进展。政府的法规从法律上回应了这些令人担忧的社会趋势。该法律草案的制订，据说山县有朋政府模仿了德国的法案，但在 1899 年 5 月的德国国会会议期间，该法案却由于德国社会民主党的反对而未能通过。日本国会中对于该项法案几乎没有任何争议，因为该法案代表了农村地主和城市商业阶层，而没有代表工人阶级和佃农阶层的利益。该法律的通过，使处于萌芽状态的劳工运动的领导人沉痛地认识到它的局限性。1901 年，仿照德国政党的模式，日本社会民主党组建起来，但政府随即对之加以取缔。

1898 年至 1900 年的宪政党和山县有朋的联盟存在许多局限性。鉴于山县有朋派系的成员想要与政党在内阁以外进行合作，他们不想政党成员加入内阁。当星享看到合作成果并没有拓展到内阁职务的分配时，他决定终止与山县内阁的联盟。一方面，星享决心加入继任的内阁，为此他访问了伊藤博文，同时请求让政界元老成为宪政党的总裁。这符合他从自由党－进步党联盟破碎以来就一直追求的战略。他的目标是使他的党派成为执政的党派，从而确保其在众议院的领导权。他接近伊藤博文的目的是在与宪政本党的对抗中赢得政治优势，宪政本党已经成为他竞争众议院控制权的对手。

另一方面，伊藤博文想要组建一个新的政党，以治愈现有政治党派长期存在的痼疾，因此他拒绝了星享让其成为宪政党总裁的请求。向来足智多谋的星享提议解散宪政党，将其成员融入伊藤博文的新党中来。他认为攀附上伊藤博文，宪政党就能够扩展其影响力，并且更容易对内阁进行控制。

这个提议对于伊藤博文来说很有吸引力，自甲午战争结束后，伊藤博文一贯的政治目标就是建立一个包括各政治党派的"举国一致"体系。从 1899 年春天起，伊藤博文开始考虑组建一个以其同僚伙伴为中心的党派，并吸引城市商业和制造业阶层的支持。在与星享谈判之后，伊藤博文认定把宪政党成员及其地方选举基础吸收到新建立的党派中来，对实现自己的政治目标是有利的。于是他同意了星享的提议。在 1900 年 9 月中旬大张旗鼓的宣传下，伊藤博文宣布成立一个新的政党——立宪政友会（Rikken Seiyūkai）。这个政党在接下来 20 年统治了日本的政党政治。而更为直接的是，这个政党的组建被视为合乎逻辑的结果，这一结果是由藩阀和政党两者为基础的政治必然性导引而来。[1]藩阀领导人想要在国会中获得稳定的支持，而党派政治家则想要获得控制政府的更好方式。

74　　　尽管如伊藤博文所构想，政治核心主体可以协调松散的明治宪政结构，但政友会并没有完全吸收国家政治中的所有重要角色。在藩阀中间，政友会遭到山县有朋派系的反对；在国会中，政友会也被两个小党派，即宪政本党及其派生的国民党（Kokumintō）所反对。在这两个反政友会的势力中，山县有朋一派更为重要，因为它控制了贵族院的多数，与政友会在众议院中的多数相抗衡。显然这意味着，藩阀与党派间需要合作来使宪政结构作为协调工具运作，特别是在 1903 年 7 月伊藤博文辞去政友会总裁职位之后，合作需要采取一种新的形式。

　　　从 1904 年日俄战争爆发到 1912 年明治时代终结，这一期间权力在两个人之间来回转换，他们分别控制着国会的贵族院和众议院。桂太郎作为山县有朋的代理人操纵着参议院的多数议员，在此期间三次就任内阁首相；西园寺公望成功地就任政友会的总裁，担任了两次内阁首相。

　　　原敬（Hara Takashi）是西园寺公望之后最有影响力的政友会领导人，他曾总结道，只有三个主要政治力量——山县有朋派系、政友会和宪政本党——中的两个加入到政权中来，才能够获得政治稳定。他反对在政友会和宪政本党（即后来的国民党）之间结成党派联盟的想法，而是选择通过和桂太郎进行谈判而与山县有朋派系结盟。这为在政友会和山县有朋派系之间交替控制内阁打开了通道。原敬的战略遵循了星享的设想，在 1901 年星享被暗杀后，原敬成功地成为政友会中关东派系的领导人。这个战略同犬养毅的战略形成了对比，犬养毅是宪政本党的主要领导人之一，他一直呼吁同政友会结成党派联盟。

---

[1]　关于立宪政友会建立的有关背景，参见 Mitani Taichirō, "Seiyūkai no seiritsu," in *Iwanami kōza Nihon rekishi* (Tokyo, Iwanami shoten, 1976), vol. 16 (*Kindai*, vol. 3), p. 16. 关于政友会的英文版著作是 Tetsuo Najita, *Hara Kei in the Politics of Compromise, 1905-1915* (Cambridge, Mass.: Harvard University Press, 1967)。又见 George Akita, *The Foundations of Constitutional Government in Modern Japan* (Cambridge, Mass.: Harvard University Press, 1967)。

　　尽管山县有朋派系选择同众议院中最大的党派政友会进行协商，但两者之间的关系充满了紧张和冲突。两股政治势力因政治问题发生了频繁的冲突。桂太郎时常敦促建立一个反政友会的联盟（包括宪政本党在内），来抑制政友会的影响力。山县有朋派系控制了贵族院，他们想要摆脱政友会对众议院的掌控，同时，在原敬的主动出击下，政友会有时会在贵族院中挑战山县有朋派系的主导权。然而，最终政友会和山县有朋派系不得不进行合作，以实施重要的国家政策，特别是国家财政的管理。对于山县有朋派系来说，对付政友会并不很困难，因为该党的两个主要领导人原敬和松田正久（Matsuda Masahisa）可以形成一个内部的共识。通过与他们合作，就可能与该党之间形成一种稳定且可信赖的平等交换关系。相比之下，即使国会中的其他团体——包括宪政本党和形形色色与山县有朋派系有联系的小派系，如大同俱乐部（Daidō Club），戊申俱乐部（Bōshin Club），以及由两者最终合并而成的中央俱乐部（Chuō Club）——想要组建反政友会的联盟，但它们之间存在的政治分歧实在太多了。此外，宪政本党中分为想要与山县有朋派系结盟和想要与政友会联盟的两派，因而很难在国家政策方面同反政友会联盟达成妥协。于是，山县有朋派系不得不依赖于政友会的合作；而只要政友会在贵族院中的影响力局限于少数，该党也就不得不同山县有朋派系合作。1912年到1913年的大正政治危机，导致了国会中两院之间的权力平衡最终分崩离析，其时桂太郎通过组织他自己的政党立宪同志会（Rikken Dōshikai），来努力摆脱政友会对众议院的控制。

　　显而易见的是，在中日甲午战争以后，无论如何藩阀领袖们都已经认识到，如果他们希望克服其控制宪政体制能力的束缚，就不得不与政治党派进行合作、或与它们结盟、或组建自己的政党。具有讽刺意味的是，通过采取这些策略，藩阀的领袖们没能使这些政党处于自己的直接控制之下；或者说，藩阀被整合进了政党体系。藩阀本是一个封闭性的组织，它的原始凝聚力主要来自区域纽带，很难通过自我再生的过程来扩展或复制。藩阀的内部纽带依赖于进行明治维新和建设新国家的共享经验。这些纽带无法传输给更年轻的领导人，同样无法传递下去的，还有元老们在为国家做出贡献的过程中所获得的巨大声望。藩阀们习惯于位居少数，当这样一个组织因为需要数量的支持，而试图将自己转变为多数派时，它也就失去了赖以生存的基础和影响力。在试图控制众议院多数派的过程中，藩阀领袖们的权力逐渐衰减，最终连他们自身也被吸收进了政党体系。

76 　　伴随着藩阀领导层的流逝——也就是说随着元老们的死亡——我们要问的是，在政党之外，是否有任何势力有能力充当政治的核心主体，是否有任何势力有能力协调分散的宪法结构？有没有任何其他潜在的"幕府式的机构"可以实现各种国家机构之间的联系，并为国家运行带来凝聚力？军队、枢密院和行政官僚作为享有否决权的团体，都有强大的能力对政治党派进行抑制，但它们都建立在一个国家机构的基础之上。尽管每个组织都高度独立，但它们都无法创造这种必需的联系来使政府平稳运作，因而它们都不能成为类似于幕府的机构。如果宪政结构的稳定性不是漫无计划的，如果存在着某种宪法未能提供的整合元素，那么政党将不可避免地作为类似于幕府的机构来运作，除此之外别无他法。

　　总而言之，政党内阁成为明治宪法不可避免的产物，这与宪法设定时的反政党初衷是自相矛盾的。我们可能会看到这样的矛盾与美国宪制的发展有相似之处；设计美国宪法者，同样是具有反政党情绪的人士，他们为分权体系提供凝聚力的全国性政党，以及以这些全国性党派为基础的总统选举制度。

政党内阁的条件

　　现在让我们考察 1924 年至 1933 年间政党内阁得以组建的具体条件。是什么样的政治现实导致了政党内阁优于其他备选方案这一共识的形成？ [1]

众议院和贵族院之间的关系

　　首先，众议院的团结优于参议院。正如我们所看到的，政友会无法吸收藩阀
77 和政治党派中所有的竞争力量。它将自己组建成为众议院中的多数党。但在贵族院中，党派只能获得不稳定的少数支持。贵族院由藩阀领导层特别是山县有朋派系主导，他们对政友会始终抱有敌意。1903 年伊藤博文及其门徒离开该党后，政友会在贵族院的影响力进一步受到削弱。

　　原敬是政友会的真正当权者和西园寺公望之下的主要策划人，他试图以各种

---

[1]　1912 年至 1927 年间的政治发展，参见 Peter Duus, *Party Rivalry and Political Change in Taishō Japan* (Cambridge, Mass.: Harvard University Press, 1968)。

方式努力扭转这种状况。原敬开始与山县有朋的首席助理桂太郎直接接触。桂太郎在 1901 年 6 月成了首相，他曾夸口道，"众议院也许是西园寺公望的，但贵族院是我的"。[1] 1906 年 1 月，原敬提议，如果亲藩阀的势力能够在贵族院中对政友会的政策予以合作，那么作为回报，他将在众议院中支持桂太郎。桂太郎表示同意。当然，利害攸关的不仅是政策，更是对政府自身的控制。原敬和桂太郎达成的协议，实际上是在国会的上下两院之间达成一种权力的平衡。

但原敬并不满足于这样一种权力平衡。他想要挑战亲藩阀势力在贵族院中的霸权。当他在第一次西园寺公望内阁中成为大藏大臣时，曾经两次（1907 年和 1908 年）出台法案，以废除"郡"（*gun*）的建制。[2] 郡是一个行政单位，它直接监管处于地方政府系统最低层级中的城镇（町）和村庄（村）。它于 1890 年由内务大臣山县有朋以普鲁士行政区（*Prussian kreis*）的模式组建。在普鲁士，这是一种容克阶级的自治单位。在日本，尽管郡在地方社区与县级行政机构之间占据着中间位置，但它事实上不是一个自治单位，而是内务省官僚机构的最低层级。在明治时期的最后几年里，郡长（*guncho*）由内务大臣任命。在政治上，郡是山县有朋派系的地方基础，19 世纪 80 年代地方政府系统组建起来之后，山县有朋一派便在内务省中享有巨大的影响力。通过提议废除郡作为行政单位，原敬试图把城镇（町）和村庄（村）从内务省的影响力中脱离出来，从而构建起政党力量的地方基础。他还试图提高地方官员，特别是地方市长的地位和权力。与此同时，废除郡的行动也可对山县有朋派系的影响力造成沉重的打击。

为了在贵族院中取得对废郡法案的支持，原敬将两名有影响力的贵族院成员安排进西园寺公望内阁：一个是千家尊福（Senke Takanori），他是木曜会（Mokuyōkai）的成员，这是一个世袭男爵爵位持有者的组织；另一个是堀田正养（Hotta Masayasu），他是研究会（Kenkyūkai）的成员，这是贵族院中最大的派系，主要由世袭子爵爵位持有者所组成。原敬知道，在贵族院那些与山县有朋有关系的敕封华族人士中，对于是否保护郡的体制并没有达成一致的意见。他希望对废郡法案的争论将会造成贵族院中多数派系的分化。因为他知道，在政友会议员之外还有不少议员支持该项法案，所以他觉得这场争论是一个挑战藩阀势力很好的

78

---

[1]　Hara Takashi, *Hara Takashi nikki*, vol. 2 (Tokyo: Fukumura shuppan, 1965), entry for April 18, 1909.

[2]　有关废除郡行政建制的政治进程，参见 Mitani Taichirō, *Nikon seitō seiji no keisei, Hara Kei no seiji shido tenkai* (Tokyo:Tokyo daigaku shuppankai, 1967)。

机会。"民意"站在他这一边。

贵族院中亲藩阀的多数派依赖于茶话会（Sawakai）（敕封华族中的多数派）和研究会（世袭华族中的多数派）之间的合作。为了维持这样的权力基础，山县有朋与助理努力使研究会及其他派系转而反对废郡法案。与此同时，他们通过组建一个由国会中第二和第三大党派——宪政本党和大同俱乐部（Daidō Kurabu），构成反政友会联盟，并在众议院中创造出一个多数反对派，并以此抄了政友会的后路。然而，政友会与藩阀势力之间的冲突最终以平局结束。废郡法案在众议院中获得通过，但在贵族院中未被认可。权力的平衡保持不变，但双方都使用了相同的策略；每一方都努力通过在两院中建立起多数地位，以实现两院之间的垂直连动。这一"纵向联系"策略将被再次运用——藩阀于 1913 年使用了这个策略，政友会则在 1920 年故伎重演。

比起原敬，桂太郎对于两院之间现存的权力平衡状态也并不满意。在他的前两届内阁任期（1901 至 1906 年，1908 至 1911 年），桂太郎通过与原敬谈判来使一些政策获得比较稳固的支持。因此，这两届内阁都相对平稳和长久。一旦建立起与原敬的合作关系，桂太郎就很容易使其提出的预算案得到批准，他也不需要通过解散的方式来对众议院实行惩戒。但桂太郎对此仍不满意。归根结底，政友会对政府的支持是以政治交易作为基础的，因而它既不长远也不稳定。如果政友会想要我行我素，它就会这么做。

例如，1911 年第二次太郎内阁期间，他们同政友会的合作被吹捧为"情投意合"（joi togo）。尽管如此，政友会对桂太郎在东京和下关港市之间转换宽轨干线铁路的计划却没有给予任何支持。因为这项计划与政友会将预算优先用于建造新的县级铁路线的政策背道而驰，而这项政策是该党用来争取地方选举支持的。[1] 从日俄战争结束到 20 世纪第一个十年，政友会通过奉行"积极政策"来维持其多数党的地位，这些政策增加了它在县级选举中获得的支持。通过与山县有朋派系的交易，该党有能力操纵国家财政支出分配的优先顺序。政友会积极政策的核心是增加国家运输和通信网络的建设支出，用以建设铁路线、发展港口、筑坝和围堤、建造公路、造桥，以及安装电话和电报线。原敬特别重视建造铁路和发展港口。通过扮演基层请求国家对这些项目进行资助的管道，

[1] 关于政友会和第二届桂太郎内阁在扩大干线轨道计划问题上进行政治斗争的讨论，参见 Mitani, *Nihon seitō*。

政友会企图以此在选民中获得支持。这种"积极政策"与中日甲午战争前各政治党派所奉行的"消极政策"形成了鲜明对比，那时各党派呼吁的是"降低政府支出"和"减少土地税收"。[1]

第二次西园寺公望内阁期间（1911年到1912年），政友会抵制了山县有朋和桂太郎通过陆军省提出的扩编陆军两个师团的要求。政友会支持的内阁自然拒绝了军队的要求，因为这与内阁旨在处理进口盈余、提高国外公共债务、应对大量金银外流的财政紧缩政策相矛盾。同时，这也是出于政治方面的考虑。军队预算的增加，将威胁到内务省大臣原敬所推行的铁路建造和港口发展的计划。此外，由于希望利用海军和藩阀的其他派系来抑制陆军和长州派系的权力，西园寺公望首相和司法省大臣松田正久同意用陆军扩张计划的费用来提高海军预算。山县有　80
朋和桂太郎非常提防政友会同萨摩系和海军的靠拢，担心它们双方如果对于军队预算问题持有同样立场的话，就会一起加入到政治势力的角逐中来。

只要政友会成为控制了众议院的多数派，山县有朋派系通过与原敬谈判所获得的政治让步就是有限的。诚然，1905年以后桂太郎在其当期期间没有解散众议院，但他也意识到了，他原本具有的这种权力直接或间接地受到他与政友会政治交易的限制。为了维持其在众议院中的多数地位，政友会总是想要获得作为亲政府党派面对选民时的优势。为此，该党领导人让桂太郎保证不行使其解散国会的权利，以作为他们予以合作的回报。1908年5月，第一次西园寺公望内阁举行大选（国会已经期满），亲政府的政友会赢得了绝对多数席位。尽管如此，在选举后仅仅两个月，内阁就辞职了。许多人很难理解辞职的理由，但这可能来源于桂太郎与西园寺公望之间的秘密谈判，在谈判中，以桂太郎不会在其首相任职期间解散国会为条件，政友会的总裁同意将权力移交给桂太郎。也就是说，凭借政友会可以维持其多数派地位，而藩阀则可以获得政治权力的平稳转移，一项交易就此达成。

如果桂太郎由于同原敬或西园寺公望的交易而不能行使解散国会的宪法权力，那么这项交易便包含着相当大的缺陷。如果众议院不能被解散，那么政友会的多数派地位就无法被撼动，众议院也会处于其控制之下。藩阀势力将继续在这种约束下运作。为此，桂太郎试图像原敬那样，去挑战两院间的权力平衡。

---

[1]　Banno Junji, *Taishō seihen* (Kyoto: Minerva shobō, 1982), pp. 68-115.

在西园寺公望拒绝批准陆军扩张两个师团的提案之后，陆军以拒绝提供陆军大臣人选作为报复，第二次西园寺公望内阁就此倾覆，桂太郎被召回执政。桂太郎在组建新内阁过程中，决定放弃自 1905 年起一直奉行的与政友会合作的策略。为了保证在众议院中的主导权，桂太郎在自己的领导下成立了一个政党——立宪同志会。他的主要目的是聚集众议院中各个反对政友会的派系。这些分散的少数党派一直在讨论建立反政友会联盟的可能性，以撼动其对众议院多数席位的掌控。他们的利益与桂太郎相吻合，桂太郎感到，他对自己新政党的控制，将使他能够解散众议院并主持一场大选，而这将摧毁政友会的多数派地位。

政治圈中有一部分强大势力认为第三次桂太郎内阁的成立破坏了宪制政府的规则。在桂太郎被提名为首相之前，他曾任职掌玺大臣和御前大臣，这是朝廷中最有权势的两个位置。通过他由宫内直接执掌内阁这件事，可见他主持的内阁是为了山县有朋派系的政治利益服务，而且也未能尊重刻画在"宫中"（kyuchu）和"府中"（fuchu）之间清晰的政治红线。1912 年 12 月底，一场全国范围的抗议桂太郎内阁"违反宪法"的政治运动风起云涌。公众联合起来，高呼"推翻藩阀政府"，并发起了一场激烈的媒体运动，反对新内阁的登台。1912 年 2 月，屈服于第一次"保卫宪制政府运动"的压力，桂太郎从政府辞职。他企图倾覆国会两院间势力平衡的计划也被政治混乱所阻碍。几个月后，桂太郎死于癌症，但他组建的新政党在加藤高明的领导之下原封不动，他用于抑制政友会势力的设计也一样。讽刺的是，1915 年在第二次大隈重信内阁期间，这项设计得以实施，而大隈重信曾被视为藩阀的最大敌人。

1915 年的大隈重信已与 1898 年时判若两人，因为他自己作为宪政本党领导人的政治事业受到随后政友会势力崛起的阻碍。大隈重信由井上馨提名为首相人选，而井上馨是长州派系的一个元老。1913 年，第三次桂太郎内阁垮台之后，井上馨和山县有朋变得非常关注第一次山本权兵卫内阁的组建。这届内阁由萨摩系的一名海军大将所领导，并得到政友会的支持。他们害怕得到海军和政友会联盟支持的萨摩派系（其已经 15 年没有产生一名首相了）会在政坛上获得优势地位。1914 年 3 月，海军贿赂丑闻导致山本权兵卫内阁的垮台，两名元老努力通过组建大隈重信内阁来逆转事态的发展，因此大隈内阁受到同志会、陆军和山县有朋派系主导的贵族院多数派联盟的支持。实际上，这是井上馨 1888 年 9 月所构想战略的再次实施。当时他提出通过组织亲政府的自治党，并使之与大隈重信领导的宪政本党结盟，从而为政府在众议院中建立起多数派的支持。1914 年，井上馨没有一个可与自治党相比的政党组织供其指挥，而陆军和山县有朋派系可以代替它的位置。

尽管政界元老们决定召回大隈重信的行动堪称一步妙棋，但这既非偶然，也不令人感到意外。几年之前，在 1911 年前后，陆军少将田中义一被普遍看作长州派系中冉冉升起的政治新星，此时他希望招募国民党来支持寺内正毅，组建内阁。他努力培养同大隈重信的联系，邀请大隈重信来到自己指挥的一支部队做演讲，田中义一时任第二步兵联队的首脑。大隈重信从被视为反藩阀势力的象征，到被看作藩阀领导层的假定继承人，这次邀请确实造成了轰动。大隈重信于 1907年作为宪政本党总裁遭到罢黜后，已经离开了政坛前线，但他似乎并没有拒绝田中义一的刻意接近。事实上，大隈重信是 1912 年到 1913 年"保卫宪制政府运动"的关键人物之一，他对桂太郎组建的新党同志会表达了自己的友好态度。1914 年，当成为首相以重振其政治命运的机会来临时，大隈重信抓住了它。板垣退助在1900 年政友会组建时被迫退出了政治领导层，此后再也没能重拾其政治事业。与他不同，大隈重信终于又回到了他热爱的职位。

1914 年，大隈重信被提名组建内阁，他转向同志会以获得众议院中的支持。在 1915 年的大选中，大隈重信的政府勤勉工作，并击败了政友会。大选结果造成政友会自其组建以来第一次落到国会中第二的位置，它不仅失去了自日俄战争以来在众议院中拥有的绝对多数席位，并且失去了因藩阀势力无法解散国会而维持的稳定权力基础。随着众议院中绝对多数席位的丧失，国会两院间的权力平衡也被打破。贵族院中稳定的亲藩阀势力，在众议院中的分裂党派面前重新获得了政治上的优越地位。

自 1900 年起，政友会失去了在众议院中的绝对多数席位，以往那些遭受政友会控制的小党派在政治上也重获了他们相对的重要性。寺内正毅内阁于 1917 83年继承了第二次大隈重信内阁，他试图通过依靠那些曾被政友会或同志会（1916年更名为宪政会）收编的中立派系以获得国会的支持。换句话说，寺内正毅企图利用众议院中两大党派之间的僵局以保护自己的政治力量。众议院的这种结构非常对山县有朋的胃口。相比于桂太郎，他希望众议院中不要有多数政党，甚至连一个在他自己控制之下的多数政党也不要。相反，他倾向于在许多弱小的少数派派系之间形成多元化的平衡。破碎的众议院处于弱势地位，但对山县有朋来说这是令人满意的。

原敬于 1914 年成为政友会总裁后，并没有放弃维持政友会在众议院中处于绝对多数党地位的目标，为达此目标，他不惜讨好寺内正毅。寺内正毅拒绝了与同志会加藤高明之间的合作，对此政友会的领导层当然表示欢迎，尽管这是大隈重信和山县有朋所共同要求的。其时，寺内首相在众议院中尚没有自己的多数席位，政友会公开向寺内正毅政府表达"善意中立"的态度，事实上此举是以非正式的方式，通过支持首相来表现自己为亲政府的党派。1917 年大选时，政友会利用了政府的影响力，因此它在众议院中重获多数席位。[1] 一旦选举结束，该党领导层继续追求其中立的公共策略，但私下里却静待不受欢迎的寺内正毅内阁的"自我毁灭"，等待时机组建一个基于国会多数派政党的继任内阁。[2]

相对于依靠自己占多数的政党地位，政友会内阁在 1918 年最后一次出现，更多是因为除了原敬之外没有任何人可以接替寺内正毅。可以肯定的是，世界大战的爆发，以及 1918 年"米骚动"暴乱所导致的社会状况变迁，在政界元老提名原敬接任首相的决定中起到了重要的作用。但更为重要的事实是，没有其他人可以组建一个能够在国会两院中获得稳定支持的内阁了。当然，藩阀领导层的后辈成员中也没有人可以胜任这一任务。在桂太郎死后，大浦兼武（Oura Kanetake）成为山县有朋的首席政治参谋，而他因为卷入企图贿赂国会议员的事件被迫远离政治舞台。[3] 清浦奎吾和平田东助（Hirata Tosuke）是另外两名山县有朋的门徒，他们很难在众议院中团结起支持己方的多数力量。事实上，如果其中一名也被提名接任寺内正毅的话，那么政友会和宪政会很可能会联合起来组织一个反对运动。

等到原敬掌权之时，特别是到 1913 年同志会组建之时，贵族院中由山县有朋追随者为首的反政党多数派的团结也已经弱化。许多同九州派系有关系的敕封

---

[1] 由于保持着与寺内正毅内阁成员内务大臣后藤新平（Goto Shinpei）和递信大臣田健治郎（Den Kenjiro）的接触，政友会在选举战中获得了来自政府的直接和间接的支持。后藤新平作为内务大臣，是管理选举过程的最高负责人。顺理成章地，他指示地方官员宪政会"反常的少数"。

[2] 寺内正毅内阁垮台时，原敬试图同内阁保持距离，以避免与寺内内阁一同败亡。不过，原敬也是能够避免同寺内正毅摊牌的。伴随抢米风潮的蔓延，政府的存在面临危机，原敬采取了观望等待的姿态，期待寺内正毅内阁的"自我毁灭"所带来的机会。

[3] 从政治史的角度看大浦兼武事件的重要性，参见 Mitani Taichiro, *Kindai Nihon no shihōken to seitō: baishinsei setritsu no seijishi* (Tokyo: Hanawa shobo, 1980), pp. 58-63.

华族加入了同志会，其他一些人也转而采取亲政友会的姿态。在桂太郎的帮助下，加藤高明和若槻礼次郎的职业生涯取到了进步，他们成了羽翼丰满的政党政治家，与寺内正毅联结在一起的后藤新平（Goto Shinpei）也被原敬邀请加入了政友会。换句话说，众议院中的党派争锋性质被引入到了贵族院中。

原敬努力利用贵族院的"政党化"（*seitoka*），尤其是敕封议员以争取那些不知道去哪里寻求领导的世袭贵族议员。他成功地从世袭伯爵组织（伯爵同志会）和国会中最大的世袭贵族派系研究会中争取到了对政友会的支持。1920 年 5 月，在对研究会领导层的举荐中，来自伯爵同志会的大木远吉（Oki Enkichi）作为司法大臣加入了原敬内阁。这标志着此前原敬试图采取在 1907 年 8 月曾遭失败的"纵向联系"策略的最终成功。伴随着这次成功，贵族院中的一部分议员更明显地加入了亲政友会和亲研究会的阵营。在反政友会的阵营中，有厚生会（世袭男爵组织）、茶话会（与山县有朋有关联的敕封议员组织），以及隶属于宪政会的同成会（Dōseikai）。贵族院曾经是反对政党势力的联合堡垒，如今也在经历着极端的政党化。

巩固了在贵族院中的联盟之后，原敬还力图在众议院中通过一项法案，以 85 小型选举区域体系取代现存的大型选举区域体系。随着成人普选运动逐渐进入高潮，1919 年迎来了众议院选举法的修订。我们可以假定，原敬试图引入小型选举区域（每个区域一到三名议员）的计划，是伴随着政治局势的迅速转变而预做的准备，因为可以预料到的是成人普选制最终将会获得通过。通过缩小选举区域，原敬旨在抢先缓和国会选举的突然"大众化"（*taishuka*）所带来的影响。对他来说，小区域是成人普选制不可或缺的前提条件。作为第二次西园寺公望内阁的内务大臣，他已经在努力引入小区域选举制。其时，他向害怕实行普选制的山县有朋强调，小区域选举制会像内置的稳定器一样发生作用。1919 年众议院选举法的修订也降低了投票权的税收条件，从直接缴纳国税 10 日元降低到了 3 日元。这个变动使选民总数得以翻倍，但它主要是使小土地所有者阶层受益。除了很少一部分有很高收入的人群以外，既没有缴付土地税也没有缴付营业税的城市居民，仍然没有选举的权利。1920 年 5 月，在新选举法下举行了选举，政友会重新获得了过去在众议院中所拥有的绝对多数党的地位。[1] 原敬内阁因而

---

[1]　参见 Mitani, *Nihon seitō seiji*, pp. 184-204.

成为近代日本历史中，第一个在国会中拥有稳定支持的政府，其在两院中都获得了多数席位的支持。

尽管由众议院中两个主要党派创建贵族院中的联盟是党派内阁体制的必要前提，但它并不是一个充分条件。随着贵族院政党化的加速，会出现这样的可能性，即一个隶属于党派的贵族内阁可以由获得众议院中的多数派支持而组建，或者一个"中立的"（即非党派的）内阁也可以通过利用政友会和宪政会之间的权力平衡来组建。在1921年原敬被刺杀后，他的继任者高桥是清于1922年辞职，这两种可能性都成为现实。基于研究会支持的加藤友三郎（Katō Tomosaburō）内阁（1922至1924年）是前一个选择的例子，而以萨摩系、前寺内正毅系和革新俱乐部为基础的第二次山本权兵卫内阁（1923年）则是后者的例子。如果政治党派希望结束一个非党派的内阁，他们就不得不继续采取原敬的纵向联系策略以达到其想要的结局，或是必须在众议院的多数派中建立起政治优势。换句话说，相较于贵族院，各政治党派必须优先建立自己在众议院中的势力。

这一目标催生了第二次"宪政拥护运动"，运动组织者于1924年举起了反对清浦奎吾内阁的旗号。诚然，由床次竹二郎（Tokonami Takejiro）领导的政友会中的一个派系，脱离了这个众议院中的主要政党，试图维持此前原敬与贵族院之间的联系，支持以研究会为靠山的"贵族内阁"。但是，政友会总裁高桥是清放弃了他的子爵头衔，并从贵族院辞职，决定参加众议院选举。他直截了当地反对"贵族内阁"，这成为第二次宪政拥护运动意义的缩影。当政友会、革新俱乐部和宪政会这些反清浦奎吾的党派在选举中共同赢得了多数席位时，清浦奎吾除了辞职别无选择。清浦奎吾的继任者是加藤高明，他是掌握了众议院中多数席位的宪政会的总裁。1924年的这一系列事件，标志着众议院明显优先于参议院。直到1932年犬养毅内阁垮台，众议院一直是内阁掌控下的主要辩论场。政治变迁的过程开始于日俄战争时国会两院间的权力平衡，结束于贵族院的政党化。将众议院置于一个优于贵族院的地位，这个变化是政党内阁得以建立的最重要的先决条件。

宪政理论

与实际政治平行的一个趋势是主流意识形态的重要变化。到20世纪20年代中期，美浓部达吉（他为政党内阁提供了理论合法性）的宪法解释不仅统治了学术界，还主导了官僚阶层最高层级的言论。他的《宪法撮要》（*Kenpo satsuyo*）第一次出版于 1923 年，他在书中继续了以往的讨论以得出合乎逻辑的结论。同持有反对政党统治的穗积八束和上杉慎吉形成对比，美浓部达吉声称立法机构在明治宪法中是处于优先地位的：

> 我们的宪法与美国的宪法不同，它不是基于立法、司法和行政部门地位　87
> 相互平等的原则。（在我们的宪法中）立法部门的行为代表国家的最高意志，
> 司法和行政部门并非与之平等，而是低于它。[1]

按照美浓部达吉的说法，日本帝国的国会并不是一个由天皇授权的国家机构，而是一个直接基于宪法的"代表人民的机构"。这种对宪法的解释必定使责任内阁或政党内阁合法化，正如由政党主导的众议院比起贵族院更具有国会的"代表人民"的特点。[2] 在出版于 1927 年的《逐条宪法精义》（*Chikajo kenpo seigi*）中，美浓部达吉如下写道：

> 国会由两院组成。但是即使假定它们在法律上是平等的，当遇到政治权
> 力问题时，两院一点也不会处于平等的地位。在国会的两院中，由主要政治
> 势力掌控的一个，必定是由人民普选决定的那个。[3]

在 1924 年加藤高明内阁建立后，美浓部达吉呼吁进行贵族院改革。他主张废除或降低那些基于地位或财产资格获得议员资格的贵族院议员人数，提议敕封议员由适当的选举小组提名而不是由现任首相提名。他的目标显然是使贵族院非政治化。

贵族院的敕封议员都是具有很大影响力的高级官员，他们在即将离任的内阁中曾经担任诸如次官、法制局（Hoseikyoku）主官、首都警视厅总监（Keishichō sōkan），或内务省警务机构主管等职位。作为对他们工作的奖励，常常在内阁结束之前，他们被首相推荐到贵族院任职并由天皇加以任命。也有商人和学者受到

---

[1]　Minobe, *Kenpō satsuyō*, p. 506.

[2]　Ibid., p. 317.

[3]　Minobe Tatsukichi, *Chikujō kenpō seigi* (Tokyo: Yuhikaku, 1927), p. 435.

任命的，但他们大多数也同结束的内阁政府有着密切联系。因此，大多数敕封议员都具有强烈的党派联系。美浓部达吉主张，应当通过将政府任命机制转变为由88 不同于政府的适当组织来任命，以削弱敕封议员的政治色彩。1925 年，通过强制执行修订过的贵族院条例，贵族院议员以在帝国学士院（Teikoku gakushiin）成员之间选举的方式产生，这可以被视为符合美浓部达吉设想的一个适度的贵族院改革。根据美浓部达吉的解释，政治斗争应当集中于众议院，而贵族院应该简单地承担抑制政党政治消极作用的责任。

由于美浓部达吉关于国会中心的理论被用来作为高级公务员（高等官，*kōtōkan*）或司法人员（司法官，*shihōkan*）官方考试的基础问题，他的思想通过官僚权力机构得到广泛扩散。到 20 世纪 20 年代中期，美浓部达吉的宪法理论成为权威学说。因为它为政党政治提供了一种的适合日本思想体系，其被接受是建立政党内阁的重要先决条件。

枢密院的中立化

建立政党内阁的第三个条件是枢密院的政治中立化。作为天皇最高的正式顾问机构，枢密院自 1888 年建立以来，一直在国内政治方面拥有很强的发言权。通过给天皇——事实上是内阁——提供编制或修订重要法律方面的意见，枢密院凭此在国家政策制订方面具有相当大的影响力。无论政府何时向国会提出重大的立法草案，它都不得不首先以天皇的名义咨询枢密院的意见并得到它的批准。从这层意义上讲，明治宪法下的立法程序是双重的。

枢密院也有权对国际条约和协定的批准提供意见。起草明治宪法时，花了很大的努力将国会排除在条约制订的过程之外。决定或批准条约的权力只掌控在天皇的大权（*taiken*）之中。但由于枢密院是代替天皇行使权力的，因此它在外交政策上具有非常可观的影响力。

枢密院在国内和外交政策上的政治重要性清晰地反映在枢密院议长的选择上。从 1888 年起直到 1924 年，在通向政党政治时代的整个历史时期，仅有一名89 枢密院议长不是卸任的首相。在朝廷规约中，枢密院议长的地位排在第三，排在政界元老（形式上是那些佩戴菊花大勋章的人）和现任首相之后。枢密院成员的挑选，往往由政界元老和首相之间的磋商来决定。山县有朋在枢密院议长职位上的任期持续了 17 年，他从 1909 年伊藤博文去世起就担任这一职务，一直到 1922

年他自己去世为止。在此期间，他将来自自身派系的前任官僚带进了枢密院，正如他将他们带入贵族院一样怀着同样的意图，即使枢密院成为反对政党政治的堡垒。在山县有朋死后，他的政治门徒清浦奎吾得到了这个位置。但在 1924 年清浦奎吾成为首相之后，这一机构的政治重要性被有意削弱了。

最后的政界元老西园寺公望向政府建议，通过任命政治关系较少的学者或前任官员来促进枢密院的政治中立化。据说相比于 1925 年加藤高明内阁提出的改革贵族院的建议，西园寺公望更支持改革枢密院。据加藤内阁的司法大臣横田千之助（Yokota Sennosuke）所说，西园寺公望是这样向政府提议的：

> 贵族院很简单，因为它可以被操纵。但有一个机构是不能被操纵的，那就是枢密院，这很重要。可以改革贵族院，因为处理它很简单。因此要在枢密院的改革上花心思，而不是贵族院。[1]

西园寺公望建议加藤政府任命一位学者担任枢密院议长。东京帝国大学前任校长滨尾新（Hamao Arata）被选作清浦奎吾的继任人；东京帝国大学法学部前任教授穗积陈重（Hozumi Nobushige）在之后继任；前司法大臣仓富勇三郎（Kuratomi Yuzaburo）担任这一职位到 1934 年。这种模式也应用于枢密院副议长的挑选。1924 年到 1926 年之间，这个职位分别由一木喜德郎（Ichiki Kitokuro）、穗积陈重和冈野敬次郎（Okano Keijiro）担任，他们都是东京帝国大学法学部的前任教授。平沼骐一郎（Hiranuma Kiichiro）于 1926 年担任此职。尽管他是前任司法大臣并有博士学位，但显然也是一个有政治联系的官员，并因此在接下来的 11 年内，未被允许升为枢密院议长。

为什么在宫廷中继承了山县有朋角色的西园寺公望主动要使枢密院成为一个中立化的政治实体呢？我们可以推测其中一个原因是，他努力切断“宫廷”和“政府”（“宫中”和“府中”）之间的紧密联系，这是由山县有朋娴熟的政治手段造成的，特别是他将其派系成员招募到枢密院中。可能是害怕萨摩系的影响力也同样会深入到宫廷之中，西园寺公望想方设法阻止将山本权兵卫任命为枢密院议长的做法。可以想象，在他排斥平沼骐一郎的过程中也存有同样的动机，因为平

90

---

[1] Kojima Kazuo, *Ichi ro seijika no kaiso* (Tokyo: Chuo Koronsha, 1951), p. 222.

沼骐一郎不仅同萨摩系关系密切，他还是国本社（Kokuhonsha）的发起人，这个组织被西园寺公望认为是法西斯主义的。简而言之，西园寺公望利用他的政治力量，防止朝廷被任何特别的政治派系所垄断。为了达到这个目的，他致力于枢密院的中立化，特别是将其从藩阀派系中分离出来。但是，最终的受益者还是转移给了占据优势地位的政治党派。

政党向官僚机构的渗透

政党内阁的第四个条件是政治党派与高级官僚阶层之间日益增长的调和。这种调和有很多种方式，但招募前任官员到党派领导层行列表现得最为明显。到20世纪20年代中期，两个主要党派都是由前任官员领导：加藤高明是前外交官；床次竹二郎长期供职于内务省。在20世纪20年代末期，宪政会（1927年重组为民政党）的顶层领导人是两名前大藏大臣若槻礼次郎和滨口雄幸。政友会招募了像田中义一（一名将军，且是前陆军大臣）和铃木喜三郎（Suzuki Kisaburo，前任首都警视厅总监）这样的人。许多现任或前任官员也在没有正式加入的情况下，促进了一个或多个主要政治党派的利益。对于政党内阁来说，这是一种习惯的做法：将现任的地方官员替换为那些符合政府党派利益的官员，而解除那些不符合者的职务。这种转变了贵族院的政党化趋势也扩散到了地方政府官僚机构的较高层级。

原敬的用人政策预示了官僚机构的政党化。1890年，他在担任农商务大臣陆奥宗光的秘书时，原敬就强调雇佣新官员时能力高于人际关系的原则以此来削弱萨摩派系在政府部门的影响力，他给予东京帝国大学的法学部毕业生以特别的优先权。日俄战争后，原敬担任内务大臣时也遵循了同样的原则，以"选拔新人"和"淘汰老手"作为口号，在政府机构内晋升高级官员。实际上，他替换管理层的做法是建立在晋升的归属性标准得以完成的基础上的。他执意要达成的结果，是削弱占主导地位的山县有朋派系的影响力，在政府机构内部培养中立的或反山县有朋的势力。不言而喻的是，那些富有造诣，受到原敬高度重视并给予优渥待遇的高级官员们，往往对政友会更加赞同。这样的官员中最重要的例子是床次竹二郎，后来他成为原敬内阁的内务大臣。

可以这样假设，这种党派-官僚机构的调和，在多个方面促进了政党内阁的建立。第一，行政和司法部门通过加入党派的高级官员和前任官员来保持同立法部门的联系。通过选择官员，政治党派可以在离心式的明治宪法体系中提供一个统一的元素。第二，政党更有能力在官僚机构之上建立起自己的政治优势。通过吸引官僚专家，将他们的知识和经验引入立法部门，政治党派可以更好地协调各种行政部门的专业活动。美浓部达吉关于立法机构功能优势的宪法解释，在理论上给予了这种做法以合法性。第三，通过高级公务员考试招募来的官员，其在宫廷规约中的地位高于众议院的议员。在这样的社会里，党派和官僚机构之间实行调和，特别是官僚机构政党化的发展，有助于提高政治党派的威望。

陪审团制度的建立

政党内阁的第五个条件是政治党派与司法官僚机构之间的调和，这是通过1923 年陪审团制度的建立来实现的。[1] 在某种意义上，这是政治党派与官僚机构之间调和的又一个例子。不过，司法机关秉承"司法独立"的思想，认为自身是与官僚机构的其他部门分隔开的，并且它对政治党派所持的敌对姿态，同坚持"军方高层独立"的军队没有什么不同。到明治时代结束（1907 年以后），司法机关特别是检察当局展现为一种独立的政治势力。像那时的军方高层一样，他们对政治党派怀有根深蒂固的厌恶。在调查 1909 年所谓"日糖疑狱事件"的过程中，当大日本精糖公司试图贿赂各式众议院议员以拓展一项将部分粗糖进口税返还给制糖公司的法律时，司法机关对政治党派的反感变得尤为明显。

陪审团制度自日本明治时代开始起，一直都在被考虑之中，为了限制检察机关对党派政客的攻击，各政治党派，特别是政友会努力试图引入陪审团制度。公众参与到审判过程，将降低司法机关反党派倾向的影响。1919 年，设立了法律系统的特别审议委员会，作为直属于原敬首相的顾问团。政府遵从枢密院的推荐，出台了设置陪审团制度的法律。在这个过程中，原敬成功保证了平沼骐一郎和铃木喜三郎的合作，这是两个关键的官员，正是他们促成了检察机关影响力的提升。

为了从内部控制司法机关，并获得其对引入陪审团制度的合作，原敬对平沼和铃木二人给予强烈的政治支持。平沼骐一郎成了司法省次官，之后又在第二次西园寺内阁和第一次山本内阁司法大臣松田正久（Matsuda Masahisa）之下担任检

---

[1]　参见 Mitani, *Kindai Nihon no shihōken.*

察长。平沼骐一郎在司法机关内为自己建立起强有力的影响力基础。自然在他服务过的所有部长中，他最尊重的就是松田正久。在原敬组建内阁时，他遵循松田正久对待司法机构的策略，第一个就将司法大臣的位置提供给平沼骐一郎，其后又给了铃木喜三郎。当两个人都表示拒绝后，他才假定由自己兼任这一职务，但如何行事则依赖于两人的建议。利用退休制度安抚卸任的老年司法官员，原敬也为任命平沼骐一郎为最高法院的首席法官，以及任命铃木喜三郎为检察长开辟了道路。渴望成为一名王室官员（可能是御前大臣或掌玺大臣）的平沼骐一郎成了首席法官，这意味着他成为宫内委员会的一名当然成员。原敬认为这是使他的雄心得以实现的最好方式。之后成为司法省次官的铃木喜三郎也被原敬提名为贵族院的敕封议员。这两个人起初都反对引入陪审团制度，但最后两个人都遵循了原敬的计划。铃木喜三郎成了政友会成员，在1932年犬养毅被刺杀后，他成了党的总裁。尽管平沼骐一郎从没有加入政友会，但在20世纪30年代他一直从外部支持它，并在扶植其发展的过程中扮演着重要角色。

在进入到国会立法程序以前，建立陪审团制度的法案曾在枢密院中讨论过，遭到枢密院中反政党势力的强烈反对。但在1922年原敬死后，这项法案最终获得了枢密院的批准，并于1923年国会通过后成为法律。陪审团制度之所以成为现实，主要是通过立法程序，而较少因为实践操作（自1928年到1943年），它服务于政治党派和司法机构之间（特别是在政友会与平沼骐一郎和铃木喜三郎之下的司法官僚机构之间）建立关系的需要。这种关系对于政党内阁体制的稳定是有帮助的。

政党与军队之间的修好

政党内阁体制的最后一个条件，是伴随着华盛顿体系建立而来的政党与军队之间的修好。1921年到1922年的华盛顿会议上，日本同意限制军备，其结果是政治党派有能力提升其建构国家预算的能力。由于华盛顿会议使日本进行军备削减，军队高层再也不能坚持此前的观点，即军事预算的扩张不应遭受质疑。1922年到1923年，曾代表日本参会的海军大将加藤友三郎内阁削减了海军的施工项目，减少了海军和陆军的兵员数量。陆军尽管接受了师团数量的削减，但着手于使其战术和装备现代化的计划。为了在军备紧缩时期维持国家军事实力的标准，军方领导人不得不寻求同政治党派的合作。两名军事部门的首长，1921

年到 1923 年的山梨半造（Yamanashi Hanzō）和 1924 年到 1927 年的宇垣一成（Ugaki Kazushige），都寻求同政治家合作，以创建一支人数精简但技术更先进的军队。　94

在 1919 年寺内正毅和 1922 年山县有朋相继去世后，藩阀对军队的影响力下降了。在此基础上，军队领导层和政治党派间的纽带也变得更加紧密。尽管寺内正毅和山县有朋都反对政党对政府产生影响，但在 20 世纪第一个 10 年早期，从寺内正毅手中继承了陆军领导地位的田中义一开始同政友会，特别是和原敬发展起亲密联系。田中义一在 1914 年首次接洽原敬，希望获得众议院中的多数党对陆军扩编两个师团的支持，这是军队自日俄战争起就一直呼吁的。他们谈判的结果是两个人都意识到了未来合作的效用。原敬发现有可能通过田中义一与军队特别是山县有朋建立沟通。对他来说，田中义一认识到为了达到其"国防国民化"（kokuō nokoku minka）的长期目标，除了继续扩展和强化在乡军人会（zaigō gunjinkai）之外，保证政治党派特别是国会中多数党的支持也是必要的。但原敬与田中义一之间的关系在第二次大隈重信内阁期间淡化了，其时政友会失去了在国会中的多数党地位。陆军扩编两个师团的法案在没有政友会帮助的情况下在国会获得通过，仅仅通过由同志会及其他亲政府党派所组成的新多数派的投票便得以实现。

在第二次大隈重信内阁和继任的寺内正毅内阁期间，田中义一在陆军参谋总长上原勇作（Uehara Yūsaku）手下担任次官。作为内定的陆军长州派系领导层的继任者，田中义一实际上控制了陆军参谋总部。在促进军事干预中国和苏联的国内政治方面，他也扮演了关键角色，先是支持日本反对袁世凯政权的行动，接着又鼓动日本参与西伯利亚远征。与田中义一不同，参谋总长上原勇作不是长州派系的成员。实际上，他是那些想要弱化长州派系控制的军官团体的领导人。但是，在促进"积极大陆政策"方面，上原勇作同田中义一采取了同样的姿态。事实上，在第二次西园寺公望内阁期间，上原勇作任陆军大臣，而田中义一是军务局长（gummukyokuchō），两个人都推动陆军扩张两个师团，并且在内阁反对这项措施时，共同强迫内阁辞职。

田中义一在山县有朋的推荐下于原敬内阁担任陆军大臣时，他遵循原敬同美国合作的政策。这项政策标志着军队倡导的帝国主义的大陆政策开始发生转变。因此，上原勇作和田中义一之间的冲突逐渐加深，田中义一更明显地靠向了政友　95

会。原敬及其党总裁继任者高桥是清，都很尊重田中义一对于政友会外交和国防政策的合作态度。田中义一是一个精明的机会主义者，他也敏锐地认识到，对于军队来说，很有必要积极回应海外国际合作的扩展以及国内党派政治角色的上升。最终他于1925年接受邀请成了政友会的总裁，担任这个职务直到1929年去世。

田中义一不是唯一一位同政治党派和平相处的将军。山梨半造负责20世纪20年代的第一轮军备裁减，他也加入了政友会。负责第二轮军备裁减的宇垣一成，则很亲密地同宪政会（后来的民政党）合作，这是政友会在国会中的主要竞争者。福田正太郎（Fukuda Masataro）是一位隶属于上原勇作派系的将军，他向反政友会的阵营靠拢，正如田中义一转向政友会并一度决定加入民政党一样。[1]这些高级军官同政治党派合作的意愿，表明了20世纪20年代旧藩阀影响力的衰落程度。如果一个军人有野心进入内阁，他就再也不能依赖像山县有朋这样的政界元老的帮助，而只能同党派领导人处好关系。

可以确定的是，政党和军队势力的联系远不如同官僚机构或司法机关的联系那样密切。各级军官仍然唯恐在民事机关的控制下会使军队失去传统的自主权。考虑到竞争者田中义一不仅是长州系的将军而且同政友会的关系很亲密，上原勇作派系继续推动消除藩阀在军队中的影响力，与此同时，他们坚持军队应保持非党化，不与政治党派发生关联。上原勇作派系决心将"军队高层指挥权独立"（统指权的独立）的想法付诸实践，通过重申面向中国和苏联的积极大陆政策的必要性，并建立全国动员系统，来扩展军队的政治影响力。因此，军队的政党化不会走得很远。到昭和时代早期，上原勇作派系产生了由将军荒木贞夫（Araki Sadao）、真崎甚三郎（Mazaki Jinzaburō）和林铣十郎（Hayashi Senjūrō）领导的新一代参谋人员，他们最终成为军队中各种反对政党政治派系的核心。

另一方面，只要像田中义一和宇垣一成这样的军方领导人参与了政党内阁对军事和外交政策关键问题的决定，军队中反对政党政治的势力就不可能得到太大的增长。因而，直到1930年对伦敦海军条约进行争论为止，陆军和海军都保持着一种对国内政治斗争不予干涉的态度。

---

[1] Oka Yoshitake and Hayashi Shigeru, eds., *Taishō demokurashii ki no seiji. Matsumoto Gōkichi seiji nisshi* (Tokyo: Iwanami shoten, 1959), p. 573.

结论

本章内容概括了 1924 至 1932 年间促进党派内阁体制建立的六个条件：(1) 建立众议院对贵族院的优势；(2) 美浓部达吉的宪法理论作为正统观念出现；(3) 枢密院的政治中立化；(4) 政党向民事官僚机构的渗透；(5) 伴随着陪审团制度的引入，政党同司法机关之间的调和、(6) 政党与军队的修好。

但是这些条件并不是不可逆的。如果其中一些或者全部都发生了变化，那么政党内阁体制就将面临危机。换句话说，这一体制是脆弱的。如果政党不再能够协调宪政结构的运转，如果美浓部达吉的理论作为异端被抵制，如果枢密院干涉各个党派间的争端，如果强烈的反政党情绪在民事机构和司法机关中重获力量，如果日益增长的国际压力促使军队重申其国内势力，那么政党对政府的主导都将颠覆。恰恰是上面提及的这些变化，带来了 1932 年政党内阁的终结。

第三章　日本的政治与动员（1931—1945）

南加利福尼亚大学历史系　戈登·M. 伯杰

导论

正如三谷太一郎（Taichirō Mitani）在第二章所说的那样，日本的保守派政党（kisei seitō）克服了与在明治政治体制中具有相当影响力的议会之间的障碍，并且于20世纪20年代在国会众议院和内阁中同时占据了重要地位。从1924年到1932年，两个保守党派垄断了首相职位并且将它们的影响延伸至其他政治精英党派之中。然而，在1932年到1940年间，政治党派的影响力急转直下。在此之后，那些民事和军事官僚机构中管理专家的主张，加上一批新涌现的商业精英的看法，就成为决定日本国内外政策时最为重要的因素。

具有讽刺意味的是，党派政客们积攒政治影响力的成败早已被德川后期和明治时期日本政治文化的发展所预言，当时的日本支持一种主张，即被证明有实际能力进行统治的势力也应被套上政治权力的缰绳。这种信念第一次体现在幕末年代。当时，在权力交接的世袭原则和"由贤者统治"的儒家思想之间，压抑着的意识形态矛盾爆发了出来。明治维新的领导们也相信精英政治的原则。他们招募有才能的年轻追随者加入他们个人的政治派系（藩阀），并且建立了高等教育体系（东京帝国大学、陆军士官学校和海军兵学校），以专门知识来教育未来的领导者，而这些是日本在现代世界中生存的必备条件。到1910年，这些体系已经成为国家民事和军事行政领导人的主要来源。

明治时代遗留下来的有关精英统治的问题是相互矛盾的。在19世纪80年代，19世纪中期的许多宫廷贵族和雄藩大名被给予了新的贵族特权，并在之后享受着相当大的政治权力，同时通过他们的家族世袭权利维持着在贵族院和宫廷中的地位。此外，整个明治时期政治结构的合法性依赖于天皇继承权，新被授予头衔的贵族的政治责任在于使皇权免受攻击，他们通过在贵族院任职和在其他政治精英团体间斡旋的方法来达此目的。在这一使命的基础上，日本的世袭贵族在 20 世纪的政治活动中扮演着某种持续性的角色，并且在大正年代（1912—1926 年）一系列的严峻攻击中生存了下来，而他们所继承的特权只遭受了最低限度的缩减。

除了由明治领导层及其精心教育出来的继承者们所代表的精英政治之外，在 20 世纪早期，世袭贵族们通过集合在国会众议院中的新的政治势力来分享权力。到 1914 年，这些势力已经凝聚成两个主要的政党和几个更小一点的派别团体。1918 年，在其作为党派领导人的权力基础上，原敬成为第一个日本首相并单独执政。原敬和其后的一些党派总裁获得了首相的任命，因为他们能够在其党派与其他重要的、垄断着通向一些国家机构入口的非党派政治精英团体之间建立起重要的联系。因此，他们可以帮助统治集团巩固分散的政治权力，并且有助于在他们之中就政府政策达成共识。对于党派政客们的命运来说，这种能力被证明是至关重要的。随着精英联盟的崩塌，党派政治家们稳定了明治寡头政治所创造的脆弱的内阁系统，而作为众议院中的主宰力量，他们也确保了党派内阁的政策安排需要得到众议院的批准。

对于稳定精英阶层的统治来说，政党还具有其他一些必不可少的能力。曾经一段时间，明治寡头政治精英和世袭贵族害怕农村纳税人受到日本迅速发展的经济和社会转型的影响会产生不满，同时也担心迅速浮现的新的商业精英会挑战他们权力的制度基础。政党证明了他们有能力吸收这些团体的政治能量，而不会妨碍明治政治体系的结构。到 20 世纪早期，大财团参与政治的主要形式是在政党竞选资金方面提供经济支持。同时，农村的政治参与，被党派政客和当地传统政治领袖（名望家，包括村庄首领、地主、学校老师、神职人员及其他当地杰出人物）间的联盟所小心把持。政治党派在与国家政府的谈判中获得政治拨款的立法，并且代表地方的利益；作为这一切的回报，地方首领操控他们乡村的投票行为，在选举中支持友好的党派政客，并通过化解当地的政治运动来修正政府机关的施行的政策。

因此，政党能够越来越多地满足精英政治所必需的调适功能，能够调节内阁

99

与众议院的关系，并且将地方的能量整合到国家政治中去。到了 20 世纪的第二个 10 年，通过招募来自贵族和民事、军事官僚机构的关键人物，并使他们成为党派成员或参与党派联盟，党派的政治能力进一步扩大。通过让众议院成员获得几个重要的部长职务来换取众议院对内阁预算建议书的支持，党派有能力在政府部门中影响职业官僚晋升高层职位的任命，政府部门已经处于他们的控制之下。通过与一个或几个党派结盟来获得这样任职机会的官僚，在他们的官员生涯退休后常常被招募为党派成员。同样地，通过他们在众议院和内阁的实力地位，党派获得了重要的世袭贵族团体和参议院中敕任议员的效忠，以此来换取一个协议，即放弃任何影响深远的选举过程改革。同时，尽管他们从未在军事人员的挑选和任命中产生过重大影响，但他们日益增长的权力使得那些怀有政治野心的陆海军高级将领不得不寻求党派的支持，甚至这些将领在退出现役后会寻求党派成员的位置。无党派精英组织的成员汇集到了党派阵营之中，为党派和无党派精英间提供了必要的联系，汇聚在党派中的专业知识分子也同样为未来国家政策建议的规范化起到了作用。对党派命运至关重要的是非党派精英成员的来源，而不是某个党派领导人在战前日本曾被任命为首相，或其在成为党派政客之前曾于民事和军事官僚机构中取得过多少成功（见表 3.1）。

表 3.1　日本历届内阁（1929—1945 年）

首相	内阁任职次数	内阁任期
滨口雄幸		1929-7-2 —1931-4-14
若槻礼次郎	第二次	1931-4-14 —1931-11-13
犬养毅		1931-11-13 —1932-5-16
斋藤实		1932-5-16 —1934-7-8
冈田启介		1934-7-8 —1936-3-9
广田弘毅		1936-3-9 —1937-2-2
林铣十郎		1937-2-2 —1937-6-4
近卫文麿	第一次	1937-6-4 —1939-1-5
平沼骐一郎		1939-1-5 —1939-8-30
阿部信行		1939-8-30 —1940-1-16
米内光政		1940-1-16 —1940-7-22

（续表）

首相	内阁任职次数	内阁任期
近卫文麿	第二次	1940-7-22 —1941-7-18
近卫文麿	第三次	1941-7-18 —1941-10-18
东条英机		1941-10-18 —1944-7-22
小矶国昭		1944-7-22 —1945-4-7
铃木贯太郎		1945-4-7—1945-8-17

然而，即使是在 20 世纪 20 年代中期的政党政治巅峰时期，政党精英组织从他们根深蒂固的竞争对手手中夺取政治控制权的努力还远没有成功。明治政治协议的条款阻碍了国会影响力的拓展。并且，即使政治党派已经渗透到了官僚机构，但它仍然被官方规定所限制，这些规定限定了高级官员的选择，仅把机会给予那些通过了一系列激烈竞争的测试来证明他们才能的人。同样，通过宪法规定的方式，军队也与公开的政治任免隔绝开来，尽管这也确保了政府的民用分支机构在人事事项方面保持实质上的独立。对贵族议员的社会和政治特权做出限定，使政治党派很难攻击他们。 100

此外，对国会影响力的接纳还受到一种意识的影响，即认为政党权力的延伸超越了众议院意味着无党派精英自主权力的相应减少。例如，尽管高级官员们认识到，他们未来的任职前景实质上依赖于与这样或那样的党派的结盟，但他们的下属仍然谴责政党影响力在行政机构的不断增长并侵占了这个舞台，而作为经由东京帝国大学学习和经验训练而成的专家，他们认为这个舞台是他们独有的领域。他们还抗议伴随着执政党向其对手交接权力而带来的行政混乱，这样的转换总是带来大规模的与政党结盟的高级官员的更替。在军队中，与政党合作的"怀有政治野心的陆海军高级将领"时常被其下属所批评，因为他们在军队保护国家的神圣使命面前妥协，而仅仅为了达到获取政治利益的目的。在参议院中，像亲王近卫文麿这样的贵族辩称，贵族的传统使命是超越党派联盟和阵营，成为天皇 101 客观政治判断的支柱。甚至在地方上，村庄首领也对那些企图绕过传统途径来动员当地政治能量的政党保持着谨慎态度，因此，为了满足地方的利益，为了加强他们自己在乡镇中的声望和权威，这些首领通过加强与官僚机构的联系来对冲他们对政党的依赖。

政党作为对大量利益提出政治诉求的渠道，无党派人士对于政党所扮演的这种角色的态度也是相互矛盾的。一方面，已经获取既得利益的无党派精英比较钟情于党派政治，而不喜欢民主主义者、社会主义者、无政府主义者和共产主义者，这些人有一个共同点就是都反对精英政府。另一方面，政党与传统村庄首领的结盟，挫败了进步的媒体人、知识分子，以及那些年轻劳动者和佃农运动的代表，也刺激了自由主义、社会主义"改革派"运动的代表，他们的诉求是对政治体制进行全面改造，或以更具代表性的政体组织来替代现存的政党势力。从另一个意识形态的角度来看，狡猾的保守派"日本政客"不是将政党看作是政府与人民之间的协调机构，而是将之视为西式的、以冲突为导向的组织，他们以君主的意志阻碍公众意志的统一，以务实的政治妥协和对地方建设利益的优先关注破坏统治者与国民之间神圣的盟约。

因此，虽然国会的力量在整个 20 世纪 20 年代取得了优势，各党派仍不得不与几个强有力的无党派精英团体分享权力，并以此抵御对他们立场进行的各种攻击。可以肯定的是，在 20 世纪 30 年代的开端，对于未来政党的影响力，一名杰出的研究日本政治的西方学者已经下了判断，他在 1932 年写道："政党内阁很可能已经成为既定原则。"[1] 尽管如此，各党派在 20 世纪 20 年代取得的成功需要他们避免新的政治野心家的挑战，同时，他们对内阁的控制仍然受制于无党派精英在争夺权力过程中为重获失去地位而作的努力。

事实上，各党派的地位很快就会受到致命的削弱，这是由于 20 世纪 20 年代末期和 20 世纪 30 年代早期国内外环境的剧变。20 世纪 30 年代发生的事件并没有促进政党权力的持续扩张，而是导致了政党影响力在国家事务中的大幅下降，最终在 1940 年所有正式的政党组织都被解散。在中国，蒋介石领导的民族主义复兴运动对日本的经济和日本在中国，特别是在中国东北的战略利益造成了严重威胁。到 20 世纪 20 年代末，在苏联加强远东地区军事驻军的情况下，日本也开始察觉到他们在中国东北的地位，以及他们自身潜在的安全再次受到威胁，南京和莫斯科似乎不愿意再坚持华盛顿体系的原则，因为两者都未参与 1921 到 1922 年的华盛顿条约。美国政府的当权者们，本身也不太愿意支持日本政府的诉求，

---

[1] Harold S. Quigley, *Japanese Government and Politics: An Introductory Study* (New York: Century, 1932), p. 233.

即寻求国际调停来回应这些被认为是对日本大陆利益的威胁。[1] 在1930年的伦敦会议上，英国和美国威胁日本，如果日本坚持不放弃其在大型巡洋舰吨位上与英美相比占70%的要求，就会组成双方海军联盟共同对抗日本，这使日本对华盛顿体系的"合作外交"的信念进一步受到削弱。最终，"合作外交"的经济基础被1929年后的世界大萧条和经济民族主义的强化所破坏。国际环境中的这些变化同时发生，在20世纪30年代初期，日本农村农业萧条，经济政策的转变似乎只是以其他国国民为代价使大企业和金融投机者获得利益，这些都使公众对于政党政治统治能力的信心逐渐丧失。

　　所有这些变化不仅加剧了早些时候对政党政府的批评，还在日本催生了日益增长的民族危机意识。不偏不倚的观察家和反对党派政治的发言人们开始达成共识，认为国会政客们缺乏足够的道德勇气和知识才能来领导日本渡过这个困难的时期。公众对于政党政府的支持起初是缓慢强化的，后来却以加快的速度跌落。1932年5月，各政党失去了对首相职位的控制，并且在此之后逐步被排除在关键决策制订者的行列之外。到了1941年，已经没有政党代表跻身内阁中了。在这十年中，权力移交给了那些看上去有能力来处理国家紧急问题的人。政府民事和军事机构中的技术官僚逐渐变得越来越有影响力，因为他们证明了他们在这个领域中的专业知识对于日本的生存是至关重要的。擅长经济管理的商业领袖们也建立了一个独立的具有政治影响力的团体，因为他们是在国家的帮助下首先从大萧条中恢复过来的，所以其随即调动资源为野心勃勃的国家自主外交和国防政策服务。

　　在20世纪30年代，所有这些组织都试图利用他们增强了的实力去进一步扩大政治权力和威望。然而，他们的出现，表明了一个国家领导阶层的形成，这个领导阶层曾经接受过狭隘的教育和训练，缺乏明治前辈视野宽广的特征。在20世纪30年代，每个专业精英团体都一再坚持自己对未来的憧憬，这也是被官方所认定的通向国家生存和荣耀的道路。在军事方面，关于国防和国家动员的激烈辩论过度消耗了军队的团结，并使这两项事务处于相互矛盾的境地。类似的冲突也发生在政府的民事部门，同时还存在于政府与商业精英之间。没有哪个专业精英团体掌握着调停精英冲突的制度性或非正式手段，而随着专业精英影响力的增

---

[1] 参见 Akira Iriye, *After Imperialism: The Search for a New Order in Far East*, 1931-1941 (Cambridge, Mass.: Harvard University Press, 1965)。

长，内阁在相互冲突的精英中优先选择的能力也因而弱化。此外，国会可以确保内阁的立法提案得到通过成为法律，而没有哪个专业精英团体能在国会中站稳脚跟。同时，他们都既不能激发民众对国家事务的参与，也无法在国家对其民众不断提出要求时强化公民对政府的认同。

由于这些困难的存在，使得 20 世纪 30 年代后期和 20 世纪 40 年代早期都带有一系列政治争论的特征，这些争论都指向一个问题，即明治时代的政治体制在一个国家危机频发的时代是否仍然适用。政治精英和局外人中的"改革派"一直在寻求以新的手段来将他们自己的政治影响力渗透进体制的围栏之中，他们拥护采取一系列全面的改革措施来调整现存政治权力的分配和调和政策差异的机制。另一方面，各色精英中的"保守"势力在现存的政治体制框架内对国家危机带来的挑战做出回应，并且努力缓解精英内部的权力斗争对日本国力所造成的削弱。[1]1940—1941 年，改革派和保守派观点的冲突达到了巅峰，这主要的争论是日本建立一个什么样的"新政治秩序"。这场冲突造成的余震在随后的太平洋战争期间仍在日本政坛回荡。最终，扎根于各种政府体制的精英团体没有一个愿意交出他们在现存国家体制下已经获得的政治特权。因此，日本的政治制度继续催生着权力的多元分布，正如立宪政府建立以来所表现的那样。

毫无疑问，1931 年到 1945 年之间，精英阶层中的权力轨迹发生了重要而又易于察觉的变化，但是没有哪个单独的精英团体有能力垄断国家的控制权，或者以其自己的目的操纵全体公民。尽管专业精英，特别是军队，获得了在国家事务中的影响力，但明治政府体制的多元化特点仍为世袭贵族和党派政客提供了作为冲突管理者的政治角色，这个角色虽被逐渐削弱却仍很重要。因此，在 20 世纪 40 年代早期，对权力的争议和竞争仍保持着国内政治的鲜明特征，一些重要的决定，诸如是否要在 1941 年对美国大动干戈、如何协调军事行动和国内对战时条件的反应等等，仍然需要各种精英阶层达成共识，而不是由个别集团武断决定。

尽管在 1932 年时，夸大一些党派在内阁中所获卓越地位的程度也许是情有可原的，但直到最近，日本学者仍时常过分强调 1931 年至 1945 年间日本政坛变

---

[1] 改革派与保守派之间的冲突在日本昭和早期政治领域的研究专家伊藤隆（Ito Takashi）的历史著作中得到了充分的展现。参见 Takashi Ito, "The Role of Right-Wing Organizations in Japan," in *Pearl Harbor as History: Japanese-American Relations 1931-1941*, ed. Dorothy Borg and Shumpei Okamoto (New York: Columbia University Press, 1973), pp. 487-509, esp. pp. 487-490。

化的范围和性质。只是近年以来，方有历史学家开始细化这些早先过于简单的想法，即在这段时期内，垄断资本主义的利益决定着国家的政策，官僚机构建立极权主义的体系来控制公众，以及军队"接管"了国家机构，等等。现在明显的是，尽管商业领袖们在设定国家目标时提供了一个新的、有影响力的声音，但他们还是无法决定这些目标是什么。同样清楚的是，官僚机构和军队领导层的严重分裂，阻止了任何一个个体或派系实现独裁，也不可能使政府的控制程度类似于同时期的德国、意大利和苏联的战时政体。议会、商界、官僚、右翼和农村中地方传统精英中的保守势力，阻碍了改革派对国家进行重组的尝试，强化了他们自己的权力，从而建立起政府控制所有政治和经济活动的单一体制。

　　让我们来简要概括一下 1931 年至 1945 年间有别于此前年代的政治特征：一方面，政党和贵族的命运下滑，与此同时，危机和战争促进了精英政治影响力的增长，这种精英政治主要集中于民事和军事官僚以及新的商业精英。另一方面，如何在内阁级别上把精英所具有的竞争性观念和雄心与国家政策糅合在一起，如何协调内阁和国会在重要立法上的观点，如何激发大众认同国家的目标，这些困难仍在持续，且事实上是愈演愈烈。日本帝国政治冲突的最后几年，一直强调要重申精英多元化，持续努力以克服明治政治体制的弱点，并且进一步承认了早些时候公认的想法，即需要公民完全融入国家的政治生活中来。于是，对 1931 年到 1945 年这一阶段的考察可以得出结论：20 世纪 20 年代和 20 世纪 30 年代之间政治发展过程中的明显变化，并不像许多人坚持认为的那样突然；同样，昭和时代早期（1926—1945 年）的政治"黑暗低谷"，也在很多方面为帝国毁灭以后日本政治体制的转型奠定了基础。

对政党权力的挑战（1929—1936）

　　在民政党的总裁滨口雄幸任职首相期间，权力开始从议会精英团体转移到专业精英手中。滨口雄幸的内阁从 1929 年执政至 1931 年年末，其间由于外相币原喜重郎（Shidehara Kijūrō）依赖限制军备协议和"合作外交"来保卫日本的领海和大陆利益而遭受激烈的批评。尽管政府向公众承诺，日本的谈判代表在伦敦会议上不会接受任何对本国持有重型巡洋舰吨位的限制，即日本重型巡洋舰的吨位不能少于美国和英国舰队巡洋舰吨位的 70%，但最终还是基于三个大国之间的妥协签订了《伦敦条约》，而这在日本被认为是违反了原先的承诺。加上中国民族主义的崛起及苏联在西伯利亚的军事力量的增强对日本在中国东北的地位形成了一种日益增长的军事威胁[1]。关于《伦敦条约》的争论引发了公众对政府意愿的明显攻击，指责政府宁愿为了可疑的责任而冒着国家安全的风险去和英美势力达成外交和谐。

由大藏大臣井上准之助（Inoue Junnosuke）设计的政府的经济和财政政策，专注于恢复金本位、实行通货紧缩、银根紧缩和降低国家预算。尽管在 1930 年（世界经济大萧条期间），日本有能力因此回归金本位制，但民政党的政策并没有减轻长期农业危机和严重的社会贫困，只是造成了财富和经济实力越来越集中于工业和银行业卡特尔，加剧了大企业和小企业中工资差别[2]。更糟的是，当英国在 1931 年 9 月再一次放弃金本位制之时，民政党政府继续其财政政策并且允许金融投机者以固定价格囤积大量硬币，这将不可避免地导致日元的实际价值相对于黄金和美元的降低。

民政党内阁所面临的艰难局面，在很大程度上来自日本很难控制的国际环境的变化。然而，在日本国内却能感受到处理这些难题所带来的政治后果。例如，在关于《伦敦条约》的争论后，大多数国家领导人都坚持，应该授予陆海军将领在国防政策中迄今为止更大的话语权。[3] 这一共识极大地增强了军事专家们在制订未来国防政策中的权力。政府未能有效处理国家的安全和经济问题，这也引起了右翼"双料爱国者"绝望的尝试，试图通过暗杀行动使日本摆脱其现任领导层。[4] 滨口雄幸首相在 1930 年年末遭到枪击，在他于 1931 年 8 月死于枪伤前，他将对内阁及政党的控制权转移给了若槻礼次郎。在此期间，年轻的军官和平民革命者们，确信民政党的领导业已破产，因此于 1931 年 3 月和 10 月计划实施了失败的政变。他们获得了一部分军队领导人的秘密支持，这些领导人正因"合作

107

---

[1] James B. Crowley, *Japan's Quest for Autonomy: National Security and Foreign Policy, 1930-1938* (Princeton, N.J.: Princeton University Press, 1966), chap. 1.

[2] 这些趋势的详情，参见 Takafusa Nakamura, *Economic Growth in Prewar Japan* (New Haven, Conn.: Yale University Press, 1983), pp. 194-233。

[3] Crowley, *Japan's Quest*, p. 79. 关于伦敦条约的政治衍生问题，日本国内最全面的研究是 Itō Takashi, *Shōwa shoki seijishi kenkyū* (Tokyo: Tōkyō daigaku shuppankai, 1969)；对这一问题的简要英语论述，见 Takashi Ito, "Conflicts and Coalitions in Japan, 1930: Political Groups [and] the London Naval Disarmament Conference," in *The Study of Coalition Behavior*, ed. Sven Groennings, W. W. Kelley, and Michael Leiserson (New York: Holt, Rinehart, and Winston, 1970), pp. 160-176。

[4] Richard Storry, *The Double Patriots: A Study of Japanese Nationalism* (Boston: Houghton Mifflin, 1957) 是关于 20 世纪 30 年代这类恐怖主义事件的较高水准的考察。

外交"未能遏制中国和苏联对中国东北的威胁而感到焦虑。其他一些军官，如陆军大佐板垣征四郎（Itagaki Seishirō）和陆军中佐石原莞尔（Ishiwara Kanji）也同样相信民政党"软弱下跪"的大陆政策，将被证实对于日本在中国东北的利益是致命的，并且于1931年9月单方面动员关东军实施了"九一八事变"[1]。

20世纪30年代早期，恐怖主义和任性的军事行动是大众对政党影响力普遍不满的一种极端表现。虽然这两种非法抗争的形式遭到公开谴责，但如果受到误导，肇事者也同样会因他们对国家利益的献身行为而得到赞美。1931年年末，日益增长的反政党情绪阻止了政府对罪犯采取严厉的惩罚措施，反而在12月，若槻内阁选择了辞职。替代它的是政友会总裁犬养毅领导的政府，犬养毅领导的政府迅速放弃了金本位制，并且在新的选举中以压倒性优势击败了民政党。但是，随着金融投机者趁机利用政府新的财政政策大赚其钱，而经济萧条继续恶化，在1932年年初，伴随着对前任大藏大臣井上和实业家团琢磨（Dan Takuma）的致命攻击，恐怖主义死灰复燃。最终，1932年5月15日，一群海军军校学员在平民和年轻军官的帮助下，在犬养毅的官邸里杀死了首相。

犬养毅的死亡的留下了最后一个政界元老西园寺公望，他身负着推荐帝国新首相任职人选的艰巨任务。显然，若槻礼次郎的民政党很不受欢迎，在那个时期没有能力再度执政，但西园寺公望也不愿意指派首相职务给犬养毅的继任者，作为政友会总裁的铃木喜三郎。西园寺公望与铃木喜三郎之间的嫌隙由来已久，可以追溯到以下主张，即政界元老是否应该培养政党政府作为调停内部精英之间纠纷的一种手段，而不直接把天皇卷入国家政治。众所周知，铃木喜三郎直言不讳地提倡应将天皇更积极地作为统一日本政治的一种力量，他也猛烈批评华盛顿条约秩序，而华盛顿条约秩序是20世纪20年代早期西园寺公望想要借助和维持的。在恐怖事件频发和在中国东北新的过分军事自信的背景下，西园寺公望对铃木喜三郎想法的反感导致其得出结论，认为此时继续政党政府的政治形式已经不合时宜。因此，为了取代死去的犬养毅，西园寺公望向天皇推荐任命海军上将斋藤实继任首相。

108

---

[1] 反对观点认为，事件的凶手至少获得了他们东京上级的默许，参见 Crowley, *Japan's Quest*, pp. 114-124. On the Manchurian incident, see Sadako Ogata, *Defiance in Manchuria: The Making of Japanese Foreign Policy*, ig3l-igj2 (Berkeley and Los Angeles: University of California Press, 1964); and Mark R. Peattie, *Ishiwara Kanji and Japan's Confrontation with the West (Princeton*, N.J.: Princeton University Press, 1975), chap. 4。

在普遍感到这个国家已经进入了一个"紧急时期"（非常期，hijōji）的氛围中，斋藤政府开始执掌权力。鉴于日本在外交关系和国内经济上的急迫问题，两个保守党派非常精明地支持新内阁，即使首相不是来自他们自己的队伍。斋藤实组建的"举国一致内阁"包含了从两个政党中挑选的五个部长，还有几个比较得到军队支持的人及国家政策制订中的官僚角色。民政党发现它的力量已经被 1929 年到 1931 年间频发的恐怖事件和 1932 年的选举失败所粉碎，所以它一直致力于支持"举国一致内阁"，直到自己能够通过新的选举重获它在众议院的地位。另一方面，铃木喜三郎的政友会希望通过同意支持斋藤实，使本党在危机过去的时候能够重获内阁的控制权。

然而，与铃木喜三郎的希望相反，1934 年 7 月斋藤实辞职后，首相职位传到了海军上将冈田启介（Okada Keisuke）的手中。政友会通过与斋藤内阁合作而重新得到首相一职的指望落空，更进一步来看，这意味着政党势力的复苏遭到挫败。需要回顾一下 1932 年到 1934 年间国内外环境所发生的许多重要变化。1932 年伪满洲国的建立，尽管得到众议院两个保守党派的公然支持，却引起了日本与西方列强之间的严重裂痕。到 1933 年早期，这个裂痕越发加深，于是日本退出国际联盟，作为对国际联盟反对日本在中国大陆使用武力的回应。面对日益增长的国际批评，日本越来越与西方世界隔绝，进而越发在其政治、社会和文化生活中拒绝英美的影响。在公众心目中，由于两个党派都与 20 世纪 20 年代的"合作外交"有着密切的联系，同时由于奉行"日本至上主义"的右翼势力再三谴责他们的所作所为只不过是在效法那些西方政党，以冲突为导向，同时强烈追求一己私利，在这种新的国内环境下，政友会和民政党发现很难重新发动政治攻势。

这一时期，政府应对国家不断的危机困扰的种种尝试，同样给政党势力带来了负面影响。例如，通过促进官僚更多地进入民众的生活，扩大民事官员在国家政策制订和实施中的角色，斋藤内阁的经济恢复计划削弱了政党的影响力。首先，政府通过了一项"积极"的经济政策，关注以新的、更大的预算来刺激经济需求，使国家摆脱大萧条的痛苦。为了促使破碎的农业部门复苏，并且为新的预算产生更多的税收，有必要恢复农村经济。斋藤内阁发动了一个广泛的公共工程建设计划来吸收失业的劳动力，为贫困农民提供农闲时的工作。批准和投资公共工程计划的权力被授予地方官员，他们都是内务省在当地的代理

109

人。[1]政府还实施了"农山渔村经济更生计划"（Nōson gyoson keizai kōsei keikaku），由农林省提供资金并监督实施。然而，公共工程项目是用来加强内务省与当地传统领导层的关系的，农林省也试图创建一个全国性的农业行会网络（产业组合，*sangyō kumiai*），作为其在当地的机关与地方势力紧密联系的据点。[2]

　　这两个计划使政党在争夺政治影响力的斗争中进一步处于守势。内政部的计划绕过了它在众议院的角色而成为地方上经济利益的分销商，而农林部门促使经济复苏的方式则威胁到了垄断当地的政治势力，这些势力是由主要政党的选举代理人组成的，他们是传统的农村领导阶层。当政党的发言人抱怨这些项目的"官僚专制"时，他们即被置于尴尬的位置，似乎是为了保护当地的利益集团而抵制国家的经济复苏，是为了保护他们在地方上的政治运作而放弃国家的和谐。随着农村经济的崩坏，在政治党派重获权力的过程中，要想消除这些影响及摆脱他们作为大企业保护者的形象，显然有极其烦琐复杂的工作要做。

　　显而易见的是，斋藤内阁同时对内务、农林两省的经济复苏计划的认可，凸显了举国一致政府在各种专家－精英团体政策建议之间建立优先顺序时可能会有的困难。举国一致政府缺乏一种能起到特别作用的内阁会议，在这种会议上有一个占据支配地位的政党，其中相互竞争位置的精英会在政党领导层的指引下有所调和，并且转换为某位政党首相的政策；举国一致政府也面临着沉重的压力，如何同时默认有歧见的精英们的优先顺序，或是任由内阁决策陷入僵局而导致崩溃？

　　各政党的官僚对手们则不受这些问题的困扰，在斋藤实的首相任职期间，他抓住机会以多种方式打击国会影响力。1932年后期，一个保证官员地位的委员会（文官分限委员会）得以建立起来。委员会审查官员的退休，严格限制了内阁中政党成员解雇那些没有在政治上与他们结盟的老资格官僚。1933年2月，一项天皇诏令（巡查分限令）将类似的保护条款延伸到了内务省的警方官

[1] Naimusho shi, 4 vols., ed. *Taikakai* (Tokyo: Chiho zaimu kyokai, 1970), vol. 1, p, 410; vol. 2, pp. 506-509.

[2] Naimusho shi, vol. 1, pp. 410-411; vol. 2, pp. 509-516; Ari Bakuji, "Chihō seido (hōtaisei hōkaiki): Burakukai chōnaikai seido," in *Kōza: Nihon kindaihō hattatsu shi-Shihonshugi to hō no haten*, vol. 6, ed. Fukushima Masao, Kawashima Takeyoshi, Tsuji Kiyoaki, and Ukai Nobushige (Tokyo: Keisō shobō, 1959), pp. 168-173; Ishii Kin'ichirō, "Nihon fuashizumu to chihō seido: 1943-nen no hōkaisei o chūshin ni," *Rekishigaku kenkyū* 307 (December 1965):2; Takeshi Ishida, "Movements to Protect Constitutional Government—A Structural Functional Analysis," in *Democracy in Prewar Japan: Groundwork or Façade?* ed. George O.Totten (Lexington, Mass.: Heath, 1965), p. 89.

员。[1] 这两项措施旨在降低重要行政岗位的人员流动，并且加强了官僚面对政党影响力时的自主权，同时明显降低了国会精英的权力。政党也在司法省检察官手中遭遇了严重的道德信誉打击，司法省的检察官们试图证明政党和商业腐败丑闻涉及政府批准的帝国人造绢丝株式会社的股票销售。尽管被告的政党领导人和商人在 1937 年最终被无罪释放，但政党的公众形象在为期三年的官方调查和审讯中饱受其害。[2] 对政党势力的第四个打击来自后藤文夫（Goto Fumio，1932—1934 年任农林大臣，1934—1936 年任内政大臣）和前任内务省官员的一个小圈子，他们在 1934 年发起了一系列的"选举净化行动"。这些活动试图抑制许多在道德方面可疑的传统选民动员方式，其中主要是通过禁止贿选和加强对其他违反选举法行为的惩罚力度。[3]

与官僚权力的延伸同时取得进展的，还有军部势力的增长。如上文所述，许多军官不满于政党政府在处理国防问题上的"软弱退让"，对此前十年日本在亚洲大陆利益的缓慢扩张也心有不甘。反政党情绪在军队中也十分强烈，因为军官们对农业人口的贫困境遇抱有强烈的同情，并相信国会中的党派团体是为"财阀利益"服务的。如文所示，陆军和海军中的一些鲁莽冲动的军官已经通过在国内和中国东北的暴力行动来表达他们的政治观点。不过，大多数军人仍然将其行为限制在合法的轨道之内，并专注于设计新的政治、经济和战略计划，以加强日本的军事实力。

为达此目标，通过举国一致政府采取最合适的方式来使陆军和海军达成协议是很困难的。此外，在 1931 年到 1945 年间，在政策方面的巨大分歧通过个人和派别竞争在陆海军之间相互交织。[4] 例如，作为第一次世界大战的教训，所有高级军队领导人都承认，现代的武器装备和强大的社会经济基础对发起总体战来说是必不可少的。然而，皇道派（Kōdōha）军人企图通过强调与苏联的迫切

---

[1] Shiraki Masayuki, *Nihon seitō shi: Shōwa hen* (Tokyo: Chūō kōronsha, 1949), p.154; Naimusho shi, vol. 1, pp. 404-405.

[2] Ichihara Ryōhei, "Seitō rengō undō no hasan: 'Teijin jiken' o shōten to shite," *Keizai ronsō* 72 (March 1955): 161-182; Arthur E. Tiedemann, "Big Business and Politics in Prewar Japan," in *Dilemmas of Growth in Prewar Japan*, ed. James W. Morley (Princeton, N.J.: Princeton University Press, 1971), pp. 267-316, esp. pp. 294-296.

[3] Naimusho shi, vol. 1, pp. 419-420; vol. 2, pp. 359-361.

[4] 关于军队内的党派之争，参见 Crowley, *Japan's Quest*, pp. 244-279; Jacob Kovalio, "The Personnel Policy of Army Minister Araki Sadao: The Tosa-Saga Theory Re-examined," in *Tradition and Modern Japan*, ed. P. G. O'Neill (Tenterden, Kent, England: Paul Norbury, 1981), pp. 102-105。

的敌意，来强化国家进行战争的精神准备，但他们在军队里的政治对手（他们　112
松散地组合在一起，被称为"统制派"）则并不把精力集中于让日本准备应对直
接的危机，而是更多地集中于发展经济动员和现代武器生产的基础设施，以备
长期使用。

两个派系都认识到，日本下一次战争的胜败取决于综合国力基础，这使军
队规划者们看到了军队力量与其国家政治、社会、经济以及精神状况之间的紧
密联系。正如陆军大将永田铁山（Nagata Tetsuzan）在 1927 年时所说的那样：
"国家总动员（*kokka sōdōin*）是一项根据时代需要而配置于整个国家社会的任
务，是从和平时期的基础转换为战时体制的基础。那么，国家必须组织起来，
统一和利用所有可用的资源、材料和人力，产生出最大化的国力以强化军事力
量。"[1] 因此，从准备全面战争的角度来看，几乎国家生活的所有方面都与国防战
略相关。总体战计划在 1933 年日本退出国际联盟后变得尤其重要。为了应对国
家日益加深的孤立状态，斋藤政府将名誉扫地的"合作外交"转变成"自主力
量"的新战略，以保护日本的国际利益。这一方针被解释为是一种抵充"苏联、
中国，以及英美国家的影响，根植于日本军事力量功效的外交手段"。[2] 这意味
着日本工业和军事力量的巨大发展，足以应对帝国在大陆和海洋中的所有假想
之敌。同时，它提供了将军事政治影响力延伸到政府领域的依据，而这个领域
以往是给民事官员控制的，之所以如此，是基于这样的原因，即动员进行总体
战是一个艰巨的任务，而军方参与到平民的行政管理对达成这样的任务是必不
可少的。

正如前面看到的有关政府采取两种不同的经济复苏计划一样，新的国防政策
是举国一致政府难以在专家－精英支持者相互竞争的观点与意愿间建立优先次序
的产物。为了尝试给日本提供充足的力量，以同时解决世界上最强大的陆军（中
国与苏联的部队）和最强大的海军（英国与美国的舰队），内阁赞成陆军和海军　113
的政治选择，却并没有在这些选择之间建立合理的优先实施权。

然而，在对经济复苏和"自主防御"做出承诺后，政府继续创造了一系列新
的超级机构，这些机构跨越了现存的大臣级辖区，在专家精英间协调政策的规划

---

[1]　Nagata Tetsuzan, *Kokka sōdōin* (Osaka: Osaka mainichi shinbunsha, 1928), p. 14.

[2]　Crowley, *Japan's Quest*, pp. 195-199, 231.

和实施。这些机构具有两个重要的特征。首先，它们为军队参与到行政事务提供了新的通道，而这些事务此前是预留给民事官员管理的。例如，军队赢得了管理日本外交政策中一个重要组成部分的权力，事实上，对满事务局正是创立于 1934年，为日本与伪满洲国的关系提供军事监管。[1]

其次，它们反映了对明治宪政结构缺陷的一种日益增长的欣赏，该结构严格区分每个政府部门的管辖权并且将它与其他政府机构的压力隔绝开来。尽管大多数官员拒绝外部影响力入侵到他们的责任领域，但新的超级机构生成了大批的"修正主义"官僚，他们提倡一种更高程度的中央集权趋势，主张统一规划，并且政策实施应该跨越内阁机构的界限。[2] 由于这些修正主义者经常敦促他们的超级机构在国家政策决定上应享有更大的发言权，所以他们遭遇到盘踞在各部门中的职业官员的强烈反对。但是修正主义者们找到了与军事官员同样的目标，这些官员认同超级机构的壮大，这也为他们自己参与到民事事务中规避了障碍，并且为国家动员做了更好的准备。1935 年内阁调查局的建立是阐明这种观点的最好例子。这个由冈田内阁所创建的新机构，为来自民事和军事官僚机构的政策规划带来了技术专家，为军方参与到民事行政机构配置了另外的新通道，也为修正主义官僚的行政改革提案提供了集中的讨论场所。

军队和修正主义官僚之间建立的联系，是如永田铁山这样的总体战的设计者政治战略的一个重要方面，也就是围绕着军队，而不是围绕着政党，创建一个新的政府机构间的关系网络，以沟通与协调精英团体的各种观点。永田铁山也与一些宫廷贵族建立起了亲密的关系，例如原田熊雄（Harada Kumao）、木户幸一（Kido Kōichi）和近卫文麿。在达成军队动员的目标上，这些人的政治调解将会是有价值的资本。为了获得国会对自己计划的支持，永田铁山于 1934 年赢得了社会大众党（Shakai taishūtō）的支持，并试图塑造一个保守派国会议员的联盟，以支持国家总动员的立法。[3]

[1] 关于这个问题的更为细致的讨论，参见 Robert M. Spaulding, Jr., "The Bureaucracy as a Political Force, 1920-1945," in *Dilemmas of Growth*, pp. 33-80, esp. pp. 67-76。

[2] 修正主义官僚的描述，参见 Spaulding, "The Bureaucracy as a Political Force," pp. 60-80; Robert M. Spaulding, Jr., "Japan's 'New Bureaucrats,' 1932-1945," in *Crisis Politics in Prewar Japan: Institutional and Ideological Problems of the 1930s*, ed. George M. Wilson (Tokyo: Sophia University Press, 1970), pp. 51-70; Hashikawa Bunzo, "Kakushin kanryō," in *Kenryoku no shisō*, ed. Kamishima Jirō, vol. 10 of *Gendai Nikon shisō taikei* (Tokyo: Chikuma shobō, 1965), pp. 251-273。

[3] Sugihara Masami, *Atarashii Shōwa shi* (Tokyo: Shin kigensha, 1958), p. 74.

永田铁山并没有足够的寿命来使他野心勃勃的政治努力获得成功。1935 年 8 月 12 日，他被"皇道派"的一个军官砍死，此人想要立即动员全国的资源去发动战争，而永田铁山则想要逐步构造政治联盟以支持长期的军事和工业发展。尽管永田铁山的死亡使军队在好几个月内陷入混乱，但他通过一种以军队为中心的精英关系网络来制订国家动员改革的计划，并没有被恐吓战术和恐怖行动所阻挠，而是最终成了军队全面准备战争的战略核心。

民事和军事官僚机构在处理日本经济和安全问题方面的重要性不断增长，从而阻碍了政治党派在维持其关键地位方面的努力，使其在协调不同的精英观点以最终形成连贯的国家政策方面的重要性受到削弱。1936 年，暗杀和摩擦又使几名重要的政党领导人死于非命，如民政党的滨口雄幸、井上准之助、江木翼（Egi Tasuku）和川崎卓吉（Kawasaki Takukichi），政友会的犬养毅、森恪（Mori Kaku）、高桥是清和床次竹二郎。此外，隔绝政党任免高级官员的法律越来越多，这降低了政党利用与他们结盟的前任官员来填补他们行列的能力。1932 年，政治党派失去了首相职位，民政党在民意调查中遭遇严重失败，这些都使政党在权力方面对于那些怀有政治野心的退休官员和军方领导缺乏吸引力。

由于政友会自愿退出了冈田启介举国一致政府中的一个有意义的角色，这种趋势被进一步加剧了。因不满海军上将斋藤实不肯将内阁首相一职交给政友会总裁铃木喜三郎，大多数党派拒绝与新政府合作，并且把那些选择接受冈田内阁任职的背叛者开除出党。1935 年 12 月，反叛者组建了一个独立的政党——昭和会（Shōwakai），进一步降低了孤立的政友会对其成员的吸引力；对其成员来说，加入政友会本是一种通向权力的手段。因此，将无党派的人才招募到党派行列中来变得越来越困难。松村谦三（Matsumura Kenzō）作为民政党领导人，后来回忆道，民政党在 1932 年以后就没有成功地将官僚和金融家引入党内，因为比起通过政党渠道展开工作，他们更愿意与其他精英直接谈判。[1] 前任民政官员、军方官员以及前商人和金融家作为保守党成员被选举到国会中的数量日渐下滑，这一切证实了松村谦三的观察：1928 年有 41 名前任民政官员当选，但到了 1936 年仅有 27 名；4 名前军事领导人在 1928 年的选举中被作为政党成员当选，到了 1936 年连 1 名也没有；1928 年有 97 名前商人和金融家作为政党成员加入到众议院，到

115

---

[1]　Nagai Ryūtarō hensankai, *Nagai Ryūtarō*, ed. Matsumura Kenzo (Tokyo: Seikosha, 1959), p. 310

1936 年，当选者仅有 72 名。

此外，甚至在众议院议员之间，加入两个保守党派中的某一个同样变得缺乏吸引力。这成为一种趋势，并严重影响到政友会和民政党。它们之所以能够制衡无党派精英，在很大程度上是依赖于它们的能力，即在众议院的支持下使它们的领导人在谈判中获得内阁的妥协。不从属于某个党派的众议院候选人成功当选的数量，从 1932 年的 19 名（4%）上升为 1936 年的 87 名（19%），继而到 1937 年进一步增加为 112 名（24%）。

政治党派在精英之间关系上的重要性不断下降，这反映在早先对政党追求权力表示同情的人现在也持批评态度。例如，美浓部达吉的宪法理论为国会统治提供了合法论据，他在 1934 年写道，复杂的经济和社会政策规划需要十分专业的知识，而这些正是党派政治家们所缺乏的。他总结说，国会不再有资格凌驾于一个批准更为娴熟的公务人员政策建议的机构之上；而重回以往的惯例，内阁的组建基于众议院的多数席位也是不明智的。[1]

116　　即使他们具有国家和公民之间某种调节者的能力，政党的功能还是受到了 20 世纪 30 年代早期不断变化的国内外环境的新攻击。即使他们继续坚持他们所曾扮演过的重要角色，即通过表达地方上的需求来"协助帝国的统治"，但代表着农村精英利益的政治党派却与政府在工业和军事动员方面日益增长的利益背道而驰。鉴于无党无派的领导人之前曾经极不情愿地承认政党达成大众政治整合的方法要比 20 世纪 20 年代形成的更为激进的替代方案更为可取，专业精英们新的当务之急是复苏经济和奠定新的国防政策，这导致了对动员和控制公众、重新分配并且集中有限国家资源到紧迫的国家任务中去的新方法的探寻。从这个角度看，政党在农村的角色被认为是抑制了内务省和农林省的经济复苏计划，而他们立法保护地方政治拨款、减免农村和既定企业税额的主张，这些都阻碍了军事预算的扩大和军事工业的发展。

因此，除了受到官僚机构的支持者批评，政党也为军方的发言人所诋毁，他们宣称神圣的盟约团结了军队和人民，而政党抵制国防预算和国家税收的行为危及了这一切。农村中反对政党的政治风潮，以帝国在乡军人会（*Teikoku zaigō gunjinkai*）的当地分会为首，这也表明了军方意在努力减少政党的政治重要性。

---

[1]　Minobe Tatsukichi, "Waga gikai seido no zento," *Chūō kōron* 553 (January 1934): 9ff.

预备役人员还于 1934 年和 1935 年发起了一个反对美浓部达吉的致命运动，而美浓部达吉的宪政理论曾经为国会精英影响力的增长提供了 30 年的法律支撑。[1]

　　1932 年至 1936 年间，政党对挑战它们影响力的行动做出的回应可以简要概括如下。除了民政党政客永井柳太郎（Nagai Ryūtarō）之外，没有其他主要政党人物提出，通过重新定义政党在调解国家和人民关系过程中的角色，来重新恢复政党的权力。[2] 他们继续作为一种小型精英组织存在，大部分由众议院议员、众议院前议员，以及对国会席位抱有野心的人所组成。为了自己的政治力量，他们宁可依赖与地方上农村精英的联系，也不愿依靠那些民众支持的团体。民政党的官方政治战略是继续为举国一致政府提供隐忍的支持，直到新的选举可以恢复其在国会的公信力；而政友会则如前文所述，从与内阁合作的姿态转变为完全对抗，随后冈田启介政府的建立。

　　在 1933 年和 1934 年，两个政党中占统治地位的派系考虑结成同盟，来对抗那些非党派的对手对他们及其在农村和商业精英中的支持者的攻击。同样，两党中的少数派派系提议建立一个类似的联盟，以支持民事和军事部门中主张在亚洲大陆扩张、增加军备预算，以及政府采取的粗放式经济管理。[3] 这两个结盟的计划都没有成功，但是，随着 1934 年 7 月海军上将冈田启介内阁的建立，两个政党失去了重要的大藏省和内务省的职务，从而促进两党为实现合并进行新的谈判。两党中接近退役将军宇垣一成和亲王近卫文麿的派系，提议建立一个新的由民政党及不满本党政策的政友会成员合并而成的政党，但遭到了宇垣一成的拒绝，理由是并不是所有的保守党成员都会包括在新组织里，而近卫文麿随后也表示反对，其理由是任何政党影响力的重振，都要求新的国会设法拿出进行全民动员的办法。[4]

[1]　关于美浓部达吉事件复杂性的描述，参见 Miyazawa Toshiyoshi, *Tennō kikansetsu jiken*, 2 vols. (Tokyo: Yuhikaku, 1970); Frank O. Miller, *Minobe Tatsukichi, Interpreter of Constitutionalism in Japan* (Berkeley and Los Angeles: University of California Press, 1965), pp. 196-253; Richard J. Smethurst, "The Military Reserve Association and the Minobe Crisis in 1935," in *Crisis Politics in Prewar Japan*, pp. 1-23。

[2]　Nagai Ryutaro hensankai, *Nagai Ryutaro*, pp. 304 ff; Gordon Mark Berger, *Parties Out of Power in Japan, 1931-1941* (Princeton, N.J.: Princeton University Press, 1977), pp. 219-220.

[3]　关于国会运动，参见 Ichihara Ryohei, "Seito rengo undo no kiban: 'Zaibatsu no tenko' o shoten to shite," Keizai ronso 72 (February 1955): 106-122; and Ichihara, "Seitō rengō undō no hasan," pp. 161-182。

[4]　Itō Takashi, "'Kyokoku itchi' naikakuki no seikai saihensei mondai: Shōwa jūsan-nen Konoe shintō mondai kenkyū no tame ni," *Shakai kagakū kenkyu* 24 (1972): 60-61; Kiya Ikusaburō, *Konoe-kō hibun* (Wakayama: Kōyasan shuppansha, 1950), p. 9; Harada Kumao, *Saionji-kō to seikyoku*, 9 vols. (Tokyo: Iwanami shoten, 1950-1956), vol. 4, pp. 389, 392-393; Iwabuchi Tatsuo, *Yabururu hi made* (Tokyo: Nihon shūhōsha, 1946), p. 74.

117

因此，在 20 世纪 30 年代早期，政党为重获失去地位而做的努力并没有取得多少实在的成果。由国会精英分享权力的理论已经几十年没有变化。政友会的领袖鸠山一郎早在 1936 年就写道：

> 只要政党存在的合法性是不可否认的，那么很明显，那些通过选举代表民意的国会议员应该是政治的焦点。最不愿意参与到政治中的官员和军人应当经历选举的洗礼，并品尝其中的苦涩，直到他们在精神上被视为有资格与群众相互交融……政治应该留给政治家，行政事务应该留给官僚，国防应该留给军人。我们必须再一次建立起责任划分的原初体系。[1]

对于政党来说不幸的是，他们的竞争对手不再愿意共享这一愿景。1936 年 2 月 20 日，四年来第一次举行大选，民政党领导层的耐心终于换来了回报，他们在众议院中获得了 205 个席位（增加了 59 席），成了多数。而政友会对抗冈田启介的战略则事与愿违，该党失去了 126 个席位，只有 174 名候选人当选。政友会总裁铃木喜三郎在自己竞选国会议员时失败，遭受了额外的羞辱。然而，尽管民政党取得了胜利，但此时任何一个政党都无法获得足够的非党派精英的支持，无法实现政党政府的复兴。尽管举国一致政府已经证明，它们无法在相互竞争的精英观点间做出决定性的选择，而且看上去它们也没有能力建立新的机制以加强公民对他们目标的认同，但西园寺公望亲王作为政界元老已经别无选择，只能建议由他们继续执政。

国家动员的前奏（1936—1937）

1936 年年初，由国际孤立和农村萧条所造成的危机气氛已经开始在日本加剧。如前文所述，危机在心理上给这个国家带来了引人注目的变化，其中一个主要的结果是造成了权力的再分配，即权力从政治党派手中转移到民事和军事官僚手中。第二个主要结果，是日本的激进分子退出了以华盛顿秩序闻名的条约体系，在与英美国家的关系上也大步后退。1933 年开始的自主防卫政策，为 1934 年 7 月、

---

[1] 引自 Kawasaki Hideji, *Yūki aru seijikatachi* (Tokyo: Sengoku shuppansha, 1971), pp. 267-268。

1934 年 12 月和 1935 年 10 月的内阁决议一再强调。到 1936 年，《华盛顿条约》和《伦敦条约》对军备的限制已经失效，而日本并无兴致恢复这种限制。

在新的国防政策运行的同时，伴随着对军工产业和武器装备发展的郑重承诺，而政府对这些领域的支持，刺激了特定经济部门的复苏。随着政府农业救济 119 计划的推行，国家对国民生活的干预已经开始加强，这似乎肯定会进一步让国家资源统一流向国防领域。因此，20 世纪 30 年代末期的首要政治问题集中于国家控制经济的程度，配置稀缺财力物力的最高效手段，以及重组国家机器的最合适方法，以协调国家计划并动员大众支持国防事业。

讨论自主防御政策所带来的问题，不能简单地局限于其优点或缺点，而要从内阁决议如何影响每个政治精英团体这一角度来探求。举个例子，从 1932 年至 1936 年，我们已经看到，军事和民事官僚促进和利用了危机感以推动各党派执行内阁的指令。在 1936 年到 1941 年间，上述两个官僚团体追求相同的战略，以加强他们自己在国家机关中的地位。他们将政党描绘为固执的、过时政治秩序的追随者，将自己打扮成推动必须改变的工具。然而事实上，维持现状的拥护者和支持改变的人之间的冲突，并没有像有党派和非党派精英团体之间那样分裂。在每个改变现状的派别团体中，他们通过争辩日本的安全需要在国家机构方面彻底的改革，试图以此来加强他们的政治地位，而保守主义的政治利益则使保守派团体坚持认为，彻底的改革将会动摇国家的根基并且削弱国家的防御力量。

1936 年 2 月到 1937 年 7 月的这 18 个月，标志着各精英团体中激进派压力的加强，以图政变明治时期的政治协议。改革的问题也时常为民事和军事官僚精英集团中不断上升的势力所援用，企图借此来主宰其各自的职责范围，并在政治权力的竞争中击败其他对手。在缺乏此前由政党实行的精英内部调解功能的情况下，激进派与保守派之间的冲突对精英政府的政治稳定造成了严重威胁；在绝望中，精英们转向王室和世袭贵族团体以求调和他们的分歧。

这个动荡的插曲开始于 1936 年 2 月 26 日。这一天，陆军第一师团的大约 1400 名兵士发动叛乱。为首的年轻军官与王室派系有关联，反叛军队占领了国会、陆军部和东京警察总部。他们刺杀了掌玺大臣（前首相斋藤实）、大藏大臣 120 高桥（清和军队教育总监）、统制派将领渡边锭太郎，并差点杀死了亲王西园寺公望、御前大臣海军大将铃木贯太郎（Suzuki Kantarō），以及首相冈田启介。从某种程度上来说，这次反叛标志着陆军内部派系争斗的顶点，这一争斗主要集中在如何更好地为战争而动员。更广泛地说，它构成了对主张维持现状者（包括保守派朝臣、大藏大臣以及首相）的猛烈一击。[1]

直到天皇本人强有力地介入，命令年轻军官们缴械就范，叛乱的结局方告明朗。到 2 月 29 日下午，兵变被平息，但冈田启介也随即辞职。为了保护王权在政治上的不可侵犯性，西园寺公望需要选择一个首相继任者。此人要能够将相互争斗的精英团体融合到一个紧密的联盟中，而不会引起更多的恐怖主义和叛乱行为。最后，他下了结论："除了近卫文麿没有别人了。"[2] 近卫文麿拒绝了首相一职，但对他的提名标志着西园寺公望及其他超越了党派联盟的朝廷贵族，对诸如近卫、木户（Kido）、原田（Harada）等家族的认同，也代表了可以安抚精英团体内部和精英团体之间紧张关系的最好前景。

西园寺公望被近卫文麿拒绝，继而又推荐了职业外交家广田弘毅。1936 年 3 月 9 日，广田弘毅就职为首相。在广田弘毅组建其内阁的过程中，军队领导层抓住这个机会施压，企图让政府确立激进主义的方向。他们威胁道，如果内阁过于保守，则要破坏他组阁的努力。尽管广田弘毅通过机敏的政治妥协，避免了他的内阁过早流产，但他在位的 11 个月期间，作为激进派和保守派观点的调和者，还是面临着一系列棘手的难题。

1936 年 4 月，内阁调查局中主张改革的官员们起草了一份行政改革的提案，旨在降低现存政府部门的重要性，而将内阁调查局在政策规划和制订中提升到一个显著的地位。到了秋天，陆军大臣和海军大臣也同样提出了一系列严厉的行政改革措施。他们的计划是呼吁在首相管辖下建立一个机构来处理政府预算和政策设计，这个机构的人员仅隶属于首相，以集中官员任命的权力，将一些政府部门实行合并，官员在部门间进行调配，机构的扩张将延伸贸易、燃油、电力和民用飞机工业等领域。他们的计划还要求地方政府层面的彻底改革，以与国家行政机构的集中化管理相协调。[3]

总的来说，这个计划构成了军队，特别是陆军整顿日本经济、政治和行政结

---

[1] 对叛乱的详细分析，参见 Ben-Ami Shillony, *Revolt in Japan* (Princeton, N.J.: Princeton University Press, 1973)。

[2] Yabe Teiji, *Konoe Fumimaro*, 2 vols. (Tokyo: Kobundō, 1952), vol. 1, p. 326

[3] Hirota Kōki denki kankōkai, ed., *Hirota Kōki* (Tokyo: Chūō kōron jigyō shuppan, 1966), pp. 241-242; Ko-Baba Eiichi-shi kinenkai, *Baba Eiichi den* (Tokyo: Ko-Baba Eiich-shi kinenkai, 1945), pp. 262-263; Nakamura, *Economic Growth*, pp. 271-272.

构的第一次努力，意在把日本变为一个"国防国家"（kokubōkokka），为总体战的动员做准备。永田铁山的继承人、陆军大佐石原莞尔（Ishiwara Kanji）作为军队中动员计划的主要设计者，为确保这一努力获得成功，已经指导制订了经济发展的初步计划表，即"帝国收入与开支的五年计划"。[1] 大藏大臣马场锳一（Baba Eiichi）是改革计划的支持者，他准备了 31.3 亿日元的庞大预算提案，以保证石原莞尔计划的实施。

可以预见的是，改革方案和预算将面临商业及其他各部门的愤怒反应，广田弘毅小心翼翼地将这些方案和预算委托给两个内阁委员小组以做进一步考虑。12月，国会召开，对提案进行正式审议。尽管在争斗中失去了内阁控制权，但众议院的党派政客们发现，可以通过强大的保守派联盟来反对军方的计划。这个联盟包括官僚、商业领袖和因改革而感受到威胁的地方精英。军队领导层公开质疑党派的爱国主义，一时谣言纷传，声称将有另一个"二二六事件"发生以恐吓众议院，但是政客们守住了阵地。政友会的滨田国松（Hamada Kunimatsu）提出，如果陆军大臣能够证实不忠的控告，他将会切腹自杀（harakiri），同时，他也极富戏剧性地建议陆军大臣遵循类似的做法来挽回对国会无根据的亵渎。[2] 意识到众议院不准备批准军方的计划，暴怒的陆军大臣于 1937 年 1 月 23 日辞职，这导致了广田弘毅内阁随之垮台。

接下来的几天时间里，军队的对抗策略不断升级。天皇指定退休将军宇垣一成成为新任首相，但军队领导层拒绝任命一位新的陆军大臣，因为他们认为宇垣一成过于保守，无法推进改革的计划。其后，天皇组阁的授权落到了将军林铣十郎手中，他是永田铁山的前赞助人。林铣十郎努力组建一个新政府，起初得到了机智雄辩的石原莞尔大佐的帮助。石原似乎有决心推动其经济和行政改革措施的实行，哪怕在众议院组织一个独裁的政党来克服国会的阻力也在所不惜。遍及国家领导层的保守派人士受到石原集团言行的惊吓，于是联合抵制内阁的组建。由此，林铣十郎发现自己无法获得足够广泛的支持基础，无法为他的政府配齐各省长官人选。[3]

122

---

[1] Tsunoda Jun, ed., *Ishiwara Kanji shiryō: Kokubōronsaku* (Tokyo: Hara shobō, 1967), pp. 139-147.

[2] 众议院关于滨田国松与陆军大臣交锋的记录，参见 *Kanpō gogai-Shōwa 12-nen 1-gatsu 22-nichi, Shugiin giji sokkiroku dai 3-go*, pp. 35-45.

[3] Berger, *Parties Out of Power*, p. 115.

军队高级领导层刚刚迫使广田弘毅内阁辞职，又因改革问题而使宇垣一成政府流产，如今他们意识到，现在对国家的改革还没有形成足够强大的共识。一旦官僚、政党及商业精英们显示出不会屈服于石原莞尔压力的明显迹象，林铣十郎将军就会将石原莞尔的人驱逐出他的内阁筹建总部，以示其愿意以更稳健的步伐前行。为了赢得商业领袖们对预期动员计划中经济发展规划的支持，林铣十郎邀请三井银行的前任总经理池田成彬（Ikeda Shigeaki）进入内阁。池田成彬曾经对1936年末期提交给国会的改革以及预算草案持有极度悲观的看法，他宣称："目前的计划仅仅是中级军官和关东军计划的结果。我们应该意识到，他们会在金融界造成极其恶劣的影响。"[1]然而，一旦林铣十郎正式将自己与石原莞尔区隔开来，池田成彬的姿态就发生了变化。他说：

> 石原莞尔的计划存在一些疑难问题；军队对国防补给的需求显然应该得到解决，以与国际局势的影响相合拍。当前经济结构的基础必须保持完好无损……如果我们按照军队中最强有力的中层军官的意愿去做，这个结构将会崩塌并且导致混乱。然而，从另一个角度来说，我们也不能忽视国防。[2]

池田成彬表明自己愿意调解商业利益和已提交讨论的动员计划之间的关系，他推荐前日本工业银行行长结城丰太郎（Yūki Toyotarō）担任大藏大臣，自己则于2月就任日本央行行长。

结城丰太郎和池田成彬加入到林铣十郎的政府，这开启了一个商业和军事力量加强合作的短暂时代。同时代的新闻工作者们急于将这种新的和解方式称为"军财拥抱"，因为商业和军方的观点至少暂时结合起来了。伴随着石原莞尔影响力的消退，改革的攻势看上去给人以更为温和的色调。在结城丰太郎取得了大藏省的控制权之后，他将预算额度从31.3亿日元削减到27.7亿日元，并引进技术专家贺屋兴宣（Kaya Okinori）、石渡庄太郎（Ishiwatari Sōtarō）和青木一男（Aoki Kazuo），以帮助本部门维持与军队领导层的联络，共同商讨和规划一个新的经济与军事发展计划。同时，池田成彬派三井银行的泉山三六（Izumiyama Sanroku）

---

[1] Harada, *Saionji-kō to seikyoku*, vol. 5, p. 198.

[2] Ibid., pp. 254-255 (entry for February 10, 1937).

代表他参加与军方关于修正"五年计划"的非正式谈判。到 5 月 15 日，谈判代表在关于日本和伪满洲国发展军事供给产业的总体规划上达成一致；5 月 29 日，陆军省起草了最后的修订计划——《重要产业五年计划纲要》。在初稿中，大多数上一年度提出的带有刺激性的行政改革建议都被取消了。[1]

从几个方面来看，1937 年早期"军财拥抱"的安排十分重要。第一，他们促进了日本军事力量的发展，将其作为国家政策最高的优先选择的。自此之后，所有需要政府批准的提案都以其对军事准备的贡献程度来评估。第二，在经济和国防政策的制订方面，"军财拥抱"为精英集团之间的相互妥协提供了前景，这取代了石原莞尔尖锐对抗官僚和商业精英的战略。与此同时，商业领袖们几乎完全放弃了对保守党派的依赖，而是代表他们自己的利益行动，转而开始通过池田成彬、结城丰太郎、泉山三六及政府中其他非党派的精英直接参与和磋商。

不出意料，保守派政客在失去商业领袖们的支持后，越来越感到自己容易受到伤害。他们的这种被抛弃感进一步被林铣十郎将军所加剧，因为此人将政党排除在他的内阁之外。尽管林铣十郎曾经邀请三位国会内的政客作为内阁大臣，但这种任命是以要求他们必须辞去党籍为条件的。只有小小的昭和会的山崎达之辅（Yamazaki Tatsunosuke）同意接受这个严苛的要求。首相还拒绝任命国会副议长，从而否定了国会，即使在他的治理结构中国会只是一个敷衍性和象征性的角色。林铣十郎显然希望他可以迫使党派合并为一个新的组织，来克服国会对行政改革的反对，但是他的这些计划最终还是落空了。[2] 当首相突然呼吁在 15 个月内举行第二次新的选举时，两个主要的政党积极参加竞选，站在政府的对立面，并且成功地保留了他们在众议院的主导地位。林铣十郎承认失败，在选举结果公布后很快就宣布辞职了。

继林铣十郎担任首相的是近卫文麿亲王，现在他被各方人士都视为一个擅长在幕后对精英群体间的冲突进行调解的杰出调停者。众所周知，受欢迎的近卫文麿是有限改革共识的支持者，这种有限改革以新近出现的"军财拥抱"为代表。

124

---

[1]　Izumiyama Sanroku, *Tora daijin ni naru made* (Tokyo: Tohō shoin, 1953), pp. 106-107; *Nichi-Man zaisei keizai kenkyūkai shiryō*, 3 vols. (Tokyo: Nihon kindai shiryō kenkyūkai, 1970); Nakamura, *Economic Growth*, pp. 268-285; Tsunoda, *Ishiwara Kanji shiryō*, pp. 148-150; International Military Tribunal for the Far East, "Proceedings," mimeographed, Tokyo, 1946-1949, pp. 8260 ff.

[2]　参见 Berger, *Parties Out of Power*, pp. 108-120。

在 1934 年和 1935 年，近卫文麿已经被几个国会团体推举出来作为可能的政党总裁。因此他也被认为比其他领导人更有可能获得众议院对改革立法的支持。

在林铣十郎政府的领导之后，近卫文麿的内阁在外交政策上采取了温和的基调。政府采取的立场是，在实施完成新经济和军事准备计划的同时，要避免与英美势力或中国民族主义运动不合时宜的冲突。近卫文麿在国内政策上也同样表现出缓和的姿态。为了安抚石原莞尔改革计划的支持者们，他邀请马场锳一担任内务大臣来支持政府，而为了安抚池田成彬和结城丰太郎，他又将关键的大藏大臣和商工大臣的职位给了职业官僚贺屋兴宣和吉野信次（Yoshino Shinji）。林铣十郎内阁的陆海军大臣在近卫内阁中保留原职，广田弘毅也重新加入政府担任外务大臣。近卫文麿还任命了两个政党的成员担任内阁大臣职位，并且允许他们保持其党籍。

非党派的精英们对新的军事和工业发展政策纲要形成了大致共识，在此基础上，近卫文麿的举国一致政府开始执政。然而，随着政府准备改善并实施其政策，它仍然面临着一些政治上的问题，这些问题在本质上讲与此前的政府所面对的问题是一样的。也就是说，它仍然缺乏任何正式或非正式的机制来维持它在政治精英中所寻求的共识；它仍然没有办法取得众议院对内阁计划的支持；它尚未制订出任何解决问题的办法，以动员民众的支持，使大众认同国家的目标与政策。

很明显，发展计划的实施需要对国家资源的集中使用和严格监管，这将使政府很快成为人民新的财政负担。预期会得到来自农村人口及其在众议院中代表的反对，农林大臣有马赖宁（Arima Yoriyasu）敦促政府组建一个新的政党来进行农村动员，以取代农村精英和保守党派之间的纽带，作为一个新的沟通地方利益的媒介，并充当一种协调地方利益和国家目标的讨论场所。有马赖宁的建议如果被采纳，将会进一步摧毁作为农村意见领袖的传统乡村精英和作为大众与内阁之间主要联系的众议院党派代表的社会基础。然而，由于政治党派已经证明其在广田弘毅和林铣十郎政府中仍有相当大的残留势力，有马赖宁的提议在政治上很难实行，所以近卫内阁对之未加理会。[1]

相反，政府发起了一项超党派的公众运动，鼓励增加储蓄、缩减消费、释放

---

[1] 1937 年 6 月 15 日内阁会议报告，参见 Yabe, *Konoe Fumimaro*, vol. 1, p. 392。

资金用于工业发展。然而，有马赖宁未受重视的建议提出了一个基本问题：当大多数人民仍在与低迷的经济做斗争，并且依靠农村精英和政治党派来获得政府救济之时，政府怎么能够指望在繁重的国防政策上能够获得大众持续的支持？近卫内阁及其继任者有三个选项：第一，就像有马赖宁暗中呼吁那样建立一个新的政治党派，政府可能试图改革现存的政治参与机制以控制民众并表达其利益。第二，政府可能只是简单地呼吁爱国主义，强调人民个人利益服从于国家安全的绝对重要性。第三，如果以上两个方法都失败了，那么，政府可能通过政治镇压的方式来扼杀异议，正如它此前摧毁日本共产党所做的那样。[1] 这三个选项在1937年和1945年之间都获得了不同程度的成功，但是，从1937年中期到1941年这一段时间，精英群体中的政治斗争主要集中在如何有策略地采取第一个选项上，即创立一个新的全民动员的政党。

改革派的挑战（1937—1939）

就在近卫政府泰然自若地为五年工业发展计划起草特别立法的时候，日本意外地发现自己已经处于战争状态。1937年7月7日，在北京附近，中国和日本军队之间的一场小冲突在6个星期之内升级成为全面战争。陆军大佐石原莞尔和他的支持者唯恐在大陆的交战延长将会阻挠五年计划的实施，挫败日本在东亚建立巩固霸权地位的长期目标。[2] 但是，许多军事专家和民事部门的领导人将"中国事件"视为一个"机遇"，谋求"快速而果断地"打击中国的民族主义运动。最后，后者的观点占据了上风。近卫政府"期待"早日获得对华作战的胜利，派遣日本军队迅速穿越中国北部和中部，追踪袭击国民党的军队。到1937年12月中旬，国民党的首都南京被日本人攻占并劫掠；1938年1月初，近卫文麿"保证"要铲除蒋介石政府。除了石原莞尔及其他几个有见识的军事专家外，其他的国家领导人几乎都认为近卫首相的承诺只需要几个月的时间就能完成。

在1937年至1940年之间，日本对中国的敌意对本国政治产生了诸多重要的

---

[1] 关于对共产主义者的镇压，参见 George M. Beckmann and Okubo Genji, *The Japanese Communist Party 1922-1945* (Stanford, Calif.: Stanford University Press, 1969), esp. chap. 9. Ideological suppression is more broadly discussed in Richard H. Mitchell, *Thought Control in Prewar Japan* (Ithaca, N.Y.: Cornell University Press, 1976)。

[2] 关于石原莞尔的担忧，参见 Peattie, *Ishiwara Kanji*, chap. 8; and Crowley, *Japan's Quest*, chap. 6。

影响。首先，战争使得改革问题的紧迫性得以缓和，因为负责任的国家领导人拒绝由于政治体制性质的争斗而导致后方发生扰乱。其次，当军队在战场作战时，

₁₂₇ 众议院热情地支持他们，并且缓和了与内阁的对抗。战争也向政府提供了一个较易解决的问题，即动员公众的支持，从而暂时避免了创立新的组织以加强大众认同国家的目标与意志的需要。然而，通过寻求立法批准五年计划，内阁很快就决定利用其新得到的力量；到 1938 年早期，它故意施恩于改革运动来向保守派立法者施压以确保其计划得到通过。

此后，战争的拖累远远超过了政府最初的期望，军队在战场上的资源消耗对国家经济造成了不良影响，并且正如石原莞尔所担心的那样，这一切威胁到了长期的军事和工业发展计划的实施。为了调动资源、统一国家意志，以在战争中对抗中国；为了继续执行经济与军事发展的五年计划，改革者们坚持首先建立一个独裁的政党，以控制内阁和众议院，然后重建政府和公众动员之间的联系。在 1938 年末期及整个 1939 年，保守政党尚能够挫败改革派的挑战。然而到了 1940 年，随着战争仍然在不断消耗着重要的国家资源，也降低了大众对政府的支持，从而使改革派面临了建立政治新秩序的临界点。

当近卫文麿于 1937 年 7 月末召开紧急国会会议时，他的首要兴趣仅仅是为在接下来的日子里系统地实施五年计划做好准备。近卫文麿对众议院采取温和的立场，宣称自己将不会再破坏保守党派在国会的主导地位，并且将恢复此前在林铣十郎统治之下已经失效的国会副议长体制。同时，近卫首相也小心翼翼地将他的改革提案限制在五年计划中争议最少的先决条件上。作为回应，国会通过了内阁 35 个立法提案中的 34 个，包括此前遭到否决的"钢铁制造法"（即"铁钢配给统制规则"——译者注）。9 月 9 日，另一次特别国会会议召开，"爱国地"批准了高达 22 亿日元的庞大补充拨款授权，以用于在中国的军费开支。

接下来的常规国会会议计划于 12 月底召开，在那段时间里，内阁认为在中国的战事将会很快结束，不至于打断军事和工业发展的时间表。近卫文麿因此认

₁₂₈ 为第 73 届国会是一个绝佳的机会，可以在党派中利用由战争而产生的爱国主义，并且可以克服国会的阻碍，使此前遭受挫败的改革措施得以实行。他指挥内阁企划院——由内阁调查局进化而来，成为战争动员计划的首要政府机构——加速准备与五年计划相关的关键立法。正如商工大臣吉野信次（Yoshino Shinji）所坦率承认的那样：

政府的观点是，我们应该利用中国事件作为一个机会，以此在日本产业和经济中迈出决定性的步伐，政府渴望利用在该事件中采取的相关措施，使国家未来的产业和经济发展受益。[1]

近卫内阁的战略还包括操纵右翼势力的反政党情绪来削弱保守党派对政府提案在国会中的抵抗。在第73届国会会议开始前不久，近卫文麿将内务大臣的职务给予海军大将末次信正（Suetsugu Nobumasa），此人也加入了把高度分散的右翼势力联合起来，使之成为具有凝聚的政治力量以对抗党派势力的运动。一方面，许多日本的"观念右翼"（*kannen uyoku*）团体在末次信正的主导下汇聚起来，因为他们痛恨在党派候选人之中进行竞争性选举的观念。另一方面，一些"革新右翼"（*kakushin uyoko*）团体则希望利用它们发起的运动来建立赢得选举的力量，支持他们努力从保守党派手中夺得众议院的控制权。尽管对选举体制存在着分歧态度，但两方面的右翼势力都认为，众议院中的民政党和政友会应当被一个新的政党所取代，这个新政党应当与内阁的政策相融合，而不是执着于地方农村精英和大企业的利益。[2]然而，对近卫文麿来说，对右翼势力反对政党运动的支持，在很大程度上是一种向众议院施压以迫使其通过政府立法计划的策略。[3]

近卫政府整套立法的基石是《国家总动员法案》，它结合了军事将领和修正主义官僚的思考，即如何最大限度地为准备战争而实现日本资源的发展和动员。[4]该法案呼吁官方对经济和政治决策机构实行广泛的控制，以确保战时的军事力量。如果发生战争，当条件允许之时，政府将被授权调整劳动的供给、需求和分配，以确保生产最大化，将劳动力征入军事工业、控制工资、延长工时等。

该法案还授权战时政府控制生产、运输、出口、进口，以及重要建筑和土地

---

[1] Shinji Yoshino, "Our Planned Economy," *Contemporary Japan* 6 (December 1937): 371.

[2] 参见 Kinoshita Hanji, "Kokuminshugi undō no gendankai," *Chūō Kōron* 615 (December 1938): 216-223; Ito, "The Role of Right-Wing Organizations," pp. 487-509; Imai Seiichi and Itō Takashi, eds., *Kokka sōdōin*, vol. 2 of *Gendai shi shiryō*, 44 vols. (Tokyo: Misuzu shobō, 1974), pp. 3-4.

[3] 作为其策略的组成部门，近卫文麿支持中沟多摩吉的反政党活动，见 Berger, *Parties Out of Power*, pp. 147-149。

[4] Yabe, *Konoe Fumimaro*, vol. 1, pp. 473-474; Board of Planning, "On the National Mobilization Law," *Tokyo Gazette* 11 (May 1938): 1-9.

的使用。政府还可以命令私人制造商安装新的设备以提高生产能力。当认为这些设备不利于军事生产时，则可以限制这样的设施，并阻止其向其他地方扩散。控制性的协会和卡特尔组织将被建立起来，以促进政府对工业和金融的控制，政府还会被给予制订全面生产和融资政策的发言权。制订价格和控制利润，对国民的行业和能力实行登记，强迫学校训练额外的技术人员以满足预期的战时需求，以及补贴军事生产，等等，这一切权力都可以由政府自由裁决来执行，甚至连在和平时期也一样。简而言之，国会限制对国家经济生活的各个方面进行大规模的干涉，而该法案则旨在在战时将政府从这些限制中解放出来。

近卫文麿暗示，如果国会否决了这一法案，他将以反对政治党派的右翼运动为中心，组建一个新的政党。[1] 不过，他也开始寻求妥协。因为内阁此时的终极目标是 5 年计划的实施，而不是为在中国的短期冲突而全民动员，近卫文麿表示，如果中国大陆仍在持续战斗的话，就不会使用授权法令。他还同意任命国会议员组成一个协调动员委员会，无论何时，只要国家动员法令开始实行，就会建立这个委员会。[2] 令近卫文麿感到安心的是，国会在压力面前做出让步，于 3 月 24 日批准了这项法案。

第 73 届国会期间，政府的第二个主要立法提案是在发电和传输设备上建立

130　国家管制。[3] 该法案引发的争论在它的改革派信徒和保守派中激起了史无前例的对抗，改革派认为需要国家更多地控制经济——接近国家社会主义——来动员处于危机中的帝国，而保守派则坚持认为日本的经济力量应当通过现存的资本主义企业制度来实现最大化。一方面，拥护国家控制经济的军方坚持认为，国家应该握有电力产业的拥有权和经营权。另一方面，企划院中的修正主义官僚，例如通信专家奥村喜和男（Okumura Kiwao），同样强调国家的利益是凌驾于个人企业家的利益之上的，但是只要国家拥有管理权，他们愿意维护持续已久的私有制度。电力公司的卡特尔组织则强烈反对以上观点，他们坚持认为企业的所有权和经营权都应该掌握在私人手中。卡特尔组织的地位受到了保守派官僚的支持，例如递

[1]　Yabe, *Konoe Fumimaro*, vol. 1, pp. 478-479; Arima Yoriyasu, *Seikai dōchūki* (Tokyo: Nihon shuppan kyōdō kabushiki kaisha, 1951), p. 141; Harada, *Saionji-kō to seikyoku*, vol. 6, pp. 245, 253.

[2]　Yabe, *Konoe Fumimaro*, vol. 1, pp. 476-478.

[3]　有关这一问题的细节，参见 Yoshida Kei, *Denryohu kanrian no sokumen shi* (Tokyo: Kotsu keizaisha shuppanbu, 1938); Nagai Ryūtarō hensankai, *Nagai Ryūtarō*, pp. 362-425; Hashikawa, "Kakushin kanryō," pp. 251-273; Okumura Kiwao, "Henkaku-ki Nihon no seiji keizai," in *Kenryoku no shiso*, pp. 274-290。

信省次官平泽要（Hirazawa Kaname），他反对广泛的政府干预，而呼吁政府对私人电力公司进行激励。

　　尽管近卫文麿威胁要与右翼势力结成联盟，凸显出他决心看到电力法案的通过，但是法案没有经过广泛的修正是不会获得国会批准的。在众议院和贵族院中，国会中保守的商业利益的支持者们争取到了对法案进行修正，即允许现存的电力公司在国家监管下继续经营它们的企业，同时允许其通过新的电力委员会来参与新的公共发电公司的管理，也允许其因转移任何设施到新的公众性公司而获得可观的补偿。

　　到第 73 届国会结束议案审议时，政府提出的 86 项措施和 110 个与 1938 年至 1939 年预算相关的项目已经获得了批准。由此，政府在侵蚀国会的立法特权方面取得了重大进展，并获得了对私人资本的新的国家权威。此外，由于民事和军事方面的技术专家被内阁企划院和新的国营电力公司所雇佣，法律为他们影响国家的经济和政治事务打开了新的通道。然而，尽管商业和国会精英的政治权力已经遭到新法规的破坏，但还远未被摧毁。例如，国会中的政治党派迫使政府推迟国家动员法令的实施，直到形势变得比起在中国发生冲突时更为严重为止；它们也要确保自己在新的动员委员会中至少是一个制订政策时的顾问角色。电力法案使得商业企业在为国营电力公司制订政策时能够保有一个重要的角色，并对所有者的损失进行了适当的补偿。新法律为重新定义国家与私人企业之间的关系设定了一个模式。官方对商业的控制比对战时经济的其他方面轻得多，自此以后，商业精英们在国家的经济管理方面完全成为民事和军事官僚的合伙人。[1]

　　因此，改革派阵营对于近卫文麿与国会之间博弈的结果远谈不上满意。例如，有马赖宁抱怨道："国会对于法案的提出无疑是经过深思熟虑的，它假装肯定民族团结和对政府抱有完全的信心，而其实际行为则显示出令人震惊的言行不一。"[2] 随后他开始组建一个以农业公会为基础的新的改革派政党，目的是推翻地方精英阶层在农村经济中的统治地位，提高农产品产量，降低土地税，实施国家对财政和税收收入的控制。[3] 一些右翼改革派人士追求自己单独的计划来创建一个新的政治党派，以对抗保守党派在全国和农村中的影响力。

131

---

[1]　Tiedemann, "Big Business and Politics," p. 311.

[2]　引自 Adachi Gan, *Kokumin undō no saishuppatsu* (Tokyo: Kasumigaseki shobo, 1940), pp. 14-16。

[3]　引自 Adachi Gan, *Kokumin undō no saishuppatsu* (Tokyo: Kasumigaseki shobo, 1940), pp. 92-93。

到了当年秋天，这些右翼改革派人士与有马赖宁合流，准备将他们的建党努力合并为大日本党（Dai Nippontō），旨在成为一个独裁机构，同政府和军队一起处理国防政策的规划、批准与实施。社会大众党也加入到这次建党努力中来，该党于 1937 年放弃其社会民主的目标，以利于支持军队的国家控制经济的计划。他们也在许多其他国会政客中获得了支持，这些人或是在政治上与军工产业有着联系，而军工产业在国防优先的状态下有望蓬勃发展，或是与民政党和政友会领导人的关系疏远，因而希望通过新政党的组建取得对众议院的控制。[1]

132
新的政党势力也获得了来自军方和修正主义官僚行列中盟友的鼓励，这些人发现了这样一种可能性，即利用具有广泛群众基础的政治组织，可以削弱保守党派对国家控制经济计划的批评，可以带领广大群众参与到资源的动员中去，可以诱导民众努力投身于国家正在进行的战争及五年计划。在 1937 年初，近卫内阁将其发起公民储蓄运动的目标转变为动员民众士气的运动（国民精神总动员运动）。运动由非党派组织的联盟所执导，包括政党在内，都处于内阁情报委员会、内务省和文部省的联合监管之下[2]。为了回应公众对于运动明显缺乏热情的状况，1938 年 5 月中期，实行监管的政府机构开始研究加强运动的办法。[3] 每个机构都试图在运动的发展过程中抓住独家控制权，农林省大臣和商工省大臣也曾试图悄悄介入对运动的操控。因此，到 1938 年年末，各官僚机构的竞争对手们都被卷入到改革派与保守派的冲突之中，而这种冲突集中体现为一个新的动员政党的创建。

新政党运动在 10 月和 11 月愈演愈烈，近卫文麿据传已经接近是假定的党派领导人了。然而，日本右翼势力和海军大将末次信正怀疑新政党运动实际上是为了偷偷建立一个左翼的社会主义政权。[4] 于是他们加入了保守派以反对这场组建新政党的运动，因此降低了右翼政治势力被组织起来联合对抗众议院现存政党的可能性。尽管内阁首相近卫文麿早在 1938 年年初就帮助改革派，但他想要颠覆精英群体之间的力量平衡的热情却日渐衰落。到了 5 月，近卫文麿已经意识到，

---

[1] Berger, *Parties Out of Power*, pp. 164-173.

[2] 关于参与机构的名单，参见 Yokusan undō shi kankōkai, ed., *Yokusan kokumin undō shi* (Tokyo: Yokusan undō shi kankōkai, 1954), pp. 28-30。

[3] "Kokumin seishin sodoin sai-soshiki no ken," in Kokka sodoin, pp. 4-7.

[4] Yabe, *Konoe Fumimaro*, vol. 1, pp. 568-569.

他的政府在短期内消灭蒋介石政权的军事承诺未能达到预期目标，同时，他的内阁需要以持续和平状态为条件的五年计划也面临着严峻的问题。[1] 春夏季节的经济预测证实了近卫首相最糟糕的担忧：在中国进行的战争对日本的工业发展计划产生了严重的影响。此外，当年6月，美国在"道义上"实行飞机、武器、引擎配件、炸弹和鱼雷等军备物资对日禁运，这进一步阻碍了给作战部队提供充足装备任务的达成。军事行动对商品和服务的需求牵制了出口市场的产量，掏空了日本在五年计划中需要为预期进口支付的外汇。最终，内阁决定必须使用新的动员法令，尽管近卫首相此前曾经做出过相反的承诺。[2]

133

近卫文麿渴望消除这些不利态势所导致的政治后果，他的权宜之策是转而支持保守党派，而保守党派主张在现存的政治和经济框架内进行国民的动员。5月，近卫文麿说服退役将军宇垣一成和池田成彬加入政府。宇垣一成担任外务大臣，这个职务极为艰难，既要达到终结日中战争的目的，同时还不能在日本的战争目标方面做出任何重大让步；所以在不到5个月后宇垣一成就沮丧地辞职了。池田成彬与近卫内阁联系的时间持续得更长一些。由于一身兼任大藏大臣和商工大臣，池田成彬获得了广泛的权力以监管政府的经济动员计划。军方及其改革派支持者一口咬定应该援用动员法的第十一条条款，允许政府严格限制公司的股息，并强迫银行贷款给国防生产。而作为一份提供给政府限制在10%股息的宽厚回报，池田成彬在近卫首相的支持下，可以为商业活动做出巨大的让步。[3] 因此，在保守党派抵抗正在发生的精英权力重新分配的过程中，池田成彬扮演了一个至关重要的角色。

由此看来，日本卷入对中国的战争最终加剧了国家精英群体之间的冲突，而不是促进了严格的极权政治控制的建立。发生于1938年的对众议院控制权的争斗，证明了日本的政治分裂，而动员民众的运动则预示了两年后出现在政治新体制（seiji shintaisei）运动中的不同阵营。颇具影响力的近卫文麿亲王在1940年表现出在改革派阵营扎根的决心，但在1938年的最后几个月里，他并未准备使国

---

[1] 正如他向原田承认的那样，"直到最近，虽然我不会说我不需要和平，我不太聪明……事实上，广田和我非常想要蒋介石政权垮台"。Harada, *Saionji-kō to seikyoku*, vol. 7, pp. 5-6.

[2] International Military Tribunal, "Proceedings," p. 8492; Horiba Kazuo, *Shina jihen sensō shidō shi* (Tokyo: Jiji tsūshinsha, 1962), pp. 170-172; Fujiwara Akira, Imai Seiichi, and Tōyama Shigeki, *Shōwa shi*, rev. ed. (Tokyo: Iwanami shoten, 1959), p. 160.

[3] Tiedemann, "Big Business and Politics," pp. 310-311.

134　家陷入基于改革的破坏性政治动乱。从 10 月下旬开始，近卫文麿阻挠了改革派的每一项努力，包括挑战精英群体之间现存的权力平衡，或是想要获得民众动员的控制权而进行的努力。

近卫首相还认识到，受困于在中国进行的战争，他的内阁完成五年计划的使命将无法达成。但是，比起降低日本提出的"和平条件"，政府选择了重新对这场战争进行定义，将其定义为一场对抗"西方帝国主义的旧秩序和其在中国的主要代理人蒋介石"的斗争。近卫文麿希望创建一个新的地缘环境，在这个环境中，中日两国民族主义的冲突将得到缓解，他于 11 月宣布，他的国家的崇高目标是建设一个由日本领导的"东亚新秩序"（Tōa shinchitsujo）。由于这一野心勃勃的事业需要相当长的时期来进行说服和军事施压，以获得中国的"认可"与大陆的"和平"，近卫首相不得不承认其内阁最初的目标无法在不久的将来达成。因此，1939 年 1 月初，近卫文麿辞去首相职务，转任枢密院议长。

近卫文麿的继任者是平沼骐一郎，他长期以来被认为是日本右翼势力的老前辈。尽管在 20 世纪他是保守党派和大企业政治影响力的一个刻薄对手，但如今平沼骐一郎也持有与近卫文麿相似的观点，即正在中国进行的战争需要国家各派政治力量的同心同德而不是精英群体之间的冲突。他迅速让人们了解，作为首相，他并不特别支持改革派的事业。[1] 平沼骐一郎的立场对于整合右翼势力的运动造成沉重一击，并在改革问题上把那些日本主义者都置于保守派的行列。新首相与他的前任一样，坚决拒绝为进行大规模的制度变迁而施加压力。当他的内阁在 1939 年 4 月重新组织动员大众士气的运动时，其净效应是加强运动的非党派本质，而不是创造一个新的政治势力去对抗其他政党。当必须动用动员法令的附加条款时，平沼内阁小心地获得了国会代表对设置国家总动员委员会的批准，并采取诸如提高工人生产效率等措施，对国家动员的政策进行限制，从而有可能使企业与国家一同获益。[2]

135　在国内改革问题解决后，平沼骐一郎的主要困难集中在日本是否应该同德国和意大利结为军事同盟。在日本退出国际联盟并且废除了华盛顿和伦敦条约之

---

[1] 参见 1939 年 1 月 22 日众议院记录的小川乡太郎（Ogawa Kōtarō）的质询，*Kanpō gogai-Shōwa 14-nen 1-gatsu 22-nichi, Shūgiin giji sokkiroku dai 3-go*, pp. 32-33; *Yokusan kokumin undō shi*, p. 25。

[2] 一系列情况显示，在此期间动员法令实际上已被动用，见 Board of Planning, "Invocation of the National General Mobilization Law," *Tokyo Gazette* 2 (March 1939): 20-21。

后，为了缓解日本所面临的国际孤立，广田弘毅内阁于 1936 年 11 月与轴心国家
签订了《反共产国际协定》。一方面，此后两年里，英国和美国对日本侵华战争
的批评日益增多，苏联势力在北方复兴的阴霾也越来越浓重。在这样的情况下，
日本陆军及其民间支持者鼓励政府将 1936 年的协定扩展为全面的军事联盟。另
一方面，如果英美势力决心在海洋上对抗轴心国，那么日本海军仍没有准备好满
足这一协定带来的军事责任。平沼内阁认同与轴心国的军事协定可能有助于对抗
苏联的势力，但是在陆军和首相说服海军接受与轴心国的军事联盟之前，德国突
然于 1939 年 9 月与苏联签署了互不侵犯条约。平沼骐一郎推行的外交政策因此
遭到破坏，他立即提出辞职，由阿部信行（Abe Nobuyuki）大将取而代之。

　　阿部内阁延续了不到 5 个月。新首相试图继续平沼骐一郎的事业，发展与国
会领导层、商界以及高级民事官僚机构中保守派的关系。但他也不得不承受战时
经济混乱所带来的普遍不满的冲击。1939 年末期，严重的干旱和日益增长的军事
需求造成了大范围的食物和电力短缺，严重破坏了民众对政府及其政策的支持。[1]
军方对经济状况和公众士气的担忧，促使军方官员再一次考虑创建一个新政党来
作为国防国家的动员机关。国会中反对民政党和政友会领导人的政客数量日益增
加，而反政府情绪的强化对他们来说是一个新的机会，可以借此施压来保证组建
新政党计划的实施。由于两个现存保守党的高级领导层支持首相阿部信行，许多
年轻的党员试图与国会中的非党派人士及改革派右翼势力结成一个横向联盟。他
们抱着双重目的发起了一场运动，其一是为了创建一个新的政党以促进经济改
革；其二是为了颠覆阿部信行与国会高层领导之间的联盟。1940 年 1 月 7 日，新
的党派势力在众议院的一次政府不信任投票中获得了大多数支持。阿部信行可以
选择辞职或者解散众议院，由于军队领导层不愿意在公众士气如此低迷之时冒险
进行选举，因此他选择了辞去首相职务。[2]

　　阿部信行的辞职标志着众议院在三年内第三次击败内阁。这也是现役将军
第二次成为众议院风潮的牺牲品。这向强大的军队精英传递的信息是：国防状态
的实施需要有比举国一致政府曾经召集起来的，更强和更稳定的众议院的支持

136

---

[1]　Board of Planning, "Invocation of the National General Mobilization Law," *Tokyo Gazette* 2 (March 1939): 20-21.

[2]　Shiraki, *Nihon seitō shi*, pp. 284-286; Sugihara, *Atarashii Shōwa shi*, pp. 173-176; Sugihara Masami, Kokumin soshiki no seiji-ryoku (Tokyo: Modan Nipponsha, 1940), pp. 23-24. The Asahi shinbun carried a complete list of those supporting the resolution of no confidence in its January 8, 1940, edition.

作为基础。军方领导人因此寻求与众议院中不同政见者结盟，而这些人也将军方的资助视为一次机遇，可以借此重新获得各派政党自 1932 年起就逐渐丧失的权力份额。

自 1940 年开始，国会的高层领导人控制众议院成员的能力日渐削弱，这发出了一个严重警告，除非他们能够重建其在政府官员任免权中的地位，并使其成员重获权力与威望，否则其成员将会无情地抛弃并离开他们，因为政客们起初就是受到这些引诱而选择加入保守党的。同时，党纪的缺失本身也证明了，在那时没有哪个党派领导人强大到足以被认真考虑作为阿部信行的继任者。无论众议院是否有能力破坏内阁的权力，但事实是没有一个现存的党派有内部凝聚力，非党派精英中也没有一个合适的继任者可以产生出新一届的政府。因此，商界、官僚、海军、宫廷及政党中的保守势力都支持一个非党派人物——海军大将米内光政（Yonai Mitsumasa）——作为新一任的首相。

米内光政的任职再一次证明，自近卫政府任期中期以来就已经存在的、赞成维持现状的政治力量的残余势力仍很强大。然而，与此同时，这也坚定了改革派想要创建一个新政党以对抗保守党派影响力的决心。1940 年的整个上半年里，改137 革派持续稳定地向政府施压，同时随着欧洲新战争的爆发，国际环境逐渐发生变化，近卫文麿亲王同意再次担任首相职务，并致力于创建一个新的政治秩序。

日本的政治新秩序（1940—1945）

1940 年 1 月 16 日，海军上将米内光政任职时，东亚和整个世界的国际政治局势都处于高度动荡变化的状态。在中国，日本还在追求以另一种方式，即通过创立由汪精卫统辖的"政权"，建立其在亚洲大陆的优势地位。由于这一策略将使蒋介石除非在战场上被完全击败否则不可能求和，所以东京方面普遍承认扶植汪精卫的计划将会在很大程度上造成日本在中国长期的军事存在。始于 1939 年 9 月的欧洲军事冲突中，德国在对战英国及其盟国时取得了令人印象深刻的胜利，美国不久开始通过租借援助以支持英国萎靡的抵抗力量。1 月，美国扩大了对日本的"道义禁运"，废除了《美日通商航海条约》。美国对战略物资实行全面禁运的可能性成为影响日本自主国防政策的一个重要因素。在 1940 年 4 月和 6 月之间，随着纳粹的一连串胜利为日本打开进入地理位置极具战略意义，且资源丰富的欧洲列强在东南亚殖民地的通道。任何一个强权国家都有胆量也有能力夺取这些地方，于是在国际政治的平衡式中加入了另一个变数。

尽管米内光政的就职显示了对保守党派在精英群体间影响力的某种肯定，但国际环境的不稳定也导致了日本重新关注军事准备、扩大军方在政策制订中的影响力，并且加强了改革派对制度变迁的需求以完成国家资源的迅速动员。尽管陆海军两个军种在外交和军事政策上为达成共识而互相争斗，但最终还是由陆军带头在国外发挥主动性，并在国内实行全面改革，以确保日本国际利益的维护和拓展。国外混乱的程度加强了军方在国内的政治地位，这充分反映在其有能力赢得新的政治委托，包括与轴心国势力结盟、向东南亚扩张，以及以新的方法管理日本的人力和物质资源。这些计划对国家利益形成了威胁，使国家卷入了与英美国家的军事对抗，并从根本上改变了日本自身财富和权力的分配。

从保护日本在东南亚的首要地位的角度来看，军队领导人在快速变化的国际环境中看到了许多新的问题和新的机遇。在中国，他们支持建立"汪精卫政权"，并临时增加对蒋介石的军事压力，以结束已进行了 30 个月的战争。然而，如果能够促使与蒋介石的停战谈判，那么军方也同样准备推迟承认"汪精卫政府"。如果蒋介石既反对日本的谈判提议，也反对"竞争政权"的建立，那么军方则认为最终必须放弃对国民党的竭尽全力的进攻，以支持对中国的长期占领。[1] 当年春末，西欧在德国的猛攻下一败涂地，这开启了日本在东南亚扩张的可能性。日本将东南亚作为一个潜在的临时集结地，以达成再次攻击蒋介石的短期战略，并将其作为战略物资（包括石油）的一个来源，以降低对美国的经济依赖。为了向南推进，军方认为通过与轴心国达成军事同盟，来压制苏联在北方的压力和英美在南方可能的阻力是明智的。海军此前仅仅因为害怕英美的联合对抗而一直阻止向南方的扩张，如今它也同意陆军的观点，即欧洲的情况意味着日本的"黄金时机"。于是，海军领导人变得较为支持陆军结盟轴心国的主张，以借机利用南方出现的权力真空状态。[2]

138

---

[1]　Shiraki, *Nihon seitō shi*, pp. 284-286; Sugihara, *Atarashii Shōwa shi*, pp. 173-176; Sugihara Masami, *Kokumin soshiki no seiji-ryoku* (Tokyo: Modan Nipponsha, 1940), pp. 23-24. The Asahi shinbun carried a complete list of those supporting the resolution of no confidence in its January 8, 1940, edition.

[2]　参见 Sadao Asada, "The Japanese Navy and the United States," in *Pearl Harbor as History*, pp. 225-259, esp. pp. 248-250。

在军方看来，对中国的长期占领、对东南亚的扩张，以及针对苏联的长期军事准备，都需要在国内建立一种"高度防御状态"。为了同时完成他们野心勃勃的军事和外交政策目标，所有的国家资源都必须接受简化而集权的行政机构的控制与协调，其中军方领导人占据着关键的领导位置。为了颁布立法授权建立这样一种高度的国防状态，军队的政治专家懂得他们需要众议院中一个有力的支持团体，同时还要有一个赞同他们主张的执政内阁。

139

对于实现这些计划来说，米内政府似乎很难作为一个理想的载具。尽管海军改变了对南方扩张及与轴心国结盟的观点，但米内光政大将仍是 1939 年时日本与轴心国结盟活动的固执反对者。他的外务大臣有田八郎（Arita Hachiro）试图在规划外交政策时使军事损失达到最小化，其赞成在中国采取的政策也仅仅集中于承认汪精卫建立的伪政府。阿部信行将军试图调和商界与众议院中保守党的高层领导，米内光政继承了阿部信行的这一事业，邀请 4 个党派的政治家进入他的内阁任职。[1] 于是，随着新政府上任，军队已经瞅准机会，准备以实力驱动政府的运行，并创建新政党以支持自己的国内计划。

米内光政成为首相后的两周，出现了这样一个机会。2 月 2 日，民政党的斋藤隆夫在众议院发表了尖锐的演讲，批判了将中国冲突称为"对抗西方帝国主义的圣战"的道德伪善。[2] 在斋藤隆夫看来，战争只是强国与弱国之间简单的权力斗争而已，而由于军队同时接近蒋介石和汪精卫，这使日本的地位受到削弱。斋藤隆夫冷静地分析了军队对于中国国民党政府的微妙政策，这个演讲在军队中激起了巨大的愤怒，因为这引起了对军队建立"东亚新秩序"使命的怀疑，而为此已经有成千上万的士兵丧身战场。[3] 军队领导层向众议院施压，要求在国会记录中删除斋藤隆夫的批判性发言，并剥夺这位资深政治家在众议院议员席位。众议院的发言人迅速将斋藤隆夫的言论删除，理由是民政党领导人的言论可能会鼓励中国怀疑日本在战争中的坚定决心。一个月内，此前曾迫使阿部信行离职的新党派联盟的拥护者将斋藤隆夫驱逐出了国会。

---

[1] Sadao Asada, "The Japanese Navy and the United States," in *Pearl Harbor as History*, pp. 225-259, esp. pp. 248-250.

[2] 斋藤隆夫完整的演讲，包括众议院官方记录中删除的部分，参见 For the complete text of Saito's speech, including segments expurgated from the official lower-house minutes。

[3] 军队的反应，参见 Bōeichō bōei kenshūsho senshishitsu, *Daihon'ei rikugunbu Dai Tōa senō kaisen keii* (Tokyo: Asagumo shimbunsha, 1973), vol. 1, pp. 270-276; Koiso Kuniaki jijoden kankokai, ed., *Kaisuzan kōsō* (Tokyo: Koiso Kuniaki jijoden kankokai, 1963), p. 692。

　　这一联盟被普遍视为得到军队支持的新政党出现的前奏[1]，这是很有道理的。　140
众议院的高层领导发现自己面临着潜在的党派组织瓦解的危险，因而转向近卫文
麿亲王求救。他们希望近卫文麿能够再一次击退改革派的挑战，同时充分表明态
度，如果军方允许保存现存的政治体制，他们也愿意接受。到1940年春末，许
多民政党和政友会的领导人向近卫文麿传达了自己的意愿，即愿意解散自己的政
党，加入近卫文麿同意创建的任何新组织。[2]

　　然而，近卫文麿早些时候反对改革的立场，如今在很大程度上受到了最近国
际环境变化的影响。如果有什么区别的话，1940年早期，近卫文麿很高兴改革派
对米内内阁和众议院领导层施加更多的压力。自"二二六事件"起，米内光政是
第一个在他的反对下被任命为首相一职的人。比起政府的政策，近卫文麿更倾向
于军队的战略，即与轴心国结盟、向南方进军、对抗苏联，并在与中国方面进行
谈判使蒋介石"投降"。近卫文麿对国内政治改革的观点看上去与许多改革派颇
为一致。通过在举国一致政府中8年来的执政经验，近卫文麿已经得出结论，由
明治宪法所规定的政治力量分散的体制已经不再适合于如今的日本。[3]

　　近卫文麿认为，既不是国会，也不是党派政治家，以及他们在地方上的精英
盟友所主导的选举，才能够胜任把人民与国家的命运融为一体的任务，特别是当
国际危机需要民众做出额外努力和牺牲的时候。此外，在他看来，在这个十年开
始的时候，官僚机构关于制定和实施国家重要政策的相互争吵，来自各部官员们
狭隘的专业观点，这些官员受到文职部门规章制度的保护，还得到了官员任命制
度所提供的附加保护。这样的内斗曾经以重新评估1938年国家总动员运动为其
特色，而1938年到1939年陆军和海军之间关于结盟轴心国的争论，是国家宪政
秩序存在缺陷的典型表征，这在国际局势动荡、需要高水平的行政协调以完成日
本外交和国内政策的规划和实施的时刻，将会是致命的。最后，近卫文麿争辩　141
说，首相职位与任期的制度性缺陷限制了首相监管和控制军事政治活动的能力。
明治时期的政治安排剥夺了内阁在陆军和海军优先顺序之间做出选择的手段，也
削弱了内阁协调军队与其他精英团体对国家政策建言的能力。

　　为了解决这些问题，近卫文麿于1940年提议在日本建立一种新的政治秩序。

[1]　Bōeichō, *Daihon'ei rikugunbu Dai Tōa sensō kaisen keii*, vol. 1, pp. 276-277.

[2]　Berger, *Parties Out of Power*, pp. 250-251.

[3]　以下讨论基于 Berger, *Parties Out of Power*, pp. 263-267。

新秩序的基石是一个新的政党，这个新政党包含众议院里现存的所有团体，而由他自己作为总裁来加以控制。私下里，近卫文麿估计以往的保守党派仅能在这个新政党的成员中占到40%；党员的主体将是具有"改革思想"的"新人"。公众的力量将得到整合，并处于这个新党的统一控制之下，这主要通过两个层级的组织来实现：第一层级是全国性的为实现人民的经济目标而与党派联系的公会网络；第二层级是青年团体、教育机构和文化团体，它们将政党与人民生活联系在一起。

通过同时担任政党的总裁和内阁的首相，近卫文麿认为这样可以强化首相的地位，更好地对人民、众议院、官僚机构和军队实行控制。以群众组织作为基础，这个新政党为动员民众服务于内阁的政策提供了渠道。来自新党成员的政治支持将会使内阁获得国会对其政策和立法的支持。首相可以从新党的支持中获得政治影响力，这将提高他在与官僚和军队谈判中的地位。简而言之，这个政党将会形成一种新的超内阁机制，将精英们吸引到一个有凝聚力的执政联盟中来，并使人民与国家政策的制定和实施耦合行动。

近卫文麿的计划基于对明治宪政体制缺陷的评价，作为一个使国家处于全民动员状态的框架，它为解决举国一致政府所面临的固有政治问题提供了一个激进的药方。近卫文麿意识到，他关于扩大首相职权和组建新政党的建议代表了对所有精英团体制度特权的根本挑战。作为众议院唯一的政治组织，新政党事实上取代了众议院的职能，将以往由众议院履行的职能转移到新政党自身来承担。新政党的大量基层组织将绕过为了地方利益而联合起来的农村领导阶层，并以此摧毁传统乡村精英的政治基础。许多中央部门与乡村官僚的联系也将被新的公众组织所取代。此外，近卫文麿还提出建立一个由首相管辖的中央决策机关，这将进一步削弱各部门在政策制订上所扮演的角色，他还呼吁进行公务员制度的改革，这将使官僚系统之外的人士也能被任命到政府领导的高位。最后，新政党的组成部分将会包括军队和群众组织，从而使其处于作为党的总裁近卫文麿的控制之下。加上这一控制军队精英的办法，近卫亲王的改革计划导致了最高国防委员会的建立，这将允许首相对陆海军两个部门和总参谋部的军事计划产生影响。

类似近卫文麿的政治新秩序这样的激进主张一定会激发所有根深蒂固的政治势力的广泛反对。近卫文麿私下承认，他的计划也需要对明治政治体制重新进行根本上的改变，因为明治政治体制被特别设计为确保权力在几个精英团体之间扩散，而不是集中在单独的个人或单独的政治党派手中。为了避免他的计划遭到立即否决，近卫文麿以舒缓和使人安心的方式来表达其想法。对公众，他保证"我们将切实尊重我们的体制"[1]；对众议院的领导人，他含蓄地表达，伴随着他们政党组织的解散，新的秩序将会恢复国会的影响力，并使他们重获失去的权力；对国会内外新政党的积极分子，他将他的计划说成是避免当前国会领导人控制和现存选举制度危机的机遇，而这两点都将使这些积极分子失去其所扮演的主导性政治角色；对于军队，他暗示，通过强力集中经济规划和实行严格政治控制，新秩序将会为全民动员这一理想状态的形成提供政治架构。政治新秩序似乎也为军事专家们担任重要公职打开了通道，而这在现存的文官法典中是不被允许的；对于那些修正主义官僚，近卫文麿的体制改革为他们提供了影响力远超他们当前工作的职位；对于更多的保守派官员，新秩序被描绘成了一个载具，通过该载具可以克服地方精英对政府行政管理延伸到乡村的抵抗。

近卫文麿的观点呈现给公众的样子令人印象深刻。同时，席卷欧洲的纳粹风暴也暴露了欧洲列强在东南亚殖民地的弱点。在这样日益增长的紧迫感之下，1940年春末，军队迅速以近卫文麿取代了米内光政，6月16日，陆军大臣畑俊六（Hata Shunroku）宣布辞职，军队通过拒绝提供其继任者而迫使政府垮台。西园寺公望曾经将近卫文麿视为其调停政治冲突方面的一个门徒，如今他已经过于衰弱，同时也震惊于近卫文麿"新秩序"计划的寓意，以至于不能参与向天皇推荐新首相。取而代之的是，木户幸一这位新的掌玺大臣，则征求了所有作为"重臣"（jūshin）的前任首相们的意见。他们很快就一致同意：除了近卫文麿，军队不会接受任何其他的人选。

在正式接受首相任命之前，近卫文麿在他的住处举行了一轮广泛的政策讨论，参与者是那些将在其内阁中掌管重要职位的人：外务大臣松冈洋右（Matsuoka Yōsuke）、海军大臣吉田善吾（Yoshida Zengo）和陆军大臣东条英机（Tōjō Hideki）。这些谈话被近卫文麿用来使自己在内阁的影响力最大化。在谈话中，近卫文麿含蓄地威胁道：如果他内阁中关键的部长们不愿意支持他的政见，他就会拒绝天皇让其领导政府的提议。对这些谈话所达成的协议感到满意，近卫文麿迅

143

---

[1] Yabe, *Konoe Fumimaro*, vol. 2, pp. 106-107; Oda Toshiyo, *Yokusan undō to Konoe-kō* (Tokyo: Shunpei shobo, 1940), p. 10.

速地组建起他的内阁。

7 月 26 日的内阁会议上，政府接受了"基本国策纲要"（Kihon kokusaku yōkō），展示出国内改革的框架。基于为日本国际目标的实施建立一个国防状态的需要，"大纲"描绘了新政治秩序和创建计划经济的蓝图。在这幅蓝图中包含着对财政、生产和消费的严格控制。"大纲"也呼吁国家道德的培养，这种国家道德将对于国家的忠诚置于个人利益之上。[1] 第二天，内阁和军部的联合会议使新政权的外交政策生效。武力第一次使用被正式授权用于日本对东南亚的扩张。同时，军队以双管齐下的战略胁迫蒋介石而放慢对"汪精卫政府"的承认被确认为国家政策。[2] 形成的共识还包括，要完成日本的海外目标需要军队与德国和意大利结成联盟，并通过武力或外交来对抗苏联的威胁。

政治精英们几乎是立即对近卫文麿的新政治和经济秩序计划做出了回应。一方面，社会大众党于 7 月 6 日宣告解散，实现了对建立新秩序的承诺。8 月 15 日，保守党派组织也紧随其后。尽管他们的动机各不相同，但国会中众议院的高层领导和新党派的追随者们似乎都急于加入近卫文麿的新政党。他们希望由此在国会中获得参与国家政策规划和实施的党派地位，以扩大他们自己的政治影响力。另一方面，内务省的官员试图对近卫文麿拟议的公众组织加以控制，以将本部门的势力扩展到每个乡村和基层组织。但农林省拒绝了这一行为，他们担心内务省将会以精简行政动员方式为名，来削弱他们对当地经济协会的监管。政党的势力意识到，内务省的计划将会破坏他们所扮演的在政治上把乡村与东京连接起来的独特角色；军队领导人也反对形成内务省对地方动员的垄断，因为他们更愿意发起一个激进的党派运动来使地方支持国家进入战争状态。军队并不打算让与党派结盟的乡村领导人或者当地的政府官员负责地方层级的动员，他们想要的是由帝国在乡军人会的成员作为当地公众组织分支的领导人。换言之，每个政治精英团体都希望利用新的政治秩序来扩大自己的影响力，而不愿屈服于任何一种现存的势力。[3]

[1] "大纲"的文本，参见 Gaimushō, ed., *Nihon gaikō nenpyō narabi ni shuyō bunsho-ge* (Tokyo: Hara shobō, 1966), vol. 2, pp. 436-437。

[2] 参见 the official foreign policy document "Sekai josei no suii ni tomonau jikyoku shori yoko," in *Nikon gaikō nenpyo*, pp. 437-438. On the significance of this decision, see Robert J. C. Butow, *Tōjō and the Coming of the War* (Princeton, N.J.: Princeton University Press, 1961), pp. 150-153。

[3] Berger, *Parties Out of Power*, pp. 275-285, 320.

在新秩序的政治争斗正式发生之前，近卫政府迅速实施了在 7 月间达成的国家外交政策协议。在中国，日本军队加强了轰炸和政治诱降，希望以此迫使蒋介石"投降"。日本放缓了认可"汪精卫政权"的计划，给予蒋介石时间坐到谈判桌前。与法国维希政府谈判后，日本政府派遣军队进入印度支那北部，建立了进一步向南扩张的据点。为了应对来自英国和美国的预期阻力，近卫政府热情地与德国和意大利结成军事同盟，这是军方此前一直寻求达成的目标。

所有这些措施都是在以下背景下采取的，即在中国的军事行动拖延持久，以及来自英美势力的抵制或经济禁运的可能性越来越高。日本需要更多地扩充军备，更多地强调采取自主性和扩张性的国家政策，以及对利用有限的人力物力资源来实施国家政策进行更高程度的监管。因此，近卫政府强化了军队建设的国防紧急状态和国家总动员的主张。

1940 年 8 月 28 日，近卫文麿在他的官邸召集了筹备委员会的第一次会议，以推进新政治秩序的建设。[1] 该委员会由 37 位引人注目的国家领导人组成，他们来自各个政治精英团体，其使命是向首相提出关于新政治秩序格局的建议。不过，与存在着许多热情的改革派人士一样，也有包括一些保守派在内的团体相信，重大的改革不仅会摧毁他们的政治和经济利益，也会阻碍国家动员的成功。例如，这个委员会中的许多商界领袖就反对新的经济秩序，理由是产业管理必须掌握在私人手中，只有这样才能使战时生产达到最大化。许多高级官员，特别是那些在内务省任职者，认为国家现存的行政结构可以适应国家动员的需求，而不需要进行重大的制度变革；新的动员体制将会造成地方上的政治混乱，而此时此刻行政秩序和效率是至关重要的。农村的领导人试图保护他们对当地事务的主导权，他们坚持认为，改革与东京的政治和行政联系的提议将会降低他们在乡村里进行动员的能力，从而对有效的公众动员产生抑制性效果。尽管众议院的高层领导不得不寻求近卫文麿的新政党提供的机会，以重获他们对国家的影响力，但他们仍然坚定地支持商业和地方精英的利益。他们也不愿意改变控制国家财富、生产能力和地方政治的现存机制。最后，日本右翼派系的发言人声称，绑定着至高无上的天皇与其国民之间的神圣关系足够强大，强大到足以确保公民会迅速顺从政府的命令，因此必须进一步努力向国民提供"服从方式"的教育。在一个日本

---

[1]　委员会审议的总结和分析，参见 Berger, *Parties Out of Power*, pp. 300-308, 311-313。

至上主义者的眼中，由军方和近卫文麿提出的改革方案违反了帝国体制，产生了从合法的国家组成机构中创建出一个篡政夺权的新幕府势力的危险。

筹备委员会中精英群体之间的利益冲突，以及在早秋时节日本国际地位的敏感时刻，都促使近卫文麿不得不推迟解决由其新秩序计划所激起的争论。1940 年 10 月 12 日，作为新政治秩序的制度体现，近卫文麿创立了"大政翼赞会"（Taisei yokusankai，以英语表达为 Imperial Rule Assistance Association，简略式为 IRAA），但是他推迟了对这个组织如何与国家机构进行整合、如何在公众动员时发挥作用等进行明确的界定。然而，这个组织已经在几个方面都表现出妥协的改良主义特征。举个例子，近卫文麿对大政翼赞会官员的选择，反映出他倾向于涵盖所有精英群体代表的观点，而不是简单地顺从那些改革派的意愿。此外，在组织地方大政翼赞会分支机构的过程中，与代表行业及文化团体的附属机构形成协商机制的早期计划也被抛弃，转而支持内务省的建议，即地方分支机构应当在现存县、市、镇及村庄行政单位的基础上加以组织。任命地方官员作为大政翼赞会分支机构首领的协议，进一步削弱了大政翼赞会作为地方政治动员机构单独运行的能力。[1]

改革派试图通过将地方大政翼赞会分支机构的人员及其支持者联合起来，以挽回这些损失。同样，地方分支机构的成员中充斥着军方任命的预备役人员。但是在 1940 年晚期，近卫文麿在与保守派阵营的斗争中做出让步。12 月，他撤销了两个改革派内阁成员的职位，代之以两个专注于限制大政翼赞会活动范围的著名日本主义政治家。为了确保大政翼赞会的运营预算，近卫文麿于 1941 年年初同意废除大政翼赞会在国会的分支机构，从而消除了该机构与国会高层领导之间潜在的对抗。最终，近卫文麿于 3 月清除了大政翼赞会中所有残存的改革派领导人，并将组织交给内务省，作为国家现存行政机构的附属单位。

尽管对近卫文麿放弃改革派事业的个人动机仍有种种猜测，但他在 1941 年早期所采取行动的结果却是决定性的。[2] 直到 1945 年 6 月解散为止，大政翼赞

147

---

[1] Berger, *Parties Out of Power*, pp. 300-308, 311-313.

[2] 近卫文麿当时多少有些虚伪地对其意图进行了解释，记录见于 *Konoe Fumimaro-kō no shuki: Ushinawareshi seiji* (Tokyo: Asahi shinbunsha), 1946。谈判解决中国战争的起伏前景与近卫对新政策秩序的转变态度呈现出非凡的巧合，这表明，和 1938 年一样，在 1940 年，如果日本军队仍忙于军事行动，那么亲王则不愿意挑起国内对于改革问题的政治动乱，参见 Berger, *Parties Out of Power*, pp. 253-260, 274-275, 308-311, 317-318, 332。

会主要是作为政府动员民众的机构而运作的。内务省控制着这个组织的从国家到地方的各级机构，并且利用大政翼赞会在农村的分支机构来加强对民众的控制。在每个地方行政单位内，国民都被编成"邻组"（tonarigumi）或"邻保班"（rinpohan），在其中，乡村的传统施加压力使民众普遍遵守来自东京的指令，即便这种遵守有时只是一种表面文章。伴随着战时短缺的蔓延，邻组也实行定量供给券的分配，这种现象主要在太平洋战争后期发展起来。除了这些实用功能之外，大政翼赞会在其短暂存在的生涯中，也曾作为首要的政府机构用以动员民众的士气，支持国家进行战争，正如日本人坚持认为它应该做的那样。

改革派对彻底重建国家经济的愿望也在1940年年末遭到挫败。整个秋天，内阁企划院的修正主义官僚和军队技术专家都在草拟新的政策，以建立新的经济秩序。[1] 他们的计划呼吁大幅加强官方对经济的干预，包括将管理职能从大型产业的私人业主手中转移给国家。一方面，来自商界的发言人、保守党派和奉行日本主义的右翼势力控诉道：产业管理的国有化相当于共产主义，这违反了对于私有产权的宪法保障。另一方面，大政翼赞会中的军方代表、修正主义官僚、反资本主义的右翼改革派、社会主义者和国家社会主义者，以及像有马赖宁那样想要在工业化城市和农业乡村之间纠正财富及政治影响力不平衡的人，都支持内阁企划院的方案。

近卫文麿平息了这次短暂地威胁到他的内阁寿命的争论，他取消了企划院方案中最具争议的部分，同时把经济与支持军队的国防计划连动起来。1940年12月7日，内阁通过了新的经济政策，这一政策意味着需要某种计划经济，但也要确保国内的企业家们在经济计划机构中处于一个突出的地位。新经济政策中没有提及对于私人企业的国家管理或官方控制。[2]

尽管政治党派仍然维持着解散状态，但政治格局中的其他一些变化，则在1940年和1941年的改革派挑战中幸存了下来。所有因明治宪法而获得合法地位的国家机构都保持完整，并保留其原始功能。如果有什么不同的话，那就是那些坚持认为应该通过保护现存政治体制，而不是去改革来实行国家动员的人加强了他们的权力。例如，由于大政翼赞会未能成为一个新的政党，众议院中的改革派

[1] 关于这些政策的详细研究，参见 Nakamura Takafusa and Hara Akira, "Keizai shintaisei," in *Nihon seiji gakkai* (Tokyo: Iwanami shoten, 1972), pp. 71-133。
[2] Berger, *Parties Out of Power*, p. 331.

右翼和新党派联盟遭到严重削弱。近卫文麿的委曲求全加强了保守党派领导人的地位，并允许他们重获对己方成员的控制。其成员由修正主义官僚和军方官员构成的内阁企划院，继续作为重要的政策协调机构而运行，但它从未成为首相的智囊团和思想库。在战争期间，那些历史悠久的部门继续执行着它的职能，尽管其权力稍有损伤。事实上，内务省加强并扩大了它的权力，因为它控制了大政翼赞会的动员活动。商业界也在决定如何为战时需求最好地分配国家经济资源的过程中发挥着独立作用，军队始终无法在众议院中建立起稳固的支持，也没能在乡村里培植出一个大规模组织的党派。

149　　　　因此，尽管日本政府在 1940 年和 1941 年做出的决定不可逆转地导致与英美开战，但多元化的精英政治仍在继续，正如它在过去十年的政治决策中所表现的那样。在决定发动太平洋战争的时刻临近时，内阁还是倾向于听从专家的意见，这一点并未改变。军方的发言权，以及那些擅长于公众控制和公众动员的官僚的发言权，在国家的各种委员会中逐渐增强。然而，断言这个国家乃是不情愿地沦入这些精英团体的控制之下，或者这个国家乃是被这些人拖入了战争，那就错了。在日本偷袭珍珠港前不到两周，众议院里充斥着反对邪恶的英美强权的爱国主义演讲，国会领导人纷纷呼吁内阁发布命令，发放武器武装民众。这种情绪明显表明，那些党派和非党派的精英们都愿意把帝国的命运托付给他们的军事专家。事实上，是否参与太平洋战争的主要分歧，在于陆军和海军对于击败美国太平洋舰队可能性的不同观点。最终，陆军将做出这一重要判断的责任交给了首当其冲参与战斗的海军。当海军承认日本有很好的前景可以赢得短期战争（大约 18 个月或更少）时，那些负有高层指挥权责的内阁、枢密院、国会以及宫廷，都十分放心地接受了这一战争政策。

　　近卫文麿亲王是为数不多的不赞成这一行动路线的国家领导人之一，他在 1937 年和 1940 年的外交政策为缓解日本与英美之间的外交僵局贡献良多。他相信太平洋战争不会对日本有利，他试图通过于 1941 年夏末与美国总统富兰克林·德拉诺·罗斯福的首脑会议来避免冲突的发生。然而，美国人坚持认为，在走向谈判桌之前，日本应先放弃在中国和东南亚所获得的战果，而正在欧洲陷于困境的英国，也在拼尽全力强化美国在太平洋的地位。此时日本国内逐步增长的好战共识开始炽热起来，近卫文麿因此发现自己在国内和国外一样没有什么回旋余地了。近卫文麿努力想避免他自己的政策所造成的必然结果，但只能以失败告终，他因此在 10 月辞职。近卫文麿的继任者是东条英机大将，他自 1940 年以来一直担任陆军大臣。这之后不到两个月，日本已经处于太平洋战争之中。

除了发动战争的问题，东条英机还面临着与他的前任相同的政治任务。他不得不将内阁各部门、商业界和国会结合成一个紧密的联盟，以保证一个稳定的政府和一个协调各方力量的国家动员计划。起初，他试图通过保留其陆军大臣职位并接管内务大臣的职位来解决一些政治难题。1942 年 2 月，他将内务大臣一职交给了职业官僚汤泽三千男（Yuzawa Michio），自己继续兼任陆军大臣，直到 1944 年 7 月他的内阁辞职为止。具有讽刺意味的是，随着东条英机势力的减弱，他反而获得了更多的职位，1943 年 11 月他接管了军需大臣职位，1944 年 2 月就任陆军参谋总长。然而，这一策略并没有明显地让他能够折服其他精英团体，并使其屈从于他的意志。例如，战争期间，陆军和海军之间对于战略重点和物资的竞争仍在持续，民事部门的精英对于财政预算和原材料的争夺也异常激烈。1943 年 3 月颁布的《战时行政职权特例法》（*Senji gyōsei shokken tokureihō*），授权首相可以向处理经济动员的各个部门发布关于生产的命令，但这项措施并未能终结精英群体中的地方性争斗。[1]

军队继续大举侵入行政领域，这个领域此前对他们是关闭的。内阁企划院、内阁情报局、亚洲发展局（其后的大东亚省）、军需省（成立于 1943 年以取代商工省），以及监控着商业活动的半官方协会中都有军队官员的身影。尽管民事部门的领导人抱怨军方侵入了行政领域并且偶尔对之表示强烈反对。但作为一种战时的临时性的必需品，他们还是容忍了在他们中间的有限军事存在。军事官员的存在促使民事部门的工作与内阁的政策相呼应，但即便在战时，也不足以使军事对民事事务的控制形成制度化。

众议院多年来是军队和改革派攻击的目标，在东条英机的统治之下，保守党派领导层的对手重新试图破坏众议院的影响力。在太平洋上取得了一系列最初的胜利之后，东条英机于 1942 年年初发起议会选举，企图建立一个成员忠于军队的国会。东条英机强调，通过投票来参与政治，这构成了爱国义务，他希望选举将能有助于鼓舞民众的士气。军队通过翼赞壮年团（Yokusan sōnendan）来引导政治运动，这是一个处于内务省、文部省和军方联动监管之下的系列性地方团

150

151

---

[1]　Ben-Ami Shillony, *Politics and Culture in Wartime Japan* (Oxford, England: Clarendon Press, 1980), p. 31.

体。它寻求首先建立一种对各级组织的垄断控制，然后利用其在选举运动中代表改革派的候选人。军队希望依靠翼赞壮年团，来避开农村的保守派精英，并削弱政党的传统权力基础。东条英机让一个半官方的翼赞体制政治协议会（Yokusan taisei seiji kyōgikai）指定官方赞助的候选人，而翼赞壮年团则得到指示为他们助选，以反对国内各地的保守派在位者。

几乎没有证据表明东条英机达到了其希望的选举目标。选民们似乎没有将选举权的行使看得与以往有什么不同。军队无法剥夺内务省控制翼赞壮年团的权力，选举提名委员会由阿部信行将军领导，他作为首相时，更喜欢同保守党派的政治家一起工作。可以预见的是，阿部信行领衔的委员会中最活跃的成员，恰好是东条英机希望逐出众议院的那些议会领导人。在他们的影响之下，234 名原议员得到了正式提名，其余 100 名在任者没有获得认可。事实上，仅有 85 名现任议员未能获得委员会的提名或选民的投票，只有 1 名主要党派人物在选举中失败。全部 199 名新当选的国会议员，数量要高于 1930 年（127 名），1932 年（123 名）和 1936 年（125 名）的选举，但与 1928 年的 181 位新当选议员相比，在数量上并没有显著区别；在某种程度上，大量新面孔的出现并不是因为改革派的成功，而是因为 1937 年选举到 1942 年选举之间特有的 5 年空缺。最终，军队与其改革派盟友被迫承认，打造一个顺从的国会的计划失败了。[1]

1942 年年末和 1943 年年初，军队试图以翼赞壮年团作为基础，建立另一个新的政治势力。然而，众议院能够阻止地方团体的松散联盟构建中心总部的努力，内务省也可以限制军队允许翼赞壮年团扰乱地方机构的行为。最终，东条英机被迫将翼赞壮年团的控制权交还给内务省，正如 1941 年近卫文麿对大政翼赞会所做的那样。[2] 此后，首相致力于安抚而不是去挑战国会的领导层。1943 年 4 月，两名众议院领导人进入内阁任职。1944 年，另一个党派领导人也加入了他们。在 1944 年后继承了东条英机的小矶国昭（Koiso Kuniaki）和铃木贯太郎（Suzuki

---

[1] 数字收录于 Asahi shimbunsha, ed., *Yokusan senkyo taikan* (Tokyo: Asahi shinbunsha, 1942)。On the army's disappointment, see Satō Kenryō, *Dai Tōa sensō kaikoroku* (Tokyo: Tokuma shoten, 1966), p. 287; 关于改革派的评价，参见 Tsukui Tatsuo, ed., *Nippon seiji nenpō: Shōwa jūshichi-nen* (Tokyo: Shōwa shobō, 1942), vol. 1, pp. 235-236。也见 Edward J. Drea, *The 1942 Japanese General Election: Political Mobilization in Wartime Japan* (International Studies, East Asian Series Research Publication 11) (Lawrence: Center for East Asian Studies, University of Kansas, 1979)。For a different evaluation of the 1942 election, 见 Robert A. Scalapino, "Elections and Political Modernization in Prewar Japan," in *Political Development in Modern Japan*, ed. Robert E. Ward (Princeton, N.J.: Princeton University Press, 1968), p. 283。

[2] 参见 "Dai Nippon yokusan sonendan shi," in *Yokusan kokumin undō shi*, pp. 893-926。

Kantarō）内阁中，共有 5 名众议院领导人任职，1940 年在近卫文麿统治时期再次失效的国会次官系统也得到了恢复。尽管战时国会除了不经审查就批准内阁的立法和预算草案外没有做什么事情，但国会的一致同意仍是普遍希望的结果，以避免在战争时期公开出现任何的不和，当然，国会的一致意见是由政府通过幕后广泛地与国会领导层进行谈判及妥协才达成的。

由此可见，战争对于公众和精英与政府政策目标的一致性产生了特殊的压力，但它也不允许政治秩序遵从极权主义的路线重建，就像那些主张国防国家的改革派支持者们所拥护的那样。在举国一致的外表之下，政治精英之间和精英团体内部仍然存在着强烈的政治竞争，而紧绷的明治政治秩序将这些冲突限制在维持政府稳定的边界之内。当 1945 年夏天，国家最终面临着是否投降的艰难决定之时，旨在将王权同政治责任隔绝开来的体制已经做好了准备但最终没有成功。即使东京和其他日本城市已经倒在灰烬之中，广岛和长崎已被原子弹摧毁，但以最高战争指导会议为代表的国家政治精英在投降问题上仍有分歧。最后，这个问题留给了天皇，使天皇直接介入到政治过程，并宣布"无法忍受"的时候到了，在此之后，1945 年 8 月 15 日，日本政府才决定投降。

因此，随着日本做好自己的领土被获胜的盟军占领的准备，政府领导层对现存政治体系的缺陷有了清醒的认识。尽管国家体制中的既定政治利益和情感依恋对他们来说仍然十分强烈，但战时的经历为战后的宪法修订铺平了道路。此外，战争和国家动员加剧了日本社会的紧张程度，这种紧张源起于日本从一个农业国转变为一个高度工业化城市国家的过程，而那些在明治体制下的权利分配系统中遭到忽视的社会势力，他们期盼改革的意愿在持续增长。尽管日本在精英统治的理想上没有失去信心，但根据战时经验，他们已经为检验并接受一个新的环境做好了准备；在新的环境下，王权与政治责任是相互隔离的，各党派和非党派精英团体的观点及意愿是和谐共存的，公民的政治能量同国家目标是整合在一起的。这种业已准备就绪的状态，与全面战争失败发人深省的经历一道，对于重塑日本并使之接受同盟国占领军的改革，以及战后日本创建新的民主政体有着决定性的影响。

153

第四章 战后政治（1945—1973）

加利福尼亚大学圣塔芭芭拉分校政治学系　福井治弘

154　　　现代社会的政治既是社会经济变化的因，也是社会经济变化的果。有时，识别和跟踪两者之间的因果关系是有可能的。也就是说，一次特定的政治行动会引发一次特定的社会经济变化，反之亦然。然而更多的时候，因果双方是模糊的，很难确定孰因孰果。一次政治行动可以看作是产生于一系列的社会经济条件，反过来又带来新的一系列的社会经济条件。日本战后的政治与社会经济条件之间的关系也不例外。

　　一方面，从1945年夏到1973年夏的28年间，日本社会与经济经历了一场显著而深远的转变。另一方面，政治变化似乎不大。事实上，政治的变化小到一个漫不经心的观察者有可能已经完全错过了它。然而，经过仔细的考察就会发现，在这一时期，政治也经历了一场显著的变化，并且与社会经济条件的变化之间存在着密切而又复杂的关系。战后的第一个十年中盛行的不稳定的多党格局，在20世纪50年代后半期被一个短命的准两党制代替，在接下来的60年代和70年代，又被稳定的一党执政的多党制度所取代。[1]

　　因此，根据社会经济莫测的变化和转换，以及政党的调整，将这28年划分为两个有特色的时期是有可能的。在盟军占领的六年半和接下来的短短几年中，日本仍然处于经济脆弱、社会混乱和政治不稳定的状态。当这一时期结束时，政

155府和人民才开始意识到最艰难的战后复兴与重建已经结束，终于有了一个可以期

---

[1] 这些与乔万尼·萨托利所说的有限多元、两党制和主要政党制度等有相似之处。对于本章而言，采用比萨托利更具描述性的措辞是有效的。关于两者之间的比较，参见 Giovanni Sartori, *Parties and Party Systems: A Framework for Analysis* (Cambridge, England: Cambridge University Press, 1976), esp. chaps. 5, 6。

待的未来。无论如何，在接下来的 18 年中，日本发展成为一个完全不同的社会，变成一个日益繁荣、自信和稳定的社会。

战后日本的政治变革与社会经济变化互为因果。说得更具体一点，在一系列不寻常的国内外环境变化的情况下，政治变革是复杂社会动态的一个方面，而国家的经济和社会变化是这种复杂社会动态的重要部分。

政治调整：占领及其直接后果

1945 年 8 月 14 日，日本帝国政府告知同盟国，其将接受 7 月 26 日《波茨坦公告》的有关规定，并签署执行那些规定的必要条款。[1] 次日中午，天皇预先录制的宣布终止敌对行动的消息在全国广播。两周后，盟军驻日最高司令官（SCAP）道格拉斯·麦克阿瑟上将抵达日本。他此行的使命是完成《波茨坦公告》中所要求的基本目标，并详细阐述了公布于 8 月 29 日的美国在日本投降后的最初政策。这些目标是：（1）确保"日本不会再次对美国乃至世界的和平与安全构成威胁"。（2）促进建立"一个和平的负责任的政府"，最好是切实符合民主自治的原则，能够"尊重其他国家的权利，支持美国反映在联合国宪章中的理想和原则"。[2] 为了实现这些目标，盟军最高司令将立即解除被占领的日本的武装，并通过一系列彻底的政治、经济和社会改革，永久地使其非军事化和民主化。

没过多久，盟军驻日最高司令部搬到了新设在横滨的盟军最高司令官司令部（GHQ），两周后又搬到了东京，之后一系列为了执行实现占领目标的具体措施而发布的指令，开始涌向新成立的日本临时政府。所有的机构和领导人都有责任为日本军国主义犯下的罪行赎罪，而新的民主机构和人员将会取代这些罪犯的位置。事实上，大东亚省、军需省和农商省都在盟军最高司令到来前的短短几天内就已被废除。1945 年 9 月 2 日，盟军最高司令发布一号指令，要求帝国统帅部着手遣散所有日本的武装部队，11 天后帝国统帅部自行解散，逮捕战犯的行动随之

156

---

[1] 关于《波茨坦公告》的文本，日方最终接受记录及相关文件，参见 Government Section, Supreme Commander for the Allied Powers, Political Reorientation of Japan, September 194s to September 1948, vol. 2: Appendices, republished ed. (Grosse Pointe, Mich.: Scholarly Press, 1968)。

[2] 参见 "United States Initial Post-Surrender Policy for Japan," 在盟军最高司令，Political Reorientation of Japan, pp. 423-426。

开始了。10 月中旬，特别高等警察和《治安维持法》（*Chian ijihō*）遭到废除。在接下来的两年半时间里，在远东国际军事法庭审判了 5 700 名战犯，其中 920 人被判有罪；公职人员中有 200 000 名"极端分子"被革职；神道教不再是日本国教；那些最大的控股和贸易公司（财阀）被解散；实行农村土地制度的改革；公务员被全面清查。[1]

从理论上来说，日本帝国宪法得到了"修正"，但实际上它是被一部全新的宪法所取代，这部新宪法以一系列完全不同的原则作为基础。这部新宪法是 1946 年年初由政府部门人员起草的，经过议会的讨论，在同年 11 月由日本政府颁布。[2] 这部宪法将天皇的主权移交人民，宣布放弃战争和交战时的国家主权，并向所有公民保证其将拥有永久和全面的公民自由权。议会成为"国家最高权力机关"和"国家唯一立法机关"。国会的结构是两院制，不经选举产生的贵族院被通过选举产生的参议院所取代，而众议院在两院中更大，也更有权力。被赋予行政权力的内阁现在完全对议会负责。司法机构本质上是独立的，如果不是优先于议会和内阁，也是与之同等的，最高法院被赋予司法审查的权力。[3] 最后，新宪法明白地确定了地方自治的原则。

随后制订的各项法律，为议会、内阁、皇室、法院、地方政府、国家和地方公共服务部门等的运作和管理建立了新的规则和程序。曾经强有力的内务省被分解为更小的无害单位：劳动省、厚生省、建设省和地方自治部门。

随着内务省的瓦解，原内务省属下的国家警察及其特设机构受到严密的集中控制。随后，普通警察的职能被分为两大类：一类是统一组成的国家地方警察；另一类是由数千个相互自治单位组成的市政警察。[4] 新的工会法确保所有工人有权

---

[1] 关于占领政策及其结果的综述，参见 Oka Yoshitake, ed., *Gendai Nihon no seiji katei* (Tokyo: Iwanami shoten, 1958), pt. 1; Robert E. Ward, "Reflections on the Allied Occupation and Planned Political Change in Japan," in *Political Development in Modem Japan*, ed. Robert E. Ward (Princeton, N.J.: Princeton University Press, 1968), chap. 13。

[2] 关于 1947 年宪法的制定，参见 Satō Tatsuo, *Nihonkoku kenpō seiritsu shi*, 2 vols. (Tokyo: Yūhikaku, 1962, 1964); Kenpō chōsakai, *Kenpō seitei no keika ni kansuru shōiinkai hōkokusho*, no. 2: *Kenpō chōsakai hōkokusho fuzoku bunsho* (Tokyo: Kenpō chōsakai, July 1964)。

[3] 关于 1947 年宪法下的司法复审的理论和实践，参见 Dan F. Henderson, ed., *The Constitution of Japan: Its First Twenty Years, 1947-1967* (Seattle: University of Washington Press, 1968), pt. 2。

[4] Hoshino Yasusaburō, "Keisatsu seido no kaikaku," in *Sengo kaikaku*, ed. Tōkyō daigaku shakaikagaku kenkyūjo, 8 vols. (Tokyo: Tōkyō daigaku shuppankai, 1974-1975), vol. 3: *Seiji katei*, pp. 287-350。

组织和参与集体行动，以改善他们的工作和生活条件。[1]彻底的土地改革导致了日本农业用地、财富和土地所有权的大规模重新分配。文部省直属的高度精英教育体系也进行了彻底改革，并使之民主化，仿照美国的公共教育体系建立起来，实行免费小学六年义务教育制、初中三年义务教育制、高中三年制和大学四年制的教育体系，此外还包括男女生同校读书。[2]同样重要的是，由选举产生的地方教育董事会将小学升至高中的行政控制权下放。在新宪法和修改后的民法中，废除了旧社会给予家庭男主人特权地位的制度，确立了夫妻平等的法律原则。[3]

然而，盟军最高司令部的改革热情持续了没几年。大约到1950年，原先承诺完成的占领初期目标的许多立法和行政措施，即日本的非军事化和民主化，已经或即将遭到大幅修改或废止。为了应对日益紧张的冷战局势，在占领时期的最后几个月中，"逆流"加剧，并在后占领时期日本政府的统治下继续这一逆向进程。

1950年夏，朝鲜战争爆发时，盟军最高司令下令清洗所有日本共产党中央委员会的成员，随即暂停了共产党的中央机关报——《赤旗报》（Akahata）。此后又暂停了地方党支部的新闻公报出版，大规模清洗在公共服务系统、大众媒体以及重点行业任职的共产党人和共产主义嫌疑人。[4]与此同时，在1947年春民主化和非军事化政策下遭到清洗的人则纷纷复职。其结果是，所有曾经受到清洗的201 815人几乎都在1951年年底恢复了他们的公民权利和政治自由。[5]

1950年8月，当盟军最高司令部要求建立国家警察预备队作为日本重整军备的第一步时，非军事化的政策发生了逆转。1951年9月，在旧金山签订了日本和平条约后，日美之间也签署了一项旨在给废除军备的日本提供军事保护的双边共同安全条约。"然而，在意料之中的是，日本也日益承担起防御直接和间接侵略

158

---

[1]　参见 Tezuka Kazuaki, "Kyū-rōdōkumiaihō no keisei to tenkai: Shoki rōdō iinkai no kinō bunseki o chūshin to shite," in *Sengo kaikaku*, vol. 5: *Rōdō seisaku*, pp. 234-238。

[2]　Takemae Eiji, *Senryo sengō shi: Tai-Nichi kanri seisaku no zenyō* (Tokyo: Keisō shobō, 1980), chap. 7.

[3]　Watanabe Yōzō, "Sengo kaikaku to Nihon gendaihō," in *Sengo kaikaku*, vol. 1: *Kadai to shikaku*, pp. 103, 105-106.

[4]　参见 Shisō no kagaku kenkyūkai, ed., *Kyōdō kenkyū: Nihon senryō kenkyū jiten (Kyōdo kenkyū: Nihon senryōgun*, app.) (Tokyo: Tokuma shoten, 1978), p. 150.

[5]　Hans H. Baerwald, *The Purge of Japanese Leaders Under the Occupation*, vol. 8: *University of California Publications in Political Science* (Berkeley and Los Angeles: University of California Press, 1959), pp. 78-79.

的责任。"[1]

在后占领期间的最初几年里，日本政府说服国会通过了废除或者大量修改体现占领早期主要改革意图的一系列法案，推动了"逆流"的进一步发展。这些法案包括加强控制颠覆活动（1952 年 7 月通过），设置一个无害的名为保安厅实为防卫厅雏形的机构（1952 年 8 月），更严格地监管罢工和其他形式的工人运动（1953 年 8 月），温和的反垄断条例（1953 年 7 月），加强对学校和警察的中央控制（1954 年 5 月、6 月），以及建立防卫厅和自卫队（1954 年 6 月）。[2]批评家认为，这些及其他类似措施，是保守派颠覆战后改革和重振战前专制和军国主义政权的协同努力的一部分，媒体戏称之为"逆流"。

1952 年 4 月以后，当和平条约生效且占领正式结束之时，所颁布的这些立法和行政的措施都无法直接归因于盟军最高司令部或华盛顿的政策。尽管如此，整个"逆流"仍然经常被归咎于与 20 世纪 40 年代占领政策的转换有关。在许多日本人心目中，占领政策的转换败坏了盟军最高司令一度大力鼓舞的非军事化和民主化的成就。结果，日本公众对占领时期及其政策的反应是多样且复杂的。有些人由于占领政权最初讨伐军国主义和威权主义的改革运动而支持它或反对它，另一些人则由于占领政权后来针对共产主义的宣传攻势而做出同样的反应。

占领初期的日本政府

战后的前两届日本内阁不是由选举产生，因此在严格的法律意义上不能代表日本多数人民的意志。第一届内阁由皇室亲贵及日本帝国军队的将军——东久迩宫稔彦（Higashikuni Naruhiko）亲王领导。他由天皇任命，得到掌玺大臣木户幸一的推荐，在 1945 年 8 月 15 日铃木贯太郎将军领导的最后一届战时内阁下台后，组建了一个临时内阁。[3]内阁的其他成员主要由前总理近卫文麿亲王和前内阁调查

---

[1] 关于该条约的文本，参见 George R. Packard HI, *Protest in Tokyo: The Security Treaty Crisis of 1960* (Princeton, N.J.: Princeton University Press, 1966), pp. 355-357。关于围绕安保条约进行谈判的情况，参见 Nishimura Kumao, *San Furanshisuko heiwa jōyaku*, vol. 27: *Nihon gaiko shi* (Tokyo: Kajima kenyūjo ahuppankai, 1971); and Frederick S. Dunn, *Peace-Making and the Settlement with Japan* (Princeton, N.J.: Princeton University Press, 1963)。

[2] Seki Hirohara, "Taigai kankei no kōzō henka to gaiko," in *Nenpō seijigaku*, 1977: *55-nen taisei no keisei to hōkai: Zoku gendai Nihon no seiji katei*, ed. Nihon seiji gakkai (Tokyo: Iwanami shoten, 1979). pp. 77, 85; Takabatake Michitoshi, "Taishū undō no tayōka to henshitsu," *Nenpō seijigaku*, 1977, p. 324.

[3] Amakawa Akira, "Dai-43-dai: Higashikuni naikaku: Miyasama naikaku no shūsen shori," in *Nihon naikukushi roku*, ed. Hayashi Shigeru and Tsuji Kiyoaki, 6 vols. (Tokyo: Daiichi hoki, 1981), vol. 5, pp. 3-8.

局总裁绪方竹虎（Ogata Taketora）挑选，绪方竹虎也曾在东久迩宫内阁就职，分　160
别担任事实上的副首相和内阁官房长官之职。[1]（参见表 4.1）

表 4.1　日本内阁（1945—1974）

首相	内阁任职次数	内阁任期
东久迩宫稔彦		1945 年 8 月 17 日—1945 年 10 月 9 日
币原喜重郎		1945 年 10 月 9 日—1946 年 5 月 22 日
吉田茂	第一次	1946 年 5 月 22 日—1947 年 5 月 24 日
片山哲		1947 年 5 月 24 日—1948 年 3 月 10 日
芦田均		1948 年 3 月 10 日—1948 年 10 月 15 日
吉田茂	第二次	1948 年 10 月 15 日—1949 年 2 月 16 日
吉田茂	第三次	1949 年 2 月 16 日—1952 年 10 月 30 日
吉田茂	第四次	1952 年 10 月 30 日—1953 年 5 月 21 日
吉田茂	第五次	1953 年 5 月 21 日—1954 年 12 月 10 日
鸠山一郎	第一次	1954 年 12 月 10 日—1955 年 3 月 19 日
鸠山一郎	第二次	1955 年 3 月 19 日—1955 年 11 月 22 日
鸠山一郎	第三次	1955 年 11 月 22 日—1956 年 12 月 23 日
石桥湛山		1956 年 12 月 23 日—1957 年 2 月 25 日
岸信介	第一次	1957 年 2 月 25 日—1958 年 6 月 12 日
岸信介	第二次	1958 年 6 月 12 日—1960 年 7 月 19 日
池田勇人	第一次	1960 年 7 月 19 日—1960 年 12 月 8 日
池田勇人	第二次	1960 年 12 月 8 日—1963 年 12 月 9 日
池田勇人	第三次	1963 年 12 月 9 日—1964 年 11 月 9 日
佐藤荣作	第一次	1964 年 11 月 9 日—1967 年 2 月 17 日
佐藤荣作	第二次	1967 年 2 月 17 日—1970 年 1 月 14 日
佐藤荣作	第三次	1970 年 1 月 14 日—1972 年 7 月 7 日
田中角荣	第一次	1972 年 7 月 7 日—1972 年 12 月 22 日
田中角荣	第二次	1972 年 12 月 22 日—1974 年 12 月 9 日

---

[1]　Ibid., pp. 21-22.

　　第一届战后内阁的首要任务是在日本投降之后盟军占领的最初紧要关头，预防并在必要时平定军中顽抗分子可能引发的叛乱。这届内阁主要由代表了战前和战时日本精神的保守且忠诚的人士组成，它成功地帮助国家完成了从交战状态到和平时期的史无前例而又痛苦艰辛的过渡，并且没有发生重大的事故。

　　在东久迩宫内阁持续的 50 天里，一直忙乱不堪，它要应付盟国占领军的到来、完成盟军最高司令部的设立、完成日本投降的签字仪式，并执行盟军最高司令部下达的第一批政令和指示。然而，盟军最高司令于 1945 年 10 月 4 日的备忘录中下达了取消所有形式的对政治、民事和宗教自由限制的指令，东久迩宫内阁对此无法有效应对，于是在第二天宣布辞职。[1]

　　东久迩宫稔彦亲王的继任者币原喜重郎由天皇任命，也得到了掌玺大臣木户幸一的推荐。[2] 木户幸一咨询了枢密院议长平沼骐一郎，并以东久迩宫内阁时期的原外交官和外务大臣吉田茂（Yoshida Shigeru）作为他与币原喜重郎及盟军最高司令部谈判的中间人。

　　原外交官币原喜重郎任命他之前的下属吉田茂为外务大臣及贵族院的一员，任命次田大三郎（Tsugita Daisaburō）为内阁官房长官。随后此三人再决定内阁其他成员的任命，其中包括众议院的五名相关成员，但不包括已经解散的战前政党代表。[3]

　　币原内阁维持了 7 个月。在这一时期，币原内阁主持实施了上述 1945 年 10 月 4 日备忘录规定的各项改革，并执行了一系列其他对国家非军事化和民主化同样具有革命性的措施。后者包括盟军最高司令在 1945 年 10 月 11 日直接发给币原喜重郎的五条指令：（1）解放妇女；（2）鼓励组织劳动工会；（3）教育自由化；（4）取消使人民持续恐慌的秘密调查和滥用暴力的体制；（5）经济制度的民主化。[4] 在盟军最高司令部的压力之下，币原内阁也发起了一个激进的土地改革运动，并对"极端民族主义者"进行了同样彻底的清洗，最为重要的是，对宪法的修改也作了多方努力。[5]

---

[1]　Ibid., pp. 22-29. For the text of the memorandum, 见盟军最高司令, *Political Reorientation of Japan*, vol. 2, pp. 463-465。

[2]　Amakawa, "Dai-44-dai: Shidehara naikaku: 'Minshu' kaikaku no hajimari," in *Nihon naikaku shi roku*, vol. 5, pp. 33-34.

[3]　Ibid., pp. 36-38.

[4]　For the text of the instruction, 见盟军最高司令, *Political Reorientation of Japan*, vol. 2, p. 741。

[5]　Amakawa, "Dai-44-dai: Shidehara naikaku," pp. 38-58.

在不断深化的经济危机中，币原喜重郎和他的内阁难以跟上不断变化的盟军最高司令部的指令，1946 年 4 月 10 日，举行了战后第一次众议院换届选举。没有一个政党赢得决定性多数，这导致币原喜重郎继任者的难产。在主要政党领导人进行了复杂的谈判后，币原喜重郎建议天皇任命鸠山一郎为其继任者。鸠山一郎是日本自由党的创始人兼总裁，曾在大选中获得了简单多数票。然而，就在同一天晚上，盟军最高司令部宣布鸠山一郎被解职，在新一轮的各党谈判后，吉田茂先是被任命为自由党的总代表，随后被任命为新一届的首相。[1]

尽管对盟军最高司令以及盟军总部的改革家来说，吉田茂几乎不能说是一个福音，但与鸠山一郎不同，作为日本战前著名的亲英美派外交官及第二次世界大战时日本军方的突出对手，吉田茂被证明是可以接受的。第一个由自由党和进步党的政治家组成的战后内阁就此诞生了。在接下来的一年里，内阁把大部分的时间和精力都投入到战后重建工作，以及应对新成立的工会发动同盟大罢工的阴霾。尽管经常表现出勉强的态度，但吉田茂及其内阁官员们也在时刻推进和监督着大清洗的拓展、大幅度扩大土地改革的实践、彻底教育改革的进行，以及议会争论的展开，由盟军最高司令部编写的新宪法的批准程序也在有条不紊地进行着。[2] 在 1947 年 5 月 20 日辞职之前，吉田内阁还主持了新起草的参议院法案、修订的众议院议员选举法、地方自治法及国会法的颁布。在新的制度下，这有助于奠定选举和议会政治的基本规则，但讽刺的是，在这么充分的规则之下，第一次议会选举时，自由党和进步党（后改为民主党）还是输给了社会党。第一次吉田茂内阁的倒台及其第一次，也是迄今为止唯一的一次战后社会党领导的内阁的成立，完成了从战时政权到战后代议制政府的过渡。

日本被占领期间的政党和选举

在占领之初，除了一个政党外，日本其他主要的政党都开始登台露面（参见图 4.1）。这些政党中，有两个由战前的保守政党重组和改名而来，一个是日本

162

---

[1] Amakawa, "Dai-45-dai: Dai-1-ji Yoshida naikaku," in *Nihon naikaku shi roku*, vol. 5, pp. 74-77; Inoki Masamichi, *Hyōden Yoshida Shigeru*, vol. 4: *Santen no maki* (Tokyo: Yomiuri shinbunsha, 1981), pp. 8-14; J. W. Dower, *Empire and Aftermath: Yoshida Shigeru and the Japanese Experience, 1878-1954* (Cambridge, Mass.: Harvard University Press, 1979), pp. 309-310. 亦见 Yoshida Shigeru, *Kaisō jūnen*, 4 vols. (Tokyo: Shinchosha, 1957), vol- 2> P-90。

[2] Amakawa, "Dai-45-dai: Dai-1-ji Yoshida naikaku," pp. 81-93; Inoki, *Hyōden*, vol. 4, chap. 23.

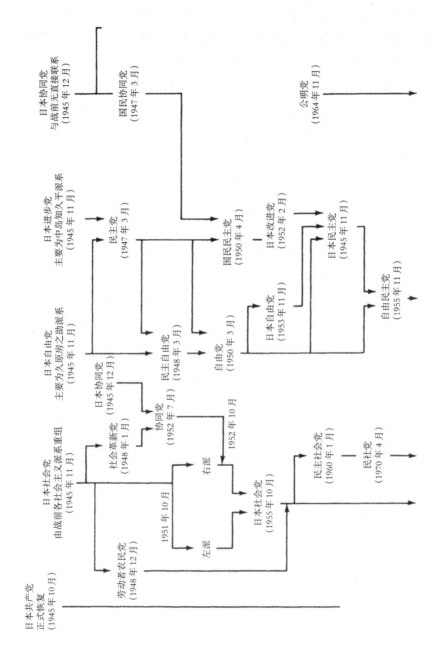

图 4.1 第二次世界大战后日本政党变迁（1945—1974）

资料来源: 基于 *Encyclopedia of Japan*, vol. 6., p. 209。

自由党（Nihon jiyūtō），由原政友会的政治家组成；另一个是日本进步党（Nihon
shimpotō），由原民政党成员及一些与政友会的某个派系相关联的人员组成。[1]
自由党和进步党都于 1945 年 11 月成立。几天之后，第三个保守政党组成了日　164
本协同党（Nihon kyōdōtō）。1947 年，进步党更名为民主党（Minshutō），1949
年时一分为二，一半加入自由党，一半与协同党合并。民主党与协同党联合后
一度改称为国民民主党（Kokumin minshutō），但于 1952 年年初更名为改进党
（Kaishintō）。于是，当盟军对这个国家的占领结束之时，就有了这两个互为对
手的保守派政党。

　　与右翼党派一样，在意识形态和思想观念上处于左翼的党派也在并行发展。
有两个相互竞争的左翼政党长期扎根于战前日本政党政治的土壤之中，并在 1945
年年底重新确立起它们的对立关系。其中之一是日本社会党（Nihon shakaitō，简
称 JSP）于 11 月初首先露面。这是战前社会主义运动几个相互竞争的派系所组成
的同盟，分别于 1950 年年初和 1951 年年底发生过两次分裂。[2]在占领时期结束时，
社会党的左翼和右翼一直在互相争斗，甚至与重建于 1945 年 12 月的日本共产党
（Nihon kyosantō，简称 JCP）展开竞争。[3]

　　一方面，在战后第一次大选之前仅仅几个月时间，1945 年 11 月首次大清洗指
令后，众议院中 93% 的进步党席位和 45% 的自由党席位遭到清洗。[4]另一方面，社
会党人在大清洗中很少受到影响，而共产党人则根本没有受到任何影响。日本共产
党的重建，事实上是通过盟军最高司令部的直接干预才成为可能的：面对来自日本
政府相当大的阻力，特别是来自东久迩内阁的司法和内务大臣的阻力，盟军最高司
令部的指令将包括战前日本共产党领导人在内的 3 000 名政治犯，于 1945 年 10 月
予以释放。[5]

---

[1]　关于战后日本主要政党由来的简要叙述，参见 Ito Takashi, "Sengo seitō no keisei katei," in *Senryōki Nihon no keizai to seiji*, ed. Nakamura Takafusa (Tōkyō: Tokyo daigaku shuppankai, 1979), pp. 339-382。亦见 Haruhiro Fukui, *Party in Power: The Japanese Liberal-Democrats and Policymaking* (Canberra: Australian National University; Berkeley and Los Angeles: University of California Press, 1970), chap. 2。

[2]　参见 Alan B. Cole, George O. Totten, and Cecil H. Uyehara, *Socialist Parties in Postwar Japan* (New Haven, Conn.: Yale University Press, 1966), chap. 1; J. A. A. Stockwin, *The Japanese Socialist Party and Neutralism: A Study of a Political Party and Its Foreign Policy* (Carlton, Victoria, Australia: Melbourne University Press, 1968), chap. 4。

[3]　关于战后日本共产主义运动的发展演化，参见 Robert A. Scalapino, *The Japanese Communist Movement, 1920-1966* (Berkeley and Los Angeles: University of California Press, 1967), 尤见第 2、3 章。

[4]　Itō, "Sengo seitō," in *Senryōki Nihon*, pp. 96, 99; Fukui, *Party in Power*, p. 38.

[5]　Takemae, *Senryō sengo shi*, pp. 99-156.

165   1946 年 4 月的第一次战后大选，在几个方面表现得不同寻常。首先，一般来说，这次选举是盟军最高司令部打算为日本宪法的修订，尤其是对盟军最高司令部所拟修订草案而举行的一次公民投票，而选举也确实为达到此目的发挥了应有的作用。[1] 其次，这是自 1919 年以来第一次采用多成员的"大型"选举区制度。每个县都构成一个统一的选区，大约有 4 至 14 名待选成员，每个选民可投 1 至 3 票，这完全取决于该地区选出的成员数量。[2] 这个新选举方法足以导致一些意想不到的结果出现。这次选举首次有妇女参与其中，但这也增加了混乱和不确定性。其结果是产生了支离破碎的多党制模式和以吉田茂为首的不稳定的内阁。

1947 年的另一场大选也产生了一个意外之喜，尽管大选举区制被抛弃，但取而代之的是更为熟悉的"中型"多元制度，这一制度在 1925 年到 1945 年中就已经付诸实施。在这个制度下，一个县细分为几个选区，每个选区有 3 到 5 个候选成员，每个选民只能投一票。[3] 社会党赢得了简单多数，这在日本的历史上还是第一次，选举无疑是得到了新组织的工人运动的实质性支持。社会党成了由民主党和国民协同党组成的联合政府中地位较高的合伙人。1949 年的大选也是如此，不同的是此次大选是自 1945 年以来第一次一个单一政党——自由党，获得了多数党的地位，同时，共产党也赢得了重要的 35 个席位。这两个政党的表现反映了"道奇路线"经济紧缩政策的影响，从当权者的角度来看这是受欢迎的，而从劳动人民来看这是毁灭性的。

1949 年大选的另一方面也同样值得注意。此次大选是第一次有相当数量的高级公务员参与竞选并赢得了议会席位，显然这是受到了 1947 年宪法中关于新议会具有巨大决策权规定的诱惑。

在 1952 年的大选中，自由党保持住了他们的多数席位，但是它在 1953 年和 1955 年的大选中只得到了相对多数的地位。与此同时，共产党几乎在 1950 年的"红色清洗"中被消灭完了，1952 年大选没有获得任何席位，1953 年大选仅获 1
166   个席位，1955 年大选也只获得了 2 个席位。到战后日本政治的第一个阶段即将结束时，主要政党之间权力平衡的格局与开始时大致相同。选民仍然是不确定和不

[1] 参见 Kenpō chōsakai, *Kenpō seitei no keika*, pp. 350-351, 453-454。

[2] Shugiin and Sangiin, eds., *Gikai seido shichijū-nen shi*, 12 vols. (Tokyo: Ōkurashō insatsukyoku, 1960-1962), pp. 278-287.

[3] Ibid., pp. 288-308.

稳定的，很多人对经济和政治状况都不满意。在 1953 年的民意调查中，有 56%
的受访者不满意他们在议会中代表的表现；1954 年的民意调查中，有 60% 的受访
者并没有感受到政府的政策反映了他们的意愿。[1]

日本人对盟军占领的反应

尽管盟军最高司令部的民主改革达到了前所未有的广度和深度，但日本民众
对待占领和各项具体政策却很少有公然的反对和抵抗。这种相当令人惊讶的情况
有几个原因。

首先，大多数日本人都厌倦了这场战争。它早已不再是一次鼓舞人心的经
历，到 1945 年夏天时，这已经变成了他们的一个无尽的梦魇。他们可能无法预
期这场战争什么时候结束、怎样结束，但是当几个大城市发生一连串的空袭，最
终原子弹在长崎和广岛爆炸之后，他们也没有理由反对突然爆发的和平呼吁。[2]
此外，许多人倾向于指责政府，特别是指责军队，因为是政府和军队带来了战争
及其严重的后果。[3] 然而，显而易见的是，在占领时期的日本民众及其军事人员
中蔓延着一种最初的恐慌。在东京周围的一些社区，民众被占领军袭击日本女性
的传闻所困扰，这些传闻可能是基于早些年间日本士兵在中国和东南亚所作所为
的一些记忆。[4]

然而，恐惧并没有持续很长时间，部分原因是因为这种说法并不能令人信
服。据不完全统计，涉及占领军成员的 957 起事件，是他们到达日本的前两个月
的记录——从 1945 年 9 月初到 10 月底。在占领军到来之前，横滨市长曾经建议
社区组织的领导人将年轻妇女撤到安全的地方。[5] 根据另一份记录显示，在 1945
年 9 月到 1958 年 9 月间，涉及外国军队的事件中，全国各地共有 2 526 名日本人

167

---

[1]　Shinohara Hajime, *Gendai Nihon no bunka henyō: Sono seijigakuteki kōsatsu* (Tokyo: Renga shobō, 1971), pp. 88-89.

[2]　关于这些中肯的评论，参见 Fukawa Kiyoshi, "Nihonjin no hi-senryō kan," in *Kyōdō kenkyū: Nihon senryō*, ed. Shisō no kagaku kenkyūkai (Tokyo: Tokuma shoten, 1972), pp. 16-18; Watanuki Joji, "Kōdo seichō to keizai taikokuka no seiji katei," in Nenpō seijigaku, 1977. pp.142。

[3]　有关评论参见 Yanaihara Tadao, "Sōsetsu," in *Sengo nihon shōshi*, ed. Yanaihara Tadao, 2 vols. (Tokyo: Tōkyō daigaku shuppankai, 1958), vol. 1, pp. 13-14。

[4]　Fukawa, "Nihonjin no hi-senryō kan," p. 21; Chihara Jun, "Gunju sangyō rōdōsha no haisen e no taiō," in *Kyōdō kenkyū: Nihon senryō*, p. 99; and Kata Koji, "Gunsei jidai no fūzoku," *Kyōdō kenkyū: Nihon senryō*, p. 260.

[5]　Tsukuda Jitsuo, "Yokohama kara no shōgen," in *Kyōdō kenkyū: Nihon senryō*, pp. 114-116, 121.

被打死，3 012 人受伤。[1] 这些数字不应该忽略不计，但也没有许多日本人预想的那么大。即使充满愤恨，一些日本人还是像忍受地震和洪水一样接受了这样的宿命。[2] 然而，对许多人来说，这种恐惧很快就被一种解脱感甚至信任感所取代。

其次，在整个占领时期，大众媒体都在盟军最高司令部的严密控制之下。虽然日本社会的大多数方面都是通过日本政府的现有机制来运作的，但对信息媒体的控制是一个例外。在占领时期开端，通过新闻和无线电规则中严密规则的强制执行，建立了一个直接控制新闻和广播的系统。[3] 通过盟军总部（GHQ）民间情报教育局（CIE）提供的非正式指导和管理，确保这些代码得到了严格的遵守。通过民事情报科（CIS）的民间审阅支队（CCD）的严密审查，书报才得以出版，广播节目才能播放。审查制度本身的信息传播也受到严格控制，确保日本作家、出版商或广播电台不会出现重大的违规行为。日本民众对实际情况几乎完全未被告知，因而浑然不觉。[4]

取而代之的，普通日本读者和听众耳濡目染的大量文章和节目，描绘和象征着的是美国民主的优点和美德。此前曾一度流行但遭禁止出版的通俗文学和时事杂志，如《新潮》（*Shinchō*）、《文艺春秋》（*Bungei shunjū*）、《中央公论》（*Chūō kōron*），1945 年秋以后相继再现。与此同时，1945 年年底市场上出现了适合初学者的英语口语书，接下来的一年又出现了日语版的《读者文摘》（*the Reader's Digest*）。[5]

国家传统的严肃广播剧目的垄断者——日本广播协会，即 NHK（日本放送协会）变得更加"民主"，节目也变得更加丰富多彩，增加了一些新颖的栏目，如《我们的语言》《业余歌手比赛》《圆桌讨论会》和《上周国会》等等。[6] 这些灵感可能来自民间情报教育局（CIE）和民间审阅支队（CCD）的工作人员，

168

---

[1] Tsukuda, "Yokohama kara no shōgen," pp. 114, 128. Unfortunately, no details are available regarding the specific circumstances surrounding any of these incidents.

[2] Fukawa, "Nihonjin no hisenryo kan," p. 25. See also Shinohara Hajime and Miyazaki Ryuji, "Sengo kaikaku to seiji karuchā," in *Sengo kaikaku*, vol. 1, p. 246.

[3] Okudaira Yasuhiro, "Hōsōhōsei no saihensei," in *Sengo kaikaku*, vol. 3: *Seiji katei*, p. 390, n. 17; Arai Naoyuki, "Senryō seisaku to jānarizumu," in *Kyōdō kenkyū: Nihon senryō*, pp. 177-179. See also Fukushima Jūrō, "Senryōka ni okeru ken'etsu seisaku to sono jittai," *Senryōki Nihon*, pp. 339-382.

[4] Arai, "Senryō seisaku to jānarizumu," p. 179; Fukushima, "Senryōka ni okeru ken'etsu seisaku," pp. 340-342, 370.

[5] 参见 Asahi shinbunsha, *Hyakka binran* (*Asahi nenkan*, 1969, app.), p.54。

[6] Okudaira, "Hōsōhōsei no saihensei," p.399; Takemae, *Senryō sengo shi*, p.322.

他们都将总部设在东京市中心的日本广播协会大楼里。一个英语对话课，名为"来，来英语对话"，每个工作日的晚上六点都会有十五分钟的广播，由遣返回国的在日本广播公司国际广播部门工作的首席新闻播音员平川唯一（Hirakawa Tadaichi）来教授课程。在占领期间，这个节目取得了无与伦比的收听率，不久之后，就已经在全国拥有了超过一千人的粉丝俱乐部。平川唯一可能已经成为最有效的广告播送者，也是"美国主义"的语言、文化和政治的普及者。[1]

最后，作为对吉田茂政府持续要求的回应，由美国政府捐助的食品进口和分配，有助于改变了日本人的内心。1947年7月5日，日本国会参众两院对美国超乎党派的解决方案表达了正式感谢。[2]更概括地说，日本人民通过美国的救济物资和大众媒体来感知美国的富裕和慷慨，而所有这些都给日本人留下了深刻印象。

因此日本对盟军的占领及其政策的反应是务实的，而不是观念形态的。他们像接受盟军最高司令和外国军队的到来一样，接受了解除军备和民主政治；当他们看到的力量超出了他们的控制时，不是与之战斗，而是试图在糟糕的局面下尽力做到最好。如果没有占领军的到来，日本拥有自己的主动权，那它是否会承担起和占领期间一样的重要改革，这是非常值得怀疑的。只有在盟军最高司令部对日本政府下达命令时，日本媒体才开始主张修改宪法，虽然一些报纸媒体仍然积极反对，但新宪法的形式和本质都给大众留下了深刻印象，他们对其中最开明的部分感到惊愕莫名。[3]就绝大多数日本人而言，只要天皇仅仅作为国家的象征，而不是实际统治者，那么他们就希望天皇制度能够保留下来，公众不对新宪法表示反对意见的最重要原因，很可能正是其对王位的保留。[4]

不管怎样，日本虽然没有赢得战争，但是被简单地给予了所有新的权利和自由，这些权利和自由都在新宪法中得到了清楚的说明。就像1946年粮食危机中救济物资的到来一样，民主政治也经由占领这一媒介传递给了日本政府，并且没

169

---

[1] Takemae, *Senryō sengo shi*, pp.315-344.

[2] Fukawa, "Nihonjin no hi-senryo kan," pp. 22-24; Iwamoto Sumiaki, "Senryōgun no tai-Nichi nōgyō seisaku," in *Senryōki Nihon*, p. 188.

[3] Kenpō chōsakai, *Kenpō seitei no keika*, pp. 7, 417-428. 亦见 Matsushita Keiichi, "Sengo kenpōgaku no riron kōsei," in *Sengo kaikaku*, vol. 3, p. 29; Shimizu Mutsumi, "Kenpō 'kaisei' to gikai-seido kaikaku," in *Sengo kaikaku*, vol. 3, pp. 61-62, 89。

[4] 1945年12月和1946年2月进行的民意调查结果显示，分别有95%和91%的被调查者支持天皇制度。参见 Takemae, *Senryō sengo shi*, pp. 93-94; Tsuji Kiyoaki, "Sengo kaikaku to seiji katei," in *Sengo kaikaku*, vol. 3, p. 4; Shimizu, "Kenpō 'kaisei'," in *Sengo kaikaku*, vol. 3, p. 62.

有经过热情的爆发便为困惑的公众所接受。1946 年 4 月的众议院大选中，修改宪法并不是一个重大的问题，事实上，许多反对派的候选人参加竞选的口号是"食物先于新宪法"。[1] 然而，随着时间的流逝，宪法改革的意义开始展现出来，特别是对那些最直接地从中获益或深受其害的人而言。

占领期间的民众

尽管民众没有获得同等的利益，但他们普遍受益于占领时期的政策和改革。不过，对一些人来说，占领期间的经历不仅使人困窘，甚至痛苦不堪。

妇女是占领时期最明显最重要的受益群体之一。毕竟她们代表了全部人口的一半，在一个成人普选制度中将控制一半的选票。妇女的解放不完全是盟军最高司令部作用的结果。日本妇女的参政运动可以追溯到 20 世纪第一个十年。1945 年秋，在盟军最高司令部于 10 月 11 日首次正式发表声明提及日本政府着手五项主要改革之前，一些日本政府的重要官员，包括内务大臣堀切善次郎（Horikiri Zenjirō）就积极地倾向于这个问题。[2] 继盟军最高司令部发表声明后，社会党人、共产党人和以高野岩三郎（Takano Iwasaburō）为首的一批学者，都提出了在新宪法中应规定男女平等的条款。[3]

1946 年 2 月初，当盟军最高司令部的民政局（GS）成员起草了它自己的帝国宪法修正本时，设于民政局的公共行政处中的公民权利三人委员会，也准备了一份关于女性地位和权利详细条文的草案。然而，这份草案遭到了指导委员会的拒绝，理由是它太详细了以至于无法包含在宪法中。[4] 于是，这些详细的条文被留给民法典的修订，这项工作在一年之后由一批日本学术专家和少量直接参与的盟军最高司令部成员加以完成。[5]

然而，对于体现在宪法和修订后的民法典中的实施原则来说，美国人的作用仍然是决定性的。劳工省的妇女少年局及其在地方上的相应单位都在接下来几年

---

[1] Shimizu, "Kenpō 'kaisei'," p. 62. 也可参见 Shimane Kiyoshi, "Tsuihō kaijo o yōsei suru ronri," in *Kyōdō kenkyū: Nikon senryō*, p. 236。

[2] Soma Masao, "Senkyo seido no kaikaku," in *Sengo kaikaku*, vol. 3, pp. 105, 112, n. 31.

[3] Yoda Seiichi, "Senryō seisaku ni okeru fujin kaihō," in *Senryōki Nihon*, pp. 279, 284-285.

[4] Yoda, "Senryō seisaku ni okeru fujin kaihō," pp. 279-282. 也可参见盟军最高司令，Political Reorientalion of Japan, vol. 2, p. 104。

[5] Yoda, "Senryō seisaku ni okeru fujin kaihō," p. 287.

的法律修订中扮演了至关重要的舆论监督角色，而在很大程度上，这些机构是盟军最高司令部成员，尤其是经济科学局（ESS）、民间情报教育局（CIE）和公共卫生福利局（PHW）等政府相关部门人员兴趣的产物。[1]

正如占领早期的大多数其他改革一样，日本民众对于盟军最高司令部和倾向于妇女解放的日本政府的行动，都既不参与也不关心。在 1945 年 11 月对 200 个城镇和村庄的调查中，大多数受访者对这些行动都不大感兴趣，而只有 40% 的人对这些行动略感兴趣。[2] 然而，在几年之内，日本妇女就开始利用法律赋予她们的新的地位和权利，不仅改变了自己的个人生活，也越来越多地影响国家和地方政治的重大问题。尽管不是立竿见影，但从长远来看，盟军最高司令部对亲女权改革的直接和间接支持，无疑将在占领期间赢得许多心怀感激的朋友。

佃农们也从这次改革中直接受益。从 20 世纪 20 年代开始，像承认妇女投票权一样，土地改革也曾是日本官僚政治的一大问题。事实上，战后的第一次立法行动的倡议源自日本，而不是盟军最高司令部。由农林省下属的农业管理局官员起草的法案曾获得过内阁部长会议的批准，并被提交到众议院讨论，而直到 1945 年 12 月 9 日，盟军最高司令部才正式以备忘录向日本政府提出了这个问题。[3] 因此，盟军最高司令部的行动并没有引起议会对第一个土地改革法案的起草和讨论，但这确实有助于法案在年底前由国会两院迅速通过。

在技术上对 1938 年《农地调整法》进行了修订，新的农地调整法要求在 5 年内重新分配不在地主所拥有的土地，以及在村地主所占有的超过 5 公顷以上的任何土地。[4] 然而，盟军最高司令部对这个法案并不满意，于是在 1946 年 10 月制订了第二部土地改革法案，即《创设自耕农特别措置法》。该法案授权政府以固定价格买卖和重新分配不在地主占有的全部土地及在村地主占有的超过 1 公顷（北海道为 3 公顷）的那部分土地。该法案还对出租土地收取地租设置了严格的上限。[5]

171

---

[1] Yoda, "Senryō seisaku ni okeru fujin kaihō," p. 292.

[2] Yoda, "Sengo kazoku seido kaikaku to shinkazokukan no seiritsu," in *Sengo kaikaku*, vol. 1, pp. 289-290.

[3] Amakawa Akira, "Senryō seisaku to kanryō no taio," in *Kyōdō kenkyū: Nihon senryōgun: Sono hikari to kage*, ed. Shisō no kagaku kenkyūkai, 2 vols. (Tokyo: Tokuma shoten, 1978), vol. 1, p. 223.

[4] Uehara Nobuhiro, "Nōchi kaikaku katei to nōchi kaikaku ron," in *Sengo kaikaku*, vol. 6: *Nōchi kaikaku*, chap. 2; Yoshida Katsumi, "Nōchi kaikakuhō no rippō katei: Nōgyō keiei kibo mondai o chūshin to shite," in *Sengo kaikaku*, vol. 6, chap. 4.

[5] Uehara, "Nōchi kaikaku katei," p. 65; Yoshida, "Nochi kaikakuhō," p. 176.

从长远来看，随后的土地再分配使日本农村社会，及其在地方和国家政治中所扮演的角色发生了革命性的变化。实际上大约有 80% 的佃耕农业用地进行了重新分配，使自耕农、半自耕农的队伍占全体农业家庭的比例从 73.4% 上升到 92.1%，只有不到 8% 的人仍然没有土地。[1] 尽管地主们抗议，但 1946 年法律还是得到了强有力的执行，并带来了一系列重大变化，这些变化因得到了 1952 年的《土地法》的保证而长期存在，实际上，1952 年的《土地法》保持了《创设自耕农特别措置法》和 1950 年调整农地价格的内阁条例的有关规定。[2]

土地改革有助于防止日本农村迫在眉睫的经济、政治危机，并避免农村贫困人口的激进化。到 1946 年春，随着从海外归来的复员士兵和来自受灾城市的大批难民涌入，日本的农村人口急剧膨胀。1945 年 4 月到 1946 年 4 月期间，农村人口增加了 100 多万，或接近 25 万户，其中约一半的人口没有自己的土地。[3] 对于当时在日本农民中占绝大多数的小农来说，它们的拥挤状况尤为严重，许多人几乎不能依靠他们的农业收成存活，而必须依靠非农职业以获得额外收入。根据农林省的一次调查，1946 年，570 万左右的农民家庭中大约有 70% 只拥有不到 1 公顷的土地。[4] 正是这一大群经常一贫如洗的小农从 1946 年的土地改革中获益最多。因此，他们中许多人放弃了，至少是暂时放弃了他们用部分时间所从事的非农就业和收入。

小农户以全职或兼职非农职业来补充收入的趋势可以追溯到 20 世纪 30 年代后期。例如，1937 年 7 月至 1941 年 2 月期间，约 100 万农民被征召或自愿在与战争有关的行业就业，其中有一半以上是从他们居住的村庄迁徙过来的。[5] 1941 年，约有 60% 的农民家庭中的一些成员，通常是户主，会从事非农职业，而农民家庭收入的 60% 都是来自非农收入。虽然土地改革并没有扭转这一长期趋势，但它确实使其暂时减缓下来。首先依靠农业收入，其次才是其他收入来源的农民家庭数量，从 1941 年的大约 201.9 万户减少到 1950 年的大约 175.3 万户。[6] 在同一

---

[1] Ouchi Tsutomu, "Nōchi kaikaku," in *Shōwa keizai shi*, ed. Arisawa Hiromi (Tokyo: Nihon keizai shinbunsha, 1976), p. 270. See also Ōishi Kaichirō, "Nōchi kaikaku no rekishiteki igi," in *Sengo kaikaku*, vol. 6, pp. 34-35.

[2] 关于更多的细节，参见 Watanabe Yōzō, "Nōchi kaikaku to sengo nōchihō," *Sengo kaikaku*, vol. 6, pp. 107-110。

[3] 参见 Eguchi Eiichi, *Gendai no "teishotokusō*," 3 vols. (Tokyo: Miraisha, 1979-1980), vol. 1, p. 272, Table 3-3.

[4] Ibid., p. 278.

[5] Ibid., p. 267.

[6] Yano Tsuneta kinenkai, ed., *Nihon kokusei zue*, 1981 ed. (Tokyo: Kokuseisha, 1981), p. 209.

时期内，虽然依靠非农收入的家庭数量比依靠农业收入的家庭数量增长要快，但 173
兼职的农民家庭总数却从约 58% 下降到约 50%。

兼职农民家庭数量的下降，并不表明其成员的生活条件马上就会有明显的改
善。直到 20 世纪 50 年代中期，1953 年和 1954 年农民家庭的平均收入一直落后
于非农家庭的平均收入近 10%。[1] 尽管如此，日本农村在经济和政治上都通过土
地改革而明显稳定了下来。

农民日益成为一支有凝聚力和有效率的经济力量，这在很大程度上归功于
1947 年颁布的《农业协同组合法》，该法推进了农业合作社团的发展。尤其是对
盟军总部的自然资源局（NRS）来说，这些合作社团也是占领当局的创造。因此，
尽管它们在实践中是战时"农业会"（nōgyōkai）事实上的复制品，但它们仍然是
"自主、自由和民主的"。[2] 与"农业会"一样，它们也是由农业部门官僚机构财政
资助和行政控制的半公共实体，在 1951 年颁布《农业协同组合重组和调整法》之
后尤甚。然而，它们不只是在地方社区产生了相当大的影响，在政治党派和政治
家中也发挥了作用，这主要是因为参与其中的成员包括了各个社会阶层。

一开始，特别是在 1954 年 6 月《农业协同组合法》修订之后，每个地方的
农业协同组合都由一个特定村庄的几乎所有务农者组成，该组织还是稻米的唯一
代收人。直到 20 世纪 60 年代，稻米的分配都处在政府的严格控制之下。此外，
该组织还是乡村的中心商店、仓库和银行设施。[3] 数千个地方农业组合在县级协
会和国家总部的协调下，共同构成了一个强大的压力团体，以扩展其经济和政治 174
利益。[4]

妇女和佃农是占领期间发起的改革的直接受益者，而工业和服务业雇员的情
况却比较复杂。占领期间最初的政策显然是对劳工有利的。1945 年 10 月，盟军

---

[1] Kokumin seikatsu sentā, ed., *Kokumin seikatsu tōkei nempo '80* (Tokyo: Shiseidō, 1980), p. 57

[2] Iwamoto, "Senryōgun no tai-Nichi nōgyō seisaku," pp. 190-191; Ishida Takeshi, "Sengo kaikaku to soshiki oyobi shōchō," in *Sengo kaikaku*, vol. 1, pp. 163-164.

[3] 参见 Takeshi Ishida and Aurelia D. George, "Nokyō: The Japanese Farmers' Representative," in *Japan & Australia: Two Societies and Their Interaction*, ed. Peter Drysdale and Hironobu Kitaoji (Canberra: Australian National University Press, 1981), pp. 194-214; Michael W. Donnelly, "Setting the Price of Rice: A Study in Political Decisionmaking," in *Policymaking in Contemporary Japan*, ed. T. J. Pempel (Ithaca, N.Y.: Cornell University Press, 1977), pp. 143-200.

[4] 在占领期间的最初几年里，一场激进的农民运动在日本农民联合会的指导下蓬勃发展。该组织始建于 1922 年，于 1946 年重建。不过，1947 年后，该组织迅速失去了民众的支持，原因部分在于内部的矛盾，而主要在于新近获得解放的农民中保守主义倾向的增长。关于这一问题的简要讨论，参见 Tanaka Manabu, "Nōchi kaikaku to nōmin undō," in *Sengo kaikaku*, vol. 6, chap. 7.

最高司令部的备忘录要求解放妇女，还指示日本政府鼓励组织工会，以便它们可以在保护工人不受剥削和虐待，以及提高劳工的生活水平方面发挥有影响力的作用。[1] 因此，内务省官员匆忙起草了一项工会法案，该法案由国会议员辩论并通过，并于同年 12 月下旬成为法律。虽然它远不是激进的，仍然允许管理部门和政府拥有相当大的权力干预和控制工会的活动[2]，但它鼓励雇工以日本劳工运动史上前所未有的速度和规模组织起来。到年底，全国已经成立了约 500 个工会，约有 385 000 名成员;到 1946 年年底，工会增长到 17 000 多个，有 484.9 万名成员。[3] 工会会员已经占到当年采矿、制造和服务行业就业人数的 40%。其中一半以上隶属于 1946 年成立的 3 个主要的全国工会联合会：左翼的全日本产业别劳动组合会议（Zen Nihon sangyōbetsu rōdō kumiai kaigi，简称"产别"Sanbetsu），右翼的全日本劳动组合总同盟（Nihon rōdō kumiai sōdōmei，简称"总同盟"Sōdōmei），以及走中间道路的全日本劳动组合会议（Nihon rōdō kumiai kaigi，简称"日劳会议"Nichirō kaigi）。工会组织不仅大量涌现，而且展示了强大的战斗力，它们经常进行激烈的"生产管理"（*seisan kanri*）斗争，旨在夺取管理部门的决策权。

175　仅 1946 年，就有近 845 000 名工人参加了约 1 260 起产业纠纷，其中大约 1/3 涉及员工参与生产管理的要求。[4] 在国家层面上，全日本劳动组合会议（Nichirō kaigi）与主要雇主组织—经济团体联合会（Keizai dantai rengōkai，简称"经团联"Keidanren）进行谈判，要求建立一个所谓"经济重建会议"的中央论坛，对劳资关系进行磋商和协调。[5] 因此，在占领期间的头几年里，有组织的劳工在面对资方时即使不是更具优势的话，至少也赢得并保持了一种平等地位。

　　这一时期劳工运动的普及，反映了一般工人在灾难性的战争之后遭受的经济困难的严重程度，以及工会在谈判增加工资和雇员参与管理方面取得的显著成功。1947 年，私营部门的实际工资仍然低于 1934 年平均水平的 30%[6]，但在接下来的几年中取得了可观的增长，1948 年增长了约 50%，1949 年和 1950 年都增长

---

[1]　参见盟军最高司令，Political Reonentatwn of Japan, vol. 2, p. 741。

[2]　Takemae Eiji, "1949-nen rōdōhō kaisei zenshi: Senryō seisaku o chūshin to shite," in *Senryōki Nihon*, pp. 306, 316-317.

[3]　Okōchi Kazuo, *Sengo Nihon no rōdō undo*, rev. ed., *Iwanami shinsho*, no. 217 (Tokyo: Iwanami shoten, 1961), p. 37.

[4]　Ibid., p. 48.

[5]　Takemae, "1949-nen rōdōhō," pp. 302-303.

[6]　Fujinawa Masakatsu, Nihon no saitei chingin (Tokyo: Nikkan rōdō tsūshinsha, 1972), p. 317, Table4-4.

了 28%。到 1952 年，工资已经达到了比战前工资高峰年份略高的水平。[1]

然而，激进主义工会运动的突然激增多少有几分人为的色彩。大多数日本工人从来没有激进过，战后劳工运动最初的成功，特别是左翼劳工运动的成功，主要取决于盟军最高司令部的批准和支持。根据 1946 年 2 月的民意调查，绝大多数员工支持天皇制，这是一个革命性变化和调整时代的传统及连续性的典型标志。[2] 此外，大财阀附属公司的员工明显仍然受到团结和忠诚于企业所有者及其家族的神秘约束。[3] 一段时间以来，经过盟军最高司令部的大力宣传的支持和企业在管理上的无能鼓励了激进工会运动的兴起，但是在 1947 年年初公共服务工会总罢工流产的警醒之下，盟军最高司令部撤回了对工会运动的支持，于是导致了激进主义工会运动潮流的转向。

在盟军总部的劳工部门的鼓动，并得到了日本政府和雇主的默许支持下，1947 年 2 月，在公共服务总罢工运动失败后的几个月里，全日本产业别劳动组合会议秘书处持不同政见的人士带头实施了"民主化"计划。[4]1948 年 3 月，他们成立了民主化联盟，其后稳步扩大其成员数量，并提高在产别劳动组合的附属组织和附属公司，以及日本劳动组合会议所属工会的影响力。 1948 年 7 月 22 日，盟军最高司令部发布指令，支持民主化联盟的反共产主义运动，要求日本政府撤销公职人员参与集体谈判和罢工的权利。[5] 当朝鲜战争爆发后，"红色清洗"扫荡了公共服务部门和主要的私营部门，大多数工会都逐步处于反共领导层的控制之下。他们发起了一系列行动，把那些与共产党有牵连的小型工会组织的官员开除出去，尽管这种罪名甚至并未得到证实。[6]

在朝鲜战争爆发前几个月，民主化运动演变成一个新的全国性劳工联合会——日本劳动组合总评议会（Nihon rōdō kumiai sōhyōgikai，简称"总评"Sōhyō）。至此为止，几个相互竞争的劳工联合会中最大的一个——日本劳动组合总评议会，在第一任总干事高野实（Takano Minoru）及民主化联盟领导人中左翼派别支持者

176

[1]　Ibid., pp. 316-317.

[2]　Yoda, "Sengo kazoku seido," p. 291.

[3]　Chihara, "Gunju sangyō rōdōsha," pp. 88-89.

[4]　关于劳工部门扮演的角色，参见 Takemae Eiji, "Reddo pāji," in *Kyōdō kenkyū: Nihon senryōgun*, vol. 1, pp. 279-284。

[5]　参见 Kume Shigeru, "Kokutetsu rōso to Suzuki Ichizō ni mini senryōka rōdō undō," in *Kyōdō kenkyū: Nihon senryō*, pp. 55-57; Ishida, "Sengo kaikaku to soshiki," p. 185。

[6]　Takemae, *Senryō sengo shi*, pp. 201-209, 213.

的指导下，讽刺性地成了一个好斗的反建制主义和适度的亲共产主义的组织。日本劳动组合总评议会并没有完全忽视面包和黄油的问题。事实上，即使未能取得成功，它也曾大力推动建立最低工资制度。[1] 然而，该组织更多的努力还是趋向于政治和思想运动——反对日本重新武装、反对建立美国基地、反对签订《美日安全保障条约》，以及主张修订宪法。在日本劳动组合总评议会这里，工资和工作条件等问题遭到冷遇，它们更热衷于社会主义与世界和平。

在 20 世纪 50 年代上半叶，高野实的政治路线支配着日本劳动组合总评议会，而日本劳动组合总评议会则主宰着日本劳工运动。同时，在政府和管理层的沉重压力下，工人们开始从有组织的劳工运动行列中退出。许多工人被领导层高度政治性的好斗行为所警醒，也对左右翼派别之间无休止的窝里斗感到失望而产生疏离。工会会员总数在 1948 年达到顶峰，当时大约有 34 000 个工会，合计拥有会员 667.7 万人，占第二和第三产业劳动力总数的 53%。[2] 在其后 3 年里，工会会员数量下降了近 100 万，工会化率下降了约 10 个百分点。1949 年年初，实施了由底特律银行家约瑟夫·道奇率领的美国代表团提出的被称为"道奇路线"的通货紧缩计划，从劳工的角度看，该议案使上述情况大大恶化了。1950 年以后，不仅实际工资的年度收益迅速收缩，而且有 25 万以上公共服务部门的雇员和几乎一样多私营部门的雇佣劳动者，尤其是小型企业中的雇员，随着强制执行道奇计划所引起的"反通货膨胀"而失去了工作。[3]

因此，对于工业和服务部门的大多数雇员来说，占领时期和后占领初期在伟大的承诺下开始，而在混乱和失望中结束。与妇女和佃农所享受到的福利相比，他们所得到的利益更为模糊和难以捉摸。

占领期间的精英群体

与劳工相反，日本的精英群体普遍受惠于占领时期发起的改革。然而，与工人们的情况一样，占领时期及其具体政策的影响在精英阶层的不同群体中有很大的不同。1946 年 12 月，14 个亲王中的 11 个和他们的家庭一道，失去了作为

177

[1] Fujinawa, *Nihon no saitei chingin*, pp. 62-65.

[2] Okōchi, *Sengo Nihon no rōdō undō*, pp. 75-76.

[3] Fujinawa, *Nikon no saitei chingin*, p. 316, Table 4-2; Shimura Yoshikazu, "Antei kyōkō," in *Shōwa keizai shi*, pp. 308-311.

皇室成员的地位，也失去了他们相当部分的财产，这是因为他们与天皇相关。[1]
根据新宪法第 14 条，所有的贵族及其家庭都在一夜之间失去了他们的头衔和特
权。他们成了占领时期政策的牺牲品，和他们一样，大约 100 万地主拥有的农田
在 1947 年到 1952 年的土地改革中被没收并重新分配，也成为占领时期政策的受
害者。[2]

　　在"经济权力分散"的指令下，多达 75 个控股和贸易公司的所有者及其家　178
族也遭到解散，特别是三井、三菱、住友和安田财阀的成员。[3] 在遭到清洗的 20
多万人中，有一半是军事人员。虽然所有被清洗的人最终都恢复原样，但大多数
人都遭受到巨大的伤害，有些人暂时性地（也有些人是永久性地）丧失了他们的
工作和收入，即便在复员多年之后，这些人也留下了曾被整肃的污名。

　　另一方面，即使没有了经济特权，以天皇兄弟为首的三个家族仍被允许保
留他们的皇室地位以及与那个地位相联系的许多社会声望。[4] 天皇本人被新宪法
剥夺了他的权威地位，并只作为国家的象征存在。然而，考虑到传统上日本天
皇就曾扮演一个象征性的角色，他的宪法地位和所扮演的角色的变化，就没有
看起来那么重要了。[5] 更重要的是，君主制并没有被废除。因为据称天皇在挑起
和指挥战争中起到了一定的作用，因而受到了包括美国在内的大多数盟国公众
的巨大压力，但天皇既没有被迫退位，也没有被带到战争罪行法庭。[6] 无论是作
为一个个人还是作为一个机构，天皇的传奇命运都是基于盟军最高司令的决定，
这一决定毫无疑问是由于天皇自己在麦克阿瑟将军面前塑造的有利印象，特别

---

[1]　参　见 Takahashi Hiroshi and Suzuki Kunihiko, *Tennōke no misshi tachi: "Hiroku senryo" to kōshitsu* (Tokyo: Tokuma shoten, 1981), pp. 167-168。

[2]　大多数关于土地改革的研究对于受影响地主的数量都给出了相当高的估计。例如，由土地改革记录委员会所编辑的权威性报告提到有 3 829 785 名地主卷入其中。不过，这些估计大大夸大了实际情况，因为在许多情况下，地主的土地是零碎存在的，在近 5 年时间里的 24 次评估和丈量中，只要有一次发生产权转移，那么同一个地主就被多次重复计数。如果一个地主所居住的地方之内和之外都有他的土地，那么，同一个地主还会被频繁地归为在村地主或不在地主。参见 Fukui Haruhiro, *Jiyū minshutō to seisaku kettei* (Tokyo: Fukumura shuppan, 1969), pp. 211-212, n. 2。

[3]　关于财阀的解散及其后果，参见 Eleanor M. Hadley, *Antitrust in Japan* (Princeton, N.J.: Princeton University Press, 1970); Shibagaki Kazuo, "Zaibatsu kaitai to shūchū haijo," in *Sengo kaikaku*, vol. 7: *Keizai kaikaku*, chap. 2。

[4]　Takahashi and Suzuki, *Tennōke no misshi tachi*, pp. 159-160; Frazier Hunt, *The Untold Story of Douglas MacArthur* (New York: Devin-Adair, 1954), p. 408.

[5]　参见 John Whitney Hall, "A Monarch for Modern Japan," in *Political Development in Modem Japan*, ed. Robert E. Ward (Princeton, N.J.: Princeton University Press, 1968), chap. 2.

[6]　Watanabe Hisamaru, "Shochō tennōsei no seijiteki yakuwari," in *Tennōsei to minshū*, ed. Gotō Yasushi (Tokyo: Tōkyō daigaku shuppankai, 1976), pp. 234-5; Hunt, *The Untold Story*, pp. 408, 420-421.

是在 1945 年 9 月 27 日他们第一次会面之时。[1] 但是不应被低估，更不能被遗忘的是，包括麦克阿瑟所信任的军事秘书邦纳·费勒斯将军，他在厄勒姆学院的校友一色百合子，以及一色百合子的朋友和教育家河井道子在内的十多个中间人为维护天皇利益所做的精力充沛的游说工作。[2]

大多数大商人和高级公务员的经历更加复杂和多样化。总的来说，他们从盟军最高司令和日本政府的政策中获益，比他们在这一时期承受的苦难要多。盟军最高司令最初的政策以及日本政府为实施这些政策所采取的各种立法和行政措施，至少是隐形地倾向于劳工阶级和反对资本家的。1945 年 11 月的《财产税法》和 1946 年 10 月的《战时补偿特别措施法》中，雇主都是最明显和最直接的针对目标，这两项法律都是困难时期为了增加政府的财政税收而颁布的。[3] 然而，雇主并没有受苦太久，因为他们很快就组织起来，以抵御来自盟军总部部和新兴劳工运动中改革者的压力。

当时主要的雇主组织，如日本经济联盟会、重要产业协议会（简称"重产协"Jūsankyō）、全国商工经济会和商工组合中央会等，在战争结束后不久就解散了。但是，很快就形成了具有不同名称的新组织。1946 年 4 月，经济同友会成立，8 月，经济团体联合会成立。日本经营者团体联盟（简称"日经联"Nikkeiren）是 1948 年 4 月成立的，目的是应对左翼工会运动的兴起。[4] 这些雇主组织很快就成为强大而有效的政治游说团体，它们的影响力深入到保守的当权派的核心。

占领时期政策的转变，以及对日益严重的经济危机的关注，导致日本政府在 1946 年中期以后制订和实施了一系列的计划，通过提供公共资金和特别税收优惠来帮助重点行业中的企业。在所谓"倾斜生产"（keisha seisan）的体系下，早期优先提供资金项目的主要目标和受益者是煤矿、钢铁、电力、造船和化肥工业。[5]1946 年 10 月，根据法律设立的重建财政银行在接下来的两年里向目标行业

[1] 参见 Courtney Whitney, *MacArthur: His Rendezvous with History* (New York: Knopf, 1956), pp. 420-421。

[2] 一位作者曾经写过如下一段话："在将军的文告中看到对其伙伴思想的反思，我感到相当震惊……他告诉一个记者说：'昭和天皇并不比罗斯福更像一个战争罪犯……'"参见 Mark Gayn, *Japan Diary* (Tokyo: Tuttle, 1981), p. 343。关于其他中间人的身份及活动，参见 Takahashi and Suzuki, *Tennōke no misshi tachi*, passim。

[3] Inoue Ichirō, "Senryō shoki no sozei gyōsei," in *Kyōdō kenkyū: Nihon senryōgun*, vol. 1, pp. 264-272.

[4] Ishida, "Sengo kaikaku to soshiki," in *Sengo kaikaku*, vol. 1, pp. 184-185; Sakaguchi Akira, "Iki fukikaesu zaikai," in *Shōwa Keizai shi*, pp. 292-295.

[5] Watanuki, "Kōdo seichō," in *Nenpō seijigaku*, 1977, pp. 152-153, 155; Miyashita Buhei, "Keisha seisan hōshiki," in *Shōwa keizai shi*, pp. 286-289.

的主要生产商提供了大约 1 260 亿日元的特别贷款。大约在同一时间，根据 1946 年 10 月的《银行机构重建和调整法》，由于政府提供的大量援助，商业银行得以迅速恢复。[1]

税收减免在战后日本整体经济的复兴和发展，特别是强健企业的增长中发挥了越来越重要的作用，尤其是在 1950 年根据舒普（Shoup）使团的建议进行税制改革之后。[2] 例如，1951 年，某些类型的机械制造商被允许专门的加速折旧。1952 年，电力公司被允许免税储备以应对未来的干旱，保险公司则在人寿保险政策上被给予免税的溢价支付。1953 年，一种旨在鼓励个体存款人储蓄并对银行加以援助的手段，在计算个人所得税时，允许将利息与其余收入分开，同时允许进行大量免税储备，以应对与出口贸易相关的损失。最后，在 1954 年，股息收入的预扣税率被降低，而新发行股票获得的股息完全免税。[3]

大约除了头一年外，占领时期的政策对主要制造业和服务业的大多数雇主来说，都是相当温和的。总的来说，他们活得远比工人要好，更不用说原先的那些地主和财阀商业帝国的领袖们了。

高级公务员的情况较为复杂。盟军最高司令的首要政策目标之一，就是彻查和改革公务员官僚机构这一"人民生活在极权主义系统的关键工具"。[4] 但是，一旦盟军总部决定通过日本政府的现有机制间接地统治日本，那么不可避免的结局就是，至少会有一部分公务员生存下来。因此，中央政府的大多数官员，包括最高级别的官员，不仅在占领时期发起的改革中幸存了下来，甚至还参与制订和实施了包括旨在彻底改革公务员制度的政策和措施。对于外务省的中级和高级官员来说尤其如此，他们填补了 1945 年 8 月 26 日成立的中央联络处的大部分关键职位，帮助盟军最高司令部实施初步的占领政策。[5]

虽然接近 80% 的军事人员被降低到下士级别，另有 16% 的帝国议会议员遭到清洗，但被清除的国家公务员不到 1%。[6] 不过，一旦确定他们继续在中央政府

[1]　Hara Shirō, "Kinyū kikan tachinaoru," in *Shōwa keizai shi*, pp. 295-298.

[2]　关于舒普使团所做的工作，参见 Hayashi Takehisa, "Shaupu kankoku to zeisei kaikaku," in *Sengo kaikaku*, vol. 7, chap. 5.

[3]　Sato Susumu, *Nihon no zeikin* (Tokyo: Tōkyō daigaku shuppankai, 1979), pp. 38-39.

[4]　参见盟军最高司令，Political Reorientation of Japan, vol. 1, p. 246。

[5]　参见 Kazuo Kawai, *Japan's American Interlude* (Chicago: University of Chicago Press, i960), pp. 19-20。

[6]　Ishida, "Sengo kaikaku to soshiki," in *Sengo kaikaku*, vol. 1, p. 185; Kume, "Kokutetsu rōso to Suzuki Ichizō," in *Kyōdō kenkyū: Nihon senryō*, pp. 55-57.

的各个部门留任，那么不管他们自愿与否，都要开始参与执行盟军最高司令部的初始政策目标。日本官员的参与，显著地影响了占领期间制订的最重要法案的形式和内容。1945 年的《工会法》和第一次农地改革就是很好的例子。《众议院议员选举法修正案》大约同时由国会两院批准，而《参议院议员选举法修正案》也于一年后通过。在这两部修正法案中，其最初提交的法案都是由内务省的有关官员制订的。[1] 1947 年 3 月颁布的新《议会法》，是由盟军最高司令部的工作人员、众议院立法调查委员会和内阁立法局之间协商谈判而产生的。[2] 在某些情况下，盟军最高司令部的人员和日本官僚之间的交互作用要复杂得多。

警察制度的改革首先由内务省警察局的工作人员在 1946 年春季进行，此后同年 11 月任命了一个称为警察系统委员会的公众咨询团体负责研究。[3] 然而，

182 1947 年 12 月颁布的《警察法》授权，建立由 95 000 名警员组成的市政警察部队和由 30 万名警员组成的国家地方警察部队，这反映了盟军最高司令，尤其是盟军总部中一些人的意见，他们倾向于最大限度地分散权力，而不是发挥任何一个日本群体的优势。[4]

地方政府体制的改革分两个阶段完成：第一阶段，设计了四项法案，分别增加东京都和其他城市、城镇、村庄的自治权力，同时，各县的自治权法案也由内务省官员起草、讨论及修正，并于 1946 年 9 月获得了国会两院的通过；第二阶段，任命了一个顾问小组，在内务省官员的指导下，起草了一份地方自治法案，随后提交国会讨论，并根据盟军最高司令部以及几个日本部委的要求做出了重大修改，于 1947 年 3 月通过。[5]

更复杂的是公务员制度本身的改革。这一倡议也是来自日本政府。内阁立法局在 1945 年 9 月下旬开始认真地研究这个问题，并在 11 月中旬前向内阁提交了几个小组之前提出的具体建议，特别是大政翼赞会（IRAA）于 1941 年 1 月提出的建议。[6] 其中的大多数建议，通过 1946 年春季的一系列天皇诏令而得以执行。

---

[1] Soma, "Senkyo seido," in *Sengo kaikaku*, vol. 3, pp. 93, 119. See also Amakawa, "Senryō seisaku to kanryō," in *Kyōdō kenkyū: Nikon senryōgun*, vol. 1, p. 225.

[2] Shimizu, "Kenpō 'kaisei'," in *Sengo kaikaku*, vol. 3, pp. 82-85.

[3] Hoshino Yasusaburō, "Keisatsu seido no kaikaku," in *Sengo kaikaku*, vol. 3, pp. 320-325.

[4] Ibid., pp. 328-335.

[5] Amakawa Akira, "Chihō jichi hō no kōzō," in *Senryōki Nihon*, pp. 136-137, 146, 150-159.

[6] Ide Yoshinori, "Sengo kaikaku to Nihon kanryōsei: Kōmuin seido no sōshutsu katei," in *Sengo kaikaku*, vol. 3, pp. 149-151, 159-160, 162-163.

然而，同年 7 月，成立了一个特设顾问小组对改革的情况进行审议，10 月下旬，该小组向内阁提交了一份报告，提出了公务员人事制度的其他改革事项。[1] 这个特设顾问小组的提案得到了部分实施，但它的报告并没有立即提交给政府，而是停留在另一个工作小组的手上，这个工作小组有点模糊不清地被命名为行政管理研究局，是由内阁官房部门准备应付一个美国顾问团的预期来访而成立的。

美国顾问团于 1946 年 11 月底抵达日本。这个顾问团的正式名称为美国赴日人事行政顾问团，而由于该团团长为布莱恩·胡佛，因此又被称为胡佛使团。该使团与行政管理研究局的工作人员密切合作，特别是共同实施和处理了对主要政府部门人事实务方面的广泛调查，随后又独立准备了《国家公务员法》的草案。[2] 令日本人震惊和沮丧的，不仅是美国顾问们独自起草的这份文件，更重要的是，法案中包含了一套与现有的日本制度和实践彻底背离的建议，包括建立一个独立的国家人事局。

然而，1947 年 10 月颁布的《国家公务员法》是胡佛使团草案初稿的一个重大修订版本。[3] 胡佛在当年 7 月 1 日离开日本回美国，在他不在日本的这段日子里，日本设法修改了草案初稿的许多主要规定。例如，国家人事局被改名为国家人事临时委员会，委员的权利和义务比胡佛使团的草案所规划的更加有限。禁止公务员从事罢工及其他形式的共同停工的规定被简单地省略掉了，条款中为职位分类所提供的关键词"等级"也同样被遗忘了。

11 月，胡佛重回日本。随后，那些他在美国招募的人才任职于盟军总部新成立的民事服务局（CSD）。在胡佛的个人指导和盟军最高司令部的明确支持下，该部门开始全面审查 1947 年的《国家公务员法》，随后又进行了广泛修订。在这个过程中，恢复了胡佛使团草案初稿中被日本人遗漏或已被大幅修改的许多规定，其中包括国家人事机构的原名和禁止公务员罢工的条款。[4] 修订案几乎没作重大修改就获得了国会的批准，新的《国家公务员法》于 1948 年 12 月 3 日颁布。

183

---

[1] Ide Yoshinori, "Sengo kaikaku to Nihon kanryōsei: Kōmuin seido no sōshutsu katei," in *Sengo kaikaku*, vol. 3, pp. 165-167.

[2] Ibid., pp. 178-190. See also Blaine Hoover's own account in 盟军最高司令, Political Reorienlaiion of Japan, vol. 1, pp. 246-259。

[3] Ide, "Sengo kaikaku to Nihon kanryōsei," in *Sengo kaikaku*, vol. 3, pp. 196-199; 盟军最高司令, Political Reorientation of Japan, vol. 1, pp. 253-254。

[4] Ide, "Sengo kaikaku to Nihon kanryōsei," pp. 210-223.

然而，修订案的有些内容引起了激烈的争论，这种争论不仅发生在盟军总部民事服务局和国家人事临时委员会的工作人员之间，也发生在盟军总部内部的民事服务局和经济科学局的劳动课之间，这使问题进一步复杂化了。

这样，公务员制度改革的最终结果比 1947 年的法律更加忠实地反映了胡佛使团草案初稿的本来意图。这是美国和日本之间，以及美国人内部通过谈判和讨价还价所达成的妥协。在很大程度上，它也反映了占领政策的关注点从日本的非军事化和民主化，转换到它的经济复兴和政治稳定。盟军最高司令部的新目标是基本接受日本政府官僚机构的高层人士，对 1948 年《国家公务员法》的许多规定也是如此。[1] 在所有主要的战前政治制度中，唯独官僚机构在占领时期得以幸存，并且几乎没有明显的变化。事实上，在这一时期，日本官僚制度的公开政治影响力是增加了，而不是减少了。

唯发展主义的政治：高度经济增长及其后果

1955 年和 1973 年之间的日本政治有点矛盾。一方面，这一时期的特点是，保守的政府和反对的党派之间在国会大厅内外反复发生对抗，且经常是暴力性的对抗；而另一方面，这又是一个稳定的，看起来似乎永无止境的由联合起来的保守政党一党执政的时期。

在 1947 年颁布的新宪法的框架之下，一个党派在议会的力量决定了其在国家政治中的作用。一方面，从理论上来说，控制了众议院和参议院至少 2/3 席位的政党可以成为一个"霸权政党"（hegemonic party），它能够启动对宪法的修正，因而能够在宪政体制下改变规则。然而，在实践中，没有任何一个党派在战后曾经达到过这样的地位。另一方面，如果一个党派达到了多数党的地位，控制了众议院半数以上的席位，它就可以指定其选择的候选人作为首相。如果一个党派控制了两院的多数席位，它就可以通过任何它所期望提交给议会的法案。直到 20 世纪 50 年代中期，只有民主自由党（及其继承者自由党）在众议院中曾经达到过绝对多数（从 1949 年到 1953 年）。

反对党的情况更为复杂。根据新宪法和 1955 年 1 月修订的 1947 年《议会法》，

---

[1] Ide, "Sengo kaikaku to Nihon kanryōsei," pp. 223-229.

一个反对党也许会扮演四种可能的角色。首先，占据众议院或者参议院超过 1/3 　185
但少于一半席位的党派，可以否决该院有处理某项业务的权利，并可以阻挠启动
宪法修正案。这种类型的党派可以被称为"否决权党"（veto party）。其次，占据
众议院至少 50 席但不到 1/3 席位的党派，可以提出影响预算的法案或提出修正这
一法案的动议。这一类型的党派可以被称为"重要反对党"（significant opposition
party），但它不能指望自己组建政府。再次，占据众议院中超过 20 个但少于 50
个席位的党派，可以提出不影响预算的普通法案或提出修改这项法案的动议，这
一类型的党派可以被称为"小反对党"（minor opposition party）。最后，在众议院
中少于 20 个席位的党派可以被视为"边缘反对党"（marginal opposition party）。

　　1955 年年初，在议会中没有多数党，只有 1 个保守的否决权党（民主党），1
个保守党，2 个左翼小反对党（自由党和左右翼社会党），以及边缘群体的保守派
和左翼人士。议会的格局预示着一个潜在的政治不稳定时期。1955 年 10 月社会
党实现统一，在接下来 1 个月时间里，两个保守党派合并为自由民主党，这些都
从根本上改变了这种状态。它创造了许多观察者最初所称的两党制，其后又被称
为一个半党制。

　　到这一时期结束之时伴随着 20 世纪 70 年代的第一次"石油危机"，众议院大
选已经举行过 6 次。一方面，在每次大选中，自由民主党（*Jiyū minshutō*，简称
"自民党"即 LDP）都赢得了多数党地位，从而形成了一个相当稳定的政府。而
另一方面，社会党在 1959 年年末多次发生分裂，右翼分子组成了自己的一个独立
党派——民主社会党（Minshu shakaitō，即后来的民社党，简称 DSP）。在此之后，
出现了一个与佛教团体——创价学会（Sōka gakkai）有关的新党。该党最初被称为
公明政治联盟（Kōmei seiji renmei），在 1964 年 11 月更名为公明党（Komeitō，简
称 CGP）。这两个党的出现引起了进一步的分裂，削弱了长期分歧的反对派。

　　在这一时期开始时，反对派只有两个具有重要意义的党派：拥有否决权地位的
联合的日本社会党（Nihon shakaitō，简称 JSP）和具有边缘反对派力量的共产党人。
除了 1967 年联合日本社会党设法重新获得了否决权党的地位外，民主社会党的分　187
裂还是使日本社会党沦落到了重大反对党的级别。不管是对自民党还是对反对党来
说，公明党席位的增加并不像民主社会党的背离那样直接影响到日本社会党的相对
地位。然而，这确实有助于将反对派的所有权力在四个实际处于僵局里的不同政党
中瓜分，从而无法对执政党施加有效的影响。公明党在这一时期的最后三次大选

中取得了小反对党的地位，而民主社会党则在 1960 年开始处于边缘反对党的立场，在 1967 年升至小反对党的地位，但到 1972 年又回落至边缘反对党的地位。日本共产党在 1972 年曾与民主社会党互换党派地位，并自 1949 年以来第一次上升到小反对党地位，此外在这整个时期都停留在其惯常的边缘反对党的位置。

由鸠山一郎（Hatoyama Ichirō）领导的第一个自民党政府从 1955 年 11 月开始，到 1956 年 12 月结束，只持续了 1 年。这个政府的一些关键性的国内外政策激起了强烈而持续的反抗。例如，它与苏联缔结和平条约的努力，遭到了许多自民党政治家和外务省高级官员的反对。1956 年 10 月谈判结束，自民党政府发表了两国外交关系正常化的联合声明，而不是签订正式的和平条约。[1] 鸠山一郎的国内立法计划遭到了来自社会党人和共产党人更为强烈的反对。用单一党派选区取代现有的多党派选区的法案被反对党扼杀。其他一些法案，诸如修改《防卫厅设置法》《自卫队法》，设立宪法委员会研究 1947 年宪法修订的可能性，以及使当选的地方教育委员会得以任命等，也只有与反对派进行艰苦而持久的斗争之后才得以幸存下来，成为法律。

自民党政府和反对党之间的对抗，在鸠山的继任者岸信介（Kishi Nobusuke，前商工省的官员和战时东条英机内阁的成员）在位时加剧。在 1957 年至 1960 年间，议会的辩论经常因混乱而中断，并常常伴随着对议会议长的暴力行为。这些争论问题，包括需要处理对学校教师进行定期业绩评估，增加警察的义务和权利，扩大防卫厅和自卫队的能力范围，等等法案。经过对这些问题的激烈争论之后，争议的焦点转移到提议修订 1951 年的《美日安全保障条约》。岸信介政府在 1960 年 5 月获准修订条约，但随后发生了因一名大学女生死亡事件导致的一系列大规模抗议集会和示威游行，并导致美国总统德怀特·D. 艾森豪威尔（Dwight D. Eisenhower）取消了预定的正式访日行程。[2] 岸信介及其内阁在动乱的余波中辞职。几个月后，日本社会党的一名领导人浅沼稻次郎（Asanuma Inejirō）被暗杀。

新的条约得到批准及新首相池田勇人（Ikeda Hayato）上台后，议会大厅和东京街道又恢复了平静和常态，这主要归功于池田勇人有意回避了那些有争议的问题。1962 年年底，自卫队购买防空导弹（SAMs），几个月后打算宣布允许一艘核

---

[1] 关于日苏谈判及日本政府所做决定的过程，参见 Donald C. Hellmann, *Japanese Domestic Politics and Foreign Policy: The Peace Agreement with the Soviet Union* (Berkeley and Los Angeles: University of California Press, 1969).

[2] 参见 Packard, *Protest in Tokyo*。

动力的美国潜艇进入日本港口，这些都对池田政府存在一定威胁，但并没有引发另一波暴力抗议。

池田政府的国内政策方案也无可争议。这一国内政策纲要围绕着广泛宣传的"收入倍增"计划建立起来，宣称要在十年里达到人均国民生产总值翻倍。这被证明是自民党政府所提出的最受欢迎的政策之一。1963 年和 1964 年，通货膨胀的威胁引起了公众的广泛关注，慢性经济萧条导致国家的主要煤矿关闭，以及补偿原先的地主因占领时期土地改革而造成的损失等，这些都在国会内外引起了一些争议。然而，并没有形成与鸠山一郎和岸信介政府期间的对抗烈度相当的抗议行动。1964 年年中，修宪委员会的最终报告由池田内阁悄悄提交并存档。

政治上暂时的平静在 1964 年 11 月池田勇人退休后被打破了。由岸信介的弟弟佐藤荣作（Sato Eisaku）领导的一个新的自民党政府在未来的七年半里持续执政。然而，佐藤政府因与反对派进行的一系列立法和意识形态斗争而摇摆不定。争议较大的有：国际劳工组织第 87 号条约的批准，日本与韩国邦交正常化条约，关于冲绳治权回归日本和日本对美出口合成羊毛纺织品的东京－华盛顿谈判，参与印度支那战争，大学生罢课和占用校园建筑物等场所，以及工业污染的扩散，等等。[1] 政府赢得了几乎所有主要战斗的胜利，但佐藤荣作经常专横霸道，有时还卑鄙地处理有争议的问题，最终不仅疏远和得罪了反对党，还引起了许多自民党成员、各级官员和有影响力的商业集团的不满。

除了池田勇人内阁相对简洁的统治之外，这个时期的特点是政治上的纷争和紧张。在这段时期内，自民党政府及其政策受到持续且往往是刻毒的党派及公众攻击。然而，矛盾的是，这也是就议会选举的结果而言十分稳定的时期。这一矛盾现象的关键在于这 18 年间所发生的巨大社会经济变化。

"经济奇迹"的成本与收益

比起日本的"经济奇迹"来，池田勇人的"收入倍增"计划更具有象征性和重要性。到池田内阁宣布这一目标的时候，日本经济已经进入了 20 世纪 50 年

---

[1]　On the politics in the period of the Sato government, see Watanabe Akio, "Dai 61-dai: Dai 1-ji Satō naikaku: 'Kan'yō to nintai' kara 'kan'yō to chōwa' e," "Dai 62-dai: Dai 2-ji Satō naikaku: Jūjitsu shita 3-nen kan," and "Dai 63-dai: Dai 3-ji Satō naikaku: Gekidō no 70- nendai e no hashi watashi," in *Nikon naikakushi roku*, vol. 6, pp. 101-211; Kusuda Minoru, *Shushō hishokan* (Tokyo: Bungei shunjūsha, 1975); Miyazaki Yoshimasa, *Saishō: Satō Eisaku* (Tokyo: Hara shobo, 1980).

代和 60 年代 3 个持续繁荣时期中的第二个。第一个繁荣时期被称为"神武景气"
(*Jimmu keiki*)，发生在 20 世纪 50 年代，从 1955 年开始到 1957 年中期持续了 31
个月。第二个繁荣时期，被记录为"岩户景气"，开始于 1958 年中期，持续了 42
个月，直到 1961 年年底结束。在第一个繁荣时期，实际国民生产总值每年增长
约 8%；在第二个繁荣时期，国民生产总值的年增长率平均超过了 10%。最后且
最长的一个繁荣时期，被称为"伊奘诺景气"，始于 1965 年年底，持续了 56 个
月，直到 1970 年中期结束，国民生产总值平均年增长率超过 11%。[1]

189 　　这一系列的繁荣加速了资本形成，促进了大量的厂房和设备投资，大大提高
了日本制造商在国际市场上的竞争地位。1960 年，日本的国民生产总值已经成为
全球第五大市场经济体，仅次于美国、西德、英国和法国；到 1968 年，日本已
经超越除美国外的其他国家，成为第二大经济体。经济的非凡增长和转型，对日
本的国际地位和形象，以及对国内社会和政治都产生了深远的影响。

　　经济的飞速增长是工业化加速的结果，反过来也是该国密集城市化的原因和
结果。在 20 世纪 60 年代初，全国范围的农村居民外流开始发生。到 60 年代中期，
许多村庄被遗弃了，而城市地区，特别是东京、大阪和名古屋周边地区，已经开
始出现过度拥挤所带来的压力。而到了 60 年代末，流向 3 个最大城市的移民有
所减少，但流向较小的中心城市，如札幌、仙台、广岛、福冈和北九州的移民则
越来越多。[2]

　　过度拥挤导致主要城市地区的空间和住房严重短缺。自从 20 世纪 50 年代中
期以来，传统的大家庭分裂成更小的核心家庭的趋势越来越明显，这种情况不
断加剧。因此，在 20 世纪 70 年代的头几年，近 45% 的城镇员工家庭都是租房
居住。[3] 同时，城市土地的价格迅速上升。在 1955 年至 1970 年的 15 年间，城市
住宅用地价格指数平均上升约 15 倍，而在 6 座最大的城市增加了 20 多倍。[4] 情
况更糟的是，地价增长率和现行利率之间的差异，导致大多数城市房主尽可能
长时间地持有其房产，从而增加了已经很大的房屋市场压力，推动了地价的进

[1] See Kanamori Hisao, "Tenbō I: Kyōran doto no naka no seichō," in *Shōwa keizai shi*, pp. 369-371; Kōsai Yutaka, "Iwato keiki," in *Shōwa keizai shi*, pp. 378-380; Iki Makoto, "Izanagi keiki," Showa keizai shi, pp. 474-477.

[2] Nishio Masaru, "Kaso to kamitsu no seiji gyōsei," in *Nenpō seijigaku*, 1977, p. 231.

[3] Keizai kikakuchō sōgō keikakukyoku, ed., *Shotoku shisan bunpai no jittai to mondaiten: Shotoku bunpai ni kansuru kenkyūkai hōkoku* (Tokyo: Ōkurashō insatsu kyoku, 1975), pp. 82-83.

[4] *Kokumin seikalsu tōkei nenpō '80*, p. 135

一步上涨。[1]

这种快速的工业化和城市化不仅影响到较大和较老城市的住房市场，而且影响到较小和较年轻的中心城市的自然环境。在"收入倍增"计划实施的十年期间，国家陷入了"区域开发"的狂热之中；全国各城市相互竞争吸引更多和更大的产业，以便通过当地税收来源的扩大化和多样化来平衡长期赤字的预算。到1969 年春天，约 90% 的县，60% 的城市和 35% 的城镇与村庄颁布了旨在吸引工业企业的特殊法令。[2] 在日本海沿岸那些最不发达的县份，市政公债的百分比数据也相当高。

日本农村的工业化实际上分散了经济快速增长的成本和收益。在"收入倍增计划"十年期的中段，对大多数遭受工业厂房和支持设施复合入侵的社区来说，空气、水和土壤的污染已经成为像拥挤和空间萎缩一样严重而常见的灾难。[3] 污染的快速蔓延，加上国家和地方政府对此迟迟未能做出有效反应，在工业污染直接受害者中首现引发了爆发的公众运动，随后是越来越多的其他相关公民要求赔偿受害损失，并呼吁关闭或停止生产被认为是主要污染源和其他不需要的密集工业化的副产品。

熊本县水俣市有机汞中毒（水俣病）的受害者及其亲属，首先在 1958 年组织起来进行抗争，被称为"住民运动"（*jumin undō*）或"市民运动"（*shimin undō*）。到 20 世纪 60 年代中期，受到其他主要污染事件影响的人们开始了类似的运动，尤其是三重县四日市的哮喘病、富山县神通川流域的镉中毒（骨痛病）和新潟县阿贺野川周边地区的水银中毒（新潟水俣病）。[4] 到 20 世纪 70 年代初，市民运动已经蔓延到全国许多地区，远远超过受特定污染相关疾病直接影响的人群。到 1973 年，这种类型的团体确认有大约 3 000 个，大多数团体主要关注环境

190

191

---

[1] Itō Mitsuharu, *Hoshu to kakushin no Nihoteki kōzō* (Tokyo: Chikuma shobō, 1970), p. 165.

[2] Nishio, "Kaso to kamitsu," p. 209, n. 20. See also Mizuguchi Norito, "Kamitsuchi ni okeru seiji sanka: Ōsaka daitoshi ken o rei to shite," in *Nenpō seijigaku*, 1974: Seiji sanka no riron to genjitsu, ed. *Nihon seiji gakkai* (Tokyo: Iwanami shoten, 1975), p. 148.

[3] While Japan's GNP grew at the average rate of 10.7 percent per year between 1960 and 1970, the quantities of sulfur dioxide and nitrogen dioxide in the air also increased at the estimated annual rate of 13.4 percent and n . o percent, respectively, the chemical oxygen demand (COD) loading at 12.7 percent, and the total volume of industrial waste at 13.8 percent. See Otoda Masami, "Kōgai mondai," in *Shōwa keizai shi*, p. 506.

[4] For an overview of these and other cases, see Kankyōchō, *Kankyō hakusho* (annual) (Tokyo: Ōkurashō insatsu kyoku).

问题，但大约 40% 的团体也对更广泛的国家和地方政策问题，诸如住房、教育、公共卫生和通货膨胀等相关的政策问题感兴趣。[1]

与其所关注的问题一样，20 世纪 60 年代末和 70 年代的市民运动在其起源和成员方面也表现出多样化的特征。根据 1973 年的调查：大约 45% 的市民运动组织以传统的社区协会形式长期存在，通常称为街区或小村庄协会；约 15% 是同样传统的同伴群体，例如妇女和青年协会、父母和教师协会，或者艺术家和作家协会；近 12% 是政党或工会的延伸；只有不到 30% 是新成立的问题导向型组织。[2] 参与这些运动的大多数人在政治上是保守的，不关注根本制度的改革，而是在现有政治和经济秩序的范围内保护或促进特定的地方利益。[3]

尽管如此，市民运动的发展促使媒体把焦点放在了当地经济和社会问题以及地方政府所扮演的角色上。在受到快速工业化和城市化的负面影响较大的地区，市民运动倾向于支持地方官员和市政官员选举中反建制的候选人，无论他们是真正独立还是只得到了反对党的支持。这种支持为选举出大量"革新的"县市首长和城市议会铺平了道路。1964 年，当全国革新市长会（Zenkoku kakushin shichō kai）成立时，大约有 60 个市长加入了协会，到 1971 年，这个数字增加到 106 个。[4] 与此同时，"革新者"在地方首长的选举中屡屡获胜，美浓部亮吉（Minobe Ryōkichi）在 1967 年当选为东京都知事。1971 年，黑田了一（Kuroda Ryōichi）在人口第二多的大阪市选举中胜出。蜷川虎三（Ninagawa Torazō）1950 年首次当选京都府知事，到 1970 年成为这个国家历史上第一个连续担任 6 届的府知事。[5]

像占领时期的各种改革一样，相比受害者而言，因 20 世纪 50 年代末和 60 年代的"经济奇迹"而受益的人要多得多。尽管一些农业地区的人口和经济资产

192

[1] Asahi shinbunsha, May 21, 1973. See also Nishio Masaru, "Gyōsei katei ni okeru taikō undō: Jūmin undō ni tsuite no ichikōsatsu," in *Nenpō seijigaku*, 1974, p. 75.

[2] Ibid., p. 76. See also Margaret A, McKean, "Political Socialization Through Citizen's Movement," in *Political Opposition and Local Politics in Japan*, ed. Kurt Steiner, Ellis S. Krauss, and Scott C. Flanagan, *Political Opposition and Local Politics in Japan* (Princeton, N.J.: Princeton University Press, 1980), chap. 7.

[3] Nishio, "Gyōsei katei," in *Nenpō seijigaku*, 1974, pp. 80-81; Yokoyama Keiji, "Toshi saikaihatsu to shimin sanka no seidoka," *Nenpō seijigaku*, 1974, pp. 104-108.

[4] Nishio, "Kaso to kamitsu," in *Nenpō seijigaku*, 1977, p. 243.

[5] 关于蜷川虎三的生涯及其政治活动，参见 Ellis S. Krauss, "Opposition in Power: The Development and Maintenance of Leftist Government in Kyoto Prefecture," *Political Opposition*, chap. 11。

遭受了严重损失，但是那些留在农村的人们不仅设法生存了下来，而且也从变化中获益。尽管集约型工业化和人口流动存在不可预见和不被期待的后果，但在经历了"经济奇迹"之后，大多数城镇职工的经济状况更好了。最后，尽管自民党政府和反对派之间的暴力冲突一再发生，但这个国家的民众大多都对保守政府的一系列经济表现感到满意。

快速城市化和工业化时代的农民

在集约型工业化和城市化快速发展的 15 年里，全国大部分地方社区都有人口流失的情况出现。流失人口最多的是位于农村地区并严重依赖农业的地方。其结果是，首先，农民家庭的数量从 1955 年的 604.3 万户下降到 1970 年的 534.2 万户，即在 15 年内下降了 11.6%。[1] 其次，农民家庭的规模也从略多于 6 人下降到略少于 4 人，使农民家庭成员的总人口减少了近 28%。再次，无论是全职还是兼职，实际从事农业的农民家庭成员的比例从平均 53% 下降到 39%，从而使农业总劳动力减少了约 47%。[2] 最后，所有家庭成员主要从事农业的全职农民家庭的数量下降了约 60%。 1955 年，农民家庭中平均有 2.7 名成员全职从事农业，但到 1970 年，这样的家庭成员只剩下 1 名，而且这名成员很可能是 1 位老人或是 1 名女性。[3] 年轻人，尤其是男性，成群结队地离开农村或从事非农行业。1955 年，年龄在 35 岁到 39 岁之间的农民，每 4 个人中有 1 人不再从事农业，而到 1970 年，年龄在 22 岁至 29 岁的农民，每 3 个人中就有 1 人不再从事农业。[4]

在第二次世界大战之前，相比完全依赖农业收入的农村人口而言，部分依赖农业收入的农村人口比例呈上升趋势，在占领期间土地改革之后，这一比例经历了短暂时间的零增长，于 1950 年以后又再次上升。到 1955 年，这一比例已经翻了约 1 倍，两种类型的家庭数量几乎相等。这个趋势在其后的 15 年中更是加速发展，其比例在 1965 年变为 3.6:1，在 1970 年又变为 5.4:1。[5]1955 年，农民家

193

[1] 参见 Asahi shinbunsha, *Asahi nenkan*, 1966, p. 401; 1971, p. 384。亦见 Ōhashi Takanori, *Nihon no kaikyū kōsei* (Iwanami shinsho, no. 789) (Tokyo: Iwanami shoten, 1971), p. 115。在 1960 年，典型的日本农村由 64 户家庭组成，其中 31 户，即 48%，是农民。10 年以后，一个日本农村包括 81 户家庭，其中 37 户，即 46%，是农民。参见 Nishio, "Kaso to kamitsu," in *Nenpō seijigaku*, 1977, pp. 210-211.

[2] *Asahi nenkan*, 1958, p. 569; 1966, p. 401; 1971, p. 384.

[3] Uraki Shin'ichi, *Nihon nōmin no henkan katei* (Tokyo: Ochanomizu shobō, 1978), pp. 28-29.

[4] Miyake Ichirō, "Yūkensha kōzō no hendō to senkyo," in *Nenpō seijigaku*, 1977, p. 265.

[5] *Nihon kokusei zue*, 1981, p. 209.

庭的平均收入中农业收入约占 71%，但 1965 年降为 48%，到 1970 年仅为 37%。[1]
从经济上和数据上来说，在 20 世纪 70 年代初日本农村的典型家庭中，有 2 个是
靠工资为生的人，只有 1 个是农民。

　　农业人口和全职农业家庭数量的急剧下降，是多种原因造成的。战后土地改
革的一个意想不到的后果是农田的碎片化，这把人们从农业中挤压了出去。例
如，根据 1960 年 2 月的调查，全国 38% 的农户拥有不到 0.5 公顷的农田，32%
的农户拥有 0.5 到 1.0 公顷之间的农田，25% 的农户拥有 1.0 到 2.0 公顷之间的农
田。换句话说，大约 70% 的人拥有不到 1.0 公顷的农田，拥有不到 2.0 公顷农田
的人则高达约 95%。[2] 对于大多数农民家庭而言，可用于农事活动的土地太少，
以至于不能全年从事农业劳动，特别是在农闲时节。20 世纪 60 年代，通过农业
耕作方式的快速机械化，农田碎片化所产生的农业剩余劳动力大量增加。自 20
世纪 50 年代初以来一直在使用的小型拖拉机，在 20 世纪 60 年代初变得相当普遍，
1962 年大约 2/3 的农民家庭都拥有一部这样的拖拉机。[3] 同时，农业生产中还引
入了各种除草剂和杀虫剂，这进一步减少了从事农业生产的人工劳动的数量，这
些人工劳动投入农业生产本是有利可图的，如今则未必如此了。

194 　　虽然个别农民家庭所拥有的农地规模很小，引入节省劳动力的设备也成为农
业劳动力外流的有力推进器，但是在这个方面，工业的扩张提供了同样强大的推
动力。大的中心城市的就业机会导致大量的年轻人远离村庄。更重要的是，在 20
世纪 60 年代，被农村地区仍然存在的丰富、廉价而温顺的劳动力所吸引，许多
工厂和办事机构创办于或搬迁到农村地区，这一行为也受到了 10 年间大大扩展
的铁路和高速公路网络的推动。

　　人口从农村向城市的迁移，以及劳动力从农业部门向工业和服务业部门的转
移，以多种方式影响着农民的经济和社会地位。许多村庄，特别是偏远地区和丘
陵地区的村庄，失去了大多数年轻的居民，并且仍然像以前一样贫穷，甚至更加
贫穷。一项研究表明，1970 年，一个相当典型的农业县，如三重县，平均每户
农民家庭有 4.4 个成员，年收入约为 135 万日元，其中 105 万日元用于生活开销，
另外还需支出 11.6 万日元缴纳税款及其他公共课税。然而，在同一个县的偏远地

[1] *Nihon kokusei zue*, pp. 212-213; *Kokumin seikatsu tōkei nenpo* '80, p. 56.

[2] *Nihon kokusei zue*, 1981, p. 208, Table 16-16.

[3] Ito, *Hoshu to kakushin*, pp. 82-83.

区和丘陵地区的农民家庭，平均每年只有 94.8 万日元的收入。[1] 不过，后一种类型的家庭在三重县或整个日本并不典型。更多的农民家庭以绝对和相对的方式大大提高了他们的生活水平。

在三重县，1955 年到 1970 年间，农民的平均实际家庭收入大约增加了 4 倍。[2] 同时，这样一个家庭的流动资产和建筑物的名义价值，也分别增加了 20—25 倍和 35—40 倍。在全国范围内，变化更加明显：普通的农民家庭，流动资产的名义价值从 1960 的 28.2 万日元增加到 1970 年的 164.47 万日元和 1973 年的 310.3 万日元。[3] 这意味着 10 年里 58% 的增长和 13 年里 110% 的增长。

农民收入也有所提高。在此期间，普通农民家庭的收入与普通自营职业家庭的收入大致相等。[4] 在 1960 年，农民收入略少于普通雇员家庭收入的 3/4，但到 1970 年时已经赶上了。[5] 在 1970 年，每个农民家庭都拥有许多家电，如彩色电视机、洗衣机和冰箱，相比白领或蓝领工人，农民拥有更多的汽车。

农民日益富裕的一个重要原因，是他们的主要产品——粮食的价格好，这在很大程度上归功于慷慨的政府补贴。粮食分配在 1969 年之前一直由政府垄断，但从政府的角度来看，在 1952 年以后，政府从农民手中购买粮食的价格开始超过政府将其卖给登记的水稻经销商的价格，这成了一项无利可图的经营。在 20 世纪 60 年代初，由于后者的价格低于消费价格，这样做变得更加不利。[6] 然而，从稻农的角度来看，这是一个有利可图的安排，他们自然会牢牢抓住这个赚钱的机会。

促进农民改善生活水平的另一个原因，是农田的市场价值急剧增加。例如，在三重县，普通级别水田的价格翻了一番，而旱地的价格在 1960 年到 1970 年的 10 年间增加了 2.2 倍。[7] 更重要的是，在同一时期，将近 1/3 的县域农田转变成了住宅和工业用地，这种土地的价值比水田或旱地的价值上升了 3 到 20 倍。通过以高昂的价格出售部分农田，或者只是简单地持有农田，普通农民就因此获益了。

与水稻或土地价格上涨的影响相比，虽然不那么明显，但同样重要的是，越

---

[1] Uraki, *Nihon nōmin*, pp. 35, 41-42.

[2] Ibid., p. 31.

[3] Keizai kikakuchō, *Shotoku shisan bunpai*, p. 44.

[4] See *Kokumin seikatsu tōkei nenpo '80*, p. 57.

[5] Nishio, "Kaso to kamitsu," in *Nenpō seijigaku*, 1977, pp. 210-211.

[6] Ibid., p. 217. See also Ishida and George, "Nokyo," in *Japan & Australia*; Donnelly, "Setting the Price of Rice," in *Policymaking in Contemporary Japan*.

[7] Uraki, *Nihon nomin*, pp. 140-141.

来越多的农民家庭成员为了非农就业岗位而放弃了务农耕作。在 1955 年到 1970 年间，典型的三重县农民家庭的农业收入在名义上增加了约 3 倍，但实际增长略少于 2 倍。[1] 与此同时，从事非农职业的名义收入增长了 8 倍，实际收入增长了 5 倍。1970 年，这样的家庭从农业中获得 60 万日元至 90 万日元的收入，从非农职业中获得了 120 万日元至 140 万日元的收入。然而，有意思的是，生活条件更好的似乎是那些兼以从事农业和非农职业为收入来源的家庭，而不是那些更多依赖其中一种收入来源的家庭。再次引用三重县的研究，那些只从事农业的家庭在 1970 年的平均总收入为 113.3 万日元，那些更多依赖非农职业的家庭总收入为 123.6 万日元，而那些同时从事农业和非农职业的家庭总收入为 157.4 万日元。[2] 无论如何，一个农民家庭在多大程度上依赖非农职业的收入，显然影响着这个家庭的总体生活水平。

农民家庭成员的多样化就业，还对社会经济有另一个重要而微妙的影响，即倾向于减少农民家庭内部之间的收入不平等。根据一项农业部的研究，1957 年至 1973 年间，农民家庭的农业收入差距在全国范围内有所增加，但由于受到来自非农就业收入的抵消影响，由基尼系数衡量的同一时期的农民家庭总收入差距略有下降。[3]1957 年至 1973 年间，总体农业人口的急剧下降以及依赖于多样化收入来源的农民家庭的更为迅速的增加，由此不仅使全国大多数农民富裕起来，而且使村庄间的经济水平更加均衡。

农民日益增长的财富增加了农业合作社的财务健康和政治效益。合作社的力量越来越强，反过来帮助个体农民进一步提高了他们的社会经济地位。到 20 世纪 50 年代中期，农业合作社已经成为大多数农村社区经济活动的中心。然而，在这 10 年的前 5 年里，农业合作社仍然是脆弱的，原因有以下几个。首先，战争结束后，由农业协会担任唯一被授权的销售代理人，政府控制的农产品战时配给制度，除了大米外都已经被废弃。这剥夺了战后农业合作社利润丰厚的潜在业

---

[1]　Uraki, *Nihon nomin*, pp. 29-30.

[2]　Ibid., pp. 42-47.

[3]　Keizai kikakuchō, *Shotoku shisan bunpai*, pp. 28-30. 基尼系数被定义为洛伦兹曲线与下斜对角线面积之间的面积之比。当收入的分配完全相等时，也就是说，当洛伦兹曲线与对角线重叠时，比率为零。关于度量的属性及限制的说明和讨论，参见同上，pp.2-3; and also Richard Szal and Sherman Robinson, "Measuring Income Inequality," in *Income Distribution and Growth in the Less-Developed Countries*, ed. Charles R. Frank, Jr., and Richard C. Webb (Washington, D.C.: Brookings Institution, 1977), pp. 504-505。

务。其次，合作社还经常受到轻率的信用买卖业务的困扰，这给他们带来了许多未付账单和较慢的库存周转率。[1] 合作社的食品加工企业，例如生产甜薯淀粉的企业，由于市场条件低迷，通常无利可图。最后，合作社普遍贫困的成员使他们的集体资产十分有限，无法使业务扩张或多样化。但是这种情况在 20 世纪 60 年代初发生了巨大变化，部分是因为政府赞助的巩固合作社的计划，部分是因为合作社成员的日益富裕。

三重县的研究表明，在 1955 年到 1965 年间，多功能合作社的数量从 400 个下降到 145 个，而平均每个合作社的成员则从几百个增加到几千个。[2] 这些多功能合作社与那些专业性合作社截然相反，并不直接在市场上推销其成员的产品，而大部分是代表其成员购买物资、提供互惠基金、运营投资业务等。同时，其成员通过合作社向政府出售商品所得的所有钱款，及成员个人所提供的销售蔬菜、水果、牲畜或土地的大部分钱款，都定期存放在合作社账户中，用于出借或投资，以使存款人和合作社获利。[3] 在面对未售稻米库存积压的情况下，20 世纪 60 年代后期，对粮食价格支持体系越来越多的批评导致政府遏制稻米生产，这个国家的农民和他们的农业合作社享受着前所未有的繁荣和安全。因此，他们注定会成为这一时期保守统治的主要支柱。

城市工人和"经济奇迹"

在 15 年的经济飞速增长时期，退出农业的大多数人口都加入了城市工人阶级的队伍。根据 1965 年的一项调查，每 100 个农民子女中有 46 个退出了农业，其中 29 个加入了蓝领工人的行列。[4] 尽管劳动力的大规模转换导致城镇职工雇员人数增加，但由于劳动生产率和工资上升得更快，城市雇员仍然在这一时期获得了巨大的收益。实际工资稳步上升，到 1970 年，实际工资是 1955 年平均工资的 2.3 倍。[5] 但这些收益并未平均分配给工人阶级的所有成员。日工依靠公共或私

[1] Uraki, *Nihon nōmin*, pp. 197-206.

[2] Ibid., pp. 205-206.

[3] Ibid., p. 229.

[4] Naoi Masaru, "Sangyōka to kaisō kōzō no hendō," in *Hendōki no Nihon shakai*, ed. Akuto Hiroshi, Tominaga Ken'ichi, and Sobue Takao (Tokyo: Nihon hōsō kyokai, 1972), p. 100.

[5] Miyake, "Yukensha kōzō," in *Nenpō seijigaku*, 1977, p. 270. See also Fujinawa, *Nihon no saitei chingin*, p. 316, Table 4-2.

人职业介绍所找到打零工的机会，通常只能获得最低工资，数额甚至不到那些长期雇佣劳动者平均工资的一半。[1] 虽然 20 世纪 60 年代登记的日工人数下降了约 45%，但 1970 年仍有约 30 万人。[2]

从数字上来说更重要的是，每家小型企业雇佣的员工人数往往少于 1 000 人，特别是还有一些企业只雇佣不到 100 人。在 1965 年，这两类企业的雇员人数分别占到全国工薪劳动者的 83% 和 53%。[3] 除了 30 岁或以下的男性工人可能例外，这些企业的工资始终落后于大型企业的工资。[4] 对于 50 岁或以上的女性劳动者，拥有 11 至 1 100 个员工的企业支付的月工资，普遍为雇佣 1 000 个或更多工人的企业支付的月工资的 56% 左右，同样，半年期奖金通常也只达到 26% 左右。因此，在 20 世纪 60 年代，低工资与小型企业挂钩，这些小型企业通常出现在纺织、木材、皮革、食品加工业、批发和零售业中。[5]

然而，随着经济的快速增长，导致 20 世纪 60 年代初出现了劳动力短缺，小企业的工资开始比大企业的工资更快地上升，结果使得它们之间的差距大幅缩小。在 1960 年中，相比雇佣 500 人或更多人的企业的平均工资，雇佣 30 到 99 名工人的企业的平均工资达到略低于其 60% 的比例，雇佣 100 到 499 人的企业的平均工资达到略高于其 70% 的比例。到 1970 年，以上两类小企业的平均工资分别略低于大企业的 70% 和略高于大企业的 80%。[6]

基于资历划分的"年功序列"（*nenkō joretsu*）薪酬制度，导致不同年龄层的工人之间也存在着工资差距。一个年轻的初中毕业生的平均起始工资，是 40 岁的职场老人在服务 30 年后工资的一小部分。这个差距在 20 世纪 60 年代也明显缩小，原因有以下几个：首先，劳动力特别是年轻劳动力的日益短缺，大大提高了年轻工人的工资以及小型企业的工资水平。[7] 其次，与小型企业相比，大公司招聘年轻工人的比例往往更大。例如，1968 年，在雇佣少于 100 名工人的企

199

---

[1] Fujinawa, *Nihon no saitei chingin*, pp. 472-473.

[2] Eguchi, *Gendai no "teishotokusō"* vol. 1, p. 156.

[3] *Asahi nenkan*, 1971, p. 416; Sōrifu tōkeikyoku, ed., *Nihon no tōkei*, 1976 (Tokyo: Ōkurashō insatsu kyoku, 1976), p. 41.

[4] 那些雇工 10 到 990 人的企业，支付给男性雇员的平均工资，要略高于那些雇工 1 000 人或以上的企业支付给他们妻女的工资。参见 Fujinawa, *Nihon no saitei chingin*, p. 352。

[5] Ibid., pp. 329-331.

[6] *Nihon kokusei zue*, 1981, p. 423. 亦见 Fujinawa, *Nikon no saitei chingin*, pp. 318-319; lto, *Hoshu to kakushin*, pp. 74-75。

[7] Tanaka Manabu, "Rōdōryoku chōtatsu kikō to rōshi kankei," in *Sengo kaikaku*, vol. 8: *Kaikakugo no Nihon keizai*, p. 180.

业中，15 到 19 岁年龄段的工人占到 30%，55 岁到 64 岁年龄段的工人占到 64%，而在雇佣 1 000 名以上工人的企业中，前者占 37%，而后者只占 12%。[1] 最后，由于工资全面上升和曾经丰富的年轻劳动力和廉价劳动力资源枯竭的双重影响，形成了劳动力成本上升的压力，"年功序列"制度本身开始遭到修改。伴随着这些变化的发生，由于所有工人和资历差别的平均值下降，初中和高中毕业生的起始工资迅速上升。在 1960 年至 1970 年间，25 岁以下的雇员的平均工资占 40 多岁的人平均工资的 12%—14%，后者是"年功序列"制度下薪酬最高的群体。[2]

　　性别歧视是形成老员工中工资差别的一贯原因。例如，1958 年，20—24 岁年龄段的女性工人，平均工资是同一年龄段男性工人平均工资的 2/3；而 40—49 岁年龄段的女性，平均工资只有同一年龄段男性工人平均工资的 1/3。[3] 在接下来的 15 年中，这些差距有所缩小。所有女性工人的平均工资从 1958 年占所有男性工人平均工资的 41% 增加到 1970 年的 47%。然而，在同一时期，领取最低工资，即只占男性平均工资 10% 的女性工人的比例大大增加，从 77% 上升到 87%。

　　尽管在性别歧视方面出现了明显的不平等，在某些方面甚至表现得尤为突出，但是女性工人没有发生重大的反抗。造成这种现象的一个原因是风俗和习惯。在大多数职业中，妇女被支付的工资一直比男子少得多，她们总是受到歧视。另一个原因可能是，年轻和未婚的女工倾向于继续与父母一起生活，并且对住房的需求相对较少，在许多情况下对食物消费的需求也相对较少，而老年和已婚的女工，则将其工资基本上视为丈夫收入的补充。根据 1971 年的劳工部调查，女性工人一直强调，与男性工人相比，她们的家庭生活要超过她们的职场工作。[4]

　　无论如何，工人家庭的实际收入不仅显著增加，而且不平等现象也越来越少，这是因为传统的歧视和不平等的来源有所减少，尽管并没有根本消除。根据首相办公室的研究，工人家庭月平均收入从 1963 年的约 53 000 日元增加到 1970 年的 113 000 日元，而基尼系数从 0.2153 下降到 0.1787。[5] 关于最低工资标准的立法有助于实现更大程度的平等。这些标准最初是通过雇主自愿协议的机制实施

[1] Ohashi, *Nihon no kaikyū kōsei*, pp. 157-158.

[2] 参见 Fujinawa, *Nihon no saitei chingin*, pp. 324, 334-335。

[3] Ibid., pp. 342-343.

[4] Rōdō daijin kambō tōkei jōhō bu, ed., *Nihonjin no kinrō kan* (Tokyo: Shiseidō, 1974), pp. 9, 47-51.

[5] Keizai kikakuchō, *Shotoku shisan bunpai*, pp. 11-12, 19.

201　的，随之在 1959 年的《最低工资法》及 1968 年的法律修订中做出了规定。此外，这在很大程度上是经过了国家最低工资委员会的干预才得以实行的。到 1971 年年底，整个国家大约 90% 的产业工人和 40% 的批发零售业的雇员都受到了法律的保护，它保证最低工资大致相当于高中毕业生的起薪。[1]

　　尽管工资和收入显著上升，但在这一时期，主要商品和服务的消费价格仍然非常稳定。然而，在小型企业部门的某些特定领域，价格却出现大幅上涨，这反映了劳动力成本的增长。在 1956 年至 1970 年间，东京的电影票价格平均增长了 3.7 倍，理发价格增长了 2.7 倍，公共浴室门票价格增长了 2.5 倍，报纸订阅价格增长了 2.3 倍，铁路票价和城市公共汽车票价也翻了一番。另一方面，电话和电报收费保持不变，天然气、水和邮费价格上涨率分别为 7%、21% 和 40%，而电费价格实际上下降了 7.5%。[2]

　　经过一系列减税措施，加上 1957 年时减少了所得税，随后在第二年又减少了遗产税和公司税，这在很大程度上增加了民众的物质享受。[3]1962 年，酒精税和某些商品税之类的间接税大幅度减少。在 1966 年进行了全面税收削减，随后在 1969 年开始征收更有选择性的，但仍然大幅削减的所得税。稳定的消费者价格和显著增加的可支配收入，促使白领和蓝领工人的生活条件日益优裕。

　　许多工人在生活中也经历了其他方面的变化。在两次世界大战之间，尤其是自第二次世界大战结束以来，较大的日本公司严重依赖于保证终身就业的做法（"终身雇佣"）。为了留住技术工人，这些公司规定他们的工资视服务时间而定。[4]

202　在"经济奇迹"期间，终身就业制度很大程度上存留了下来。这种体制只适用于相对少量的工人，这些人可能不超过 20 世纪 60 年代初总人数的 20%。[5] 在经济快速增长期间，劳动力市场普遍紧张，这也意味着继续维持而不是抛弃这种体

---

[1] Fujinawa, *Nihon no saitei chingin*, pp. 472-473.

[2] *Kokumin seikatsu tōkei nenpo '80*, p. 134

[3] Satō, *Nihon no zeikin*, pp. 24-28.

[4] 关于永久雇佣制和年功序列工资制度的历史与功能，参见 Walter Galenson and Konosuke Odaka, "The Japanese Labor Market," in *Asia's New Giant: How the Japanese Economy Works*, ed. Hugh Patrick and Henry Rosovsky (Washington, D.C.: Brookings Institution, 1976), pp. 609-627. 亦见 Yasukichi Yasuba, "The Evolution of Dualistic Wage Structure," in *Industrialization and Its Social Consequences*, ed. Hugh T. Patrick (Berkeley and Los Angeles: University of California Press, 1976). pp. 253-254; Robert E. Cole, *Japanese Blue Collar: The Changing Tradition* (Berkeley and Los Angeles: University of California Press, 1971), pp. 75-81, 113-117。

[5] Koji Taira, "Characteristics of Japanese Labor Markets," *Economic Development and Cultural Change* 10 (January 1962): 150-168.

制，以便吸引和留住稀缺的技术工人。然而，基础工资主要依据服务年限（这大致与年龄相等）决定的做法受到越来越大的压力，因为年轻劳动力供给的减少开始推高了初中和高中毕业生的起薪，从而间接地提高了工资已经很高的老员工的工资收入。

1962 年，日本经营者团体联盟呼吁建立一个基于技能和绩效的新的工资制度。[1] 这一新制度的理念是从美国引进的，通过通常所说的质量控制（QC）或零缺陷（ZD）运动加以推广。与此相关的一种常见做法，是将工人分成若干个自我调节的工作团队，每个工作团队都从工人队伍中任命领导人。结果是出现了一类新的工人，他们承担了各种类似管理者的职责，被赋予适当的头衔，并通过加薪奖励他们额外的服务。根据 20 世纪 60 年代末的一项研究，丰田汽车公司每 5 名员工中就有 1 名，IBM 日本公司每 4 名员工中就有 1 名，属于这种新兴的日本式领班。[2]

与工人家庭收入迅速上升的影响相结合，这一最新的日本管理体制对个体工人和工会的态度及行为产生了深远的影响。尽管由于充分就业时代的自愿离职制度，工人流动性呈温和上升趋势，但这一管理体制维持着，甚至在许多情况下加强了员工的士气和对老板的忠诚。[3]1968 年，《日本经济新闻》（*Nihon keizai shinbun*）调查了 1 200 名男性员工，他们的年龄在 25 至 30 岁之间，分别来自 150 个大公司的全国样本，结果发现有 3/4 的受访者对他们目前的生活条件普遍感到满意。[4]1971 年，劳动省在一个对 26 058 名工人进行的随机抽样调查中发现，除了 20 岁以下的年龄段，其他所有年龄段的大多数人都满意于他们目前的工作。[5]

很少有工人对他们的生活条件完全满意。许多人其实对他们的工资或待遇不 203 甚满足。例如，在上述 1971 年的政府调查中，有 2/3 的受访者对他们的工资表示不满，同时有相同数目的受访者对他们的存款额感到不满。[6] 换句话说，20 世纪 60 年代末和 70 年代初，大多数日本工人普遍满足于经济快速增长带来的生活条件的改善，但仍然认为他们的工资低于他们应有的生活水平。就他们而言，工

---

[1] Tanaka, "Rōdōryoku chōtatsu kikō," in *Sengo kaikaku*, vol. 8, p. 180.

[2] Ohashi, *Nihon no kaikyū kōsei*, pp. 141-145.

[3] Watanuki, "Kōdo seichō," in *Nenpō seijigaku*, 1977, p. 171.

[4] *Nihon keizai shinbun*, January I, 1969.

[5] Rōdō daijin kambō, *Nihonjin no kinrō kan*, pp. 12, 54-55.

[6] Ibid., pp. 18-19, 93-96.

会的主要任务是争取从管理者那里获得更高的工资。[1]

在适应日益受到关注的关于普通职员的面包－黄油问题上，主要劳工联合会的领导人取得了很大程度的成功。在最大的劳工联合会"日本劳动组合总评议会"(Sohyō)，领导层从 1955 年的左翼空想家高野实过渡为两个实用主义者岩井章（Iwai Akira）和太田薫（Ota Kaoru）。[2]后者提出了一项很快被称为"春天攻势"（"春斗"）的工资谈判战略。基于私人企业的工会社团与雇主之间的年度工资谈判由日本劳动组合总评议会加以协调和指导。在 20 世纪 60 年代，该战略成为日本劳动组合总评议会及其下属机构的标准操作程序，并且显著促进了这一期间工资标准的全面上升。

春天攻势战略取得成功的一个重要原因，是雇主的普遍调和与合作态度。在 1960 年反对《美日安全保障条约》的斗争和福冈县南部主要煤矿关闭之后十年的良好而乐观的气氛中，劳资对立在很大程度上已被掩埋或遮盖，而形成了一种被某些人称为"恋人间争斗"(abekku tōsō) 的关系模式。[3]右翼的国际金属联合会日本理事会（IMF-JC）自 1964 年成立以来已经更加出名了，它主张劳资合作，理由是对于劳动者来说，通过提高生产力比通过罢工更容易获得高工资。[4]在 20 世纪 60 年代中期以后，私营工业部门（如国际金属联合会日本理事会所代表的）中的工会组织，取代公共服务部门的工会组织（如由日本劳动组合总评议会所代表的），成为春天攻势工资谈判的标兵。

从公共部门到私营部门工会权力的转移，立即影响了主要劳工联合会之间的权力平衡。到 1973 年，国际金属联合会日本理事会已经发展成为一个拥有 180 万成员的联合会，主要领导钢铁和金属工业、汽车和家电制造以及造船行业的工会组织。[5]

在分别成立于 1954 年和 1964 年全日本劳动组合会议（Zen Nihon rōdō kumiai kaigi，简称"全劳"Zenrō）及其继承者全日本劳动总同盟（Zen Nihon rōdō sodōmei，简称"同盟"Dōmei）之间，形成了一个更加强大的持有温和意识形态

[1]　Rōdō daijin kambō, *Nihonjin no kinrō kan*, pp. 186, 200; Shinohara, *Gendai Nihon no bunka henyō*, p. 157.

[2]　Takemae, "1949-nen rodoho," in *Senryōki Nihon*, pp. 303-304; Tanaka, "Rōdōryoku chōtatsu kikō," in *Sengo kaikaku*, vol. 8, p. 170.

[3]　参见 Ishida, "Sengo kaikaku to soshiki," in *Sengo kaikaku*, vol. 1, p. 153.

[4]　Tanaka, "Rōdōryoku chōtatsu kikō," in *Sengo kaikaku*, vol. 8, p. 192.

[5]　Takabatake Michitoshi, "Taishū undō no tayōka to henshitsu," in *Nenpō seijigaku*, 1977, pp. 349-350.

的工会联盟。从 1963 年至 1973 年，全日本劳动组合会议和全日本劳动总同盟吸收了近 100 万私营部门的工人，其中大部分是左翼工会组织日本劳动组合总评议会的"叛逃者"。全日本劳动组合会议和全日本劳动总同盟成为日本第二大的劳工联合会，成员人数约为 230 万，而日本劳动组合总评议会的成员人数约为 430 万。[1]

工人和农民的"资产阶级化"在日本选民中带来了一场价值观和态度的革命。在那些传统上支持反对党派，特别是支持社会党的人中，阶级意识和忠诚度的消磨，极大地帮助了自民党在这一时期对国家和地方政治的支配。日本似乎就要变成一个越来越一致的，公民富裕而保守的无阶级社会。

中产阶级的崛起

在 1955 年到 1970 年间，全国总劳动力中农民的比例从约 40% 下降到 19%；相应地，城市白领和蓝领工人的比例从 42% 增加到了 60%。[2] 农民和工人生活水平的迅速提高和均等化，意味着大多数日本人都经历着类似的变化。

但是，贫困和不平等都没有完全消除。直到 1972 年，东京超过 1/3 的家庭被发现收入低于《生计保护法》所规定的贫困线（一个 4 口之家的基准年收入为 77.1 万日元）。[3] 由 20 岁以下或 70 岁以上的人组成的家庭，或者由单身老年男女组成的家庭，或者由老年夫妇组成的家庭，这样界定的贫困发生率特别高。[4] 事实上，在 1960 年到 1970 年间，接受公共援助的家庭数量有所增加，家庭中没有成员参加工作的家庭数量也有所增加。[5] 然而，在 20 世纪 60 年代末到 70 年代间，根据《生计保护法》而提供的援助量比消费者价格增长得更快。社会保障和税收支持的养老金计划的发展，进一步缓解了穷人，特别是单亲家庭和老年人的困境。[6] 到这一时期结束时，绝对贫穷已经在很大程度上被消除了，当然，相对贫穷的现象则仍然存在。

基于职业的收入差异仍然显著，但已经在稳步下降。一个重要的原因是年轻

205

---

[1] Takabatake Michitoshi, "Taishū undō no tayōka to henshitsu," in *Nenpō seijigaku*, 1977, pp. 344, 349-350; Watanuki, "Kōdo seichō," in *Nenpō seijigaku*, 1977, pp. 170-171. 亦见 Ōhara shakai mondai kenkyūjo, *Nihon rōdō nenkan*, vol. 50 (Tokyo: Rōdō junpōsha, 1979). p. 177。

[2] Eguchi, *Gendai no "tei shotokusō,"* vol. 3, pp. 488-489.

[3] Ibid., vol. 1, pp. 55-57.

[4] Ibid., no. 1, pp. 72-73, 77.

[5] Keizai kikakuchō, *Shotoku shisan bunpai*, pp. 163-166.

[6] Ibid., pp. 154, 137; Keizai kikakuchō, ed., *Kokumin seikatsu hakusho: Shōwa 54-nen ban* (Tokyo: Okurasho insatsu kyoku, 1979), p. 164.

求职者整体教育水平的提高，这显然是他们就职的主要决定因素。[1] 教育背景作为职业生涯和收入的决定因素，逐渐失去了它的重要性，因为高中和大学学历的人数迅速增加。1955 年，只有略多于 50% 的初中毕业生进入高中，到 1973 年这一比例已接近 90%，进入高等院校的高中毕业生比例也从不到 5% 上升到 30% 以上。[2] 上一节指出，年轻工人工资率的快速上升，将小学和大学毕业生之间基于学历的收入差距缩小到 1:1.6，高中毕业生和大学毕业生之间的这一差距更可以忽略不计，其比例为 1:1.1。[3]

206　　　按照这个顺序，在 1955 年收入最高的是那些从事管理、销售、文书工作的人和专家，而收入最低的是农民和非技术、低技术以及半技术的工人。[4] 管理人员的平均收入比农民高 4 倍左右。在接下来的 20 年里，管理者始终处于金字塔的顶端，而农民与非技术工人在底层相互交换了他们的位置。然而，管理者的平均收入在 10 年内增长了 7.2 倍，而农民和非技术工人的收入分别增长了 13.8 倍和 12 倍。因此，在 1975 年，管理者的平均收入只比非技术工人的收入多了 2.3 倍。[5] 到 20 世纪 60 年代末，日本的收入分配已经与英国的收入分配类似，而比联邦德国的收入分配更为平等。[6]

　　　随着收入的增加，20 世纪 60 年代的家庭储蓄增加也较为平衡。贫困人口中相对较高的储蓄率，反映了社会保障和公共福利方面存在的不足。根据 1961 年的一项全国调查，1/3 的受访者主要是为了应付家庭疾病等紧急情况而储蓄，另有 1/3 的受访者，储蓄主要用于支付子女的教育费用，而近 10% 的受访者表示是为了自己的老年生活而储蓄。[7] 60 年代贫困家庭收入的急剧上升，使他们能够比

---

[1] 例如，根据 1975 年的一项研究，1% 的小学和初中毕业生，7% 的高中毕业生，以及 34% 的高等院校毕业生拥有管理型或专业性的工作；反之，在上述每个种类的毕业生中，分别有 54%、41% 和 15% 是体力劳动者；此外，分别有 33%、11% 和 1% 是农民。参见 Imada Takatoshi and Hara Junsuke, "Shakaiteki chii no ikkansei to hi-ikkansei," in *Nihon no kaisō kōzō*, ed. Tominaga Ken'ichi (Tokyo: Tōkyō daigaku shuppankai, 1979), pp. 184, 191-194。

[2] Imada Sachiko, "Gakureki kōzō no suisei bunseki," in *Nihon no kaisō kōzō*, p. 133; *Asahi nenkan*, 1977, p. 598

[3] Tominaga Ken'ichi, "Shakai kaisō to shakai idō no sūsei bunseki," in *Nihon no kaiso kōzō*, pp. 50-51.

[4] Ibid., pp. 43-44; *Kokumin seikatsu hakusho*, 1979, pp. 124-137.

[5] 20 世纪 60 年代和 70 年代的最初两年，所有家庭的基尼系数都在大幅度下降，从 1961 年的 0.3236 降为 1972 年的 0.2705，不过在 20 世纪 70 年代中期，基尼系数又上升至 0.2736 甚至更高。参见 *Kokumin seikatsu hakusho*, 1979, p. 145。

[6] Keizai kikakuchō, *Shoeoku shisan bunpai*, pp. 33-36

[7] Shinohara, *Gendai Nihon no bunka henyō*, pp. 54-55. 亦见 Mita Munesuke's comments in *Asahi shimbun*, February 25, 1969。

40 年代和 50 年代的贫困人口储蓄得更多。

一直以来，与收入和储蓄截然相反，固定资产的分配仍然极不平等。1970 年至 1975 年间，政府有意保持较低的资本利得税税率（1970 年税率定为 10%，1972 年税率上升至 15%，1974 年时为 20%），使卖方出售拥有的 5 年或更长时间的土地，助长了固定资产分配的不平等，这如果不是加剧，至少也是维持了收入分配的不平等。[1]

然而，这些不平等显然不足以在这个国家的大多数农民或工人中培养阶级意识。根据一个估计，从 1958 年到 1973 年，那些自称为中产阶级的人从 37% 增加为 61%。如果把那些倾向于称自己为中下阶层或中上阶层的人加入进来，那么这个百分比数字在 1970 年达到了 90%。[2] 这个膨胀中的中产阶级的大多数（如果不是全部的话）自我认定的成员，大概对现状都是感到满意的。

207

价值观、党派认同与选举结果

对物质生活条件的满意度依不同的党派、世代和职业画线。在这一时期结束时，80% 的自民党支持者，75% 的日本社会党和民主社会党的支持者，70% 的公明党和 65% 的日本共产党的支持者，对他们目前的生活条件感到满意。[3] 因此，经济问题对一般选民和政党来说，显得都不那么重要。繁荣和富裕以家庭储蓄迅速增加为代表，使日本在 20 世纪 60 年代和 70 年代早期，比在占领期间和后占领时期的早期要保守得多。[4] 在 1960 年的民意调查中，当东京的受访者被问及国家唯一最重要的目标时，声称和平最重要的人比那些声称自己家庭福祉最重要的人多出 1 倍，后者也以 1:2 不敌声称任何其他目标的人。[5] 在乡村地带的常陆太田市，受访者中提到和平的略少，提到家庭福祉的人较多，但仍远远少于倡导和平的人。在同一年，政府努力说服议会批准经修订的《美日安全保障条约》，引发了一系列抗议集会和示威，这不是因为公众突然变得革命或反美，而是因为许多

[1] Satō, *Nihon no zeikin*, p. 28.

[2] Miyake, "Yūkensha kōzō," in *Nenpō seijigaku*, 1977, p. 270. 亦见 Takabatake, "Taishū undō," in *Nenpō seijigaku*, 1977, p. 342; and Naoi Michiko, "Kaisō ishiki to kaikyū ishiki," in *Nihon no kaisō kōzō*, p. 376。

[3] Kazama Daiji, "Chūnensō no shijiseitōbetsu seikatsu ishiki," in *Nihonjin kenkyū*, no. 2: *Tokushū: Shiji-seitōbetsu Nihonjin shūdan*, ed. Nihonjin kenkyūkai (Tokyo: Shiseidō, 1975), p. 146.

[4] Mita Munesuke, *Gendai nihon no shinjō to ronri* (Tokyo: Chikuma shobō, 1971)1, p. 39.

[5] Shinohara, *Gendai Nihon no bunka henyō*, p. 72.

人认为政府的行为威胁到了和平或政府的民主规则，或者是两者都有。[1]

　　然而，中产阶级保守主义的兴起，并没有导致意识形态争论的结束。在整个这一时期，基本价值观和所承担义务的冲突继续造成了选民和政党的分离。根据一项1973年的调查，27%和20%的自由民主党和民主社会党成员毫不含糊地支持资本主义，而只有5%和10%的日本共产党和公明党成员支持资本主义。[2] 另一方面，69%的公明党支持者、60%的自由民主党支持者和51%的民主社会党支持者，对共产主义持反对态度，但只有9%的日本共产党和37%的日本社会党支持者反对共产主义。任何一个党派的支持者中，都很少有声称反对"民主"的人，但"民主"这个术语对不同的群体有着不同的意义。自由民主党和民主社会党的支持者与社会主义和共产主义互不相容；公明党的支持者与社会主义兼容，但不与共产主义兼容；日本共产党的支持者赞成社会主义和共产主义；最后，对于日本社会党的支持者来说，他们既不清楚自己能与哪种意识形态和平共处，也不知道自己与哪种意识形态互不相容。同样，在20世纪60年代后期，自由民主党和民主社会党的支持者们偏爱美国，对苏联和中华人民共和国有很大的隔阂，而日本社会党和日本共产党的支持者们则喜欢苏联和中国，对美国有同样大的憎恶。[3] 2/3的人到中年的自民党支持者、公明党和民主社会党支持者中的大多数人，都尊重并对天皇有普遍好感，而只有约一半的日本社会党和不到1/3的日本共产党支持者持同样的态度。[4]

　　在国家之间或在日本社会中，意见分歧都是沿着党派画线，尤其是在平等问题上。自民党支持者认为，绝对平等如果不是不受欢迎的话，那也是不可能实现的，在数量上远远超过那些不相信这一点的人。但在日本社会党、公明党，特别是日本共产党的支持者中，情况正好相反。[5] 在那些自民党和公明党的支持者中，认为日本人在种族上优于其他民族的人超过了不赞同这种观点的人，但是在日本社会党和日本共产党的支持者中，不赞同种族主义观点的人数则超过了那些信奉

---

[1] 参见 Seki, "Taigai kankei," in *Nenpō seijigaku*, 1977, p. 105; Takabatake, "Taishū undō," in *Nenpō seijigaku*, 1977, pp. 335-336。

[2] Hayashi Chikio, "Nihonjin no ishiki wa seitōshijibetsu ni do chigau ka," in *Nihonjin kenkyū*, no. 2, pp. 40-47.

[3] Karube Kiyoshi, "Nihonjin wa dono yō ni shite shijiseitō o kimeru ka," in *Nihonjin kenkyū*, no. 2, pp. 82-83. See also Hayashi, "Nihonjin no ishiki," in *Nihonjin kenkyū*, no. 2, pp. 14-27.

[4] Kazama, "Chūnensō," in *Nihonjin kenkyū*, no. 2, p. 145.

[5] Karube, "Nihonjin wa dono yō ni," in *Nihonjin kenkyū*, no. 2, pp. 82-83.

它的人。公明党、自民党、民主社会党和日本社会党的支持者，绝大多数都赞同女性应该采用她们丈夫的姓氏，并且在孩子出生后，应该关心家庭而不是外出就业。但是，日本共产党的支持者反对这一观点。[1] 自民党和民主社会党的支持者们支持卖淫合法化，而日本社会党、公明党和日本共产党的支持者们则反对这样的举动。[2]

价值观与党派的认同，也与年龄、性别、学历、职业和居住地等变量有关。在这整个时期，50 岁的人群中，大幅度和一贯地倾向于自由民主党的人，百分比远高于那些 20 岁的人群；与之相反，20 岁的人群中，倾向于反对党派的比例也要大幅高于 50 岁的人群。[3] 因此，每一个党派都与选民的特定成分相挂钩。一方面，自民党受到年长的男性雇主、自营职业者和农民的青睐。[4] 另一方面，日本社会党则主要是一个 40 岁以下的有高中或大学文凭的城镇职工的团体。[5] 民主社会党、公明党和日本共产党都是从大的中心城市获得了大部分的选举支持，但他们的人气分别在男性白领、女性蓝领、年轻的男女性蓝领和白领选民中最为稳定。[6] 公明党的支持者主要是中小学毕业生，而日本共产党的支持者的受教育程度要高得多。

在 20 世纪 50 年代后期到 70 年代初期之间，农村地区的选民投票率一直高于城市地区。[7] 然而，选举行为在其他方面发生了变化。在这一时期开始时，男性选民的投票率比女性选民高出许多，而年轻和受过良好教育的选民，投票率略高于年龄较大和受教育程度较低的选民。到这一时期结束时，男女差别已经消失，而年老和受教育程度较低的选民的投票率，则超过了年轻和受过更高教育的选民。这种趋势使自由民主党受益，并伤害了其对手，尤其是日本社会党。在 1960 年的大选中，广播电台，特别是电视发挥了重要的作用，当时的主要私营网络首次给

209

[1] Kazama, "Chūnensō," in *Nihonjin kenkyū*, no. 2, p. 132.

[2] Karube, "Nihonjin wa dono yō ni," in *Nihonjin kenkyū*, no. 2, pp. 82-83.

[3] Miyake, "Yūkensha kōzō," in *Nenpō seijigaku*, 1977, p. 280. 亦见 Kazama, "Chūnensō," in *Nihonjin kenkyū*, no. 2, p. 130.

[4] NHK hōsō yoron chōsajo, ed., *Gendai nihonjin no ishiki kōzō* (*NHKBooks*, no. 344) (Tokyo: Nihon hōsō shuppankai, 1979), pp. 228-229. 亦见 Miyake, "Yūkensha kōzō," in *Nenpō seijigaku*, 1977, pp. 266-269; Kazama, "Chūnensō," in *Nihonjin kenkyū*, no. 2, p. 130; Asahi shinbunsha yoron chōsa shitsu, ed., *Asahi shinbun yoron chōsa no 30-nen: Nihonjin no seiji ishiki* (Tokyo: Asahi shinbunsha, 1976), pp. 8-9, 76-78。

[5] *Asahi shinbun yoron chōsa*, p. 83.

[6] Ibid., p. 13.

[7] Miyake, "Yūkensha kōzō," in *Nenpō seijingaku*, 1977, pp. 288-289. 亦见 Shinohara, *Gendai Nihon no bunka henyō*, pp. 140-141。

予候选人时间进行竞选宣传。[1] 一年之后，日本广播协会紧随其后，开办了一个名为"会见总理"的一小时节目。关于候选人的图片及其简单履历的电视广告成为 1963 年后选举时段的标准节目，时间更长和制作更精良的竞选演讲于 1969 年后开始由电视转播。[2] 视听媒体对选民选举的影响很难衡量，但很可能是非常重要的，因为这个国家的电视机拥有量从 1955 年的不足 1%，增加到 1973 年的 90% 以上。[3]

更为明显的是利用地方竞选机制的网络来进行有效的选民动员。在 20 世纪 50 年代中期自民党成立后不久，该党政治家是第一个试图建立个人竞选机器（后援会 kōenkai，即支持会）的。到 20 世纪 60 年代初，这些团体已经发展成为一个由超过 1 000 万成员所构成的影子党，而自民党本身的成员仍然不超过几十万人。[4] 在每个选区，得票数由后援会获取，并交付给特定的自民党候选人，这些后援会通常由当地的政治家，例如县议会和市议会议员领导，并得到该地区主要利益集团的支持。其他政党的政治家开始效仿自民党，但成效较差。

自民党的形象得益于其作为"经济奇迹"背后的主要推动力量，这归功于其始终如一地推行促进增长的政策。各反对党派，尤其是日本社会党的愚蠢无能和信誉缺失，也有助于自民党的长期执政。

在 1959 年的调查中，只有约 12% 的受访者期望社会党人在可预见的将来能上台执政。[5] 在反对批准 1960 年新的《美日安全保障条约》运动遭到失败的情况下，日本社会党相比自民党失去了大量的支持者，特别是年轻人的支持。[6] 这是第一次，在 20 岁的选民群体中，支持自民党的人比支持日本社会党的人多。此外，日本社会党受欢迎程度的下降在有组织的劳动者中表现最为明显。在 1960 年至 1969 年间，支持该党的日本劳动组合总评议会下属工会的成员从 72% 下降到 39%，而不支持任何党派的人的比例从 14% 增加到 39%。[7] 根据日本劳动组合

---

[1] Uchikawa Yoshimi, "Masukomi jidai no tenkai to seiji katei," in *Nenpō seijigaku*, 1977, pp. 313-314.

[2] Ibid., p. 319; Miyake, "Yūkensha kōzō," in *Nenpō seijigaku*, 1977, p. 293.

[3] Uchikawa, "Masukomi jidai," in *Nenpō seijigaku*, 1977, p. 304; *Nihon no tokei*, 1966, p. 304.

[4] Miyake, "Yūkensha kōzō," in *Nenpō seijigaku*, 1977, p. 295. 亦见 Gerald L. Curtis, *Election Campaigning Japanese Style* (New York: Columbia University Press, 1971), chap. 5; Nathaniel B. Thayer, *How the Conservatives Rule Japan* (Princeton, N.J.: Princeton University Press, 1969), chap. 4。

[5] Shinohara, *Gendai Nihon no bunka henyō*, p. 33.

[6] *Asahi shinbun yoron chōsa*, p. 18; Hayashi Chikio, "Sengo no seiji ishiki," in *Jiyū* (January 1964): 57-65.

[7] Watanuki, "Kōdo seichō," in *Nenpō seijigaku*, 1977, p. 171. See also Miyake, "Yūkensha kōzō," in *Nenpō seijigaku*, 1977, p. 296; and Takabatake, "Taishū undō," in *Nenpō seijigaku*, 1977, p. 349.

总评议会自己的研究部门于 1967 年的一项研究表明，只有不到 1/4 的普通职员支持，并期待社会主义的到来。其余的 3/4 要么更喜欢现有的资本主义制度，要么只想期待部分的和逐步的改革。[1] 不出所料，日本社会党的成员长期停滞在 5 万名左右，到 20 世纪 60 年代末开始下滑，到 1973 年时减少为大约 3.7 万名。日本社会党的选票份额和众议院席位的数量也在逐步下降，分别从 1958 年的 33% 和 166 个席位下降到 1972 年的 22% 和 118 个席位。[2]

在 3 个较小的党派中，尽管民主社会党的主要支持来源，即全日本劳动总同盟下属的工会取得了重大进展，但是在正式成员或更广泛的选举支持方面，民主社会党并没有取得什么重大的成功。该党声称在 1959 年年底日本社会党分裂后拥有 7 万名成员，但到 1973 年显然已经减少了一半。[3] 该党在 1969 年的众议院选举中赢得了 7.7% 的选票和 31 个席位，这是它在这一时期的最佳选举表现；但在 1972 年的下一次大选中就遭受了灾难性的失败，这次它只赢得了 6.9% 的选票和 19 个席位。民主社会党意识形态和承诺计划的模糊不清，看起来是它遇到麻烦的主要原因。在其成立的第一个 10 年期间，该党在其政纲和立法表现上与自民党越来越难以区分。[4]

相对民主社会党而言，公明党和日本共产党都做得更好。公明党在 1964 年首次公开竞选议会席位时，宣布其有 50 万成员，但到 1973 年，这个数字已经下降到 16 万，主要是因为在 1970 年时该党名义上发生"分离"，从原组织创价学会中独立了出来。[5] 然而，尽管正式成员数量下降，该党仍然保持着对创价学会成员投票意向的实际垄断。在 20 世纪 70 年代初，创价学会成员的数量激增到几百万。[6] 因此，即使在 1970 年公开切断了与原组织的维系纽带，公明党仍能成功地避免跌落谷底，依然能保持其次要反对党的地位。

---

[1] Takabatake, "Taishū undō," in *Nenpō seijigaku*, 1977, p. 340, n. 9.

[2] Naigai senkyo deia ('78 Mainichi nenkan bessalsu) (Tokyo: Mainichi shinbunsha, 1978), pp. 2-7; *Asahi nenkan*, 1974, p. 259; Jiji tsūshinsha, *Jiji nenkan*, 1958 (Tokyo: Jiji tsūshinsha, 1958), p. 149; Nakano Tatsuo and Iizuka Shigetaro, *Nihon o ugokasu soshiki: Shakaitō minshatō* (*Nihon o ugokasu soshiki series*) (Tokyo: Sekkasha, 1968), pp. 64-67.

[3] *Jiji nenkan*, 1961, p. 58; *Asahi nenkan*, 1974, p. 263.

[4] 相关评论参见 Taketsugu Tsurutani, *Political Change in Japan* (New York: McKay, 1977), pp. 164-168。

[5] *Asahi nenkan*, 1966, p. 297; 1974, p. 262.

[6] 创价学会自己声称拥有 150 万成员，参见 Tsurutani, *Political Change*, p. 153。但是，精确的数据无法获得。在估算该组织成员的问题上，精彩的讨论参见 James W. White, The Sōkagakkai and Mass Society (Stanford, Calif.: Stanford University Press, 1970), pp. 57-61.

212　　　　日本共产党在 1955 年是一个边缘性的政党，当年它有 2 个众议院席位，在大选中得票率约为 2%。然而，到 1973 年时，它已经成为一个受人尊敬的少数反对党，在众议院有 30 个席位，在其控制下的全国选民大约占到了 10% 的选票。在这个时期的几个日本党派中，该党的成就更令人印象深刻，因为它的选举成功或多或少只取决于其内部成员的投票和活动。在 1955 年，日本共产党党员不超过 2 万名，但到 1973 年，这一数字已经增长到超过 30 万。[1]20 世纪 70 年代初，在支配的成员与活动基金这两方面，日本共产党都与自由民主党相等，而不同于任何其他的反对党派。这些显著成果的取得，主要来自该党的政纲和政策巧妙而有效地适应了社会经济变化。日本共产党把自己从一个积习已深的反对派转变为现有宪法秩序的一个直言不讳的守卫者。

　　　　面对这些发展，1955 年的"两党"制度改变为"准多党制"。自民党在 1967 年众议院选举的选票份额中不再是一个多数党，接着又在 1971 年失去了参议院的多数党地位。尽管如此，该党在整个这一时期仍然是众议院的一个多数党，部分原因是因为保留了 1947 年提出的过时的选区边界，这样的选区边界过度代表了农村地区的利益，而对城市选民有所损害；还有部分原因是该党在每次选举后都能把成功当选的独立候选人吸收进党内。[2]更重要的是，广大民众对自民党的支持从 1955 年到 1973 年几乎没有发生变化，这可能是因为有利的社会经济氛围和反对派的日益分散。在《朝日新闻》举办的一系列民意测验中，对自民党的支持率一直徘徊在 45% 左右，而对整个反对党派的支持率则要低几个百分点。[3]每

213　当自民党的人气急剧下降时，就像 1960 年春天岸信介政府执政的最后几天，还有 1971 年年末至 1972 年年初佐藤荣作执政的最后几个月一样，改换一个人当首相就能扭转趋势，恢复平衡。在 20 世纪 70 年代初，由一党占主导地位的多党制度尚未面临真正的危机。

---

[1]　参见 Haruhiro Fukui, "The Japanese Communist Party: The Miyamoto Line and Its Problems," in *The Many Faces of Communism*, ed. Morton A. Kaplan (New York: Free Press, 1978), p. 284。

[2]　J. A. A. Stockwin, *Japan: Divided Politics in a Growth Economy* (New York: Norton, 1975), pp. 91-96. 亦见 Scott C. Flanagan, "Electoral Change in Japan: An Overview," in *Political Opposition*, ed., pp. 45-47。

[3]　Asahi shinbun yoron chōsa, pp. 13-14.

第二编　对外关系

第五章 "日本殖民帝国"（1895—1945）

麻省波士顿大学 马克·R.皮蒂

环境与动机

日本崛起为一个殖民大国，在近代帝国主义历史上是一个反常现象，人们只 217
能在 19 世纪后半叶的日本历史、地理环境以及世界大事件的背景下来理解。在
如日中天的"新帝国主义"时期，"日本殖民帝国"[1] 的正式形成很大程度上是在
现代欧洲的热带帝国之后。然而，作为近代唯一的非西方帝国，日本的海外帝国
独立于欧洲帝国，这种情况几乎没有在其他地方出现过。[2]

日本帝国的第一个也是最引人注意的方面是，这个殖民宗主国本身只是侥
幸逃过了殖民征服，作为幸存的四个亚洲国家之一（连同中国、泰国、朝鲜），
日本在 19 世纪避免了淹没在西方主导的殖民洪流之中。事实上，日本作为一个
殖民强国崛起是在 19 世纪 90 年代后期，这个时间刚好是日本从西方列强强加于
它 30 多年的不平等条约体系下解脱出来的时刻。这一举世瞩目现象的原因——
19 世纪中叶西方列强对亚洲的侵略转移到其他亚洲国家，日本从脆弱的封建制
农业国变成一个现代化国家，其工业经济和军事能力能够抵御外来统治——已

---

[1] 这里只指正式的"日本殖民帝国"而言，也就是说，指的是日本在 1931 年前夺取的领土，这些领土是通过得到国际承认的条约的批准而割让的。于是，本文将不包括日本在中国（包括东北）的行径，包括日本人的定居点、租借地，以及在那些国家的铁路势力范围区域，此外，1937 年到 1945 年间日本在中国、东南亚和西南太平洋征服的地区也不包括在内。但是，就像我将讨论的那样，这些外部的势力范围和被同化的战时征服区都成为殖民帝国内部事态的后果、理由及最终崩溃的原因。

[2] 到目前为止，以英文撰写的全面论述"日本殖民帝国"的最好著作，参见 *The Japanese Colonial Empire, 1895-1945*, ed. Ramon H. Myers and Mark R. Peattie (Princeton, N. j.: Princeton University Press, 1984)。

218　经在这样那样的历史著作中得到了广泛的探索，在此无须赘述。需要再次强调的是，对于日本扩张的初始方向来说，历史时机和国家安全是需要考虑的基本问题。

在250年的自我孤立封闭期间，日本一直被动地旁观着西方势力在亚洲的推进，当日本作为一个殖民国家出现的时候，已经失去了抢占亚洲大陆或主导太平洋的先机。此外，日本有限的政治、经济和军事资源，也不允许它宣扬对地球更遥远地区的野心，即使明治政府曾经有过这样的打算。因此，在建立殖民帝国之时，日本受到限制，只能侵占紧邻其本岛的周边地区。在这里，它能够使其政治、军事和经济的力量最大化。在气候和地理方面，"日本殖民帝国"从寒冷地带延伸到热带岛屿。然而，除了其在南太平洋上所占的岛屿，这是一个相当紧凑的帝国，由距离本土不算很远的领土组成。因此，尽管日本是一个岛国，其殖民统治区域逐一位于海外，但这一帝国的用力方向和最终目的，仍然指向特定的地区和大陆。

明治政府最关心的是本土的安全问题，同时也忙于在帝国领土周边标立界限。没有一个近代殖民帝国的成形曾经有过如此清晰的战略考虑，这一事实可以通过"日本殖民帝国"各个单一部分被征服的过程来加以证明。西欧国家所征服的许多海外领地，是为了进行贸易、探险和传教活动，或是士兵们远超出欧洲利益和官方许可采取行动的结果。与此相反，日本所侵占的地区（中国台湾地区例外），在每种情况下，几乎都是经过深思熟虑做出的决定，中央政府的主管部门决定对某一盯牢的地区动用武力，而这一地区将立即对日本的战略利益产生影响。在很大程度上，这些利益最初指向于朝鲜、中国（尤其是东三省），这类似于英国在其自身安全与跨越英吉利海峡的苏格兰低地之间的传统联系，而不是像欧洲人那样在更加遥远的海岸上寻求和享受其利益。

219　但是，如果说夺占毗邻岛屿领地及延长线上的大陆缓冲区控制权，以创造一个近在咫尺的正式帝国，其最初理由是为了战略安全的话，那么，同样的理由也使日本的帝国野心难以得到限制，即使在它已经形成了正式帝国之后。早在19世纪80年代，甚至在日本正式展示建立帝国的意图之前，山县有朋就对日本的战略关注方向表述为一句著名的格言，即日本的国家利益由从本岛向外辐射的同

220　心圆组成：一条为"主权警戒线"，包括那些与国家生存相关，因而必须处于日本直接和正式占领下的领土；另一条为"利益警戒线"，这被视为有必要加以保

护和确保的内在界限。[1] 在这种学说的引领下，通过控制缓冲区来保护外在的利益线就是非常有必要的。一旦这些已经成为日本的"利益"区域，那么，更加遥远的地区也就会变得与日本利益攸关。

因此，在追求安全性方面，日本帝国开始卷入一系列折磨日本国内政治和危及其外交关系的战略"难题"：在明治初期，是"朝鲜问题"，实质是日本意图扩大其在亚洲的立足点；在大正年间与昭和时代初期，是"满（洲）蒙（古）地区问题"，实质是日本与中国和俄罗斯在东北亚的利益冲突；在 20 世纪 30 年代，是"中国问题"；在 20 世纪 40 年代，是"南进问题"，这将其利益扩张卷入指向西方在东南亚殖民领地的致命行动。日本战略学说的内在逻辑，驱使这个帝国沉溺于不断扩张而又不断减弱的安全目标，每一个殖民统治区域的获得都被视为一个"基地"或"前哨"，以此为依托，帝国能够在某种程度上将更遥远的地区作为其可以控制的势力范围。[2]

日本帝国的区域维度产生了它自己的奇异性。由于同属亚洲人，作为日本殖民统治范围中最大、人口最多、最重要的地区，朝鲜并不是稀疏居住着在种族起源和文化传统上与日本人截然不同的少数族群的空旷之地，而是人口兴旺的地方，这里的人民在人种上与他们的日本征服者关系密切，也与他们的日本征服者共享着同样的文化传承。

这种与其所支配人群之间的文化亲和的感觉，在现代殖民帝国中极为独特，这不仅塑造了帝国一旦建立起来日本人对殖民统治的态度，同时在帝国的创建过程中也至少扮演了一种次要的角色。虽然明治时代的日本缺乏一种类似于基督徒福音传道的传教士精神，但是有一种令不那么幸运的亚洲邻居"开心振奋的"意识，却是日本在 19 世纪晚期创建帝国动机的一个组成部分。明治时代自由民权运动的政治和社会改良主张，为它的能量和挫折在亚洲大陆上找到了宣泄口，通过改革使"亚洲文明化腐朽为神奇的梦想"，以及经由自己的努力使之得以实现的愿景，点燃了一些明治时代政治活动家的激情。在明治后期，一些宣传扩张帝国的个人，可以将此说成是日本的"使命"，正如新闻记者德富苏峰（Tokutomi

221

[1] Marius B. Jansen, "Modernization and Foreign Policy in Meiji Japan," in *Political Development in Modern Japan*, ed. Robert Ward (Princeton, N.J.: Princeton University Press, 1968), p. 182.

[2] Yamabe Kentaro, "Nihon teikokushugi to shokuminchi," in *Iwanami kōza rekishi*, vol.19 (Tokyo: Iwanami shoten, 1963), pp. 207-208.

Sohō）在 1895 年所说，"扩展政治组织的福利范围，让其遍布整个东亚和南太平洋，是日本的责任，就像罗马人曾经在欧洲和地中海所做过的那样。"[1] 但是，直到 20 世纪初期为止，一种由官方所支持的民族命运意识才得以确立，这种意识主张激发自上而下的改革，并指引落后的亚洲各国人民走日本开创的现代化道路，而在此时，这个正式的殖民帝国已经就位了。

当然，对于帝国来说，也有一些比较次要的动机。在国家自我封闭和对外反应迟钝长达几个世纪之后，海外活动的前景中所固有的冒险和刺激的元素，促使像福岛安正（Fukushima Yasumasa）、服部彻（Hattori Toru）和田口卯吉（Taguchi Ukichi）这样的日本人独自冒险在亚洲大陆，或在南海游历。[2] 这些活动帮助广大读者提升了关于日本的勇气和气魄的想象力，但日本的旗帜很少跟随这些冒险家的漫游而标记他们的所到之处，甚至连他们的文学影响也较为微弱，日本没有产生像鲁德亚德·吉卜林（Rudyard Kipling）或乔治·亨蒂（George Henty）那样的作家，把建立帝国的浪漫图景转变为一种国民的神秘主义。

然而，如果理想主义和浪漫主义没能极大地推动日本作为一个殖民强国的兴起，那么，日本在排名和地位上的新观念也肯定不会出现。在某种程度上，这是由于日本遗弃了以中国为中心的文化秩序的和谐，转而采取当时社会达尔文主义所鼓吹的国际斗争不可避免的刺耳学说。这也是由于日本迅速接受了关于力量和声望的西方指标，以此来衡量一个国家在这个充满危险的新世界里是否取得了"进步"。在这些新的指标中，殖民帝国，连同宪政、工业化、国家官僚机构和现代陆军和海军一起，被视为一个民族进步和活力的特征，更重要的是，被视为国际力量的象征。

历史的时机也促使日本帝国在经济利益问题上与其欧洲榜样分道扬镳。在 19 世纪末，欧洲"新帝国主义"的经济解释强调资本家阶级的主导经济利益，强调国内制造业中资本的持续拥塞，从而需要在外国的土地上开拓新的市场和新的投资机会。但是，日本帝国的扩张开始于国家的工业增长之前，此时的日本是资本短缺，而不是资本过剩，在 19 世纪 90 年代，资本短缺成为日本的主要

---

[1] 转引自 Kenneth Pyle, *The New Generation in Meiji Japan: Problems in Cultural Identity, 1885-1895* (Stanford, Calif.: Stanford University Press, 1969), p. 181。

[2] 例见 Hanzawa Hiroshi, *Ajia e no yume* (Tokyo: San'ichi shobū, 1970); Kaneko Tamio, *Chūō Ajia ni haitta Nihonjin* (Tokyo: Shinjimbutsu ūraisha, 1973); and Yano Tūru, *Nihon no Nan'yō shikan* (Tokyo: Chūō shinsho, 1979)。

经济问题之一。此外，虽然并不明显，但日本对侵占区域的获取，来源于"操纵着"明治领导阶层的银行家和商人的计划。当然，并非任何对侵占区域的获取，都能有效地保护当地业已繁荣的经济利益。事实上，像19世纪后期的德国一样，日本政府在开始其殖民帝国的冒险之时，在吸引国内资金进入其侵占区域投资方面存在着很大的困难。[1]

虽然列宁主义的经典论述是，帝国主义是资本主义制度的最高和垂死阶段，但是看起来日本的情况并非如此，因此很多现代日本的学术研究尝试用不同程度的成功来重新定义和细化这种说法。在这个过程中，一些相关的解释已经被用来替代过剩私人资本的作用的解释，其中包括"国家资本主义"的发展，由"帝国主义的资产阶级"和"寄生性地主"所控制的"天皇专制制度"的政治，以及日本军方和官僚的侵略计划，等等，都被想象出来作为日本帝国主义初始冒险背后的动力。[2] 无论一个人如何考虑这些不同解释是否合乎逻辑，他们都不会支持这样的论点，即驱使日本将其影响扩展到亚洲大陆背后的最核心的动力是获取利润。

这并不是说日本的帝国野心缺乏一种经济的维度。最近对日本帝国主义经济利益的研究，已经表明了那些指导帝国获取侵占区域的明治时代领导人在经济上的关注点，同时也显示出政府和工商业高层人士在其对亚洲经济的责任方面拥有共同的信念。[3] 但是，有两个事实必须牢记在心。首先，在通往帝国的道路上迈出第一步之后，而不是在此之前，这些经济利益表现得最清楚。其次，日本企业在亚洲的野心在很大程度上直接"指向"中国内陆和东北地区，虽然在"广泛"的意义上它们逐渐成为日本帝国主义的一种强大力量，但在这个正式殖民帝国的组成部分中它们仍然扮演着小角色。因此，对于经济必然性的争论并未提供充足的证据。

---

[1] 到目前为止，在关于日本帝国主义开始阶段经济利益至上的问题，以英语撰写的最有说服力的著作，参见 Hilary Conroy, *The Japanese Seizure of Korea, 1868-1910* (Philadelphia: University of Pennsylvania Press, 1960), pp. 442-491.

[2] 例见 Shoichi Fujii, "Capitalism, International Politics, and the Emperor System," in *The Emergence of Imperial Japan: Self-Defense or Calculated Aggression?* ed. Marlene Mayo (Lexington, Mass.: Heath, 1970), pp. 75-82; and Inoue Kiyoshi, "Nihon teikokushugi no keisei," in *Kindai Nihon no keisei*, ed. Rekishigaku kenkyūkai (Tokyo: Iwanami shoten, 1953). pp. 51-130.

[3] Peter Duus, "Economic Dimensions of Meiji Imperialism: The Case of Korea, 1895-1910," in Myers and Peattie, *Japanese Colonial Empire*, pp. 128-171.

在任何情况下，日本帝国的起源都不能简化为单一的因果解释。在一部写于25年前的著作中，威廉·洛克伍德（William Lockwood）指出：

> 由于帝国主义的传统通常一样，对其军事实力、经济优势、国际威望，以及"道德义务"的考量极为错综复杂，甚至连日本政策制订者的诚实证言，也不是到达真相的可靠指南。成为东亚帝国的追求，除了大多数日本人被灌输了关于帝国命运的神秘主义信仰之外，并不是由单一动机所驱策的。它从不同的利益集团获取支持，也为不同的理由汲取支持。它的动力和方向反映了国内的政治竞争，同时也反映了它在国外所遇到的抵抗。[1]

洛克伍德的最后陈述重新引入了环境问题而不是动机问题。19世纪后期，日本在亚洲的地位岌岌可危，使人难以毫不犹豫地断言日本将不可避免地崛起为殖民强国。然而，鉴于其新近制度转型的能量和效率，不管动机如何，日本将有可能逐渐主导处于衰落中的中华帝国的邻近部分。在这个意义上，从本源上说，日本帝国主义与其说是刻意而为的，不如说是环境造成的。日本军队进入朝鲜、中国，以及密克罗尼西亚的侵略行动，既是由于这是日本的特定政策和规划，也是因为没有有效的力量来抵抗它。

帝国的形成（1895—1922）

224　　日本获得的第一个海外领地是四面环海的"无人岛屿"。在19世纪70年代和80年代，日本在小笠原群岛、琉球群岛和千岛群岛建立起有效的主权，同时通过一种变本加厉的殖民程序，强化了它对北海道的支配。但是，这种努力并不是进行殖民扩张的起始，而是对传统上属于日本文化圈的这些地区进行国家权威的再次主张。因此，在这个意义上，这是一种国家边界的澄清，而这是与19世纪和20世纪欧洲的国家建设所共有的情况。[2]

日本转向朝鲜半岛，才标志着日本向其文化区域之外迈出的第一步，也标志

---

[1] William L. Lockwood, *The Economic Development of Japan: Growth and Structural Change, 1868-1938* (Princeton, N.J.: Princeton University Press, 1954), p. 534.

[2] Jansen, "Modernization and Foreign Policy," pp. 164-171.

着日本在现代历史上对异域人民施加影响——如果还不是直接控制的话——的第一次努力。虽然从正式的意义上来说，朝鲜是"日本殖民帝国"倒数第二的添加物，但它却是第一个吸引日本野心的国家。

从 19 世纪 80 年代开始，越来越咄咄逼人的日本开始介入朝鲜半岛的事务，这一过程只能在这里被提及，展示了一系列业已确定的动机的范围——冒险主义、理想主义，以及对战略安全的痴迷。19 世纪 70 年代初的"征服朝鲜"的争论，造成了日本新领导人的分裂，这种分裂表现在是否把明治初期的紧张和能量转移到更弱更落后的邻国的问题上。反过来，这又促成了 1874 年远征中国台湾的病态举措，暂时释放了在国内受挫的前武士精英的能量，但并没有以永久领土的获得来终结这种能量的再次显示。在接下来的 20 年里，日本集结的陆军和海军力量足以对抗中国在东北亚地区的领先地位，日本外交官、驻军指挥官、商人和冒险家，偶然与朝鲜的维新派、代理人和破坏分子合作，削弱了中国在朝鲜半岛的影响，也动摇了顽固信守传统的朝鲜政府的权威。

与中国的冲突在 1894 年终于发生，日本军队迅速从朝鲜向中国行进，跨过了鸭绿江，并占领了辽东半岛。在 1895 年 2 月，他们已经夺取了山东半岛上的威海卫。所到之处势如破竹，日本帝国大本营仔细考量如何以最好的方式来利用这些成功，是继续进军，还是从中国获得领土让步。对朝鲜的公然吞并既不是预定的计划，也无此必要，而且在任何情况下，都将会产生与外国列强，尤其是俄国对立的风险。然而，日本民众因一系列陆地和海上壮观的胜利而激动不已，急切地期待某种领土报偿。同样，明治政府的领导阶层也将获得新的领土作为增强天皇威望的一种手段。

从军队的立场而言，它赞成牢牢控制辽东半岛，并向直隶省和北京推进。但是，由文职官员组成的日本政府意识到，在中国大陆的主要征服活动将会冒着国际反对的危险，所以他们赞成由海军所倡导的"南方战略"。这一战略"主张迅速占领台湾和澎湖列岛，因为这一行动最不可能引起西方的干预，与此同时，却最有可能满足公众对胜利果实的要求"。[1] 在 1895 年 2 月的下关谈判期间，日本远征军已经占有了澎湖列岛和另一个地点，准备在台湾北部沿海登陆，日本要求

[1] Edward I-te Chen, "Japan's Decision to Annex Taiwan: A Study in Itō-Mutsu Diplomacy," *Journal of Asian Studies* 47 (November 1977): 63-67.

得到中国的台湾地区、澎湖列岛和辽东半岛，并且最终得以实现。这三个地方都在随后的条约中割让给日本。然而，不到三个月，"三国干涉还辽"（有俄国、德国和法国参与）又迫使日本将辽东半岛归还给中国，作为交换，辽东半岛很快被迫租借给俄国，这使日本积愤难平。

因此，尽管日本扩张的主要目标已经指向朝鲜，尽管朝鲜半岛上的对峙成为日本和中国直接开战的理由，但即时战略和外交环境却决定了中国台湾地区将成为"日本殖民帝国"的第一个直接侵占的地方。

日本战胜中国的结果是，中国削弱了其在朝鲜的影响，而日本则加强了对这个国家的控制。日本"顾问"在疲弱但顽固的朝鲜政府中越来越多地努力推进现代化的改革，这些努力使得日本和朝鲜维新派人士更加憎恶朝鲜上层阶级。同时，日本增加了它在朝鲜的经济利益、铁路建设和商业活动，由此使整个半岛的经济得到快速增长。随后，在 1898 年和 1904 年间，日本在朝鲜的优势似乎暂时受到了在那里扩张的对手俄罗斯帝国影响力的削弱。再一次，日本政府看到了敌对势力对其战略利益的威胁。它再一次决定要确立其在朝鲜半岛的首要地位，并尽可能采用和平的方式，但如果有必要的话也不排除武力解决。日本向沙俄提出了一个解决方案——即承认沙俄在中国东北的"首要地位"，作为交换，日本在朝鲜可以完全自由地行事。当沙俄受到依靠自身力量实现扩张目标愿景的蒙蔽，抛开了这项建议时，日本领导人别无选择，只有采取敌对行动。

日本与沙俄的冲突随即在 1904 至 1905 年如约而至，而这一次的攻城略地形成了其获取下一个殖民范围的基础。在经历了可怕的战斗并付出了惨重代价之后，日本军队再次侵占了辽东半岛和战略性的港口大连和旅顺，而这是它在 1895 年被迫放弃的。日本师团继续朝东北方向进军，在萨哈林岛南端登陆，并迅速扩大了它们的控制，以便在随后的和平谈判中可以使用该岛作为讨价还价的筹码。在 1905 年的朴茨茅斯和平谈判中，日方代表得到国内指示，"坚持要求割取辽东半岛，并让沙俄承认其在朝鲜行动的完全自由，而仅仅在割让萨哈林岛的问题上可以讨价还价"。[1]

在随后于朴茨茅斯签订的条约中，日本获得了它的前两项要求。除了获得俄

---

[1] Shumpei Okamoto, *The Japanese Oligarchy and the Russo-Japanese War* (New York: Columbia University Press, 1970), pp. 112-118, 124.

国在中国东北南部的所有权利和特权外，日本也被迫在萨哈林岛归属的问题上做出妥协，只获得该岛的南半部及其下边的 50 个类似的岛屿，日本人将其更名为库页岛。1905 年 12 月，根据补充协约，中国被迫接受"协约"对于东北的安排，特别是同意将沙俄在关东省——辽东半岛——的租借地转移给日本，即大连和旅顺地区。(1915 年，在日本的压力下，中国延长租期至 1995 年。) 由于租借了旅顺港和大连港，日本占据了东北亚海岸上最好的海军基地和潜在的最重要贸易中心之一。

这件事情的发生几乎没有减轻日本对朝鲜的压力。事实上，朝鲜作为一个独 227
立国家的最后借口，如今也已难以为继了。随着战事的结束，以及日本在控制朝鲜方面最后的有效竞争对手的消除，不久之后，这个不幸的国家就被完全并入日本的殖民帝国。这一过程的倒数第二个阶段，是 1905 年 11 月，在日本压倒性军事力量的支持下，日本把朝鲜变成了一个保护国，从而使朝鲜转化成为实质上的日本卫星国。虽然朝鲜君主被允许保住了自己的宝座，但一切权力都归属于日本驻朝鲜的统监府。统监府的主人，明治寡头政治的执政者伊藤博文，在强化日本对朝鲜控制的同时，采取了一种现代化的得力管理模式，以争取朝鲜的合作。这种通过文职管理来统治朝鲜的"温和"做法，短期内尚未彻底吞并它，很快就在日本和朝鲜两国都遭到了反对。日本政府的强硬派和政府之外的极端民族主义压力团体，持续不断地批评驻朝统监这一"软弱的"政策，要求立即对朝鲜实行吞并。就朝鲜本身而言，每个阶层都在苦苦抗议，并唤起爱国志士在 1908 年和 1910 年间公开举事反抗，结果是遭到了最残酷的军事镇压，朝鲜付出了将近12 000 人的生命代价。虽然伊藤博文本人竭力维持在尚未完全加以控制的朝鲜进行家长式作风的改革政策，但 1909 年伊藤博文被一名朝鲜爱国者刺杀，这提供给东京政府，尤其是军队实行更为压迫性政策的理由，并以此为借口结束了朝鲜主权的最后一点幻想。 1910 年，朝鲜被正式并入"日本殖民帝国"，寺内正毅，一个铁腕将军，被正式任命为总督。[1]

四年之后，日本再次巧加利用，使一次突发的国际事件转换成为其自身谋取利益的行动，"日本殖民帝国"获得了它的最后一块殖民势力范围。随着 1914 年欧洲战事的爆发，日本很快就认识到加入协约国作为交战国所可能带来的轻微风

---

[1] Conroy, *The Japanese Seizure of Korea*, pp. 325-382.

险和可观收益。日本这次计划的"直接目标"是德国在亚洲和太平洋地区的殖民势力范围：山东半岛的青岛和德国在密克罗尼西亚的岛屿属地——马绍尔群岛、加罗林群岛、马里亚纳群岛（不包括关岛）——所有这些地方都相互孤立，且没有多少兵力守卫。在中国沿海建立一块领土立足点，长期以来一直是日本政府内外扩张主义者念念不忘的"野心"。尽管南太平洋几乎没有一个区域在传统上与东京有涉，但自19世纪80年代以来，这里吸引了大量的日本游客、商人和殖民化的狂热分子。随着美国和日本海军在太平洋上的角力，日本海军突然发现了在这一海域获得前进基地的优势所在。

228

日本扩张的第一个阶段，是在第一次世界大战期间巩固了其在东亚的利益，并在战争开始后的第一个星期，在西太平洋上举行了一系列陆海军行动，袭击和占领德国的殖民势力范围。德国守卫者进行了顽强的抵抗，但最终归于徒劳，青岛最后落入日本人之手，而那些孤立的岛屿领地更是没有经过抵抗就被日本海军占有。

日本扩张的第二个阶段是外交运筹时期，即设法使日本声称已经大致占有的所有领土能够得到国际社会的承认，这项任务可以说相当艰难，因为日本在东亚和太平洋的进军速度和侵略野心已经引起了英国、澳大利亚、新西兰和美国的怀疑和敌意。[1] 然而，在战事将要结束的时候，日本已经从大多数协约国家那里收到了秘密的协议，承认了它对这些领土的占有，并以此为筹码，得以在随后的巴黎和会期间坚持它的要求。

然而，随后巴黎条约的安排迫使日本人修改其领土目标。德国密克罗尼西亚群岛被作为国际联盟之下的一个C级授权委派给日本，附加条件是日本不得在岛上做任何设防。虽然从东京的观点来看，这些安排并不完美，但日本还是欣然同意，因为巴黎条约对美国在太平洋上的属地也进行了类似的不设防限制，这抵消了日本的不愉快。

无论如何，从日本对该地实行管理开始，它就将"南洋"（日本对其新的太平洋领地的统称）视为日本帝国的一个组成部分。日本对青岛的"获取"，曾经在中国和美国激起过抗议的风暴，因而只持续了很短一段时间。1922年，在华

---

[1] David Purcell, Jr., "Japanese Expansion in the South Pacific, 1890-1935," Ph.D. diss., University of Pennsylvania, 1967, pp. 69-100.

盛顿会议上，日本被迫屈从于美国和中国的压力，将这个地区归还给了中国。

于是，到 1922 年，"正式"的"日本殖民帝国"已经形成。然而，它的帝国 229
野心并未得到满足，它对东北亚的经济、政治和军事渗透也没有显著减弱。通过
第一次世界大战，日本帝国赢得了西方国家的勉强接受，但随之而来的风险，却
几乎没有被日本政府内外那些最卖力地推动对外扩张的人所认识。旧的帝国主义
世界秩序曾经容忍日本帝国主义的发展，日本对这种秩序的终结掉以轻心，对亚
洲出现的民族主义和反殖民主义高潮不予理会，这注定日本在亚洲大陆追求的是
一个虚幻的目标，不可能达到最终的安全和经济自主权。这些超乎想象的目标产
生了致命的后果，"正式"的日本帝国变成了一个基地和兵工厂，为了应对不断
增长的危险，竭力去支配不断扩大的缓冲区，而照此恶性循环，日本最终被第二
次世界大战的灾难所压倒。

帝国的演变（1895—1941）

"日本殖民主义"的历史开始于在中国台湾地区的军事绥靖努力。日本军队
的行径，与美国军队在战胜西班牙之后所进行的对菲律宾反政府武装的镇压并没
有什么不同。中国台湾地区的领导人并不顺从于日本对他们的统治，他们组织起
抵抗运动，日本针对这一运动的军事镇压持续了 5 个月（1895 年 6 月—10 月），
毁坏了部分地区，而日本军队（遭受 7 000 多人的伤亡，主要来自疾病）和当地
民众（伤亡人数也有好几千人）都付出了惨重代价。日本的军事行动把除了岛上
内陆山区之外的所有地区都置于了日本的牢固控制之下。在那些森林堡垒中，当
地民众开展了针对日本保安部队的游击战争。虽然整体上没有对日本控制和开发
这个海岛造成真正的障碍，但这种零星的内部抵抗一直持续了 30 多年。

"帝国"对第一个侵占区域的开发姗姗来迟。日本缺乏作为一个殖民国家的任
何经验和传统，它虽然已经侵占了中国台湾地区，但对这里的管理却没有一个长
远的目标。在某些方面，这个岛屿被看作取之不尽的资产，也被视为不堪承受的
负担。日本占领中国台湾地区的最初阶段的混乱无序、投机取巧，以及军事统治
下的管理不善所激起的愤怒反应，与早期阶段的欧洲殖民冒险者并没有什么不同。

在朝鲜，社会的平定是由一个更加公开的独裁军事管制所负责推进，尽管 230
恐惧、不屈和敌意的朝鲜人民进行了强烈的抗议，并间或举行积极的抵抗。在

1905 年至 1910 年的保护国期间，已经可以看到日本总督致力于接管朝鲜的政府机构，包括警察、军队事务、交通、通信和法院，以便建立日本对这个半岛的控制。在随后的 10 年间，日本总督府已经成为一个官僚控制的中央集权的强大机器，承担着改造朝鲜的政治、教育和社会结构的任务。它也通过建设连接起整个国家的运输与通信网络，以及创立一个新的货币和金融体系，从而缔造了一个现代经济制度。在这些现代化努力的过程中，朝鲜人实际上被剥夺了集会、结社、出版和言论自由，而最基本的努力是消除朝鲜身份认同的特有观念。在总督寺内正毅的严厉管制下，朝鲜从此进入了发展的黑暗时期，即"军事统治时期"，英语中的词汇几乎无法表达日本军队和警察对朝鲜生活方方面面的毁灭性冲击。当时在朝鲜采访的日本记者这样写道："各种各样的规定都很疯狂，并被严厉执行"，"人们的自由完全受到限制，整个半岛可以说已经被军事化了"。[1]

231

日本早年在辽东半岛的军事管制可谓困难重重。金融问题、关于占领地区确切地位的国际难题、底层人群的管理不善，以及来自本土的投机失败的狂潮，导致了这个租借地的动荡不安。同样成为麻烦的是以下这个事实，关东都督府虽然由一名军人担任首脑，但他沉溺于复杂的关系网中，与各种各样的部门和机构就行政管理、对外关系，以及在东三省和租借地的军事指挥问题纠缠不清。[2] 然而，到了 1919 年，对这块领地的管理已经改为由关东厅（Kantōchō）主导，由一个居住在大连的文职官员担任首脑。日本移民的大量涌入遭到了更加严密的监督，而南满铁道株式会社在背后为日本在东三省和租借地的开发提供了支持。在此之前，南满洲铁道株式会社已经开始实施一系列针对大连开发的项目。在 15 年里，大连港口已经成为亚洲和太平洋地区最大的港口之一。

库页岛是日本唯一的一块附属地，在这里，日本人不必参与对异域民众的管理。在日本征服者到达之前，只有几个分散的阿伊努人部落成员和俄罗斯人在这个岛上居住，如今这里的居民已经几乎全都是来自日本的移民。作为日本唯一真正的定居殖民地，在它的殖民化、开发和发展方面，库页岛更像是 1/4 个世纪之前的北海道。事实上，库页岛尽管处于依附地位、地处偏远、环境恶劣，但对日本人来说，库页岛看起来就像是日本本岛的一部分。殖民地的同源种族结

---

[1] 转引自 Yamabe Kentarō, *Nihon tōchjika no Chōsen* (Tokyo: Iwanami shinsho, 1975), p. 13。

[2] Shimada Toshihiko, *Kantōgun* (Tokyo: Chūō shinsō, 1965), pp. 6-10, 10-12; Oyama Azusa, *Nichi-Ro sensō no gunsei shiroku* (Tokyo: Fūyo shobō, 1973), pp. 19-25.

构减少了历史上统治者与被统治者之间关系紧张的麻烦，这也解释了为什么在
日本征服之后的军事化统治初期，就迅速建立起库页岛地方行政官厅——桦太 232
厅（Karafutochō），这是一个以文职长官为首的政府机构。虽然在日本帝国的历
史上，该岛物质资源的开发构成了日本政府和私人资本最贪婪的插曲之一，但从
1920 年至 1925 年，除了因涉及临时占用该岛北半部而导致的短暂混乱和举措失
当之外，这块殖民地的历史大致是平静无事的。[1]

在南太平洋上，日本在这里第一年的统治受到国际环境的制约。面对温顺的
密克罗尼西亚人，日本海军对该群岛的占领没有遭遇抵抗，并从其第一次世界大
战期间设在特鲁克岛的总部对之加以控制。然而，日本管辖的密克罗尼西亚迟迟
得不到国际认可，因此很难建立起常驻民政管理机构，官方赞助的移民计划也因
此被推迟。第一批来到密克罗尼西亚的日本经济冒险者，集中在马里亚纳群岛苦
苦打拼，大力投资这里的制糖业，但似乎并没有证明这里的管理得到了改善，也
没有显示该岛屿得到了发展。事实上，好几届日本政府都倾向于把这些岛屿视为
一个累赘，并提出日本应该放弃它们。尽管《华盛顿海军条约》中对此强加了不
设防条款的限制，但这一群岛的潜在战略地位显而易见，因而在海军统帅部的特
别坚持下得以保留。[2] 此外，在这里建立永久性民政管理的推迟，并没有延缓日
本在群岛上的密集活动，这些活动旨在使岛上的当地群体处于日本的影响和控制
之下。尽管日本在南太平洋的行政机构——南洋厅——直到 1922 年才建立起来，
并由一名文职官员担任首脑，但是，日本人的存在对密克罗尼西亚全体居民的影
响，在教育、语言和礼仪方面早已立竿见影，以至于一个美国游客在 1919 年与
马歇尔谈论时，将这里描述为一个"完全日本化的岛屿"。

纵观整个"帝国"，一旦日本的"秩序"得以建立，这种殖民主义的初始阶
段，就会表现出明显的特征，就是努力设置一种在性质和目的上类似于欧洲殖民
行政部门的制度。在这几十年里，日本的政论家"都以作为新的殖民大国的民族 233
成就而感到自豪"，而日本在殖民地构造的生活方式和物质环境是建立在特权、金
钱和权力的基础上的，与同时期的欧洲热带殖民地并没有什么不同。少数外国观
察家对这种美化提出了不同意见，他们指出，"日本殖民主义"严厉、专制、剥削

---

[1] 例见 John Stephan, *Sakhalin: A History* (Oxford, England: Clarendon Press, 1971). pp. 88-89。

[2] 关于日本在密克罗尼西亚委任统治的详细讨论，参见 Mark R. Peattie, *Nan'yō: The Rise and Fall of the Japanese in Micronesia, 1885-1945* (Honolulu: University of Hawaii Press, 1988)。

严重，台湾人一点儿也不喜欢这种殖民统治者，朝鲜对日本统治的态度也是愤怒和绝望的。毫无疑问，至少在表面上，"日本殖民主义"在此阶段与欧洲国家非常相似。

在日本本土政治变革的有力影响下，从1914年至1920年，日本当局开始对殖民地推行比较宽松的管控。在日本，这些趋势的标志是，政界元老和军队的影响力不断削弱，伴随而来的是政治党派权力的崛起，国内政策具有了更多民主的因素，对日本殖民统治下人民的利益也作了更多的调整。威尔逊理想主义的出现，特别是人民自决的原则，给那些寻求家园自治的台湾民众和朝鲜民众带来了信心，并使"日本殖民主义"越来越多地处于守势。

到1914年，在中国台湾地区，这些想法已经鼓励了一场"运动"，目的在于使台湾民众拥有某些基本的公民权利。这场运动得到了日本杰出自由主义者们的支持，其中板垣退助是最为突出的。在中国台湾地区的日本人强烈反对这场运动，因此运动很快就被"总督府"所取缔。这种思想被持温和观点者的中国台湾地区的民众所继承，他们要求实现地方自治，并对"总督府"的"权威"进行限制。日本方面断然拒绝了这样的观念，表示坚决不对任何争取地方自治的运动做出让步。

在朝鲜，日本在半岛的第一任"总督"，严酷的寺内正毅将军，曾经试图强迫朝鲜人认可日本的制度和价值观，结果造成了无法被永久遏制的暴力对抗。尽管如此，1919年3月，朝鲜民众的不满情绪爆发，使日本的所有有识之士感到震惊。"三一运动"证明了朝鲜民众对日本政府的厌恶程度之深，以及威尔逊理想主义对朝鲜民族情绪的影响之大；它还表明了朝鲜在国家地位观念上的进步。超过两百万的民众汇集起来，为民族的解放大声呐喊。对于这场赤手空拳且一般来说不做抵抗的公众运动，日本政府的反应迅疾而血腥。[1]日本官方采取残忍的手段来镇压这场抗议运动，迫使剩下的朝鲜抵抗运动的领导人流亡国外，从而也留下了朝鲜憎恨日本的遗产。

席卷世界各地的令人惊骇的抗议活动，以及反抗日本在朝鲜殖民统治的运动，鼓励了日本国内那些试图缓和日本殖民政策的政治势力。原敬首相相信，殖民制度应当以日本最近进行的同样的官僚政治改革为导向。1919年3月，朝鲜的

[1] Yamabe, *Nihon tōchika no Chōsen*, pp. 58-101.

危机局面和中国台湾地区现任"军事总督"的死亡，为试图在整个帝国范围内实行行政改革提供了机会，而这将会改变日本的统治方式。改革的第一步是，取消或限制在某些殖民范围仍然存在的军事管制，因为它被证明是难以忍受的，对于达到民事管理的努力目标是不起作用的。在中国台湾地区，原敬"成功"地实现这一目标，他对田健治郎（Den Kenjirō）——一位值得信赖的本党同事——的任命，开始了对这个地区 15 年的民事行政管理。同样，在密克罗尼西亚，日本海军的行政机构让位于一个民事政府，这更适合于该群岛的委任管理状态。但是，在朝鲜，出于战略上的考虑以及来自军方的坚决抵制，使得原敬任用文官统治的努力被弃于一旁。虽然法律规定，文官可以被任命为驻汉城（keijo，京城）的总督，但在实践中，日本在朝鲜的行政管理仍然继续以一名军事独裁者为首，从而形成了一个完整的链条。

　　尽管如此，一系列"温和的改革"还是向朝鲜人指明了在政府管理、教育发展，以及产业开发方面具有更多的"机会"，并展示了日本人对朝鲜文化的"尊重"。在某种程度上，这些变化是由东京的某些行政机构促成的，它们相信与殖民地建立更紧密的关系能够对日本的行政自由化和改革提供帮助。在某种程度上，这也可以归之为一种迟到的认可，那就是朝鲜问题对日本来说已经如同爱尔兰问题之于英国一样棘手，至少需要某些最低限度的让步，才能减少朝鲜民族主义爆发的压力。正是由于后面这一原因，在"文化政治"（bunka seiji）的十年里，朝鲜进行了多项"改革"。1920 年，日本政府宣布进行一系列社会、政治和经济"改革"，范围包括允许朝鲜人能够更多地自我表达、取消滥用刑罚的司法系统、消除在公共服务方面日本和朝鲜的不同待遇，使朝鲜人享有均等的教育和经济机会，促进农业和工业发展，在管理朝鲜自身事务方面给予朝鲜人更大的"话语权"，等等。[1]

　　如果原敬首相没有在办公室遭到暗杀，这些象征性的声明有可能转化为实质性的进步，朝鲜人的愿望就有更大的可能得到实现。结果却是，接下来十年里，那些微弱的行政和社会"改革"，几乎无法实现原敬设想的给予朝鲜更多自由和权利的目标，更不用说满足朝鲜政治、社会和经济自主权的要求了。在经过仍然轻视朝鲜政治能力的殖民政府的过滤之后，日本统治的自由化很快就变

235

236

---

[1]　David Brudnoy, "Japan's Experiment in Korea," *Monumenia Nipponica* 25 (1970): 172-174.

成了空洞的口号。尽管如此，如果殖民制度改革的深度和速度远远达不到朝鲜人的合法要求的话，日本统治中过于的专制性和压迫性方面，至少这十年间在整个帝国是有所减弱的，而在朝鲜构建"现代经济设施和体系"的工作则在持续快速增长。

由于这些原因，日本控制下的所有领土"井然有序"，减轻了殖民当局的军事投入，它允诺在朝鲜进行"负责任的改革"，并正在履行其在南太平洋上"作为委任统治国的重要义务"。日本的殖民港口对所有国家都开放贸易，所有的殖民经济似乎都在迅速发展。即使日本的殖民政策中几乎与托管概念不相适应，并不准备让其附属国人民实行自治，但差不多可以说，与这一时期的荷兰、葡萄牙、比利时、意大利，甚至法国的殖民政策并无二致。

不管怎样，由日本文官政府于 20 世纪 20 年代发起的"自由主义改革"，以及对其侵占区域内人民的利益"适度通融的镀金外衣"，很快就在 20 世纪 30 年代激进的民族主义和军事需要的恶劣环境中消散殆尽。许多历史学家认为，日本国内向威权主义转变，出现民族主义狂热，以及军队在塑造国家政策上的影响再次加强的过程中，国内的社会动荡和经济混乱，以及国外特别是东亚地区的不确定和不稳定，是其中的主要原因。不管一个人在这些原因中可能相对强调哪一点，其后果都是"日本殖民帝国"的再次军事化，与其侵占区域之间的相互依赖关系转变为严格的管制，并被利用为日本在东亚和东南亚进行侵略扩张的基地。在这一过程中，这些变化急剧地改变了西方人和日本人对日本作为"殖民强国"的看法。

在 20 世纪 30 年代过热的政治气氛中，日本帝国再一次变得急于对外扩张，这些扩张行动很少通过其中央机关深思熟虑的决策，更多是由日本在国外的驻军随心所欲地决定。首先是从中国大连和旅顺地区以及朝鲜进入东北，又从那里向中国华北进军，日本在中国大陆的驻军，在很大程度上我行我素，开启了一个在正式帝国边界之外进行军事扩张的时代，这与 19 世纪后期法国迅速席卷西非的军事帝国主义没有什么不同。到 30 年代后半期，这些举措使日本陷入了与苏联的血腥战事，更与中国爆发了可怕的战争。

1940 年，随着国际局势的转移，诱使日本向东南亚进军，中国台湾地区和密克罗尼西亚群岛，成为这次行动的集结地。尽管并没有充分的证据表明，日本在 1933 年从国联退出前，曾经通过强化其在南洋岛屿上的军事设施，违背了它作为

237

托管国的义务，但到 20 世纪 30 年代结束时，日本已经匆匆在密克罗尼西亚群岛的所有岛屿上构建了海军和空军设施。

由于日本的侵占区域日益发挥了战略性的作用，所以"帝国"的"殖民管理部门"不可避免地要在 20 世纪 30 年代再次实行军事化管制。从 1932 年开始，关东军在中国东北地区的指挥官兼任了关东厅长官一职，到 30 年代中期，一位将军再次接管了中国台湾地区的行政机构。只有在库页岛和南洋，文职官员可以继续管理殖民事务。（在 1940 年，后者划归日本海军的实际控制之下，1943 年，日本海军正式承担了统治密克罗尼西亚群岛的责任。）

日本的"殖民政策"，在新的十年里关注的是帝国的经济整合和一体化的"殖民经济"，以满足日本列岛的战时需求。当感知到世界潮流向创建自给自足的单元发展时，日本的领导人，无论是文职官员还是军方将领，都开始相信日本必须建立自己的经济圈来寻求生存发展。从这个角度看，"殖民经济"主要被视为中央经济引擎的不同生产单位，以达成一种自给自足的守备状态。因此，到 1939年，"殖民经济"的人力和资源都被迅速无情地加以利用，以满足日本对劳动力、食品、战略性原材料和军用物资的不断增长的需求。尤其是在朝鲜和中国台湾地区，军事工业化的强制性法案迅速把这些地区转变为后勤基地，以支持侵略战争。最后，在军事化、受剥削和受管制的状态下，日本这个"殖民帝国"被抛入与美国的激烈对抗之中，并在这一过程中破碎无存。

"日本殖民政策"：概念与矛盾

虽然各种各样的利益推动日本沿着帝国的道路前行，但 1895 年以前这个国家在"殖民统治"方面没有任何经验和传统可言，这可能有助于日本发展出一种表述清晰的"殖民政策或学说"。然而，随着日本在海外建立起"殖民帝国"，日本的"殖民统治"事实上出现了两种基本的方法。集中于人种问题上的相互冲突的观念，是日本登上殖民舞台时被自己的过往历史和文化环境所形成的，因此这些"殖民政策"的概念存在着固有的内在矛盾。但是，不应该认为它们之间的差异是如此之明显对立，以至于它们把那些运作或书写"殖民事务"的日本人分成了两个相互敌对的群体。恰恰相反，两种学说都有助于"日本殖民政策"的形成，至少在帝国形成的前 1/4 个世纪是这样。此外，日本的殖民政策在其所

238

有阶段——保守化阶段、自由化阶段和军事化阶段——都呈现出两种最为重要的连续性：第一，相对于那些被"殖民统治"的人民来说，日本的利益摆在首要位置——在很大程度上是战略上的，但经济也占有次要的地位；第二，缺乏使被"殖民统治"的人民预备实行自治——即便是在遥远的未来——的任何安排。

在日本殖民政策的两个日本式概念之中，第一个概念的起源和方向是欧洲，而它被日本官员和公众人士所采用的，与日本在欧洲殖民主义进入顶峰时期进入殖民帝国的领域有着密切关系。因此，它的特性来自 19 世纪晚期欧洲"新帝国主义"理论所共用的假设和偏好，在很大程度上由那些拥有跨地域领土和多元化种族的欧洲殖民帝国派生而来。

首先，这是一个用"种族分离主义"进行"殖民统治"的方式，就这点而论，它反映了当时盛行的社会达尔文主义。它毫无保留地接受了这种概念，即"生物法则"不仅确定了人际关系的演变过程，也确定了"生物"——也就是种族——在政治能力上的差异。由此假定，一方面，各种族的"进化"都是根据其先天具有的能力或缺失的能力，在现代化过程中也是如此；另一方面，"优胜的"种族享有主导和指引"次要"种族命运的道德权利。[1]

其次，这种"殖民统治"的理论在其应用过程中是自觉"理性"的，这反映出当时欧洲人的"信念"，即现代科学技术可以被用来解决社会有序变革的任务。因此，后藤新平的"系统"的、以研究为导向的开发方针及其将侵占区域作为一个实验室，其中进行的社会工程实验能够决定这一地区的变化过程，证明了19 世纪欧洲关于异域民众治理理论，尤其是德国威廉一世（Wilhelmian Germany）所鼓吹的"科学殖民主义"的伪科学假设，而后藤新平就是在德国被训练成一位博士的。

像当时很多欧洲国家的殖民政策一样，日本帝国的这种概念，在语气和言辞上也是家长式的和四平八稳的"人道主义"。它沿用了这样的设想，那就是在吞并海外领土满足自己的私欲时，一定不要怠慢这些被侵占区域内民众提出的控诉，而应为他们的"福利"和最终的"教化"做出努力。在西方国家，这种道德因素是一种强迫性意识的组成部分，那就是认为殖民国家对被侵占区域内

239

---

[1] 例见 Yosaburo Takekoshi, "Japan's Colonial Policy," in *Japan to America*, ed. Naoichi Masaoka (New York: Putnam, 1915), pp. 96-99。

民众的"进步"负有责任。这种意识在不同的语言中有不同的表达：在法语中是"文明的使命"（*mission civilisatrice*），在比利时语中是"教化"或"德化"（*moralisalion*），在德语中是 *Eingeborenenfursorge*，在葡萄牙语中是 *politico da atraccao*，当然还有英语中的"白人的负担"（*whiteman's burden*）。对日本来说，这个"道义"责任不仅源于日本在明治时期已经完成了改革的假设，源于日本可以改变被侵占区域内民众命运的假设，也源于一种不断增长的信念，即日本具有引导其他亚洲国家人民的"天职"（*tenshoku*）。新渡户稻造如是断言："殖民主义的最高和最终目的是人类种族的发展。""如果我们忽视人道主义，那么我们的伟大使命将收效甚微。"政治评论家持地六三郎（Mochiji Rokusaburō）也谈到了"通过扩散本土的文化，使 [他们获得] 人道主义的进步"的必要性。[1]

最后，从海外管理这个视角来看是渐进的。它假定，并且一直坚持，来自被侵占区域外部的压力和来自被侵占区域内部的需求是不紧不慢的，而为了殖民统治的利益好好工作的时间则是无限延伸的。从最保守的形式来看，这种方法赞成殖民地现状的永久化，相对于本土种族，被侵占区域内的民众将永远处于从属地位，没有任何政治权利或任何责任。从最宽松的标准来说，这种观念与同时代法国的"社团"学说可谓异曲同工，这种学说认为，被侵占区域内民众应该保留一种单独的身份认同，应对之施以实用主义的治理，并对殖民地内各个族群的制度给予充分的尊重。

从 1905 年到 1920 年，对"日本殖民政策"加以了解的这种一般方法得到了明确的表达，因为对"日本殖民事务"的知情意见越来越多。在很大程度上，这是由一群社会活动家——前政府官员、学者、政治家和新闻记者——表述成型的，他们广泛"精通"现代欧洲的殖民理论，也拥有殖民事务的第一手资料。像新渡户稻造、东乡实（Togo Minoru）、持地六三郎、竹越与三（Takekoshi Yosaburo）、永井柳太郎（Nagai Ryutaro）这些坚持自己权利的社会名流，给出了大量关于"日本殖民帝国"的评论，包括书籍、文章和公开讲座，与此同时，在日本一些顶尖大学中设立的殖民研究讲座（东京帝国大学于 1908 年设立，早稻田大学于 1909 年），也出版了许多相关著作。大多数这些论说，都可以在日本官

240

---

[1] Nitobe Inazō, *Zenshū*, vol. 4 (Tokyo: Kyōbunkan, 1969-1970), pp. 371, 478; Mochiji Rokusaburō, *Taiwan shokumin seisaku* (Tokyo: Fuzanbō, 1912), pp. 431-432.

方关于殖民主义的言论中找到。从总体上说，这些论说是"理性的""保守的"和"家长制作风"的。它把被侵占区域视为"独立的领土"与本土加以区分，而不仅仅看作是本土的延伸。然而，这些论说以日本"跻身殖民国家为荣"，将之视为一种普遍的"文明使命"。

"日本殖民统治"的第二个概念包含了一组假设，这与那些基本的欧洲殖民理论完全不同。它在很大程度上源自日本帝国的亚洲根源，特别是起源于日本和它的两个面积最大、人口最多的殖民地之间存在着的种族和文化亲缘关系。它创立了"同化"（doka）学说的表达方式，旨在消除被侵占区域与本土之间所有的分歧。当然，作为一个一般概念，同化不是日本所独有的，因为它也曾在法国的殖民理论中得到过热情而清晰的表达。但是，并没有充分的证据证明，法国主张社会同化者的学说对明显具有亚洲起源和特性的日本"同化"思想的形成产生过很大影响。

对于日本的"同化"观念来说，至少有四个极为重要的假设：第一是坚信日本曾与中国文化圈的其他地区有着不解之缘，因为它们分享着共同的文字系统以及种族和文化的相似性。日本"同化论"的倡导者认为，这些"共同的文化"为日本与亚洲殖民目标之间提供了"联合"的可能性，而这在种族和文化五花八门的欧洲热带殖民帝国中是不可想象的。

第二，日本的"同化"观念含有"强烈的源于儒家传统的道德元素"，它强调的是一句不断重复的短语，"一视同仁"（isshi dojin），表达的是在君主的"统治"下人人平等。由于它含蓄地提到了日本天皇的"意志"，所以这是一个吸引所有日本人的有力概念。然而，它的模糊性又意味着这一概念可以涵盖各种不同的解释，以适应不同的政治需要。它可以被给予"最自由的解释""强调的是向"殖民者"和"殖民目标"提供平等权利的必要性"，或者"被给予最专制的解释"，关心的是"所有日本臣民"，无论是在本土还是在被侵占区域内，"在他们尽到对国家的义务之后享有的平等"。

第三是日本人种和日本皇室之间的神秘联系，它们共同形成了一个帝国大"家庭"。这个原则可以向外扩展到包括那些在日本统治下的新的族群，这些人同样可以成为天皇的"子民"（komin）。然而，这里再一次证明，这一同化概念如此晦暗，以至于明确藐视了这种"皇民化"民族具用的任何权利和责任。概念上的模糊不清使它与其说是学说，不如说是教条。作为一种观念，"同化"逐

渐对日本人产生了广泛的吸引。因此，它在一定程度上与那些更为欧洲中心化 242
的殖民统治观念相契合，因为它包含了"提升"和"教化"落后的被侵占区域
内的民众的思想。[1]

　　尽管日本的"同化"理论包含着许多高尚的辞藻，主要是关于"殖民者"和
"殖民目标"之间在"相互熟悉和尊重的基础上实现真正合并的必要性"，但是，
"日本殖民主义"的环境很少允许这样的"理想"实现。然而，一种相当有限的、
物质上的同化，得到了日本官员的积极推动，使之成为一种社会控制的手段。通
过积极"鼓励"被侵占区域内民众在外在仪表和生活方式上的"日本化"，日本
官员试图在外观上把他们重塑为"忠诚、守法的日本人"。"殖民官僚"对这一规
划方案感到欢欣鼓舞，"诱导他们说日语，到日本本土居住，穿现代日本服装"。
一般来说，这是为了加强他们对"统治精英的身份认同"。最终，支持"同化"
的官方政策被降低到这种机械水平，大体上达到了被侵占区域内民众之间表面
"同化"的结果。[2]

　　第四，然而，关于"同化"最随意、最宽泛的解释，主要集中在把日本的法
律和制度直接运用于它的海外侵占区域上。尤其是，它意味着本土日本人在明治
宪法框架下所享受的政治权利和各种特权，同样向侵占区域的民众扩展。在殖民
目标与政治自由化的本土之间建立更紧密关系的想法出现在大正时代，它的倡导
者是某些批评"殖民政府"滥用权力，但却反对给予任一地方自治权利的国会议
员。这基本上反映了原敬担任内阁首相时期的殖民政策。原敬和国会中的自由
派人士主张，通过向日本侵占区域内的民众提供"先进的教育""扩大的公民自
由"，以及"不断提高的政治责任"，包括在国会中增加民众代表，同时取消阻碍
日本和其海外侵占区域之间"实现政治融合"的限制，把侵占区域迅速而直接地
吸收进日本的政治框架中来。原敬在 1920 年时坚持认为，"大多数朝鲜人并不渴
望独立，但希望享受与日本人平等的待遇"。[3] 然而，不论原敬是否低估了朝鲜的
民族主义，但他的设想遭到了日本军队、殖民官僚机构，以及居住在这些地区的
日本人盘根错节的反对，这种强大的反对力量阻碍了原敬实现其殖民目标的任何

[1] Lamley, "Assimilation," pp. 496-499.

[2] Ibid., pp. 503-504. The contradictions in Japan's assimilation policy are discussed in Hatada Takashi, "Nihonjin no Chōsenkan," in *Nihon to Chōsen*, vol. 3: *Ajia-Afurika Koza* (Tokyo: Keiso shobo, 1965), pp. 5-10.

[3] *Hara Takashi nikki*, vol. 8 (Tokyo: Tōkyō Kengensha, 1950), p. 563.

可能。因此，在他被暗杀后，也就宣判了将"真正的政治平等"伸展至侵占区域的遥遥无期。

尽管原敬的改革失败了，但 20 世纪 20 年代由原敬开辟的较为宽松的氛围，确实使得在侵占区域内进行"适度的社会和经济同化性质的改革"成为可能，这种情形在中国台湾地区表现得尤其明显。这个地区的第一任文职总督田建次郎，推行了一种"教化"（kyoka）政策，这个温和的计划旨在为中国台湾地区的民众提供"先进的教育"和与日本人"相同的就业机会"，并通过"普及日语和鼓励种族之间通婚，来实现社会一体化和种族融合"。但是，甚至连田建次郎和他的直接继承者在岛内发起的有限"同化"政策，也只被设计来以最渐进的步骤向前推进。事实上，在这个十年之末，当地民众在他们自己的土地上依然处于明显的次等的社会和经济地位。[1]

无论如何，在 20 世纪 30 年代，"日本殖民帝国"伴随着再军事化的过程，剥削和管制不断强化，"适度宽松的同化"政策让位于一个匆匆制订的、本质上具有强制性的政策。日本的"同化"理论与许多日本人"泛亚细亚主义的理想"之间，一直有着某种朦胧的区别，在当时，"种族和谐""共存共荣""亚洲种族融合"等主题，逐渐变得比现代（西方）殖民主义一般的"文明使命"说教更具有价值。事实上，欧洲多样化的殖民主义被视为阻拦"泛亚洲团结"的一个障碍，因此日本的决策者对它的敌意不断增加。到这个十年结束的时候，这种观念已经物化成为一个刺耳的、由官方支持的"皇民化"（kominka）的运动，目的在于达成以日本种族为依据的"帝国化"。但是，在它关于"平等"的神秘言辞中，不再谈到民众的权利，而只是侈谈义务。这种意识形态的管制，如今开始支配日本所有的侵占地区，对朝鲜的管制尤为严厉，在这里，"总督"竭尽全力想要消灭各种形式的朝鲜身份特性，包括试图阻止任何人使用朝鲜语言，用格雷戈里·亨德森（Gregory Henderson）的话来说，就是"殖民地的极权主义"。[2]

此外，随着这十年的时势发展，日本军队开始在亚洲毗邻地区横行肆虐，日本的决策者们逐渐把正式帝国之前侵占的和新占领的地区看作为一个无差别的"统一体"，构成日本人在亚洲的"目标和前景"。出于这样的原因，所有提及侵

---

[1] E. Patricia Tsurumi, *Japanese Colonial Education in Taiwan, 1895-1945* (Cambridge, Mass.: Harvard University Press, 1977), pp. 146-156.

[2] Gregory Henderson, *Korea: Politics of the Vortex* (Cambridge, Mass.: Harvard University Press, 1966), pp. 72-114.

占区域的表述都被消除，而只区分为"内地"和"外地"。欧洲的殖民模式不仅遭到抛弃，更被唾骂为堕落和邪恶。日本将要"领导"所有的亚洲种族（如有必要将通过武力）进行"民族解放战争"，把西方殖民主义者从亚洲驱逐出去。[1]

与此同时，关于日本在亚洲的"使命"，日本官方言论也开始显现出明显的种族主义的痕迹。尽管仍在不断提及亚洲的"种族和谐与共存共荣"，但日本政府越来越多地谈到日本在"大东亚共荣圈"内的"主导"地位，日本军方也有不少人公开谈论自己是"民众的主人"。

受到这些帝国目标的内部矛盾撕裂，最终，"日本殖民主义"的"反殖民主义"表述无法获得各被侵占地区民众的支持，在"平等"的名义下是越来越严重的压迫和剥削，在帝国于太平洋战争的废墟中轰然崩塌之后，也不能得到历史的辩护。

帝国的管理

一开始，日本帝国迟迟不能为"中央的殖民管理"建立起行政机构。在帝国的前几十年里，随着时间的推移，连续不断的管理变动把各个分离的侵占区域置于东京不同的部门管辖之下，或是置于首相办公室的管理之下。到20世纪20年代，帝国的扩张使得"殖民统治"有必要进行统一的管理，但直到1929年，才成立了拓务省（Takumushō），由内阁大臣担任长官，负责监管帝国所有海外的侵占区域。然而，这个机构没有任何权力，不像英国的殖民地办公室或法国的殖民部，它们对各自殖民地的影响相当之大。相反，有效的中央权威由东京的某些部门，尤其是陆军省和海军省，通过其在侵占区域内的代理机构加以行使。虽然存在日本拓务省，但它在很大程度上只是充当了协调和报告的工具，从某种程度上说它并没有任何真正的权力，即便这种权力可以在较小的侵占区域内行使，也不能在其他侵占区域行使。随着太平洋战争的爆发，拓务省被废除，为了保持帝国的意识形态和"泛亚细亚主义"的特性，它的所有职能都由大东亚省（Dai Tōa-shō）接管，以处理除中国台湾地区、朝鲜和库页岛之外的所有日本在亚洲占领地区之间的关系。1942年，朝鲜由日本内务省加以控制。1944年，库页岛变成了 245 日本的一个县。

---

[1] Nagao Sakuro, *Nihon shokumin seisaku no dozo* (Tokyo: Yuhikaku, 1944), pp. i-8, 2.

军队在日本"殖民事务"中的强大影响力，与东京没有一个集中有效的殖民管理机构有很大关系。由于帝国形成的特殊环境，军政管制是所有侵占区演化发展的初级阶段。在帝国历史的其他大部分时间里，军人仍然继续扮演着主要的角色。鉴于日本军部的权力和威望，以及它独立于文职机构的控制，日本陆军和海军事实上在日本的海外侵占区内有着完全的行动自由，从而把殖民政府从日本本土的政治发展隔离开来。

然而，在中国台湾地区和朝鲜，军事当局是最具主导性的，而结果是行政当局成为最自主和最独裁的机构。这些"殖民总督"——只有日本殖民官员才能获得这样的头衔——具有"亲任"（shinnin）等级，这意味着天皇亲自出席聘任仪式，而这是日本官场的最高礼仪。这些"总督"拥有巨大的行政、司法，甚至"立法权力"，确实远远高于本土政府任何一个单一的部门，包括首相在内。

对于这个问题，既不是一般的日本政府机构，也不是任何其他的日本殖民政府能够解决，因为它们受到不得不处理与殖民"立法机构"关系的困扰，或是受到对当地民众缺乏有效自治工具的限制。虽然，作为一种安抚朝鲜人情绪的方法，在朝鲜殖民机构中的当地民众人数远比在中国台湾地区殖民机构中的多，并在首尔设立了由朝鲜人组成的"中央顾问委员会"，但由"总督"所颁布的"兵工厂法令限制"，使得朝鲜的这些"优势"在本质上毫无意义。

比较中国台湾地区和朝鲜，朝鲜的行政当局已经具有更为令人畏惧的权力。虽然对这两个"总督"职位的任命，在 1919 年后才在理论上对文职人员开放，但只有中国台湾地区是真实发生了这种变化的。在朝鲜，由于日本军方的坚持，仍然实行持续不断的武官统治。由于军队在日本的政治制度中拥有自主权，所以朝鲜"总督"与日本的首相之间的关系一直很不明确。虽然前者间或接受后者的监督是一件非常方便的事情，但直到日本统治终结，朝鲜"总督"几乎都是直接向天皇报告。只有具备最高官阶和最大影响力的日本军人才能被提名为这一职位的人选，这个事实进一步提高了朝鲜"总督"职位的威望。来自东京文职政府的政令几乎无法干扰朝鲜"总督"的行政，作为帝国的"总督"比殖民官员拥有更大的职权。[1]

朝鲜"总督"也无须因要不要顺从东京的日本国会而感到困扰。在帝国形成

---

[1] Kim Han-kyo, "The Japanese Colonial Administration in Korea: An Overview," in *Korea Under Japanese Colonial Rule: Studies of the Policy and Techniques of Japanese Colonialism*, ed. Andrew Nahm (Kalamazoo: Center for Korean Studies, Institute of International and Area Studies, Western Michigan University, 1973), pp. 41-53.

的这些年月，是否把"宪法条款"延伸到侵占区域的问题一直悬而未决，这激起了国会向日本殖民政府权威的挑战。具体来说，争议集中在"总督"是否有权发布政令（seirei），侵占区内的立法条例是否与"日本法律具有相同的效力"，或者，根据宪法，立法权是否归属于国会。

结果是，朝鲜总督既不会受到来自本土的干扰，也无须听从朝鲜大多数人的意愿，他能够像一个军事独裁者一样进行统治。在他之下，总督府的官员由大量沉默寡言的行政精英所组成，其中的大多数职位都是预留给日本人的，这些人通常过于自负，以为自己无所不能，并且对朝鲜人怀有轻蔑的情绪。

在地方政府方面，朝鲜和中国台湾地区有着几乎相同的管理系统。省级政府 247 的首脑在任何情况下都是由获得敕任（chokunin）官阶的日本人担任（该项任命由帝国命令授予，需根据有关官员的推荐，在这种情况下，推荐人通常为"总督"）。在这之下是县、市政府，在行政系统的底层是乡镇和村庄。朝鲜人占据了半岛上大部分村庄的村长职务，还有些人就职于地方乡镇办事处，甚至有少数人成为县、市一级行政机构的主管；与之相反，在中国台湾地区，日本人垄断了地方政府中这三个级别的所有职位。为了得到两个地区民众的支持，作为让步，殖民政府提供了一种"地方自治"的外观，这种"自治"以"协商会议"的形式出现，设想以此把当地民众的意见"注入地方决策"的过程。但在事实上，这种"协商会议"主要是由日本人或亲日的当地民众组成，一般是由政府选定而不是根据当地民众的意愿选出。无论如何，他们被给予的只有提供建议的权利，而两个"总督"可以接受也可以拒绝，只要他认为合适。

其他三个较小地区的殖民结构可以简要地加以概括，因为除了那里的首席行政官员的威望和权力受到减少和限制以外，与上述两个地区的行政结构并无很大差别。每个地区都由具备敕任官阶的日本人担任最高长官，他们通过主管地区事务的部门对首相负责，直到第二次世界大战期间，情况才发生变化。所有这三个地区都包含两个层级的地方政府。第一，区（或在中国大连和旅顺港的情况下称为市），担任行政长官者须具备"奏任"（sonin）官阶（即名义上由皇帝任命，但在实践中由总督任命）。第二，在此之下是乡村政府，由首领或村主任担任领导。在库页岛，日本人控制了各级行政部门。在中国大连和旅顺港，以及南洋，只有村一级的行政机构原住居民才可以参与。此外，即使在偏远的南洋岛屿上，日本殖民势力的伸展也削弱了原有本土精英的权威；虽然南洋厅并未取代传统的乡村领袖，但它时常干脆绕过他们，建立起了一个新的地方官员层级，由地区政府加以任命并付给薪酬。[1]

248　　当然，在日本进行殖民冒险之初，它的第一批海外官员，就像德国殖民主义初始阶段的那些人一样，混合了各种人群，包括许多冒险家、浪漫主义者、开拓者和精神不健全的人。但是，随着日本加强了管理，这些不良分子逐渐被排除了。

这并不是说，在人员分配方面，日本政府不把殖民经验作为一种有利条件，而是因为许多日本海外官员不断从一个侵占区转换到另一个侵占区，他们对任何一个侵占区的记录，很少有超过几年的时间。毋庸置疑，这些安排也促使了日本殖民官员对他们所管理的当地民众的冷漠和隔离。然而，由于他们被灌输了日本政府典型的公众服务意识，因而工作认真，同时因为他们得到了公开的优待和奖励（这一点常常引起同样在殖民政府工作的同事的怨恨），所以他们很少受到腐败或渎职行为的污染。

日本殖民管理普遍"有效"的一个关键因素是，有如此规模的军队和警察力量，以保证当地民众服从日本的权威。在朝鲜，日本保持了最大的军事力量。朝鲜早已被制服，它的军队被一个师团和几个步兵团遣散；1920年后，日本陆军中最好的两个师团长期驻扎在朝鲜半岛的北部。此外，日本还在这个国家保留了几个航空兵团和堡垒要塞，与此同时，还有遍布整个国家的宪兵队（kenpeitai）。在中国台湾地区，考虑到其范围较小和发生内乱的可能性不大，日本保持了相当的军事存在：一个混成旅、一个航空兵团、一个炮兵团，所有的主要城镇都驻扎分遣宪兵队，还有一支卫戍部队在中国澎湖列岛的马公岛（Mako）海军基地担任守备。在中国旅顺要塞及其附近，关东军的部队多到足以应付任何突发事件。不过，在库页岛和南洋，日本陆军和海军的力量可以忽略不计，直到太平洋战争爆发前一年左右，情况才发生了变化。[2]

意味深长的是，日本从来没用殖民军队来扩充其海外的驻军。在所有的殖民国家中，日本是唯一一个从来没有从侵占区民众中募集任何独立建制军事部队的强国，而英国有它的印度人部队，法国有殖民军团，比利时也有刚果人部队。

---

[1] Yamabe, "Nihon teikokushugi to shokuminchi," pp. 217-219.

[2] Ōe Shinobu, "Shokuminchi ryōyū to gunbu," *Rekishigaku kenkyū* (September 1978): 10-41; Bōeichō bōei kenshūjo senshishitsu, eds., *Kantōwgun*, vol. 1 (Tokyo: Asagumo shinbunsha, 1969). pp. 13-15.

在很大程度上，这可能是因为日本从来没有考虑过武装其殖民地人民的可能性。250 在第二次世界大战中，确实有侵占区民众被征召进入日军之中，但只是进入劳工营，而不是独立的殖民作战部队。

然而，如果英国只保留了几个营的部队，就为其广袤的非洲领地提供了安全保障，那么，人们就会认为，以"日本殖民帝国"的中小型规模而论，它在侵占范围或本岛附近保持的可用军事力量似乎确实过于庞大了。毫无疑问，这种占优势的军事力量的存在，对日本殖民官员的态度产生了影响，他们知道他们有可靠的、忠诚的、压倒性的军事力量的支持，因此在对付当地民众时不太可能妥协。

然而，日本殖民政府很少用正规军队来维持秩序。处于帝国内部安全第一线的是由日本人所雇佣的两种系统、双重编制的强制执法者：通过"巧妙"利用社区控制的固有系统来补充现代"高效"的警察力量。

就像其他许多方面一样，中国台湾地区成为贯穿整个日本帝国执法体系的"典范"。在夺取这个岛屿之后的迫切问题是压制持续不断的抗日活动。动用日本正规部队代价太贵，以至无法像地方治安部队那样长期使用。后藤新平总督251 提议，模仿日本本土的警察体系，采取步骤创建一支现代警察力量，以适用于中国台湾地区的情况。经过谨慎的招募，严格的训练，这支警察部队除了内陆最荒凉的居住区（在其边界由经过专门训练的日本警备部队巡逻）之外，分布在整个岛上，日本警察被配置于每一个村庄，准备快速而有效地惩罚任何抵抗日本当局的行为。

更有甚者，警察成了其地方管理的"支柱"。警察被委派以广泛的"职能"——税捐稽征、卫生条例执行、公共信息监管、地方公共工程项目监督，以及其他各种监管任务——日本警察变成了一种"殖民官员"，其职责与英国非洲殖民地方官员"相似"。在接下来的几十年里，这个警察系统的结构和功能已经非常成熟并扩展到其他地区，而它也能适应各地的环境。[1] 在他们看似"无所不在、无所不能"的角色里，日本警察是殖民政府和当地社区之间的主要联系点，这种情况贯穿了整个帝国。即使在较为偏远的南洋，每个村庄也都会指派一名警

---

[1] Ching-Chin Chen, "Police and Community Control Systems in the Empire," in Myers and Peattie, *The Japanese Colonial Empire*, pp. 213-239.

员对村政府进行监视，并指导当地居民使用现代农业技术，因为他们自己也经常接受这方面的训练。对日本当局来说，日本警方的广泛功能，是其一直以来"引以为傲"的来源，也是效率的象征。从这个角度来看，警察在殖民事务中的主导地位，提供了帝国在法律、秩序和物质文明方面取得"进步"的证据。[1]

日本警察在执行各项任务时，受到了在数量、权威和薪资标准上都处于一目了然从属地位的当地警方的协助，但是当地警方从未完全取代日本警察。只有在朝鲜，日本人已经接管了国家警察部队（他们在很大程度上帮助训练），而当地民众确实在殖民警察系统中占据了较高的职位，并构成了整个殖民警察力量中的很大一部分。但是，朝鲜警方却绝不可能独立于日本警察当局。

现代警察力量极其昂贵，而且，只靠他们自己并不足以维持整个帝国的地方秩序和官僚控制。为了补充和支持各地警察的各种职能，日本人很快就利用了传统的乡村治安和领导系统。在这方面，中国台湾地区再次提供了"有价值的先例"。后藤新平在迅速了解当地的风土人情后，迅速采用中国古代集体责任制的保甲制度，来维持乡村里的法律和秩序。几个世纪以来，这种对社区实行控制的机制促进了中国农村地区的稳定，但是在中国台湾地区却被弃之一旁，没有派上用场。在后藤新平的"指导"下，保甲（日语称"*hook*"）制度成为一种"有效的"机制，"促进"了信息收集、民兵组织动员，以及搜索和拘押持不同政见的嫌疑者。不仅如此，后藤新平还翻新了这一系统，使其不仅适用于本地安全而且也能用于一般的行政管理。通过这一制度，政府能够使用当地人力来"稽征捐税、建设和维护地方公共工程"，收集普查数据，并进行其他各种各样的管理任务，当然，所有这一切都要在日本警察的监管下进行。[2]

保甲制作为中国的一种传统制度，在朝鲜、库页岛和南洋无法发挥同等的效力；作为农村的一种控制系统，它也不适用于中国大连和旅顺地区的都市民众。然而，基于他们在社区控制方面的经验，日本人学会了如何在其所占据的所有地方操纵传统的控制机制（库页岛除外，在这里居民绝大多数是日本人，因此没有

---

[1] 然而，对于访问过这一地区的西方观察家来说，日本殖民警察的无所不在和时时盘查成为一种日益严重的负担。那些穿行过日本侵占区的外国人所写的旅行游记，几乎总是提到官方对外国间谍的恐惧，以及警察对外国居民和游客的日常监视和频繁盘查。

[2] Ching-chin Chen, "The Japanese Administration of the Pao-chia System in Taiwan, 1895–1945," *Journal of Asian Studies* 34 (February 1975): 391-446.

必要这样的）。在朝鲜，殖民政府推崇儒家的"美德"，特别是对君主（这里指的是日本天皇）的效忠，并任命有能力且心甘情愿臣服于日本的朝鲜人担任地方领导。在南洋，日本警方通过村社头领进入当地的密克罗尼西亚社区，以确保当地的秩序并保证当地人遵守日本的指令。

通过这些日本人和针对当地民众的机制，日本能够扩展其严密的官僚控制，甚至能够达到帝国最偏远的地方。通过不受任何阻碍地实行任意妄为和专制主义的统治，迫使被侵占区的民众臣服于警察不断的监视和各种各样的社会控制系统，日本殖民政府由此保证了整个帝国的法律、秩序和稳定达到"前所未有的程度"。在这个过程中，他们创造了权力更为集中的官僚机构，其专制程度比日本本土的官僚机构还要有过之而无不及，这一事实表明了某种活力和力量，借此日本政府能够贯彻它的殖民政策。

日本殖民经济：开发与剥削

在日本的殖民历史中，没有哪一方面比帝国实施的经济政策更为复杂也更有分歧。日本在侵占区内建立了现代经济的基础设施，"发展"了农业和工业生产，这是第二次世界大战后大量关于"日本殖民主义"经济层面问题学术研究的焦点所在。使用这些标准，认为帝国经济的"发展"可以说是"合理"的。然而，鉴于日本对其殖民目标的苛刻诉求，在日本人对侵占区的索取与其向侵占区的投入之间所产生的巨大不公平，以及这种"发展"所造成的地区经济结构的扭曲和失衡，日本的经济政策在战后受到了日本前侵占区民众的谴责，并受到该领域大部分专家的批评。从这个角度来看，日本在侵占区的经济活动用"剥削"这个词更合适。这场争论如今已经发展为情绪性的相互指责，而不完整或有争议的数据，以及高度专业化分析方法的应用，使得争论的双方几乎处于势均力敌的境地，这也使这一问题在不久的将来更加不可能得到解决。[1]

然而，就"日本殖民帝国"内的经济关系做出大多数人可能会同意的有把握的概括还是有可能的。虽然这些在某种程度上适用于整个帝国，但主要是来自中

---

[1] 例如，以"剥削"的思路来研究日本殖民政策的著作，可参见 Kwan Suk-kim, "An Analysis of Economic Change in Korea," *in Korea Under Japanese Colonial Rule*, pp. 100-107; and Asada Kyōji, *Nihon teikokushugi to kyū–shokuminchi jinushisei* (Tokyo: Mizu shobō, 1968)。

国台湾地区和朝鲜的特别案例，数据在很大程度上也是依据日本在这两个地区的"经济计划"。

不管日本侵占这个殖民帝国的动机是什么——本质上这些似乎已在很大程度上是出于战略而不是经济的考虑——日本改造其殖民目标，使之达到本土的经济发展条件的进程却并不慢。在这个意义上，"日本殖民帝国"的经济结构与欧洲典型的殖民模式没有什么不同，即殖民经济体发展成为服务于本土产业的原材料生产者，并作为其制成品市场。如果有什么区别的话，那么情况或许是，虽然欧洲国家对其殖民经济的关注时紧时松，但日本却致力于不断钻研开发其侵占区经济利益的规划和技能。套用一位学者的话说，就是"日本殖民经济变差不是因为疏忽而是因为过度关注"。

254　　很明显，只有日本的权力和资源，才可以解释在帝国时期经济增长达到了这样的规模和方向。中国台湾地区和朝鲜农业经济的转变并不全是由"充满活力"的私人资本造成的，而是"积极进取"的殖民官员们采取的政策，旨在服务于东京中央政府建立殖民势力范围的需求，这最终导致了经济增长和私人资本的参与。为了实现这些目标，日本简单地把明治政府促进本土繁荣的成功经验延伸到其侵占区。在最初的军事和行政措施之后，接踵而来的是要提供一个稳定和安全的殖民环境，因此，新的殖民政府着手"创造"对经济增长至关重要的现代化设施和机构，这往往对日本和其侵占区同时"有益"。

在日本侵占中国台湾地区的时候，这些"努力"尚未得到后者收益的支持，因此只能通过财政赤字支付，这对一个近来着力推进本国经济现代化的中央政府来说是一个昂贵的负担。因此，日本的当务之急是减少这项支出，使当地经济尽快独立，也使其充当本土利润的"来源"。"总督"决定让农业部门来承担现代化建设的费用。为了能够这样做，"总督"运用其巨大的权力直接作用于农业发展，分配必要支出，利用特殊税收来影响农业生产者的行为，推广现代农业科技，以及在某些有望能够获得大量收入的农业基础产业建立垄断组织。更重要的是，殖民政府投入了最深入的研究，以规划开发这些大宗商品，为快速的投资回报提供"最好的"前景，同时能够满足日本国内的需求。正是这些努力奠定了 1900 年到 1910 年间制糖业"高度成功"的基础，最初制糖业得到了大量的补贴，并在十年内成了其主导产业，且最终实现了财政自给。随后，殖民政府从制糖业转向水稻
255　生产的"发展和现代化"，由于应用现代科学和技术，结果是到 20 世纪 20 年代，

水稻成为中国台湾地区第二大输往日本的商品。[1]

这种大规模的政府干预模式，刺激了农业生产的商品化，特别是通过赤字财政，大规模的公共投资，以及建立半政府的垄断组织，奠定了日本海外经济的基础。当然，在关东州地区和南洋地区的农业发展格局与此大致相同，但是从库页岛开始，日本的行为变得更具剥削性，就像纸浆制造行业的私人资本贪婪地使用殖民地内的木材蓄积一样。

无论怎么说，日本的殖民经济政策都是为了满足本土的需求，而不是当地民众的需求。出于这个原因，整个殖民帝国时期内，日本殖民政策的演变不能脱离日本国内经济的情况来单独理解。按时间顺序来看，这种国内需求和殖民政策关系的演变可以分为两个不同的阶段。

在初始阶段，大约从 1900 年至 1930 年，日本从一个基本的农业经济改造成为以工业为基础的经济，这决定了国家经济需求的转变。一个蓬勃发展的工业机器已经开始为它的制造品要求国外市场，而最容易发现的市场存在于"受保护"的侵占区，在这里来自外部的竞争能够最有效地被驱除。因此，在这一阶段，台湾岛和朝鲜的贸易越来越依赖于日本。日本垄断了殖民范围的主要行业，建立了殖民海关系统，把殖民范围的整个对外贸易都转道于日本本岛。同时，殖民政府还大力阻止当地那些可能会对日本经济产生威胁的产业发展。

同样重要的是，日本国内的农业部门再也无法满足国内人口不断增长的需求。19 世纪末，日本曾经存在粮食过剩的情况，这是由于在明治初期日本农民的辛勤劳作，但是，如今的日本已经面临谷物短缺。从国外进口粮食并非长久之计，因为这会造成日本宝贵外汇的流失。

出于这些原因，朝鲜和中国台湾地区被开发为主要的食物供应者，中国台湾地区主要是糖，朝鲜主要是大米。然而，尽管进行了这样的努力，但由于快速工业化引起日本的经济过热，食品价格持续上升，日本的粮食储备，尤其是大米，仍然不足以满足日本民众的需求。这些情况引起了 1918 年大范围的"米骚动"，民众骚乱浪潮导致了社会严重动荡。对此，日本政府指示朝鲜殖民当局，大规模

256

---

[1] Samuel P. S. Ho, "The Economic Development Policy of the Japanese Colonial Government in Taiwan, 1895-1945," in *Government and Economic Development*, ed. Gustav Ranis (New Haven, Conn.: Yale University Press, 1971), pp. 289-299; Samuel P. S. Ho, "The Economic Development of Colonial Taiwan: Evidence and Interpretations," *Journal of Asian Studies* 34 (February 1975): 417-439.

地扩大在半岛的水稻生产。结果，在水稻增产计划中，日本方面努力"推进"朝鲜农业技术的"改善"，并通过扩展灌溉系统增加了可耕地面积。这些"努力"确实"大幅度"提高了朝鲜半岛的水稻年产量，从而使朝鲜成为日本主要的大米供应者。[1]

虽然中国台湾地区和朝鲜人口的大部分是农业人口，但日本提高农业产量的计划对这两个殖民目标却产生了明显不同的影响。在中国台湾地区，日本的农业政策直接"有益于"农村经济。整个中国台湾地区的农业技术逐渐得到"改善"，不仅提高了生产水平，而且增加了亩产量。此外，直到 20 世纪 30 年代，台湾大米的大量出口对台湾民众的消费水平影响并不大。最重要的是，在中国台湾地区实施了土地登记程序（从 1898 年到 1903 年），目的是获得准确的数据，用于制订农业规划，并提供"扩大而稳定"的税基。一方面，这一土地登记程序对当地传统的土地所有制度并未产生很大的暴力侵犯，一般来说对"改善"普通农民的耕作条件也有所"帮助"。另一方面，在朝鲜，据说日本的政策虽使农业生产有所获益，但却使当地农村的生活质量不断降低。虽然日本殖民当局似乎并没有打算剥夺朝鲜农民的土地，但洪水般的渴望占有土地的日本移民在朝鲜被吞并之前就已开始移民，土地登记程序（从 1906 年到 1917 年）打破了朝鲜土地使用权的复杂构造，使众多农村贫困人口离开了土地，丧失了土地所有权。留存下来的佃农发现自己受到贪婪地主的严密控制，这些地主大多是日本的农场管理者和土地投机者。事实上，佃农与地主关系的不平等刺激了朝鲜农民，在此期间他们的工作效率几乎没有增加。比这更糟的是，日本冷酷地完成了水稻增产计划的目标，但同时也无情地伤害了朝鲜的消费者。朝鲜所有剩余的大米都被直接运往日本，20 世纪 20 年代后，朝鲜人的大米消费量（大约只有台湾人的一半）实际上下降了，普通朝鲜人被迫食用小米之类较低的谷物。[2]

无论如何，到 20 世纪 20 年代末，台湾岛和朝鲜经济通过出口原材料和食品，进口工业消费品来与本土建立联系。但从 20 世纪 30 年代开始，日本的经济状况发生了巨大变化，开始大幅度重新调整台湾和朝鲜的殖民经济，从而迎来了殖民

---

[1] Suh Chang-chul, *Growth and Structural Changes in the Korean Economy, 1910-1940* (Cambridge, Mass.: Council on East Asian Studies, Harvard University, 1978), pp. 6-13.

[2] Myers and Ching, "Agricultural Development in Taiwan," pp. 560-565; Kwan, "An Analysis of Economic Change in Korea," pp. 100-107.

经济政策的第二个阶段。

随着日本向半战时（semiwar）经济沉沦，它决定建立一个自给自足的产业基地，这两大殖民经济被视为对此具有重大战略价值。在 20 世纪 30 年代的前一半时间里，朝鲜和台湾岛的殖民政府为重大的产业化项目制订了计划，而不再把农业生产作为经济工作的重点。日本的其他经济趋势也已指向了这一转变。受 1929 年世界经济危机的影响，日本需要有利可图的投资机会来战胜这些困难，朝鲜因其丰富的矿产资源、丰富的水力发电能力和廉价的劳动力，突然被日本经济界视为一个有吸引力的市场。此外，在日本发生了农业不景气，特别表现为大米价格的暴跌。因此，在台湾岛和朝鲜，农业扩张计划都遭到削减，而工业设施被创建用来生产原材料——石油化工产品、原矿石和金属材料——这些都是日本重化工业最需要的东西。这些尝试在朝鲜比台湾岛更成功，原因在于岛上起初缺乏劳动力，运输系统也不充足，但到了 1939 年，在台湾岛的总产量中，工业和农业几乎已经占据相等的比例。随着中日战争的爆发，朝鲜日益成为日本在这个大陆上进行军事行动的后勤基地，朝鲜工厂的任务变成了维持日本在中国的军事供给。同时，朝鲜的大米继续运往日本本土，这使大量的朝鲜民众苦不堪言。[1]

这些工业化方案是为了满足日本军事上的需要，所以台湾地区人民和朝鲜人民在那些年里受益不大，而且后者比前者的劣势还要更为明显。关于这个问题，可以通过消费性劳务、工资收入和就业率的不同为例来加以说明。例如，即使朝鲜水电生产量是中国台湾地区的两倍，但只有不到 12% 的朝鲜家庭享受电灯照明，作为对比，中国台湾地区家庭的这一比例为 36.3%（而日本本土家庭则在 90% 以上）。中国台湾地区的民众不仅易于获得比他们的朝鲜同行更高的工资，而且做同样工作的日本人和当地民众之间的工资差距，在朝鲜也比在中国台湾地区更大，后者的就业率也要两倍于朝鲜的就业率。[2]

因此，直到太平洋战争爆发，日本领土的所有经济体都以牺牲殖民范围内人民的福利为代价，而满足四面楚歌的日本的需求。然而，在日本本土经济总量中所有的殖民范围只共同占据着适度重要的地位，特别是就战略性进口物资而言。在 20 世纪 20 年代晚期，尽管日本进口的 4/5 的大米，2/3 的食用糖，以及较小

258

---

[1] Yamabe, *Nihon tōchika no Chōsen*, pp. 188-195; Samuel P. S. Ho, "Agricultural Transformation Under Colonialism: The Case of Taiwan," *Journal of Economic History* 28 (September 1968): 324-326.

[2] Kim, "The Japanese Colonial Administration," pp. 107-110.

数量的矿产品、木材和其他商品都来自中国台湾地区和朝鲜，但日本根本无法从其殖民范围获得它所需要的所有战略性物资，其中包括纺织纤维、金属材料、石油和肥料，这使得它不得不从国外寻找。此外，在帝国时期，殖民经济体为日本制造工业提供了一个大致适度的出口市场（1930 年，大约占日本工业品出口的 20%，纺织品出口的 10%）。日本的殖民贸易，大约仅占日本整个海外贸易的 1/4，尽管它的增长远远快于国际贸易的增长。[1]

259　　　关于日本殖民经济体的重要性，有两个问题经常提出。第一个问题，以严格的经济学名词来说，殖民帝国对日本来说究竟是资产还是负债？很明显，这个问题没有一个全面性和结论性的答案。因为没有一个会计系统可以用来计算维持殖民运营的成本——军费开支、政府补贴、行政支出等，以及与之相匹配的逻辑上的反向回报——贸易量、外汇支出的减少、遣返回本国的资本等。虽然一些日本的私人团体发现在殖民范围内投资无疑能够产生高额利润，但考虑到对这些企业的关税优惠和补贴，殖民经济活动对这个国家的净利润则不太好确定。[2] 而且，不论何时，帝国的经济效益对日本经济的影响是非常复杂的。对一方来说是获利，往往对另一方来说就是成本。例如，从朝鲜进口大米，相比于从其他地方购买大米，城市居民的花费更少；但另一方面，日本的稻农收入就会更低。总体而言，日本在殖民范围内的经济活动不符合成本效益（尤其是考虑到支持它们的关税优惠和补贴），尽管某些私人团体发现他们在殖民范围内的投资具有高额利润。凡此种种，需要相对更多的数据和研究。

　　第二个问题，是关于日本的经济政策对前殖民地在战后发展的影响，尤其是对台湾岛和朝鲜在战后发展的影响。乍一看来，可能会有人认为，日本的贡献是真实的、不容置疑的。无论日本消费者从中国台湾地区和朝鲜的农业部门的现代化和扩张中获得了什么好处，也不能否认，这两个经济体在日本殖民统治下农业生产效率和生产力有了很大的提高。

　　然而，近来的一些研究，已经开始质疑"日本殖民主义"对前侵占区经济的
260　长期贡献。尽管中国台湾地区和朝鲜在日本侵占期间扩大了农业生产，但日本对其经济并没有提供持续的非农业增长的必需元素。由于日本的政策保持经济力量

[1]　Yamabe, "Nihon teikokushugi to shokuminchi," pp. 205-207.

[2]　Lockwood, *The Economic Development of Japan*, pp. 50-52.

不掌握在当地民众手中，因此现代企业家阶级在中国台湾地区不能发展，在朝鲜也只是略微有所成长。在被侵占时期，这两个经济体的工业和行政职位经常被日本人填补，因为这些职位要求技术或管理技能，而这两个经济体很少有本土的技术人员或管理人员，因此当日本人撤退的时候，造成了其经济机制的大规模混乱。[1]

日本侵占区域的生存状态：
移民、定居和殖民时期的生活方式

明治时代晚期和大正时代早期许多日本殖民理论家的伟大梦想，就是海外定居点将会成为移民出境的宣泄口，日本的"过剩"人口能够在飘扬着日本国旗的海外定居点找到新的生存空间，创建类似于英联邦白人定居点那样的海外定居点。根据漏洞百出的人口统计资料，一种对于定居点物质条件的起始无知，以及很多不切实际的如意算盘，日本的殖民鼓吹者衍生出精力充沛、足智多谋的日本农夫大规模移民的令人兴奋的景象，这些人将会在海外创建若干个"新日本"，强化和提升日本的种族，并且为本土的健康和活力提供食品。[2]

事实上，海外定居点的环境，以及日本人易染病的体质，削弱了那些移民到这里的日本人的美好期望。某些海外定居点的卫生、气候和内乱等初始条件就让日本人视为畏途。在中国台湾地区，很多早期移民者成为恶劣的卫生条件、陌生的亚热带气候和桀骜不驯的当地民众零星袭击的受害者。在库页岛，艰苦的气候条件和距离本土偏远的心理感受，也让大规模的移民望而却步。在朝鲜，问题是人口与土地的比例。在吞并朝鲜的时候，渴望把朝鲜半岛开拓成殖民地的日本人发现朝鲜已经被朝鲜人填满了。尽管许多朝鲜农民确实曾经被新的日本人主导的 261 土地占有制度剥夺了财产，但大部分被重新分配的耕地又迅速落入了少数日本人和朝鲜地主的手中。[3]

---

[1] Suh, *Growth and Structural Changes*, pp. 143-156; Ho, "The Economic Development Policy," p. 328.

[2] See, for example, Tōgō Minoru, *Nihon shokumin ron* (Tokyo: Bunbudo, 1906), pp. 176-188, 243-246.

[3] Karl Moskowitz, "The Creation of the Oriental Development Company: Japanese Illusions Meet Korean Reality," *Occasional Papers on Korea*, no. 2: Joint Committee on Korean Studies and the Social Science Research Council, March 1974, pp. 73-109.

移居到海外的日本人也没有遵守殖民理论家们所珍视的观念。愿意在中国台湾地区或朝鲜的山坡上耕种的人绝不是拓荒者，第一波冲到海外的日本人大部分都是利润追寻者、土地投机者、机会主义者和投机牟利者。他们来到这里，是为了寻求升迁并在"新殖民当局"谋得职位。因此，这些人中有很多都声名狼藉（"像跟着马跑的粪蝇"——一份日本报纸这样抱怨），以至于"日本殖民当局"不得不把好多日本人遣返回国。许多移民来自日本农村最低的社会阶层：佃农、修补匠、小摊贩、落魄的店主，以及形形色色的农村贫困人口。地理上的靠近，意味着这种类型的移民以庞大的数量冲进朝鲜半岛，建立起一种非常广泛而粗糙的职业。从朝鲜并入帝国之前的大约20年开始，来自九州贫困农村的这些贫困人群已经在不断掀起的移民浪潮中进入朝鲜半岛，这被有些人比拟为同一时期的欧洲黑脚（Pieds noirs）涌入北非。这种情况在整个朝鲜农村蔓延，来自日本的移民非法占有朝鲜民众的土地、食品和家畜，越来越激起朝鲜民众的愤怒。在随后几年的日俄战争时期，进入半岛的贫困闯入者达到顶峰，而朝鲜南部许多地方的情况与美国内战后南方的情况并不相同。的确，朝鲜农村的混乱情况，已经可与19世纪中叶美国印第安人的边缘地带的状况相比拟。在这里，孤立的日本移民点不得不保护自己免遭朝鲜人报复性暴力的伤害。[1]到20世纪20年代，这股移民潮才逐渐消退。许多日本人留在了朝鲜农村，一些人购买或干脆征用了大量的耕地，成为朝鲜的新地主。但是，大多数人最终被吸引到机会更多的城市。[2]

在日本对外移民的第二个阶段，即"日本殖民统治"较为稳定的阶段，大部分土地都已被"依法"分配，大部分政府职位也被占据，对于那些除了自己的智慧几乎一无所有的人来说，快速获利的机会几乎已经灭绝，这使移居到海外的日本人放缓了他们的步伐。政府计划鼓励农业移民，作为其使海外"日本化"计划的一部分，尽管有免费旅游、低成本贷款，以及大方补贴的诱惑，结果一般来说并未取得什么效果。在海外耕种土地的艰辛与风险，以及所付出的异乎寻常的努力，让大多数日本农民止步不前。来到海外并成功地定居和耕种的人很少，但

---

[1] Gregory Henderson, "Japan's Chosen: Immigrants, Ruthlessness, and Development Shock," in *Korea Under Japanese Colonial Rule*, pp. 263-266. 关于这一混乱时期中在朝鲜的日本移民的印象，参见 Muramatsu Takeji, "Shokuminsha no kaisō," pt. 6, *Chōsen kenkyū* (February 1968): 52-53。

[2] Kajimura Hideki, "Shokuminchi Chōsen de no Nihonjin," in *Chiho demokurashii to sensō*, vol. 9: *Chihō bunka no Nihonshi*(Tokyo: Bun'inchi sokai shuppan, 1978), pp. 336-343。

在朝鲜、中国台湾地区、中国大连和旅顺港，甚至库页岛，都有规模和数量很小的日本人农业社区保留了下来。[1]

对于日本帝国及其种族、职业和地理结构来说，这些殖民模式有着深远的影响。第一，日本殖民政策的移民目标根本不会实现，其他定居点也根本解决不了日本真实的或想象的人口问题，因为对普通日本人来说，其他定居点并不具有充分的吸引力。出于这个原因，以及当地人口的自然增长，在其他定居点的日本人口数值虽然也在缓慢增长，但仍只占极少数。（在 1905 年，日本人只占台湾总人口的 2%；近 1/4 个世纪之后，这一数字只增长到 5.8%。在朝鲜，尽管在 1910 年之前，曾经有过大批的日本移民，但日本人占朝鲜总人口的比重更小：1915 年为 1.3%，1939 年为 2.9%。）日本人的人数太少，尽管他们在当地多数群体中占据有利的位置，但他们对政策的形成很少发挥影响。当然，在中国东北的日本人少数群体可能是个例外，除此之外，海外的日本人在亚洲从来没有达到像阿尔及利亚的法国移民或罗得西亚的白人移民那样的政治重要性。

日本人向海外有限移民的第二个后果，是它对帝国的社会和职业分层的影响。虽然日本农民基本上不愿意承担在海外从事农业定居的任务，但越来越多的 263 日本人有能力，并且也渴望利用其在行政、商业和白领工作上的机会。因此，在帝国后期移居到海外的日本人，主要是公务员、经理、技术人员和商人。"在所有的城镇，"一个到中国台湾地区旅游的西方游客在 1924 年写道，"让人印象深刻的是……日本人并不是拓荒者，他们是官员、商人、政府员工，或小店主、经营者或资本家，但很少有农夫或垦荒者。"因此，最舒适最赚钱的职业基本上都保持在日本殖民者的手中，结果，根据声望、工资和生活方式来看，他们占据着最高的社会阶层。

日本人对政府、商业和工业领域职位的垄断，这意味着向城市集中是日本移民模式的第三个特点。例如，到 1938 年，在朝鲜的日本人中有 71% 集中于朝鲜半岛的 50 个中心城镇，超过一半集中在 10 个城市，仅首尔就占到 21%。在中国台湾地区的最大城市，日本人的人口密度最大，在首要都市台北日本人占

[1] Andrew Grajdanzev, *Modern Korea: Her Economic and Social Development Under the Japanese* (New York: Institute of Pacific Relations, 1944), pp. 79-80; Andrew Grajdanzev, *Formosa Today: An Analysis of the Economic Development and Strategic Importance of Japan's Tropical Colony* (New York: Institute of Pacific Relations, 1942), pp. 24-25.

41%。中国大连和旅顺在很大程度上是城市地区，当然，日本人也就占到大连和旅顺港居民中的很大一部分。即使在库页岛，日本人口的 2/3 也分布于该地最大的城镇和城市。

南洋是这些一般移民定居模式的一个例外，因为其在种族、文化构成和地理情况方面明显与其他定居点不同。从种族性格和文化传统来看，密克罗尼西亚的居民既不适合从事水稻种植，也不适合从事农业劳作。因此，从一开始，密克罗尼西亚的经济发展就严重依赖于日本的劳动力。在日本统治的开始，与日本殖民定居的一般模式相吻合，从日本本土移民过来的人只占密克罗尼西亚人口的一小部分（1920 年，在将近 52 000 人的总人口中不足 4 000 人）。然后，从 20 世纪 30 年代开始，受政府移民宣传和利诱方案的刺激，日本人开始大量进入南洋，当然，这个"大量"是相对于其狭小的土地面积而言的。许多移民来自冲绳，作为合同工人，在马里亚纳群岛（塞班岛、天宁岛和罗塔岛）为制糖行业打工，并最终留下来开设小商店和杂货店。其他人则种植咖啡、菠萝或木薯。还有一些人，主要来自琉球群岛，来到渔产丰富的热带水域捕鱼。到了 1935 年，来到密克罗尼西亚的日本人数量大增，被美国观察家称为移民的"激流"。临近 30 年代末期，在这里的日本人已经远远超过了本土的密克罗尼西亚人。然而，日本人在南洋的分布也不均衡。在 30 年代末，定居在马里亚纳群岛、帕劳群岛和波纳佩岛的日本人数量最多，只有很少的人去马绍尔群岛。[1]

在其海外定居点生活的日本人，为自己构建了一种各国殖民者常见的"阳光灿烂的生活方式"。形形色色殖民政府的首要任务之一，是建立适合于殖民种族优势地位的城市环境。这里举的例子，当然，是中国台湾地区的首府城市台北，它从 20 世纪初开始就在后藤新平的指导下进行"豪华的改造"。后藤新平决定创造一个不折不扣的殖民大城市来证明日本作为一个殖民强国的新地位。后藤新平的总体规划，在概念和设计上完全西化，把一座台北小城，改造成为一个"现代化的都市"，这里有宽阔的马路、绿树掩映的林荫大道、公园、喷泉，以及令人印象深刻的用砖和石头建造起来的公共建筑，其中的政府大楼带有厚重的普鲁士折线形结构，最为华丽。几年之内，日本殖民当局开始以台北为模型，沿着相似的风格，对中国台湾地区的区域中心城市进行扩建和"现代化改造"，尽管在

---

[1]　Peattie, *Nan'yō*, chapter 6.

规模上不能与台北相比。在 1/4 个世纪内，"日本殖民帝国"可以"吹嘘的漂亮都市"有若干个——首尔、中国大连和旅顺港，以及丰原（在库页岛）——这些城市可以与西方在亚洲的殖民城市相媲美，并且比许多日本本土的城市规划得更好，更有秩序，更具有吸引力。

这些城市的实际布局往往与同期的西方热带殖民帝国相当类似。在所有的情况下，与原来城市较为陈旧和拥挤的商业中心及其大多数当地人居住区形成鲜明对比的是，日本人居住的城区安静、有序、整洁，有学校、医院和娱乐场所，所有这些一般都是为日本人保留的，只在严格限制的基础上对选定的其他地区的精英人士开放。这里，与拥挤吵闹的本地人居住区相隔离，日本居民周围居住的也都是日本的国民，加上一些拉黄包车、打扫街道、收集垃圾、运走粪便的当地民众，这些日本人享受了在本国城市不那么优越的环境中通常享受不到的"舒适"而"有威望"的生活。日本人能够享用的舒适和乐趣，随其侵占区的不同而呈现出"多样化"：在中国台湾地区，疲惫的殖民官员或商人能在台北小山上的温泉度假胜地休息放松；在朝鲜和中国台湾地区，有众多的艺伎和茶馆；在中国大连和旅顺港，美丽的海滩和公园使生活悠闲安逸；在密克罗尼西亚，日本人在他们的俱乐部和别墅阳台上享受着绿叶掩映的清凉。但是，在任何地方，社会分裂都是常见的模式。即使是在中国台湾地区和朝鲜农村的小城镇，日本人也都住在密封的、排外的社区里，不与周围的民众接触。

日本人在海外定居点这种孤立的存在，他们在其中享受的房屋、薪水、公共设施和服务远远优于当地民众所能得到的，这助长了营造"优越感"和蔑视本地人的态度，对于西方殖民制度来说，这种情况太司空见惯了。多年以来，日本人的这种"天之骄子"地位，以及帝国的其他民众对自己地位的憎恶，逐渐成为殖民生活的自然秩序，这种看法使得日本人对其殖民目标实行"同化"的言辞成为一种嘲弄。[1]

当然，最终，在太平洋战争结束时，这些看法与压倒和毁灭了帝国和本土的那些灾难一起，阻止了日本人 1945 年后在这些新解放的地区的任何未来。在战争结束后，日本人不仅从他们的特权地位上被扫地出门；他们还被获胜盟国的占

---

[1] Attitudes of one class of Japanese colonial elites toward indigenous peoples are discussed in zawa Yusaku, "Kyu Ninon jinushi no Chosenkan," *Chōsen kenkyū* (December 1968), pp. 135-141.

领军赶到一起，被迫永远离开了他们在海外的住所。中国东北、中国辽东半岛、朝鲜北部，以及库页岛南部——数以万计的日本士兵和平民被运往苏联劳改营，其中许多人将会被处死，其余一些人则面临长期监禁。他们其他在海外的同胞目前正处于美国、英国或中国的控制之下——密克罗尼西亚群岛、中国台湾地区和朝鲜南部——将被更快地遣返回国，但他们的未来将是一片黯淡。被剥夺了一切财富、特权或职位，这些不幸的人的尸骸被抛弃在一个战败国已成废墟的海岸上，他们一度"引以为傲"的声望如今成了遭到普遍仇恨和蔑视的对象。

被侵占区民众对"日本殖民主义"的回应

鉴于日本殖民的本质，可以预料，1945 年，所有被侵占区域内的人民都欢迎日本统治的结束。然而，显而易见的是，在当地民众的心中对日本人在不同地区内的霸主地位的感觉是不一样的。

一方面，在朝鲜，在建立保护国和把半岛并入帝国之间，日本多年来实际上面临着民众抵抗的战争；在此之后，国仇家恨的怒火一直在朝鲜人民心中郁积，直到 1919 年再次爆发出来。这年"三一运动"引发了一场全国范围的抗议。只是因为日本人采取了最严厉的措施，大量日本军队的存在，以及监禁和流放了大多数运动的领导人，才造成了朝鲜人心有不甘的屈服。尽管像首相原敬这样的日本自由派人士相信，朝鲜人只是想要像帝国的臣民一样享有宪法规定的正当权利，但是在接下来的那些年里，只有很少具有政治意识的朝鲜人才会满足于任何比完全摆脱他们的殖民压迫者还要小的事情。[1]

另一方面，在中国台湾地区，当地民众不得不"忍受"日本的存在，即便它确实不受欢迎。除了在日本占领中国台湾地区的第一年里持不同政见分子发动了最初的一波反抗外，台湾人被动地屈从了"殖民统治"的规则。尽管在第一次世界大战刚结束后，中国台湾地区也曾出现过一些政治动荡和难以驾驭的知识分

---

[1]　关于"三一运动"以及日本对此的反应，参见 Yamabe, *Nihon tōchika no Chosen*, pp. 58-100。

子，但岛上的公共安全再也没有受到严重的威胁。[1]

在中国台湾地区，唯一曾经引起各阶层民众广泛支持的政治运动，是那些 267
要求本地区享有和日本人同样的权利和利益，或者要求实行自治运动。它是当
地民众对"日本殖民主义"的一般被动反应的一个标志，但这样的政治积极性
很容易就遭到日本殖民当局的镇压。此后，直到第二次世界大战将要结束为止，
这个地区没有再次出现对日本殖民统治的活跃而秘密的抵抗。[2]

在日本的其他侵占地区，当地民众都明显降低了对日本统治的反抗。当然，
在库页岛上，这不能说是当地居民的反应，因为库页岛上的居民基本上都是日本
人。在南洋，由于土著居民和日本人都居住在这些分布广泛的岛上，所以他们对
日本的态度差别很大。殖民活动产生的影响主要表现在马里亚纳群岛，特别是塞
班岛，这里的日本人数量比查莫罗人要多出 10 倍，在帕劳群岛上也可以感觉到
日本殖民活动的影响，日本在密克罗尼西亚的殖民政府就设在这里。在这些地
方，由于密克罗尼西亚的土地流向如潮水般到来的日本移民，出现了一些对日本
殖民者不满的情绪。事实上，在帕劳群岛，据说这种情绪以一种半秘密状态的抗
日偶像崇拜表现出来。与此同时，大多数密克罗尼西亚人迅速地适应了日本的风
俗、饮食习惯和语言（雅浦岛上的民众似乎是个例外，他们鄙视日本人）。在加
罗林群岛东部和马绍尔群岛，直到 1943 年和 1944 年，当地人对日本人都没有多
少敌意，此后，岛上遭到包围和孤立的日本驻军越来越多地向当地居民提出苛刻
的要求，情况才发生了变化。[3]

朝鲜因此成为唯一一个顽固反抗帝国统治的成员。与其他地区被动"接
受""日本殖民主义"相比，朝鲜人反抗日本统治的情感有很多原因。[4]首先，朝
鲜人和日本人之间的历史仇恨可以追溯到 16 世纪丰臣秀吉（Hideyoshi Toyotomi） 268
对朝鲜半岛的侵略，这场侵略在这里留下的是破坏和毁灭，而朝鲜人培养的仇日

---

[1] 这一观点考虑到了 1930 年 11 月的"雾社事件"，这是一场由中国台湾地球中部山区的民众掀起的流血反
抗，他们被日本人对当地民众的滥用职权和侵占当地民众的土地所激怒。这一事件的发端及其遭到日本军队
使用飞机和大炮的无情镇压，成为日本国会中激烈争论的主题。但是，这一暴力事件，被限制在岛上的偏远
内陆，所以并未对大多数民众产生巨大影响。

[2] Yamabe, "Nihon teikokushugi to shokuminchi," pp. 236-237; Hyman Kublin.

[3] Peattie, *Nan'yō*, pp. 216-220.

[4] 关于日本在朝鲜和台湾统治的比较研究，参见 Tsurumi, *Japanese Colonial Education*, pp. 172-176; and
Edward I-te Chen, "Japan: Oppressor or Modernizer? A Comparison of the Effects of Colonial Control in Korea and
Formosa," in *Korea Under Japanese Colonial Rule*, pp. 251-260.

传统延续了几个世纪。朝鲜文化自治的事实，更加深了这种敌意。朝鲜尽管认同中国的儒家文化传统，但它是一个有自己丰富文化传统的国家，至少可以追溯到与日本一样久远。出于这些原因，朝鲜人认为没有理由钦佩和尊重日本人。而且，就在朝鲜被日本帝国吞并的那一时刻，它是一个统一的国家，现代民族意识的力量已经开始冲破停滞不前的儒家文化理念的外壳。对朝鲜人来说，日本势力横跨朝鲜半岛的扩张似乎在这个国家的历史上代表的不是进步，而是一种可恶的倒退。这一新兴的民族意识遭到了日本殖民当局的暴力镇压，这在当时西方热带殖民帝国，德国从 1870 至 1918 年占领阿尔萨斯－洛林地区，英国长期统治爱尔兰，都没有出现过类似的情况。此外，在日本殖民统治初期，日本移民的破坏性流入，也对激起朝鲜人民的愤慨增添了燃料。

其次，当日本吞并朝鲜的时候，它占领的是整个国家，因此它的精英阶层没有"大陆"可以返回。不仅如此，实质上是殖民政府囚徒的朝鲜王室，它在朝鲜的可悲存在，时时提醒着人们勿忘国家的过去，并成为反日民族情绪的聚集点。

还必须加以考虑的是日本对待朝鲜的行为。例如，朝鲜人民在每一个经济领域的境遇都十分悲惨。而且，朝鲜人在战争年代受到了最为不堪忍受的思想管制。

最后，必须认识到，所有这些因素组合在一起，锻炼强化了朝鲜人作为一个人所继承的民族自决的意志。在这个意义上，日本的殖民存在既是一种刺激，也是一个"典范"。日本人蔑视朝鲜的民族文化，伤害了朝鲜人的民族自豪感，而日本人在工业、农业和商业方面的竞争激起了朝鲜人的敌意。在此同时，日本的技术、有效的现代官僚模式，以及日本较高的生活水准，也树立了一个"典范"，既激发了朝鲜人的"羡慕"，也使其决心成为一个独立国家，追求这样的进步。日本给予朝鲜人民的最终遗产，是赋予了他们民族义愤。正如韩国学者李钟植（Lee Chong-sik）所说，"日本通过征服和统治朝鲜，唤醒并维持了朝鲜的民族主义。日本提供了一个负面但却是最有力的朝鲜民族主义的象征，即它是民族的敌人"。[1]

---

[1] Lee Chong-sik, *The Politics of Korean Nationalism* (Berkeley and Los Angeles: University of California Press, 1973), p. 275.

如果日本满足于它在第一次世界大战结束后所获得的势力范围，放弃其超越亚洲边界的军事冒险主义，那么，尽管姗姗来迟，"日本殖民主义"可能已经与不断增长的民族主义力量做出了一些妥协的努力，到 1939 年，这种民族主义力量已经开始搅动整个殖民世界。当然，"日本殖民帝国"的存在时间过于短暂，与西方帝国主义的兴起和衰落相比确实更短，以至于无法允许这些政策的演变。说得更直白些，在 20 世纪 20 年代，帝国内部对进一步自由化的投机似乎已经成为可能，但这种投机既不能无视外部势力是否承认，也无法抵御内部的压力，而正是这种压力促使日本在 20 世纪 30 年代走上了对外侵略的道路。可以肯定的是，作为一个与许多亚洲国家和大多数西方国家同时交战的国家，日本对能源、忠诚，以及侵占区内资源的紧迫需求，把一种独裁的但可辨识的西方殖民体系变成了一个迷信武力的帝国，一种极权主义的统治，拖着它的人民在走向失败的道路上蹒跚而行。联系到亚洲征服者的形象以及日中战争和太平洋战争的惨状，此时除了征用侵占区内的物质生活必需品供应日本，以维持生存之外已不做他想，这种突变的"殖民主义"终于在 1945 年战败的毁灭中寿终正寝。没有一个哪怕是对托管原则的脆弱承诺，也没有超越日本自身利益的对异域人民实行统治的任何形式的合法化。日本的"殖民政策"在其最后阶段，当战争结束帝国遭受清算之时，不能给这个国家带来任何值得骄傲的东西。二战后其权利的移交是通过一道战胜日本的敌人所颁布的法令，由其占领军负责执行，并为憎恨其殖民历史的当地人民所接受。

270

然而，除了美国之外，没有一个前殖民国家像日本一样，如此成功地克服了丧失前殖民目标带来的损失。对于大多数欧洲殖民国家来说，非殖民化意味着影响和威望的萎缩。根据大卫·菲尔德豪斯（David Fieldhouse）所说：

> 首先，帝国的终结剥夺了西方的地位。欧洲国家并不比它们之前更为贫穷，但它们都太小了。它们曾经是广袤帝国的中心，如今它们只是微小的国家，忙于处理狭小的问题。统治权已经荡然无存，自治领已经过去了，而过去的壮丽成了一种奖励。[1]

---

[1] David Fieldhouse, *The Colonial Empires; a Comparative Survey from the Eighteenth Century* (New York: Delacorte, 1966), p. 394.

当看到战后日本工业的涅槃重生，日本建造的邮轮船队席卷全球的海洋，具有全球性影响的决策每日都在日本企业的会议室中做出，以及如今的日本对许多它曾一度占领的亚洲土地又有了经济主导权，就会意识到日本在后殖民时代的经历是多么非同寻常。如果日本缩回到它自己的海岸线内还取得了这样的成功，那就说明以往的殖民帝国对于增进日本人民的福祉并不具备什么价值，它也说明在一个后殖民世界里，日本重新定义权力和影响的本质具有多么令人信服的意义。

第六章　在亚洲大陆的扩张（1905—1941）

拓殖大学　秦郁彦　著　阿尔文·D.库克斯　译

大日本？ 小日本？

日本在日俄战争中取得胜利之后，全世界的注意力都转向了它。这个亚洲 271
东部的小小岛国不仅从西方列强的殖民统治下逃脱，而且利用自身力量对东亚
和西太平洋地区进行霸权统治，成为一个帝国主义国家。出于对日本的钦佩和
忌惮其未来的综合考虑，那些在日俄战争中反对或支持日本的先进国家，以及
那些成为西方扩张目标的亚洲国家，都带着一种钦佩与警惕交织的心态注视着
日本的未来。

现在回想起来，可以说，日俄战争将日本的命运之途引向了一个重要的十字
路口。一个基本的问题是，日本是应该作为一个稳固的中型国家满足于有限的成
功，还是应该向拥有能够掌控亚洲大陆的巨大军事力量的国家进发。在战后的几
年里，许多新闻记者和知识分子对日本下一发展阶段的目标和方向进行了激烈的
辩论。这场辩论包括以下几个问题："大日本主义"还是"小日本主义"、北进还 272
是南进、陆军第一位还是海军第一位？ 大日本主义隐含着持续的扩张主义，而小
日本主义则暗示了满意于当前的战后地位。北进与南进则是比较含糊的术语。前
者被普遍理解为从朝鲜半岛穿过中国东北深入中国大陆的持续扩张，而后者可理
解为从台湾岛向中国南部及东南亚的扩张。陆军第一位意味着陆军将承担扩张的
主要任务，而海军第一位则意味着海军将承担扩张的主要任务。大日本主义有与
北进并驾齐驱的趋势，这反过来意味着采取大陆扩张和陆军第一位的政策。小日
本主义则往往趋向于采取南进和海军第一位的政策。由于这场辩论涉及陆军与海

273 军在扩大军事装备方面的竞争，因而必然具有很强的政治意义。

日本主要的月刊之一《太阳》（Taiyō），在 1910 年及 1913 年连续刊出了投稿者们对北进 - 南进战略利弊的辩论。很明显，北进的论点不受投稿者们的青睐，大多数投稿者支持强调海军在军队中占首要地位的南进论点。著名记者和评论家竹越與三郎（Takekoshi Yosaburo）一直热烈支持日本在台湾的发展，他认为"一个岛国在大陆上使用它的力量是不利的"，而南进（他特指东南亚）能更好地促进经济发展。"我们的未来，"他写道，"不是在北方，而是在南方。"[1]少数派国民党的少数民族领导人和中国革命运动的支持者犬养毅认为，由于"未来十年北方没有战争的危险"，因此日本应该在朝鲜北部采取防御姿态，并且将注意力转向南方，为达此任务，建设一支"强大的海军"是必要的。[2]另一方面，草生政恒（Kusao Masatsune）少将看到了南进可能产生的影响，他写道："如果日本超出我们目前的位置向北方和西北方向进军，那就是侵略，但是日本与美国之间的战争将更是愚不可及。"[3]因此他反对扩充海军，相反主张和平地向南太平洋扩张。

《东洋经济新报》（Tōyō keizai shinpō）的许多作者——其中包括片山潜（Katayama Sen）、三浦铚太郎（Miura Tetsutaro）和石桥湛山（Ishibashi Tanzan）——把草生政恒的论证归结为逻辑结论。他们反对向北方或南方扩张的大日本主义野心。相反，他们呼吁小日本主义，其目标是通过产业和贸易扩张建立一个紧凑的"岛屿福利国家"。[4]石桥湛山写道，中国和朝鲜等并不是"防御栅栏，而是高度易燃和危险的干柴"。他说，日本应该"放弃在中国的经济权利，与这些虚弱的国家和平相处"。[5]

274 不过，赞成南进和小日本主义的仍然是一种少数人的意见。北进或大陆政策不仅得到公众舆论的压倒性支持，同时也是政府所选择的道路。虽然曾经有过关于时机和方法的分歧，但北进政策仍然在接下来的几十年里占据着日本外交政策的主流地位。如同东京帝国大学的法学教授户水宽人（Tomizu Hiroto）所观察到

---

[1] *Taiyō*, August 1911, pp. 81-92.

[2] Ibid.

[3] Ibid., November 1910.

[4] Takayoshi Matsuo, "Katayama Sen, Miura Tetsutarō, Ishibashi Tanzan," in *Kindai Nihon to Chūgoku*, vol. 2, ed. Takeuchi Yoshimi and Hashikawa Bunzō (Tokyo: Asahi shinbunsha, 1974), pp. 68-83.

[5] *Ishibashi Tanzan zenshū*, vols. 1-2 (Tokyo: Tōyō keizai shinpōsha, 1970).

的，"北进是一个历史事实"。[1]

在桂太郎内阁中担任外务大臣的小村寿太郎（Komura Jutaro），是大陆政策的主要设计者之一。在 1905 年的朴茨茅斯和平会议上，作为日本代表的小村寿太郎与俄罗斯代表谢尔盖·维特（Sergei Witte）严正交锋，但他并未能通过谈判得到完全令日本民众满意的和平解决方案。日俄战争的胜利使许多日本人兴高采烈，他们也期待着小村寿太郎把巨额赔款和西伯利亚割让的土地作为奖品带回国内。户水宽人教授由于主张将贝加尔湖以东的西伯利亚土地割让给日本而获得了"贝加尔教授"的绰号。然而，如此之大的期许并没有能够实现。在《朴茨茅斯条约》下，日本只获得了在南部库页岛的领土控制权，在朝鲜至高无上的地位，在辽东半岛的租借权，以及南满铁路特许权。当条约的内容公之于众后，反条约的示威游行最终演变为所谓的"日比谷事件"（Hibiya roits），一群愤怒的暴徒袭击了小村寿太郎的住所。

虽然日本未能获得任何战争赔偿和除了库页岛南部之外的任何领土，小村寿太郎仍然希望日本能维持在亚洲大陆上的立足点，以作为进一步扩张的跳板。他从朴茨茅斯回国以后，得知桂太郎政府已经做出决定，由于战后经济困难，很难经营南满铁路特许权，已经非正式地同意将铁路出售给美国铁路大亨 E. H. 哈里曼（E. H. Harriman）。小村寿太郎说服桂太郎取消了这一决定。尽管身体不好，小村寿太郎仍然前往北京，并在那里获得了清政府的同意，给予日本在中国东北新的利益。

日本陆军中占主导地位的高层人物山县有朋，是设计大陆政策的另一个关键人物，他坚持认为日本应该向清王朝"扩张国家利益和主权权利"。[2] 他的门生田中义一大佐是大陆政策的强烈倡导者，后来也成为 20 世纪 20 年代的陆军大臣和首相。他在 1906 年写道，日本"应该从它的鼓励状态中挣脱出来，变成一个大陆国家，自信地扩展它的国力"。[3] 当然，这些论点也与陆军优先、海军其次的政策安排相联系，因此自然受到了来自海军方面的阻力。被称为"日本马汉"的佐藤铁太郎（Sato Tetsutaro）海军大佐对北进的主张发出警告，他认为"一个海洋

[1] *Taiyō*, August 1911, pp. 81-92.

[2] "Yamagata ikensho, October 1906," *Tanaka Giichi bunsho*, in possession of Yamaguchi Prefecture archives.

[3] Tanaka Giichi, "Zuikan zatsuroku," *Tanaka Giichi bunsho*, 1906.

国家不应该为进入大陆而走得太远"。[1] 他再次强调了海军优先的主张，认为像日本这样的岛国没有被外国势力侵略的威胁，并认为如果有一支强大的海军，日本就能够捍卫自己的贸易路线。

山县有朋和田中义一这些陆军领袖们的意见，远比松石安治（Matsuishi Yasuji）大佐之类的观点温和。松石安治大佐是陆军参谋本部的官员，他敦促先对亚洲大陆进行扩张，然后进入东南亚和南太平洋，最后进入美洲南部和中部。[2] 他的立场结合了北进和南进两方的意见，可以被看成是其后建立"大东亚共荣圈"的前奏。然而，像松石安治这样的宏伟计划，显然只是日本真实能力的一个梦想。相比之下，像山县有朋和小村寿太郎这样的明治时代领袖们，他们曾经为建设一个现代化国家而努力工作，他们的意见则是相当现实和谨慎的。

政府的谨慎小心可以从 1908 年 7 月桂太郎内阁所做的决定中看出，"日本应该加强与英国的联盟，力求保持与俄罗斯的协约，改善与德国、奥地利和意大利这些老朋友的关系"，并重申与美国的合作。[3] 桂太郎内阁的观点是，大陆扩张政策应该在欧洲列强和美国允许的范围内进行，并在国际和谐的框架内进行。但是，经过了 1895 年和 1905 年两场战争的胜利，经过了领导人的新旧更替，经过了军队的日益喧闹和影响力的提升，也经过了民族主义对民众的侵蚀，这样的谨慎小心和现实主义随着时间的推移而不断减弱。

276　　　在外交政策上，政府致力于一种大日本主义的定位，鼓励军队制订计划扩充军备。军队领导人忽视了战后"解除民众税收负担"的政治呼声，并且没有因为通过干预政治以达到自己的目标而感到良心的谴责。陆军以为大陆政策所需的战争准备和防备来自俄国报复的威胁为由，证明它呼吁壮大军事力量是合理的；海军则认为还击美国海军的扩张趋势是必要的。这些说法并不完全令人信服，因为有人提出了质疑，认为这是为了扩充军备而臆造出的危机。山县有朋唯恐陆海军两种政策的分歧会引起政治目标和军事战略的不协调，因而积极推动建立一种统一的政策。由此产生的学说——"帝国国防方针"（*Teikoku kokubō hōshin*），于1907 年 2 月由天皇批准，列出了日本的假想敌，依次为俄国、美国、德国和法

[1]　Sato Tetsutarō, *Teikoku kokubō shi ronshō* (Tokyo: Tōkyō insatsu kabushiki gaisha, 1912), p. 547.

[2]　Matsuishi Yasuji, "Kokubo daihoshin ni kansuru iden" (December 26, 1906), in Bōeichō senshishitsu, *Daihon'ei rikugunbu* (Tokyo: Asagumo shinbunsha, 1967), vol. 1, p. 153.

[3]　Otsu Jun'ichirō, *Dai Nippon kensei shi* (Tokyo: Hōbunkan, 1927-1928), vol. 6.

国。这一方针呼吁建立 25 个陆军师团，建造以 8 艘战列舰、8 艘巡洋舰（所谓八八舰队计划）为核心的海军大型舰队。这一假话文件主要是为了保证陆军和海军双方实力获得实质性的提升。

在 1907 年的计划之下，预期的扩军规模是达到日俄战争结束时军队水平的 150% 以上。所需的开支远远超出了政府所能承担的范围，因为当时日本并没有得到俄国的战争赔款。当然，1895 年来自中国的赔款已被用于财政拨款增强军备，从而使得日本能够战胜俄国。当天皇非正式地向首相西园寺公望展露国防政策的声明时，西园寺公望评论说："自战争以来，我们的财务状况不允许我们实施整个军事装备计划。争取多一点时间是合适的，因此在达成您的决定时，请考虑在这些情况之下我们国家的力量……"[1]

为了增加军费开支，陆军和海军在国防名义的掩护下继续向政府施压。这种情况加剧了海陆军为争取预算支持而进行的持续对抗。1910 年，陆军要求除了现有的 19 个师团外，再增加 2 个以上的师团编入朝鲜驻军。而公众的感情倾向于支持海军的扩张，西园寺公望政府便以财政紧缩为由拒绝了陆军的这一要求。沮丧和过度热心相互交织，使陆军领导层决定打压西园寺公望内阁。1912 年，他们专横地命令陆军大臣退出内阁，从而使西园寺内阁倒台。接踵而至的政治动荡在短时间内搁置了增设 2 个陆军师团的问题，但在第一次世界大战爆发之后，1915 年，大隈重信内阁最终批准了扩军计划。

海军继续按照自己的要求实施八八舰队的建设计划。在资金被擅用于建设八四舰队和八六舰队之后，最终日本议会在 1920 年批准了八八舰队计划。由于大型战舰规模的增加，有人预测，海军开支将占到国家预算的 30%，而到 1927 年这个计划完成的时候，这一数字将达到 40%。[2] 很明显，日本想要维持这样一个庞大的海军在财政上是不可能的。因此，作为 1921 年到 1922 年华盛顿会议的一个结果，是八八舰队计划被放弃。

两大军种作为这个国家内部强大的游说团体或否决团体的出现，对外交政策的形成具有长期的重大意义。根据制度规定，内阁的陆军大臣和海军大臣必须由现役陆海军将领担任，军队可以通过撤换他们不喜欢的内阁成员或者通过向内阁

277

[1] Bōeichō senshishitsu, *Daihon'ei kaigunbu: Rengō kantai* (Tokyo: Asagumo shinbunsha, 1970), vol. 1, p. 121.

[2] Ibid., p. 182.

成员暗示这种行为来对他们加以操纵。随着寡头政治的一代领导人离开人世，联系平民和军队两方藩阀的纽带已经削弱。军队开始成为越来越独立的群体，往往脱离政府的控制。当然，陆军在推动大陆政策中发挥了主要作用，而海军最初曾经反对过这一政策，但当机会出现时它们也没有忽略而是加以利用。

第一次世界大战与日本

日俄战争之后不久，日本外交政策的基石，是在国际合作的框架内扩张其在亚洲大陆的势力范围。这一政策反映了国内从日俄战争中恢复过来的必要性。政府接二连三地与东亚的主要大国缔结条约和协议，为稳定的国际环境奠定了基础。战后以英日同盟为核心的外交网络被誉为"帝国外交的重中之重"。[1] 这一外交网络由日俄协定（1907 年签订；之后于 1910 年、1912 年和 1916 年修订）、日法协定（1907 年）和众所周知的被称为鲁特－高平协定（Root-Takahira Agreement）的日美协定（1908 年）编织而成。推进在大陆的利益，需要高明的外交手腕，不对其他先进国家的利益和野心构成威胁。为了使英国和美国认可日本在朝鲜的地位，日本在与英国的谈判中，提出为印度进行联合防御；在与美国谈判中，提出了菲律宾的安全保障。在 1907 年的日法协约中，日本承认法国在印度支那进行统治的合法性，以换取法国承认日俄战争的结果。总之，如果西方列强承认日本新近在朝鲜获得的权力和利益，那么作为回报，日本也会承认他们的殖民统治。因此，尽管朝鲜国王发出了国际呼吁，但当 1910 年日本宣布吞并朝鲜时，没有西方列强表示异议。

在与俄国的协定中，日本达成了一个将中国东北划分为两个相等势力范围的"秘密谅解"，而日俄两国都有最终加以吞并的意图。但是，这种安排并不符合美国所期望的适用于中国东北的"门户开放"原则。塔夫脱政府在英国的支持下，试图扩大美国在该地区的影响。1909 年，国务卿诺克斯（Philander Chase Knox）开始推行"美元外交"政策，旨在将所有中国东北的铁路线置于各国联合管理之下，以便将"烟雾（日本）"逐出中国东北地区。[2] 但是日本与俄国这对昔日的敌

---

[1]　Cabinet council decision, "Tai-gai seisaku hoshin kettei no ken" (September 25, 1908), in Nihon gaikō nenpyo narabini shuyo bunsho (hereafter NGNSB), vol. 1, p. 309.

[2]　T. A. Bailey, *A Diplomatic History of the American People* (New York: Appleton-Century-Crofts, 1950), p. 580.

人，建立起联合阵线阻止了所谓的诺克斯计划，到 1913 年 3 月，美国总统伍德罗·威尔逊（Woodrow Wilson）最终宣布结束美元外交攻势。[1]

在此期间，中国的革命力量于 1911 年推翻了清王朝。在各国列强争相抢夺这个分裂国度的最大份额的情况之下，中国国内的政治混乱愈演愈烈。其结果是，"瓜分中国"的进程进一步加深。在日本，山县有朋和军队领导层想利用革命的契机来占领中国东北南部地区，但西园寺公望政府对此犹豫不定。山县有朋为此十分懊丧："我们已经错过了一个难得的机会，为了我们国家的利益，我真的非常气愤。"[2]俄国政府曾经考虑过接管对中国东北北部地区的"统治权"，但又由于担心美国、德国和英国的反对而决定暂不采取行动。然而，俄国在促使蒙古独立上取得了"成功"，并且"确保"了它在中国西部的"行动自由"。作为"回报"，俄国承认英国在西藏拥有同样的"权利"。根据 1913 年达成的第三次俄日协定，日本在内蒙古东部地区获得了势力范围。[3]

未能抢占中国东北南部地区使日本军队内弥漫着一种强烈的不满情绪。大陆政策的冒险家，与陆军参谋本部秘密勾结，策划举行军事行动，意图建立东北和内蒙古地区的独立"政权"，将其置于旧王朝统治之下。1912 年及 1915 年的基本方略是挑起军事冲突，然后将日本军队卷入进来。但是，由于日本政府对此置之不理，并允许当地军阀张作霖进行镇压，这两次密谋都归于失败。日本军队只是缺乏先决条件和独立行事的权力，就像 1931 年那样。在此期间，东北的实权掌控在张作霖的手中，而日本政府要保持其在中国东北的既得利益不得不依靠他。

1914 年，第一次世界大战爆发，日本本来有可能置身事外，但大隈重信内阁几乎立即对德宣战。政府方面宣称"日本必须抓住这个千载难逢的机会"，以"获取其在亚洲的权利和利益"。[4]显然，日本对欧洲发生了什么并不感兴趣，它关心的是参战能在亚洲获得什么利益。由于战争限制了西方列强的影响力，也就为日本追求更加畅通有力的大陆政策开辟了道路。作为对抗德国的协约国的一个成员，日本能够同时获得"一个参战国的利益和一个中立国的利益"。

---

[1]　H. F. McNair and F. Lach, *Modern Far Eastern International Relations* (New York: Van Nostrand, 1950), p. 555.

[2]　Letter of Yamagata to Katsura, dated February 9, 1912, in Yoshimura Michio, *Nihon to Roshia* (Tokyo: Harashobō, 1968), p. 37.

[3]　Hata Ikuhiko, *Taiheiyō kokusai kankei shi* (Tokyo: Fukumura shuppan, 1972), p. 52.

[4]　Ibid., p. 114.

日本的主要军事行动是夺取德国在山东半岛和太平洋上的基地。青岛的德国
280 基地在被一个日本陆军师团包围后占领，而毫无防备的太平洋岛屿被日本海军兵
不血刃地占领。日本的盟国希望其派遣部队到欧洲参战，但日本政府限制了与欧
洲盟国的军事合作，而是派遣护卫驱逐舰进入地中海，并追随德国转变成为肆虐
太平洋和印度洋的掠夺者，其主要意图集中于扩大在太平洋的势力范围。

1915 年年初，第一次世界大战开始半年后，大隈重信内阁对中国提出了臭名
昭著的"二十一条"。在条约草案中，提出的要求包括："日本接管德国在山东的
利益；对辽东半岛（大连和旅顺）的租赁权展期；对中国东北的商业利权展期；
中日共同控制华中地区的汉冶萍煤铁厂矿公司；限制将中国沿海地区的控制权割
让给第三方势力。"然而，第十五条要求和最后那组要求，通过指令中国政府在
军事、警卫和金融管理部门使用日本顾问，其真实意图是想把中国变成第二个朝
鲜。一些日本外交官对这一举动的意图表示怀疑。1916 年年底，外务大臣本野
一郎（Motono Ichiro）写道："有些人说我们应该把中国变为保护国或者瓜分它，
还有些立场极端的人，说我们应该利用欧洲战争把（中国）完全变成我们的领
土……但是，即使我们能够暂时做到这一点，我们的帝国仍然缺乏真正的力量来
长期维持这一局面。"[1]他提到日本缺乏实力维持对中国的"长期占有"，说明他认
识到了中国民众的反抗——通过抵制日货和示威游行——对日本造成的压力。但
是，如果美国政府没有一再提出强烈抗议的话，日本政府可能已经开始了它一直
推迟到 1931 年才进行的侵略中国的行动。

大隈重信内阁发出了最后通牒，迫使北京政府接受其大部分的要求，但是当
美国国务卿威廉·詹宁斯·布赖恩（William Jennings Bryan）发出照会，强烈表示
美国不承认日本的行为时，日本不得不从自己强硬的立场后退。尽管美国注意权
281 力平衡且反应灵活，但也坚持"门户开放"的原则，表示一贯不赞成日本侵犯
中国主权的行动。布赖恩照会中暗含的不承认主义，后来在 1931 年被国务卿亨
利·刘易斯·史汀生（Henry Lewis Stimson）采纳，在 1941 年国务卿赫尔的照会
中再次出现。甚至可以说，布赖恩照会中强调的"大义名分"（*taigi meibun*）是
导致日本和美国之间战争的原因之一。

随着欧洲战争接近尾声，形势变得越来越有利于日本大陆政策的推进。1917

---

[1] "Motono gaisho ikensho," in *NGNSB*, vol. 1, pp. 421-424.

年，美国参战，同年俄国革命爆发。考虑到西方列强将在战争结束后重返亚洲的可能性，许多日本领导人急于尽可能多地获得领土。1918年夏天，在德国投降前的几个月里，寺内正毅政府派出7万兵力前往西伯利亚，与西方国家联合干涉俄国革命。意味深长的是，日本派出了干涉军的大部分兵力，其军队在那里停留的时间也最长，即使其他盟国撤出了西伯利亚，日军也没有立即撤军。寺内正毅政府还以革命潮流从俄罗斯传播到远东为借口，和中国签署了"共同防御条约"。该条约的规定使日本军队几乎能在整个中国自由行动。到1918年11月第一次世界大战结束时，日本的军事力量在北方已经能够延伸到贝加尔湖的地区，在西方已进入新疆腹地，在南方到达德国占领的密克罗尼西亚南部活动。这大致相当于日本军队1942年在太平洋战争中占领的区域范围。

　　问题是西方列强尤其是美国是否会承认这些既成事实。1917年11月在一次访美行程中，石井菊次郎（Ishii Kikujiro）大使与美国国务卿罗伯特·兰辛（Robert Lansing）成功缔结了联合声明。虽然两个国家承认了中国的领土完整和工商业机会均等，但协定也"承认"日本在中国拥有特殊利益。石井菊次郎认为该协定意味着美国"承认"日本"独占"整个中国，日本天皇还对石井的外交"胜利"给予了高度赞扬。[1]但是，正如许多日本领导人曾经预料的那样，第一次世界大战一旦结束，以美国为首的西方列强就展开了大胆的攻击，想把日本赶回到它战前在亚洲的位置，并恢复它们自己的战前地位。

凡尔赛—华盛顿体系

　　战争的硝烟散开之后，在以英、美为主的战胜国的领导下，新的国际秩序逐渐形成，通常被称为凡尔赛—华盛顿体系。它起源于1919年的凡尔赛和平会议，并在1921年到1922年的华盛顿会议上得到了详细阐述，在华盛顿会议上，《四强条约》和《九国公约》试图冻结太平洋上的现状。

　　这一国际秩序被构建起来，以保护英国和美国这两个主要战胜国的利益。这个新的体系也导致了后来成为法西斯国家的不满，比如德国需要承受巨大的赔偿负担，而意大利和日本尽管是战胜国，却感到被剥夺了足够的回报。这个体系也

---

[1]　Hata, *Taiheiyō kokusai kankei shi*, pp. 127-128.

将苏联排除在外，它曾经遭受过外国联合武装干涉，正在建设历史上第一个社会主义政权。苏联作为一个强大的局外人，通过共产国际做出特殊努力支持其他国家兴起的民族主义运动，积极寻求扩展国际共产主义运动的影响力。先进的资本主义国家则争相制订物质和精神两方面的对策，以捍卫它们的国外势力范围，同时防范国内的颠覆性运动。

到了 20 世纪 20 年代初，三个主要的世界大国集团之间形成了力量平衡，这三个大国集团分别是：华盛顿体系中的领导者——美国和英国；心怀不满的强国德国、日本和意大利；以及苏联，它的目的是在国际上建立一种社会主义秩序。在与 1929 年发生的国际经济体系上的一场暴风雨——大萧条做斗争时，这三个不同集团之间的平衡被打破了。在一系列由法西斯国家颠覆现状的企图所导致的危机中，国际政治逐渐向另一场大战发展演化。巧合的是，正是日本率先发动了九一八事变。

为什么日本最终脱离了凡尔赛—华盛顿体系？最主要的原因，是美国和英国在战争结束时开始反过来要求日本放弃大部分在亚洲—太平洋地区的战时所得。
283 其中包括：英日联盟的废止；日军从西伯利亚撤离；在海军军备限制条约中以美国、英国、日本主力舰 5:5:3 的比例来约束日本舰队；将山东半岛归还给中国；终止蓝辛－石井协定。这些新动态许多都是华盛顿会议取得的结果。这次会议结束时最重要的协定是 1922 年签订的《九国公约》，其中"清算"了列强与中国的所有现有条约，而以美国长时间信奉的"门户开放"原则所取代。毋庸置疑这一公约是美国外交的一次"胜利"。据惠特尼·格里斯沃尔德（A. Whitney Griswold）所说："它是美国传统的远东政策的典范。"[1]

日本人对这些协议的感觉可谓欢乐与恐惧交集。有些人，如著名记者、国会议员望月小太郎（Mochizuki Kotaro），抱怨说："我们的帝国已经失去一切，一无所获，只有建造战舰的费用得以幸存。"[2]1918 年，后来成为首相的近卫文麿表达了更为强烈的情绪，他认为，在凡尔赛—华盛顿体系下，"日本将成为一个永远落后的国家"。[3]然而，日本政府尤其是外交当局并没有被这些负面情绪影响，也

---

[1] A. W. Griswold, *The Far Eastern Policy of the United States* (New York: Harcourt, Brace, 1938), p. 331.

[2] Kobayashi Yukio, "Tai-So seisaku no suii to Man-Mō mondai," in *Taiheiyō sensō e no michi* (hereafter TSENM), ed. Nihon kokusai seiji gakkai Taiheiyō sensō gen'in kenkyūbu (Tokyo: Asahi shinbunsha, 1962), vol. 1, p. 182.

[3] *Nihon oyobi Nihonjin*, December 15, 1918; Yabe Teiji, *Konoe Fumimaro* (Tokyo: Kōbundō, 1952), vol. 1, p. 77.

没有把凡尔赛—华盛顿体系看作日本利益的彻底失败。在20世纪20年代初，从首相原敬开始，许多领导人都有足够的自信接受世界趋势的变化，并试图在调整以国际联盟为中心的新的国际框架时扩展日本的国家利益。

从某种程度上来说，伍德罗·威尔逊的理想主义中传达的进步主义与和平主义也开始在日本起作用了。从实用的角度来看，新的国际体系的好处，特别是华盛顿会议取得的成果，绝不是可以忽略的。首先，在华盛顿签署的条约是当时国际形势的一种意识形态的产物，这些条约为美国、英国和日本建立联合防御战线提供了可能性，共同遏制苏联国际共产主义与中国民族主义。其次，关于3个强国之间的相互关系，原则上可以理解为，施加于日本的种种限制将在未来执行，这些限制并未触及日本既定的特殊利益，尤其是被日本人视为对自己的生存至关重要的在中国东北和蒙古享有的利益。再次，由于国际联盟缺乏执行任何制裁规定的能力，日本显然能够轻易地从该体系退出，只要它发现有好处就会这样做。只要日本仍然能够通过自由竞争来进行扩张，只要日本在中国东北和蒙古享有的特殊利益没有遭到中国或苏联的威胁，那么，日本对中国做出的让步——例如，归还山东半岛——就不会被认为是以不合理的价格来支付结束国际孤立的费用。

日本在华盛顿海军军备限制条约中做出的承诺，也给重新审议军队的开支带来了压力。首先，1922年的陆军大臣山梨半造（Yamanashi Hanzo）和1925年的陆军大臣宇垣一成任职时期，军事拨款的增加受到了查核。军方权威的下降，似乎为消除"双重外交"的不良影响提供了一个机会，而这种"双重外交"给予了军方在制订外交政策上与文职外交官一样多的发言权。这也提供了一个机会，由文职人员执掌的，即由政党主导的内阁可以借此恢复对日本外交的真正控制。原敬首相及后来的首相高桥是清，都非正式地拟定了取消陆军参谋本部的计划，但最终他们的计划都未能实施。[1]

第一个以通过文官考试的方式担任外务大臣的职业外交官币原喜重郎，是忠实信守华盛顿—凡尔赛体系而又不放弃在亚太地区实际考量的主要代表人物，他曾在五届民政党内阁中任职，担任过主管外交事务的外务省次官，驻美利坚合众国的大使，以及日本出席华盛顿会议的全权代表。在他的外交政策中，相互关联的组件主要是国际合作、经济外交和不干涉中国内政。

284

---

[1]　Hata Ikuhiko, *Gun fashizumu undōshi*, rev. ed. (Tokyo: Hara shobō, 1980), p. 275.

第一，所谓"国际合作"，虽然一般认为这指的是外交活动以国际联盟为中心，但基本上它涉及有关与美国和英国合作的政策。

285 第二，所谓"经济外交"，指的是强调经济的和平发展，将重心从军事压力政策上转移出来，具体表现在放弃"二十一条"要求、撤出西伯利亚远征军、限制对中国军阀的军事援助等，因为这些已经激起了民族主义的抵抗。币原喜重郎政策的：一方面回应了日本工业资本家的要求，他们的力量在第一次世界大战期间得到了大大增强；另一方面也反映了日本自信拥有了足够强大的经济力量，能够与没有过多政治和军事保护的先进西方经济体竞争。[1] 实际上，在"币原外交"下，日本与中国和其他国家的贸易额不断攀升。币原喜重郎本人相当死板，无法容忍出于"超经济逻辑"和"非经济逻辑"而违反经济合理性或侵犯经济利益的行为。

第三，所谓"不干涉中国内政"，这是币原政策中最重要的部分，意味着日本接受了由国民党统一中国，并且同意了中国关税自主以及取消治外法权。这与经济外交的原则密切相关。这种政策植根于这样一种判断，即一个稳定的、统一的政府在中国建立，对日本经济利益的推进和市场的扩大是可取的，而轻率的干预政策则会激起民族主义的敌意和对日本货物的抵制。

"币原外交"的这些原则与当时的外交环境相吻合。自1925年1月苏联和日本恢复正常外交关系之后，日本似乎摆脱了国际孤立，走上了稳固的和平扩张之路。然而，这种稳固的错觉很快就在民族主义者发起新的进攻时被打破了。由此，朝着中日对抗的突然转向，导致了整个华盛顿体系的崩塌。

币原外交与田中外交

在华盛顿会议召开之时，中国国民党只是控制着广州一带的小型地方政权。但在共产国际和苏联的支持下，国民党在1926年发动了对地方军阀政府的北伐战争。到1928年年底，国民党几乎统一了除东北之外的整个中国。战争进行期间，国民党内的一次政变，使权力从亲共左派手中转移到了蒋介石领导下的右派手里。在这一时期的国内动乱中，西方列强竞相获得了最"有利"的地位，以确保它们

286

[1] *Shidehara Kijūrō* (Tokyo: Shidehara heiwa zaidan, 1955), p. 256.

享有的特殊利益。但它们一致认为，国民党激进统一整个中国的膨胀是不可取的，它们也都想要检验一下苏联的影响力到底发展到了什么程度。最顽固的帝国主义列强是曾在扬子江流域享有最大利益的英国。1927 年，英国试图以"保护"在中国的外国居民为借口，与美国、日本一起发动了一场军事干预行动。作为回应，中国掀起了针对英国炮舰政策的排外民族主义运动，导致中英之间的贸易活动中断了将近一年半时间。

面对这种形势，日本外务大臣币原喜重郎仍然坚持他的不干预中国内政的外交政策。在 1927 年 3 月所谓的"炮轰南京事件"中，国民革命军袭击了外国领事馆和外侨住宅，英国和美国以军舰炮轰南京作为回应，但日本拒绝参加。在与中国谈判解决事端时，由于拒绝指责蒋介石，并坚持恢复蒋介石的首脑地位，币原喜重郎得罪了其他列强。[1] 据驻上海日本总领事的非官方报告，币原喜重郎此时已经知悉了蒋介石计划发动对内部左翼政党的政变。由于币原喜重郎想要稳定在蒋介石领导下的中国和日本之间的关系，因而他竭力避免由于这次事件而冒犯蒋介石。[2]

1927 年 4 月，中国的"政变"发生后仅仅一个星期，以若槻礼次郎为首的民政党内阁倒台。币原喜重郎被田中义一取代。田中义一是政友会总裁，此时他受命组阁，自己兼任外务大臣。造成内阁更迭的直接原因是一次国内事件——枢密院拒绝了若槻礼次郎政府应对银行业恐慌的计划。但是，真实的原因是对币原喜重的中国政策的意见冲突。在"炮轰南京事件"中，对币原软弱外交的批评声浪越来越大。由于币原喜重郎负责发出了禁止轰击南京的命令，一个年轻的海军军官被激怒而企图自杀，因为他误以为币原喜重郎会要求派遣上海的海军陆战队与英美一致行动。过去支持币原外交政策的《朝日新闻》，敦促币原重新考虑。政友会主要领导人森恪（Mori Kaku）利用大众反币原的情绪，联合军队和枢密院中的强硬派推翻了内阁。即便是民政党内阁的成员，陆军大臣宇垣一成也认为，内阁倒台"很可能是帝国的造化"。[3] 不难想象，对币原政策的不满已经变得多么强烈。

新上任的田中义一内阁采取一种外表上强硬的政策，来处理中国北伐战争所

---

[1]　Usui Katsumi, *Nitchū gaikō shi: Hokubatsu no jidai* (Tokyo: Hanawa Shobō, 1971), pp. 32-39.

[2]　Ibid., pp. 37-39.

[3]　Ugaki Kazushige, *Ugaki Kazushige nikki* (Tokyo: Misuzu shobō, 1970), vol. 2, entry for April 17, 1927.

带来的混乱。1927 年 5 月，田中政府按照之前政友会的要求，以"保护当地居民"为由，派遣一支军队到山东，在那里逼迫北伐军退回长江流域。这次武力展示被称为"第一次山东出兵"。

1927 年 6 月，田中政府把当地的军事和外交官员带到东京参加东方会议，宣布了田中内阁新的外交政策。筹划和主持这次会议的是负责外交事务的议会副议长森恪。虽然田中义一兼任着外交部部长，但真正掌控日本外交的人还是森恪。田中外交政策的基本要素是：(1) 每当受到威胁时，立即派遣日本军队保护当地日本利益和日本居民；(2) 把东北和"蒙古"从中国分离出来（*Man-Mo bunri seisaku*），目的在于确认日本在这两个地方的"特殊地位"，并且防止中国革命蔓延到东北。[1] 这些政策显然与币原喜重郎原先的政策背道而驰，币原的政策尊重中国对东北的主权，并呼吁日本居民如果他们的生命受到威胁就疏散到安全的地方。

东部地区会议批准了田中外交的原则，但在具体计划还没有达成之前会议就结束了。一般公众的印象是日本的对华政策发生了 180 度大转弯。而中国开始反日经济制裁，很快蔓延到东北。1927 年 9 月，奉天首先爆发了反日游行示威。田中政府采用了更加强硬的军事对抗措施。当 1928 年蒋介石重新开始北伐时，田中内阁再次派出两个师团的军队来到山东。同年 5 月，日军在济南和中国军队发生冲突。但是蒋介石的北伐军绕过济南向北京行进，追击张作霖撤退的部队。日方预料到蒋介石的军队必将取胜，建议张作霖马上放弃华北地区，回到他在东北的老基地，并尝试在日本的保护下重建自己的力量。

作为日俄战争时期的一名年轻军官，田中义一曾经洗清过张作霖作为俄罗斯间谍的罪名。如今他通过支持张作霖的傀儡"政权"，同时在中国东北建立新的由日本控制的铁路线，以期扩大日本在中国东北的影响力。然而，驻扎在中国东北的关东军想要以一个更为顺从的人物取代张作霖，因为张已经变得过于强大和难以对付。1928 年 4 月 18 日，关东军的一名参谋河本大作（Komoto Daisaku）告诉参谋本部的一个朋友，说他打算刺杀张作霖。"这次毫无疑问我会这么干，"他说，"这一决定将会一劳永逸地将二十年的所有事情都得到解决。"[2] 张作霖返回中国东北给了关东军一个千载难逢的机会。1928 年 7 月 4 日上午，河本大作与几

[1] Sato Motohide, "Tōhō kaigi to shoki Tanaka gaikō," *Kokusai seiji*, no. 66 (1980): 89-90.

[2] Letter from Kawamoto to Isogai, April 18, 1928, in Sagara Shunsuke, *Akai yūhi no Masunogahara ni* (Tokyo: Kōjinsha, 1978), p. 149.

个同事共谋将一包炸药放置在奉天郊外，这是张作霖乘坐的火车的必经之地。张作霖在这次爆炸中受了伤，不久就死去了。河本大作曾经希望东京当局会出动关东军占领奉天，但是这一命令从未下达，于是整个阴谋便以失败告终。

关东军宣称张作霖的死亡由北伐军负责，但关于这一事件背后日本人阴谋的流言很快在国内外传播开来。日本的反对党在国会上质疑政府，把发生在"中国东北的这一严重事件"看作是一个不祥的预兆。最后的政界元老西园寺公望对此反应强烈。他对一个知己好友说："我绝不会让事情变得不可收拾。"[1] 田中义一感慨"孩子们永远不了解父母的心思"，起初曾打算惩罚河本大作及其同谋。他向天皇承诺他会这么做。但由于军队的强烈反对，田中义一所能做的，只是以"保卫铁路时犯错"为由，对关东军指挥官和河本大作施以轻微的行政处罚。这一宽大处理的代价是他自己的职位。天皇指责田中义一不守诺言，田中内阁成员遂于1929 年 7 月辞职。几个月后，田中义一在绝望中死去。

导致田中义一下台的直接原因，虽然是天皇对处理张作霖事件的不忿，但田中义一的外交政策在中国已经走进了死胡同。日本对山东的两次干预都旨在申明对中国的强硬姿态，但结果不仅没有抑制国民党在其控制的华北地区的所作所为，而且还造成日本居民的伤亡以及越来越多的抗日救亡运动。更糟糕的是，由于张作霖被暗杀，田中义一通过控制张作霖来逐渐解决东北问题的希望受到了阻挠。1928 年 12 月，已经继承其父成为东北军阀的张学良无视日本的强烈警告，宣布"易帜"，服从南京国民政府。就在田中义一于 1929 年 7 月辞职之前日本最终被迫承认了南京政府。

由于中日关系的恶化，日本与西方列强的关系，特别是和英国和美国的关系也冷却下来了。这两个国家都及时地对南京政府做出让步，其中包括同意中国恢复关税自主权，同时两国都在试图与中国建立新的友好关系。只有日本落在了后面。

虽然田中外交通常被看作是币原外交的某种替代性政策，但把它们视为完全对立也是不恰当的。田中义一并不打算阻止中国的统一，也并没打算放弃与英国、美国之间的传统合作。他确实没有设想过一个征服世界的计划，就像伪造的

289

---

[1]　Harada Kumao, *Saionji-kō to seikyoku* (Tokyo: Iwanami shoten, 1950), vol. 1, p. 10.

"田中奏折"概述的那样。[1] 然而，难以否认的是，与币原喜重郎一贯坚持的政
策相反，田中义一的行为左右摇摆、自相矛盾，一开始是这样，后来又会变成那
样。比如，1927 年秋天蒋介石暂时离职访日时，田中义一表示他并不打算干涉国
民党统一中国。但尽管有了那样的保证，几个月后，当蒋介石重新北伐时，田中
义一第二次派遣军队进入山东进行阻挠。田中义一还透露，对于外务省、军队及
其像森恪这样的文职盟友之间在外交政策方向上的冲突，他是缺乏掌控能力的。
尽管田中义一是陆军中长州派系领袖山县有朋的继承者，但他却无法在惩罚河本
大作这样的关东军阴谋家的问题上使军队让步。事实上，这意味着他已经在大陆
政策上把他的主动权让给了军队。民政党总裁滨口雄幸接替田中义一成为首相，
田中义一兼任的外务大臣一职则由币原喜重郎接任。币原外交焕发了新的生命，
但它的失败也近在眼前。

对中国东北的野心

日俄战争期间，日本耗费了 20 亿日元，将近 10 万名士兵失去了生命。得到
的"物质回报"是大连和旅顺的租借权，包括大连和旅顺港，以及以南满铁路
株式会社为中心的东北南部的利益。1911 年的中国革命后，以东北作为故乡的
清朝统治者从中国中央政府的宝座上跌落下来。之后，东北处于张作霖的控制
之下，他深得日本军队的支持，他的儿子张学良在他死后仍控制着东北。甚至
当 1932 年国际联盟委派李顿调查团调查该地区情况时，也在一定程度上承认了
这一点。

对于那些无法在国内满足他们野心的日本人来说，中国东北是个新的领域，
在那里他们可以实现"功名与利益的梦想"。探险家和商人渴望快速到达那里致
富。一些年轻人甚至为此加入了强盗团伙。由于在加利福尼亚的移民问题上导致
日美关系恶化，外务大臣高村正彦敦促制订政策，将日本的移民集中到中国东北
和朝鲜（"满韩移民集中论"）。他制订了一个 20 年的计划，要将 100 万人口移民
到中国东北，希望通过转移移民的目的地，来缓解日本的人口问题。[2] 中国东北

---

[1] Morishima Morito, *Imbō, ansatsu, guntō* (Tokyo: Iwanami shoten, 1950), pp. 7-8.

[2] Gaimushō, *Komura gaiko shi*, 1953, vol.2, p. 298; Manshūshi kenkyūkai, ed., *Nihon teikokushugika no Manshū* (Tokyo: Ochanomizu shobō, 1972), p. 15.

的日本居民从 1909 年的 68 000 人增加到 1930 年的 219 000 人。这些人中，大多数都是南满铁路株式会社的雇员和他们的家人。大约有 1 000 人是农民，剩下的都是淘金者、无良商人、渴望一夕致富的艺术家，以及其他在社会上不受欢迎的人。相比之下，中国东北每年有 300 000 至 500 000 的中国居民，其中主要是农民，1927 年这一年甚至达到了 780 000 人的高峰。[1]

刺杀张作霖接管中国东北的行动失败后，关东军内部的危机感更加强烈，因为中国人开始建设平行于南满铁路的铁道路线，还因为张学良开始对生活在中国东北的日本定居者施加经济压力。通常认为是关东军挑起了九一八事变，因为外相币原喜重郎的外交政策无法应对国民党政权把"主权恢复"民族主义运动和"反日政策"扩展到中国东北。据说，由于中日外交陷入僵局，关东军方才诉诸武力，以期实现日本长期控制这一地区的野心。

然而，疑问依然存在，日本在中国东北的"权益"对日本来说真的如此至关紧要？或者说，日本在中国东北的"权益"真的受到如此严峻的威胁，以至于必须采取军事行动来加以回应？举例来说，张学良建设新的平行铁路线会使南满洲铁路盈利能力下降的说法，可能就是夸大其词的。当时，南满洲铁路株式会社的董事木村荣一（Kimura Eiichi）曾说："平行铁路线不是原因，经济萧条才是真正的原因。公众认为过去的好时光赚取利润是正常的，但是平行的中国铁路线收入的下降比我们更甚。"[2] 由于世界经济的不景气，南满洲铁路固然比之前赚取的利润要少，但相比之下，平行的中国铁路线肯定会比南满洲铁路先崩溃破产。甚至策划刺杀张作霖的河本大作也承认，在中国东北的日本居民的"经济压力本质上是基于他们无法与中国居民竞争在低标准下生活"，而不是基于蒋介石政府的抗日政策。[3]

由此看来，九一八事变实际上是虚假的"东北与内蒙古的危机"（Man-Mō no kiki）的产物。关东军和倾向于使用武力的日本殖民者努力说服日本政府、军队

292

---

[1] Rōyama Masamichi, *Nichi-Man kankei no kenkyu* (Tokyo: Shibun shoin, 1933), pp. 151, 205.

[2] "Explanation by Director Kimura at the Department of Overseas Affairs Meeting of December 7, 1930," *Kikan gendai shi*, November 1972, p. 162. 所引数字，参见 *Minami Manshū tetsudō kabushiki kaisha sanjū-nen ryakushi* (Dairen: Minami Manshū tetsudō kabushiki kaisha, 1937)，可见一直饶有利润（虽然利润曲线是向下的），且于 1927 年至 1931 年间一直派发股息；Ibid., p. 724. 关于南满铁路经营亏损的流言，参见 Yamaguchi Jūji, *Manshū teikoku* (Tokyo: Gyōsei tsūshinsha, 1975), p. 52。

[3] Sagara, *Akai yūhi no Masunogahara ni*, p. 149.

统帅和广大公众，谎称这个危机是真实存在的。石原莞尔（Ishiwara Kanji）陆军中佐写道，"我们的国情已经陷入僵局，没有其他办法可以解决食物、人口及其他重要的问题，唯一向我们敞开的出路就是发展中国东北。这是一个得到公认的事实"。[1] 然而，石原莞尔的逻辑是有问题的。即使抢占了中国东北和蒙古，日本的资源和人口问题就能得到解决吗？在这艰难的时刻，这样做有可能为他们的发展增加资本吗？对此，石原莞尔并没有给出具体的答案。由日本社区居民中的强硬派组成的中国东北青年联盟，也呼吁中止币原喜重郎的外交政策。他们派了一个游说团体到日本宣讲南满洲铁路的危机，但是公众对此反应很冷淡。[2] 这是很

293　正常的，考虑一下当时日本惨淡的经济情况，这里失业率正在上升，民生普遍困苦不堪。国内的巨大危机使人们无力关注中国东北问题。

　　东京的中央军事当局尽管关注中国东北事态的发展，但采取了较为谨慎的立场。九一八事变发生前 1 个月，军方编制了一份为了解决中国东北问题的对策大纲。[3] 这份文件主要建议用一年左右的时间巩固国内和国外的处境，并在对中国东北诉诸武力之前创造一个良好的公众舆情。尽管石原莞尔和他在关东军中的同僚甘愿挑战全世界，但中央军事当局担心如果对中国东北用兵将会导致国际联盟对日本施加制裁。此外，他们认为，只要币原喜重郎的外交政策见解始终占据上风，那么一个地方性的事件就很难被放大。为了克服这些障碍，有必要造就一个由国内国外同时发生的冲击所引起的多重性震荡。

　　1930 年和 1931 年，日本国内军方篡夺政治权力的条件不断成熟。由政党政治产生的滨口雄幸内阁包括了三位最优秀的领导人——首相滨口雄幸、大藏大臣井上准之助（Inoue Junnosuke）和外务大臣币原喜重郎。但是，他们的政策在日本各阶层之间引起了广泛的怀疑和不满。为了克服经济的长期低迷，滨口雄幸内阁试图加强日本在国际市场上竞争的经济实力。但是井上准之助的紧缩性财政政策、工业合理化和回归金本位的举措，恰逢 1929 年的全球经济萧条，日本经济

---

[1]　Ishiwara, Kanji, "Genzai oyobi shōrai ni okeru Nihon no kokubō," in *Ishiwara Kanji shiryō*, vol. 2: *Sensō shiron*, ed. Tsunoda Jun (Tokyo: Hara shobō, 1967), pp. 422-432.

[2]　Hirano Ken'ichirō, "Manshū jihenzen ni okeru zai-man Nihonjin no dōkō," *Kokusai seiji*, "Manshu jihen," no. 43 (1970):66.

[3]　Kitaoka Shin'ichi, "Rikugun habatsu tairitsu (1931-1935) no saikentō," *Shōwaki no gunbu* (Tokyo: Yamakawa shuppansha, 1979), p. 54.

一下跌入前所未有的深渊。许多经济指标下降到正常水平的 50% 至 70%。[1] 由于所有的损失都由农业人群和中小型企业来承担，因此"井上财政政策"也被解读为扩大代表财阀利益的政党政治权力的政策。政治渎职和贪污腐败的接连曝光，进一步降低了公众对政党政治的信心。外交政策方面，在 1930 年的伦敦海军会议上，日本与英美之间达成了和解，日本同意在辅助舰只维持较低的比例，从而引发了海军内部"舰队派"的不满。当中国国民党政府呼吁"迅速废除一切不平等条约，恢复中国的所有权益"时，对币原喜重郎外交政策的批评持续发酵。中国的"革命外交"与"东北与内蒙古的危机"相互叠加，越发加剧了日本可能被迫完全退出中国大陆的担忧。

国内外的僵局为军队和右翼势力中"革新运动"（*kakushin undō*）的突起提供了依据。这场运动希望军队能够替代政党成为一支政治力量，因为政党已经失去了它们的纯洁性和处理国家问题的能力。这场运动内部对于什么事务应该放在第一位存在争议，是通过"昭和维新"（*Shōwa ishin*）进行国内的政治改革，还是通过国外的军事行动来解决中国东北问题，而最终达成的是两者齐头并进。1929年秋天由几位年轻军官组织的樱花会（*Sakurakai*），在 1931 年 3 月策划了一场军事政变，想让宇垣一成将军控制政府。由于宇垣将军拒绝合作，这场所谓的"三月事变"宣告失败。但是，接着在秋天樱花会又策划了另一场更大的政变计划，即"十月事变"，这次事件涉及了年轻的海军军官和民间右翼分子。[2]

与此同时，在中国东北，一群由石原莞尔中佐和板垣征四郎大佐领导的关东军军官加紧了用武力解决中国东北危机的准备。石原莞尔将他的日莲宗佛教信仰融入近期流行的军事科学知识中，发展出一种独特的终极世界大战理论，他是这一密谋背后的理论家；板垣征四郎早在作为一名军校学员时就加入了一个致力于大陆扩张的秘密社团，他是这一密谋的实际操作者。他们通过刺杀张作霖的河本大作与樱花会保持联络。他们的计划在 1931 年秋天得以实现。

9 月 18 日晚上，铁路守备队第二大队的河本末守（Kawamoto Suemori）中尉在南满洲铁路途经的奉天郊外柳条湖段引爆了炸药。几个同谋本来打算通过使原定当晚 10 点半抵达奉天的大连快车脱轨而引起混乱。爆炸后不久火车就到达

---

[1] Sumiya Mikio, ed., *Shōwa kyōkō* (Tokyo: Yūhikaku, 1974), p. 236.

[2] Karita Tōru, *Shōwa shoki seiji-gaikō shi kenkyū* (Tokyo: Ningen no kagakusha, 1978).

了被炸的轨道，有点晃动，但仍然安全通过了。[1] 然而，九一八事变却已经箭在弦上。

在中国东北的军事行动计划，由于阴谋败露而加快了步伐。在8月中旬之前，有关谣言已经传到了知情圈，造成了南满洲铁路公社的股票下跌。日本驻奉天的总领事将事件的报告发送给外务大臣币原喜重郎，币原在内阁会议上向陆军大臣南次郎（Minami Jirō）询问事件的真实性。[2] 当南次郎命令派驻中国东北的陆军参谋本部的建川美次（Tatekawa Yoshitsugu）少将停止行动时，石原莞尔和板垣征四郎把他们的时间表加快到10天之内。甚至在离开东京之前，建川美次就曾秘密通知关东军他们的计划已经暴露。在去奉天的途中，建川美次与板垣征四郎进行会谈后，于爆炸发生前几小时抵达奉天，喝醉后在一家日本饭店睡着了。在后来的评论中，他为自己未能达成使命辩解，"我没能及时阻止事变发生"。[3] 其他一些像建川美次一样的将官，或是自己曾经致力于这一阴谋，或至少是已经猜到正在发生什么却假装不知道。在这个意义上，九一八事变以及"三月事变"和"十月事件"等，可以被解释为军队向政党统治发起的直接挑战。

对中国东北的"占领"

九一八事变的初始阶段几乎以兵不血刃结束，奉天于一夜之间沦陷。此时正在北京的张学良，命令他的下属官员采取不抵抗政策。[4] 但是，如果关东军要按计划占领整个东北，那么日军将不得不把行动推进到条约权利规定的铁路区域之外。9月21日，石原莞尔和他的同谋要求关东军司令官本庄繁（Honjo Shigeru）出兵吉林，在那里建立地方秩序。事实上，该地区曾发生过由阴谋者挑起的动乱。这个时候，没有参与阴谋的本庄繁开始意识到，他的参谋人员参与了这场阴谋活动。根据军法，在没有天皇同意的情况下，一个在外国的地方指挥官调派军队是犯了死罪。整个夜晚，本庄繁的参谋人员都在做他的工作。

296

---

[1] Hata Ikuhiko, "Ryojōkō jiken no saikentō," *Seiji keizai shigaku*, no. 183 (1981).

[2] Seki Kanji, "Manshū jihen zenshi," *TSENM*, vol. 1, pp. 404-412.

[3] Mori Katsumi, *Manshū jihen no rimen shi* (Tokyo: Kokusho kankokai, 1976), pp. 19-80.

[4] Usui Katsumi, *Manshū jihen* (Tokyo: Chūō kōronsha, 1974), p. 58.

第二天早上，他终于同意了他们的要求。[1] 在没有首先获得中央军事当局许可的情况下，驻守朝鲜的一个师团被派往中国东北支援关东军，这强化了派遣军队的惊人效果。

外务大臣仍由币原喜重郎担任的若槻礼次郎内阁，采取了不扩大军事行动的政策。东京中央军事当局只得不情愿地跟进。但是关东军完全无视它们的指令和内阁的不扩张政策。一群陆军参谋本部的官员正在为"十月事件"预作准备以支持关东军的行动，他们到处散布谣言，说是关东军正在计划宣布从本土独立出去。[2]1931年12月，若槻礼次郎内阁最终倒台。政友会总裁犬养毅继任内阁首相，他承认对中国东北的"占领"是一个"既定事实"，以此扭转了国家政策的方向。

作为对日本军事行动的回应，曾在中国北方重新集结被击败士兵的张学良，继续穿过东北的西南边界进行游击战式的攻击。蒋介石的计划是呼吁国际联盟介入，并通过大国施压来收复东北，但同时这也阻止了国民党中央军的行动。[3]蒋介石曾想统一包括东北在内的整个中国，所以也不放过他在国内的敌人，尤其是在中国共产主义运动控制下的区域，因而他不情愿动用他的军队抗击日本的侵略。如果有任何力量能够阻止关东军及其在东京的支持者的肆意妄为，那么只有可能是来自英国、美国或者苏联的国际压力。但是事实上，这些国家没有一个挺身而出。美国国务卿亨利·史汀生宣布采取"不承认主义"，拒绝接受日本所谓的"既成事实"，而胡佛（Hoover）政府则以演习为名在夏威夷集结太平洋舰队。[4]但是，由于美国正在大萧条的谷底挣扎，所以并未能采取有效措施应对远东危机。英国也处于经济困境之中，它倾向于采取绥靖政策，希望利用日本来抗衡苏联。经过斯大林和托洛茨基之间的长期派系斗争，苏联政府正处于经济重建之中。因此，苏联领导人想要在此时避免国际争端。于是，苏联政府也没有抗议日本军队侵入中国东北南部，并于1935年将苏联拥有的中东铁路出售给日本，并撤回到黑龙江（阿穆尔河）沿线。如果九一八事变事先已有避

297

---

[1] Katakura Tadashi, *Kaisō no Manshūkoku* (Tokyo: Keizai ōraisha, 1978), pp. 57-58; Ishii Itaro, *Gaikōkan no isshō* (Tokyo: Yomiuri shinbunsha, 1950), pp. 182-183.

[2] 关于这一点，有人认为"十月事件"实际上是一次由军队最高层的阴谋分子策动的政变，目的在于促发九一八事变。参见 Fujimura Michio, "Iwayuru jūgatsu jiken no saikentō," *Nihon rekishi*, no. 393 (1981)。

[3] Chiang Kai-shek, *Shō Kai-seki hiroku: Manshū jihen* (Tokyo: Sankei shinbunsha, 1976), vol. 9, pp. 52-53.

[4] Hata, *Taiheiyō kokusai kankei shi*, chap. 7, concerning Stimson's diplomacy.

免外国干预的设想，那么不得不说，它选择的时机是完美的。当时的国际形势
对日本有利。

1932 年年底，当战争蔓延到上海时，国际上对日本在中国东北的行动施
加了越来越大的压力。"上海事变"是由关东军和日本驻上海的武官田中隆吉
（Tanaka Ryūkichi）少校策划并挑起的。这次事变的目的是转移日本国内外对中国
东北的注意力，从而使关东军能够实现对哈尔滨的"占领"，并在海外反日情绪
达到高潮之时建立一个新的"国家"——伪满洲国。但是，"上海事变"很快就
扩大成为一次军事冲突。日本不得不动用三个师团的兵力，以解救被围困的日本
海军陆战队。然而，军队统帅部担心向中国中部的渗透会招致列强的联合干预。
不同于西方列强在中国东北没有多少实质性利益，中国中部地区早已是西方进行
经济和政治活动的区域。就在上海整座城市快被占领之时，日本军方开始取缔鹰
派人物，并将日本军队从上海撤出。

1932 年 3 月，日本已经完成了占领整个东北的任务，在那里创造了一个傀儡
"政权"。在九一八事变发生后，关东军立即形成了建立一个新的"独立国家"的
想法。他们的计划是号召建立一个远离国内资本主义罪恶的"新国度"，在"王
道乐土"（ōdō rakudo）和"五族共和"（gozoku kyōwa）的口号下实现统一。很
多来到中国东北的政府官员、经济学者、浪人（ronin）和移民农户成为这一"新
国度"的"一部分"。其结果是，不夸张地说，伪满洲国成了日本的"命脉"。
1934 年，东北原来的"共和制"结构变更为"君主制"，溥仪被扶上"皇帝"的
宝座，具有日本天皇授予他的"权威"。但是，真正的权力掌握在关东军司令官
的手中，他同时还执掌着日本驻伪满洲国大使的职位。

1932 年春，国际联盟派出的李顿调查团访问了东北，感觉敏锐的观察家完
全看透了东北内部发生的情况。日本军队预感到该调查团提交的报告会不利于日
本，因而试图通过促进承认伪满洲国"独立"地位的运动来煽动公众舆论。外务
大臣内田康哉（Uchida Yasuya）宣布了他的"焦土外交"（shōdo gaikō）。"我不会
对达到这一要求（承认伪满洲国）退让一步，"他说，"即使我们的国家正在化为
灰烬。"1932 年 9 月，日本正式承认了伪满洲国。1933 年 3 月，在是否接受李顿
调查团报告的投票中以 42:1 败北后，日本决定退出国际联盟。这一举动，意味着
日本已经脱离了凡尔赛体系，而选择代之以"光荣孤立"。意大利和德国眼看着
国际联盟的软弱无能，开始效仿日本走上了他们自己的扩张之路。

无论是国际联盟还是大国列强，都不能对日本施加有效的限制，其中的一个原因是日本回应的模式往往不合常理。[1]虽然自从远征西伯利亚以来，"双重外交"就成为一个问题，但九一八事变期间当地驻军势力居然无视东京政府已经承诺的不扩张政策，这是此前所没有先例的。一旦列强意识到币原喜重郎的政策不再有效，他们便会加强对日本国家的压力。但到这个时候已经太晚了，产生不了什么制约作用。日本的公众舆论一夜之间变得强硬起来，支持对中国东北的"占领"已经成为"既定事实"。仅仅10年之后，当太平洋战争爆发前夕，美国在著名的"赫尔照会"中有效运用了"不承认主义"，呼吁回归1931年前的状态，并要求清算所有的"既成事实"。

寻求自治

日本的对外扩张——从九一八事变及中日冲突到太平洋战争——一系列侵略活动的目标是像匈奴人或蒙古人一样进行军事征服和掠夺？抑或只是一种有限的行动，旨在面对经济大萧条世界分为不同经济集团时实现"寻求自主"[2]的目标？历史学家的解释在这两个极端之间来回摆动，但无论是哪一种，从1931年九一八事变到抗日战争全面爆发的过渡时期显然是一个划时代的转折点。九一八事变在日本扮演的角色类似于美国的新政。增加军费开支和增加军工生产产生的通货膨胀，使日本经济从停滞开始复苏。[3]同样的事情也发生在德国的阿道夫·希特勒（Adolf Hitler）时期，通过建设高速公路等公共工程，使六百万失业人口重回工作岗位，从而让国家走出萧条，之后开始了重整军备的计划。[4]美国、德国和日本这三个国家不自觉地实践了凯恩斯主义的方法，通过军备扩张或公共工程项目刺激复苏和实现充分就业。

尽管如此，旨在国内经济复苏的经济民族主义在全球蔓延，打乱了国际经济

---

[1] Mitani Taichirō, "Kokusai kin'yū shihon to Ajia no sensō," *Kindai Nihon to Higashi Ajia*, ed. Kindai Nihon kenkyūkai (Tokyo: Yamakawa shuppansha, 1980), pp. 117-127.

[2] James B. Crowley, *Japan's Quest for Autonomy* (Princeton, N.J.: Princeton University Press, 1966).

[3] Nakamura Takafusa, ed., *Senkanki no Nihon keizai bunseki* (Tokyo: Yamakawa shuppan, 1981). 尤其请见布卢门塔尔所著文章。一般要求增长1.5%，作为对照的是在1931年到1936年的军事远征期间上升为2.2%。增长率从1929年的0.5%扩大为1933年的10.5%。

[4] Sebastian Hafner, *Hitorā to wa nanika*, trans. Akabane Tatsuo (Tokyo: Sōshisha, 1979), p. 36.

的自我调节机制，并推动封闭性经济集团的形成。像日本和德国这样的后发展国家缺乏自给自足的自然资源，不得不建立对广泛经济区域的控制，以便与先进国家控制的经济集团相抗衡。为了证明这样的政策有效，德国出现了纳粹地缘政治学所倡导的生存空间理念，日本则出现了"日本—伪满洲国经济集团"的概念。渗透这两个国家法西斯意识形态的保守民族文化学说，对于它们拒绝经济国际化和形成封闭的经济集团，也可以说是至关重要的。[1]

多年以来，日本的人口过剩和原料短缺已成为发达国家关注的一个原因。
300　尽管人口问题可能只是侵略者的一个"最后的借口"（石桥湛山语）[2]，但有一种广泛传播的国际认知认为，通过提供给日本恰当的"安全阀"，日本的社会爆炸本来是可以避免的。在任何情况下，对国民党来说，打败毛泽东领导的中国共产党的军队仍是最为紧迫的目标。[3] 在这种情况下，1932 年到 1935 年间，基于对"既成事实"的"默认"而产生的"和谐互动"，中日关系"似乎"得到了恢复。

1935 年 10 月，日本外务大臣广田弘毅（Hirota Koki）要求中国接受他的"三原则"：停止反日活动；承认伪满洲国；联合防御共产主义。广田打算首先在原则上获得中国的同意，然后再做具体的详细安排。然而，在外交政策上，真实权力已经落入了日本军方之手。随着外务省内亲军方派系的崛起，旧的"霞关外交"（Kasumigaseki diplomacy）逐渐衰落，有人甚至开始谈论将外务省改称"陆军省外事局"。就好像是为了无视广田弘毅的外交一样，军方一些人，尤其是被成功占领东北进一步吊起胃口的关东军中层军官，开始向中国北部、内蒙古进军，最终于 1935 年下半年侵入中国内地。他们的行动模式依赖于颠覆破坏、武力威胁和建立傀儡政府，与关东军发动九一八事变时的做法并无什么不同。他们给自己的行为所找的理由，是防止出现一个强大而统一的中国。

在 1935 年 6 月签订《何梅协定》和《秦土协定》之后，关东军和中国驻屯

[1] 参见 articles by Hatano Sumio, Takahashi Hisashi, and Gerhard Krebs, in *Nihon no 1930 nendai*, ed. Miwa Kimitada (Tokyo: Sōryūsha, 1980)。

[2] Ishibashi Tanzan, Editorial in *Tōyō keizai shinpo*, May 16, 1913, 刊登在 *Ishibashi Tanzan zenshū* (Tokyo: Tōyō keizai shinpōsha, 1970-1972).

[3] Tung Hsien-kuang, *Shō Kai-seki*, trans. Terashima Masashi and Okuno Masami (Tokyo: Nihon gaisei gakkai, 1956), p. 173. 唐写道："在 9 月 18 日，中国被迫做出选择，是应该进行军事反击，还是等待机会通过外交干预把日本逐出东北；中国选择了后者。然而，日本充分利用了中国的内乱，继续着它的侵略行动。"

军以解决一些微不足道的事件为借口驱离了河北省和察哈尔省的中国中央军。土肥原贤二被派往华北，在那里他试图通过汇集华北五省的各地军阀，组建一个独立的亲日"政权"。但是由于国民党中央政府在政治上进行了成功的干预，这些计划未能实现。尽管日本人在河北的东北部创建了一个亲日傀儡"政权"——冀东自治委员会，但国民党则以总部设在北京的冀察政务委员会对之进行还击。利用经由河北东部进行走私活动获得的资金，关东军也在内蒙古成立了一个德王统治下的傀儡"政权"，并且开始向西扩张。[1] 当时已在陆军参谋本部担任关键职位的石原莞尔少将，并不同意如此迅猛而无序的扩张。相反，他强调迫切需要开发伪满洲国的资源，为日本提供充足的国家实力，以顺利应对国际形势的变化。然而，鉴于此前他本人曾有违抗中央当局的前科，所以石原莞尔很难控制下级军官中盛行无忌的冒险主义。[2]

其结果是，在夺取了伪满洲国的资源后，日本又向中国的主要部分突进，以寻找新的易于获得的"收益"。在此期间，军队内部统制派和皇道派领导层之间的一场血腥派系斗争愈演愈烈。这场斗争的高潮是1936年"二二六"事件，以统制派取得胜利而告终，突出表现为从内部改革到外部侵略的转变。很显然，自九一八事变以来日本军队的侵略行为很难说是克制的，很难被称为一种"寻求自主"的行动。军事行动先行，而后为所造成的既成事实做意识形态辩护的理由随之出炉。等到"日本—伪满洲国经济集团"扩展为"日本—伪满洲国—中国经济集团"的时候，日本军队已经侵入了中国大陆的所有部分。当日本从东亚进一步扩张到东南亚和西太平洋的目标变得清晰时，歌颂"东亚新秩序"（*Tōa shinchitsujo*）和"东亚共同体"（*Tōa kyōdōtai*）的口号很快被"大东亚共荣圈"的鼓噪所替代。其结果是，获得一个"自给自足经济圈"的成本超过了预期的收益。1936年年底，由外务省研究局提供的报告写道："扩张主义政策的实际收益是微不足道的。自从中日甲午战争（1894年到1895年）一直到现在，国家出现了赤字，而这一赤字不可能由未来十年或者二十年的殖民统治来消除。"相反，这一报告解释道，日本应该抛开对收益和亏损的考虑而追求"八纮一宇"（*hakko ichiu*，从字

301

302

[1]　Hata Ikuhiko, *Nitchū sensō shi*, rev. ed. (Tokyo: Hara shobō, 1979), chap. 2, sec. 6.

[2]　Tsunoda Jun, ed., *Ishiwara Kanji shiryō*, vol. 1: *Kokubōronsaku* (Tokyo: Hara shobō, 1971), p. 436.

面上看，意思是同一个屋顶下世界的八个角落）的理想。[1]

由于日本有限的国家实力很难支撑快速扩充的"大东亚共荣圈"，只有通过掠夺当地资源这样一种无情的政策来弥补自身的缺陷，这不禁让人想起早期的西班牙殖民政策。东北的土地被来到东北的日本移民夺占用于居住；中国内地的工商企业被没收；而在中国以及后来在太平洋作战的日本军队都依靠土地生活，军队购买所需的日用品均用过度发行的没有保障的军票来支付，这不可避免地带来了当地的通货膨胀。在现代历史上，还未曾有过一支国外远征军从一开始就采用自给自足政策的实例。这是口号和现实之间存在巨大差距的一个明显的例证。这是当然的，日本军队被占领区的居民所疏远，当地民众把"皇军"（kōgun）嘲讽为"蝗军"。

与中国的冲突

日本历史学家们所说的自九一八事变开始的"十五年战争"的侵略链条（尽管从严格意义上来说，只持续了 13 年 11 个月），近来已经成为流行的说法了。从这个意义上来说，九一八事变、中国战争和太平洋战争不应被单独看待，而应该作为一个连续不断的战争来看待。[2] 根据国际法，唯一一次正式宣战是在 1941 年 12 月，但是自 1931 年之后，日本军队驻扎的地区就没有一天停止过枪声（包括游击行动）。

303　　这一战争是否像盟军检察官们在东京战犯审判中所坚持的那样，可以被认为是一种蓄意行为的结果，而这一结果的发生乃是基于 A 级战犯们的阴谋策动。虽然数量不多，但还是有一些日本人意识到，如果战争继续下去，到了只能进不能退的地步，那么这个国家最终垮台的命运是不可避免的。在 20 世纪 20 年代的每个关键转折点上，"扩张主义论者"和"不扩张主义论者"两派的争锋，想要继续推进侵略和想要遏制军队继续扩张的两派的冲突，都是一直存在的。然而，国外对日本的不信任，促成了不扩张主义阵营的失败。

---

[1]　Gaimushō chōsabu, "Nihon koyū no gaikō shidō genri koryo," December 1936, *Gaikō shiryōkan archives*, File number A-1-0-0-6.

[2]　Ienaga Saburō, *Taiheiyō sensō* (Tokyo: Iwanami shoten, 1968), preface and pp. 1-4; Hata Ikuhiko, "Onnenshikan kara no dakkyaku," *Keizai ōrai*, February 1979.

在九一八事变到中日战争之间的这些岁月里，不扩张主义者预见到入侵中国对日本来说将是致命的。他们继续坚持日本暂且应该集中精力在东北的发展上。正如大藏大臣高桥是清对前往东北的一组大藏省的官员们所说："我们反对九一八事变。如今事情已经过去了这么久，我认为再谈论它已无济无事。但是，我们不应该干涉华北的事务。"[1] 我们已经看到，在 1935 年下半年，即使伪满洲国的秩序尚未建立起来，也没有对其潜在的资源进行充分的调查，关东军已然开始侵入华北。军队对伪满洲国铁矿石和煤炭质量的出乎意料之低感到失望，又无法抵抗华北地区高质量铁矿石和煤炭的诱惑。石原莞尔大佐对深入华北是否明智深表怀疑，他派遣了一个信得过的经济官员前往伪满洲国，做出了一份调查报告，指出单单一个伪满洲国就能为日本的国防建设提供必要的资源，但这很难阻止关东军中的那些冒险家。[2]1937 年 7 月，日本和中国之间最终爆发了全面战争。这场战争开始于北京郊区卢沟桥（Marco Polo Bridge）的一场军事冲突，揭开了中国全民族抗日的序幕。这一事件背后的真相，尤其是当晚日本军队在那里举行的军事演习中谁打响了第一枪，这是 20 世纪 30 年代最大的未解之谜之一。

为什么这次地方冲突会演变成一场全面战争？这个问题学者的看法也存在着分歧。表面上看，中日关系在 1936 年年底以后一直处于平静状态。除了在华北经济开发问题上与宋哲元的协商谈判还没有结束之外，两国之间并不存在值得关注的焦点问题。事实上，在卢沟桥事件发生前的 6 个月里，报纸上关于中日关系的文章自 1935 年以来从没有这么少过。那么，问题来了，这个时期应该被视为一个紧张缓和的时期，还是风暴来临之前的平静？

在卢沟桥事变发生前，国民党政府一直采取妥协的政策，一方面进行抵抗，另一方面又谈判协商。1935 年，在英国的帮助下，南京政府实行了货币改革，从银本位制转变为管制货币，从而加强了国家统一的经济基础。1936 年夏天，南京政府镇压了西南军阀，并且利用绥远事件把中国北方各种各样的军阀拉拢到一起。1936 年 12 月西安事变发生，蒋介石被张学良暂时扣押，其后国民党与中国共产党的合作有所进展。中国民众中反日情绪持续高涨，他们的自信由

304

---

[1]　Nomura Masao, *Hōsō fuunroku* (Tokyo: Asahi shinbunsha, 1966), vol. 2, p. 70.

[2]　Hata, *Gun fashizumu undōshi*, p. 234.

于这一系列事件而得以强化。但是，由于南京政府仍然没有达到完全统一的目标，而且由于它的军事现代化仍在进行当中，对它来说，陷入与日本的战争为时尚早。

305　　从日本的角度来看，南京政府采取强硬立场，在卢沟桥事变发生后第二天就派遣中央军向北调动，是作了一个严重的"误判"。[1] 日军领导人认为，这一危机可以通过地方层级的谈判来解决，就像过去曾经发生的其他小纠纷一样。最初，日本最高统帅部下达指令，呼吁不扩大事态和进行当地谈判。因此，当它得知中国中央军向北调动时感到颇为疑惑。日本军队中也出现了扩大事态者和不扩大事态者两个派别。[2] 一方面，扩大事态者想要利用这次事件给中国一个军事打击，打破华北地区的僵局。另一方面，不扩大事态者则反对派遣军队，以避免与觉醒中的中国民族主义发生冲突，而将日本拖入持久战的泥沼，用石原莞尔少将的话说，那将会像拿破仑的西班牙战役一样。在 7 月 27 日最终做出派遣 3 个师团前往华北这个决定之前，日本军队进行动员的决定已经形成并取消了 4 次，这是军中分歧的反映。首相近卫文麿和外务大臣广田弘毅也都对下一步的行动没有明确的观点。在最后的分析中，他们简单地听从了日本军队中扩大事态这一派领导人的意见。这一决定也受到了媒体和舆论的影响，在军方队媒体的煽动下，舆论轻率地叫嚣"对无法无天的中国进行惩罚"。而自事变发生以后，战斗从来没有在华北停歇。在仅仅持续了一天一夜的交火之后，北京沦陷。宋哲元的部队几乎没有抵抗就撤退了。日军随即开始向南进军，目标直指长江流域。8 月 13 日，当中国军队和日本海军陆战队之间的战争爆发时，上海的局势也恶化了。直到此刻为止一直态度消极的日本海军，开始向陆军求援。日本内阁决定向上海派遣 2 个师团的救援部队。8 月 15 日，中国军队总司令部下达总动员令，然后这两个国家就投入了一场持续了八年之久的全面战争。

　　与九一八事变相比，此次与中国冲突的扩大，似乎存在着一些相似点和不同

306　点。占领北京，就像早前的占领奉天一样，很快就兵不血刃地结束了。日本军

---

[1]　Chiang Kai-shek, *Shō Kai seki hiroku*-12, Nitchu zenmeū sensō (Tokyo: Sankei shinbunsha, 1976). 在卢沟桥事变爆发后第二天，蒋介石在 7 月 8 日的日记中写道："既然日本已经向我们挑衅，如今也到了决定予以回击的时刻。" 7 月 9 日，他命令军事委员会主任何应钦开始整编军队为全面战争做好准备，并指令孙连仲将军调集中央军的 2 个师向华北移动。Ibid., pp. 21-22.

[2]　Hata, *Nitchu sensō shi*, chap. 5.

队达到了他们表面上"适当自卫"和"膺惩作战"的目标。从这个意义上来说，1931 年日本派遣军队到吉林，与 1937 年中国派遣军队到上海有相似之处。1931 年当张学良没能拦住日本军队时，南京政府也没有采取行动抵抗日本，但是在 1937 年，南京政府却选择了军事抵抗，尽管宋哲元的部队最初几乎没有付出什么努力。

与中国和谈的流产

中日战争是鲁莽的大陆政策不可避免的结果，自从九一八事变后，日本一直奉行这一危险的政策，但当战争开始时，无论是日本政府和军队，还是日本在中国的驻军都没有预定的计划或展开一场全面战争的决心。日本军队的领导层低估了中国的军事实力和斗志，乐观地认为日本可以迅速实现胜利。1937 年 12 月，日军占领南京，1938 年占领汉口和广州，1939 年日本空军开始轰炸重庆。但是日本取得速胜的期望却仍然没有实现。

中国共产党人想要参与一场全面的抗日战争。随着中国军事行动的屡遭败绩，国民党政府正在倾向于向日本妥协，而中国共产党人则约束着国民党政府内求和的言行。1938 年 3 月，当徐州会战结束，整个中国北方都沦于日本人之手，中国的前景看起来很糟糕的时候，毛泽东阐明了他著名的"持久战"理论，呼唤最后的胜利，并激励中国人民的战斗精神。在军事战略上也是一样，曾有过内战经验的共产党人主张武装民众开展游击战争。最终，这些成为整个中国军队的标准战术，并给日本军队造成了诸多困难。

1938 年秋天，武汉会战结束后，日军放弃了对中国军队的追击。国民党政府从南京撤到中国西部的重庆，在这里摆出了一副防御的姿态。即使已有 600 000 人参战，日本人也几乎不能保证"点和线"——"占领区"的主要城市和铁路线的安全。除了那些主张不扩大事态的少数官员之外，无论是军队还是政府都未曾预料到，在中国的战争陷入了一场旷日持久的消耗战。

在 1937 年 12 月南京陷落前后，日本的一些军事领导人经过重新考虑后开始有了新的想法，并敦促尽早结束战争。一个国家的首都陷落之时，就是一个国家的投降之日，这在现代战争中几乎是一种常识，但日本军队却对此感到不安，因为这一常识并没有在中国成为现实。日本急于在适当的条件下谋求与中国的和平并尽快结束战争，一连串和平运动一下子全都涌上了前台。在上海、香港、天津和其他城市，在中立大国的斡旋下，自我标榜为"中国通"的各色人等——军人、政客、浪人和投机者——开启了秘密谈判。但一切都以失败而告终。[1] 从日本方面来说，随着战争的进展，对于谈判的条款的严峻和宽松存在着重大的分歧；从中国方面来说，即使谈判成功，也不相信日本会信守承诺。僵局随之而来。用布拉德福·李（Bradford Lee）的话说："双方都不希望战争，但都没有采取和解的姿态。"[2] 甚至直到今天，在关于国民党内主战派和主和派之间的争论上，在关于支持抵抗和支持议和的复杂阶级结构成分上，仍有很多悬而未决的问题。

日本政府最终放弃了讲和的想法。它转而采取了一项替代性的政策，建立一个在蒋介石的政敌汪精卫领导下的傀儡政府，希望重庆的国民党政权及其通过消耗战进行的抵抗最终将会枯萎消亡。然而，过度扩张的日本战线，经常暴露在由国民党军队和共产党军队所发动的游击战的反击之下。这也清楚地表明，汪精卫政府是一个虚弱的政权，它无法吸引民众的支持，不可能在没有日本军队的支撑下生存一天。在与日本签订的"条约"中，汪精卫傀儡政府接受了包括承认伪满洲国在内的屈辱性条款，约翰·博伊尔（John Boyle）描述这是远比法国维希政府和纳粹德国之间的停火条约更为严苛的条款。[3]

与此同时，对日本人来说，北方地区出现了新的令人焦虑的状况。日本军队曾经按照传统设计了它的行动计划，并进行把俄国（后来的苏联）军队当作假想敌在东亚进行作战的军事演习。九一八事变后，关东军和苏联军队相互隔着阿穆尔河（黑龙江）直接对峙。尽管两支军队发生冲突的危险增加了，但日军主力被牵制在中国的战场之上。当两次边境事件——张鼓峰事件（1938年7月至8月）和诺门坎事件（1939年5月至9月）——最终发生时，原先对其部队的士气感到自豪的关东军，却在拥有最新军事装备的苏联军队那里遭遇了失败。此时欧洲正在迅速走向另一场大战，日本似乎正濒临在全球政治中丧失其宝贵的行动自由的

---

[1] Hata, *Nitchu sensō shi*, chap. 3.

[2] Bradford Lee, *Britain and the Sino-Japanese War 1937-1939* (Stanford, Calif.: Stanford University Press, 1977), p. 15.

[3] John H. Boyle, *China and Japan at War 1937-1945: The Politics of Collaboration* (Stanford, Calif.: Stanford University Press, 1972).

边缘。

　　这种深深的挫折感，表现为日本热衷于向中国展开各种各样的和平攻势。日本军队被置于尴尬的位置，不得不向公众做出解释，为什么接二连三的军事胜利和在中国的巨大人力损耗，并没有带来国民党投降的结果。这种绝望的困境，在1938 年 1 月表露无遗，近卫文麿史无前例地突然宣布日本"不以蒋介石为谈判对手"，这开辟了通向无休止战争的道路。

　　日本政府试图把中国战争延长的责任推卸到列强国家身上，它坚持认为中国的军事抵抗之所以仍然活跃，原因在于美国、英国、苏联和法国在军事上和精神上的援助。实际上，日本军队十分清楚，来自美国、英国和法国的"援助"——经过沿海地带，越过法属印度支那边境，或经过中缅公路进入中国——的军事价值是微不足道的，合计起来比小规模的走私活动还不如。只有通过西北地区到来的苏联的援助才是实质性的。[1] 尽管如此，基于英国是解决中日战争的主要障碍的理由，日本政府还是发动了一场强大的反英运动。之所以如此，不仅是因为英国是在中国与日本存在最大利益摩擦的国家，而且由于英国也是一个比美国更安全的替罪羊，因为当时英国正疲于应对来自纳粹德国的压力。然而，错误的逻辑往往变成了真正的逻辑。既然已经放弃在当事国之间通过谈判解决中国冲突的任何努力，于是日本采取了一种绕弯的奇怪解决方案，也就是说，通过缔结与德国和意大利的军事联盟，来对抗英国和美国这两个所谓的干涉他人事务者。难道德国人也具有同样的心理，从而促使其放弃对英国的战争，转而对苏联发动攻击？太平洋战争不一定是中国战争合乎逻辑的结果，但日本的领导层好像在自我催眠的状态下行动，选择走上了一条注定自我毁灭的道路。

309

走向太平洋战争

　　在本章开头，曾经提到 1906 年松石安治大佐设计的首先征服亚洲大陆，其

---

[1]　关于苏联对中国的援助，参见 Hirai Tomoyoshi, "Soren no dōkō (1933 nen-1939 nen)" in *TSENM*, vol. 4。关于美国和英国的援助，参见 Nagaoka Shinjirō, "Nanpō shisaku no gaikōteki tenkai (1937 nen-1941 nen)" in *TSENM*, vol. 6。根据 NGS 的研究，流入中国的援助数量，包括经由西北通道的援助，于 1939 年 6 月达到顶峰，但每月合计只有大约 25 000 吨，或仅仅相当于 2 艘货轮的装载量；参见 Nagaoka, "Nanpo shisaku," *TSENM*, vol. 6, p. 27。

次是东南亚，最后入侵美洲大陆的宏伟方案。到了 1940 年，这个看起来似乎只是前一代人幻想的宏大计划，已经处于实现的边缘。松石安治的方案与外务大臣松冈洋右（Matsuoka Yosuke）提出的大东亚共荣圈的唯一区别是，1940 年夏天松冈洋右用澳大利亚取代了南美。[1]

关于"北进论"和"南进论"之间的争辩，曾经在明治晚期的报纸杂志中极为活跃，如今以一种稍加改变的形态再次活跃起来。到了 1940 年，"北进"的第一步目标——途经朝鲜和中国东北地区，征服中国长城以南地区——已经实现了。如今的北进概念从字面上看意味着进入西伯利亚，也就是说进行与苏联的战争。"南进论"意味着以海南岛地区作为跳板，巩固日本在印度支那北部的地位，然后进入东南亚，一个以荷属东印度群岛为中心的自然资源宝库。

310

随着 1939 年第二次世界大战的爆发，东南亚的两个主要殖民国家——法国与荷兰，已经被德国人占领，在这里的另一个殖民国家英国，也似乎是处于崩溃的边缘。面对这个黄金机会，南进政策的倡导者们创造了一个短语"不要错过公共汽车"。但是，曾经对日本"征服"中国一直保持一种旁观者态度的美国政府，显示出了阻止日本南进东南亚的坚定意向。日本政府一度由于假定英国和美国是不可分割的而犹豫不决，到 1940 年夏天，日本利用第一个机会占领了印度支那北部的部分地区。一年后，第二次机会来临，1941 年夏天，德国和苏联爆发战争，经过国内是入侵西伯利亚还是继续南进军事行动的反复争论，日本政府做出了占领印度支那南部的决定性选择。美国政府宣布对日石油禁运进行报复，看起来似乎决心开战。从这一刻起，太平洋战争一触即发。

尽管历史学家对日美之间爆发战争的直接或深层原因提出了各式各样的解释，但似乎还没有一种理论赢得普遍的认可。日本政府指责 1941 年战争开始于"赫尔照会"，因为照会中要求日本撤出中国，回归到九一八事变之前的状态。从这个角度看，流行的观点是太平洋战争的基本原因是日本从中国撤军的问题[2]，而且它"清晰地、坚实地植根于中日关系的问题"之中。[3] 呼吁 1941 年战争的强硬派日本海军领导人也认为，要与保持"门户开放"政策和"中国领土完整"的口

---

[1] Hatano Sumio, "'Tōa shinchitsujo' to chiseigaku," in *Nihon no 1930–nendai*, pp. 33-34.

[2] Paul W. Schroeder, *The Axis Alliance and Japanese-American Relations* (Ithaca, N.Y.: Cornell University Press, 1971), p. 200.

[3] Yoshii Hiroshi, *Shōwa gaikō shi* (Tokyo: Nansōsha, 1975), pp. 90-191.

号下试图"干预"日本大陆政策的美国相对抗，那么与美国的战争已经变得不可避免。正如海军主战派领袖石原慎吾大佐所说，"日本和美国正在为争夺中国进行一场斗争"[1]。事实上，在1941年春天与美国进行谈判期间，日本人仍是集中于中国问题，特别是日本军队撤出中国的问题。然而，令人生疑的是，始终认为欧洲局势具有第一位重要性的美国，是否会把更多的关注放在中国身上，就像日本所认为它会做得那样。1931年史汀生的"不承认主义"和1938年罗斯福的"隔离演说"是十分严肃的。但是，正如罗伯特·A.迪万（Robert A. Divine）所观察到的，除了"犹豫不决和优柔寡断"之外，它们没有表示任何东西。[2]事实上，当时的一些美国观察家就曾认为，在中国发生的战争可能对美国有利。国务院远东司顾问斯坦利·亨贝克（Stanley Hornbeck）指出，如果日本继续深陷在中国无法自拔对美国是有好处的，因为日本会在那里消磨掉它的力量。[3]

如果仔细观察这一时期美国对日本的反应，那么很明显的是美国对日本的南进显得非常紧张。就在战争爆发之前，美国突然撤回了日本人打算接受的临时协定，取而代之的是提出了"赫尔照会"，而这在一些人看来无异于宣战。美国政府之所以如此行动，是因为华盛顿方面得到情报，一支日本护航舰队正通过台湾海峡向南行进。[4]"战争的直接原因，"入江昭（Akira Iriye）写道，"是日本依靠武力强行南进的政策"[5]。日本的领导层专注于中国问题，没有对南进行动保持足够的谨慎，也不明白这一行动会对美国造成怎样决定性的影响。这并不意味着美国在东南亚，包括印度支那南部，拥有特别重要的"利益"。但可以肯定的是，如果日本空军力量被部署到西贡的话，菲律宾将会受到侧翼攻击的威胁，马来西亚也将如此，而这里盛产橡胶，这是美国唯一做不到自给自足的主要资源。

然而，这些因素的累积重量仍然是相当之小。决定性的因素可能存在于广泛的美国战略视角之中。由于战争通常是作为危机逐渐加剧的结果而爆发，在战争爆发前夕一般的世界局势中找寻通向战争或和平的转折点是不恰当的。在我看

[1]　Ishikawa Shingo, *Shinjuwan made no keii* (Tokyo: Tiji tsūshinsha, 1960), p. 6.

[2]　Robert A. Divine, *Roosevelt and World War II* (Baltimore: Johns Hopkins University Press, 1969), p. 19.

[3]　Hornbeck Memorandum, September 5, 1941, in Hornbeck Papers, Box 254, Hoover Institution, Stanford University, Stanford, Calif.

[4]　Sudō Shbinji, "Tōjō naikaku to Nichi-Bei kōshō," *Kyōto sangyō daigaku ronshū* 10 (1980):33.

[5]　Iriye Akira, *Nichi-Bei sensō* (Tokyo: Chūō Kōronsha, 1978), p. 81.

来，正是太平洋战争到了只能进不能退的地步，才带来了 1940 年秋天的德、日、意《三国同盟条约》。当然，甚至在战争临界点已经过了之后，避免战争的可能性也并没有完全消失。相反，应该明白从德、日、意《三国同盟条约》签订，到美国实施石油禁运，一个已经很狭窄的选择又被另一个甚至更狭窄的选择取代，直到最终无法避免战争。我特别强调德、日、意《三国同盟条约》的重要性，是因为它最终决定了支配着第二次世界大战的效忠和交战的界限。在 1939 年欧洲战争爆发之后，只有美国和苏联两个大国保持中立。很明显，这两个国家进入战争将是决定战争胜利或失败的关键。一方面，罗斯福总统指定了首先要推翻纳粹德国。他用简单而易懂的逻辑指导美国的世界战略，即德国的朋友就是美国的敌人，德国的敌人就是美国的朋友。另一方面，在流行的马克思主义的影响之下，德国和日本的领导人似乎认为资本主义和社会主义的对抗是不可避免的，他们预计到战争结束时，世界局势将会符合这种认知。换句话说，由于在一个反共产主义十字军运动的共同目标下，进行合作符合美国、英国、日本和德国的利益，那么在适当的条件下，它们之间的妥协应该是有可能的。

事态的发展逐渐削弱了这些期望，但仍然存在着世界大国进行调整的另一种可能，那就是法西斯主义和社会主义之间的联合战线，就像纳粹德国和苏联互不侵犯条约所暗示的那样。但是，曾经敦促签订德、日、意《三国同盟条约》的外务大臣松冈洋右有一个更大的梦想。他心中所想的是把苏联纳入三国同盟条约之中，以便让欧亚大陆对抗美洲大陆，恢复世界的力量平衡。[1] 三国同盟条约的反对者和支持者都对松冈洋右的理念抱有相当大的期望，但当 1941 年《日苏中立条约签订》之后，这一想法就被束之高阁了。由于苏联没有加入《三国同盟条约》，它的全球战略价值随之明显下降。日本和德国被隔离在欧亚大陆的两端，苏联则处于两者之间。

在太平洋战争前夕，当大国之间的联盟迅速变化之时，对世界局势的误读将会招致致命的打击。对于日本来说，最糟糕的误读可能是与纳粹德国结盟，因为这几乎没有带来什么直接的好处。利用轴心国促进日中战争的解决，减轻国际上对日本进军东南亚的压力，这些不仅都以失望而告终，同时决定性地把美国和英国变成了日本的敌人。也许日本专心致志于太平洋和东亚的战略思考

---

[1]　Miwa Kimitada, *Matsuoka Yōsuke* (Tokyo: Chūō Kōronsha, 1971), pp. 166-167.

只是自然形成的，无法适应全球范围的战略思维。然而，从与德国和意大利结盟的有利点来看，由于日本是"纳粹恶魔"的朋友，于是它也就变成了美国的敌人。已经濒临崩溃边缘的中国领导人，感知到了这一点并且重拾需要继续抵抗日本的自信心。1940 年 9 月，在德、日、意三国同盟条约确定的那一天，蒋介石在他的日记中写道："这是可能发生在我们身上的最好的事情。在抗日战争中获胜的趋势已经决定了。"[1]

1941 年 6 月，德国对苏联的莫名其妙的攻击，把苏联逼入英美阵营，这简直是把轴心国与它们对手之间（或者说法西斯国家和反法西斯国家之间）的战争，转变成为"富国"和"穷国"之间的战争。在一场全面战争中，军备物资和科学技术是决定性的因素，在这样一种结盟阵营之下，谁胜谁负从一开始就显而易见。随着 1941 年 12 月 8 日日本对珍珠港的攻击，日中战争就此成为太平洋战争的组成部分。太平洋成为主要的战场，日本在亚洲大陆上转变为一种防御态势。

有一段时间，美国考虑利用中国作为对日本本土岛屿进行攻击的最短路径，但作为美国最薄弱的盟友，中国的军事能力显然不足以完成这一任务。[2] 美国人也希望一旦战争结束，中国能够取代日本在亚洲的领导作用，但是这些期望也落　314
空了：并不是国民党，而是中国共产党最终统治了中国。[3]

1945 年日本的失败，导致日本从亚洲大陆全面退出，回到了 1894 年至 1895 年甲午战争之前曾经存在过的小小岛国的地位。然而，不仅是失败者，也包括胜利者都发现，在战后时代很难再维持殖民主义了。战争结束后，美国取代了日本的位置开始实行大陆政策，但它只能在朝鲜半岛南半部维持军事存在。

我们回顾从 19 世纪 90 年代到 1945 年日本的大陆扩张过程，可以得出几个结论。首先，日本的扩张速度非常之快。日本人征服的范围，尤其在九一八事变后的十年中，甚至超出了成吉思汗统治下蒙古人曾经达到的程度。其次，日本的扩张模式开始只是作为对侵占地区的一种维护，而后则变成了赤裸裸的掠夺和搜刮政策。再次，尽管如此，日本进行征服战争所用的成本仍然超过了它的利润，显然大陆扩张是一桩得不偿失的亏本生意。最后，日本要在亚洲大陆上建立一个作

[1] *Sho Kai-teki hiroku*, vol. 13: *Daitoa senso* (Tokyo: Sankei shinbunsha, 1976), p. 61.

[2] Michael Schaller, *The U.S. Crusade in China, 1938-1945* (New York: Columbia University Press, 1979), p. 39.

[3] Christopher Thorne, *Allies of a Kind* (New York: Oxford University Press, 1978), p. 37.

为世界强国的生存空间是十分困难的，因为亚洲大陆的资源相对贫乏。从这个意义上来说，大陆政策不可避免地包含了再走下一步的冲动，也就是继续向征服东南亚走下去。正是因为如此反过来导致了日本与美国之间的战争，并给日本帝国带来了灭顶之灾。

第七章 太平洋战争

圣地亚哥州立大学历史系　阿尔文·D.库克斯

假想敌

与其他国家一样，日本武装力量的总参谋部每年都会制订应变计划，以应对　315
与一个或多个国家发生敌对行动。日本陆军的战争计划，反映的是重点所在而非
数值上的优先顺序，从日俄战争时期到苏联出现为止，一直将俄国归为首要的潜
在敌人。在美日关系中，随着美国在远东影响的增强致使美日关系趋于恶化，自
1918年以后，美国替代俄国成为日本的主要敌国。由于敌对行动并没有迫在眉
睫，因此日本的陆军从来没有像海军那样重视反美行动的运作。由于敌意从未出
现得如此迫在眉睫，所以日军也未曾认真地考虑过海军在抑制美国行动的作用。
尽管如此，早在1918年，日本的战争计划中就包括了使用陆军和海军的力量夺
取菲律宾，以消除美国舰队在西太平洋的前进基地。

在20世纪20年代中期，文职政治家们推出了一项降低并紧缩预算的方案。
1924年至1927年担任陆军大臣的宇垣一成担心，如果美国依旧被视为首要的民
族敌人，那么已经受到限制的国防经费预算的最大一份就会给予海军。为了缓解
国内压力，日本陆军开始针对苏联起草新的军事计划。然而在20世纪20年代末，
陆军参谋本部对于"北方的威胁"变得更为慎重。1928年，苏联的第一个五年计
划开始；1929年，苏联红军对张学良部队的进攻也取得了出人意料的成功。在西
伯利亚地区的苏联势力，不断威胁着日本想要占据大陆支配地位的强烈意愿。许
多陆军将领比以往任何时候都要相信，对于日本陆军来说，中国东北地区以及远
至贝加尔湖以西的西伯利亚将成为最终的战场，因此它们也就成为国防的前线。

318　1931 年至 1932 年，军事行动优先次序的重新定位，因日本关东军迅速占领了中国东北并建立起傀儡状态的伪满洲国而被急忙更改。此时，由于日本自我设定的防御责任已经毗邻苏联的西伯利亚和蒙古国，自 1931 年之后，在日本的战争计划中苏联又一次被列为首要的敌国。

20 世纪 30 年代中期，日本的国防政策进行了更深层次的修订。在 1935 年海军协定破裂之后，日本海军特别强调美国的遏制带来的日益严重的风险。庞大的美国海军建设计划，美国在中途岛附近进行的重大军事演习，以及在绝密级橙色战争计划（Orange War Plan）中的间谍报告，都对日本海军领导人提出了警告。到 1936 年，日本海军已经起草了基于"向北防御、向南进军"的新的应变计划。也就是说，海军军令部已经把目光瞄向了东南亚，这是一个殖民列强具有特殊利益的区域，尤其对于英国和荷兰来说。结果，英国被增列到 1936 年修订的敌国名单之中。但是，针对英国的作战方案，涉及使香港地区和新加坡中立化，直到 1939 年才正式出台，而对荷兰作战的方案，则是直到 1941 年才制订好的。

日本军事领导人依据自卫的战略进行思考，但是他们所设想的行动方案保持着攻势作战的性质。因为日本具有的工业技术和基础设施相对来说不够发达，因此它的军事领导人设想的是一种短期的战争，强调的是开始阶段的行动及其战术执行力，也就是说突然袭击，在战争初期全力一搏，以尽快决胜。在 1941 年之前，这一战争哲学的基本面没有什么改变。确实如此，尽管在行动方案上有所改动，但 1936 年制订的应急计划并未被全盘推倒，在这个意义上，说明这一应急计划已经是无用的和过时的。

之所以做出如此判断，部分是因为这些计划难以契合作战部门的观点。毕竟，日本海军所假想的敌人是具有强大海上实力的美国和英国，而陆军的敌人则主要部署在亚洲的陆地上。在一次试图对陆海两军优先次序的分歧进行的调整中，日本最高指挥部采取了一种自相矛盾的同时行动政策，这一设想引起了所有客观的军事行动计划者的厌恶。例如，在 1937 年的计划中，第五和第十一步兵师团被指派去进攻菲律宾，而同时又要继续准备与苏联交战。虽然每个军种都会在口头上对其他军种的核心关注表示支持，但陆军一直只把它的目光盯住亚洲大陆。甚至在 1939 年之后，当陆军参谋本部不得不把更大的注意力集中在卷入对美战争的可

319　能性时，军事行动的方案仍然没有超越早已勾勒清楚的对菲律宾和关岛的攻击，

基本的设想是控制西太平洋水域，而这是违背橙色计划的。[1]

深陷中国泥潭

对于日本陆军来说，具有讽刺意味的是，当它们过于关心苏联而忽视了美国的时候，却在引发与美国的战争中扮演了一个至关重要的角色。最重要的一个原因可以在中国的战场上找到。自从 1937 年 7 月北京卢沟桥事件"意外"发生以来，日本陆军已经发现自己深陷泥潭，有些富有远见的参谋人员将其比作拿破仑在西班牙的战争。当第一起严重的冲突在华北爆发时，整个日本驻军数量仅有5 000 至 6 000 人，组建了大约一个步兵旅团。在上海，日本海军有不超过 4 000人的水兵在岸上驻扎。这种非战时的部署规模，反映了在日本的军事计划中并没有将中国设想成最主要的国家敌人。1936 年，陆军参谋本部甚至曾经下令驻扎在中国的守备部队转移去对抗苏联军队的行动。卷入 1937 年 7 月在卢沟桥的具有决定意义战斗的日军部队，也是在进行对抗苏联，而非对抗中国的军事演习。随着 1937 年中国与日本之间战事的扩大，日本的最初目标是快速进攻并占领一部分关键的战略要地。基于近来 1931 年在中国东北及 1932 年在上海的经验，日本人普遍认为全面战争是不必要的，地方性的战斗和武力威胁将会压垮中国，并导致国民党政府以有利于日本的条件"请求"停止敌对行动。

中国人拼命战斗，却依然不能阻止侵略者，日本军队很快就侵入了山东、华北和上海。但是与日本所期待的正好相反，中国并没有屈服。蒋介石下令进行全民动员。作为回应，日本的军队、大炮、坦克和飞机从日本本土、朝鲜以及中国东北地区匆忙赶往中国内地，而在中国东北地区的关东军也在急切地想要消灭国民党和共产党的部队。日本人希望，如果中国的首都南京被占领，中国的抵抗就会瓦解。1937 年 12 月，南京沦陷，蒋介石在此之前已经离开，丧心病狂的日本军人进行了狂暴的杀戮、抢劫和强奸。上海和南京战役在 6 周之

320

[1] *Gendaishi shiryō*（以下简称 GSS），*Nitchū sensō* (1) (Tokyo: Misuzu shobō, 1964), vol. 8, pp. 686-690; Hayashi Saburō, *Taiheiyō sensō rikusen gaishi* (Tokyo: Iwanami shoten, 1951), pp. 2-3; Bōeichō bōei kenshūjo senshishitsu（以下简称 BBSS），*Senshi sōsho*, 102 vols. (Tokyo: Asagumo shinbunsha, 1966-1980), *Daihon'ei kaigunbu: Rengō kantai* (1), pp. 173-179, 343-350, 466-478, 500-508; BBSS, *Daihon'ei rikugunbu* (1), pp. 151-193, 287-302; BBSS, *Hondo kessenjunbi* (1), chap. 1; Takagi Sōkichi, *Taiheiyō sensō to riku-kaigun no kōsō* (Tokyo: Keizai Ōraisha, 1967), pp. 191-196.

内的人员伤亡规模，据统计有超过 70 000 名日本人死亡或负伤，遇难的中国人则高达 367 000 名。

战争开始的时候，日本陆军参谋本部从来没有想过调动超过 11 到 15 个师团，甚或动用储备兵员，用于中国作战。但到 1937 年年末，日本已经派遣了 17 个师团 70 万人的部队，大约相当于整个现役陆军的实力。即使青岛、厦门和徐州于 1938 年 5 月沦陷，日本也没有看到胜利的曙光。为了占领蒋介石的新首都汉口，日本发起了一个新的攻势作战。但无论是 1938 年 10 月占领汉口还是于同月占领广州，都没能带来日本所希望的战争结束。中国依然在向西穿过长江峡谷的重庆建立起了临时政府。日本花费了 2 年多时间依然远远没有达到其预想的战略目标。1940 年 7 月，日本军队到达了宜昌，依旧距离重庆还有大约 300 英里。此时，日本在华部队数量已达 23 个师团、28 个旅团（相当于额外的 14 个师团），以及 1 个航空兵师团。日军在华部队总人数已经上升到 85 万人，这一水平一直维持到 1943 年，此后才开始向其他战区转移。

日本侵华军队遭受着一种恶性循环的折磨，或许这一恶性循环就是它们自己造成的。它们越想争取侵占更多的地区，它们就需要投入越多的军事力量。每当日本本土的当权者说起逐步缩减战事的规模和限制作战部队的人数时，前线的指挥官们都知道，这意味着需要采取新的和代价高昂的行动。各区域的指挥官们呼吁把占领区连接起来。总体来说，国战事的处理具有临时的和细碎的性质，尽管在这里的累计投入已经占到了日本国力的主要比重。

与日本陆军打肿脸充胖子的表演相反，中国采取的是不那么壮观但经过计算的消耗战略，以消磨日军斗志，延长战争时间，最终使敌人精疲力竭。在日本，政府和最高统帅部之间，陆军省和参谋本部之间，东京当局与前线将士之间，以及陆军和海军之间，存在的分歧越来越大。在东京召开的会议中常常冲突不断，军事官员们相持不下，而民事官员则被认为软弱无力。

321   在战争前线，弹药、坦克和装备、舰船以及登陆艇的短缺，使日本军队深受其害。疾病和事故造成的损伤加剧了战争的消耗，同时也缺乏军官和训练有素的增援力量。

中国的反击对日本施加了局部性打击。从 1938 年 3 月到 5 月，日本最高统帅部不得不调用先前用于准备对苏战争的部分军队。因此，从此时起，可以被确定为日本陆军已经放弃了中国战争局部化的希望，同时，它在处理"北方问题"

上也失去了弹性。随着大部分日军深陷中国，在东北仅有 6 个常规师团的关东军与苏联相抗衡，而与之对峙的苏联，估计有 20 个步兵师，4 个或 5 个装甲师，15 000 辆坦克以及 15 000 架飞机，总数大约 37 万人分布在 3 000 英里长的西伯利亚和蒙古边境。苏联空军的力量包括了 300 架飞行范围在 3 000 公里的重型轰炸机，是符拉迪沃斯托克到东京距离的 2 倍。苏联在远东的力量，经济也好，军事也好，一直在稳步增强。从某种意义上说，关东军与苏联的对垒是一种虚张声势。[1]

与苏联的冲突

当日本最高统帅部吃力地调兵遣将，增派新的师团前往中国的时候，一些高级参谋人员私下里非常担忧苏联干预的危险，害怕过早地陷入两线作战之中。就像苏联在西班牙战争中支持共和派政权一样，它对中国国民党政权也提供贷款、输送战争物资、提供飞机和志愿飞行员。与此同时，1937 年至 1939 年，苏联与日本在东北地区及朝鲜边境发生了 3 起激烈度越来越大的军事冲突。1937 年 6 月末，就是在卢沟桥事件发生之前，日本炮兵轰击了苏联在东北北部黑龙江上固定巡逻的炮艇。苏联政府迅速回撤。一年之后，1938 年的 7 月至 8 月，日本与苏联为争夺张鼓峰发生了短暂而激烈的战斗，此次事件的地点位于朝鲜北部与东北地区以及西伯利亚的交汇点上。这次苏联不仅仅投入了步兵部队，还投入了大规模的炮兵部队、装甲部队和航空兵。虽然日本军队一直到 8 月中旬在莫斯科签订停火协议时坚持占领着制高点，但接下来日本驻朝鲜的军队却不情愿地放弃了对这一区域的争夺。如果说进行有效的武力试探是日本军队的目的的话，那么，它很快就会知道苏联人在远东不会再静止不动了。

关东军不满意张鼓峰事件的结局，将其归咎为最高统帅部的怯懦，并于 1939 年 5 月在荒凉的满洲西部与蒙古交界处的诺门坎战役中做出了强力回应。这场逐

322

---

[1]　*GSS*, *Nitchū sensō* (2) vol. 9, passim; Hata Ikuhiko, *Nitchū sensō shi* (Tokyo: Hara shobō, 1961), pp. 161-260, 273-343; Horiba Kazuo, *Shina jihen sensō shidō shi* (Tokyo: Jiji tsūshinsha, 1962), pp. 81-656; Nihon kokusai seiji gakkai, *Taiheiyō sensō e no michi* (hereafter *TSM*), 8 vols. (Tokyo: Asahi shinbunsha, 1962-1963), vol. 3, pp. 342-363; *TSM*, vol. 4, chaps. 12; Usui Katsumi, *Nitchū sensō* (Tokyo: Chūō koronsha, 1967), pp. 33-140; BBSS, *Daihon'ei rikugunbu*(2), pp. 11-39, 125-135; BBSS, *Honkon-Chosasakusen*, pt. 2.

步升级但却未经宣布的边境战争持续了整个夏天，造成了严重的人员伤亡。日本损失了 18 000 人，相当于一个半师团的兵力。日、苏双方都使用了飞机、大炮以及装甲部队。尽管日本步兵和飞行员具有充足的勇气和韧性，但苏军著名将领朱可夫（Georgy Zhukov）将军于 8 月 20 日发起强大攻势，击溃了日本的第六军。双方于 9 月中旬达成停战协议。[1]

虽然是被苏联军队的装备优势及多兵种联合作战的熟练协作所击溃，但日军在事后的分析报告中对此不予提及，反而强调日本的精神及冷兵器的力量。日军的操作思维本质上仍是原始的、非科学的、自以为是的、狭隘及过分简单的。日军指挥官也并不比利德尔·哈特（Liddell Hart）所称的"弓箭将军"好上多少。日军对中国人的鄙视表现在方方面面，已经导致了对精神灌输（Seihin Kyōiku）不可动摇的信念。陆军将领们总是辩称，日本在原材料、金融财政以及人口基数上的劣势，会被它在道德和心理上的优势所抵消。在这个拥有俯冲轰炸机、自行火炮以及装甲兵团的新时代，日本人却在继续盛赞那些不合时宜的东西，强调军队的勇敢，却不对它的步兵提供保护。

尽管在收到诺门坎战败的消息之后，关东军的领导层遭到清洗，但准备进攻苏联的基本战争计划并没有得到修改。关东军新任参谋长远藤三郎少将（Endō Saburō）敦促对伪满洲国进行系统的建设，并立即改变关东军的使命。他声称近期应该采取一种防御性的策略，如果战事不可避免的话，那就在东北的土地上与苏联交战。但是，他的话没人听得进去。1940 年陆军参谋本部的应急计划，依然保持着陈旧的进攻概念，此类有案可查的应急计划又维持了 4 年时间，直到 1944 年为止。[2]

东条英机上台

在 1938 年 2 月的御前会议上，天皇对在中国所发生的事情表示怀疑，确切地指出了日本所面临的基本困境。国家在同一时间要做出以下三种努力：与中国旷日持久的战争，准备对苏联作战，以及海军的南进扩张。这可行吗？天皇问道。

---

[1] 关于诺门坎事件的详细情况，参见 Alvin D. Coox, *Nomonhan: Japan Against Russia, 1939*, 2 vols. (Stanford, Calif.: Stanford University Press, 1985)。

[2] *GSS, Nitchū sensō* (3), vol. 10, pp. 3-68, 71-149; BBSS, *Kantōgun* (1), pt. 4, chap. 3, and pt. 5; Endō Saburō, *Nitchū jūgonen sensō to watakushi* (Tokyo: Nitchū shorin, 1974), pp. 180-184.

陆军大臣杉山元（Sugiyama Hajime）将军试图敷衍拖延，回答说事实上这都是与内阁进行磋商之后才决定的。这种毫无意义的回答显然使得天皇极为不满，这是因为，1937年，同样是杉山元曾向天皇保证过，中国的战事将在1个月之内解决。

1938年，东条英机当上了陆军省次官，大多数不和谐的事情似乎在这个人身上找到了解决方案。东条英机以思维缜密、出身名门、自以为是、重于细节而著称，他寻求压制陆军中那些对于赢得在中国的战争更为谨慎的声音。1938年秋季，东条英机在退伍军人协会作了一个简短而咄咄逼人的演讲，宣称中国问题的解决已经由于苏联、英国和美国对国民政府的援助而被推迟。他说，日本必须坚决果断地为对抗北方的红色政权以及南方的英美列强做好准备。报纸在通栏大字标题下，报道东条英机主张进行两线作战。

在转到空军任职一年半之后，1940年7月，东条英机在第二次近卫文麿内阁中担任陆军大臣。像1938年一样，许多因素对他有利：他在执行重要任务中表现出来的行政管理能力，他咄咄逼人的爱国精神和政治上的稳定性，他的口才和真诚，以及他对重要伙伴的栽培扶持。从一开始，东条英机就对近卫文麿的谨慎，对他结束与中国战争的愿望，对他渴望改进最高统帅部与政府之间以及协调政府内部各部门之间关系的愿望留下了深刻的印象。

日本陆军领导人们显然相信，爬出一个洞穴的最好方法就是拓宽它，于是决 324 定中国战场的僵局只有通过占领东南亚才能被打破。近卫文麿内阁着力推进的新政策，是将中国冲突转换为大东亚战争（Dai Tōa sensō）。随着德国和意大利在欧洲的胜利，殖民列强开始心烦意乱，使得日本能够转向南方。这是一个拥有至关重要丰富资源的地区。如果日本控制了这个地区，那么经由印度支那、香港地区和缅甸运送给蒋介石的外国补给就会被切断。在越南的基地也会被证明是有用的跳板，以便进一步攻击诸如马来半岛和荷属东印度这样的目标。南进固然需要依靠外交手段，但是，如果必要也可以使用武力。对于东条英机和经验丰富、口若悬河、意志坚强的外务大臣松冈洋右来说，武力是外交的仆人，是一种威慑或杠杆作用，而不是虚张声势或挑衅行为。坚定的、不妥协的态度，对于防止被包围来说是必要的。

被德军的勇猛以及来自柏林的乐观报告所吸引，东条英机和他的亲信们与纳粹政权走得更近了。但是重要的海军领导人们却对此没有多少热情。为了说服他们，东条英机争辩说日本正在冒"错过公共汽车"的危险。法国和荷兰的战败，预示着德国政府会控制它们在亚洲的势力范围。德国向日本保证《三国同盟条约》会阻止美国加入到维护英国利益的战争中来。松冈洋右回避这些问题，而坚持谈论他主张改善与苏联的关系，法国维希政权将会帮助日本获得石油，日本加入欧洲战争的最后决定将不会自动做出，当时机到来之时美日关系自会得到改善，美国挑起"紧急事态"的机会只有五成，等等。

德国、意大利和日本之间的《三国同盟条约》最终在 1940 年 7 月签订，成为美国和日本之间良好关系的最主要的绊脚石。东条英机十分乐于看到施加于美国的压力，因为它一直阻碍日本进行"必要的扩张"。"极权主义的世界，"他声称，"将取代破败不堪、行将灭亡的盎格鲁－撒克逊主义。"日本必须与挑战已死现状的势力结成同盟。[1]

摸索方向

325　　到 1940 年年底，日军最高统帅部开始着手对潜在的军事实力进行严格检验，并检讨海军对西方列强作战的计划；到来年春季，陆军参谋本部和海军军令部一致认同，如果日本向南方使用武力，那就意味着与美国的战争。在当时，似乎有充分的理由轻视一个作为军事对手的美国。在 1941 年，兵员量少，装备不良且缺乏训练有素后备力量的美国军队，只堪与瑞典军队这样的中等大小的军事机构相比。日本军队和海军的领导人有选择地利用了当时的一些报告，声称美国公众是分裂、孤立主义以及堕落颓废的，与发动铤而走险的战争相比，他们通常对经商活动更有兴趣。曾经在美国或者英国学习或曾被派遣到那里的日军高官开始被调离陆军省或参谋本部的重要职位，取而代之的是亲德派官员。日本陆军很愿意接受海军中鹰派官员自信、公开的预测和估量，即使部分海军将领怀有严重的疑虑，他们也不敢发声。

西方国家在东南亚问题上时有时无且软弱无力的抗议被准确地预测到了。然而，直到 1940 年，当日本军队进入印度支那北部时，与海军不同，陆军依旧相信即便占领了东印度群岛，英国未必就会与美国分离。而一旦德国成功地迫使年

[1] *GSS, Nitchū sensō* (3), vol. 10, pp. 153-361; *TSM,* vol. 5, chap 1; *TSM,* vol. 6, chaps. 1, 2; BBSS, *Dai Tōa sensō kaisen keii* (2), chaps. 6, 7.

老体衰的英国屈膝投降，预计美国就会抛弃英国的利益，因此不需要与之战斗。日本陆军一直相信，海军将在对抗美国的行动中承担主要责任，所以他们只起草了有限的地面进攻计划。他们并没有对在占领区的武装守备或资源开发做好充分准备。一旦占领了东南亚，日本陆军更倾向于把部队撤回东北，来面对最主要的假想敌，也就是苏联。

1941 年年初，外务大臣松冈洋右决定实施一项广阔的外交计划，用于限制美国从而切断中国最后一条重要的外部援助的通道。在诺门坎战役之后，他试图修复与苏联之间严重紧张的关系，甚至希望将苏联纳入德、意、日三国同盟之中——即所谓的大陆联盟构想。当松冈洋右在 1941 年春季前往欧洲时，他发现苏联与德国之间的关系比他所期盼的更加紧张，因此他于 4 月份在莫斯科签订了一项为期 5 年的《日苏中立条约》。接下来的一个月，松冈洋右指示驻华盛顿大使、海军大将野村吉三郎（Nomura Kichisaburō），同美国开始正式的会谈。来自德国的外部压力迫使松冈洋右采取了强硬的立场，尤其是当他对试图让美国去劝说蒋介石以弱势一方与日本谈判失去希望的时候，他对美国的立场越发显得强硬。5 月下旬，松冈洋右估计与美国成功举行会谈的前景只有 30%。

自从 1940 年美国政府试图通过经济封锁限制日本扩张以来，与日本遏制反对行动的政策和美国通过采取强硬立场而增强自己的实力相比，这一行动方案并没有取得多大成功。美国废除 1911 年的通商条约，强行禁止废钢和铁的出口，减少或威胁要切断其他重要原材料的供给，但都没什么用处。到 1941 年，从东印度群岛获取的原油对日本来说至关重要，但是与荷兰的谈判却进展缓慢，因为荷兰背后有着美国和英国的支持。如果日本想要对东印度群岛采取军事行动的话，它们也就不得不把战争扩大到马来半岛和菲律宾。5 月 3 日，东条英机宣称控制马来半岛的军事行动关键在于印度支那和泰国。6 月 12 日，陆军参谋总长杉山元同意军队应该被派遣到法属印度支那南部，以保护它免遭英美的攻击，同时也应在中国和太平洋西南地区施加压力。6 月 16 日，当这个话题再次被提起时，东条英机坚称除非这一任务到年底就开始实行，否则就有必要放弃"大东亚共荣圈"的整个设想。[1]

326

---

[1] *GSS, Nitchū sensō* (3) vol. 10, pp. 365-388; Tanemura Sakō, *Daihonei kimitsu nisshi*, new ed. (Tokyo: Daimondosha, 1979), pp. 41-55; *TSM*, vol. 5, chap. 2; BBSS, *Daihon'ei rikugunbu* (2), pp. 235-241; Nobutaka Ike, *Japan's Decision for War* (Stanford, Calif.: Stanford University Press, 1967), pp. 53-56.

柿子理论

尽管之前已有大量迹象，但 6 月 22 日德国进攻苏联，依然使大多数日本民事和军事官员感到震惊。随即他们进行了对于苏德战争的政策以及接管南印度支那问题的复杂讨论。海军强烈反对发动对苏联的战争，因为它并不认为苏联是主要的假想敌。然而，松冈洋右预测，1941 年德国将会迅速取得对苏联和英国的胜利，因而发起了一场个人运动，以使日本立即加入对苏战争。他确定，如果日本迅速发动攻击，美国就不能也不会援助共产主义的苏联。但是，东条英机和陆军反对松冈洋右的观点，因为与苏联的战争将会导致放弃中国和放弃南进。

一系列联席会议的举行，导致了作为高潮的 7 月 2 日御前会议。这次会议批准了作为最高机密的国策大纲，其中既设想了南进的方案，也设想了北方问题的清算，当然这要视情况而定。国策大纲特别重申，日本将从南方施加压力，以打倒中国的国民党政权。主要的注意力将集中在印度支那和泰国。意味深长的是，日本并没有被与美国和英国发生战争的可能性所阻止；也就是说，日本将开始为针对这两个国家的战争做准备。

至于苏德战争，日本暂时将不会卷入，但会秘密地提升对苏作战的军事准备。这意味着关东军将从 40 万人增加到 70 万人，并提供大量额外的军需物资、武器装备、马匹和飞机。在东北的整军备战被给予了"关特演"（关东军特别演习）的代号。在朝鲜、北海道及库页岛南部的军事单位也会得到加强。尽管如此，只有当苏德战争涉及日本自己的利益时，日方才会诉诸武力解决北方问题。

尽管东条英机态度谨慎，但对苏联发动战争的狂热似乎席卷了陆军省。一条当时的流行语建议日本对于苏德战争应该采取的合适立场：人们应该等待，直到柿子成熟并且落下。但是对这个观点也有另外一种解释。当果实刚开始成熟的时候，一个没有耐心的人会用竹竿敲打这个柿子树。一旦柿子树摇晃且柿子落下时，其他人或许就会相信柿子是熟的。依然有一些人或许会争论说，人们应该捡起那些因自身重量而掉落在地上的柿子。尽管东条英机对获取柿子的方法依旧小心谨慎，但是他却受到了柿子理论的影响。在一个场合，他承认注意力应该用来关注如果日本提供合作，德国打败苏联的可能性；而要是单独作战的话，德国国防军可能会陷入困境。

与此同时，松冈洋右任性而为的活动及易怒的脾气正在阻碍与美国谈判的进展。例如，一听说德国进攻苏联，松冈洋右没有第一时间将他的意见与内阁商量，就敢面见天皇，说日本应该立即加入战斗。对此感到不舒服的近卫文麿首相决定，到 7 月中旬要么自己提出辞职，要么更换外务大臣。7 月 16 日，近卫文麿采取了后一个选择，组建了一个新的内阁，并任命海军大将丰田贞次郎（Toyoda Teijirō）为外务大臣。于是，与苏联战争的主要鼓吹者离开了权力中心。

日本的情报机构注意到德国对苏联西部的进犯进展缓慢，它们在 8 月初预测，纳粹德国不可能在 1941 年取得胜利，而在此之后也不大可能。日本外务大臣也相信，苏德战争会是一场持续时间很长的战争。然而，首相东条英机和陆军大臣杉山元对于德国的机会仍然保有出人意料的乐观态度，他们争辩说苏联有可能会落入侵略者的手中。无论如何，日本并没有进攻苏联；柿子依然太绿了。[1]

南方的召唤

在 1941 年 7 月末，日本占领南印度支那的计划提上了议事日程，导致日本同美国之间早已支离破碎的关系变得更加尖锐起来。日本驻华盛顿的大使野村吉三郎寄出的报告称，美国计划与苏联接近，如果日本向北方进军，美国可能不会再保持中立状态。丰田贞次郎外相感到美国有点过度亢奋，应该做出努力使他们平静下来，但是，他却在 9 月对美国大使承认，他很难控制日本国内的反对声音和持有不同政见的团体。

为了寻求打破与美国僵局的路径，8 月上旬，近卫文麿提议，在太平洋的某处举行一次首脑会谈，由他和美国总统富兰克林·D. 罗斯福（Franklin D. Roosevelt）出席。但是，为了安抚德国人和日本国内的鹰派分子，这次会面并未成为现实。在 9 月 6 日的御前会议上，批准了一份由最高统帅部提出的新政策文件。虽然天皇理解政府意在进行外交施压而非采取战争行动，但是这份政策文件将选择战争列在了选择和平的前面。这份文件声称，为了保护日本既得利益，日方需要在 10 月份的最后十天针对南方进行试探性的战争准备；如果必要的话，

329

---

[1] Matsuoka Yōsuke denki kankōkai, ed., *Maisuoka Yōsuke* (Tokyo: Kōdansha, 1974), pp. 745-1080; Saitō Yoshie, *Azamukareta rekishi* (Tokyo: Yomiuri shinbunsha, 1955), chaps. 8-10; BBSS, *Daihon'ei rikugunbu* (2), pp. 340-353; BBSS, *Kantōgun* (2), chap. i; Ike, *Japan's Decision*, pp. 77-90; Gomikawa Junpei, *Gozen kaigi* (Tokyo: Bungei shunjūsha, 1978), pp. 37-95.

日本具有与美国、英国以及荷兰开战的充足信心。受限于最低的要求和最大的让步，外交官应该努力达到国家的目标，但是如果这些要求在10月的第一个10天里仍然没有得到满足，就应立即做出决定，展开对抗三个西方强国的敌对行动。惴惴不安的天皇对参加会议者表示了深深的遗憾，因为陆军参谋总长和海军军令部长并没有将外交努力置于优先于战争行为的位置。

在9月6日会议上，准备的参考资料揭示了最高统帅部的基本思想。尤其是美国似乎决心维持亚洲的现状："其目的在于主宰世界和保卫民主政体，阻止我们帝国在东亚的兴起和发展。"在这样的情况下，日本和美国的政策也就必然互不相容。"从历史上看，两国之间的冲突是不可避免的，尽管有时激烈有时温和，但最终将会导向战争。"于是，一种明智的警醒便摆在面前：除非美国改变它的政策，不然日本就会陷入绝境，为此它必须诉诸终极步骤——战争——以保卫自己，并确保其生存之根本。即使日本为了祈求暂时性的和平而屈服，并放弃一部分国家政策，但美国——它的军事态势已经得到加强——一定会要求更多的让步。最终，日本将会"匍匐在美国的脚下"。

御前会议后的一天，东条英机向东久迩宫稔彦亲王（Higashikuni）解释了他的想法：美国正在通过一个与英国、中国及荷兰相呼应的包围圈对日本施加压力。如果按照美国的条件达致和平，那么毫无疑问意味着日本的逐步衰败，而战争却会提供五成的胜利机会。东条英机承认诉诸武力会有风险，但是即便如此，也比站在地上什么事情都不做要强多了。[1]

山本的方案

330　　　然而，要想战胜美国，将主要取决于能否在海战中获胜。日本海军联合舰队司令已经计划了很久，要与驻扎在马绍尔群岛和马里亚纳群岛的美国太平洋舰队进行决战。但是，结果如何尚难预料，而要是战争转化成一场旷日持久的消耗战，那是不可接受的：日本不能指望通过间接方式打败美国，比如消灭美国在亚洲的舰队，占有美国在远东的资产，以及破坏美国的海上贸易，等等，都不会起

---

[1] *GSS, Nitchū sensō* (3) vol. 10, pp. 531-547; *TSM*, vol. 6, pp. 245-271; BBSS, *Daihon'ei rikugunbu{2}*, pp. 425-453; Ike, *Japan's Decision*, pp. 133-163.

到决定性的作用。

第一份切实可行的计划由联合舰队司令海军上将山本五十六（Yamamoto Isoroku）提出，他打算对美国舰队进行非常规的攻击，目标是 1941 年 5 月重新部署到夏威夷的美国海军舰只。鉴于他的同事仅仅考虑到对夏威夷水域的目标进行潜艇袭击或庞大的水面舰只作战，山本五十六从空中鱼雷攻击战舰的战术中汲取了经验，并在 1940 年春季的日本海军演习中展现了出来。虽然攻击美国本土基地的主要空中作战计划不成问题，但却不得攻击更远的西部目标。11 月的地图推演告诉了山本五十六，如果不把美国和英国引诱进战争，就不可能使石油资源丰富的西印度群岛屈服，但是由于日本海军的主要部分分散在南方，日本不敢冒招致美国太平洋舰队反击的风险。因此，直到 1941 年 1 月初，山本五十六才向海军省建议，在对美战争这一不令人愉快的事件中，日本应该在对东南亚发起攻势的同时，努力通过空袭削弱美国在太平洋上的主要舰队。敌人的士气，无论平民还是军人，都会受到打击，也许会使其手足无措；而且美国海军将会受到阻止，不能攻击日军暴露的翼侧，也不能对日本本土进行让人心理上不安的空中轰炸。

当然，有许多严肃的问题困扰着山本五十六。夏威夷作战的方案是一种孤注一掷的赌博，并极有可能被敌人所消灭。只有几个值得信赖的海军同僚知道山本五十六所设想的这个方案，他命令海军大将大西泷治郎（Onishi Takijiro），一个在海军航空兵领域的专家，承担一项绝密的可行性研究。大西泷治郎得到了源田实（Genda Minoru）中佐的协助，源田曾研究过 1940 年 11 月英国舰载飞机攻击意大利海军塔兰托基地的非常成功的战例。源田实总结说，即使存在危险，日本对珍珠港的攻击计划仍是切实可行的。为达此目标，日本将需要全部 6 艘航空母舰及其最好的飞行员，大约 400 架各种类型的飞机，穿甲炸弹将会有效地攻击战列舰的甲板装甲，这是计划的主要目标，但是，如果以很低的高度和很慢的速度发射的话，那么鱼雷无疑是进行水平攻击的最好方式。一小部分潜艇应该先于特遣部队之前到达。

在 4 月初收到大西泷治郎的建议之后，山本五十六便正式下令让他的联合舰队参谋人员研究这个夏威夷作战计划。随着与美国关系的不断恶化，有一种令人痛苦的观念在日本海军内部流传，那就是日本的自然资源正在归于耗尽，而其敌人的这些资源却正在不断增长。9 月中旬，在海军战争学院年度地图演练之后，

331

山本五十六和一个由 30 名高级军官组成的特别研究小组尝试了他的珍珠港作战方案。得出的结果却并不确定。第一次地图演练证明可以成功；第二次演练却显示代价高昂，且与期望相距甚远。参与演练者质疑保持隐秘前行的可能性，以及在寒冷的北太平洋上添加燃料的可能性。当海军军令部长第一次得知夏威夷作战方案时，他直接称之为一场大冒险。在策略层面上，海军军令部也有所质疑，从东南亚扇形地区转移航空母舰攻击力量是否足够明智，特别是如果美国太平洋舰队没有发起早期进攻出击的话。同时，在政治层面上也有问题，日本海军并没有完全放弃通过外交手段解决争端的希望，尤其是当生性谨慎的海军大将野村吉三郎正在担任驻美大使之际。

即使有些官员倾向于支持山本五十六的计划，但也有很多的反对者，其中包括：选定的特遣舰队指挥官、鱼雷攻击的专家南云忠一海军中将（Nagumo Chūichi）；他的参谋长、航空兵军官海军少将草鹿龙之介（Kusaka Ryūnosuke），航空队指挥官冢原二四三（Tsukahara Nishizo），乃至大西泷治郎也曾受到草鹿龙之介的影响。但是，在山本五十六的说服、哄骗，以及最终他甚至做出除非这个计划的基础得到采纳，否则就要辞职的威胁之下，所有这些阻力都得以克服。为空袭行动所作的训练都在鹿儿岛湾的浅锚地进行，因为这里和珍珠港的地形地貌颇为相似。[1]

新体制下的日本

332   随着在华盛顿的谈判取得圆满成功的秘密最后期限日益临近，东条英机认为日本已经没有时间就与美国达成谅解草案做进一步的调整。9 月 20 日，陆军大臣提醒他的同僚："我们已经落后于计划安排，而情况正变得越发紧急。"5 天之后，陆军参谋本部长官坚持以 10 月 15 日作为和平解决的最后期限，这使首相近卫文麿感到十分震惊。近卫首相开始认真考虑是否要提出辞职。正如日本大使私下里对美国人承认的那样，野村吉三郎将必须拿出一些成果来，否则的话，近卫内阁

[1] BBSS, *Daihon'ei rikugunbu* (2), pp. 416-417; BBSS, *Daihon'ei rikugunbu* (3), pp. 146-151; BBSS, *Hawai sakusen*, chaps. 1-3; Agawa Hiroyuki, *Yamamoto Isoroku*, new ed. (Tokyo: Shinchōsha, 1969), pp. 234-254; Hara Akinori, *Teikoku kaigun shireichōkan no nazo* (Tokyo: Tokuma shoten, 1972), pp. 11-48; Kusaka Ryūnosuke, *Rengō kantai sanbōchō no kaisō* (Tokyo: Kōwadō, 1979), pp. 24-45.

或许会因暗杀、政变或对僵局的强烈不满而垮台。任何新的政权都毫无疑问会由与德国紧密结盟的强硬派军事将领组成。

10月4日，杉山元在五省联席会议上说道，最高统帅部反对进一步拖延时间，对此，海军大将永野修身（Nagano Osami）补充道，"我们都想要迅速采取行动"。显然，武装部队的首脑们已经确信谈判没有希望，美国人极其善辩且不会妥协。日美之间要达成谅解，存在着很多很复杂的障碍：中国问题、公平获取东南亚资源的问题、协调轴心国伙伴目标的问题，以及对苏德战争的政策问题，等等。

在10月7日的联席会议上，杉山元反复强调陆军的强硬立场。他坚称最高统帅部不会把最后期限延长到超过这个月15日。被逼到了墙角的近卫文麿首相，拼命想从陆海军大臣那里为谈判赢得更多的时间，但是东条英机毫不退让；他告诉近卫首相，敢于冒险，有时是必不可少的。在从中国撤军的关键问题上，东条英机拒绝考虑妥协。日本已经处在走向不归之路的节点上。想要改变9月6日御前会议的命令是难以想象的。

在10月14日的御前会议上，东条英机坚称，只有在外交取得成功的情况下，正在进行的战争准备才会暂时中止；他确信日美之间的会谈是命中注定的。如果在关于中国的问题上屈服于美国的要求，那么，这场在亚洲大陆上的旷日持久和代价高昂的战争就会变得毫无意义。伪满洲国以及朝鲜也将陷于危险之中；华北将会变成共产党的地盘；而日本将会完全衰败。从中国撤军将意味着不光彩的败退。在由一方做出妥协之后达成谅解，妥协的那一方不是外交，而是一种单方面的投降。东条英机想要谈判结束，以便尽早继续进行战争准备，并使内阁辞职。

东条英机的执拗冷酷，使得近卫文麿的处境变得不堪一击，更要命的是，东条英机的立场大概也反映了高级军事领导人的共同立场。10月16日，近卫文麿内阁辞职。令包括陆海军两省最高官员在内的几乎所有观察者感到惊讶的是，东条英机被委派去组建一个新政府。毫无疑问，对那些资深政治和帝国顾问们来说，一个决定性的考虑是，如果9月决定的逆转激起了军队反抗、政治谋杀或右翼民众暴乱的话，那么就指望东条英机最好能够控制住陆军。这位被晋升为将军的新首相，继续保持着现役军人的身份，并继续担任陆军大臣的职位。10月18日，他的内阁宣布就职，主要由陆军军官、海军军官，以及一流的文职官僚组

333

成。简而言之，日本军队将要做出它自己的转向，那就是为治理这个国家承担全部责任，而没有机会寻找开脱的借口。[1]

战争与外交的权衡

东条英机后来曾竭尽全力地否认他的新政权从成立之初就决定发动战争。根据内阁书记官长星野直树（Hoshino Naoki）所说，时间已经耗尽，因为日本海军领导人争辩说如果战争于 1941 年 12 月之后开始，日本肯定会输："他们说，如果战争被限制在谈判失败之后才开始发动，他们肯定不承担确保赢得战争的责任。"在东条英机及其同僚的心中，实力平衡的因素是十分重要的。1940 年的冬天，陆军一直要求经济动员局（Economic Mobilization Bureau）评估日本的经济状况，以使之尽早于 1941 年春季前发动对美国和英国的战争。随后提交的一份报告指出了国家在船舶吨数和天然资源，尤其是液体燃料方面的脆弱性。1941 年夏季进行的一项新的研究，对 11 月这一假设的最后期限进行了调整，发现只要战争开始之后超过 2 年，日本的工业和经济能力便会难以支撑。如果日本以现有可用的石油储备对美国和英国发动全面的战争，那么空军行动仅仅只能持续 1 年左右，而海上的决定性战斗大约只能持续 6 个月。

日本的评论家们争论说这个由政府和武装力量做出的经济研究是肤浅的、过时的、预先设计好的，并缺乏协调性。尽管如此，这个消极的预测向陆军参谋本部和海军军令部长官灌输了一个观念，那就是在日本的战力逐步变弱之前要迅速发起战争。在 10 月 23 日的联席会议上，海军军令部总长永野修身强烈主张，形势已很急迫，不能再进行冗长的商议，因为海军每个小时都要消耗 400 吨燃油。杉山元将军也附和说，由于事态已经被延迟了 1 个月，时间至关重要。他催促道："赶快行动。"尽管东条英机坚称政府更倾向于进行慎重和负责任的研究，但是心理氛围却限制了他的选择。据当时的军务局局长佐藤贤了的观察："当支持战争的热度达到鼎盛之时，需要极大的勇气才能表达反战的观点。"在公共场合，东条英机怒喝道："没有退路。"在私下里，他却承认陆军在 1942 年和 1943 年只

---

[1] BBSS, *Daihon'ei rikugunbu* (2), pp. 525-530; Ike, *Japan's Decision*, pp. 173-184; Shigenori Tōgō, *The Cause of Japan* (New York: Simon & Schuster, 1956), pp. 53-60.

能进行"某种程度的应付"，至于 1944 年之后会发生什么，他就不知道了。

联席会议继续拖延。在 10 月 26 日曾经认真考虑过把战争行动推迟到 1942 年 3 月，但是军队首脑则坚持，时间已经对日本不利，尤其是海军需要在 1941 年 11 月底前起锚出港。大藏大臣贺屋兴宣（Kaya Okinori）通过询问战争或和平是否会更好地保证国家的物资供给，试图了解国家实力问题的核心机密，但是并没有得到明确的答案。

到 10 月 30 日，基本方案的研究最终完成。在本质上，联席会议总结道：虽说战争当然会带来风险，但是继续拖延，长期来说对于日本的强国地位将会十分不利。不能指望通过成功的日美会谈这种方法来解决问题，而且东条英机并不相信附加条件的协定切实可行。有些值得注意的谈话提到，美国坚持要日本的军事力量在一定期限内从中国撤出。陆军自然反对任何这样的限制，但东条英机说，他愿意接受日本在 25 年内撤军，即到 1966 年。外务大臣反对当时人们的一般观念，即接受美国的提议注定日本将走向消亡。然而，当一些其他大臣提出需要进行更加长远考虑的时候，东条英机和海军领导人作了长篇发言，要求立即做出决定，导致参加会议者不得不通宵熬夜到 11 月 1 日。

11 月 1 日，长达 17 个小时的马拉松式会议结束了，但在政府和最高统帅部之间非同寻常地未能取得统一意见。政府和军队双方都不主张再压缩外交谈判和发起战争之间可预见的间歇期，同时双方也都摒弃了"不发动战争"的选项。辩论围绕在与美国会谈的最后截止日期上。在陆军参谋本部最终接受 11 月 30 日为进行战备的最后期限后，东条英机要求再推迟到某一日期，对此陆军两次回复："绝不可能。"海军大臣岛田繁太郎（Shimada Shigetarō）最终用甜言蜜语从陆军那里得到了一个谅解，即日美谈判至少可以进行到 11 月 30 日午夜为止，只有当外交官到那个时候已经失败，才能进行战争。

许多争论集中在与美国进一步会谈的指导方针上。陆军反对妥协的立场是如此激烈，以至于外务大臣东乡茂德宣称他可能辞职，这是一个能够导致政府垮台，并迫使采取新的政策导向的行为。虽然每个参加联席会议的人在私下里都曾对前景有过不同程度的悲观看法，但陆军在公开场合的激烈情绪还是促进了共识的达成。

11 月 5 日的御前会议，对 8 次联席会议所提出的建议给予正式的批准：日本已经决定对美国、英国以及荷兰开战；武装力量将于 12 月初就有针对性的敌对

335

行动做好准备。与此同时，将继续努力与美国达成协议，但设定 12 月 1 日作为达致成功的最后期限。在战争开始之前应立即发展与泰国的密切关系，如果可能的话通过施加压力来达成，如果必要的话则使用武力。

在正式陈述之后的讨论期间，东条英机坚持认为，考虑到 100 万士兵被派去大陆，并且已经付出了 10 万人伤亡，家庭的丧亲之痛，4 年的艰难困苦，以及数百亿日元支出的巨大代价，日本对于中国的"要求"并不是毫无理由的。过早的军事撤退会鼓舞中国人，使他们比 1937 年之前"表现得更糟"，甚至会进一步试图接管东北地区、朝鲜和台湾地区。外务大臣则被迫承认，由于只给了很短的时间——仅仅两周——与美国进行决定性的会谈，所以无论以何种方式，外交成功的希望都很渺茫。

336　　随后，陆军参谋本部和海军军令局提供了在谈判破裂的情况下陆军和海军采取军事行动的时间表：总共 5 个月时间，整个战役都是针对菲律宾、马来亚及荷属东印度群岛。枢密院议长称赞最高统帅部的评估符合现实，但还是警告说预测通常都会被证明错得离谱。他理解需要尽早做出决定，但也要明确几个至关重要的问题：当与中国的冲突仍然没有得到解决之时，发起对强大美国的战争的困难所在；由于黄祸论的想象，随着美国人加入其他白种人列强对日本的包围，德国对英国的战争转变为反日战争的可能性。在一份通常不多见的直率评论中，原嘉道（Hara Yoshimichi）也提醒会议的参加者们希特勒曾经把日本人称为次等种族。

东条英机承认原嘉道的观点言之有理，他争辩说仍然有一些希望冲破外交僵局，因为美国人也被他们自己的各种各样的弱点所折磨，比如关注于两洋作战、物资短缺，以及国内的各种问题。通过大力部署武装力量，日本将切实加强它的谈判资本。总之，东条英机坦承，考虑到目前的情况，他所能想到的没有其他的办法。他的结束语概括了他的基本观点：

即使存在某些担忧，我们怎么能让美国继续为所欲为呢？从现在起的两年后（1943 年），我们将没有石油用于军事；船只将无法移动。当我考虑到美国正在西南太平洋增强防御力量，美国的舰队正在扩张，与中国的战争仍未结束，等等，我看不到苦难何时到头。我们可以谈论忍受苦楚和节衣缩食，但我们的人民能够忍耐这样的生活多长时间？我担心，如果我们仅仅是坐观其变，那么两到三年之后我们就会变成一个三流国家。

东条英机强调，所推荐采取的政策是在对诸般问题和概率进行透彻研究的基础上提出的。在日本发动战争的道德基础这个更大的问题上，首相表示："当然具有价值，因为事情很清楚，英国和美国代表了对日本自我保护的一种强有力的威胁。"

无论是东条英机，还是其他参与者，都没有探究战争将如何结束这个基本的问题。首相只是简单地表示：如果日本能够"公平地管理所占领的地区，那么国际上对我们的态度可能就会变得温和些"。美国人或许会被激怒一段时间，但之后他们就将逐渐"理解"日本的动机。

虽然 11 月 5 日做出的决定认可了日本领导人进行长期战争的目标，但这些决定都以十分一般的措辞做出表述。11 月 15 日的联席会议提出了更加具体的方案，那就是日本力争迅速摧毁美国、英国及荷兰在亚洲的基地，并确保日本的自我防御；千方百计加速中国国民党政权的倒台，与德国和意大利相呼应迫使英国投降，并击碎美国的战斗意志；在西南太平洋的早期胜利将确保日本在原材料和运输线路上处于强有力的战略地位，并将奠定长期的自给自足的基础。至于在开战之前是否需要宣战的问题，观点并不一致。[1]

外交手腕的创举

正如大多数人所预测的那样，也如其他人所担心的那样，在华盛顿的外交会谈依旧是气急败坏。东乡茂德决定委派一位职业外交官来栖三郎（Kurusu Saburō），以支援热心有余而笨拙无能的野村吉三郎。并不像许多人后来所控诉的那样，来栖三郎并不是被派去掩饰日本发起战争的决定，他于 11 月 5 日带着东条英机的祝福和外务大臣的指示前往华盛顿，给野村吉三郎留下了形势紧急和希望迅速打破僵局的印象。不久，事情对于东京政府来说已经变得显而易见，驻华盛顿的全权特使正在拼命即兴表演，而美国的立场也在变得越发强硬。当野村吉三郎和来栖三郎转而讨论日本临时协定的观念时，这主要是为了分散人们对中国问题的注意力，而美国国务卿科德尔·赫尔（Cordell Hull）的第一反

---

[1] BBSS, *Daihon'ei rikugunbu* (2), pp. 574-587; Ibid. (3), pp. 105-145, 152-172; Ike, *Japan's Decision*, pp. 184-249.

应，显示美国人会被任何停止援助蒋介石的提议所激怒。众所周知，赫尔国务卿已经同英国、澳大利亚、中国和荷兰外交官进行了协商，只是为了确认日本对同盟国纽带的怀疑。

　　当在华盛顿的日本特使试图为超出 11 月份的谈判争取时间之时，日本最高统帅部却正在加紧作战计划的准备状态。11 月 22 日，联席会议已经在开始讨论关于战争开始的公报措辞了。杉山元警告说，从军事角度来说已经没有时间了。外务大臣东乡茂德也意识到，陆军和海军中某些不愿妥协的势力竟然正在企图阻挠谈判的进行，其手法是要求美国方面同意向日本提供不合理的石油供应量。

　　甚至在日本最高统帅部所允许的最后期限之前，美日谈判的实际破裂即已发生。东乡茂德曾经希望通过承诺在中日战争结束之时，或是太平洋地区的公正和平得以建立之时，从印度支那撤出日军部队，来减轻美国人的猜疑。作为第一步，一旦目前与美国的谈判达成协议，日本就准备将其部队从印度支那南部转移到印度支那北部。但是，尽管美国想让日本军队完全撤离印度支那，东京方面提出的一些建议还是激起了华盛顿的愤怒，例如，美国应放开对日本的石油供应限量，并暂停对蒋介石的援助。国务卿科德尔·赫尔认为日本提出的最新条件，被认为是代表了东京的最终立场，那就是决不让步，实际上是意在迫使美国屈服。美国政府也了解到日本军队正在向印度支那移动，推测其大概是用来对付泰国。

　　因此，作为日本提出的达成临时协定建议的替代性处理，11 月 26 日，赫尔国务卿向日本特使递交了一份严格保密的、试探性的、不受约束的"为达成协议提出的基本纲要"，包括 4 个已经制订的美国外交政策原则，加上新近提出的关于经济事务的 6 项条款。这份文件以"赫尔备忘录"著称，但日本人从那时起直到现在一直称其为"赫尔最后通牒"。作为日美协议的基础，它列出了这样一些条款，诸如：日本陆军、海军、空军以及警察部队从中国和印度支那完全撤军；共同放弃在中国的治外法权；只承认国民政府。野村吉三郎和来栖三郎告诉赫尔，他们不可能接受这份备忘录。在东京，心灰意冷的外务大臣东乡茂德立即与东条英机首相和目瞪口呆的同僚们进行商议，所有人都同意不需要再作进一步的外交努力了。许多陆军和海军领导人则因美国毫不妥协的态度而感到兴高采烈。

　　作为国家最高机密的以外交方式解决问题的最后期限刚一过去，日本海军就派出了南云忠一将军的攻击部队。11 月 26 日，南云忠一舰队开始从薄雾笼罩的

千岛群岛起航驶向珍珠港。（在战争之后，东条英机承认他并不熟悉进攻夏威夷　　339
美军基地的行动细节，外务大臣对即将到来的袭击令人吃惊的性质甚至了解得更
少。）在同一天，东条英机将令人痛苦的外交进展情况告知了天皇。天皇要求国
家"重臣"们进行进一步的磋商。在东条英机和外务大臣东乡的劝说下，一些人
同意战争已经不可避免，其他人则表现出对前景的担忧。没有任何一个经验丰富
的政治家认为日本应该接受赫尔的最后通牒。近卫文麿想要知道是否仍然可以有
"坚持，等待和观望"的可能性，但是东条英机声称，所有的讨论都只会得到一
个结论：战争不可避免。

　　作为 12 月 1 日最后一次御前会议的预备工作，提前一天召开了联席会议。
东乡茂德保证会通知驻柏林和罗马的大使，告知他们美日谈判已处在破裂的边
缘，战争的危险已经箭在弦上。日本想让德国和意大利立即进入对美战争，并
且答应绝不与盎格鲁－撒克逊国家实行单独的和平。在战争爆发之前的最后这
段短暂时间里，就日本对美国的政策而言，与会者要求使用外交手段来阻止美
国人加速进入战争准备阶段。外务大臣东乡茂德并不知道战争开始的确切日期，
直到海军大将永野修身低声告诉他"12 月 8 日"，他才知道战争已经迫在眉睫。
东乡茂德要求通知在华盛顿的特使们，但与会人员一致认为，外交人员将必须
被牺牲。

　　12 月 1 日的御前会议回顾了与美谈判的失败，并批准对西方强国的战争。虽
然正在做出努力以表面上对现实的关心来平衡一种乐观的基调，但由政府或最高
统帅部提出的论点没有任何改变。考虑到在战略上拖延时间的需要，枢密院议长
原嘉道的质询并没有进行深入的了解，但他强调需要心理上的团结，并建议应该
在领导人的头脑中尽早清算掉敌意。在会议之前就认识到对基本议程并无异议，
东条英机首相以对天皇"忠诚"和为天皇"献身"的高声宣誓结束了他的讲话，
在他看来，此时此刻，天皇正站立在"荣光或遗忘的门槛边上"。

　　在这个橡皮图章式的御前会议结束之后，12 月 4 日召开了联席会议。这次会
议就日本致美国的最终外交照会，与美国断绝关系，以及实际上对美宣战等达成
了一致。从最高统帅部的战争需要角度来讲，对美宣战的通知到达华盛顿的时间　　340
应该既不太早也不太晚。如今最重要的事情，一个与会者观察到，"就是赢得战
争"。当外务大臣忙于炮制一份冗长的最终外交通告之时，日本陆军和海军攻击
部队已经推进到了太平洋西南部和中部的位置。12 月 2 日，美国政府要求日本对

日军在印度支那的频繁活动做出解释。日本于 12 月 5 日回复称，部队的移动是因为受到中国国民政府沿印度支那北部边界的行动刺激所致，而报告被夸大了。在收到的成捆情报报告中，日本军队正在向马来亚和泰国前进，12 月 6 日，罗斯福总统迅速向日本天皇发出一封紧急的私人信件，敦促日本撤军并且保持克制。尽管这一照会被东京的军人拖延了 10 个小时，但即便准时到达也未必可能产生什么不同的结果，由于没有看到美国的保证或妥协，东条英机只会判断这一信件不可能说明任何问题。[1]

尽管存在最后一刻的疏漏和误解，但在偷袭珍珠港之前的最后一个星期，日本方面表现出某种虎头蛇尾的特点。在战争的决定到达之后，东乡茂德使用"无忧无虑"这个词语来描述最高统帅部的态度。在东条英机的带领下，政府似乎要从清水寺（Kiyomizu Temple）的游廊上跳起来。正如驻华盛顿首席秘书寺崎英成（Terasaki Hidenari）在 1941 年 11 月私下所承认的那样："像其他任何陷入持久性战争的国家一样，日本心理上是'扭曲'的，思想上是'狭隘'的。"[2]

"虎！虎！虎！"

在不断的实验之后，大约到 11 月 11 日，日本海军已经解决了它所关心的鱼
341 雷攻击这个最终的技术问题。海军军令部最后担心的主要问题是，任务部队能否在不被侦查到的情况下，到达距瓦胡岛 200 多英里处的行动位置。一条绕大圈的行进路线，从北方而不是西方接近，预期可以绕开通常的商船航线，躲避敌方的侦察。为达此目的，日本海军使用了各种各样的欺骗性手段，例如，发出虚假的通信信号来迷惑美国的情报机构，甚至短暂地隐藏航母舰队的行踪。12 月 3 日，海军大将山本五十六把 12 月 8 日（日本时间）作为 Y 日。在檀香山，这天是 12 月 7 日，选择这一天不仅因为它是美国的休息日，而且因为气象条件会很好，同

---

[1] 在华盛顿，日本大使馆搞糟了事情，它于 12 月 7 日（当地时间）晚了 80 分钟把最终照会递交给赫尔国务卿——这已是对瓦胡岛的空袭开始后的一个小时之后。美国的信号情报分析师在 1940 年已经破译了日本外务省敏感的密码"紫密"，这就使其能够拦截和解码所有的外交信息。但是，这并不能免除日本驻华盛顿大使馆工作人员的疏忽过错。东乡茂德后来自己也承认，他通知东条首相，当和平谈判仍在进行之时，就已经从美国的无线电广播中了解到了日本在军事上的挑衅行为。东条英机也感到吃惊，他的第一个反应就是想知道美国人是否没有故意拖延发送那封致命的电报。

[2] BBSS, *Daihon'ei rikugunbu* (2), pp. 655-676; Ike, *Japan's Decision*, pp. 249-285; Togo, *The Cause of Japan*, pp. 198, 210-213; Gwen Terasaki, *Bridge to the Sun* (Harmonds worth, England: Penguin, 1962), p. 71.

时美国的太平洋舰队通常每周都会返回港口进行补给。下一次这些有利条件同时存在，要到 1942 年 3 月才会出现。

联合舰队司令部命令南云忠一将军向夏威夷的行进以"攀登新高山！（Climb Mount Niitaka!）"作为代号。到 12 月 6 日，31 艘战舰在南云忠一指挥下以每小时 24 海里的速度加快向东南方行进，实行灯火管制、静默航行，并为最后时刻补充燃料。舰队拥有 2 艘大型航空母舰和 4 艘轻型航空母舰，每艘航母大约携带 70 架飞机。其余的任务部队还有 2 艘战列舰、3 艘巡洋舰、9 艘驱逐舰，以及正在 200 英里前方巡逻的 3 艘潜艇。舰队阵列中的 8 艘珍贵的油轮，已于 12 月 7 日被释放出去。已经在去夏威夷途中的还有 27 艘潜艇，其中 5 艘携带了小型潜水器，11 艘可以发射飞机。

这片水域出乎意料的平静，一团薄雾降低了能见度——用指挥官源田实的话说，这是"上天的恩赐"。然而，在行动前不久，焦虑的南云忠一收到一份情报，报告 8 艘美国战列舰停泊在珍珠港的锚地，而不是在开放的拉海纳镇（Lahaina）下锚区。对于日本来说不幸的是，每一艘美国航母和重型巡洋舰似乎都不在场。南云忠一已经得到允许，直到 X 日减去 2 天，如果他遭遇到 1 支敌方舰队，就放弃作战行动，但是直到 12 月 7 日（夏威夷时间），距离目标只有 400 海里，时间已经太晚了，计划已经不能改变。美国的战列舰舰队也值得攻击，或许一些航母到周日也会返回港口。日本没有派出飞机去寻找缺席的敌方战舰。

12 月 7 日早晨 6：00，在瓦胡岛北方 230 英里处的巨大涌浪中，在指挥官渊田美津雄（Fuchida Mitsuo）的全盘控制下，第一波 183 架飞机开始起飞，包括轰炸机、鱼雷轰炸机和零式舰载战斗机。听到设在火奴鲁鲁的电台广播城市上空的能见度非常好，渊田美津雄感到很高兴。早晨 7：45，渊田美津雄以简单的代码信号下令突袭，4 分钟后，对胜利深信不疑的他，激动地用无线电向南云忠一的航空母舰发送即将取得成功的代号："虎！虎！虎！"（*Tora! Tora! Tora!*）令人惊奇的是，这一信息竟被在日本本土的海军接收员收到了。

停泊在港口的 94 艘美国战舰，只有 1 艘正在运转，早晨 7：55，俯冲轰炸机攻击了希卡姆（Hickam）和惠勒（Wheeler）基地。早晨 7：57 到 8：05，鱼雷轰炸机袭击了战舰编队；零式战斗机猛烈扫射空军基地；而水平轰炸机则对战列舰进行了攻击。渊田美津雄从他的战机上观察到珍珠港的受损状况，对美军的毫无准备感到十分吃惊。在持续了大约 1 个小时后，第一波攻击结束。日军只损失了

342

区区 9 架飞机，就把珍珠港变成了一个人间地狱。[1] 早晨 8:45，第二波攻击的 167 架飞机在岛崎的指挥下又轰炸了 1 个小时，集中在那些受损较小的军舰上。由于此时美国人正在组织起强劲的抵抗，岛崎的飞机编队遭遇的损失多少要严重一些，失去了 20 架飞机，但与敌人相比，这些损失微不足道。

在瓦胡岛的 231 架美国陆军飞机中，97 架被判定彻底损坏，88 架被认为尚可修复。美国海军飞机总共损失了 80 架，超过其全部飞机的 1/2 以上。由于为防有人蓄意破坏，飞机是机翼连着机翼成排停放在机场上，导致这场毁灭尤其严重。8 艘战列舰被炸毁或击沉；3 艘驱逐舰遭到重创；3 艘轻型巡洋舰被毁坏；还有 3 艘辅助舰只被炸沉或击毁。花费了将近 3 年时间运来的燃料溢满了港口。美国的人员伤亡数达 4 575 人；美国陆军 226 人死亡，396 人受伤；美国海军及海军陆战队，876 人受伤，3 077 人死亡，包括 960 人失踪，主要是被困在沉没的"亚利桑那号"战列舰里，长久以来，人们都能从这里听到那些被埋葬于此的士兵令人难以忘怀的敲击声。在攻击行动中，日本共计损失了 55 名飞行员。

343 　　在日本的联合舰队总司令部，各级官员因出人意料的成功消息而激动万分。尽管南云忠一的谨慎和保守众人皆知，但几乎所有官员都想下达新的命令给攻击部队的指挥官，指示他不是在当天晚上就是在次日早晨完成摧毁美国太平洋舰队的任务。据说山本五十六大将同意进行新一轮攻击会取得更大的战果，但由于日本遭受损失的详细情况尚不明了，他感到最好是把问题留给南云忠一自己去处理。进行后续攻击的命令没有向任务部队发出。[2]

关于南云忠一的争论

关于在 12 月 7 日午后，仅仅进行了两轮空中攻击后，南云忠一就决定离开

---

[1] 美国战列舰中，只有正在干船坞中的旗舰"宾夕法尼亚号"看起来未受损伤。"亚利桑那号"支离破碎，正在下沉；"马里兰号"和"田纳西号"火势冲天，据报道，"西弗吉尼亚号"被击中了 9 次；"俄克拉荷马号"被击中 12 次（已完全损毁）；而"加利福尼亚号"也被击中 3 次。唯一在行使中的战列舰"内华达号"，在为保持通道开放而搁浅前至少被击中过 1 次。而"犹他号"这艘毫无防备的目标舰船，已经倾覆沉没。停泊在一艘布雷舰旁边的巡洋舰"海伦娜号"，被 5 枚鱼雷击沉。日本海军训练的精确度与它的实战效果相当：55% 的鱼雷发射，25% 的高空水平轰炸和将近 50% 的俯冲轰炸都命中了它们的目标。

[2] BBSS, *Daihon'ei rikugunbu* (2), pp. 174-175; BBSS, *Hawai sakusen*, chaps. 4-15; Agawa, *Yamamoto*, pp. 259-286; Toyoda Jō, *Namimakura ikutabizo* (Tokyo: Kōdansha, 1973), pp. 13-91; Matsushima Keizō, *Higeki no Nagumo chūjō* (Tokyo: Tokuma shoten, 1967), chaps. 3-4; Kusaka, *Rengō kantai*, pp. 45-87.

夏威夷海域的争论已经持续了数十年。批评者一直认为，尽管日本已经取得明显的成功，但对珍珠港的攻击不能称之为具有决定性的意义。正如当时渊田美津雄告诉南云忠一的那样，大量具有价值的目标依然存在：深陷在浅水区的美国战列舰，此外还有数十艘其他舰船，以及未被攻击的机库、商店和储油罐。于更靠近瓦胡岛的地方发起一次新一轮的空中攻击，相信可以使美国的航空母舰和重型巡洋舰难逃厄运。源田中佐和其他人也认为，日本人为"勋章狂热"所困扰，看不到平淡无奇却非常重要的目标，例如修复美国舰队所必需的机械工厂，以及容纳着 450 万桶石油的燃料储存设施。

没有人严肃地认为日本军队应该在瓦胡岛登陆。山本五十六知道东南亚战役以两栖作战和海上资源为主，而一支庞大的运兵船队以 8 节的速度在海上移动 1 个月，将会毁掉出奇制胜的关键元素。正如渊田美津雄所说：日本人似乎一直在"癞蛤蟆想吃天鹅肉"。

作为一位舰队司令，南云忠一在最好的情况下是不甚热心，而在最糟的情况下则是胆怯避战，除此之外，他有很好的理由下令立即撤离战场：多达 5 艘美国的航空母舰正潜伏在这片区域，敌军的重型巡洋舰和潜艇的行踪也都不为人所知。由于开始的攻击已经取得了出人意料的成功，对同一区域进行额外的攻击预计将不会得到多少进一步的战果。而且，美国的防空火力已经令人吃惊地增强了，一旦突然袭击的因素消失，可以预想日本的损失将会呈几何级数上升。

另外，日本的情报报告至少 50 架大型飞机（据推测是 B-17S）仍然可用于升空防御。对于日本攻击部队来说，徘徊在敌军陆基飞机的射程内是非常危险的。6 艘航空母舰必须安全地带回日本本土，对于日本海军来说它们代表了整个军种的实力。同时，夏威夷北部的天气已经变糟，航空母舰正在 15 度摇晃。攻击陆上目标将会要求重新进行军械装载，而任何新的攻击行动都将包含夜间航行和危险的夜间着舰。飞行甲板的照明会招来敌军反击，尤其是如果失踪的美国航空母舰出现的话。至于后续的空袭，一些人认为，石油着火的浓烟只会遮蔽轰炸机的目标。

尽管对日本侦察工作的不足深感遗憾，海军中将福留繁（Fukudome Shigeru）还是建议南云忠一采取明智的决定：结束这场袭击。在那个时候，海军军令部对于南云忠一的安全而熟练地脱离战场并不感到不满。如果这次行动失败了，山本五十六会因他的轻率鲁莽而遭到批评，而南云忠一则会因他的小心谨慎而受

344

人称赞。

在普通的意义上，攻击珍珠港行动不是战斗，而是一场屠杀。对这一事件的整体评价可以分为三类。许多评论家称这次突袭从短期看是一次杰作，而从长期看则是犯了大错，因为它唤醒了睡梦中的美国巨人进行复仇。正如一支航母分舰队的司令官、海军中将原忠一（Hara Chuichi）所说："罗斯福总统应该给我们佩戴奖章。"

第二种观点认为，日本海军的高层领导是愚蠢的，他们只想到要压制美国的太平洋舰队，以进行一场夺取对富饶的、坚不可摧的南方地区控制权的战役，而没想到这注定会发展成为一场旷日持久的战争。当然，山本五十六自己曾想过在敌对行动开始时就粉碎美国的海军舰队，而不是仅仅使其暂时失效，从而当嗜杀的美国海军处于混乱之时，通过保留主动权而取得决定性的战略效果。

以福留繁为代表的第三种观点，确信偷袭珍珠港达到了极好的效果，它使得彩虹计划失效，并且直到 1944 年为止都阻止了美国重新控制这片海域。与此同时，日本得以连续不断地实现所有它最初的战略目标。福留繁认为，如果日本没有攻击瓦胡岛，而是与美国在马绍尔群岛和卡罗琳群岛西部地区附近进行一场常规的水面作战，"那日本人就不可能造成比袭击珍珠港更大的战果，无论我们如何估计它的好处都无济于事"。[1]

第一阶段的兴奋

日本最高统帅部设想的最初边界线，从太平洋北部的千岛群岛延伸到太平洋中部的马绍尔群岛（包括威克岛）和俾斯麦群岛，再到西南方向的帝汶岛、爪哇岛和苏门答腊岛，并从那里穿过马来半岛到缅甸。在东南亚的先头行动被指派给新南方军司令官寺内寿一将军（Terauchi Hisaichi），12 月 5 日，寺内寿一到达他位于西贡的指挥部。他的首要目标是英国和美国在亚洲的立足地马来半岛和菲律宾。作战行动像发条装置一样精准推进。

正如日本所期待的一样，12 月 8 日，泰国当局迫于外交压力而屈服，允许日本立即占领这个国家的战略要地。具有了在泰国的侧翼安全保证后，日本侵入了

---

[1] Toyoda, *Namimakura*, pp. 91-95; Hara, *Teikoku kaigun*, p. 19; Kusaka, *Rengō kantai*, pp. 50-51, 74-75.

马来半岛。12 月 8 日，山下奉文（Yamashita Tomoyuki）将军指挥的第 25 军的先头部队在马来半岛东部登陆。两天之后，山下奉文的主力部队按预定计划登上海岸，与此同时，以西贡为基地的海军航空兵部队，在没有战斗机护航的情况下，刚刚摧毁了马来亚外海英国舰队的核心：新式的"威尔士亲王号"（HMS *Prince of Wales*）战列舰和老旧的战列巡洋舰"却敌号"（HMS *Repulse*）。[1] 日军的地面部队迅速开往新加坡。到 2 月 15 日，整个"永不陷落"的城市已被攻占，至少 85 000 人（包括 70 000 名的战斗人员）的防守部队在阿瑟·珀西瓦尔（Arthur E. Percival）将军的带领下无条件投降。随着新加坡的失守，同盟国被剥夺了马来半岛屏障的西部最后一个堡垒，英国远东舰队也失去了它的母港。一位外国观察家声称，马来战役是英国自从康沃利斯在约克镇投降以来最灾难性的损失。[2]

与马来半岛的征服紧密相连的，是对防守虚弱的婆罗洲这座世界第三大岛屿 346 的攻略。12 月 16 日，一支由 3 个营组成的远征军从印度支那登陆英属婆罗洲。1942 年 1 月 19 日，英国军队正式投降。在此期间，1 月早些时候，另一支 3 个营的部队移动到该岛的南部地区，石油蕴藏量丰富的荷属婆罗洲。随后日本人发动了一系列令人震惊的攻击。1 月 11 日，打拉根港（Tarakan）沦陷；1 月 24 日，巴厘巴板（Balikpapan）失守；3 月 16 日，马辰（Bandjarmasin）易手。正在撤退的小股荷兰守军被俘，被迫于 3 月 8 日宣布投降。日本远征军势不可当地制服了英属和荷属婆罗洲，占领了安汶岛和西里伯斯岛，日本人夺得了丰富的资源和重要的基地，这使它们能够掩护其通往新加坡的海上和空中航线。[3]

在菲律宾，日本的计划是赢得制空权，并在陆军主力部队实施登陆作战之前夺取空军基地。早期作战行动像日程表一样准确推进。12 月 8 日正午，尽管已有充足的预警，但在 1.5 小时的空袭中，马尼拉克拉克基地 1/2 的美国空军力量就被摧毁。本间雅晴（Honma Masaharu）的第 14 军开始在吕宋岛登陆。12 月 22 日，日军主力部队得以在林加延湾登陆，又于 12 月 24 日在拉蒙湾登陆。麦克阿瑟上将（Douglas MacArthur）在海滩上抵挡入侵者的希望以失败告终，马尼拉宣布为不设防城市，于 1942 年 1 月 2 日落入日本人手中。

---

[1] BBSS, *Hito Marei hōmen kaigun shinkō sakūsen*, pt. 2, chap. 3.

[2] BBSS, *Marei shinkō sakūsen*, chaps. 1-8; BBSS, *Nansei hōmen kaigun sakūsen*, pp. 161-166, 219-220, 281-287, 332-336; BBSS, *Hito Marei hōmen kaigun shinkō sakūsen*, pt. 2, chaps. I, 2, 4-7.

[3] BBSS, *Ran-in Bengaru wan hōmen kaigun sakūsen*, pp. 17, 2.

在最初的 45 至 50 天的期限里，帝国大本营［Imperial General Headquarters (IGHQ)］原定的主要目标都已达到。然而，本间雅晴对美国和菲律宾主力部队正撤退到热带丛林沼泽及巴丹半岛的山中，并朝科雷吉多尔岛行进的情报不予理会。日本人痴迷于马尼拉的重要性，放弃了追击美国和菲律宾的残余部队。尽管对港湾的控制还没有确定，即使控制了海湾也依旧不能确保，但最高统帅部仍有足够的自信，比日程表提前一个月撤出了本间雅晴最精锐的 1 个师团（第 48 师团）和第 15 航空队，它们将被用于爪哇战役。

事情很快就变得显而易见，对本间雅晴来说只不过是扫荡前方的残敌而已，但他却一再要求增援，这使其得到了一个"哀诉者"的名声。当在菲律宾取得决定性胜利的预定日期已经过去却依旧没有结果的时候，本间雅晴却因所谓的物资、人力、医疗及其他薄弱环节而暂停进攻行动，以致杉山元和东条英机考虑撤换他。帝国大本营以本间雅晴需要负责菲律宾南部的作战行动为借口，让其戴罪立功，以集中精力进攻巴丹半岛。4 月 3 日，本间雅晴最终发起强有力的攻势。不到一周时间就占领了巴丹半岛，而不是生性谨慎的本间雅晴所担心的一个月。科雷吉多尔岛直到 5 月 7 日才被占领。在整个菲律宾战役中，共有 53 000 人被俘，其中有 9 500 个美国人。许多人死于臭名昭著的巴丹死亡行军（Bataan Death March）期间。本间雅晴个人对于这一残忍暴行并不知情，当然，他也没有下令赦免他们。

本间雅晴花了 4 个月才完成了指派给他的任务，这比帝国大本营预想的时间要长，并且他还为此投入了过多的兵力。尽管如此，麦克阿瑟，这位美军司令官还是设法逃到了澳大利亚。本间雅晴也因为仁慈对待抵抗日本及对美国保持忠心的菲律宾人而被大本营所责骂。仅仅在一段得体的间隔时间之后，1942 年 8 月，本间雅晴就被解除了他的指挥职务，并在可以说是耻辱的状态中被迫退休。[1]

香港，这一令人垂涎的进入中国内地的通道在 1941 年 12 月就已被日本军队占领。即使在得到增援的情况下，这座城市的守卫部队数量仅仅只有 12 000 人，而且装备陈旧，几乎没有海军和空军的支持。日本从在中国的远征军分派部队，于 12 月 8 日发动攻击，于 12 月 12 日占领了位于大陆上的九龙。12 月 18 日，经

---

[1] BBSS, *Hito kōryaku sakūsen*, chaps, I-IO; BBSS, *Nansei hōmen kaigun sakūsen*, pp. 49-74, 224-225, 342-343; BBSS, *Hito Marei hōmen kaigun shinko sakūsen*, pt.1.

过初步的猛烈炮击和空中轰炸之后，日军两栖部队在香港岛登陆。到圣诞节英国人下令投降的时候，守军已经精疲力竭，缺乏淡水及弹药，损失了大约 4 400 人。日本军队的伤亡为 2 754 人。香港地区——如同新加坡和马尼拉一样，是西方在亚洲"领先地位"的象征——已经沦落于看起来不可一世的日本之手。[1]

获胜狂热的持续

随着日军对爪哇和缅甸发动进攻，战争进入了下一个阶段。1941 年 12 月末，帝国大本营把入侵爪哇岛的时间提前了 1 个月。日军地面部队在今村均（Imamura Hitoshi）将军的指挥下占领了荷属东印度。1942 年 1 月 11 日，日本军队在西里伯斯岛北部登陆，在战斗中伞兵第一次参加了行动。在新加坡战役期间，日本在通往爪哇岛的道路上克服了更多的关键地点。2 月 14 日和 15 日，日本伞兵与两栖部队组成的联合部队攻击了在苏门答腊岛南部巴邻旁（Palembang）周边的空军基地及精炼厂。2 月 17 日，荷兰守军已被驱赶到爪哇岛；第二天，巴厘岛和龙目岛沦陷。2 月 19 日和 20 日，帝汶岛遭到了猛烈的攻击。

根据帝国大本营的周密计划，此前已经有 2 个步兵师团加强今村均的部队，接下来日军派出两股攻击部队对爪哇岛展开攻势作战。盟军在爪哇岛外围的空军防御，只有 30 架荷兰的作战飞机，外加大约 50 架其他的盟军飞机。在 2 月 27 日的爪哇海战斗中，最后一批由 ABDA 四个国家（American、British、Dutch、Australian）混合编成的品质差异很大的战舰被毁灭，盟军的海军司令部随之崩溃。2 月 28 日和 3 月 1 日，日本以一种巨大的钳型攻势在爪哇岛的两端登陆。守军被攻击的强度和广度搞得不知所措，于 3 月 9 日无条件投降。仅仅为了肃清残敌，日本才在东印度群岛保留了部分军队。

93 000 人的爪哇守军，其中荷兰人大约只有 20 000 人，放下了武器；日本立即宣布释放印度尼西亚的士兵。大约 5 000 名澳大利亚人、英国人和美国人也当了俘虏。当盟军的力量和运气都处在极度危险的低谷之时，人员和装备都遭受了巨大的损失。这场战役只用了 90 天而非之前预期的 150 天。守军试图放火破坏产量丰富的油田，但效果并不好；油井和巨大的石油储量基本上被完好无缺地占

³⁴⁸

---

[1]　BBSS, *Honkon-Chosa sakūsen*, pt. 1.

领。随着东印度群岛被征服，对欧洲人和美国人来说，帝国的灭亡就在眼前，而日本所鼓吹的"大东亚共荣圈"已经成为现实。正如温斯顿·丘吉尔（Winston Churchill）谈到新加坡的灾难时所说："日本的暴力、愤怒、技巧和威力已经远远超出了我们所曾经预想的任何事情。"[1]

由于切断对蒋介石的援助是入侵东南亚的原因之一，因而帝国大本营想要毫无拖延地占领缅甸。然而，后备力量不足以用于这一作战行动，有必要推迟战役的发动，直到军力上具备了发动攻势的条件为止。当进攻马来半岛的成功可能性变得清晰之时，1942 年 1 月 2 日，最高统帅部下令南方军继续进行缅甸战役，尽管这次作战行动的终点并未得到澄清。3 月 7 日，在缅甸南部的空军基地已被摧毁之后，日本第 15 军在仰光附近击败了英印联军；次日，缅甸首都陷落。进一步的战斗随之发生在缅甸中部，并于 5 月 13 日的一次交战中达到了顶点，在卡礼瓦附近，约有 2 万名英国和印度的部队被消灭。第 15 军的攻势暂时停止了。[2]

日本在太平洋中部的征服也达到了预定目标。由 3 个营组成的南洋分遣队，在大本营的直接控制下，于 1941 年 12 月 11 日占领了关岛，其后，海军部队于 1 月 23 日占领了威克岛。同一天，登陆部队还侵入了俾斯麦群岛。

获取制空权和制海权，这也是日本在第一阶段作战行动中所取得的关键胜利之一，这是通过削弱或摧毁美国和英国的战斗舰队，各军种之间协同作战，以及对运兵船队的有效护卫而达成的。同盟国军队的防御体系十分分散，难以获得补强，而且通常得不到它们殖民地人民的支持。因此，盟军不能进行事先精心安排的战斗，也无法发动猛烈的反击。

日军早期作战计划相对轻松地达成，导致战场上的部队和最高统帅部都过于乐观。陆军省强烈建议仅留 21 个营的部队在南部地区，其余部队重新部署到本土、中国（包括东北地区）。虽然陆军参谋本部意识到南部地区守军的数量太少，但它们也基本接受了重新部署兵力的想法。与此同时，南方军司令部并未花心思去获得东京批准，就撤销了它的情报部门，将其与作战部门合并到一起。这一行为出于对盟军武装部队的藐视，意味着它将无法预测敌军的主要反击行动，而这

[1] BBSS, *Ran-in kōryaku sakūsen*, chaps. 3-8; BBSS, *Nansei hōmen kaigun sakūsen*, pp. 1-30, 37-48; BBSS, *Ran-in Bengaru wan hōmen kaigun shinkō sakūsen*, chaps. 1-5 (pp. 12, 14), 6-8.

[2] BBSS, *Biruma kōryaku sakūsen*, chaps. 2, 3, 7-9; BBSS, *Ran-in Bengaru wan hōmen kaigun sakūsen*, chap. 9.

一反击很快就将到来。[1]

下一步会怎样？

到 1942 年春，日本最高统帅部开始仔细考虑下一步的行动计划。苏联在德国的猛攻之下"暂时"幸存，而英国看起来则摇摇欲坠。为了击败英国并使美国心灰意冷，日本的考虑是拓宽占领区，并为持久战建立起使自己立于不败之地的框架。战争潜力，特别是空军力量将会同时建立充实起来。日本认为守卫那些被其占领的岛屿要相对容易一些——因为它们是不会沉没的航空母舰。在 1943 年之前，日本陆军没有想到美国和英国，因为美国正在奉行欧洲第一的政策，因而不会花费多少力量在太平洋战场。在日本海军的观念中，美国人至少需要 1 年的时间才能从珍珠港的灾难中恢复过来。

日本最高统帅部对于各种各样不同目标的审议，传达出一种机会主义和即兴创作的印象，而不是在制订一项精工细作的战略方案。例如，海军转而意欲占领澳大利亚，这是一个超出陆军能力之外的计划，但却呈现出日本人已经被此前侵入俾斯麦群岛的轻易成功所引诱。就其本身而言，日本陆军也考虑了采取新的作战行动的可能性，作战区域居然从科科斯岛（Cocos Island）延伸到东北地区，再到锡兰和印度东部。最后，两个军种达成一致，决定通过占领新卡里多尼亚、斐济、萨摩亚、新几内亚东部和阿留申群岛，在太平洋上建立起一道外部防线。[2]

即使达到这些目标并没有超出日本的能力，但由于 1942 年 4 月 18 日杜立特空袭（Doolittle raid）事件的发生，外部防线设想的基本弱点出人意料地暴露出来。从"大黄蜂号"（Hornet）航空母舰上起飞的 13 架美军 B-25 轰炸机，距离日本只有 50 英里才被发现，在没有强烈反击的情况下轰炸了东京，还有 3 架飞机额外轰炸了名古屋、大阪和神户的目标。虽然这次攻击的飞机数量较少且损失微不足道，但由于混乱的空防指挥，没有 1 架美国飞机在日本上空被击落。帝国首都领空遭到侵犯的耻辱，促使最高统帅部下令立即加速策划进一步的进

[1]　BBSS, *Chūbu Taiheiyō rikugun sakūsen* (1), pp. 17-47; BBSS, *Chūbu Taiheiyō hōmen kaigun sakūsen* (1), pt. 2, chaps. 1-4; Hayashi Saburo, *Taiheiyō sensō*, pp. 70-71.

[2]　BBSS, *Chūbu Taiheiyō rikugun sakūsen* (1) , p. 49.

350

攻行动。[1]

一个夺取在新几内亚西南部顶端的莫尔兹比港的作战行动开始进行，接下来
351 是试图占领南所罗门群岛侧面的图拉吉。1942 年 4 月底 5 月初，日本的 7 艘运
兵船和战舰从拉包尔出发驶向战场。得益于美国情报部门破获的日本密电码，使
得美国海军上将切斯特·尼米兹（Chester Nimitz）能将他的部队部署在最佳的位
置。与之相反，尽管日本在战争的这个阶段拥有更大的区域性力量，却几乎不
了解敌军的部署及数量情况。5 月 7 日和 8 日，在拉包尔的日军指挥部暂停了直
接登陆莫尔兹比港的计划，因为此时爆发了一场突如其来的海战。珊瑚海海战期
间，人类历史上第一次出现航母与航母对战，飞机掌控着整场战斗的结局。水
面上的舰艇甚至都没有看见一艘敌人的舰船。双方各有几艘战舰被击中：美国人
损失了他们珍贵的大舰队航母"列克星敦号"（Lexington）以及 2 艘小型舰船；
日本则损失了 1 艘轻型航母"祥凤号"（Shōhō），并有 1 艘重型航母"翔鹤号"
（Shōkaku）受损。

更为重要的是战略上和心理上的结果。第一，十二艘运兵船朝向莫尔兹比港
进发，这极易受到巡逻的盟军任务部队的攻击，于是乖乖地掉头而回，海军中将
井上成美（Inouye Shigeyoshi）因为做出了返航的决定而遭到了严厉的批评。第
二，2 艘日本重型航母，"翔鹤号"和"瑞鹤号"（Zuikaku）已经损失了相当多数
量的飞机和飞行员，没能参加随后日美海军之间在中途岛更大的对抗。第三，在
太平洋战争中第一次摧毁日本的航空母舰，无论其型号大小，都激发了自科雷吉
多尔岛灾难之后陷入低谷的盟军士气。[2]

中途岛和阿留申群岛作战

受到杜立特空袭的影响，大感震惊的山本五十六大将继续推行对中途岛区域
的进攻计划。各部门达成一致，这一行动应当先于所设想的对斐济和萨摩亚群岛
的攻击。在一次陆军和海军之间紧密相关的妥协中，提出了一项同时入侵阿留申
群岛的计划，以分散敌军的注意。南云忠一率领的强大航母任务部队，已于 1942

---

[1] BBSS, *Daihon'ei rikugunbu* (4), pp. 8-19; BBSS, *Hokuio hitmen kaigun sakusen*, pt. 1, chap.

[2] BBSS, *Nantd hōmen kaigun sakūsen* (1), pt. 1, chap. 5. Also see Tendō Akira, *Sangokai daikaisen: kantai jūgun hiroku* (Tokyo: Masu shobō, 1956).

年 4 月初掠过印度洋海域，并袭击了锡兰，如今被召回太平洋，准备参加中途岛作战。在 5 月 5 日，紧张不安的帝国大本营下令山本五十六与陆军部队协力前进。

中途岛作战计划要求联合舰队向东移动强行占领中途岛环礁，这里位于珍珠港西部 1 000 英里处，可被作为一个前进基地和对夏威夷的潜在威胁。更重要的是，希望以此引诱剩余的美国太平洋舰队前来决战，以便将其彻底歼灭。为了达成攻击中途岛的主要作战任务，山本五十六调集了 6 艘航母、234 架战机、7 艘战列舰、14 艘巡洋舰、43 艘驱逐舰、13 艘潜艇、5 艘水上飞机母舰，一支由 15 艘船组成的舰队后勤船队，以及 15 艘装载着 5 000 名士兵的运兵船。山本五十六的宏伟计划需要精准的时间设置和各种分散力量的编配。然而，对日本来说不幸的是，美国的情报部门能够破译敌军的联络信号，这再次给予尼米兹上将一个相当大的优势，能够有的放矢地部署其已经捉襟见肘的部队。

6 月 4 日，中途岛战役打响。由南云忠一指挥的日军航母攻击部队成功地粉碎了盟军寡不敌众的空中防卫，并打击了岛上的陆地军事设施。然而，尼米兹已经集中了远超日本人想象的更为强大的海军力量（包括航空母舰）。虽然美国航母舰载机勇敢但不连贯的攻击因日本的战斗机和防空火力而遭受了惨重的损失，但南云忠一却不得不决定是否用鱼雷轰炸机改装炸弹以进行随后对中途岛的攻击，是否要恢复返航的飞机或立即发起炸弹攻击。从"约克城号"（Yorktown）和"企业号"（Enterprise）航母上起飞的一波又一波的美国俯冲轰炸机，出乎预料地捕捉到了日本人举棋不定的战机。日本航母的机库甲板上堆放着空中对舰攻击使用的鱼雷，而不是像往常那样放在机库下面；飞机被停在甲板上添加燃油并装填弹药，以便能够继续起飞。在接踵而来的行动中，南云忠一损失了 4 艘航空母舰："加贺号"（Kaga）和"苍龙号"（Sōryū）当晚沉没，"赤城号"（Akagi）和"飞龙号"（Hiryū）于次日早上不得不被日本人自己炸毁。日本还有 1 艘重型巡洋舰沉没，另有 1 艘严重受损；美国人仅损失了"约克镇号"航空母舰和 1 艘驱逐舰。

此时正在巨型战列舰"大和号"（Yamato）上的山本五十六，曾希望在擅长的夜间行动中与已经受伤致残的敌军舰队交战，但是，由于日本损失的严重程度逐渐明显，他没有采取重大的行动，就于 6 月 5 日一早明智地撤出了他的小型舰队。正如珊瑚海战役曾经导致取消在莫尔兹比尔港登陆一样，中途岛战役后，那些原被指定用于占领中途岛环礁的陆上部队也必须要撤离。山本不仅损失了 4 艘

352

航母，还损失了大约 2 200 名船员，有 234 架飞机被毁，包括大多数经验丰富的飞行员。日本人的侦察和沟通一直很糟糕；情报工作更是愚蠢的自满。中途岛的 353 失败，虽然在当时向日本公众隐瞒，但必定被称为太平洋战争中具有决定性意义的战役，因为它结束了日本在公海上的霸权。[1]

进攻阿留申群岛的佯攻行动按计划进行。帝国大本营选择对岛屿进行转移注意力的占领，而不是进行长时间的攻击行动。配置于攻击阿留申群岛的任务部队，包括 2 艘轻型航母、5 艘巡洋舰、1 艘水上飞机母舰、12 艘驱逐舰和 8 艘装有 1 550 人的运兵船。设在东部链条上的荷兰港（Dutch Harbor）和阿图岛、吉斯卡岛，以及沿大循环路线（从美国北部到日本本土的最短路线）最西端部分的埃达克岛的美军基地都被暂时瘫痪（次要的埃达克岛上的基地最终被取消）。这一作战计划类似于日军在东南亚所使用的伎俩，起初造成防御设施的瘫痪，对广泛分布的目标进行多向角度的攻击。对天气和地形状况的考量，妨碍了在阿留申群岛的大规模移动行动。虽然美国情报机构掌握了关于中途岛计划相当多的细节，但对日本在阿留申群岛行动计划的了解要少得多。

6 月 3 日到 5 日，荷兰港在日本航母舰载飞机的空袭中陷于瘫痪。6 月 5 日，日军地面部队登陆阿图岛；7 日，登陆吉斯卡岛，如入无人之境。直到 6 月 10 日，美国指挥部才得知日军登陆的消息。在中途岛战役胜利之后，尼米兹抵制住诱惑，将航空母舰转移到北太平洋海域。到了战争的下一个阶段，日本企图维持其在这 2 个荒凉岛屿上的基地，而美国则试图使这些基地失去作用。在 8 月和 9 月，帝国大本营第一次选择放弃阿图岛而专注于吉斯卡岛，但是在实际上撤离了阿图岛的守军之后，日军最高统帅部却推翻自己的决定，并在 10 月重新占领了该岛。1943 年 2 月 5 日，帝国大本营决定"不惜一切代价"固守阿留申群岛，当美国人正在埃达克岛和阿姆奇特卡岛建造军事设施的时候，阿图岛的地位显得更加重要。

5 月 11 日，一个师的美国部队在阿图岛登陆，大约 2 600 人的日本守军拼死战斗，但还是在 5 月 29 日被压倒。日军留下了总共 2 351 具尸体，被俘的只有 28 人，在整个太平洋战争中一直重复着这一比率。11 000 人的美国攻击部队，大约

[1] BBSS, *Middoue kaisen*, chaps. 1-15; BBSS, *Chūbu Taiheiyo hōmen kaigun sakūsen* (2), pt. 3, chap. 2; Agawa, *Yamamoto*, vol. 1, pp. 310-336; Toyoda, *Namimakura*, pp. 223-268; Matsushima, *Higeki no Nagumo chūjō*, pp. 150-173; Hara, *Teikoku kaigun*, pp. 8-9; Kusaka, *Rengō kantai*, pp. 120-156.

600 人死亡，1 200 人受伤，另有 1 500 人因疾病失去作战能力。拖到最后时刻，   354
日军最高统帅部曾经准备撤离阿图岛守军的残余部分，但事态的进展超出了他们
的设想。

5 月 20 日，帝国大本营再次审议了阿留申群岛上日益恶化着的情况。与会者
承认岛上的行动缺乏制空权和制海权将难逃注定失败的命运，于是达成了撤离吉
斯卡岛的尴尬决定，而这里的守军两倍于阿图岛。5 月下旬，潜艇开始缓慢推进；
7 月 28 日，一支驱逐舰中队快速且有效地完成了这一任务。在最后一名日本人已
经离开之后，美国人也没能发现这长达两个多星期的撤退行动。8 月 15 日，一支
34 000 人的美国与加拿大联军以及拥有近 100 艘舰船的舰队冲上岛时，才发现该
岛已经空无一人。

有很多人认为日本根本不应该为荒凉的阿留申群岛而自寻烦恼。然而，在此
同时，最高指挥部却认为此岛是对千岛群岛，甚至是日本本土的威胁，尤其是如
果美国与苏联联合起来进行军事行动的话。仅仅以一支 10 000 人的部队，辅以无
关紧要的海上和空中援助，日本打算拖住不下于 10 万人的由大量海军和空军支
援的盟军部队。尽管如此，日本最终还是损失了整个阿图岛的守卫部队，损失了
18 艘舰船以及珍贵的后勤和军火储备。联合舰队的战舰在此时只能被部署作为后
备力量，因为它们更加需要用来阻止敌人在瓜达尔卡纳尔岛的军事行动。加之，
在日本人被赶出阿留申群岛之后，千岛群岛甚至北海道都不得不加强防御。尽管
日本在撤出处于危险中的岛屿守卫部队时显示了高超的技巧，但由于整个阿留申
群岛作战行动中的优柔寡断和毫无效益，帝国大本营并没有赢得荣光。尽管代价
高昂，但无论是从日本的立场还是盟军的立场来看，这场战役对整个太平洋战场
的影响有限。[1]

保持主动

由于 16 架杜立特空袭的飞机在轰炸日本之后有 15 架在中国着陆（第 16 架在
西伯利亚降落），日军最高统帅部加快了阻止美国使用中国基地的军事行动。在

---

[1] BBSS, *Hokuto hōmen rikugun sakusen* (1) , chaps. 1-3; BBSS, *Hokuto hōmen kaigun sakūsen*, pt. 1, chaps. 1, 2 and
    pt. 2.

355　杜立特空袭后的第三天，即 1942 年 4 月 21 日，帝国大本营便指示由畑俊六（Hata Shunroku）将军破坏了在中部前线的中国空军基地，主要是位于浙江省和江西省，其次是在湖南省。5 月 15 日，日本军队向前推进，不久就击败了浙江东部的中国军队。5 月末到 6 月初的日军第二波攻势取得了相同的胜利。两支日本军队随后发起了一个钳形攻势，到 7 月 1 日已经扫清了浙江省铁路沿线。

　　在 1942 年夏季的中国作战获得成功之后，日本人准备了一份"最后进攻"的方案，计划在 1943 年春天后的某一时间占领重庆。然而，在瓜达尔卡纳尔岛进行的激烈战事，使得日本人于 12 月 10 日暂停实施该项计划。事情已经越来越清楚，太平洋战争并不能解决与中国的冲突，而在太平洋上的胜利也不能在中国战场上表现出来。确实，对于日军最高统帅部来说，中国的重要性正在下降到第二位，它已经开始意识到，说到底，一个人不能通过扩大一个洞穴而从里面爬出来。[1]

　　日本在中途岛受挫的另外一个后果，是最高统帅部于 1942 年 7 月 1 日做出决定，暂停对新喀里多尼亚、斐济和萨摩亚群岛的任何作战计划。它不仅已经了解到攻占一个防守严密岛屿的困难，而且还提出了进一步的主张，在印度洋西部加强行动看起来要更为明智，因为这可以与德国在苏伊士的战役相互协同。然而，帝国大本营依然确信，切断美国与澳大利亚之间的通路，对于把盟军的反攻消灭在萌芽状态是必不可少的。在百武晴吉将军（Hyakutake Haruyoshi）指挥下的第 17 军按照指令，通过经由科科达和布纳的陆路推进，夺取莫尔兹比港以及新几内亚东部附近的空军基地。

　　1942 年 7 月中旬，百武晴吉没有等待远距离地面侦察部队的情报，就派出了他的南洋分遣队在靠近布纳的地方登陆。在向莫兹比尔港推进的过程中，士兵们挣扎着穿过地形恶劣的欧文斯坦利山脉（Owen Stanley Range），忍受着崎岖的地势、严重的疾病和饥饿的折磨。日本人虽然克服了澳大利亚人的抵抗，但情况明摆在这里，不可能再有后续的增援了。在推进至莫兹比尔港之后，日军部队接
356　到命令要支撑到 8 月 28 日。1 个月以后，日军部队开始向布纳撤退，一路上遭到澳大利亚人的袭扰。直到 11 月末，日本人才退回到布纳。由于第 17 军已经全身心地投入瓜达尔卡纳尔岛的战斗，帝国大本营组建了第 18 军，由安达二十三

---

[1]　Horiba, *Shina jihen*, pp. 666-706; Usui, *Nitchū sensō*, pp. 141-162; BBSS, *Daihon'ei rikugunbu* (4), pp. 19-27.

（Adachi Hatazo）将军率领，着重于新几内亚东部的作战。作战计划的核心如今已从莫兹比尔港移开，转向布纳、莱城和萨拉马瓦。[1]

在新几内亚以东超过 600 英里处，拉包尔和新赫布里底群岛—新喀里多尼亚地区东南部之间，坐落着所罗门群岛。1942 年年中，几百名日本海军陆战队员和 2 000 名工程人员一直在瓜达尔卡纳尔岛上建造飞机跑道。这是一项绝密的计划，或至少是与高层指挥机构未能协调好的计划，以至于陆军参谋本部直到美国军队于 8 月登陆该岛时才得知了这项计划。在美国进行第一次地面反攻中，8 月 7 日，第一海军陆战师在没有抵抗的情况下在瓜达尔卡纳尔岛、吉沃图岛和图拉吉岛登陆。8 月 8 日，这个尚未完工但至关重要的机场 [后来以亨德森机场（Henderson Field) 闻名] 投入使用。尽管美国在岛上的小立足点再没有被日军夺回，但接踵而至的是长达数月的血腥战斗。最终，在瓜达尔卡纳尔岛的战斗中，日美双方都损失了 24 艘战舰。

帝国大本营低估了重新占领瓜达尔卡纳尔岛的难度，它命令百武晴吉将军重新夺取所罗门群岛，同时继续完成他占领莫兹比尔港的首要任务。直到 8 月 29 日，在瓜达尔卡纳尔岛发生巨大伤亡及亨德森机场被美军飞机使用之后，日军最高统帅部才开始转变行动重点，从新几内亚转到所罗门群岛，并为了这个目的向第 17 军运送了 1 个步兵师团。

9 月中旬，日本陆军参谋本部改进了在瓜达尔卡纳尔岛的作战策略。不再像之前那样未做充分准备就盲目、零散地向前推进。担任进攻任务的日军部队接到命令，等待后援部队已经集结完毕，并与海军进行周密的协调之后，才能展开作战行动。10 月 8 日，百武晴吉自己离开拉包尔前往瓜达尔卡纳尔岛。由于缺乏完整的制海权和制空权，日军在人员、物资和军火上损失惨重。日本地面部队指挥官估计，美军在机关枪上的优势为 6 到 7 倍；在弹药方面，更是无法相比。前线日军开始因饥饿和疾病而死亡。运送增援部队的舰船也不断被击沉，沉没的船只越来越多。

1942 年 11 月 16 日，日军最高统帅部组建起由今村均将军指挥的第 8 军，去协助在所罗门群岛和新几内亚作战的两支部队。在征集更多船只用于作战计划所

357

---

[1]　BBSS, *Minami Taiheiyo rikūgun sakusen* (1), pp. 76-109, 167-230, 335-360; BBSS, *Chūbu Taiheiyo rikugun sakūsen*, pp. 194-218, 324-395, 557-604; BBSS, *Nansei hōmen kaigun sakūsen*, pp. 31-36, 373-396; BBSS, *Nanio hōmen kaigun sakūsen* (1), pt. 1, chaps. 3, 4, and pt. 2, chap.4.

需的问题上，陆军参谋本部与陆军省明争暗斗，坚持要求瓜达尔卡纳尔岛必须坚守到最后。参谋本部的理由是，如果下令从所罗门群岛撤出的话，那么美国的反击就会显得更为剧烈，因此撤军是不能允许的。势在必行的是，必须调集不少于 30 万吨载运量的舰船。陆军省从更广泛的国家立场来看待这个问题，它反对陆军参谋本部的要求。陆军省赞成从瓜达尔卡纳尔岛撤军，并沿着战略性的内部边缘地带重新部署军队。争论十分激烈，双方官员甚至大打出手。

12 月 12 日，海军已经对瓜达尔卡纳尔岛作战行动失去信心，提议撤退。在克服了陆军参谋本部的反对后，12 月 31 日，一个由陆军和海军领导人参加的帝国大本营会议决定放弃重新夺回瓜达尔卡纳尔岛的努力，并于 1943 年 2 月初撤离岛屿。虽然在布纳的部队也要撤回到萨拉马瓦，但是占领莫兹比尔港的希望依旧没有放弃。换句话说，日本正计划在向前伸展的区域收拢它的兵力，转而用于所罗门群岛的防守。但是，无论是拉包尔还是新几内亚东部都没有被放弃。

没有人能确定日本在瓜达尔卡纳尔岛上的军队数量，但人们认为，在一场撤离行动中，一支部队如果总数为 20 000 人的话，那么在敌军的袭扰下，伤亡人数或许将不下于 15 000 人。实际上，在 2 月初，多艘驱逐舰在没有受到攻击的情况下，设法带出了 11 000 名至 13 000 名士兵和船员。在太平洋战争中，这是日本军队第一次被迫转为防御。在 6 个月之久的瓜达尔卡纳尔岛战役期间，日本损失了大约 25 000 名士兵和 600 架飞机。美国地面人员的伤亡情况是大约 1 500 人死亡和 4 800 人受伤。

日本的陆军和海军都因不计后果地从事这场超出自己能力的战役而受到指责。在 1941 年和 1942 年第一阶段南进行动取得成功之后，并没有明确地决定截止点在什么地方。海军不切实际地考虑深入到遥远的澳大利亚和夏威夷作战，而陆军在达成能够与海军协同作战的任何政策之前，就发现自己已经深陷瓜达尔卡纳尔岛。日本没有多少勇气可以弥补后勤供应的虚弱无力。日本的军事评论家们仍然确信，考虑到自己国家的整体实力，在瓜达尔卡纳尔岛的行动根本行不通。[1]

358

---

[1] BBSS, *Chubu Taiheiyo rikugun sakūsen* (1), pp. 68-73, 86-94, 99 ；BBSS, *Minami Taiheiyo rikugun sakūsen* (1), pp. 231-314, 385-534; BBSS, *Chūbu Taiheiyo rikugun sakūsen* (2), pp. 7-23, 419-576; BBSS, *Nanto hōmen kaigun sakūsen*(1), pp. 201, 227, and pt. 2, chaps. 1-3; Ibid. (2), pts. 1-2; Ibid. (3), chaps. 1-7; BBSS, *Chūbu Taiheiyo hōmen kaigun sakūsen* (2), pt. 3, chaps. 3, 7.

收紧战线

1943年9月，意大利宣布投降，预示着同盟国的军队可以更多地释放到远东。这引起帝国大本营重新考虑它对敌人反攻能力的估算。9月30日的御前会议决定了新的行动指导方针。最值得注意的改变，明显表现在最高统帅部第一次对"绝对国防圈"做出的界定上面。这一"绝对国防圈"包含千岛群岛、小笠原群岛、南太平洋诸岛、新几内亚西部、巽他群岛，以及缅甸。显而易见，日本的战略边界正在收缩。在南太平洋最为紧迫的问题，被认为是对绝对国防区域的进一步加固，围绕所罗门群岛北部和新几内亚采取军事行动，并且在帝汶地区为澳大利亚北部的反攻行动做好准备。美国被指定为主要的国家敌人。[1]

向更为现实的战略转变的姿态，并不能掩盖日本领导人根深蒂固的自负，这种自负在继续产生着影响。日本领导人继续以为敌对状态能够通过军事行动加以解决，而不必通过外交谈判。甚至直到1943年8月末，首相东条英机才开始考虑向重庆进行试探，或做出努力以调停德苏战争。政府和军事领导人都忽略了这样的事实，山本五十六大将1941年的计划及实施已经为日本争取到了时间——有时间建立起一个防御性的边界、有时间与敌对方谈判以争取达成对日本有利的协议，而没有时间打一场没完没了的漫长战争。东条英机首相对日本败退做出的反应，是加倍努力地收紧他的控制、鼓吹乐观情绪和镇压异见人士。正如本间将军后来观察到的，"东条英机相信他能通过增强人们精神或提升部队士气，来轻易地赢得这样一场复杂的现代战争"。

在大多数情况下，太平洋战争最后两年的特征是日本处于战略上的被动地位，军事主动权转移到了盟军手中。与帝国大本营的预期相比，敌人的反攻来得更早，进展得更快。美国巨大的经济和工业资源开始在战争中起到了压倒性的影响。日本无法替换它在中途岛战役损失的4艘航空母舰。与之相反，美国船坞正在驶出数不清的航空母舰，成为穿越太平洋攻击日本要塞的任务部队的核心。美国的战略也使日军最高统帅部感到震惊，它选择绕过某些易守难攻的岛屿，蛙跳式地横穿中太平洋和西南太平洋，任由那些孤立的日本守卫部队因得不到援助而逐渐破灭，就像特鲁克岛和拉包尔的日本守军一样。

359

---

[1]　BBSS, *Chūbu Taiheiyo hōmen kaigun sakūsen* (2), pt. 4, chaps. 1, 4 (2); BBSS, *Mariana oki kaisen*, chaps. 1 (p. 2), 2-3.

　　1943 年夏季，在撤离瓜达尔卡纳尔岛和阿留申群岛之后，日本在南太平洋的外围防御开始崩塌。在太平洋中部、马金群岛和吉尔伯特群岛的塔拉瓦岛虽经激烈争夺，终于在 1943 年 11 月失守。夸贾林环礁和马绍尔群岛的罗伊，也于 1944 年 2 月失守。在那个月里，日军最高统帅部由于强大的美国海军和空军对特鲁克岛的轰炸而尤其感到焦躁不安，因为它证实了日本海军航空兵已经不再是敌人的对手。在太平洋战争中第一次，帝国大本营下令抽调部分驻满洲的关东军转移到南太平洋。日本陆军领导人指责这个在卡罗琳岛中部和西部、马里亚纳群岛以及小笠原群岛设防的准备过于迟缓，将之归咎为海军缺乏对陆地战争的关注并且狭隘地看待太平洋上的控制权（这里的防御是海军的职责）。在特鲁克岛遭受轰炸后的第 3 天，东条英机首相前所未有地采取措施兼任陆军参谋本部长官。[1]

　　日本对太平洋区域控制力衰弱的标志，是 1943 年 4 月山本五十六去布干维尔岛视察时座机遭到美军飞机的伏击。在截获的情报指引下，美国的 P-38 战斗机击落了山本五十六的座机，并杀死了这位日本最杰出的战略大师。[2]

　　如果说，防守孤立的环礁以及岛屿构成了不可逾越的后勤上的困难，并因此360 造成了部队无法机动作战，那么，陆地上的作战行动则提供了一些成功的希望。1944 年，最高统帅部重新关注于中国战场，在这里，国民党政权依旧是孤立的，但美国空军正变得越来越活跃，甚至对日本本土也造成了威胁。日军于 1944 年 4 月中旬发起一次进攻，"打通"了京汉铁路的全部南方部分；到 5 月初，中国北部和中部的战线已经被"连接"起来。在 7 月末和 8 月初，日本陆军攻陷了长沙和衡阳（美国人的前进空军基地所在地）。到 11 月，日军的一次新攻势波及了位于零陵、桂林、柳州和南宁的美国空军设施。但是，所有这些也已证明，对于日本军队来说，要想摧毁位于四川省成都市的 B-29 远程轰炸机基地是不可能的，而只能对之发起力量有限的空中袭击。B-29 轰炸机继续轰炸日本位于九州北部、东北南部地区以及朝鲜的目标。1945 年，当美国在太平洋西部的岛屿上建造了空军基地时，B-29 轰炸机就从中国转移到了这里。[3]

　　帝国大本营的一些官员在缅甸战场上看到了成功的前景，日本的规划者正在考虑占领印度英帕尔地区的一个角落，以建立一个傀儡政府，并削弱英国的

---

[1] BBSS, *Chūbu Taiheiyo hōmen kaigun sakūsen* (2), pt. 3, chaps. 4, 5 (p. 2), 6 (p. 4), and pt. 4, chaps. 2, 4 (p. 5).

[2] BBSS, *Chūbu Taiheiyo hōmen kaigun sakūsen* (2), pt. 3, chap. 8 (p. 4); Agawa, *Yamamoto*, pp. 306-327.

[3] Horiba, *Shina jihen*, pp. 707-740; Usui, *Nitchū sensō*, pp. 162-200.

权威。在此之前，日本已经做出巨大努力在缅甸建立了一个通敌卖国的巴莫（Ba Maw）政权，并建立了以钱德拉·鲍斯（Chandra Bose）为首的印度临时政府。1943 年 3 月，成立了由河边正三（Kawabe Masakazu）将军指挥的缅甸地区陆军司令部。英帕尔作战行动的设想所具有的政治性质变得如此明显，以至于一些官员恰当地相信，更高的官员们把发动这场战役看作预料之中必然发生的事情，而不是一个需要仔细考虑的选项。无论帝国大本营是否还有保留意见，也都被缅甸中部前线的指挥官牟田口廉也（Mutaguchi Renya）将军的自信和狂热打消了。在南亚发动一场成功的战役的念头，毫无疑问也吸引了越来越感到苦恼的东条英机。

1944 年年初，盟军的反击行动已经在缅甸前线的几个地方展开。中国军队在北部和东北部发动攻击；英－印军队则袭击了缅甸中部及南部海岸。4 月，为了对付中国军队，日本组建了第 33 军，以让牟田口廉也自由地发动进攻。牟田口廉也的部队早在 3 月初就已发起了进攻。在敌军的注视之下，并且几乎忽视了后勤供应，牟田口廉也一直在考虑一个为期 2 周的推进方案，但在取得初步进展之后，到 4 月初日军就在看得见英帕尔的地方深陷困境。不久之后，严重的季风降雨就开始了。第 15 军在缺乏弹药、援助和食物的情况下勉力前进，在前往前线的途中就已经损失了一半人员。牟田口廉也命令部队吃掉驮包的牛，甚至开始吃草，也要不顾一切地再次前进。这位将军逐渐变得歇斯底里，解除了他的 3 个师团指挥官中的 2 个，指称他们缺乏战斗精神。

当优秀的威廉·斯利姆（William Slim）将军指挥的英－印军队收到了空中补给和增援部队的时候，日军部队则持续由于疾病和饥饿而倍感虚弱。他们缺乏弹药，缺少反坦克武器，也得不到充足的空中支援。到 6 月下旬，盟军已经重新夺回了科希马，并打通了通往英帕尔的公路。牟田口廉也仍在设想发动决定性的进攻，他解除了第 3 个师团指挥官的职务，因为这个指挥官轻蔑地中断了通信，并为从灾难中拯救他的师团的最后一点剩余部队而撤退。

日军在缅甸的每一条战线都遭到败绩。第 15 军在从亲敦江（the Chindwin River）的惨烈撤退中损失了 60 000 人中的一大半。河边正三和牟田口廉也因他们的不知变通、拒不撤退、孤注一掷、鲁莽易怒，以及对作战计划的一知半解而备受指责。帝国大本营也因缺乏决心而受到责难。它直到 7 月 4 日才授权终止在英帕尔的攻势，虽然在 5 月雨季开始后战役就已经没有了成功的希望。同样，直到

361

9 月 25 日，最高统帅部才改变了缅甸方面军的任务，从占领这一地区变为阻断印度与中国之间的联系，其间的区别在那时真是微乎其微。1945 年 5 月初，到日本人失去了仰光的时候，它就被赶出了缅甸。1944 年到 1945 年的整个缅甸战役是日本在太平洋战争中最大的惨败之一，仅河边正三就损失了超过 10 万人。[1]

东条英机下台

如果说东条英机刚当上首相时心情可以用兴高采烈来形容，那么，到 1944 年就可以用几乎绝望来描述了。美国继续随心所欲地登陆太平洋上的日本岛屿。到 1944 年年初，日军在拉包尔的堡垒已被隔离。4 月，美国军队在新几内亚北部登陆，夺取了岛上最好的空军基地。为了转移他的部队，日军最高统帅部试图重整它的部队，但看来似乎缺乏一个全面性的计划，却又要插手行动的细节。5 月 9 日，第二方面军陆军司令阿南惟几（Anami Korechika）将军在日记中写道："帝国大本营的命令是瞎了眼了。"之后不久，美军部队突袭了比亚克岛，从而使得美军能够控制哈马黑拉岛、马六甲海峡和望加锡海峡的上空。

在此同时，日本陆海军最高指挥部认真考虑在马里亚纳群岛、卡罗琳群岛西部和新几内亚岛组织决战，以阻止盟军的推进。就在比亚克岛被袭击的时候，海军向这一区域转移了相当大的空中力量，这让陆军感到很恼火。随着比亚克岛被美国控制，6 月 13 日，塞班岛及马里亚纳群岛北部的天宁岛遭到了美军的炮火轰击，美军部队随后于 6 月 15 日登上了塞班岛。这是太平洋中部战役中最激烈的战事之一，到这个月末，大约一个半师团的日本守卫部队被消灭。7 月 1 日，日军守备部队指挥官向东京报告，他的士兵依旧在战斗，但已经 3 天没吃东西了，只能吞食树皮和蜗牛。7 月 9 日，最后的有组织抵抗也告结束。

日本海军在菲律宾海战役的失败，也被称为马里亚纳海战，导致了日本在塞班岛守卫部队的完全隔离和毁灭。6 月 19 日和 20 日，日本舰队被雷蒙德·斯普鲁恩斯（Raymond Spruance）的特遣舰队击败并压垮。虽然美国战舰有 5 艘被毁，但日本从一开始就损失了 2 艘重型航空母舰（自偷袭珍珠港以来，只有 1 艘航母

---

[1] BBSS, *Biruma kōryaku sakūsen*, pp. 271-274; BBSS, *Inpdru sakūsen*, pts. 1-3; BBSS, *Irawaji kaisen*, pts. 1, 2; *BBSS, Shittan Mei-go sakūsen*, pt. i; *SSNT*, vol. 9, passim.

幸存离开），随着战事发展，又损失了 1 艘轻型航母。日本共有 3 艘航空母舰、1 艘战列舰、1 艘重型巡洋舰和 1 艘驱逐舰被美军的飞机和潜艇摧毁。在 2 天的战斗时间里，有 395 架日本舰载飞机被击落——相当于太平洋战争开始时日本海军航空兵实力的 92%。而美国仅损失了 130 架飞机。

　　一旦塞班岛的防御遭到破坏，以及海军部队第二次在决定性的海战中遭遇败绩，马里亚纳岛链的命运也就被注定了。7 月 24 日，由日军一个联队驻守的天宁岛遭到攻击，8 月 1 日失守。与此同时，美国针对关岛的作战行动已经于 7 月 8 日开始。在空中和海上进行了 13 天的轰炸之后，美国部队上岸，经历了几场激烈的战斗，到月底，滩头阵地已经连接成一片，到 8 月 10 日，剩余的日军主要守备部队被驱逐到了北部海岸。另一个日本师团在马里亚纳群岛南部也损失了一半人马。

　　日本领导人很清楚马里亚纳战役的意义。6 月 25 日，天皇召开了由战地主将和舰队司令参加的第一次战时会议，对作战行动进行检讨。与会者一致同意，守住塞班岛是势在必行的，也是难以实现的。如果这个岛屿不能确保，敌人就会最大限度地利用岛上的空军基地，日本将不得不加快强化内部防线的防御力量。联合陆军和海军航空兵的力量并采取统一的行动是至关重要的。

　　然而，东条英机已经在成功防守塞班岛的问题上赌上了他的声望。1944 年 5 月，他曾对海军做出令人吃惊的声明，声称这个岛屿坚不可摧。甚至连下级军官都在怀疑，究竟是军方的行动策划者向首相提供了错误的信息，还是首相自己说了不负责任的话。一个高级海军官员永远不会忘记，当他听到东条英机在一次御前会议上确保在马里亚纳群岛和卡罗琳群岛上的地面行动已经准备就绪，联合舰队随时可以出动的时候，自己所产生的那种受到误导的宽慰感觉。

　　在塞班岛毁灭性的失败之后，日本陆军领导人得出结论：战争已经失败了，战事必须尽快结束，尤其是因为德国看起来已经时日无多。尽管东条英机出了名的精力充沛，但是心胸狭窄和异常自负，使其应付不了来自最高指挥阶层和国家虚弱基础的压力。随着一个接一个的败仗，他的星光迅速消退。统一陆军和海军航空兵部队的计划，就像在单一的帝国大本营领导之下合并这两个军种的计划一样，通通化为泡影。当东条英机试图通过提名后宫淳（Ushiroku Jun）将军代替他担任陆军参谋本部长官以安抚反对意见时，他不得不做出让步，接受关东军司令梅津美治郎（Umezu Yoshijiro）。1944 年 7 月 14 日，尽管东条英机反对，他的忠诚同僚海军大将岛田繁太郎（Shimada Shigetaro）还是被迫辞去了海军大臣一职，仅保留了他的海军幕僚长职位。尽管东条英机巧妙地挣扎，试图保持权力，但他还是失去了老一辈政治家和皇室密友的信任，而正是他们曾经在 1941 年让他登上了高位。在发动政变甚至针对他的刺杀企图的传言中，1944 年 7 月 18 日，东条英机辞去首相职位。[1]

小矶国昭—米内光政时期：从菲律宾到硫磺岛

364   1944 年 7 月 22 日，新政府组建起来，其中包括两位分别代表陆军和海军的著名将领：刚刚卸任朝鲜总督的小矶国昭（Koiso Kuniaki）将军成为首相，1940 年曾经担任过首相的米内光政（Yonai Mitsumasa）海军大将担任副首相兼海军大臣。在战争的这个阶段，帝国大本营的注意力集中在四个目标上：加强从菲律宾到台湾地区、琉球群岛、日本本土以及千岛群岛前线的海上防御；综合陆军、海军和空中力量与进攻这些地区的敌军交战；继续攻击位于中国湖南和广西的目标，并通过使用亚洲大陆的交通设施来抵消不确定的海上航线；选择离岸海上航线以确保船舶航行的安全。作战计划被制订出来，以抵御敌军对菲律宾、中国台湾地区和琉球地区、三个主要的本土岛屿，以及北部的北海道岛的攻击。用于本土岛屿防御的计划预测了敌军在九州岛南部和西南部、四国岛南部可能的入侵地点，在本州岛上也有一些这样的地点，比如伊势、丰桥、相模、千叶、茨城、仙台和青森。

9 月中旬，当美军部队消灭了莫罗泰岛、贝里琉岛和昂奥尔岛上的守军时，日军最高统帅部推断出敌军的下一个目标应该是菲律宾。为了应对这一威胁，新的陆军指挥机构被建立起来。9 月 22 日，帝国大本营指令位于新加坡、中国等地的陆军指挥官们于 10 月下旬完成作战准备。

在一场激烈的空战中，美国海军飞机削弱了日本人正在向南运去菲律宾战场的空中力量。10 月 20 日，麦克阿瑟将军的主力部队开始在莱特岛登陆。10 月 23 日至 26 日，接连发生了一系列海军和空军的战斗，这被称为莱特湾战役，是有史以来最大的海上交战。在这个大胆但代价高昂的战役过程中，日本几乎拦截了

---

[1] BBSS, *Chūbu Taiheiyo rikugun sakūsen* (1), pt. 3；BBSS, *Chūbu Taiheiyo hōmen kaigun sakūsen* (2), pt. 4, chap. 3 (p. 3); BBSS, *Mariana oki kaisen*, chaps. 4-6.

美军的两栖部队，但是当战事结束时，日本的航母舰队已被完全摧毁，其他的主要舰只也已非伤即残。曾经强大的日本海军将再也不会在太平洋战争中扮演重要的角色了。[1]

　　日本的地面防御也由于部队训练不足、缺乏空军和反坦克武器，以及混乱的作战计划而遭到削弱。1944 年夏季，由于 80% 的派往菲律宾的日本船只被击沉，海上运输变得极为危险。此外，新任指挥官在很大程度上并不熟悉当地的情况。10 月 6 日，新近任命的 14 方面军司令长官山下奉文（Yamashita Tomoyuki）将军到达马尼拉。他的参谋长武藤章（Muto Akira）将军于敌军登陆莱特岛的同一天到达。山下奉文对于守卫莱特岛的计划毫无热情，但是被迫服从南方军的命令。到 11 月中旬，山下奉文建议南方军重新考虑行动计划但被驳回。12 月 11 日，位于莱特岛西部的奥尔莫克的失守及其储存物资的丧失，实际上已经决定了莱特岛的命运，山下奉文放弃了在这里进行一场决定性战役的想法。由于帝国大本营、南方军和山下奉文方面军的意见不一致，菲律宾的防御状况变得越来越复杂。

　　12 月 15 日，美军部队在莱特岛西北部的民都洛岛登陆。尽管如此，山下奉文在莱特岛的防御作战拖延了美军于林加延进攻吕宋岛大约三周时间，从 12 月 20 日至 1945 年 1 月 9 日。到 2 月 3 日，美军部队已经兵临马尼拉城下。并不直接归山下奉文指挥的日本海军部队为争夺马尼拉进行了长达一个月的凶猛战斗，使得这座城市大部分都已化为废墟。2 月 26 日，科雷吉多尔岛也落入了美国人手中。到 3 月中旬，马尼拉湾已对盟军舰船开放。

　　山下奉文受到重创的部队退到了大山之中。到 6 月中旬，美军基本上控制了吕宋岛。山下奉文的部队被分割成 3 个缺乏补给的部分，这支饥饿和虚弱的部队一直坚持到了战争结束，但是他们并不能发起任何有力的反击，也没有像曾在其他行动中的日本军队那样自杀。与此同时，其他美军部队已经扫清了菲律宾南部，正在进攻巴拉望岛、班乃岛、宿务岛、内格罗斯岛、棉兰老岛的南部和北部，以及苏禄群岛。在 1944 年到 1945 年的整个菲律宾战役期间，日本损失了大部分的空军力量和海军力量，同时招致了至少 317 000 人的伤亡，包括 7 200 人成为俘虏。[2]

---

[1] Gaimushō, ed., *Shūsen shiroku* (Tokyo: Shinbun gekkansha, 1952), chap. 9; BBSS, *Kaigun Sho-go sakūsen* (1), pt. 3; Ibid. (2), pts. 1, 2; Hara, *Teikoku kaigun*, pp. 180-228; Kusaka, *Rengō kantai*, pp. 288-347.

[2] BBSS, *Sho-go rikugun sakūsen* (1), pts. 1-3; Ibid. (2), chaps. 1-10.

到 1945 年年初，日军最高统帅部开始让所有的战略设计都服从于本土防御
的考虑。一旦美国人重新夺取了菲律宾，这就意味着他们会向冲绳岛（Okinawa）
进军，或者占领小笠原群岛，并且在冲绳岛或台湾地区对日本本土发起攻击。距
离日本最近的岛屿硫磺岛——到东京只有 660 英里，它将会成为尼米兹反攻计划
的初期目标。这种猜度由于美国海军和空军于 1944 年 6 月开始的轰炸而更加强
化。岛上守军的力量得以加强，人数大约有 17 500 名陆军士兵和 5 500 名海军人
员。尽管阵地相互孤立且饮用水短缺，但栗林忠道（Kuribayashi Tadamichi）将军
已经囤积起了可以维持 60 到 70 天的大米和其他充足的给养。

1944 年 12 月一开始，美国海军和空军就对硫磺岛进行了空前激烈的轰炸，
规模远超太平洋战场的任一目标。1945 年 2 月中旬，在一次连续 3 天的攻势之后，
一支美军部队开始抢滩登陆。2 月 23 日，岛上的地标折钵山（Mount Suribachi）
被占领，但日本人充分利用地形编织连锁火力网，拖延美军在岛上的渗透。日本
人企图采取反击行动，但到 3 月 26 日，已被围困在硫磺岛北部的日军残余部队
遭到彻底歼灭，许多人都是被火焰喷射器烧死在山洞里。美国海军陆战队的伤亡
人数达 23 000 人，大约与日军的损失相当。美军夺取硫磺岛后，岛上的 3 条飞机
跑道立即投入使用，作为美国的战斗机基地，为从天宁岛起飞的 B-29S 轰炸机护
航，同时也作为空袭日本的受损轰炸机返航的临时着陆点。[1]

争夺冲绳岛

由于不确定美国接下来的打击地点，帝国大本营决定在台湾防御上投入 8 个
陆军师团。拥有一流战斗力的第 9 师团被调派到了台湾地区，留下防守冲绳地区
的仅有两个半师团。不曾有计划从日本调派一个师团前去冲绳替换第 9 师团，这
在很大程度上是因为陆军参谋本部更倾向于把力量集中用于防御本土。新的重点
被放在"特攻"（Tokkō）队的使用上，这是一种自杀式的空军攻击部队，第一次
出现于菲律宾战役期间，并以"神风"（kamikaze）特攻队而广为人知。

从 1945 年 3 月美国海军任务部队活动的节奏和方向来看，日军最高统帅部
推断其对冲绳岛的进犯已经迫在眉睫。3 月 26 日，美军开始在连接冲绳岛以西的

---

[1] BBSS, *Chūbu Taiheiyo rikugun sakūsen* (2), pts. 1-3; BBSS, *Hondo hōmen kaigun sakūsen*, pt. 3, chap. 3.

庆良间诸岛登陆，并于 5 天内占领了目标。日本陆军的飞行中队对美军在冲绳海域的运输船只发起过攻击，海军航空部队也对敌军超过 1 000 艘舰只的无敌舰队进行了空袭。

4 月 1 日，美国第 10 军在冲绳岛西海岸抢滩登陆，并快速向燕滩郡（Yontan）和嘉手纳（Kadena）的两个重要空军基地推进。由于第 9 师团被转移到台湾地区，冲绳岛的防御力量薄弱，在牛岛满（Ushijima Mitsuru）将军指挥下的守军决定不再在海岸上发动攻击，而是把主力退回到以岛屿南部首里（Shuri）为基点的防线上，而次要的部队则在 60 英里长岛屿的中部和北部作战。4 月 4 日，在岛屿最狭窄的 2 英里处，冲绳岛的守军被拦腰切断。日本军队虽在 4 月 8 日和 5 月 3 日发起大规模的反攻，但每次都被美军的优势火力所阻挡。5 月 18 日，美军摧毁了首里防线；到 5 月 23 日，美军已经兵临冲绳首府那霸城外。日本的战略要地逐步丧失。5 月 26 日，当帝国大本营把冲绳的空军力量转移出去用于本土防御时，实际上就已经放弃了这个岛屿。

6 月 21 日，当美军抵达冲绳岛南端时，牛岛满将军最后向东京发送了一封令人沉痛的电报，随后与他的参谋长一道自杀身亡。在冲绳战役中，日本人死亡人数超过 107 000 人；另有 24 000 人至 28 000 人被封死在山洞里。俘房数约为 11 000 人，其中包括许多冲绳居民。事实上，如此之高的死亡数字表明，可能有 42 000 名平民成为战斗行动的受害者。美国人在陆地和海上战斗中的人员伤亡总数超过了 49 000 人，这是太平洋战争中美国伤亡人数的最高数字。[1]

日军最高统帅部已经尽了最大努力去帮助冲绳岛守军。神风特攻队的空中袭击场面惨烈且规模庞大；美国人对冲绳进行了多达 896 次攻击，此外还对日本舰队，尤其是驱逐舰、护卫舰和抛锚的航空母舰进行了 1 000 次袭击。美国海军总共沉没了 36 艘舰船，另有 386 艘舰船受损，此外还有 763 架飞机由于各种原因被毁，但是，被击落的日本飞机总数估计多达 7 830 架。

尽管失去了制空权，但在 4 月 6 日，日本海军还是派出联合舰队的剩余部队开往冲绳岛。这是一项诱饵行动，用来引诱美国航母分遣队转移，留下盟军地面部队暴露在神风特攻队的攻击之下。这支诱饵舰队包括仅由 1 艘轻型巡洋舰和 8 艘驱逐舰护卫下的 72 000 吨的"大和号"超级战列舰。"大和号"没有携带从冲

368

---

[1]　BBSS, *Okinawa hōmen rikugun saktūsen*, chaps. 1-7, 9-14; BBSS, *Okinawa hōmen kaigun sakūsen*, chaps. 1-3, 5-13.

绳岛返回的燃油；如果它能够抵达冲绳，就会就地搁浅，用它那 18 英寸口径的大炮支援日军地面部队作战。4 月 7 日，在距离九州 175 英里处，数百架美军飞机抓住了这支笨拙的小型日本舰队。炸弹和鱼雷撕裂了"大和号"战列舰、巡洋舰和 4 艘驱逐舰，并造成了日军大约 3 700 人的伤亡。自杀式神风特攻队的袭击也徒劳无功。那天仅有大约 100 架"神风"飞机能够起飞，仅仅损毁了 3 艘美国战舰。虽然在心理上可以理解，但这次行动意味着日本海军的终结。[1]

铃木内阁与空战的强化

在太平洋战争爆发后差不多三年半的时间里，日本的敌人（美国、英国和中国）或者它潜在的敌人（苏联）距离战败尚很遥远。与之相反，它的一个盟友意大利已经投降，另一个盟友德国到 1945 年 4 月也已几乎被打败。随着硫磺岛于 3 月落入敌人手中，以及"最后之战"正在冲绳岛上进行，自从 1944 年 7 月执政以来一直蹒跚而行的小矶国昭将军无能为力，于 1945 年 4 月 5 日宣布辞职，并向天皇建议由一个强有力的"大本营内阁"来接替他的职位。各部门主管中没有一个人赞成小矶国昭的建议，于是对首相人选的选择便落到了时任枢密院议长铃木贯太郎（Suzuki Kan taro）将军身上，这是一个 79 岁高龄的、有听力障碍而且不具备政治才能的人。没有人能确定铃木贯太郎是打算进行一番垂死的挣扎，还是想要寻求和平。他向最高统帅部保证战争将继续进行，但他也使他的外务大臣东乡茂德相信，外交活动将不会受到拘束。[2]

369　　　4 月 30 日，最高战争指导会议（Saiko senso shido kaigi）正式同意继续进行战争。[3] 如果理性发挥了作用，那么，5 月间德意志第三帝国的崩塌，应该为决定结束战争提供了合理的论据。由于美国人增加了使用 B-29 超级空中堡垒对日本本土的轰炸，毁灭自天而降。B-29 超级空中堡垒是一种有力的陆基轰炸机，

---

[1] BBSS, *Okinawa hōmen rikugun sakūsen*, chap. 8; BBSS, *Hondō homen kaigun sakūsen*, pt. 4, chap. 1 (p. 4); BBSS, *Okinawa hōmen kaigun sakūsen*, chap. 4; BBSS, *Hondō kessen junbi* (1), pp. 286-290.

[2] Gaimusho, *Shūsen shiroku*, chaps. 17, 19; Shimomura Kainan, *Shūsenki* (Tokyo: Kamakura bunko, 1948), pp. 3-13; Tōgō, *The Cause of Japan*, pp. 268-271; *Shōwa shi no tennō* (hereafter *SSNT*), 30 vols (Tokyo: Yomiuri shinbunsha, 1967-1975), vol. 1, pp. 292-336.

[3] "最高战争指导会议"这一机构，由民事部门、陆军和海军的最高领导人组成，成立于 1944 年 8 月。在至关重要的场合，它开会时天皇也会在场。

航程可以超过 3 000 英里，速度每小时超过 350 英里，可携带超过 8 吨炸弹。在白天的空袭中，轰炸机爬升到 30 000 英尺高空进行轰炸，日本战斗机想要拦截十分困难；只有很少的拦截机能超过一次在 B-29 编队前飞过。夜间的战斗机部队，装备低劣、训练不足，连中等高度的夜间空袭都无法应对，对 1945 年 2 月以来美国人势不可挡的狂暴空袭更是毫无办法。日本的预警系统和拦截机行动地面控制的贫乏和低劣众所周知；缺乏质量有效和数量充足的早期预警雷达。陆军和海军在对空防御中也没能协调一致。根据美国第 20 航空队的报告，在 1944 年 6 月到 1945 年 8 月的 31 387 次空袭中，只损失了 74 架 B-29S 轰炸机，损失率仅为 0.24%。然而，必须承认，在 1945 年 4 月以后，日军最高统帅为防御对日本本土的入侵而选择保存飞机，也是造成这个结果的一个原因。

在美军 B-29 轰炸机燃烧弹的袭击下，共有 66 个拥挤和易燃的日本城市遭到彻底摧毁。随着低空夜间空袭的采用，盲目的轰炸开始取代针对严格军事目标的攻击。B-29 轰炸机空袭的规模常常持续超过 2 个小时，对日本造成了令人震惊的后果：5 月 23 日，东京，520 架轰炸机；5 月 25 日，东京，564 架轰炸机；5 月 29 日，横滨，450 架轰炸机；7 月 8 日到 10 日，仙台等城市，497 架轰炸机；7 月 12 日到 13 日，宇都宫等城市，506 架轰炸机；7 月 24 日，大阪和名古屋，599 架轰炸机；7 月 28 日，筑波等城市，562 架轰炸机；8 月 1 日到 2 日，长冈等城市，766 架轰炸机。在 2 月 25 日和 3 月 10 日，首都东京尤其遭受灾难性的炸弹袭击，被夷为平地，成千上万的平民死于非命。天皇哀叹说："东京已经最终变成了焦土。"

据统计，B-29 超级堡垒轰炸机摧毁了大阪和名古屋的 40%，东京、神户和横滨的 50%，青森的 90%。至少 241 000 人在针对日本本土的空袭中死亡，313 000 人受伤。常规轰炸杀死的人数几乎与 8 月份 2 颗原子弹杀死的人一样多。主要中心城市的人口疏散于 1944 年开始进行，次年进一步加快速度。战争工厂的旷工率上升到了 70% 到 80%。那些在空袭中幸存下来的人，时常会回想起由于持续不断的警报和警戒而造成的紧张、衰竭和疲惫不堪。[1]

370

---

[1]　BBSS, *Hondō boku sakūsen*, pts. 1-5; BBSS, *Hondō homen kaigun sakūsen*, pt. 4, chap. 2; Hayashi Shigeru, *Nihon shūsenshi*, 3 vols. (Tokyo: Yomiuri shinbunsha, 1962), vol. 3, pp. 66-78.

走向决战

时至 1945 年春天，帝国大本营预计敌人会展开对中国中部或南部、海南岛、朝鲜南部和千岛群岛等地的攻击。日本自身正在被从亚洲大陆和西南太平洋隔离，而生产资源的损耗也已经开始。主要的海军、空军和地面部队不断投入战场，不断遭到毁灭，连本土都进入了地方陆基战斗机的射程之内。如果这种情况持续快速恶化下去，那么，最早于 1945 年夏天，预计就会发生对日本本土的进攻。

事实上，日本本土的防御准备十分糟糕。劳动力的短缺，在民众动员和提供食宿、军械上的困难，以及权限和义务紊乱的现象非常严重。国民的战争疲惫正在与日俱增。沿海防御落后于计划，而下一阶段的部分则仍然处于筹划阶段。由于最高统帅部没有对关东地区制订明确的指导方针，造成大量防御设施要么不合实用，要么毫无价值。武器低劣，人力资源质量恶化，弹药短缺，训练水平也很原始。在盟军的水面、空中、水下和海上采矿活动的面前，日本从亚洲大陆转移军队和军需品变得极其困难。到了 7 月，美军战舰已经渗透到北海道水域，并轰炸了位于室兰湾、釜石和函馆的地面目标。各军种间无休止的争论使情况更加复杂化，尤其是在关于本土防空作战的问题上。

1945 年的整个春季和夏季，帝国大本营都在吃力地激活新的地面和空中部队，从关东军抽调一些部队回到本土，从中国内陆转移另一些部队到朝鲜和东北地区，节约使用珍贵的燃油和飞机，以及推进在重要地带修筑防御工事。虽然日军正在倡导对重庆做"最后一击"，但日本中央政府却表示反对，并下令把部队重新部署到沿中国海岸的敌军可能登陆地点。最高统帅部预计，在 1945 年之后的某个时候，美国主要的进攻行动将会针对日本的关东平原展开，或是先针对九州地区，然后才是大连和旅顺。虽然有人预计，当日本本土处于危险之时，苏联会武力介入东北地区，但其他人则推测，在对纳粹德国的战事中幸存下来的苏联，不可能很快发起一场新的战争。至少，这些人希望，苏联会提前一年通知废除 1941 年的《日苏中立条约》，因为这一条约原定于 1946 年 4 月到期。

既然不可能支撑住破烂不堪的内部防线，军队领导人便呼吁在本土进行决战。虽然海军已经被摧毁，但是也不再需要它们的支持。陆军部队仍然拥有 5 500 000 人，分为 169 个步兵师团，4 个坦克师团和 15 个空军师团，包括东拼西凑尚未练成的部队。尚有总计 9 000 架可以行动的飞机，其中 6 000 架被保留用于最后一场决战。这种方式成功了，正如陆军参谋总长梅津美治郎在 1945 年中期所强调的，把一切都放在帝国的土地上，有助于战争的努力，也有助于从物质和精神两方面把国家所有的战斗力量结合在一起，以歼灭来犯之敌。为了达此目的，首要原则是进行洗脑；毕竟，具有强烈的进攻精神是必不可少的。

为了与这种"竹矛心理学"（bamboo spear psychology）保持一致，日本国会通过了《志愿兵役法案》，所有 15 岁到 60 岁男性和 17 岁到 40 岁的女性都在动员之列。出于日本鄙视投降的文化传统，公众被劝告以血肉之躯对抗钢铁机器，以精神对抗武器。防御计划集中于大量使用正规军士兵和游击队员的特殊攻击战术，进行咄咄逼人的沿海岸线防御和殊死的战斗。如果把全部人口都调动起来，那么日本就能够迫使美国人体会到进攻日本本土所带来的大量人员损耗，这或许有可能以比无条件投降好得多的条件结束战争。日本本岛毕竟不是那些已经造成敌军大量消耗的小小环礁，也没有日本的航运遭受摧毁或所有空军基地都被清除的任何可能。日本陆军熟知本土的每一处缝隙，可以预先准备好对付一个耐力可能有问题的敌人，何况这个敌人的补给线也已被拉伸到最长。

帝国大本营的战略家们在乌云中寻求一线希望。虽然欧洲战事的结束已经给了美国一个合适的储备国家战争潜能的机会，但这些战略家们谈论的是"攫取战后利润"的渴望已经导致美国的工业由战时回归和平时期。美国的战斗精神正在被对巨大伤亡的恐惧所削弱。工人的斗争，对军方的批评已在增加，从军队编制到实施急躁的复员工作也存在着许多烦扰。由于以上这些原因，美国在进攻日本本土时应该会失败，公众对总统和军方领导人的信心会突然下降；战斗精神在一连串的互相指责中会发生恶化，而日本将会发现自己处于一个更加有利的战略地位。

公开的悲观主义成为禁忌，但私下里，日本军方的领导人们远不那么乐观。尽管成功实现本土防御或许尚有一定机会，但即便是在美国开始实施的登陆行动被阻止的情况下，他们对于击败接二连三的连续不断的攻击浪潮也没有信心。当他们客观并具体地估算了双方所拥有的条件之后，日军最高统帅部的官员们意识到打败美军对日本本土的进攻是不可能的，因为日本缺乏武器、弹药和食物。逐渐地，他们意识到实际上能够进行的仅有一场战斗，即争夺九州的战斗。1945 年

372

夏天，陆军中佐藤原岩市（Fujiwara Iwaichi）这样总结陆军的观点：

> 在很大程度上依赖于自杀的勇气，依赖于狂热的爱国主义和狂热忠诚的人民，日本准备对技术和人力资源都具有巨大优势的敌军发起最终决战。尽管具有各种各样对他们不利的因素，但日本人民深切地知道，如果他们的领导人决定在本土神圣的土地上进行决战，那么除了奋战到底没有其他的选择。

帝国大本营的官员们补充道："我们只是为最后的行动准备了我们的精神观念，那就是，为了荣耀我们的国家和我们的军事传统，我们必须战斗，这是一种超越胜负的约定。"[1]

绝境中的日本

到了 1945 年夏天，盟军从海上和空中向日本施加的压力越来越严峻，几乎相当于扼杀了日本的经济。6 月，在铃木贯太郎首相官邸举行的一次内阁顾问吹风会上，一位元老政治家问道："如果敌人今年和明年不入侵，而是单纯采取通过轰炸来消灭日本的政策，将如何是好？"军方的简报官员被迫痛苦并坦率地承认，"对我们来说，这将是最麻烦的问题"。

人们担心美国人会在收获季节之前以大规模的燃烧弹轰炸夷平稻田，加剧日本的粮食危机。无效的空中防御系统也意味着本土的部分地区不久就会与其他地方相互隔绝，因为敌人的空袭使得不堪重负的交通网络残损和瘫痪。航空燃料储备迅速减少，已经不足以供应全部可以使用的飞机去发起最后的突击。油料已经变得比鲜血还要珍贵。[2]

正如一位陆军参谋本部的官员在 7 月 25 日的一个秘密会议上承认的，国家的实力和战斗力正在一天天地下降；战争的行为已经变得毫无希望。尽管如此，当美国、英国和中国签署《波茨坦公告》（Potsdam Declaration），敦促日本于 7 月

[1] BBSS, *Hondo kessen junbi* (1), chaps. 2-11; Ibid. (2), chaps. 2-7; BBSS, *Hondō homen kaigun sakūsen*, pt. 4, chap. 3; Hayashi Saburo, *Taiheiyō sensō*, chaps. 19, 21 (p. 3).

[2] Hayashi Shigeru, *Nihon shūsenshi*, vol. 3, pp. 52-65; Hayashi Saburo, *Taiheiyō sensō*, p. 242; *SSNT*, vol. 2, pp. 19-22.

26 日无条件投降时，东京当局却不敢迅速采取措施终止敌对行动。盟军领导者警告说，他们不会容忍拖延时间，但日本官方的回应是公开地忽视这些条款，而秘密地要求澄清和修改。虽然天皇已经毫不犹豫地宣称，如果像东乡茂德所解释的那样，那《波茨坦公告》的文本原则上可以接受，但日本政府依然试图在最后一刻进行常规的外交周旋。希望仍在滋长，例如，苏联没有合署《波茨坦公告》，它或许能作为一个可靠的牵线人和调停者。[1]

　　对于日本来说，决定不接受《波茨坦公告》的后果是灾难性的。无论是误解还是寻找借口，美国人和苏联人都抓住条款有可能被"拒绝"来证明其在摇摇欲坠的日本身上发泄无限暴力的正当性。8 月 6 日上午 8 点 15 分，在早些时候的侦察警报已经听到空袭警报解除之后，一架 B-29 轰炸机在广岛市投下了世界上第一颗原子弹，大约 13 万到 20 万人在痛苦中丧生或遭受到严重伤害。城市不复存在。

　　由于所有的通信都被切断，广岛地区的军事当局直到 8 月 6 日下午才得以通知东京，敌人已经使用了一颗具有空前破坏力的炸弹。第二天，哈利·杜鲁门总统公开确认在广岛使用的武器是原子弹，并警告说更糟的还在后头，除非战争结束。中央政府领导人在怀疑和害怕向民众揭示可能的真相之间徘徊不定。8 月 8 日的报纸上，仅仅登载了一则简单的帝国大本营公告，称广岛确实遭受了"一种新型炸弹"的轰炸。与此同时，由情报、军械、医药和科学专家们所作的调查正在进行。8 月 9 日，日军最高统帅部收到了一份报告，称一种特别的炸弹确实已被使用，但如果一个人的身体被掩盖起来，那烧伤就有可能得到预防。当地军队指挥部表示，那些穿上白色衣服的人，或是掩藏在防空洞里的人，只受到了轻度烧伤，巨大的火灾是由于炸弹投放时居民们正在准备早饭所导致的。军方不仅试图阻止恐慌的蔓延，而且还希望降低原子武器的使用对现有本土决战计划的影响。[2]

　　甚至在现场团队的报告从广岛传来之前，外务大臣东乡茂德就决定向天皇建

374

---

[1] Gaimushō, *Shūsen shiroku*, chaps. 35-36, 44, 46, 50; Tōgō, *The Cause of Japan*, pp. 304-314; *SSNT*, vol. 3, pp. 247-412; Shimomura, *Shūsenki*, pp. 87-94.

[2] BBSS, *Hondō boku sakūsen*, pp. 626-643; *SSNT*, vol. 4, pp. 77-316; Hayashi Shigeru, *Nihon shūsenshi*, vol. 3, pp. 80-95; Tōgō, *The Cause of Japan*, pp. 314-316; Shimomura, *Shūsenki*, pp. 94-99; Matsumura Shu'itsu, *Sensen kara shūsen made*, new ed. (Tokyo: Nihon Shūhōsha, 1964), pp. 15-66; Gaimushō, *Shūsen shiroku*, chap. 37.

议立即接受《波茨坦公告》。当天皇于 8 月 8 日下午接见他时，东乡转述了从日本人自己和敌人两方面消息来源所了解到的关于这场灾难的所有情况，并建议立即寻求和平。天皇认同继续进行战争是没有希望的，并警告说，如果试图继续讨价还价的话，就将丧失宝贵的时间。不可思议的是，据说由于一些成员不能参加，最高战争指导委员会的紧急会议被推迟举行。

对于日本来说可谓祸不单行。8 月 9 日一早，外务省的无线电监测收录到苏联的广播，宣称苏联已经对日本宣战，苏联红军正在进攻在东北地区的日本军队。日本驻莫斯科大使的一份电报从来没有到达过东京。直到 8 月 10 日，官方的文告才由苏联驻日大使送达外相手中，此时已经是苏联军队不仅在东北地区，而且在库页岛南部、千岛群岛和朝鲜发动进攻的 2 天以后了。

375　　　许多日本的消息来源声称，苏联人"背叛"的冲击——这是违反 1941 年中立条约剩余期限的行为——所引起的惊恐，比广岛被一颗炸弹所夷平的消息还要大。听说了苏联人的入侵，陆军大臣阿南惟几（Anami Korchika）意识到，"不可避免的事情终于还是来了"。铃木贯太郎首相询问内阁规划委员会主席池田纯久（Ikeda Sumihisa），关东军能否击退苏军的进攻？池田纯久回答说看情况毫无希望。"关东军弱成这样啦？"铃木首相叹了一口气，"那么一切都完了。"

就在最高战争指导委员会争论是否在原则上接受《波茨坦公告》时，8 月 9 日上午 11 点 30 分，一架 B-29 轰炸机在长崎投下了第二颗原子弹，这经常被说成是"不必要的轰炸"。大约有 8 万到 10 万人被杀、受伤或失踪。日本军方宣称长崎轰炸并不可怕，军队已经有了"应对之法"。在同一天，日军最高统帅部和阿南惟几向内阁保证，不要相信战争已经失败了。与陆军参谋总长梅津美治郎和海军军令部长丰田贞次郎一起，阿南惟几极力主张继续战斗，或者至少获得更好的条件。尽管不一定胜券在握，但并不意味着彻底的失败是不可避免的。在这些人士极力主战的同时，日本情报机构也从富有想象力的盟军战俘口中了解到，美国人已经拥有上百颗神奇的新炸弹，东京最终也会被夷为平地。

实际上，在 8 月 10 日的凌晨，天皇已经确定投降。出乎意料的是，铃木贯太郎首相要求天皇递交他的决定，以此来打破内阁的僵局。天皇声明他听从东乡茂德的建议，接受《波茨坦公告》的条款。尽管陆军和海军的方案公开声称要在本土进行最后的决战，但这注定是"错误的和不合时宜的"，空袭的严重程度正在不断上升。"要使人民遭受更大的苦难，见证文明的毁灭，招致人类的不幸，这是完全违背我的意愿的。"忠诚的武装部队放下武器，臣民作为战争罪犯接受控诉，确实是令人痛苦的考虑，但对于这个国家的救赎来说是不可避免的。日本必须忍受难以忍受的苦痛。

尽管如此，军方和政府仍处于冲突之中。直到 8 月 12 日，梅津美治郎和丰田贞次郎（没有与海军大臣米内光政商议）还在向天皇建议，政府应坚决拒绝敌人提出的条款，声称这样会被认为是天皇服从了同盟国最高领导人的权威。日军最高统帅部判断敌人意在把日本作为附属国并贬低天皇的尊严，而这是我们国家政体（kokutai）的顶点。尽管阻力重重，但寻求和平的政策仍在向前推进。8 月 14 日清晨，天皇要求并得到了所有陆军和海军最高级别现役军官的承诺。不久之后，在这次战争的最后一次情绪化的御前会议上，天皇勇敢地重申了他关于和平的决定，以维护国家的政体，并从毁灭的命运中拯救人民。如果有必要的话，他将亲自呼吁武装部队遵守秩序。

8 月 14 日夜里，天皇在结束战争的诏书上签名并加盖了印章。随后内阁连署了这份文件。在东京的军队死硬分子顽固反对投降，他们试图以武力推翻政府的决定，但遭到了忠于政府的部队阻止。8 月 15 日中午，在出人意料的无线电广播中，天皇的声音以简略的语言向公众宣告，他决定放下武器而不是誓死保卫家园。

铃木贯太郎首相于 8 月 15 日提出辞职，8 月 17 日被东久迩稔彦（Higashikuni Naruhiko）取代。新任外务大臣重光葵（Shigemitsu Mamoru）作为天皇和政府的代表，与代表武装部队的梅津美治郎将军一道，证实了日本的投降。他们于 1945 年 9 月 2 日登上停泊在东京湾的美国"密苏里号"（*Missouri*）战列舰，正式在投降书上签了字。[1]

结语

以任何标准来衡量，就其本身而言，日本在太平洋战争中付出了巨大的人力

---

[1] Gaimushō, *Shūsen shiroku*, chaps. 43, 54; Shimomura, *Shūsenki*, pp. 113-168; BBSS, *Hondo hōmen rikugun sakūsen* (2), pts. 1-2; BBSS, *Hondō boku sakūsen*, pp. 646-650; BBSS, *Kanwgun* (2), chaps. 7, 8; Tōgō, *The Cause of Japan*, pp. 316-339; *Man-Mō shūsenshi* (Tokyo: Kawade shobō shinsha, 1962), pt. 1, chaps. 1, 2.

377　和物力代价。[1] 虽然在评价上有些参差不齐，但这场战争的主要直接原因已经得到了解释：与中国的冲突，对外部能源和资源的依赖，以及与轴心国家的关系，等等。尽管如此，一旦战争开始，早期阶段的活力四射就倾向于掩藏了日本最基本的不利条件，最终证明向美国这样的超级大国开战是致命的。

例如，日本的 1/2 人口从事粮食种植，但每年有 20% 的大米仍然需要进口。1941 年是一个相对丰稔的年份，而整个粮食水平也只能支持一个人的平均热量摄入，仅仅比公认的维持最低生存所需高出 6%。然而，在 1930 年到 1940 年之间，日本本土的人口增长了约 1 000 万人，总数超过了 7 300 万人，包括武装部队在内。到 1944 年，日本的总人口超过了 7 700 万人。自从 1937 年开始与中国战争已经造成生活标准的下降之后，再次出现了生活标准的灾难性下降。作为国民生产总值的一小部分，消费支出在 1944 年下降了 37%。到太平洋战争结束，日本已被孤立，且处于饥荒的边缘。[2]

为了满足其庞大的民用和军事需求，日本所能拥有的最好东西也不过是一种侏儒经济。日本的钢铁和煤炭产量最多相当于美国的 1/13，军火生产从来没有超过 1/10。这种脆弱以及本质上狭隘的生产能力，不足以支撑战时的需要。军事服务从来没有达到过主要的生产目标。虽然到 1945 年军费支出已经消耗了国家收入的 85%，但整个战争期间，国民生产总值和实际产量并没有得到令人印象深刻的增长。

通过获取所占领的东南亚殖民地的资源来弥补原材料的不足，这对于以进口为导向的日本来说，维持庞大的商业船队和保证海上航线的通畅是必要的。当战争年代过去了以后，这两项先决条件还都没能实现。由于日本在 1941 年已经拥

[1] 日本陆军的战时伤亡人数估计在 152.5 万到 167.5 万之间。较高的数据中包括 114 万人死亡，29.5 万人受伤，24 万人失踪。日本海军的记录清单上有 42 万人死亡或失踪，9 万人致残，总数为 42.9 万人。另有 3.1 万名商业船只的船员在战争行动中死亡，估算伤亡比例为 43%。

本土平民的伤亡人数为 30 万人死亡，2.4 万人失踪。超过 99% 的伤亡都由空袭造成。估计受伤人数高达 62.5 万人。在伪满洲国和中国，在战争结束之后，被认为有 17 万平民死亡；在冲绳，死亡人数达 16.5 万人。

在主要的海军舰只类别中，损失和幸存的比例如下：战列舰为 8:4；航空母舰为 19:6；巡洋舰为 36:11；驱逐舰为 133:41；潜水艇为 131:59。

所有类型的飞机耗损，在战斗中损失的约有 20 000 架，在训练事故中损失的约有 10 000 架，还有 20 000 架由于其他非战斗原因耗损，此外，还有 4 000 架由于其他各种各样的原因耗损。

参见 Gaimushō, *Shūsen shiroku*, app. 18; BBSS, *Hondō boku sakūsen*, pp. 659-666; Shimomura, *Shūsenki*, p. 19; Hayashi Shigeru, *Nihon shūsenshi*, vol. 3, pp. 70, 72-73; GSS, *Taiheiyō sensō* (5) (1975), vol. 39, pp. 803, 820-823。

[2] Gaimushō, *Shūsen shiroku*, app., pp. 41-42; Jerome B. Cohen, *Japan's Economy in War and Reconstruction* (Minneapolis: University of Minnesota Press, 1949), pp. 52, 56, 287-288. Also see Thomas R. H. Havens, *Valley of Darkness: The Japanese People and World War Two* (New York: Norton, 1978), chap. 7.

有 635 万吨位的可用商船——2 倍于被认为必要的最低数额——因此新船的建造 378
量仍然相对较低。到 1942 年年末，大约 125 万吨位的船只已经在战争行动中丧
失，船舶吨位下降的规模变得越来越严重：1943 年损失了 256 万吨；1944 年损失
了 348 万吨。到 1945 年战争结束时，日本幸存的船舶吨位仅有 260 万吨，其中还
有 1/3 无法使用。1945 年 9 月，首相东久迩稔彦曾在御前会议上说，"战败的基
本原因是运输船队的损失"。[1]

　　日本在太平洋战争中的军事和海军失败，不可避免地加剧了这些潜在的国家
劣势。正如在 1905 年到 1906 年痴迷于大型舰队水面作战的概念，战舰上的海军
将领们忽视了对商船的保护，同时又对潜艇的作用不予重视。在战争初期，尽管
日本的"长矛"鱼雷远远超过美国鱼雷的性能，但日本的潜艇行动仍然普遍以令
人沮丧的失败告终。此外，陆军和海军双方都低估了盟军对日本的工业生产和中
心城市进行空中打击的能力。对 B-29 轰炸机的拦截从来没有取得过成功，整个
日本都广泛暴露在盟军的空中打击之下，外务大臣重光葵评论说，"这对整个国
家来说，都是晴天霹雳"。

　　日本人自己也没能组建一个战略空军指挥部，以长期并猛烈地打击敌方的经
济目标和后方区域。除了偷袭珍珠港之外，日本做得最好的无非就是派遣舰载飞
机袭击澳大利亚的达尔文和汤斯维尔，以及锡兰的科伦坡和亭克马里，派遣潜艇
袭击澳大利亚的悉尼港和美国加利福尼亚州的圣塔芭芭拉。而最奇怪的是，将成
千上万无用的小型气球炸弹投放到北美地区。日本曾经有希望完善诸如原子弹或
细菌装置这样的"神奇武器"，但是相比水准较低的日本科学水平和技术能力，
不可能现实地或及时地制造出这样的武器。在菲律宾战役和冲绳战役中，数以千
计的神风特攻队飞行员赌博式的孤注一掷和无谓献身，对战局起不了决定性的作
用，只能证明日本战术家们的绝望和无能。

　　日本也没有设计出一个联合指挥系统。在 1941 年到 1942 年之后，各军种间 379
的合作与协调在很大程度上只有其名不见其实。尽管瞬息万变的战争要求各军种
协同作战，但日本军种间的对立和敌意，由于惯常的相互蔑视及忽略后勤方面的

---

[1] BBSS, *Kaijo goeisen* (1971), charts 1-2, 6-8; Gaimushō, *Shūsen shiroku*, app., p. 27; Hayashi Shigeru, *Nihon shūsenshi*, vol. 3, p. 186; *GSS, Taiheiyō sensoō* (5) (1975), vol. 39, pp. 803-826; Cohen, *Japan's Economy*, pp. 51 ("pygmy economy"), 52-58; Toyama Saburo, "Lessons from the Past," U.S. Naval Institute *Proceedings* (September 1982): 68; Shōda Tatsuo, *Jūshintachi no Shōwua shi*, 2 vols. (Tokyo: Bungei shunjusha, 1981), pp. 335-336.

考虑而更加恶化。虽然士兵、水手和飞行员以极大的毅力、勇气和献身精神进行战斗，但日本指挥官的素质却令人不敢恭维。帝国大本营似乎只擅长编排部队和筹划疏散。当然，太平洋上的环礁构造确实不利于部队调遣和事先精密设计的行动，但是当相当大的兵力集结在陆地上时，面对火力、机动性和空中掩护等超级难题，灾难也就随之而来，就像在英帕尔和莱特岛作战时那样。[1]

在地缘战略层面上，日本思维的特点是一厢情愿、先入为主，而对物质因素考虑不够。例如，由于缺乏有效的指导，对至关重要的第三阶段行动只提供了一系列模糊的指令：拦截并摧毁任何可能威胁战略防御圈的攻击部队，激活摧毁美国人战斗意志的各项计划。早期的成功使日本人陷入了一种安全的错觉之中。在太长的时间里，他们一直倾向于把盟军想象为战斗力低下的军队，就像早先在东南亚和中国所遇到的那样。邻近 1943 年年底，当帝国大本营迫使自己重新考虑战略方针时，已经太晚了。此外，与德国人协同一致的联合计划和行动也几乎从未存在过。[2]

日本从未有过征服美国的意图。最有可能预料到的条件是寻求与美国的妥协，尤其是在 1943 年后盟军要求日本无条件投降的情况下。从客观的角度来看，早在 1942 年中期，许多敏感的日本领导者就已经了解到，这个国家的唯一希望在于尽快解决战斗，以尽可能地争取对己方有利的谈判条件。举个例子，天皇曾经告诉宫内大臣，自从他听到中途岛战役的结果之后，他就知道"前景不再光明"。但是，由于东条英机直到 1944 年仍然担任首相，天皇早日寻求和平的愿望未能成为现实，虽然在战争的第一阶段之前，日本并不具备依据实力讨价还价的优势地位，正如山本五十六大将曾经警告过的那样。

在太平洋战争中，盟军在陆地、海洋、空中三度空间的力量优势不断上升，

380

---

[1] Umihara Osamu, *Senshi ni manabu* (Tokyo: Asagumo shinbunsha, 1970), pp. 73-139; Mamoru Shigemitsu, *Japan and Her Destiny*, ed. F. S. G. Piggott, trans. Oswald White (London: Hutchinson, 1958), pp. 324-325; Toyama, "Lessons," pp. 68-69; Paul S. Dull, *A Battle History of the Imperial Japanese Navy (1941-1945)* (Annapolis, Md.: U.S. Naval Institute, 1978), pp. 103-n; Hayashi Saburo, *Taiheiyo senso*, pp. 189-192.

[2] BBSS, *Nansei hōmen kaigun sakūsen* (1), pt. 1, chap. 6; BBSS, *Nansei hōmen kaigun sakūsen*, pp. 85-89, 171, 176-177, 227; BBSS, *Ran-in Bengaru wan hōmen kaigun shinko sakūsen*, chap. 5 (p. 13); Hara, *Teikoku kaigun*, p. 7; Imai Takeo in Nihon gaiko gakkai, ed., *Taiheiyō sensō shuketsuron* (Tokyo: Tokyo daigaku shuppankai, 1958), chap. 2; Takagi, *Taiheiyō sensō*, pp. 139-143; Hayashi Saburō, *Taiheiyō sensō*, pp. 109-114.亦见Toyama Saburō, *Dai Tōa sensō to senshi no kyōkun* (Tokyo: Hara shobō, 1979); Hata Ikuhiko, *Taiheiyō sensō: Roku daikessen: Naze Nihon wa yaburetaka* (Tokyo: Yomiuri shinbunsha, 1976); Fukudome Shigeru, *Kaigun no hansei* (Tokyo: Nihon shuppan kyōdō, 1951); Takayama Shinobu, *Sambō honbu sakusenka: Sakusen ronsō no jissō to hansei* (Tokyo: Fuyō shobō, 1978), chap. 6; Umihara, *Senshi ni manabu*, pp. 5-42。

这在 1942 年到 1943 年的反攻作战中已经表现得很明显。随着德国战败的日益临近，盟军的力量在太平洋地区已经取得了压倒性的优势。盟军部队正在向远东地区转移，苏联加入太平洋战争的可能性也在与日俱增。1944 年 4 月，三笠宫亲王（Prince Mikasa）建议日本军事领导者考虑将京都和奈良列为不设防的城市。随着 1944 年塞班岛的失守，海军军令部长稍后表示："地狱降临到我们头上了。"马里亚纳群岛战败的消息传到东京时，皇家卫队师团指挥官武藤章（Muto Akira）告诉他的副官，"日本战败了"。1945 年 3 月，当硫磺岛将要陷于敌手之时，陆军参谋本部次长就发出了警告："1 个月后东京就将变为战场。"[1]

因此，虽然评价日本在太平洋战争中有没有"获胜"的机会时不存在非现实主义的观点，但是仍然存在着"优雅地战败"的问题。日本作为一个国家，未曾有过被入侵、投降或被外国占领的经历。根据第 18 军参谋长、陆军大佐小畑和义的说法："保卫祖国的斗争将会非常困难，要进行很长时间，但是，在关东军的帮助下，将会打成平手。"当木户幸一（Marquis Kido）侯爵了解到最高统帅部冠冕堂皇但不切实际地谈论要进行"决战"时，他想知道日本的机会甚至可不可以达到"一半对一半"，在他看来，陆军和海军的坚持，似乎是一种"纯粹的固执"。由于部队和装备被撤换到太平洋战场和日本本土，关东军已经衰弱，当苏联的入侵到来时，留在东北的部队毫无希望。[2]

简而言之，日本领导人 1941 年对战争的决定和 1945 年对投降的决定都受到了情感主义的影响。考虑到短视的鹰派人物的支配地位与鸽派人士的怯懦，开始战争远比结束它要容易得多。日本进行战争的特点包括计算风险、进行赌博、依赖直觉、缺乏弹性，以及模糊的目标定位。鉴于最高统帅部许多成员一直固执到了最后，值得注意的是，这个国家是怎样以某种方式逃脱了美国所许下的彻底将其毁灭的诺言的。1945 年，美国空军上将柯蒂斯·李梅（Curtis LeMay）曾经这样说过："我们有两三个星期的时间轰炸这些城市的残存部分，选择尽可能精确的目标，并正在开始对交通运输系统的轰炸。再过 6 个月，日本就将被打回到黑暗时代。"[3]

381

---

[1] Shōda, *Jūshintachi*, pp. 319-321; Alvin D. Coox, *Japan: The Final Agony* (New York: Ballantine, 1970), pp. 8, 10. 58 Coox, *Japan*, pp. 86-87, 100, 153.

[2] Coox, *Japan*, pp. 86-87, 100, 153.

[3] Coox, *Japan*, p. 154; Curtis E. LeMay with MacKinlay Kantor, *Mission with LeMay: My Story* (Garden City, N.Y.: Doubleday, 1965), pp. 368-384.

　　李梅的强硬话语是西方战时宣传员和战后检察官的典型语言。盟军占领当局和远东国际军事法庭（IMTFE）以狡猾、兽性以及阴谋发动非法侵略战争的罪名起诉日本。这些被指称的罪行被美国人追溯到 1931 年的九一八事件，被苏联人追溯到 1904 年到 1905 年的日俄战争。确实，旧的术语"大东亚战争"（*Dai Tōa senso*）被禁止使用，而正式代之以"太平洋战争"（*Taiheiyo senso*）的名称。

　　自从 1952 年日本国家主权恢复以来，在日本的历史学家、新闻工作者和退伍军人圈中，已经形成了一种新的战争观。大量得到广泛阅读的书籍和文章已经再次使用"大东亚战争"的术语，因为"太平洋战争"这个概念不适合强调对美国战争，并且似乎也把与中国的长期战争排除在外。在那些以"大东亚战争"作为标题的较为著名的作品中，包括前陆军大佐服部卓四郎（Hattori Takushiro）早期的四卷本历史（1953 年）和林房雄（Hayashi Fusao）存在争议的两卷本研究著作（1964 年到 1966 年）。新的文献显示了关于 1941 年到 1945 年战争的各种各样的思考标准；"大东亚战争"暗示了日本在亚洲具有文明使命；"太平洋战争"则意味着日本是一个侵略者；"帝国主义战争"指的是日本卷入资本主义争夺世界资源的争斗；而"解放战争"则粉饰日本"高贵"地使被侵占地区的民众从西方压迫者手中获得"自由"。

　　林房雄将 1941 年到 1945 年的战争视为自 1853 年到 1854 年美国海军准将马修·佩里迫使日本开港以来，长达一个世纪的反对西方帝国主义的高潮。对于石川达三（Ishikawa Tatsuzo）来说，这场战争则是长达 50 年之久由日本当局洗脑或进行军国主义教育的结果。其他一些人认为，十五年的战争自九一八事变开始，正如远东国际军事法庭检察官们所指控的那样。然而，臼井胜美（Usui Katsumi）称十五年的战争这一提法是"有局限的"。他更倾向于认同以 1937 年作为战时阶段的开始，并且倾向于认为战争结束的时间应超过 1945 年，延长至包括整个占领期间，直到 1951 年或 1952 年。[1]

　　近期以来，关于教科书的修改在日本引起了激烈的争论。那些曾被入侵的日

382

---

[1] 引用的著作包括：Hattori Takushirō, *Dai Tōa sensō zenshi*, 4 vols. (Tokyo: Masu shobō, 1953); Hayashi Fusao, *Dai Tōa sensō kōteiron*, 2 vols. (Tokyo: Banchō shobō, 1964, 1966); Ishikawa Tatsuzo, "Kokoro no naka no sensō," *Chūō Kōron*, March 1963; Usui Katsumi, "On the Duration of the Pacific *War*," *Japan Quarterly*, October-December 1981, pp. 479-488. Also see Tamura Yoshio, ed., *Hiroku daitōa sensō* (Tokyo: Fuji shoen, 1952-1955); Ueyama Shunpei, *Dai Tōa sensō no imi* (Tokyo: Chūō kōronsha, 1964); and the powerful critique by Ienaga Saburō, *Taiheiyō sensō* (Tokyo: Iwanami shoten, 1968).

本军队占领的国家的人民，都被这种淡化战争的语言，以及被证实的文部省在高中课本中某些段落进行"消毒"处理的行为所激怒。特别令人愤慨的是，淡化了像"南京大屠杀"这样的暴行，并频繁地抑制以往用来描述"入侵""侵略"和"进犯"这样的严厉措辞。日本国内和海外的批评者们都担心，日本政府试图控制教科书，代表着"一个精心策划的把国家推向右倾的计划的一部分"。批评者们还有另外一个更加深远的担心：战争幸存者们以怀旧心态看待这场战争，而新一代人会因为无知而美化它。[1] 总之，无论是把这场战争称为"大东亚战争"还是"太平洋战争"，对于 1941 年到 1945 年战争的态度问题，仍然在日本和那些参战的国家中活生生地存在着。

---

[1]　关于这个问题的简练总结，参见 Yamazumi Masami, "Textbook Revision: The Swing to the Right," *Japan Quarterly*, October-December 1981, pp. 472-478; Murata Kiyoaki, "Emotion in Dispute," *Japan Times Weekly*, August 28, 1982; Taro Yayama, "The Newspapers Conduct a Mad Rhapsody over the Textbook Issue," *Journal of Japanese Studies* 9 (Summer 1983): 301-316。

第三编　经济发展

第八章　工业化与技术变革（1885—1920）

澳大利亚国立大学　E. 西德尼·克劳科尔

经济增长（1885—1920）

在 19 世纪 80 年代早期的松方正义通货紧缩之后，日本的经济稳定了下来，宣告了经济发展进程中一个转型期的结束，同时也标志着一直持续到第一次世界大战结束为止的现代经济发展初始阶段的到来。到了 19 世纪 80 年代中期，明治维新已初见成效，经济基础设施的建设也已经起步。尽管人们的经济活动与生活方式几乎还没有受到现代技术与组织的影响，但是在日本未来所要依赖的工业、贸易和金融业中，已经播下了现代经济的种子。

从 19 世纪 80 年代开始，一种相对可靠和全面的定量估算（the LTES series）才得以利用。[1] 这些定量估算于 20 世纪 60 年代提出，随后又在细节方面进行了一些调整，为深入分析"日本经验"提供了一些原材料。[2] 量化数据对描述和理解经济增长的重要性毋庸赘言。但是要注意，不要误读这些估算，尽管这些估算建立在对全部现有数据的分析和评价的基础之上，通过参照一个对各种单个变量关系做出假设的总体模型而纳入一个连贯的系统之中。19 世纪 80 年代晚期之前

385

[1]　Ohkawa Kazushi, Shinohara Miyohei, and Umemura Mataji, eds., *Choki keizai tokei-suikei to bunseki* (hereafter LTES), 14 vols. (Tokyo: Toyo keizai shinposha, 1965); Kazushi Ohkawa and Miyohei Shinohara with Larry Meissner, eds., *Patterns of Japanese Economic Development: A Quantitative Appraisal*(New Haven, Conn.: Yale University Press, 1979).

[2]　在这方面有些很好的例子，参见 Ohkawa and Shinohara, eds., *Patterns of Japanese Economic Development*; Kazushi Ohkawa and Henry Rosovsky, *Japanese Economic Growth: Trend Acceleration in the Twentieth Century* (Stanford, Calif.: Stanford University Press, 1973); and Allen C. Kelley and Jeffrey G. Williamson, *Lessons from Japanese Economic Development. An Analytical Economic History* (Chicago: University of Chicago Press, 1974)。

386　相关数据的缺失，只能依靠在增长速度和方向上的一些先入之见来加以弥补。如果因此对 19 世纪 80 年代的估计不甚准确，那么关于经济发展初期增长率的认识也将失真。事实上，正如詹姆士·纳卡穆拉（James Nakamura）所指出的那样 [1]，诸如农业和手工业等传统产业的信息难以收集，所以这一阶段的传统行业产出被严重低估了。尽管存在着上述种种不足，但是那些较晚年份的数据变得更加可信，从而对我们所研究的大部分时期来说，可以有效地用来描绘生产、消费和就业的大概情形。[2]

关于日本在经济发展早期的人均产出与国际的对比，充其量不过是一种主观臆测。西蒙·库兹涅茨（Simon Kuznets）估计，日本在 19 世纪 70 年代后期的人均产出，以 1965 年的价格水平计算为 74 美元，这一数值是其他发达国家处于类似初级阶段时的 1/4 到 1/3。[3] 大川（Ohkawa）认为这一数值低得离谱，所以将其翻了一番。量化数据估计，日本在 1887 年的人均产出为 172 美元，依然大大低于其他国家的初期水平。那些认为日本经济发展进程与其他国家类似的人，也许会觉得日本在 19 世纪 70 年代后期的人均产出应该更高一些。大川和筱原（Shinohara）则认为，日本该时期的人均产出应该高达 251 美元，但他们也不得不承认，即使在 1887 年，日本经济仍处在一个相对较低的水平。

到 1920 年，也就是本章论述时期的结束之年，日本的真实 GDP（1934 年 6 月份均价）已经是 1885 年的 3.8 倍。农业、林业和渔业的产出增长了 67%；商业、服务业及其他行业增长了 180%；矿业和制造业增长了 580%；运输业、通信业与公共事业的增长超过 1700%；建筑业增长了 170%。由于增长率参差不齐，农业、林业和渔业在总产出中所占的比重从 42% 下降到 25%；矿业与制造业从 8% 增长到 19%；运输业、通信业与公共事业所占的比重从 1.5% 增长到将近 10%，其他行业的变化则相对较小。在上述行业中，产出的构成以及生产过程中的技术

[1] James I. Nakamura, *Agricultural Production and the Economic Development of Japan* (Princeton, N.J.: Princeton University Press, 1966).

[2] 对早期量化数据的批评，参见 Nakamura Takafusa, "Choki tokei no seido ni tsuite-19-seiki Nihon no jakkan no suji o megutte," *Keizai kenkyu* 30 (January 1979): 1-9; Yasuba Yasukichi, "Senzen no Nihon ni okeru kogyo tokei no shinpyosei ni tsuite," *Osaka daigaku keizaigaku* 17 (1977-1978). and Nishikawa Shunsaku, "'Choki keizai tokei' no keiryo keizaigaku - Okawa hoka *Kokumin sholoku* no tenbo rombun," *Kikan riron keizaigaku* 27 (August 1976): 126-134。

[3] Simon Kuznets, *Economic Growth of Nations: Total Output and Production Structure* (Cambridge, Mass.: Harvard University Press, 1971), p.24.

和组织特征也发生了巨大变化。我们将在本章后面的小节中探究这些变化，但是 387
在此需要指出，尽管产出中最大的绝对增加值来自规模庞大且组织与技术较为传
统的食品业和纺织业，但增长最快的却是运输业与通信业，以及技术变革最快的
金属业与机械工业。

在同一时期，日益增长的产出的用途也发生了变化。在产出颇低的 1887 年，
个人消费占到总产出的 85%，到 1920 年个人消费已增长了 2.4 倍。但是由于国家
的总开支同时增加了 2.6 倍，个人消费占总产出的比重下滑到 76%。作为经济增
长的一个重要推进剂，国内固定资本形成总额增长了 6 倍多，而且它占国家总开
支的份额由 9% 上升到 21%。日本的商品和服务出口及其他外汇收入增长了 9.4
倍，同时日本用于支付进口商品、服务以及其他经常性对外支出增长了将近 12
倍，这使得日本在国际经济中的参与度急剧加深。

从 1885 年到 1920 年，日本人口增长了 45%，因而人均增长率要低于总增长
率。因此，尽管日本经济的总产出（GDP）增长了 2.6 倍，人均产出却仅增长了
1.8 倍。人均真实消费水平的增长，可用来粗略地衡量平均生活水平的上升，其
增长却只有区区 67%。有偿雇佣人口增长了 23%。而从事农业与林业的工人却实
际减少了大约 100 万人，非农业劳动力从 650 万人翻倍增长到 1300 万人，其中制
造业增长得最多，其次是商业、运输业、通信业和服务业。

人们普遍认为，日本政府在日本经济的增长中扮演了重要角色。除去中日甲
午战争与日俄战争期间，政府包括军费开支在内的经常性支出与资本性开支占
国家总支出的 7%—11%，即使以今天的标准来看，这也是一个非常适中的比例。
但是，政府在资本形成过程中却扮演着更加重要的角色。从 1897 年到私人投资
热潮的第一次世界大战期间为止，政府投资占到所有资本投资的 30%—40%。政
府投资大多集中在具有战略性的重工业、工程业以及诸如铁路等基础设施，这些
产业对于促进日本现代工业的发展在许多方面起到了至关重要的作用。

在 1885 年到 1920 年间，经济并没有以一个恒定的速度保持增长。从日本现 388
代化历史的整个进程来看，经济增长趋于加速。在这一过程中，存在着几个标志
性的变化，通常将它们称为周期，这意味着这些变化与增长过程本身的固有模式
之间存在着联系。这些变化也与一些特殊事件相联系。例如，尽管起到了有益的
效果，但松方正义的通货紧缩政策导致的萧条，一直持续到 19 世纪 80 年代中期。
随后的恢复相当迅速，主要以纺织业和传统手工业的发展，铁路的建设以及中日

甲午战争的刺激为基础。1897 年金本位的建立，对经济扩张实行刹车，经济增长明显放缓，直到大约 1903 年才重拾升势。之后的日俄战争刺激了重工业与工程行业，经过短时期的战后衰退，经济增长再次启动。第一次世界大战有效地消除了大部分发达工业国家在国际市场和日本市场上的竞争，尽管日本在手工业部门仍然相对落后，但这为日本提供了以国产品代替进口产品，并增加手工业制品出口的机会。结果是所有参与其中的经济部门都出现了前所未有的繁荣，那些走在现代发展前沿的产业，比如工程业、造船业、机床制造和电气工程的发展最为迅速。尽管存在战后萎靡和一系列在 20 世纪 20 年代出现的经济困难，但第一次世界大战期间的迅速发展，稳固地维持了日本现代产业的生命力。虽然农业中的传统部分和小商品经济仍占据着产出和雇佣的大部分，但到了 1920 年，经济的增长已经明显地依赖于现代部门。

在明治时代，传统部门与现代部门都在同时增长。尽管仍然弱小的现代产业系统与现存经济之间相互影响，但它们之间的关系已经是互补而不再是竞争了。然而，到了第一次世界大战，迅速扩张的现代部门与满足大部分消费者需要的传统部门的需求之间，出现了日益激烈的冲突。这导致了一种二重性或曰差异化经济结构的产生，这种结构囊括了技术、生产率、工资水平、生产规模、利润率、管理方式以及生产组织形式等各个方面。当把市场看作出售产品的场地，或者看作获取资本、劳动、技术、中间产品与管理才能的方式时，它的本质是具有特征差异的。早期明治时代之后的政府坚信现代工业关乎国家利益，从而开始有计划地使用所有力量来推动现代工业的增长，哪怕损害传统部门的利益也在所不惜。长期看来，这种政策使得日本得以成为像今天一样的先进工业化国家，但是由于相对于消费品更侧重于军务、投资品和出口，政府政策在长时间内使得大多数日本民众的生活水平低于应该达到的水平，同时，它还促成了 20 世纪三四十年代甚至之后的社会与政治的混乱。

关于日本经济活动很多方面定量估计的有效性，促使观察者们冷静地通过这些数字集以及数字之间的关系来解释日本经济的增长。但是，经济增长不是服从于无意识自然法则作用的现象，它是有目的性的人类行为的结果。什么是日本经济得以增长发展的动因？从某种意义上说，这些动因的数量与个人决策的数量一样多。日本的领袖们不认为个人最优决策的简单汇总，可以达成这个国家希望推动工业发展、追赶西方，并成为世界性强国的目标。相反，政府强调国家政策及

389

其执行在决定日本经济发展进程中的重要性，这得到了普通日本民众的认可，并在日本商界得到了越来越多的认同。正如高桥是清在 1889 年东京农学校毕业典礼上所说："同学们，改善日本的状况是你们的使命。你们要让它与文明国家享有同等的地位，并且为有一天超过它们奠定基础。"[1]

根据对公共和私人动机相对重要性的认识，日本的经历被描述为"来自上层的增长"或"来自下面的增长"。这两种观点并不相互排斥，例如，本国消费所生产的产品常被看作个人决策与市场行为的结果，但它也被政府关于消费投资率的决策以及官方对保持日式传统生活方式的鼓励所影响。政府在国防以及相关产业、对外贸易与国际收支，以及教育上的决策，影响了工业发展的路径和方向。著名的企业家如岩崎弥太郎（Iwasaki Yatarō）会像他的同行一样专心个人收益，但盈利与否很大程度上取决于和政府的关系。企业被公众意见所约束，甚至被强制符合具有民族意识的企业家形象。一般来说，在像日本这样的经济发展相对较迟的国家中，政府常常扮演重要的角色。不考虑日本政府政策的动机、方法和成果，而试图解释日本的经济发展，往往会导致片面甚至错误的结论。

在第一次世界大战之前，"来自上层的增长"与"来自下面的增长"同时进行。无论如何，现代部门是如此之小，以至它的发展并未与现有传统经济的扩张和发展相互冲突。恰恰相反，现代经济与传统经济相辅相成。农业与手工业为日益增长的人口生产食物和消费品，与此同时，农产品和手工业品的大部分出口所得，可以用来支付现代产业所需进口的设备和原材料。19 世纪 90 年代以后，现代工业开始为传统产业提供投入品，比如为农业提供化肥，为手工纺织提供棉纱和染料。传统与现代产业的生产率都得到了提高，传统生产活动的扩张与发展，仍然是日本经济增长的主要原因，但这仅仅因为它在整个经济中所占的巨大比重。现代工商业依然弱小，但它们的生产率最高，增长最快，扩张也最为迅速。到了 1920 年，现代部门的进一步增长需要牺牲一部分传统生产者的利益。随着现代部门的扩张，它们需要吸收生产率较低的传统部门的资源以进行新的更多的生产。这种资源转移的程度越深，总产出的增长越快。这一"加速趋势"[2]在太平洋战争后更为显著，但是在第一次世界大战前，现代部门仍是一个被传统经济哺

390

---

[1]　参见 Takekazu Ogura, *Can Japanese Agriculture Survive?* 2nd ed. (Tokyo: Agricultural Policy Research Institute, 1980), p. 14. 具有讽刺意味的是，1936 年，高桥是清因试图刹住政府的开支而被极端民族主义者暗杀。

[2]　参见 Ohkawa and Rosovsky, *Japanese Economic Growth*, pp. 39-42。

育的婴儿，而并未像之后那样成为经济增长的引擎。

本章以 1913 年作为 1885 年到 1920 年时期的分界点。第一次世界大战之前，基础设施的建设仍是重要且回报丰厚的投资领域，经济增长大部分来自现存领域的扩张，并未出现技术或组织上的根本性创新。重工业与机器制造业中的大部分发展，都直接或间接地与国防有关，这往往来自政府的推动。第一次世界大战被认为是一个分水岭，因为在这之后，现代部门虽然就占总产出的比例来看仍然很小，但它已经可以自我维持，并且开始为进一步发展提供动力。在这一时期，二重经济问题或者说经济结构问题，开始成为新的发展与旧有经济冲突的关键所在。

基础设施建设（1885—1913）

从 1885 年到 1913 年，日本国民生产总值（GNP）的平均年度增长率保持在 2.6% 到 3.6% 之间。[1] 这一增长速度的实现，主要依靠的不是彻底的技术变革，而是对现有工艺的普及、一系列细微的技术进步、日益专业化，以及对生产者来说，相对于明治时代以前更加优厚的经济环境。在基础设施，诸如银行、交通、通信、公共事业、教育以及经济机构上的大量投资，为这一时期乃至以后的经济增长做出了巨大贡献。通过汲取走在日本前面的发达工业化国家的经验，日本的领袖们预见到并提供了这些未来发展所必需的基础设施。

银行

1872 年的《国家银行条例》及 1876 年的修正案，体现了以美国为范例建立日本银行体系的早期决策，近 150 家国立银行建立。这些银行的组织形式类似于参股公司，是日本的第一批现代商业企业。与大量小型地方性准银行一起，这个新的国立银行体系取代了传统的金融系统，开始为诸如商业、土地开发和采矿业这样的融资性生产行业提供资本。[2] 值得注意的是，银行大量发行的无本位货币

---

[1] 这在相当大的范围反映了对估计准确性的相应程度的怀疑。参见 Ohkawa and Shinohara's *Patterns of Japanese Economic Development*, based on *LTES*, indicates about 2.7 percent whereas Nakamura Takafusa, *Senzenki Nihon keizai seicho no bunseki* (Tokyo: Iwanami shoten, 1971), pp. 5ff, prefers 3.6 percent。

[2] 关于这一时期银行的发展，参见 Hugh T. Patrick, "Japan 1868-1914," in *Banking in the Early Stages of Industrialization*, ed. Rondo Cameron et al. (London: Oxford University Press, 1967), pp. 239-289。

促成了 1878 年到 1881 年的通货膨胀。因此，作为 19 世纪 80 年代早期松方正义通货紧缩政策的一部分，收回了这一发行纸币的特权，新的中央银行——日本银行于 1882 年成立，并被赋予了垄断纸币发行的权力，银行的常规职能则逐渐被私有商业银行所接管。

一些私有银行是大型城市银行，比如三井（Mitsui）银行和鸿池（Konoike）银行，它们是前近代金融系统的一个组成部分；或者像住友（Sumitomo）银行和三菱（Mitsubishi）银行，它们起源于大型工业联合体（财阀）的金融运作，并成为它们随后扩张的中心。大多数私有银行仍是相对较小的地方银行，在世纪之交时数目已经达到了大约 1 800 家。这些小银行的资本大多来自当地商人和地主，在促进当地生产与发展，将地方性经营纳入国家经济以及引导地方金融体系遵循国家计划上发挥了很大作用。20 世纪早期的经济衰退，迫使一些小银行之间进行合并与收购，但是直到第一次世界大战之前，美国式的单位代理银行制而不是英国式的分支银行制，仍然是日本银行业的主要构成形式。[1]

在 1900 年前后，伴随着几家专用银行的建立，日本银行体系已基本完善。尽管这些银行的资本通过公开认购筹集，但它们在政府的指导下运行，并对被认为有利于国家利益的企业提供长期的金融支持。这些专用银行仿照德国和法国的体制建立，包括日本劝业银行、日本兴业银行、北海道殖民银行和台湾银行。日本兴业银行专门用以在国内外筹集资金以进行长期投资，其中包括为推进日本在亚洲大陆的利益进行直接投资。由于缺少成熟的债券市场，尽管施加在它们投资方向上的政治影响有时会导致严重的损失，但这些专用银行的活动仍是重要的投资资金来源。

早在 1875 年就已被引入的邮政储蓄系统，成长十分迅速，在日俄战争期间及战后，这一情况尤甚。因为虽然存款利率较低，但邮政储蓄为小储户们存款提供了方便。政府利用这些数额庞大的存款弥补战争开支，并为国家重点规划提供资金。依据 1893 年的《储蓄银行法案》，私有储蓄银行大量出现，它们通过提供

393

---

[1]　单位银行制是一种银行体系，在这一体系中，许多银行仅以总办事处或少量地方办事处运营。它有时被称为代理行，因为小股银行通过代理行与更广泛的金融市场联系在了一起，银行充当它们的代理并持有它们的存款。分支银行制也是一种银行体系，在这一体系中，大型银行通过大量的分支机构在广大地区提供银行服务。今天的日本银行体系，像法国的银行体系一样，最好被描述为这两种类型的混合银行，在这一体系中，主要城市银行的分支银行占据主导地位。

比邮政储蓄系统稍高些许的存款利率吸引了巨额存款。

由于政府的支持，在第一次世界大战时期，日本银行系统已能胜任储户与投资者中间人的角色。其实在明治时代以前，日本就已经拥有了发达的金融系统，这一系统为贸易和商业服务，还为手工业生产提供用于再生产的资金，同时它还接受以税收作为抵押的来自各地大名的借贷。这些贷款经常持续很长时间，并且有时被用在领地内的土地开垦、公共事务或者产业建设上。[1] 这些经验的积累，在日本经济发展的进程中，毫无疑问地促进了一个现代银行系统如此之早地建立起来，尽管新的银行系统比旧的金融系统走得更远。银行是日本第一个依照现代联合股份公司的形式建立起来，并使用西方商业思想的机构。在银行活动的早期，它常常扮演商贸与工业企业的推动者，也常常充当传播西方商业技术的代理人。到了 20 世纪初，全国统一金融体系的发展使得利率的区域差异大幅度降低。大部分贷款仍然流向金融交易、商业、土地开发、农业以及地方手工业。但是较大的城市银行，即财阀银行和专用银行，在开发新型工厂工业、筹集国外资本，以及弥补政府赤字方面，发挥着越来越重要的作用。正如休·帕特里克（Hugh Patrick）所指出的那样：日本现代银行体系的发展，不仅仅是简单地满足经济增长的需求，它创建于这种需求之前，并且在促进经济发展中发挥了积极作用。

铁路

几乎从一开始，明治政府就十分重视运输业与通信业的发展，部分原因在于它们所具有的商业价值，更重要的则是它们在维护统治和国内治安上的作用。第一次世界大战以前，运输业及通信业所吸收的国家与私人投资，要比其他任何产业都多。为了完成国家托付之重任，政府和私人团体如何通过不同的方式进行合作？就这个问题，铁路与船运的发展提供了很好的例子。

经英国公使巴夏礼（Harry Parkes）的协助，日本第一条铁路的建设得到了大英帝国在资金、原材料与技术上的援助。这条由政府主持建造的铁路连接了东京和横滨港。随后铺设了经过京都和大阪，并连接起琵琶湖畔的大津和神户港的铁路，另一条新铺设的铁路，则横跨本州，途经琵琶湖北岸、岐阜和名古屋，将

---

[1] 参见 E. S. Crawcour and Kozo Yamamura, "The Tokugawa Monetary System: 1787-1868," *Economic Development and Cultural Change* 18 (July 1970):pi 1, pp. 489-518。

日本海旁的敦贺与伊势湾畔的半田连接起来。然而，当松方正义于 1881 年 10 月担任日本大藏大臣时，日本投入运营的铁路里程才仅有不到两百英里。由于松方正义开始推行大幅度紧缩的财政政策，尽管国家需要建设铁路，但由政府主导的铁路建设所需资金已难以维系。1880 年，岩仓具视（Iwakura Tomomi）说服一些贵族使用他们所持的公司可兑换债券投资修建上野（东京）北至青森的铁路干线。他告诉这些贵族，铁路是国之命脉，作为帝国大厦的内部堡垒，他们有投资铁路的义务。岩仓具视召集在规划线路上的各县官员，并指示他们向各自辖区内的合适对象募集捐款，然而，随着松方正义的财政紧缩政策开始生效，岩仓具视的计划得到的反应令人失望。[1] 贵族们向政府要求保证得到投资额 10% 的回报，经过一番讨论，回报率最终定在 8%。1881 年，贵族们取得了 15 年后运营国有铁路的许可，随着之后的利率逐步降低，这一保证越发有利可图。随着铁路线首段具有 10% 回报率的声明发布，铁路股票取得溢价，并使进一步的集资变得毫无困难。1892 年，上野至青森线建设完成，虽然这比计划晚了 3 年，但这一线路的建设已经几乎不再需要国外的技术援助了。

1887 年制定的关于私有铁路的政府指导意见，已经为 25 年后的铁路国有化做好了铺垫。当时铁路是一个非常有吸引力的投资项目，在接下来的 10 年里，大约有 20 家铁路公司建立，这些公司的资本额小到 4 万日元，大到超过 1 300 万日元，大部分来自当地商人的投资。私人铁路被铺设在交通最密集的区域，由于缺乏竞争，定价往往很高。不仅贷款利率与建设费用降低，而且运营费用也如一直以来的那样，要比国家运营的铁路低很多。政府希望通过准许私营铁路公司的运行，来更快地完成铁路线的建设。在这一点上，私营铁路公司并未让人失望，但是，私营铁路线得到建设的目的，往往是满足地方性的需求，或者是获得预计可的即时收益，因此它们之间并没有一个总体的连贯规划。1892 年颁布的《铁路建设法案》发行了总额为 3 600 万日元的铁路债券，这为建设一个协调一致的国家铁路网打下了经济基础。从 1883 年到 1903 年，投入运营的铁路从仅有的 245 英里增加到了 4 500 英里，前者大部分由国家建设运营，而后者的 70%

395

---

[1] 参见伊藤博文、大隈重信及其他许多卷入 19 世纪晚期铁路工程的人的演讲和发言。这些言辞出现于 1899 年到 1909 年间的 *Tetsudo jiho*，并被重新印行。参见 Tetsudo Jiho Kyoku, ed., *10-nen kinen Nihon no tetsudo ron*。这份文献收于 Noda Masaho, Harada Katsumasa, and Aoki Eiichi, eds., *Meiji-ki tetsudoshi skiryo*, suppl. vol. 1 (Tokyo: Nihon keizai hyoronsha, 1981)。

则由私营铁路公司建设和运营。[1]

在19世纪90年代末，日本政府开始准备收购大部分的私营铁路。1906年，在首相西园寺公望提交铁路国有化法案时，他宣称：考虑到铁路对国家经济和战略的重要性，政府向来支持铁路国营，准许铁路由私人企业运营仅仅是由于财政危机。尽管在19世纪70年代初期原则上仍存在对私营铁路的支持，但到了19世纪末，政府在国家建设中的重要性已经被普遍承认。此外，这时铁路也已经不再像以前那样赚钱，所以大部分私人公司都很乐于接受政府相当慷慨的收购条件。1906年以后，政府以总计47 600万日元的价格，收购了17家铁路公司的资产，其中包括2 800英里的铁路线。[2]到了1914年，对日本帝国铁路会社的投资额已经达到100 700万日元，比所有工业企业实收资本总额还多。经过第一次世界大战以后的繁荣时期，运行中的铁路增长了大约25%，而运输量则增长得更多[3]，这其中，大约90%的运输量由日本帝国铁道株式会社运营。

396

无论是当时还是之后，铁路对日本经济发展的贡献都是巨大的。[4]铁路的通行大大减少了运输费用，从而推动了地区专业化，提升了劳动力流动性，并使所经过地区的人们普遍受益。铁路还增强了政府监管的范围与有效性，并培养了一大批工程师和技术工人。

---

[1] 参见 Toyo keizai shinposha, ed., *Meiji Taisho kokusei smart* (Tokyo: Toyo keizai shinposha, 1927), pp. 615-619。

[2] 相关详细情况，参见 Teishin sho, ed., *Tetsudo kokuyu shimatsu ippan* (1909), reprinted in Takimoto Seiichi and Mukai Shikamatsu, eds., *Nihon sangyo shityd taikei* (Tokyo: Chugai shogyo shinposha, 1927), pp. 11, 543-617。

[3] 运量增长表（1913—1918年）

项目	1913 年	1918 年
货物（百万吨／英里）		
国家铁道	3054	5609
地方铁道	115	334
合计	3169	5943
乘客（百万乘客／英里）		
国家铁道	3691	6569
地方铁道	309	687
合计	4000	7256

资料来源：Toyo keizai shinposha, ed., *Meiji Taisho kokusei soran* (Tokyo: Toyo keizai shinposha, 1927), pp. 617, 618. 地方铁道的运量根据营收数据计算，假设地方铁道与国家铁道的收费是相同的。

[4] 相关详细情况，参见 Tetsudoin, ed., *Honpo tetsudo no shakai oyobi keizai ni oyoboseru eikyo* (Tokyo: Tetsudoin, 1930)。

航运

日本航运服务的发展，是另一个展现政府与私营企业合作的例子。在 1874 年台湾远征及之后的一段时间里，岩崎弥太郎的三菱商社得到了大隈重信的官方支持，从而得以获得巨额的政府补贴以及人们所能想象的各种国家援助和保护。三菱商社使用不计后果的降价策略，赢得了与日本邮船株式会社（*Nippon teikoku yūbin jōkisen kaisha*）的竞争，后者也从政府那里得到了大量补贴。岩崎弥太郎收购了日本帝国轮船邮件公司，借此得到持续的政府补贴，并在近海汽船运输业务上淘汰了美国的太平洋邮递公司和英国的半岛东方轮船公司，从而取得了实质上的垄断地位。受到 1881 年预算削减的影响，大隈重信的政敌认为，岩崎弥太郎对他广为人知的为国服务要价过高，并且有相当一部分专用于发展特殊航运服务的政府补助被他随意挪用，借以扩大自己的财富。在一次政府策划的公众抗议中，岩崎弥太郎被指责为一个自私自利的资本家，而他应当意识到给予他的补助必须用来为整个国家服务。1882 年，政府成立了一个新的国家提供补贴的航运公司——共同运输株式会社（Kyodo unyu kaisha）。新公司被赋予打破岩崎弥太郎"海上霸主"垄断地位的任务，它主要由关西及越后地区的船主们控股，资本达到 600 万日元。经过两年的消耗战后，两家公司都濒临破产，于是由政府组建了日本邮船株式会社（NYK），并以 8% 的资本回报率合并了三菱集团与共同运输会社的海上资产，而三菱集团仅持有日本邮船株式会社一半以上的股份。[1] 1884 年，由住友领导的大阪轮船主们创立了大阪商船株式会社（OSK），该公司每年会收到 5 万日元的政府补贴，以维持濑户内海及周边航线的营运。

当日本邮船会社于 1885 年开始运营时，它拥有汽船 58 艘，总吨数 68 700 吨；帆船 13 艘，总吨数 4 700 吨。很容易理解这是一家半官方的运营机构，因为它的船只在战争期间或紧急情况下受国家调控。政府还明确规定了它在日本主要港口间以及对一些境外港口，包括上海、符拉迪沃斯托克、仁川和天津运营的航线。到 1893 年，日本的商船队已经拥有船只 642 艘，总吨数达到 102 352 吨。同时，日本邮船会社显著提升了它的船队效率，并开展了对马尼拉、香港、东南亚港口

---

[1]　关于岩崎弥太郎的详细情况及相关评价，参见 Yamamura Kozo, "The Founding of Mitsubishi: A Case Study in Japanese Business History," *Business History Review* 41 (1967): 141-160. For monographic treatment of the NYK line, see William D. Wray, *Mitsubishi and the N.Y.K., 1870—1914: Business Strategy in the Japanese Shipping Industry* (Cambridge, Mass.: Harvard University Press, 1985)。

和澳大利亚的船运业务，通向孟买的邮船航线则为日本带来了印度的棉花。1900年以前，日本邮船会社的许多船长和首席工程师都是外国人，但到了1920年，掌管这些职位的已经全是日本人了。

尽管取得了上述发展，但在1893年抵达日本港口的船只总数中，仍然仅有14%为日本的船只。日本船只的运量仅占总出口的7%和总进口的不到9%。甲午战争后，日本国会通过政府发起的法案对航运业进行进一步的补贴。甲午战争到日俄战争期间，日本的商船吨数由于巨额补贴而提高了一倍。在1903年，尽管日本邮船株式会社遭受了180万日元的营业亏损，但由于政府给予了数额相当于其实收资本24.3%的补贴，使它仍有能力支付12%的红利股息。日俄战争期间，补贴有些许降低，随之而来的是慷慨的政府特许经营权。1909年，一般补贴被政府对特定海外航线的补贴所取代，而政府则控制了航运服务和货运费率。

1883年到1912年间，巨额的政府航运补贴使得商用轮船总吨数由4.5万吨扩张到157.7万吨，而日本船只的运量，所占的份额也已超过进入日本港口船只总量的一半。纳税者为此付出了沉重的代价，部分原因是与日本竞争的其他国家的商业船队也取得了所属国的大量补贴，而这些补贴被认为是有助于国家威信与安全的合理支出。与此同时，航运业带来的收益也是十分可观的，建造与保养商业船队激励了重机械工业的发展，而此时对重机械工业产品的需求还处于较低水平。早期对轮船建造技术与技能的引进，促进了机械工业在其他方向的运用和发展，毋庸置疑，现代工业的发展使得日本产业得以充分利用第一次世界大战所带来的机遇。

邮政与电报

甚至在明治维新之前，在国家向个人传递信息的效率及总量上，日本这个人均收入相对较低的国家表现十分突出。它所采取的通信方式在接下来的30年里迅猛发展，并将满足政府的需求作为其首要使命。

从1883年到1913年，日本邮局的数量由3 500所增加到7 000多所，大约翻了一番，邮递物品处理量也得以迅速增加：1882年为1亿多件，1897年达到5.51亿件，1912年更是增加到16.64亿件（不包括0.24亿件的包裹）。[1]经过这30年

---

[1] 本节有关邮电和电信的资料，引自 Toyo keizai shinposha, ed., *Meiji Taisko kokuseisoran*, pp. 672–673。

的发展，人均邮递物品量从大概一年 3 件增至一年 32 件，这不仅反映了识字率 399
的提高，还反映了人们日益增长的远距离交流的需求。到了第一次世界大战前
夕，日本的人均邮件量已经堪与欧洲诸国相比。

日本的第一条电报线路于 1869 年连接东京与横滨。1890 年后，出于战略和行
政目的，电报业务开始迅猛发展，电报的使用量也得以迅速增长。1882 年，电报
发送量为 270 万次，经过甲午中日战争，于 1897 年达到 1 400 万次，之后经过日俄
战争，于 1907 年达到 2 700 万次。到了 1913 年，电报发送量已增至 4 000 万次。

电话于 1890 年引入日本，最初只有 400 位用户，使用两台交换机连接。电
话业务的扩张也同样迅速，到 1913 年，已有超过 20 万个用户，使用 1 046 台交
换机相连。经过这段时期，用户平均日呼叫量也从 7 次增加到 12 次，如此之高
的使用量表明，许多电话被用于政府部门或商务活动。

到了 1912 年，邮政局与电信业加起来雇佣了大约 84 000 人。这些行业的发
展与报纸杂志的高发行量，表明日本已逐步进入信息化社会。这是因为日本在这
一时期需要有效的国家干预与监管的手段，而这些手段对 40 年前大部分的欧洲
发达国家来说都是不可能实现的。与此同时，这些领域取得的进步加速了商品与
服务的流动速度，并使得思想的传播与交流更加便利。

电力

在日本，直到 18 世纪 80 年代，水力还是替代人力的主要方式。这一情况持
续到 20 世纪，此时水力仍是一种广泛应用于食物生产、缫丝生产和各种各样手
工业的重要能源。但是，生产纺织品、金属、机器、陶瓷制品及食物的大型现代
工厂从一开始就采用了蒸汽动力。到了 1887 年，蒸汽动力开始超过水力成为工
业能源的主要来源。然而，蒸汽动力在日本并没有得到广泛应用，日本也没有像
西欧在 19 世纪中期到第一次世界大战期间那样经历"蒸汽时代"，这是因为电力
迅速取代了蒸汽动力。电能的产生与输送为个别企业之外的大型经济体提供电 400
力，这使得工艺、规模与组织上的变革在许多产业甚至日常生活中成为可能，这
一结果从总体上大大影响了日本工业化的进程。

电力最初被应用于照明，并由几家私人公司提供，这一行业从一开始就展现
了超常的盈利能力。电力行业不需要国家补贴或激励，因而也较少受到国家的监
管。第一家电力公司——东京电灯公司，由蜂须贺茂韶（Hachisuka Mochiaki）及

其他一些贵族，涩泽荣一和他的一些生意伙伴以及一些农村商人创立，这些创建者的构成，与铁路早期发展的支持者并无二致。1887 年，东京电灯公司开始供电，到 1890 年已安装了 21 000 盏电灯。由于成本逐步降低，以及更有效率的灯泡问世，电力照明在日本渐渐开始流行。电灯数量也由 1905 年的 46.4 万盏增加到 1911 年的超过 300 万盏，并进一步在 1913 年达到 500 万盏。即便如此，仍有超过一半的日本家庭尚未开始使用电灯。1903 年，电力公司总发电能力已经达到 25 000 千瓦。政府部门、私人工厂以及电气铁路所拥有的发电机总发电能力，同样达到 25 000 千瓦，这部分电能主要被用作能源而不是照明。到了 1913 年，电力公司的发电量占到日本国内总发电量的 80%。尽管这其中的 2/3 仍然用作照明，但将电力作为一种能源使用的需求开始大幅度增加。1911 年到 1915 年间，电动机的数量迅猛增加为原有量的四倍，达到 43 000 台，它们的总功率也从 44 000 匹增加到 182 700 匹。

在日俄战争到第一次世界大战之间，日本的电气化由两项技术变革推动：水力发电和高压输电。向公众供电的第一台水力发电机建成于 1892 年，是一个从琵琶湖向京都供水计划的副产品。到了 1910 年，电力公司的水力发电量已经超过火力发电量。到了第一次世界大战，前者对后者的比率已经达到 2：1。长距离输电技术在国外应用不久即被引入日本，这使得大型发电站建设在远离消费区域成为可能。1914 年，当福岛县的猪苗代湖水电站与东京连接供电时，电能以 37 500 伏的高压传输距离 228 千米，这在当时是世界上最长的输电线路之一。[1]

这些技术进步与能源公司之间的竞争一起，使得电力成本保持在较低水平，尤其在照明用电上，这进一步推动了电力的使用。制造商向电力公司购买能源，并将笨重的轴带传输替换为电力驱动，通过这种方式得以提高发动机的效率并降低能源成本。人力与资金成本也得以大幅度降低。与蒸汽机和发电厂相比，只需较少资金成本的电动机，使得电能的使用深入小型工厂甚至家庭手工业。这一变

401

---

[1] 参见 Minami Ryoshin, *Doryoku kakumei to gijutsu shinpo: Senzen-ki seizogyo no bunseki* (Tokyo: Toyo keizai shinposha, 1976), p. 213. Quantitative information on the electric power industry is taken from this work and Minami Ryoshin, *Tetsudo to denryoku*, LTES, vol. 12, 1965. 关于这部著作的有用的摘要，参见 Ryoshin Minami, "The Introduction of Electric Power and Its Impact on the Manufacturing Industries: With Special Reference to Smaller Scale Plants," in *Japanese Industrialization and Its Social Consequences*, ed. Hugh Patrick (Berkeley and Los Angeles: University of California Press, 1976), pp. 299-325; and Ryoshin Minami, "Mechanical Power in the Industrialization of Japan," *Journal of Economic History* 37 (December 1977): 935-958。

化，促使传统小型工厂与建立在进口技术和组织形式的大型工厂之间产生新的联系。一些小工厂开始成为大型现代企业的供应商或分包商。有些大工厂开始专注于生产标准化产品，从长期来看，这使得规模经济最大化。小工厂则生产不需要资本密集方式的产品。这使得市场被区分开来，例如在棉纺织业，大型生产者专门生产如床单布和粗斜纹布这样的标准码商品，而小型生产者则使用与传统家庭手工业相比仅在织布机能源上不同的方式来生产和服布料。

到了 1913 年，发电业的股本已经达到将近铁路部门的 1/3。发电行业是这一时期的高科技行业，但是在第一次世界大战之前，日本几乎所有的发电厂都使用进口设备，并由来自制造厂家的工程师和技术人员监督装配。技术转移效应因此一直微不足道，直到第一次世界大战期间电气工程井喷式增长的发生。

教育

受教育人口，或至少是有读写能力的居民，对一个国家经济与政治发展的影响在今天看来是显而易见的，但是在 19 世纪中叶以前，欧洲并没有广泛接受这一观点。尽管相对于它的经济水平来说，传统日本社会称得上是有文化的，但早期的明治政府仅将它有限资源的极少部分投入教育，而地方政府对基础教育所承担的义务也仅限于来自中央政府的敦促。1885 年，新内阁成立，文部省被赋予对各级正规教育的指挥与控制权。1891 年，随着《教育敕语》的颁布，基础教育的目标转变为使日本青年准备履行作为帝国子民的职责——正如前一年修订的宪法所规定的那样。教育的目的不仅是赋予人们读写能力、计算能力以及基础技能，而且要灌输以纪律、服从、和谐和忠诚的美德，这些美德被认为是传统的甚至是日本人特有的品质。

日本官方从一开始就着重强调基础教育，并在 1890 年开始实施 4 年义务教育。尽管由地方当局资助，公共教育仍不是免费的，即便如此，到 1900 年义务教育已被普遍接受。[1] 中等教育的发展显得较为缓慢并且规模有限。在 1903 年，

[1] 1900 年，4 140 万元公共基金用于教育，其中 55% 被分配给基于乡村和城镇财政的小学教育。如果我们加上那些由村民们支付的费用，那么情况很清楚，教育成本的绝大部分是由使用者承担的。到 1920 年，公共教育开支总额已经上升为 31 300 万元，但其中一半仍被用于分配至乡村一级。关于教育在日本经济发展中的作用的信息，参见 Solomon B. Levine and Hisashi Kawada, *Human Resources in Japanese Industrial Development* (Princeton, N.J.: Princeton University Press, 1980)。

仅有 4%（如果把各种各样的半官方教育机构也计算进来则为 8%）的 15 岁到 19 岁的青少年接受了超出基础水平的教育。到 1908 年，这一数值上升为 19.8%（27.7%），但即使到了 1920 年，仍有 50% 到 75% 的日本年轻人没有超出已经延长至 6 年的义务教育的水平。从 1890 年开始，日本的中等教育由一个多层次系统提供，并致力于让年轻人从事于更多样的职业。

职业培训经 1899 年所颁布法令而系统化起来，但它仍包含一些不调和的成分。大多数职业技能培训处于正式教育体系之外，开始的时候，这些培训或者由与政府工业设施相关的学校提供，或者由工匠们向学徒工提供，还有一些与"庇护人"（"亲分"或"亲方"）联系在一起。日俄战争后，尽管技术学校、职业院校及学院的数量不断扩展，但由于第一次世界大战期间对现代职业技能需求的扩大，职业培训逐渐转变为大企业内部的一项流程，这一情况一直维持至今。这些发展使得技术劳动力市场愈发专业化与集中化，并赋予了"忠诚"及对雇主具有应尽义务的意识等"传统"美德以非同寻常的重要价值。同时，大企业内部的集中培训也稳固了它们相对于小企业的种种优势。

高等教育由少量国立的"帝国"大学（东京大学，1877 年设立；京都大学，1897 年设立；九州大学，1909 年设立）提供，其首要目的在于培养行政部门的高级管理人才，其次是为大企业培养高级管理人才。从这时起，东京大学的法学学位成为进入高贵的公务员职业生涯的必备条件。19 世纪 90 年代后，大公司开始响应政府的引导，招聘大学生作为管理人员。到了 1900 年，来自东京帝国大学、庆应义塾大学以及东京高等商学院（现在的一桥大学）的毕业生们，开始取代第一代自学成才的职员与经理们的位置。高等教育机构的毕业生们是社会中数量稀少的精英，他们往往成为综合管理人员或官员，而不是成为科学家和工程师。这一共同的大学教育背景，使日本的政界与商界的高层班底中得以形成一种团结的意识。

日本教育系统形成于早期盲目西化思潮盛行的时期，其后越来越具有民族主义意识形态的鲜明特征。它的目标正如日本的征兵制一样，在于创造忠诚的臣民和温驯的员工。日本教育系统不仅成功地使日本人服从被告知的命令，甚至还掌控了人们的思想与感情。也许，不同于此的教育系统可以帮助避免后来的政治军事灾难，但毫无疑问的是，这种教育方式对于工业化所需的劳动力、劳资关系，以及政府对市场和经济增长的控制，产生了积极作用。在相对自由的高等教育阶段，其目的也不是培养有创造力的科学家或思想家。但是，在这一时期，日本可以借助与学习全球范围的科学知识，因此技术能力比原创思想有价值得多。如果单从经济增长的立场来判断，这种教育体制的优点要多于其缺点。

传统部门（1885—1913）

运用发达工业化国家管理思想和技术的产业的引进及其增长，对于日本的经济发展来说至关重要。因此，为了理解这一发展过程，我们需要将"现代"的经济活动与本土的或"传统"的经济活动加以区分。从概念上来说，这并不困难。现代成分包括工厂中使用非生物动力、进口机器或国外生产模式进行的制造活动，它的产出既可以是像肥皂这样的新型产品，也可以是使用新方法制造的，诸如棉纱和钢铁这样的传统产品。从国外引进的使用机械的采矿业是现代产业，类似的还有铁路、汽船、银行、保险以及像燃气与电力这样的公共事业。由中央和地方政府提供的服务，如教育、警察以及军队，也是现代部门的一部分。

传统部门包括农业、传统制造业以及传统商业和服务业。尽管如化学肥料这样的新元素在农业中已被大量使用，但农业仍被视为传统行业，这主要是因为农业技术、组织形式以及农民的生活方式都没有发生多大变化。棉纺织业以及一些小作坊也被划分到传统部门，这是因为它们或者使用了现代材料如化学染料和纺纱机械，或者生产新型产品如铅笔和火柴，但这些都没有使得上述行业的生产技艺和组织形式与传统方式产生多大区别。零售业、建筑业，以及使用马匹和小船的运输业，也都属于传统部门。（产生于 19 世纪中期的人力车［rickshaw］运输，也许是一个边缘性的案例。）

当我们试图去量化现代与传统的经济活动时，会产生两个严重的问题。第一个问题，是如何将现代产业与传统产业加以区分。1914 年以前，经济数据按行业收集与分类——这意味着分类的标准是生产什么而不是怎样生产，这使得这一时期的统计数据无法区分在大型现代工厂中生产的产品和农民家庭副业手工生产出的产品。1914 年以后，经济数据按生产场所的大小收集与分类，而场所的大小则由工人的数量来衡量。假设工人数量大于或等于 5（有时要大于或等于 10）的

404

工厂产出可归于现代产业，那么，这部分数据就可用来区分传统与现代产业了。[1]

405　但是应当认识到，通过这一过程得出的结论可能是有失客观的。尽管如此，由于现代经济的发展就是现代产业相对于传统产业的增长，所以任何试图分析这一过程而不对它们进行区分的努力，都无法得出正确的结论。这意味着，将日本产业视为单一同质的经济来进行分析，很难得到认真的对待。

　　第二个问题，是如何将传统产业与农业区分开来，尤其是在我们分析的早期阶段，相当程度的传统产出是由农村里被归类为农民的人们所生产的。例如，据估计即使到 19 世纪 80 年代晚期，日本一半以上的棉纱与生丝都是由农民生产的。从事农业生产比其他农村职业享有更高的社会声望，所以与土地有着传统家族关系的零售商、小商贩、产业工人以及企业家都会自称为农民，即使他们拥有的土地已经很少，或者他们的家庭已经几乎不再参与农业生产活动。随着农业和手工业的区分度越来越高，越来越少的非农户被归为农民。这一统计只考虑到了农业劳动人口减少中显而易见的部分。尽管这一时期劳动力及其他资源由农业向传统手工业转移的过程对日本经济的增长十分重要，但这种转移的程度其实比官方统计的要低。

　　尽管我们必须认识到数据的不足之处，但是，由于农业、非农业传统部门及现代部门规模的相对变化，对日本的经济增长至关重要，所以我们必须尝试来量化它们。

　　在 19 世纪 80 年代早期，日本 2 200 万有偿雇佣人员的 98% 从事于自明治维

---

[1]　关于 1872 年和 1920 年之间的劳动人口的职业分布情况的估计，参见 Hijikata Seibi, "Shokugyo betsu jinko no hensen o tsujite mitaru shitsugyo mondai," *Shakai seisaku jiho* no. 108 (September 1929)。他的估计为人们所引用，参见 Yamada Yuzo, *Nihon kokumin shotoku suikei shiryo*, rev. ed. (Tokyo: Toyo keizai shinposha, 1957), pp. 152-153。关于 1872 年到 1905 年农业和非农产业之间，以及 1880 年到 1883 年和 1906 年到 1920 年各工业部门之间的职业分布估计的订正，参见 Umemura Mataji, "Sangyo betsu koyo no hendo: 1880-1940-nen," *Keizai kenkyu* 24 (April 1973): 107-116。该文对前文的修正，指出 19 世纪 80 年代存在着更大的非农业劳动力，在 1885 年到 1905 年之间农业劳动力的规模较小，在第一次世界大战期间，还有一个更为明显的劳动力移出农业的运动。对这一估计也有修订版本，参见 Okhawa and Shinohara, eds., *Patterns of Japanese Economic Development*, pp. 392-394; 在保留他对总劳动力的估计时，梅村增加了农业部门的数字，减少了非农业部门的数字，还提高了由制造业支付费用的服务行业的数字。

　　如果工业部门对职业分布的估计，特别是在早期，仍然是一种假设，那么，将劳动力归类为传统部门和现代职业就应视为水墨写意。关于这个问题的最精彩论述，参见 Nakamura Takafusa, *Senzen-ki Nihon keizai seicho no bunseki*, pp. 338-339; 仅就 1920 年而论，亦见 Nakamura Takafusa, "Zairai sangyō no kibō to kōsei-Taishō 9-nen kokusei chōsa o chūshin ni," in *Sūryō keizaishi ronshū*, vol. 1: *Nihon keizai no hatten*, ed. Umemura Mataji et al. (Tokyo: Nihon Keizai shinbunsha, 1976), pp. 195-219。

新以来变化甚微的经济活动。尽管这些人中有 70% 以上被官方归类为农民，但农业很可能只吸收了按实际工作时间计算的将近 60% 的劳动力供应。按相同的劳动力投入成分来计，渔业和建筑业雇佣了 2% 的劳动力，传统采矿业和手工业雇佣了将近 1/6，而商业与服务业则雇佣了相对来说较少的比例。仅有大约 40 万人在现代部门工作，这其中一半以上受雇于中央或地方政府，作为政府官员、警察、军人、教师以及国有工厂或兵工厂中的工人。现代私有企业雇佣了剩下的不到 20 万人。在 19 世纪 80 年代早期，90% 以上的日本国内净生产总值由传统经济活动产出。农业、林业以及渔业占据了 70% 以上的劳动力，但产出只占国内净生产总值的不到一半。非农传统商业及服务业产出了另外的 45%，而现代部门仅贡献了大约 5% 的产出。正如中村隆英所观察到的：现代产业犹如传统行业的汪洋大海中稀疏分散的小岛。[1]

1883 年到 1913 年间，日本劳动力由 2 200 万增加到 2 600 万，而且劳动力的行业分布也发生了变化。官方数据表明，投入到农业生产中的劳动力出现轻微下降，而非农劳动力几乎翻了一番，但实际上劳动力数目的变化要远小于数据所展示的。在非农部门中，现代部门的雇佣人数增加了 4 倍，而传统行业仅增加了 60%。然而，由于传统商业与手工业占有压倒性的比重，所以这些部门吸收了新增劳动力的 3/4 还多。在这 30 年里，日本经济的产出增加了差不多 3 倍。在这一增长中，农业产出的增长贡献了大约 20%，其他传统形式的产出贡献了 40% 或更多。尽管现代部门像传统部门一样快速增长并扩大了 2—3 倍，但由于它的初始规模相对过小，从而仅贡献了总增长的不到 1/3。这些数据应当承认令人印象深刻，但它们所描绘的第一次世界大战之前的日本经济图景却并非不切实际。尤其是，它们强调了传统经济活动的重要性及其对经济增长的贡献。

农业

由于农业在开启现代化发展的初始阶段占据了日本经济相当大的部分，因而它的表现对日本的经济发展有着重要的影响。现存研究中有各种各样对日本农业发展表现的估计。大川及其他研究者使用政府的数据，估计了农业产出的实际收

[1] Nakamura Takafusa, "Shijo kozo to sangyo soshiki," in *Nihon keizai ron-Keizai seicho 100- nen no bunseki*, ed. Emi Koichi and Shionoya Yuichi (Tokyo: Yuhikaku, 1973), p. 301.

入增长率：从大约 1880 年到第一次世界大战（使用 1913 年到 1917 年平均后的数据），年平均增长率超过 2.4%，其中在 19 世纪末 20 世纪初增长率达到 3.3%，随后降低到 1% 多一点。[1] 然而，早期的政府统计数据不够准确。詹姆斯·纳卡穆拉（James Nakamura）认为，1875 年到 1882 年间的政府数据仅仅展现了真实产出的一半，主要原因在于政府数据对产出的隐瞒和对产量的低估。通过对数据的修正，他得出自 1880 年到第一次世界大战这一时期，农业产出年平均增长率大约在 0.8% 到 1.2% 之间，而这一增长率在 20 世纪初得以提高而不是降低。[2] 有理由认为大川的估计失之过高，因为这意味着早年的人均热量摄入过低，从而不可信；而中村的估计则失之过低，因为如此之低的增长率，不允许人均热量摄入随收入增加而有任何提高。近期的一项研究对该时间序列的数据进行了重新处理，结果表明增长率处于上述两位学者得出的结果中间。具体来说，以 1934—1936 年的不变价格计算，日本农业总产出的年平均增长率为 1.7%，其中 1900 年以前为 1.5%，之后增加到 1.8%。[3] 尽管这一结果并不能认为是最终版本，但对我们的研究来说已经足够精确。该结果并没有揭示出农业的迅猛增长，而这曾被认为是日本经济增长初始阶段的主要因素，但是，它表明了与明治维新前相比，农业增长经历了一个显著的加速过程。

农业产出的增长，无论是在 19 世纪还是 20 世纪，都与传统投入要素如土地、劳动力、机器、肥料的使用增长有关，组织形式与技术的变化也为其提供了动力。产出品构成的变化也影响了总产出的价值。从 1880 年到 1900 年，农业投入品增长相对缓慢。农业人口看起来保持了稳定，但真实劳动投入应当有所增加，这是那些本就极少向农业投入劳动时间的人转移到其他部门去的结果。上报的稻田面积几乎没有出现变化。尽管旱地的上报面积有所增加，但考虑到早期对旱地面积的低报，这一增长并没有看起来那么显著。综合看来，可耕地面积的年平均增长率要低于 0.5%，固定资本年平均增长率要低于 1%，尽管经常性投入的增长更快，但即使到 1900 年，商业化肥与杀虫剂的使用仍然受到相当程度的限制。

[1] Kazushi Ohkawa et al., *The Growth Rate of the Japanese Economy Since 1878* (Tokyo: Kinokuniya, 1957), p. 17. 24.

[2] Nakamura, *Agricultural Production*, p. 115.

[3] Umemura Mataji et al., LTES, vol. 9. 他们的估计并没有因为后来的细微调整而显著改变。参见 Saburo Yamada and Yujiro Hayami, "Agriculture," in *Patterns of Japanese Economic Development*, pp. 85-103; and Yamada Saburo, "Nogyo," in *Nihon keizai ron*, pp. 109-110。

1900 年后，农业人口开始出现轻微的减少，但可耕地面积的扩大速度较以前更快，农具、简易机械、肥料以及其他新型投入品的使用也快速增长。农具与肥料得到广泛使用，这一趋势与 20 世纪农业产出的快速增长保持一致，但在整个这一时期，农业产出的增长要远远超过农业资源投入量的增长。这一差异，有时被人们归功于技术与组织水平提高所导致的资源利用效率的提升。但农业中这一变化的速度通常是较为缓慢的，而在第一次世界大战之前，日本的表现似乎也不例外。

实际上，日本农业的组织形式并未发生显著的变化，而是仍然保持着传统的小规模生产方式。在 1880 年，农户平均可耕地面积低于 1 公顷，到 1900 年缓慢增长到 1 公顷左右，然后保持了相当稳定的状态。但是，农户平均可耕地面积的中位数远小于一公顷，而且几乎没有发生变动。这一时期唯一主要的组织形式变动，来自土地所有权的结构变化。由于土地流转的法律障碍得以废除，土地所有权开始趋于集中，土地与劳动力开始不相匹配，那些拥有超出自身耕种能力土地的人们，开始发现将多余土地租给佃户比自己雇人耕种更加有利可图。于是，由佃户所耕种的土地占比在这一时期逐渐增加，从 19 世纪 80 年代早期的约 35% 增加到第一次世界大战时的约 45%，并在经济衰退时期达到了顶峰。从 1884 年到 1886 年，在松方通货紧缩之后，抵押品赎回权的丧失（其中许多是因为没有缴税），使得日本大约 1/8 的耕地转移到债主手中。到了 19 世纪末，地主们已不再像明治时期开始时那样具有特殊地位，但他们每年所收的租金仍相当于日本稻米产量的 1/4。随着土地实际税率的下降，政府税收的损失主要转移到地主手中，而此时，地主不仅已经成为当地投资与企业建设的主要推动者，而且成为地方事务与国家政治的重要影响力量。

另一个显著的组织形式变动，是在 1900 年产业组合（*sangyō kumiai*）法案保护下建立起来的农业合作社。尽管这些合作社都是志愿性的组织，但到了 1914 年，它们已经在全国范围内的农村地区站稳了脚跟。与地主一起，这些合作社扮演了以下三种角色：农民与市场间原材料与产品交换的中介，引入新技术与设备的管道，农民与政府间关于广泛事务交流的途径。扮演这些角色的目的在于增强小户农民的竞争力，帮助他们在一个日益资本化的市场环境中生存，以及阻止由不受限制的自由竞争所可能带来的日益加剧的不平等和社会动荡。尽管大多数农民尤其是佃农很少有高兴的时候，甚至有时候会感到绝望，但这一举措确实提高

409

了农业生产力，并且缓解了社会的紧张局势。

在 20 世纪的第一个 10 年以前，日本农业上的技术创新未见起色。早期试图引入欧洲农业形式的做法并不成功，到 19 世纪 80 年代这一做法被彻底放弃，取而代之的是由农商务省、土地所有者和农业专家们共同努力，以保护与发展传统小规模农业的措施。与引进新技术的做法不同，这些措施鼓励对本国农业知识的调查收集，并进一步将这些现有的专业知识从较发达地区，如近畿和北九州，传播到东部与北部相对落后的地区。地区内与地区间水稻种植面积与作物种类的变动，也许可以体现出优质作物种类、更好的育种及效率更高的耕种方式的扩散。[1]尽管如此，除了蚕业以外的农业生产并没有发生多大变化，而蚕业中的变化，主要来自一项使蚕在夏秋之交也可以像春天那样孵化的重要技术突破，这使农户把以往的农闲时节利用起来，从而增加了蚕茧的产量。到了 1900 年，这“第二季收成”为全日本的蚕茧产出带来了超过 1/3 的增长。从 1880 年到 1900 年，养蚕业的增长贡献了农业总产出价值增长的 20%。如果将养蚕业剔除，这一时期农业产出的增长率将降低到约 1.3%，但即使如此，这一增长率看起来也比 0.4% 的总投入增长率高得多。我们已知的技术进步很难完全解释这一差距，也许是传统投入尤其是劳动投入的增长率被低估所致。

1900 年到 1920 年间，农产品（总价值）的年平均增长率提高到 1.8%，尽管农业人口有所降低，但其他所有投入品都有相当程度的增加：耕地面积年均增长 0.7%，农业工具和机械使用量年均增长 2.0%，包括使用量大幅度增加的商业化肥在内的经常性投入年均增长 4.7%。技术进步在进入 20 世纪后也大大加速。由于政府的监管与支持，地主们开始调整土地规划并完善排水系统，以提高土地肥力。如果没有新作物的引入及对深耕技术的普及，增长了 4 倍的肥料投入大部分都会被浪费。类似于“新力”（Shinriki）这样的水稻新品种可以高效吸收肥料的营养，因此其种植面积在 20 世纪第一个 10 年大幅增加，而 1900 年可逆式短铧犁技术的突破，使得土地深耕成为可能。随后不久，回转除草机也被引进，并使用于等距直耕种植的土地，这使得除草效率大大提高。

显而易见，这些改变并没有引发普遍的热情，但是，有大约 14 项改进是根

---

[1] 参见 Yujiro Hayami with Masakatsu Akino, Masahiko Shintani, and Saburo Yamada, *A Century of Agricultural Growth in Japan, Its Relevance to Asian Development* (Minneapolis: University of Minnesota Press, and Tokyo: Tokyo University Press, 1965), pp. 113-131。

据 1903 年农商省发给农业协会的指示强制推行的。这些改进包括：饱和盐水浮聚法选种，长方形苗床，秧苗移植后对稻田的改进，提高种子质量和工具的使用，使用家畜犁地以及等距标准行水稻种植，等等。相应的农业发展监管措施由地方政府发布，并通过罚款及短时监禁来强制执行。即便如此，这些规划也仅仅取得了有限的效果。[1] 日俄战争期间，通过饱和盐水浮聚法培育的良种占全部种子的比例由 1/2 提高到 2/3，使用家畜犁地变得更为普遍，在等距标准行农田种植的水稻占总耕地面积的比例由 1/3 提高到接近 1/2。[2] 令人惊奇的是，造成这些显著变化所花费的时间却如此短暂。在德川时代，没有效率或懒惰散漫的农民应当受到惩罚的观念已被社会普遍接受。但在 20 世纪，这一观念在试图推行的过程中遭到了大规模的抵抗，到了 1910 年，尽管政府仍对农业事务进行广泛的监管，但原有的惩罚措施已经被奖励所取代，这些奖励包括一系列的补贴及其他一些财政激励。

411

单独来看，这些变化都不是很大，但它们的共同作用产生了较大的影响。新的早熟水稻品种和其他一些粮食作物扩大了可以一年两作的种植面积，对养料更为敏感的作物品种使得使用肥料与深耕更加有利可图。商业肥料主要是东北大豆饼（Manchurian soybean cake）的用量上升，这使得降低原本用来提供农家肥和休耕的草地的面积成为可能，从而为发展林业和其他直接生产行业提供了土地。经济作物所带来的利润，进一步加深了各项变化的影响。对明治时代以前的农民来说，种地更像是责任而不是一种可以获利的行为，农业税的急剧下降，使得农民最大限度地利用时间，以更多地投入到更有利可图的产业和商业活动中去。明治维新后，农业直接税率仍高于工业，但农业收入中的直接税占比，从 1883 年到 1887 年间的 20% 多降低为 1918 年到 1922 年间的不到 10%。[3] 尽管传统观念的改变十分缓慢，但到了第一次世界大战期间，当其他的农村收入来源开始下降的时候，日本的农业变得越发专业化，这一过程伴随着技术进步和市场创造出的更多机遇，对农业的劳动力投入产生了激励作用。[4]

---

[1]　参见 Takekazu Ogura, ed., *Agricultural Development in Modem Japan* (Tokyo: Fuji, 1963), pp. 159-171。

[2]　参见 Takekazu Ogura, ed., *Agricultural Development in Modem Japan* (Tokyo: Fuji, 1963), pp. 305。

[3]　参见 Tobata Seiichi and Okawa Kazushi, eds., *Nihon no keizai to nogyo* (Tokyo: Iwanami shoten, 1956), vol. 1, p. 381。

[4]　参见 E. S. Crawcour, "Japan, 1868–1920," in *Agricultural Development in Asia*, ed. R. T. Shand (Canberra: Australian National University Press, 1969), pp. 1-24。

在日本现代经济增长的初始阶段，农业发展可能既没有曾经认为的那么迅速，也无论如何不会是为经济增长投入的唯一资源。正如我们所见到的那样，这一阶段的工业增长主要是由传统部门供给资金的传统制造业的增长。即便如此，日本并没有像苏联或者中国那样，在有限的经济增长过程中饱受农业落后之苦。直到 1900 年，食品供应仍可以满足国内需求，并且在之后也没有多少短缺。1880 年，在相当低的平均营养水平下，1 700 万农业劳动力养活了总计 3 500 万人；1920 年，在人均食品消费上，1 400 多万农业劳动力使 5 500 多万人享受了适度增长，这其中有不超过总消费 8% 的食品来自进口，主要进口于朝鲜和中国东北。这一均衡或者接近均衡的状态，并不能单独通过农业产出的增长达成，人口增长适度而且人均食品需求增长非常少，是这一均衡状态得以达成的重要因素。

412

来自其他发展中国家的经验表明，如果人均收入从一个相当低的水平增长，那么，一半以上的经济增长应当花费在更多或更好的食物上。然而，在日本这一比例相当之低，它的平均营养水平甚至显著低于最佳标准。日本的传统饮食习惯没有发生什么变化，人均卡路里摄入量也增长缓慢。[1] 造成这种情况的原因并不是显而易见的。对人均食品消费量和国民收入变化的估计不是十分可信，即使看起来食品消费变化并没有被低估，但国民收入的增长却可能因为统计范围的扩大而在一定程度上被夸大。当然，也可能是由于文化传统鼓励人们尤其是女人对食品消费的节俭，或者是随着城市化的进展，人们为了购买曾经自产自用的工业品而挤占了对食品的消费。最为重要的是，对其他资源尤其是投资和出口的需求，使得个人消费的增长低于人均国民收入的增长，这表现为人均消费占国内支出总额的比例由 1880 年的约 85% 下降为 1920 年的约 70%。此外，由于富人存钱而穷人没钱，个人收入的差异化日益加剧，从而促进了平均储蓄的增长并降低了平均消费。

由于难以将农业与农村工商业分离开来，过去人们可能夸大了农业在工业投资资本来源中的影响，但是，农业税收确实是一项至关重要的财政收入，离了它明治政府将无法维系，而且它在资本积累、技术引进及协调企业关系上扮演了核

---

[1] 参见 Hiromitsu Kaneda, "Long-Term Changes in Food Consumption Patterns in Japan," in *Agriculture and Economic Growth, Japan's Experience*, ed. Kazushi Ohkawa et al. (Princeton, N.J.: Princeton University Press, 1969), pp. 406-409。

心的角色。1880 年，对土地和农村家庭所征收的税款占到国家与地方全部税收 413
的约 70%。日俄战争前夕，由于从所得税、商业税和消费税尤其是酒类消费税上
涨，这一比例下降至 1/3 ；第一次世界大战时，这一比例更是降至 30% 以下。[1]
随着农业产品中政府所得份额的降低，地主所得份额出现了几乎同比例的上升，
而地主们正如我们所观察到的，更倾向于储蓄，以及向国家和地方企业投资。

　　对外贸易的增长是日本经济发展早期阶段的关键影响要素。在 19 世纪 80 年
代中期，全部对外贸易活动仅占总体经济活动的 6%，但是到了日俄战争期间，
这一比例上升至 20% ；到第一次世界大战期间，进一步上升至 28%。在 19 世纪
80 年代，日本出口品中 2/3 以上是以生丝为主要代表的农产品。到了日俄战争
时，这一比例下降至 1/3。日本国内种植的棉花无论在价格还是质量上都无法与
国外竞争，于是棉花转为进口品，这在很大程度上降低了农产品为国际收支平衡
所做的贡献。但总体来看，第一次世界大战之前农产品出口在对外贸易中扮演了
十分重要的角色，甚至在第一次世界大战期间还占到商品出口的 1/4。

　　总而言之，这一时期农业的表现即使不如之前所想的那样出色，但也为日本
的经济发展做出了足够的贡献。对更先进的农业生产方式的引入、传播或偶尔的
改进，以及尤其是地主们对物质激励手段的更多运用，这一切使得土地与劳动得
到更加有效的利用，并进一步使农业产出实现持续增长成为可能。另一方面，正
由于需求的增长有限以及对传统消费模式的坚持，供给才得以称得上充足。小规
模农业的形式几乎没有发生变化，但土地的租期延长了，地主和农业协会取代了
以前代官（daikan）和乡绅的一些社会职能。从理论上来说，日本的经济增长使 414
得人们的视野拓宽和机会增加，但对广大农民来说，艰苦的生活仍在继续。随着
20 世纪 20 年代萧条时代的到来，这种状况变得更加糟糕了。

传统行业

　　明治时代早期的领导人们推行了一系列政策，其目的在于通过"富国强兵"

---

[1] 估算值存在差异，参见 Kazushi Ohkawa and Henry Rosovsky, "The Role of Agriculture in Modern Japanese Economic Development," *Economic Development and Cultural Change* 9 (October 1960): pt 2, p. 61。书中表 14 显示，在四项 "主要税收"（所得税、土地税、营业税和海关税）中，土地税占国家岁入的百分比，从 1890 年前后五年的平均 85.6% 下降为 1905 年前后五年的平均 55.8%，再降为 1915 年前后五年的平均 37.6%。然而，到 1915 年，四项主要税收仅占国家岁入的 54.6%。我曾经计算过国家、府、县和地方［町村（choson）］的土地税与地方家庭税的总和占所有国家和地方税收的百分比。应予注意的是，町村的 90% 为乡村。

追赶西方发达国家，他们相信实现这一目的的途径在于尽快将日本落后的生产方式替换为西方最先进的生产方式，在这种信念下，自然没有人支持或去改善现有的生产结构。到 19 世纪 70 年代，试图将西方生产方式移植到日本的尝试基本上都失败了，部分原因是日本没有与西方生产方式相应的配套设施，但也许更重要的原因是，诞生于西方的生产方式，在日本这样资本设备相对于劳动价格贵得多的国家不能获利。针对这一问题的政策最初有两种：一种是以国有企业的形式建立现代产业；另一种是通过协助特定企业对机器的选择、购买及进口，并向其提供技术援助来降低建立工厂的成本，这使得这些企业在它们感兴趣的领域有可能完成原始资本积累。这些特定企业一般被称为"政商"（"political merchants"），并逐渐发展成后来的财阀。实施该政策的成本对当时的日本来说是巨大的，更何况其他各种需求已经达到了日本的财政极限。在松方正义进行财政改革期间，国有企业被以足够低的价格出售给特定的购买者，这一价格低到以当时的条件这些购买者已经能够承担资本设备的成本。

紧随松方财政紧缩后的衰退，给日本的传统行业带来了严峻的考验。1884 年，刚从欧洲访学归来的前田正名（Maeda Masana），担任了农商务省的高级官员，在经过对日本经济基础的全面调查之后，他提出传统行业对日本经济来说是一项不可缺少的资源，在其获得支持并取得发展后，传统行业既有能力满足日益增长的消费需求，又可以进行出口以换取急需的外汇，甚至还可以逐步发展出可与西方产业比肩的生产力。他还提出，这种实现产业现代化的方式更为适应日本资本匮乏而劳动力过剩的现状，并且要比直接转变为西方式的工厂花费更少的成本，最后它还可以缓解经济危机，这种危机在日本历史上一直存在，并且在松方财政紧缩后的衰退过程中显得越发严重。[1]

尽管并没有完全采纳前田正名的建议，但是政府确实也认识到了传统行业在经济中的重要地位。日本人所消费商品的制作方式从国门开放后就没发生过什么变化。房屋、衣服、饮食以及家庭用品始终保持着日本特有的传统，而这一切都离不开传统行业。从这方面来说，日本与类似于荷属东印度群岛这样的地区不同，后者处于生产原材料并进口大量消费品的殖民体系之下，这使得其本土的生

---

[1] 前田正名的发现和建议于 1885 年的《工业意见》（*Kogyo iken*）中提出。这篇著作及其相关材料和评论，参见 Ando Yoshio and Yamamoto Hirofumi, eds., *Kdgyo iken hoka Maeda Masana kankei shiryo* (Tokyo: Koseikan, 1971)。亦见 Soda Osamu, *Maeda Masana* (Tokyo: Yoshikawa kobunkan, 1973)。

产体系日趋衰退。

19 世纪 80 年代，个人消费占日本国内消费总值的 80% 左右，到了日俄战争时期，这一数值降至 75%，到 1915 年，降到了 72%。非农商品及服务的消费[1]，在 19 世纪 80 年代仅占国内消费总值的 35%，但在日俄战争期间实际上升到 38%，第一次世界大战前达到 43%。这些数据表明，总个人消费相对较低的原因在于农产品消费的相对滞后。而非农商品和服务消费量的增长速度要快于总体经济的增长。传统商品生产速度的提高和消费增长几乎一样快，这反映了该类商品几乎不存在进口的情况。

除了供应消费品以外，传统行业还促进了资本的积累和出口贸易。相当一部分基础设施建设，如修筑道路等，及其他的公共事务都使用传统方式进行，并由通过传统途径雇佣和组织起来的工人们加以完成。直到 19 世纪 90 年代，生丝作为占据日本总出口量一半的重要出口品，仍然由手工缫丝进行生产。1859 年开放对外贸易后，手工艺品如漆器、景泰蓝器及金银镶嵌器一直都是日本重要的出口商品。1900 年后，日本出口铅笔及其他产品的数量开始增加，这些产品对日本来说都是前所未见的，但仍以类似于传统农村制造业的生产方式进行生产。

传统行业的另一个重要功能在于提供就业。在日本现代化经济的发展过程中，伴随着农业劳动人口下降的是总有偿雇佣人口的上升。直到 20 世纪 30 年代，这一差距才差不多被传统部门中的第二、三产业所弥补。在这一过程中，传统非农行业雇佣劳动人口数所占比例由 1882 年到 1885 年间的 22%，上升至日俄战争期间的 30%，到第一次世界大战前夕进一步上升至 32%，直到 1920 年达到 37%。这一数据是较为保守的，因为它将所有雇佣人数超过 5 人的工厂都归于现代行业，但实际上，这其中有许多工厂自明治维新以来就没有发生过变化。

传统行业对手工业产出的重要性是难以量化的，这是因为产出数据并没有按照传统与现代的生产方式进行划分。根据一个粗略的估计，手工业产出中使用传统生产方式生产的产品所占的比例，在 19 世纪 80 年代为将近 3/4，到日俄战争时下降至将近 1/2，并在第一次世界大战时下降至 1/3。这一衡量传统行业对手工业产出重要性的估计，有可能是较为准确的，但也有可能夸大了生产方式变革

416

---

[1]　计算方法为个人消费减去未加工的食物。为达此目的，稻米被视为一种未加工的食物，即使碾米业是一个相当大的产业。这在一定程度上平衡了加工食品的全部成本。

的速度。除了像酿酒业、榨油业及冶金业这样利用水能且雇佣人数超过 20 人的行业，或者一些与城市装饰相关的行业，大多数传统行业都起源于农村，并且绝大多数都曾是农民的家庭副业。这些行业的流动资本由商人（ton'ya）提供，并多是以提供原材料或者工具的形式来进行。这些商人还掌控了生产过程，并在主要城市出售产品。在明治维新后的转型期间，原本由注册商人行会或官方市场委员会维持的"有序市场"基本失效，原因在于它对商品质量、价格及信贷的不利影响。食品加工业、棉业中从轧棉到纺织的中间环节、缫丝及一部分丝织业都是深受其害的典型行业。

在日本经济增长的初始阶段，发生了一系列的变化。首先，一些生产过程由农村地区转移到邻近的城镇或更大的城市，而后者正是一些家庭手工业或小作坊聚集并从事专业化产品生产和交易的地方。在甲午中日战争后一直持续到日俄战争前夕的衰退期内，许多人从农村迁移到城镇以寻找工作。他们所找到的工作一般都与他们在农村中所习惯从事的种类相一致，并且工资也维持在农村地区的水平。从 1898 年到 1918 年，城市人口几乎增加了两倍。尽管新增劳动力大多投入到第三产业中，但城市手工业的劳动人口数也获得了显著提升。

其次，传统行业被重组进同业公会或合作社中。明治政府最初试图通过国家机构来协调和监管传统产品的生产、融资和市场，但这种做法很快就被抛弃了，取而代之的是推动以国外最新技术为基础的新产业发展的政策。1879 年，大阪商会开始重新建立传统贸易中的秩序，到 1880 年年底它已宣布 189 家贸易协会的成立，这大体上已与明治维新前的行会状况相当。次年，大阪市政府做出回应，对贸易协会的建立和管理实行行政监管。监管措施包括对注册会员、选举行政人员、维护产品质量和保持商业道德的规定，并在大阪商会的监管下对违背者实施惩罚。东京和京都也发生了类似的情形。1884 年，农商省发布了关于如何创立贸易协会并对其进行监管的国家性准则。这使从事有关农业、商业和工业的人们得以建立一些地方性的非营利组织，而这些组织表面上看起来有利于成员间的互利合作。有关注册和申报的规定，与大阪市条例中的相关规定相类似。当一个组织经申请并获得批准后，其成员需要通过规定权限进行注册，当适用范围内 3/4 及以上的成员有资格加入该组织时，剩下的成员也必须加入。至少在大阪，许多通过这种方式建立起来的贸易协会，实际上是行业规则的继承者，或者说从某种形式看来，这些协会只是明治维新前行业规则的延续。

1897 年，一项新的法律强制相应企业加入主要的出口贸易商协会。3 年后，所有的贸易，无论是出口还是其他形式，都被要求接受主要产品贸易协会的管理。这些协会涉及几乎所有传统手工业者的生产和销售，并替代了依据 1884 年颁布的准则所建立起来的协会。新的贸易协会致力于帮助会员维持商品标准，提高生产力，防止过度竞争（尽管价格操纵行为已被明文禁止），提高管理技能，以及实现一定的规模经济。与此同时，像依据 1884 年的准则建立起来的协会那样，新协会也是政府进行监管的工具，他们需要确保自由建立起来的企业不会损害贸易的整体，同时保证传统行业沿着有利于国家利益的方向发展。[1]

最后，前田正名关于产业发展渐进式改革的议案并没有得到通过。他提出产业发展应建立在对已有行业的逐步升级之上，这一提议被认为可以"富国"，但在短时期内无法"强兵"。然而，由于他的提议，政府开始认识到通过提高传统行业的技术标准和生产效率，可以以相对较低的成本获得收益。[2] 在得到了政府的支持后，一些传统行业完成了技术升级，得以生存下来，并开始与建立在进口技术上的新兴企业一同竞争。例如，在缫丝业，试图使用最先进的进口机器的工厂并不能获利，这是因为在它所处的社会环境中，便宜的熟练工人数量较多，而资本却较为匮乏且成本高昂。在这种环境下，人力缫丝还具有相当的竞争力。手工缫丝在质量上虽然不及机器缫丝，但通过一系列的改进，手工缫丝的质量和效率都得到了提升。在此同时，机器缫丝厂开始进行改造以适应日本的环境，使得建厂和运营成本迅速降低。日本机器缫丝业的先驱富冈缫丝厂（Tomioka mill），使用 1871 年进口自法国的机器，当时每盆成品丝的成本高达惊人的 1 500 日元，但几年之后就降至 13.5 日元。该厂工人的人均产出在建厂 10 年后翻了一倍，到了 19 世纪末几乎又翻了一倍。即使如此，手工缫丝仍有一定的竞争力，而且产出一直在增加，并持续到 19 世纪末，尽管机器缫丝产量在 1894 年已经超过了手工缫丝，并且由于更高更稳定的质量而占据了出口市场的大部分份额。直到 20 世纪 20 年代，由于机器缫丝的迅速增长，手工缫丝的产出才开始显现出下降的趋势。在缫丝业，正如其他许多行业一样，进口技术只有在它适应了日本的环境

418

---

[1] 参见 Miyamoto Mataji, "Shoko kumiai," in *Nihon keizaishi jiten*, ed. Keizaishi kenkyukai (Tokyo: Nihon hydronsha, 1940), vol. 1, pp. 801-804. 该书清楚地表明了日本现代贸易协会与明治时代以前那些行会之间的连续性。亦见 Watanabe Shin'ichi, *Nihon no keiei kozo—Semen hen* (Tokyo: Yushodo, 1971), pp. 53-79。

[2] 参见 Soda Osamu, *Chiho sangyo no shiso to undo* (Kyoto: Minerva shobo, 1980)。

之后才能取得成功。在这一过程中，大型水力机器缫丝和经过改良后的传统手工缫丝之间的技术差距较小，这使得它们可以相互学习提高。由于机器生产的规模经济还未达到，同时廉价劳动力供给一直充裕，日本本土的传统技术继续存活了 50 年以上的时间。[1]

一方面，即便在棉纺织业这样首批成功实现了现代化的行业，传统生产方式仍然生存了下来并得到了一定的发展。尽管明治时代早期即已存在棉纱和棉布的进口，但在 19 世纪 90 年代以前，使用原棉生产的传统产品以及与其相关的传统行业一直保持着繁荣状态，在此之后，手工轧棉和手工纺纱才无论在质量上还是在成本上都已无力与日本的现代工厂相抗衡。另一方面，传统棉纺织业仍然兴盛，1885 年到 1910 年间，日本服饰所使用的窄幅布的产出增长了 3 倍，这使得传统棉纺织业成了当时增长最快的产业。如此程度的增长得以实现，依赖于工具与原料的发展，专业化程度的提高也是重要的因素。不过，半农村的家庭手工业在生产和贸易中的主导地位仍未发生明显变化。即使在 1910 年，87% 的织布机仍由人力运作，这其中 1/2 以上在农村使用，另有 1/3 在不足 10 名纺织工人的"工厂"中使用。[2] 到了 20 世纪 30 年代，在保有传统组织形式和特征的情况下，窄幅棉布纺织产业开始逐步使用电力织机。这一产业得以继续生存，主要归功于人们对传统服装的坚持，实际上直到太平洋战争时期，日本人仍将棉质和服作为自己的日常穿着，而和服的制作过程中需要大量的纺织和印染，从而使制作和服耗时较长且非常不经济。

这种对多样性的类似需求，也帮助其他一些传统消费品行业得以生存下来并发生了不同程度的扩张，其中包括制陶、漆器、竹制品，以及手工造纸等行业。[3] 除此以外，新型产品如火柴、草帽、刷子、西式雨伞及纽扣，也使用传统方式生产，并且大部分用于出口贸易。以火柴为例，这种商品通过一个劳动密集型的外包系统制成。所谓的"制造商"往往通过当地银行融资并提供原材料，他们有时

---

[1] 参见 Otsuka Katsuo, "Seishigyo ni okeru gijutsu donyu" in *Nihon keizai no hatten*, pp. 159-178, and Nakamura, *Senzen-ki Nihon keizai seicho no bunseki*, p. 64。

[2] 参见 Nakamura Takafusa, "Zairai men orimonogyo no hatten to suitai-Oboegaki" in *Suryo keizaishi ronshu*, vol. 2: *Kindai iko-ki no Nihon keizai-Bakumatsu kara Meiji e*, ed. Shinbo Hiroshi and Yasuba Yasukichi (Tokyo: Nihon keizai shinbunsha, 1979), pp. 219-233。

[3] 关于进一步的案例，参见 Chihoshi kenkyu kyogikai, ed., *Nihon sangyoshi taikei*, 7 vols. (Tokyo: Tokyo daigaku shuppankai, 1960)。

也会提供简单的生产设备。一户或者多户人家负责将松木劈成小块，另有一些人将木块再次劈开并削成火柴棍，还有人负责将火柴棍浸入到化学试剂中以制成火柴头，另外有人负责制作火柴盒并将其贴上标签，最后由另一批人将火柴放入盒中并打包好以方便运输，这些工人都以家庭为单位。整个生产流程在一个小到可以用手推车将原料和产品从一个环节转移至下一个环节的场地进行。一个"制造商"可能雇佣几百人在自己的家里完成这些工作，工人的薪水非常之低，以至于整个家庭都要工作很长时间才能维持生存。

420

从 19 世纪 80 年代到第一次世界大战，传统部门的增长对整个日本经济的发展至关重要。这不仅是因为传统行业产出的增长占到总产出增长的大部分，更是因为它通过提供和维持劳动力，积累资本以及赚取外汇的方式哺育了幼稚的现代产业。有以下几个因素导致了传统行业的增长。[1] 第一，正如前文所述，随着人口的增长和收入的增加，对传统的坚持使得传统产品的需求不断增长。第二，直到第一次世界大战，传统行业仍是从新的基础设施，尤其是便宜的运输和现代金融体系中受益最多的行业。第三，现代产业的发展提供了更便宜、更好的原材料，例如机纺棉纱、染料及其他化学制品、纸盒和玻璃，这些原材料降低了传统行业的成本。第四，对现代基础设施建设、工业和国防等的投资增加了对传统商品和服务的需求，从而提高了传统行业的收入。第五，出口市场以及政府对传统劳动密集型行业作为出口制造商的鼓励，刺激了传统行业的增长。由于较低的劳动力成本，日本传统行业甚至可与那些资本相对发达的工业化国家的高水平机器化生产的制造商一争高下，这使得他们大受刺激。

大川及其他研究者相信，日本有能力维持农业与工业的增长。[2] 但是，这一趋势并不明晰，因为第一次世界大战前的日本工业增长主要来自传统行业。从表面上看，好像是农业与工业同时增长，但实际上是传统部门作为一个整体的增长。现代部门大约在第一次世界大战期间实现了自我维持，并发展为经济增长的领头羊，此时传统部门包括农业和传统制造业的增长都在减缓，原因在于随着现代技术的进步，简单手工制品的竞争空间缩小，出口价格下降以及消费者口味发

421

---

[1]　参见 Nakamura Takafusa, "Zairai sangyo no hatten kiko-Meiji Taisho-ki no Nihon ni oite," *Keizai hydron*, new series, 16 (January 1967): 134-156。

[2]　参见 Kazushi Ohkawa, *Differential Structure and Agriculture: Essays on Dualistic Growth* (Tokyo: Kinokuniya, 1972), pp. 165-181。

生了转变。随着战时现代工业的大幅增长，原本相依互补的传统部门与现代部门转变成一种资源竞争的关系，而现代部门在这场竞争中全面获胜。第一次世界大战后的衰退时期，随着越来越多的人难以转换工作，传统部门的收入和生活水平开始明显低于现代部门，这造成了 20 世纪 20 年代二元经济结构的形成，这一经济结构成为第一次世界大战和第二次世界大战中间时期的经济特征，并一直保持到 20 世纪 60 年代的高速增长时期。这种差异化的经济结构不仅对日本的经济发展，也对它的社会和政治发展产生了深远影响，但对这一问题的讨论已经超出了本章的范围之外。

现代部门（1885—1913）

在 19 世纪末的日本，制造业仅是现代部门中的很小一部分，而现代部门占整个经济的比重也非常之低。在 19 世纪 80 年代，新的官僚机构、陆军和海军、教育系统、现代铁路、航运及金融业提供了大部分的现代职业岗位，甚至到 1913 年，这些机构所雇佣的劳动力人数还占到现代部门劳动力总数的一半以上。这些行业都直接或间接地促进了日本的经济增长。但从长远来看，正是现代化第二产业的发展，使其可能以远高于传统的组织和技术所能达到的生产力水平，雇佣稳步增长的劳动力人数，也正因为如此，总产出的持续加速增长才成为可能。然而在 19 世纪末，以现代制造业为主的现代部门仍然需要依靠来自传统经济及一些国外的资源才能生存和发展。

现代产业在日本的发展顺序引起了理论经济学家们的兴趣。西方先发工业国的经验表明，现代产业的发展，依次经历过以纺织业为代表的轻工业、采矿和冶金业、铁路及蒸汽时代到重型工程、化学工业，以及汽车和其他电器用品的规模化生产。这似乎是一个自然发展的过程，资本积累和技术革新降低了资本的成本，并鼓励了日益资本密集化的生产方式的产生。在日本，尽管这一过程耗时更少且存在一些重要的差异，但其发展顺序基本上与西方保持一致。我们可以看到铁路和商船业是如何通过进口钢轨、横梁、铁道车辆、轮船以及其他设备而先于钢铁产业的出现和发展的。采矿业较早取得发展，主要是出于供应市场的目的。尽管棉纺织业及其他纺织业的分支行业是第一批出于盈利目的而建设的现代制造业，但现代钢铁、造船及其他的一些重工业的分支行业也几

422

乎与其同时创立。在轻工业建立起来而重工业还没出现的几年时间里，劳动力和资本的相对成本和可得性发生了一些变化，但这些变化绝不足以使相对资本密集的重工业在利润或竞争力上能与国外产品抗衡。然而，这些重工业和机械工业仍然花费巨大成本建立了起来，或者以国有企业的形式，或者通过政府给予补贴、盈利保证和保护的方式。这其中的大多数企业，直到第一次世界大战爆发时仍未能收回成本。

在这里，让我们来看一下现代日本纺织业与其他产业，例如钢铁产业的主要不同之处：两者都受到某种形式的政府激励和援助，纺织业致力于实现进口替代并减少外汇的流失，而重工业则致力于为国家安全提供保障。前者迅速适应了日本相对充足的劳动力供给，并由此成为一项回报相当丰厚的行业，而后者由于技术限制而对劳动力与资本的比例有严格的要求，这使得它的建立主要是出于国家安全而不是经济获利上的考虑。

为国家利益而不是商业机会创立的企业，倾向于由具有政治经验和良好政府关系而不是具有良好商业背景的人来建设和管理，这导致一种观点认为，明治时期的典型企业家都是武士背景而不是商人背景，日本传统的商人阶层太过保守从而无法适应自由企业的竞争环境。[1] 事实上，无论如何，当市场条件表明真正的商机已经到来时，商人们都不会拖延开发和利用的脚步，19 世纪 90 年代他们在纺织业的作为已经证明了这一点。

然而，基于有利条件而不是自由市场环境的投资决策，并不必然在推动现代经济发展上更没效率或不必要。没有任何经济理论或经验事实表明，在如日本 19 世纪晚期那样的情况下，由不受控制的自由市场力量来分配资源更有利于经济发展。日本政府没有后悔将资源投入进口替代战略，这一战略的目的在于节约外汇，提升国家安全，或者保护他们认为是国家利益的东西。出于这些目的而建立的行业，随着发展往往可以实现通过常规商业模式来运营。在日本现代经济的发展进程中，市场力量与对国家利益的追求已经融为一体，这一过程还需要更多的细节性研究。

---

[1]　参见 Tsuchiya Takao, *Zaibaisu o kizuiia hitobito* (Tokyo: Kobundo, 1955); and Tsuchiya Takao, *Nihon no keieisha seishin* (Tokyo: Keizai oraisha, 1959). For a more recent discussion, see Johannes Hirschmeier and Tsunehiko Yui, *The Development of Japanese Business, 1600-1973* (London: Allen & Unwin, 1975).

轻工业

第一次世界大战以前，纺织业是唯一牢固建立在现代技术和组织形式之上的轻工业。它囊括了所有的缫丝业和棉纺织业，在两者中，生丝的出口价值更高，而且作为一种出口品远比棉纺织品重要。

日本现代缫丝业开始于 19 世纪 70 年代，以政府及其他一些工厂自欧洲进口缫丝机为标志。由此建立的缫丝厂成本非常之高，以政府在富冈创办的三百台缫丝车规模的工厂为例，该厂于 1872 年建成，耗资 19.8 万日元。然而由于这些早期工厂的成本高、管理差以及工人缺乏经验，它们在与传统手工缫丝的竞争中无法取胜。在缫丝机器经改造而大大降低成本之后，机器缫丝企业才变得有利可图。从 19 世纪 80 年代晚期开始，与日本经济"水土相服"后的现代技术快速扩张，尤其是在长野县、山梨县和群马县。到了 1894 年，使用现代技术生产的生丝，在数量和质量上都超过了传统的手工缫丝。丝厂的每车产丝量显著增加，机缫生丝的总量也持续增长。从 19 世纪 90 年代开始，缫丝业的发展已经牢固地建立在新技术的应用之上。早在现代技术引进之前，生丝就已经是日本的首要出口品。由于机缫生丝的质量提升，生产者协会的推动以及由政府主导的质量监测体系的运行，生丝出口的价值总量由 1883 年到 1887 年间的每年平均 1 770 万日元，增加到 1893 年到 1897 年间的每年平均 5 000 万日元；1903 年到 1907 年，增至 9 250 万日元；1913 年到 1917 年，更是增至 20 680 万日元。[1]

现代缫丝业的成功，只能间接地归功于政府的推动。最初由政府引进的技术，对日本劳动力丰富但资本匮乏的环境来说，过于资本密集，但它确实启发了日本商人来生产改进后成本更低的设备。尽管缫丝业规模日益扩大，但缫丝厂保持了适宜的数目，从而可以充分使用当地的生丝和劳动力。随着现代缫丝业开始在长野县集中，富山县以及其他邻近县份的劳动力也被吸引了过来。现代缫丝业从随着传统缫丝业成长起来的金融机构那里融资，它还受益于旺盛的出口需求和有弹性的蚕茧供给。[2]

与日本生丝一开始就在国际市场上具备竞争力不同，日本的土产棉布无论在

---

[1] 随着其他出口行业的增长，生丝在出口总值中所占份额从 42% 下降至 22%。

[2] 参见 Katsuo Otsuka, "Technological Choice in the Japanese Silk Industry: Implications for Development in LDCs," Working Paper Series no. A-05, mimeographed (Tokyo: International Development Center of Japan, March 1977)。

价格上还是质量上都无法与进口棉布相比。在整个 19 世纪 70 年代，棉布与棉纱都是日本最大的进口商品，1880 年进口值达到了 1 320 万日元，相当于全部进口值的 36%。在外汇短缺的情况下，政府希望国产棉纺织产业提高效率以实现进口替代。一开始政府相信，从缫丝业的发展经历来看，可以先在建立在产棉区的小型水力工厂中引入西方纺织机器并雇佣纺织工，然后通过扩大产量来与进口品竞争，从而实现进口替代。于是政府进口了 10 套 2 000 纺锤的纺纱机械，将其赊销给分散在各地的厂商。3 套以上纺纱机械的进口由公共基金提供融资。农商务省主管下的赤羽工厂（Akabane workshops）被委派生产一套试验型纺纱机，最终仿造出对进口普拉特兄弟牌（Platt Brothers）纺纱机的复制品，但花费了原机器到岸价的 2 倍，而且质量极差，以至于不能投入生产。这一整个引进 2 000 纺锤纺纱厂的计划以失败告终，从 1880 年到 1884 年，这一计划花费了超过 160 万日元的公共基金，但从中并没有得到什么有价值的东西。

425

与此同时，由于无处不在的推动者涩泽荣一的鼓励和支持，一批关西商人及一些其他人员，包括一些与政府关系密切的杰出经理人，筹集了 24 万日元创立了大阪纺织公司，该公司的 10 500 台骡力纺锤于 1884 年开始运行。新公司从更早的纺织工厂那里吸取教训，开始使用更便宜的进口原棉（一开始从中国进口），这些进口原棉在质量上也比土棉更加适用。新工厂建立在靠近港口的地方，并使用蒸汽动力来代替不那么稳定的水力。对纺纱机器并没有像缫丝业所做的那样尝试进行改造，但在操作方式上开始考虑到日本劳动力丰富而资本匮乏的资源条件，其中节约资本的关键在于使用了昼夜轮班制。由于劳动力一直被密集使用，大阪工厂每单位资本所对应的雇工人数，几乎是它在英国或美国竞争对手的 4 倍。该公司立刻取得了成功。开始运营后的四年间，它所支付的股息占了已发行资本的 30%，而后者已经增至原来的 5 倍，达到 120 万日元。其他商人立刻开始跟进。1888 年，日本棉纺织协会被重新组建，该协会致力于交流信息与经验，推动纺织业的发展，以及协调雇工政策的推行，它的成员同意不从其他工厂那里抢夺工人。尽管如此，在这一迅猛发展期内，关于互相抢夺技术工人的纠纷仍然不断发生。[1]

---

[1] 相比之下，在早期，熟练人手可以自由地充当新工厂的技术指导。这一转变无疑与棉纺产业从"国家利益"向"利润动机"原则的转型有关。

在 1890 年的经济衰退期间，日本棉纺织协会力争取得政府补贴或其他激励政策，以打入海外市场。1894 年，棉纱线 5% 的出口税被废止，原棉的进口税也于 1896 年撤销。同时，棉纺织业开始从使用骡子提供动力向使用纺纱机转化，后者的生产效率比前者高出 50%，而且可以纺出更好的细支纱。然而，新机器需要比从中国进口的原棉更好的长绒棉，于是在 1892 年日本棉纺织协会通过它的贸易机构，达成了一项从孟买进口印度棉的协议，并在次年与日本邮船会社就从孟买进口原棉提供船运业务达成一致。1895 年后，日本国内对棉布的需求开始下降，出口成了该产业进一步发展的主要途径。出口增长由于甲午中日战争导致的中国市场被破坏而受到抑制，但到 1897 年，棉布出口已经首次超过进口。次年，由于国内需求的大幅下降，成本上升以及资金短缺，造成行业利润显著降低。从某种程度上来说，纺织企业本身也对这些行业困难负有一定的责任，它在支付高额股息的同时，没有进行足够的储备。随后棉纺织协会说服大藏卿井上馨，通过提供优惠条件的出口信贷以及总计相当于当时全部纺织厂已付总资本 8% 的 237.1 万元的低息贷款，来帮助纺织业摆脱困境。这使得纺织厂能够使用远低于日本市场利率的贷款，来偿清债务并进行资本扩张。尽管衰退仍在继续，开工仍然不足，并且市场随着 6 个最大规模企业的一系列收购而进一步集中，但由于政府的帮助，出口持续上升。[1]

在第一次世界大战之前，棉织品的制造在很大程度上还是一种家庭工业。大约在 19 世纪末 20 世纪初，用于制造标准宽度棉布的日本造电力织机开始出现，并于日俄战争后在数量上有较大增长。到 1913 年，大约有 25 000 台这样的织机，将近占织机总数的 80%，在最大的棉纺织厂的车间里运转，产出 34 500 码的棉布，价值 21 500 万日元。

廉价的劳动力常被认为是日本棉纺织业能够获得成功的一个原因。其中，女性纺织工人所占的比例相当高，并呈现持续增加的趋势，到 1913 年这一比例已经超过了 80%，而在大英帝国该比例大约为 2/3，美国的比例甚至比一般状况还低。大多数女工都是招募自农村地区的未受过教育的少女，她们家乡的手工纺织业日益衰退，从而减少了农民的现金收入。这些乡下女孩很容易被能言会道的代

[1] 关于日本现代棉纺织业的发展情况，参见 Fujino Shozaburo et al., eds., LTES, vol. n (Textiles); Sanpei Takako, *Nihon mengyo haltatsu shi* (Tokyo: Keio shobo, 1941). On government assistance to the industry, see Tsusho Sangyosho, ed., *Shoko seisaku shi*, vol. 15: *Sen'i kogyd(i)* (Tokyo: Shoko seisaku shi kankokai, 1968), pp. 158-208。

理人通过向一家之主付一笔钱而被招募进来，由于没有相关的法律监管，她们的
居住条件很差，而且要进行 12 小时轮班倒的工作，但工资却比家庭织布者或缫
丝女工要低，甚至比印度棉纺织厂里的工人还要低。[1] 经雇佣的工人中，很少有
能够坚持足够长的时间以学到有用工作技能的。尽管日本棉纺织协会做出了种种
努力，并且大多数纺织工人都住在严密监管的公司宿舍里，但仍有大约 1/2 的人
在几个月内就逃走了，只有大约 1/10 的人能够坚持 3 年及以上的时间。嘉娜宝
公司试图通过不加入棉纺织协会并提供更高薪水和更好环境的方式，来增加它的
劳动力供应。尽管这些措施看起来并没有使离职率得以降低，但日本棉纺织协会
出于顾虑，仍向嘉娜宝公司施加压力，并强迫它加入了协会。[2]

　　与英国或美国相比，日本劳动力的价格相对低于资本价格，日本棉纺织业的
扩张正是依赖于使用大量工人并施行轮班制。它的扩张还依赖于通过棉纺织协会
来协调生产，推动出口以及获取政府的援助。在政府的援助中，包括政府告诫
工厂主应当维持长期管理所需的资本，避免过多的分红。然而以国际视野来看，
1913 年日本棉纺织业的规模仍然很小，当时日本拥有总计 234 万个纺锤，而英国
有 5 550 万个，美国有 3 060 万个。即使在日本棉纺织品出口最为集中的中国市
场，单单兰开夏公司产品的价值就是日本的 2.5 倍。[3]

　　尽管棉业与丝业已经成为日本当时规模最大的现代轻工业，但其他一些现
代轻工业在第一次世界大战前也早已兴起。毛纺织业开始都是国有企业，一个
原因是其产品需求的绝大部分来自军队和政府，另一个原因是毛纺织业的生产
成本过高，使其在与进口品竞争时难以获利。对于毛纺织业的发展，政府的早
期政策并不比之前所举行业中的更为成功。政府一开始试图引进美利奴种绵羊，
并使其成为国内毛纺织业的原料来源，但是并没有成功。1877 年，一家政府毛
纺织厂建成于千住，并将进口的羊毛纱织成哔叽（一种结实的毛织品）制服。

427

428

---

[1]　关于这个问题，尽管在分析方面相当可疑，但堪称一个很好的详细信息来源的著作，是 Takamura Naosuke,
　　Nihon bosekigyo shijosetsu (Tokyo: Hanawa shobo, 1971)。

[2]　参见 Gary R. Saxonhouse, "Country Girls and Communication Among Competitors in the Japanese Cotton-Spinning
　　Industry," in *Japanese Industrialization and Its Social Consequences*, ed. Hugh Patrick (Berkeley and Los Angeles:
　　University of California Press, 1976), pp. 97-125; and Morita Yoshio, *Nihon keiesha dantai hatten shi* (Tokyo: Nikkan
　　rodo tsushin, 1958), pp. 37-43。

[3]　参见 David S. Landes, "Technological Change and Development in Western Europe, 1750—1914" in *Cambridge Economic
　　History of Europe*, ed. H. J. Habakkuk and M. Postan, vol. 6, pt. 1 (Cambridge, England: Cambridge University Press,
　　1965), pp. 443, 467-468。

直到 20 世纪的第一个 10 年，日本日常服饰中使用的毛织品才开始由私人毛纺织厂供应，政府为其提供 25% 的按价进口退税，使其有能力与进口毛织品竞争。[1]其他建于第一次世界大战前的现代轻工业，包括制糖、酿酒、印刷、造纸以及玻璃制造业，从日本该阶段工业的整体发展来看，这些产业与纺织业相比处于次要地位。

重工业和工程业

像钢铁、造船、工程这样的重工业，在日本现代工业发展的较早阶段也已出现，不是因为它们给投资者带来了吸引人的机会，而是因为政府相信国家的军事和经济安全需要在这些领域实现一定程度的自给自足。日本政府很清楚，那些世界上的强权国家的力量和影响依赖于它们生产钢铁、舰船和军火的能力，而且它相信抓住与西方的关系，是这些产业得以发展的保证。

日本已经生产了好几个世纪的铁和优质钢材；事实上，早在 16 世纪，日本的刀剑在中国和东南亚就都是珍贵的物品。然而，尽管日本的刀剑品质很优秀，但日本的钢铁都是由小规模的劳动密集型的方式生产出来的，不足以满足 19 世纪晚期的军事需要。在 19 世纪 50 年代和 60 年代，小型的实验性高炉在不同的大名领地建立起来，人们使用木炭冶炼铁矿石，生产被捣成糊状的熟铁，这是一种已经过时了的技术。明治政府和私人公司都无法经营这些工厂获利，所以其产量可以忽略不计。[2]明治时代的日本，依赖进口的钢铁生产铁道、桥梁、舰船和军火。从 1888 年到 1993 年，这些进口平均每年大约 35 000 吨，价值大约 200 万日元。在甲午中日战争期间，军事开支增加了四倍，而在 1896 年启动的 10 年武装计划之下，军事开支依然保持在占国民生产总值 5.3% 左右的高额支出，或者说相当于战前比率的两倍半。随着铁路建设热潮的额外需求，在 1898 年到 1900年间，钢材进口上升到年均 182 000 吨，价值超过 1 000 万日元，与之形成对比

429

---

[1] 参见 Keiichiro Nakagawa and Henry Rosovsky, "The Case of the Dying Kimono: The Influence of Changing Fashions on the Development of the Japanese Woollen Industry," *Business History Review* 37 (Spring-Summer 1963):64。

[2] 参见 Thomas C. Smith, *Political Change and Industrial Development in Japan: Government Enterprise 1868-1880* (Stanford, Calif.: Stanford University Press, 1955)。史密斯强调这一时期明治政府的产业政策对日本经济发展的贡献。然而，它们对产出的贡献很小。最值得注意的是，采用的技术对日本不适合，而且总的来说，不是现代日本产业的直接来源。它们确实提供了重要的通过实践进行学习的机会，但在大多数情况下，可以更容易且代价更小地以其他方式获得这些知识和经验。

的，是国内钢材的产量不足 2 000 吨。

由于日本的钢铁工业几乎没有任何前景，本身就是钢材最大消费者的日本政府，自 1880 年起一直在考虑建立政府的钢铁工厂。1891 年，政府把这样一项法案摆在国会面前，其中包括以下一个解释性的声明：

> 钢铁乃是产业之母，亦为国防之基础。没有钢铁工业，其他产业都不能兴旺，武装部队也无法得到合适的装备。我们全都懂得，一个国家的发展前景，可以通过它的钢铁工业的状况来加以衡量，如果我们想要使国家富强，我们就应该建立钢铁厂。

在列举了大量外部经济体的基础上，声明继续提出了实行国家干预的理由。对于日本的私人投资者来说，出售自国外进口的钢材更为有利可图，而且相较于在日本建立钢铁工厂的花费更少。然而，由于日本并不缺乏铁矿石，如果拥有充足的生铁数量可加以利用的话，那么建立日本的钢铁工业就能有效地与进口钢铁竞争。

> 如果我们投入足够的精力去勘测，发现铁矿是肯定的。我们至今没有任何发现的原因，只是因为我们没有建立钢铁厂，从而对大量的生铁没有需求。由于钢铁厂的建立能够促进炼铁业的发展，因此，除非炼铁业发展了，否则钢铁厂的开设也就没有希望。在这种情况下，我们将永远得不到私人经营的钢铁企业，因此，除了政府应当建立一家钢铁厂之外，别无选择。[1]

与创建政府的企业相比，松方正义首相更加出名的是出售这些企业。他也对这一议案表示支持，在一次演讲中强调国防对钢铁的需要，并警告依赖进口钢材的战略性危险。他进一步宣称，在长时间里，国产钢材将比进口钢材更加便宜，并指出随着对钢铁需求的上升，国家的外汇储备正在迅速流失。

众议院不愿与政府的政策合作，大多数议员拒绝批准该项法案。在接下来的一年里，政府的第二次尝试再次失败了，一项要求拨款 225 万日元在海军省下设

430

---

[1] Tsusho sangyosho, ed., *Shoko seisaku shi*, vol. 17: *Tekko* (Tokyo: Shoko seisaku shi kankokai, 1970), pp. 70-71.

一家钢铁厂的议案又未获众议院通过。随后政府又开始了第三次尝试，这次是在农商省的支持下提出议案，并在贵族院得到了通过，但还是遭到了众议院的拒绝，因为此时众议院正在试图削减海军军费。直到甲午中日战争已经开打了 6 个月，日本政府才最终得到众议院的批准，以 409.5 万日元的投资建立一家综合性的钢铁厂。1901 年，八幡制铁所（Yawata Ironworks）开始运营，设计能力为年产 210 000 吨钢，计划到 1906 年提升为 300 000 万吨，到 1911 年提升为 380 000 吨。[1]到了 1911 年，八幡制铁所的总资本成本已经上升到了 5 000 万日元，而另一笔数额达 2 700 万元的政府支持的贷款，也被投入开发中国中部地区的汉冶萍铁矿。[2]在 20 世纪的第一个 10 年里，八幡制铁所累积经营亏损了 970 万日元，但在 1911年后，随着经验的增长和关税的保护，这家企业开始有了营业利润，生产的轧制钢材与进口钢材展开了竞争。不过，轧制钢材的产量远远低于预期，1901 年为 5 000 吨，1906 年为 64 000 吨，1911 年为 181 000 吨。到 1913 年，八幡制铁所的钢材产量已经上升到 216 000 吨，但日本的钢材总产量仍然只能满足仅仅 1/3 的国内需求。

在日俄战争之前，日本私人钢铁企业提供的产出不到日本钢铁总产量的 10%。然而，在战争期间，私人钢铁企业取得了一些进展，到 1913 年，已经生产了大约 1/4 的国产生铁和钢材。而在 20 年前，出现一家私人经营的钢铁厂曾是不可思议的事情，如今已经出现了几家，而且还是在没有得到明显的国家补贴的情况下建立起来的。使这一切成为可能的，是政府的订单保证了企业能够得到有利可图的价格。随着国防资金开支的大量增加——日俄战争的军费开支达到了甲午战争的 10 倍以上——但与国家安全的迫切需要相比，战争费用对于政府来说似乎并不重要。

在这种"国家利益"的重工业中，有一个国家与私人合作的具有启发性的例子，那就是北海道煤矿（北海道炭矿）与威克斯·阿姆斯特朗联手，组建了日本制钢所（Nippon seikōsho），为海军提供军械和其他装备。在 1906 年铁路国有化之后，北海道煤矿的董事们建立了他们自己的投资基金，而海军则由于国会的拒不让步而遭受挫败，正在寻找途径促进私人投资，以满足它的钢铁需求，并提高

431

---

[1] Yawata seitetsusho, ed., *Yawata seitetsusho so-nen shi* (Tokyo: Yawata seitetsusho, 1950), pp. 62-63.

[2] 投入汉冶萍公司的这笔贷款，是 1915 年 1 月向中国政府提出"二十一条求"的主题之一。

日本在军备供应上的自给率。通过历届海军大臣的斡旋，山本权兵卫将军与斋藤实、北海道煤矿的人们与吴港海军基地的指挥官达成了一项协议，反过来又使威克斯·阿姆斯特朗参与进这项计划。到 1913 年，日本制钢所已经成为仅次于八幡制铁所的日本第二大钢铁企业，固定资本达到 2 200 万日元，额定年生产能力为 157 500 吨钢材。

这一时期建立的几家钢铁厂从钢锭和废钢中生产成品钢材。诸如日本钢管、富士钢铁和神户钢铁等一些企业，最终成为日本的主要钢铁制造商。它们全都从政府机构获得过技术援助和有利可图的订单。神户钢铁（前身为小林钢铁）的成功归功于小山辰三（Kosugi Tatsuzō），他是吴港海军兵工厂的一名资深工程师，1904 年进入公司，带来了他最有前途的 8 位同事。在神户建立一个开放炉及辅助设施之前，整个小组在英国的威克斯钢铁公司接受了为期一年的培训。由于从吴港海军兵工厂得到了有保证的订单，价格高于成本的 5—6 倍，这个项目几乎不可能失败。在海军提高日本国产钢铁硬件满意度的政策下，这家钢厂及其他钢厂实质上成了海军兵工厂的附属机构。这些钢厂大多数或迟或早都会处于这个或那个主要财阀的庇护之下。此后，私人和公共利益的合作便通过财阀与政府之间制度上的沟通渠道来加以处理，而不是通过个人之间的关系来左右。

1913 年，日本生产了 255 000 吨钢材，其中八幡制铁所生产了 85%，但这个国家超过 1/2 的生铁和超过 2/3 的钢材仍然依赖于进口。日本的钢铁产量仅仅相当于美国的 1%，而仅仅美国钢铁公司印第安纳州加里钢铁厂一家，生产的钢材就跟日本全国钢铁产业的总产量一样多。在第一次世界大战前夕，用 G. C. 阿伦的话来说，日本的钢产量可能只有"极小的重要性"，[1] 但是在 1870 年的时候，它的钢产量曾经比世界上任何国家生产的都要多。这是日本在产业的新奇性和相对不足方面落后于西方列强的一个表现。

造船业，像钢铁工业一样，与国家的安全密切相关，也是由国营的和私营的企业所构成。被明治政府接管的那些造船厂，横须贺成了海军船厂，长崎交给了三菱集团，兵库并入了川崎船厂，而石川岛，在一度被政府关闭之后，归属于涩泽荣一主导的公司。到第一次世界大战时，造船厂如雨后春笋般涌现，但只有设在横须贺、吴港、佐世保的海军船厂，以及设在长崎的三菱船厂、设在神户的川

432

[1]　G. C. Allen, *A Short Economic History of Modern Japan (London:* Allen & Unwin, 1946), p. 74.

崎船厂等私人船厂，有能力建造大型的现代化轮船。直到甲午战争为止，日本的造船厂主要是用来进行船只修理和改装。设备和技术能力都十分有限，而材料必须以高价进口。国内的小型舰队几乎完全由外国建造的舰船组成，在1880年到1893年间，这支舰队有73艘舰船（总吨位约100 000吨）是进口的。根据1883年启动的海军主要扩张计划，只有1艘海军舰只，即"桥立号"，是横须贺海军船厂建造的。其余所有舰只都在英国或法国订购。甲午战争清楚地显示出日本造船能力的不足。在战争期间，所有商船中合用的船只都被投入军事使用；从国外购买了80多艘船只（总吨位160 000吨）；还有更多的船只也得到了购买特许。这些船只大多数都是2 000吨或以上的钢壳蒸汽船。有能力对这种吨位的船只进行修理的唯一民用船厂是三菱的长崎船厂。

考虑到与俄罗斯即将到来的对抗，政府在1895年后为扩张海军舰队做出了艰苦的努力，但是，所有的大型舰只再一次只能从国外船厂订购，只有7艘鱼雷艇在日本国内建造或组装。1896年的《造船奖励法案》被设计用来提升国内的商船建造。这一法案规定，完全由日本私人船厂建造的700吨到1 000吨之间的钢壳蒸汽船，每吨将会得到12日元的补贴；1 000吨或1 000吨以上的钢壳蒸汽船将会得到每吨20日元的补贴。如果引擎也是日本制造的，那么每马力将会得到5日元的进一步补贴。不过，这些补贴几乎无法弥补钢板和其他材料的较高成本。日本的轮船公司发现还是外国的船厂更加便宜，技术也更好，在交货方面也比国内的船厂更迅速。1898年，在海军专家的大力帮助下，三菱船厂建造了6 000吨的"日立丸号"轮船，但是，直到1899年修订《航行补贴法》，规定将支付给外国船厂建造船只的补贴减少到只及国内船厂的1/2以后，日本的造船厂才能够得到足够的订单，来保证升级它们的技术设施。在1899年到1904年间，三菱船厂和川崎船厂建造了26艘1 000吨或以上吨位的轮船，其中有6艘超过了5 000吨。

尽管取得了适度的发展，但日俄战争再一次暴露出行业的欠缺。[1]再一次，几乎所有的日本商船都被征用，商船的进口激增到314 000吨。从国外运送军舰的供应渠道被急于保持中立的供应商所切断。尽管日本的损失与俄罗斯舰队的损失相比较轻，但仍然包括2艘战列舰、2艘巡洋舰，以及14艘小型舰只。在战时的压力之下，不去考虑成本，海军船厂成功地建造了1艘战列舰、1艘装甲巡洋

433

---

[1] 日俄战争的开支10倍于甲午中日战争，把日本经济拉伸到了极限。人员伤亡也十分惨重。

舰和 2 艘二等巡洋舰，而三菱船厂和川崎船厂，1904 年除了鱼雷艇还建造不了更大的战舰，如今也建造出了驱逐舰。即便是海军船厂设备比私人船厂好得多，随后也采用了劳力密集型的方法。例如，战列巡洋舰"筑波号"和"生驹号"的建造，就是在没有大型龙门起重机的帮助下，由工人们犹如突击部队一波波攻击而完成的。

然而，作为战时进步的一个结果，日本几乎成为一个在海军建设方面自给自足的国家。在 1905 年到 1915 年间，海军现役舰队有 78 艘舰只，总吨位达 360 000 吨，其中除了 7 艘之外全是日本自己建造的，而且其中的 1/4 是由私人船厂建造的。商船建造也取得了进展。随着船只进口关税从价税率由 1897 年的 5% 增长到 1906 年的 10% 和 1910 年的 15%，而政府的补贴虽然对于主要的航运公司来说仍有很大的好处，但相对于对造船者的鼓励而言，已经变得不那么重要了。[1]

由于官方承认造船业在国防建设和海军影响力，以及技术支持方面都是必不可少的，到 1914 年，通过政府补贴和关税保护，这一产业已经达到了一个可以从第一次世界大战带来的特殊机会中获利的地位。

工程行业的普遍发展出现于第一次世界大战期间，但它们的起源可以追溯到 19 世纪 80 年代，当时军队的兵工厂和宫田小型武器公司开始制造一定数量的枪械。我们已经描述过了在制造船用发动机方面的早期发展，接下来让我们看看铁路机车车辆的制造。到 19 世纪 90 年代，随着铁路网的扩张，日本已在制造越来越多所需的货车和客车。1893 年，在一位英国工程师的指导下，第一台日本制造的机车在政府的神户铁路工厂组装成功[2]，但在技术训练方面，这仅仅是一种高级的锻炼。即使在 1912 年，日本的 2 636 台铁路机车中，只有 162 台是日本自己制造的。[3] 在纺织机械领域，丰田自动织机公司于 1913 年开始量产动力织机，在某些方面，这可以说是日本第一家大规模生产的工程机械工厂，但是，在第一次世界大战之前，几乎所有的纺织机械都是进口的。

电气设备的制造始于电报和电话设施。虽然政府的工厂在引进技术方面扮演

434

---

[1] 参见 Mitsubishi zosen KK, somuka, ed., "Honpo kindai zosen hogoseisaku no enkaku," reprinted in *Nihon sangyo shiryo taikei*, vol. 5, pp. 729-822。

[2] 理查德·弗朗西斯·特里维西克，弗朗西斯·亨利的兄弟，也是理查德（1771—1883 年）的孙子，他是日本铁路的机车专家，他的发明使他被认为是机车蒸汽引擎的发明者。

[3] 参见 Arisawa Hiromi, ed., *Gendai Nihon sangyo koza*, vol. 5: *Kikai kogyo*（Ⅰ）(Tokyo: Iwanami shoten, 1960), p. 50。

了重要的角色，但大多数产品开发都是由私营企业完成的。这一领域处于领先地位的公司之一是冲牙太郎的"明工社"（现在的冲电气工业公司），它在甲午中日战争和日俄战争期间使用累积的利润扩大生产，成为电话机的有竞争力的生产者。在 15 年里，电话机的价格就从 55 日元降到了 10 日元甚至更少。[1] 直到 1905 年东京电力公司投入生产前，日本的发电机和电动机的生产一直处于实验阶段，涉及一大堆的修修补补，随后，芝浦工厂（现在的东芝公司）以自己公司的股份作为交换条件，获得了通用电气公司的资本、专利和技术的使用权。另一些公司，诸如日本电气公司（NEC）、三菱电机公司和富士电气公司等，也都与主要的外国电气康采恩达成了相同的安排，但是在日俄战争之后的十年或更长时间里，通用电气公司的技术主导了日本的这一产业。其他的工程机械分支，在第一次世界大战之前几乎不具备什么重要性。日本机床产量的价值是衡量其工程行业状况的良好指标，1914 年仅仅为 30 000 日元。以一个更好的角度来看待这一问题，甚至在 1930 年，"采矿、冶金和机械行业的综合产值还不到日本国家总产值的 8%"[2]。

日本重工业和工程行业的发展显然依靠着国家的支持，其中大多数都与国家安全和防御的考虑有关。进行战争和准备战争对于日本现代经济发展的作用一直是一些论争的主题。直到第一次世界大战为止，日本现代部门的增长一直与军事开支有着极为密切的关系。当甲午中日战争和日俄战争时期军事开支急剧上升之时，现代部门也就得以迅速增长。每次战争之后，军事开支占国民总支出的比率，以及现代部门产出占国民生产总值（GNP）的比率都会出现某种下降，但仍会保持高于战前的水准。根据哈里·奥西曼（Harry Oshima）的说法，"明治时期公共财政最重要的教训，就是经济的迅速增长和经济的快速军事化从根本上是不相容的"[3]。威廉·洛克伍德（William Lockwood）强调，"日本有限的资本来源和先进的机器技能，尤其是政府预算本身，持续地向军备建设流失"；意味着"其中只有一小部分被用于减少疾病的发生率和城市工业的事故发生率，而这些原本会在提升人类福祉的同时提升生产效率"。[4] 在 20 世纪 30 年代和 40 年代，重工业

[1] 参见 Oki Kibataro denki hensan gakari, ed., *Oki Kibataro* (Tokyo: Oki Kibataro denki hensan gakari, 1932), p. 105。

[2] 参见 Lockwood, *The Economic Development of Japan*, p. 575。

[3] Harry T. Oshima, "Meiji Fiscal Policy and Agricultural Progress" in *The Stale and Economic Enterprise in Japan: Essays in the Political Economy of Growth*, ed. William W. Lockwood (Princeton, N.J.: Princeton University Press, 1965), p. 381.

[4] Lockwood, *The Economic Development of Japan*, p. 577.

和工程行业与国防事业的关系确实极为密切，以至于它们对民众生活水平的影响可以忽略不计。在另一方面，就像山村耕造（Kozo Yamamura）所指出的，扩军备战是"创造和扩大兵工厂，以及其他公共财政支持的造船厂和现代化工厂的主要动机。这些行业发挥着高效吸收和传播西方科技和技能的中心的作用"，并且"在关键的连接处"为私营企业提供了所需要的东西。[1] 从长远来看，这种烛光的作用是否值得，这个问题的解答依据于个人的判断，而不是经济的估算。试图评估如果军事投资被民用投资所取代将会对国民收入产生何种影响，即使仅仅因为军事投资并不简单地是国民收入的组成部分，而且还是整个经济、社会、政治和思想体系的一个不可分割的部分，这种努力也就注定会失败。

436

第一次世界大战

第一次世界大战将日本从财政困难和国际收支失衡中解救了出来，不然的话，这些问题就会阻碍其经济成长。伴随着令人震惊的高伤亡，战胜俄罗斯花费了高达 20 亿日元的直接军费支出。在接近十年的时间里，战争的压力一直影响着日本的经济。军费开支的很大一部分是由战争造成的海外借款，欠下的外债从 1903 年的 1 亿日元增加到 1907 年的 14 亿日元。1909 年到 1913 年间，国际收支赤字仍在以每年大约 8 000 万日元到 9 000 万日元的规模继续增长，从而排除了实行扩张性的经济政策，延长了战后的经济衰退。同样在这五年中，仅仅涉及军事开支和偿付国家债务这两方面，人均税收负担按实值计算就已经是 1904 年前的 2 倍。但是，尽管存在着这些困难，日本的国民产出仍然每年增长 3%，远远高于战前的平均水平。

1914 年第一次世界大战的爆发，并没有立即给日本带来直接的好处。实际上，世界经济的混乱最初也增加了日本的困难。然而，从 1915 年后，战争带来了经济环境的转变。虽然正式加入了协约国阵营，但日本几乎没有参与敌对行动，它的经济因此而受益，不仅来自协约国的军火和制成品的订单剧增，而且西方竞争势力暂时退出了日本国内和亚洲大陆市场。1914 年到 1918 年间，日本

---

[1] Kozo Yamamura, "Success Illgotten? The Role of Meiji Militarism in Japan's Technical Progress," *Journal of Economic History* 37 (March 1977): 113.

的实际国民生产总值增长了 40%，平均年增长率接近 9%。伴随这一增长的是国际贸易和收支的巨大转变，以及私人工业投资的激增。由于过高的产出比例流入了出口和投资，也由于消费品行业的生产率提高滞后，个人消费和生活水平的提高则要显得羞怯得多。收入分配也变得更加不公平，因为一些投资者和投机者获得了巨额利润，而那些收入相对固定的人则发现他们的生活水准由于通货膨胀而降低。那些至今仍然严重依赖政府支持的现代工业和商业部门的私营企业，突然变得非常有利可图，现代产业机构（财阀）由此获得了新的更大的信任和政治影响力。1917 年，日本工业俱乐部成立，它由财阀所代表的现代工业领袖们组成，成为他们新地位的一个象征。在 20 世纪 20 年代初，当经济条件回归正常之时，战争年代的大部分乐观和信心都被证明是错误的，但是现代工业已经取得了真正的进步，而这种进步已经为工业增长的自我维持奠定了基础。即使在 20 世纪 20 年代的困难条件下，这一工业增长仍在继续，而为国内市场生产消费品的传统产业的变化则要慢得多，从而开始造成与大型现代工业部门之间差距的扩大。

对外贸易

1913 年，日本每年在国外支付约 7 000 万日元的利息，部分由于这个原因，它每年的实时国际收支一直维持在大约 9 000 万日元赤字的水平上运行。既然在当时的金本位制下这种状况一直继续，那么就需要一个相当严厉的紧缩，而这将会进一步阻碍经济的复苏，并导致经济增长的放缓。但是，战争提供的出口机会消除了这种国际收支平衡的限制，并允许空前规模投资热潮的出现。

战争爆发初期的贸易中断导致出口和进口双双下降，但到 1915 年，来自出口和海运的收益就急剧上升，尽管进口仍在持续下降，但已经产生了 2 亿日元实时盈余的记录。这一盈余在 1917 年达到了 10 亿日元的峰值，1915 年到 1919 年间总共盈余达到 30 亿日元。在同一时期，日本是长期的资本净出口国，资本输出规模达到 15 亿日元，从一个债务国摇身一变为一个重要的国际债权人。尽管商品出口量只增长了 1/3，但世界物价的上涨如此之高，以至于出口商品价值增长超过了 3 倍，其中制成品出口的价值，主要是纺织品，增长了 6 倍。亚洲市场吸收了这些出口的大约 1/2。直到 1919 年，日本商品输出的地理分布几乎没有什么改变，当时欧洲的需求崩溃，取而代之的是扩大对美国的出口。战争年代也

带来了海运业务外汇收入的大幅增加。由于协约国商船队遭受到严重的损失，运 438
费和租船费率飙升至 1914 年水平的 10 倍或 20 倍。日本商船队的总注册吨位从
1914 年的 158 万吨增长为 1919 年的 280 万吨。来自海运的每年净外汇收益，从
4 100 万日元上升到 1918 年的 450 000 万日元的峰值。

由于战争的缘故，国际黄金的流动停止，日本的金融系统一时无力应付国际
支付所发生的如此之大且突然的变化。由于通货膨胀的影响，外国的收支盈余并
未受到抑制，随后在战后岁月里未能将价格降至足够低的水平，成为战争结束期
间外汇收支差额累积的主要原因。虽然如此，战时繁荣的获益并没有完全浪费。
战后进口的增加大部分都是原材料、半成品（主要是钢铁）和支撑制造业部门扩
张的机器。

1914 年到 1919 年间，虽然所有部门的产出都增加了，但最大的百分比涨幅
（以 1934 年到 1936 年的不变价格计算）出现在制造业（72%）和运输、通信和电
力行业（60%）。采矿业（26%）和农业（11.5%）的增长则要低得多。[1]农业劳动
力下降了 180 万人，但非农就业人数则增加了 260 万人。采矿业和制造业在国内
生产净值中所占份额，按当时价格计算从 20% 上升至 30%，但在战争结束后开始
回落，直到 1935 年为止才又再次回复战时的峰值。[2]因此，在产出和就业两方面，
第一产业的份额下降，但在第二产业和第三产业，尤其是现代制造业部门，所占
份额在战争期间则上升了。

农业

关于农业生产力的提高，在 1914 年之前的十年，部分地由于引进的先进技
术的扩散，受到国内和出口对农产品需求的刺激，结果造成了超过 3 倍的价格增
长。事实上，战时农业产出的大部分增加，归功于为供应美国市场对生丝的强劲
需求在蚕茧产量上 60% 的增长。但是，当城市消费者普遍感到不满的时候，食
品价格的急剧上涨最终证明对农民是不利的，最终酿成 1918 年的抢米风潮（"米 439
骚动"），而来自制造业者降低工资成本的政治压力，迫使政府放弃了农业保护政
策，转而赞同从朝鲜和台湾岛进口更便宜的稻米及其他主食。

---

[1] 参见 Ohkawa and Shinohara, eds., *Patterns of Japanese Economic Development*, pp. 289 (agriculture), p. 305 (manufactures),
and p. 313 (commerce and services)。采矿业的数据来源于 LTES, vol. io, p. 265。

[2] 源自 LTES, vol. 1, p. 240。

重工业和机器工业

在工业方面，变化最快，影响也最为深远。1914 年到 1919 年间，制造业产出增长了 72%，而劳动者只增加了 42%，这说明每个工人都获得了巨大的生产能力。这是通过大量增加资本投资而实现的。制造业公司的实收资本增加了 5 到 6 倍。但是，业务是如此之好，以至于对各行业的龙头公司来说，实收资本的利润率从 15% 左右上升到了 50% 以上。产量增长最快的是机械设备行业（年均增长 29%），而纺织行业（年均 11%）、钢铁行业（年均 9%），以及食品行业（5%）和其他消费品行业的增长则在放缓。在机械行业，包括造船、车辆和工作母机，产量扩张和技术进步主要是私营企业的功劳，相对于政府机构来说，私营企业的能力得到了大幅度的提高。

在日俄战争期间，造船业在规模和技术上都已获得了相当的进步，如今再度受到新船价格上涨的刺激，每一总注册吨从 120 日元上升到 1918 年高峰期的 800 日元。该行业的劳动力从 26 000 人增加到 95 000 人，它的产出从 1915 年的 8 艘船只总计 40 500 总注册吨，增长到 1918 年的 174 艘船只总计 600 000 总注册吨。随着价格的飞涨，该行业的产出价值从 700 万日元增加到 40 500 万日元，但原材料成本也在大幅上升。到 1918 年，钢板价格是其 1914 年价格的 15 倍，并且在当年 4 月发生供应短缺，以至于主要的船舶制造商订立合同，接收 128 000 吨美国钢材以换取同等载重量的船舶吨位，接下来的一个月，它们又签订了一份进一步的合同，以 123 000 吨钢材换取两倍重量的船只。[1] 需求是如此之强劲，利润是如此之巨大——在建造中的船只经常被以巨大的利润一售再售——甚至连那些在战争期间数量激增的规模狭小、装备简陋的造船厂也获得了良好的回报。通过标准化和改进程序设计，领先的制造商极大地提升了生产能力，几乎使得船舶的建造时间减半。三菱公司安装了一个模型测试的水槽及其他研究设施，还有几家造船厂也提高了它们的技术标准以满足海军订单的需要。当战争结束、需求崩溃之时，大部分小型船厂都宣告经营失败，但三菱、川崎，以及其他三四家领先的造船厂，却通过来自海军的订单而继续前进，而日本海军正渴望这些建造者们保持

[1] 美国对钢材出口的禁运是造成短缺的原因之一。这些互换交易可以豁免于禁运。

它们的技术人员和设备，以作为国防建设的资源。[1]

在铁道机车车辆的制造方面同样如此，在铁路部门的赞助下，私营企业的作用在增强，日本的铁路部门采取了与私营企业合作的政策，并在必要时给予技术援助。对这些企业技术标准的信心显然是有限的，因为铁路部门自己生产和供应车轮、车轴、转向架及其他至关重要的部件以保证操作的安全，同时也委托或训练私营承包商进行生产和安装。然而，机车与投标则是由更大的专业公司来承担和建造的，因为这些企业的技术标准与铁路部门自己工厂的标准相媲美。[2]

第一次世界大战期间，造船业的龙头企业，诸如三菱船厂和川崎船厂，也扩大了工程建造能力，建造了大型的蒸汽机和水轮机，用于迅速增长的电力产业。随着主要厂商将它们的职工人数扩充了10倍，蒸汽引擎、涡轮机、水泵和内燃机的产量迅速增长。到了战争结束时，日本在这些产品上已经能够自给自足了。在快速电气化以及由主要公司的美国合作伙伴所提供的技术和管理援助的刺激下，电机和设备的制造成了工程行业最先进的部门，拥有了现代化的装备，资本密集型的生产方法，以及很高的质量标准。和其他工程部门一样，在战争期间如雨后春笋般涌现的小型企业，没有多少能在海外竞争者返回日本后生存下来，但是，那些在战争期间曾经极大地提升它们能力的大型企业，则仍然在中小型发电机、电动机、变压器和交换连接装置领域保持着竞争力，甚至还在中国市场上取得了一些进展。

战争期间由于如此之多的厂商急于扩张，以至对机床的需求十分旺盛，而随着这一产品的进口变成涓涓细流，国内生产者开始尽他们的最大努力来填补这一空缺。产量从战前的极低水平上升到1918年接近1700吨的峰值，主要是通用机床，但也包括了一些转塔式六角机床，一些刨床、铣床和镗床，一些摇臂钻床，还有一些齿轮滚刀。最古老和最先进的工具制造商池贝铁工株式会社（*Ikegai Ironworks*），虽然生产了质量优良、设计完好的精密机械，但很多国内生产的机器设备依然质量低劣。这反过来又影响了使用这些设备生产出来的商品的质量。由于更好质量的产品难以得到，即便无关紧要的机械产品找到了一个现成的市场，但当进口恢复以后（美国取代英国成了主要的供货商），国产的机械也就难

441

---

[1]　"Honpo kindai zosen hogosaku no enkaku," pp. 778-821.

[2]　"Kikai kogyo," in *Nihon sangyo shiryo taikei*, vol. 7, p. 33.

以售出。只有像池贝铁工株式会社这样的最好的制造商，由于承接陆军和海军的订单，才能够生存下来，军事部门把国内的机床制造工业像造船业一样看待，认为对于国防的目标来说是至关紧要的。

战争期间最严重的短缺是钢铁。1914 年时私营钢铁生产能力仍然很低。即使在日俄战争之后国营八幡制铁所迅速扩张，日本也只生产了它所需要钢材的 1/3。生铁价格飞涨，从 1913 年的每吨平均 49 日元上升到最多达 541 日元，钢锭从 75 日元上升到 559 日元，钢板则从 85 日元上升到 1 285 日元。[1]1916 年 1 月，政府得到了国会的批准，计划到 1922 年使八幡制铁所的产量翻番，达到价值 3 500 万日元，但是由于成本不断上升，难以获得国外的设备，从而延误了计划的实现。到 1919 年，八幡制铁所的产量仅仅增长了 20% 左右。不过，在战争期间的卖方市场上，该厂的运营利润很高。与它投入运营的第一个十年亏损超过 1 100 万日元相比，八幡制铁所的战时利润总计达到 15 100 万日元，足以弥补累积的亏损和全部的资本投资并且还绰绰有余。私营企业的领导人们长期以来一直相信纳税人花在国营钢铁行业这方面的钱太多了，如今更对它所赚取的利润心生怨恨。在新成立的日本工业俱乐部的支持下，私营钢铁制造商获得了大量的交换条件以降低他们对国营八幡制铁所的反对声浪，这些交换条件以 1917 年的《钢铁工业促进法》的形式表现出来。根据该法案规定，年生产能力在 35 000 吨以上的企业，有资格以最优惠的条件获得土地，有资格进口免税的设备和原材料；年生产能力在 5 250 吨以上的个别工厂，免征营业税和所得税。在这一法案的鼓励下，几家小钢铁厂建立起来，许多厂家使用来自中国东北和朝鲜的生铁，但最大的贡献是由大型企业做出的，主要有设在北海道的新日铁综合工厂、设在朝鲜的三菱钢铁厂，以及大仓集团和使用中国东北丰富的矿产存储的南满铁路株式会社。到 1919 年，私营企业的生铁产量已经从 80 000 吨上升到超过 500 000 吨，钢材产量也从 52 000 吨上升到 277 000 吨。这是当时八幡制铁所生铁产量的 2 倍，钢材产量方面两者则势均力敌，但是在战后的衰退中，私营钢铁企业的产出下跌，而八幡制铁所的产出则继续增长。[2]虽然日本仍然只生产了所需钢材的一半，但是由于新的生产能力逐渐投入运营，这一比例正在上升，而从中国东北及其他在日本控制下的大陆来源的

---

[1] "Honpo kindai zosen hogoseisaku no enkaku," pp. 809-810.

[2] "Honpo seicekkogyo gaikyo," in *Nihon sangyo shiryd laikei*, vol. 7, pp. 620-621.

进口也在日益增长。

纺织业

在战争期间，对纺织品的需求，尽管不像对重工业和机械工程行业产品的需求那么强烈，但依然十分活跃。纺织厂能够使它们的实收资本红利从 1910 年到 1913 年间的平均 13%，提高到 1918 年到 1920 年间的平均 46%，而实收资本在这一期间也有了 3 倍的增长。财政的扩张与生产力的扩张是不相匹配的。在 1914 年到 1919 年间，处于运转中的纺锤数量增长了 1/3，但产量仅仅增长了 1/6，这主要是由于没有高质量的进口设备和零件可供利用。然而，人均产出却有了显著增长，因为工资水平上升了 4 倍，刺激纺织公司更加经济地使用它们的工人。[1] 由于产量几乎无法满足国内的需求，使得日本的纺织厂无法利用机会开发中国的市场，相反，它们将部分利润用于收购中国本土的棉纺织能力。另一方面，纺织公司的织造能力提升了 75%，棉布产量提高了 50%。出口的棉布价值也大幅上升，尽管棉布出口的数量要少得多。

丝绸工业在遭受了战争爆发、海外市场的中断之后，享受到国内和美国市场扩大所带来的空前繁荣。每一百斤生丝的价格，从 1914 年 11 月约 700 日元的低谷，上升到 1920 年 1 月几近 4 000 日元的高峰，又于当年 8 月直线下降为 1 195 日元。生产和出口在数量上增长了 60%，在价值上则增长得更多，将小康生活水平带给了成千上万的蚕桑业者和作坊里的丝织工人。

从"传统产业"到"小型工业"

与那些用于军事或投资需求生产的产业不同，那些为国内或国外消费品市场生产的产业仍然主要是劳动密集型的、小规模的，接受技术革新比较慢。主要的变化是在传统的生产过程中运用了电力。到 1919 年，已有 26% 的雇佣 5 名到 14 名工人的工厂使用了电力，与之形成对比的是这一数字在 1914 年仅为 7.8%。[2] 在生产组织和生产风格方面，这些产业的变化很小，但它们在经济中所扮演的角色，尤其是它们与大型现代企业的关系，却正在经历一种转型。鉴于传统产

---

[1] *Meiji Taisho kokusei soran*, pp. 610-611.

[2] LTES, vol. 12, pp. 228-245.

业在明治时代曾经作为经济的主要支柱，它们的增长曾经是现代部门增长的必要补充，在第一次世界大战后的经济衰退期间，小型工业变得非常像是现代产业的穷亲戚甚至仆人。到那个时候，小型工业不仅包括传统的消费品制造业，而且包括为满足战时短缺而出现的小型工程厂家，它们通常是作为大公司的供应商。那些在战后衰退中生存下来的小型厂商从大公司那里接收了遭到遗弃的设备甚至工人，并作为一种能力储备，以满足临时的或高峰的需求。

尽管小型工业继续雇佣了工人总量的大多数，但它们的劳动生产率要远远低于那些资本密集型的现代企业，这些现代企业通过大幅度减少它们的工作人员并更有效地使用那些留下来的人员，来作为对战后衰退的一种应对。正是在这个时候，在小型企业和领先的现代公司之间，工资和利润率方面的差距开始公开化了。战后的经济衰退使得产品市场和生产要素市场的结构方面的分歧也显现了出来，后来，这种特色被称为"双重的"或"差分的"市场结构。[1]

国家的作用

在解释 1880 年到 1920 年的日本工业化和技术变革时，如果不考虑国家的作用，那是完全没有说服力或不能令人满意的。国家在创建基础设施、提供行政管理、交通和通信、金融机构和教育等方面所起的作用都是至关重要的，在这样的环境中，工业和商业才得以扩张和发展。所有的经济部门都由此获益，但在整个明治时代，如果仅仅是因为它们的集群效应的话，那传统部门也是最大的受益者。我们已经讨论了在航运、造船和工程这样的现代产业建立过程中，官方补贴、关税保护（在关税自主权回复后）、技术支持和政府需求所发挥的作用，下面，让我们来看看国家对经济的总体影响。

财政金融政策

明治政府继承了一种征税的权力，使得中央和地方政府可以支配的财富大约占到国内产出的 20%，对一个前工业化国家来说，这是一个很高的比例。[2] 在明

---

[1] Ohkawa, *Differential Structure and Agriculture*, p. 61.

[2] Cf. E. Sydney Crawcour, "The Tokugawa Heritage," in *The State and Economic Enterprise in Japan*, p. 31. 现在看来，这里给出的 25% 到 27% 的数据可能有些过高了。

治维新之后的 20 年时间里，财政系统重新修复，税基也发生了改变并得以扩大。在 1880 年到 1920 年间，中央和地方政府的收入平均占到日本国民产值的 14%，从而赋予了政府在没有增加传统税收水平的情况下分配大量资源的权力。

财政政策，也就是说，通过中央和地方预算的结构和水平来影响经济，一般认为对这一时期的日本经济发展是十分重要的。在 19 世纪 80 年代，政府大致有一半的收入来自农业。尽管随着消费税、所得税和财产税的上升，农业税收的比例在稳步下降，但在第一次世界大战之前，农业部门和传统部门税收的下降要大大超过现代部门。这一退化性质倾向于限制消费和促进储蓄，从而对经济增长率产生了积极影响。

在政府的总开支（包括资本性支出）中，军费开支占的比例最高，从 19 世纪 80 年代晚期的 15%，上升到 1890 年到 1900 年间的年均 34%，又上升到 1901 年到 1910 年间的 48%，在 1911 年到 1920 年间回落到 41%。无论是否具有其他的含义，这些支出都刺激了现代部门的增长。转移支付，[1]主要是公债利息，第二大预算项目，在 19 世纪 90 年代晚期占政府支出的 15%，在 19 世纪剩余的年份里平均占到 9% 或 10%。从总体上看，这种转移支付是从低收入群体向高收入群体的流动，因此倾向于促进收入的不平等，并因此而促进了储蓄的增长。在整个这一时期，所有支出中大约 10% 用于交通和通信。[2]给予产业的直接补贴，虽然预算规模相对较小，对于造船业这样的特定行业也会是相当重要的。

通过货币政策，政府得以对价格的发展趋势和一般的商业环境施加影响。从 1888 年到第一次世界大战，这一时期据说生意兴隆，大约有一半时间具有某种轻度通货膨胀的特征。甲午中日战争期间的预算赤字，将通货膨胀率升高至 10% 左右，但随着金本位制的引入，价格稳定了下来。从银基日元向金基日元的变动促进了海外借款，但这牺牲了在此之前稳定的银价下跌对出口贸易的刺激。部分由于金本位制的推进，在日俄战争前商业环境是比较公平的，尽管当时从国外大量借款，但预算赤字还是再次推升了价格，尤其是制造业的价格。日俄战争之后的

445

---

[1]　转移支付是在付款之年支付的，不用于商品和服务的政府支出。其他的例子还有福利支出和政府养老金支出。转移支付不包括在国民经济核算中，而作为国民生产总值的一部分。

[2]　数据来源见 Ohkawa and Shinohara, eds., *Patterns of Japanese Economic Development*, pp. 370-374。交通和通信的数据见 Harry T. Oshima, "Meiji Fiscal Policy and Agricultural Progress," in *The State and Economic Enterprise in Japan*, pp. 370-371。

一段时间，出台了紧缩性财政政策以维持日元的价值，并促进外债的服务性能。价格稳定一直维持到第一次世界大战期间的急性通货膨胀出现，这反映了战时短缺的严重，也说明了金融体系无力应对外汇储备的激增。以这一时期作为一个整体来看，对其财政货币政策所能使用的最好描述可以说是适度良性的，而不是作为经济增长的一个主要的积极因素。然而，考虑到这一政策所必须应对的压力，这样的表现还是值得称赞的。

政策与市场

日本政府只是简单地提供有利于经济企业的基础设施和商业环境，而把投资和生产的决定留给市场力量去左右吗？或者说，在这些重要的领域，政府是否有效地影响到了企业的决定，政府的考虑是否压倒了相对的要素价格和需求条件？换句话说，国家干预有可能带来超过预期发生的更多经济增长吗？[1]

一些经济学家反对国家的干预，因为它不能使总产出高于由竞争性市场所产生的水平。然而，自由竞争的市场并不必然是长期动态增长的最佳策略。尤其是，当投资的回报率取决于投资者控制之外的其他因素的发展时，市场力量不能使经济的长期增长最大化。我们已经看到，在 19 世纪 90 年代，就市场来说，无论是炼铁厂还是炼钢厂在封闭状态下都不是有利可图的投资选择，虽然两者加在一起有可能赢利。如果没有铁路把它的产品运往市场，煤矿可能不会赢利，但是，如果没有铁路沿线煤矿及其他产业的发展，铁路也可能是不经济的。然而，作为国家支持的发展计划的组成部分，这些可能都是高度生产性的投资。

在经济学家们最为熟悉的先进工业化国家里，这些事实被认为是一般命题的少数例外，在任何情况下，都不可能指望国家能够看到遥远的未来并做出最佳的选择。[2] 然而，现在的情况是一个经济发展需要引进许多新因素的典型的落后经济。此外，在一个后发展的经济体中，它们可以很容易地参考先进经济体的经

---

[1] 关于这一问题的提起，参见 Chalmers Johnson, *MITI and the Japanese Miracle: The Growth of Industrial Policy, 1925—1975* (Stanford, Calif.: Stanford University Press, 1982), pp. 3-34。亦见 David E. Williams, "Beyond Political Economy: A Critique of Issues Raised in Chalmers Johnson's *MITI and the Japanese Miracle*" Social and Economic Research on Modern Japan, Occasional Paper no. 35 (Berlin: East Asian Institute, Free University of Berlin, 1983)。

[2] 那些以经济或意识形态方面的理由反对政府干预经济的人，把日本的经济成功归之为自由企业的胜利而不是政府政策的有效。参见 R. P. Sinha, "Unresolved Issues in Japan's Early Economic Development," *Scottish Journal of Political Economy* i6(June 1969): 141-148。

验，而在这些经济体中，一种更具生产力的工业体系已经开始运行。在这样的情 447
况下，一个有意志和手段对新产业进行投资或给予合作的政府能够扮演一个重要
的角色。事实上，这也许是落后经济体所具有的最大优势。[1]

日本的领导人拥有知识、意志和手段来扮演这样的角色，而他们对这样的做
法也没有意识形态的禁忌。在他们面前已经有了一个个活生生的榜样，可以说，
这是通过观察英国、法国、德国和美国得来的。当然，这并不意味着日本政府的
经济措施就是一个根据长期的总体规划而进行的系统设计。尽管官僚机构有获取
详细经济信息的渠道，但仍然会犯错误，例如早期不加批判地引进并不适合日本
国情的西方技术。许多的政府干预措施都是支离破碎的或投机取巧的。在1890
年以后，政府支出通常更受选举策略而不是发展战略的影响，而政府领导人也经
常是南辕北辙。尽管如此，就像许多人所意识到的，日本成功的程度似乎表明了
这样一种财富的存在，即有可能进行一种建设性的干预，尽管政府的策略并非完
美无缺。

日本政府促进经济增长的意愿从这一时期的政治史上清晰可见，这里无须赘
述。它的力量来源于其可观的财政资源，通过对日本银行、抵押权银行、日本工
业银行、其他各类银行，以及邮政储蓄基金的控制而得以放大。而且，通过有选
择地担保贷款和股息，政府可以影响到私人资金的投资。政府在经济生活中的积
极作用，也源于明治维新之前时代国家干预的传统，在那个时候，行政权力占据
主导地位以及对经济生活进行具体的调控被认为是理所当然的。[2]

在西方那些老牌工业化国家，古典的经济学说假定普遍的利润追求作为"看
不见的手"使得总产出最大化。这一理论证明了商业活动和限制国家经济作用的 448
正当性。虽然在明治维新之后不久，约翰·斯图亚特·穆勒（John Stuart Mill）的
自由主义思想就被介绍进日本，但一直未能扎下根来。在19世纪80年代以后，
德国的历史学派，尤其是瓦格纳（Wagner）、施泰因（Stein）和李斯特（List）的
学说，形成了日本学术经济思想的主流，并定下了日本社会政策学会（Nihon

---

[1] 参见 Alexander Gerschenkron, *Economic Backwardness in Historical Perspective: A Book of Essays* (Cambridge, Mass.: Harvard University Press, 1962); 亦见 Ronald Dore, *British Factory-Japanese Factory: The Origins of National Diversity in Industrial Relations* (London: Allen & Unwin, 1973), pp. 404-420。

[2] 德川时代的政治理论假设人民的劳动和创造性是由行政权力所支配的。这一观点，虽然在明治时代得到了极大改变，但从未完全消失，并在20世纪30年代和40年代有了惊人的复兴。

shakai seisaku gakkai）的基调。从 19 世纪 90 年代晚期一直到 1924 年解散为止，几乎所有日本的经济学家都属于这个专业的协会。[1] 德国历史学派不仅为国家在经济发展中的作用提供了理论依据，而且比英国的古典经济学理论更符合日本民族主义的感情。[2]

在日本，"看不见的手"这一概念从来没有被广泛接受，获取利润超过了维持体面的生活所必需，需要其他一些伦理基础来解释，通常是一种服务于国家的主张，这是一种完全符合儒家思想的理由。[3] 甚至连私人企业家第一人涩泽荣一也说，他的目的是"用算盘和孔子的《论语》来建立现代企业"[4]。因此，企业家越成功，他就会越依赖于政府，不仅是为了材料的保障和财政的补贴，也是为了验证他为国家的利益工作的主张。未能获得这一验证，在社会上和经济上都会是灾难性的，这种情况使得政府对于现代企业的领导阶层具有很大的权力。

最初由国家来直接经营现代工业的企图从总体上看是不成功的，随后这种做法遭到摒弃，而被作为一种实验性或验证性的目的，虽然没有什么证据表明这是其最初的意图所在。更加成功的是这样一些安排，即赋予那些私人康采恩，这里明显是指财阀，在政府的支持下建立现代工业体系基础的责任，并保证会实现这种双方互补的基础。在一种基本上是资本主义经济的情况下运营的时候，这些私人康采恩在某种程度上起到了一个政府代理人的作用，以致力于企业的成功。这种关系使人想起德川时代领主的行政机构与商人之间的交往，这些商人站在领主的立场上经营工商企业，为自己和领主双方赚取利润。由于财阀们已经准备好利用它们的财力，与政府的关系，以及在不同行业采用新技术的经营资源，因而它们很有条件实现外部性的收益，而这是在单一的行业中没有一家公司能够获得的。在很大程度上，财阀的优势在于它们在战间期所积累和奠定起来的对现代部

449

[1] 参见 Sumiya Etsuji, *Nihon keizaigaku shi*, rev. ed. (Kyoto: Minerva shobo, 1967)。

[2] "德国人喜欢说，重农学派和亚当·斯密学派低估了国计民生的重要性；这些学派倾向于一方面服膺利己的个人主义，另一方面又信奉软弱的博爱世界主义。他们坚称李斯特在激发爱国主义情绪方面做得更好，而这种爱国主义比个人主义更为慷慨大方，也比世界主义更加坚定和明确。" [Alfred Marshall, *Principles of Economics*, 8th ed. (London: Macmillan, 1949), p. 634.]

[3] 值得注意的是，与 19 世纪的中国相比，那里在商业和国家之间有一种更加剧烈的分离。成功的中国企业家只有通过把他们的利润投入到他们家庭中去，使他们的子弟跻身士大夫的行列，由此他们可以进入官场，才能够实践自己服务于国家的主张。

[4] 转引自 Johannes Hirschmeier, "Shibusawa Eiichi: Industrial Pioneer," in *The Slate and Economic Enterprise in Japan*, p. 243。

门的统治。

在传统的经济活动中，国家的干预是相当不同的。一般来说，传统手工业和家庭手工业对于国家的安全和威望来说并非至关紧要。对欧洲工业化经济体的观察显示，除了街角的商店、定制的奢侈品行业，以及其他规模较小的企业具有某种优势之外，传统行业注定难逃衰落和最终消亡的命运。在这些地区，政府的干预政策只能寄希望于缓解伴随这不可避免的衰落而来的社会压力，或是防止过度竞争降低产品质量，或是防止出口价格的下降。在前者的政策范畴里，对农业和手工业合作社、信用合作社和行业协会的鼓励是不可能的；而在后者的政策选择中，促进农业推广工作、建立质量检查机构和研究机构都是可行的。有一种主张认为，家庭手工业可以作为边际农民补充现金收入的一个来源，这是一种一直延续到 20 世纪的前现代的遗产。[1] 在其他方面，传统经济中可以看到市场竞争的运行以及数百万普通男人和女人的努力和进取，对他们，威廉·洛克伍德曾经给予了应有的尊重。[2]

自由市场经济的范围是相当大的，但是，由此推断自由市场竞争是推动日本经济发展的至高无上的力量，或是推断行政行为的作用是微不足道的，则可能会是一种误导。在自由市场的力量趋向于在静态上或短期意义上使传统经济产出最大化的范围内，它们就能够增加在经济发展中可供投资的资源。然而，经济发展所具有的更多的动态特性，是由政府和现代企业领导人之间新做出的决定所形成的。政府的政策当然不值得不受限制的批准。一些政策造成了巨大的浪费，或是对日本人及日本海外侵略的受害者们造成了不必要的伤害。尽管如此，如果政府的干预和操纵是日本直到 20 世纪 20 年代经济发展中的重要积极因素的话，那么，虽然政府的敢于和操纵在总体上并未消解潜在的经济条件，但却在实际上使经济发展的潜力得以更全面地实现。要是没有这些政策，日本的经济发展显然不可能达到这样的程度。

450

---

[1] 有关细节，参见 Dai Nihon fukugyo shoreikai, ed., *Nikon no fukugyd* (Tokyo: Dai Nihon fukugyo shoreikai, 1911)。Lockwood, *The Economic Development of Japan*, passim.

[2] Lockwood, *The Economic Development of Japan*, passim.

第九章　萧条、复苏与战争（1920—1945）

东京大学教养学部　中村隆英 著　杰奎琳·卡明斯基 译

引言

　　第一次世界大战以后，日本经济发生了巨大的变化。随着欧美的产品在亚洲和非洲贸易中的逐渐消失，日本产品突然得到了这些广大市场的青睐，其出口量和价格大幅上升，所有产业都沉浸在前所未有的繁荣之中。大批新公司不断涌现，股价飙升，整个国家回荡着新工厂建设的锤声。过去一直依赖进口的钢铁、机械和化工产品，也开始在国内生产。自第一次世界大战前夕的 1913 年到 1920 年年底，日本从一个负债 11 亿美元的债务国，转变成盈余超过 20 亿美元的债权国。尽管伴随着战时繁荣出现了恶性通货膨胀，日本发生过诸如 1918 年的抢米暴动（"米骚动"）、劳动集约化和农民运动等造成的社会动荡，但日本经济还是由于战争而增长了。

　　然而，当战争结束之时，经济繁荣也随之结束了。由于欧洲战争处于战争状态而长期停顿的出口竞争和货物进口的恢复，使得日本的国际收支平衡重新回归赤字，而持有的黄金和外汇储备也开始减少。本章将追溯从 20 世纪 20 年代到太平洋战争结束这一时期的日本经济发展之路。[1] 这一时期可以分成三个部分：第一部分为 20 世纪 20 年代到 1931 年的通货紧缩和萧条；第二部分为 1932 年到 1937 年的复苏和重化工业化；第三部分为一直到 1945 年所经历的战争年代和经

---

[1]　英语著作中的优秀研究成果，参见 Hugh Patrick's "The Economic Muddle of the 1920s," in Dilemmas of Growth in Prewar Japan, ed. James W. Morley (Princeton, N.J.: Princeton University Press, 1971)。

济崩溃。

表 9.1 显示了在这些时期各类行业的实际国民总支出（GNE）增长率和实际　452
总产出增长率。从表中可以看出，在每个时期内各行业的国民总支出增长率和它
的各个组成部分，以及总产出的增长率都有很大的不同，此外，价格上涨率也各
不相同。在这些差异中可以看出这三个时期的主要特征。表 9.2 提供了一个关于
实际国民总支出增长率的国际对比。从 20 世纪 50 年代开始，日本经济的快速增
长是众所周知的，而它在第一次世界大战后的增长率从国际水平上来说也是显著
的，并且可以把它看作是第二次世界大战后日本经济快速增长的前奏，也有人说
可以把它看作是导致太平洋战争军事扩张主义政策的物质基础。[1] 这两个相互矛
盾的观点都有一定的道理。因此本章的内容便出现了另一个主题：日本经济如何
在这一时期实现快速增长？其结果又如何？

表 9.1　1900—1944 年实际支出和收入的增长率

	国民总支出	国内固定资本形成总值	私人消费支出	出口额和海外收入	进口额和收入外流	第一产业	第二产业	第三产业	国民总支出平减指数
1900—1913	1.9	4.8	1.8	8.4	7.2	1.4	6.2	2.2	3.8
1913—1919	6.2	8.4	4.7	6.5	5.1	3.3	6.2	7.4	13.6
1919—1931	1.6	−0.7	2.2	5.8	5.8	−0.7	4.7	0.7	−2.8
1931—1937	6.2	8.3	3.2	12.3	5.2	3.3	7.7	4.9	1.2
1937—1944	−1.3	6.2	−6.9	−11.4	−8.5				18.9

资料来源：Calculated from Ohkawa Kazushi et al., Kokuminskotoku: Chokikeizaitokei, vol. 1 (Tokyo: Toyo keizaishinposha), 1974, pp. 213, 214, 21。

[1] Yamamura Kozo, "Kikai kogyo ni okeru seio gijutsu no donyu," in *Washinton taisei to Nichibei kankei*, ed. Hosoya Chihiro and Saito Makoto (Tokyo: Tokyo daigaku shuppankai, 1978). 山村认为，20 世纪 20 年代日本在机械工具方面的进步，为其 20 世纪 30 年代的军事冒险提供了物质基础。

453

表 9.2　实际增长率的国际对比

国家	1870—1913（%）	1913—1938（%）
美国	4.6[a]	1.1
英国	2.1	0.7
德国	2.7	1.8
意大利	1.5	1.7
丹麦	3.2	1.9
挪威	2.2	3.0
瑞典	3.0	2.4
日本	2.4[b]	3.9

资料来源：美国：美国商务部，Historical Statistics of the United States (Washington D.C.: U. S. Government Printing Office, 1975). 欧洲国家：B. R. Mitchell, European Historical Statistics (New York: Macmillan, 1975). 日本：Ohkawa Kazushi et al., Kokumin shotoku: Choki Keizai tokei, vol. 1 (Tokyo: Toyo Keizai shinposha, 1974), pp. 213, 214, 217。

注：a. 从 1869 年到 1878 年再到 1913 年的平均水平。b. 从 1887 年到 1913 年的平均水平。

经济衰退的年代

454　　　尽管美国和英国的价格水平飙升，比第一次世界大战前高了不止两倍，但这两国又都恢复到了本国货币相对于黄金价格没有贬值的金本位制。这种按战前平价恢复金本位制的做法，用沃伦·G. 哈定（Warren G. Harding）总统的话来说，构成了一种"常态回归"。然而，这无异于采取了一种严厉的通货紧缩政策，而这种政策将会把战后价格削减一半，以回归到战前的水平。事实上，世界价格水平确实在 20 世纪 20 年代出现下跌。约翰·梅纳德·凯恩斯（John Maynard Keynes），《货币改革》和《丘吉尔先生政策的经济后果》两书的作者，曾公开批评过这些政策，但是人们对他的警告置若罔闻。众所周知，凯恩斯还对强加给德国的严酷的赔款要求提出了批评，然而同样被忽略了。事实证明，德国通过 20 世纪 20 年代由国际资本流动维持的国际金融，将从美国获得的资本赔偿给英国和法国，同样它还用这笔钱偿还对美国的战争债务。但是，在 1929 年纽约股市危机之后，美国资本从欧洲市场撤出，造成了德国的财政压力，最终引发危机，而危机又带来了世界经济萧条。

这些事件在日本也有直接的影响。像英国和美国一样，日本经济政策的目标就是以战前的黄金价格回归金本位制。[1] 虽然直到 1929 年世界经济萧条的到来为止，日本政府才开始这么做，但是在 20 世纪 20 年代，日本经济常常受到全球性的通货紧缩和政府回归金本位制目标的制约。因此，在第一次世界大战之后，日本经济出现了一次温和的通货紧缩趋势。此外，贸易赤字一直存在，在第一次世界大战期间积累的黄金和外汇（铸币）储备稳步下降。上述这些原因，使得日本国内的财政政策也转向紧缩。从明治时期就在通货膨胀趋势的影响下发展起来的日本经济，在这一时期也受到了前所未有的考验。对第一次世界大战期间或之后出现的新的重化工业和新的资金薄弱的公司来说，这是一个非常困难的时期。同样，农业上也有来自朝鲜和台湾岛廉价大米的竞争，并且对纽约的丝绸市场走势高度敏感。

455

在日本经济年表中，通常把 20 世纪 20 年代称作反复出现或大或小经济恐慌的时期之一。[2] 第一次世界大战后的繁荣，随着 1920 年的股票崩盘变成了一次恐慌，战时繁荣的丧钟已经敲响。为了抑制通货膨胀和伴随着 1919 年转向赤字的国际收支账户中增长的进口支出，日本政府实施强制的货币紧缩政策，使得国内的资金枯竭。尽管如此，商界仍旧持续扩张，大胆从事投机。这样的结局是毁灭。在短短几个月的时间里，股票市场价格和大宗商品市场上大米、生丝和棉纱的价格都跌到先前价值的一半以下。一连串的企业、银行和工厂倒闭，经济环境变得混乱无序。

日本政府和日本银行竭力提供救济。例如，采购公司（买取会社）组织处理库存积压的生丝，建立了针对低迷产业的大胆的贷款政策。像古河（Furukawa）、铃木（Suzuki）、久原（Kuhara）和增田（Masuda）这些较小的财阀，尤其是在金融恐慌时期由于投机失败而遭受沉重打击的企业遭受了损失，给三井（Mitsui）、三菱（Mitsubishi）、住友（Sumitomo）和安田（Yasuda）四大财阀提供了新的机遇。由于这些大财阀保持他们良好的管理策略，即使在战时繁荣期间也并不依赖

---

[1]　Okurasho zaiseishi hensanshitsu, *Shawa zaiseishi-Dai 10-kan: kin'yu (I)* (Tokyo: Toyo keizai shinposha, 1955), pp. 155-180.

[2]　Nihon ginko chosakyoku, "Sekai taisen shuryogo ni okeni honpo zaikai doyoshi," and "Kanto shinsai yori Showa 2-nen kin'yu kyokoni itaru waga zaikai," in *Nihon kin'yushi shiryo: Meiji Taisho ken*, vol. 22 (Tokyo: Okurasho insatsu kyoku, 1959-1960).

投机获利，从而在战后的恐慌中也只遭受了很小的损失。此外，像钟纺株式会社（Kanebo）和东洋纺（Toyobo）株式会社这种纺织行业的龙头企业在战争时期已经秘密建立了庞大的储备，因此在由于恐慌和因客户破产造成损失而使它们存货的价格下降时，也能独善其身，从而保持它们的行业地位不动摇。四大财阀和大型纺织企业的主导地位依然稳固。

　　1922 年 4 月，金融危机最终得到平息之后，一个商人石井定七（Ishii Sadashichi）因大胆从事大米投机而损失惨重导致破产，从而再次引发了一次小的恐慌。同年年底，有 11 家小银行相继宣告破产。随后，在 1923 年 9 月 1 日，东京—横滨地区由于强震和大火而受到了毁灭性的打击，并且向周边蔓延。在政府为期一月的对关东地区暂停各项支付的帮助下，这场危机得以度过。日本央行也使用了共计 4.3 亿日元的已支付再贴现票据（"地震账单"）来规避恐慌。[1] 大地震造成的破坏是巨大的。根据当时的估计，以东京为主的 17 个辖区的 228.8 万个家庭中有 55.4 万个家庭失去了家园，10.5 万人失去生命，3 万人受伤，还有 25 万人失去了工作。1909 年日本的国民财富总值大约为 860 亿日元，而由地震造成的损失在 55 亿到 106 亿日元之间。[2] 这些打击使回到金本位制变得不可能。出口急剧下降，虽然只是暂时的，但重建物资的补给刺激了进口的增长。因此，国际收支严重失衡，汇率大幅下挫。在 1924 年早期，日本政府通过向英国和美国发行 6 亿日元外国债券增加了外汇。然而，奇高的利率映射出日本当时的国际信誉之低下，转而成为国内批评的对象。已经持续因灾受损的东京—横滨地区的企业重建当然并不简单，很多企业的资产负债表恶化。1925 年，由于战后商业持续低迷，一家大型贸易公司——高田商会（Takada shōkai），也倒下了。

　　1927 年 3 月和 4 月，一场"金融危机"发生了。[3] 神户的一家大型贸易公司铃木商社，曾在 1920 年的恐慌中遭受重创，通过从一家"殖民"银行（台湾银行）借入巨额资金而刚刚勉强维持经营。到 1927 年 3 月，这家公司无法解决 67 亿日元的贷款问题。在日本国会召开之前，当时曾有一个提案，呼吁政府处理总计 2.07 亿日元的惊人的地震账单和赔偿日本银行约为 1 亿日元的的损失。日本银行延长各家银行持有的属于地震账单的那部分长期贷款的期限，相应地，各家银

---

[1]　Toyo keizai shinposha, ed., *Meiji Taisho kokusei soran* (Tokyo: Toyo keizai shinposha, 1927), pp. 759-760.

[2]　Nihon ginko chosakyoku, "Sekai taisen," p. 876.

[3]　Nihon ginko chosakyoku, "Sekai taisen," , p. 866.

行的地震账单债务持有人需在长达 10 年以上的时间里赎回他们的债权。在争辩
这个提案的过程中，铃木公司的内部情况，包括它与台湾银行之间的关系和其他
一些银行的不当管理被曝光了，这导致数个银行的诸多业务暂停。关于地震账单
的提案最终被否决。1927 年 4 月，枢密院"驳回"了颁布紧急救助台湾银行"敕
令"的"提案"，该银行暂时关闭，铃木公司随之倒闭，造成了若月内阁下台。
台湾银行的关闭产生了巨大反响，日本的银行都在 4 月 22 日和 23 日两天休市。
在此期间，日本政府颁布了为期 20 天的全国性支付禁令，并做出决定出台利用
日本央行"重组"台湾银行，为其他银行提供普通救济措施的政策，从而使扰攘
不已的金融市场终于恢复了平静。在这一过程中，日本所有银行存款的 11% 被撤
销，有多达 32 家银行暂停运营。[1] 这 32 家银行中包括被推定存在财务稳健壁垒的
第十五银行，这是一家为皇家宫内省收藏财物的府库，还有为纺织工业提供广泛
信贷服务的近江银行。

　　由于持续的通货紧缩使得商品价格、房地产和其他金融资产的价值下降，很
多企业在红色警戒的情况下继续依靠借入资金运营。但是，给这些企业提供资金
支持的银行却不能回收贷出的资金，经济状况的恶化使金融恐慌迅速蔓延。[2] 事
实上，由于相同的原因，较小的恐慌在这几年里时有发生，但是像台湾银行、铃
木公司和第十五银行这种全国知名企业的倒闭就引发了全国性的危机。为了应对
这一局面，日本银行分散了大量的资本。虽然危机最终得到解决，但回归金本位
制的计划因此而再次延期。

　　在这一时期，企业和银行经营状况的恶化，是很多小的地区银行的经理层经
常需要管理其他企业的原因之一。当这些高管人员所从业的银行投资这些企业
后，他们银行的业务也就停滞不前。最后，这些企业倒闭，这些债权银行也随
之倒闭。考虑到这个问题，大藏省于 1927 年 3 月修订了银行法，主要是为了禁
止银行管理人员同时管理其他公司，并规定任何持有 100 万日元资本（大城市为
200 万日元）的银行，应再增加 100 万日元的资本或与另一家银行在 5 年内合并。
出于这个原因，日本的银行数量由 1926 年年底的 1 575 家下降到 1932 年的 651
家。[3] 由于这些措施的实行，银行的经营状况明显改善，但与此同时，地方上的

[1]　Nihon ginko chosakyoku, "Sekai taisen," pp. 927-929.

[2]　Nakamura Takafusa, Showa kyoko to keizaiseisaku (Tokyo: Nihon keizaishinbunsha, 1978), pp. 47-51.

[3]　Okurasho zaiseishi hensanshitsu, *Showa zaiseishi*, pp. 79-117.

工业和小企业也感受到了财政压力。

由于从 1920 年开始的战后危机一直持续到 1927 年的金融恐慌，经济长期低迷，破产接连不断，尤其是第二产业的破产规模在战后萧条期间有所扩大。那些设法生存下来的企业也被迫缩减经营规模，许多工人失业，新雇工的人数也下降了。另一方面，小型和中型企业的数量却增加了。很多失业工人为了谋生而开办了小型工厂。小型城镇商业和服务企业吸收的劳动者，都是那些不能选择自己工作条件的人，或是那些只是为了生存而寻求就业的人，然而，这些企业的雇佣劳动者都只能获得较低的收入。由于这个原因，大型城市的人口持续增加。[1] 由于全球性的农产品过剩和价格下跌，日本的农村从 1925 年起就处于持续的衰退中。农民被迫提高蚕茧的产量以维持他们的收入，但这只会导致国际价格的进一步下跌，所以农民陷入了一个恶性循环，他们加倍努力提高产量只会使得价格更低。

再一次，在这个风暴中能够持续稳定运行的企业，只有纺织业的龙头企业和属于三井、三菱、住友、安田这种大财阀集团的企业，这些企业都拥有雄厚的资金和完善的管理制度。在金融恐慌后，一些财阀银行甚至很难找到方法使用那些从弱小的银行大量涌入的存款。[2] 财阀们或是通过利用股票过户来接管像铃木商社这种企业旗下的较为完善的公司，或是通过在人造丝和化学品领域建立新的公司，来扩大其在经济上已经掌握的影响力网络。每一家大财阀都从金融、保险到采矿、外贸、仓储、化工、造纸、金属冶炼，以及纺织等各个产业领域为自身积累了巨大的能量。作为一个群体，他们在日本的产业王国中享有至高无上的统治地位。[3] 从明治时代结束以来，这些大财阀的能量在这个时候可能已经达到了最高峰。然而，即使有这么显著的例外，日本经济的前景始终不容乐观。不过，正如表 9.3 所示，日本经济尤其是第二产业，在这一混乱的时期内仍在继续增长。这是为什么呢？

这种增长的基本条件，事实上第一个主要因素可能是由于经济调节社会供求

459

---

[1] Takafusa Nakamura, *Economic Growth in Prewar Japan*, trans. Robert A. Feldman (NewHaven, Conn.: Yale University Press, 1983), pp. 218, 220.

[2] Ikeda Shigeake, *Zaikai kaiko* (Tokyo: Konnichi no mondaisha, 1949), pp. 116-117.

[3] 参见 Takahashi Kamekichi, *Nihon zaibatsu no kaibo* (Tokyo: Chudkoronsha, 1930)。

的平衡不是通过定量控制而是由于价格浮动。[1] 正如在蚕茧产量增长而蚕茧价格反而下降的恶性循环这一例子中所显示的，控制农业的生产量是不可能的。在这一时期，制造业的核心是像生丝、棉布、砂糖和面粉这样的消费品。企业之间在这些领域的竞争十分激烈，即使是形成了临时的卡特尔，也很难限制产量和稳定物价，因为这和私人企业的利益不相吻合。在造纸业中三大公司之间的激烈竞争表明，即使处于寡头垄断的行业，通过限制产量来控制价格也是不可能的。此外还有一些例子，比如硫酸铵和火柴这些商品的国际倾销带来的冲击，又如来自中国东北的煤炭进口使得国内煤炭行业遭受到沉重打击。

在一些行业中寡头垄断的趋势变得显而易见，比如电力行业的公司持续合并。当每个行业处于慢性衰退时，都会自动形成卡特尔组织。因此，在这一时期，垄断组织的经济实力迅速增强，"垄断资本"的统治地位日益突出。不过，尽管大公司在日本的经济界明显占有很高的地位，但是这并不能说明他们使用了自己的力量以维持市场价格或支持价格刚性。在1931年《重要产业统制法》出台之后，垄断价格被作为一种处理世界经济衰退的手段。法律要求垄断组织之外的人也要遵守卡特尔的协议，以加强卡特尔的控制权。上述种种现象表明，经济增长与行业扩张是相辅相成的，但同时也预示了为什么伴随着经济增长，企业利润不一定增加。

日本经济增长的第二个主要因素是资本的供给和面向工业的保护政策。比如，在1920年的时候，缫丝业组成了帝国蚕丝株式会社（Teikoku sanshi kabushiki kaisha）。作为一个卡特尔组织，帝国蚕丝株式会社需要全部买下或冻结剩余的生丝以支撑生丝的价格，而政府则以巨额贷款的形式提供援助。[2] 在面对危机时，很多大型公司都从日本银行借入低利率的资金。此外，政府还会采用为企业租赁工厂和设施的方法来进行资助。[3] 在农业上，日本于1921年通过了《米谷法》。政府开始进行买卖操作来稳定粮食价格，还为此支付了各种形式的补贴。[4] 1926年修订的《关税法》大幅提高了对钢铁机械的关税，并且为重化

461

[1]　Sato Kazuo, "Senkanki Nihon no makurokeizai to mikurokeizai," in Senkanki Nihon keizainokenkyu, ed. Nakamura Takafusa (Tokyo: Yamakawashuppansha, 1980), pp. 3-30. Sato'sclarification of the function of price fluctuations is applicable to the Japanese economy of this period.

[2]　Nihon ginko chosakyoku, "Sekai taisen," pp. 585-588, 598.

[3]　Nihon ginko chosakyoku, "Sekai taisen," pp. 591-620.

[4]　Ouchi Tsutomu, Nihon nogyo no zaiseigaku (Tokyo: Tokyo daigaku shuppankai, 1950), pp. 116-159.

工业提供自由贸易保护。[1]

第三个主要因素是政府公共投资的增加。从 1918 年到 1922 年政友会内阁当政时期，在"积极政策"的口号下，大力投入公共资金用于扩建铁路、港口、公路和桥梁，改良河道，扩建新的教育设施，扩大补贴的范围，并开垦耕地。[2] 这些政策都是首相原敬和大藏大臣高桥是清个人为促进地区工业发展所提出的观点。同时，这也是他们扩大地区层级政党权利的一种手段。而政友会的主要对手宪政党（于 1928 年更名为民政党），则强调财政平衡，努力减少公共投资，但在 20 世纪 20 年代中期民政党上台后，由于 1923 年关东大地震灾后重建的需要，公共投资支出仍然维持在先前的水平。一些大的县府所在地城市也积极投资，进行现代化建设。由于公共投资的影响，避免了经济增长率的大幅下滑。

462 支撑经济增长背后的第四个主要因素，是电力产业的发展及其影响力的扩散。[3] 电力发电投资主要集中在山区，并向东京、大阪这些需求巨大、经济蓬勃发展的地区输送。这种电力（硫酸铵、电炉工业等形式）的使用，使电化工业兴起，小工厂也广泛扩张。电机、电缆、灯泡和收音机的生产也自然而然增长起来。大城市郊区公共交通网络的发展，对外开放的新住宅区，以及随之而来的对住宅建设的刺激，都推动了经济的增长。

此外，那些在第一次世界大战期间建立起来的产业，如机械、钢铁、化工等，在这十年里引进了国外技术，最终进入了全面发展阶段。日本曾经所有的机械都要依靠进口，但最后在这些领域都能实现自给自足。随着重化工业在日本扎根，东京和横滨、大阪和神户之间的重工业地带越来越大，使这一地区聚集了大量的男性熟练工人。为了在自己的企业里留住这些有专业技艺的工人，并挫败萌芽中的劳工运动，许多公司逐渐采用终身雇佣制和工龄工资制等，这些后来被认为是"日本式管理"的突出特征。联合劳动管理会议制度作为"公司工会"的雏形，也是这个时代的产物。

日本经济在困境中持续增长，但在 1929 年一场大萧条突然袭来，日本遭受

---

[1] 有关细节的讨论，参见 Miwa Ryoichi, "1926-nen kanzei kaisei no rekishiteki ichi," in *Nihon shihonshugi: Tenkai to ronri*, ed. Sakasai Takahito et al. (Tokyo: Tokyo daigaku shuppankai, 1978)。

[2] Nakamura, *Economic Growth in Prewar Japan*, pp. 157-173.

[3] Minami Ryoshin, *Doryoku kakumei to gijutsu shimpo* (Tokyo: Toyo keizai shinposha, 1976). 该书提供了对这一问题的全面研究。

了严重的危机，而民政党内阁在此期间解除了在旧的平价上禁止黄金出口的禁令。[1] 自从 1897 年以来，1 日元可兑换 0.75 克黄金，这一时期日元兑美元的汇率为 100 日元兑换 42.88 美元。在 1916 年，日本和其他世界强国纷纷对黄金出口实行禁运，尽管在 1928 年欧洲列强和美国解除了黄金禁运，但是日本始终坚持这一政策。日本的进口量超过了出口（参见图 9.1），汇率也比旧平价时低得多，而黄金和外汇储备都在稳步下降。即使在 1929 年，日元兑美元的最低范围也在 100 日元兑换 43 美元左右。解除旧平价黄金禁运意味着汇率上升，导致本已超量的进口进一步增加。为了防止这种情况发生，国内需求必须下降，因而不得不采取通货紧缩政策来拉动价格下降。这意味着产业还将被迫面对更多的艰难。然而，滨口内阁的大藏大臣井上准之助还是贸然解除了在旧平价基础上黄金出口的禁令。

表 9.3 行业雇工人数（单位：千人）

	1920 (A)	1925 (A)	1930 (A)	1935 (A)	1940 (A)	1940 (B)	1944.2 (B)	1945.12 (B)
第一产业	14.388	14.056	14.648	14.450	14.523	14.192	14.028	18.053
农林业	13.855	13.540	14.084	13.871	13.974	13.363	13.155	17.520
第二产业	6.274	6.324	6.151	6.811	8.212	8.419	9.951	5.670
制造业	5.071	5.109	4.848	5.498	6.565	6.845	8.089	4.314
第三产业	5.355	6.432	7.331	8.410	7.728	9.403	7.575	6.346
商业	3.398	4.260	4.902	5.482	5.000	4.083	1.555	1.794
合计	27.260	28.105	29.619	31.211	32.500	32.231	32.695	30.069

资料来源：Figures in columns marked A are annual averages from Umemura Mataji, "Sangyo-betsukoyo no hendo 1880—1940-nen" in HitotsubashiUniversity Economic Research Institute, *Keizai kenkyu*, April 1973. 标记"B"的数据是估计的，参见 Cabinet Statistics Office, Kokuseichosa, October 1 (for 1940 data); Cabinet Statistics Office, *Showa 19-nen jinko chosa* (for 1944 data); and *Rinji kokumin toroku* (for 1945 data)。数据来自日本统计协会的报告：Arai Kurotake, *Taiheiyo sensoki ni okeru yugyo jinko no suitei*。

[1] Nakamura Takafusa, *Showa kyoko to keizai seisaku* (Tokyo: Nihon keizai shinbunsha, 1978.

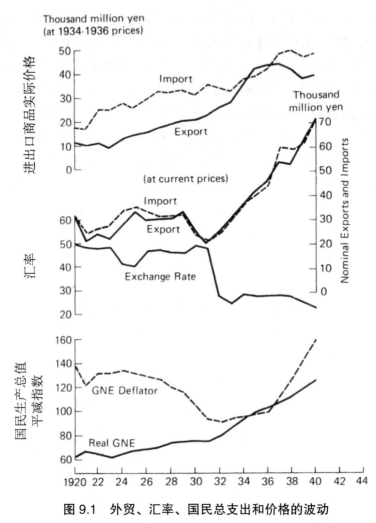

图 9.1 外贸、汇率、国民总支出和价格的波动

资料来源：YamazawaIppei and Yamamoto Yuzo, Chokikeizaitokei—14: Boeki to kokusaishushi (Tokyo: Toyo keizaishinposha, 1974)。

464　　　从理论上来说，按照市场上的外汇汇率，在日元兑黄金的价值有所下降而又不破坏商业和经济利益的情况下，就有可能在所谓的新平价基础上解除黄金禁运。[1] 以新平价解除黄金禁运，暗示了 1922 年热那亚会议的结局。继凯恩斯对温斯顿·丘吉尔（Winston Churchill）的批评之后，石桥湛山、高桥龟吉（Takahashi

---

[1] Takahashi Kamekichi, Taishd Showa zaikaihendoshi, vol. 2 (Tokyo: Toyo keizaishinposha, 1954), consistently criticizes Inoue's financial policies from this position.

Kamekichi）及其他一些经济记者，都主张以新的平价解除黄金禁运。但是至少有两个理由使大藏大臣井上准之助不选择这么做。第一个原因是他的政治判断，他认为货币贬值会对国家声誉产生不利的影响。第二个原因是他的"整合商业界"学说。根据他的这一学说，应该采用通货紧缩政策来促进出口和改善收支平衡，那些非竞争性企业应该被淘汰，经济的国际竞争力应该得到加强。民政党政府采用了1925年丘吉尔为英国选择的同样的路线。学术界和金融界都支持井上准之助的政策，并且赞扬其坚定性。

1929年10月的美国恐慌仍在整个世界范围内产生着冲击，而日本政府却于1930年1月解除了旧平价黄金禁运。这两个灾难同时打击了日本经济，使日本经济陷入了严重的萧条。由于先进国家开始倾销和国内需求下降，依国际标准来看缺乏竞争力的重化工业下沉，并被迫减少工作量。采矿业也面临着来自中国东北煤炭的竞争，行业内近40%的工人遭到了解雇。虽然世界一流的日本纺织业有很强的竞争力，但是许多公司犹在弥补损失。五大纺纱龙头企业之一的大阪纺织公司被迫与东洋纺织公司（Tōyōbō）合并。即便是被誉为顶级公司的钟纺公司（Kanebō），也在管理层提出40%的减薪计划后发生了长达54天的罢工。每一个形成了卡特尔的行业，都在努力降低产量并维持价格。由此，政府制定了《重要产业统制法》，强制企业遵循卡特尔的协议，并要求企业努力加强行业自律。[1] 然而，重灾区的农村已经被贯穿20世纪20年代的经济萧条所重创。诸如大米和蚕茧等农村主要商品的价格骤降，使得农村经济急速衰退。[2] 此外，由于地方税收收入的不足，报章上充斥着农村小学教师被拖欠了半年工资，失业率上升和最近大学毕业生难以就业的报道。

为了应对这一危机，民政党政府并没有改变其政策，相反它继续使用财政和货币紧缩政策，等待经济萧条的恢复，并努力保持金本位制。如图9.1所示，甚至在1929年和1931年间，正如实际国民总支出一样，实际进出口也在稳步上升。然而，名义国民总支出和名义进出口都有明显的下降。这表明，经济萧条集中表现为价格的下降，这也反映了日本经济的特殊性。在1931年，出口价格已经下降到1929年时的40%，而国民总支出的平减指数为1929年水平的73%。结果，

465

---

[1] Maeda Yasuyuki, *Shoko seisakushi Dai u-kan: Sangyo tosei* (Tokyo: Tsusho sangyo kenkyusha, 1964), pp. 47-76.

[2] Nakamura, *Showa kyoko to keizai seisaku*, pp. 107-112.

日本的企业和农户都严重亏损，失业率也在上升。虽然从 19 世纪以来，这就是典型的萧条模式，但是这次经济萧条是日本历史上最严重的的一次。在日益严重的社会动荡之中，滨口雄幸首相在退休后被日本右翼青年的子弹夺去了生命。尽管如此，民政党内阁也没有背离其原来的政策。

1931 年 9 月 18 日，九一八事变发生。尽管东京的政策是不扩大事态，但是关东军制造了一个又一个军事上的既成事实，并且扩大了战事的范围。这把政府置于困难的境地。9 月 23 日，九一八事变刚刚发生，英国就抛弃了金本位制。由于德国发生了金融危机，要恢复英国在那里的资金变得遥不可及。受到这种情况的威胁，大陆投资者要求收回在英国投资的订单蜂拥而入，额度之大最终变得无法应付。从把世界经济看成一个整体的角度出发，英国——作为全球金本位制度的诞生地——放弃了金本位制，这标志着 20 世纪 30 年代及以后国际货币管理体系的转变。在日本，投机者已经认识到维持金本位制是不可能的，他们开始抛售日元买进美元，以期从即将到来的日元贬值中获利。实际上，日本的外资银行和富有阶层是主要的投机者，但是财阀银行，尤其是三井和三菱银行在当时被认为是扮演了主要的角色。以三井银行为例，它通过美国对英国政府的证券进行投资，由于大萧条时期很难在日本进行稳定的投资。而当那些资金被冻结时，银行便买进美元来进行支付，但这被错误地报告为"购买美元"投机。[1]

在这种趋势面前，民政党内阁继续按照既定的政策支持金本位制。这个问题已经变成了影响民政党内阁政治命运的问题。大藏大臣井上准之助严厉批评那些买进美元的行为。三井银行和三菱银行作为美元投机者，因此成为社会羞辱的对象。日本政府和日本银行为了吸收投机者的资金，通过提高贴现率收紧了货币政策，从而使大萧条变得更加严重。美元投机者，特别是外资银行，不会轻易逆转它们的既定路线，也不会取消它们的美元买单。随着 12 月底出售大量外汇美元的交割之日迅速临近，它们实现投机获利的愿望也越来越渺茫。12 月 11 日，由于不同意内务大臣安达谦藏（Adachi Kenzo）与政友会结盟的主张，民政党内阁最终倒台。据说这些投机者的阴谋就是安达谦藏行为的原因，但直到今天事情的真相仍不清楚。

成功当政后，犬养毅的政友会内阁任命高桥是清担任大藏大臣。1931 年 12 月 13 日，黄金重新被禁止出口，金属货币的支付也被暂停。这一行动彻底宣告

---

[1] Ikeda, *Zaikai kaiko*, pp. 135-153.

了日本金本位制的终结。此后，日本金融界和美国及英国金融界的信用合作关系也逐渐冷却下来。从 1905 年日俄战争开始，日本金融界培养起来的这种信用合作关系曾经使其有可能在关东大地震后筹集国外的资本，也使其有可能在 20 世纪 20 年代反复发行地方债券和电力公司的债券。但是，随着九一八事变的发生，伪满洲国的建立和"上海事变"的爆发，摩根银行的托马斯·拉蒙特（Thomas Lamont）开始对日本产生了不友好的看法。[1] 国际金融关系的冷却，意味着当日本面临收支平衡危机之时，它已不能再期待得到国外的帮助。然而，在日本放弃金本位制的几年时间里，日本经济经历了一个迅速复兴和发展的过程，因此只是在 1937 年与中国的战争全面爆发以后，收支平衡问题才成为对日本的严重制约。

467

复苏

从 1931 年 12 月日本放弃金本位制到 1936 年 2 月被刺客枪杀，作为大藏大臣的高桥是清除了 6 个月的临时工作之外，一直都在指挥日本财政和货币政策的实行。[2] 这就是所谓的"高桥财政"（*Takahashi finance*）。为了避免突然的变化，高桥是清逐步放宽货币条件，并促进产业发展和对外贸易。为了做到这一点，他从 1932 年起开始降低贴现率，直到 1933 年 7 月，贴现率从 6.6% 降到了 3.7%。而他对日元汇率的下降采取放任主义政策。他允许日元汇率保持自然均衡水平，在 1932 年日元兑美元的汇率从 100 日元兑换 42.88 美元降到 100 日元兑换 26 美元，到年底又降到 100 日元兑换 20 美元，其后最终保持在 100 日元兑换 30.8 美元的水平，这是超过 40% 的日元贬值。1932 年，军费支出和农村救济财政支出增加，增长水平超过了 1931 年此项支出的 32%。中央政府的支出从 1929 年的 17.4 亿日元下降到 1931 年的 14.8 亿日元，此后又在 1932 年增加至 19.5 亿日元，到 1933 年时达到 22.5 亿日元，最后固定在 22 亿日元的水平上。支出增长加速了政府的债券融资，但为了不使私人资金退出存在着巨大政府债务问题的市场，一个"日本银行承兑汇票"

---

[1] Mitani Taichiro, "Kokusai kinyu shihon to Ajia no senso," in *Kindai Nihon Kenkyu*, vol. 2: *Kindai Nihon to Higashi Ajia*, ed. Kindai Nihon kenkyukai (Tokyo: Yamakawa shuppansha, 1980), pp. 126-127. 这项研究是关于摩根贸易公司的托马斯·W. 拉蒙特的一个杰出研究成果。

[2] 有著作以当时的观点对高桥是清的思想和政策做了很好的总结，参见 Fukai Eigo, *Kaiko 70-nen* (Tokyo: Iwanami shoten, 1941), chap.21。

方案获得通过。[1] 日本银行承销了债券的发行，而且无论何时，随着财政支出的继续，市场上总有过剩的资金存在，日本银行也都会向金融机构出售债券。

468 　　"高桥财政"一直持续到 1933 年，它在早期阶段的核心是组成低利率、低汇率和增加财政支出的三位一体的政策。在这些政策指导下，日本经济开始迅速复苏。在 1929 年，黄金出口的禁令被解除的时候，高桥是清曾经公开指出，在国家经济和个人经济之间存在着差异。[2] 储蓄和节约使得个人资产增长，但是对整个国家而言，这会引起需求的下降和产量的减少。即使在艺妓屋的消费增加了艺妓和厨师的收入，反过来也会增加整个国家的消费需求。高桥是清认为，如果黄金出口的禁令被解除，财政支出就会受到挤压，公共工程投资就会暂停，那么首先承包商和他们的雇工都会失去工作，然后由于他们的支出下降，其他领域也会受到影响，收入和就业也会普遍下降，由此造成经济滑坡。高桥是清直观地解释了后来由凯恩斯提出的"有效需求理论"，从这个角度来看，他批评了旧平价黄金出口禁令的解除。作为大藏大臣，高桥是清的政策建立在促进有效需求的基础上。

　　这些政策是成功的。首先是由于出口的复兴，其后又由于财政支出增长的刺激，经济开始扩张。根据表 9.4 中 1932 年到 1936 年间的调查数据显示，出口对经济增长的贡献是最大的。出口的增加主要集中在诸如棉纱和棉布这样的纺织产品上，诱导低迷产业在低汇率下合理化地努力提高生产率，使产出显著提高。日本出口在萧条时期的迅速增长，引发了英国、印度和美国等国家对日本货品的抵制，日货被强制施加歧视性的关税和进口配额，并产生了大量的贸易争端。[3] 除出口之外，第二个增长最快的部门是私人投资，对生产设施和住宅建筑的私人投资以同样的比例增长。政府采购支出则低于预期。从 1933 年起，高桥是清竭力遏制包括军费开支在内的财政支出的增加，并且竭力减少公共债券的发行。人们曾普遍认为，20 世纪 30 年代早期的繁荣复兴是由于军费开支的增加，但这种观

470 点是不正确的。根据三和良一（Miwa Ryoichi）所说，在 1933 年，军事需求对重化工业产值的依赖率达到最大值 9.8%，然后下降到 1936 年的 7%。而对于机械工

---

[1] Fukai Eigo, *Kaiko 70-nen* (Tokyo: Iwanami shoten, 1941), pp. 268-270.

[2] Takahashi Korekiyo, "Kinshuku seisaku to kinkaikin," in *Zuisoroku*, ed. Takahashi Korekiyo (Tokyo: Chikura shobo, 1936).

[3] 关于井上清志、冈田健太郎等人的回忆录，参见 Ando Yoshio, *ed.*, *Shotua seijikeizashi e no shogen*, 3 vols. (Tokyo: Mainichi shinbunsha, 1972), vol. 1, pp. 283-306。

业来说，这个比例在 1932 年达到 28% 的峰值，但在 1936 年下降到 18%。[1] 尽管军方的政治影响力越来越大，但是军费开支对经济的影响力却并不总是那么大。

表9.4　实际国民总支出的增长（单位：十亿日元）

	国民总支出	个人消费支出	政府经营性支出	政府固定资本形成总额	私人固定资本形成总额	出口和国外收入	进口和收入外流
1931 年	13.323	9.754	1.685	0.902	1.058	2.029	2.105
1936 年	19.338	13.328	2.183	1.427	2.209	4.580	4.389
这一时期的增长量	6.013	3.574	0.498	0.525	1.151	2.551	2.284
这一时期的增长率（%）	45.1	36.6	29.6	58.2	108.8	125.7	108.5
				39.5			

资料来源：据 Ohkawa Kazushi et al., *Kokumin shotoku: Choki Keizai tokei*, vol. 1 (Tokyo: Toyo keizaishinposha, 1974), pp. 214, 218-221 计算。

这一时期财政支出的又一个重要项目是用于农村救济的公共工程经费（应付国家紧急情况的开支又称为"时局匡救费"）。[2]1932 年年初，农村救济成为一个主要的问题。在 5 月 15 日的事件中，刺杀前大藏大臣井上准之助、三井财阀的团琢磨和首相犬养毅的刺客，就是来自茨城县的农村青年。这一流血事件后，农民代表和各县代表向日本国会递交了大量的请愿书。执政党对他们的要求表示支持。1932 年夏天，执政内阁制订了一个计划，呼吁中央和地方政府投入共计 8 亿日元的联合支出，用于农村公共工程项目建设，这无疑给农民在 1932 年到 1934 年这 3 年时间里创造了获得资金收入的机会。此外，在同一时期内，这个计划还给农村提供了 8 亿日元的低息贷款和高利息债务分期付款两项惠民政策。政府用

---

[1] Miwa Ryoichi, "Takahashi zaiseiki no keizai seisaku," in *Senji Nihon keizai*, ed. Tokyo daigaku shakai kagaku kenkyujo (Tokyo: Tokyo daigaku shuppankai, 1979), pp. 165, 167.

[2] Miwa Ryoichi, "Takahashi zaiseiki no keizai seisaku," in *Senji Nihon keizai*, ed. Tokyo daigaku shakai kagaku kenkyujo (Tokyo: Tokyo daigaku shuppankai, 1979), pp. 120-122.

于农村救济的支出与同一时期的军费开支增幅相比，毫不逊色。如果把低利息资金也包括在内，那么可以认为，这一计划的实施所产生的对经济的刺激作用，甚至已经超过了军费开支。由于农林省对农业协会运动和自力更生运动（*jiriki kōsei undō*）的鼓励支持，农村的形势逐渐好转。

471 此外，保护新生产业的政策也得到了加强。1932 年，大多数重化工业产品，尤其是生铁的关税税率上调了。由于日元汇率的下降，1931 年到 1933 年间的进口价格上升了约 80%，由此重化工业可能会发现这样更容易确保它的国内市场。1932 年，政府开始对旧船拆解和新船制造进行补贴，造船业和海洋运输行业从中受益。[1] 自从大萧条开始以来，汽车制造业便得到了激励性的措施，1936 年后，与军火生产一起，汽车制造业得到了更多切实的保护。用这样的方法，各行业都在稳步复苏，并抓住了新的发展机遇。

人造丝行业的快速发展引起了业界的广泛关注。东洋人造丝公司、帝国人造丝公司、朝日铜氨丝公司这样的龙头企业通过提高它们的技术，成了世界上最大的人造纤维生产商，在 20 世纪 30 年代后半期发展为出口导向型的行业。以东芝公司和日立公司为代表的这些电机和机床行业的科技水平，也开始接近世界标准，并且最终能够满足国内的需求。在军方的支持下，航空业的技术水平也得到了提升。如表 9.5 所示，重化工业的产出明显扩大。从 1931 年到 1936 年，重化工业占制造业产值的比重为 45%，与 1930 年相比提高了 10%。

表 9.5　重化工业的发展

年份	制造业总产量指数	钢铁、有色金属、机械和化工业总产出的市场占有率（%）
1920	61.4	32.3
1930	100.0	35.0
1936	175.8	45.0
1940	218.2	59.2

资料来源：计算自 Shinohara Miyohei, Kokogyo (Tokyo: Toyo keizaishinposha, 1972), vol.10, pp. 142, 143。

---

[1] Miwa Ryoichi, "Takahashi zaiseiki no keizai seisaku," in *Senji Nihon keizai*, ed. Tokyo daigaku shakai kagaku kenkyujo (Tokyo: Tokyo daigaku shuppankai, 1979), pp. 123-125.

　　这一时期的另一个特点是"新财阀"的崛起，包括鲇川义介（Ayukawa Yoshisuke）的日产公司（日本产业公司）、野口遵（Noguchi Shitagau）的日窒株式会社（日本氮肥公司）、森矗昶（Mori Nobuteru）昭和肥料公司（后来改称昭和电工公司）、中野友礼（Nakano Tomonori）的日本苏打公司、大河内正敏（Ōkochi Masatoshi）的日本理研公司，以及中岛知久平（Nakajima Chikuhei）的中岛飞机公司，等等。[1]日产公司通过控股公司控制了采矿、汽车、化工、渔业、唱片、海洋运输和土木工程等行业的诸多公司。这个新财阀以低廉的价格逐步收购那些摇摇欲坠的公司，提高它们的业绩，并将它们的利润引入日产集团的一个控股公司日本产业公司。当日本产业公司的股票因此上涨的时候，它的资本随之增加，这些资金被用于进一步扩大日产版图的各种项目。日窒株式会社（日本氮肥公司），利用其自身的水力发电业务所获得的电力进军化工业，它于 20 世纪 20 年代在朝鲜北部建立了一个大型的水力发电厂，使用丰富而廉价的电力生产硫酸铵、火药和甲醇。日窒株式会社生产硫酸铵的成本非常低，使得这家公司成为当时日本实力最强的公司之一。野口遵，日窒株式会社的创始人，在人造丝行业也获得了巨大成功。昭和肥料公司一开始只是个小小的县级公司，通过采用东京工业实验室加工硫酸铵的工艺并结合水电站的发展实现了自身的壮大。中野友礼则通过主营日本苏打公司和拓展相关领域，实现了在纯碱工业领域的成功。作为东京帝国大学的教授，大河内正敏主管物理和化学研究所，在那里他投身于技术的工业应用和产品开发，参与了从活塞环到最后合成的大量项目活动。中岛知久平是一名海军军官，他曾促进了国内航空业的发展，后来又转向生产军用飞机。丰田公司从 20 世纪 20 年代开始生产汽车，用它已开发的技术来制造自动织布机。

　　这些新财阀利用 20 世纪 20 年代以来积累起来的技术优势迅速成长，日本经济在黄金出口禁令重新实施以及货币政策停滞不前之后继续发展。这些新财阀的管理人员有几个共同点：他们都是技术人员或军人，而不是管理专家；他们在新技术的基础上发展了公司，与现有的财阀和金融机构联系较少，且资本不多；他们都使用国有资本开创了新的产业。他们主要从事重化工业，所掌握的技术不仅有能力在战时生产军火弹药，在和平年代也很有用。由于这些因素，他们

472

473

---

[1]　参见 Miyake Seiki, *Shinkokontserun tokuhon* (Tokyo: Shunjusha, 1937); and Wada Hidekichi, *Nissan kontserun tokuhon* (Tokyo: Shunjusha, 1937)。

的公司可以很容易地适应战后的经济增长。20 世纪 30 年代的经济环境已经产生了像丰田公司和日产公司这样的先行者，这与 20 世纪 50 年代的经济增长有着明显的联系。

在日本国会中，旨在促进重化工业发展的专门法律接连不断地获得通过。[1] 以 1934 年石油工业法和 1936 年汽车制造法的通过为开端，到 1941 年，陆续通过了覆盖合成油、钢铁、机床、飞机制造、船舶制造、铝合金、有机化工和重工业领域的各类专门法。这些法律的各种规定大体相似：通过政府许可制度由政府批准公司的年度计划；强制设立统一标准并控制制造和分配；公司必须对军方和公众的利益要求做出正面的回应；政府可以要求公司对厂房和设备进行改进和扩张，并在经营方式和生产计划方面做出改变。这些专门法律规定，如果企业招致损失，将会根据政府法令进行补偿。此外，政府还提供其他形式的保护，例如土地征用的豁免和所得税、公司税的豁免；给予出口奖励和补贴，尤其是授予发行债券的特权；强制进行厂房和设备折旧。这些专门法律中的保护主义政策，在战争期间大大促进了重化工业的发展，可以被视为促进这些行业发展的战后政策的起源。

同时，那些已经成为社会羞辱对象的老牌财阀，在 20 世纪 30 年代早期也尽了最大努力来避免批评和指责。三井财阀由于受到的批评最为严厉，遂成立了一个名叫"三井报恩会"（Mitsui Hōonkai），即三井慈善协会的基金会来履行社会工作服务，并且迫使三井物产公司的总经理安川雄之助（Yasukawa Shunosuke）辞职。安川雄之助曾由于他"咄咄逼人的"行为而饱受批评。三菱公司和住友公司也同样做出了很多努力。这种行为时常被称为"财阀转向"（tenkō），与共产党员的"转变信仰"相提并论。老牌财阀的各项活动在这一时期普遍比较保守，他们的经济影响力从整体上讲也在下滑。由于面向农村或中小型企业的财政支出增加，财阀银行的存款扩充速度也开始放慢。1933 年后，具有很多县级分支机构的大阪三和银行在存款量上处于领先地位。

但是，作为昭和时期金融危机的一个结果，是个别行业的寡头垄断控制进一步加深。在经济复苏时期，钢铁业和造纸业形成了巨型托拉斯。1933 年，七家钢铁制造企业与国营的八幡制铁所合并，成立了日本制铁株式会社（Nippon seitetsu KK），即日本钢铁公司，它控制了国内 97.5% 的生铁生产和 51.5% 的钢锭生产。

---

[1]　Maeda Yasuyuki, *Shoko seisakushi Dai 11-kan*, pp. 238-250.

在昭和金融危机之前，日本的钢铁市场被以八幡制铁所为中心的卡特尔所控制，但作为企业合并的一个结果，通过单一的巨型公司实现控制成为可能。同年，三井的王子制纸公司、大川平三郎（Okawa Heizaburo）的富士制纸公司与桦太制纸公司合并，组成了王子制纸公司，成为一个控制着 90% 新闻纸生产的大托拉斯。日元汇率的降低使得钢铁产品和机制纸的进口低迷，这些垄断企业最终占据了各自行业的国内市场，而在第二次世界大战之后，它们在反垄断的经济政策下遭到瓦解。在 1932 年和 1933 年期间，大规模的商业合并也在银行业、啤酒业和机械行业中快速持续地进行。卡特尔的作用也在加强。在大萧条时期大型电力公司捉襟见肘，并且受困于从金融机构贷款的压力，不得不同意财阀银行的要求，组成了电力联盟。在这种趋势下，当那些由托拉斯和卡特尔控制的企业生产的产品价格上升时，对这些垄断企业的批判也就越来越强烈。1936 年，为了抑制卡特尔行为，国家对《重要产业统制法》进行了修订。[1]

在 20 世纪 30 年代，日本也专注于傀儡伪满洲国的经济发展，以及对中国北方的经济渗透。在东京政府的支持下，关东军为了获得对伪满洲国的实际控制权，勾结南满铁路公司（Mantetsu）成立了"满铁经济调查局"和"伪满第一次经济建设计划"。基于对经济自由和国内资本主义的意识形态批判，该计划的基本目标是防止"资本家"垄断利润，"促进全体民众的利益"，将"关键经济部门"置于"国家控制"之下，以及发展伪满洲国和日本之间的经济相互依存。

关于货币方面，伪满洲国"中央银行"成立后，平价"发行"了一种与日元挂钩的管理货币（元）。[2] 日本和伪满洲国因此有了共同的货币，而"日本—伪满洲国经济圈"也就应运而生。[3] 这一措施，符合放弃金本位制后，以英国和英联邦为中心的"英镑集团"和以美国为中心的"美元集团"的成立为代表的世界普遍趋势。在产业发展方面，由国家控制钢铁、金矿、煤矿、石油、硫酸铵、苏打、液化煤气、电力、汽车运输和航空运输等重点行业。遵从每个行业成立一家公司的原则，特殊法人由伪满政府和南满铁路确定，每个法人出资 30%，其余

475

[1] Maeda Yasuyuki, *Shōkō seisakushi Dai 11-kan*, pp. 68-72.

[2] Kobayashi Hideo, "Manshu kinyu kozo no saihensei katei-1930 nendai zenhanki o chushin to shite," in *Nihon teikokushugika no Manshu*, ed. Manshushi kenkyukai (Tokyo: Ochanomizu shobo, 1972), pp. 151-174.

[3] Kobayashi Hideo, "Manshu kinyu kozo no saihensei katei-1930 nendai zenhanki o chushin to shite," in *Nihon teikokushugika no Manshu*, ed. Manshushi kenkyukai (Tokyo: Ochanomizu shobo, 1972), pp. 196-206.

从公众中筹集。[1]伪满洲国政府监管这些人员，并对这些特殊公司进行核算，但同时也赋予这些公司以特权，如利润补贴和税务免除等。由于伪满洲国最初是在"谴责资本主义"和"隔绝财阀"的口号下成立起来的，因而来自日本都市的直接投资是被排除在外的，产业发展的资本主要通过南满铁路债券的发行来募集。非重点行业允许使用国内资本，但也会采取措施打击与日本国内生产相竞争的行业的发展，如水稻种植和棉纺织工业。

由于这种发展的概念建立在关东军和南满铁路公司的反资本主义的意识形态的基础之上，因此日本国内的经济界对此充满敌意。南满铁路公司债券的上市发行因此而表现不佳。此外，由于南满铁路公司的员工主要是具有铁路和军事背景的人员，因此要它为广阔的行业发展提供必要的工人是不可能的。这就是南满铁路公司的阿喀琉斯之踵，它以合作建设新国家为借口，却试图控制整个伪满洲国的经济。这也是该公司逐渐与军队疏远的原因。1933 年后，关东军制订了一个计划，将南满铁路公司分解为一系列独立的子公司（子会社），每个部门一个。南满铁路公司的职能仅限于管理铁路，并扮演一个附属公司的控股公司的角色。关东军还制订了一个计划，以强化其对这些附属公司的控制。该计划虽然化为泡影，但军方继续寻找付诸实施的机会而不是就此放弃。[2]

由于危机感的驱动和意识到遵守军队计划的必要性，南满铁路公司计划迁到长城以南，进入华北地区。1934 年后，关东军与华北驻屯军合作，通过切断国民党的控制和建立"亲日政权"，在中国北部形成了切实的影响力。此外，关东军也制订了一系列计划，以谋取这一地区的铁矿石、煤炭和盐等在伪满洲国供应短缺的原料。南满铁路公司为此专门作了研究。[3]1935 年，南满铁路公司成立了"兴中"公司作为其附属公司。华北驻屯军在河北东部成功建立了"亲日政权"，并从南京政府那里得到了在河北—察哈尔地区实行一定程度自治的权力。1936 年后，日本与这些"政权"进行了谈判，以获取开发其原料来源的权利，但由于中国的反对而没能取得多大进展。尽管如此，由于日本大型纺织公司进入天津地区，这些出于实用目的的纵横捭阖确实取得了进展，尤其是在

[1] Hara Akira, "1930 nendai no Manshu keizai tosei seisaku," in *Nihon teikokushugika no Manshu*, pp. 44-49.

[2] Hara Akira, "'Manshu' ni okeru keizai seijisaku no tenkai-Mantetsu kaiso to Mangyo soritsu o megutte," in *Nihon keizai seisakushi ton*, ed. Ando Yoshio (Tokyo: Tokyo daigaku shuppankai, 1976), vol. 2, pp. 211-213, 296.

[3] Nakamura Takafusa, "Nihon no kahoku keizai kosaku," in *Kindai Nihon kenkyukai*, vol. 2, pp. 159-204.

1936 年之后。

1936 年后，军方势力的增强从根本上改变了日本国内的形势。1936 年 2 月 26 日，高桥是清被一个军事暗杀队刺杀。新组建的广田弘毅内阁被军方的需求所支配，在它的统治下，经济发展偏离了合理性。自从 1934 年以来，高桥是清已经整顿了财政支出水平，尽其最大努力遏制了军费开支的扩张，并试图降低政府债券的发行规模。这些政策似乎反映了日本银行总裁，同时也是高桥是清亲密伙伴的深井英五（Fukai Eigo）的观点，这与凯恩斯的真实通货膨胀理论相一致。根据这一理论，如果有厂房、设备、原材料或劳动力的资本剩余，那么需求的扩张不会引起通货膨胀，但如果没有剩余，那么就会发生通货膨胀。深井英五似乎认为，日本已经在 1935 年的下半年达到了充分就业。[1] 基于这种观点，高桥是清反对军费规模和财政支出的扩张。

广田弘毅内阁的大藏大臣马场锳一（Baba Eiichi）发现，反对军方的需求是不可能的，于是开始试图与军方合作。他批准了陆军的五年大规模扩充军备计划和海军的六年扩军计划。[2]1937 年，国家的财政预算比上一个财政年度几乎扩大了 40%。这次预算的扩张，由庞大的税收增长和国家债券发行来加以弥补。为了促进公共债券的发行，马场锳一下调了贴现率，并恢复了低利率政策。虽然商界领袖们普遍反对加税，但与此同时，他们也在通货膨胀和伴随军事需要扩大对进口原材料的强劲需求的预期中开始增加进口。结果，到 1936 年年底，国际收支就出现严重失衡。在 1936 年年初的时候，国家就已经不得不放开黄金出口，物价上升也十分明显，因此马场锳一的政策很快以失败告终。1937 年 1 月，在国会发生冲突之后，广田弘毅内阁被林铣十郎内阁取代。新任大藏大臣结城丰太郎（Yūki Toyotarō）削减了马场锳一当政时的预算，削减税收增加额，同时与商界领袖修复关系。1937 年 6 月，第一次近卫文磨内阁成立，两位主要阁员贺屋兴宣（Kaya Okinori）和吉野信次（Yoshino Shinji）分别就任大藏大臣和工商大臣。

在军队中，九一八事变策划者和执行者石原莞尔牵头制订了一个计划：扩大直接的军事准备以应对预料中的与苏联战争的爆发；扩大重化工业的产出；建立一个军火生产的坚实基地。这个计划的目标是扩大"日本—伪满洲国经济圈"的

---

[1] Fukai, *Kaiko yo-nen*, pp. 322-331. 亦见 Yoshino Toshihiko, *Rekidai Nihon ginko sosai ran* (Tokyo: Mainichi shinbunsha, 1976), pp. 186-188.

[2] Aoki Nobumitsu, *Baba Eiichi den* (Tokyo: Ko Baba Eiichi-shi kinenkai, 1945), pp. 263-264.

生产力，迅速占据日本、伪满洲国和中国北部的资源。如表 9.6 所示，他们所需资本中有 61 亿日元来自日本国内，还有 24 亿则来自伪满洲国。[1] 军方花了 1 年时间起草的这一计划，被提交给近卫文麿内阁来加以执行。1936 年夏，石原莞尔企图重审该计划，并将新完成的初稿提交给几位政治家审查，包括近卫文麿，以及财经方面的阁员池田成彬、鲇川义介、结城丰太郎等人。石原莞尔得到了他们合作实施该计划的非正式允诺。在林铣十郎内阁执政时期，结城丰太郎被任命为大藏大臣，池田成彬被任命为日本银行总裁，随后近卫文麿被任命为首相，所有这些人都意在鼓励此项计划的实现。

表 9.6　五年计划中主要产业的生产目标

	(A) 生产目标			(B) 目前产量			(A) 与 (B) 的比值		
	总计	日本	伪满洲国	总计	日本	伪满洲国	总计	日本	伪满洲国
大众汽车（千辆）	100	90	10	37	37	—	2.7	2.4	—
机械工具（千台）	50	45	5	13	13	—	3.8	3.5	—
钢材（千吨）	13 000	9 000	4 000	4 850	4 400	45	2.7	2.0	8.9
油（千升）	5 650	3 250	2 400	364	210	154	15.6	15.5	15.6
煤（千吨）	110 000	72 000	38 000	55 560	42 000	13 560	2.0	1.7	28.0
铝（千吨）	100	70	30	21	21	—	4.8	3.3	—
镁（千吨）	9	9	3	0.5	0.5	—	4.8	3.3	—
电力（千瓦）	12 750	11 170	1 400	7 210	6 750	460	1.7	1.7	3.0
造船（千吨）	930	860	70	500	500	—	1.9	1.7	—

资料来源："Juyo sangyo go-ka-nen keikaku jisshi ni kansuru seisaku taiko (an)," Ministry of the Army,

---

[1]　Nakamura, *Economic Growth in Prewar Japan*, pp. 268-285.

May 29, 1937. Shimada Toshihiko and Inaba Masao, eds., *Gendaishi shiryo*, vol. 8.*Nitchu senso*(l) (Tokyo: Misuzushobo, 1964), pp. 730, 746。

注：除此之外，武器生产的目标为 96 000 万日元，比目前的能力增长 2.1 倍；飞机的生产目标是 10 000 架（其中日本为 7 000 架，伪满洲国为 3 000 架）。

近卫文麿内阁无法使用财政和货币政策、抑制国内需求、减少进口和促进出口等办法来消除国际收支的赤字。上任之后不久，大藏大臣贺屋兴宣和工商大臣吉野信次就宣布了三条经济原则："扩大生产能力、平衡国际收支、调节商品供需。"这一公告表明，他们的注意力将会转向为商品进口和在保持国际收支平衡的约束条件下扩大生产能力确定优先事项。这意味着有必要对商品进口和资本使用实施直接的国家调控。因此，在 1937 年 7 月中日战争爆发后，日本全面实行了经济管制，但即使战争没有爆发，对经济的管制也是不可避免迟早会发生的。

在伪满洲国，在石原莞尔初稿的基础上，伪满五年发展计划于 1937 年起草并立即付诸实施。人们认为这项计划的开展，需要技术精湛的专家来管理工业生产。1937 年 11 月，日产公司的鲇川义介创立了伪满重工业公司（满业）。他利用日产公司的资本和技术，掌控了伪满洲国的所有重化工业企业。[1] 南满铁路公司则变成了一家专注于铁路经营的控股公司，它的重组在几经周折之后才得以实现。 479

战争

1937 年 7 月，日本陷入与中国的战争。与速战速决的预期相反，战争持续了多年。由于石油等主要原料的短缺，使日本国家的经济实力捉襟见肘，经济控制随之收紧。从经济上来说，与中国之间的战争是对国家既定发展轨迹的延续。对日本经济的管制主要以满足军事需求作为唯一的目标，而把普通工业和大众生计放在最后。在这一时期，尽管影响战后经济增长的几个因素有所发展，但从整体上来说，这是一个走向毁灭的过程。

战时经济最持久的特征是持续地加强经济管制。在政府同意了关于重化工业化的军队计划后，马上就爆发了与中国的战争，日本别无选择，只有通过加

---

[1]　参见 Hara，" 'Manshu' ni okeru keizai seijisaku no tenkai," in *Nihon keizai seisakushi ran*, vol. 2, pp. 209-296。

强控制和对有限物资及资本的分配来治理经济，以此满足军事上的需求。从 20 世纪 20 年代开始，年轻的官员、军人甚至经济学家就已经在鼓励对经济进行统制。[1] 全球性的经济萧条清楚地表明，资本主义自由经济体已经陷入停顿。而从苏联五年计划的成功中，可以看出对经济进行管制和制定规划的必要性。军方也认为，第一次世界大战已经证明，未来战争将会是需要经济和政治动员的全面战争。实际上从 1927 年开始，国家自然资源局就已经开始进行开发国家动员结构的研究。1932 年后，关于经济统制体系的意识形态要求一直在伪满洲国进行尝试，但在日本国内，这样的实践却受到了限制，只是于 1938 年时实现了发电和输电行业的合一。在日本本土，全方位的经济控制只有在其他选择都大打折扣的时候才会开始。

在 1937 年与中国战争的最初 3 个月里，日本的军费开支达到了 25 亿日元，这个数字几乎相当于一年的国家预算。面对抑制进口增长和货币扩张的迫切需要，政府通过了《临时资金调整法》和《进出口物品临时处置法》。1938 年 3 月，国会颁布了《国家总动员法》。根据这些法律，政府拥有了广泛的权力：(1) 公司成立、增资扩股、债券发行和长期贷款等，都被置于许可证制度的管理之下；(2) 政府被授权发布有关进出口材料制造、销售、转让、使用和消费的指令，尤其是对这些物资的限令和禁令；(3) 政府被授权发布关于劳动力征收，工作条件设定，公司利润处置，金融机构资金使用，管理、使用和征收厂房及矿产，还有卡特尔形成的指令。[2] 由于战争形势的日益严峻，这些措施一个接一个地得到执行。

1937 年 10 月，负责国家全面规划的内阁企划院开始运行。[3] 它的主要职责是调节经济活动主要必需品的供需，并制订物资动员计划。日本所依赖的主要进口原材料——如铁、钢、石油、铜、铝、原棉、羊毛和橡胶——的需求量，依照军队、政府，以及行业需求和国内供给的不同而计算出来。由于现有外汇量的限定，每样商品都需要起草进口计划，而这些商品也要在陆军、海军和私人部门之间进行分配。这些计划最初制订出来，只是为了 1937 年 10 月到 12 月期间的需

[1] Nagata Tetsuzan, "Kokka sodoin junbi shisetsu to seishonen kunren," in *Kokka sodoin no igi*, ed. Tsujimura Kusuzo (Tokyo: Aoyama shoin, 1925). 这是一个早期关于国家动员思想的极好例子。聚焦于军事方面的关于国家动员的出色总结，参见 Mikuriya Takashi, "Kokusaku togo kikan setchi mondai no shiteki tenkai," in *Kindai Nihon kenkyu*, vol. 1: *Shoma-ki no gunbu* (Tokyo: Yamakawa shuppansha, 1979), sec. 1。

[2] Maeda, *Shokd seisakushi Dai n-kan*, chaps. 2, 3.

[3] Mikuriya, "Kokusaku togo kikan setchi".

要。从那时起直到日本战败为止，计划起先一年制订一次，随后每个季度制订一 482
次。为了实现重点产业发展的五年计划，企划院也编制了工业产能扩张计划，并
于 1939 年得以实施。[1]

于是，日本迅速进入了一种战时统制经济。由于为庞大军费开支筹集资金的
政治需要，为了确保对依赖进口的重化工业的原材料供应和军火弹药的生产，实
施经济管制政策是不可避免的。这一时期日本的对外贸易情况参见表 9.7。1938
年后，对外贸易总量平衡的状况一片惨淡。然而，分析这些数字的结果显示，在
以日元为结算货币的日元区里，日本维持着出口盈余，但在需要可兑换外汇的其
他领域，则存在着持续的入超。煤炭、铁矿石、盐之类的主要原材料，在日元区
可以自给自足。但是像石油、铝土矿、废铁、镍和钴等稀有金属、天然橡胶、原
棉、羊毛等这样的物资，日本就不得不依靠从美元区和英镑区的进口。为进一步
促进重化工业发展所做的努力，日本增加了对美元区和英镑区的依赖。1937 年，
日本在已有大量入超的情况下推出了物资动员计划，该计划的起草，是假定 1938
年的出口能获得 30 亿日元的外汇收入，但是由于美国经济的大幅下滑和用于出
口的棉纺织品生产的萧条，到 1938 年中期只有 25 亿日元。在进口商品的使用方
面，用于军队和扩大生产力的享有优先分配的特权，像原棉和羊毛这种用于消费
品生产的进口原材料遭到了削减。而对消费品的日益增加的挤压和可怜的水稻收
成，于 1940 年开始实施粮食、火柴和砂糖的配给制度。由于担心物价飞涨，政
府固定了价格，并启动了价格管制。但是，这些新的管制方法的结果，只是刺激
了黑市交易的盛行。为了打击此类活动，政府建立了经济警察。军需物资的分配
建立在一种票证制度的基础之上，但要得到现货也并不总是很容易的。各种复杂
的管制名目剧增，无处不在。

日本继续尽其全力开发伪满洲国和中国的资源。华北开发公司和华中振兴
公司在各自的地区建立分支机构，以开发自然资源。日本军队以开发中国的煤 484
炭和铁矿石为第一要务，它们为了把煤炭运回日本而不惜尽可能地减少当地运
送粮食供给的火车班次。在伪满洲国，以鲇川义介为首的伪满重工业公司致力
于在该地区建立包括汽车生产在内的各种行业。然而，鲇川义介试图引进美国

---

[1]　关于这个问题的评论，参见 Nakamura Takafusa and Hara Akira, eds., *Kokka sodoin*, vol. 1: *Keizai* (*Gendaishi shiryo 31* (Tokyo: Misuzu shobo, 1970)。

的资本和技术的计划太过于乐观。他忽视了美国并不认可伪满洲国，并坚持"门户开放"的原则。鲇川义介的计划最终失败，以至于他不得不引咎辞职。[1]

表 9.7　20 世纪 30 年代国际贸易的平衡（单位：百万日元）

年份	总计			日元区贸易			日元区外的世界贸易		
	出口	进口	结算差额	出口	进口	结算差额	出口	进口	结算差额
1931	1147	1235	−88	221	236	−15	926	1000	−74
1932	1.410	1.431	−21	0.276	206	70	1.134	1.226	−72
1933	1.861	1.919	−56	0.411	281	130	1.450	1.636	−186
1934	2.171	2.283	−111	0.520	311	209	1.652	1.972	−320
1935	2.499	2.472	27	0.575	350	225	1.924	2.122	−198
1936	2.693	2.764	−71	0.658	394	264	2.035	2.370	−335
1937	3.175	3.783	−608	0.791	437	354	2.384	3.346	−962
1938	2.690	2.663	27	1.166	564	602	1.524	2.099	−575
1939	3.576	2.918	658	1.747	683	1.064	1.829	2.235	−406
1940	3.656	3.453	203	1.867	756	1.111	1.789	2.697	−908
1941	2.651	2.899	−248	1.659	855	804	992	2.044	−1.052

资料来源：Japan Ministry of Finance, Customs clearance statistics, 1931-1941.

1939 年 7 月，美国宣布废除与日本的通商航海条约。1940 年 1 月，作为对日本经济制裁的形式之一，美国可以随意限制出口。1939 年 9 月，欧洲战争的爆发导致日本战略物资进口的期望变得更加困难。从 1939 年到 1940 年，日本调动了所有的黄金和外汇，以促进石油产品、稀有金属和其他战略物资的进口，日本银行的黄金储备几乎因此被耗尽。[2]1940 年 7 月，看到德国纳粹成功侵入法国，且预期英国即将战败，日本军方起草了入侵新加坡和荷属东印度（今印度尼西亚）

---

[1]　Hara, "'Manshu' ni okeru keizai seijisaku no tenkai," pp. 248-295.

[2]　关于这个问题的解释和评论，参见 Nakamura and Hara, eds., *Kokka sodoin*, vol. 1, pp. lxix-lxxii. 亦见同卷 "Okyu butsudo keikaku shian" and "Setsumei shiryo"。

的计划，希望以此获得那里丰富的石油、橡胶和锡等原料的供应。由于英国和美国给中国国民党政府做靠山，而且日本应与德国一致行动，以打败英国和迫使美国从亚洲撤离，所以日本国内对鲁莽观点的支持正在扩大，而与中国的战争也没有得到解决。1940 年 9 月，日本进军法属印度支那北部（今越南北部），并与日本和意大利签署了同盟条约。美国以收紧对日本的出口限制作为回应，随后逐渐旋紧螺丝，以削弱日本的经济实力。

1939 年，日本创立了一般工资和价格控制的制度，建立了全国统一的工资制度。从事商业和服务业的工人被征召来义务生产军火弹药。很多企业的股息率受到了限制，金融活动也被置于全方位的管制之下。1940 年秋天，为了增加军需用品的生产，政府提出了与同一时间正在实施的"新政治结构"计划相平行的"新经济秩序"计划。[1] 该计划包括如下意图：一是从以盈利为主的公司转向以生产为主的公司；二是从企业的管理人员中分离出资本所有人；三是指派政府官员为企业管理人员；四是按照政府指令使企业增加产量；五是组成名为工业控制协会的卡特尔组织，以实现政府对经济的控制，诸如生产配额和原料分配等等。工商业界反对该项计划，理由是认为这是一种"共产主义的思想"，将会威胁到资本主义经济的基本原则。最后双方勉强达成了妥协。

1941 年年初，日本和美国之间的谈判开始了。在谈判的风雨历程期间，德国入侵了苏联。同年 7 月，日本侵入法属印度支那南部，美国由此冻结了日本在美国的资产，并且强制实行石油禁运。作为日本最重要的原材料——石油的禁运，是美国对日本的致命一击。日本陆军和海军原有 840 万千升的石油储备，但这个数量只能在战争中维持其不到 2 年的军用需求。陆军和海军内部受到好战思想的支配，提出的意见是日本应该与英国和美国交战，从而获得来自东南亚的原料而不是屈从于外部的压力。这种情绪推动了太平洋战争的爆发。[2]

敌对行动开始后的 6 个月内，日本占领了从缅甸、泰国、马来西亚、新加坡、苏门答腊、爪哇、婆罗洲、西里伯斯和所罗门群岛沿线的广大地区。一些观察家认为，随着石油供应稳稳在手，已经实现了"大东亚共荣圈"的梦想。许多公司

485

---

[1] 参见 Nakamura Takafusa and Hara Akira, "Keizai shin taisei," in *Nihon seiji gakkai nenpo 1972-nen* (Tokyo: Iwanami shoten, 1972)。

[2] Nakamura Takafusa, "Senso keizai to sono hokai," in *Iwanami koza, Nihon rekishi*, vol. 21: *Kindai 8* (Tokyo: Iwanami Shoten, 1977), pp. 115-116.

转向投资该地区的矿山、橡胶和原棉生产，还有些公司甚至制订了水力发电和精
炼铝的计划。政府用"大东亚"作为自己的舞台，起草了扩大生产力的计划。该
486　计划预计在 15 年内，产量将会扩大到目前水平的 3 到 5 倍。然而，迫在眉睫的
问题是，日本如何用现今控制的原材料来打这样一场仗。

　　从"大东亚共荣圈"中进口原料不再有任何的外汇限制。付款方式由日本军
方的临时凭证或东南亚开发银行的付款凭单就可进行。海洋运输能力代替外汇成
为至关重要的瓶颈所在。不包括油轮和维修的船只，在太平洋战争开始时，日本
的远洋运输能力总计为 650 万吨位，其中约有 550 万吨位，不包括油轮和维修中
的船只，可以被征用（见表 9.8）。有人认为，即使 290 万总吨位的陆军和海军舰
只被用于作战或提供军事服务，包括油轮在内的总计 300 万的吨位，仍将继续为
货物运输服务以提供必要的运输能力，才能在 1941 年物资动员计划所提出的水
487　平上维持生产的运行。在太平洋战争开始时，预计每年损失船只 80 万吨到 100
万吨，而估计每年生产 60 万吨的新船，在此基础上，预测日本能够维持 300 万
总吨位的运输能力。但是，这一预测被证实是过于乐观了。[1]

表 9.8　太平洋战争和远洋运输数据

		1941 年 12 月	1942	1943	1944	1945
轮船吨位损失	轮船量	12	202	437	969	639(271)
	吨位（1000 吨）	56	948	1 793	2 058	1 503(756)
轮船制造	轮船量	4	77	254	699	188
	吨位（1000 吨）	6	265	769	1 700	560
远洋运输量	计划运输量（A）（1000 吨）	41 408[a]	40 368	33 397	27 820	9 400
	实际运输量（B）（1000 吨）	39 601[a]	39 486	33 047	20 720	7 279
	计划实现率（B/A %）	95.6	97.8	99.0	74.5	77.4

---

[1]　Nakamura Takafusa, "Senso keizai to sono hokai," in *Iwanami koza, Nihon rekishi*, vol. 21: *Kindai 8 (Tokyo:* Iwanami Shoten, 1977), pp. 116-117.

（续表）

		1941 年 12 月	1942	1943	1944	1945
实现量	日本、伪满洲国和中国（1000 吨）		21 914[b]	29 624	18 151	2 003[c]
	东南亚和其他（1000 吨）		862[b]	3 605	2 627	137[c]
从东南亚航运到日本的原料量	石油（千升）	—	1 428	2 623	1 500	—
	铝土矿（千吨）	—	323	792	565[d]	—
	天然橡胶（千吨）	—	65	78	68[d]	—
	锰矿石（千吨）	—	71	89	67[d]	—
	包括其他项目总计（千吨）	—	1 514	1 581	909[d]	—

资料来源: Nakamura Takafusa, "Senso keizai to sono hokai," in *Iwanami koza*, *Nihon rekishi*, vol. 21: *Kindai 8* (Tokyo: Iwanami shoten, 1977), Tables 5, 8, 9。

注: a.1941 年 4 月到 12 月。

b.1942 年 7 月到 12 月的总数。

c.1945 年 1 月到 3 月的总数。

d.1944 年的数据为预测数。

在现实中，陆军和海军舰艇都不易更换，而且损失程度都超过了预期。意识到海洋航运的重要性，日本政府试图增加造船量，但船舶运输吨位持续下降，尤其是东南亚原料的出货量，如表 9.8 所示，远未达到预期。图 9.2 显示了运输能力的下降，在某种程度上可以作为日本军队战斗力的一个晴雨表。由于取消了军用船舶的征用，日本运送一般商品的船舶吨位（民用船只）在 1942 年 10 月达到最大值，但是自所罗门群岛战役之后，其船舶吨位开始下降。特别是在 1943 年下半年以后，由于美国海空军的全力进攻，日本船舶吨位持续下降。尤其值得注意的是货运量的下降，这与船舶运行率的下降呈正相关关系。1944 年 7 月的马里亚纳群岛战役失败后，东南亚海上航线遭到封锁，因此除了日本本土、伪满洲国和中国以外，日本搜罗其他地方的原料变得不切实际。1945 年，当国内粮食短缺出现

488

图 9.2　第二次世界大战期间的船运能力和货物装运

资料来源: Oi Atsushi, *Kaijo goeisen* (Tokyo: Nihon shuppankyodo, 1952), 附表。

严重危机之时，从中国和伪满洲国运输谷物和盐成为航运的首要任务，但空袭使之进入停滞状态。从海上运输方面来看，日本在 1944 年夏天就已经输掉了战争。[1] 杰罗姆·柯恩（Jerome Cohen）把这种情况概括为："可以说，在很大程度上，日本经济被摧毁过两次：一次是因为切断进口，一次是因为空袭。"[2]

直到战败为止的国内生产趋势，显示在表 9.9 中。战时的管控政策显然扩大了日本重化工业的产出，而减少了用于个人消费的纺织等行业的产出。由于这个原因，在 20 世纪 30 年代下半期以后，包括农业在内的满足个人消费需求的行业

---

[1]　参见 Nakamura Takafusa, "Senso keizai to sono hokai," in *Iwanami koza, Nihon rekishi*, vol. 21: *Kindai 8 (Tokyo: Iwanami Shoten, 1977), pp. 123-136。

[2]　Jerome B. Cohen, *Japan's Economy in War and Reconstruction* (Minneapolis: University of Minnesota Press, 1949), p. 107.

生产持续下降。日本人被迫忍受极度的艰难困苦，即使在重化工业领域内，不同年份中各部门的产出达到最大水平也无济于事。由于在太平洋战争时期优先集中于飞机和舰船的生产，所以从 1943 年起，诸如钢铁和化学用品这样的材料生产就已经回落。生产的成果只集中在武器装备、军用飞机和舰船等最终产品上。由于超乎寻常的努力，飞机产量从 1941 年的 6 174 架增加至 1944 年的 26 507 架，军舰也于同期从 201 111 吨增至 408 000 吨，这两种产出都达到了峰值。[1] 然而，最后一刻的生产努力并不能扭转日益恶化的战局。

太平洋战争之初，日本政府在组织战时经济动员时曾经一度隐身其后，到 1942 年秋季才开始跳到前台。由于日本在早期的战绩超出预期，政府领导人忽视了全面经济动员工作的重要性。当美国开始反击时，未能充分实行国家动员成了日本难以弥补的不利条件。在任何情况下，一旦大规模生产飞机和船只的需求变得强烈，日本政府就企图"把不可能变成可能"。比如，为了增加钢铁产量，政府在朝鲜、伪满洲国和中国设立了大量 20—100 吨的简陋小高炉。然而，它们的表现很差，不能达到预期的效果。为了应对包括废铁在内的金属材料的短缺，政府开始征收城市有轨电车的铁轨、桥梁扶手，甚至是佛教寺庙的钟。纺织行业的纺纱机遭到废弃，变成了制造炮弹的原料。紧跟着企业倒闭和裁员之后，很多生产消费品的工厂变成了生产军需用品的工厂。1943 年，造船业通过"滚雪球"的方法收获颇丰。通过进口在造船时需要的大量铁矿石，造船量大大增加，而船只又被用来进口更多的铁矿石。为了降低海运量，包括高炉在内的各类生产设施被转移到中国和伪满洲国，在原料产地现场生产，但这种努力与预期并不相符。

1943 年秋天，为了增加军需用品，尤其是飞机的生产，内阁企划院和商工省的相关部门合并成立了军需省。与此同时，一个军需公司系统正式开始运行。那些关键企业被指定为"军需公司"；那些负责生产的人被给予政府官员的头衔；雇员被作为强征的劳工对待并且不得辞去工作；公司负责按照政府的指令来增加产量。[2] 但是，政府也会补偿这些公司所遭受的损失。在每个被指定的行业中，都由金融机构承担必要的资金支持。

---

[1] 据 Okazaki Ayakoto, *Kihon kokuryoku doiai soran* (Tokyo: Kokumin keizai kenkyu kyokai, 1953)。

[2] Juyo sangyo kyogikai, *Gunjukaishaho kaisetsu* (Tokyo: Teikoku shuppan, 1944). 对军需公司的连贯性研究尚不存在。

表 9.9 战时生产指数（1937=100）

年份	农业生产指数	大米	矿业生产指数	煤炭	制造业生产指数	钢铁	机械	化学制品	纺织品	粮食
1936	98	102	92	92	85	87	75	87	88	91
1937	100	100	100	100	100	100	100	100	100	100
1938	98	99	106	108	103	115	110	114	83	101
1939	105	104	112	113	114	123	135	122	83	104
1940	99	92	120	125	119	128	163	120	75	90
1941	95	83	120	125	123	132	188	120	60	78
1942	100	101	118	121	120	140	195	100	48	69
1943	96	95	119	127	121	156	214	87	31	58
1944	76	88	108	120	124	146	252	80	17	47
1945	59	59	51	74	53	52	107	33	6	32

资料来源：农业：以 1933 年到 1935 年作为基准期的农林业生产指标（*Dai 30-ji Norinsho tokeihyo*）。矿冶业和制造业：通商产业省，*Showa 35-nen kijun kokogyo shisu soran*（这些数字是在此期间每个指数所达到的最大值）。

在战争期间，劳动力成了一个大难题。在日本略低于 8 000 万的总人口中，有 240 万人已经在 1941 年年底前征入军队服役。到 1945 年 8 月，这个数字增长至 720 万。为了弥补因此造成的劳动力短缺，从事消费品生产行业和第三产业的年轻人被征召并动员进入重化工业企业和矿场工作。1944 年后，初中学校的学生也被雇佣进行军需生产，并被迫暂停几乎所有类型的学习。在消费品行业，尤其是纺织品，以及第三产业中，公司要么转变为战时生产，要么由于原料和货物的消失而被迫歇业。他们的机械和设备由于用于军需生产而报废，他们的工人进入军需工厂和矿场工作。政府推动企业的被迫重组，而政府迫使中小型企业转向军需生产或歇业，主要是为了征用它们的工人。[1] 如表 9.3 所示，1944 年第二产业劳动力的迅猛增长和第三产业劳动力的减少，都是这些政策实施的后果。

日本人日常生活的质量因此而受到了严重影响。1938 年后，已经不可能再得

[1] Yui Tsunehiko, *Chusho kigyo seisaku no shiteki tenkai* (Tokyo: Toyo keizai shinposha, 1964), pp. 342ff.

到棉花和羊毛制品。1940 年，诸如大米、味增（豆瓣酱）和酱油之类的生活必需品实行配给制，即便如此，这些物品还是逐渐告罄。到 1943 年，城市人口的粮食短缺问题已经变得十分严峻。日本人每天卡路里摄入量的标准是 2 200 卡路里，其中包括 70 克的蛋白质摄入量。但是在 1942 年，每人每天实际只有 2 105 卡路里和 64.7 克的蛋白质摄入量。到 1944 年 1 月，生活必需品的配给只提供每人每天区区 1405 卡路里。[1] 人们试图通过到农村搜罗粮食，或是到官方销售渠道之外的黑市上购买以避免饥饿。政府由于担心通货膨胀，已经在对中国的战争伊始就进行一定限度的价格管制。1940 年，政府开始对一切物品设置官方价格，但它不能根除非法交易，也无法抑制物价上涨。以 1937 年的 100 日元为基准，消费价格指数从 1940 年的 149 上升到 1944 年的 208，再到 1945 年 5 月的 254。如果把黑市交易价格也包括在内，这些指数则变成 1940 年为 161，1944 年为 358。[2] 后者的数字更接近于实际情况。

1940 年后，政府正式设立了以就业类型、教育背景、年龄和工龄为基础的工资待遇标准。这样做是因为政府担心工资成本上升将会导致物价上涨。由于工资增长率在官方价格的基础上计算，因而永远也无法赶上实际消费价格的上涨。实际工资下跌至将近战前水平的一半。[3]

到 1945 年 8 月日本宣布战败的时候，日本已经失去了大约 300 万人生命（1/2 以上是军人）和 1/4 的国民财富。日本剩余下来的国民财富的总价值只与 1935 年时大致相当。战争毁灭了过去 10 年的积累，留下来的只有冒着黑烟的残垣断壁。[4] 尽管如此，维持战后经济增长的条件已经在废墟中萌芽，这也是事实。战时的军需产业为战后发展的核心产业——重化工业提供了原型。制造机关枪工厂转而生产缝纫机，制造测距仪的技术开始应用于生产摄像机。在军需工业中获得发展的大工厂和小企业分包商的联结模式，也变成了战后分包系统的基础。此外，指派特定金融机构向军需公司提供金融支持使两者建立了紧密联系，从中可以发现战后"金融集团"（金融系列）的起源。政府部门和日本银行的行政指导，

492

---

[1] Hosei daigaku Ohara shakai mondai kenkyujo, *Taiheiyo sensoka no rodosha jotai* (Tokyo: Toyo keizai shinposha, 1964), p. 149.

[2] Cohen, *Japan's Economy*, p. 356.

[3] Yamada Junzo, "Senjichu no rodosha," in *Gendai Nihon shihomhugi taikei:* vol. 4, *Rodo*, ed. Aihara Shigeru (Tokyo: Kobundo, 1958), p. 97.

[4] Keizai antei honbu, *Taiheiyo senso niyoru wagakuni no higai sogo hokokusho* (Tokyo: Keizai antei honbu, 1948).

经常被认为是战后日本的一个特殊性征，其实也是战时管制政策的一项遗产。当工资管制成为一项制度时，工龄工资制度便普及到了整个经济，而在劳工组织被解散之后，企业协会作为"产业报国会"（Sangyō hōkōku kai）的继承者，在每家公司都建立了起来。在战争期间，政府以双重价格系统购买大米，从地主那里购买时只支付比较便宜的价格，但为了增加大米的产量，在直接从生产者手中购买时会付出较高的价格。这种做法具有降低租金的效果，从而扫清了战后土地改革的障碍。尽管对那些经历过战争的日本人来说，战时的回忆是令人厌恶的，但这也是战后快速增长的预备阶段。

结语

　　无论是对世界还是对日本来说，1920 年到 1945 年都是一段不同寻常的风雨历程。回望那些年月，在日本经济追赶的过程中，人们可以指出与战后经历相关的几个特征：第一，开始于第一次世界大战期间的重化工业化趋势不断加快。第二，在 20 世纪 30 年代，已经有过利用经济政策促进经济增长和充分就业的成功先例。第三，在战争年代已经形成了日本战后独特经济体制的雏形，尽管这并不是有意为之。这些情况也可以解释日本为什么能在 20 世纪 20 年代到 30 年代实现引人注目的高速增长，甚至以世界的标准来看也是这样。

　　然而，即使从严格的经济学角度出发，20 世纪 20 年代和 30 年代的日本经济在几个方面与第二次世界大战后的时代也有所不同。第一，是政治对经济具有绝对的优势。这方面的例子有：为了国家声誉废除了旧平价基础上的黄金出口禁令；在对中国进行军事入侵和准备对苏联的战争计划中结合了强制的经济管制；在对国家的经济实力没有做出冷静评估时就投身太平洋战争。第二，在自由放任的古典原则失效后，很多政策都是在反复实验的基础上进行的，但在这样做的时候并没有什么一般的原则清晰体现出来。井上准之助财政政策的失败和高桥是清财政政策的成功就是很明显的例子。第三，当一切都集中于如何赢得战争的时候，日本经济在战时统制之下非同寻常的经验，减少了民众生命的毁灭。

第十章 战后日本经济（1945—1973）

东京工业大学 香西泰 著

安德鲁·戈布尔 译

从 1945 年到 1973 年，日本经济保持着每年近 10% 的增长率。由于衡量国民收入的标准在这一时期发生了变化，所以没有连续的统计序列。然而，当现存的数据被链接起来并重新计算时，日本在 1945 年到 1973 年间实际国民生产总值（GNP）的年均增长率为 9.6%。[1]

这一高速经济增长的第一个十年，是日本自第二次世界大战战败所带来的经济混乱的恢复阶段。在第二次世界大战期间，日本的海上运输被同盟国切断，由此，得到原材料十分困难。事实上，战后美国占领军强加于对外贸易的限制，继续着这一封锁的影响，这种状况由于社会和经济的紊乱而加剧。由此造成的结果是，1946 年，日本的实际人均国民生产总值下降为 1934 年到 1936 年水平的 55%，直到 1953 年才恢复到 1934 年至 1936 年的水平。

由于战后日本的崩溃非常严重，尽管与西欧国家相比，它从战争破坏中恢复的速度要快得多，但在恢复到战前的人均国民生产总值方面，日本实际上花费了比西欧国家更长的时间。1951 年，基于现行汇率，日本的人均国民收入是美国的 1/12，是西德的 2/5。[2] 但是，一旦战后恢复完成，日本就开始并保持了 15 年以上的极高增长速度。与其他工业经济体相比，日本的经济表现确实非常

---

[1] 由于日本战败所造成的混乱，缺少 1945 年国民生产总值的官方估计数据，1946 年至 1955 年的国民生产总值，参见 Keizai kikakucho, *Gendai Nihon keizai no lenkai* (Tokyo: Keizai kikakucho, 1976), p. 578; 1955 年至 1965 年（老的国民经济核算体系）和 1965 年至 1973 年（新的国民经济核算体系）的数据，参见 Toyo keizai shinposha, *Showa kokusei soran* (Tokyo: Toyo keizai shinposha, 1980), p. 99。

[2] Keizai kikakucho chosakyoku, ed., *Shiryo: Keizai hakusho 25 nen* (Tokyo: Keizai kikakucho, 1972), p. 9 (chart 2), pp. 11-12.

突出。

在 1955 年到 1972 年经济快速增长的这一时期（高速成长时代），日本在不断引进科技发明的过程中，在经济上迎头赶上了西方。这一时期可以分为两个阶段：第一阶段是从 1955 年到 1965 年，在这一阶段，经济经历了三次大的繁荣，即所谓"神武景气"，"岩户景气"和"伊奘诺景气"；第二阶段是从 1966 到 1972 年，在这一阶段，经济稳步增长，直到"石油危机"和"疯狂通胀"开始才告一段落。

即使在 1973 年高速增长结束之后，经济增长的势头仍在继续。例如，1975 年，日本人均国民生产总值已经达到美国的 62%，西德的 65.9%，远远超过了英国和意大利的水平。[1] 日本与其他发达国家之间的差距继续缩小。由于其快速的增长，日本已经成为一个世界经济大国（*keizai taikoku*）。

战后经济改革与复苏

战后经济改革

日本战后的经济转型发生在美国占领军推动民主化改革方案的背景之下。当然，这些改革不仅仅是美国人倡议的结果，同时也源于日本自身的努力，在追求自己的理想或议程的过程中，他们要么与美国人进行合作，要么就与他们斗争。在这些改革中，特别重要的三个经济改革是：土地改革、解散财阀和劳工改革。

1. 土地改革。

在土地改革之前，45.9% 的日本农业用地是出租给佃户耕种的。第二次世界大战之前，承租人的租金总计相当于国民收入的 5%，而租赁纠纷在 1935 年达到六千例的峰值。这一直是战前农林省实施的政策，目的是促进自耕农的成长，解决农用地租赁问题。1945 秋天，作为这一政策的延伸，农业土地调整法得到修正，限制拥有超过五町步（*chōbu*）的土地，并且要求土地租金以现金支付。

美国占领军认为这一法规远远不够，于是于 1945 年 12 月 9 日向日本政府

---

[1] 基于 OECD National Accounts (1986); Keizai kikakucho kokumin shotokuka, *Kokumin shotoku doko* (Tokyo: Keizai kikakucho, 1986)。

下达了关于土地改革的备忘录，敦促其进行更为广泛的变革。1946 年 10 月 21 日，《自作农创设特别措置法》颁布，开始了所谓的"第二次农地改革"。法律规定：外居地主的所有土地由政府购买；不从事耕作的在乡地主所拥有的耕地面积不得多于一町步；自耕农的土地限制在三町步以下；政府购买的土地出售给租种的农民。由于通货膨胀，土地的真实价格大幅下降，土地改革几乎等同于没收土地。

土地改革期间，19.16 亿公顷的土地，约占农业种植面积的 37.5%，因此而改变了业主。超过 370 万地主的土地被政府收购。[1] 通过土地改革，农户租种的土地减少到仅占农业用地的 10%；租地的租金可由双方自行协商，租赁纠纷也消失了。农民更愿意工作；农村的政治生态更加稳定；农业在政府的价格支持和基础设施投资的帮助下得到发展。伴随着经济的快速增长，城镇就业机会不断增加，减少了占有土地的碎片化，也降低了由战争结束后人们立即涌往农村所造成的农业就业率的不足。

一方面，作为土地改革的一个结果，战后的日本农业成为独立农民的领域。另一方面，即使经济进入了快速增长阶段，农民的兼职就业人数增加，土地所有权仍然十分零散。这阻碍了农业生产率的提高。为了解决这个问题，很多人敦促扩大种植规模，并鼓励土地出租。要求改变自耕农中心主义（*jisakunō chūshin shugi*）政策的呼声越来越高，而这一政策是以占领军的压力和日本战前土地改革者的目标为基础的。

2．解散财阀。

从一开始，美国占领军就打算解散财阀，一些美国官员认为，财阀参与了日本发动的领土政府战争。1945 年 10 月，占领军决定解散财阀控股公司的总部（本社），并于 1946 年 4 月成立了一个委员会来重组这些控股公司。到 1947 年 6 月，有 83 家企业被指定为这样的控股公司。在这 83 家企业中，28 家重组为家族控股公司，其余的在股权进行了转换的情况下被允许继续作为生产企业运行。与此同

497

---

[1] 关于土地改革的基本资料，参见 Nosei chosakai nochi kaikaku kiroku iinkai, ed., *Nochi kaikaku tenmatsu gaiyb* (Tokyo, 1951)。以英语写成的标准化著作，参见 R. P. Dore, *Land Reform in Japan* (London: Oxford University Press, 1959)。

时，1947 年 7 月 3 日，占领军当局下令解散了三井贸易公司和三菱贸易公司。[1]

1947 年 4 月，日本颁布了以美国反托拉斯法为基础的《独占禁止法》，建立了日本的公平贸易委员会。在接下来的 12 月，日本国会通过了《国度经济力集中排除法》，规定任何涉嫌垄断的公司都将被解散。根据这些法律，18 家大公司遭到解散，它们下属的企业也被重新分配。日本钢铁公司分拆为 2 家（八幡钢铁和富士钢铁）；三井矿山分拆为 2 家（三井矿山和神冈矿业）；三菱产业分成了 2 家（三菱矿业和太平矿业）；三菱重工分为 3 家公司（东日本重工、中日本重工和西日本重工）；东京芝浦电气剥离了自身 43 家工厂中的 27 家；而日立制造则剥离了自身 35 家工厂中的 19 家。由于这些及其他一些分解措施的实行，钢铁、造船、啤酒酿造、造纸，以及其他一些行业的集中度大大降低。

在占领结束以后，那些曾经遭到解散或在经济分散化原则下遭到分解的大型企业再度出现。1954 年，三菱贸易公司得以恢复；1959 年，三井贸易公司重新复活；1964 年，三菱重工宣告再生；1970 年，新日本钢铁公司重新充满活力。财阀的总部也许已经销声匿迹，但是，通过相互持股和融资，以银行为中心，多家企业又再度集中到"企业集团"（keiretsu）之中。批评者常常将此称为"财阀的复兴"。

财阀的解体与集中度的永久废除对日本经济产生了深远的影响。生产的集中化，遭到反财阀法实施的削弱，又由于高速增长而被进一步稀释。企业之间的竞争变得更加活跃。由于进入新行业的机会增加，范围扩大，那些不属于战前财阀的工业公司扩张为大型企业。很多这样的战后大型公司，如丰田公司、日立公司和新日铁公司等，与战前财阀没有任何关系。川崎制铁公司和住友金属公司作为钢铁企业崛起，本田公司进入乘用车行业，以及索尼公司和松下公司的快速增长都表明，整体而言，日本的产业组织仍然是有竞争力的。可以这样说，这种有竞争力的产业结构的发展，是战后解散财阀和废止垄断的一个结果。

3. 劳工改革。

劳工改革的核心是三个劳工法的颁布与实施。首先，《劳动组合法》（《工会

---

[1] 关于解散财阀的基本资料，参见 Tokushu kaisha seiri iinkai, ed., *Nihon zaibatsu to tono kaitai* (Tokyo, 1951)。以英语写成的标准化著作，参见 Eleanor M. Hadley, *Antitrust in Japan* (Princeton, N.J.: Princeton University Press, 1959)。

法》）。1945 年 12 月，日本仿照美国的《瓦格纳法案》，颁布了《劳动组合法》，确立了工人拥有组织劳工团体和进行集体谈判的权利，从民法中免除了工会活动，并定义了不公平的劳动行为。其次，《劳动关系调整法》。该法于 1946 年 9 月颁布，界定了对罢工行为的限制，并建立了劳动争议的解决程序。再次，《劳动基准法》。这一法律于 1947 年 4 月颁布，要求改善工人的工作条件，诸如禁止强迫劳动，建立每日 8 小时工作制，限制女性和未成年人雇佣，以及规定对工伤者进行赔偿，等等。这三部法律，尤其是《劳动组合法》，刺激了日本工会的活动。

劳工运动在战后几年快速增长。由于失控的通货膨胀和人民的普遍贫穷，劳资纠纷频繁发生。1948 年，工业劳动力的工会化率（包括在交通运输、建筑、采矿和制造业等各行业中的工人）超过了 50%，注册为工会会员的人数为 667.7 万人。在一些劳资纠纷中，工会采取了诸如"生产控制"这样的咄咄逼人的策略，即工人实际上接手了企业的管理和生产控制。

由公共工会组织的一次同盟大罢工，计划于 1947 年 2 月 1 日举行，但这次罢工还没开始就被占领当局扼杀在摇篮里。1948 年 7 月，占领政策和劳工运动之间的对抗变得更加明显，作为对道格拉斯·麦克阿瑟将军来信的回应，日本政府废除了公共部门员工的罢工权利。在此后的很长一段时期，那些将政治问题置于首位的人和那些认为经济问题最为重要的人不断争夺对工会运动的控制权。随着工会运动的整合，即将一个企业的全体职工纳入到一个单一的"企业工会"，强调经济问题首要性的"日本风格工会主义的原则"占据了主导地位。从 1955 年所谓的春季攻势（"春斗"）开始，增加工资就成为劳资谈判的程序化内容。

占领军和它主导的政策也对经济产生了间接影响。首先，日本在第二次世界大战中的惨败，使其不得不放弃通过战争和军事手段来增强经济优势的做法。相反，在美国"核保护伞"的保护之下，日本不需要在国防上花费太多的资源，因此，资本、人力资源，以及人体能量能够投入更有效率的活动。其次，在美国占领下，日本人第一次与外国有了持久的接触，比此前多得多的日本人能够直接观察到美国人高标准的生活及支持这种生活的高效率组织方法。最后，占领军也使日本的精英群体发生了变化。政界、商界和官僚中的新一代领导人把他们的精力转向了从战后的混乱中恢复经济的蓬勃活力。

499

战后经济政策

　　战后的领导人面临着创建一个新的经济政策框架的问题，以对战败造成的各种条件做出回应。在某种程度上，这意味着恢复在战时遭受破坏的经济，意味着使战后的通货膨胀处于控制之下，还意味着确立政策的原则应该以促进经济的进一步发展为标准。

　　像近代所有的战败国一样，战后日本也被严重的通货膨胀所困扰。即使在战时价格受到控制的情况下，价格就已经开始上升，所以战争一告结束，通胀的压力就开始骤增。虽然生产停滞不前，但在战时受到压制的需求却做好了引燃的准备。公共债券及其他各类金融资产在战争期间得到了积累，如果转换为货币，就会引发爆炸性的通货膨胀。为了应对这种情况，1946 年 2 月，政府采取了限制银行账户、财产征税，以及控制价格的紧急政策。不过，这些措施只能暂时地应对通货膨胀，而在 1946 年到 1947 年，通货膨胀如脱缰的野马。1946 年的批发价格是 1934—1936 年的 16.3 倍，到 1950 年，已经高达 246.8 倍（见表 10.1）。

表 10.1　价格趋势（1934—1936 年平均 =1.00）

年份	批发价格指数	年增长率（%）	消费者价格指数	年增长率（%）
1946	16.27	—	50.6	—
1950	246.8	97.3	219.9	44.3
1955	343.0	6.8	297.4	6.2
1960	352.1	0.5	328.0	1.9
1965	359.4	0.4	443.2	6.2
1970	399.9	2.2	577.9	5.5
1973	463.3	5.0	719.5	7.5

资料来源: Keizai kikakucho, *Gettdai Nihon keizai no tenkai* (Tokyo: Keizai kikakucho, 1976), pp. 616-618。

　　恢复工业生产也是一项重大任务。一方面，战争刚刚结束后的日本经济处于崩溃状态。由于来自海外的原材料供应中断，生产重启陷于停顿。在 1947 年 8 月有限的私人贸易开始之前，对外贸易一直是由占领当局控制的，甚至在 1947

年 8 月之后，贸易的公共管理体系也基本上保持不变。另一方面，从战时经济中也得来了一份积极的遗产，那就是，重化工业中的资本存量和具有丰富现代工业活动经验的充沛的劳动力供应。由于不可能依靠进口的原料，因此只有使用国内的煤炭资源才有可能突破生产的瓶颈。

东京大学有泽广已（Arisawa Hiromi）教授提出了所谓的优先级生产方式来刺激工业生产。他的计划是设想首先在煤炭开采业中集中材料和资金来增加煤炭产量，然后利用增大的煤炭产能来生产钢铁，最后投入增加了的钢铁产能，以进一步提高煤炭生产。这种依靠自己的力量提升国内生产的方法成为日本政府在 1947 年到 1948 年间的政策核心。为了实现这种优先级生产方式，吉田茂内阁成立了复兴金融银行（Fukkō kin'yū ginkō），向煤炭行业贷出大笔资金，同时给予钢铁业大幅度的价格补贴，并将原材料优先供应给重点产业。[1] 由此，总算得以实现了 1947 年产出 3 000 万吨煤炭的目标。

这一优先级生产方式往往被视为日本在重化工业领域实行干预政策的一个成功例子，它也被看作是其后实行"产业政策"（sangyō seisaku）指导的一个榜样。对日本的生产恢复来说，这无疑是一个重要的刺激因素。在战争结束后，日本除了利用其已经具有相当基础的重化工业来恢复经济之外，并没有其他的道路可走。正如美国陆军部长肯尼思·罗亚尔（Kenneth Royall）在1948年1月所说，"很显然，日本不可能支持自己作为一个店主、工匠和小手工业者的国家而存在，就像它不可能作为一个纯农业的国家而存在一样"[2]。但是，过度高估优先级生产方式的意义也是错误的。日本利用了它在重化工业领域的现存生产能力，但并未打算扩大其规模。1947 年的钢产量仅为 74 万吨，与 20 世纪 70 年代上亿吨钢产量完全没有可比性。优先级生产方式实际上是日本在国内经济与国外联系被切断，原材料进口缩减的情况下制定的"被迫进口替代"政策。当使用这一政策的条件发生了变化以后，它自然也就被放弃了。

如果日本未能保持其重化工业的基础，那么即便是这种程度的工业复苏也是不可能的。1945 年 12 月的波利报告（Pauley Report）曾经提出过最初的战后对日索赔政策建议，包括移除日本军工产业中的所有设备，大幅减少日本在钢铁、机

501

---

[1] 参见 Kosai Yutaka, "Fukkoki," *Nikon no sangyo seisaku*, ed. Komiya Ryutaro (Tokyo: Tokyo daigaku shuppankai, 1984), pp. 30-34; Kosai Yutaka, *Kodo seicho nojidai*, ed. Komiya Ryutano et al. (Tokyo: Nihon hyoronsha, 1981), pp. 44-58。

[2] Okurasho, ed., *Shmva zaiseishi* (Tokyo: Toyo keizai shinposha, 1982), vol. 20. p. 185.

床和船舶制造等国防相关产业的生产能力。随着国际形势的变化，美国对日本的经济政策已不再是简单的惩罚性政策，这些目标随之也都进行了更改。[1]1948年1月，陆军部长罗亚尔在他的演讲中指出，如果日本要实现政治稳定并保持其政府的自由性，就必须有一个健康独立的经济；而且美国也不可能继续无限期地提供亿万美元来对日本进行援助。

502 　　为了抑制通货膨胀的需要，同时也为了推动日本经济的复苏和自给自足，美国派出一位底特律的银行家约瑟夫·M.道奇（Joseph M. Dodge）访问日本。道奇曾经计划在德国占领区实行货币改革，他建议日本政府改变经济政策。作为传统自由主义经济的信徒，道奇推荐了一系列的经济政策，这些政策在他看来是使经济稳定和复苏的必要之举。1949年3月道奇提出的政策要点是：（1）综合平衡国家预算以减轻通货膨胀压力；（2）停止复兴金融银行的运行，因其贷款是不划算的；（3）减少政府对经济的干预范围，尤其是以补贴和价格管制的形式；（4）确定美元与日元的汇率为1美元兑换360日元；（5）恢复私人间的国际贸易，而不是仅仅依靠政府机构间的国际贸易。尽管随着朝鲜战争对经济增长的拉动，这些政策的重要性不断下降，但在未来两年半的时间里它们依然发挥着作用。从长远来看，所谓的"道奇路线"（Dodge line）确立了平衡预算、正规财政、稳定价格和固定汇率等原则，这些构成了经济高速增长时期政策的一个方面。

宏观经济运行

　　经济快速增长时期受到了宏观经济条件的制约，包括劳动力供给、资本积累、价格趋势、收入分配和需求增长等等。所有这些，都以复杂的方式相互关联。

劳动力供给的增加

　　日本经济快速增长的条件之一，是平稳充足的劳动力供给。日本在战争之前已经人口过剩，战后，随着复员军人和海外居民被遣返日本，战争刚刚结束的几

---

[1] I Okurasho, ed., *Shmva zaiseishi* (Tokyo: Toyo keizai shinposha, 1982), vol. 20. p. 440.

年里日本人口大幅度增长。据 1947 年的特别普查，日本总人口为 78 101 000 人，比 1940 年的人口普查数据 71 933 000 人和 1944 年的估计人口数据 74 433 000 人有了显著增加（见表 10.2）。然而，1947 年，日本经济处于混乱状态，就业状况十分困难。与 1940 年相比，1947 年的就业人数只增加了 846 000 人，总就业率（也就是就业人口占总人口的比率）从 45.2% 下降到 42.7%。就业的分布也发生了根本变化。制造业中的工人的数量下降了 140 万人，服务业中工人的数量下降了 60 万人，与之相反，农业劳动者的数量则增加了 300 万人。这些数字表明，日本在战后初期已经产生了劳动力过剩和就业不足。

503

表 10.2　日本人口变动（单位：千人）

年份	总人口	就业人口	从事农业人口	从事制造业人口	从事批发和零售业人口
1940	71 933	32 482	13 557	6 863	4 097
1947	78 101	33 328	16 622	5 439	2 477
1950	83 200	35 625	16 102	5 689	3 963
1955	89 276	39 621	14 890	6 902	5 472
1960	93 419	43 719	13 127	9 544	6 909
1965	98 275	47 633	10 857	11 507	8 563
1970	103 720	52 110	9 333	13 540	10 059
1975	111 940	53 015	6 699	13 158	11 364

资料来源: Toyo keizai shinposha, *Showa kokusei soran* (Tokyo: Toyo keizai shinposha, 1980), vol. 1. p. 29。

　　然而，从 1948 年到 1955 年，就业人口以年均 2.6% 的高增长率快速增长（见表 10.3）。造成这一现象有两个原因：第一，20 世纪 30 年代前半期，人口出生率很高，在这段时间出生的人已经达到工作年龄；第二，随着人口基数的增加，劳动力的供给也在增加。虽然工人的数量大幅增长，但完全失业率也有所增加。关于劳动力市场的"二元结构"问题（即工资差距与企业规模相关）已经有了很多讨论，这一事实表明，即使在这一时期，对劳动力的需求已经出现了梯度差异。

504

　　从 1955 年到 1965 年和 1965 年到 1973 年，这段时间劳动力的年均增长率下降到 1.3%。按照国际标准，这仍是不低的。尽管战后的婴儿潮增加了劳动力年龄人口的规模，但增长速度却慢了下来，原因在于：（1）战时出生率的下降导致 1955 年至 1960 年间新的劳动力供给数量下降；（2）1960 年到 1965 年间，很多年轻人选择继续接受教育，而不是进入劳动大军。在 20 世纪 60 年代后期，劳动人口的增加继续减速，反映了日本在婴儿潮结束后出生率的下降。与此同时，由于经济的增长率仍然很高，失业率在 20 世纪 50 年代后期开始下降。到了 60 年代初，基于企业规模的工资差距有所缩小，工作职位的数量第一次超过了应届毕业生的数量。到 1967 年，职位空缺数量超过了普通劳动力市场求职的人数。日本经济已经达到充分就业的状态。

随着劳动力市场呈现出劳动力过剩变为劳动力短缺的现象，经济增长的维持依靠劳动者在产业部门之间的转换和资本投入替代劳动投入。农业劳动者的数量在 1945 年到 1955 年间减少了 170 万，在 1955 年到 1965 年间减少了 400 万，在 1965 年到 1975 年间减少了 420 万。与之相反的是，制造业中工人的数量，在 1965 年到 1975 年间增加了 460 万人（见表 10.3）。

表 10.3 劳动力的变化

年份	工人人口（千人）	劳动力占人口的百分比	失业率（%）
1948	3 484	64.6	0.7
1950	3 616	65.5	1.2
1955	4 194	70.8	1.8
1960	4 511	69.2	1.1
1965	4 787	65.7	0.8
1970	5 153	65.4	1.2
1973	5 326	64.7	1.3

资料来源：Toyo keizai shinposha, *Showa kokusei soran* (Tokyo: Toyo keizai shinposha, 1980), vol. 1, p. 58. 统计数据并不是连续的，因此很难做出准确的比较。

与劳动力供给量的变化同样重要的是供给劳动力的质的变化。在战前的日本，纺织行业的工人是工业劳动力的核心，占到产业工人的 1/3。最典型的是棉纺织行业中的女性职工，她们从十几岁小学毕业后就开始工作，帮助弥补家庭生计，到 20 岁左右辞去工作，然后结婚。她们的工作期限较短，工作人员的变动比较频繁，而工资也比较低。在产业发展过程中扮演主角的，是在钢铁和机械行业中技术熟练的男性工人，无论是战时的重化工业扩张还是战后的高速增长时期

505

都是这样。他们一生都是企业的员工；他们通过在职培训获得了特殊的技能；他们对企业内部的小规模生产单位做出了积极的贡献。他们期望通过资历和经济的增长会使工资和工作条件得到改善。义务教育从 6 年延长至 9 年，继续接受教育的比率不断增加，结果使得劳动力的智力素质也有所提高。

储蓄增长与资本积累

太平洋战争给日本带来了巨大的物质损失，大约相当于国家财富的 1/4（见表 10.4）。到战争结束时，国民财富已经下降到 1935 年的水平。实际上，这场战

表 10.4　国民财富在战时的损失

	总损失（战败当时的 100 万日元）	破坏前的国民财富（战败当时的 100 万日元）	损失率（%）	战后国民财富的剩余量（战败当时的 100 万日元）	1935 年国民财富量（战败当时的 100 万日元）	增长率（%）[a]
房屋	22 220	90 435	24.5	68 215	76 275	10.6
工业机械设备	7 994	23 346	34.2	15 352	8 501	80.6
运输	7 359	9 125	80.6	1 796	3 111	42.3
电气和燃气设备	1 618	14 933	10.8	13 313	8 987	48.1
铁路和机车车辆	1 523	15 415	9.8	13 892	13 364	4.0
电报、电话、供水	659	4 156	15.8	3 497	3 229	8.2
生产资料	7 864	32 953	23.8	25 089	23 541	6.6
家庭财产物品	9 558	46 427	20.5	36 869	39 354	6.6
其他	5 483	16 340	33.5	10 857	10 839	4.5
共计	64 278	253 130	25.3	188 852	186 751	1.1

资料来源：Keizai antei honbu, *Taiheiyo senso niyoru viagakuni higai sogo hokukusho* (Tokyo, 1949); Nakayama Ichiro, ed., *Nikon no kokufu kozo* (Tokyo: Toyo keizai shinposha, 1959)。

注：a. 三角形表示减少。

争使 1935 年到 1945 年之间的资本积累全部作废。然而，如果我们把生产活动加以比较，就可以很明显地看到在经济中仍然留有一些回旋余地。实际国民生产总值（GNP）下降到只有战前水平的一半。如果我们按不同部门的行业来看，就可以发现，虽然消费品行业的生产率由于许多工厂已经转化为战争生产而遭到损坏，但相比之下，重化工业的受损率相对较低。在战争中，钢铁和发电行业的产能甚至出现了高于战前水平的现象（见表 10.5）。

表 10.5　战败当时的生产能力

	1944 年前的产能峰值（战败当时的 100 万日元）	1945 年 8 月 15 日产能（战败当时的 100 万日元）	剩余产能百分比（%）	1941 年年底的产能（战败当时的 100 万日元）	增长率（%）
水力发电（1000 千瓦）	6 074	6 233	102.6	5 368	116.1
普通钢铁材料（1000 吨）	7 998	8 040	100.5	7 506	107.1
铝（吨／每月）	11 100	8 350	75.2	7 240	115.3
机械工具（吨）	190	120	63.1	110	109.1
石油炼制（1000 千升）	3 739	1 443	38.5	2 359	61.2
肥皂（1000 吨）	278	99	35.9	278	54.5
棉花和短纤维纺纱（百万纺锤）	13.8	2.8	20.2	13.8	20.2
棉纺织（1000 台织布机）	393	123	31.4	393	31.4
自行车（1000 辆）	3 600	720	20.0	2 880	25.0

资料来源：Keizai antei honbu, *Taiheiyo senso niyoru wagakum higai sdgo hokukusho* (Tokyo, 1949); Nakayama Ichiro, *ed.*, *Nihon no kokufu kozo* (Tokyo: Toyo keizai shinposha, 1959)。

正如我们已经看到的，战后第一个刺激工业生产的尝试是采用优先级生产方式，这一尝试试图把丰富的资本存量与过剩的劳动力结合起来。优先级生产方式的瓶颈是原材料的进口。日本被允许进入国际市场后，经济复苏取得迅猛进展。在经济恢复时期，工厂的投资主要集中在维修和更换设备。边际资本系数（即增加 1% 的国民生产总值所需要的必要投资金额）持续走低。

到 1955 年，当经济活动已经恢复到战前水平时，由于在经济恢复期并没有太多的投资，使得新设施的投资成为必要。日本的存量资本正在变得过时，这削弱了日本产业的国际竞争力。朝鲜战争后，合理化投资开始在多个行业中出现。到了 20 世纪 50 年代的后半期，日本工业朝着投资现代化生产设施的方向发展。新技术引进到日本，使日本的产业面貌发生了改变。这就是所谓的"投资诱导投资"的过程。为了应对劳动力的短缺，日本在 20 世纪 60 年代后半期开始了人力节省的技术投资，并于 20 世纪 70 年代，开始了治理环境污染设施的投资。

资本存量的增长速度与经济增长的速度相比，整体上高出 1% 至 2%。原因是投资建厂的扩张速度在 1945 年到 1955 年是相对较低的，在 1955 年以后才开始迅速上升。这种高资本形成率并不是来自利用外资，而是来自国内储蓄，特别是个人储蓄的增加。

1946 年到 1947 年，普通城市工人家庭百分之百的收入都要用于家庭的消费支出。1955 年用于家庭消费支出的收入占比下降到 90.8%，这一水平与战前水平大致相当（1934 年到 1936 年平均为 88.3%）。随着经济增长的推进，消费倾向继续下降，储蓄率与战前相比增加了两倍。1955 年以后，日本经济的特点是高储蓄和高投资。

解释日本居民高储蓄率的假说有很多。一些人认为，由于收入增长的速度高于预期，消费没有跟上收入的增长速度，因此导致储蓄增加；有的人指出是人口的相对年轻所致；还有人说，由于住房和社会福利设施与经济的其他部分相比较为落后，所以人们要为未来储蓄。在经济高速增长时期，越来越多的日本人认为自己也将达到中产阶级地位，而高储蓄率也可能与这种社会意识的变化相关联。

个人储蓄并没有直接投资在企业中，而是被存入银行账户。反过来，工商企业再从银行贷款投资。在这种"间接融资"的制度下，出现了自有资本率较低的企业，这也是经济高速增长时期的特点之一。

507

508

国际收支平衡

1945 年到 1973 年期间，影响经济增长最直接的因素是国际收支平衡。从战争结束后到 1955 年，一直有人担心，日本甚至无法支付食品和原材料的进口。如果没有美国的援助或者朝鲜战争期间的特殊采购项目，以及美国军方在日本购买耗材和维修设备，日本想要在此期间达到国际收支平衡是不可能的（见表 10.6）。

表 10.6　国际收支状况（单位: 1000 美元）

年份	当前交易	贸易平衡	非贸易平衡	转移平衡	长期资金平衡	总体平衡	外汇储备
1946—1950	726	−958	−340	2 005[a]	−79	726	—
1951—1955	525	−1 964	2 211[b]	277	−110	464	738
1956—1960	114	466	−103	−248	1	139	1 824
1961—1965	−1 358	1 955	−3 038	−275	321	−1 037	2 107
1966—1970	6 201	13 626	−6 548	−877	−3 605	4 525	4 399
1971—1973	12 285	20 466	−7 131	−1 030	−15 319	2 344	12 246

资料来源: Toyo keizai shinposha, *Showa kokusei soran* (Tokyo: Toyo keizai shinposha, 1980), vol. 2, pp. 652, 660。

注: a. 包括援助。

b. 包括特殊需求。

1955 年后，国际收支经常账户接近平衡。尽管如此，日本还是采取了强有力的国内经济增长政策而不是依赖于外国资本。外汇储备总是尽可能地保持在较低水平，任何可能多余出来的储备都被用于以增长为导向的收入增加和进口扩大。在此同时，政府也继续奉行 1949 年设立的政策，维持即期汇率 1 美元等于 360 日元。其结果是，每当国际收支往来账户中出现赤字，政府就别无选择，只能降低经济增长速度并减少进口，以使国际收支平衡回归均衡状态。当 1954 年、1957 年、1961 年和 1963 年出现了国际收支赤字时，政府都采取了一种紧缩银根的政策，以帮助国际收支平衡得以较快地恢复。

1955 年到 1965 年间，随着日本工业的国际竞争力不断提高，经常项目的国

509

际收支达到了平衡状态。1965 年以后，国际收支经常账户的盈余逐渐增加，日本建立起了外汇储备。这样做的原因是，当时通货膨胀正从美国开始蔓延，随后美国又陷入越南战争，这对其他先进工业化国家都产生了影响，在这种情况下，日本出口货物的价格依然能够保持相对稳定。这使得日本的产品在世界市场上相对便宜。1970 年，随着经常账户盈余的过剩，日本银行采取了防御性的紧缩货币政策，其结果是日本的国际收支顺差急剧增加。为了应付这种过剩，日元于 1971 年升值，并于 1973 年开始实行浮动汇率。

价格趋势

即使在道奇提出的稳定计划已经阻止了战后失控的价格上涨之后，日本仍然不得不继续与通货膨胀相抗争。朝鲜战争爆发后，通货膨胀在 1951 年死灰复燃，到 1954 年因采取紧缩的货币政策而暂告停歇。战后的通货膨胀一般是由居民消费价格上涨所致，但朝鲜战争期间的通货膨胀则是由生产资料的价格上涨所带动的。这种通货膨胀的结果是，与 1949 年道奇稳定计划期间设定的日元低汇率相比，日元汇率变得相对较高。国际收支不再平衡，日本产业的国际竞争力削弱。为了在固定汇率这一大的框架内解决这些问题，日本认为有必要削减其重化工业的成本，因而许多行业开始了投资合理化和设施现代化。

1955 年到 1960 年，价格保持相对稳定，但在 1960 年后，出现了新的通胀形式——批发价格保持稳定，但居民消费价格上涨。这种通胀模式的发生是以下机制作用的结果：[1]首先，在固定汇率制度下，经济以这样的方式进行管理，如果没有全球性通货膨胀的发生，货物出口和批发价格就会保持稳定。其次，即使大型和小型企业之间的工资差距正在缩小，但是由于劳动力已从过剩变为短缺，所以按照生产率的增长来看，它们之间仍然存在差距。大规模生产的企业出现生产率提高，而劳动力密集型的中小型制造和服务企业则出现劳动力成本上升，包括因此而带来的生产成本的上升。再次，居民消费价格上涨是可以接受的，只要其对工资增长和出口货物价格没有影响。

换句话说，尽管在一些生产率增长较高的部门价格是稳定的，但在那些生产

510

---

[1] 关于这一问题的基础性著作，参见 Takasuka Yoshihiro, *Gendai Nikon no bukka mondai*, rev. ed. (Tokyo: Shinhyoron, 1975)。

率较低的部门价格和成本呈上升状态。居民消费价格上涨通常受到低工资、低劳动生产率部门的压制，但在充分就业的情况下，排除了那些愿意接受低工资工作的工人，于是就出现了"生产率差距"型的通货膨胀。

在 20 世纪 60 年代后期，存在着一种世界性的通货膨胀趋势。在这种情况下，只要固定汇率制度占上风，并试图避免国际收支盈余增加，那么，加快国内需求增长的唯一途径就是通过财政手段的作用。1969 年，日本采取紧缩的货币政策以避免价格上涨。正如我们所看到的，结果只是扩大了国际收支账户的顺差而已。因此，在 20 世纪 70 年代初期，政府又试图通过增加货币供应量来扩大财政支出。采取这些措施的结果是，与外国的通货膨胀一样，1973 年的秋天，日本批发物价

511　水平与前一年相比上升高达 20%。在这一时间节点上，石油输出国组织（OPEC）上调了石油价格，遂使日本陷入了恶性通胀，即所谓的"疯狂物价"（*kyōran bukka*）状态。20 世纪 60 年代中期以前，维持固定汇率的政策有助于防止通货膨胀的发展，但在 20 世纪 70 年代，在世界性的通货膨胀趋势和日本产业已经变得更具竞争力之时，这一政策反而产生了相反的效果。

收入分配

关于第二次世界大战刚刚结束后日本国民的收入分配（见表 10.7），个体工商业主的收入有非正常扩大的现象，但在国民收入中，雇员收入、财产性收入和公司收入的比重大幅下降。这是因为现代工业生产陷入瘫痪，许多人为了能够生存下去已经变成了农民或商人。随着战后的经济复苏，国民收入中雇员收入和企业收入占比迅速恢复，但是财产性收入的比重仍然较低。财产性收入仍维持在低位的原因是，由于土地改革，从租户那里收取租金的收入没有了，而利息、土地价格和住房租金都受到政府的控制以抑制通货膨胀。

512　在经济快速增长时期，雇员和企业收入的份额稳步增加，个体工商户收入的比例则下降到低于战前水平。企业收入的增加体现在营业利润上，而营业利润则是随着高投入和高经济增长而增加。职业结构的变化解释了这样一种现象，即公司员工数量不断增长，所以其收入占有的份额更大，而与家人一起工作的个体工商业者由于人数不断下降，所以其占有的收入份额也在不断减少。但是，从人均收入方面来看，雇员与个体工商业者或家庭雇员的相比，显示出它们之间的差距在不断缩小。

表 10.7　国民收入的分配（国民收入的百分比）

年份	雇员收入 (%)	自营收入 (%)	个人财产性 收入（%）	公司收入 (%)	用人单位人均收入占职 工人均收入比例（%）
1935	38.0	31.1	23.4	8.7	—
1946	30.7	65.4	3.6	1.1	—
1950	41.8	45.6	3.1	9.9	59.4
1955	49.6	37.1	6.8	7.9	57.6
1960	50.2	26.5	9.8	14.3	60.5
1965	56.0	23.4	11.6	10.6	64.8
1970	54.3	20.0	11.7	15.8	68.5

资料来源：Toyo keizai shinposha, *Showa kokusei soran* (Tokyo: Toyo keizai shinposha, 1980), vol. 1, p. 91. 自营业者和家庭雇员的收入数据，以及自营业者人均收入相对于雇员人均收入的比例，参见 Keizai kikakucho, *Gendai Nihon keizai no tenkai* (Tokyo: Keizai kikakucho, 1976), p. 599。

　　个人收入分配朝向更平等的方向发展。战后改革——土地改革、解散财阀和劳工改革——都能促进收入分配的平等化。战后的通货膨胀和贫乏穷困，连同1946 年开始征收财产税，这些都促进了"贫困的平等"发生。随着经济复苏的推进，收入分配越来越不公平，但到 1960 年左右，随着工资差距的缩小以及充分就业的到来，追求收入特别是关于工资均等化的趋势又重新开始发展。在经济快速增长时期，在所有发达工业化国家中，日本成了收入分配最平等的国家。[1]

　　收入分配平等是中产阶级意识在民众中传播的先决条件。20 世纪 60 年代，将近 90% 的日本民众认为他们享有中产阶级的生活标准（见表 10.8）。这种中产阶级意识刺激了耐用消费品的快速扩散，使孩子进入大学的比率上升，置业的愿望更加强烈，储蓄率更高，所有这些都刺激了经济增长。大规模工业生产的发展提供了制造耐用消费品所需的材料，这增加了对劳动力的需求，加速了充分就业的实现，促进了劳动力的流动，并刺激了收入分配更加平等。反过来，在这些培养了日本式大众消费的市场经济中，耐用消费品需求的不断扩大与高储蓄率共

---

[1]　M. Sawyer, *Income Distribution in OECD Countries* (Paris: OECD, 1976). Tachibanaki Yoshiaki, "Shunyu bunpai to shotoku bunpu no fubyodo," *Kikan gendai keizai*, no. 28 (1977): 160-175. Tachibanaki 根据 Sawyer 的著作计算出税前总收入分配的基尼系数如下：日本为 0.335, 瑞典为 0.356, 西德为 0.396, 美国为 0.404, 而经济合作与发展组织（OECD）国家平均为 0.366。

存。这种动态的工业社会逻辑使经济得以持续高速增长。

表 10.8　中产阶级意识的增加

	1958 年（%）	1964 年（%）	1967 年（%）
上等	0	1	1
中等偏上	3	1	8
中等	37	50	51
中等偏下	32	31	28
（小计）	(72)	(87)	(87)
下等	17	9	8
其他	11	3	4
共计	100	100	100

资料来源: Keizai kikakucho, *Gendai Nihon keizai no tenkai* (Tokyo: Keizai kikakucho, 1976), p. 207。

需求的增长

513　　在国际收支不依靠外国资本的情况下，战后日本经济仍然保持快速增长。大量的储蓄、充裕的劳动力供给，以及国内投资和消费需求都使经济快速增长成为可能。如果我们看一下 1946 年到 1955 年按需求项目分类的国民生产总值的话，就会发现个人消费呈现出显著的增长。1955 年以来，公共设施的投资扩建也十分惊人，且直到 1970 年，出口依然呈现上升趋势（见表 10.9）。

514　　战后消费需求扩张的原因是，在战争期间，日本人的生活水平急剧下降，几乎到了难以维持生计的程度。这对经济复苏的尽快到来产生了刺激作用。一旦复苏得以实现，工厂现代化的改造投资就会变得更加活跃，耐用消费品的扩散也将支撑消费的持续扩张。在日本，大规模生产发展的过程，也就是它变成一个大众消费社会的过程。

　　作为对工业发展的回应，人们也改变了他们的工作和住所。从 1955 年到 1970 年，就业人数由 1 817 万增加为 3 339 万，共计增加了 1 522 万人；城市人口从 5 000 万增加到 7 500 万，城市人口占总人口的比例从 56.3% 上升到 72.1%。就业的转变（不含自营业者）和城市化齐头并进。

表 10.9 需求项目的增加（年度百分比）

	1946—1950 (%)	1950—1955 (%)	1955—1960 (%)	1960—1965 (%)	1965—1970 (%)	1970—1975 (%)
最终私人消费	10.2	9.9	7.8	9.0	9.7	6.2
私人住房	1.9	10.2	14.4	17.4	14.0	5.3
私营企业工厂设施			22.2	10.8	22.2	1.1
最终政府消费	13.4	2.41	2.6	7.1	5.1	5.6
公共资本积累	9.2	23.3	12.2	16.2	10.8	6.8
出口	99.5	13.9	13.0	14.7	15.4	11.8
进口	25.1	18.1	16.9	13.2	17.1	6.7
国民总支出	9.4	8.9	8.5	10.0	12.3	5.0

资料来源: *Kokumin shotoku tokei:* 1946-1955: Keizai kikakucho, *Gendai Nihon keizai no tenkai* (Tokyo: Keizai kikakucho, 1976), pp. 578-579. 1955-1965, 1965-1975: Toyo keizai shinposha, *Showa kokuseisoran* (Tokyo: Toyo keizai shinposha, 1980), vol. 1, pp. 99-100. 数据基于旧国民经济核算体系。

在此期间，消费水平也增加了一倍。如果我们观察一下城市工人家庭消费预算的内容，就可以看到，恩格尔系数从 1955 年的 44.5% 下降到 1970 年的 32.4%（见表 10.10）。相比之下，购买家用电器的支出增加了 8.5 倍，文化和娱乐支出增加了 5.1 倍。

表 10.10 城镇职工的家庭开支

年份	恩格尔系数	平均消费倾向（%）
1935	36.4	88.4
1946	66.4	125.9
1950	57.4	98.1

（续表）

年份	恩格尔系数	平均消费倾向（%）
1955	44.5	90.8
1960	38.8	85.1
1965	36.3	83.2
1970	32.4	80.1
1973	30.4	77.8

资料来源: Toyo keizai shinposha, *Shawa kokusei soran* (Tokyo: Toyo Keizai shinposha, 1980), vol. 2, p. 358。

515 　　1957 年，非农家庭中有黑白电视机的比率为 7.8%，而到了 1965 年，这个比率变为 95%。在同一时期，拥有电动或燃气冰箱的家庭数量占比从 2.8% 增加到 68.7%，而拥有洗衣机的家庭数量占比从 20.1% 增加到 78.1%（见表 10.11）。在 20 世纪 60 年代的后半期，耐用消费品的消费继续扩大，消费者的喜好向奢侈消费品转移。1967 年，只有 2.2% 的非农家庭拥有彩色电视机，而到 1975 年拥有彩色电视机的家庭增加到了 90.9%。拥有汽车的家庭也从 1967 年的 11% 增加到 1975 年的 37.4%，空调从 2.6% 增加到 21.5%。这些耐用消费品，在当时被称为"家庭三大圣物"或"三 C's"，是日本作为一个大众消费社会的证明。因为大多数日本人都认为自己属于中产阶级，所以他们的生活方式很容易变得同质化。由于人们试图与邻居攀比，这鼓励了耐用消费品的迅速扩散。

表 10.11　耐用消费品的扩散（非农家庭的百分比）

耐用消费品种类	年份				
	1957（%）	1960（%）	1965（%）	1970（%）	1975（%）
黑白电视机	7.8	44.7	95.0	90.1	49.7
彩色电视机	—	—	—	30.4	90.9
缝纫机	61.9	69.5	83.9	84.5	84.8
立体音响	4.0	—	20.1	36.6	55.6
录音机	—	—	20.2	35.3	54.9
照相机	35.7	45.8	64.8	72.1	82.4

（续表）

耐用消费品种类	年份				
	1957（%）	1960（%）	1965（%）	1970（%）	1975（%）
汽车	—	—	10.5[a]	22.6	37.4
电动或燃气冰箱	2.8	10.1	68.7	92.5	97.3
洗衣机	20.2	40.6	78.1	92.1	97.7
吸尘器	—	7.7	48.6	75.4	93.7
空调	—	—	2.6	8.4	21.5

资料来源：Toyo keizai shinposha, *Showa kokusei sdran* (Tokyo: Toyo keizai shinposha, 1980), vol. 2, pp. 603-604。

注：a. 包括轻型货车。

随着日本工业的发展，就业人数大幅增加，低收入工人的数量减少，收入分配更加公平。如果一家公司有 500 多名工人，他们的工资指数设为 100，以此为基准，则在 1955 年拥有 30 至 99 名工人的企业，他们的工资指数为 58.8，但到 1965 年这个指数已经上升为 71。在企业内部，按工作类别的工资差异相对较小。

如前所述，截止到 1970 年，在所有发达国家中，日本享有最公平的个人收入分配。日本人的住房拥有率虽然比美国低，但高于西欧国家。学生们在义务教育水平之上继续接受教育的比率，由 1955 年的 47.4% 上升到 1970 年 79.4%，高等院校的入学率则从 17.2% 提高到 24.2%（截至 1975 年，这些比率分别上升为 91.9% 和 38.4%）。

468

产业结构的变化

从战争结束到 1973 年，日本经济最显著的发展是，它成了世界上最先进的工业国之一。

产业合理化计划

从 20 世纪 50 年代初开始，日本政府就在国内重点产业中协调了一系列的合理化计划。如果说"优先级生产"的主要目标是首先复苏煤炭和钢铁行业，那么，工业合理化的主要目的则是降低这些行业的成本。朝鲜战争刺激了日本的需求，使日本的工业出现了生机，但价格大幅上涨，使得日本商品昂贵。煤炭和钢铁价格的上涨降低了机械及其他行业的国际竞争力。合理化计划的目的在于采用现代化的工厂设施，以降低这些行业的生产成本。

在第一次钢铁产业合理化计划实施期间，预期在 1951 年到 1954 年间将投入 63 亿日元，实际上，截至 1953 年，实际投资额就已达到 120 亿日元。老式的机器设备被带钢轧机所取代，这使得钢材的轧制过程更加高效。在千叶县东京湾填海造田得到的土地上，政府启动了一个大型工业园区的开发。1953 年，钢铁行业的新进入者——川崎钢铁公司——在这个园区开始建设世界上最现代化的钢铁工厂。川崎钢铁公司位于海滨，它的生产线从运送原材料、高炉钢铁生产到钢材轧制形成一个连续的过程。其他钢铁生产企业很快效仿川崎钢铁公司，建设同类设施。第一次钢铁产业合理化计划使日本钢铁产业实现了现代化。

517　　相比之下，煤炭行业虽然在朝鲜战争期间因超额的需求而获得了巨大的利润，但其通过从联邦德国引进先进的开采技术和深井挖掘以合理安排生产的目标却从未实现。这是因为日本煤炭储量的质量很差，所以通过降低成本使该行业更加具有国际竞争力是不可能的。此外，在 1952 年的秋天，由于一次漫长的煤炭业罢工的影响，日本的重点行业减少了对煤炭资源的依赖，转而开发石油和电力资源。

除了在钢铁、煤炭等行业实施合理化计划的尝试之外，20 世纪 50 年代初，其他行业也试图通过技术创新实现合理化发展。在电力行业，水力发电得到了大规模开发，保热模式的工厂也引进到了日本；在造船行业，引入了新的建造远洋船舶的方法；在硫酸铵行业，生产方式也从电解转为气化；在培育合成纤维工业方面也做出了很多努力。

正如在被世界市场上隔离的情况下，优先级生产方式试图通过使用当时现有的工厂来恢复战后生产一样，20 世纪 50 年代初的产业合理化计划，也试图通过更新现代化的生产设施来降低成本，并在固定汇率制度下提高日本产品的国际竞争力。这些计划的前提是假定存在一个开放的世界市场。当然，合理化的投资也有助于降低生产成本。

优先级生产方式由政府直接控制推进，而工业合理化计划普遍是由私人企业进行独立规划。可以肯定的是，政府在这个过程中进行了干预，使其成为政府和重点民间企业之间的合资企业，但政府并没有使用价格控制（价格补贴）或商品管制来实现其目的。相反，它依赖于其他的方法。1951 年 3 月，日本开发银行（Nihon kaihatsu ginkō）成立，目的是促进资本积累和经济快速增长。1952 年 3 月，企业合理化法案的通过和特别税收法的修订，都是为了推动产业发展。政府出台了一些新的专门促进产业合理化发展的方法，尤其是对特殊税务的处理，对造船业的利息补贴，财政资金通过开发银行这样的机构来贷放，建立电力资源开发公司（Dengen kaihatsu KK），进口配额制的使用，对外国资本输入的控制，以及进行"行政指导"，等等。20 世纪 70 年代，出现了一个所谓"日本组合"的流行　518
概念，这指的是政府和企业之间的紧密联盟，政府直接指导私人企业的活动，这在很大程度上决定了日本经济在此期间如何运作。但是，把这一时期的日本看作"计划经济"，或把日本政府看作"经济总参谋部"都是错误的，政府和企业确实互相分享和交流信息，但最终的投资决策却是由商业公司所决定。

技术创新的发展

　　1955 年到 1965 年，对现代化产业设施的投资如火如荼。在钢铁行业，第一次合理化计划实施成功后，第二次合理化计划的推行接踵而至。最明显的是它为沿海岸线钢铁厂的建设提供了大量生铁、轧钢机和纯氧转炉。第一次合理化计划是在工业基础较薄弱的时候制订的，所以它的做法是降低生产成本和依靠政府贷款。与此相反，在第二次合理化计划方案中，现代化设备是根据增加的需求来增加投入的。由于这个行业预期能够获得的利润很高，所以它对政府资金的依赖也就很小。第一次合理化计划需要的投资为 1 200 亿日元，而第二次计划使用的投资却超过了 5 000 亿日元。当第二次合理化计划实施结束后，日本的钢铁产量已经超过了法国、德国和英国，上升到资本主义世界第二位，仅次于美国。在热轧机的数量上，日本仅次于美国，在纯氧转炉的效率和焦炭用于生产钢锭的比率上，日本则排名第一。换句话说，不论是数量上还是质量上，日本已经成为世界一流的钢铁生产商。

　　20 世纪 50 年代初，在优先级生产方式和产业合理化计划的推动下，煤炭与钢铁产业一起成了日本的重点产业。但是，即使通过合理化投资，煤炭行业依然无法克服其固有的缺陷。此外，行业内劳资关系不断恶化，煤炭供应也变得不那么稳定。出于这个原因，能源需求陆续从煤炭上转移到电力和石油上。如果日本

519 不再使用国内高成本的能源，而是转而从国外进口石油等能源，那么日本产业或许可以发展得更快一些。此时，中东地区发现了新的油田，世界原油价格急剧下降。通过使用高速超级油轮把石油运到日本，使得能源成本进一步降低。

电力行业也在发生着变化。1955年之前，该行业首先依靠水力发电，其次才是火力发电，但其后这一关系发生了逆转，变为主要依赖热能发电。1955年，从使用稠油建设发电厂开始，水力发电厂的产能为748万千瓦，而火力发电厂只有410万千瓦，但到1961年，水力发电与火力发电的占比大致相同，分别为944.4万千瓦和975万千瓦。热能发电厂的产能规模由1958年的58 000千瓦，增长到1960年220万千瓦，再增长到1965年的375万千瓦。作为电力供应主要来源的水力发电逐渐下降，原因在于：第一，适用于水力发电厂的建设用地数量减少；第二，能源资源的进口成为解决国内资源短缺的一种方式。

新能源的转变也影响到了化工行业。依靠水力发电的硬质合金行业，为国内生产氯乙烯、醋酸等化工产品提供了碳化物。但在20世纪50年代末，一个新的生产聚乙烯和聚苯乙烯的石化行业出现了，该行业主要依靠进口石脑油和引进新的石脑油裂解技术。

与生产资料行业的技术创新一样，耐用消费品也出现了技术创新。为了满足国内对汽车和家用电器的需求，日本引进了大规模生产的方法，从事汽车、电视机、冰箱，以及出口缝纫机、晶体管收音机和摄像机等的生产。[1]

1950年前后，日本出现了一些关于汽车产业的争论，焦点是继续依赖进口还是应该在政府保护政策下尝试开发国内的汽车产业。结果是制定了保护国内汽车行业的目标，为此许多汽车公司试图通过与国外汽车厂商的技术结盟来获取技术。1955年，顶级汽车生产商丰田汽车公司，在其制订的五年现代化计划中，月度产量目标只有3万辆。但由于其生产设施现代化的加速推进，生产规模大大扩展。大约到1960年，丰田公司和日产公司分别在元町（Motomachi）和追浜（Oppama）建立了一个紧凑型轿车厂，预计每家新工厂的月生产量为1万辆汽车。此外，还大规模引入了新的生产设备，如交换器和自动刹车装置等。

汽车的大规模生产对其相关行业也产生了重大影响。首先，在钢铁工业中，

520

---

[1] 1960年的经济报告分析称，这一时期是"机床工业引领工业发展的时代"。参见 Keizai kikakucho chosakyoku, *Shiryo: keizai hakusho 25 run* (Tokyo: Keizai kikakucho, 1972), pp. 214-215。

薄板的生产进展迅速。对诸如安装带钢轧机等现代化工厂的投资，支持着汽车的大规模生产。其次，特种钢和机床行业，其产量在早期时因市场狭小而受到限制，如今汽车产量的大规模增长给其带来了新的机遇。1955 年，机床产量的价值为 50 亿日元，到了 1962 年，其价值已达到 1 000 亿日元，是原来的 20 多倍，而机床产业的国际竞争力也更加强大。1956 年，丰田汽车公司及关联产业开始使用现在著名的"看板（*kanban*）管理法"（也以"零库存法"或"即时生产法"著称）。分包公司从母公司购买二手机器，使它们能够开始机械化和合理化生产，从而导致机床市场的大大扩展。

在电子机械行业，情况大致相同。硅钢片质量的提高为大规模生产提供了基础。与收音机和电视机相关的中小型企业也得到了合理化改造，发展成为一种出口产业。

日本产业的现代化依赖于国外技术的引进。战争期间，日本与世界其他地区的技术发展隔离，战争结束时两者间存在着较大的技术差距。但是，这种差距很快就因大量引进外国公司的技术而不复存在。20 世纪 50 年代初，汽车行业（日产公司和德国奥斯汀公司、五十铃公司和英国希尔曼公司）、电视机制造业（日本电气公司和美国无线电公司），以及尼龙制造业（东洋人造丝公司和美国杜邦公司），都通过与国外同行进行技术联系引进了技术。从 20 世纪 50 年代后期到 60 年代，进口技术的数量和资金都增加了，从而进一步提高了日本的技术标准（见表 10.12）。

表 10.12　技术引进

年份	项目进口数	支付价格（美元）
1949—1955	1 141	69 000 000
1956—1960	1 773	281 000 000
1961—1965	4 494	684 000 000
1966—1970	7 589	1 536 000 000 000
1971—1975	10 789	3 205 000 000 000

资料来源: Toyo keizai shinposha, *Showa kokusei soran* (Tokyo: Toyo Keizai shinposha, 1980), vol. 1, p. 662。

第二次世界大战以后，由于日本不鼓励外商直接投资，所以引进国外技术　521

依靠的主要是技术合作而不是资本结盟。在避免日本企业被外国资本控制的同时实现技术创新，唯一可能的方式就是"技术商业化"（"commercialization of technology"）。许多外国公司愿意出售他们的技术，因为在他们看来日本市场太小，根本不值得开发。收购外国技术的成本对日本个体企业来说或许是相当昂贵的，但技术创新极大地提高了日本产业的生产力。日本人也试图提升它们所引进的技术。改进后的技术常常被作为新技术应用到生产过程当中，从而增强了日本的国际竞争力。

为培育新的经济增长点，政府在一些行业放宽了政策，如石油化工、机械工具以及诸如钢铁、煤炭、造船等一些基础产业。1955 年，政府通过了石化产业发展政策，又在 1956 年通过了《机械行业振兴临时措施法》。政府执行产业发展政策的核心方法，在于特别税的征收和从日本开发银行获取贷款，同时也使用了其他措施，如外汇分配，准许通过技术结盟引进外国资本，以及其他形式的行政指导。[1] 在经济增长过程中，企业之间的积极竞争和企业家充满活力的创新精神扮演了主要的角色，因此政府的产业保护和发展政策的影响不应被高估。不过，以 1956 年的《机械行业振兴临时措施法》为例，政府的政策成功地推进了中小型机械制造商的合理化与现代化。

贸易、外汇和资本的自由化

20 世纪 60 年代以前，对外贸易、国际汇兑和资本流动如同战时一样，一直处于政府管制之下。日本的主要资源是稀缺的，因此有人认为，一个自由的市场在经济重建中不能实现资源的优化配置。但是，一旦战后经济得以恢复并逐步扩大在世界市场的份额，日本就会面临强大的外部压力，尤其是来自美国的压力，来放宽这些管制。外国人把进口自由化看作是其增加进口的手段，而一些日本人认为，进口竞争将提高日本企业的工作效率。

1960 年 6 月，日本政府通过了《贸易和外汇自由化计划大纲》，旨在于三年内把相关领域的开放率从 40%（1960 年 3 月）提高到 80%。该计划随后进行了修订，到 1962 年 10 月，自由化率已经达到了 88%（见表 10.13）。1963 年，日本成为国际货币基金组织（IMF）的第 8 个成员，这意味着政府不再对外汇进行限制，

---

[1]　Kosai, "Fukkoki," pp. 38-42.

并在 1964 年加入了经济合作与发展组织（OECD）。这是一个成立于 1961 年的国际性协商机构，其目的是促进贸易和资本流动的自由化。到了 20 世纪 70 年代初，为了应对日益增长的国际收支盈余，日本再度努力促进贸易自由化。

表 10.13　自由化率（百分比）

时间	自由化率	时间	自由化率
1959 年（8 月底）	26	1961 年（12 月底）	70
1959 年（9 月底）	33	1962 年（4 月底）	33
1960 年（4 月底）	40	1962 年（10 月底）	88
1960 年（7 月底）	42	1963 年（4 月底）	89
1960 年（10 月底）	44	1963 年（8 月底）	92
1961 年（4 月底）	62	1965 年（2 月底）	94
1961 年（7 月底）	65	1966 年（10 月底）	95
1961 年（10 月底）	68	1967 年（4 月底）	97

资料来源: Keizai kikakucho, *Gendai Nihon keizai no tenkai* (Tokyo: keizai kikakucho, 1976), p. 146。
注: 月份显示当月发生了自由化率的变化。

加入经济合作与发展组织使日本实现了资本的自由化。1967 年 6 月，政府采纳了资本自由化的基本计划。自由化的第一阶段发生在 1967 年 7 月，该阶段允许在 33 个行业实现 50% 的自由化，在其他 17 个行业（包括造船业和钢铁业）实现 100% 的自由化。自由化的第二阶段发生在 1969 年 2 月，允许 160 类商品实现 50% 的自由化，44 类商品实现 100% 的自由化。自由化的第三阶段发生在 1970 年 9 月，第四阶段发生在 1971 年 8 月。1971 年 4 月，汽车行业实现了资本自由化，1974 年，电子计算机行业实现了 50% 的自由化，房地产行业的自由化率达到了 100%。

外国评论家认为，与西欧国家相比，日本采取的自由化措施是比较迟缓的。在日本，许多人则采取这样的观点，他们认为，日本的产业和企业的国际竞争力较弱，自由化会对它们产生不利影响。政府需要采用进口和资本管制来保护幼稚产业、非优势产业，以及就业会受到影响的行业。当自由化的不可避免变得越来越清晰之时，许多人认为，日本产业必须变得更加具有竞争力，以应对自由化带

523

来的影响。

1960 年，贸易和外汇自由化计划的宣布刺激了新工厂设施的投资，正如首相池田勇人提出的在未来十年内使国民收入倍增的计划所起的作用一样。其结果是，20 世纪 60 年代初出现了现代化投资热潮的加速。相比之下，20 世纪 60 年代后期的资本自由化政策是公司兼并数量上升的主要原因之一。其中最重要的是 1964 年三菱重工公司的合并，1965 年日产汽车公司与王子汽车公司的合并，1968 年日商公司和岩井贸易公司的合并，1970 年八幡钢铁公司和富士钢铁公司的合并，以及 1971 年第一银行与日本劝业银行的合并。虽然这些并购也许不会像工厂投资一样推进现代化，但它们也并不会损害到日本的国际竞争地位。

事实上，全球化并没有妨碍经济的高速增长，相反，全球化是刺激和加速经
524 济高速增长的主要因素之一。自由化的结果是，日本经济与世界经济更加紧密地联系在了一起。同时，政府对外汇、对外贸易和资本流动管制的取消，也减少了政府对国内产业的干预，促进了日本市场经济的发展。

出口扩张

20 世纪 60 年代中期，很多人都认为日本经济的高增长时代已经接近尾声，经济正在走向衰退。日本出现了大规模的破产浪潮，其中最严重的是山一证券公司的管理危机，以至于为了避免金融危机，日本银行开始发放专项贷款。但是，尽管这样，经济还是以比前的速度增长，这种增长不仅通过工业设施投资和消费需求的增长来维持，也通过出口的增长来促进。

在传统上，纺织品业一直是日本的主要出口产业，而其化学品业和重工业
525 却依赖于国内需求。根据表 10.14，重化工业（金属、化工、机械等）的产出在 1955 年超过了轻工业（纺织品等），但轻工业的出口不仅产品更多，而且占有更高的生产比例。这反映了传统的对外贸易模式。但到 1960 年以后，尽管轻工业出口占其生产的比例依然很高，但重工业的出口甚至比轻工业更高。到 1965 年，出口占总产量的比例没有发生变化；但 1965 年重化工业出口占其生产的比重已经高于轻工业；到 1975 年，重化工业出口已经远远凌驾于轻工业之上。尽管重化工业对国外市场的依赖度增加，但轻工业却从出口市场上退了出来，且主要依

靠国内需求。

表 10.14 按重工业和轻工业分类的生产与出口（单位：1 亿日元）

年份		产量	出口
1951 年	重工业	2 570	199
	轻工业	2 293	274
1955 年	重工业	4 053	330
	轻工业	2 956	360
1960 年	重工业	11 786	741
	轻工业	4 905	572
1965 年	重工业	21 624	2 029
	轻工业	8 757	756
1970 年	重工业	55 772	5 180
	轻工业	17 718	1 182
1975 年	重工业	98 543	14 059
	轻工业	29 372	1 549

资料来源：Uno Kimio, Input-Output Table in Japan 1951-1980, Tsukuba University Department of Social Engineering-Multiple Statistic Data Bank Report no. 14 R2 (November 1983). Industrial numbers: Heavy industry (11 to 22); light industry (4 to 10, 23)。

　　1965 年以后，汽车出口异乎寻常的扩张是这一转变的一个典型例子。1971 年，日本出口汽车 178 万辆，比上年增长了 63.7%。电视机、录音机等电子产品的出口也变得更加重要（见表 10.15）。根据当时的商业调查，进入 20 世纪 70 年代以后，许多公司打算增加对出口市场的依赖。日本产业出口增长趋势的背景是，当汇率固定在 1 美元等于 360 日元时，越南战争的扩大加剧了美国的通货膨胀，由此带来了日本产业竞争力的增强。然而，出口的迅速崛起也引起了美国和日本两国之间的经济摩擦，结果是日本于 1968 年自愿限制钢铁出口，于 1971 年自愿限制纺织品出口。

526

表 10.15　主要出口项目

主要出口项目	1930 年 （1000 日元）	1950 年 （1 亿日元）	1960 年 （1 亿日元）	1970 年 （1 亿日元）	1975 年 （1 亿日元）
化纤纺织	—	—	116	2 252	3 863
有机制药		3	45	1 436	3 653
塑料	—	6	115	1 536	2 958
铁和钢	8 579	260	1 397	10 237	30 165
金属制品	22 428	93	532	2 569	5 346
办公设备	—	0.4	6	1 186	2 307
金属加工机械	—	5	28	417	1 342
纺织机械 [a]	3 852	68	371	1 172	2 323
电视机 [b]	—		10	1 382	2 326
收音机 [b]	—	0.3	521	2 502	3 933
录音机	—	—	34	1 623	1 879
汽车 [b]	—	2	281	4 815	18 392
摩托车 [b]	—	0.3 [c]	29	1 381	3 430
船舶	5 452	94	1 037	5 075	17 803
精密仪器	2 727	28	346	2 261	5 420
手表 [d]	1 463	4	13	466	1 360

资料来源：Okurasho, *Nihon boeki geppyo* (Tokyo: Nihon kanzei kyokai, 1966-1976) and *Gaikoku boeki geppyo* (Tokyo: 1928–1930). Sorifu tokeikyoku, *Nihon tokei nenkan* (Tokyo: Mainichi shinbunsha 1950-1960)。

注：a. 包括缝纫机。

b. 零部件除外。

c. 包括三轮汽车。

d. 台钟和挂钟。

燃料资源仍然是日本的主要进口商品。根据表 10.16，20 世纪 50 年代以后，日本对进口能源的依赖加重。1955 年，国内能源占能源供应的 76%，进口占 24%；到 1965 年，国内能源仅占 33.8%；进口占 66.2%；到了 1970 年，国内能源占比已经下降到 16.5%，进口则上升到 83.5%。[1] 除了燃料外，其他主要进口项

---

[1] Toyo keizaishinposha, Showa kokuseisdran, p. 391.

目是食品和矿产资源。

表 10.16 主要进口项目

主要出口项目	1930 年 （1000 日元）	1950 年 （1 亿日元）	1960 年 （1 亿日元）	1970 年 （1 亿日元）	1975 年 （1 亿日元）
肉 [a]	8 871	0.5	51	523	1 962
海鲜	19 023	1.6	15	942	3 554
小麦	41 509	530	637	1 146	3 315
玉米	3 749	5	292	1 465	3 376
黄豆	36 664	86	387	1 317	2 795
糖	25 972	166	400	1 022	4 992
羊毛	73 609	214	955	1 254	1 527
原棉	362 046	989	1 553	1 695	2 512
铁矿石	18 955	51	769	4 350	6 518
铜矿石	—	0.8	254	1 809	2 399
生胶	17 930	145	638	542	558
木材	53 078	10	613	5 659	7 768
煤炭 [b]	34 203	38	508	3 636	10 246
原油	89 565	88	1 674	8 048	58 317
石油产品		64	487	1 980	4 017
液化石油气	—	—	0.00004	293	2 302
液化天然气	—	—		83	1 176
有机药物	—	2.9	182	816	1 437

资料来源: Okurasho, *Nihon boeki geppyo* (Tokyo: Nihon kanzei kyokai, 1966-1976) and *Gaikoku boeki geppyo* (Tokyo: 1928-1930). Sorifu tokeikyoku: *Nihon tokei nenkan* (Tokyo: Mainichi Shinbunsha 1950-1960)。

注: a. 包括鲸鱼肉。

b. 大部分为原煤。

　　于是，日本就形成了这样一种外贸结构，即出口重工业产品、进口原材料，以弥补国内资源的短缺。日本出口的增长速度已经超过了世界贸易的增长，进口的扩张也与国内经济的增长速度保持一致。为了保持这种平衡，日本经济的增长速度不得不高于世界平均水平。然而，即使在 1970 年通货膨胀在全球范围内蔓 527

延时，日本的国内价格仍然保持相对稳定。因此，尽管日本经济高速增长，但其经常账户的盈余却在不断上升。

1971 年 8 月，美国总统尼克松通过结束美元固定汇率促使世界主要货币升值，1971 年年底，日元与美元的兑换比率变为 1 美元等于 308 日元，日元升值。但这一兑换比率并没有持续太久。1973 年 2 月，日本转而采用浮动汇率，而在 1973 年秋天，石油输出国组织把原油价格提高了 4 倍。这些连续的震荡对依赖出口重工业商品和进口能源的日本经济来说影响重大。这些冲击标志着日本高速增长期的结束，但尽管如此，日本的工业仍然以出口为主，其结果是这些问题一直持续到 20 世纪 80 年代。

日本企业的特征

在适应战后改革、经济恢复和开始高速增长的同时，日本经济在微观层面上也衍生出了一些特性，这些特性无论是与日本战前经济相比还是与西方国家相比都有很大不同。可以肯定的是，许多特性起源于战前时期，但随着战后改革和经济快速发展的推进，这些特性有了更为明确的定义。在管理方面、资本的筹集、劳动力管理的实践，或者分包制的实行上，日本企业更强调长期合作关系。市场与组织以复杂的方式相互影响，而在业务实践中得以维持适应性和稳定性之间的某种平衡。

企业组织与管理

大多数日本企业都是股份制公司，但大型企业通常是一个"企业集团"（keiretsu）的一部分，其关联企业和金融机构互相持有彼此的股票，从而避免被其他公司恶意收购的风险。企业的惯例是从长期员工中挑选出公司的经理，因为作为员工群体中的一员，他们能看到企业的长远利益，并使自己的行为与企业的长远利益保持一致。因此，日本企业更关注长期发展，而不是短期利润，企业管理者都非常关注市场的份额。

战前，财阀控股公司通过控制占主导地位的股票来控制广泛的公司网络。战后，财阀遭到解散，很多以前的客户或关联公司以及金融机构组成了企业集团（系列）。在企业集团内部，为了避免外界收购，企业之间互相持有股票。在股票市场上，股票销售的数量很小，因而其价值显著上涨。据宫崎义一（Miyazaki

Giichi）所说，1970 年，股份有限公司 57.1% 的股票是由企业所控制，20.7% 被管理者控制，只有 20.5% 由股东控制。[1]20 世纪 60 年代后期，日本工商界领袖反对引进外资，担心资本自由化的一个原因，就是希望保持他们对企业的控制权。

虽然这种所有权与经营权的模式在大型企业中很常见，但也有一些例外。首先，许多中小型企业是独资的。其次，大企业往往被其创始人和他的家族所控制。那些高速增长行业中的龙头企业同样如此，诸如松下、索尼、本田、丰田、东洋工业、三得利、京都陶瓷（京瓷）和大荣等公司都是这样。再次，随着资本投资的增长受到股票当前价格的影响，股票市场对评估公司价值的影响也越来越大。特别是 1965 年以后，股权资本占总资产的比率上升。尽管日本企业严重依赖借贷，但为了确保贷款的增加，它们也不得不增加它们的资本。因此，在那些高速增长的行业，也只能通过增加资本来提高获得贷款的可能性。

间接融资的主导地位

在经济高速增长时期，企业投入的资本比它们内部积累的要多。但个人储蓄率也很高，而个人储蓄主要分集中在银行存款。银行贷款给个别企业，能够调节个人储蓄和企业投资之间的关系。这种类型的间接融资是这一时期的主要特征之一。表 10.17 概述了 1965 年的资金流向。

表 10.17　经济快速增长时期（1965 年）的资金流动（单位：1 万亿日元）

	过度投资中的储蓄	存款	贷款	有价证券
个人	2.6	2.7	1.1	0.3
企业	1.1	2.1	4.0	0.5[a]
中央政府	0.1	—	—	0.2[b]
公营企业和地方政府	1.1	—	0.5	0.8[a]

资料来源：Toyo keizai shinposha, *Showa kokusei soran* (Tokyo: Toyd keizai shinposha, 1980), vol. 2, p. 116。
注：a. 已发行的。
b. 长期国债的发行。

---

[1] Miyazaki Giichi, *Gendai Nihon no kigyo shudan* (Tokyo: Nihon keizai shinbunsha, 1976), p. 290.

显然，银行是这种间接融资的重要组成部分。人们有时说，大型"城市银行"（在日本被称为商业银行）站在企业集团的顶端，就如同战前财阀的顶端站着公司总部（本社）一样，因为它们都拥有相似的经济实力。根据宫崎义一的"一套假设"（one set hypothesis），因为由银行主导的企业集团试图收购所有行业的附属企业，覆盖全行业和金融机构，所以存在着强烈的投资竞争。其他人则认为，银行在重化工业采取的是能够保证赢利的"信贷配给"政策，而对政府政策的配合也人为地压低了利率。

但是，即使城市银行是把储蓄转化为投资的关键，但这并不意味着它们可以忽视市场配置资本的力量，或者说，它们可以自由地决定把钱贷放给谁。原因有如下几点：首先，因为有很多城市银行，所以它们不得不为发放贷款竞争优质客户。其次，除了城市银行可以贷款外，还有许多其他的金融机构也可以贷款，例如，长期信用银行和人寿保险公司等。再次，随着日本经济增长速度的加快，企业，特别是那些高成长性企业，建立了自己的资本储备，可以自己融资。最后，1965 年以后，政府开始实行浮动公债，利率变动也开始自由化。

虽然在间接融资的体系下，银行与公司之间建立了长期的合作关系，但这并不意味着银行可以如其所愿地单方面发行资本或设定利率。一个竞争的市场机制仍然存在，所以以为城市银行在商业世界中无所不能的想象其实是错误的。

劳动管理实践

在日本经济高速增长时期，劳资关系的特点是终身雇佣，以资历为基础发放工资，以及公司工会（由雇主而不是由会员控制的工会——译者注）。一般来说，企业雇佣的是学校的应届毕业生，并对他们进行职业培训。由于企业重视员工的技能，工人会被雇佣很长一段时间（直到退休年龄为止），而工资是按年资计算的。劳资双方都希望就业稳定，双方达成具有灵活性的工资结算方式。奖金制度通过将公司的部分风险转移给工人，也有助于就业的稳定。

这样一种劳动管理实践的存在，有助于开发工人的技能，增加他们渴望参与生产的欲望，从而提高劳动生产率。这也使得劳资关系得以保持相对稳定（见表10.18）。

表 10.18 工会和劳资纠纷

年份	工会数[a,b]	工会会员数[c]（千人）	估计组织率（%）[a,d]	劳资纠纷数[e,f]	参与纠纷人数（千人）[e,g]	损失工作日数（千日）[e,h]
1955	32 012[i]	6 166[i]	37.2	1 345	3 748	3 467
1956	34 073[i]	6 350[i]	34.8	1 330	3 372	4 562
1957	36 084[i]	6 606[i]	34.7	1 680	8 464	5 652
1958	37 823[i]	6 882[i]	33.9	1 864	6 362	6 052
1959	39 303[i]	7 078[i]	31.5	1 709	4 682	6 020
1960	41 561	7 652	32.2	2 222	6 953	4 912
1961	45 096	8 360	34.5	2 483	9 044	6 150
1962	47 812	8 971	34.7	2 287	7 129	5 400
1963	49 796	9 357	34.7	2 016	9 035	2 770
1964	51 457	9 800	35.0	2 422	7 974	3 165
1965	52 879	10 147	34.8	3 051	8 975	5 669
1966	53 985	10 404	34.2	3 687	10 947	2 742
1967	55 321	10 566	34.1	3 024	10 914	1 830
1968	56 535	10 863	34.4	3 882	11 758	2 841
1969	58 812	11 249	35.2	5 283	14 483	3 634
1970	60 954	11 605	35.4	4 551	9 137	3 915
1971	62 428	11 798	34.8	6 861	10 829	6 029
1972	63 718	11 889	34.3	5 808	9 630	5 147
1973	65 448	12 098	33.1	9 459	14 549	4 604

资料来源：Rodosho, *Rodo lokeiyoran* (Tokyo: Okurasho insatsukyoku, 1965-1973)。

注：a. 5 月底的数字。

b. 不同工会的数量。

c. 工会会员人数。

d. 工会成员数占雇员人数的百分比。

e. 年度统计数据。

f. 包括罢工的劳资纠纷数。

g. 卷入纷争的工会组织成员数。

h. 与参与罢工的工人总数和工厂关闭期间工人数相关的工作日数。

i. 不同工会的会员人数。

虽然这种劳动管理实践在大型企业普遍存在，但在中小型企业却并不适用。通常情况下，这样的管理方法只适用于劳动大军中大约 30% 的员工，其余的就业人口，工作变动频繁，劳动组织率较低。

根据表 10.19，大约在 1965 年，随着劳动力市场变得紧张，中小型企业不得不对年轻员工支付更高的工资。如果企业不能给予较高工资，它们就不能得到所需要的劳动力。这意味着，年轻工人的工资水平由同质的外部劳动力市场所决定。而对于老员工来说，工资差别更加明显。其原因是，在大型企业中，由于实行年资工资制，工人在公司工作的时间更长，工资也就相应增加得越多，而在中小企业，劳动力的流动性大，不存在以年资为基础的衡量标准，所以这些企业的老员工们的工资更多地受到劳动力供给的影响。

531

表 10.19　大型企业和中小型企业的工资差距（超过 1000 名员工的企业 =100.0）

员工年龄（岁）	拥有 100 名到 999 名员工的企业				
	1954[a]	1961	1965	1970	1975
20—24	83.8	93.1	107.3	100.7	98.2
25—29	81.1	90.4	107.4	101.7	98.9
30—34	76.3	81.6	101.2	98.9	97.7
35—39	72.1	74.0	94.3	95.0	94.6
40—44	69.5	67.4	85.9	88.7	90.2
45—49					85.6
50—54	66.8	65.5	78.2	79.0	81.7
55—59					76.6
≥ 60	88.6	87.7	80.9	85.3	80.3
员工年龄（岁）	拥有 10 名到 99 名员工的企业				
	1954[b]	1961	1965	1970	1975
20—24	77.5	89.7	114.1	104.9	98.7
25—29	70.5	80.2	109.6	103.8	97.4
30—34	65.8	64.3	96.5	96.3	92.9
35—39	59.6	54.7	86.2	88.5	85.5

（续表）

员工年龄（岁）	拥有 10 名到 99 名员工的企业				
	1954[b]	1961	1965	1970	1975
40—44	55.0	45.7	74.7	78.5	78.3
45—49					73.5
50—54	52.4	43.9	65.8	68.2	67.5
55—59					65.1
≥ 60	72.2	65.9	73.2	82.2	72.6

资料来源：Rodosho, *1954 nen kojinbelsu chingin chosa; 1961 nen chingin jittai sogo chosa. Chingin kozo kihontokei chosa hokoku*, 1965, 1970, 1975。

注：1954 年和 1961 年，在为生产工人"定期提供现金工资"之间存在差别；1965 年以后，在接受调查的所有行业男性工人的"固定工资金额"之间存在差别；1965 年和 1970 年，包括除服务行业之外的行业总数。1961 年和 1965 年，为 4 月的工资；1970 年以后，为 6 月的工资。

a. 拥有 100 名至 499 名员工的企业。

b. 拥有 30 名至 99 名员工的企业。

当然，大企业也不是只雇佣长期工人。1960 年前后，经济增长高于预期，大型企业雇佣了大批临时工，这些人最终成为固定员工。20 世纪 70 年代，临时工、日工或兼职雇员的人数增加。分包商也被用作劳动力的来源。尽管在大型企业中，劳动力市场越来越内化，但劳动力的内部市场和外部市场仍然在相互影响。

分包商企业的发展

这一时期的另一特征是大企业对作为分包商的中小企业的依赖程度。1976 年 532 的一项调查显示，82.2% 的大型制造企业都依赖外部供应商，而 58.1% 的中小型制造企业与大公司有转包关系。

这就是人们常说的，大公司利用分包商作为调节一般商业环境变化的一种方式。当生意兴隆时，大公司就利用分包商，但业务发展放缓时，大公司就会停止订单或只提供低于成本的价格。换句话说，大公司使它们的分包商完全屈 533 服于它们，并利用其廉价的劳动力和生产成本赢利。不过，如果是这样的话，我们就很难理解，为什么随着经济的增长分包商的数量却在不断增加。根据一项分包商为什么做这项业务的调查，许多分包商给出了诸如"我可以专注于生产，而不必担心销售工作"，或者"这样的工作流程比较稳定"之类的理由。在使用分包商的公司中，选择分包商时主要考虑的是它是否具备特殊的技术和工厂设施。[1]

转包公司试图连续不断地、长期地利用分包商的技术和管理优势。他们处于市场和承包公司的内部组织之间，把市场的适应性与大公司制订长期计划的能力结合起来。这创造了一种特别有效的组织生产的方式。以汽车行业为例，丰田公司的"无库存"供应系统很大程度上就是依靠分包商来提高生产力。

经济政策

关于政府政策的讨论，重点集中于"产业政策"或"产业目标"，而许多人认为日本的经济是严格管理的经济，但是，这样一种铁板一块的画面是不正确的。经济政策是在政府官僚机构、企业利益、压力团体和执政的自由民主党的相互作用下形成的。它是某种基本的宏观经济政策和部门或微观经济政策的混合物。此外，经济政策既不是固定不变的，也不会随着时间推移而维持原状，而是随着不断变化的经济条件加以调整的，尽管这样的调整并不总是每次都会成功。

战后经济政策的假设

1955 年，甚至在日本经济已经从战争中恢复过来以后，它在经济上仍然是相对弱小的。国民收入较低；国际收支平衡很不稳定；过剩的人口影响充分就业。日本经济政策的目标是要克服它作为一个小经济体的地位，加入先进工业强国的行列；而对其经济政策的限制因素是，作为一个小型经济体，日本面临着一个国际收支平衡的上限。为了实现这一目标，日本不得不使其经济增长最大化，以增强其国际竞争力，实现充分就业。但由于日本仍然是一个二流的经济体，所以它必须首先考虑其国际收支。

一方面，考虑到它在国际收支方面的局限性，日本政府试图避免改变现存的汇率制度和外资流入制度。因此，在固定价格条件下，经常账户的平衡成了

534

---

[1] Yutaka Kosai and Yoshitaro Ogino, *The Contemporary Japanese Economy* (New York: Macmillan, 1984), p. 72.

重要的政策目标。在金融政策方面，每当国际收支恶化（在1954年、1957年、1961年和1963年都曾发生），金融就会收紧。在财政政策方面，1949年的财政法规定强制执行稳健的财政政策，不得发行公共债券来提高政府资金。在税收方面，1960年，一个税务调查委员会建议，税收收入占国民收入的比例不得超过20%。[1]"小政府"和对国际收支平衡敏感的金融政策是古典资本主义的特征。除了禁止资本流动之外，日本战后的经济政策框架在金本位制度下是典型的。

另一方面，由于日本要追赶发达国家，所以其经济政策也有另外一面。1952年，日本的外汇储备余额为9亿美元，到1960年上升到18亿美元，但在这之后，日本的外汇储备余额几乎没有增加，在1967年仅仅只有20亿美元。与此同时，日本的进口增加了3倍，其货币供应量增加了2.5倍。政府采取了增加货币供给的政策，并在国际收支允许的情况下尽量扩张经济。由于国内货币供应量与外汇储备无关，所以这一政策与金本位制度下的政策是不同的。由于日本的外汇储备很小，因此每当国际收支出现赤字时，它就必须追求一种紧缩的货币政策以管理其外汇资金。

在财政政策方面，国家预算是平衡的，政府做出种种努力，推动经济增长刺激税收的自然增长，从而减少税收，以维持"小政府"的格局。然而，与此同时，特殊的税收措施，政府的直接融资，以及其他种类的政府干预，都被用作产业政策工具，用来提高日本的国际竞争力。[2]在其宏观经济政策方面，政府遵循的是预算平衡的原则，但与此同时，在微观经济政策或部门政策方面，它遵循的又是政府干预原则，尤其是在一些特殊行业，会采用特殊的税收措施和财政投资。

因此，这一时期的日本经济政策，表现出两种形成鲜明对比的方式：一种是部门的或微观的政府干预的政策，这种政策假设日本是一个小经济体，旨在迎头赶上先进工业化国家；另一种是传统的宏观金融和财政政策，这种政策假设日本

535

---

[1] 参见税务调查委员会（财税调查会）1960年的报告。关于这个问题的评论，参见 Komiya Ryutaro, *Gendai Nihon keizai kenkyu* (Tokyo: Tokyo daigaku shuppankai, 1975), pp. 107-108。

[2] 学者们在如何评价这种产业政策的问题上意见不一。参见 Komiya Ryutaro, *Nihon no sangyo seisaku* (Tokyo: Todai shuppankai, 1984); Komiya Ryutaro, *Gendai Nihon keizai kenkyu*; Tsuruta Toshimasa, *Sengo Nihon no sangyo seisaku* (Tokyo Nihon keizai shinbunsha, 1982); Ueno Hiroya, *Nihon no keizai seido* (Tokyo: Nihon keizai shinbunsha, 1978); Chalmers Johnson, *MITI and the Japanese Miracle, The Growth of Industrial Policy 1925-1975* (Stanford, Calif.: Stanford University Press, 1982)。

是一个小经济体，关心的是它在国际收支平衡上的局限性。

经济政策的变化

日本通过工业现代化实现经济增长后，逐渐摆脱了国际收支平衡的限制。这是从小型经济体转变为经济强国的很好方式。其结果是，政府推行微观干预政策（至少在保护和培育特定行业方面）更加困难。

日本在 20 世纪 60 年代加入经济合作与发展组织时，经济合作与发展（OECD）要求日本放宽对外汇、对外贸易和资本流动的管制。在此期间，有人认为全球化会促进经济增长，但也有人认为在全球化进程中会存在外国的压力。自由化剥夺了政府干预私营企业的权利，同时随着政府继续发行浮动政府债券，利率在国内金融市场上也可以自由浮动。

在减税或给予那些能够参与国际竞争的企业以财政帮助的问题上，政府自然会心存顾虑。而且，产业结构的多元化，使其很难确定哪些是有需要的行业。因此，政府的财政支持开始从产业转向住房设施和环境的改善（见表 10.20），而在私营企业的环境污染和劳动法规这两个方面，政府的干预更加强烈。此外，公众舆论也开始反对大规模的企业并购或合并。

536

表 10.20　财政融资计划（单位：1 亿日元）

	1955	1960	1965	1970	1975
住房	415	789	2 259	6 896	19 966
居住环境设施	230	569	2 010	4 168	15 573
公共福利设施	64	109	585	1 017	3 133
教育设施	136	214	493	790	2 752
中小型企业	244	784	2 045	5 523	14 505
农业、林业和渔业	266	439	1 169	1 785	3 795
小计	1 355	2 904	8 561	20 179	59 724
灾害发生后国土资源的恢复和保护	231	401	506	560	1 100
道路	110	111	1 284	3 078	7 444

（续表）

	1955	1960	1965	1970	1975
交通和通信	366	915	2 250	4 723	11 849
地区发展	255	436	1 124	1 431	3 059
小计	962	2 024	5 164	9 792	23 452
重点行业	471	838	1 262	2 028	2 764
鼓励出口	210	485	1 219	3 800	7 160
总计	2 998	6 251	16 206	35 799	93 100

资料来源: Okurasho, *Zaisei tokei* (Tokyo: Okurasho insatsukyoku, 1962)。

与此同时，宏观经济政策，终于从国际收支平衡的上限中解脱出来，变得更加具有弹性。以 1965 年的经济衰退为契机，政府开始通过发行公债来增加财政收入，在实践中放弃了预算平衡的原则。在"通过增加税收责任来提升福利"的口号下，政府制订了提高征税率的计划。1967 年和 1968 年，政府又做出努力恢复预算平衡（即限制公债的发行和提高公共债务）。但是，在 1972 年田中角荣首相发布了《日本列岛改造计划》，并计划于 1973 年扩大社会保险政策的覆盖面之后，摆脱国际收支平衡约束的宏观经济政策达到了一个高峰。

1968 年以后，随着日本产业变得更加具有竞争力和全球通货膨胀的蔓延，日本的外汇储备迅速增加，从 1967 年的 20 亿美元攀升至 1972 年的 183 亿美元。尽管日本的收支余额为正，但日本央行却违背了以前的做法，采取了紧缩的货币政策，以防止国内经济过热，然而收支顺差持续攀升，外汇储备持续积累。随后，日本央行转而实行了一个更为宽松的政策，1970 年到 1973 年间，货币供应量每年增加 20%。换句话说，政府又返回了它在 20 世纪 60 年代使用的政策，即当国际收支盈余时，采取缓和货币供应策略。但是，在全球通货膨胀的时期，当维持固定汇率肯定会导致通货膨胀的条件下，政府增加了国内货币供应。同时，随着《日本列岛改造计划》的公布，首先是土地价格上涨，接着大宗商品价格也开始上涨。在 1973 年的"石油危机"（oil shock）之前，即使没有石油价格的上涨，日本的批发价格与上年同期相比，已经增长了超过 20%。

即使采用了金融和财政扩张政策，国际收支盈余的增加并没有停止。事实上，1971 年日元的升值和 1973 年转而采取浮动汇率，更加强了这一现象。如果能够早点主动升值日元，而不是增加货币供给，或许通货膨胀即使不能避免，也不会像现在这样严重。但日本对国际收支的重要性认识得太晚了，所以做出了错误的政策选择。政府试图维持日元平价，而不是对日元重新平价。政府错误地认为，随着收支平衡制约的解除，政府获得了行动的自由，从而引发了通货膨胀，并导致了经济高速增长时期的结束。

第四编　社会与文化的变迁

第十一章　农村社会转型（1900—1950）

牛津大学圣安东尼学院　安·华斯沃

在日本农村中不难发现某些连续性。与 1900 年一样，如今盛行的依然是小 541
规模家庭在平均持有的不到 3 英亩土地上耕作。尽管经过了将近一个世纪的现代
经济增长，但农民家庭的数量仍然相当稳定，只是略微下降，从 20 世纪初的 550
万户降低到了 20 世纪 70 年代后期的 500 万户。连续性不仅仅体现在农民家庭的
数量上，也体现在农民家庭本身：绝大多数现在的日本农民是明治时代（1868—
1912 年）农民的后代。像过去一样，他们居住在小村庄里，平均 50 到 60 个农舍
聚集在一起，周围是稻田和山地。水稻仍然是主要的大田作物，1900 年占到大田
作物总产值的 59%，1970 年仍占 53%。

然而，与过去相比，情况也有很多不同，如今的日本农村与 80 年前发生了
巨大的变化。日本农业已经不再是过去那种高度劳动密集型的事业。20 世纪初，
种植 1 英亩的水稻大约要花 100 天的时间。今天，主要归功于资本密集型农业
方法的普及，只要 30 到 35 天就足够了，并且每英亩的产出比过去高出了大约
70%。农民家庭对农业收入的依赖也显著下降。在日本第一次进行现代人口普查
的 1920 年，70% 的农村家庭被归类为全职农民，即 90% 以上的收入来自农民。
在 1972 年，只有 14% 的农村家庭被归类为全职农民；86% 被归类为兼职农民；后
者中的 70%，来自农业的收入要少于非农业的来源。

虽不容易测量但同样重要的是，过去与现在农村社区的对比。可以肯定的是，
连续性依然存在。在其他种种因素中，由于农村社区在空间上与邻近社区分离，
以及稻米文化经常出现的紧急情况（特别是需要协调毗邻稻田的防洪和排水），因 542
而村庄保留着相当高程度的社会凝聚力。总的来说，同此前的几代人一样，农民

467

家庭预期通过维护公共财产的行动，以及通过在更大的村庄（他们的小村庄是其中的一部分）中为一个相互达成协议的代表地方利益的候选人投票，来为小村庄的幸福做贡献。许多为了促进公共团结而有计划举行的正式和非正式仪式，仍然时有发生。但是，尽管这些仪式或者其他特点的公共生活仍在持续，如今的小村庄已经在重要的方面和过去的村庄不同了。最大的不同可能起源于小村庄居民之间社会地位差别的急剧减少。随着地方权力牢牢地掌握在最富有的家庭手中，曾经形成了等级制的社会结构，而如今的小村庄本质上已经是一个平等的社区了。

这后一种社会转型，作为一种近期现象，作为第二次世界大战后美军占领期间进行的土地改革的主要成果，通常在西方关于日本的文学作品中有所描写。事实上，尽管土地改革十分重要，却是从 19 世纪后期开始，经过缓慢演化的过程达到顶峰的。这些过程，以及这些过程中所产生的紧张关系和社会变迁是本章的主题。

19 世纪 70 年代晚期和 80 年代，明治政府实施的四项政策启动了这一过程。其中一项造成最直接影响的是地税改革。这一改革最主要的目的是维持一个稳定的政府收入来源，而地税改革所牵涉的要远远超过税务本身。无论是德川幕府（Tokugawa bakufu），还是各地大名（daimyo），都放弃了领主控制耕地的原则，并建立了私有财产权利。地契被发放给那些通常被认为是土地所有者的农民，长期存在的土地转让禁律也遭到了废除。随后在私有产权的基础之上，建立起一个新的税收体系。地税以现金的形式，最初是以土地估定价值的 3%，直接向每个土地所有者征收，而不再是以实物对每个农村社区的正式产出征收的税种。（这种改革没有影响到农村的租金。如同过去一样，租金按照每单位面积的固定产量，一般是用稻米等实物支付的。）

在地税改革的实施和运行中，新的税收制度造成了农村人口之间更大的经济分化。产权契约的转让，一下子替代为一种单一的、标准的、充分拥有可耕地权利的形式，而这一现象在德川时期就已在不断滋长。许多把他们的土地典当或抵押给更富有邻居的农民，当地契被转让给其债权人之后，便降为无地租户的地位。其他那些拥有永久租赁权（相当于共同拥有土地所有权）的农民，在这个问题上也是不能如其所愿的，因而变为新近得到承认的土地所有者的普通租户。

地契的接受者们也不能免于在经济地位中的变化。据有人估计，在 19 世纪 70 年代，平均每个拥有土地的农民不得不在市场上出售他们产品的 30%，才得以履行他们的纳税义务。当农产品价格下滑，就像 1881 年到 1884 年间政府引导通货紧缩期间那样，税收的负担的增加使许多农民不得不靠借钱来维持生计。对一些人来说，这代表着失去他们土地的缓慢而痛苦过程的第一步；首先是卖掉一块地来偿还债务，接着是另一块，直到所有的土地都被卖光为止。当然，他们的不幸对其他人来说是收益。尽管其规模无法被精确测量，但在地税改革后的几十年里，日本的土地所有权变得集中起来。[1] 在通货紧缩的年代或者其他的时候，当他们的邻居需要借贷的时候，那些拥有现金储备的土地所有者便有能力扩大土地资产。当他们获得想要的足够多的土地或能够形成自己的农场时，他们就变成了地主，就会把新获得的土地租给此前的业主。因此，出租的土地在明治维新时期大约占到可耕地面积的27%，到1908年上升为45%。

当地税改革在农民中间制造了更多的不平等之时，政府的地方行政改革也在那些农民居住的社区和日本国家之间造成了更大的距离。在德川时期，村庄既是拥有土地的行政机关的基本运作单位，同时也是农民主要的经济和社会生活所在地。同一个村庄既要向武士精英缴纳捐税，又要分配用水，分配公共土地的使用权，给居民家庭分配进行农业生产的其他要素，还要为他们修理屋子，组织婚礼和葬礼。到了19世纪80年代，情况不再是这样。一场大规模的农村重组已经发生，德川时期的79 000个村庄已经合并成了14 000个更大的村庄。政府官员们认为村庄更大一点财政状况会比较稳健，从而能够承担一系列新旧任务。经过多年的试验，在1889年，这种重组过的村庄成为地方政府系统的基本行政单元。 544

然而，旧的村庄并没有完全合并入新的村庄，这与那些把旧村庄视为低效封建残余的内务省官僚的意愿相反。那些地位降低的小村庄——或者以官方的命名法来说，"间"（aza）——它们在地方政府系统中也没有正式角色，但它们继续作为农民生活的首要范围和他们忠诚的焦点所在。[2] 对于居住在此的人来说，这个社区与过去一样仍然是一个村庄（mura），只不过是被政府强制与毗邻村庄联系在一起。在名义上他们隶属于新的行政村，实际上他们却把新的行政村视为一

---

[1] 直到1908年，日本都没有关于土地所有权的系统收集的数据。此后，统计数据每年由农林省编辑出版。然而，甚至连后来的记录也没有对土地所有权集中度的精确测量，被记录的只有指定范围土地面积（如1至3公顷，10至50公顷，等等）的业主总数，而不是所有范围土地数量的变动。关于这些土地所有权统计缺陷的详细讨论，参见 Tobata Seiichi, "Jinushi no shohanchu," *Kokka gakkai zasshi* 55 (June 1941): 37-56.

[2] 关于明治时期地方政府系统的讨论，参见 Kurt Steiner, *Local Government in Japan* (Stanford, Calif.: Stanford University Press, 1965), chaps. 2, 3; Tadashi Fukutake, *Japanese Rural Society*, trans. Ronald Dore (New York: Oxford University Press, 1967), chaps. 8, 10; Shima Yasuhiko et al., *Choson gappei to noson no henbo* (Tokyo: Yuhikaku, 1958).

种人为的胁迫制度。如果不能变得更大一些的话，那么生命财产的安全便要依赖小村庄居民的团结一致。

政府在这一时期实施的其他两项政策，小学义务教育制和普遍兵役制，也为农村带来了变化，尽管这种变化显得十分缓慢。其中一项给予明治时期村庄的新任务，是要求建立当地的小学校，男孩女孩都要入学。学习年限初步定制为 16个月，很快延长为 4 年，并且在 1907 年再一次延长到 6 年。另一项新的任务是为征兵进行初步医疗检测。1873 年以后，所有年轻男性都有资格成为三年现役军人，接下来还有四年的预备役。[1]

教育和征兵对农村社会产生了深远的影响。一方面，在为农民提供了新的技术和视野的同时，反过来也帮助他们产生了对现存不平等形式的不满。另一方面，使农民接触了新国家，培养爱国主义，在他们中间唤起一种新的意愿，去认识自己和他们所生活的更大的社区。然而，要到 20 世纪初，当大量农村学校的学生成年以后，当日本在第二次对外战争中的士兵回到家乡以后，才使这些影响明显起来。此后随之而来的是一段长达 40 年时间的动乱，在此期间，几乎没有什么农村社会的方方面面未被触动，同时，即便不总是体现在正式的制度上，也是在态度和愿望上，为战后时代的进一步变迁奠定了基础。

19 世纪晚期的农村社会

在 19 世纪、20 世纪之交，尽管已经被新的地方政府系统的设计师们所遗忘，日本的小村庄继续作为一个相对自主的群体存在，构成了农村社会的基本地域单位。尽管每个群体都被它的居民认为是独特的，但它们实际上具有很多共同的特性。在这些特性中，最主要的是它们所具有的共同体性征。小村庄不是一个由若干彼此之间自愿发生联系的个体所构成的法理社会，而是一个由若干相互依赖的、拥有相同目标的家庭所构成的礼俗社会。就像几个世纪以来那样，它的目标是在一个贫乏的世界里生存。[2]

---

[1] 1905 年，服现役的时间减为两年。

[2] 以下讨论主要基于 Ushiomi Toshitaka et ah, *Nikon no noson* (Tokyo: Iwanami shoten, 1957), pt. 1; Kawashima Takeyoshi, "Noson no mibun kaiso sei," in *Nihon shihonshugi koza* (Tokyo: Iwanami shoten, 1954), vol. 8, pp. 405-433; *Fukutake, Japanese Rural Society*, pt. 3.

作为社区生活的基础，稀缺性是如何发挥作用的，在一定程度上取决于小村庄的地理位置。气候状况和盛行的农业技术允许种植二熟制农作物的地区——在19世纪20世纪之交，大约是到东京西南部为止的日本列岛的部分地区——与只有一熟收成的东北地区相比，食物供给上的短缺风险比较少。与那些孤立、偏僻的小村庄相比，靠近城市或交通线的地方有利于经济作物的生长，从而有更多的机会从农业耕作中获利。但是，这些优势都是相对的，不是绝对的，而每当一个旧的风险有所缓和的时候，就又会产生出新的风险；例如，对于那些严重依赖市场的农民来说，一次急剧的价格下跌，导致的结果会像一次灾难性的歉收一样。当时，整个国家的农业生产仍然是一个高度脆弱的产业。有时可能会有一连好几年的好年景，这时农作物会丰收，或者价格比较高，但更多的时候是要抹去对灾荒年景艰难困苦的记忆，或是削弱小村庄中长期建立起来的协作形式。

这些协作形式在范围上是全方位的，涉及农村居民经济、社会和政治生活的所有方面。事实上，在这些推定的各个领域的活动中间有相当大的重叠部分。小村庄作为一个整体，或是作为一个社区的分支，一种协作形式区别于另一协作形式，这种情况发生的概率很小，它们之间性质上的差异更小。 546

在19世纪末20世纪初，大多数的小村庄仍然保留着过去作为村庄而运行的政治结构。每个村庄都有一个首领（以前是武士阶级，现在是村庄行政机构以及在其上面的明治政府），代表社区处理与外部世界的事物，监督社区自身的日常事务，并且组织村庄的集会（寄合，*yoriai*）。这样的村庄集会每年至少举行一次，而属于小村庄的每个家庭的户主都要参加。

那并不一定意味着所有居住在小村庄的家庭户主都能出席，因为仅仅居住在这里并不代表就有作为集体成员的资格。新加入的人，有可能指的是那些已经在小村庄居住了10到15年的人，为了获得成员资格，总的来说必须证明他们愿意为社区福利做出贡献，在某些情况下，还需要缴纳一些"入场费"。此外，曾经被社区授予过的东西也可以被收回。如果小村庄的成员违反了已经形成的行为标准，他们就需要接受罚款或者其他处罚；同时，如果他们的行为被视为十分不能容忍，甚至会遭到村庄的排斥（村八分，*murahachibu*）。

令社区成员们感到值得和恐惧排斥的东西，是小村庄对两种基本农业生产手段的所有权，即水和森林，前者用来灌溉，后者是燃料、饲料和绿肥的来源。明治政府最初计划把这些公共资源的控制权转交给新创立的村庄行政机构，但迫于地方上的广泛反对而取消：作为它们允许自己合并到村庄（village）的交换条件，小村庄（hamlet）得以保留对自己大多数财产的控制。正式的小村庄成员被提供了分享这些资源的权利，与此同时也分担着维护它的义务。

这些权利和义务构成了小村庄集会议事日程的主要议题。当社区里的每片稻田都将被淹没的时候，每个家庭能够用多少天时间在公共的森林里收集木材和割草，就成了值得关注的权利。小村庄成员承担的义务，包括缴纳费用和执行劳务——每年在小村庄的道路、桥梁和林荫小径工作一定的天数，或者用固定数量的钱款、米酒、食物作为代替。

547　　　　在某些情况下，劳务分配给个体的家庭，但更多的时候是分配给小村庄里的某个组（kumi），小组反过来再给它们的成员指派任务。"组"起源于德川时期的 5 户一组制，在规模上一般已经扩展为 10 或 20 个相邻的家庭。它们的活动绝不仅限于维护小村庄财产，而是延伸到了农村生活的各个方面。正是这些小组动员了劳动力，从事稻米种植及其他需要合作的农业生产任务，也是它们让家庭主妇们在婚礼和葬礼上帮忙，并为火灾或重病的受害者提供慰问和援助。

所有这些合作形式，即使是那些涉及最繁重任务的合作，都提供了在社区居民间进行社会交流的机会。在小村庄集会之后，通常要喝大量的米酒，而为了庆祝小村庄工作任务的完成，通常也会摆设宴席。在种植稻秧的时候需要唱特定的歌谣，当任务完成时，会准备特殊的宴会。来到婚礼和葬礼场所帮忙的妇女有机会在厨房里交换小道消息。这些与自己的邻居一道愉快和放松的时刻，不仅减轻了每日生活中的苦痛，同时也加强了公共团结的感觉。

如果一个小村庄由大致上经济平等和社会地位平等的家庭构成，那么维持团结相对比较简单，尽管这并不是必然的。小村庄里具有同样意愿的家庭，也容易具有相同的需求和爱好。即使他们之间出现了分歧，即使这些分歧不会通过谈话沟通解决，或者不会在公共宴会上一起喝醉而遗忘，那也会出现在小村庄的集会上（寄合），并且会做出某种有效果的妥协。但是，在 19 世纪末 20 世纪初，这样的社区是个例外，不能作为通则。在大多数小村庄中，家庭之间普遍存在着经济和社会的不平等，从而使团结的维持要复杂得多。

在概念层次上，一个人可以把后面这些社区里的家庭分为三个不同的类别，这种区分的基础依据于不同的土地所有权、血统或家世（家柄，iegara）。最顶层是那些富裕的家庭（豪农，gōnō），他们拥有的土地超过自己耕作以维持家计的需要。

通常他们也拥有林地，这给了他们获得木材和草料的直接途径。他们的家系可以追溯到最初移居此处的祖先，甚至可能是那些在 15 世纪和 16 世纪的战争时期实行耕战结合的武士。他们更直接的祖先曾经在德川时期担任过村庄的首领。然后，是那些拥有的土地仅仅能够通过种田支撑自己的家庭。这样的家庭没有精英祖先，尽管如此，他们还是深深扎根于社区之中，他们的家庭住在那里可能已经超过了一个世纪甚至更多。他们在经济上和社会上都构成了一个令人可敬但并不威风的中农（*chūnō*）层次。第三种是小农（*shōnō*），或贫农（*hinnō*），他们自己没有土地，而是作为佃户，从他们更富有的邻居那里租用所有耕种的土地。他们或是从别处移民而来，或是从更早的家庭延伸出来的分支家庭（分家，bunke），占据了社会等级制度的最底层。在这种情况下，作为社区成员的可尊敬性赋予了他们威望，就像在土地所有权的基础上，他们处于经济等级制度的底部一样（见表 11.1）。

表 11.1　农户家庭的地位与耕种规模（不包括北海道和冲绳）

	1908 年	1937 年
家庭总数	5 261 328(100%)	5 283 703(100%)
a. 地位		
自耕农	1 729 415(32.9%)	1 602 140(30.3%)
佃户	1 434 224(27.2%)	1 399 122(26.5%)
半自耕农	2 097 689(39.9%)	2 282 451(43.2%)
b. 耕作规模 [a]		
少于 5 畈	2 003 298(38.1%)	1 799 886(34.1%)
5 畈到 1 町	1 754 060(33.3%)	1 867 001(35.3%)
1 至 2 町	1 031 122(19.6%)	1 236 009(23.4%)
2 至 3 町	306 421(5.8%)	291 581(5.5%)
3 至 5 町	124 785(2.4%)	78 369(1.5%)
5 町以上	41 642(0.8%)	10 857(0.2%)

资料来源：数据参见 Chuo bukka tosei kyoryoku kaigi, *Nihon ni okeru nogyo keiei narabi ni tochi shoyu no hensen ni kansuru sanko shiryo* (Tokyo: Chuo bukka tosei kyoryoku kaigi, 1943)。

注：a. 一町（10 畈）等于 2.45 英亩，或 0.992 公顷。根据本章中给出的区别，耕种小于 1 町农地的家庭可以被认为是"小农"，耕种 1 至 3 町农地的为"中农"，耕种 3 町以上农地的为"富农"。

549 　　然而，事实上，家庭之间的地位差别很少这样轮廓鲜明。不仅在每个家庭类别之中存在着相当大的不同，而且每个类别之间的分界线也十分模糊。从经济角度讲，富有农民的范围，可以从那些超过 2 500 英亩土地的拥有者（1900 年时这样的富有农民还不到 12 人），一直到那些略微超过 2.5 英亩土地的拥有者，这是当时家庭农业的普通标准。一些人很少耕种或完全不耕种自己的土地，他们的大部分收入都来源于佃户的租金，与之相反，另一些人则耕种他们拥有的大多数土地，只出租很小一部分土地给佃户。在后者当中，那些只是适度占有土地的"豪农"，与他们家业兴旺的"中农"邻居相比几乎没有什么不同（见表 11.2）。

表 11.2　拥有土地家庭的持有规模（不包括北海道和冲绳）

	1908 年	1937 年
家庭总数	4 802 891(100%)	4 873 429(100%)
a. 拥有土地数量		
少于 5 畈	2 267 093(47.2%)	2 463 250(50.5%)
5 畈至 1 町	1 277 702(26.6%)	1 267 521(26.0%)
1 至 3 町	899 986(18.7%)	864 050(17.7%)
3 至 5 町	277 496(4.7%)	181 143(3.7%)
5 至 10 町	94 049(2.0%)	71 390(1.5%)
10 至 50 町	34 348(0.7%)	24 269(0.5%)
50 町以上	2 217(0.05%)	1 806(0.04%)
b. 拥有土地但不事耕作家庭（不耕作地主）的估算数量	975 787	988 838

　　资料来源: Chūō bukka tōsei kyōryoku kaigi, *Nihon ni okeru nōgyō keiei narabi ni lochi shoyū no hensen ni kansuru sankō shiryō* (Tokyo: Chūō bukka tōsei kyoryoku kaigi, 1943). 在缺乏对地主的调查数据的情况下，我们只能估计他们的数量。这样做的标准方法，是从土地所有者总数中减去拥有土地的农民（即自耕农和半自耕农）的数量。

　　实际上，"中农"家庭也并不构成一个均质的群体。有些家庭可能拥有他们可以耕种的所有土地，而有些家庭则不得不在自己拥有的耕地之外还租用部分土地，这通常是因为他们曾经遭遇过困难时期因而不得不出卖部分土地，现在，这一部分土地只能从新主人那里佃耕。[1] 那些屡遭不幸的家庭，以及那些租种的土地大部分是他们曾经拥有过的家庭，在经济层次上与那些没有土地的佃农家庭区别很小。事实上，一个没有土地的佃户，耕种一大片能够持续耕种的土地，可能会比他的"中农"邻居境况更好，而且肯定要比同一社区中那些耕种更小面积土地的无地佃户或完全没有耕种权利的散工境况好得多。

经济地位上的变化不仅仅局限于"中农"家庭。"豪农"可能变得更加富裕，　550也可能下降到"中农"甚至"贫农"的地位。佃户可能购买土地从而上升为"中农"，甚或进入到"豪农"的行列，尽管后一种情况比较少见。不论这些变化是在很长的时间阶段里逐渐发生的，还是突然发生的，就像在一个农业收成特别好或特别坏的年头所造成的后果那样，这种情况都搅乱了在过去大多数社区中都存在的富裕和家系之间的一致性：那些古老的家族不再一定是最富有的，而社会地位低下的外来者或者分支家庭也不再必然是贫穷的。

小村庄之间有着明显的不同，这种不同一是表现在构成家庭多少的程度上，二是表现在那些家庭的经济和社会阶层的分歧程度上。有些小村庄仅仅包含了"豪农"和"贫农"家庭。而其他大多数小村庄，则包含了所有上述三个类型的家庭，但是在组合方式上颇为不同：一户或数户富裕家庭，一些占多数或少数的自耕农家庭，还有一些占比或多或少的无地佃户或有一部分土地的佃户家庭。小村庄是什么时候、由谁建立的，在此居住家庭的命运曾经发生过多少变化，最近的这些变化是怎样发生的，原因是什么，等等，是把这一个小村庄与那一个小村庄区分开来的其他的变量。这些变量与特殊的地势和土壤条件结合在一起，在小村庄的居民中间维持着这样一种印象，即他们的社区具有自己与众不同的特色。

家庭之间地位的不同，不仅表现为生活水平的巨大差异，同时也表现在其他许多方面。在那些地位之间的界限可以清晰划出的社区中，可能会存在着两个佛教的寺庙，一个为上等地位的家庭服务，而另一个则为低等地位的家庭服务，而且不同地位的家庭之间也不可能安排婚姻或者收养。更常见的还有，低等地位的农民被期要求对尊长使用礼貌的用语方式，而且在道路和人行道上相遇的时候要

---

[1]　并非所有的半自耕农都曾拥有他们耕种的所有土地。有些是以前的佃农，后来有能力购买了一部分土地。关于这个问题，参见 Morris D. Morris, "The Problem of the Peasant Agriculturalist in Meiji Japan," *Far Eastern Quarterly* 15 (1956): 357-370。1908 年之后，半自耕农家庭数量的增长，不一定是贫困农户数量增加的证据。

避让一旁，等候其通过。小村庄在集会和社会联谊时的座位顺序，也要遵循地位高低排列的原则。

地位区别最为常见的表现可能是在政治领域。就像小村庄集会中的座位顺序复制了社区的等级制度一样，在担任公职和做出决定方面也是如此。几乎无一例外，上等地位的家庭像过去那样，持续提供着小村庄首领的人选，而向低等地位

551　农民开放的小村庄公职，仅仅是守夜人和掘墓人。也不是所有的社区成员都能平等地参与小村庄的会议。那些坐在房间前方的人被公认为地位崇高并主导着会议议程。那些坐在中间的人很少发言，而坐在后面的人甚至在讨论涉及自己的紧要事务的时候也保持沉默。事实上，在许多乡镇中，来自上等地位的一小群人，在会议之前就已经碰过面并且决定了所有事务。他们的建议将在之后的会议上呈给所有成员，以得到形式上的认可。

总的来说，小村庄的领导者在他们做出的所有决定中都应该考虑社区的幸福和安康，但这样高尚的标准并不总是能够达到的。首领和他的顾问可能会撤去小村森林木材销售的部分收益，或者计划对小村的灌溉系统进行改造，以使自己的土地最先受益。他们在会议上提供的一些食物和饮料可能来自他们家的食品储藏室，却要记入小村庄的资金账目。这样的滥用职权到了一定的程度就会被发现和怀疑，从而激起社区其他居民的愤怒，但是考虑到社会地位不平等的礼仪和制度，公开地表达抱怨实际上是不可能的。

甚至连那些拥有诚实严谨的领导者的社区——这样的社区确实存在——都不会不受到潜在的破坏性紧张局势的传染。由小村庄成员的异质性所造成的相互冲突的需求和利益是很难调和的。例如，从保护的角度来看，暂时减少在小村庄森林中伐木的权利是合理的，但是那些没有自己林地的农民将不得不购买柴火来补充所需的用度。同样，如果他们发现比提供劳动力更加方便的话，那些手上有钱的人可以付钱来免除小村庄分配的劳务，但是其他人则没有选择。即使这意味着他们在自己土地上的劳作可能会落后，或者会失去他们为其他人工作可能挣到的报酬，他们也不得拒绝。因为最富裕的居民制定小村庄的政策，他们所关心的事情易于得到优先考虑。社区中那些贫穷的成员只能私下抱怨命运，或者从他们富裕邻居的土地上偷一些仔细挑选的蔬菜来平息自己的愤怒，确切地说，这也是某种程度的粗略公平。

在这种情况下，比传统的惯性运作，或轻度偷盗的补偿更重要的，是在这样

的条件下维持社区的团结。诸如公共宴会这样的场合发挥了重要的作用，在这里，维持现状的庆祝伴随着大量食物和饮料的消耗，就像与邻近的小村庄争夺水源的供应，或者一些其他的外部威胁使小村庄居民同仇敌忾一样。同样重要的是，不同地位家庭之间关系的维系，有助于至少暂时缓解从属阶层的艰难，预防小村庄在财富和权利的分配上产生冲突。

这些关系具有三种类型：一是同一家庭的主支和分支之间的关系；二是地主和佃户之间的关系；三是保护人与被保护人之间的关系。[1] 这三种关系都可能存在于同一个现实的社区中，而且任何两个家庭都可能被不止一种纽带同时联结起来。然而，一般而言，总有一种关系在社区内和它的家庭之间占据着主导地位。而究竟是哪一种关系占主导地位，在很大程度上取决于这个社区的地理位置和经济发展的普遍水平。

在 17 世纪，小自耕农是武士阶级税收收入的基础，作为一种保护小自耕农的方法，日本的农村里实行的是长子继承制。从那之后，作为一个普遍的规则，一个农民家庭的长子继承家庭的领导权及所有家庭土地。只有一定的最小范围内的土地才可以分割，其中的一部分分给较年轻的儿子。当这样的分家发生在按照上述定义为"豪农"家庭的时候，家庭的主支（本家，honke）就会保留家庭财产的大部分份额。那些年轻的儿子，如今成了一个分支家庭（分家）的家长，则只能得到很少的土地，并在经济上保持着对主支家庭的依赖。他和继承者需要永远向主支家庭表示敬意，纪念他们共同的祖先，并且遵从主支家庭现在家长的领导。

虽然在 19 世纪末 20 世纪初的整个国家都有发现（即便在今天也并非闻所未闻），但这种"本家"-"分家"关系的纽带在遍布于日本东北部的偏僻山村里似乎显得尤其重要，简而言之，这里正是商业性农业持续相对落后的地区。在这样一些社区，一个主支家庭和它的许多分支，有些缘起甚远，有些新近形成，组成了社区的全部人口。在另外一个地方，存在着几个不同的、相互竞争的血缘家庭（同族，dōzobu），每一个形成了等级制度的主支家庭，都建立在他们所拥有的分

[1] 还有第四种关系，即亲属（或是通过血缘形成，或是经由联姻形成）之间的关系，由于缺乏 19 世纪末 20 世纪初的相关数据，在这里的讨论中被忽略。人们从文学作品中得到的印象是，在 20 世纪第一个 10 年，这种类型的纽带通常是由家族的主支与分支，或主人与侍从之间的关系所构成，自那以后，特别是自 1945 年以来，人们已经逐渐意识到了这种关系的重要性。

支家庭的数量基础之上。[1]

比较起来，地主－佃户关系的纽带在一些商业性农业相对发达的地区盛行，特别是在贯穿近畿和中国地方的日本西南地区，以及其他坐落在富饶河谷或靠近大城市的小村庄里。[2] 一些地主以显赫的血统来领导家庭，并把土地租给佃户耕种，这些佃户的祖先可能就是这些地主祖先的佃户。其他的地主则是通过放债和取消抵押品赎回权的方法，新近获得了土地，成为他们佃户的农民，有些曾经是自耕农。还有些地主投资于土地开垦工程，而它们的佃户可能正是那些做了所需实际工作的人。无论是历史悠久的还是新近发端的，地主和佃户之间的纽带在原则上没有主支家庭与分支家庭之间的纽带那样恒久不变。地主与佃户关系的核心是交易——以一部分劳动果实来交换土地的使用权——而不是血缘，而且任何一方都有自由与别人做他的生意。事实上，考虑到明治民事法典授予土地所有者的自由处置财产的权利，以及当时整个国家存在的租佃需求的不断增长，这种情况对佃户不利，他们通常追求的是从尽可能多的地主那里租种小块土地，以使他们所有耕种的土地被收回的风险最小化。

保护人－被保护人关系的纽带占据了一种在功能上和地理上摇摆于其他两种关系之间的位置。在这种关系中，一方当事人在一种虚拟的亲属关系里假定他的一生是"父母角色"（亲分，oyabun），而另一方是"孩子角色"（子分，kobun）。庇护关系的纽带可以被用来支持不断变弱的并且超过几代会更加没有人情味的"本家"与"分家"的关系，或者通过添加一个明确的情感层面，用来润滑地主与佃户关系的"粗糙边缘"。这种关系也可以独立生存，连接那些除了同一社区内的居民就没有任何关联的个人和家庭。尽管庇护关系的纽带在农村中随处可见（事实上这种关系遍及日本社会），但这种关系在日本中部的山区地带似乎特别多见，也特别重要，原因大概是在这些地方互相竞争的"同族"血缘组织和大型地主都相对稀少。[3]

554

---

[1] 关于"同族"问题的详细讨论，参见 Chie Nakane, *Kinship and Economic Organization in Rural Japan* (London: University of London, Athlone Press, 1967), pp. 82-123。

[2] 关于日本地主研究的更多信息，参见 Ann Waswo, *Japanese Landlords: The Decline of a Rural Elite* (Berkeley and Los Angeles: University of California Press, 1977)。

[3] 参见 John W. Bennett and Iwao Ishino, *Paternalism in the Japanese Economy: Anthropological Studies in Oyabun-Kobun Patterns* (Minneapolis: University of Minnesota Press, 1963)，特别是第九章；亦见 Nakane, *Kinship and Economic Organization*, pp. 123-132。

尽管这三种关系之间存在差异,但它们也共同具有某些关键的特征。每种关系都是垂直结构,连接着上位和下位家庭,而且每种关系都对当事人设置了广泛的义务和责任。无论是佃户、孩子角色的人,还是分支家庭,下级都要效忠于上级。他和家庭成员需要登门拜访主人,以表示尊敬,并且在每年的新年、仲夏的盂兰盆节庆典时,以及婚礼、出生或葬礼发生时做一些必要的杂务。他们也要帮忙对主人的房屋和库房进行年度清扫,帮助主人家种植和收割的农作物。反过来,上级照惯例也有义务对他的从属给予仁慈的保护:借给他们食物、钱款,或者必要的工具,每当他们与其他小村居民或者政府发生纠纷产生困难时,进行调停并维护他们的利益,甚至包括为他们的小孩寻找工作和婚姻伴侣。[1]

最后一个相似之处,来源于其他两个,是这些关系对社区的影响。通过类似于为低地位家庭提供保险政策的功能,所有这三种关系都有助于使低地位家庭容忍他们的贫穷和政治上的无能。在这种情况下,低地位家庭之间相互联系的机会便被降到最低。那些从属的家庭知道,与其去关心那些和他们自己一样的家庭,不如更加关心他们主人的事务;他们的竞争对手充其量也就是互相竞争那些由精英分配的利益。于是,小村庄内部潜在的破坏性紧张关系得以化解,而不是生发出阶级意识,从而使礼俗社会得以维持。

当然,这只是一个最终的结果。团结一致并不会自发产生,也不会独自承受。它是通过人类的中介才得以达成的,也需要以同样的方法来不断加以更新。总的来说,在 19 世纪晚期,事实证明是可能的。可以肯定的是,这一时期爆发过一个又一个的纠纷,但几乎没有人去挑战农村的社会秩序。引起争论的是制度中不完美的缺陷,而非制度本身。和谐似乎已经被看作是一种必要,从而也被认为是一种合乎理想的状态,需要一定程度的自我克制和相互妥协方能达成。受到农村居民严重质疑的并不是不平等本身。那种有些人富裕有些人贫穷,有些人有权势有些人无权利的现象被认为是天经地义的事情,何况事实上根本没人对此进行过有意识的认真思考。虽然农民们继续相信和谐的可取性,但这种不平等乃天经地义的假设,并没有在 19 世纪 20 世纪之交存活下来。

555

---

[1] 关于这些互惠义务的简要讨论,依据 Ariga Kizaemon 和 Tsuchiya Takao 在 20 世纪 30 年代的报告,参见 Bennett and Ishino, *Paternalism*, pp. 214-221。

抗议的根源

学者们对 20 世纪早期日本农村社会发生的变化意见不一，这对那些研究世界上其他农村社会的人来说不足为奇。事情常常是这样，处于争论之中的并不是事情本身，而是什么导致了它们，以及它们表明了什么。由于这些分歧一直持续到今天，也由于我自己的观点或多或少地直接依赖持修正主义言论的阵营，所以对主要争议线索给予一些关注是恰当的。

学者们普遍同意，日本农民在 19 世纪末 20 世纪初之后越来越焦躁不安，他们的桀骜不驯在大正年间和昭和早期的两股抗议潮流中体现了出来。一个是佃农运动，这一运动导致佃户公会的成立，并且造成第一次世界大战后租佃纠纷数量显著增加。另一个是农本主义（nōhonshugi），字面意思是"农业为基础的主义"，这是一套松散定义的思想集合，在总体上赞美作为一种生活方式的农业生产，并讴歌作为国家典范的农村社区。尽管农本主义曾经产生过各种各样的组织，发起过以社区为基础的农业合作社，甚至策划过一些歃血为盟的兄弟政治恐怖行为，但从制度上看，农本主义相比佃农运动更加模糊不清。

直到 20 世纪 60 年代早期，学者们才分别对这两种抗议潮流进行了梳理，这本身就是一种诠释。佃农运动代表了革命能量在日本社会草根阶级中的引燃。以实物支付的高额租金导致的贫穷，促使佃农们自发地反对他们的地主，并且开始要求降低租金，争取更多安全耕作的权利。由于地主是农村居民中的精英，他们的地位是通过民法典授予并支持的，因而他们的利益受到政府官员的保护，佃农运动在地方层次的抗议构成了进攻日本国家本身的开端。但是，为了运动的发展，得到左派组织的正确引导是必要的。当工会组织的领袖和马克思主义知识分子在 20 世纪 20 年代开始提供指导时，政府惊恐不安。通过彻底镇压的手段和各种各样社会经济政策的设计，政府将佃农们的注意力从真正导致他们困境的根源移开，成功地结束了佃农运动带来的威胁。[1]

对学者们来说，如果佃农运动代表了某种可能性的话，那么，农本主义则代表了某种现实性：以天皇为中心的极端民族主义和日本法西斯主义的露头。通

556

---

[1] 解释佃农运动的有代表性的例子，参见 Nomin undoshi kenkyukai, *ed.*, *Nihon nomin undoshi* (Tokyo: Toyo keizai shinposha, 1961)。

过利用教育体系、预备役军人协会和地方政府机关，日本政府在 20 世纪初寻求
巩固农村的现状，并防止阶级意识的萌生，这种阶级意识在西方正是伴随着工
业化而产生的。这一努力得到了来自农村精英阶层的积极响应。地主们发现自
己的利益受到了威胁，这种威胁来自整个国家中资本主义的发展，也来自农村
中佃户的斗争精神。他们保护自己抵御这两种威胁的手段，是积极倡导俭朴节
约、勤奋工作和团结一致。随着工业化的发展和农村乡镇内部的紧张局势的加
剧，农民们面临的经济问题有待于通过重申农业的重要性和农村生活悠久传统
的方式来解决。

最初是由国家本身来加以鼓动，并以国家政策的代理机构发挥作用，在 20
世纪 20 年代中期，随着农村经济状况的恶化，地方上的农本主义拥护者们开始
追求独立的道路。他们从亲农业的立场出发，稳步地转向反都市主义和反资本主
义的立场。到了 20 世纪 30 年代初，他们向右翼秘密社团提供资金和人力，这些
右翼社团谋划进行代表"自下而上的法西斯主义"所谓的"昭和维新"，而他们
的活动给予了日本军方干预政治的机会，并建立起"自上而下的法西斯主义"。[1]

从 20 世纪 60 年代初以来，这种关于日本乡村发展的描绘受到了年轻一代学者
的挑战。在对这种观点进行重新评估时，只是最近才开始按时间顺序处理 20 世纪
30 年代的情况，这些学者尚未对 1900 年到 1945 年的日本农村的历史诠释产生一个
全新的范式，而在他们自己中间也确实有许多意见分歧。尽管如此，到目前为止，
与此前的文献和叙事中所提出的 20 世纪 30 年代日本农村与日本政府之间关系的观　557
点相比，他们的研究已经对农村抗议运动的根源提出了显著不同的解释。[2]

持修正主义观点的学者不是强调佃农运动和农本主义之间的清晰界限，而
是强调两者之间的相似之处。在最初阶段，两者都反映了农村社会中等阶层的
利益和愿望。佃农运动的参加者是佃户中间比较富裕的阶层，他们耕种的土地
大于平均持有的土地，并且 / 或者拥有他们自己的土地，他们在 20 世纪第一个
10 年和 20 年代组织起来拒付租金，结成团体。同样，在此期间，正是拥有土地

---

[1]　关于这种解释的例子，参见 Barrington Moore, Jr., *Social Origins of Dictatorship and Democracy: Lord and Peasant in the Making of the Modern World* (Boston: Beacon Press, 1967), chap. 5, pp. 291-313; Maruyama Masao, *Thought and Behaviour in Modern Japanese Politics*, expanded ed., ed. Ivan Morris (London: Oxford University Press, 1969), chap. 2。

[2]　他们使用的方法和关注的重点太多样化了，以至不能被称为学派，这些学者包括 Kano Masanao, Kinbara Samon, Mori Takemaro, Nakamura Masanori, Nishida Yoshiaki, Suzuki Masazuki, Yasuda Tsuneo, and Yui Masaomi。

的耕种者和大量拥有土地的佃户最热情地支持赞美农业的农本主义（profarming nōhonshugi）。所以，两者本质上都是小资产阶级的运动，而且两者都在为其成员寻求政治代表和经济改善。

除了重新处理在中心地区而非农村社会两端从事两股抗议潮流的人员之外，持修正主义观点的学者们也重新定义了国家的作用，并提出了一种新的解释，比起在早些时候的文献中所呈现的关于农村人口和中央政府之间的关系更加复杂。尽管担心日本社会中阶级意识的发展，政府官员们却没有找到支撑农村现状的解决方案。他们在20世纪早期寻求建立遍及所有农村居民的直接影响，而不是像过去那样仅仅依赖农村精英阶层作为普通农民和国家之间的中介。[1]与此同时，他们再次拿小村庄残存的自主权开刀。这两个举措产生了相互矛盾的影响，在未来的三十年里困扰着政府的决策者，并且在涉及农村事务的政府部门之间产生了明显的竞争压力。

一方面，在农村人口中建立直接影响的努力，鼓励了农村社区内部的离心力。在日俄战争后建立起来新的集中管理的组织，诸如青年团体和预备役军人协会等，为地方上领导那些只具有适度财富和血缘关系的农民提供了机会。这些新近动员起来的农民所认同的目标远不是与国家作对，他们所认同的只是有恃无恐地挑战当地精英的经济和政治特权。

另一方面，政府消除小村庄残余自主权的努力，同时又或多或少地鼓励了农村社区的向心力。面对外部的威胁，来自各个阶层的小村庄居民聚集在一起保护他们的社区，并且设法保护自己不受行政村乃至国家的影响，因为小村庄正在被那些行政村更完全地吸收，而其背后则是国家的要求。这些向心力并没有压倒离心力所产生的地方冲突，而是以一种复杂和高度不稳定的混合方式与之共存。同样，这些农民在寻求社区内部改革的时候，他们对国家是认同的，而在考虑他们社区与整个日本社会的关系时，状态则是令人怀疑的。民族主义在日本的农村已经根深蒂固，但是对社区自治的渴望则依然存在。

20世纪30年代怎么样呢？要对一个正在进行的学术过程进行概括是件困难的事情，但是，看上去最令持修正主义观点的学者们关心的，不是被他们视为农

[1] 这一转变的时机是持修正主义观点的学者们意见分歧的一个方面，一些人坚持说1904年到1905年的日俄战争刚结束后就开始了，另一些人则主张是在20世纪20年代和30年代。他们的分歧在很大程度上来自他们应用的标准不同：前者想要阐明的实际上是一个渐进过程的开始，而后者追求的则是它的高潮。

本主义小瑕疵的政治恐怖主义，而是昭和时代的不景气给所有日本农民造成的影响。另一个与此相关的特征，是这些学者对于地方历史的关注。与那些强调政府官员、农业专家和左右翼知识分子思想和政策的学术前辈不同，持修正主义观点的学者关注的是普通农民和农村社区，并且设法弄清楚由内而外发生了什么情况。在他们的研究中，强调的是农民们如何感知问题，如何付诸实际行动，以及政府政策发生了怎样的影响。

对于昭和时代早期佃农运动的消亡，持修正主义观点的学者们尽管没有忽略政府应对策略的作用，但强调了运动左翼领导人的错误，尤其是他们坚持要反对日本的帝国主义。这对于共产国际和日本的革命事业来说也许是至关重要的，但对很大数量的日本佃农并没有吸引力，而且似乎与他们生活中最为重要的经济问题没有关系。与左翼领导人相比，地方上农本主义的拥护者赢得了来自各阶层农民越来越多的支持，这正是因为他们提供了解决这些经济问题的措施。不是他们的意识形态，而是他们合作社的实际项目和信用社组织，解释了他们的越来越受欢迎及其在地方上的影响力。

那些影响力，反过来惊动了中央政府。因为军事和政治的原因，中央政府不能容忍它所不能控制的民众运动的存在。从 20 世纪 30 年代早期开始，特别是在 1937 年与中国的战争爆发以后，政府官员重拾寻求实现农村控制的决心。他们在多大程度上取得了成功是一个还没有达成共识的问题——因此我才在上文提及，在这些至关重要的岁月里农村和政府之间关系的新观点只是"朦胧的轮廓"。然而，我猜想这一观点的一个显著特征将是官员们在多大程度上不得不与民众的情绪妥协，以便获取些许他们所寻求的精神和物质的动员。尽管远未达到他们所认为的合适控制，但他们发现仍有必要建立对经济平等的志向，并给予小村庄在为农村设计新社会秩序时的自主权。倘若结果与法西斯主义产生了一定的关联，那么，用持修正主义观点的学者们所使用的相当谨慎的术语来说[1]，这是来自内部的法西斯主义，而不是自上而下的法西斯主义。

就像我倾向于做的那样，如果假设关于农村社会变化的修正主义解释模式更加准确，那么，佃农的斗争性与农本主义的共同根源是什么？是什么导致了 20 世纪初中等农民阶层的桀骜不驯，并激发了他们质疑现存的财富和权利的分配？

559

---

[1]　这个词几乎总是出现在引号里，而且通常只出现在他们所出版作品的开头和结尾处。

有两个因素似乎是至关重要的：（1）中等农民获得了此前被农村精英所垄断的技能和经验；（2）在同样的这些农民中间蓄积着新的和新发现的经济不满，而农村精英似乎不愿意参与其间。

教育和征兵的影响

在德川时期，并不是所有的"豪农"都接受过教育，但是几乎所有受过教育的农民都是"豪农"。他们所掌握的阅读和书写的能力，在某些情况下，还扩展到精通儒家的经典和武士阶层所喜欢的正式的书信风格，这些能力曾经作为他们在地方上政治权利的基础之一：只有他们可以理解当地官员所发布的条例章则，并保持官员们所要求的记录。随着 19 世纪 70 年代义务小学教育制度成为计划中的全国初级、中等和高等教育体系的一个组成部分，接受教育由一种早前财富的特权变成了普遍的义务。"豪农"在文化上的垄断地位开始受到侵蚀。

我们一定要谨慎地，而不是夸大地看待读写能力在农村人口中的传播速度，或者，就此而言，要谨慎对待而不能夸大作为新教育体系的成果所达到的读写水平。正如平恒次所说，在日本明治时期，小学教育是强制性的，但不是免费的。除了地方税的间接负担之外，父母送他们的孩子去学校，还不得不承担学费、书籍等杂费，以及其他学习用品的直接负担。即便家中没有其他劳动力，孩子需要对家庭经济做出贡献，他们也不得不这样做。因此，对于当时的经济状况和家庭收入水平而言，受教育的机会仍然容易受到影响。虽然招生数据从 1873 年的所有学龄男孩和女孩的 27% 提升到 1910 年的 98%，但实际入学率直到 1900 年才达到 50%。1910 年，实际入学率达到了 85%。这是全国的平均水平。可获得的数据表明，在整个 19 世纪晚期和 20 世纪初期，成年人的识字率，因而也是之前半代人的入学率，日本的农村要低于城市。此外，对于大多数城市或农村的日本人而言，完成所需的 4 年小学教育（自 1907 年后变为 6 年），标志着接受正规教育的结束。在那段时期，他们掌握了可以用来拼写日语的假名和音标，但是充其量他们只学会了几百个汉字字符中，而用在书面语言中的汉字字符有成千上万。他们的读写能力因此而受到了严重制约。[1]

---

[1] Koji Taira, "Education and Literacy in Meiji Japan: An Interpretation," *Explorations in Economic History* 8 (July 1971): 371-394.

尽管有这些需要注意的问题，并且在某些方面因此而产生了一些负面作用，但教育对农村社会的影响不容忽视。仅仅是踏进明治时期的课堂，年轻人就会发现自己进入了一种以成就为导向的人生设定，在这样的人生设定中，起作用的是你的表现，而不是你的财富或血统。罗纳德·多尔（Ronald Dore）指出，"当地主只占有中等位置的时候，对于那些已经处于初级学校高年级的佃户来说，鞠躬和敬语是来之不易的"[1]。四年的学校学习所获得的文化水平也不是全无用处，尽管它与完全掌握书面语言的需要还相去甚远。由于在阅读报纸、杂志和几乎最深奥的书籍时，明治时期广泛运用假名批注（附加假名符号来表示阅读者的关注或思考），因此掌握假名是一个远比今天更有用的技能，并提供了阅读广泛读物的方法。

561

现有证据表明，普通农民大约在19世纪末20世纪初开始使用这项技能。报纸，以前局限于城镇，此时越来越多地渗透到农村。普通农民可以读懂与农村人口的利益和能力相适应的杂志。[2] 农民们也在日常生活中更多地用到写作的技能：记录账目，编纂村庄条例，为当地农业社团起草章程，等等。[3] 为这个时期组织的佃农团体草拟的规章具有特别的意义。在政府开始监控佃农动荡状态的20世纪20年代，只发现了这些规章的少数例子：是否有更多的类似规章草拟出来，我们不得而知。这些现存的令人印象深刻的文献，包含了多达36篇文章，并且制定了详细的规则和程序。[4] 一些术语和总则可能借用了19世纪80年代和90年代的农业社团和地主团体的规章制度，但这是一种有目的的借用，况且这一借用本身就表明起草者并不是一个文盲。看起来，后者似乎是相对富裕的半自耕农阶层的团体，也就是说，这些人不是来自农村社会的最贫穷阶层，而是来自农村社会的中等阶层。

中等阶层的农民通常会有较多接受教育的时间，因此似乎合理的结论是，他们比贫穷农民拥有更高的文化素养。正是因为基础教育对农民家庭施加了直接的经济负担，中等家庭的孩子才比贫穷家庭的孩子享有更多接受教育的机会。20世

---

[1] Ronald Dore, *Land Reform in Japan* (London: Oxford University Press, 1959), p. 54.

[2] Suzuki Masayuki, "Taishoki nomin seiji shiso no ichi sokumen-jo," *Nihonshi kenkyu*, 173 号（1977 年 1 月）: 7。

[3] 关于 1897 年起草的一套小村庄规则，参见 Kawamura Nozomu, "Kosaku sogi kini okeru sonraku taisei," *Sonraku shakaikenkyu nenpo*, no. 7 (1960): 119-120。

[4] 关于佃农团体章程的两个例子，一个可追溯到 1896 年，另一个在 1902 年，可参见 Shimaneken norinbu, nochi kaitakuka, ed., *Shimane ken nochi kaikakushi* (Hirata: Shimaneken, 1959), pp. 118-120。

562　纪 20 年代早期，来自日本冈山地区的数据表明，20 世纪早些时候的这些状况多半是真实的。根据对 5 583 名农村家庭成员的调查，接受教育的程度直接跟随家庭的经济地位而变化：超过 8 岁、低于 40 岁的 950 位没有受过任何学校教育的受访者中：大约 70% 来自无地的佃农家庭；25% 来自有土地的佃农家庭；只有 5% 来自也有土地出租的自耕农家庭。[1]

　　中等阶层农民受到的教育并不局限于小学。尽管他们不像他们更富裕的邻居那样为进入大学做准备，但他们似乎成为二等农业学校注册入学者的大多数。二等农业学校与一等农业学校不同，一等农校强制要求学生有 5 年以上的在校学习时间，从而使其毕业生有资格进入农业实验站和县农业局工作，而二等农校则提供了一个为期 3 年的实际耕作方法的学习，其毕业生的大多数都回到自己的社区去耕作家庭的土地。学校所收的学费超出了贫穷农民家庭的能力之外，但对大多数半自耕农和自耕农来说并不过分。在日俄战争之后，这样的职业学校数量不断增加，更多的中等阶层农民家庭的孩子获得了向他们提供培训的机会。[2] 在这一培训的过程中，他们学会了如何阅读农业手册和技术期刊，以及如何种植更多更好的作物。

　　和教育一样，服兵役也提供给了日本农村的农民新的技能和经验。当他们去县府报到参加最后的征兵体检时，许多新兵第一次对城市生活有了印象。一旦参加基本军事训练，他们又会发现自己生活在西式营房里，配备着加热炉具、室内管道、床等新奇事物。在 19 世纪末 20 世纪初，营房里又有了电。他们在人生中第一次穿着裤子和内衣，有了结实的靴子，学会了使用和维护各种武器和机械。在教室里他们学习了基本的战斗技能，也学习了测量和地图阅读。那些被发现读写能力不足的人还要去补习识字课程。[3]

563　　从长远来看，更重要的是应征士兵所受的思想培训，还有他们所发现的获得荣誉和地位的机会，这些都与农村中流行的不同。这两点造成了他们退伍回到原来的社区之后，发现自己再次处于一个被要求服从和尊敬当地精英的环境中，

---

[1]　Ota Toshie, "Kosakund kaikyu no keizaiteki shakaiteki jotai," *Sangyd kumiai*, no. 261(1927): 84，102-103.

[2]　Suzuki, "Taisho ki nomin seiji shiso," p. 21.

[3]　Nobutaka Ike, "War and Modernization," in *Political Development in Modem Japan*, ed. Robert Ward (Princeton, N.J.: Princeton University Press, 1968), pp. 194-204; Keizo Shibusawa, comp. and *ed.*, *Japanese Life and Culture in the Meiji Era*, trans. Charles S. Terry, vol.5 of *Japanese Culture in the Meiji Era* (Tokyo: Obunsha, 1958), pp. 303-309.

就会变得难以驾驭。

自从19世纪80年代保守的，或曰日本至上的思潮盛行以来[1]，日本传统伦理的课程已经成为小学校基本课程的一部分。从19世纪90年代开始，一份《教育敕语》的复制件就被作为每一所学校的珍贵财产，每年都会在正式集会上向全体学生宣读。所有这些及其相关的努力促进了对天皇及其政府的忠诚，对年轻孩子们的心灵和思想产生了影响，这一点是不能否认的。但是，正如年轻人在他们的基础教育里所获得的素养水平有限一样，他们由此获得的国家意识的水平和强度也同样是有限的。应征入伍的士兵在陆军和海军中受到的教化，则把这种被动的国家认同变得更加突出，就像在学校时就曾被灌输过的那样，他们认为自己是天皇的臣民。一份要求他们熟记的天皇诏书告诉他们，作为一名战士和水兵，他们基本和首要的职责是向天皇效忠。[2] 他们必须身体强健、道德纯洁，而且愿意为了履行这一职责而牺牲自己的性命。如果他们忠贞不二，陆军和海军就会强大，而这个国家将会受到保护，免受邪恶的侵害。诸如此类的主题在军营中的讲堂上不断重复，在练兵场上诱发了应征入伍士兵们强烈的情绪反应，并向他们灌输比他们此前所曾拥有的更加狂热的民族主义观念。

与此同时，服兵役给了应征入伍的士兵们个人发展的机会。与小学校里的学生相比，入伍的士兵在更大程度上以他们自己的能力和成就作为基础得到评价。那些擅长从军任务的人，作为奖励能够获得额外的培训和晋升机会。那些不能达到要求的人则会被作为普通的士兵。现实的战争给这个过程增加了一个新的维度，在严酷的、危及生命的战场条件下，一个人不仅有机会获得晋升，还有机会成为英雄。

我们对甲午中日战争中的将领和普通士兵的情况知之甚少。我们也不了解那些农村背景的士兵回到家乡时所享受的待遇。[3] 由于这场战争相对较小，日本获胜相对容易，因此这场战争对日本农村社会的影响最多也可能是短暂的。但是，

---

[1]　关于这一保守复古思潮对教育政策影响的简要讨论，参见 Herbert Passin, *Society and Education in Japan* (New York: Columbia University Press, 1965), chap. 4, esp. pp. 62-91。

[2]　关于《军人敕谕》的英文翻译，参见 Hillis Lory, *Japan's Military Masters: The Army in Japanese Life* (Westport, Conn.: Greenwood Press, 1943), pp. 239-245。

[3]　关于甲午中日战争中英雄人物的讨论，其中至少有一个可能是虚构的，参见 Donald Keene, "The Sino-Japanese War of 1894-1895 and Its Cultural Effects onJapan," in *Tradition and Modernization in Japanese Culture*, ed. Donald H. Shively (Princeton, N.J.: Princeton University Press, 1971), pp. 143-154。

10 年之后的日俄战争就不同了。这场战争中有超过 100 万日本人被动员起来投入战场，甚至连那些未服现役的兵员也被征招，以某种形式为战争服务。在大约 20 个月的战斗中，日军共有 8 万人战死，大约 3 万人负伤。在 1894 年，旅顺港经受了近 6 个月的全面攻击，日军在一天的战斗中就伤亡惨重。

这个国家的几乎每个农村社区都受到了这场战争的影响。土地税、日用品如糖和酱油的消费税等，都被暂时提高以承担战争的费用。成千上万的马匹被征用。由于青年和中年男子离开故乡应征入伍或从事其他劳役，造成了农村中严重的劳动力短缺。在许多小村庄里，都至少有一个家庭知道，父亲或者儿子不会回来了。由于这场战争与他们的生活直接冲突，农民们渴望了解前线的消息，而政府也希望这场昂贵的冒险能被国民所欢迎和接受，于是努力提供那些听上去尽可能美好的消息。[1] 日本历史上的第一次，全国的农村居民怀着痛苦的纠结心情，紧张地关注着国外战事的进展，这种关心的程度比起他们此前总是给予庄稼的细心呵护毫不逊色。

日俄战争期间，在小村庄中通过宴会和游行来给新被征召的士兵送行的习俗首次普及开来。返回家乡的士兵也会受到热烈的欢迎，人们在一起狂欢，相互宽慰，消耗掉大量的米酒。那些因为作战英勇而佩戴奖章归来的士兵深受乡里欢迎，因为他们受到了天皇的嘉奖，把特别的荣誉带给了社区。例如，为了表彰他在攻击"203 高地"作战中的非凡勇敢，一名来自埼玉县叫作柳下弥三郎（Yanagishita Iyasaburō）的士兵被授予金鸱勋章，这立即为他带来了显赫的名声。值得注意的是，这个士兵来自一个半自耕农家庭，他的军事功绩给予了他一定程度的声望，而这样的声望在其社区与他背景相同的人中从来没有人获得过。突然之间，他成了一个意见有分量的人。他在小村庄的聚会中位居值得尊敬的席次，并且受到所有人的尊重。[2]

柳下弥三郎的勇敢或许是个意外，但他所受到的英雄般的欢迎却不是。作为一场证明了小型移动步兵单位重要性的战争，日俄战争制造出了许多普通士兵和士官的英雄人物。全国到处都有来自中等家庭和贫穷家庭的农民作为名人，带着军衔，佩戴着奖章回到家乡，比他们那些更加富有、更有权势的邻居还要威风。拥有

[1] Shunpei Okamoto, *The Japanese Oligarchy and the Russo-Japanese War* (New York: Columbia University Press, 1970), chap. 5.

[2] Suzuki Masayuki, "Nichi-Ro sengo no noson mondai no tenkai," *Rekishigaku kenkyu*, 1974 special issue, p. 156.

不到 1 英亩土地的人是下士，而拥有 10 英亩土地的人是上等兵。一个散工荣获了 1 枚七等勋章，而他的社区首领，作为一个大地主，却只得到了 1 枚八等勋章。[1]

一旦胜利的庆典归于结束，农村社区中的紧张局势就开始浮出水面。除了偶尔的仪式需要和训练以下那些积极的预备役人员，这些战争英雄们需要以一种适合其低下经济地位的方式来为人处世。现有证据表明，他们发现这样做很困难，而事实上，与英雄人物一样，许多地位更普通、战绩更一般的退伍军人也都有同感。军人生涯已经培养出了竞争意识，他们曾经经历过发布命令和服从命令，不喜欢被人指手画脚告知必须怎么做，因为这些人的权威只是建立在意外的出身上。在经过了风雨，见过了世面，并在一场对外战争中为天皇服过役之后，他们发现乡村生活的许多方面都单调乏味，有很多人甚至认为种地有损身份。一些从战场回到家乡的年轻人蔑视这些在土里刨食的卑微活计，而迅速回到军队服役。他们的兄长则没有选择，因为他们不得不帮助耕种家庭的土地，不得不把他们的不满发泄在家里。关于退伍军人"粗暴行为"的报道，在战争结束后的几个月里，就开始惊扰到国家和地方政府的官员。许多退伍军人把他们的退伍金"浪费"在喝酒聚会和"花哨的"服装上；一些人甚至殴打地方官员。[2]

在地方当局所感知的反社会行为中，日俄战争的退伍军人是一个主要原因，于是，1906 年和 1907 年，地方政府开始敦促村庄的首领们建立当地退伍军人俱乐部（军友会，gun'yūkai）。反过来，这些军友会成为 1910 年以后建立后备军人协会的基础，正如我们很快就会看到的那样，在地方精英的指导下，这些士兵开始被努力整合进平民的生活，而在日本帝国军队的支持下，这成为一条地方非精英农民得以获取地位和影响的途径。

566

经济上的不满

不幸的是，我们缺乏一个 19 世纪 80 年代到 20 世纪 20 年代之间日本农业领域宏观趋势的清晰图像。经济学家们如今都同意，19 世纪后期日本政府的数据

---

[1] Suzuki Masayuki, "Nichi-Ro sengo no noson mondai no tenkai," *Rekishigaku kenkyu*, 1974 special issue, pp. 155-156.

[2] Suzuki Masayuki, "Nichi-Ro sengo no noson mondai no tenkai," *Rekishigaku kenkyu*, 1974 special issue, pp. 152, 155-156.

低估了土地耕种面积和作物产量。他们意见不统一的方面是，如果能够对这种低估做些什么的话，那么，由于关于其后产出增长率的估算必须以19世纪的那些数据作为基础，所以必须假定它们是存在的，或是通过某种方式对之加以订正，这就导致了热烈而持续的争论。除非一个人是这方面争议的当事人，否则不可能对下面的这些论断的任何一个表达出有说服力的看法：(1) 日本明治时代开始时农业产出水平很高，此后它的年均增长率只有1%，勉强跟上人口增长的步伐；(2) 明治初期的产出相当低，1880年到1905年间以年均2.8%的速率增长，其后增长速率低至2.1%，而整个明治时期的平均增长率为2.4%，超过人口增长速率的两倍以上；(3) 整个明治时期农业产出的年均增长率只有2.0%，1905年后的增长速率加快，而不是降低。

20世纪60年代期间，这些对明治时代和大正时代早期日本农业增长率的颇为不同的估计，产生出两种完全不同的日本整体经济发展的模式：一是先决条件的增长模式，这一模式源自第一种估算，认为农业产出的增长发生在工业化之前；二是并发增长模式，这一模式来源于第二种和第三种估算，认为伴随着工业化的进展，农业产出的增长水平远远高于人口的增长。最近，又有人提出了第三种模式，认为日本的农业产出在工业化之前和工业化期间都是扩张的。[1]

在明治时代的第一个30年里，日本农村可观察到的整体氛围提供了对第二种和第三种模式的支持，而不是第一种模式。农民们没有表现得好像最好的时光就在他们的身后。相反，他们似乎相信未来比过去会有更光明的前景。会有关于种子和害虫防治的更好的信息传播，会有对于新作物和改进工具的逐渐高涨的热情，也会有无数的改善灌溉和排水的小型工程。政府官员们鼓励这些活动，而农民们似乎也不可能只是在回应他们的劝告。除了对政府的动机怀有疑虑之外，农民们还是非常务实的。他们需要实实在在的证据，表明他们的工作效率会得到增加，已经有人在同一块土地上取得了显著的更高收益，而如果这样的零散例子得

---

[1] 关于先决条件增长模式的阐述，参见 James I. Nakamura, *Agricultural Production and the Economic Development of Japan 1873-1922* (Princeton, N.J.: PrincetonUniversity Press, 1966)。关于并发增长模式的阐述，参见 Bruce F. Johnston, "TheJapanese 'Model' of Agricultural Development: Its Relevance to Developing Nations," in *Agriculture and Economic Growth: Japan's Experience*, ed. Kazushi Ohkawa et al. (Tokyo andPrinceton, N.J.: Tokyo University Press and Princeton University Press, 1969), pp. 58-102; and Yujiro Hayami and Saburo Yamada, "Agricultural Productivity and the Beginning ofIndustrialization," in *Agriculture and Economic Growth*, pp. 105-112.。关于第三种模式，参见 Minami Rydshin, *Nihon no keizai hatten* (Tokyo: Toyo keizai shinposha, 1981), pp. 59-63。

以证明预示了一个更加普遍现象的话，那么，这样的证据肯定对他们来说一直是有用的。[1]

我们说明治时代的农村里有一种充满活力的而不是萎靡停滞的情绪，并不是说农业部门没有因为它作为工业化资本来源的角色所承受的压力。正如哈里·奥希曼所说，[2]土地税给农民造成了沉重的负担，由农村所产出的政府财政收入只有很少部分以公共开支的形式返还给它。由于税收也在递减，因而只有大地主才有可能剩下超过消费需求的资源，用来投资于改善农业生产。因此，如果公共资金更容易获得财政改善的话，那么，日本的农业增长低于本来可以达到的水平，其在全国范围的扩散也少于它本来应该达到的程度。即使获得了收益，也不是在农民群体中均匀分配的。虽然有些农民成功了，但其他人却陷入了贫困，因为拖欠税款使他们失去了土地，在有些情况下，他们不得不把自己的女儿卖去妓院，甚至连炊具和铺盖都典当掉。

虽然在几乎每个农村社区都有千差万别的贫困受害者，但他们并不是世纪之交以后各地农民群体中难以驾驭的焦点，他们也不是攻击国家经济和政治不平等的早期煽动者。与其他地方一样，在日本，正是那些在变化中或多或少受益的人，那些对生活中的可能性期望上升的人第一个出来挑战现状。

整个 19 世纪晚期，农业产出的增长主要由劳动密集型手段产生。当需要适度的资本投资时，地方精英通常愿意并且能够提供所需的资金：高尚的恩赐、自利的行为，以及拥有的财富，所有这些综合起来使他们成为农业进步的拥护者。[3]然而，古斯塔夫·拉尼斯所说的农业部门的"疲软"终将被耗尽，廉价的手段也不再产生显著的生产力增长。如今所需要的，是大规模的超越个人财产和个别村庄边界的土地和灌溉项目。[4]

568

---

[1] 关于这方面的一个例子，参见 Nishida Yoshiaki, "Reisai nokosei to jinushiteki tochi shoyu: Niigataken ichi tezukuri jinushi no bunseki," *Hitotsubashi ronso* 63 (1970): 631-647; 也见于 Ronald Dore, "Agricultural Improvement in Japan, 1870-1890," *Economic Development and Cultural Change* 9 (October1960): 69-91。

[2] Harry T. Oshima, "Meiji Fiscal Policy and Economic Progress," in *The State and Economic Enterprise in Japan*, ed. William W. Lockwood (Princeton, N.J.: Princeton University Press, 1965), pp. 353-389.

[3] Waswo, *Japanese Landlords*, chap. 3; see also Ronald Dore, "The Meiji Landlord: Good orBad?" *Journal of Asian Studies* 18 (May 1959): pp. 434-455.

[4] Gustav Ranis, "The Financing of Japanese Economic Development," in *Agriculture and Economic Growth*, pp. 37-57. 在日本的情况下，这种"疲软"是由土地上多余的劳动者和土地的生产力储备形成的。前者可以被取消并应用于其他地方，而不会造成农业产出的减少；后者可以被开发利用为改进农业技术和引导小额资本注入的手段。

这种情况没有同一时间出现在每个地方，但是在激励措施强劲有力和大力推进"疲软复苏"政策的地区，在20世纪初出现了明显的僵局。一方面，地方精英赞助农业改进的意愿和能力都有所下降。在这个国家，只有很少的"大"地主具有资金和手段去资助那些如今所需要的大规模的改进项目，而他们中的许多人，刚刚意识到商业和制造业中拥有更加具有吸引力的投资机会，因此都不愿意这样做了。至于那些典型的精英人士，虽然比普通农民富裕，却并没有控制足够多的土地和资本；也没有超过一个社区改进规划的，或积聚起当地资金来负担他们经费的机制存在。[1] 另一方面，普通农民在农业改进方面的兴趣有所加强。几十年前他们负担不起实验的风险，曾经眼看着他们更加富裕的邻居尝试新的技术，并看到他们获得了令人印象深刻的收益。随后他们在自己的土地上也采用了这些技术，也获得了更高的收益，从而下决心去发现其他增加产出的方式。然而，在他们的决心成型之后不久，收益却变得更加难以实现了。

即使"疲软"这个概念当时已经存在，但对这些农民来说没有任何意义。在他们诊断状况的时候，面临的主要障碍是如何获得对自己的时间和劳动的更多控制权。他们奉献给社区的每一天——每个健全的男性和女性可能被要求多达每年30天——都是他们被迫忽视自己生计的日子。如果天数可以减少到最低，或者服务可以工资支付，那他们就会过得更好一点。同样，他们开始计算为上级提供服务的成本。他们所收到的膳食和简单的礼品能否补偿他们在主人家里那几个小时的工作呢？首先栽种主人稻田的风俗难道不意味着他们自己的收成将被推迟，并且遭受来自早霜的更大风险？

无论他们的推理多么具有说服力，普通农民发现要改变盛行的习俗是极其困难的。作为下属，他们可以请愿改革，但是社区精英仍然可以操纵决策。普通农民缺乏迫使社区讨论他们所关心问题的手段，更不用说采取行动了。在这一点上，中央政府变得越发关心农村的事务。这种关心以及由这种关心所产生的政策带来了一个后果，那就是普通农民开始获取需要的杠杆，来推动他们想要的变革。

政府对农村事务的干预

19世纪末20世纪初，尤其是日俄战争结束后的几年里，日本政府的政策明

---

[1] 关于1900年前后地方精英阶层态度和行为变化的讨论，参见 Waswo, *Japanese Landlords*, chap. 4。

显向农村转移。明治维新以来带有自由放任主义特征的政策被取代，民事和军事官僚机构的官员们如今倡导积极的"社会政策"，并试图将农村社区和农村居民更密切地与国家联系起来。之所以这样做基于各种原因，其中最重要的是，他们认识到，如果日本要维持其获得的作为一个一流国家的地位，民族团结就是必不可少的，同时他们也意识到，国家如今的地位施加于人口的经济负担，使得发生社会和政治冲突的可能性大大增加。尽管并没有忽视日本的城市，但这些官员们认为，最值得关注的首先是农村，因为有 80% 的人口居住于此，这里的环境相对来说还没有受到"文明的有害影响"。[1] 通过促进农村物质和精神的健康发展，他们相信一种防范社会混乱的壁垒能够得以维持。

在这一时期，由东京下发的新政策可以分为三大类：一是关于农业进步问题的；二是关于加强村庄的财政和行政能力问题的；三是要把农村居民组织归并——或者更准确地说，改组——进一系列处于地方官僚控制之下的社团当中。

农业改良

整个明治时代早期，政府官员们对耕地抵押拍卖或不断增加的佃耕现象的报道一直保持相对平静。这些被认为是给予人民私有财产权利的自然结果。好农民会生存下来，而受到他们所耕种土地的所有权的激励，这些农民将生产更多更好的农作物。

但是，到了 19 世纪 90 年代晚期，几乎已经没有官员仍然保留这样自由放任的乐观看法。日本即将成为一个粮食净进口的国家；城市的粮食商人都在强烈抱怨他们经手的大米质量日益恶化；而一些诸如大井健太郎（Ōi Kentarō）的债务人党这样的团体，则在组织农村贫困人口方面取得了短暂的成功。当时已经有了关于需要法律来规范土地租赁关系并减缓土地所有权集中的讨论，但仅此而已。相反，官员们关注的是如何采取措施来提高农业产出的数量和质量。

1899 年的土地调整法案，对规范稻田地块和改善灌溉系统的大规模项目给予了指导，并提供适度补贴。同年颁布的农业协会法案建立了一个全国性的传播农

571

---

[1]　内务省地方事务局局长床次竹二郎所言。引自 Kenneth Pyle, "The Technology of Japanese Nationalism," *Journal of Asian Studies* 33 (November 1973): 58. 关于日本积极社会政策的演变，参见 Kenneth Pyle, "Advantages of Followership: German Economics and Japanese Bureaucrats, 1890–1925," *Journal of Japanese Studies* 1 (Autumn 1974): 127-164。

业信息的组织，并在 1905 年要求所有农户都加入当地的分支机构。1900 年的产业合作社法案鼓励发展农村的信用、营销和消费合作社。

农业职业教育体系的实质性重组于 1903 年开始。那一年全国范围内建立了 1 000 所农业补习学校，每所学校都面向年轻农民提供几个月的实际培训。1905 年，课程集中于农业经济和法律的一等农业学校减少了一半，取而代之的是大约 50 所二等农业学校，这些学校的课程重点在农业耕作方法。到 1912 年，农业继续教育学校的数量已经上升到超过 5 500 所，而二等农业学校的数量达到了 164 所。最后，在同一年里，大约已有 30 个县为当地种植的稻米建立了质量标准和检验规程。[1]

对村庄的政策

尽管农商务省的各级官员都在建议利用农民以村为本的忠诚来帮助促进农业的发展，但他们的建议却被更有权力的内务省所忽略。[2] 对内务省来说，农村小村庄对其居民的重要性持续存在，将会阻碍经济发展，并威胁到国家统一。后来被称为"地方改良运动"（*chihō kairyō undō*）的主要目标之一，就是打破小村庄的"狭隘"，而内务省在这场运动中扮演了主要角色。行政村将要从不守规矩的小村庄的组合转变成有意义的地方生活的中心。与此同时，小村庄聚焦于团结的精神，将被一种新的"社区服务于国家"（*kokka no tame no kyōdōtai*）的精神所取代。[3]

在 20 世纪早期，为达到这些目的所采取的步骤，有四项十分重要。第一，1906 年，重新开始努力将小村庄的公共财产转移到行政村的控制之下。各地小村庄拥有的土地面积是行政村拥有面积的三倍，此外还拥有所有公共林地的 4/5，这些都被视为造成行政村机构财政疲软的原因，从而阻碍了当地官员向行政村委派任务，影响了当地农业资源的高效开发和就业。

第二，内务省发起了一项运动，以尽量消除小村庄里独立的小神社，理由是

572

---

[1] 关于农业政策演变的详细讨论，参见 Ogura Takekazu, *Tochi rippo no shiteki kosatsu* (Tokyo: Norinsho nogyo sogo kenkyujo, 1951)。

[2] 许多作家指出内政部和农业林业部之间的在两种管辖权和政策间竞争（在 1924 年后，农业和林业部），还没有对这种竞争的研究出版。

[3] 平田冬助，内政部长，在 Pyle 引用，"Technology"，第 61-62 页。

这些神社所体现的纯粹是当地的关注，取而代之的是在每个行政村设立一个中心神社。后者不仅成为整个行政村居民共同生活的象征，也通过仪式强化与新兴的国家神道教系统中国家神殿的行政联系，展示了地方社区与国家之间理想的关系。

第三，与 1907 年做出的决定相结合，把义务教育的年限从 4 年增加到 6 年，从而启动了地方学校建设的第一批项目。这一计划需要把一些村庄的小学整合为一所较大的社区学校，并扩大现有乡村学校的规模，以招收更多的学生。

第四，1900 年到 1911 年间确立了一系列的规划，把现有的这些村级官员作为市长、副市长，以及村议会的成员，使之与国家的目标相一致，并在实现这些目标中发挥村庄的关键性作用。

对农村人口的政策

对于内务省的地方改良的愿景具有同等重要意义的事情，是把政府的控制延伸到各种地方自治组织，并培育那些服务于国家利益的活动。日俄战争证明了大后方的重要性，日本军队也加入到这些努力中来，其结果是在 1915 年出现了一个与农村协会相吻合的体系，从而使整个国家里得以免受官僚们指导的人只剩下了婴儿和老人。

前文提到的农业协会可作为一个例子。在 19 世纪 80 年代和 90 年代，许多社区在私人的支持下已经成立了许多农业社团，如今这些社团都被并入了帝国农业协会。在得到了政府的法律认可并提供金融支持措施后，曾经一度是自愿加入的协会变成了实施国家经济政策的渠道。报德（Hōtoku）运动（报德会 Hōtokukai），建立在二宫尊德（Ninomiya Sontoku，1787—1856 年）倡导勤奋、节俭和农民之间相互帮助教义的基础之上，是另一个例子。看到分散在关东地区的报德会社团在促进农村和谐上起到了有益作用，内务省于 1906 年建立了中央报德会组织，并开始鼓励在全国设立地方分支机构。

第三个例子，是政府监督地方青年组织的扩展。据鹿野政直（Kano Masanao）所说，年轻人团体（若者组，wakamonogumi）在德川时期已经存在于大多数农村社区，19 世纪 90 年代中期，这些青年团体开始复兴。就像过去一样，它们的地理基础是"自然村"，即如今较大的行政村中的小村庄，它们的功能与日常生活关系密切——诸如执行巡逻勤务以使社区免遭火灾和盗窃，在公共土地上从事

573

劳务活动，以及在当地神社参与节日庆典，等等。社区领导人的鼓励成为打击青少年"向往城市"的病态心理——这是明治维新所释放的，随着时间的推移被证明更难实现的飞黄腾达的欲望——的一种手段，这些青年团体给内务省带来的冲击，使内务省感到它们既是现存秩序的一种威胁，又有加以利用的可能。一方面，它们表现出小村庄的狭隘，因此遭到打击。另一方面，它们鼓励努力工作和服务社区的传统美德，因而可能作为一种新的以国家为中心的集体精神的基础而发挥作用。

从1905年起，内务省与文部省合作，试图驯服这些团体，并动员它们投身地方改良运动。它们被给予了一个新的、更具现代意味的名字——青年团（*seinendan*）。本来以小村庄为基础的团体被合并为行政村范围的组织，它们的总部设在行政村的学校，由村主任和校长领导。它们的活动重点也从以自身存在为目的的服务转向对伦理道德和身体训练的研究。最后又做出了努力，消除了青年团成员年龄上的地区差异。直到1915年为止，一个村子的青年人年龄可能限定在15岁到25岁之间，而另一个村子则可能是14岁到30岁都符合条件。自此以后，青年团成员自一个年轻人完成小学学业时开始，到他满20岁时结束。[1]

意味深长的是，20岁正是年轻人具备资格服兵役的年龄。在完成现役之后，他们被要求加入当地的后备军人协会（在乡军人会）并参与其活动，直到他们年满40岁为止。军队会在某种程度上向应征入伍前的年轻人提供持续的军事训练，但更多的是在他们中间培养爱国主义和团结精神，这被认为在全面战争中取得胜利具有至关重要的作用。1910年，军队领导人组建了帝国在乡军人会，通过合并日俄战争后建立的退伍军人俱乐部，很快就形成了一个全国性的地方分支机构网络。退伍军人俱乐部很快就建立了与当地青年团体和学校学生的密切关系，组织他们进行体操和基本身体素质的练习，还为他们提供体现爱国情操的仪式训练。退伍军人俱乐部提供的灾难救援以及执行的其他服务使其在生活的社区中成为越来越重要的团体。[2]

574

---

[1] Kano Masanao, "Meiji koki ni okeru kokumin soshikika no katei," *Shikan* no. 69 (March 1964): pp. 38-42. 到1913年，日本全国建立了超过29 000个青年团，全部会员约300万人。

[2] 关于这些在乡军人会活动的讨论，参见 Richard J. Smethurst, *A Social Basis for Prewar Japanese Militarism: The Army and the Rural Community* (Berkeleyand Los Angeles: University of California Press, 1974), chaps. 2, 5。斯梅瑟斯也描述了地方上妇女动员的情形。

在评价这些政府举措所产生的影响时，我们必须在它的意图和效果之间做出谨慎的区分。毋庸置疑，官僚们试图动员农村来服务于国家的利益，但是他们的成功既不是立竿见影的，也不是完美无缺的。他们的一些政策——举个例子，比如把小村庄的财产转移到行政村——引起了当地民众极其强烈的反对，最后他们不得不放弃了全面实施。[1] 在其他方面，比如稻米检验，在解决了一个问题的同时，又制造出另外一个问题，在这样的情况下，地主和佃农之间的冲突，可归因于以稻米批准等级来支付租金的程度。[2]

正如内务省被迫放缓剥夺小村庄财产的运动一样，或像它冒险疏远那些它试图获得其忠诚的人那样，它也因此而不得不停止将基于小村庄的各种团体完全合并到以行政村为单位。虽然所有内务省所鼓励的组织都以当地的行政村作为总部所在地，但每个组织都被进一步划分为小村庄支部，只有这样才能确保当地民众尽可能地普遍参与。这些组织的正式领导可能会由村主任或者当地精英中的某个成员担任，但是，很大一部分组织的日常业务是在小村庄内部由小村庄的代表负责处理的。

从逻辑上讲，虽然这可能是为那些代表小村庄的精英人士们服务的，但情况并不总是如此——或许应当承认，由此所显示出来的只是一些模糊的证据。首先，精英们已经卷入了行政村和地方上的政治，已经没有多少时间去处理纯粹的社区事务。其次，那些并非精英人士的小村居民，可能具有更好的资格服务于这些毕竟是功能特定的职位：例如，那些农村学校的毕业生可以向其他农民解释土地改良的项目，退伍的士兵可以教导小村庄青年进行基本的训练。简而言之，虽然并不起眼，但普通农民在他们的社区中担任领导职务的机会是存在的。

日本军方对于地方上预备役军人协会领导人的政策——人们怀疑，这一政策的实施是对内务省的无视——甚至也把更多的机会带给了普通农民。直到 1910 年帝国在乡军人会成立为止，军队一般都遵守内务省的"红线"，并且承认地方上由行政村主任和其他精英人士担任首领的退伍军人俱乐部。然而，军方开始追

575

[1]　对神祠合并的直接或间接的抵制，例见 Wilbur M. Fridell, *Japanese Shrine Mergers 1906-1912: State Shinto Moves to the Grassroots* (Tokyo: Sophia UniversityPress, 1973), chap. 4。

[2]　由大米检验引起纷争的例子，参见 Ann Was wo, "In Search ofEquity: Japanese Tenant Unions in the 1920s," in *Conflict in Modem Japanese History: The Neglected Tradition*, ed. Tetsuo Najita and J. Victor Koschmann (Princeton, N.J.: PrincetonUniversity Press, 1982), pp. 381-382。

求一种全新的政策。要想成为在乡军人会的成员，必须是服役过的士兵，这就自动剔除了一些在职业生涯的早期设法避免服兵役的知名人士；领导阶层与服务等级实行挂钩：当地的高级预备役人员负责管理这个组织，这个组织不对行政村的官员负责，而是对他们地区的军事指挥官负责，并通过他向东京的陆军省负责。

一种全新的、严格基于个人成就在当地影响的标准一举建立了起来，在原则上，在乡军人会是独立于内务省的地方政府系统的。当然，当地精英人士的儿子

576 仍然可能符合担任在乡军人会领导职位的资格：他们的家族财富允许他们进行中学接受教育，他们可以参加预备役军官的培训项目，回到家乡后的等级是高于普通应征入伍士兵的。但重要的是，财富和血统不再是获得地方权力的唯一保证了。全国各地都能发现低社会经济地位的农民被推上领导职位的现象，在这个过程中，这些农民获得了他们以前所没有的视野和话语权。[1]

佃农运动

那些经济和社会地位处于中等或更低等级的农民，通过参与开始于 20 世纪第一个 10 年后期的佃农运动，发生了最为明显和直接的变化。在那之前，他们的处境就像森义一（Mori Giichi）在他的《租佃纠纷的战略和战术》中所描述的那样：

> 在当初地租被称为"贡米"，而要求减少租金被称为"请求救济"的时候，所有与地主打交道的行为都是在个体的基础上进行的。被赐予的"救济"也是很微薄的。在农作物由于大风、暴雨、干旱或虫害而失收之时，佃农们就会在收获之前秘密碰面，商讨请求救济的幅度是多少。在他们一致同意的数量基础上，每个佃户会单独去和他的地主协商。更准确地说，他会向地主陈述他的请求。[2]

作为一个社团组织者在岐阜县工作多年所得经验的总结，森义一的这本手册

---

[1] Suzuki, "Nichi-Ro sengo no ndson mondai," pp. 152-154, 156.

[2] Mori Giichi, *Kosaku sogi senjutsu* (Tokyo: Hakuyosha, 1928), pp. 4-5.

以简体书面语写得很详细，并于 1928 年出版，但似乎问世得太迟了，以至于起不到多少实际作用——由于种种原因，后来对这一问题进行讨论的时候，佃农运动已经走下坡路了——但他仍然雄辩地证明了过去十年里在佃农中间所发生的行为和态度的变化。

直到大约 1917 年和 1918 年，情况都确实如森义一所描述的那样。如果佃农们彼此见了面，那他们一定是偷偷摸摸地这么做，在没有月亮的夜晚去小村庄的树林里或是其他隐蔽的地方。佃农相互见面被认为是违法的，是对他们社区和地主的冒犯。对于地主，佃农们表现得极为恭敬，每当他们独自出现在地主家的大门口旁边，他们都会使用恭顺的敬语，表达自己的祈求。只有一种可怕的紧急情况给予佃农们的会面以正当的理由，那就是佃农们指望由此得到地主的善行来解救自己。当佃农的请求屡屡被一个地主所拒绝时，他们可能就会得出这样的结论：这个地主缺乏"人性"，从而以这样的情感加入对地主的报复行动，比如不参与欢送地主儿子去服兵役的游行，或在地主家的婚礼和葬礼上表现得"令人不快"。[1] 然而，到了 20 世纪 20 年代中期，佃农中间采取集体行动的形式和基本意识形态已经发生了很大的变化。佃农们已经作为构成佃农团体的正式成员公开会面。他们坚持与当地地主进行集体谈判，并且提出自己的要求，而非祈求。他们从事各种各样以目标为导向的活动，以求改善他们的生活和生计，而不是表现为报复行动。

森义一对佃农应该如何追求他们的利益有太多的话要说，他提供的插图及可从其他来源获得的证据表明，他是从现行的做法中概括出来的，而不是沉迷于推测和炒作。任何形式的暴力行为都是要避免的，不仅因为它可能会引发警方的干预，同时更重要的是，因为它在不得不作为邻居生活下去的人们之间必然导致痛苦的冲突。当地佃农之间不可战胜的统一战线和对其敌手施加精心策划的平和压力，在短期和长期内都将发挥更大的效用。

佃农间统一战线的形成需要对加入（或退出）团体做出明确的规定，需要一笔可使用的罢工基金以使其成员在持久的争端中维持生存，还需要通过从学习小组到示威游行等各种活动来提升士气。对地主施加压力则需要知识和周密的计划。佃农们需要熟悉影响主–佃关系的法律，并且可以利用这些条款来突

---

[1]　关于这些行为的例子，参见 Nomin undoshi Kenkyu-kai, ed., *Nihon nomin undoshi*, pp. 663, 667, 818。

出自己的优势。其中有些条款规定，地主们必须与租户们已经给予适当授权的谈判代理人打交道，一旦地主们同意对纠纷进行正式调解，那他们就将无法阻止佃农们收获农作物的禁令。此外，佃农们需要准确的产量和农业成本的数据来支持他们的行为，所以他们不得不等待提出要求的恰当时间。刚刚收获之后是一个理想的时间节点，此时佃农们拥有收获的农作物，可以利用这种手段，与地主中比较温和或经济拮据的人谈判。（或者，正如山梨县佃农团体所展示的那样，他们可以把农作物卖掉，把钱存入银行获得收益，并且使用利息来在经济上支持旷日持久的纠纷。）如果收成差，那就更好了，在这样的情况下，佃农们都喜欢利用惯例和法律权利寻求降低租金。只要能证明收益率明显比正常年景低——因此需要准确的数据——那他们就可能会延期缴纳租金，并且不受惩罚，直到他们获得地主在租金标准上，或在其他相关的问题上做出让步为止。一个新的说法是这样描述这种情况的："在荒年，可从租种土地获得更多利润。"[1]

这种说法不过是佃农中间新态度的一种表现形式。贫穷不再是他们的命运，而是他们有能力加以改变的环境的产物。佃耕土地也不再是他们唯一关心的问题。佃农团体要求将投票权和在村政府中任职的权利扩大给所有小村的居民而无论其拥有多少财产，要求减少地方的税收，要求以现行比率对公共劳动支付工资，还要求普通农民在当地农业协会和合作社更多地投入。为了降低对当地精英阶层的依赖，一些佃农团体提供自己的丧葬用品和宴会菜肴，建立自己的基金以援助发生的自然灾害。尽管他们还使用一些用来表达尊重的古老语言——例如，使用含义是"恳求怜悯"的"叹愿"（tangan）一词——但佃农团体制定了一些新的、情感中性的词，来描述佃耕和地主－佃农的关系。[2]

佃农运动的近因

尽管诸如普及教育和实行征兵制这样的项目对佃农运动的影响是清晰可见的——比如，佃农团体对书面文字的依赖，佃户们执行详细"作战计划"的能力，等等——但人们仍然必须对佃农运动出现的时间做出解释。为什么佃农的斗争性偏偏在这个时候突然出现？在这方面，佃农斗争性的成形提供了一些有用的

---

[1] "Kosaku ni wa fusaku no ho ga toku datta," 引见 Takahashi Iichiro and ShirakawaKiyoshi, eds., *Nochi kaikaku wjinushi sei* (Tokyo: Ochanomizu shobo, 1955), p. 97。

[2] Mori Giichi, *Kosaku sdgi*, esp. chaps. *2*, 3; Waswo, "In Search of Equity," pp. 368-406, 各处。

线索。

正如世界其他地方的佃农运动那样，日本的佃农运动表现出了明确的区域特征。根据最广泛接受的统计，1917 年已经存在 173 家佃农团体。[1] 到 1923 年，佃农团体的数量已经增加到 1 530 个，成员总计 163 931 人。这一年，在近畿和本州中部地区的十六个县中，统计的佃农团体和成员分别占全国佃农团体及成员的 64% 和 55%，而同一地区的佃农人数只占国家佃农总数的 35%。四年后的 1927 年，佃农团体的数量增加到 4 582 个，成员也达到了 365 322 人的巅峰，同时保持了与之前相似的区域集中程度：近畿和本州中部的佃农团体和成员分别占到全国的 55% 和 50%。佃农团体的真实情况是怎样的，租佃纠纷的真实情况也就是怎样的。1917 年到 1931 年间，日本全国发生了租佃纠纷 24 988 次，其中发生在近畿和本州中部的有 14 494 次，或者说占到总数的 58%。[2]

这两个地区与国家其他地方的最重要区别表现在经济上。在明治时代，正是在近畿和中部地区，"疲弱复苏"是最有力的。到 1907 年，已经实现了每英亩耕地的高收益（就大米而言，大约比日本东北部高出 40%），而自此之后只发生了轻微的额外增长。然而，这不仅仅是一个相对稳定的、在那些要求加大分配份额的人中诱发冲突的"馅饼"。更重要的是，伴随着产量的增加，这里的农业在各个方面实现了商业化。到了大正时代，整个近畿和中部地区的农民率先在国内使用了肥料（其中大约有一半是购买的，而不是"家里生产的"），并役使牲畜进行耕作及其他农业生产。尽管早在几十年前，地主已经提供了市面上大部分用来

579

580

---

[1] 也许有人会认为，几十年前出现在其领导人对社会冲突保持敏感的"一流"国家的现象可一一列举，但事实并非如此。人们遇到的问题不是数量数据的缺乏，而是有着非常丰富的、互相矛盾的、明显不可协调的各种记录，每一个都由不同的政府机构所编制。粗略地计算一下，就有四组针对国家各地佃农团体和租佃纠纷的统计数据：（1）那些由内务省所编辑的数据，直到 1924 年，只有内务省的警察和社会事务部门负责向政府报告农村动荡不安的情况，在此之后他们仍然继续这么统计；（2）那些由农业事务局所编辑的数据，农业事务局属于从前的农商省，后来归属于新近重组的农林省，于 1924 年之后开始记录统计数据，持续报告了比内务省报告更多的团体和更多的纠纷；（3）那些由成立于 1936 年的厚生省劳动力管理局所发布的数据，这些数据与内务省的数据表格有所不同，比农林省的要少；（4）那些由全国 47 县各级官员所编辑的数据，这些数据仅关注本辖区的情况，到目前为止，根据被发现的分散例子来看，几乎总是要大于报告给中央政府，或被中央政府的报告所接受的。（例如，1922 年，岐阜县警察向内务省报告本县 1921 年发生了 22 起佃农纠纷；1932 年，同样的机构承认，1921 年发生了 475 起纠纷。同样，埼玉县的记录显示 1922 年县内发生了 120 起租佃纠纷，而农林省的统计数据仅为 57 起。）在本文的讨论中，我使用的是农林省的统计数据。

[2] 近畿地区包括大阪府、京都府、滋贺县、兵库县、奈良县、和歌山县和三重县。本州中部地区包括新潟县、石川县、福井县、长野县、山梨县、静冈县、岐阜县和爱知县。关于佃农反抗事件的区域特征的更加详细的讨论，参见 Waswo, *Japanese Landlords*, chap. 5。

买卖的大米，并且在这个国家的其他地方一直持续着这样的状况，但到 1920 年，近畿和中部地区的农业经营者开始大量参与到大米市场中来，提供了所有用来交易的大米价值的 50% 左右。[1]

生活在这两个地区的佃农并没有被排除在这些发展之外，也没有被排除在这些发展所蕴含的风险之外。由于租金通常没有跟上产量的增加，他们发现自己已有更多的作物来自由处置。对于一些人，尤其是那些拥有很少土地的人来说，农作物的增量并不可观。如果他们在年底或迫切需要现金的时候出售大米，此时的价格通常是最低的；他们出售的是一部分必需的食量，然后他们通常不得不在次年夏天再从市场上买回，用来满足自己的食物需求，而那时的价格比较高。然而，对于少数的一些佃农来说，参与商业性生产在数量上和质量上都有所不同。那些已经持有（或者逐渐成为）大于平均水平的人，可能拥有大量可供出售的剩余——在某些情况下甚至多达 60 到 70 包大米——在从他们的收成中扣除掉租金和基本食品需求之后。与那些不参与市场交易或充其量只是偶尔交易一下的小佃农不同，这些佃农刻意而系统地从事商品性农业。他们种植大米和其他作物，为的是把产出尽可能多地在市场上出售；他们认为肥料的支出是未来收益的投资，并利用季节性的价格上涨，定期供应市场。[2]

到了大正时代中期，虽然在这个国家的其他地区不很明显，但在近畿和中部地区，某种程度上有一个明显的佃农人口两极分化的过程。在一端，是虽在萎缩但仍很强大的佃农群体，他们耕种着不超过 1 英亩的土地，努力从农业生产中谋求朝不保夕的生存。在另一端，是那些虽然尚小但正在扩大生产规模的佃农和半自耕农，他们种植着至少 2 英亩的土地，把农业生产作为一个营利性的事业。佃农运动是这两个不同利益群体的联合产物，每个群体都提供了佃农运动的一个基本组成部分。那些向上移动的以利润为导向的佃农们首创建立了各地的佃农团体，这些团体的领导层也几乎无例外地来自他们的行列。但是，使佃农团体产生效果的绝对数字，则是由那些耕种土地更少、经济上陷入困境的佃农们组成的。

---

[1] Nishida Yoshiaki, "Nomin undo no hatten to jinushi sei," in *Iwanami koza Nihon rekishi*(Tokyo: Iwanami shocen, 1975), vol. 18, p. 163.

[2] 对这两个佃农群体最为精确的统计，参见 Nishida Yoshiaki, "Shonokeiei no hatten to kosaku sogi," *Tochi seido shigaku*, no. 38 (1968), pp. 24-41。关于甚至连地主们在销售稻米中都面临的如何利润最大化的难题，有关细节参见 Matsumoto Hiroshi, "Meiji Taisho ki ni okeru jinushi no beikoku hanbai nitsuite," *Hitolsubashi ronso* 60 (Noumber1968), pp. 547-565.

现在的问题是，什么原因让这两个群体的佃农在1917年之后聚集在了一起？在一些关于这个主题的文献中，突出反映的是俄国革命的影响，协约国在第一次世界大战中的胜利，新成立的国际劳工组织发布农民权利的宣言，以及英国工党的崛起，等等，但是在我看来，人们在这个问题上不必看得太远。更大的即时性和相关性是大正时代所发生的连续三个经济"冲击"，这在两群佃农中间创造了一种共同的、改变地租政策的需求，尽管两个群体各自的动机有所不同。还有一个起作用的因素，或许多少与当时国外的事件有所关联，那就是心怀不满的城市知识分子对佃农阶级的鼓励。

第一个经济"冲击"是稻米检验。由于中央政府在明治末期只是满足于进行稻米检查却并没有详细说明它的方法应该是什么，于是各县便提出了各种各样的项目，每个方式都是受到县内经济情况和政治力量影响而成形的。一般来说，最早的项目都集中在"出口"大米上，也就是说，集中在那些在生产区域之外销售的稻米上。在各地的实际操作中，这些项目使当地那些想要参与出口贸易的稻米经销商对质量标准负责，而正是这个原因使这些经销商产生了很大不满，引发了强烈的抗议。与此同时，这些经销商设法将这些责任转移给他们在当地的一些客户。通常情况下，如果这些客户是地主的话，他们就会依次再把一些责任转移给佃农，主要是要求佃农们提供的租米用较小、较坚固的包装，因为主要城市的大米商家们偏爱这样的包装。20世纪初，这个要求反过来导致了相对较少的争端，在这些争端中，租户们常常提出得到某种补偿的要求，以补偿额外花费的劳动力和满足新包装标准的成本，但这些要求并不总是能够成功。

然而，日俄战争之后，一种新的稻米检验形式在佃农中间产生了更多的抗议。在一些县里，开始进行检验形式的切换，从此前只对出口稻米执行检验项目变为所有当地产出的稻米都要接受检查。其他一些到目前为止没有实施过检验项目的县，则从一开始就全面进行类似于"出口"稻米的检验项目。到1915年，近畿和中部地区的16个县都建立了稻米输出检验制度，只有东北地区的九个县还处于空白状态。

各县稻米输出检验制度的建立，与各地地主对提升租米质量标准所做的努力相伴并行。在执行稻米检验制度的过程中，地主们会将租米指定为最低可接受的等级（例如三等大米），并要求佃农为不合格的租米支付罚金。这就为小佃农和大佃农都带来了困扰。对前者而言，主要的困难是如何生产足够数量的可接受的

582

大米。稻米品质的变化直接与所种稻田的内在质量有关——一个显而易见的因素就是，日照充足的稻田出产的稻米比日照不足的稻田出产的稻米质量更好——也与耕作者是否施加肥料，能否使土地变得肥沃，以及能否促进幼苗健康成长有关。而在这两个方面，小佃农都处于劣势，因为他们在大概率上只可能耕种劣质的土地，并且很难承受除了劳动力投入之外的对土地或农作物的投资。这样的结果是，无论在哪一年，他们所收获的稻米中比率较高的可能都是低等级的劣质稻米。

对于大佃农而言，他们所遭遇的主要困难是截然不同的。一般来说，他们耕种较好的土地，生产足够多的稻米来支付租金，但是他们希望自己出售大米，因为这样更能获得市场价值。尽管这两个佃农群体碰到的困扰是不同的，但他们在一点上是统一的，那就是都认为应该抵制地主的要求。在一些农村社区，佃农们反对现行的租米质量检验标准。他们表示可接受的等级标准至少应该低于地主所提出的标准，或者当质量标准得到满足的时候，应该给以现金或其他种类的奖励。无论回应如何，不同利益的佃农群体之间发现了共同行动的一个理由。[1]

583 　第二个经济"冲击"，是在第一次世界大战引起的经济繁荣期间，大米价格的大幅上涨造成的。这一情况导致了 1918 年主要城市的"米骚乱"和寺内正毅政府的垮台，也侵犯了两个佃农群体的利益，并为双方协调一致的行动创建了另一个基础。对于大多数小佃农来说，在这一年里，他们不得不购买大米用于自家的消费，价格的飙升威胁到了他们的生存：他们甚至连少量的大米也买不起了。对于大佃农而言，大米价格的飙升意味着对他们利益的另一种方式的剥夺。虽然他们可以从自己销售的大米中获得更多的利润，但是必须支付租米，这导致了他们的利润可能遭到更多的分割。他们痛恨这一点。他们习惯于计算他们所交租米的现金价值，他们敏锐地意识到，他们的地主几乎没做任何贡献，没有任何方式的"投入"，却会享受到意外之财。两个佃农群体都认为降低租米是至关重要的，在小佃农一方可以减少购买大米的必要性，在大佃农一方，则使增加自有大米的销量成为可能。[2]

第三个也是最后一个冲击，是由于 1920 年战争繁荣的突然结束造成的。农作物价格大幅下跌，且在未来的几年中还会在不可预知的低水平波动。因为诸如

[1]　Nishida, "Nomin undo," pp.143-167 passim.

[2]　Nishida, "Shono keiei," pp. 32-34. 东京的大米批发价格从 1915 年的每石（150 千克）13 日元，上涨到 1917 年到 1918 年间的每石大约 40 日元。

食盐和酱油等重要物品的价格严重下降，地方上的税收负担持续增加。小佃农们已经在请求救济。规模大些的佃农们来之不易的繁荣也受到了威胁。由于提高稻米产量来弥补价格降低变得越来越困难，佃农们的注意力更多地集中在降低成本上。两个佃农群体都认为，如果地租能够降低，那各自的问题都会有所缓解。

当然，这两个佃农群体之间必须缔结某种协议，实行集体行动的目标和策略也要达成一致。日本佃农运动发展过程中最引人注目的特点是，来自佃农人口中的必要领导阶层在不同利益群体中捏合成某种共识的程度。像"203 高地"的英雄柳下弥三郎这样的人物，有机会也有才能成为佃农团体的领导，他在社区内的地位为佃农和地主双方都认可。另一位半自耕农山崎丰定（Yamisaki Toyosada），年轻时就记住了许多法律条款，最初他在其居住的小村庄里组织佃农，最终在他的家乡岛根县建立了一个区域性的佃农团体。其他心怀不满的佃农们观察到邻近社区所发生的事情，或者在报纸上读到佃农团体活动的内容，受到启发并组织了自己的团体。[1] 尽管如此，实际情况仍然是，有价值的援助是由外部人员提供的。

其中的一些外部援助相对比较随意。一个在第一次世界大战后的经济萧条中失去了工作的工厂工人，有可能回到他老家的村庄，在劳动团体和当地的罢工中谈论他的经历。或者，邻近城市的一个律师，也可以给新组织的佃农团体提供服务。[2] 其他形式的外部援助则比较系统化。从 1919 年年初开始，受到国外"时代潮流"和国内民众骚乱事件的启发，城市知识分子和政治活动家团体开始前往农村进行巡回演讲，论题涉及成人普选的必要性、产业工人的运动、租佃制度的弊端等等。1922 年，这些改革者在日本神户建立了"日本农民组合"（*Nihon nōmin kumiai*，缩写为 *Nichinō*）。1925 年，隶属于"日本农民组合"的各地佃农团体达 957 个，该组织的总会员声称有 72 794 人（见表 11.3）。其后，由于受到该组织的城市领导人政策分歧，以及一系列组织分裂和重新统一事件的困扰，"日本农民组合"没再像其创始人所希望的那样，直接参与到日本的佃农抗议运动过程。不过，它的工作人员在日常生活中仍然在团体事务管

584

---

[1] 通过 20 世纪 20 年代早期对 215 名佃农团体领导者的调查，其中 196 名是当地农民。关于这个问题的更多信息，参见 Yamasaki Toyosada, see Waswo, "In Search of Equity," pp. 379-406。

[2] 这里提到的律师是 Tamai Junjiro，他是新潟县最大地主的第二个儿子。当他为佃农团体服务时，其领导人建议他"先试着成为一个农民"。Tamai 认识到这一点，在其后三年里，他在福岛县的一些农家土地上耕作。后来，为了帮助佃农团体成员免于被驱逐出土地，他错过了他父亲的葬礼。这使他在当地农民中成为备受尊敬的人物。参见 Nomin undoshi kenkyukai, ed., *Nihon nomin undoshi*, pp. 1162-1163。

理方面给了佃农运动很多实用的建议，还帮助佃农们开发出一些有效的抗议方法。甚至连那些与"日本农民组合"没有隶属关系的佃农团体，也会使用该组织分发的地租协议样本和请愿书，并时不时向该组织在各地的办事处寻求法律援助。[1]

表 11.3　佃农工会和租佃纠纷（1920—1941）

年份	佃农团体数量	成员总数	租佃纠纷数	佃农		地主	
				总人数	每次纠纷参与人数	总人数	每次纠纷参与人数
1920	—	—	408	34 605	84.8	5236	12.8
1921	681	—	1 680	145 898	86.8	33 985	20.2
1922	1 114	—	1 578	125 750	79.7	29 077	18.4
1923	1 530	163 931	1 917	134 503	70.2	31 712	16.5
1924	2 337	232 125	1 532	110 920	72.4	27 223	17.8
1925	3 496	307 106	2 206	134 646	61.0	33 001	15.0
1926	3 926	346 693	2 751	151 061	54.9	39 705	14.4
1927	4 582	365 332	2 052	91 336	44.5	24 136	11.8
1928	4 353	330 406	1 866	75 136	40.3	19 474	10.4
1929	4 156	315 771	2 434	81 998	33.7	23 505	9.7
1930	4 208	301 436	2 478	58 565	23.6	14 159	5.7
1931	4 414	306 301	3 419	81 135	23.7	23 768	6.9
1932	4 650	296 839	3 414	61 499	18.0	16 706	4.9
1933	4 810	302 736	4 000	48 073	12.0	14 312	3.6
1934	4 390	276 246	5 828	121 031	20.8	34 035	5.8
1935	4 011	242 422	6 824	113 164	16.6	28 574	4.2
1936	3 915	229 209	6 804	77 187	11.3	23 293	3.4
1937	3 879	226 919	6 170	63 246	10.3	20 230	3.3

---

[1]　更多关于"日本农民组合"的情况可以参见 George Oakley Totten, III, *The Social Democratic Movement in Prewar Japan* (New Haven, Conn.: Yale University Press, 1966), chap. 13。

（续表）

年份	佃农团体数量	成员总数	租佃纠纷数	佃农		地主	
				总人数	每次纠纷参与人数	总人数	每次纠纷参与人数
1938	3 643	217 883	4 615	52 817	11.4	15 422	3.3
1939	3 509	210 208	3 578	25 904	7.2	9 065	2.5
1940	1 029	75 930	3 165	38 614	12.2	11 082	3.5
1941	294	23 595	3 308	32 289	9.8	11 037	3.3

佃农运动的衰落

在日本，佃农的斗争性并没有消失，但从 20 世纪 20 年代末开始消退。一些佃农团体解散了，那些幸存下来的团体也逐渐失去了相对稳定的成员。几乎没有新的佃农团体成立。[1] 从理论上讲，这可能是因为佃农们的诉求已经完全得到了满足，但事实上并非如此。佃农运动也并非简单地遭到了来自政府的压制。对其后所发生事情的最好描述可以说是佃农运动的发展受阻。

我不赞同许多学者所持的观点，他们认为，由于地方上领导层的小资产阶级特性，或者由于这一运动过分注重于降低田租，佃农运动从一开始就存在缺陷。而在我看来，无论一场运动出现于何地，发生于何时，这两种情况都是其正常的属性。一般情况下，正是农民中的较富裕的部分提供了农民运动的大部分领袖和积极分子:英国 14 世纪后期的农民起义是这样，日本的佃农运动也不例外。但是，与前者不同，后者发生在一个现代化的民族国家，这个国家存在相当程度的制度差异化和专门化。是由地主分配正义和土地，还是由政府分配土地和正义，从一

585

586

---

[1] 20 世纪 30 年代初，尽管佃农团体的数量确实有所增加（正如表 11.3 所示），但在许多情况下，这是由于现有的县或村庄一级的较大团体被分割成了更小的单位。在相同的这些年份里，佃农们在租佃纠纷中逐渐丧失了主动权。在 20 世纪 20 年代，佃农们通常可以选择提出什么要求和什么时候提出。之后，他们发现自己越来越处于守势。尽管租佃纠纷在增多，据报道在 1932 年到 1941 年间共发生了 47 704 起纠纷，但这些纠纷的规模在显著下降：从 20 世纪 20 年代的每起纠纷平均涉及 50 个佃农，13 个地主和 34 町土地，到 20 世纪 30 年代的平均 13 个佃农，4 个地主和 9 町土地。20 世纪 30 年代的大多数租佃纠纷是由地主引起的，他们试图将佃农从他们耕种的土地上驱逐出去并获得拖欠的地租。这一趋势在东北地区和国家的其他边远地区更加明显，正是在这些地方得到报道的类似纠纷日益增多。从全国范围来看，佃农们在租佃纠纷中最主要的诉求，从临时或永久降低地租转变成了继续拥有租佃权利或者租赁终止时能够得到某种形式的补偿，这成为佃农团体发起的租佃纠纷的一个特点。参见 Waswo, *Japanese Landlords*, chap. 5。东北地区包括青森县、岩手县、宫城县、秋田县、山形县和福岛县。

开始佃农们关心的问题可能就广泛得多——甚至可能是革命性的。但是事实并非如此。就像早期工会提出的要求一样，那些由早期佃农团体提出的要求反映了这个国家内部经济和政治关系的特殊性。[1]

我看到的问题是，这些佃农团体后来并没有为它们的存在开发出一个基本的理由，这个理由可以使其在经济条件的周期性变化中生存下来，并随着时间的推移，保持广泛的参与。之所以如此，主要并不是因为所有佃农对于冲突的矛盾心理；佃农运动的城市盟友无力理解，更不用说消解这种矛盾心理；以及政府在对付农村动荡的过程中避免佃农激进化的能力。

正如前文所述，佃农团体并不只关心租佃关系的经济状况，虽然这确实是它们进行活动的一个主要关注点。佃农团体的要求，无论是削减地租，还是地方税务改革，或是小村庄内的投票权，都不应将其理解为仅仅是对现状的特殊反应。在许多情况下，佃农们显然是在有意识地反抗地位不平等的制度和礼仪。然而，他们并没有拒绝社会和谐的理想。为了证明他们对和谐的破坏是合理的——对他们自己是这样，对其他人也差不多——他们试图把地主描绘成共同体的"叛徒"，并把自己描绘成共同体忠实的捍卫者。正如一个佃农运动的积极分子所说，"我们组织了团体……出于对我们村庄的，以及对最初在这里定居并耕种的我们祖先的责任与爱"。对抗和冲突只不过是不可避免的灾祸，他们需要给地主带来这种观念，并且说服他们"誓言要争取整个社区的利益和幸福"。[2]

这一论证的前提基于人们非常熟悉的上述事实，因而其本身就是让人放心的，同时有助于在短期内克服许多佃农不愿加入组织的问题，原因在于这个团体看上去与他的社区格格不入。然而，对这个前提的依赖，至少在两个方面妨碍了佃农群体斗争性的强化：首先，很难超越社区边界建立起团体；其次，这让团体成员容易受到同样熟悉的争论的影响，就像在昭和萧条时期的事件所显示的那样，当社区受到来自外部的威胁时，每个人都必须紧密团结起来，共同努力来保护它。[3]

---

[1] 对佃农运动中的小资产阶级特性的批评，参见 Kawamura, "Kosaku sogi ki," p. 132; Takahashiand Shirakawa, *Nochikaikaku*, pp. 102-103。

[2] 引文来自岛根县地区佃农团体出版的一份报纸 *Kosakunin* 的社论。参见 Waswo, "In Search of Equity," pp. 379-406。

[3] 整个20世纪20年代，大多数佃农团体都是在小村庄层级的水平上组织起来的。建立顺利运行的行政村级别的佃农团体被证明是困难的，更不用说建立超行政村级别的佃农团体了。

一些地方的佃农领导人感觉到了这些困难，因而努力在佃农团体成员中间树立一个更广泛意义上的阶级身份认同。起初他们受到了"日本农民组合"（Nichinō）的帮助，确切地说是启发，因为该组织的成立宣言中强调了佃农在供养国家方面所起到的重要作用，并提出要渐进但坚决地改革租佃制度，凡此种种，正是所有佃农群体共同面对的问题。然而，早在1923年，一些"日本农民组合"的领袖就在强调佃农和工人之间的相似之处，并敦促两者间建立一个政治联盟。在很短的时间内，佃农就被描绘成为利益和愿望是，或者应该是，与工业无产阶级相同的体力劳动者，这反映了马克思列宁主义思想在日本知识分子中间传播的速度之快。就像工人们应该参与阶级斗争一样，农民们也是如此。阶级冲突不是一种必要的罪恶，而是一个历史的必然。

对于那些仍在谨慎探索与毗邻的小村庄进行对应合作的佃农们来说，认为他们与城市工人之间有任何共同之处的想法确实显得非常陌生。进行长时间的殊死冲突的想法，这就是所谓"阶级斗争"一词对他们所意味的含义，是令人恐惧的。"日本农民组合"的激进分子不是缓和他们的言辞并采取一种强度较低的教育策略——诚然，对于20世纪20年代世界各地的坚定左派们来说这是困难的——相反，这些激进分子甚至变得更加教条主义。但是，他们似乎没有注意到最贫穷的佃农——尤其是那些没有自己土地的，因而在这方面最接近无产阶级的佃农——对他们的言论是最为警觉的，也是最先退出地方佃农团体的。[1]

严酷的镇压，曾在其他国度激起了民众的对抗情绪并鼓舞了其他一些抗议运动，在日本的案例中却并不多见。事实上，各种狡猾的和不那么狡猾的措施都被采取，以阻碍佃农团体的活动。一些社区的地主给予退出当地团体的佃农提供额外的土地优惠。还有一些纺织厂主拒绝雇佣来自租佃纠纷多发地区的年轻女孩，从而剥夺了她们家庭惯常和急需的收入来源。地方官员派出审计人员到农村去寻找佃农团体经费滥用的证据，并派出便衣警察去提前获取佃农团体行动计划的情报。在一些地区，报纸被禁止报道关于佃农团体和租佃纠纷的内容——大概是为了让安静的佃农免受这些消息的蛊惑——并且颁布了新的治安法规，使得抵制葬礼或其他公共活动成为违法行为。[2] 但是总的来说，针对佃农的镇压措施的范围

[1] Nomin undoshi kenkyukai, ed., *Nihon nomin undoshi*, p. 109.

[2] 例子来源于岐阜县，参见 Nomin undoshi kenkyukai, ed., *Nihon nomin undoshi*, pp. 679-670, 689, 692-693; 亦见 Waswo, "In Search of Equity," pp. 407-409。

和强度看起来已经相当低了。

相反，在经历了俄国的革命有迹象表明可能会蔓延至日本的短暂恐慌之后，政府采取了一系列的对应措施，旨在一方面缓和佃农的斗争精神，另一方面消除左派分子在农村的影响。真正严厉的措施是针对左派的，他们在 1928 年、1929 年和 1931 年作为"危险分子"被大量逮捕，从而对农村进行"消毒"。佃农们自己则有各种各样的选择来进行公开的抗议，其中的一些抗议心照不宣地承认了他们不满的合法性。他们所采取的关键措施包括：（1）1924 年的《租佃调解法》，建立了正式的机构来调解佃农与地主间的纠纷；（2）1926 年颁布的《自耕农创设维持补助规则》，提供低息贷款给具备资格的佃农去购买土地；（3）1900 年修订的《产业合作社法》，鼓励社区在许多佃农团体倡导的这类活动中进行合作。[1]

589 　　不那么明显但同样重要的是，政府官员们一直在宣扬皆大欢喜无论何时都是可能的，同时强调日本政体的独特性，这使得阶级斗争成为不可想象的事情。此外，他们也悄悄敦促地主在佃农组成团体并提出要求之前就同意降低地租，鼓励成立协调地主和佃农利益的机构和团体，来促进相互间的理解和善意。[2] 巧妙的冲突管理限制了佃农运动的发展。

农本主义

农村社会变革的旧范式的基础，是 20 世纪 20 年代的"循序渐进"和 20 世纪 30 年代的"法西斯"之间几乎完全没有关联的概念。佃农的斗争精神，就像争取成人男子普选权运动和左翼政治一样，属于第一个 10 年，并帮助对这 10 年进行了定义。农本主义则属于并帮助定义了第二个 10 年。农本主义的早期历史得到的关注相对较少。它在 20 世纪 30 年代所扮演的角色，被视为一种向法西斯主义转换的直接和间接的工具。

相比之下，持修正主义观点的学者们认为"大正民主"和"昭和法西斯主义"是相关联的；在他们新提出的诠释模式中，20 世纪 20 年代和 30 年代形成

---

[1] 关于以促进自耕农建立的法规来缓和佃农群体斗争性的详细案例，参见 Nishida Yoshiaki, "Kosakusogi no tenkai to jisakuno sosetsu iji seisaku," *Huoisubashironso* 60（十一月 1968): 524-546。

[2] 在 1921 年，有 85 个地主 - 佃农调解机构；到 1929 年，增加到 1 986 个，成员总数（包括地主和佃农在内）达到 244 943 人。

了一种必须从历史角度来考量的连续性。这些学者表明，从大正时代早期开始
并向下延续，在农村人口中至少发展出两种不同性质的农本主义：一个强调农村
的精神复兴，另一个则强调精神和经济的双重再生。前者，文献中称为传统农
本主义，主要由大地主们倡导，并在大地主集中的日本东北部盛行。后者，被
称为小资产阶级农本主义，它由这个国家其他地方的中等农民——也就是说，
由自耕农阶层，他们中有一些出租自己的一部分土地，和那些殷实的半自耕农
阶层——所推进。像激进的佃农阶层一样，这些中等农户也寻求改善他们的经
济、政治和社会地位。[1]虽然对政府来说，这一运动不如佃农运动那样令人担心，
但是，在小资产阶级农本主义对国家的挑战被成功拆除之前，也确实需要对其
加以"管理"。

590

流行的平均地权论的演变

　　小资产阶级农本主义的根源，为了方便，我们称之为流行的平均地权论，可
以追溯到日俄战争之后中等农户家庭子弟们的欲求不满。他们在小学校里了解到
了新日本的成就，越发感觉到自己被困在了过去。文明和启蒙属于城市；名声留
给了政治家、将军和工业领袖。更早的一代——在回想中大概是这样——农村青
年很容易前往城市，为自己谋得一份职业。雄心和能力就是他们所需要的全部。
而如今，障碍变得更大。只有富裕农民的子弟可以在完成小学学习后继续成为全
日制的学生，并有资格继续大学学习，而这是通向政府和商业生涯的新途径。对
于那些只接受过基本教育的人来说，即便有城市的工作机会，也是卑微的，薪水
很低。人们可能会攒下足够的钱来支付夜校的学费，但在送了一天报纸或牛奶的
繁重工作之后，很难集中精力学习，而健康也很可能会在目标达到之前就无法维
系。仍然留在农村——或者在一次失败的城市生活尝试后再次回到农村——则是
把自己交付给没有未来的职业和没有目标的人生。

　　对此，很多年轻人的解决方案是致力于提高自己居住的农村社区的经济和文

---

[1]　例子参见 Nakamura Masanori, "Keizai kosei undo to noson togo," in *Fuashizumu kino kokka to shakai*, vol. 1: *Showa kyoko*, ed. Tokyo daigaku shakai kagaku kenkyujo (Tokyo:Tokyo daigaku shuppankai, 1978), pp. 197-263。这
篇文章的一个稍微不同的版本出现在 Nakamura Masanori, *Kindai Nihon jinushi sei shi kenkyu* (Tokyo: Tokyo
daigakushuppankai, 1979), pp. 321-383。其他一些最近的研究成果包括：Nishida Yoshiaki, ed., *Showakyoko ka no
noson shakai undo* (Tokyo: Ochanomizu shobo, 1978); 以及 Yasuda Tsuneo, *Nihonfuashizumu to minshu undo* (Tokyo:
Renga shobo shinsha, 1979)。

化水平：既然无法逃离农村前往新日本，他们便想让它在家乡重现。可以肯定的是，官员希望将之动员到地方改良运动中的，正是这种奉献精神。在一段时间内，政府的推动与青春的抱负相互交织、相互促进。中等农民家庭的年轻人进入农业学校，继续学习新的农业技术，以帮助他们解决农业生产和农家经济的问题。加入当地的青年团体，增强了他们的使命感，并且给了他们一个组织基础，在这个基础上采取行动，可以满足他们对丰富文化涵养的渴望。

591 　　这些年轻人充满着传教士般的热情，如今他们非常看不上同龄的那些仍然患有"城市狂热"病的人。然而，他们的批评来源于对农业生产的积极评价，而不是源自对城市生活的负面看法。在大正时代早期，一度被讥讽为没有未来的职业的农业生产，被这些年轻人描绘为"国家的伟大基础"，农民则被视为"人民的主体"。他们承认农村确实存在着严重的问题，但他们造成这种状况的原因在于农村自己：太多的农村人才在过去已经出走到城市；老一辈人不懂得现代农业生产的方法；大多数成年人被谋生的困难所困扰，难以对社区事务投入足够的注意力。这些农村青年认为他们自己有资格解决农村的危机，因为他们拥有时间、精力和知识。[1]

　　到 20 世纪 20 年代中期，流行的平均地权论明显进入了一个新的发展阶段。年轻的改革者们不再认为农村的问题是因为它自己的原因。相反，他们认为，日本的城市和资本家现在才是农村危机的罪魁祸首。为了解决农村的问题，不只是需要农村"改良"（kairyō），更重要的是进行农村"改造"（kaizō），而这是农民们不得不通过他们自己的努力，为他们自己完成的事业。几乎不可能指望从政府方面得到什么帮助。

　　带来这种态度转变的一个关键因素，是第一次世界大战后日本社会经济的萧条。1920 年后，已经不仅仅是一般的农业生产条件的恶化了。经济萧条对那些近年来更多参与商业生产的中等农民阶层带来了最严重的冲击，如今伴随着农产品价格的下跌，他们即便尚未宣布破产，也面临着重重困难。在他们（以及他们的子弟）看来，与他们接触过的中间商和最终将大米或丝绸卖给消费者的商人相比，自己承受了更大的经济萧条带来的负担。情况是否真是这样并不重要。真正起作用的是农民们相信什么。正如一位愤怒的年轻人在 1923 年所写的那样：

---

[1] 　Suzuki, "Taisho ki nomin seiji shiso," pp. 3-6; 亦见 Nakamura, "Keizai kosei undo," pp. 202-219。

我们得知，商品价格上升和对外贸易疲软的原因是工资太高，而那是因为大米的价格仍然过高。他们该有多不要脸啊，把责任转嫁给贫穷的工人和农民，而他们自己却不劳而获，撷取所有的利润……虽然农民正在艰难度日，而城市的资本家们却在奢侈地生活……这些日子有许多关于社会主义危险性的讨论，但似乎没有人认识到，资本主义也是很危险的……我们必须克服资本主义的暴政，因为它扰乱了社会的和谐。[1]

中等阶层的农民们发现政府缺乏对经济萧条的有效回应。当原敬于 1918 年成为首相时，并没有做任何事情来维持大米的价格或援助农村的社区，尽管他领导着一个名叫"政友会"的政党，而这个政党一般也被认为是一个"农民的政党"。相反，原敬政策的重心似乎是对工商业予以支持。同样，1922 年 3 月的第四十六届国会，尽管宣称是"关于农民问题的会议"，但仅仅是从农民那里收集请愿书，却没有针对农民请愿所提出的问题（包括减少土地税，对租佃关系立法，对小农家庭给予援助，等等）采取任何行动。

于是，人们相信原敬和国会在农民问题上玩"政治游戏"，这使农民对中央政府的不满浮出水面，而这种不满已经在农村青年中酝酿一段时间了。在计划地方改良运动的过程中，政府官员们谈到过发展国内团结与促进国家繁荣相互作用的重要性。不仅是人们需要更多地了解他们的国家，官员们也需要更多地了解民众的意愿；他们不得不依靠大众的积极性，而不仅仅是依靠法律和法规，来引起渴望得到的变化。然而，不久之后，法律和法规就逐渐主导了地方改良运动，地区间的多样性变成了要遭到消除而不是得到利用的东西。从一开始，对于官方意欲将他们重塑在一个统一模具里的努力，一些既存的青年团体就选择了完全不予理会。在其他地方，参加官方青年团（seinendan）活动的年轻人也成立了自己的俱乐部，去追求他们特定的"平民化"的兴趣利益，不论是吟诗作赋还是讨论政治。20 世纪第一个 10 年曾经出现的涟漪，到 20 世纪 20 年代初变成了洪流，年轻人开始相信没有人真正关心农村。自治成了他们的口号，独立青年团体的数量和独立组织的青年活动的次数都在成倍增加。[2]

---

[1]　引自 Suzuki, "Taisho ki nomin seiji shiso," p. 12。
[2]　引自 Suzuki, "Taisho ki nomin seiji shiso," pp. 11-15。

经济萧条引发了对社会怨气的强烈关注，而 1923 年的关东大地震则对农村社会需要的新视野提供了强劲的刺激。东京——这个国家的政治、经济和文化的中心，新日本的化身——被猛烈的震动和熊熊的大火所摧毁。据一个来自茨城县的年轻农民的观察，这是这个城市和它的富裕居民应得的下场：

最近以来，（那些）城市人充满虚荣心的奋斗已经达到了顶点，而这种奋斗造成了贫穷、单纯的农民处在无尽的焦虑之中。城市人穿着优雅的衣服、镶着金牙、戴着金戒指和金表链，流连在奢华的社交事务中。他们去海边或山上躲避酷暑……游览名胜。但是现在，恍若春梦，所有这一切都消失了，被大火所吞噬，突然他们发现自己沦于苦痛之中。似乎是老天有眼，为了保护国家，觉得有必要用一次自然灾害来惩罚他们。[1]

这次地震似乎也给农村的青年们带来了教训。正如一个来自日本长野县的年轻人在 1923 年 11 月所写的那样：这座城市中繁荣生长的现代文明的所有特征，长期以来令年轻人无比羡慕，但是，除了短暂的财富和权利，这种文明还曾创造过什么？它有没有依赖于剥削其他人，特别是农民？把城市文明输入农村或者向往这种基本上是"畸形和不健全"的东西是没有意义的。相反，农民们需要的是他们自己"强健的、大众的、地域的文化"。[2]

虽然这种想法似乎已经引起了相当大的兴趣，但在 20 世纪 20 年代剩下的那些年里，并没有什么达成共识的合适的农民文化出现。有些人主张将自然作为指导原则；另一些人则把玩佛教；还有人强调诸如真诚和节俭之类的传统价值观。与此同时，尽管他们都断言城市生活的颓废，但大多数年轻人仍然被五光十色的城市现象所吸引。他们热衷于打棒球，汇集自己的资源（或拨付给青年团体的基金）订阅像《中央公论》（*Chūō kōron*）和《现代》（*Gendai*）这样的城市杂志。"改造"（*kaizō*）这一非常概念，把他们新的自主进行农村改革的努力与那些由政府所控制的农村改良运动区别开来，似乎就是受到了受欢迎的城市杂志名称的启

---

[1] 引自 Suzuki, "Taisho ki nomin seiji shiso," p. 13。

[2] *Idainaru kokuminuki chihoteki bunka*；引自 Nakamura, "Keizai kosei undo," pp. 211-212。

发，从而与当时城市自由主义的主要流派之一产生了共鸣。[1]

到了 20 世纪 30 年代早期，流行的平均地权论已经演进到了最后的阶段。开始只是农村青年所特别关注的事务，如今已经被更为成熟的中等农民阶层所广泛关注。典型的是，早期致力于解决农村危机的退伍老兵，他们仍然把困扰农村的问题归咎于城市资本主义，并且仍然指望从政府那里得到一点帮助。就像过去一样，他们强调当地农民自己努力的重要性。但与过去相比，他们现在有了促进农民文化发展的清晰想法。它将是建立在相互帮助的基础上的，也是建立在振兴集体团结的基础上的。这种振兴是农村经济复苏的前提，而其中的第一步就是所谓的农村"更生"（*kōsei*）。

正如中村正则（Masanori Nakamura）在他对平均地权论的一个拥护者宫下周（Miyashita Itaru）的案例研究中所证明的那样，导致了对集体团结的关注的，既不是简单的对过去的怀念，也不是对解决农村危机的绝望探索。与之相反，一些相当精明和实用的推理也牵涉其中。

1931 年，宫下周重申了他从 20 世纪 20 年代早期以来一直坚持的观点，宣称"今天农民的苦难，主要由于为了商人和工厂主的利益而导致他们（合法的）利益被剥夺"。当农民们以无法控制的价格把他们的产品卖给中间商时，这一切是直接发生的，而当他们缴纳的捐税和邮政储蓄的存款被用于城市发展的时候，这一切优势是间接发生的。尽管回归农村的完全自给自足是不可能的，但农民迫切需要与现有的资本主义经济结构做斗争，迫切需要找到保证他们产生的财富能够造福于农村的方法。[2]

在宫下周看来，指望通过个人行动达到这一目标的想法是荒谬的。一个孤立的农民太脆弱了，不可能成功地与商人讨价还价，也无力用计谋战胜他们。事实上，农民已经开始相信这样的个人主义了，这是资本主义制度控制了农村的证据；这是问题的一部分，而不是解决方案的一部分。虽然在这两个领域的改进都是井然有序的，但政府对产业合作社的法律并未做进一步的修改，也没有对区域市场设施的进一步发展给出回答。基本的需要是把农民们全面系统地组织起来，

594

---

[1] 关于大正时代民主受欢迎维度的讨论，参见 Kano Masanao, *Taishodemokurashii no teityu* (Tokyo: Nihon hoso shuppan kyokai, 1973)。关于日本棒球早期历史的讨论，参见 Donald Roden, "Baseball and the Quest for National DignityinMeiji *Japan,*" *American Historical Review* 85 （June 1980): 511-534。

[2] Nakamura, "Keizai kosei undo," pp. 233-234.

以维护他们自己在生产、信贷和市场营销方面的整体利益。

宫下周宣称，农村组织的基本单元必须是小村庄，它是"互相帮助的美好乡村风俗"的具体化。其他新创建的，因而也是性质相异的基层单位不可能做得如此之好。每个小村庄的所有家庭组成"农业实行组合"（*nōji jikkō kumiai*），所有小村庄的"农业实行组合"都参与行政村的合作，集体行动的效益就会得到保证。这些效益，正如宫下周在其他场合所指出的，并不局限于经济复苏。农民们将不仅从城市资本家的支配下获得自由，而且将从工作与娱乐二元对立的城市观念中解放出来。他们将重新发现一种建立在"爱与服务"基础上的真正的集体生活。在这种生活中，工作为娱乐提供了机会；在这种生活中，"获得一种谋生之道本身就是满足的源泉"。[1]

与其他那些受欢迎的平均地权论的拥护者一样，宫下周也担心一种额外的城市异端思想，即阶级冲突的观念。在警告人们不要不切实际地指望政府的帮助将会解决农村危机的同时，他也注意到了"社会革命的幻象"。并不像一些被误导的人所声称的那样，其实农村的不幸与资本和劳工之间的对抗毫无关系。相反，它源于资本家与农民之间的对抗，即所谓"城市和乡村的对立"。鼓吹阶级斗争的存在和鼓动进行革命斗争，是"对人之天性……和农村生活方式的漠视"。鼓动进行内部争斗是目光短浅和不切实际的行为，只有和谐与合作才能"保护村落共同体免受资本主义和个人主义的侵害"。在国家事务中，变革必须通过政治手段来实现，但在村庄中只能通过团结协作来达成。[2]

就像佃农运动一样，流行的平均地权论在农村之外也有盟友和潜在的盟友。例如，从大正时代初期以来，为城市报纸和杂志报道农村事务的记者就一直在敦促农民更加关注国家的政治生活，特别是要选举了解农村状况并愿意维护农村利益的人担任国会议员。在1922年，一群这样的记者组建了大日本农业政策协会，其宗旨是"学习各个方面的农业政策以促进农村自治、农业稳定和农业文化的创建"。1923年，该协会开始出版月刊杂志《农业政策研究》，到1924年，全国已有15 000名会员，其中很大一部分似乎是中等阶层的农民。该协会的主要目标之一是建立一个全国性的农民政党，当成人普选权生效之时代表这个国家的550万

---

[1] Nakamura, "Keizai kosei undo," pp. 235-237.

[2] Nakamura, "Keizai kosei undo," pp. 238-239.

农村家庭，但这一目标最终未能实现。[1]

此外，在整个 20 世纪 20 年代和 30 年代早期，还有一些拥护农本主义的个人出版书籍和小册子，坚持农村价值观的优越性，批评以城市为中心的日本政治、经济和文化。在这些"革新的平均地权论"的支持者中，最出名的是权藤成卿（Gondō Seikyō），他的作品可能为"血盟团（Ketsumeidan）"事件提供了灵感，这一事件发生在 1932 年 2 月和 3 月，井上准之助和团琢磨遭到暗杀。另一个著名人物是橘孝三郎（Tachibana Kōsaburō），他在茨城县经营一个"地方爱国主义学会"，并于 1932 年 5 月 15 日加入了陆海军下级军官的未遂政变。[2]

这些团体和个人的著作当然有助于流行的平均地权论思想和观点成型。也有可能是右翼恐怖主义的行为，给心怀不满的农民们同样的满足感，就像此前的关东大地震的结果一样。[3] 但是，不可否认，流行的平均地权论的主根深深根植于农村土壤的深处。在 20 世纪 30 年代早期，农民们对农村复兴计划的支持提高了，更大的原因在于昭和时期经济萧条的影响，而不是外界的引导或劝告。

20 世纪 30 年代的平均地权论与政府政策

1930 年年初，在纽约股票市场崩盘之后的几个月内，世界经济大萧条就袭击了日本，而对农村的打击尤为深重。生丝和蚕茧的价格自 20 世纪 20 年代中期以来一直在下降，在 1929 年 9 月至 1930 年 9 月的一年里就下降了 47%，使从事养蚕业的大约 200 万户农民家庭陷于危难之中。由于国内需求下降，加上水稻丰收，导致大米价格在 1930 年急剧下跌，在一些地区，大米价格水平甚至低于生产成本。1931 年，本州和北海道北部遭遇了严重的作物歉收，但大米价格仍然仅仅略高于 1916 年。农民收获的水果和蔬菜的价格也在急剧下跌。总的来说，农村的现金收入从 1926 年的 100 点指数，跌至 1931 年的 33 ；到 1934 年只恢复到 44。　597
农民家庭的债务显著增加。更糟糕的是，成千上万的城市失业工人返回到农村，在许多情况下，他们回乡的火车票价由政府支付，如今他们只能和已经生活在水

[1]　Suzuki, "Taisho ki nomin seiji shiso," pp. 15-18.

[2]　对权藤成卿和橘孝三郎的详细讨论，参见 Thomas R. H. Havens, *Farm and Nation in Modemjapan: Agrarian Nationalism, 1870–1940* (Princeton, N.J.: Princeton University Press, 1974), chaps. 7-11。

[3]　关于大正晚期和昭和早期的预备军人团体和青年团体政治化的饶有趣味的解释，参见 Yui Masaomi, "Gunbu to kokumin logo," in *Showa kyoko*, pp. 149-195。

深火热之中的亲戚们一同等待大萧条的结束。

大萧条的后果之一是租佃纠纷的数量激增，特别是在之前此类争端相对较少的东北地区。然而，不仅是租佃争端多发的区域有了改变，此类争端的本质也发生了变化。如今大多数争端是由那些小的自耕地主造成的，他们通过驱逐佃农来扩大种植面积，以寻求增加自己的收入，而不是与当地佃农们结成统一战线，旨在改善租佃条款。佃农们处于守势，且在大多数情况下缺少盟友，只有尽其所能加以抵抗，要求维持他们的耕种权利，或者要求以某种方式对他们做出的让步进行补偿。[1]

为了平息这场冲突以及化解它对社区团结造成的威胁，这种社区团结正是地主们的影响力赖以建立的基础，于是，东北地区的大地主通过再度强调努力工作、节俭生活、无私奉献的责任和重建不同地位家庭之间的相互依赖关系，来呼唤乡村的精神振兴。同时，他们和其他地方的地主们一道向国会呈递请愿书，呼吁采取支持大米价格、减少土地税收、保护债权人、防止拖欠贷款及一系列的其他措施，这些都反映了他们作为土地所有者和依靠收租生活者的利益。

大萧条带来的另一个后果，是中等农民阶层对流行的平均地权论的支持迅猛增加。1932 年年初，在一场由权藤成卿和橘孝三郎组织的运动中，来自 16 个县的 32 000 名农民签署请愿书，要求延期偿还为期三年的农民债务，购买肥料时给予每吨一日元的补贴，并拨款促进向中国东北和蒙古地区的大批移民。在许多农村社区，农民们把当地的领导权交给像宫下周一样的男人，他在 35 岁这么年轻的时候就异乎寻常地当选为村主任。由于人们几乎不再期待来自国家的具有实际意义的援助，而是确信需要采取大胆的措施来解决他们的问题，因此农民们开始组织自己的救济工作。

598　　　按照农村社会变革的旧有范式，日本政府对这些新发展所做出的反应在本质上是倒退的。文献表明，农村需要的是一个对半封建土地所有权制度的根本性改革；但政府却反其道而行之，采取了一系列相反的政策设计，旨在扶持地主和富农的地位，并在整个农村人口中促进对传统价值观念的坚持。通过采取侵略性的外交政策，最终通过挑起战争，把大众的注意力从不公正的现状转移开来。

1971 年，森武麿发表了一篇短文，对当时政府的反应给出了一种完全不同

---

[1]　Waswo, *Japanese Landlords*, pp. 127-134.

的且在许多方面更有说服力的解释。[1] 尽管承认 1932 年和 1933 年国会的一些立法——特别是公共工程和违约贷款赔偿的相关法律——确实对农村精英群体有利，但森武麿认为这是导致大萧条年代所发生事态的一个相对较小的因素。在他的分析中，1932 年，制定政策方面的驱动力不是国会，而是一群开始主导农林省的"新的"或"革新派"官僚，紧接而来的是 5 月 15 日的事件以及政党内阁的消亡。从内政省那里夺过了主导权之后，这些革新派官僚不仅致力于稳定农村，而且努力促进农业生产的经济合理性。作为政府部门推进的农村经济康复计划，他们于 1932 年采取了一系列措施，取得了显著的效果：其中之一是重组和强化了政府对农村人口的控制；另一个结果是扩大了地方上中等农民阶层的影响，并提升了他们的地位，而这些都是以农村精英的利益为代价的。

在重组和强化对农村人口控制方面，第一步就是把互助社、学习组，以及其他农民家庭的自愿组织吸收进行政村的农业合作社，而诸如此类的农家自愿组织在小村庄和相当于小村庄的水平上广泛存在。在内务省于很大程度上放弃了长期开展的反对小村庄"狭隘性"的失败运动以后，1932 年修订了《产业合作社法》，允许这些地方组织重建自己的法人实体（被称为农业实践协会），并成为合作社的正式成员。1933 年，推出了一个五年计划，鼓励在那些还没有合作社的村庄里建立合作社；扩大合作社的活动范围，不仅包括大多数现有合作社所关注的信贷和销售，而且包括基本的生产资料和消费用品的购买、联合使用工具、机械和牲畜；促进村庄合作社中所有农村家庭成员和所有村庄合作社成员进入到更高层次的联合，以形成一个全面的、全国范围的体系。为了鼓励农民们遵从政府的计划，那些建立了合作社或扩大了现存合作社规模的村庄，都有资格被认定为"经济复苏村"，并可得到政府的财政资助。[2]

从一开始，农村经济康复计划的目标也包括对农业人口中"农村中坚人物"（*nōsōn chuken jinbutsu*）的培养。一开始，人们把这样的人物模糊地定义为"精力充沛和积极进取"，随后这些主要元素被用来描述这样一些个体，这些人从农业中获得生计，并且生活和价值观都根植于他们居住的社区。从 1934 年开始，

599

---

[1]　Mori Takemaro, "Nihon fuashizumu no keisei to noson keizai kosei undo," *Rekishigaku kenkyu*, 1971，特刊，pp. 135-152。

[2]　到 1940 年，81% 的日本村庄都得到了这样的认定。参见 Mori Takemaro, "Nihon fuashizumu no keisei to noson keizai kosei undo," *Rekishigaku kenkyu*, 1971, 特刊, p. 140。

每个经认定的"经济康复村"都要定向选择 20 或 30 名农民骨干作为"改善农家管理的带头人"。然后这些入选者由政府提供经费，前往参加全县农协主办的一个为期两天的培训课程。除了在记账方法上予以指导外，每个学员还需要草拟改进农田管理的计划。回到村庄后，受训者们会组成当地的社团，学习如何改进农田管理，就像政府所期望的那样，把他们所学的现代会计方法和系统规划传播给社区的其他农民。

以群马县芳贺村为例，森武麿得以证明这些计划以及一些相关措施可以导致建立一个以中等农民阶层为基础的地方权力结构。这种情况的发生并不是因为村庄里地主的力量弱小。恰恰相反，村里有五位地主拥有的土地超过 10 町，其中包括两个拥有土地超过 50 町的地主；总的来说，这些大地主和许多小地主拥有村庄土地的 48%。大地主直接或间接地主导着行政村的政治，在组成行政村的八个小村庄中，除了一到两个以外，大地主控制着其中的六到七个。1936 年，在达成制订村庄康复计划并申请认定为"经济复苏村"的决定中，他们也起到了主导作用，并控制着这一制订计划和申请认定的过程，以求获得预期的结果。实际上，当村庄的第二大地主小林次郎（Kobayashi Jirō）在村庄合作社刚建立不久就成为总经理时，他们的预期似乎是可以达成的。然而，没有预料到的是，主导着农林省的官僚们将一个新的指导原则插入政府的农业政策之中：农业经营者，而不是地主，才是农业复苏的关键。而由于这一原则在接下来的几年里得以应用，地主们发现自己被丢在了一旁。

这个村庄中的大多数地主，包括其中那些最大的地主，虽然耕种着一小部分土地，但他们并不具备作为主要台柱加以培养的资格。相反，大多数在 1937 年——这是芳贺村获得"经济复苏村"认定地位后的一年——接受了这些培训的人，随后成立了社团从事农田管理的学习，他们都是中等阶层的农民，平均耕种的土地面积为 1.37 町。半自耕农的数量最多，占到农户总数的 65%，在他们的行列中包括两个曾经活跃在当地佃农运动中的男人。数量紧随其后的是自耕农，大约占到农户总数的 27%。[1]

在培养了这些骨干分子之后，官僚们并不满足于仅仅让他们作为学习小组的成员，农民们自己也不愿意这么做。相反，他们和其他地位类似的人们组织

---

[1] 利用农村经济康复计划来缓解佃农的斗争性，是一个值得进一步探讨的问题。

了遍布各地村庄的农业实践协会。正如 Mori Takemaro 所证明的那样，在现有的自愿结成的协会中加入法律认可所形成的公司主体，比重组的协会要多得多：《产业合作社法》的修订，提供了协会重组的机会，也为重组协会的集体行动创造了一个公开的机会，在这样的行动中，中等阶层的农民能够利用他们的优势。

在大萧条开始的时候，大多数现存的自愿结成的协会是由地主掌控的，尽管这些协会在名义上关注农业生产的改善，但它们的功能主要是作为调节佃农租金，解决地主和佃农冲突的机制。这些协会由小村庄范围的单元所组成，它们复制了行政村的政治结构，在其中也是地主占据主导地位。到 1939 年，这些小村庄范围的协会被分解成 19 个主要关注生产领域的农业实践协会，协会的领导大多来自自耕农和半自耕农的行列。[1] 作为行政村合作社的正式成员，这些协会迫切要求并保证小林次郎辞去作为他的总经理的职务，并任命了一位对农业经营者的需求和利益反应更为敏感的人担任这一职务——正如事情的结果所显示的那样，是一个小的经营地主。

并不存在协会重组的集体行动，也没有出现随之而来的地主位置的被取代，而只是发生了农业实践协会的建立。1937 年年初，在内务省的指令下，芳贺村在整个行政村建立了新的小村庄协会（部落会，burakukai）。如内务省所设想的那样，自 1935 年以来它就一直试图夺回在大萧条时期已经丢失给农林省的主导权。这些协会构成了最基层的链接，重振了地方政府的体系，并使之能够加强对农村人口的控制。除了税收和其他管理任务之外，小村庄协会就是关注自己与当地经济的发展，改善环境卫生和身体健康、鼓励勤俭节约、宣扬爱国主义、恪尽孝道，以及小村庄居民之间的互助精神。

在这个事业中，也公开存在着中等阶层的农民可以利用自己优势的途径。负责建立小村庄协会的委员会，首先重新规划了芳贺村的行政地图，在之前的 8 个小村庄的地方新分出了总计达 29 个小村庄。在少数情况下，老的小村庄的界限被打破了，因为这个委员会认为没有义务保护村庄既定的行政区划。恰恰相反，正如该委员会向本县知事的报告中所指出的那样，它的目标是划定社区的范围，

601

---

[1] 根据森武麿的研究，1940 年时，这些农业实践协会的领导人中，60% 是自耕农，30% 是半自耕农。参见 Mori Takemaro, "Nihon fuashizumu no keisei to noson keizai kosei undo," *Rekishigaku kenkyu*, 1971, 特刊, pp. 146-147。

使组成这个社区的家庭能够在农业生产中进行合作。就像真正的农业实践协会一样，这些新协会的领导人通常来自自耕农和半自耕农阶层。[1]

森武麿指出，在这一时期，内务省和农林省之间明显缺乏沟通和协调。他们相互竞争在芳贺村的主导权的结果——假设在其他村庄也是同样——在一方面是形成了小村庄协会的二元结构，在另一方面是农业实践协会，只有一部分是同时发生的。（在芳贺村的29个小村庄协会中，有12个与19个农业实践协会拥有相同的土地基础。）与此同时，连接国家的双重装置也被创建出来，一个通过内务省管辖下的村庄会议来行使领导，另一个则通过农林省管辖下的农业合作社来发挥职能。尽管对这样的竞争为什么会存在我们需要知道得更多，但在接下来的几年里，在地方和国家层面上产生了怎样的后果，我们也不能忽略所发生事件的意义，尽管它们可能是混乱的和效率低下的。农村的旧秩序并没有得到修补和支撑，它正在被拆除，而就在同样的地方，一个建立在中等农民和小规模集体基础之上的新秩序正被创造出来。

在森武麿看来，他在1971年写道，正是这种对旧秩序的拆解和基于经济理性建立起来的新秩序，使得农村经济复兴成为"日本法西斯主义形成"的一部分。他批评早期的学者把法西斯主义描绘成日本社会持续不变的"前现代""封建"和"非理性"的表征，断言与世界上其他地方一样，日本的法西斯主义是现代化发展的产物，体现了垄断资本主义的法则和力量。

森武麿还清楚地表明，他把中等阶层的农民看作是向法西斯主义转化中的次要角色，正如他所定义的那样。政府既是所发生事情的设计师，也是工程师。尽管各要害部门之间会发生部分争吵，但政府在关键问题上是一致的，那就是决心使国家为垄断资本主义所需要的全面战争做好准备。这意味着，在农村方面，需要实现对农业生产者的直接控制。中等阶层农民正在昭和时期大萧条的打击下蹒跚而行，他们受到了国家农业政策中新近强调的农业经营方式的诱惑，这与此前对土地所有权的关注截然相反。他们想要依靠国家，并且展示他们对国家的忠诚，他们可以扩大自己的农业经营范围，并在他们的社区内实现自我的提升。出现于20世纪30年代的那些新的较小集体，绕过明治时期地方政府体系中那些由

---

[1] 根据森武麿的研究，54%是自耕农，23%是半自耕农。参见 Mori Takemaro, "Nihon fuashizumu no keisei to noson keizai kosei undo," *Rekishigaku kenkyu*, 1971, 特刊, p. 148。

地主支配的旧集体，上升到了小老板的地位。就这样，它们陷入了官僚控制的网络之中。[1]

森武麿关于农村经济复兴运动更广泛历史意义的构想，说服其他学者重新审视自昭和早期一直持续到今天的国家的政治生态，以及国家与社会之间的关系。迄今为止，人们已经在进行一系列的探索：以比较的视域，对20世纪30年代的德国、意大利、法国、英国和美国的情况进行显式或隐式的研究，来定位日本的发展演变；对日本政府内政策制定过程的研究，以设法找出那些为国家解决国内和国外问题的设计方案，以及对特定的流行运动和地方社区的研究。[2]

在撰写本文时，人们只能推测这些不同的——到目前为止也是谨慎的——研究的结果将会如何。森武麿对于日本向法西斯主义转换的动力机制的概括的实质性修改似乎正在酝酿之中。尽管随后的研究已经证实了他的基本观点，即农村复兴运动不是使地方精英，而是使中等阶层农民受益，但同时也表明他指出的农民和政府利益之间的交易并不像他解释的那样突然或者不平衡。在大萧条到来之前大约20年，官僚机构就在努力控制农村，中等阶层农民中间改善他们经济、政治和社会地位的欲望也是一样。政府官员似乎也不再是农村复兴的煽动者了。恰恰相反，为了实现农村复兴而产生的设想和具体政策都是中等阶层农民自己萌发出来的。大萧条期间政府官僚们所做的事情，只是批准而不是形成大众对变革的意愿。我怀疑，他们这么做是出于这样的考虑：与其任由其自行成熟起来，不如认可这种渴望国家帮助意愿的挑战。20世纪30年代早期，流行的平均地权论成为一种造成社会分裂的运动，它不仅否定城市化和工业化的合法性，还否认依靠政府帮助的有效性。为了让中等阶层农民重归正轨，官僚们不得不在他们的社区中向他们提供比之前更多的政治角色。他们不得不允许中等农民以他们自己认为合适的方式来定义这些社区，也就是说，给予他们一定的自主权。

结语

第二次世界大战期间，为了控制通货膨胀，分配减少了的肥料供应，以及最

603

604

---

[1] Mori Takemaro, "Nihon fuashizumu no keisei to noson keizai kosei undo," *Rekishigaku kenkyu*, 1971, 特刊, p. 151。

[2] 例子参见 Tokyo daigaku shakaikagaku kenkyujo, eds., *Fuashizumu ki no kokka toshakai*, 8 vols., esp. vol. 3, *Nachisu keizai to nyuu deiiru*; vol. 4, *Senji Nihon no hotaisei*; andvol. 5, *Yoroppa no hotaisei*。

大化粮食产量，所采取的种种措施甚至比大萧条时期还要更快地侵蚀农村精英的地位。1939 年的《赁银统制令》将佃农的地租金额冻结在现有水平上，并且授权地方官员，若有必要可进一步降低租金。1942 年公布的《食粮管理法》，要求将所有的稻米都送到政府的仓库，在那里以官方指定的价格购买，并由政府机构负责分发。此外，稻米的实际生产者可以得到政府给予的奖金，以鼓励更高的粮食产出和对官方市场供货的最大化。起初，这些奖金的数额还相对适度，但随后便以远远高于官方大米价格增加幅度的速率增长。到 1945 年，不从事耕作的地主在出售稻米时，每石只收到 55 日元，而他们的佃农，作为稻米的真正生产者，则每石收到 245 日元；自耕农既可收到官方的米价，又可收到奖金，即每石 300 日元。简而言之，直接关注农业生产者的原则，包括佃农在内，现在已在全国范围内公开而全面地实行。尽管日本绝望的海外军事活动越来越多，因征兵、死亡或者受伤造成的损耗越来越大，对农村人口造成了沉重的负担，但从纯粹的经济角度和地方政治影响角度来看，普通农民获得了巨大的收益。[1]

　　这些成果被战后盟军占领日本期间进行的土地改革所详细阐述并制度化。作为一种社会和政治措施，其目的主要是用来促进"民主趋势的复兴和强化，建立对人的尊重，并摧毁几个世纪以来奴役日本农民的封建压迫的经济束缚"。[2] 土地改革对农村人口的土地所有权实行了更大的平等，并大大减少了农民间的收入差距。到了 1950 年，日本耕地总面积的 1/3 已经从地主手中转移到了实际耕种者的手中。那些"在外地主"，即居住在他们拥有土地的村庄之外的地主，失去了他们所有的土地。在乡地主也只被允许保留平均不超过 1 町的可出租土地（在北海道地区为 4 町）。此外，自耕农拥有土地的平均上限为 3 町（北海道地区为 12 町）。1945 年，自耕农构成了农户总数的 31%，到 1950 年已经占到了 65%。在同一时期，没有自己土地的佃农数量，从占农户总数的 28% 降低到了 5%。实物地租遭到了禁止；租佃关系的成立需要签订书面租赁合同；现金租金和土地转让都受到了严格控制。

　　尽管土地改革并未解决日本农业的所有问题，并且事实上可能还加剧了诸如小规模农业比例失调等问题，但它完成了大约 50 年前就已正式开始的农村社会

---

[1]　Ogura, *Tochi rippo*, pp. 720-732; Waswo, *Japanese Landlords*, pp. 135-136.

[2]　如在 1945 年 12 月 9 日来自盟军最高指挥官、盟军总司令部的一份备忘录中所述，关于日本土地改革的以英语书写的最好研究成果仍然是多尔（Dore）的《日本的土地改革》（*Land Reform in Japan*）。

的转型。这并不是说农村社会的变革就此停止了——远非如此——而是说自 1950 年开始的变革已经完全不同了。[1] 普通农民反抗不平等的财富和权利分配的长期斗争如今已经结束，与过去相比，他们居住的小村庄成为经济、社会和政治上平等的社区。而且，这些社区对于它们的居民来说仍然关系重大，只不过如今与其说是一种需要，不如说是一种选择。

---

[1] 关于这些变革的讨论，参见 Ronald Dore, *Shinohata: A Portrait of a Japanese Village*(London: Lane, 1978); Gail Lee Bernstein, "Women in Rural Japan," in *Women in Changing Japan*, ed. Joyce Lebra et al. (Boulder, Colo.: Westview Press, 1976), pp. 25-49; Robert J.Smith, *Kurusu: The Price of Progress in a Japanese Village, 1951–1975* (Folkestone, Kent:Dawson and Sons, 1978)。

第十二章　日本的经济发展、劳动力市场与劳资关系（1905—1955）

伊利诺伊大学厄巴纳－香槟分校劳工与劳资关系研究所　平良浩治

引言

606　　　到 1910 年前后，以纺织业（棉纺业、缫丝业和织物业）为主导的日本"第一次工业革命"已经失去了动力。然而，第一次世界大战的爆发，把日本推上了这样的有利位置，那就是用军备物资供应处于战争中的欧洲国家，同时又以机制消费品供应亚洲市场。部分地由于这个原因，日本经济开始走向"第二次工业革命"，诸如金属加工、机器和设备制造，以及造船等重工业突飞猛进。但是，一旦海外的需求下降，日本自身经济便不能吸收这些部门的产出。当欧洲的和平得以恢复，生产重新开始之后，日本经济就被迫进入了紧缩和重组的时期。在20 世纪 20 年代的一系列结构调整期间，日本经济放慢了朝向先进工业结构发展的步伐。当第二次工业革命最终于 20 世纪 30 年代到来之时，日本的主导产业是那些适应海外战争和帝国主义扩张需求的重化工业部门。[1] 随着日本在第二次世界大战中战败，它被迫回归到战前的经济水平，从战争结束经济恢复到 1952 年，其经济总量大致相当于 20 世纪 30 年代的"正常"水平。到 1955 年，日本的经济力量和制度安排已具备了良好基础，从而开启了日本经济史上的一个新时代。

---

[1] 在日本现代经济史上，战争似乎是日本努力实现现代化进程中的一个有意识的内生变量。虽然从这个角度来考虑战争令人感到某种程度的不快，但是第二次世界大战之后前所未有的持续 30 多年的和平时期，使得学者们能够更加客观地对待战争在日本战前历史上的作用。于是，战争可以被视为一种"投资"，在与其他投资形式平等的基础上被纳入日本的经济体系之中。关于这个问题的研究，参见 Kenneth E. Boulding and Alan H. Gleason, "War As an Investment: The Strange Case of Japan," in *Economic Imperialism*, ed. Kenneth E. Boulding and Tapan Mukerjee (Ann Arbor: The University of Michigan Press, 1972), pp. 240-261。

在长达半个世纪的稳定而不平衡增长的时期，那些雇佣了大量工人的制造业工厂扮演了一个主要的角色。在这些大型企业中，就业管理在很多方向演变出与其他先进的现代资本主义经济体不同的特点。观察家们经常提到一个"日本的雇佣制度"，其特征是终身就业保障，根据服务年限决定薪级，以及限制其成员成为公司正式员工的日本工会对这一制度的精心守护。日本雇佣制度的起源、原理和机制已经引起了相当大的争议，因为大公司的管理实践，日本劳动力市场的其他部分并没有跟进，而在这样的劳动力市场中，工人并不能保证终身被雇佣，工资和福利也不是严格按照资历决定的，在这样的市场中，劳动力高度流动，而由于劳动力的流动及企业规模狭小，工会很难把他们组织起来。因此，所谓"日本的雇佣制度"，只是指大公司的做法；也就是说，日本的劳动力市场是二元的市场，随着企业规模的不同，盛行的劳动关系的方式也不一样。

这种复杂的劳动实践模式是在一个影响到整个经济体系的经济差异化发展的过程中衍生出来的。首先，是现代（或资本主义的）与前现代（或传统主义的）部门之间的差异；其次，是现代部门中大型企业和中小企业之间的差异。但是，这种雇佣管理模式也是一些非经济因素作用的结果，诸如本土劳工运动的兴起、劳资冲突的爆发，以及国家对雇主和雇员之间的关系进行干预，等等。此外，日本雇佣制度的发展既不流畅也不连贯，它既是由潮起潮落的经济增长所形成的，也是由政治变革、战争、扩张，以及在第二次世界大战中的军事失败等一系列非经济事件所塑造的。

工资劳动力市场的发展

少数几个被普遍接受的经济学实证法则之一，是在经济发展中农业劳动力所占的份额有系统的下降，而越来越多的劳动力被通过劳动力市场分配给有偿就业部门。[1]在日本经济发展之初，其大部分的劳动力都从事着小规模的农业生产。但是，随着经济的发展，其大部分劳动力被农业之外的行业所雇佣。但很明显，在这种转变中，存在着劳动力数量增长、跨部门重新分配，以及职业分化的丰富历史内容。

---

[1]　Colin Clark, *The Condition of Economic Progress*, 2nd ed. (London: Macmillan, 1951).

在日本，小农生产依然存在。正如租佃耕地面积的增加相对于总耕地面积的数据所表明的那样，尽管土地所有权的分配发生了变化，但农户的数量从 19 世纪 70 年代至 20 世纪 30 年代仍然维持大体不变。由于农户遵循长子继承制的传统，他们的首要任务是要么生一个儿子，要么找一个继承人。[1] 随着农户的未来由此得到保障，其他的（较年轻的）儿子可以自由寻找农业以外的职业。正是农业人口的这种外移，导致了日本从事农业的劳动力比例下降。

一种评估日本劳动力市场发展程度的方法，是考察从事有偿工作的劳动力所占的比例。在 1872 年，据估计有偿就业者在第一产业部门（农业、渔业和林业）中约为 1.7%，在第二产业部门（采矿业、制造业和建筑业）中为 33.7%，在第三产业部门（包括所有其他经济活动）中为 36.8%。就整体经济而言，有偿就业劳动力的比重仅为 8.6%，反映了自我雇佣的农民占据多数。[2] 此时，工业化刚刚开始，大部分非农雇主都是小型家庭企业的业主经营者，只雇佣着几个需要支付工资的工人。主要的例外是国有工厂和造船厂，它们一般雇佣着多达数百名工人。在 1872 年，大多数靠工资为生的人（第二产业部门的劳动力只占到 1/3）尚不是以工厂制为代表的现代工业企业的一部分。相反，他们是"前现代"的雇佣劳动者。

在明治时期的大部分时间里，非农劳动力市场主要是由不稳定的小企业、业主经营者的企业，以及流动性强、工资低的企业构成的。这样的市场是短暂的，主要参与者是具有多方面的才能但并非专业化的工人。这些工人经常变换工种，时而为自己工作，时而为别人干活。早期的日本作家们把这个社会阶层称为"下层社会"（kasō shakai）。[3] 然而，下层社会的工人不一定不熟练；对他们更恰当的

609

---

[1] 农民家庭对自身劳动力需求的优先满足，在 20 世纪 50 年代的一些有争议的文章中就进行了探讨。这些文章中最早的一篇，参见 Namiki Masayoshi, "Noka jinko no ido keitai to shugyo kozo," in *Nogyd ni okeru senzai shitsugyo*, ed. Tobata Seiichi (Tokyo: Nihon Hyoronsha, 1956)，亦见 Namiki Masayoshi, "Chingin kozo to noka rodoryoku," in *Nihongaia chingin kozo no kenkyu*, ed. Shinohara Miyohei and Funahashi Naomichi (Tokyo: Rodo hogaku kenkyujo, 1961)。这些文章受到了一些学者的批评，引发了两种意见之间的论战。关于这次论战的回顾，参见 Hatai Yoshitaka, "Noka jinko ido to keiki hendo," originally published in 1963 and translated as "Business Cycles and the Outflow of Labor from the Agricultural Sector" in *The Labor Market in Japan*, ed. Shunsaku Nishikawa and trans. Ross Mouer (Tokyo: Tokyo University Press, 1980), pp. 5-18.

[2] Ishizaki Tadao, "Sangyo kozo to shugyo kozo," in *Wagakuni kanzen koyo no igi to latsaku*, ed. Showa dojinkai (Tokyo: Showa dojinkai, 1957).

[3] Yokoyama Gen'nosuke, *Nihon no kaso shakai* (Tokyo: Kyobunkan, 1899). 有一种解析认为，"下层社会"这一概念的使用，很像今天关于日本劳动力市场的历史研究中的"非正式部门"，参见 Sumiya Mikio, *Nihon chinrodo shiron* (Tokyo: Tokyo daigaku shuppankai, 1955) and *Social Impact of Industrialization in Japan* (Tokyo: UNESCO Japan, 1963)。

描述是说他们具有多种技能。[1] 在目前的发展经济学的语言中，明治时代的劳动力市场就像一个欠发达经济体的"非正规部门"。[2]

只有在达到相当的工业化水平之后，劳动类型和管理方式中的行业或职业差距才会变得显而易见。了解日本职业结构的第一次重大尝试，是在 1920 年的第一次人口普查期间。1911 年《工厂法》的实施，要求政府了解哪些企业已经大到足以涵盖在法律之内，哪些尚且小得可以不受法律的约束。那些被《工厂法》所覆盖的企业，必须符合政府的标准，由此对这些企业赋予特权和施加惩罚。这些产业成为"正式部门"的一部分。为了保护工人免受雇主滥用、职业伤害、丢失工作及其他损害，日本政府对劳动力市场进行了干预，从而使这些"正式部门"成为"受保护的部门"。一旦这个正式的、受到保护的部门得以确立，许多新发展起来的劳动力市场便与其他那些非正规的、无保护的城市劳动力市场形成了差别。

从综合性和半综合性劳工数据方面可以对工人类型的实质性变化进行讨论。表 12.1 显示出就业的部门、行业和地位情况。到 1920 年，农业从业人数占日本就业总人数所占的比重，已经从明治初期的 70% 以上降至 54%。在非农领域，从业人数已经发展到占总就业人数的 46%，其中 73% 的工人是领取工资的劳动者，与早前几年相比提高了 35%。并非所有非农行业的劳动者都受雇于正规部门（矿山、工厂、公用事业、股份公司和政府）。由于一个经济体的现代化程度往往由在正式（或现代）部门就业的比例所决定，因此估算一下不同历史阶段的日本经济在这一部门的雇佣劳动者比例是很有用的。根据表 12.1，在 1920 年，领取工资的雇佣工人占日本制造业总就业人数的 63%。但工厂工人，即定义为雇佣 5 个以上工人的制造业机构的员工只占这一数据的 40%。此外的 60% 是个体经营者、家庭作坊成员，或在少于 5 人的作坊中工作的人员。如果正规部门被认为是现代化的，那么很显然，在 1868 年明治维新的 50 多年以后，日本制造业到 1920 年连

611

[1] 从事低报酬工作者的多重技能和高流动性一直持续到今天，从而与那些在"日本雇佣制度"下为其雇主所终身雇佣的正式员工形成了引人入胜的对照。这意味着这些低报酬工作者"不是日本人"。参见 Masayoshi Chubachi and Koji Taira, "Poverty in Modern Japan: Perceptions and Realities," in *Japanese Industrialization and Its Social Consequences*, ed. Hugh Patrick with the assistance of Larry Meissner (Berkeley and Los Angeles: University of California Press, 1976)。

[2] Subbiah Kannappan, ed., *Studies of Urban Labour Market Behaviour in Developing Areas* (Geneva: International Institute for Labour Studies, 1977).

一半的现代化还没实现。[1] 即使是这样，由于工资劳动者性别构成中的非现代偏见，这一数据还须进一步打折才行。

表 12.1　按部门、行业和身份区分的就业状况

	1920	1930	1940	1950
工薪雇佣（千人）[a]				
所有部门	27 260	29 619	34 177	36 160
第一产业部门 [b]	14 717	14 700	14 384	18 100
农林业	14 181	14 131	13 841	17 410
第二产业部门 [c]	6 990	7 359	10 066	9 630
制造业	4 604	4 754	6 955	6 230
公用事业	1 170	1 294	1 523	1 710
第三产业部门 [d]	5 553	7 560	9 727	8 430
商贸业	3 380	4 930	4 898	3 740
服务业	2 174	2 630	4 818	4 050
工薪雇佣占从业者总数的百分比 [e]（%）				
所有部门	29.5	32.3	41.9	39.6
第一产业部门	4.5	4.9	4.9	6.2
农业	2.9	3.2	2.5	3.5
第二产业部门	67.4	64.5	80.9	79.8
制造业	62.7	60.4	78.7	78.2
公用事业	70.3	83.6	91.9	94.4
第三产业部门	44.6	40.4	56.0	60.3
商贸业	24.0	31.2	36.4	36.0
金融业	76.1	89.6	95.2	93.6
服务业	67.8	75.1	79.1	65.1

---

[1]　关于日本工业技术和组织的性质和质量问题，一直存在着很大争议。这些问题涉及工厂、制造商（或制造厂），以及制造业部门内家庭手工业的相对重要性。对于这一领域日本主要论著存在的问题即所做的评论，参见 Mikio Sumiya and Koji Taira, eds., *An Outline of Japanese Economic History, 1603–1940* (Tokyo: Tokyo University Press, 1979), chaps. 7, 15。

（续表）

	1920	1930	1940	1950
大川－高松对服务业的估计 [f]	16.9	17.1	38.7	—
工薪雇佣占现代部门从业人数百分比（%）				
制造业雇佣占工厂就业人数的百分比 [g]	39.6	39.9	65.5	59.8
金融业总就业人数占现代部门就业人数百分比	38.8 [i]	46.0 [j]	—	—
同样调整的无薪家庭工人所占百分比 [k]	25.5	31.7	—	—

注：a. "Mataji Umemura's estimates in *Patterns of Japanese Economic Development: A Quantitative Appraisal*, ed. Kazushi Ohkawa and Miyohei Shinohara (New Haven, Conn.: Yale University Press, 1979), pp. 392-395.

b. 包括农业、林业和渔业。

c. 包括采矿业、建筑业、制造业和"支持与公用事业"（交通、通信、供电、供气和供水）。

d. 除了第一产业部门和第二产业部门的所有行业。

e. Tadao Ishizaki, "Sangyo kozo to shugyo kdzo," in *Wagakuni kanzen koyo no igi to taisaku*, ed. Showa dojinkai (Tokyo: Showa dojinkai 1957), pp. 665, 690-691.

f. *Long-Term Economic Statistics of Japan Since 1868* [LTES], vol. 1, ed. Kazushi Ohkawa, Nobukiyo Takamatsu, and Yuzo Yamamoto (Tokyo: Toyo keizai shinposha, 1974), p. 131. 此项经济统计资料结束于1940年，且缺少适用于1950年的数据；1950年的"服务业"包括商贸业、金融业和个人服务业。

g. 根据表12.2。

h. Ohkawa and Shinohara, eds., *Patterns of Japanese Economic Development*, p. 124. "现代"金融业指的是银行业和保险业。"传统金融业"指的是 mujin（无尽，指民间的互助借贷协会）、放款和贷款。

i.1915年。

j.1926年。

k. 出现在前一行的金融业从业人员不包括"无报酬的家庭工人"，而这是传统金融业的一个重要因素。因此，这里使用无报酬家庭工人对所有服务业总就业人数的比率做出调整，数据获自 *Long-Term Economic Statistics of Japan Since 1868* [LTES], vol. 1。

如果在制造业中只有40%是正规的而60%是非正规的，那么，这一比例对于所有非农就业究竟有多大代表性呢？　在建筑业、批发和零售商业，以及服务行业，正式部门所占的比例肯定大大低于制造业。另一方面，公用事业和政府部门几乎完全是正规的，尽管它们只雇佣了一小部分的工业劳动力。此外，还有许多不具有行业忠诚度的临时工。因此，工厂的制造业就业份额很可能已经标志着非农就业在正规部门相对重要性的上限。这样，正如制造业所显示的那样，在 1920 年，日本整个非农就业人数中"现代部门"从业者所占比重尚低于 40%。以此计算，"现代工资和工薪阶层"将会少于日本就业总人数的 15%（非农产业有偿员工的 40% 除以所有受雇人员，以表 12.1 中 1920 年的数据为基础）。

612 在 1920 年之后的十年里，现代部门就业的相对规模几乎没有改变，但在 20 世纪 30 年代，重工业有了实质性的扩张，从而以史无前例的规模吸引劳动力进入工厂。在 1930 年到 1940 年期间，工厂雇佣工人数量增加了将近两倍半。根据表 12.1，在 1940 年，工厂雇佣工人占到整个制造业就业人数的 66%，这表明制造业已经最终成为现代部门占主导地位的产业。由于制造业中工厂就业的比例意味着现代部门在整个非农产业中现代部门的相对规模，因此我们可以说，在第二次世界大战前夕，日本的非农就业已经成为现代部门占据主导地位。战时的破坏和经济的崩溃，在工农业生产、生产力和就业结构方面造成了巨大的挫折，这一过程也许从战争的最后两年（1944 年和 1945 年）开始，并一直延续到 20 世纪 50 年代。直到 1952 年，国民产出水平才恢复到 1934 年到 1936 年的战前"正常"水平，而就业结构很好地反映了这些挫折的影响。与 1940 年相比，1950 年日本主要制造业部门的就业人数明显更低，工厂就业人数缩水了 30% 以上。当盟军于 1952 年结束占领时，日本经济不得不从 20 世纪 30 年代中期的水平重新开始。[1]

劳工在现代部门发展中的角色

在 1920 年，日本经济的大约一半是农业，而现代经济所占的份额不到 40%。现代部门就业人数就像一个四周被传统行业就业人数包围的小岛，这样一幅图像让人想起威廉·阿瑟·刘易斯（William Arthur Lewis）"有无限劳动力供给的经济发展"的著名模型。[2] 这一模型假设，"资本主义的"或现代部门以外的剩余劳动力将劳动报酬压低到生活水平的最低限度，直到剩余劳动力完全被资本主义部门的就业所吸收为止，工资将停留在传统行业维持生存的最低水平。刘易斯模型没有对农业和

---

[1] 对战时和战后数据的考证和分析，参见 Umemura Mataji, *Sengo Nihon no rodoyoku* (Tokyo: Iwanami shoten, 1964), esp. chap. 2, sec. 2。

[2] William Arthur Lewis, "Economic Development with Unlimited Supplies of Labour," *Manchester School of Economic and Social Studies* 22 (May 1954): 134-191.

非农业的非正规部门做出区分，但将两者同时视为传统行业。发展经济学家们建议将非农业的非正式部门作为一个独立的角色而存在，并且提出在一个发展经济体中存在着三个基本领域：现代部门、非正规部门和农业部门。[1] 随着就业机会的增加，非正规部门的就业作为等待被吸纳进现代部门的劳动力储备。如果我们假设从非正规部门转向现代部门的成本或流动不便，要比从农业转向现代部门时少，那么，劳动者将首先从农业部门转移到非正规部门，然后等待现代部门的职务空缺，似乎就是合理的。实际上，一部分非正规部门的就业变成了隐性失业。

　　许多经济学家认为，刘易斯模型只能部分地解释日本的发展。古斯塔夫·拉尼斯和费景汉（John C. H. Fei）提出，经过他们适当精炼的刘易斯模型，就将适用于直到第一次世界大战前日本的发展情况。[2] 南亮进（Minami Ryoshin）认为，在日本，类似"劳动力无限供给"的条件一直持续到 1960 年左右。[3] 在此期间，日本的经济发展出现了"长期波动"，从几个关键的经济变量（包括工资和就业）的时间序列来看，每次波动持续 20 到 30 年时间。[4] 如果存在着这样的波动，就很难理解在长期的不稳定阶段，当劳动力冗余增加时，劳动力的无限供给是如何持续的。在上升阶段，虽然有一些滞后效应，劳动力供给趋于减少，足以抬高以牺牲利润为代价的劳动力成本，从而为下一次经济衰退奠定了基础。[5]

　　如果工资的微小增加或没有增加，就会导致就业的大大增加，那就是说，相对于工资来说，就业是具有弹性的——简言之，即工资弹性。相反地，如果工资有了大幅度增加，而就业却只有很少增加或完全没有增加，那就是说就业是没有弹性的。图 12.1 将工厂就业指数与实际工资指数联系起来（两者都是根据战前工厂统计和战后制造业普查的数据计算的），表明日本的就业弹性随着时间的推移而变化。1909 年以后存在四个阶段：（1）弹性就业，1909 年到 1920 年；（2）非弹

613

[1] Lloyd G. Reynolds and Peter Gregory, *Wages, Productivity and Industrialization in Puerto Rico* (Homewood, 111.: Irwin, 1965); John R. Harris and Michael P. Todaro, "Migration, Unemployment and Development: A Two-Sector Analysis," *American Economic Review* 60 (March 1970): 126-142.

[2] John C. H. Fei and Gustav Ranis, *Development of the Labor-Surplus Economy* (Homewood, 111.: Irwin, 1964).

[3] Ryoshin Minami, *The Turning Point in Economic Development* (Tokyo: Kinokuniya, 1973).

[4] Miyohei Shinohara, *Growth and Cycles in the Japanese Economy* (Tokyo: Kinokuniya, 1962); Kazushi Ohkawa and Henry Rosovsky, *Japanese Economic Growth* (Stanford, Calif.: Stanford University Press, 1973); Kazushi Ohkawa and Miyohei Shinohara, eds., with Larry Meissner, *Patterns of Japanese Economic Development* (New Haven, Conn.: Yale University Press, 1979).

[5] Ohkawa and Rosovsky, *Japanese Economic Growth*, pp. 200-204.

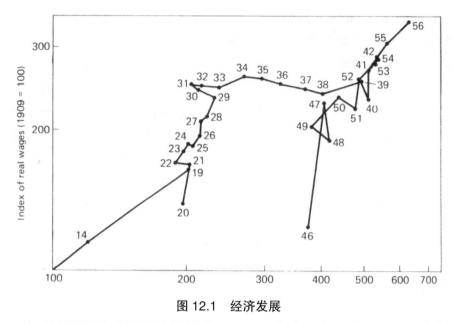

图 12.1　经济发展

注：日本工厂实际工资与就业之间的关系，1909—1956 年（1909 年 =100）；1943—1945 年数据不包括在内。

资料来源：Showa dojinkai, ed., *Wagakuni chingin kozo no shiteki kosatsu* (Tokyo: Shiseido, 1960), pp. 463-464。

性就业，1920 年到 1933 年；（3）弹性就业，1933 年到 1940 年；（4）非弹性就业，1940 年到 1956 年。关键的问题在于，在多大程度上或以何种方式，这些变化着的工厂就业的工资弹性能够与劳动力供给或需求的变化联系在一起。

614　　就总体而言，1909 年到 1919 年之间的工资－就业关系表明，劳动力供给的工资弹性相当高：工厂就业人数增加了 102%，而实际工资只增长了 64%。在第一次世界大战的繁荣时期，扩大市场需求的压力激励日本雇主尽可能快地增加他们的劳动人手。这是弹性劳动力供给的一个迹象，当对劳动力的需求迅速增加时，就业人数扩大的速率就会快于实际工资的增长速率。

　　接着在 1919 年以后出现了一个工厂就业工资弹性上的惊人转变。在 1920 年到 20 世纪 30 年代初期间，工厂就业人数几乎没有增加，但实际工资增长了 70% 以上。这里的问题是，在 20 世纪 20 年代，实际工资的大幅增加是否是由于劳动力的相对稀缺，如果是的话，为什么之前 10 年的劳动力弹性供给突然变成了无弹性供给。其中的一个可能答案是，现代部门在 20 世纪第一个 10 年间年复一年地连续吸收大量的工人，最终耗尽了这个部门的劳动力供给，而不断严重的劳动力短缺所产生的滞后响应，带来了实际工资在 20 世纪 20 年代早期突然向上调整。但是这并没有解释，为什么实际工资持续增长了好多年，而就业却没有相应的增加。有人猜测，20 世纪 20 年代实际工资的持续增长，可能是由于新的、非市场因素影响了劳动力市场的需求面。事实上，在诸如官方对工业工作条件的规定、劳工团体、劳资纠纷、公众对商业行为的批评，以及新的民主社会氛围等新生力量的压力下，日本雇主正在改变他们的雇佣策略。 615

与此同时，日本的劳动人口在 20 世纪 20 年代正以比此前几十年更快的速度增长。在迅速增长的劳动力中，更大的比例也接受着更好的教育，具备更熟练的技能。在 20 世纪 20 年代，在现代部门以外存在着熟练工人的高度积累。换句话说，对现代部门的劳动力供给在 20 世纪 20 年代的每一年里都变得更具弹性。当日本的"第二次工业革命"在 20 世纪 30 年代到来之时，这种累积起来的劳动力储备被吸纳进现代部门就业，却没有刺激实际工资的进一步增长。于是，在 20世纪 30 年代，工厂就业的工资弹性又有了另一次转向。

由于就业扩张和男性被征召服兵役，劳动力在 20 世纪 30 年代后期变得稀缺，在第二次世界大战期间更是如此。因此，新一轮工厂就业的低工资弹性开始出现，并一直持续到 20 世纪 50 年代。这种连续性引人注目，由于战后经济在许多方面与战时经济有所不同，尤其是在劳动力供给方面，从战时短缺急剧转变为战后突然而不断增加的过剩。[1] 然而，在这两个时期中，工资－雇佣关系具有某些共同的特征。1943 年到 1945 年，没有工资和就业的可靠数据。但是，我们可以假设实际工资和工厂就业在这些年里有所下降。在战后的第一个完整年度 1946年，工资和就业两方面都达到了一个新的低点。当工资和就业两者反弹时，它们倾向于沿着以 1939 年至 1942 年的工资－雇佣关系为标志的上升通道运行。于是，一个令人尴尬的问题出现了：尽管潜在的劳动力供给从战时的短缺转变为战后的过剩，但在日本工厂中的实际工资－雇佣关系显然受到了整个周期内同样弹性的影响。如何使得就业的工资弹性在劳动力过剩时和劳动力短缺时是一样的呢？一种解释是，决定生活水准的实际工资水平，要恢复到战前的水准，很可能比就业恢复到战前水平面临更大的压力。战后日本的非市场因素的作用也比战前的日本 616

---

[1]　与这个问题尤其相关的数据，参见 Umemura, *Sengo Nihon no rodoryoku*, chap. 2, sec. 2。

大得多。1945 年以后，工会组织和集体谈判被合法化，并在日本历史上第一次受到鼓励。合法的劳动标准也得以提升和扩展。在工资就业弹性的波动和制度因素的作用下，降低了刘易斯模型对日本经验的适用性。充其量这一模型符合 20 世纪 30 年代的经验，当时现代部门的就业相对于工资来说具有极大的弹性。

作为现代部门劳动力源泉的农业

在 1920 年之后，日本的劳动力由三个部分组成：现代部门、城市非正规部门和农业。根据梅村又次（Mataji Umemura）的最新估计，战前日本的"农业劳动力的流出"在 1910 年到 1920 年的十年间达到了历史新高。[1] 在此期间，农业流出的劳动力占新增加的非农就业人数的 80% 以上，这也是史上新高。农业劳动力外流在 1920 年到 1930 年间跌至不到一半，然后在 1930 年到 1940 年间再次上升。农业劳动力外流几乎与工厂就业的变化趋势完全相关，如图 12.1 所示。

究竟有多少农业劳动力转移到现代部门，又有多少农业劳动力转移到城市非正规部门，如今尚没有系统的数据或估算能够加以说明。截至 1917 年 10 月，由农商省进行的一项关于工厂工人就业状况的研究表明，第一次世界大战爆发后，在新建立的工厂中总共雇佣了 253 598 名工人。其中大约有 90 000 名工人是从此前任职的工厂转到新的工厂，而剩下的 160 000 人则是新雇佣的员工。其中，有 103 430 名或占总数 65% 左右的工人，以前都是农业劳动者。[2] 因此，在第一次世界大战期间，大约 2/3 的工厂就业（或现代部门就业）的净增加似乎是来自农业，另有 1/3 来自城市非正规部门。非正规部门的劳动力又是由农业劳动力的流入，以及通过人口增加得以补充。这个部门超过 80% 的劳动力净增长可能都是来自农业。

到了 20 世纪 30 年代后期，这种模式发生了变化。1938 年对几个部门的调查结论是，在制造业就业人口的净增长中，约 43% 来自近期的学校毕业生（其中大约有一半人来源于农民家庭），其余的 37% 至 45% 依然来自农业。[3] 从这些数据看，在 1938 年，制造业劳动力的净增加只有 42% 到 47% 依赖于农业，远远低于

617

[1] Mataji Umemura, "Population and Labor Force," in *Patterns of Japanese Economic Development: A Quantitative Appraisal*, ed. Kazushi Ohkawa and Miyohei Shinohara with Larry Meissner (New Haven, Conn.: Yale University Press, 1979), p. 246.

[2] Rodo undo shiryo iinkai, ed., *Nihon rodo undo shiryo*, vol. 3 (Tokyo: Rodo undo shiryo iinkai, 1968), pp. 51-54.

[3] Nichi-Man nosei kenkyukai, *Saikin ni okerujinko ido no seikaku to nogyo* (Tokyo: Nichi-Man nosei kenkyukai, 1940), pp. 54-58.

20 年前的 2/3。经过几十年的现代化进程，日本现代部门的劳动力构成终于正在失去其传统的农民背景。

很显然，劳动力从农业转移到非农产业，并不仅仅是简单地扩大现代部门以吸收传统部门剩余劳动力的结果。一个独立的城市非正规部门的存在，使得农业劳动力的外流变得更为复杂。据推测，每当现代部门发生收缩的时候，那些来自农村的现代部门的工人就会重返农村。但是，这显然只是一个过于简单化的假设。

为什么人们要离开农业去非农部门就业？无论何时，工人们离开他们的工作和熟悉的环境去其他地方就业，他们所追求的可能就是更高的工资。南亮进和小野（Ono）对农业工资和制造业工资进行了比较，其中包含了一大一小两个惊喜。[1] 大的惊喜是，从 1880 年到 1940 年间，女性从事农业的工资一般高于从事制造业。在早些年里，女性工人的工资差别更大，当时农业工资高出制造业工资 50% 以上，这种情况一直持续到第一次世界大战。在这种情况下，从农业转移到工业的女性工人，可能是那些不能获得农业平均工资的女性劳动力。这些人都是女孩子，往往在只有十一二岁时，便被纺织工厂雇佣。她们的工资统计数值降低了女性在制造业的平均工资水平。然而，尽管她们的工资很低，但她们在纺织工厂的收入仍有可能高于在家乡从事农业生产的收入，至少这些孩子转移到了使能够生存的部门，并减轻了父母需要养活她们的额外压力。

小的惊喜是，直到第一次世界大战为止，农业和制造业的工资大致相等。离开农业的那些人并不是家业的继承人或者不是长子，因此，如果留在家里，他们也将成为为自己的兄弟、邻居、亲戚或陌生人打工的短期雇工。除非他们能够获得耕种的农田——而这样的机会是罕见的——否则，他们将成为当地社会的二等成员。从某种意义上说，他们是因为长子继承制而被"剥夺了继承权"的一批人。这些非家业继承者们，没有被束缚在土地上，他们能够比较农业和非农就业的优势，并决定他们应该在哪里工作。然而，需要大量男性工人的现代工业，不能够迅速发展以吸收这些被剥夺了继承权的农村男性劳动力。表 12.1 显示，甚至在 1920 年，非工业劳动力占社会劳动力总数的比重仍为 60%，也就是说，许多男性劳动力从农业转移到了城市非正规部门。

[1] Minami and Ono, "Wages," in *Patterns of Japanese Economic Development*, chap. 13.

此外，在 20 世纪 20 年代之前，现代工厂的管理水平尚未成熟到足以让工厂就业具有竞争力。当职位空缺时，工厂便从街上的失业者中临时雇佣工人，而当没有更多的需要时，则把他们重新送回街上。于是，工人们稳步穿梭在现代部门和非正式部门之间，从而产生出男性劳动力在所有经济部门中相对均等的工资。在本质上，这是一个劳动力市场以最小的摩擦系数在三个部门之间分配劳动力。这也许就是理论上竞争性劳动力市场的最佳逼近，真正的市场化劳动力配置可以在任何地方创造出来。

不过，到了 20 世纪 20 年代，制造业和农业的工资差距不断扩大。劳动力从农业向非农业转移有所减少，与此同时，现代部门扩张的速度与非正规部门扩张的速度相同或更慢。鉴于跨部门的劳动力市场关系在 1920 年之前已经占据了上风，这种情况具有非同一般的意义。20 世纪 20 年代日本经济的新动向就是劳动力市场的细分。现代部门工资的无节制上涨，正是由于劳动力市场需求方面强大的非经济力量的上升所引起的。反过来，劳动力成本过高，也限制了现代部门吸收劳动力的能力，并使城市非正规部门和农业丧失了劳动力供给。于是，相对于现代部门的工资水平，农业和城市非正规部门的工资水平下降。在 30 年代中期部门间工资差距最大时，农业工资只有制造业工资的 50% 上下。[1] 大约在同一时期，根据 1932 年和 1933 年现代部门中最小公司的工资水平推断，城市非正规部门的工资也没有超过现代部门平均工资的 60%。[2] 然而，在 20 世纪 30 年代剩余时间里和第二次世界大战期间现代部门就业人数的扩张，随着被派往前线的数百万健全男性劳动力的撤出，日本的劳动力资源已经所剩无几，到战争结束时，所有的工资差距都已不复存在。

妇女在日本劳动力市场中的角色

直到 20 世纪 30 年代，日本制造业工厂中的劳动人手主要是女性，而非工厂制造业的工人则主要是男性。表 12.2 显示了 1920 年到 1950 年间按性别和职业区分的就业状况。

---

[1] Minami and Ono, "Wages," in *Patterns of Japanese Economic Development*, chap. 13.

[2] Yasuba, "The Evolution of Dualistic Wage Structure," in *Japanese Industrialization and Its Social Consequences*, p. 256.

表 12.2　日本就业的性别和职业状况（1920—1950）

单位：千人

	1920 年	1930 年	1940 年	1950 年
所有行业工人总数	29 966	29 341	32 231	35 575
男性	16 820	18 888	19 599	21 811
女性	10 146	10 463	12 632	13 763
制造业工人总数	4 438	4 702	6 845	6 460
男性	2 892	3 276	4 959	4 510
女性	1 547	1 425	1 887	1 950
工资劳动者	2 781	2 842	5 385	4 413
自谋职业者（包括家庭劳动者）	1 702	1 860	1 460	1 243
工厂就业者	1 758	1 875	4 486	3 861
操作工总数	1 555	1 684	3 843	3 117
男性	730	796	2 545	2 034
女性	824	887	1 298	1 083
非工厂制造业工人总数 [a]	2 680	2 827	2 359	2 599
制造业非操作工总数 [b]	2883	3018	3002	3343
男性	2162	2480	2314	2476
女性	723	538	589	867

资料来源：Ishizaki Tadao, "Sangyo kozo to shugyo kozo," in *Wagakuni Kanzen koyo no igi to taisaku*, ed. Showa dojinkai (Tokyo: Showa dojinkai, 1957), 在适当的地方做了修改和补充，参见 Rodo undo shinyo iinkai, ed., *Nihon rodo undo shiryo*, vol. 10 (Tokyo: Rodo undo shiryo iinkai, 1968), and *Nihon rodo nenkan*, no. 27 (Tokyo: Ohara Institute for Social Research, Hosei University)。

注：a. 等于制造业工人总数减去工厂就业者人数。

b. 等于制造业工人总数减去操作工人数。

女性在所有行业的就业人数占到日本总就业人数的 35%—50%。制造业中的男女比例要高于总就业人数中的男女比例。在 1940 年，男性工人占了制造业就业人数的 70% 以上，而女性降到了不足 30%。但是，在制造业就业的一个组成部分工厂就业方面，情况却是不同的。从 1920 年到 1930 年，所有工厂工人中超过一半是女性。然而，在 1930 年到 1940 年间，这一男女比例发生了翻转，使工厂的形象与现代化更为一致。如果我们考虑到工厂制度作为经济现代化的一个重要组成部分，那么，女性在任何社会中都很少走在男性前面扮演现代化的先驱角色，但令人惊奇的是，在日本的工厂体系中，女性在相当长时期为充当了日本现代化进程的先锋。在很长一段时间里，日本的经济发展和技术进步是由落后的以妇女和女孩为主导的工业劳动力所支持的。

620　　表 12.2 还对比了工厂工人和非工厂制造业工人的性别状况。在表中显示的所有年份里，女性工厂工人的数量都超过了非工厂制造业女工的数量，而且除了 1940 年以外，男性工人大多是非工厂工人。特别是在 1920 年和 1930 年，男性非工厂制造业工人的数量是男性工厂工人数量的 2.5 倍。这些男性非工厂工人大多是自我雇佣的个体经营者、自己家庭的劳动人手，或者个体经营者所雇佣的工资劳动者。但是，他们的劳动场所太小而不能被认定为工厂，而且他们的生产方式也不够先进，不能被认为是现代化的生产。这些都是"家庭工业"。

在当今的欠发达国家，作为制造业就业中少数派的工厂工人，与非工厂工人相比仍然是一个相对拥有特权的群体。同样，在 20 世纪 30 年代的日本，工厂工人也相对享有某些特权。这表明，工厂就业的声望与劳动人口的性别构成存在联

621　系。完整的现代化可能涉及几个同时发生的要求：没有生产性的制造业，一个经济体不可能是现代的；没有重工业和工厂制度，制造业不可能是现代的；不是由男人运营的工厂制度，不可能是现代的。在日本，只有在 20 世纪 30 年代晚期这些要求才第一次得到满足。

具有讽刺意味的是，像日本这样男性占主导地位的传统社会，工业化却是通过吸收妇女和女童成为工业劳动力才得以完成的。但是，这些女性产业工人并没有通过参与工业化而享有任何特殊的利益。事实上，从 1890 年至 1910 年间的日本工业革命，正是由于女性产业工人所受的虐待（比如长时间工作不休息，节假日少、工资低，事故频发和健康受到损害），才导致了 1911 年《工厂法》的产生。《工厂法》规定了就业的最低标准，覆盖所有雇佣了 15 名以上工人的制造业企业。它禁止企业雇佣 12 岁以下的工人，女性和未成年人每天工作不得超过 12 个小时，同时不得在晚上 10 点到凌晨 4 点之间工作。该法律还规定，未成年人和妇女每月至少休息两天，夜班工人每月至少休息 4 天，若一天的工作超过 10 小时，则每天必须有一段至少 30 分钟的休息时间。《工厂法》还阻止公司雇佣未成年人从

事某些危险或令人厌恶的工作，并要求企业支持残疾工人和他们的家庭。

《工厂法》于 1916 年实施后，提供给了女职工和未成年工人自我保护的权利，以免遭受最严重的侵权行为。但是，就在日本的雇主们已经学会了忍受法律约束的时候，日本的产业转移到达了一个新的阶段，其间对男性劳动力的需求超过了对女性劳动力的需求。因此，在 20 世纪 20 年代和 30 年代，男性工人工资增加的速度超过了女性工人工资增加的速度。也是在这一时期，开始了新的就业实践，它成为"日本就业制度"的先导，并把与男性工人的雇佣关系稳定了下来。于是，在 20 世纪 30 年代日本的第二次工业革命中，妇女和女童便退居到了次要地位。[1]

二元劳动力市场的出现

在两次世界大战之间，随着工业和农业劳动力市场之间的联系变得松散，非农业劳动力市场变得更为细化；也就是说，一些企业比那些在劳动力市场上比较普遍的企业付出了更高的工资。当以这种方式表现的企业在产出、资源、就业和市场力量方面构成了一个重要部分的时候，对于整个经济体系的公平性而言，劳动力市场的细分便具有了重要的意义。

在战前日本，关于二元劳动力市场出现的统计证据有些模棱两可。一方面，尾高煌之助（Odaka Konosuke）的研究表明，如果市场力量更加自由的话，某些大公司已经开始支付比他们的工人此前得到的更高的工资。在把 12 家主要企业的工资水平与它们当地劳动力市场的工资水平进行了比较之后，尾高煌之助发现，在 20 世纪 20 年代和 30 年代，相对于市场工资水平来说，这些公司的工资水平无一例外都在上升。[2]

通过对战时和战后时期的研究，尾高煌之助发现，工资差异可能已经在第二次世界大战期间和战争刚刚结束后不复存在，直到 20 世纪 50 年代才重新出现。在这段时间里，来自三菱重工的数据表明，1939 年到 1950 年期间，这些工厂支

[1]　Hosoi Wakizo, *Joko aishi* (Tokyo: Kaizosha, 1925). See also Okochi Kazuo, *Reimeiki no Nihon rodo undo* (Tokyo: Iwanami shoten, 1952).

[2]　Konosuke Odaka, "Historical Development in the Wage-Differential Structure," paper presented at the *Japan Economic Seminar*, New York City, April 14, 1973.

付给工人的工资几乎等同于市场在相同交易条件下的工资水平（在 1.0—1.2 的范围内），但工资差异随后增加到了 1958 年的 1.8。[1]

一些大公司比主流劳动力市场支付更高的工资这一事实，并不意味着大多数公司都是这么做的。这样一种泛化的结论，需要这一经济体中所有公司的规模大小和工资水平的数据。不幸的是，对于日本的战前时期来说没有这些数据。更为充足的战后数据，如制造业的年度普查等，清楚地表明，在 20 世纪 50 年代，由于企业的规模不同，存在着较大的工资差距。由此可见，在战后时期，大企业通常比小企业支付更高的工资。但是，对战前时期做这样的概括则不很确定。

安场保吉（Yasuba Yasukuchi）对战前时期工资差异所做的研究工作，使用的是 1909 年、1914 年和 1932 年到 1933 年的数据。在 1909 年和 1914 年的数据中，来自厂家统计汇编的数据显示，当以平均工资支付给不分性别和年龄的所有工人时，不会因为企业规模的原因而导致工资差距。但是，当男性工人和女性工人的工资分开计算时，雇佣 5 到 9 个工人的最小规模的工厂与雇佣 1 000 个以上工人的最大工厂之间，存在着 20%—30% 的差异。例如，若将雇佣 1 000 个以上工人的工厂的男性平均工资设定为 100，那么，在雇佣 5 到 9 个工人的工厂里，男性平均工资在 1909 年、1914 年分别为 80 和 72。最小工厂中女性工人的工资水平，类似的指数在 1909 年、1914 年分别为 76 和 72。安场还通过把劳动力的性别、年龄、工作日和白领、蓝领混合等方面的差异标准化，进一步细化了平均工资的计算。[2] 这样一来，规模最小的那类企业的工资水平在 1909 年达到规模最大的那类企业工资水平的 80.7%，1914 年为 71.3%。

1909 年和 1914 年的数据可以用多种方式进行解读。与 1885 年企业间工资差距的随机调查相比，1909 年和 1914 年的数据表明，工资水平与企业规模之间的关系存在着一定程度的一致性。1932 年到 1933 年的数据，虽然与早期的数据没有直接的可比性，但经过一些调整表明，最小工厂的工资水平与最大工厂工资水平的比率，1909 年为 82.3%，1914 年为 78.5%，1932 年到 1933 年为 61.2%。由此可见，因企业规模大小而导致的工资差距，在 1932 年到 1933 年比 1909 年或

623

---

[1] Odaka Konosuke, "Dainiji taisen zengo no kyu-Mitsubishi Juko rodo tokei ni tsuite," *Hitolsubashi ronso* 74 (1975): I-l6.

[2] Yasuba, "The Evolution of Dualistic Wage Structure," in *Japanese Industrialization and Its Social Consequences*, p. 259.

1914 年更大。[1]

在尾高煌之助和安场保吉研究的基础上，我们有理由得出结论，由于公司规模导致的显著工资差别最早出现或形成于 20 世纪 20 年代。这个时候的一些大公司开始雇佣不同种类的工人，或与它们的员工建立起各种各样的关系。这可以被描述为"二元并存劳动力市场"的兴起，这一现象激起了那些习惯于高效率劳动力市场的理性主义的经济学家的兴趣。劳动力市场二元结构的出现，并不仅仅是由于有些企业的规模大，有些企业的规模小。正如尾高煌之助的研究所显示，他考察的企业在 1920 年以前已经在竞争激烈的就业市场上运行了很长一段时间，而工人们并不认为它们是特别理想的雇主。因此，无论企业的规模大小，劳动力在企业间的流动性相当可观。那么，为什么会产生这种二元性的工资结构呢？为什么大企业开始比小企业更加慷慨地善待自己的员工呢？为什么工人们发现在 20 世纪 20 年代大公司比小公司作为雇主更有吸引力呢？

安场保吉的解释将二元劳动力市场的形成归因于一些大公司家族主义经营的出现。在那些小公司或小工厂里，雇主了解他的雇工的个人情况，照顾他们工作和生活的方方面面，与之相反，大型企业是没有人情味的，也是与人疏远的。因此，为了吸引工人并弥补这种不近人情，大公司必须提供小公司不能提供的一些好处。大企业必须提供一种制度化的家长作风，于是便以一种基于资历的更高工资和更好的附加福利的形式表现出来。于是，大型企业和小型企业之间的工资差距，在某种意义上相当于小企业的雇主给予员工的个人关注和关心的货币等价物。换句话说，这是以更高的工资来补偿个人家长作风的缺乏。[2] 这样，根据安场保吉的解释，工资差距的出现具有一个文化的原因；也就是说，大型企业的雇主们被迫让自己模仿传统的小型企业，以吸引并留住员工。尽管从经济理性的角度来讲很难理解，但就历史和文化传统而言，这种企业家长式作风是有道理的。

但同样令人信服的是，工资差距可能是由理性的经济计算和市场效率决定

624

---

[1] Yasuba, "The Evolution of Dualistic Wage Structure," in *Japanese Industrialization and Its Social Consequences*, p. 258-259. 这并不是说，因工厂规模导致的工资差别在 1914 年到 1932—1933 年间扩大了。根据可靠的数据，这些差距在 1909 年和 1914 年间有所扩大。但是，就像可以从其他数据中推断出来一样，这种差距可能已经在第一次世界大战的繁荣期有所下降。因此，从 1909 年、1914 年和 1932 年到 1933 年的工资差距的数据可知，工资差距的扩大可能不是一个持续上升的趋势。关于工资差距相关数据的审核，参见 Koji Taira, *Economic Development and the Labor Market in Japan* (New York: Columbia University Press, 1970), pt. 1。

[2] Taira, *Economic Development*, pp. 285-286.

的。究其原因，大企业雇主为员工提供更高的工资，给以定期加薪，以及一些附加的福利——特别是遣散费、退休津贴和带薪休假等——都有一个共同点，那就是旨在鼓励工人尽可能地留在他们公司就业。简而言之，工资和福利都是建立在企业想要它的员工为其服务年限长度的基础之上。为什么服务年限是一个如此重要的变量，为此公司愿意支付越来越多的金钱？更一般地说，更多的钱是实现这一目标的唯一途径吗？难道没有非货币的方法吗？采取处罚措施，包括身体暴力，也被作为一种劝阻工人离开工作岗位的手段，曾在包括日本在内的许多国家使用。事实上，以货币刺激来诱致长期服务通常是在消极制裁失败后制定的。

　　基于劳动力市场理论的最新进展，我们现在可以假设，经济二元结构在制度方面最重要的原因之一是大型企业需要"内部劳动力市场"。内部劳动力市场指的是在一个企业内部的工作变动，涉及正式和非正式的培训、工作分配和重新分

625 　配、转岗、晋升等等。企业内部工作变动的发生，是由于企业的技术变化，以及员工学习了新的技能和随着时间的推移获得了经验。这些现象看起来很像是劳动力市场上的就业流动。但是，由于它们局限于一个企业内部，因此被认为是出现于企业内部的劳动力市场。内部劳动力市场普遍存在于重工业（包括金属材料、金属制品、机械、设备、电器和精密仪器等）部门，在这样的内部劳动力市场上，企业特有技能可以通过不断的在职培训和经验获取来更有效率地习得。在两次世界大战之间的日本，一些主要的大公司都试图通过各种各样的利诱、处罚和保障措施，来创立和改善内部的劳动力市场，以尽可能长久地留住工人。1929 年，协调会（Kyōchōkai）的一份主要出版物包含了对主要行业情况所做的一次广泛调查，特别是对雇佣合同和条件的审查。[1] 不同的公司使用不同的手段来增加员工的留存率。这些措施包括谨慎进行招聘，开办公司学校，定期予以加薪，偶尔发放奖金，对长期服务给予津贴，发行债券，由工人的担保人签署忠诚和长期服务的誓约，以及根据工作年限设定退休金和解雇津贴，等等。

　　现在举两个例子，来对比一下雇主为了获得稳定的劳动力供应付出了怎样的努力。一个是主要造纸业生产厂家的成功经验，另一个是主要陶瓷业公司的失败教训。这两类企业都采用了精心设计的招聘策略，但陶瓷业公司在使用经济激

---

[1] Nakamura Hideo, ed., *Saikin no shakai undo* (Tokyo: Kyochokai, 1929), esp. chap. 2. 亦见 S. B. Levine and H. Kawada, *Human Resources in Japanese Industrial Development* (Princeton, N.J.: Princeton University Press, 1980)。

励（工资福利与服务年限挂钩）策略方面表现得不够熟练。造纸业公司制定了一条规则，不得雇佣任何在其他纸业公司有过工作经历的人。在考虑雇佣一名工人时，造纸业公司需要对之进行身体和"精神"的检查，需要对工人的家庭生活进行调查，并需要两位保证人签署担保书。当工人由于这些检查和担保而似乎能够得到一个合理的长期服务机会之时，他仍然要被试用一到三个月。如果证明是令人满意的，那么工人随后将会得到一份三到五年的雇佣合同，如果工人也同意的话，这份合同还可以续订。这些纸业公司还让员工们知道，除非发生了极端的情况，它们不会解雇工人或拒绝合同续签。此外，公司规定不管经济状况如何都实行定期加薪，也鼓励了工人为公司长期服务。遣散费福利和奖金发放也与服务年限相绑定。对此，协调会的判断是，纸业公司实现了高度的就业稳定性。[1]

626

陶瓷业公司在招聘工人方面表现出同样的谨慎，但是并不反对雇佣在其他同类企业有过工作经历的人。在对工人的教育水平、意识形态背景和身体健康情况进行了调查之后，陶瓷业公司随之会承认这名工人的试用期。在接下来的10到14天内，这名工人被要求提交他的家庭户口册、其他能够证明身份的证件、个人履历、效忠誓言，以及由复数担保人共同签署的服务年限承诺。当完成了这些程序，并证明令人满意之后，这名工人就是正式员工了。陶瓷业公司也通过服务年限来绑定离职津贴。但是，它们广泛采用计件工资制而不实行定期加薪制，没有或只提供很少的奖金，同时也没有采取其他诱使工人长期服务的措施。毫无疑问，当日本的整体经济状况有所改善时，工人们就会成群结队地留在更小、更灵活的公司里就业。在这样的企业里，当工人们想要的时候就会有加班加点的工作；而且，在这样的企业里，对工人的个人文件要求得较少。[2] 除了不同的工资测定和企业管理之外，造纸业公司还强调企业的内部培训，而陶瓷业公司则依靠工人们独立获得的技能和经验。造纸业公司成功建立和维持它们工作人手的关键，在于排斥那些曾在其他同类公司有过工作经历的员工，而在第二次世界大战后的日本，对有工作经验工人的歧视变得非常普遍。

一个封闭的内部劳动力市场（只在劳动力进入市场时开放，其余所有较高层次人员都由内部培训和晋升的人员组成）很难快速建立起来。首先，它需要一种

---

[1] Levine and Kawada, *Human Resources*, pp. 75-77. 关于造纸行业管理历史的详细研究，参见 Hazama Hiroshi, *Nihon romu kanrishi kenkyu* (Tokyo: Diamondosha, 1964), chap. 2。

[2] Nakamura, *Saikin no shakai undo*, pp. 83-86.

有效的管理，使之能够了解、衡量并组织维持一家大公司运转所需要的大量工作。没有什么比彻底的工作评估和工作研究更重要的了，它能提供一种在技术上合理的工作和岗位结构。其次，公司还必须具备社会理性，向每个员工提供从招聘到退休的全面照顾，并在员工的招聘、培训、奖励和晋升等方面遵循公平的规则。虽然同步解决技术和社会方面的问题在理论上是可能的，但它在实践过程中会遭遇到时间和资源的限制。一家新公司可能会有一幅理想的内部劳动力市场的蓝图，但它只能等待，等到它的全部劳动力都由内部培训和晋升的员工组成才行。相反，公司必须从招募具有参差不齐的技能和各种各样经历的员工开始，同时训练这些刚刚入门的新手，使之在将来能够有所提升。各种级别员工的流失率不同，这进一步耽搁了职位空缺、晋升和培训的同步性。

从这个角度来看，日本企业对战前劳动力市场内部化的实际解决方案是有问题的。这些问题包括对某些工人的任意歧视，通过对个人和家庭背景的过度调查而伤害工人的尊严，以及操纵公司的市场力量，把成本和难题向更小、更弱的企业转嫁。然而，这里所说的一些歧视性的做法，按照前近代以来的传统价值观和习惯性原则来说是可以接受的。让女性员工从事"妇女的工作"就是这样的一种做法，而在体力劳动者和非体力劳动者之间的巨大地位差距，则是另一种符合传统习惯的做法。体力劳动者是按小时、工作日或劳动结果支付工资的，而他们一般被认为是可以与工厂员工相互替换的。那些只有小学学历的人，不能指望从事任何高于体力劳动的工作，除非他们依靠自己的努力取得成功。如果具有中等学校的教育水准，则可以在收入较低的或中等级别的办公室工作。那些受过高等教育的人，则直接进入管理者的行列。[1]

受到这种不平等的社会风气的制约，如果管理人员注意到工人们不同的个人品质对公司的生产效率和盈利能力的影响，他也不太可能采取一种使企业内部劳动力市场关注工人福利的措施。在日本的劳工运动史中，虽然把任何管理人员个人对其工人的关注都称为家长式作风，但战前日本企业的家长制管理的本质显然是泰勒制（Taylorism）管理的变体。有证据表明，日本人研究过弗雷德里克·泰

---

[1]　Sakamoto Fijiyoshi, *Nihon koyoshi*, vol. 2 (Tokyo: Chuo keizaisha, 1977), esp. chap. 4.

勒（Frederick Taylor）的科学管理制度。[1] 不是让工人们自己决定学习什么技能，追求什么职业，而是由日本的管理层为他们设计学习的技能和追求的职业生涯。正如泰勒曾经说过的那样，工人不必为自己考虑问题；管理层已经作了所有的思考。这与日本人对一个组织中的权威和服从的概念正相吻合。然而，造成日本的管理实务不同于美国的泰勒制管理的，并不是"任务"管理，而是日本的经理人把他们的注意力直接转向"劳动力"管理。美国式管理充其量抓住了工人对工作的想法，但日本式管理则捕捉到了工人对如何生活的思考——这可能是一种远超泰勒想象的由管理人员更全面地主导工人的方式。日本学者经常把大型企业的工人描述为"被培养成工人的圈养的孩子"（kogaki shokkō）。[2] 由于完全的内部劳动力市场很难在短时间内产生，所以日本式管理从固定员工人数这一管理的核心开始，辅之以可以随意雇佣或解雇的临时工，再加上由某些生产过程的分包商所带来的合同工。

628

　　所有这些工人——散工、临时工或合同工——人身都在公司之内，因此一个完整的内部劳动力市场应该把他们与固定员工联系在一起。但是，他们并不是这个市场的一部分。因此，建立内部劳动力市场的尝试便涉及劳动力地位的分化和分层。我们可能会把这种情况称为"内部劳动力市场的二元结构"，并注意到这个内部市场的二元结构与前面所讨论的外部（企业之间）劳动力市场二元结构的共同发展。此外，企业的生产流程往往局限于制成品的制造，而配套零部件的生产则由许多处于大公司的财政控制或独家垄断买方控制之下的分包商所承担。社会地位低下的临时工，与分包商相互为用，而反过来，这些具有双重弱势地位的工人在大型企业的内部劳动力市场上，也是那些享有特权的固定工人的副产品。

　　构建一个内部劳动力市场是一系列的试验和试错。一个复杂因素是一般经济条件的周期性波动，这迫使企业的劳动力需求也会产生类似的扩张和收缩。如果

---

[1]　Robert E. Cole, *Work, Mobility and Participation* (Berkeley and Los Angeles: University of California, 1979), pp. 108-110. 科尔在很大程度上吸收了前人的成果，参见 Kenji Okuda, "Managerial Evolution in Japan," a series of three articles in *Management Japan*, vol. 5, nos. 3, 4 (1971-1972), vol. 6, no. 1 (1972)。另一个重要的成果，参见 Toshikazu Nakase, "The Introduction of Scientific Management in Japan and Its Characteristics-Case Studies of Companies in the Sumitomo Zaibatsu," in *Labor and Management: Proceedings of the Fourth Fuji Conference*, ed. Keiichiro Nakagawa (Tokyo: Tokyo University Press, 1979), pp. 171-202。

[2]　Okochi Kazuo, *Kurai tanima no rodo undo* (Tokyo: Iwanami shoten, 1970), pp. 163-171.

这一周期的波谷相对于生产水平来说太大的话，那么，长期劳动力的规模就会违背工人们对就业保障的期望。然而，日本的管理人员是有能力的战略家。在之前的繁荣期让过剩员工下岗之后，他们倾向于选择在萧条时期来构建他们的劳动力队伍。在第一次世界大战的经济扩张期间，没有时间去建立终身雇佣的制度。在战争结束后不久，随着战时繁荣的消失，工人们第一次遭到集体解雇。随后，所谓"合理化"的劳动力结构开始构建起来。另一个机会出现在 20 世纪 20 年代末的大萧条时期，当时各大工厂都削减了它们的劳动力，如图 12.2 所示。[1] 这种收缩在某种意义上是一个出清的过程，使企业得以排除一些工人，因为企业认为他们带有不适合企业利益的特性。在这些特性中，最重要的是工会会员或同情者，这是与"圈养孩子"的概念相对立的。在大萧条期间，就业人数的削减驱使工会脱离了那些大型企业，而当大萧条之后经济于 20 世纪 30 年代开始扩张之时，这些大型企业尽管开始时劳动力比较紧缺，但它们坚持长期工人作为劳动力。在 20 世纪 30 年代的就业扩张期间，大型企业在运作长期工、临时工和合同工这样的分层劳动力方面，同时也在指挥子公司和附属公司的联合企业方面，取得了更多的经验。在 20 世纪 30 年代中期，许多大公司震惊于公众对其歧视性就业做法的批评，随后引起了政府对临时就业问题的调查。官方的调查显示了对临时工的广泛使用。[2] 就业人数在不断增加，这制造了劳动力的短缺，也重新激活了劳动力的流动。劳动力的流通量增加了，这有助于减少雇佣一些长期工人。但是，随着战争需要以不同的方式来管理劳动力，同时也管理各行业不同阶层中的不同社会关系，时代已经不再是"照常营业"了。

劳资冲突与劳资关系（1920—1945）

在两次世界大战之间的这一时期，工人们对雇主的权威和能力进行了有组织的和自发的挑战，劳动力市场也受到了影响，特别是在城市的正规部门。事实上，这些挑战可能有助于在大型企业及其子公司中加速提高工资和增加福利，

---

[1] 由于大型企业就业人数的下降幅度相对较大，日本制造业中大企业所占的权重可以说已经减少了。有些人甚至提出了一个假设，认为大企业的垄断权力在这一时期是下降的。

[2] 关于这类观点的回顾与评论，参见 Kazuo Sato, *Interwar Japan: Economic Changes and Consequences*（即将出版），尤其是"两次世界大战之间日本制造业就业集中化的变迁"一章。

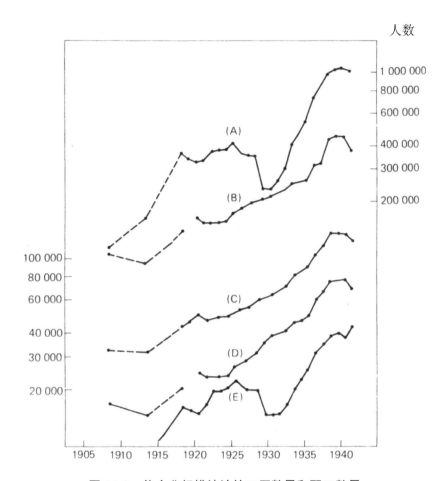

图 12.2　依企业规模统计的工厂数量和职工数量

注：（A）雇佣 1000 人以上工厂中的就业人数。

（B）雇佣 5—10 人工厂中的就业人数。

（C）工厂总数。

（D）雇佣 5—10 人的工厂数。

（E）雇佣 1000 人以上的工厂数。

有助于迫使雇主们找到新的方法来管理他们的员工。这些挑战也吸引了政府和国家机器介入雇主和雇员之间的关系，从而导致了外部机构解决劳资冲突机制的发展。

　　在战前的日本，雇主与雇员之间的关系通常是独裁性的。双方的沟通很差，相互的同情心也很浅。鉴于双方地位的差异以及两者之间的社会距离，员工走近雇主都会提心吊胆，这就造成了问题或事件不能清晰地得到解释。在大多数

631

情况下，避免直接交流是工作场所中最不令人感到尴尬的关系。雇主们认为，支配雇主与雇员之间关系的相关习俗和传统是十分明确的，这些无须说明的习惯性行为准则使得员工们能够理解并提供雇主想要的东西。事实上，在战前日本的雇佣关系里，与工作相关的沟通被有意识地降到了最低限度。双方都依赖于对彼此的观察，并认为这样的观察可以增进对彼此角色和需求的相互了解，而不需要过多的语言来加以解释。这种类型的关系把所有的权威和主动权都给予了雇主，而员工只能服从和执行。于是，这里的工作只需要一种单向的通信，雇主以尽可能少的说明就如何开展工作下达指令，员工则默默地根据自己的理解加以执行。规则、技术、程序、奖励及其他雇佣条件的确定，都是雇主的不容置疑的特权。

雇主和工人之间的巨大社会差距，被进步工人和他们的领导人视为日本产业的基本问题之一。成立于 1912 年的友爱会（*Yūaikai*），后来成为战前日本时间延续最久的劳工组织，是推行工人与雇主之间相互尊重机制的最直言不讳的支持者。最初是每月一次，后来改为每月两次，这个社会团体的机关报《友爱新报》（*Yūai shinpō*），经常为此请愿呼吁。然而，友爱会恳请求告的语气和形象，恰恰说明了雇主的强大和傲慢，相形之下，更彰显出工人们的无助和可怜。在早期阶段，友爱会考虑更多的是它可以从雇主那里得到父母般的慈爱之心（oyagokoro，亲心），这根本谈不上一丝一毫社会民主的气息。1914 年 5 月 15 日的《友爱新报》曾经这样写道：

> 冒着的失礼危险，我们注意到，在你们雇主中间，有人限制工厂和工人之间的关系成为一种纯粹的经济关系。他们说："我们正在帮你们的忙，为你们的工作支付工资，所以不要大惊小怪，走吧，干活去！……有人会认为这样的雇主具有人类的感情吗？我们工人在可怜的环境下出生并长大，我们是无能为力的孩子。我们渴望强大而具有温暖同情心的保护者。我们恳请你们以父母之心爱护我们。如果你们这样做了，我们也会向你们展示赤子之心，为你们努力工作。"[1]

632

---

[1] *Nihon rodo undo shiryo*, vol. 7 (1964), pp. 137-138.

　　然而，工人们并不是完全无助的。即使在帝国时代的日本，工人们仍然享有各种自由，包括选择他们雇主的自由。当工人不满意与雇主间的关系时，他们有权辞职走人。雇主的独裁主义是真实存在的，但其管辖权只限于工作领域。由于工作场所中劳资双方的不平等关系和劳动力市场上劳资双方的平等机会的交互作用，各种工人的应对策略便应运而生（尽管受到雇主各种反击措施的阻碍），以求得到更好的工作和更高的工资。

　　即使与员工之间平等的讨价还价使独裁的雇主们感到厌恶，但他们无法避免员工决定离开造成的后果，因为他们有行使这一权利的自由。员工的辞职会导致雇主的经济损失，造成工作被打断，直到雇主找到足够数量和训练有序的员工来加以替代，才能实现其前任的效率。但是，通过提高工资和改善工作条件，在不损失对其员工的权威的前提下，雇主们就可以应对过度的劳动力周转率。他们并不是屈服于直接的压力；他们只是在适应劳动力市场的约束。战前的日本雇主似乎有意于保留自己相对于员工的权威、特权和优越性，同时也会对员工做出单方面的让步，以满足劳动力市场状况变化的要求。但是，这种类型的雇主行为已经与雇主的家长式作风无从区别，因为这两种行为都导致了有利于员工的变化。如果雇主家长式作风是值得赞美的，那么，基于对雇员福祉的考虑，雇主们有可能合理地提供更好的就业条件，然而真相很可能是，他们在劳动力市场状况与利润最大化的要求之下没有其他的选择。

　　退出劳动力市场的自由，也以一种意想不到的方式对工人们产生影响；由于他们具有使用这一自由的意愿，所以获得了对雇主的权力。[1]一旦工人打定主意要辞职，他就可以打破他的雇主权力的咒语。他可以使自己成为一个令雇主讨厌的人，而无须担心雇主的报复。可能发生的最糟糕的事情，也就是他将会被解雇，而这只不过是他已经为自己计划好了的一步行动而已。隐含在辞职决定中的力量也能加以策略性地运用，即使劳动者并没有离开的打算。

　　当许多工人共享这一"把辞职作为武器"的观念时，他们就可以锻造出一种集体斗争的利器——"罢工武器"。当一些工人为了共同的利益而团结合作的时候，他们便获得了集体行动的能力。当这些共同的目标被认为是要求改善就业条

633

---

[1] 这里的讨论在某种程度上受到了赫希曼（Hirschman）的启发，他曾对辞去工作和发出声音之间的选择进行过分析。参见 Albert O. Hirschman, *Exit, Voice, and Loyalty* (Cambridge, Mass.: Harvard University Press, 1970)。

件时，工人们就会准备采取集体行动与雇主谈判。

在战前的日本，工人没有组织团体、与雇主谈判或采取集体行动的法律保障的权利。帝国宪法允许在法律范围内的"结社自由"。1900 年颁布的《治安警察法》，规定任何人说服其他人加入工会都属于犯罪行为。这项法律可能是受到开始于甲午中日战争（1894—1895 年）后现代劳工运动的明显成功的刺激。日本劳工运动史上的第一个工会组织是"铁工组合"（*Tekkō kumiai*），它成立于 1897 年，并迅速在 40 个地区吸收到超过 5 000 人的会员。1900 年的《治安警察法》通过后，"铁工组合"解体。虽然法律条文本身没有禁止工会组织，也没有取缔罢工及其他形式的集体行动，但是它试图阻止某些行为，例如，当一个人说服其他人组织工会的时候就可能是在犯罪。该法律中最重要的反工会规定是第 17 条，禁止个人以胁迫、暴力、勒索、诋毁、教唆的手段敦促同事加入集体行动，或要求雇主去做他不愿意做的事情。不过，警方在执行法律时有不受限制的自由裁量权，这通常会造成把任何集体行动都怀疑为违反第 17 条的犯罪行为而加重处罚。然而，尽管一般来说法律得以严格执行，但并没能完全杜绝工会的成立或劳资间纠纷。尤其是在第一次世界大战期间和 20 世纪 20 年代初期，劳资纠纷的规模和频率大大增加，逐渐侵蚀了警方行动的有效性。

图 12.3 给出了在 1914 年到 1945 年间停工（虽然主要是罢工，但这里包括罢工和停工）的统计数据。整个系列和两个子系列显示，后面停工的原因，是由于工人们要求更高的工资，以及工人们对雇主试图降低他们工资的抵抗。伴随图 12.3 中停工系列的是实际每天工资收入指数（1934—1936 年 = 100）。该指数显示，实际工资与劳动争议的模式之间显著相关（工资滞后于劳资纠纷两或三年）。1917 年和 1919 年间爆发的争端，主要是由于第一次世界大战期间伴随着经济繁荣的日益高涨出现了通货膨胀，对此工人们提出了更高的工资要求。当要求提高工资的罢工事件结束之后，1920 年到 1922 年之间，随着战后经济的急剧衰退，反对减薪的罢工事件迅速增加。第一次世界大战期间劳资纠纷的激增，在数量上和质量上都是史无前例的，这从工人的斗争性、警察的野蛮行为，以及对整个社会的普遍冲击方面可见一斑。停工事件在 1931 年达到顶峰，随后开始消退。

令人惊讶的是，如图 12.3 所示，1941 年至 1944 年的战争年代是一个停工频发的时期。战时精神强调民族的团结与和睦，这使得在劳动场所为了工资和工作

实际工资指数　　　　　　　　　　　　　　　　　　停工次数

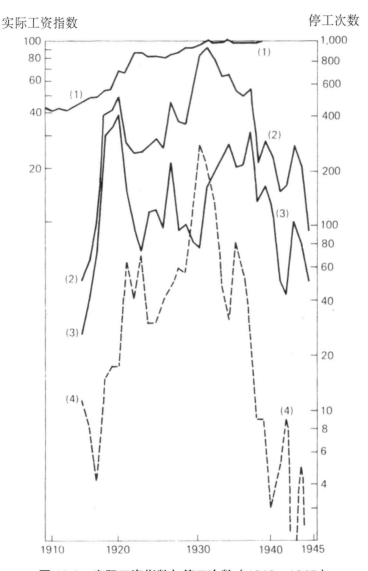

图 12.3　实际工资指数与停工次数（1910—1945）

注：（1）由所有项目（下同）消费者物价指数下降造成的平均日工资收入指数（1934—1936 年＝100）。资料来源：*Estimates of Long-Term Economic Statistics of Japan Since 1868,* vol. 8: *Prices,* 工资见第 247 页，物价见第 135—136 页。数值范围在左边。

（2）罢工和停工次数。数值范围在右边。资料来源：Rodo undo shiryo iinkai, ed., *Nihon rodo undo shiryo,* vol. 10 (Tokyo: Rodo undo shiryo iinkai, 1968), pp. 468-469。

（3）要求更高工资造成的停工。资料来源：Rodo undo shiryo iinkai, ed., *Nihon undo shiryo,* vol. 10, pp. 468-469。

（4）抗议工资下降造成的停工。资料来源：Rodo undo shiryo iinkai, ed., *Nihon undo shiryo,* vol. 10, pp. 468-469。

条件而发生的纠纷变成了小事一桩或不爱国的表现。然而记录显示，不顾公众赢得战争的要求，这一时期仍有许多这样的争端。这表明，尽管实施了严格的战时思想控制，但仍存在着价值观的多元化、抗议精神的强化，以及利益的多样性。一些劳工史学者把这些战时的劳资纠纷解释为日本工人追求个人自主、尊严和社会地位的证据。

总的来说，战前日本的劳资纠纷是自发产生的，也是独立于工会组织的。在20世纪20年代后半期，虽然涉及工会组织的劳资纠纷的比例上升，但即使在1931年的高峰期，也是只略高于70%。在1925年之前或1932年之后，工会组织参与的劳动争议纠纷不到总数的50%。在大多数罢工事件中，工会是罢工者用来加强他们事业或改善他们战略的几个外部因素之一。通常罢工者们会赶紧自行组成一个团体，于是也有一些工会在罢工中寻找扩张自己组织的机会。许多罢工都是这种机会主义联合行动的牺牲品。但是，一些谨慎的工会组织拒绝轻易地采用罢工的手段，也不允许自己轻易地卷入管辖范围之外的争端。

在战前日本反对工会的政治氛围中，各工会团体对自己的组织连续性都倍加关注，因而有理由在处理劳资关系时保持谨慎，并在与雇主打交道时采取适当的行动。工会团体很难组织起来，也很难壮大声势。在工会化高峰期的1931年，非农业的工薪收入者中也只有约8%加入了工会。全日本劳动总同盟，1919年由友爱会重组而成，是日本规模最大、最为坚强的全国性工会组织，它公开遵循美国劳工联合会的理念。在20世纪20年代，"总同盟"不断地失去其激进的组织成员。在1925年，一些左翼工会团体形成了自己的全国性领导中心——日本劳动组合评议会。劳动组合评议会很乐于采取罢工的斗争形式，要求不顾后果地停止工作。1928年，日本政府对之取缔，说它是一个共产党控制的反国家组织。劳动组合评议会的领导人转入地下，并继续在此后几年里指挥组织运行和发起劳资争端。根据1925年和1931年之间的统计，上述有工会参与的劳资纠纷率的涨幅正好与劳动组合评议会的活动频率相符。在20世纪30年代，日本的左翼工会组织经历了合并与分裂，出生与死亡，以及几度重组。在战事紧急的压力之下，所有的工会组织，包括"总同盟"在内，都于1940年的夏天被解散。

解决争端的方法

通过罢工和组织工会，工人们展示了新的社会现实需要通过立法使之合法化。但是，政治精英们并没有采取建设性的举措。1925 年，国会通过了臭名昭著的《治安维持法》，取缔革命（反国家或反私有财产）的意识形态，又于 1926 年通过了《劳动争议调停法》（*Rōdō sōgi chōteihō*），为劳资纠纷的解决提供合法化的程序。[1] 但是，国会并没有使工会合法化，即使对于工会法的必要性也是在第一次世界大战后才得到了广泛的认可。许多政策建议是由政府官员、像宪政会这样的政党，以及工会团体制定的。1925 年，内务省公布了工会法的法律草案，遭到了像日本工业俱乐部这样的雇主组织的强烈反对。经过修改，法案于 1926 年正式提交给国会，但在众议院由于缺乏时间而未通过。制定工会法的努力仍在徒劳无功地持续着，直到该法案于 1930 年被正式放弃。

1926 年颁布的《劳动争议调停法》，作为消除《治安警察法》第 17 条的一种替换，起初看起来像是朝着正确方向迈出的一步。但最终事实证明这是有欺骗性的。工会和集体谈判仍然是不合法的，只有一种集体行动，也就是工人群体改善工作条件的集体需求，获得了立法上的优先关注。然而，事实表明该法案的意图从一开始就是有害的，因为工人们的集体行动进入了法律的范围，只会作为劳资纠纷的一个潜在来源。 637

在战前的日本，罢工通常是由于雇主未能满足员工们关于工资和工作条件的期望，挫折和失望情绪不断累积，一朝爆发。尽管罢工具有"自发"的性质，但罢工工人作为一个集体，在选举产生的委员会的领导下表现出相当大的自律。（早在工人们赢得了全国大选的投票权之前，他们就已在日常生活中实行着民主。）他们还表现出基本的谈判策略，懂得在发生冲突之前如何向雇主展示自己的不满和要求。许多罢工都有着不祥的开端，其时雇主都会对工人们的要求报以愤怒、轻蔑和粗言秽语，他们拒绝接见工人，拒绝接受工人的请愿书，甚至威胁

---

[1] 这一法律的标题通常是在括号中表示的。但是，"调停"这一关键术语，在关于 1946 年 9 月制定的战后劳动关系法的英语讨论中被翻译为"中介"。在新的法律框架下，"调停"被用作非正式调解（assen）。在 1926 年的法律中，对于所有第三方干预劳资纠纷的情形，只使用了"调停"这一个词。然而，在 1946 年的法律中，则规定了三种干预的措施，"调停""中介""仲裁"，分别对应着三个英语单词，"conciliation""mediation""arbitration"。在这部法律中，"调停"是由个人调解员从事的行为；而"仲裁"则是由委员会做出的行为。

要打电话报警。许多罢工的案例表明，在罢工期间，雇主和工人之间关系的一个显著特点，是双方用建设性的对话来解决分歧存在巨大的困难。[1]

但是，日本以其在许多社会和人际关系领域熟练的调解技巧而闻名，而罢工的僵局则是展示其力量的另一个机会。调停可以由任何信誉良好的人进行，他们能够顺利地打动争议双方的当事人。在战前的日本，警察在许多劳资纠纷中都是有效的调解人，当时没有人胆敢漠视他们的权威。著名的劳工领袖们也是很好的中介人，他们提供的调停服务在工人和雇主中广受欢迎。也有不受欢迎的调解人，比如那些歹徒敲诈雇主，承诺制服罢工工人和消除罢工威胁，甚至展开对工人的人身攻击以实现其目标。各级政客和官员，包括市长、县长、议员和国务大臣等，也会自愿充当调解人，这取决于他们的政治利益考量。真正的以及可疑的调解人在战前的罢工事件中十分盛行，这与主要当事方在劳资关系和劳资谈判中无力解决他们自己的问题成正比。

解决劳资纠纷的统计数据表明，争端的主要当事方发挥了巨大的作用。从 1897 年到 1909 年，大约 30% 的罢工是由主要当事方自己解决的。约有 13% 的罢工的结束，是由于解雇了罢工的领导人，或是由于部分甚至全部解雇了罢工的参与者。超过一半的罢工得以取消，是因为工人们接受了仲裁条款，或屈从于政府官员的压力。1922 年至 1925 年间，平均只有 16% 的劳资纠纷是在第三方干预的帮助下，通过调停得以解决的。[2] 大多数劳资纠纷都由主要当事方自己解决。但是在 1926 年新的《劳动争议调解法》颁布之后，主要当事方和第三方的相对重要性发生了逆转。

在立法的时候，《劳动争议调解法》似乎放宽了劳动－管理关系，因为它承

---

[1] 很明显，作为一次典型的罢工，不存在这样的情形。为了效率起见，我们常常选择大致描述罢工是何以产生的，又是如何结束的。然而，有人对一次罢工的普遍影响进行了分析，参见 George O. Totten, "Japanese Industrial Relations at the Crossroads: The Great Noda Strike of 1927—1928," in *Japan in Crisis: Essays on Taisho Democracy*, ed. Bernard Silberman and H. D. Harootunian (Princeton, N.J.: Princeton University Press, 1974)。更多的关于劳动争议模式的认识，可以通过以下论著提供的对个别案例进行的描述和分析得到：Aoki Koji, *Nihon rodo undoshi nenpyo*, vol. 1 (Tokyo: Shinseisha, 1968); Naito Norikuni, "Rikugan no roso hinin to danketsuken yogo undo," in *Rodo Keizai to rodo undo* (Tokyo: Yuhikaku, 1966), pp. 209-233; Nakamura Hideo, ed., *Saikin no shakai undo* (Tokyo: Kyochokai, 1929); *Nihon rodo undo shiryo*, vols. 6, 9; Okochi Kazuo, *Kurai lanima no rodo undo* (Tokyo: Iwanami shoten, 1970); Omae Sakiro and Ikeda Shin, *Nihon rodo undo shiron* (Tokyo: Nihon hyoronsha, 1966); Shiota Shobei, *Sutoraiki no rekishi* (Tokyo: Shin Nihon shuppansha, 1966); Sumiya Mikio, ed., *Nihon roshi kankei shiron* (Tokyo: Tokyo daigaku shuppankai, 1977); Tanaka Sogoro, ed., *Shiryo Taisho shakai undoshi* (Tokyo: San-ichi shobo, 1970); Yatsugi Kazuo, *Rodo sogi hiroku* (Tokyo: Nihon kogyo shinbunsha, 1979)。

[2] *Nihon rodo undo shiryo*, vol. 10 (1959), pp. 518-519. Also see Nakamura, *Saikin no shaken undo*, p. 812.

认劳动争议是一个无法回避的社会现实。《劳动争议调解法》规定了一个内务省下属的全国性的官僚机构，负责处理与法律规定的调解程序有关的事宜。根据这一规定，调解只能为每一次争端所特设的三方委员会进行，该委员会由三方代表组成，各自代表争端的主要当事方（雇主和雇工）以及第三方。

这个三方调解委员会的设想原本甚好，结果证明过于笨拙，并不实用。整个战前时期，只有 6 次使用这种调解方法的案例。[1] 遍布全国的为三方调解委员会（预期将会大量形成）提供服务的官僚机构，发现自己并没有得到充分利用。然而，有能力的官僚们不失时机地为自己寻找工作机会，成为非官方的劳动争议调解人。换句话说，官员们采用了传统的中介调解的观念。但是，由于他们是由国家政府任命的官员，他们进行调解事务比普通公民具有更大的权威。无处不在的警察，也在渴望继续并扩大参与到已成惯例的劳动争议调解中去。此外，各县和各地官员也在伺机而动，等待提供服务机会的到来。这些官员保持关注的一个好处是，可以把前面提到的那些令人怀疑的私人调解者排挤出去。[2]

在《劳动争议调解法》生效的第一个五年或六年时间里，在全部劳动争议案件的处理中调解占到不足 30%，到 20 世纪 30 年代末则已经提升至将近 50%。[3] 但是，这不应被解释为雇主和雇员自我解决他们之间纠纷的能力下降。大多数经过调解的劳资纠纷都是由各级官员（国家、警察、县、地方等等）仲裁的，占全部经过调解的劳资纠纷总数的比例，从 1927 年 62% 上升到 1937 年 87%。那些并不建立在主要当事人一方或双方提出申请基础上的调解，1929 年占劳资纠纷调解总数的 67%，到 1937 年增加至 82%。因此，实际上，《劳动争议调解法》是政府控制劳资纠纷的另一种形式。

"调停"（chōtei）一词变得越来越不适合描述真正发生的事情。警察所扮演

[1] Nihon rodo undo shiryo, vol. 10 (1959), p. 519. 关于这六例情形，参见 Kazahaya Yasoji, Nihon shaken seisakushi (Tokyo: Nihon hyoronsha, 1937; 由青木书店以两卷本重新出版, 1951), vol. 2, p. 496.

[2] Nakamura, Saikin no shaken undo, p. 813. 这一原始资料（出版于 1929 年，当时《劳动争议调解法》已经实施了三年）认为，官员对劳资争端的调解相对公平。资料显示，由于官员们的公正，工人们通常会发起争端，以便让他们来调解。基于从 1926 年下半年到 1929 年 3 月这一短周期的数据，以及所显示的由应用程序引起的争端调解的数量，中村指出工人们运用这一程序的数量要多于雇主。但是，这似乎并不支持这一新策略在工人中的兴起。根据 1959 年出版的《日本劳动运动史料》第十卷第 519 页的记载，工人申请处理劳动争议的数量超过雇主的现象持续了整个 20 世纪 30 年代。但是，相对于整个劳动争端调解来说，它们的比例在同一时期还是少得多。在同一时期，官员干预的比例上升，劳动争端的数量下降，近来人们正在讨论这个问题。

[3] Nihon rodo undo shiryo, vol. 10 (1959), pp. 518-519.

的角色，最终暴露出法律的真实性质。1927年，国家调解官员处理了劳资纠纷调解案件的40%，其中警察处理了13%。国家官员所占的份额随后有所下降，而640 警方的作用则在不断增强。1937年，64%的劳资纠纷调解是由警察完成的，只有16%由国家官员解决。在1937年夏天抗日战争全面爆发以后，日本越来越多地转移到战争状态。警方再次成为卓越的劳动争议调解员，迫使大多数劳资纠纷向警方寻求调解，或如人们所说的那样，这是一种"军刀下的调停"（sāberu chōtei）。20世纪30年代官方调解的颠覆，如前所述，与劳资纠纷案件的减少有关，也与工资和工作条件的恶化有关。早在1937年，风早八十二（Kazahaya Yasoji）就对"强制调解"的制度做出了如下的观察和评述：

> 在巨大的军火工厂里，不仅事实上禁止发生劳资纠纷，而且连管理者和工人代表之间的直接接触和谈判也是禁止的。政府总是作为一个强制性的调解人介入它们之间。劳资冲突的解决机制是由资方和警察之间制定的，并由警察传达给工人代表。资方与工人代表之间没有平等的双边交流。第三方，比主要当事方具有更强大、更高效的能力，通过提供不得协商的条件来解决冲突。[1]

从劳资协议会到产业报国会

解决劳资冲突的其他方法也为人们所尝试，并取得了程度不同的成功和意想不到的结果。随着第一次世界大战期间及其后劳动争端的空前增长，雇主们开始对劳资协议会的理念情有所属。[2] 他们最喜欢的协议会类型是一种纯粹的咨询式的协议会，仅限于雇主们在认为合适的情况下与工人们达成一致意见。当然，劳资协议会的机制为雇主和雇员之间权利的分配提供了广泛的行动自由。好斗而具有组织经验的工人可以将劳资协议会变成革命运动的细胞，而一个占主导地位的雇主则能够降低它的功能，使之处于完全服从的地位。1919年和1922年间，许多私营公司都试图设立劳资协议会，并组建了74个。1927年，在私营公司里成

---

[1] Kazahaya, *Nihon shakai seisakushi*, vol. 2, p. 49.

[2] George O. Totten, "Collective Bargaining and Works Councils As Innovations in Industrial Relations in Japan during the 1920s," in *Aspects of Social Change in Modern Japan*, ed. R. P. Dore (Princeton, N.J.: Princeton University Press, 1967), pp. 203-243. The case of the maritime industry is analyzed on pp. 233-239.

立了 96 个劳资协议会。但是，这些协议会的存活率相当低；1927 年成立的 96 个
协议会中只有 59 个仍然在运行，其中 44 个是在 1919 年和 1922 年之间成立的。[1]
显然，在前所未有的工人斗争精神的影响下，玩弄劳资协议会的概念只是雇主们 641
的一个撤退战术。当雇主们不再被劳资纠纷所吓坏，他们当初的想法就被完全弃
之不顾。于是毫不奇怪，当工人们向劳资协议会提出要求时，雇主们就会拒绝配
合。工人们的任何出价都被认为是对雇主权威的永久损害，因而会遭到雇主们不
惜代价的抵制。雇主们越来越愿意通过临时支付赎金等手段做出财务上的安排，
但是，他们从来没有接受过与工人们进行地位平等对话的想法。

　　雇主们一直想摧毁企业中的工会组织或防止工会组织建立起来。他们会歧视
或刁难那些涉嫌工会活动的员工，更不用说那些成为工会成员的员工了。工人们
可以期待的最好结果（也就是说，雇主所能被迫接受的最糟结果）是宽容的想
法，即加入工会可能是个人选择的问题，而不做任何暗示，要求雇主们应该承认
他们的一些员工实际上已经加入的工会。乔治·陶腾（George Totten）讨论的野
田大罢工几乎是一场"神圣的战争"（"holy war"），这场罢工的引发是在几年的
时间里对工会做出屈辱性的让步之后，雇主们企图在他的雇员中清除任何工会影
响的痕迹。

　　然而，一旦达到了破坏工会或阻止工会活动的目标，大多数雇主甚至可能会
因此而表现出一定程度的善行。于是，以野田大罢工的实例来看，在胜利获得保
证之后，雇主们给予了雇工遣散费，并一次性付款，以此表现他们对遭到解雇
的 435 名工人艰辛生活的援助。据说平均每个解雇工人得到遣散费 200 日元，肯
定超过一百天的工资。类似的处理办法在其他许多案例中也都存在。但是，所有
这些只是相当于增加了维护雇主权威所需的成本。当工人们学会了游戏规则的时
候，甚至进一步提升了雇主们维护权威的价格；也就是说，工人已经不满足于可
以退出，并在离开之前通过制造事端而获取更多的赎金了。我们不应低估日本工
人的实际能力，他们在顺从所处环境的同时，也在巧妙地对环境加以利用。

　　工会组织的流转率（一些新的工会成立了，一些老的工会解散了）很高，这
表明在两次世界大战战间期的反工会的社会氛围中，工会基本上是没有安全感
的。但是，高流转率也意味着很多工人都参与了劳工运动，了解了工会组织的运

---

[1] Nakamura, ed., *Saikin no shakai undo*.

642　行和问题。战前劳工运动的特点是意识形态的转变，管辖权的竞争，务实的调整，策略上的前进与撤退，斗争与顺从的相互交替，以及许多其他种类难以处理问题的演练。一种工厂层级工会组织的动态序列通常表现如下：第一，像全日本劳动总同盟这样的全国性工会秘密地把各家工厂的小股工人力量组织起来，在适当的时候成长到足够强大，便可以向资方要求承认并进行谈判。第二，由罢工开始的力量测试常会导致某一工会的失败和解散。第三，一些工人会组成一个第二工会或雇工协会，强调温和的斗争方式以安抚雇主。第四，一段时间以后，这种第二工会将会令雇主和公众感到震惊，它们公开宣称自己是一个真正以阶级为导向的工会主义，重新展开与雇主团体的斗争。战前工会主义的组织史上充满了这样的漂移和变化、诞生和转世。[1]

　　在这种情况下，以雇主和雇员之间进行的集体谈判作为一种手段来调整彼此的要求和期望是很困难的。然而，也有一个例外。船东协会和海员工会就成功地建立和维持了一种集体谈判的关系。这种关系并不能保证完全的行业和平，但它似乎已经能够避免偶然的分歧，使之不致发展成为长期的、不可调和的纠纷。这种使冲突最小化的功能展现在1928年，当时海员工会要求统一的最低工资标准。作为对这种要求的回应，船东协会建议成立由6名成员（雇主方和雇工方各3人）组成的劳资协调委员会来研究这一问题，并推荐一个解决方案。委员会如约成立，但由于其未能控制自己内部的纠纷，因而未能产生出一个解决方案。随后海员工会在日本的各个不同港口偶尔采取停工的举动以施加压力。在寻找走出僵局的办法时，船员和船东同意由7人组成仲裁委员会，彼此承诺仲裁结果将受到尊重。仲裁委员会（在4天之内）就迅速按照职工等级和船舶规模推荐了一个最低工资标准，这一安排得到了劳资双方的认可。

　　在两次世界大战战间期，雇主和雇工关系模式的第一个障碍，是雇主不能承认员工讨论与工资和工作条件等有关的问题是合法的要求。这种劳资关系模式与海运业中劳资关系的情况相差巨大，难以测度。在海运业中，劳资双方都有自己643　的组织，并通过各自的代表进行相互讨论。然而，以现代劳资双方集体谈判的标准来衡量，在两次世界大战的战间期，海运行业的劳资关系绝不是完美无缺的。

---

[1] 从这个角度研究日本工会主义组织历史的成果，参见 Nishioka Takao, *Nikon no rodo kumiai soshiki* (Tokyo: Japan Institute of Labor, 1960); and Komatsu Ryuji, *Kigyobetsu kumiai no seisei* (Tokyo: Ochanomizu shobo, 1971)。

如果有什么不够成熟、未曾经历或充满危险的情况，那么劳资双方良好的判断力和纪律仍有可能瓦解，而回归战前典型雇佣关系原始模式的基本格局。事实上，地方性的工作中断在日本海运业中曾频繁发生，海员工会在管束其许多地方分会上也屡屡遇到困难。即便如此，集中化的集体谈判机制仍然幸存下来并发挥作用，直到海员工会于1940年遭到解散，这时战争经济要求在不同的原则下对劳资关系进行重组。

在20世纪20年代和30年代，海员工会能够幸存在很大程度上是因为它的右翼民族主义的意识形态。当工会运动往往由社会主义或共产主义的意识形态所激发时，当工会运动遭到公众、雇主和当局的怀疑和不信任时，海员工会对国家利益的优先承诺保证了它在日本社会中的安全与信誉。虽然像其他右翼社团一样，当工会的角色在战时遭到质疑的时候，海员工会最终也未能在工会主义和民族主义之间寻找到一条可行的和解之道，但至少在那之前，海员工会证明了民族主义和爱国主义可以对本质上是不安全的劳工运动提供意识形态的保护。这一教训并没有为其他工人所忽视。因此，在20世纪30年代，工人们的斗争策略发生了一个不寻常的转变。在国际形势日益恶化的影响下，工人和工会呼喊着他们对国家利益的承诺，变得越来越右倾，从而把作为资本家的雇主方推到了一个尴尬的角落，他们被认为是自私的和不爱国的。

因为这样的策略转变，许多劳工团体得以与警方，尤其是特高科警察（Tokkō keisatsu）建立起良好的关系。工会和工人学会了与这些曾经让人谈虎色变的国家机构和睦相处，经常在采取行业行动之前寻求得到这些机构的批准。事实上，甚至连一些普通警察和特种警察官员都在批评一些私营企业的劳工实务和工作条件。虽然战略性地向国家让步，后来破坏了工会主义存在的目的或理由，但在此期间，工会利用警方的默许，推动了工人们对抗其雇主的地位。由于这个扭曲的劳工、雇主和国家的三角关系，重新燃起了对劳资协议会的兴趣。现在是工人，得到了警方的默许甚至支持，要推动劳资协议会或类似各种磋商机制的建立，在这样的协商机制中，工人和雇主的代表处于平等的地位，并为良好的社会环境确保行业的和平与生产的连续。 644

以爱知钟表公司（爱知时计）的事件为例，这家钟表制造商，1937年发生了两次有6 000名员工参加的罢工，说明工人们在时代变迁中获得了优势。警方的调解产生的结果对工人们非常有利。除了其他方面之外，罢工的成果中还包括了一项建立劳资协商委员会的协议。这方面的经验，爱知钟表公司和同一地区其他公司的类似经历，促使爱知县警察署设计出相应的机制和程序，以促进产业的和谐发展。发表于 1938 年 2 月的所谓"荒川计划"，被普遍认为是全国性的产业报国会运动的起源。"荒川计划"设想构建一个工场恳谈会（*kōjō kondankai*），由雇主和雇员双方各派几名代表组成。构建工场恳谈会的主要目的是防止劳资纠纷。一旦出现了发生冲突的迹象，就由恳谈会负责问题的处理，并防止其发展成为劳资争端。如果恳谈会未能解决冲突，那么为了解决问题，一个工场委员会就会在公共部门的参与下被组建起来。如果在这个"第二层次"中没有达到目标，则冲突将被提交到"第三层级"，这是另一个更加具有权威的特别委员会。这样一来，日本的雇主和雇员们开始进入劳资关系的新阶段，在这个阶段，雇主的权威有所降低，员工的地位有所提升，从而使双方能够坐下来一起讨论，是否同意有关生产、技术、就业，以及企业成员的角色和奖励等问题。企业管理上的专制主义也走到了尽头。虽然与欧洲的法西斯主义工会相比尚不完整，但在一个社群主义国家中的企业社团主义还是在产业报国会运动的庇护下，于 1938 年到 1945 年在日本诞生。[1]

645　　　　"Sanpō"是"产业报国会"（*Sangyō hōkoku kai*）的缩写。正如前述爱知钟表公司的例子那样，它强调和谐的劳资关系的重要性，并提出了预防劳资纠纷的新策略。1938 年，协调会借鉴上述"荒川计划"的设想，组织了产业报国联盟（*Sangyō hōkoku renmei*）。当时的想法是在每家工厂组建一个产业报国会的单位。协调会的行动得到了国家福利和家庭事务部门的正式批准。很快，一个监督机构，大日本产业报国会（*Dai Nippon sangyō hōkokukai*），就在官方补贴的帮助下组建起来，为所有工厂层级的产业报国会单位提供了一个全国中心。在"事业一家"（*jigyō ikka*）的口号之下，每一个产业报国会单位都被当作"家庭"（*ie*）的一员。产业报国会的理念是希望去掉企业的资本主义观念，将资本与劳动之间的对立关系转变为和谐融洽的关系，就像现存的家长与家庭成员之间理想的关系一

---

[1]　关于展示工资控制的系列文章具有启发性。这些文章一方面对爱知钟表公司罢工事件与荒川计划之间的关系做了叙述，另一方面对产业报国会的系统作了历史的考察。参见 Hagiwara Susumu, "Senji chingin tosei no isan," *Chingin Foramu*, nos. 11-20 (1977), esp. nos. 17, 18. 关于战时劳动经济的问题，参见 j. B. Cohen, *Japan's Economy in War and Reconstruction* (Minneapolis: University of Minnesota Press, 1949), chap. 5; Takenaka Emiko, "Kyoko to sensoka ni okeru rodo shijo no henbo," *Koza Nihon shihonshugi hattatsu shiron: vol. 3: Kyoko kara senso e*, ed. Kawai Ichiro et al. (Tokyo: Nihon hyoronsha, 1968), chap. 5。

样。据杰罗姆·科恩（Jerome B. Cohen）的研究，到 1940 年，制造业中的产业报国会成员为 290 万人，大约占到制造业中所有工薪劳动人口的 41%，如表 12.1 所示。1940 年，所有行业的产业报国会成员总数为 350 万人，到 1945 年，估计达到了大约 640 万人。[1]

在产业报国会的体系下，一种特殊类型的社会民主出现在每家企业。产业报国会的组织摧毁了管理者和工人之间、办公室职员和工厂工人之间，教育程度高和教育程度低者之间，男性和女性之间，以及年轻人和老年人之间的传统的社会距离和地位差异。尽管这些人在功能、地位和能力方面存在种种差异，但作为"企业的成员"，所有人都具有平等的尊严和重要性，都在为同一个共同目标——为国家贡献最大产出——而工作。私人生活和家庭需要服从于企业的要求，而产业报国会的企业是国家机构的一部分。在功能上，企业的劳动力像一个军事单位一样组织起来，并且引进了很多军事化的组织行为元素。例如，每天早上，工人们都要聚集在工厂的前院，站成班、连、师等军队建制的队形，然后在他们单位领导的指挥下开赴各自在工厂中的工作岗位，而这些单位的领导又要听从高一层的另一些领导的指挥。军事化的组织使每个人都面对面，或至少使每个人都在视野之内的适当位置上。每个人的个人可见性和适用于每个人的相同的基本行为准则，建立了一种归属感和对整个企业的问题本质的共同理解。工作和生活节奏的正规化提高了工作纪律和工作表现。

产业报国会的企业单位成为一种关注工作和生活方方面面的综合性社区。企业组织了娱乐和教育活动。工人们在将会遭到空袭的预期中接受消防技术的训练。他们频繁地参加各种鼓舞人心的会议，读书学习，颂扬天皇的美德和日本的国家荣耀。产业报国会使得企业成为民族共同体的一个基本单位，因此，所谓"国有化"，不仅是指生产，而且还包括工人的信念和灵魂。产业报国会显然促进了整个日本社会日本人的进一步同质化。在某种意义上，它带来了一种值得注意的社会革命。由于在祖国遭到入侵之前日本就宣布投降了，所以日本的工人们在过渡到战后时期时，仍然在工作场所保持着高度的组织性和士气。这意味着，企业作为一个社区，在战后初期仍然基本保持完好。产业报国会这一遗产有助于解释，通过整个劳动力向与工作有关的组织（即工会主义）的新原则的大规模转

646

---

[1]　Cohen, *Japan's Economy in War and Reconstruction*, p. 285.

换，为什么会是战后时期组织工会的最有效的办法。在战争期间，企业内部有组织的、井然有序的群众集会是司空见惯的事情。当环境发生变化的时候，在产业报国会体制下业已成长起来的社会民主，便会在企业内部产生出一种诉诸集体行动的"市政厅民主"。[1]

战后的劳动关系（1945—1955）

随着战争于 1945 年结束，日本雇佣关系的历史进入了一个新的阶段。这一阶段的主要方面，是工会作为日本就业制度的一个长期特征，获得了合法化并不断发展壮大。[2] 日本战后的劳工运动兴起于一个奇怪的时刻。[3]1945 年 8 月尚没有工会组织。在日本投降一个半月后的 9 月末，只有两家工会，到 10 月底，工会组织也不过七家。这种胆怯的开端是令人费解的，因为一场旷日持久战争的灾难性终结，很可能促使愤怒的人们发动反对现政权的大规模起义。但这样的事情根本没有在日本发生。工人们都很安静，战时政权也完好无损，直到盟军占领当局在 10 月间开始把它解散。在投降后近两个月里，战时的法律和秩序持续的时间和效果是令人惊讶的。甚至在一个举行内部起义有可能成功的理想时段里，也就是 8 月 15 日宣布投降到 8 月 30 日占领军先遣队抵达这段时间里，也没有人鼓动要求纠正过去的错误，或是要求这个国家的治理方式发生彻底的改变。日本没有出现革命剧变的迹象。

但是，一旦日本工人觉察到美国人计划将日本民主化所带来的劳工运动的机会，他们的努力就是非常激烈并影响深远的。1945 年 10 月上旬，道格拉斯·麦

647

---

[1] Okochi Kazuo calls the enterprise labor union "Sanpo turned inside out" *(uragaeshini shua Sanpo)*. 就像国家自上而下组建了产业报国会的单位一样，包括了所有前产业报国会成员单位的战后工会，也受到了占领当局来自上面的鼓励。但是，占领当局的鼓励具有一些新的特点，参见 Okochi Kazuo, *Rodo kumiai undo no saishuppatsu* (Tokyo: Nihon hyoronshinsha, 1956), esp. pp. 72-74. For the effects of Sanpo on postwar union organization, see also Magota Ryohei, "Kigyobetsu kumiai no keisei," *Journal of Humanities and Social Sciences* (Waseda University), no. 12, May 1975, pp. 21-38。

[2] 关于战后日本劳资关系的介绍，参见 Suehiro Izutaro, *Nihon rodo kumiai undoshi* (Tokyo: Chud koronsha, 1954)。亦见 Solomon B. Levine, *Industrial Relations in Postwar Japan* (Urbana: University of Illinois Press, 1958)。近期有一部饶有趣味的著作，参见 Andrew Gordon, *The Evolution of Labor Relations in Japan: Heavy Industry, 1853- 1955* (Cambridge, Mass.: Harvard University Press, 1985).

[3] Yamamoto Kyoshi, "Sengo rodo kumiai no shuppatsuten," in *Nihon roshi kankei shiron*, ed. Sumiya Mikio (Tokyo: Tokyo daigaku shuppankai, 1977), chap. 5.

克阿瑟将军发出指令，取消战前和战时对公民、政治和宗教自由的限制。1945年12月，《工会法》颁布，仿照的是美国的《瓦格纳法》。在日本历史上，第一次有了一个法律来保证工人进行组织和集体谈判的权利，这一权利后来被写入了1947年的《宪法》。1946年9月，《劳动关系调整法》获得通过，取代了战前的《劳动争议调解法》及相关法规。1947年9月，《劳动基准法》应运而生，取代了战前的《工厂法》和其他类似的法律。值得注意的是，在与劳动相关的立法项目中，《工会法》是第一个颁布的，确立了集体谈判作为决定工资和工作条件、解决雇主和工人之间冲突的一种优先手段。这意味着，在工资、工作条件和冲突解决方面，市场力量已经不能再肆无忌惮，而不得不屈服于组织力量的压力。

648

工会会员的人数在1945年10月约有5 000名，到1949年年初提出道奇计划前夕增加为将近7 000 000人。近1946年里工会会员人数的增长就占了将近5 000 000人。就像之前的风平浪静一样，工会运动的这种爆炸式增长也挑战着我们对日本社会现象的理解。在局势稳定下来之后，企业工会作为战后劳资关系的一个新的和持久的特征，变得随处可见。"企业工会主义"是工会主义的一种类型，在企业工会主义之下，作为一项规则，一家企业的所有非管理人员的正式工人都被组织为一个独立的工会。一个企业工会不会扩张到超出单个企业的劳动力之外，也不会扩张到超出一个多工厂企业的单一工厂之外，当然，在企业、行业或国家层级上组成工会联合会是可能的，这种工会联合会通常是由企业工会组成。

工会的出现立刻吸引了整个企业的劳动力，这在创造团结性和一致性上是一项非凡的成就。企业中的所有员工都欣然同意组成或加入一个工会组织，这是由产业报国会时期所养成的组织行为和习惯的一种延伸。但是，产业报国会的组织单位并不是一个谈判单位。在产业报国会的意识形态中也没有任何讨价还价的概念。因此，尽管企业中产业报国会的形成为企业工会制提供了某种组织基础，但是，为什么战后日本工人选择把他们的组织改造为工会？问题依然存在。他们了解工会是什么样子的吗？他们知道工会与他们曾经工作过的产业报国会的单位有什么不同吗？他们当中有谁对工会有任何了解吗？不幸的是，这些简单的问题都没有简单的答案。事实上，对日本战后工会主义根源的研究最近才刚刚起步。

我们可以假设在产业报国会盛行的那些年里，特别是在1940年和1945年之间，工人们几乎没有机会习得任何关于工会制度的原则。因此，在战争结束后，对于工会制度的有效了解仅限于那些在1940年之前就曾接触过工会活动的人。

接下来的关键问题就是：有多少具有战前工会活动经验的工人愿意在战后再次活跃于劳工运动之中。一种普遍的观点认为，出于某种原因，战后工会在那些生平第一次接触到工会制度的工人中自发地迅猛成长，这些工人在占领当局的鼓励下，渴望把自己新学到的知识付诸实践。大多数研究日本劳资关系的学者都强调了战前和战后年代工会领导人个人身份的某种突破。没有人说过在战后的劳工运动兴起之前，所有的战前工会会员都已不复存在。但奇怪的是，正统的观点意味着，幸存的战前工会成员对战后劳工运动的兴起贡献很少或没有贡献。山本清（Yamamoto Kiyoshi）挑战了这一传统观点，他在检验了相关数据后，得出的结论是战前的工会会员参与战后工会的领导工作是相当多的。[1] 事实上，战后最早再次兴起的工会组织之一，其前身便是战前的海员工会，重建于 1945 年的 10 月 5 日。

然而，战前的劳工运动在意识形态取向、组织策略和公开承认的目标上是多种多样的。这就无法形成一个全国性的统一中心。因此，如果战前的工会成员在战后的劳工运动中发挥了显著的作用，那么这也就预示着，战前类型的内部分裂将会再次浮出水面。事实上，意识形态方面的角力、机会主义和冒险主义在战后日本的劳工运动中都达到了一个新的高度。

在基本人权和公民自由方面，战后日本的社会气氛是历史上全新的，而随着所有生活和工作领域在前景、态度和行动等各个方面的激进左倾化取向，确立了享受权利和自由的趋势。在这种情况下，很自然地，共产党人和社会主义者应该在企业层面上的日本人中享有前所未有的受欢迎程度。事实证明，对工人来说，激进或好斗的工会主义比温和的工会主义更有吸引力。除此之外，意识形态方面的偏见也影响了工会领导人的组织策略，使他们对产业报国会所遗留的问题采取不同的方式做出反应。例如，全日本劳动总同盟（于 1945 年秋季重建）的组织者们采用了传统的招募工会成员的方法：他们会前往工厂，在"工厂门口散发传单"，然后敦促工人加入工会。在劳动总同盟的组织者们采取这种策略的同时，工会组织正在企业内部形成，这些工会组织有许多后来隶属于左翼的全日本产业别劳动组合会议（*Sanbetsu kaigi*）。

---

[1] Yamamoto Kyoshi, "Sengo rodo kumiai no shuppatsuten," in *Nihon roshi kankei shiron*, ed. Sumiya Mikio (Tokyo: Tokyo daigaku shuppankai, 1977), chap. 5, pp. 267-273.

在最初的失败之后，全日本劳动总同盟改变了组织战略，采取了新的方法。它首先从企业整个劳动力队伍的工人群众中招募潜在的领导者，然后帮助他们组织一个工会，这个工会随后被纳入处于劳动总同盟羽翼下的一个行业或区域联合会。但是，战术上调整的挫折和自身温和意识形态的偏好消耗了劳动总同盟作为超群的全国性工会组织中心的合法地位。它在组织方面被全日本产业别劳动组合会议所超越。这两个最大的工会组织合起来占了整个日本劳工运动的大约一半，另外的一半，主要是一些纯企业工会，则保留着各种独立或中立的安排。为夺取这些独立的工会组织，全日本劳动总同盟与全日本产业别劳动组合会议之间进行了激烈的"管辖权斗争"。双方偶尔都会做出姿态，吁求停战和团结，并形成了几个短暂的联络委员会。然而，1947 年秋，产业别劳动组合会议的势力突然开始崩溃，随之而来的解体如同它此前的突然勃兴一样壮观。

从 1945 年至 1948 年，在战后最动荡的这几年里，工人们因通货膨胀、工资拖欠、失业高企、生活必需品短缺和生产瓶颈期而备受摧残。不管有没有工会参与，劳资纠纷在全国各地爆发开来。工会往往是自发罢工进行中的副产品。雇主们对工人的要求不能给予恰当的回应，引起了工人们的激烈反弹，其中一次令人印象深刻的事件是工人们夺占了企业。在类似的案例中，工人们在驱逐了雇主之后设法自己管理企业，继续进行生产以确保企业运营不致中断，在这样的情况下企业生产往往有所扩大，收入也有提升。无论这是否是一种指向由工人自己管理企业的非资本主义经济制度的具有某种意识形态重要性的运动，还是只是一种如同工人们在资本主义制度中不时设计出来的任何其他争议策略一样的权宜之计，此后一直是日本劳资关系研究中一个有争议的话题。然而，有一件事情是清楚的：如果情况允许，甚至连一般不容易受到过分意识形态影响的日本工人，也可以发起一场攻击资本主义经济最"神圣"的基础——生产资料的私人占有——的行业行动，而不管意识形态如何。在日本战后早期的历史背景下，社会主义革命的可能性在很多日本人的心目中是真实存在的。每一个新的生产控制的实例都受到了激进分子的称赞，或招致保守派视之为迈向革命的又一步骤的担忧。生产控制的第一个例子发生在 1945 年 10 月的《读卖》报业。[1]1946 年春夏之际，生产控制事件达到高峰。

---

[1]　Yamamoto Kiyoshi, *Sengo rodb undo shiron*, vol. 1 (Tokyo: Ochanomizu shobo, 1977).

651 　　日本政府迅速对此做出反应。1946 年 2 月 1 日，内务、司法务、商工和厚生四省大臣联合发表声明，宣布任何侵犯财产权利的行为均为非法。虽然没有具体提到"生产控制"本身，但声明的意图所指是十分明确的。[1] 但是，这并没能使工人们却步不前。尽管政府最后镇压了侵权的工人，但也承认了他们观点的价值，那就是在战后的混乱状态中雇主们士气低落，缺乏扩大生产的意愿，有些雇主甚至从事投机的破坏生产的活动，以便在战后快速通货膨胀的库存资产价格上涨中获利。工人们对于经营企业的困难也有了一些切身的体会，大部分社会公众对于生产控制的看法总体上是负面的，认为它使从事于此的工人们很难获得原料供应，也难以销售产品。

　　然而，生产控制表明了工人的斗争精神能走多远，为了修改企业运营中管理者与劳动者之间决策权力的分配，他们甚至不惜冒着触犯法律的风险。经过生产控制之后，管理者和劳动者之间的权力关系可能永远不再是同样的了。工人们对公司的接管，无论是合法的还是非法的，都依然是对不称职雇主的明显警告。在生产控制的全盛时期，这种威胁的可能性并非空谈。很明显，是劳工运动做出了重大让步才造就了秩序井然。

　　事实上，即便是保守的吉田内阁（1946 年 5 月至 1947 年 5 月），也不得不采取两个重大的"社会主义的"措施。第一个是于 1946 年 12 月采纳的由著名马克思主义经济学家有泽广已制订的工业优先计划。这一计划提出将稀缺资源集中于扩大煤炭、电力和钢铁产能。这些优先事项反映了马克思主义者和社会主义者的"重工业偏爱"。第二个重大措施是 1947 年 2 月经济重建会议的开幕式，隶属于工会的工人代表被赋予了一种主要的角色。这次全国性的会议站在行业层面和企业层面劳资协调委员会的前端。不幸的是，劳工领袖之间的意识形态分歧严重降

652 低了会议作为一个决策机构的有效性，1948 年 7 月，在不过是提供了一些教育和信息服务之后，会议就被解散了。劳工运动的力量和影响力下降的迹象在这次会议存在期间就已浮出水面。日本的劳工运动从产业报国会的阴影下迅速参与日本国家管理，到 1948 年，突然发生了扭转。在一定程度上，劳工运动影响力的下降是由于盟军占领政策的"转向"。

---

[1] 这四位阁僚显然未能事先与占领当局澄清一些有关声明的问题，从而削弱了这一声明的影响力。参见其后担任盟军总部劳工部门领导人的希欧多尔·科恩的评论。Theodore Cohen, *The Occupation of Japan*, ed. Lawrence H. Redford (Norfolk, Va.: MacArthur Memorial, 1980), pp. 197-198.

1947 年 1 月，当公共部门的工会组织计划举行全国性大罢工的时候，劳工运动的战斗精神第一次测试了占领者的容忍极限。[1]在计划中的 2 月 1 日大罢工前夕，麦克阿瑟将军于 1 月 31 日决定禁止举行，虽然他同时也明确表态，这个特殊的罢工禁令并不意味着对工人举行行业集体行动权利的一般限制。然而，这只是官方收紧劳工运动周界的第一个重大动作。14 个月之后，1948 年 3 月，占领当局再次禁止邮政工人计划举行的区域性罢工。随后在 1948 年 7 月，麦克阿瑟将军指令日本政府剥夺了公务员等公共部门工作人员的罢工权。1948 年 12 月，又对煤矿工人计划举行的罢工发出了一道禁令。在 1949 年，对颁布于 1945 年 12 月的亲劳工的《工会法》进行了修订，并对私营部门进行合法罢工的条件进行了收紧。在劳工运动的周界年复一年地被以这种方式收紧的同时，在资本主义劳资关系框架内进行集体谈判的机制和程序却又受到鼓励，当然这些集体谈判往往受到政府的指导和监督。最终的结果是劳资纠纷逐渐减少。

除了给劳工运动强加了来自上面的更为严格的纪律之外，还有来自下面的普通工会成员希望更大的工会民主的要求。他们的目标之一是清除共产党的影响。在传统的反共工会全日本劳动总同盟中，甚至连左翼工会组织全日本产业别劳动组合会议中，都出现了反共产主义的运动。1947 年 10 月，当无党派人士和隶属于劳动总同盟的矿工工会退出全国矿工工会委员会的时候，第一次摊牌行动发生了。亲共产主义势力和反共产主义势力之间的裂痕不断扩大，1948 年 1 月，全日本劳动总同盟公开宣称自己决心为使共产党员退出劳工运动而斗争。支持工会民主化的力量在全日本产业别劳动组合会议中组织了一个叫作"民同"（意为民主同盟）的行动联盟，这个联盟在与共产党进行了多次内部争吵之后，离开了产业别劳动组合会议的母体。1950 年 7 月，"民同"与"劳动总同盟"组建了一个新的全国性工会组织中心——"日本劳动组合总评议会"。几年过后，"劳动组合总评议会"的左翼领导层疏远了"劳动总同盟"，而"劳动总同盟"在离开了"劳动组合总评议会"之后，演变成为今天的"全日本劳动总同盟"（Dōmei），这是仅次于"劳动组合总评议会"的第二大全国性工会组织的中心。此外，还发展出了一个小得多的工会组织中心，名叫"中立劳连"（Chūritsu rōren）。到 1955 年，

653

---

[1]　计划于 1947 年 2 月 1 日举行的流产总罢工，在盟军占领期间劳工运动史上的重要性得到了希欧多尔·科恩的强调。参见 Theodore Cohen, "Labor Democratization in Japan: The First Years," in *The Occupation of Japan*, pp. 162-167。

对于日本的劳工运动来说，战后时期肯定已经结束了。大约在这个时候，迎来了一个新的时代："春斗"（春季劳工攻势）的时代。妥协与和解的结构到 1955 年业已形成，一直延续到今天。

在占领期间，从社会选择中产生出来的劳资关系体系，其劳工运动的基本单位是基于企业（enterprise-based）同时也限于企业（enterprise-confined）的工会组织，而集体谈判是影响管理的一个主要手段。虽然临时工和女工仍然被排除在充分享受日本就业制度的好处之外，但在企业的正式员工和管理者之间却盛行着一种高度的社会民主。他们都是平等的"企业公民"，同样享受着通常被称为"终身保证"的长期雇佣合同。劳动力的价格，也就是说工资的确定，需要频繁地讨价还价，而就业的其他方面则被框定在更为持久的集体协议——工作规则和有关规定之内。管理人员的权利受到工人们的普遍尊重，但只能谨慎地行使，并受到遍及整个企业的密集沟通渠道的制约。连接劳资双方的协商委员会也很活跃，确保不会产生由管理层单方面制定或强制执行影响员工的决定。在工会内部，高度的社团民主和审慎的决策民主的规则和惯例已经牢牢扎根。尽管在日本产业中劳资纠纷频繁且广泛，但它们很快就会得到解决，很少出现长期的僵局或胶着局面。日本的资本主义经济、中产阶级社会和保守主义的政体似乎也处于长期的均衡状态。显然，在占领期间，通过协调一些看起来相互冲突的要求和反要求的棘手问题，才产生了这种平衡解（equilibrium solution）的结果。随着这种解决方案把工作场所的社会问题放置一旁，1955 年以后，日本把精力集中在经济活动上，从而造就了 20 世纪 60 年代的经济"奇迹"。

第十三章 社会主义、自由主义与马克思主义（1901—1931）

在 19 世纪 90 年代，许多国内外的观察家发现日本终于进入了世界历史的主流，并真正地在世界历史中扮演了一个主要的角色。正如大隈重信在中日甲午战争结束时所说："日本已不再是原来意义上的日本了，它已经成为世界的日本。"尽管一些日本人认为无节制的沾沾自喜会造成日本文化的终结和政治孤立，但另一些人则对日本文化未来的前景怀抱矛盾的态度。他们认为，如果日本变得更像其他的现代国家，那么，虽然它的物质和政治发展可能会持续下去，但这将会付出社会和谐或文化完整性的代价。随着国家进入到一个新的世纪，日本的未来形态存在着不确定性。

有人认为日本未来的愿景是独一无二的，它即使在快速的经济和政治变革过程中也能够保持其传统的文化和价值观。这种观点，我们也许可以称其为特殊论或例外论，在 19 世纪 90 年代初政教社（Seikyōsha）的作者中可以找到其拥护者，这些作者敦促在迈向现代化的征程中保留民族的文化精粹（国粹，kokusui）。[1] 然而，考虑到日本既往文化斑斓多彩的特征，很难确定其文化精髓究竟是什么。与中国不同，日本不具备一个很容易辨认的伟大传统。此外，政教社的作者们在哪里发现"国粹"呢？是在神道教传统的神话和传说中，在平安时代文化的情感中，还是在武士阶级的冷酷气质中，在德川时代市民们喧闹的艺术中，或是在德川儒学简朴的清教习俗中？

---

[1] 关于政教社作者的情况，参见 Kenneth B. Pyle, *The New Getieraiion in Meiji Japan: Problems of Cultural Identity, 1885–1895* (Stanford, Calif.: Stanford University Press, 1969)。

尽管政教社的作者们故意混淆了造成日本独特性的原因，但像穗积八束和井上哲次郎（Inoue Tetsujirō）这样的新传统主义学者们发现，把儒家道德思想和本土神话传说混合起来，就可以形成一个国家的全民信仰。他们在江户时代长期致力于将等级森严的社会政治秩序与其顶端的天皇神圣化，从而改变了人们对"国粹"的常见认知，将这种社会政治秩序和天皇神圣化的观念解释为日本社会和政治习俗的永久性、唯一性和优越性之所在。同时，他们把天皇神话为天照大神（Amaterasu）的后裔，并将其俗化为世俗政治价值标准的来源，他们把天皇的角色比附于一个仁慈的父亲，关心自己的臣民／孩子，但也要求他们专一的忠诚。"家族国家"（kazoku kokka）的概念，受到从西方舶来的国家学说的影响，形成一种独创的意识形态架构，为人们所广泛接受，具有强大的影响力：它为教科书的起草、教师的培养，以及警察、军队、司法服务方面职位较低者的培训提供了资料。尽管它从来没有被正式采纳为一种国家的教义，但它成为一种具有高度特殊性的民族主义的基础，在这种民族主义的真正信徒们的心中它成了至关重要的政治思想。[1]

尽管从特殊论或例外论的视角来看，日本的社会形态得到了正式的尊重，但许多知识分子发现这是难以接受的。作为高等教育体系的产物，他们接受的所有课程教育都依赖于西方的"新知识"（shinchishiki），因而他们更倾向于日本的未来能有国际化的观念，这将使日本完全融入世界历史的主流，服从于和西方更先进国家同样的发展规律，并朝向和西方更先进国家同样的未来前进。在明治后期和大正时期，一些知识分子经常引用"时势"（jisei）或"世界大势"（sekai no taisei）来验证他们对政治或社会变革主张的合理性。这样的言论，对局外人来说似乎没有什么意义，但它揭示了社会变革有着明显的规律或模式，通常具有分阶段发展的特点。当这些言论与"社会进步"（shakai shinpo）或"社会进化"（shakai shinka）等概念联系在一起时，它们就传达了这样的思想，即新东西比旧事物好，社会总是随着时间的推移而进步。如果例外论的观点将注意力放在不合时宜的"国粹"上，那么，世界主义的知识分子们则注重于研究变迁的模式，并且时常从中发现历史的必然性。

---

[1] 关于家族国家意识形态起源的杰出研究成果，参见 Carol Gluck, *Japan's Modem Myths: Ideology in the Making in the Late Meiji Period* (Princeton, N.J.: Princeton University Press, 1985)。

　　如同那些主张"家族国家"的理论家们一样，这些知识分子们也从西方思想中吸收了许多词语、概念和语义。所有社会都有支配社会运行的固定准则的观念是耳熟能详的一种说法，它体现在"理"（ri）这个儒家概念中，但除了周期性衰落与恢复的模式之外，它不能解释历史发展的动力。发现社会可以迈向更高层次的繁荣、理性或效率，这也许是明治时期思想革命的中心内容。这种进步的思想可以从当时那些被翻译成日文的每一本大部头著作或小册子中看到，不管这些著述是来自激进的卢梭（Rousseau）还是保守的布伦奇里（Bluntschli）。在一定程度上，在 19 世纪 80 年代很有影响力的社会达尔文主义（social Darwinism）的消极理论，使得人们对"进步"概念的理解变得复杂化了，然而在更多的时候，当应用社会达尔文主义来解释国内的而不是国外的发展时，则被认为是具有积极意义的，因为它强调的是适者生存，而不是生存竞争。

　　认为社会发展遵循一定规律的想法，隐含着人类存在超越社会、地理、历史背景等特殊条件的基本共性和普遍心理状态的前提。例外论的视角赞颂的是不被外人所理解的独特"日本精神"，与之相反，国际化的视角则总能看到在所有社会和所有人群中发挥作用的相同动机。这形成了一种简单化的，甚至是约定俗成的关于人类行为的描述，但它也表明日本不是一个由独立物种居住的心理迷失的地方。社会进步的思想也很容易与社会及政治变革的过程联系起来：如果说未来总是要比过去好，那么它也就可以被用来鞭策现在的社会。

　　在 19 世纪 90 年代初期，国际主义的观点在德富苏峰及其周围人士的作品中找到了最原汁原味的表达。在《将来之日本》（*Shōrai no Nihon*）一书中，德富苏峰将日本描述为正处在社会发展的过渡阶段，就像西方先进社会从军事贵族的统治向工业民主社会的过渡一样。通过借鉴维多利亚时代中期从约翰·斯图亚特·穆勒到赫伯特·斯宾塞（Herbert Spencer）的自由主义者的著作，德富苏峰争辩说，人类历史发展的趋势是朝向自由、平等、繁荣与和平的社会。有时，德富苏峰徘徊在刚性历史决定论的边缘，很少注意到变幻莫测的历史事件和人物对历史发展的影响力。但是，到了 19 世纪 90 年代中期，他已经对他关于未来的观念进行了某些修正，从一个简单的自由放任的社会模式修正为一种新的社会模式，在这个社会中，个人主义要受到集体主义和国家干预主义的调节和制约，尽管他仍然致力于坚持历史直线发展的观念。

　　即使那些最接近于人类发展普遍理论的学者们，就像德富苏峰一样，也只是意识到社会规律并不是在真空中发挥作用，而必须具体到特定的时间和特定的地点。所以，这些人类社会发展的普遍规律在应用到日本时，就不得不做出相应的改变以适应日本的国情。例如：德富苏峰将明治维新描述为不彻底的或是未完成的革命。尽管他把明治维新视为经过长期趋势走向自由的高潮，因为它带来了旧秩序的崩溃，但与此相矛盾且可能不合逻辑的是，他认为明治维新之后这样的趋势遭到了挫折、阻碍和中止。其后，马克思主义者在关于明治维新的性质、日本资本主义发展等问题上的争论，也在努力克服同样的问题。在日本，"时代潮流"通常似乎具有不同的速率，并且遵循着不同的轨迹。虽然和之前的西方先进国家一样都是在朝着同一目的地行进，但日本似乎只是在一条小路上移动，而不是在康庄大道上前行。

再者，由西方先进国家所提供的未来社会的模式，本身也处在一个连续的转型过程之中。日本可能具有某种"追随者的优势"，但它不得不追随一个不断移动的目标。因此，在 20 世纪初，关于未来发展模式的国际主义观点在不停地改变，所以本章将讨论几个不同的典型——明治时代晚期的社会主义者，大正时代的民主自由派，以及 20 世纪 20 年代的马克思主义者和其他左翼激进分子。尽管这些思想彼此间经常存在激烈的争论，但在促使日本历史成为世界历史一部分的过程中，它们却拥有着共同的话语，同时，它们也都认为，日本的构造和发展并不是独一无二的。

社会主义的出现

如果说德富苏峰是最早将历史变迁的普遍规律应用到日本历史的知识分子之一，那么，他也是最早发现日本社会中出现了阶级的学者之一。然而，在"平民"（heimin）与"贵族"（kizoku）的比较中，德富苏峰所论及的与其说是结构性的区别，不如说是历史的或代际的划分。"贵族"代表的是"旧日本"，包括新贵的明治时期领导人和一些在明治维新后仍然占据同样地位的旧政权受益者，他们希望回到过去那种享有特权和等级社会的时代。"平民"则是指除了"贵族"之外的其他人，比如普通工人和农民，还有富有的自耕农，他们的利益与"新日本"的现在和未来紧密相连。就是他们，将受益于由社会发展规律所决定的市场扩张的自由、机会的平等和政治的解放。德富苏峰看到了广大平民和少数享有特权者的差别，但他并没有建议应该集合一个社会群体来反抗另一个社会群体，也

658

没有指出在日本社会中存在剥削者和被剥削者。简而言之，他并没有提及阶级冲突的可能性。

　　然而，在 19 世纪 90 年代后期，由于工业化进程的加快，一些观察家们担心，富人和穷人之间的差距会扩大，而这将削弱社会和谐。1898 年，一群由桑田熊藏（Kuwada Kumazō，1869—1932）和金井延（Kanai En，1865—1933）牵头的东京帝国大学的法学教授，组成了"社会政策学会"（Shakai seisaku gakkai），讨论与工业化相关的社会问题。受到俾斯麦（Bismarck）所进行的成功社会改革的影响，同时也受到诸如卢约·布伦塔诺（Lujo Brentano）、古斯塔夫·施莫勒（Gustav Schmoller）和阿道夫·瓦格纳（Adolf Wagner）等保守派改革家思想的影响，社会政策学会的成员认为，在自由放任的政策下对利润的追逐，以及伴随着工业发展而肆无忌惮增长的竞争，会削弱社会的稳定，并容易引起社会的冲突。他们的观点基本上是前资本主义的，他们既不攻击私有财产，也不攻击市场机制本身。相反，他们争辩说，通过引进工厂立法、推行工人保险项目、救助贫苦民众，以及其他一些社会政策，自由放任制度的严酷性将会得到调和。而社会主义则会对他们形成威胁，因为这会阻碍国家发展，把社会拉回到更为原始的集体主义阶段。这些在政治上采取保守态度的教授们认为，日本在任何情况下，都不需要社会主义。正如桑田熊藏在 1886 年所说："在不流一滴血的情况下，日本人民建立了宪政体制的事实，与现代历史形成了强烈的对比。既然如此，那么在即将到来的经济革命中，我们为什么不能以和平的方式来解决这个大问题呢？"[1]

　　如果说，这些保守的学者们希望通过暂时的政策措施缓解阶级冲突来拯救资本主义的劣根性，那么在同一时间出现的社会主义运动，则完全可以说是从激进的角度来攻击资本主义制度本身。1901 年 5 月 20 日，社会民主党发表宣言，声称："我们的党，代表了当前世界演变的普遍趋势，在了解经济规律的基础上，希望能够缩小贫富差距，通过社会主义和民主主义的道路，来成功确保世界的和平发展。"为了实现这些目标，社会主义者们提出第二国际宣布的发展标准：土地和资本的公有制、通信和交通工具的国有化、普遍的伙伴关系、裁军和国际和平。他们还呼吁废除贵族院，缩减日本陆海军，以及消除日本所特有的政治和社会不

[1]　Kenneth B. Pyle, "Advantages of Followership: German Economics and Japanese Bureaucrats, 1890–1925," *Journal of Japanese Studies* I (Autumn 1974): 147.

平等的源泉。与社会政策学会的成员不同，社会主义者们显然与他们所处的社会格格不入。[1]

日本的社会主义运动起源于一个一神论社团（*Unitarian Society*）于 1898 年在东京举行的一次会议，这次会议主要研究诸如圣西门（Saint-Simon）、蒲鲁东（Proudhon）、傅立叶（Fourier）和马克思（Marx）等欧洲社会主义先行者，以及诸如亨利·乔治（Henry George）、威廉·布利斯（William Bliss）、理查德·伊利（Richard Ely）等美国社会改革家的著作。这个社团的 40 位成员于 1900 年创建了社会主义学会，从他们的队伍中，1901 年成立了社会民主党。该党的创建成员表现出这个研究群体具有吸引力的社会形象。他们之中除了幸德秋水（Kōtoku Shūsui）之外都是基督徒；有两人（幸德秋水和木下尚江）曾参加过自由民权（*jiyūminken*）运动，后来成为新闻记者；一位（安部矶雄）是一位大学教授；还有两位（片山潜和西川光二郎）是职业的劳工组织者和政治活动家。

在 20 世纪第一个 10 年里，作为一场自觉的运动，明治时期的社会主义者强烈地谴责他们这个时代所存在的道德缺失，以及由此造成的社会文化衰落的现象。无论是唯物主义者还是基督徒，社会主义者都把日本的明治时期描绘成一个由特殊利益集团所主导的腐败、堕落的社会。1899 年，在他宣布自己成为一个社会主义者的前夕，新闻记者幸德秋水（1871—1911）痛惜明治维新以来的日本社会："国家的美德已经被为了金钱利益所进行的恶性斗争所取代了。"7 年以后，一份基督教社会主义的期刊——《新纪元》（*Shin kigen*）杂志的编辑们，抨击日本是"一个掌握在堕落且腐败的贵族和富裕阶级手中的社会"。无独有偶，片山潜也在劳工界的报纸《劳动世界》（*Rōdō sekai*）上发表文章，谴责国家政客们的自私自利，指斥明治政府的无能和不负责任。总之，形形色色的社会主义者们都把日本的政治和经济领导人视为道德败坏的人。[2]

明治后期的社会主义者并没有将道德批判从社会分析中区分出来，他们也不认为有这样做的必要。基督教社会主义者把自己看成是耶稣的社会福音的仆人，

---

[1] Hyman Kublin, *Asian Revolutionary: The Life of Sen Katayama* (Princeton, N.J.: Princeton University Press, 1964), pp. 129-156.

[2] Sharon Lee Sievers, "Kotoku Shusui, The Essence of Socialism: A Translation and Biographical Essay," Ph.D. diss., Stanford University, 1969, pp. 129-131; *Shin kigen* (Tokyo: Shinkigensha, September 10, 1906), no. 11; Kishimoto Eitaro and Koyama Hirotake, *Nihon kindai shakai shisoshi* (Tokyo: Aoki shoten, 1959), pp. 81-85.

相信社会主义是给日本政治和经济带来公平正义的世俗媒介。由于自由党及其他政治党派与明治政府的和解，自由民权运动的非基督徒领袖们，通常是一些政治记者，对此深感失望，他们便以幕末革命中抨击幕府腐败的革命者自居。不管是基督徒还是非基督徒，他们都认为社会主义是使日本社会和道德重生的一种手段，同时他们也认为政府行为和经济组织必须通过它们对社会道德的影响来加以评判。他们的著作刻意把价值判断和事实说明混合在一起。即使是遵循着马克思对资本主义的分析，他们仍然不能接受马克思的道德不可知论。如果马克思曾经故意限制自己对资本主义发展的结构及其历史成因的分析，或者声称要这么做的话，那么，日本的社会主义者则详细阐述了资本主义的不公平和非道德。[1]

可以肯定的是，社会主义者普遍遵循着西方马克思主义者的分析思路。让我们来看看幸德秋水在《社会主义神髓》（*Shakaishugi shinzui*）和片山潜在《我的社会主义观》（*Waga shakaishugi*）中对资本主义的批判吧，这两篇文章被大多数学者认为是日本明治时期最好的马克思主义的作品。[2]像马克思一样，他们赞扬资本主义为现代社会的发展所做出的物质贡献，也对它的物质生产能力感到惊讶。幸德秋水和片山潜的文章也关注到了资本主义发展的悖论。这是一个奇怪的矛盾体，在资本主义制度下，与生产力发展的突飞猛进不同，更大一部分人类逐渐变得更加贫穷和悲惨。正如幸德秋水所说："随着越来越多的工人被改良的机器所取代，与此同时，劳动力的供给却又每天都在增加。"遵循恩格斯的教导，幸德秋水也认为资本主义创建了一个"产业后备军"，这将产生大量的工人过剩，而就业人数的减少导致工人之间的彼此争斗。即便充分就业受损，资本主义也要维持这样一个"产业后备军"，因为在资本主义制度下，工人们丧失了对"生产手段"的控制。就像片山潜所写的那样："由于工人创造出来的财富被资本家所剥削，遂使工人变成了从属于资本家的阶级，从而丧失了自由。"两人断言，在某种程度上，资本主义社会是由自由竞争所引起的无政府状态，"适者生存""强者吞噬弱者"是它的意识形态。在他们看来，阶级冲突是不可避免的，这种冲突是

661

---

[1] Kotoku Shusui, *Teikokushugi: Nijuseiki no kaibutsu* (Tokyo: Iwanami shoten, 1954), conclusion; 参见 Sievers's translation in "Kotoku Shusui," of Kotoku's *Shakaishugi shinzui*, chap. 6; Katayama Sen, "Waga shakaishugi," in *Katayama Sen, Tazoe Tetsuji shu*, ed. Kishimoto Eitaro (Tokyo: Aoki shoten, 1955), pp. 112-116.

[2] 无论幸德秋水和片山潜读过的马克思主义著作是多是少——这在最近的研究中经常是一个引起争议的问题——他们所使用的很多术语都是马克思主义的，同时也有一些未能准确使用这些术语的例外情况出现。参见幸德秋水《社会主义神髓》，序言。

"垄断着生产资料且拥有产品所有权的资本家和除了自己的劳动之外一无所有的工人阶级"之间存在无法逾越的鸿沟的必然结果。[1]

幸德秋水和片山潜触及了马克思主义的所有基本原理："劳动价值理论""剩余价值理论""产业后备军理论"，以及在"社会化大生产与资本主义所有制之间存在不可避免的矛盾"的论断，等等。但这两个人都在一个关键问题上脱离了马克思主义的理论。马克思和他欧洲的追随者们坚持认为，理论必须被置于历史环境中来加以透视。变革、阶级和阶级斗争都必须用历史的眼光来看待。马克思写道："就眼下来说，阶级矛盾是历史（社会）发展的动力。历史进步依赖于阶级矛盾。"马克思认为，对于资产阶级社会的运作和发展来说，其内部的矛盾事实上既是推进剂，也是必需品。正如乔治·李希特海姆（George Lichtheim）所说，对于马克思主义者来说，"矛盾的存在不能通过立法来摆脱，而只能在'一个更高的层次上'被克服，也就是说，在历史发展到了无阶级的社会之后，这些矛盾才能得到解决"。然而，明治时期的社会主义者认为，阶级矛盾并不被认为是社会发展的动力，而只被视为自相矛盾的东西，是应予谴责的社会不公平的根源。日本的社会主义者既受到马克思主义的影响，也受到社会达尔文主义的浸染，他们认为历史是由不可避免的和非个人化的进化力量所驱动的，从而经常暗示巨大的历史变迁在某种程度上也同样是不可避免的。但是，他们没有分析历史动态发生的原因，也没有对历史必然性做出系统化的解释。在这种历史观中，几乎可以说是具有某种宿命论的要素。正如幸德秋水写道："革命是上天注定会发生的，并非人的力量所能改变。"[2]

明治时代的社会主义者也以与马克思不同的方式构想了资产阶级。对于马克思而言，资产阶级曾经是一个"全民性的阶级"，一个代表全社会的利益反动倒行逆施者的阶级，但是，由于大众的贫困化加速，资产阶级已经丧失了它的进步作用。在幸德秋水和堺利彦（Sakai Toshihiko）1904 年翻译的《共产党宣言》中，马克思和恩格斯把资产阶级的灭亡描述为"不能胜任更长统治时间的社会阶级"。

---

[1] 参见 Katayama, "Waga," pp. 23-24, 32, 34, 36, 39-41, 49-50, 56, 60, 80-82, 91-93, 98-99; Kotoku, *Shakaishugi*, pp. 142-145, 164, 178。

[2] Katayama, "Waga," pp. 32-33, 41-42, 69-70, 86-87; Kotoku, *Shakaishugi*, pp. 153-158, 182, 200; George Lichtheim, *Marxism: An Historical and Critical Study* (London: Routledge & Kegan Paul, 1961), pp. 46, 382-385; Hayashi Shigeru, ed., *Heimin shinbun ronsetsushu* (Tokyo: Iwanami shoten, 1961), pp. 188-197; Kotoku Shusui, *Hydron to zuiso* (Tokyo: Jiyuhyoronsha, 1950), p. 27.

另一方面，明治时代的社会主义者对通常被称为"中产阶级"的欧洲资产阶级的历史贡献，也持有一种奇怪的矛盾态度。日本社会主义者所理解的资产阶级是标准的、抽象的，而不是历史的，也从来不是结构性的。没有比幸德秋水的说法更能表达他们的观点了："社会主义的目的，简单说来就是在所有社会中创造出一个中产阶级。"[1]

与马克思相反，明治时代的社会主义者们继续强调资产阶级依然具有进步作用。幸德秋水说："在西方，正是中层阶级体现了革命精神，并将革命的思想变为行动。"幸德秋水和堺利彦在日本的近期历史中寻找中产阶级，他们发现明治时代的"志士仁人"（shishi jinjin）与欧洲的中产阶级差相仿佛，正是这些"正义的爱国者"发动了明治维新。他们把资产阶级比附为"志士仁人"，将其描绘成道德模范，并借用西方概念，将其描绘成有理想（risō）、有人格（jinkaku）的群体。像武士阶级一样，欧洲资产阶级既不像贵族那样好逸恶劳，也不像下层阶级那样经济贫困。通过把日本明治维新与欧洲资产阶级革命加以比较，幸德秋水认为，只有一个类似的摆脱了地位约束和经济剥夺的道德精英，才能够领导一场社会主义的革命。事实上，正如我们下面将看到的，日本的社会主义者通过自我描述，直接把"志士仁人"和资产阶级认定为明治维新的继承人。[2]

像欧洲的马克思主义者一样，明治时代的社会主义者也开始于对资本主义社会的批评，但激起他们最为严厉批评的，是资本主义社会在道德上麻木不仁及其由此引发的残忍社会后果。幸德秋水和片山潜都认为，资本主义制度下的分配不均是极大的犯罪。幸德秋水写道，在资本主义制度下，劳动者不仅要面临每天长达 11 个小时的不间断的严苛劳动，而且他们的劳动成果会被政府征收，"为好逸恶劳和追求享乐的人所享用"。尤其使幸德秋水和片山潜，以及追随他们的社会主义者们感到愤怒的，是资本主义对文明的腐蚀作用。片山潜说："资本主义是一个'人类社会的诅咒'；自由竞争创造了'一种非道德的兽性的人生观'。"幸德秋水在文章中写道："生活中没有什么比资本主义社会所特

663

[1] Lichtheim, *Marxism*, pp. 86-88, 142-154, 387-390; Kotoku, *Shakaishugi*, pp. 183-184; Matsuzawa Hiroaki, "Meiji shakaishugi no shiso," in *Nihon no shakaishugi*, ed. Nihon seiji gakkai (Tokyo: Iwanami shoten, 1968), pp. 26-27.

[2] Sievers, "Kotoku Shusui," pp. 34-37, 94; Kotoku, *Shakaishugi*, pp. 183-184; Matsuzawa, "Meiji shakaishugi no shiso," p. 45; John Crump, *The Origins of Socialist Thought in Japan* (New York: St. Martin's Press, 1983), p. 133; Saigusa Hiroto, *Nihon no yuibutsuronsha* (Tokyo: Eihosha, 1956), p. 17; Nakamura Katsunori, *Meiji shakaishugi kenkyu* (Tokyo: Sekaishoin, 1966), p. 60.

有的持续失业更加残酷的事情了"，因为持续的失业把男人变成盗贼，把女子变为娼妓，"使世界上绝大多数的人遭到遗忘"。他补充道："那么，真理、正义和人道又从何而来呢？"[1]

与所有地方的社会主义者一样，片山潜、幸德秋水、安部矶雄以及追随他们的积极分子都认为，改革和抗议只是权宜之计的应急措施，并不能矫正已经渗入日本社会组织中的基础性弊端。像许多社会主义者一样，他们也不否认工业发展所带来的物质进步，甚至经常对此表示赞扬。引起社会主义者惊恐，从而激起他们批判明治社会，并促使他们倡导社会主义的，是经济价值的支配地位和道德中心的消失无踪。他们痛恨这个物欲横流和不受控制的市场，在这个市场中，贪婪和竞争侵蚀着社会成员之间的道德关系。虽然工业化进程为社会繁荣带来了好处，但金钱关系侵蚀了社会的道德纽带。[2]

社会主义者们希望能把物质进步与充满同情心和坚守道德感的社会秩序结合起来。正如幸德秋水在 1901 年写道："社会主义的功能是通过消除经济纷争的原因给社会带来和谐；实现社会和谐是社会主义的目标，但不是通过法律或政府的规制来达到，而是应把道德放在优先于经济的位置。"片山潜曾经把社会主义描述成"我们的祖辈所向往的通过蒸汽、电力和压缩空气来开展生产的文明社会（他在这些词语下加了着重号），也就是说，这是一个每个工作着的人都能获得最大动力和快乐的社会。"幸德秋水谈到了根除由自由竞争的氛围所推动的"基本欲望"的问题，呼吁"以对理想和正义的竞争，以类似于绅士的竞争来取代恶性的竞争模式"。堺利彦认为，如果能够实现私人和公众利益的统一，那么，所谓"经济关系"（他在下面加了着重号）的可恶后果就会在社会中消失，取而代之的是一个充满爱、温暖、纯洁，可以自由飞翔的社会。安部矶雄更为具体地断言："如果现在的社会组织能够得到改革，如果每个人都能摆脱对金钱的执念，那么，我们就可以发现社会道德上的巨大变化。"如此一来，包括性犯罪在内的各种犯罪行为，以及事实上由社会关系引起的所有问题，就都会得到解决。[3]

---

[1] Katayama, "Waga," pp. 33-35, 84-86, 104, 112-116; Kotoku, *Shakaishugi*, pp. 78, 136-137; Matsuzawa, "Meiji shakaishugi no shiso," pp. 25-26.

[2] *Shin kigen*, no. 5, March 10, 1906; Kotoku, *Teikokushugi*, foreword, chap. 1; Kotoku, *Shakaishugi*, pp. 145, 181-183; Katayama, *Waga*, pp. 24-25, 41-49, 59-62; 100-102.

[3] Kotoku, *Shakaishugi*, pp. 164-201; Katayama, "Waga," pp. 104-105, 116, 126; Kotoku, *Hydron to zuiso*, pp. 25-26; Matsuzawa, "Meiji shakaishugi no shiso," pp. 22, 36-37.

对社会主义者而言，社会冲突、政治腐败，以及种种倒行逆施的行为，只是社会总体结构不平衡的反映。《万朝报》（*Yorozu chōhō*）是一份有许多社会主义者作为其记者的报纸，一个作者在报纸上写道："目前出现的丑恶现象，不能完全归咎于那些腐败和堕落的人们，而应归咎于政府组织和系统，是它们让现在的社会陷入这样一种境地。"与此同时，这些丑恶现象也证明了明治政府对于个人和社会在精神和理智上的堕落负有责任。幸德秋水写道："我们的政治家，已经忘记了革命（明治维新）的初衷，忘记了以自由、平等、博爱为基础的创新精神。"因此，进一步的发展已经陷入了停顿。就像幸德秋水在另一篇文章中所写的那样，曾经激进的政党运动已经丧失了它的反抗精神，政党的领导人也都成了类似于政府中那些溜须拍马的人。在 1904 年，堺利彦、木下尚江和幸德秋水已经放弃了他们的希望，在日本并没有出现一个独立而正直的中产阶级，而是出现了一个腐败堕落的资产阶级；他们认为资产阶级是一个享乐主义的"绅士阀"（*shinshibatsu*），沉迷于放纵地享受艺妓和其他奢侈品。[1]

渐渐地，社会主义成为一种它的追随者所共同见证的道德信条。社会主义者 665 将自己设想为道德精英，是明治维新精神的真正继承人。幸德秋水将自己和他的同事们形容为"志士仁人"，他们将会进行一次"彻底的社会清理"。所有的社会主义者，不管是基督教信徒还是唯物主义者，都将社会主义描述成一种"理想"或一条"途径"，它的实现，就像看起来那样，是由这一宗教的信徒们来完成的。对于它的追随者来说，对社会主义及其目标的接受是一种自我牺牲和自我超越的举动。幸德秋水后来在他的狱中书信里以轻蔑的口吻写下了他过去曾经引以为傲的事情；他谈到了自己需要摆脱"沉迷于追求利益和名声的不洁和丑恶"。他补充说："那些牺牲自己自然本能的人，大多数是在道德上最高尚的真正的人。"[2]

社会主义者们还将培育"品德高尚的人"（人格者）作为他们的奋斗目标。安部矶雄主张，克服虚伪的个人主义是社会主义者肩负责任的重要组成部

---

[1] Matsuzawa, "Meiji shakaishugi no shiso," pp. 24, 38-39; Kotoku, *Teikokushugi, passim;* Hayashi, *Heimin shinbun ronsetsushu,* pp. 153-154; 161-165, *W,* Nakamura, *Meiji shakaishugi kenkyu,* pp. 59-60; Mitani Taichiro, "Taisho shakaishugi no 'seiji' kan-'seiji no hitei' kara 'seijiteki taiko' e," in *Nihon no shakai shugi,* ed. Nihon seiji gakkai (Tokyo: Iwanami shoten, 1968), p. 69; *Skin kigen,* no. 1, November 10, 1905.

[2] Matsuzawa, "Meiji shakaishugi no shiso," pp. 41, 57; Saguisa, *Nihon noyuibuisuronsha,* p. 17; Sievers, "Kotoku Shusui," p. 37; *Chokugen,* April 16, 1905.

分，而社会主义者的终极目标，就是培育具有普世性理想和目标的"国际化的人"。[1]

山路爱山（Yamaji Aizan，1864—1917）是当代社会评论家和著名历史学家，他发现社会主义吸引了很多年轻的支持者，因为他们在面临政府迫害的情况下，对道德和改革的目标仍然怀着"好像宗教奉献"一样的热忱。像社会主义者一样，大学生们也认为自己是潜在的政治和社会领导人。但是，另一位社会评论家和社会主义的同情者田冈岭云（Taoka Reiun，1870—1912）写道，这些年轻人是"不知妥协、举止粗鲁的精神斗士"，他们或是发现政府的职位"遥不可及"，或是认为自己输给了"机灵的马屁精"。因此，社会主义之所以具有吸引力，不仅是因为它试图解决社会问题，还因为它为那些认定自己被错误地禁锢在办公室的人们提供了道德支持。正如幸德秋水所说，社会主义成功地引起了人们的注意，因为社会主义以"所有社会阶层的合作"作为它的目标。据说，这些在道德上得不到满足的挫折感（就像某些人所主张的那样），迫使年轻人改变他们的生活和信仰，而社会主义则允诺建立一个"充满兄弟情义和人性化的社会"来加以应对。通过宣示"品德高尚的人"必然会在一个领袖及其行为已经丧失了核心道德的社会里获得最后的胜利，社会主义吸引了年轻人的同情。[2]

666

社会主义运动的衰落

明治政府担心社会主义学说在日本的出现会带来社会的动荡。社会主义运动对一些传统部门的合法性提出了质疑，它们宣传阶级斗争的思想，批判类似于强势军事管理状态的基本制度。1900 年，山县有朋政府颁布了《治安警察法》，旨在稽查劳工组织和社会主义组织的活动。根据这些法律的规定，1901 年，社会民主党在发布其成立宣言后的 12 个小时内就遭到解散，而刊登这一宣言的报纸版本也被没收。根据安部矶雄所说，如果社会主义者同意取消其纲领的两项内容，即废除贵族院和减少军备支出，当局就不会解散该党。虽然当局反对社会民主党宣言中对传统制度的废除政策，但有趣的是它并没有提及反对社会主义的原则，

---

[1]　*Chokugen*, April 16, 1905; *Rikugo zasshi*, no. 177, September 1895.

[2]　Yamaji, "Genji no shakai mondai oyobi shakaishugisha"；Matsuzawa, "Meiji shakaishugi no shiso," pp. 9, 36.

如土地和资产的公有制、政治改革、成年男子的普选权，以及实行无记名投票。这清楚地反映出了明治政府并没有在这一宣言中感受到明确、现实的危险，而且也说明了宣言的作者并不是革命分子。[1]

　　社会主义者反对作为政治压迫工具的国家，也反对腐败的官员，但他们（木下尚江可能是一个例外）在日俄战争之前并不反对国家本身。正如安部矶雄所说，国家其实是建立社会主义经济的一种手段："当今，国家的性质主要有两个方面，作为政治实体和作为产业实体。"实现社会主义政治的路径，实际上就是政治机构的权威逐渐衰落和经济机构逐步发展的过程。总之，国家可以作为物质进步的代表，而不是控制社会、垄断政治的代表。片山潜写道，在明治宪法制度下实现社会主义甚至是有可能的。事实上，除了木下尚江曾经公开呼吁抛弃国体神话（kokutai myth）之外，明治时代的社会主义者们既不批评明治宪法，也不批评天皇的角色。[2]

　　社会主义计划经济的核心是生产资料公有制的思想——对此有各种各样的称谓，诸如生产机关（seisan kikan）、社会的共有（shakaiteki kyōyū）、国有（kokuyū）等等。但在大多数情况下，明治时代社会主义者们只是狭隘地集中于社会福利和生产资料的社会化管理方面。在关于公有制的讨论中，他们既无视任何关于政府是统治阶级的政治工具的分析，也忽视了工人阶级在革命中的作用。社会主义者比民主党人更为激进，他们的直接目的仅仅是创建一个社会福利国家或某种国家社会主义。他们认为国家基本上就是进行行政管理，并试图通过强调其管理职能来使其非政治化。（事实上，安部矶雄所设想的理想社会主义国家应该是一个"大型保险公司"。）通过强化国家的管理功能而不是政治功能，他们希

667

[1] Gluck, *Japan's Modem Myths*, pp. 174-177; F. G. Notehelfer, *Kotoku Shusui: Portrait of a Japanese Radical* (Cambridge, England: Cambridge University Press, 1971), pp. 66-68; Abe Isoo, "Meiji sanju nen no Shakai Minshuto," *Nihon shakai undoshi* (special issue) *Shakai kagaku* 4 (Tokyo: Kaizosha, 1928), p. 77.

[2] 有趣的是，幸德秋水在 1902 年时写道：在日本历史上，天皇曾寻求过人民的福祉，因此"完全符合社会主义的原则"（Crump, *Origins of Socialist Thought*, pp. 126-127）。相似的观点也曾由安部矶雄提出来过，显然是为了建立社会主义与天皇制度的兼容性。关于安部矶雄的引文，参见 Matsuzawa, "Meiji shakaishugi no shiso," p. 58; 至于详细情况，参见 Abe Isoo's articles in *Shin kigen*, nos. 1-8, 11, 12; Kotoku, *Shakaishugi*, p. 68; Kotoku, *Hydron*, pp. 11-17; Hayashi, *Heimin shinbun ronsetsushu*, pp. 162-165; 关于片山潜的引文，参见 Kishimoto Eitaro and Koyama Hirotake, *Nikon no hikyosanlo marukusushugisha* (Tokyo: San'ichi shobo, 1962), p. 10 ；关于木下尚江的引文，参见 Nakamura, *Meiji shakashugi kenkyu*, pp. 38-42; and Yanagida Izumi, *Kinoshita Naoe* (Tokyo: Rironsha, 1955), p. 126。

望以此来减少政治腐败，从而达到实现公正分配的目的。[1]

明治时代的社会主义者不太关心接管政府职能的革命，他们更注重确保人民的物质和经济需求能够得到满足。除非贫穷和剥削被终结，社会道德的复兴就不可能发生。正如幸德秋水在 1899 年所说："按照孔子的教导，人民只有仓廪足才能知礼节。"堺利彦也持同样的观点，他写道："如果我们想要在食物、衣服和住所的欲望之外推进一般的民众，我们就必须对社会进行根本性的改革；我们必须建立一个这样的社会，这个社会能够提供给广大民众充足的食物、衣服和住所。换句话说，我们必须使社会主义成为现实。"[2]

在 1901 年以后十年的大部分时间里，所有的社会主义者都认可了议会制度的作用。德国社会民主党在选举中获得了成功，这被他们视为导师和模范，也给了他们极大的信心。虽然安部矶雄知道社会主义社会在日本的建立尚是未来数十年之后的事情，但他仍在 1903 年充满自信地预言："最终的胜利一定是我们的。"对议会制度的信托，是假定社会主义的实现不需要政治暴力。就像主要社会主义报纸《平民新闻》（*Heimin shinbun*）的编辑们在 1904 年所说的那样："实现社会主义的唯一途径就是夺取政权，而夺取政权就是必须得到国会的多数席位。要获得国会的多数席位，就必须创建支持社会主义的公众舆论。"因此，正如我们已经看到的那样，社会主义者不仅自己致力于鼓动、传播、宣传和公布他们的立场，他们还与那些呼吁建立成年男子普选制度的国会政治家结成了联盟。[3]

社会主义者们毫不怀疑日本总有一天会成为一个社会主义的国家。甚至在社会民主党成立之前，幸德秋水就写道："社会主义显然是 20 世纪的伟大思想和理想。……社会主义的伟大原则是拯救世界；这不是一种幻想，而是一个现实的命题。"但是，即使他们期待着革命性的变化，但社会主义者并不认为应该通过暴力或直接行动来加以实现。幸德秋水认为，社会主义运动的功能是作为革命性变

---

[1] 明治时代的社会主义者们阅读了理查德·伊利（Richard Ely）和艾伯特·谢富勒（Albert Schaeffle）的著作。前者盛赞社会福利国家；后者提出以国家社会主义作为社会主义的终极形式。关于明治时代社会主义者的阅读书目，参见 Kotoku, *Shakaishugi*, introduction; and Yamaji, "Genji no shakai mondai oyobi shakai-shugisha"。关于当时社会主义者所使用术语的讨论，参见 Matsuzawa, "Meiji shakaishugi no shiso," pp. 31-32。关于国家形态的讨论，参见 Kotoku, *Shakaishugi*, conclusion; 又见 Abe Isoo, *Shakaishugiron* (Tokyo: Wabei kyokai, 1907), pp. 14-20。

[2] 引文参见 Matsuzawa, "Meiji shakaishugi no shiso," pp. 39-40。

[3] Kotoku, *Shakaishugi*, pp. 198-200; Kotoku, *Hydron*, pp. 20-23; Hayashi, *Heimin shinbun ronseisushu*, pp. 156-161; Kishimoto and Koyama, *Nihon no hikyosanw*, pp. 90-91; Matsuzawa, "Meiji shakaishugi no shiso," pp. 32-33, 40; Abe Isoo's article in *Rodo sekai*, August 1, 1898.

革的"助产士"。"革命是注定会发生的，而不是由人们的努力所带来的。革命必须得到引导，但它不能被制造出来。革命不是某种由谁可以带来的东西，也不是谁能逃避得了的。"因此，"革命家"的作用就是"判断社会形势，并且指导革命过程的方向，以使我们能够期盼缔造一个和平的革命"。作为达到这一目的的手段，幸德秋水支持争取成年男子的普选权，他视之为领导社会主义者实现对国会和地方政府控制的必要途径。但是，他并不期望人们抓住机会控制他们自己。相反，他把他们看作是道德精英的受益者，这些道德精英们将通过他们的选票获得权力。像其他社会主义者一样，幸德秋水假设像他们这样的"有性格的人"将会引导国家走向和平的社会主义转型。事实上，社会主义运动吸引了新兴的受过教育的知识分子的关注，却没能吸引到广大民众或民众团体的支持。[1]

　　直到 1906 年 2 月，在第一届西园寺内阁成立之后，社会主义者才被允许组建合法的得到承认的政党，可以作为竞选公职的候选人，可以公开招募党员，并定期召开集会。1906 年 2 月，日本社会党宣告成立，尽管在该党成员的名单中有几位钢铁工人，一些印刷工匠，一两个人力车夫（jinrikisha），还有几个足尾铜矿的矿工，但中产阶级知识分子是该党的主要组成人员；社会党的领导人有作家、记者、学者，其中许多人都是早期的社会主义活动家。法律（尤其是《治安警察法》）限制政党招聘人员。学校教师、神道教或佛教僧侣、妇女、未成年男子和学生都不可以加入政党。对学生加入政党的限制，对社会主义政党造成了特别严重的损失，因为学生是社会主义刊物的主要阅读者，也是会议的经常参加者。由于《治安警察法》的限制，工会组织的形成实际上是不可能的，从而使社会党失去了劳工运动的支持，而社会主义的组织者们也从没有真正尝试过把工人召集到他们的队伍中来。因此，正如荒畑寒村（Arahata Kanson）所说，日本社会党有"很多指挥的将军，却没有可供调动的部队"[2]。

---

[1]　Matsuzawa, "Meiji shakaishugi no shiso," pp. 32, 59-63; Kotoku, *Shakaishugi*, pp. 195-200; Sievers, "Kotoku Shusui," p. 59; Yamaji, "Genji no shakai mondai oyobi shakaishugisha," *passim*. 1907 年，东京都市警察局宣布，全国共有约 25 000 名社会主义者，其中有 14 000 名居住在东京。警察机关承认这是一个"粗略的数字"，也没有解释他们确定谁是社会主义者的标准是什么，但这份报告自信地认为其对许多社会主义者的社会地位进行的分类具有特殊的精确性：3 200 名工人，7 500 名学生，50 名政治家，180 名军人，60 名神父或牧师，10 名司法官员，45 名医生，还有 200 名"不明身份者"。由日本社会党自己所做的统计则没有那么乐观，这一统计包括了每个曾在社会党存续期间出席聚会的党员名单，显示其只有 200 名成员。参见 Nakamura Katsunori, "Nihon Shakaito no soshiki to undo," *Hogaku kenkyo* 33 (October 1960): 28-31。

[2]　Nakamura, "Nihon Shakaito no soshiki to undo," pp. 29-34; Kishimoto and Koyama, *Nihon no hikyosanw*, pp. 37-62.

在这种情况下，日本社会党只存活了一年时间，主要原因是其成员被指控从事颠覆性的政治动乱。在 1906 年春天和夏天，以山路爱山作为共同领袖的日本社会党与国家社会党（Kokka shakaitō），领导了一场抗议活动，反对拟议中的东京城市电车票价上涨。这场运动达到了目的，电车涨价的建议被取消了。片山潜将这次运动描述为"日本红色旗帜的第一次胜利"，但这一胜利是付出了极大代价才得到的。在这场运动中，警察逮捕了 10 名社会主义者，并将他们送入了监狱，其中包括西川光二郎和大杉荣（Osugi Sakae，1885—1923），同时，日本内阁就严密监控社会主义政党达成了一致意见，随时等待机会对之进行打击。[1]

次年 2 月，机会来了。当时，堺利彦召开了党员代表会议，强烈抗议政府使用军队镇压大约 3 600 名矿工及其他工人的暴动，这些工人爆炸、焚烧，实际上摧毁了沥木县足尾铜矿的设施。政府官员很快就将这场骚乱的责任归咎于社会主义者身上，特别是归咎于他们的党刊《平民新闻》的煽动，尽管几乎没有证据表明他们曾经参与这场暴动。堺利彦在党的代表会议上声称，政府使用军队镇压骚乱者是"一个严重的错误"。他在党的执行委员会上提出的大多数解决方案是更具纲领性的，重复了社会主义者们在整整十年里所提出的想法和要求。会议的决议表明，社会党需要"从根本上对现存的社会结构进行重组"，这样才能使生产资料为全社会共同所有；同时，决议宣称"社会党应该唤起工人阶级的阶级意识"，寻求发展他们的"团结和纪律"。党的执行委员会还表达了对"世界各地各种形式的革命运动的深切同情"。在会议召开了 5 天之后，政府就解散了社会党，原因是会议上进行的演讲和争论具有颠覆性的内容。

1907 年的会议也以战术性的决裂标示出社会主义运动的行列。在执行委员会的决议中所缺少的，是社会党承诺在法制或宪政框架内行动的某种宣示，而这显然是自 1901 年以来社会主义信条中不可分割的一部分。一年以前，社会党曾经答应"在土地法律的范围内倡导社会主义"，而且社会主义者多年来一直致力于扩大选举权。但是，执行委员会如今对党在议会政治中的角色不做任何讨论，只是建议党员遵循自己的意愿参与争取成年男子普选权的运动。无论是堺利彦还是社会党的执行委员会都没有试图否定议会政治，也没有拒绝在法律框架内行动，而只是想要弥缝党内越来越多的裂痕。幸德秋水要求社会党采取"直接行

[1] Nakamura, "Nihon Shakaitono soshiki to undo," pp. 38-45; Kishimoco and Koyama, *Nihon no hikyosanld.*

动"的策略，并断言大规模罢工是"未来革命的主要形式"。另一方面，田添铁二（Tazoe Tetsuji，1875—1908）则要求社会党应该重申其普选运动和议会至上的承诺。党的执行委员会试图在两者中找到一个妥协的中间地带。[1]

在 1906 年，幸德秋水已经看到了"世界革命运动潮流"的转变，即从议会政治的策略转向了更为激进的无政府工团主义（anarchosyndicalism）的方式。他的发现部分是由于他在监狱里所阅读的彼得·克鲁泡特金（Peter Kropotkin）的无政府主义的小册子，还有部分是由于他在 1905 年到 1906 年与加利福尼亚国际工人协会的交往。此外，他对日俄战争后俄国革命的成功策略印象深刻。如果俄国革命者能在比日本还落后一些的国家用这样的勇气和决心进行革命，那么，对于日本的革命者来说，就更有理由这样做。幸德秋水已经开始思考：议会政治的行为不是在推进社会主义的事业，而似乎是在阉割它。欧洲的社会主义政党正处于危险的境地，正在成为"另类的绅士（shinshi）政党"，无法发挥其作为工人阶级革命政党的作用。为了吸引日本的青年人，幸德秋水写道："将要到来的革命（他加了着重号）不是政治的革命，不是选举法的革命，也不是议会的革命……不言而喻，未来的革命是社会主义的革命，是无政府主义的革命。"[2]

对幸德秋水而言，革命的意义已经发生了变化，因此社会主义活动家的角色也要发生变化。如今他主张采取"直接行动"，特别是总罢工，来使社会瘫痪。"如果能将上层阶级的食物和衣服来源切断，他们才会真正知道工人的力量……如果警察懂得了社会主义制度的真理，那他们还能真的对他们的兄弟和父母开枪吗？"一次总罢工不仅会使统治阶级意识到工人集体力量的强大，同时也会让工人阶级本身提高他们的阶级意识。"为了实现我们的目标，那就是在经济制度上进行彻底的革命并废除工资制度，唤醒十个工人的阶级意识要比在争取普选权的请愿书上得到一千个签名更加迫切。"[3]

672

---

[1] Nakamura, "Nihon Shakaito no soshiki to undo," p. 28; Crump, *Origins of Socialist Thought*, pp. 250-252; Kishimoto and Koyama, *Nihon no hikyosanto*.

[2] Hayashi, *Heimin shinbun ronsetsushu*, pp. 135-144. 关于幸德秋水《我的思想转变》（"The Change in My Thought"）一文的较好英译，参见 Crump, *Origins of Socialist Thought*, pp. 341-351; Mitani Taichiro, *Taisho demokurashiiron* (Tokyo: Chuo koronsha, 1974), pp. 71-73; Nakamura, *Meiji*, p. 73; Matsuzawa, "Meiji shakaishugi no shiso," p. 34。

[3] Sievers, "Kotoku Shusui," p. 108; Nakamura, *Meiji*, pp. 74-75; Kishimoto and Koyama, *Nihon kindaishaken*, pp. 10x3-3.

与幸德秋水的观点相反，田添铁二为议会政治的策略辩护，理由是罢工及其他议会权力以外的斗争策略都不会最终改善工人的经济地位。资本家的权力中心在国会，如果工人们要挑战资产阶级的权力，就不得不求助于议会斗争的方法。幸德秋水敦促日本的激进运动跟上国外趋势最新变化的步伐，田添铁二批评了幸德秋水的时髦观点；他认为社会主义运动必须发展出适合日本社会和政治状况的学说。在社会党内，只有片山潜支持田添铁二，而幸德秋水的观点却吸引了社会主义运动中许多比较年轻的成员，比如大杉荣和山川均（Yamakawa Hitoshi）。[1]

幸德秋水与田添铁二之间的争论反映了一种正在深化的想法，那就是需要以一种合适的方式来提高工人阶级的阶级意识，以实现推翻资本主义社会的目标。他们之间争论的关键不是现实社会的道德腐败，在这一点上他们是一致的，造成他们意见相左的是采取什么手段、通过什么方式根除社会腐败的问题。幸德秋水想用"直接行动"的手段来提高工人的阶级意识，而田添铁二则希望依靠组织和选举的方式。幸德秋水认为田添铁二的方式是自欺欺人，因为任何同资本主义政治制度的妥协都是堕落。他担心的是，一个进入议会的社会主义政党最终将会屈服于统治阶级，就像当初自由党所做的那样。如果像片山潜所说的那样，幸德秋水是"对政治的否定"的话，那么，田添铁二就是对政治的肯定。是在给定的政治结构中进行运作，还是把它推翻？观点上的这种分歧尚未预示着战术上的困境，后来则在 20 世纪 20 年代引起了知识分子与更坚定地掌握了马克思主义的活动分子之间的争论。幸德秋水和田添铁二虽然都认为应该提高工人阶级的阶级意识，但也都依然认为工人阶级是用来改变社会的工具或设备，而不是作为能意识到自己需求和利益的人群，而且他们都把自己看作是具有开明道德观念的少数群体的成员。[2]

1911 年，日本的社会主义运动遭受了极大的挫折。这一年，政府以刺杀天皇的罪名对幸德秋水及其他 11 个人实施了绞刑，其中包括幸德秋水的妻子。"大逆事件"（daigyaku jiken）是压制社会主义运动长期图谋的高潮。在 1907 年之前，虽然社会主义学者和他们的刊物曾经屡次遭到官方的干扰，但大权在握的元老政治家山县有朋仍在对第一届西园寺公望内阁和第二届桂太郎内阁施加压力，

673

---

[1] Kishimoto and Koyama, *Nihon kindai shakai;* Kishimoto and Koyama, *Nihon no hikyosanw.*

[2] Kishimoto and Koyama, *Nihon no hikyosanto;* Mitani, *Taisho demokurashiiron*, p. 75.

要其镇压所有的社会运动。震惊于日本第一次大规模罢工的"足尾事件"（*Ashio incident*）及其他社会抗议的事件，山县有朋觉得这是拉开了一个"社会破坏主义"（*shakaihakaishugi*）时期的序幕。警察机构加强了他们对社会主义报纸的骚扰行动：禁止讨论独特的问题，逮捕违禁的编辑，以及干扰报纸的发行。即使是由片山潜的议会斗争派系所出版的期刊，即便这些期刊明确宣称他们相信可以用合法的手段来实现社会主义，也遭到了和那些无政府主义报刊同样的严厉对待。[1]

对无政府主义阵营的领导人幸德秋水的逮捕和处决，是为了谴责整个社会主义运动的颠覆性及其对天皇和国家的威胁。但是，事实上政府的检察官们一直没有能够证明幸德秋水在刺杀天皇的密谋中能够获得短暂利益的确凿证据。在审讯过程中，他们主要集中于幸德秋水的"动机"，而不是他所实施的任何公开行动。无论如何，这次审讯带来了人们所说的日本社会主义运动的"寒冬时代"（*fuyu no jidai*）。自此之后，已几乎没有任何社会主义的报刊能够出版，而且显然也没有人敢于组织一个政党或其他种类的政治团体。在荒畑寒村的自传中，他回忆说：政府甚至禁止过一本名为《昆虫社会》（*Konchū shakai*）的著做出版，只因为这本书的名字中带有一个可怕的字眼"shakai"（社会）。

民本主义

尽管"寒冬时代"对社会主义运动来说是暗淡的，但对于那些较为温和与谨慎的知识分子——他们中大多数是山川均、大杉荣和堺利彦这样的年轻社会主义者的同龄人——来说，则是一个解冻的年代，因为他们主张政治进程的更加民主化。同明治时期的社会主义者一样，这些年轻的民主、自由的信奉者感叹于政治的道德贫困，不满于自私的政府官员们无休止的争权夺利，但他们依然乐观地认为，政治制度会从内部开始改变，并演变为一个长期进化的过程。对于这些年轻的知识分子来说，从明治时代到大正时代，一个新天皇的登基，象征着旧时代的结束和新时代的到来，这是政治发展的突破。丸山干治（Maruyama Kanji）在1914年写道："时代发展的趋势需要一种新的政治，而新的政治需要一个新的领导

674

[1]　Gluck, *Japan's Modern Myths*, pp. 170-176, 188, 219, 227; Crump, *Origins of Socialist Thought*, p. 304; Oka Yoshitake, "Generational Conflict After the Russo-Japanese War," in *Conflict in Modem Japanese History*, ed. Tetsuo Najita and Victor Koschmann (Princeton, N.J.: Princeton University Press, 1982), p. 217.

人。要抵抗这一趋势就像是要让水倒流。我这里所指的新的政治是世界上除了日本以外的政治体，新的领导人是指可以引导世界潮流的人。大正时代的道路一定不能偏离这一趋向民主的潮流。"[1] 像世界上其他国家一样，日本也正在被伟大的民主潮流所席卷，"政治普及时代"的到来已经就在眼前。随处都可以看到"正在觉醒的人民"（*jinmin no jikaku*）或"正在觉醒的国民"（*kokumin no jikaku*）。

最初给予民主自由主义者乐观理由的，是日俄战争结束以后民众示威和街头运动的持续升级。从 1905 年的反《朴茨茅斯条约》（Portsmouth Treaty）运动开始，这些公众暴动在 1912 年到 1913 年的第一次"宪政拥护运动"和 1914 年的抗议西门子事件（Siemens affair）中达到了顶点。不过，这些运动的政治意义是模糊不清的。虽然公共示威活动是丸山干治所说的新"时代潮流"的有力证据，但它们也是宪政进程失败的反映。浮田和民（Ukita Kazutami）观察到："我们今天所看到的这些暴民暴动的原因，就是没有足够的公共舆论来监督政府使用它的权威。"[2] 人们拒绝使用其他的法律和宪法手段来传递他们的意愿，而是走上街头，振臂高呼，公开谴责他们国家的领导人、他们采取的政策，以及他们对权力的自私占有。通常，示威者容易为煽动者所蛊惑，使示威行动演变成为暴力事件。现行政治活动无视法律的高涨，标志着一种全国共识和社会和谐的崩溃，也标志着政府和人民的愿望之间出现了越来越大的裂缝。

民主自由派知识分子毫无疑问地把这种崩溃归咎于国内的统一意志。他们认为这一崩溃的发生，不是由于资本主义或者资本主义的道德，而在于日本政治体制发展的落后。"官僚政治"（*kanryō seiji*）或"藩阀政治"（*hanbatsu seiji*）的持久性，延续了威权政治和过时的国家优先权。在 1912 年到 1913 年，抗议者们已经呼吁"打倒藩阀政府"和"保护宪政"。对政府的控制掌握在这些"特权阶级"（*tokken kaikyū*）的手中，他们自私地冒称自己有权决定国家的命运。明治时代的社会主义者曾以同样激烈的态度攻击过"绅士阀"，而出于同样的原因，大正时代的民主主义者抨击了占据着政治主导地位的"门阀"（*monbatsu*）、"藩阀"和"军阀"（*gunbatsu*）。然而，与社会主义者不同，他们并没有攻击"资本家"，也没有表现出根据第二国际指出的路线来重建政治经济的任何兴趣。

675

---

[1]　Maruyama Kanji, "Minshuteki keiko to seitd," *Nihon oyobi Nihonjin*, January 1913.

[2]　Peter Duus, "Liberal Intellectuals and Social Conflict in Taisho Japan," in *Conflict in Modem Japanese History*, p. 46.

对民主自由派来说，压倒一切的关注是政治程序。政治程序的改革是结束政治冲突和加强国家力量的关键。不同于社会主义者，自由主义者并没有争论是否追求"议会政治"或"直接行动"。他们的模式是西方国家自由资产阶级的代议制民主政体，并承诺主要通过议会政治的程序来定义他们的政治立场。民主自由主义者对于国家，或忠于国家的思想并无异议，只是对"官僚政府"命令人们忠诚——即温顺服从——的方式表示不满。他们设想由相关的公民，而非被动的对象来组成一个政治社会。他们认为，只有议会政治程序的民主化，只有它对公众意见做出更积极的反应，只有人民对政府保持更大的控制力，整个国家才能够团结在一起。

由于大正时代的自由主义者集中关注于政治程序，因此并没有太多关注"主权所在"的问题，而这在 19 世纪 80 年代曾经使宪政理论家们困扰不已。1912 年，穗积八来的继承人上杉慎吉与"天皇机关说"（*tennō kikan setsu*）的作者美浓部达吉之间在报刊上的论战，再次使这个问题得到了广泛的社会关注。上杉慎吉认为国家主权属于天皇，而美浓部达吉则认为主权归于国家，天皇只是一个"机构"或"机制"（*kikan*）。对于民主自由主义者来说，这个问题似乎与政治现实无关。时为东京帝国大学法学部学生的吉野作造（Yoshino Sakuzō），受到了鼓励学生研究政府政策和政治实践的小野塚喜平次（Onozuka Kiheiji）的影响。小野塚喜平次认为，"政治学"（*seijigaku*）与"法理学"（*kokkagaku*）同样重要，前者研究政治制度在历史上的运作，后者则是对国家作为法律概念的抽象分析。吉野作造及其他民主自由主义者所在乎的不是主权归于何处，而是主权如何被运用。

1916 年，吉野作造所写的关于宪政政府的长篇论文（《论宪政本意及其贯彻之途径》）发表，使得民主自由主义者的立场成为人们关注的尖锐焦点。[1] 吉野作造文章的主要目的是描述民主宪政结构的本质特点——保护个人权利、三权分立、代表大会的作用，以及责任内阁制——并解释了为什么这种模式适合于日本。像其他民主自由主义者一样，吉野作造故意回避了法学理论的问题，也就是

676

---

[1] 吉野作造的论文发表在 1916 年 1 月的《中央公论》杂志上，其后再版于 Ota Masao, ed., *Taisho demokurashii ronshu* (Tokyo: Shinsuisha, 1971), vol. 1, pp. 244-312. 关于对吉野作造思想的有趣评论，参见 Tetsuo Najita, "Some Reflections on the Political Thought of Yoshino Sakuzo," in *Japan in Crisis: Essay on Taisho Democracy*, ed. Bernard S. Silberman and H. D. Harootunian (Princeton, N.J.: Princeton University Press, 1974). Also useful is Peter Duus, "Yoshino Sakuzo: The Christian As Political Critic," *Journal of Japanese Studies* 4 (Spring 1978): 301-326。

说，专注于如何解释宪法的条文，而不是专注于宪法的"精神"，这才是赋予宪法活生生价值的关键所在。（正如大山郁夫后来所观察到的，"解释一个有别于民族精神 [*Volksgeist*] 的法律体系"是不可能的。）[1]

吉野作造含蓄地表示，要发现"宪制政府的精神"，只有寻找它的历史根源。和大多数民主改革的支持者一样，吉野作造阅读了现代史上民众自由不断扩大，以及随着大众力量的不断增长，独裁统治面临崩溃的过程的书籍。这种对历史的"辉格党解释"，作为明治时代的一份遗产，首先出现于 19 世纪的 80 年代和 90 年代，在宪制政府和国民会议的倡导者中流行。[2] 它假定对自由的向往是一种普遍的人类本能，而宪政思想的传播则是它的产物。[3] 因此，吉野作造断言，尽管各个国家的宪法由于特殊的国情而有所不同，但所有的宪法都是"现代文明不可避免的产物"，都享有一种"共同的精神根源"。

677　　吉野作造认为所有宪法的"共同精神根源"是民本主义（*minponshugi*），这不会使我们感到惊讶，因为这是一个在 20 世纪第一个 10 年成为政治词汇中心的术语。民本主义是吉野作造对"民主"一词的翻译，但就像他的论文所指出的那样，西方的这一术语糅合了两层有所区别的意义："在法律上，国家主权属于人民"的思想；"在政治上，行使国家主权的根本目标在于人民"的思想。在第一层意义上，民主就是人民主权，称为"民本主义"更为贴切。这显然不适用于日本，因为日本的宪法明确规定主权属于天皇。当然，吉野作造"民本主义"指的正是民主的第二层意义。民本主义这一概念是政治上的，而不是法律上或司法上的。在一方面，它意味着"政治权力的行使，也就是说，'政府的目的'在于普通民众（*ippan minshū*）的福利（*rifuku*）"；另一方面，它也意味着"行使政治权力目标的确定，也就是说，'政策的制定'取决于普通民众的意愿（*ikō*）"。[4]

有趣且具有讽刺意味的是，吉野作造是从他在东京帝国大学的保守派同学上杉慎吉那里借用来"民本主义"这一词语的，而他的同学一直认为日本是一个

[1]　Ota, *Taisho*, vol. 1, p. 412.

[2]　Peter Duus, "Whig History, Japanese Style: The Min'yusha Historians and the Meiji Restoration," *Journal of Asian Studies* 33 (May 1974): 415-436.

[3]　以下是永井柳太郎的叙述："文明发展的趋势是有规律的，即从独裁走向自由。人类渴望自由，要求平等，这是一种自然的欲望，就像有羽毛的生物渴望在天空飞翔一样，也像是田野里的野兽口渴时就会寻找从山间小溪中流下来的水……"参见 *Shin Nihon*, March 1915, pp. 73-74。

[4]　Ota, *Taisho*, vol. 1, p. 266.

"君主主权"（君主）的国家，但并不像路易十四时期的法国那样是以君主为中心（君本）的政体。当然，这是一个"以人民为中心（minpon）的政体"，呼应着全体人民的需求和福利，而且皇室的基本道德准则也一直是民本主义（"以人为本原则"）的。上杉慎吉清楚地表明，日本的君主制是仁慈的，而且帝国的主权与民众的福利是兼容的。但是，吉野作造使用"民本主义"这个词，不是用来为帝国的制度或"国体"辩护的，相反，是用来证明"民主"（等于"民本主义"）对帝国的制度和国体不构成威胁的。他想要反驳民主是"危险思想"的一种形式的观念。吉野作造指出，危险不在于民本主义，而在于民本主义——人民主权——这一思想在像幸德秋水一样的激进分子的手中，很可能导致危害治安的暴乱。吉野作造的论文产生了如此影响力的一个原因，就在它出色地协调了民主政治进程和日本宪法独特结构之间的关系，这表明日本可以在不牺牲其国家本质的前提下加入"世界潮流"，走向民主。

实际上，和其他民主自由派人士一样，吉野作造断言民本主义指的是遵循现代代议制议会民主制度的实践。尽管代议制度只是民本主义的一种不那么完美的休现，但它仰仗人民（jinmin）应该选择他们的领袖的原则，而且它也能确保政策将会反映人民的意愿。像美浓部达吉或永井柳太郎等民主自由主义者一样，吉野作造还认为，对代议制政府的承诺，从而也就是对民本主义的承诺，自1868年的《五条誓文》（The Charter Oath）呼吁召开议会和进行广泛的公众讨论以来，已经成为基本国策。代议制政府不仅与帝王主权的古代传统兼容，也与明治维新的目标相符。[1]

吉野作造的论文立刻引起了广泛的争议。一个批评者讥讽地说："民本主义！民本主义！没有民本主义，这些天黑夜就不会结束，太阳也不会升起。谁要是不谈论民本主义，就会被认为是与现实事物脱节的怪人。"[2]虽然吉野作造试图将民主与日本的"国体"进行调和，但像上杉慎吉一样的保守派仍然攻击说代议制政府与日本的君主制秩序互不相容。一些自由派人士也批评吉野作造，认为他只不过是作了模糊而简单的区分，只是提出了一个已经过时的代议制政府的模式。与此同时，其他人也提出了他们各自哗众取宠的新词——"民众主义"

---

[1] Ota, *Taisho*, vol. 1, p. 275.

[2] Ota, *Taisho*, vol. 2, p. 101.

(*minshūshugi*)、"民政主义"(*minseishugi*)、"民重主义"(*minjūshugi*) 和 "民治主义"(*minjishugi*)——作为对"民本主义"的替代。但是，几乎所有自由主义知识分子的领袖，比如木村久一（Kimura Kyūichi）、美浓部达吉、佐佐木惣一(Sasaki Sōichi)、大山郁夫，以及河上肇（Kawakami Hajime）等人，都很快地接受了吉野作造对于"民主主义"和"民本主义"之间的两分法，同时也接受了吉野作造的暗示：民主政治与日本"国体"是可以兼容的。在吉野作造程序化的建议背后，还存在着一个坚实的共识：那就是终结"官僚政府"，创建责任内阁，在国会中上议院从属于下议院，以及最重要的是，扩大选举权。1916 年，吉野作造写道："选举权的扩大，与严格执行选举控制法律一起，是我们国家面临的最为紧迫的任务。"[1]

　　然而，民本主义的主张者们并不比明治时代的社会主义者们更倾向于民粹主义，他们也非常期待在代议制政治的过程中能够出现像自己一样的道德精英阶层（或一个贤能统治的精英阶层）。在 1918 年之前，吉野作造、大山郁夫、永井柳太郎及其他民主自由派知识分子呼吁扩大选举权，设想将选举权扩大至所有受过教育的中产阶级男性。他们想要在投票权利上以教育资格（或者以社会责任的其他标志，比如完成兵役服务、承担家庭的能力等等）来取代纳税资格。"那些低于中产阶级"的下层社会还没有为政治参与做好充分的准备，妇女们也是如此。可以确定的是，长远来看，民主自由主义者尚未认识到有什么内在的原因要让一般民众获得选举权，但他们已经意识到现有的宪政体制是一个已经陈旧的东西，而且，在数百年专制政治的统治下，要让民众接受自治或代议政治的思想是很困难的。在他论述民本主义的文章开头，吉野作造曾经感叹，甚至连一些受过教育的人，他们本应成为民族文化的领导者，却对宪制政府的工作和精神缺乏完全的了解，对于下层阶级来说困难会有多大就更加可想而知了。然而，民主自由派知识分子掩盖了他们对于普通民众的矛盾心理，主张必须通过"政治教育"达成"知识与道德的转换"，来使民众为完全的政治解放做好准备。提高他们的政治觉悟是带领他们进入政治议程的第一个步骤。

　　民主自由主义者似乎也认为选举权的改革将会对解决领导权的问题有好处。如果选举权被扩大到包括受过教育的中产阶级，那么贿选、受贿，以及其他形式

（页边码 679）

[1] Ota, *Taisho*, vol. 1, p. 298.

的选举腐败就会有所减少，"品德高尚的人"（"人格者"）就会站出来参加选举。不过，对于当选者应该如何代表选民们的利益的问题，并没有达成多少共识。一方面，显然代表们应该反映人民的意愿，或至少是反映公众的舆论。但民众并不总是知道什么是最好的。正如吉野作造经常所说的那样，人民大众和他们的代表之间的关系就像是医生与患者的关系：患者知道自己病了，而医生知道如何医治。河上肇建议："真正的民本主义政治家制造公众舆论并引导它，然后政府的施政才会与公众的舆论一致。"[1] 像明治时代的社会主义者一样，民主自由派知识分子渴望出现有知识、有道德的领袖人物，他们时常称道西方民主国家产生的诸如威尔逊（Wilson）、庞加莱（Poincaré）和劳合·乔治（Lloyd George）这样的人物，这些人都是雄辩、睿智，甚至在学术上也有造诣的知识贵族，却能够对公众意愿做出回应。

正如我们已经指出的，政府与民主自由主义者之间的裂痕在不断扩大。民主自由主义者计划的最根本、最实际的理由是政治过程的民主化，而这将带来国家的和谐与社会的共识。民主自由主义者相信，代议制政府将会加强恪守对国家的承诺。暴君或独裁政府的弊端——比如由日本"特权阶级"支配的政府——是它不鼓励自愿恪守对国家承诺的目标。吉野作造、大山郁夫、河上肇等使用"官民协同"（*kanmin dōkyō*）、"君民同治"（*kunmin dōchi*）、"君民同政"（*kunmin dōsei*）或"万民同治"（*banmin dōchi*）等词语来形容宪制政府的本质。这些模糊带有传统主义色彩的词语的使用，目的是表明民主政治是一个整合的过程，是通过建立一种合作性和共同体意识来达成社会内部的团结一致。

大山郁夫把这些想法发展成了民主的国家主义理论。借鉴他在美国留学时学到的政治社会学理论，大山郁夫认为，国家奠基于个人天生具有的倾向共同体的"同类意识"（*dōrui ishiki*）之上，同时也依赖于一种"共同利害观念"（*kyōdō rigai kannen*）。如果国家压制个人的这些要求，那么整个社会也会被削弱。但是，如果"同类意识"得到加强，"共同利害观念"得到阐明，那么个人的行为就会自发地促进社会的福利。大山郁夫在1917年写道："我们相信，真正的'举国一致'（*kyōkoku itchi*）源于一种'国民共同利害'（*kokumin kyōdō no rigai*）的强烈意识。作为选举权利扩展的一个结果，一旦人们承担了国家管理的共同责任，

[1] Kawakami Hajime, "Minponshugi to wa nanizoya," *Tohdjiron*, October 1917.

这种强烈的共同利害观念就会产生。"[1] 换句话说，民主也是民族主义的"终点"
（shūten）。他写道："民族主义最终必须终结于民主。"这种观点建立在大山郁夫和
其他民主自由主义者所做的一个假设上，那就是，国家不仅是合法的，也是中立
的，它凌驾于政党、派系和阶级的利益之上。

681

正是在他们关于民族主义的论述中，民本主义的自由派学者体现出他们与
明治时代社会主义者的最大区别。与社会主义者曾经强烈反对日俄战争的做法
不同，也与 1904 年片山潜和格奥尔基·普列汉诺夫（Georgy Plekhanov）在第二
国际的会议上握手时宣告工人阶级的国际团结大相径庭，民主自由主义者煞费
苦心地指出：民本主义不仅与帝国主义相容，而且与军国主义相容。大山郁夫
观察到，只有无政府主义者相信四海一家的自由，而帝国主义也是民族精神的
体现。在第一次世界大战期间，当民主主义的力量与独裁统治的势力相互对抗，
而在狭义上被认为是使用军事力量的军国主义也被认为与民主主义可以相容的
时候，要让民本主义自由派学者保持非战主义的态度是很困难的。战争结束后，
许多自由主义者开始谈论国际主义，但是，他们解释说这并不意味着存在超越
国家边界的世界主义，而只是试图通过和平的外交手段，在民族国家之间建立
起和谐的关系。

走向激进主义

1918 年爆发的"米骚动"，印证了民主自由派的言论：如果政府不能满足民
众的需要，那就会导致可怕的后果。在这场暴动发生之后不久，《东洋经济新报》
（Tōyō keizai shinpō）编辑部发表评论文章："不幸的是，我们国家的政治进程只
对少数拥有资产的人发挥有效的作用，对于无产阶级则几乎没给予任何安全保
障。在某种意义上也许可以说，那些无产阶级是根本没有政府的。这就是这场骚
动的真正原因。"[2] 吉野作造认为，正是因为政府不能侧耳倾听民众的需求，才导
致了这场动乱的发生。永井柳太郎也指出，动乱不仅揭示了官僚当局不与民众接
触的事实，也暴露了国会从不愿意去了解民众的经济困难，更不会为消除困难做

---

[1] Oyama Ikuo, "Kokka seikatsu to kyodo rigai kannen," *Shin skoseisu*, February 1917.

[2] 转引自 Inoue Kiyoshi and Watanabe Tom, eds., *Kome todo no kenkyu* (Tokyo: Yuhikaku, 1962), vol. 5, p. 240。

出努力。[1]

对于自由主义者来说，"米骚动"意味着在1914年的地平线上依稀可见的"民众觉醒"业已到来，同时，在日本发生的这一系列事件也呼应了更广泛的"时代潮流"。第一次世界大战中民主国家的胜利，德意志帝国和奥匈帝国专制政权的垮台，以及民主主义和民族主义运动在中欧地区的爆发，都证实了"世界潮流"在走向民主。另一方面，"极端主义者"（即布尔什维克党人）政权在俄国的胜利，对于民主化是维护社会团结的关键这个说法也赋予了实际意义。大山郁夫写道：新的布尔什维克政府是一种"民主的颓废形式"。[2]如果日本想要避免发生类似的动荡，那就必须防止"米骚动"所预示的阶级意识和阶级冲突的增长，而最好的解决方法就是通过一部成年男子普选权的法案。

在"米骚动"的激发之下，许多著名的民本主义知识分子开始转向更积极的政治行动，但由于他们大多是学者和记者，所以他们将自己的任务看作是提高民众的政治觉悟而不是夺取政权。在1918年年底，吉野作造召集了一群学生，开始对普选权和选举改革进行系统性的研究，他与福田德三（Fukuda Tokuzō）、大山郁夫及其他自由派学者发起组建了一个社团——"黎明会"（Reimeikai），旨在通过讨论新的政治理念来"启蒙"日本的公众。其他一些由年轻的知识分子、记者和政治家组成的诸如"改造同盟会"这样的小团体，都聚到一起讨论民主改革的问题。[3]在像吉野作造和大山郁夫这样的自由派教授的支持下，主要国立和私立大学里关心改革的学生开始组建自己的政治社团，比如东京帝国大学的"新人会"（Shinjinkai）和早稻田大学的"民人同盟"（Minjin dōmei）。在某种程度上，大多数这些团体和他们的成员都参与了公开的政治活动，就是说，他们支持或参加了1919年到1920年的争取普选权运动。[4]

然而，如果说"米骚动"证实了民本主义自由派知识分子的立场，那么，同

[1] Nagai Ryutaro, *Kaizo no riso* (Tokyo, 1920), pp. 9-10.

[2] Oyama Ikuo, "Rokoku kagekiha no jisseiryoku ni taisuru kashohi to sono seiji shiso no kachi ni taisuru kaidaishi," *Chub kdron* 33 (May 1917).

[3] 关于这些组织的有益的讨论，参见 lto Takashi, *Taishoki "kakushin" ha no seirilsu* (Tokyo: Hanawa shoten, 1978)。

[4] 关于普选权运动，参见 Matsuo Takayoshi, *Taishd demokurashii no kenkyu* (Tokyo: Aoki shoten, 1966); Matsuo Takayoshi, "Dai-ichi taisengo no fusen undo," in *Taishoki no seiji to shakai*, ed. Inone Kiyoshi (Tokyo: Iwanami shoten, 1969). 在西方语言的著作中，关于20世纪20年代日本学生运动的最好著作，参见 Henry D. Smith II, *Japan's First Student Radicals* (Cambridge, Mass.: Harvard University Press, 1972)。

时也揭示了他们立场的局限性。尽管民主政治的倡导者一再强调"社会政策"作为民本主义的一部分是多么重要，但相对于权力的分配来说，他们并没有给予日本社会的财富分配问题以更多的重视。"米骚动"——也包括第一次世界大战结束时所爆发的罢工及其他劳资纠纷的浪潮——清楚地表明大多数民众缺乏经济保障和政治权利。大山郁夫将"米骚动"看作是一种"报复性的征用"，福田德三则说这场动乱的发生是因为民众被逼到了"极端需要的地步"，在这种状况下，他们的生存权要凌驾于财产权之上。还有一些人指出暴乱的发生是因为贫富差距太大，从而导致民怨的爆发。与日比谷暴乱（Hibiya riots）及 1905 年后其他的民众示威游行不同，"米骚动"几乎与政府控制或外交政策的问题没有什么关系。倒不如说，存在着诸如社会分化、财富分配不均、经济普遍困难等严重社会问题，而有产阶级对任何这些问题都毫无反应，这样的国家时刻处于危险之中。[1]

使这些问题获得解决显得尤为迫切的是劳资纠纷的扩散蔓延。在第一次世界大战以前，警察援引《治安警察法》的第 17 款，就可以遏制工人阶级组织的增长，但是，战时的经济混乱已经造成了更多的劳资冲突。在许多工厂里，心怀不满的工人开始组织罢工和工会。1914 年，日本仅有 49 个工会组织，到了 1919 年，工会组织数量已经达到 187 个，共拥有成员 100 000 人。这些工会组织中最重要的是"友爱会"，由铃木文治（Suzuki Bunji）于 1914 年以"互济会"的形式创办，下属会员达到 30 000 人。由"米骚动"所揭示的社会和经济公正的问题不是一种昙花一现的现象，而是值得持续关注的问题。

到了 1918 年年底，一些像"民本主义"一样的新词逐渐消失，取而代之的是更直截了当的名词，如"民主主义"，或直接以音译的 *demokurashii*（德谟克拉西）。更重要的是，民主的想法已经不仅在政治进程和政治制度中，同时也在社会结构本身被更广泛地接受。这意味着社会特权的消除，经济平等机会的保证和财富更公平的分配。长谷川如是闲（Hasegawa Nyozekan）于 1919 年写道："'真正的民主'意味着不仅在政治上，而且在社会上和经济上平等机会的增加。"大山郁夫争辩说"真正民主"的目的，就是建立一个这样的社会，在这个社会中每个人都能"像一个人一样地活着"；在这个社会中，"为每个人都以积极的方式

---

[1] 一系列由政界和知识界重要人物对"米骚动"所做评论的结集，参见 Inoue and Watanabe, eds., *Kome sodo no kenkyu*, vol. 5。

进行政治的、社会的和经济的活动提供不断增长的机会"。如今的一切都是为了民主化的发展，甚至连教育和艺术也都如此。[1]

当民本主义的支持者们开始争论什么是"真正民主"的意义时，显然在他们的队伍中已经出现了分裂。1919 年，曾参与吉野作造一起创建"黎明会"的福田德三，对"资本主义的政治民主主义"（*shihonteki seiji minshushugi*）与"社会民主主义"（*shakai minshushugi*）作了区分，由此，他真实表达了"社会主义民主"的思想。他说，资本主义的政治民主和社会民主这两者都不是"真正的民主"，因为它们都赞成社会的一部分成员剥夺另一部分成员的利益。以民本主义观点为中心的整体性民主概念将会被以阶级为基础的民主定义所否定。[2]吉野作造同意福田德三的说法，但他表示，如果"社会民主"意味着仅仅站在工人利益的立场上，那么他就将反对它。"社会"这一概念发生了分裂并自相矛盾，使得他这样的民主自由主义者产生反感，与社会主义革命相关的政治暴力也是如此。吉野作造说，一个真正的民主主义者绝不能变为一个"极端主义分子"，因为他认为民主的政治进程并不指的是一个结果，而是因为其本身就具有价值。因此，民主运动的一个派别就这样坚定地转而反对任何阶级斗争或社会冲突的理论。

然而，令人感兴趣的是，吉野作造并不反对社会主义的改革计划，如果它能够通过宪政程序来加以实现的话。社会主义代表着社会政策。吉野作造在 1919 年时写道："民主主义者（民本主义者）不一定必须是一个社会主义者，但没有什么可以阻止他成为一个社会主义者。"[3]在继续倡导种种社会改革——争取普选权、终结军人干政、废除枢密院、改革贵族院，如此等等——的时候，1918 年以后，吉野作造也对工会活动的合法化和社会福利政策表示支持。总之，吉野作造和福田德三、安部矶雄与永井柳太郎等温和派都选择了一种非教条主义的、非马克思主义的社会民主主义或社会改良主义，从而把民主社会改革与社会福利政策连接了起来。意味深长的是，他们中的许多人在 20 世纪 20 年代中期，最终加入了"无产阶级政党运动"的温和的右翼组织。

不过，也有一些民本主义的拥护者想要超越政治民主化，转而采取更加彻底、更加激进的社会重组计划。"改造"（*kaizō*）或"解放"（*kaihō*）成为他们新

685

---

[1]　Ota, *Taisho*, vol. 2, pp. 347-350, 475-482.

[2]　Ota, *Taisho*, vol. 2, pp. 460-475.

[3]　Yoshino Sakuzo, "Minponshugi, shakaishugi, kagekishugi," *Chuokoron*, June 1919.

的流行词。1919 年，各种关注劳工问题、社会问题、社会改革和社会主义的新期刊接二连三地出现，其中许多都是由此前倡导民本主义的人创办的。1919 年 1 月，河上肇开始编辑出版《社会问题研究》（*Shakai mondai kenkyū*）；长谷川如是闲和大山郁夫创办了《我等》（*Warera*）；4 月，一份面向普通大众的杂志《改造》（*kaizō*）出版了；6 月，与其旨趣相同的《解放》（*kaihō*）杂志也开始问世。一些早期的自由主义者，其中最著名的是河上肇，他们开始自称是马克思主义者，但其他的自由主义者，比如大山郁夫这样的人，正在转向一种模糊的（或许也是浪漫的）与工人阶级的认同。还有一些人，如长谷川如是闲，则被正在西方兴起的社会和政治组织的新模式所吸引。期刊上的文章开始呈现出新的可供替代的政治表现形式，包括基尔特社会主义和苏维埃制度，在这些新的政治模式中，得到强调的不是领土利益而是经济利益。议会制度可以与民主政治等量齐观的时代已经结束了，问题已经不再是"国民"是否在政治过程中得到了代表，而是新兴的"第四阶级"（*daiyon kaikyū*），也就是工人阶级或无产阶级，是否在政治过程中占据了应有的地位。[1]

这种朝向更激进政治立场的转变，源自人们对政治民主能否保证社会和谐与国家团结的不断增长的质疑，或许它原本就只是一个政治谎言。这个问题也曾被明治时代社会主义运动的一个年轻成员山川均所提出，他写了一系列深入批判吉野作造和大山郁夫的文章。他否认吉野作造所说的民主主义和民本主义二者的区别，他认为这是一种诡辩，就好比说猪肉是"由两个不相干的概念——肉和脂肪"组成。[2]（他补充说，也许吉野作造认为脂肪不适合日本人虚弱的肠胃，所以才否认脂肪就是猪肉。）但更重要的是，在对大山郁夫的攻击中，山川均否认了国家或代议制过程可以创造社会团结的可能性。他认为国家、政府、议会都不是中立的，它们只是一些工具，通过这些工具，一个阶级可以掌控别的阶级从而实现自己的物质利益。支配着人们的不是"合作意识"，而是他们的物质利益。任何社会的通常状态都不是团结一致的，而是阶级之间围绕着物质利益的矛盾和冲突。只有在原始社会中人们才会共同分享他们的物质资料，共同做出决定，而没有冲突发生——只有在原始社会，人们才能找到民主。从山川均的马克思主义视

686

---

[1] Ota, *Taisho*, vol. 2, *passim*.

[2] Ota, *Taisho*, vol. 2, pp. 20-28.

角看来，历史不是自由的历史，也不可能在议会民主的兴起中发现自由的顶点。恰恰相反，这是一部各个阶级争夺统治权的兴衰史。

在历史和社会发展动力问题上这种相互冲突观点的影响，从大山郁夫早期坚持民本主义到后来放弃这一理论的经历中也许表现得最为典型。在他与长谷川如是闲共同创办了《我等》这本刊物之后，大山郁夫越来越少地提及"阶级和谐"、国家的"共同利益观"或"举国一致"了。随着劳动和资本之间的斗争在 1920 年到 1921 年显得越发加剧，大山郁夫开始怀疑知识分子可能只是一个中立的，或对冲突不感兴趣的旁观者。最终他得出结论，知识分子必须与工人们站在一起反对他们的剥削者。渐渐地，他放弃了对民主民族理论的信仰；同时，他否认了劳动和资本之间实现和解的可能性；他把日本的宪制政府定性为"跛足的"；他抨击社会组织是有缺陷的和不公平的，把所有的利益都给了资本家而工人什么都得不到；而且，他对国会的代表性表示了怀疑，并质疑现存的代议制度究竟是不是有效。

1923 年，随着大山郁夫的主要理论著作《政治的社会基础》（*Seiji no shakaiteki kiso*）的出版，这一转型过程完成了。[1] 大山郁夫将政治现象看作是社会群体之间权力斗争的表达。他认为人们的社会生活是被利益关系，特别是经济利益所支配的，"社会进化的发动机"，以及"政治与社会不平等的源头"在于社会群体（包括阶级）之间的斗争，这些社会群体将其他社会群体视为敌人，冷酷地追求其自身的利益。因此，国家并不是一个兼顾共同利益的中立机构，而是获得了胜利的群体或掌握了权力的阶级手中的工具。诸如"国民"（*kokumin*）、"公共利益"（*kōri kōeki*）、"国家道德"（*kokka dōtoku*）、"国民精神"（*kokumin seishin*）这样的概念，曾经是大山郁夫在 20 世纪第一个 10 年时使用过的分析性词汇的一部分，如今他认为这些词是占统治地位的资产阶级发明出来用以转移工人阶级反抗矛头的。

在采用阶级冲突的理论来解释政治现象时，大山郁夫认为自己正在把一种多愁善感或理想主义的立场替换为"经验的"和"科学的"立场。正如河合荣治郎（Kawai Eijirō）后来所指出的那样，大正年间自由主义的一个缺点，就是他们缺乏明确的哲学或理论的基础。关于民主化进程的民本主义观点并没有对社会是如

687

---

[1]　著作文本参见 *Oyama Ikuo zenshu* (Tokyo: Chuo koronsha, 1947), vol. 1。

何形成的做出全面的解释，也没有将人们最基本的需求同政治分析联系起来。相反，它对社会进步抱有乐观的态度，相信道德一定能够战胜利益，存在着社会和谐的可能性。实际上，当发现人类既有自由的历史，也有压迫的历史之时，这种"辉格党的历史观"便已经崩溃了。民主自由主义理论的贫困使它容易受到大山郁夫所信奉的那种"社会科学"理论的竞争，就更不用说遭到在 20 世纪 20 年代获得了新生命的马克思主义社会和历史理论的挑战了。

社会主义的复兴

当明治时代社会主义激进派别的主要幸存者——山川均、大杉荣和荒畑寒村等等——打破了他们在政治和社会问题上的长时间沉默之时，社会主义的"寒冬期"结束了。给予了他们勇气的，正是 1917 年的俄国革命。山川均观察到，仅仅是沙皇专制政权被推翻的消息，就对激进的社会主义者和无政府主义者产生了深远的影响。1917 年 5 月，由山川均和高畠素之（Takabatake Motoyuki）起草，得到了其他 30 多名社会主义者认可的一份决议，表达了他们对俄国社会民主党人带头结束欧洲战争并在所有交战国家中发起工人阶级发对资本主义的国际斗争的愿望。山川均和高畠素之也热情欢迎布尔什维克夺取政权的十月革命。高畠素之表示，亚历山大·克伦斯基（Aleksandr Kerensky）被推翻是正确的和适当的，因为他曾经利用工人和士兵苏维埃作为与"绅士集团"实现和解的一块跳板。俄国布尔什维克的胜利证明了他们采取"直接行动"的有效性。山川均认为，当俄国革命成功的核心是保障，当列宁和无产阶级追随者们拒绝接受克伦斯基的资产阶级民主政治的帮助时，俄国革命的胜利就得到了保证，而当德国无产阶级支持资产阶级的国家资本主义的时候，德国革命就已经注定要失败了。[1]

688

---

[1] Osawa Masamichi, *OsugiSakae kenkyu* (Tokyo: Doseishi, 1968), pp. 274-277; Koyama Hirotake and Koyama Hitoshi, "Taisho shakaishugi no shisoteki bunka," *Shiso* 466 (April 1966): 121; George Beckmann and Okubo Genji, *The Japanese Communist Party, 1922-1948* (Stanford, Calif.: Stanford University Press, 1969), pp. 15-16; Mitani, *Taisho demokurashiirm*, pp. 93-100; Kishimoto and Koyama, *Nihon no hikyosanto*, pp. 80-81; Watanabe Haruo, *Nihon marukusushugi undo no reimei* (Tokyo: Aoki shoten, 1957), pp. 42-43, 46, 143-149, 186-187; Thomas A. Stanley, *Osugi Sakae: Anarchist in Taisho Japan* (Cambridge, Mass.: Harvard University Press, 1982), pp. 128-129; Watanabe Tom, "Nihon no marukusushugi undo ron," in *Marukusushugi*, vol. 12: *Nihon*(Tokyo:Nihonhydronsha, 1974), pp. 187-192.

山川均对俄国布尔什维克革命——他将这次革命形容为一场"社会主义革命"，与发生在法国的"资产阶级革命"形成了鲜明的对比——的理论分析，可能连布尔什维克党人自己也会接受。山川均还为将来分析日本资产阶级的政治地位和日本民众的革命潜力设置了条件，他说：

> 俄国已经开始了它的第二次革命。它的第一次革命是一种双重的革命，既是一场由新兴资产阶级反对官僚专制国家的政治革命，也是一场由劳工大众反对资本主义的社会革命。为了达到推翻专制国家的目的，这样两股革命的力量结合在了一起……到那个阶段，俄国革命还是追随着法国大革命设置的轨道。分道扬镳是每一场革命当中群众队伍摆脱不了的命运。在法国革命的情况下，民众被资产阶级的力量所征服，而在俄国革命中，尽管以同样的方式完成了资产阶级的政治革命，但人民群众在思想上和组织问题上都得到了武装，从而推向了社会主义革命。[1]

然而，包括山川均在内，没有几个日本的社会主义者之前曾经听说过列宁，也没有显示出任何了解列宁主义理论的迹象。（在这一方面，日本人和欧洲人稍有不同，直到 1921 年，当列宁主义已经成为系统理论之后，列宁的著作才在日本被翻译出来。）1917 年，堺利彦把列宁描述为一个"无政府主义者"。起初，山川均曾经称呼列宁为"工团主义者"，因为他采用"直接行动"进行了一场革命，其后山川均又于 1921 年把列宁描述为一个"正统的马克思主义者"，用来与已经从革命的马克思主义转变为资产阶级自由主义的德国社会民主党领袖卡尔·考茨基（Karl Kautsky）进行对比。只是由于越来越多的列宁著作以各种方式进入了日本，列宁思想的含义才逐渐为人们所充分了解。眼下，列宁被尊崇为一个革命英雄，因为他在俄国成功地建立起一个激进的平民政府。[2]

明治时代那些信奉社会主义的老人也受到了民众中新出现的不安状态的激励。尽管民本主义自由派知识分子曾以忧虑的眼光看待"米骚动"，但社会主义

689

---

[1] Watanabe, *Nihon marukusushugi undo no reimei*, pp. 47-48.

[2] Watanabe, "Nihon no marukusushugi undo ron," pp. 43-44, 175-186; Kishimoto and Koyama, *Nihon no hikyosanto*, pp. 66, 73-75, 85; Beckmann and Okubo, *The Japanese Communist Party*, p. 13; Koyama and Koyama, "Taisho shakaishugi no shisoteki bunka," p. 121.

者却只看到了它积极的一面，把它作为民众中间越来越具有阶级意识的证据。社会主义者也对劳工运动越来越具有战斗性感到高兴。1919 年，在"友爱会"的全国代表大会上，它采用了新的名称——"大日本劳动总同盟友爱会"（*Dai Nihon rōdō sōdōmei yūaikai*）——并发布了新的更富有战斗精神的纲领，其中包括要求工会组织合法化、建立最低工资标准、通过成年男子普选权法案、确定每日八小时工作制及每周六个工作日，等等。在战争年代，尽管"友爱会"集中精力于解决劳资冲突，但是日本劳动总同盟开始走上街头，组织集会要求废除《治安警察法》，并支持争取成年男子普选权的运动。[1]

1919 年 5 月 1 日，堺利彦主办的刊物《新社会》（*Shin shakai*）公开宣布它将高举"马克思主义的旗帜"。虽然堺利彦和一度加入他的团队的山川均宣布他们将暂时回避政治活动，但显然他们认为国家正处于巨大变革的边缘。1919 年秋天，堺利彦写道："我有一个强烈的感觉，那就是今年年底将标志着一个时代的结束。新的一年即将来临……我有一种感觉，我们将第一次踏入一个属于我们自己的世界。"一种"社会主义的狂热"似乎正在席卷全国。[2]

这一"狂热"的主要参与者不仅是像大山郁夫与河上肇这样昔日的自由主义者，他们拒绝对议会制度的（也就是资产阶级的）民主做出承诺，而是对之进行更为激烈的社会和政治批评，也包括了新一代大学生和新近的毕业生，他们最终将会在政治上和理论上成为主导 20 世纪 20 年代共产主义运动和非共产主义的马克思主义左派的领导人。当然，学生们早就已经参与了明治时期的社会主义运动；他们可能要占到《平民新闻》一万个订阅者中的大多数，并且也为其他社会主义期刊提供了阅读者。但是，在明治时代晚期，几乎没有学生参与社会主义活动和社会改革风潮。根据政治学家丸山真男（Maruyama Masao）的说法，他们690 "只是自由主义的信奉者，因为这既不需要自我控制，也不需要承担责任"。山川均在他的回忆录里，把明治时代社会主义的许多学生追随者蔑视为"平庸的人，厌恶人类的愤世嫉俗的人，以及不满现状的人——简言之，是那些在资本主义社

---

[1] Beckmann and Okubo, *The Japanese Communist Party*, pp. 22-23, 102; Watanabe, "Nihon no marukusushugi undo ron," p. 152.

[2] Watanabe, "Nihon no marukusushugi undo ron," pp. 44-45, 149-150; Beckmann and Okubo, *The Japanese Communist Party*, p. 12; Arahata Kanson, *"Kindai shiso to Shinshakai," Shiso* 460 (October 1962): 115-125; Koyama and Koyama, "Taisho shakaishugi no shisoteki bunka," p. 119.

会的竞争中落伍的人"。相比之下，像山川均、高畠素之、大杉荣这样的年轻人，尽管不是从学院和大学毕业，却能主动地选择具有道德和政治责任的生活，他们不是攀爬传统教育的成功阶梯，而是作为记者或鼓动家成了社会主义运动中的积极分子。[1]

然而，在20世纪20年代和30年代，表现得最为激进的学生恰恰是那些"模范的"学生，如果他们想要的话，相信他们在学界、商界或官场（如果他们愿意）都能获得有前途的职业。文部省的一份报告指出，那些参加左翼运动的学生，往往是"谦虚""正派""冷静"和"勤奋"的年轻人。对那些被捕的左翼学生的家庭背景和本人性格的调查表明：参与这些调查的65.9%的受访者被归类为"好"，只有4.6%的受访者具有"精神抑郁""意志薄弱"或"个性放纵"的特征，而被归类为"坏"。文部省在1933年发布的一份报告，驳斥了一种流行的假设，那就是只有那些不健康的人才可能变得易受"危险思想"的影响。报告中写道："被调查的左翼学生中，绝大多数的性格都是温和而健全的。"[2]

参加左翼运动的不仅只是"模范的"高中和大学毕业生，还包括一些成为马克思主义理论家之后回到他们母校任教的教授。福本和夫（Fukumoto Kazuo）、三木清（Miki Kiyoshi）、栉田民藏（Kushida Tamizō）、佐野学（Sano Manabu）、服部之总（Hattori Shisō），以及羽仁五郎（Hani Gorō）等人，都成了著名的学院派经济学家、哲学家、历史学家和评论家。作为学术机构的成员，他们给马克思主义带来了社会声望、道德尊重和智力影响。这个具有理性修养的团体，许多成员都曾接受政府的资助前往欧洲进行研究生学习，他们对明治时代社会主义者相对简单而庸俗的马克思主义进行了改造。明治时代社会主义者的马克思主义几乎无视社会变革的辩证动态，而福本和夫、服部之总等人则将其改造为复杂的，有时甚至是对立的关于政治行动和社会革命的理论。

促使新一代学生皈依与老一代社会主义者共享的左翼运动的原因，在于他们 691
确信资本主义和资产阶级国家正处于崩溃的边缘。新生代也第一次寻求对老辈社

---

[1] Matsuzawa Hiroaki, *Nihon shakaishugi no shiso* (Tokyo: Chikuma shobo, 1973), pp. 65-67; Masao Maruyama, "Patterns of Individuation and the Case of Japan: A Conceptual Scheme," in *Changing Japanese Attitudes Toward Modernization*, ed. Marius Jansen (Princeton, N.J.: Princeton University Press, 1965), pp. 489-531, pages cited are 508-509, 514.

[2] Maruyama, "Patterns," pp. 520-521.

会主义者的领导权。"世界趋势"是朝向社会和政治的解放，而资本主义的最终阶段也正在进行当中。但是，无政府主义和马克思主义的领导人及其他们的学生追随者们并不认为革命将会像李子熟了从树上掉下一样水到渠成。日本社会革命和政治革命的最终完成，掌握在一个有自我意识、有阶级意识，拥有良好组织的无产阶级手中。一些曾经与明治时代赞成展开议会运动的派别发生过联系的老一辈社会主义者——例如堺利彦——起初在组织争取普选权的运动中与自由派知识分子进行合作，但到了 1921 年，堺利彦实际上已经退出了这一运动，并批评它是"愚蠢的行为"。一些更激进的马克思主义者和无政府工团主义者则从一开始就认为，不是通过国会政治、普选权，甚至也不是一个社会主义的政党，而只有通过工人和工会组织，他们才能推翻资本家的统治。[1]

毫无疑问，1920 年春天，日本劳动总同盟开始倡导"直接行动"的策略，反对争取普选权运动和议会政治的策略，这鼓舞了人们对于日本工人革命潜力和日本劳工运动的信心。1919 年和 1920 年，成年男子普选权法案未能在政友会控制的国会中获得通过，这可能加深了人们对议会政治的幻灭感。甚至连曾以一个基督教社会向善论者开始其职业生涯的铃木文治，也呼吁"对当今社会进行彻底改革"，并将日本的产业制度描述为"暴力且专横的"。他说："我们必须首先推翻这个暴虐的制度，工人觉醒的必然结果就是创建一个新的产业制度和组织。"[2]

促进日本工人阶级的觉醒成了激进左派的最重要、最紧迫的任务。只有无产者、马克思主义者和无政府工团主义者认为，促使工人阶级觉醒可能是社会主义革命的积极主题，同时，也只有工人阶级的解放，才能引领整个社会的解放。与明治时期的前辈们相比，新生代的左翼活动家也坚持认为，工人的阶级意识绝不可能是自然而然出现的，它必须经受培养。在激进的理论家和学生积极分子的想象中，工人既是解放运动的潜在英雄，同时也是需要加以监护的对象，就像一个孩子的心灵和意志需要培育和引导一样。[3]

尽管明治时代的社会主义者谴责了工人们生活条件的艰苦，但很少真正有人参与到工人运动中去，大多数都对具有成为主动革命者潜力的工人抱着无动于衷

692

---

[1] Watanabe, "Nihon no marukusushugi undo ron," pp. 154-155, 168-170.

[2] Watanabe, "Nihon no marukusushugi undo ron," pp. 149-150, 70. Osawa, *Osugi Sakae kenkyu*, p. 184.

[3] Osawa, *Osugi Sakae kenkyu*, pp. 183-185.

的态度。在幸德秋水的著作中，他写道，"在最好的情况下，工人可以被视为进行大规模罢工并引起社会革命的群体"。在某种程度上，明治时代社会主义者的这种态度是由工人运动的缺失和法律限制工人组织的状况所导致的，但是，正如山川均后来所指出的那样，这也是社会主义者沉迷于纯粹理论的结果。相比之下，在 20 世纪 20 年代，为了获取工人们对他们自己解放运动的支持，激进的领导人和他们的学生追随者把他们的理论和理论上的分歧都直接带给了工人群众，并参加工人的组织，参与工人们关于斗争策略的讨论。

大杉荣与无政府工团主义

在 20 世纪 20 年代早期，大杉荣是日本最引人注目也最具影响力的激进派领袖之一，他此前曾是幸德秋水的弟子，也是站在无政府工团主义立场上的主要理论家。他的著作使他在年轻的大学生和大学毕业生中间很受欢迎，这些著作中充满了无聊、压抑和理想主义的情绪，孵育了一种弥漫着的叛逆精神和一种亲近工人的意识。但最为重要的是，大杉荣之所以吸引年轻人，在他系于个人解放的革命理念。他在 1917 年时写道："只有在我们发展起一种个人哲学的时候，我们才可能成为自由的人……无论之后会发生什么，我们都不会再变回奴隶。"[1]

大学生和毕业生们形象地表达出了一种混杂的情绪和冲动，这成为他们加入革命运动的动机。他们定义自己对个人自主权的追求是既有利他主义，又有自私自恋，他们渴望通过工人解放运动来使自己从"窒息"（*ikizumari*）的感觉中挣脱出来。正如有人所指出的，对工人运动事业的承诺，促使他们打破"琐碎知识……形式和惯例"的束缚。他们说出了他们渴望表达的"真实感情"；他 693 们寻找到了"一种真实的生活"；他们希望能够满足自己的愿望；他们梦想着一种"自我的充溢"（*jiga no jūitsu*）。有人写道：只有作为一个叛逆者，只有作为"他们自己国家多数民众的"公仆，才能在他们国家真诚地生活。有时，与工人之间的这种关系被形容为浪漫的、近乎肉体迷恋的，甚至是自我诱惑的。片冈武夫在 1919 年的《民主》（*Demokurashi*）杂志中写道："我一直在寻找一个爱人，劳动者就是我的爱人。我能为此一直等到苍白的面庞变得开朗。带来微笑是爱

[1]　Arahata, *"Kindai shiso to Shinshakai,"* pp. 117-119; Osawa, *Osugi Sakae kenkyu*, p. 148.

迈出的第一步。"对工人及其事业的认同，促使年轻的精英们超越他们自己成为一名"先锋"。[1]

在 20 世纪 20 年代早期，大学生和毕业生们经常写道，即使没有一种思想或清晰的意识形态激发他们的行动，"发现社会问题"也使他们成为叛逆者。正如麻生久（Asō Hisashi，1891—1940）所说，大学生们以为他们知道什么是"时代潮流"，他们使用的词汇是不拘一格的，既不同于无政府工团主义者也不同于马克思主义者。"一切为了人民"，这一用来鼓励他们的同伴加入工人事业的口号，也是借鉴于 19 世纪俄国民粹主义的呐喊（v narodni），但是，俄国的民粹主义者相信，革命之后的社会秩序将被建立在农村公社的基础之上，而这个观点曾经遭到马克思主义者和列宁主义者的嘲笑。尽管一些大学毕业生形容自己为革命的"使者"，但正如麻生久所暗示的，他们寻求"让工人们理解自己所曾读过的所有书籍"。他们认为会给工人带来"自由、正义、人道主义、社会主义、无政府主义、革命、工团主义，以及 IWW（世界产业工人联合会）"[2]。

然而，工人们不是通过社会主义或任何其他意识形态，而是通过他们的无政府主义态度来吸引学生的。一个工人活动家写道，工人们对学生的了解，"只是他们（学生们）燃烧着与他们同样的热情，（对他们来说）资本主义也是一个不可原谅的制度"。在一部写于数十年后的回忆录中，一个工人回忆道："马克思主义、工团主义和劳动工会主义的思想都在同一时间全部进入我的脑海。我并不能充分理解它们之间的差别。"[3] 但是，有一种想法却相当清晰："如果工人们组织起来，如果我们能阻止工厂开工，我们就可以进入自己的世界。当我们使工厂的烟囱停止冒烟的时候，这就是对那些强大力量的惩戒。这就是纠正社会罪恶的手694 段。"[4] 工人和学生们都认为反抗必须是彻底的。正如一名工人所说："我们宁愿光荣的失败甚至是一场悲惨的失败……也绝不愿意妥协或缓和。"同时也有另一些人说："我们将失去我们的家庭，我们将失去人类的欢乐。我们只有通过反抗资本主义的革命才能够生存。"正是这些想法，使大学生和工人们对大杉荣和无政府

---

[1] Matsuzawa Hiroaki, *Nikon shakaishugi*, pp. 65-69, 156.

[2] Matsuzawa Hiroaki, *Nikon shakaishugi*, pp. 62-63, 148-152, 156-159.

[3] Matsuzawa Hiroaki, *Nikon shakaishugi*, pp. 158-159.

[4] Matsuzawa Hiroaki, *Nikon shakaishugi*, pp. 160-161.

工团主义心向往之。[1]

不可避免地，大杉荣和其他无政府工团主义者转而反对布尔什维克在俄国的政策，拒绝马克思列宁思想的见解，并在日本的社会和劳工运动中成为所有马克思主义者的死敌。大杉荣最初曾对俄国革命的到来表示欢迎，因为他相信通过"直接行动"会达到这样的结果，正是在"直接行动"中，人民群众自发地行动起来，推翻了克伦斯基的资产阶级政权。在日本，像世界上其他地方一样，无政府主义者也发现了令人欣喜的革命景象。长时间来，他们一直认为革命将通过一场全体被压迫阶级的自发起义而实现，也就是说，在广泛起义的过程中，国家将会被推翻，而以某种自治的社区取而代之。在20世纪20年代早期，无政府主义的战略家们相信，推翻资本主义的任务可以通过纯粹的产业组织及其展开的斗争来完成，因而他们拒绝任何种类的政治活动，也反对参与资产阶级的公共机构。例如，1919年，在日本劳动总同盟的成立大会上，无政府工团主义的激进分子就反对该组织对争取普选权的运动给予支持，他们也拒绝接受任何暗示工会与资本主义的帝国主义价值观相互兼容的建议。在1920年的总同盟会议上，"直接行动"（chokusetsu kōdō）的鼓吹者与代议制政体的支持者进行了激烈的争论，一位京都的无政府主义者代表叫喊"我们拒绝国会"，得到了会议上无政府主义者的鼓掌欢迎。无政府主义者坚信，如果由激进的普通成员来领导，工会组织独自就能承担无产阶级反对资产阶级及其国家的斗争任务。

无政府工团主义者也否认无产阶级的经济斗争从属于即将到来的革命行动。于是，工会在无政府工团主义者的带领下更愿意对抗而非妥协，宁愿破坏工厂而不愿寻求一份就业合同，这已经成为一种普遍的特征。正如日本一位激进的无政府工团主义者所指出的那样："我们并不是说工会毫无用处。但它们只在建设性的工作上有效，在破坏性的工作上则无用。在建设之前必须先有破坏。"在1920年到1923年这个短暂的时期里，无政府工团主义者在劳工运动中占据了主导地位，他们企图煽动工人们展开会使整体经济陷入瘫痪的大规模罢工活动，并企图煽动工人们表达对现存社会秩序的强烈敌意。东京的赛璐珞（celluloid）工人、手表制造工人、印刷工人和八幡制铁工厂工人都受到了无政府工团主义者和其他支持直接运动的激进分子的影响，掀起暴力罢工行动、捣毁机器，并破坏工作场所。

695

---

[1] Matsuzawa Hiroaki, *Nikon shakaishugi*, pp. 146, 11. 43, 93, 167.

在无政府工团主义者的煽动下，1920 年，富士煤气纺织公司的工人们决心为了罢工事业而"不惜一死"。[1]

到了 1922 年晚些时候，无政府工团主义者在工会运动中的影响已经开始减弱。由于他们坚持工会活动的自发性，而不是对之进行组织和加以协调；由于他们要求跨行业职工工会的自治，而不是接受工会联合会的集中权威；也由于它们未能通过直接对抗行动获得多大成果，因而无政府工团主义者丧失了对改革主义者和共产主义者的影响力。此时，苏联已经开始驱逐爱玛·戈德曼（Emma Goldman）等无政府主义者，并忽视地方苏维埃的意愿而把一切权力集中于党和中央委员会手中，这些消息促使大杉荣公开表示要断绝与日本马克思列宁主义者的所有联系。对于大杉荣来说，实施新经济计划（New Economic Plan，缩写为 NEP）、重建国家产业纪律都标志着俄国革命时代的结束。他认为，新经济政策的实施只不过是乔装打扮地建立国家资本主义的尝试。[2]

无政府工团主义者有一个千年盛世的梦想；他们追求这样一种未来的愿景：工人们自发地联合起来，在小型社区里自己管理自己。法国的无政府工团主义者乔治·索雷尔（George Sorel）说过，工人既不需要政党，也不需要意识形态；实际上，工人们应该反对这两者，因为它们都是资产阶级游戏的一部分，坠入其间，工人们只会受制于资产阶级统治的暴政。[3] 对于大杉荣来说，对工人反抗进行激励，对不停发动阶级冲突的强调，以及对于社会失序状态的渴求，不仅具有扰乱当前社会的作用，而且也从历史上和层级上解放了工人（以及那些想要帮助他们的人）。大杉荣坚信，人们必须从一张"白纸"（*hakushi*）重新开始。但是，"清白历史主义"并不意味着对民众天生自发性的信念：民众的自我解放和自我救赎，需要通过工人们自己做出努力，也需要工人们自身观念的转变。

在一篇名为《秩序紊乱》（"Chitsujo binran"）的文章中，大杉荣写道："大多数人被其统治者的思想和行为所束缚，已经成为少数人所定'规则'的牺牲品。"

696

---

[1] Stephen S. Large, *Organized Workers and Socialist Politics in Interwar Japan* (Cambridge, England: Cambridge University Press, 1981), chaps, 1, 2; Osawa, *Osugi Sakae kenkyu*, pp. 263-269, 277-278, 311-312; Watanabe, "Nihon no marukusushugi undo ron," pp. 175-192, 206-216.

[2] Large, *Organized Workers;* Osawa, *Osugi Sakae kenkyu*, p. 317; Watanabe, "Nihon no marukususushugi undo ron," p. 192.

[3] 关于索雷尔，参见 Leszek Kolakowski, *Main Currents of Marxism*, vol. 2: *The Golden Age* (New York: Oxford University Press, 1978), p. 163; Osawa, *Osugi Sakae kenkyu*, pp. 171, 259。

通过"失序"的过程，即大杉荣与"叛乱"相提并论的打破法律和秩序的行为，工人们才能够克服"陈旧的价值观"。没有这种"叛乱"，个人就无法达到"真正的生存"（shin no sei）。因此，规则的崩溃，实际上也是工人们与他们的过去疏远的过程，由此成为民众和个体双方得以实现其潜能的唯一途径。对于大杉荣来说，在当今世界，"生活"就意味着"叛乱"。没有反叛的生活不是生活，而是生命缺失，也就是死亡。[1]

在大杉荣的生活和思想中，鲜明地体现了激进学生的矛盾心理和愿望的方方面面。他曾怀疑自己是否有能力领导工人，因为他相信他已经被自己的资产阶级甚至小资产阶级的心态弄得失去了行动能力。尽管如此，他仍然主动向工人们提供指导和想法，鼓励工人们只有通过不断"叛乱"的一生，才能够克服当代社会的暴政。他召集知识分子加入工人的事业，有时把他们描述为类似于先驱者的人物。然而，他也会质疑他们的革命诚信度，把知识分子看成是资产阶级的一员，因而并不比"敌人中的朋友"（teki no naka no yūjin）更好。但是他又认为，如果知识分子能够了解现代社会的运行方式，能够把自己与工人们"一体化"（ittaika），能够作为工人们"叛乱实践"的中介者的话，那么，无论对于他们自己还是对于工人来说都可能是有帮助的。[2]

大杉荣甚至比无政府工团主义者前辈幸德秋水更为始终如一，他过着一种戏剧性的反抗生涯。他具有一种对抗的天赋。在这样或那样的时间里，他否定过所有现存社会的规则，其中也包括激进盟友们以及对手们的正统说教。虽然他喜欢民主的精神，但他厌恶"法律学家和政治学家称之为民主和人道主义"的东西。他说："我也讨厌社会主义"，因为他认为正统的社会主义在社会演变方面过度注重物质决定论，而对个人自由没有给予足够的关注。他在批判社会主义时声称："新经济创造新道德"，这只是真相的一部分。没有信仰、没有主义、没有理论能够令人完全满意。他在 1918 年 2 月写道，"出于某种原因，我也有一点讨厌无政府主义了"[3]。

像他的英雄尼采（Nietzsche）一样，在大杉荣所有理论和态度中所表现出的

697

[1]　Osawa, *Osugi Sakae kenkyu*, pp. 171-172, 184.

[2]　Stanley, *Osugi Sakae*, pp. 115-119; Osawa, *Osugi Sakae kenkyu*, pp. 115-119, 130, 183-184, 260; Mitani, *Taishd demokurashiiron*, p. 85.

[3]　Stanley, *Osugi Sakae;* Osawa, *Osugi Sakae kenkyu*, pp. 117-118, 174.

矛盾心理潜藏着一种信念，这有几分类似于他心目中的英雄尼采，他们都坚信：事实没有脱离解释而独立存在的，对现实的观察也没有不受偏见和视角影响的。因此，生活就成了英雄行为的最好诠释，在这种诠释中，个体和群体能够胜过他们所处的社会。例如，知识分子鼓吹"统治阶级的防卫和被压迫阶级的欺骗"的历史观，使整个历史彻底卷入了意识形态的纷争。但是，如果知识分子放弃他们的霸权角色，放弃他们强加于工人的意识形态（大杉荣指出，这种看法甚至在社会主义的知识分子中间也很流行），并决心"与劳工运动的精髓"结合在一起，他们就可以克服自己的阶级态度。事实上，大杉荣对于个人自由的关注，以及他关于"为了找寻真正的自己，人们应该放弃自我"（*jibun o torimodosu tame ni, jiga o kidatsu suru*）的建议，都使他身处激进自由主义者的行列，与马克思主义的社会主义者处于明确对立的阵营。[1]

随后，一点也不奇怪，在 1919 年发表的一篇文章中，大杉荣引用了尼采对"完美个性"作用的论述，认为这是一种理想的状态，即便只是一种愿景，那也是人生的一个方向。他写道："生活的本质，就是想方设法找到一条走出僵局的路。"作为一个无政府工团主义者，大杉荣把这种实现自我超越的观点转变为外向观察社会并寻求社会革命。他之所以拒绝了马克思主义（就像他也曾质疑 19世纪的理性主义和机械论必然性一样），不仅是因为马克思主义强调历史的必然性，而且也因为他发现了马克思主义关于"新的经济形式创造新的道德体系"的主张只是真理的一小部分。大杉荣坚持认为，一种新的道德，必须在旧秩序中创建出来，这样它就能成为新秩序的基础。于是，大杉荣相信，所有的人，而不仅仅是那些特殊的人，都具有拥有超人（*chōjin*）力量的意愿。因此，工人们可以集体超越他们所处的社会并实现自治；实现了与现存社会的疏离，他们的意识就会发生转变，他们就能够成为未来的领跑者。和工人们一样，疏远了现存社会的激进学生积极分子们也可以共享建设新世界的成果。

山川均与"方向转换"

1923 年 9 月，大杉荣被一个宪兵队长所谋杀，日本无政府工团主义运动唯一

---

[1] Osawa, *Osugi Sakae kenkyu*, pp. 168, 183.

有魅力的领导人就这样被夺去了生命。然而，无政府工团主义运动在一年前就已经遭到了摧毁，当时，共产国际（the Comintern）变得对日本更感兴趣，而日本的左翼分子也获得了对列宁主义革命理论的更好理解。一些左翼人士开始自称为布尔什维克，而列宁关于无产阶级专政和一个社会主义者或共产党人面对民众的合适角色的思想，也使许多马克思主义者获得了新的认知。1922 年 7 月，随着日本共产党的秘密成立，这些问题成了马克思主义者和无政府工团主义者在工人运动中争论的焦点。

在 1922 年的日本劳动总同盟年会上，一个由共产党人和劳工运动改革者组成的联盟设计通过了一项决议，主张以全国产业工会为基础，建立高度集权的组织体系。决议拒绝了无政府工团主义关于工会权力下放、工人实行自治以及自我管理的原则，而依据无政府工团主义的原则，任何工会都有权在任何时间加入或退出任何团体。这次大会还呼吁所有政治的和符合标准的工会采取经济的战术——所有这些，都是对大杉荣的否定。尽管大杉荣对苏联越来越厌恶，这次会议还是通过了一项支持苏俄共产主义政权的决议。

击败大杉荣的不仅是日本的布尔什维克党人，还有他的长期盟友，以布尔什维克党人的思想领袖和这次大会的男主角身份出现的山川均。山川均在 1922 年 7 月到 8 月的文章《无产阶级运动的方向转换》（"Musan kaikyū undō no hōkō tenkan"）中，提出了这次大会的口号"到大众中去"（*taishū no naka e*）；表达了他对无政府工团主义者的"理想化革命"（*kannenteki kakumei*）的谴责，得到了 共产党人和劳工运动改革者的一致认可。和山川均一样，作为旁听者出席会议的大杉荣，悻悻地把整个"布尔什维克团伙"——山川均、堺利彦和荒畑寒村——描述为"一群骗子"。[1]

布尔什维克和劳工运动改革者们击败无政府工团主义者，代表着当时劳工运动中盛行的策略主流意识形态的一种决定性改变，与此相同，山川均的文章也标志着日本激进主义，特别是革命理论的思想史上的一个紧要关头。山川均不仅丢弃了自幸德秋水以来曾经主导过激进主义思想的千年盛世的信条，他还表达了对激进主义所误导的义愤措辞的异议，并批评了自发性激进行为策略上

699

---

[1] Kishimoto and Koyama, *Nihon hikyosanld*, pp. 95, 143-147. 引用的大杉荣言论，参见 Stanley, *Osugi Sakae*, p. 140。对山川均文章的讨论，参见 Yamakawa Hitoshi, "Musan kaikyu undo no hoko tenkan," in *Yamakawa Hitoshi zenshu*, vol. 4, ed. Yamakawa Kikue and Yamakawa Shinsaku (Tokyo: Keiso shobo, 1967), pp. 336-345。

的愚蠢。他写道：

> 10 到 12 个狂热的人聚在一起，梦想着第二天的革命，并对此大言不惭……通过采取针对警察的"革命行动"并在警察的拘留所里过夜，他们充其量只能满足他们的"叛逆精神"。尽管他们反对资本主义制度，但他们并没有触动资本主义制度一根指头。[1]

山川均把日本的无产阶级运动描述为包括两个方面：一个是社会主义运动，另一个是劳工运动。他对前者，包括他自己在内，进行了抨击，因为过于关心原则的阐明和意识形态的净化。结果是，社会主义者把自己与作为一个整体的无产阶级隔离开来，"离开了围绕在他们周围的普通工会成员，更离开了工人阶级的群众"。因此，他们没有完成将工人的阶级意识提升到最高水平的任务，而是让他们受到资产阶级的精神影响。虽然山川均赞扬了工会运动，但他认为工会运动也很可悲，因为工会运动的先进成员，即被组织起来的工人们，发现他们自己"与普通工人分离了开来"。最后，他批评了他们对待资产阶级政府的"消极态度"。他写道，工人们很少意识到，在经济战线上取得的胜利，可能受到政治权力的危害。

> 700 在任何资本主义表现出权威和控制力的阵线，我们必须转而采取一种积极斗争的态度。政治战线是资产阶级最赤裸裸和最直接表达其权威和控制力的地方。在意识形态上简单地拒绝现存的资产阶级政治制度，不能给它带来丝毫的伤害。[2]

对于先驱者与工人阶级群众两者的隔离，对于两者的政治被动性和不负责任，"方向转换"给出了一个战术性的解决方案。山川均解释说，"我们的最终目标是推翻资本主义。……任何改革都不可能实现我们自己的解放"。但是，如果工人群众不要求废止资本主义，而是"要求立竿见影地改善他们的日常生活，那

---

[1] Beckmann and Okubo, *The Japanese Communist Party*, p. 51.

[2] Beckmann and Okubo, *The Japanese Communist Party*, p. 52.

么，我们目前的运动就必须建立在这样的大众需求的基础之上"。虽然"工人运动必须变得更加实际"，以便通过并肩战斗使先驱者和工人大众团结在一起，但山川均还是希望先驱者可以提高工人们的要求，并说服他们扩展自己的目标。山川均坚持认为，"方向转换"并不表示"从革命原则堕落为改良主义"，而是满足工人们的需求，以便为了实现最终的目标构造一个"混凝土"运动。因此，山川均坚持认为，先驱者必须把他们的意识形态向工人群众传播，保持他的革命意识，并且始终不与群众分离。这样，在文章的第二部分"走向政治斗争"中，山川均敦促先驱者们要引导无产阶级意识到他们对于"生存权利"的呼喊，并意识到失业问题的解决是针对国家的要求。因此，实际的经济斗争不能与政治斗争分离开来。在文章中，尽管山川均并没有讨论政治党派的问题或暗示他对普选权态度的变化，但他敦促在无产阶级运动中采取一种新的政治行为。"如果无产阶级真正反对资产阶级的统治，那就肯定不是简单消极的……它必须运用无产阶级政治反对资产阶级政治。"[1]

于是，很显然，山川均否定了自己过去的立场，也否定了大杉荣仍在坚持的立场，那就是认为一般工会组织的经济要求是政治上的无能。取而代之的是，他对先锋队在无产阶级中创造革命的和社会民主的意识方面不可或缺的作用提出了接近列宁主义的解释。但是，在山川均对于先锋队的论述中，并最终在他对工会和秘密先锋政党（即日本共产党，JCP）各自角色的评估中，与列宁主义是不同的。列宁和日本共产党都认为，只有先锋队和组织者可以带领工人们超越资产阶级社会的视野而走向革命。如果任由工人群众自由发展，那他们永远不可能独立自主地成为自觉的革命者。列宁写道："由于劳动群众在运动过程中不可能通过他们自己明确表达一个独立的意识形态，因而唯一的选择就要么是资产阶级的意识形态，要么是社会主义的意识形态。"对于列宁来说，无论工会组织多么强大，工人阶级也没有能力在他们的阶级整体与现存社会制度之间形成基本的反对意识。他写道："我们已经说过，在工人中不可能产生社会民主主义意识。这种意识必须从外部灌输给他们。"[2]

然而，山川均对布尔什维克在俄国工人中的主导作用一直以来持有模棱两可

701

---

[1] Beckmann and Okubo, *The Japanese Communist Party*, pp. 46-47.

[2] 这里关于列宁思想的讨论，参见 Leszek Kolakowski, *Main Currents of Marxism*, vol. 2, chap. 16; 引文见 pp. 386, 387。

的态度。在 1922 年 2 月的文章中，他不愿去充分证明"领导阶层"或"党派专政"是值得向往的事物；仅仅是考虑到普通民众尚未形成阶级意识，他才认为这是必要的。甚至更早，在山川均对民本主义理论的批评中，他就曾斥责吉野作造和大山郁夫假装对多数人统治的信仰，但在现实中又呼吁实行"开明的少数人"的统治。他写道，民主要求人民群众的统治，而人民群众从来不会忽视真实的社会需求。在他发表《方向转换》的文章几个月之后，山川均断然否认了一个无政府工团主义者的指控，这项指控说他把工人阶级出卖给一个知识分子的先锋队。山川均坚持认为，所谓先锋队，他指的只是那种组织起来的，从而更有阶级意识的工人阶级成员。[1]

事实上，山川均从来没有完全接受过列宁认为理所当然需要先锋队来引导工人们革命意识的思想。就像理论家福本和夫（Fukumoto Kazuo）后来所说的那样，山川均可能是也可能不是一个考茨基主义者（Kautskyian），但在 1919 年以后，他坚持认为工人的阶级意识是通过与资本主义的斗争而获得发展的，劳工组织既是工人阶级用来满足他们愿望的斗争工具，也是创造新的社会形态的核心，这种思想与其说是接近列宁，不如说更靠拢考茨基。甚至在他的《方向转换》一文中，一些日本共产党成员已经主张按照党的命令书写，但山川均对此表示拒绝，并得到了荒畑寒村的支持。山川均写道，阶级意识是可以理解的，并不只是简单地让少数足够博学的人来领悟它；它不可避免地在每个工人阶级成员的心中成长，尽管并不总是以相同的速度或相同的程度成长。[2]

到了 1924 年，山川均与日本共产党的分歧已经变得十分明显。关于正确的革命理论和策略的种种观点，引起了一场带有几种形式的广泛论争。在工会组织中，改革主义者（他们有时也被称为实用主义者）和马克思主义者对于工会在资产阶级国家中的作用发生了冲突。在工会组织的内部和外部，由山川均领导的独立马克思主义者与那些和日本共产党关系密切的马克思主义者之间，对革命理论产生了尖锐的分歧。自始至终，山川均对日本工人阶级与资产阶级建立统一战线是一种正确策略的看法，他对日本资产阶级和工人的阶级意识特征的分析，他对有组织的工人阶

[1] Yamakawa Hitoshi, "Rodo undo ni taisuru chishiki kaikyu no chii," in *Yamakawa Hitoshi zenshu*, vol. 3, ed. Yamakawa Kikue and Yamakawa Shinsaku (Tokyo: Keiso shobo, 1967), pp. 26-39; *Yamakawa zenshu*, vol. 2 (Tokyo: Keiso shobo, 1966), pp. 82-91, 106-108; *Yamakawa zenshu*, vol. 5 (Tokyo: Keiso shobo, 1968), pp. 191-199.

[2] Watanabe, "Nihon no marukusushugi undo ron," pp. 182, 198-200.

级的革命潜力和日本国家性质的理解，都占据着主导地位。山川均谴责了那些非共产主义的日本马克思主义者的政策与实践，在所有日本马克思主义者中间挑起了一场理论争论。最终，山川均与日本共产党，尤其是理论家福本和夫在阐述共产国际的理论和实践问题上针锋相对。结果，日本的马克思主义者就现代日本国家的起源和发展问题展开了一场争论，刺激了对现代日本历史的社会科学分析，并彻底把马克思主义嵌入了日本的知识生活。但是，对于山川均和福本和夫以及所有他们的追随者来说，历史分析的功能，就像社会理论的功能一样，绝不会仅限于学术方面。它为他们批判日本国家提供了"科学"的依据，为他们指责自由主义的道路提供了一种智性的视角，也为革命运动提供了概念性的指导方针。[1]

这是谁的革命？福本和夫与山川均的论争

在《方向转换》一文发表后的 3 年里，山川均的战略假设和理论构想就受到了福本和夫（1894—1983）的挑战。福本和夫是东京帝国大学法学部的一名学生，毕业后在松江高等学校担任经济与法律讲师，他曾受政府资助赴德国留学数年，刚刚回到日本不久。在德国留学时，福本和夫深深沉浸在马克思和恩格斯的经典著作，以及列宁、罗莎·卢森堡（Rosa Luxemburg）和卡尔·李卜克内西（Karl Liebknecht）的著作之中。利用自己百科全书般的理论知识，这一个人的魅力给予年轻的激进大学生们留下了尤其深刻的印象，福本和夫于 1926 年恢复了日本共产党并接管了它的领导权。[2] 正如"新人会"的领袖林房雄所写的那样：

703

> 有一件事是毋庸置疑的，那就是他（福本和夫）的极端博学。他所引用的段落都是我从来没有读过的关键部分。无论是山川均还是堺利彦都没有为我们引述过这些内容。这些新鲜的知识迫使我意识到了日本马克思主义者的无知——作为一个学生理论家和思想家，至少我是这样认为的。[3]

[1] Watanabe, "Nihon no marukusushugi undo ron," pp. 184-185, 230-235; Koyama Hirotake and Sugimori Yasuji, "Ronoha marukusushugi," in *Showa no hantaisei shiso*, vol. 3, ed. Sumiya Etsuji (Tokyo: Haga shobo, 1967), pp. 278-334.

[2] Koyama Hirotake, "Nihon marukusushugi no keisei," in *Showa no hamatsei shiso*, pp. 106-109.

[3] Jeffrey Paul Wagner, "Sano Manabu and the Japanese Adaptation of Socialism," Ph.D. diss., University of Arizona, 1978, p. 58.

福本和夫也学会了宗派之间相互谩骂的技巧。1924年，他刚刚回国不久，在京都帝国大学的一次公开演讲中，就曾熟练地动摇了一位很有名望的马克思主义经济学教授河上肇的观点。福本和夫讽刺河上肇在学生面前是一个"经验批判主义者"（*keikenhihan*），这个人所信奉的哲学正是列宁写了一整本书来加以批判的。但是，在福本和夫发表于日本无产阶级运动的主要理论期刊《马克思主义》上的第一批文章中，他只是有选择地谴责山川均的"方向转换"是一种把"马克思主义粗俗化"的行为。他诽谤山川均是一名"经济学家"，而"经济学家"是列宁主义的一个术语，用来描述那些相信单纯的经济斗争就会导致政治变革而无须一个政党致力于政治斗争的直接行动的人。他指责山川均未能理解"方向转换"的"基本原则"。实际上，福本和夫仅仅是在提供一种理论证明，说明了本来应该很清楚的事情：山川均不是一个列宁主义者。[1]

然而，福本和夫是一个列宁主义者；或至少他认为自己已经在使无产阶级运动纯粹化的箴言中保留了列宁主义学说的精髓。福本和夫接受的公理是："我们真正的方向转换"取决于"通过理论斗争提高无产阶级的觉悟"。他写道，正如列宁所说，对于无产阶级运动而言，一个正确的"方向转换"是"一种辩证过程中的质的变化过程"。从战术上来说，这意味着无产阶级运动要从工会的斗争转向社会主义的政治斗争。与列宁一样，福本和夫根本不相信无产阶级可以自己理解这种策略的迫切性和必要性。无产阶级必须通过主观的飞跃，而不是依赖于客观条件的改变，来获取一种"真正的阶级意识"（这里的"意识"一词，在福本和夫看来，与拥有马克思主义的"知识"[*ninshiki*]等量齐观）。只有一个"真正的作为先锋队的政党"，即一个共产党，才是社会主义意识名副其实的来源；只有这样的党"才能够利用、指导、促进或转化所有的政治反对派，从而使无产阶级运动成为一个真正的阶级运动"[2]。

回到日本之后，福本和夫决定将更广泛的政治斗争任务暂时搁置，以便应对山川均关于"方向转换"及统一战线政党观念的腐蚀性影响。正如山川均在1924

704

---

[1] Iwasaki Chikatsugu, *Nihon marukusushugi tetsugakushi* (Tokyo: Miraisha, 1971), pp. 31-33; Furuta Hikaru, *Kawakami Hajime* (Tokyo: Tokyo dtigaku shuppankai, 1959), pp. 138-149; Kishimoto and Koyama, *Nihon no hikyosanto*, p. 112; Koyama, "Nihon marukusushugi no keisei," p.110.

[2] Iwasaki, *Nikon marukususushugi tetsugakushi*, pp. 32-35; Koyama, "Nihon marukusushugi no keisei," pp. 110-116; Kishimoto and Koyama, *Nihon no hikyosanto*, pp. 129-137; Matsuzawa, *Nihon*, pp. 194-200.

年所说，他曾经设想并且帮助创建了"一个无产阶级的政治运动，尽可能多地把工人群众团结在一个组织里，并尽可能地使这一组织摆脱资产阶级的影响"。山川均相信，这个"统一战线"的领导权应该属于城市工厂里有组织的无产阶级，以及农村地区有组织的佃农。这样一个政党的创建使得福本和夫深感不安，他认为无论是一个起先锋队作用的政党，还是一个非法的革命团体，这样的组织都不可能促进人民群众的革命意识。事实上，山川均确曾力劝不要把这一政党单纯看作无产阶级的工具。相反，他认为这一政党应该服务于广泛的大众利益，包括所有那些失业流浪的人、未加入工会的人、遭到驱逐的"民众"（*burakumin*），甚至是小资产阶级的下层民众。山川均还建议，先锋队政党的成员应该将自己融入统一战线，并"允许每一个派别在党代会上充分表达自己的观点，并在党内得到充分的认可"。福本和夫感到，这种观点违背了列宁关于由职业革命家组成一个政党，并决定政策的观念，而这将是灾难性的。列宁已经发现，"派别活动"，即团体成员可以自由表达少数人意见的有组织活动，对一个革命政党最终目标的达成是具有毁灭性的。而且，福本和夫相信，在这样一个统一战线政党中，他自己在无产阶级中灌输马克思主义意识的愿望将会化为泡影：先锋队将会消融于大众之中。他争辩说，山川关于无产阶级的意识会自然增长的观念充其量只是一种"投机主义"。福本和夫写道，更糟糕的是，山川均已经引导无产阶级运动朝着"自发的"和"幼稚的左派观点"的方向发展，而这两个方向都曾遭到过列宁的彻底批判。[1]

　　因此，福本和夫设定了他的迫切任务，那就是作为马克思主义左派为无产阶级运动建立一个正确的、统一的理论纲领："终身致力于深化和传播马克思主义，扩大马克思主义的影响力。"继列宁之后，他呼吁建立一个马克思主义的先锋队，而这个先锋队将遵循"分离结合"（*bunri-ketsugō*）的原则，通过这一过程，真正的马克思主义者就可以与虚假的马克思主义者和改良主义者分道扬镳。这成为了实现团结的绝对先决条件。在之后的几年，这种对意识形态纯洁度的强调、对实

705

---

[1] Matsuzawa, *Nihon*, pp. 199-200. 关于统一战线战略在日本和西方国家情况的讨论，参见 Inumaru Yoshikazu, *Nihon no marukusushugi sono*, vol. 2: *Koza gendai no ideorogii* (Tokyo: San'ichi shobo, 1961), pp. 39-40, 57-58; Koyama, "Nihon marukusushugi no keisei," pp. 89-92, 110-126; Koyama and Sugimori, "Ronoha marukusushugi," pp. 283-288, 311-325; Iwasaki, *Nihon marukusushugi tetsugakushi*, pp. 34-35; Kishimoto and Koyama, *Nihon no hikyosanto*, pp. 110, 12。

现那个斗争优先于政治实践的坚持，以及对教条主义的推崇，受到了来自共产国际和日本共产党双方面的谴责。但是，就当时而言（也有一些人认为它永久性地破坏了日本的无产阶级运动），它使得日本共产党变为一个满嘴官话的联盟，且很有可能使得日本的马克思主义运动成为世界上理论最为复杂的运动。[1]

显而易见，山川均不可能接受福本和夫的主张。他写道："一个无产阶级政党，应该代表无产阶级革命要求的最高表达，而不是简单地在建立一个新社会的战略的基础上给出一个抽象的概念，它应该把无产阶级的所有部分结合起来，并反映他们即时的利益和需求。"[2] 很快，山川均就在《战线统一政党》一文中再次确认了他的信念："这样的政党，既不是一个秘密的党，也不是一个先锋的党，而应该是领导日本无产阶级运动的党。"

706　山川均反对日本共产党的重组，也拒绝加入该党。后来他还解释说："1922 年到 1923 年，日本共产党的存在对整个无产阶级运动造成了损害。"他在经验上和史实上都反对日本共产党的重组，却没有给出理论和理由。他说："我觉得它们在日本的情况就是这样，此时此刻，另一个共产党也不会有任何好处。适合于俄国的东西不一定适合于日本。"山川均争辩说："只有通过对日本资本主义的分析，通过对日本统治阶级特殊政治结构的考察，以及通过对现代日本国家和社会发展的历史特性的理解，才能为无产阶级运动的发展制定正确的策略。"[3]

山川均以马克思关于资本主义发展阶段的类型学说作为自己分析的基础，来描述欧洲资产阶级是怎样作为一个阶级来反对封建主义和专制主义统治的。但是，通过运用一种与马克思在《路易·波拿巴的雾月十八日》（The Eighteenth Brumaire of Louis Napoleon）中所做社会分析相似的概念上的灵活性，山川均观察到了日本资产阶级赖以获取政治统治权力的某种历史异常现象。由此，他建议对共产国际和日本共产党所提出的关键观点的不一致进行分析。

1922 年，日本共产党的《纲领草案》（koryo soan）将日本界定为"半封建社会"。虽然《纲领草案》指出这个国家是由商业和工业资本家中的特定部分所控制，但在国家的结构上仍然体现出"封建关系的残余"。这种半封建性质的特

[1] Kishimoto and Koyama, *Nihon no hikyosanto*, p. 137; Koyama, "Nihon marukusushugi no keisei," pp. 112-114; Iwasaki, *Nihon marukusushugi tetsugakushi*, pp. 32-34.

[2] Koyama, "Nihon marukusushugi no keisei," pp. 91, 94-97.

[3] Koyama, "Nihon marukusushugi no keisei," pp. 91, 94-97.

征最明显地表现在"贵族院所扮演的重要和领导角色上，表现在宪法的基本特征上"。此外，日本资本主义"仍然展现出前封建关系的特点，而且当今大部分土地的所有权还掌握在半封建地主的手中"。《纲领草案》还指出："作为日本政府首脑的天皇，也就是全国最大的地主。"当时的日本共产党成员，尤其是堺利彦，选择取消了这一部分。考虑到日本国家的半封建性质，共产党建议为了推翻帝制政府，无产阶级和资产阶级联合起来进行斗争，并以此作为正确的政治策略，也就是说，这是一场资产阶级革命。[1]

山川均既不接受这一策略，也不接受《纲领草案》赖以建立的历史解释。他坚持认为，"我们社会的权力中心，已经明确地从官僚机构转到了资产阶级手中"。当政友会上台，它的领导人原敬成为首相之后，山川均辩称这表明"如今资产阶级的政治权力因此而得到了巩固"。但自相矛盾的是，这种权力的转移却又"说明了民主在日本的凋零"。山川均通过比较日本和英国的资本主义发展过程来解释这个悖论。"英国在最有利的情况下，花费了 50 到 70 年的时间，通过和平的方式逐步建立起资产阶级的民主政治。"而日本的资产阶级和资本主义是在"官僚政治的监护下"成长起来的。与英国的资本主义在自由贸易期间快速增长不同，日本的资本主义发展是"扭曲的"，"这个国家的政治发展也是反常的。……因为它发生在中世纪官僚政治的庇护之下"。山川均还指出，与欧洲的资产阶级相比，日本的资产阶级"没有经过革命时期。封建贵族政治在日本的延续，与其说是资产阶级的民主政治，而毋宁说是官僚主义军国主义的政治"。而日本资产阶级也从没有"为了掌握国家权力而直接攻击官僚政治"。当日本资产阶级巩固了政治权力时。这样做并没有任何明确的资产阶级意识："他们的行动几乎不具备有意识的目标，而是处于一种心不在焉的状态之中。"事实上，政友会"成为资产阶级政党的代表……因为它加入了官僚政治，并被官僚政治所认同"。鉴于这些情况和日本资本主义在世界资本主义发展的帝国主义阶段业已出现的事实，山川均得出结论："日本在详尽阐述资本主义民主方面没有回旋的余地，即便有也很少。我们国家的资产阶级民主时代，如果它最终会出现的话，那也将是极

707

---

[1]　关于《纲领草案》文本的全部翻译，参见 Beckmann and Okubo, *The Japanese Communist Party*, pp. 279-282; Inumaru, *Nihon no marukusushugisono*, vol. 2, p. 45。

为短暂的。"[1]

根据他对日本历史的分析，山川均认为无产阶级运动必须同时完成以下两项任务：一是废除社会上的封建制度，二是完成日本政治体制的民主化。但是，考虑到日本的快速发展，无产阶级和资产阶级一样，不会有足够的时间把自己塑造成一个独特而自觉的阶级。因此，无产阶级面临着"被资产阶级和其他小资产阶级的政治运动所吸引"的危险。正因为如此，山川均相信无产阶级有必要（并且应该立即这样做）在"团结最大部分工人群众的运动中"起到带头作用，也有必要在一个尽可能脱离资产阶级影响的自治组织中扮演领导角色。[2]

708　　相比之下，福本和夫并没有忽视历史条件，但他以一种抽象的全球观念，看到了历史的变迁。追随着列宁和卢森堡的教导，他也坚持认为当代资本主义已经处于最后的、垂死的帝国主义阶段。资本主义的崩溃即将来临。像欧洲一样，日本也面临着革命，而日本的无产阶级需要一个列宁主义先锋队的引导来完成日本的革命。[3]

归根到底，成为胜利者的既不是山川均，也不是福本和夫，既不是日本共产党，也不是山川均所谓的工人和农民的"战线统一"。所有这些都成了政府镇压的受害者。福本和夫与山川均也都面临着来自共产国际和许多左派同事的攻击。在1927年，日本共产党给福本和夫安上了托洛茨基主义（Trotskyism）及其他一些罪名，把他开除出了中央委员会。共产国际也指责福本和夫对"通过分离达成结合"的主张是错误的，"这将导致党脱离无产阶级的群众组织"。对于山川均来说，他的政治对手们指控他鼓励无产阶级处于"被动"地位。他们认为山川均通过忽略先锋队的作用，使得无产阶级的运动无力应对各种事态，从而削弱了跟随他们的工人阶级和农民群众。尽管如此，通过他们的辩论，福本和夫与山川均让所有的左派人士都意识到，对历史的概念性理解，对于分析当代事务是非常重要的。正如山川均所明确表示的，当前的战略关切可以通过对过去的正确理解来加以预测。即便什么都没有了，仅凭这一点就提高了明治维新以来历史学的水准。[4]

---

[1] *Yamakawa zenshu*, vol. 5, pp. 77-82; Koyama, "Nihon marukusushugi no keisei," pp. 81-87; Koyama and Sugimori, "Ronoha marukusushugi," pp. 282-284.

[2] Koyama, "Nihon marukusushugi no keisei"; Koyama and Sugimori, "Ronoha marukusushugi," pp. 281-282.

[3] Koyama, "Nihon marukusushugi no keisei," pp. 114-116.

[4] Koyama, "Nihon marukusushugi no keisei," pp. 99-100, 134; Takeuchi Yoshitomo and Suzuki Tadashi, *"Shinkd kagaku no ham no mow ni to Yuibutsuron kenkyu," Shiso* 465 (March 1963): 108-110.

意识形态的辩证法：日本马克思主义的悖论

在列宁主义与非列宁主义，或共产主义的马克思主义者与非共产主义的马克思主义者之间，并没有简单的二分法能够用来判断 20 世纪 20 年代到 30 年代初期的日本马克思主义意识形态的复杂性。可以肯定的是，对于像日本共产党这样的组织来说，列宁主义的理论和共产国际的命题通常设定了讨论政治实践是否正确时所使用的话语。但是，在整个这一时期，对于马克思、考茨基、罗莎·卢森堡和其他作者著作的大量翻译和评论，使得日本跟上了欧洲非列宁主义的马克思主义发展的脚步。（例如，考茨基的《卡尔·马克思的经济学说》一书的日译本，作为《资本论》第一卷的一种注释，同马克思的著作一样，成为最为畅销的书。）像福本和夫、三木清和羽仁五郎这样去德国魏玛共和国留学的激进学生们，还带回了阿尔文·古德纳（Alvin Gouldner）所说的"批判的马克思主义"——一种受到新黑格尔主义（neo-Hegelian）、新康德主义（neo-Kantian）和海德格尔思想（Heideggerian）浸润的马克思主义。在 1917 年，日本的社会主义者可能还没有听说过列宁，但十年之后，日本的马克思主义者就已经很好地了解了西欧和苏联两种马克思主义思想的主流。[1]

奇怪的是，即使政府在 20 世纪 20 年代末期和 30 年代初期加强了对共产党的镇压，共产主义运动的倒戈者不断增加，但马克思主义在日本还是获得了知识上的力量和影响。马克思主义作为一种原理所达到的知识上的意义，可以部分地解释为，马克思主义以它整体性的辩证唯物史观理论解释了人类的社会、经济和政治行为。用福本和夫的话来说："所有事物都必须被理解为运动的形式，任何事物作为整体的一部分都处于矛盾发展之中，也就是说，必须被辩证地把握。"列宁主义关于理论纯洁的重要性和理性知识分子的支配作用的思想，也吸引了日本官员们的传统偏好，就像 20 世纪 20 年代西方马克思主义更为普遍的趋向一样：认为理论优先于实践，强调认知的清晰性和觉悟。尽管许多像福本和夫、三木清

709

---

[1] Kishimoto and Koyama, *Nihon no hikyosanto*, p. 79. 讨论这些问题的最好成果，参见 Iwasaki, *Nihon marukumshugi tetsugakushi*, chap. 1; Alvin Gouldner, *The Two Marxisms* (New York: Oxford University Press, 1980)。关于西方马克思主义发展的比较，参见 Martin Jay, *The Dialectical Imagination* (Boston: Little, Brown, 1973), esp. pp. 76-80, 121-124, 272. 最近的一项关于日本马克思主义者辩证的研究，参见 Germaine A. Hoston, *Marxism and the Crisis of Development in Prewar Japan* (Princeton, N.J.: Princeton University Press, 1986)。

和羽仁五郎这样的学者型马克思主义者后来由于他们在理论上的抽象表达和过度强调而遭到谴责，尽管此后一直有人说这是困扰着日本马克思主义的一个错误，但也许正是这些品质，才使他们的著作得到了如此广泛的阅读。[1]

但是，日本马克思主义之所以吸引了众多知识分子的注意，还因为其所具有的明显包容性，它的主要思想家将当今西方的思想整合进他们的理论之中。关于这一点，我们只能提供一些值得注意的案例。例如，福本和夫被日本共产党开除，不仅是因为他坚持理论优先于实践，而且因为他强调马克思主义中的人文元素，并断言在革命实践中意识的转变是优先需要考虑的事。福本和夫的这些思想，分别借鉴于卡尔·柯尔斯（Karl Korsch），一个新黑格尔主义的马克思主义者，和格奥尔格·卢卡奇（Georg Lukacs），他曾把韦伯的（Weberian）思想引入马克思主义。在日本是否处于革命边缘的争论中，福本和夫处在一种与共产国际和日本共产党意见完全不一致的地位，他就像第一次世界大战前的罗莎·卢森堡一样，那时罗莎·卢森堡曾就世界历史是否处于帝国主义阶段，危机是否在整个资本主义世界中普遍存在等问题，与列宁展开过争论。[2]

对一些日本的马克思主义者来说，马克思思想的人文主义一面是非常具有吸引力的。马克思的"商品拜物教"概念——通常被马克思主义者解释为资本主义的经济形式如何隐藏在基本社会关系中的最简单和最普遍的例子，而河上肇发现的证据表明，马克思一直在关注的不是物质的东西而是人类的关系。1927 年后，河上肇的大部分作品都通过对马克思经典著作的研究，探讨了这种人文主义的关系，在新康德主义的马克思主义中发现了将辩证唯物主义和人文主义整合起来的途径。就在这时，年轻的三木清也将他从海德格尔存在主义借鉴来的部分知识融入他的马克思主义理论之中。在他分析生产力和生产关系之间辩证关系的时候，三木清引进了"存在主义"的主要标志，用高度非马克思主义的语言来说，就是"在生命的过程中，人类致力于以某种方式将他的精华释放出来"[3]。

福本和夫、河上肇、三木清，以及他们的许多同伴把一种信念注入了马克思

---

[1] Takeuchi and Suzuki, *"Shinko kagaku";* Iwasaki, *Nihon marukusushugi tetsugakushi*, pp. 39- 41; Matsuzawa, *Nihon*, pp. 199-200.

[2] Yamanouchi Yasushi, "Iwayuru shakai ishiki keitai ni tsuite," *Shiso* 568, 569 (October 1971, November 1971): 23-37; 87-100.

[3] Iwasaki, *Nihon marukusushugi tesugakushi*, pp. 102-108, 116-120, 128-132, 178-179; Yamanouchi, "Iwayuru shakai"; Ouchi Hyoe, ed., *Miki Kiyoshi zenshu*, vol. 3 (Tokyo: Iwanami shoten, 1966-1968), pp. 8-9.

主义，那就是在进行革命实践中人类行动者的意义所在和人类自我意识的重要作用。知识分子们在马克思主义中所发现的革命和社会实践的理论，为当时流行的"自我修养"（kyōyōshugi）学术哲学的反历史性和被动性提供了一个积极的哲学选择。自我修养鼓励个人在个性的世界里放纵自己，与此不同，马克思主义则提供了一种行动的哲学。[1] 而且，马克思主义把行动的哲学与一种人类社会发展的普遍的、世界性的概念联系起来，无论在日本还是在其他地方都是如此。

---

[1] Iwasaki, *Nihon marukusushugi tetsugakushi*, pp. 178-179; Takeuchi and Suzuki, *"Shinko kagaku,"* pp. 110-111.

第十四章 20世纪日本对西方的反抗：政治和文化的批判

芝加哥大学历史系　特索·纳吉塔

芝加哥大学历史系　H. D. 哈鲁图涅

引言

711　　　纵观日本的近现代史，西方社会对日本文化和行为理论的形成起了很大的作用。在某种程度上，一种整体的西方形象取代了此前作为"他者"的中国形象。在20世纪，特别是在第一次世界大战以后，日本对西方的构想肯定了一种针对"他者"的好斗的理论，并明确有力地表达了出来，因为"他者"通常被想象成一个对日本国家独立和文化自主的共同威胁。"他者"的建构要求把它描述为本土文化的一种镜像。正是这种对"他者"的描述，为日本人阐明了他们自己文化的本质。与20世纪相比，这种颠倒的图像在德川时代也同样真实，当时一个理想化了的中国曾经构成了"他者"的形象，如今则是一个整体的西方形象充当了"他者"。如果"他者"界定了日本文化中的特殊性所在，那么，它也提供了一种相对于日本文化特殊性的卓越典范，而这种卓越性是能够得到测量的。就像德川时代的作者们把注意力集中在先贤的世界，把这些先贤转化为一种非历史的抽象物，其价值仅以纯粹形式存在于日本一样，20世纪的思想家们同样想象日本注定会达到一种新的没有一个西方国家所曾达到的成就水平。通过这种双重的形象，他们发展出一种行为理论，目的在于维护一个纯净的、固有的文化本体，使其免受可能会扰乱其微妙平衡的外来因素之害。正是由于日本人看到了保护他们文化不受污染的紧迫性，因此，为了保护其精华免受外部污染的威胁，许多人认为采取激进的政治和文化行为方式是合理的。

　　　在20世纪20年代的日本民族主义的团体中，尽管对西方影响的蔓延采取了孤注一掷，甚至是暴力的反抗手段，并且将这种反抗在 20 世纪 30 年代中期推向了高潮，但对于保持日本文化纯洁性的担忧，反而促使其他一些人尝试使用比较温和的方式来阻止日本与西方过于紧密的同化。这些努力背后的推动力量可以追溯到 20 世纪 20 年代的世界主义，及其认为日本已经为全球文明发出了自己独特声音的普遍信念。这种全球文明是通过广义的人性概念而得以统一的。然而，在 20 世纪 20 年代晚期和 30 年代早期的政治环境下，强调日本对世界文明的特殊贡献很容易狭窄化为对日本独特地位的排他性关注。许多日本人相信，通过认识到东方和西方的精华，日本已经达成了一种新的世界性文化。这种业已完成的文化综合是前所未有的，对这一伟业的认同确认了随之而来的信念：日本是唯一有资格在亚洲发挥领导作用的国家，虽然作家们使用的大部分修辞都是指这个国家有资格领导整个世界。值得注意的是，早些时候的世界主义推广的是以共同的人性原则为基础的文化多样性和平等性的理想，这同时也就限制了对于例外论的过度主张，与之不同，20 世纪 30 年代的新文化主义则提出，日本是上天委派来领导世界达到更高层次的文化融合的国家，新的文化融合甚至将超越西方现代主义本身。

在本土文化承受变革的能力和要求变革的新知识主张之间的暧昧不清，是理解 1868 年明治维新的窍要所在。一方面，在"王政复古"诏书的开头，明治维新的领导者们就宣布，新政的目标是回归"古圣的事迹与神武天皇的国基"。这意味着要使日本回到一种被佛教和中华文明侵蚀之前的原初时代，回到纯粹的本土经验的实践。然而，与此同时，明治新政府又在《五条誓文》中表明了它的决心："求知于世界"，"破旧来之陋习"和"立基于天地之公道"。前者的意图导致产生了一种文化例外论的信念，甚至是假定了日本相对于外国人的优越性。它还强调了在区分和疏离了所有外国文化的影响之前所有日本人的基本相似性，并要求在相似性（日本）和差异性（"他者"）之间把注意力放在真正的分离上。后者激发了日本现代国家的创建及社会的转型，这在 19 世纪 70 年代和 80 年代被经典地表达为"文明开化"（*bunmei kaika*）。因此，对原初文化的呼唤证实了所有这些建言指向什么是日本的本质，什么是日本的精神，以及什么是日本人最不可缺少的东西，即使社会已经发生了明显的和物质的变化。另一方面，对新知的追求被认为是进步的、发展的、现代性的和西方世界的。文化独特性的措辞越来越多地强调目的和本质，而对理性知识的追求则给予了手段和工具以特权。最后，冲突被表现为文化（或曰民族独特精神）与现代文明（尤其表现为功能性的政治结构）之间的斗争，以及为了克服这种极化方式所做的不顾一切的努力。正是由于日本在太平洋战争中的失败及其战后耀眼的经济复苏，提供了完成这些未竟事业的契机，并重新整理和调整这些相互对立的说法，并在不可能融而为一的日本和西方之间掩饰它们固有的矛盾。

维新派的反抗

日本人反抗西方的特殊战斗精神，来源于忠诚武士们的历史榜样，这些武士于 19 世纪 60 年代推翻了德川幕府，建立了明治国家。在这个模式中，在维新志士的行为理论中，存在着两种相互关联却又截然不同的取向。一种取向是强调通过消除国家的无能领导人和无效率机构来解决国内政治问题的必要性。人们相信，除非国内问题能够首先得到解决，否则国家就会对西方国家的敌对野心毫无防备能力。另一种取向是关注外交问题并试图通过正面的军事战略来解决它。北一辉的理论以及他们在 1936 年 2 月 26 日最终卷入年轻激进军官的兵变，可以作为说明第一种取向的例证，而经过解决外交问题的十年努力之后，于 1941 年发动的密谋已久的偷袭珍珠港事件，则可以作为第二种取向的代表。

从 20 世纪 20 年代开始，随着首相原敬于 1921 年在东京车站被暗杀，从那时以后，单一的恐怖行为一直在日本持续不断，激进的复辟主义者避开公开辩论，也不愿遵守本来可以作为解决国内政治问题一种方式的调解和斡旋，反而采取直接而暴力行动的策略，以之冲击甚至动摇国内政治和工业领袖们的信心。与 16 世纪 "下克上"（gekokujō）的历史进行类比，激进分子们提醒他们的同时代人，忠诚的概念并不总是意味着服从上级的命令，这也可能意味着对那些尸位素餐、麻木不仁的领导人的正义反叛。事实上，忠诚的思想是把双刃剑，一方面它可能砍去宪政领袖的头颅，另一方面，为了达到把西方人士驱逐出日本和亚洲的目标，它也可能清除掉所有横亘在前的障碍。

尽管很难使日本的所有方面都处于反抗某种单一的教义或单一的行为模式——因为其波及面十分复杂，并扩展于文化的各个不同方面——仍然存在着一些为大多数团体和思想家所共享的一般特征。西方的法律理性和理性文化规范的构想，通常用进步、理性主义、现代化，或者就简单地称之为西方化等等词语来

714

加以表达，所有这些词都受到过仔细的审查，并都经过了修改，但更多的时候，它们仍被视为旨在扩展西方利益的权力结构扩张而遭到拒绝。此外，这些西方观念被看作为是在以一些对独特的历史遗产有害的方式操纵着本土文化的价值，尤其表现在一种优雅传承的审美冲动上，从而与通过民间集体记忆所激活的社群主义的经验背道而驰。通常，这些审美的和社群主义的价值通过某种意义模糊却具有挑衅味道的短语而得以揭示，从而把人们的注意力引导到"国体"这样的概念上。这是一个使人们的脑海里想象出神秘的精神和肉体结合的概念，它唤醒了一个独特的过去，同时也为一个独特的未来创造潜能。"国体"这一概念用一个单词就涵盖了整个意识形态范围的全部优点，那就是它定义了什么意味着日本人，而不是"他者"。

日本的反抗也倾向于把日本问题的解决方案与作为世界一个部分的亚洲复兴联系起来，以强调亚洲人民在奋力消除西方殖民主义斗争中的共同性。在这里，日本人的态度与其自明治启蒙时期以来早些时候的转变如出一辙，与其在理性进步过程中全神贯注于本土文化精神，使之不受外来逻辑和科学限制的信念也颇为符合。因此，在明治维新后的工业化和社会革命过程中，日本的领导人曾经信心十足地喊出了"脱亚入欧"（*datsu-A, nyū-O*）的口号。这里的"脱亚"，主要指的是脱离中华文明的区域。但是，这种模式在20世纪发生了逆转。如今的领导人们敦促的是"入亚脱欧"（*nyū-A, datsu-Ō*）。这种措辞的转变在政治上和文化上都具有十分重大的意义。在政治上，它指的是一种日益增长的期望，那就是日本作为一个亚洲的新兴工业化国家，应当理所当然地负责这个区域的发展。但是进一步仔细琢磨，可以发现这个口号同时也意味着日本在亚洲的霸权和排除外界干扰的决心。在文化上，重返亚洲的号召预示着重新识别日本和它与亚洲大陆的渊源，回归其文明的原始范围，并维护日本在其中的独特地位。

这种思想早在艺术史家冈仓天心（Okakura Tenshin, 1862—1913)的著作中就做出过强烈的表达。冈仓天心在一系列著作（比如1902年的《东方的思想》[*The Ideals of the Eas*]、1903年的《茶书》[*The Book of Tea*] 等）中，寻求建立亚洲文化与西方霸权主张的等价性。冈仓天心首先制定了所有亚洲人共享的原则。他在《东方的思想》一书中写道："亚洲是一个整体，喜马拉雅山脉将其区分开来，只是为了突出两个强大的文明：一是拥有孔夫子大同思想的中华文明，一是拥有吠陀（Vedas）个人主义的印度文明。"但是，他补充道，这种地理上的区隔并没有"阻断"一种由"终极和普遍之爱"为标志的共同遗传。正是这种关爱终极性和普遍性的共同性格，使得每个地方的亚洲人都能产生出世界上的伟大宗教，并使之强调生命目的而不是方式。冈仓天心相信这是与西方的海洋文明截然不同的。他认为，尽管亚洲人具有一种共同的世界观，但日本通过其审美价值代表了这一文化共识。事实上，日本是这一伟大文化代码的关键因素，是日本证明了"亚洲文化的历史财富"，从而也"阐释了它的珍贵标本"。冈仓天心宣布，"日本是亚洲文明的博物馆"。通过这种部分取代整体的策略，他想要说的是日本人的艺术成就已经概括了"亚洲思想的历史"，用"一波连续不断的东方思想的浪潮"在民族意识上刻下"沙波纹"。一些像和辻哲郎（Watsuji Tetsuro）这样的早期作家确定了两种不同文化风格的元素，冈仓天心则提出日本在一种持久的张力中独自吸收了两种不同的思想：一是亚洲人根植于具体和个别事物之上的对于"宇宙范围"宏大愿景之爱，一是西方人"以其全部无差别知识阵列及处于竞争边缘活力的热衷武装起来"的对于科学和"组织文化"的癖好。然而，冈仓天心也确信，日本的榜样将经受住科学和工业的挑战，以维护亚洲的"精神"，并导致东西方两者更深的融合。[1]

716　　20 世纪见证了一个强有力的文化和政治涌浪对西方大国支配亚洲的日益扩展的抵制和反抗，在这当中，日本承担了领导亚洲"复兴"任务的角色。然而，在日本可以承担这一领导角色之前，它觉得很有必要以一种伟大的维新精神清理它自己的社会，从而降低自己国家对西方的政治、经济、思想和组织模式的依赖。在 20 世纪 30 年代早期，各种各样的政变和暗杀尝试通常是在自认为"维新"（ishin）和"改造"的旗帜下进行的，所有事件都共享着一种观念上的假设，即这个时代需要直接的行动才能在日本建立起一个新秩序，才能完成国家的统一并摆脱西方的侵蚀和影响。事实上，思想家们和积极分子们，诸如大川周明（Okawa Shumei）、井上日召（Inoue Nisshō）、橘孝三郎、北一辉、权藤成卿（Gondo Seikei），以及其他一些人，代表的正是一个以文化和精神的名义"驱除野蛮人"的计划，也可以称之为"攘夷论"（jōiron），就像 19 世纪 60 年代明治维新之前给这种情操所下的定义一样。

---

[1]　Kakuzo Okakura, *Ideals of the East, with Special Reference to the Art of Japan* (Rutland, Vt.: Tuttle, 1970), pp. 1–9, 206–207, 236–244.

这些行动理论的另一个维度促使产生出与现代日本国家的表现相关的形形色色的评价。人们普遍认为，现代日本国家已经被创建出来，足以应对由西方列强带来的对国家独立的威胁。但是，潜藏在这种信念之下的是对现代国家赖以形成的法律结构更深层次的恐惧。在日本，这种受困心态导致了自相矛盾的结论，即针对西方民族－国家的最好的防卫是把自己建设成为一个现代的、法治的国家。换句话说，从一开始，对西方的不信任就伴随着日本的国家建设行为，就像以下引自明治维新早期领导人之一木户孝允（Kido Takayoshi）的言论所说的那样：

> 对于日本来说，现在迫切需要足够强大的军事力量，以采取对抗西方列强的立场。如果我们国家缺乏军事力量，万国公法也就不足为信。在对付那些弱小国家的时候，强大的国家经常援引万国公法，而实际上是在计算自己的收益。因此，在我看来，万国公法仅仅是一个用于征服弱者的工具。[1]

字里行间所透露出来的面临挑战的强度，揭示了奋起革命的武士们建立明治国家的紧迫感。然而，这些明治国家的建立者们的一个主要考量是，就像他们所设想的一样，确保日本国家将会极大缩小并最终消除它与先进西方列强之间可感知的差异。这样一种使命需要连续不断地证明日本的成就与西方的造诣可以等量齐观。但是，具有讽刺意味的是，正是这种证明自身成就的需要，加剧了日本原本想要避免的冲突。尽管日本为了与西方国家建立一种新的关系而以惊人的速度进行政治和产业的变革，但是对国家长治久安所形成的真实而可感知的危险却从未消失。相反，这种不断处于紧张之中的意识导致产生了一个信念，那就是这个挑战必须得到迅速而一劳永逸的解决，因而许多人称之为"最终的战争"（*saishū sensō*）。许多人相信这样的战争将会决定性地驱逐在亚洲的西方人，将会使得亚洲人在亚洲大陆享有自由，从而也将完成日本自己的"精神"革命。与此同时，由于日本并未实现明治维新的最初设想，因此反对现代国家本身的抗议运动也开始发端，人们将社会问题的产生归咎于过度西化的转移影响，以及宪政体制的"官僚化"。

在这些反抗国内政治的倡议者中，一个群体夸大了国家宪政结构的缺陷，并

---

[1]　Masao Miyoshi, *As We Saw Them* (Berkeley and Los Angeles: University of California Press, 1979), p. 143.

寻求通过暴力对抗来改变它。另一个群体则拒绝将整体宪政结构的主导地位视为一种西方的畸变，而代之以唤醒精神的力量，为了共同的，而非分裂的目标，把所有日本人团结在一起。前一个群体的主要理论家是北一辉（1883—1937），而权藤成卿和橘孝三郎则最好地代表了所有那些梦想以社群主义的兄弟情谊取代等级制度的群体。尽管如此，在这些群体之间仍然存在着相当大的重叠。事实上，一些活动家，特别是大川周明，都是成就斐然的学者，他们作为战略家和军事政变的策划者，能够轻易地在不同的维新派系之间游走。

北一辉

北一辉的维新运动的行为理论起源于明治时代后期的民族主义和社会主义。在他发表于 1906 年的第一篇主要论著《国体论及纯正社会主义》（"Kokutairon oyobi junsei shakaishugi"）中，北一辉提出了一个在古代政治社会和社会主义之间身份认同的问题，并且把传统上私人权利的缺失与国家结构作用的减弱等同起来。对他来说，天皇象征着财产的共同所有权，从而是一种社会存在的公共形式。因此，他把"国体"的想法看作为一个供现在仿效的适当的"历史"模式，以便消除不平等和当今分歧的根源；它也有理由采取政治行动，以安置地方自治的理想。虽然北一辉保持着对古老的社区理想的忠诚，但在作为理论家和活动家的职业生涯中，他的整体思维发生了很大的改变。

1911 年，北一辉在中国参加由孙中山领导的革命运动，成为改变其视角的至关重要的转折点。在中国的革命和随之而来的建设一个可行国家的努力之后，北一辉尽管拒绝放弃他早期的社群主义信仰，但还是开始相信帝国作为一种统一的政治原则的重要性。据他的估计，中国革命之所以失败，是因为领导阶层无法建立一个有说服力的中央集权的政治秩序。他观察到，最终他们退回到依靠一种非法的君主政体，而这种政体只是加重并阻止问题得到解决。1919 年，当北一辉在上海的时候，他在一个叫作《日本国家改造法案》(Nihon kokka kaizō hōan) 的小册子里，开始起草他的全面政治重组计划。很快，这一计划就成为怀有各种各样不满的军人和平民广泛阅读的一份纲领性文件，因为它解释了当代日本的政治问题以及导致激进行动的原因。北一辉指出了许多人对 20 世纪 20 年代的政治环境感到不安，但尚未做出明确的表达。在北一辉的论文中隐含着一个观点，他把它称之为时代的危机，并提出了一项解决国内失败的计划，即以天皇的名义采取直

718

接行动并夺取权力。

潜藏在北一辉著作中的是一种国家危机的意识，这种危机由资本家和官僚机构的剥削所引起，并在社会上导致了极端的不平等和苦痛。他担心，这将削弱人民的力量和能力。他推断说，现存的宪政秩序已经导致出现多个政治党派和利益政治（这是一个为很多政治谱系的同时代人所共同得出的认识），创建新的特权阶级，并将公共领域与普通民众分离开来成为必要。因此，北一辉向自己保证，革命和动乱是现代日本国家及其资源分配方式种种邪恶的最可靠的解毒剂。虽然北一辉从未放弃自己早期社会主义的社群主义的愿景，这来自他所阅读的古代神话历史，但他以一种有系统的将会替代现存宪政结构的计划对之进行了补充。在他关于国家政体的早期文章中，北一辉没有提到工业生产的问题；他很满意把它的社群主义构想建立在一种古老农业模式的基础之上。但是，在他的后期作品中，北一辉已经意识到工业主义在现代社会主义理论中的地位。正是这种感觉促使他寻找一种新的组织模式来取代既有的宪政秩序。为了达到他的革命性目标，北一辉主张发动一场急速而决定性的政变来推翻现行的领导阶层。他相信，通过重组权力机关的结构，日本将会使自己摆脱西方的政治制度和经济实践，而这是在亚洲进行最后对抗的一个必要条件。北一辉把这一计划称为建立在"国民天皇"（*kokumin tennō*）理想基础之上的"日本改造"（*Nihon kaizō*）。

在北一辉对国家进行革命性改造的整体计划中，君主权威的原则显得尤其重要。他对天皇重要性的认识，与其说是把它视为从远古时代一直存留下来的一个机构，不如说是把它看作共同体的一个象征。他的观点很接近明治时代早期的反叛者江藤新平（Etō Shimpei）和西乡隆盛（Saigō Takamori）的概念，他们都要求把他们所谓的"国民天皇"置于不受中介的官僚机构干涉的地位。北一辉认为，在日本，天皇制度已经被保存下来作为日本文化的代表，但它作为社会君主政体的潜力已经被资产阶级和宪法秩序下官僚政治的崛起而超越。正是这种社会凝聚力的原则，使得明治维新妥善解决了 19 世纪日本所面临的国内外问题，但后来的领导人违反了重建国家和社会的约定，而成为私人利益和特权的庇护所。北一辉对天皇神圣不可侵犯的想法漠不关心。当他由于在 1936 年叛乱中所扮演的角色而遭到处决时，他被命令不得呼喊"天皇万岁"的口号作为一种尊重和服从的最后行为。据报道，他对之答以早就发誓绝不随便对待自己的死亡，而拒绝了这个命令。

719

633

在《日本国家改造法案》中，北一辉第一次提出，为了把君主和人民从官僚政体所强加的约束中解放出来，应以天皇的名义，即国家共同体的名义，宣布废除明治宪法。[1] 综合他对其他地区现代革命运动历史的认识，他设想了一场真正的日本革命，就像此前发生在法国和俄国的巨变一样。他深信，这样一个事件将会在 20 世纪开创一个新的纪元。与此前的革命为了政治和经济更新的目的而摧毁君主政体不同，北一辉的革命理论依靠建立一个"国民天皇"的原则，以之作为最终实现一种社会主义秩序的一个必要条件。他注意到，在像中国和日本这样的亚洲社会里，对于任何激进的改造行动来说，维护君主权威的原则是至关重要的。如果没有它，就会像他已经在中国所见到的那样，势必导致混乱和无序。在这个观点后面潜藏着北一辉的信念，那就是"真正"的革命运动的形成，起决定作用的是特殊的地理区域，而不是历史的必要性。在这里，他毫无疑问地打破了许多同时代人都在争论的处于流行中的马克思主义革命理论。尽管北一辉声称他崇拜马克思和克鲁泡特金，称赞他们是社会主义事业发展的先驱者，但相比之下，他相信经过对亚洲现实的思考，他的革命理论证实阶级冲突的观念已经不再合适。从这个"新"的观点出发，北一辉看到了一场日本革命即将到来，这是一个清晰地标志着与过去决裂的历史性突破：在日本，新的社会主义秩序将在没有阶级斗争，但包括新科技和新产业力量的情况下得以实现。此外，日本的社会主义革命将是一系列连锁反应的第一步，其结果将会导致所有亚洲国家从西方的政治和经济支配中解放出来。作为例证，北一辉提到了中国和印度，在那里民族独立运动已经如火如荼。

北一辉的方案呼吁取消一直被明治国家所维护的特权结构。贵族制度被废除，而普遍的男子选举权将被实行。多余的土地将根据每个农户的规模和需要，在无地农户中重新分配。尽管允许保留私人财产，但北一辉建议把"工业资产"充公。因为随着这些财富被转移到新的国家，这些财富所构成的大资产阶级的力量将会被有效削弱；而通过一种新秩序的中介，普遍的贫困也会被终结。这就是北一辉的目标，即在新的国家机构中重新安排工业生产和管理。从此以后，国家共同体将会直接指导诸如钢铁、银行、海外贸易、铁路和矿山之类的主要企业。

---

[1] Kita Ikki, "Nihon kaizō hōan taikō," in *Gendai Nihon Shisō taikai*, vol 31: Chōkokka shugi, ed. Hashikawa Bunzō (Tokyo: Chikuma shobō, 1964), pp. 283–347.

而且，他设想成立专门的机构，来管理农业部门和劳工事宜。尽管他对农村的需要很是敏感，但为了使工业资源的动员和分配合理化，北一辉主要关心的还是城市的重组。特权的摧毁，社会的重构，工作条件的规范，诸如建立 8 小时工作制、男女平等就业，等等，以及众多的其他建议，构成了北一辉的国家动员的理论。

通过这个《日本国家改造法案》，北一辉揭示了他对一般大众所处困境的担心。他的救济方案来源于早期的社会主义：工人对工厂的所有权，国家对养育孩童和学校教育（提供学费、书本和膳食等）的责任，以及一项针对老年人、穷人、残疾人和孤儿的全方位的社会福利计划。其中还包括他与其他同时代的社会主义者和国际主义者所共同分享的愿景：以一种通用的语言传授给所有的年轻人，以取代像法语和英语这样通常在国际交流中使用的民族语言。因此，北一辉规定在所有学校里开展世界语的教学，作为继日本语之后的第二语言，同时完全废除使用中国的象形文字。

日本社会主义的最终目标是迫使西方撤退，并创建一个以亚洲复兴为基础的新文明。日本是唯一恰当的领导者，因为它维持了一个主权国家的最高准则——天皇——尽管经历了西方政治和社会体系的入侵，但日本经受住了现代主义的挑战，而其他亚洲国家则不像日本这样。他扬言，日本的旗帜迟早有一天将会飘扬在所有亚洲人民的脑海中。他保证，通过凡尔赛条约（the Versailles Treaty）在整个亚洲蔓延的"黑暗势力"，尤其是口是心非的美国，将会在不久的将来日本与西方的海军决战中被击败，就像古代的希腊在萨拉米斯战役（the battle of Salamis）中打败波斯一样。尽管希腊的胜利代表了西方战胜东方，但日本即将到来的成功将标志着东方再度超越西方。只有通过这样一个"最终决战"，才能使亚洲的和平与力量得到保证。

一点也不奇怪，北一辉以一段来自《妙法莲华经》的文字作为《日本国家改造法案》的结语。《妙法莲华经》（the Lotus Sutra）是佛教日莲宗的核心经典，要求人们关注圣人的决心，指导民众从激情和混沌走向光明、知识和救赎。佛教日莲宗的使命是拯救日本和所有亚洲人。在他后来的大部分生涯中，北一辉认同了12 世纪的佛教改革者日莲（Nichiren），且经常念诵《妙法莲华经》的神圣经典。北一辉从日莲对现存政治规则的敌意中，从日莲坚信自己作为一个菩萨拥有新力量把日本从蒙古入侵解救出来的信念中，找到了自己决心的源泉。毫无疑问，北一辉把自己看作一个在国家面临严峻危险时刻的当今圣人，就像日莲在他那个时代的情况一样。

权藤成卿

尽管北一辉的《日本国家改造法案》称得上是最清晰、最全面的激进改造计划，但它并不是唯一的对当时政治和工业领袖采取暴力行动的建议。北一辉的方案特别关注工业资本的问题，并提出了重新分配资本家的财富和剥夺他们政治权力的建议。然而，他的首要目的是重新组织工业场所，通常指大型工厂，以便改善城市工人的生活。在某种意义上来说，他的国家社会主义代表着一种对工业化和城市化的确认，而不是对两者的拒绝。如果说北一辉通过改造城市来寻求解决城市存在条件的方案，那么，那些更接近本土农业主义传统的人，则把工业化和城市视为乡村问题的根源而不是一种解决的方案。尽管北一辉强调了重新组成国家机构的重要性，但诸如权藤成卿（1868—1937）、井上日召（1886—1967）和橘孝三郎（1893—1974）这样的理论家们，却戏剧化地提出了独立于国家的亚洲农业共同体的理想，将其视为一个远离当代历史侵蚀的神圣避难所。而且，这一浪漫的社会观在 20 世纪 20 年代和 30 年代被许多重要的文化理论家们所分享，他们越来越认为设想中的共同体是替代当今分裂的政治和社会关系的唯一可能。他们与那些更具纲领的农业本土主义者的区别，在于他们拒绝把自己的理想转变为一种暴力行动的理论。然而，所有的平均地权论者，与北一辉一样，都强调以天皇制度作为任何共同体概念的核心，并反复地提及一种"君民共治"（*kunmin kyōchi*）的政治体制。在这里，人民被视为一种共同本质的体现，这种共同本质来源于当地的土地和守护的神社，从而在一种经过划分的空间里，把所有人都定义为在精神实体神圣保护之下的"兄弟"。平均地权论者相信，只要远离了堕落的城市和工业资本主义的场所，共同体的兄弟关系就可能作为一种可以达成的现实而继续存在，尽管这种关系在当今时代已经遭到了现代化力量的攻击。包含在这些新的腐蚀性力量中的不仅是利益政治和官僚体制，还有整个西方理性主义的华丽盛装，而这种西方理性主义被许多大声疾呼的本土平分地权论者看作是一种充满迷惑性的欺骗，与接近自然的共同体生活格格不入。在像权藤成卿和橘孝三郎这些人的著作中，理性的手段作为一种利益替代的相互作用，把人们从共同体中区隔开来，从而也是把他们自己独立了起来。

就如北一辉的分析一样，权藤成卿对当代形势的分析也很少源于不平等的感知，而是来自共同体纽带和农业工作受到侵蚀的恐惧，他认为这种纽带和工作一直是传统亚洲社会的基石。权藤成卿比较了古代的亚洲社会和西方社会，得出的结论是前者以农民的农业耕作为基础，而后者建立在牧民驯养动物的基础之上，这是一种启示了其后和辻四郎的地理类型学的观点。事实上，权藤成卿深信，农业生产的起源极其悠久，时至今日对它的回忆已经湮没在人们的社会记忆中。为了在日本人心目中唤醒这段被遗忘的农业禀赋，权藤成卿转而"阅读"自然神话和"诸神时代"的第一篇寓言，在那样的时代，日本民族第一次开垦土地种植粮食，灌溉农田栽培水稻。权藤成卿认为，这些农业活动通过约定俗成而成为人们的必需，因为诸神赐予人们生活的礼物，而人们则有义务使这片土地适合每一代人居住。

在他发表于1936年的主要著作《自治民政理》(*Jichi minsei ri*) 当中，权藤成卿召唤被认为是天照大神神圣法令的权威来支持自己的主张："五谷为人所必需，因为它们给予人们生命。"[1] 这个看似简单的短语，暗示了权藤成卿放置在文明生活建设的地基之下的自然基础；也表明了在权藤成卿看来，社会生活条件的再生，就像每一代人被神所传授的那样，乃是文明本身的产生。正是这个教训被后代的人们所遗忘，因为他们受到了现代化甜言蜜语的诱惑。而事实上，正是在这一点上，人类社会才成为可能。权藤成卿解释说，人类"自治"的假设是错误的，因为这种假设没有考虑所有人类都必须纳入的自然关系。当人们从事农业劳作之时，他们便自然地成为一系列共同体关系的一部分；相互作用使得自我变成了"无我"状态，因而个人变成了整体的一部分。而且，存在着相应的道德和法律规范，它调解着共同体的生活，防止个人自由成为绝对的事物。由于这些规范都与自然人寻求相互滋养和相互满足的需求结合在一起，因而它们不会受到强大的、人为的、官僚体制和支配一切的国家结构的困扰。自然人在一个富足和幸福的社群主义环境中的道德尊严，是权藤成卿思想的核心所在，同时也表现了真正的人类需求是什么。

如果说最基本的人类关系和相互作用揭示了互相帮助和互相救济的原则，那么，村庄就肯定代表着人们自治的自然基础。给予这些地方自治象征性授权的是本地的守护神社，从古代以来，这些神社就规定着日本人生活的神圣性质。从这

724

---

[1]　Gondo Seikei, "Jichi minsei ri," in *Gendai Nihon shiso taikei*, vol. 31, pp. 239-282, esp. p. 241.

个角度来看，权藤成卿认为天皇制度不是如很多当代人所想的那样作为宪法权威的来源，而是作为自然群落的神圣象征。在他看来，由皇室的祖先所创造的这片土地与这一神圣共同体的原则是相同的。他写道：在古代，"政治活动"指的是一种庄严的宗教仪式——"祭典"（matsurigoto），它由一名构成了一个民族共同体的祭司来执行，由此形成了神圣与世俗的统一。对于权藤成卿以及同时代的民族志学者柳田国男（Yanagida Kunio）来说，日本这块天皇的土地只是一个放大的守护神神社。

权藤成卿强调这种古老模式的亚洲维度，同时并不认为这对于日本来说是不寻常的。他争辩说，古代中国也有著名的守护神神社，且被用来标示省与省的边界。然而，它们也是五谷生产的同义词，因此也象征着共同体生活本身。这些神社把土地转化为某种神圣的东西，而农耕活动则成为宗教祈祷的一种形式。作为这种状况的一个结果，在世俗的行政职责与管理土地上的神圣果实之间没有什么区别。如果没有地方上对土地及其生产物的管理，社会也将无法生存。现代社会没有任何食物可以改变这个关系到人类社会未来延续的基本事实。

权藤成卿关于自然共同体的思考，促使他的追随者们拒绝现代日本国家成为一个人为的、由西方舶来的并脱离了农业经验现实的官僚建构。最使他感到困扰的，是一种对地方自治传统的人为的、集中的管理。新的官僚体制因此而脱离人民，且令人难以容忍；这一官僚机构甚至否定了天皇制度，因为它不再能够扮演所熟悉的作为祭司监督当地人民对神圣村庄管理的角色。权藤成卿感到担心的是，如果没有一个沉浸于农民耕种土地的地方自治系统，那这个国家的精神就将消散，它的延续性在将来也会受到危及。他把这一当代危机的原因归咎为现代国家的近视和迟钝，这些弊端集中体现于东京，这是一个他特别不喜欢的城市，因为它没有人情味，也因为它对日本农村人口的需求漠不关心。政府仅仅关心工业生产，已经脱离了日本文明神圣的农耕基础。权藤成卿祈求日本人抵制农民继续移居城市，并呼吁农民返回土地，因为这是保留真正的人类社会的唯一希望。就像埃及的金字塔一样，农村的景观已经耗尽了人类的希望，看上去就像是一片废墟，预示着日本文明的灭亡。权藤成卿深深的悲观情绪以及由此而产生的狂暴愤怒，使他主张采取直接的行动。权藤成卿拒绝法律改革，因为这既不适合日本的需要，也不可能取得成功，他设想的是由英雄行为自发激起的人民意识的觉醒，从而保存日本生活的神圣源泉。他相信，强大的官僚、工业和军队复合体这一

"邪恶"的操纵者必须受到挑战，必须被推翻，以便实现真正的"维新"目标。在这里，显而易见的是，权藤成卿在孤注一掷的情况下必须迅速行动的呼唤，吸引了那些激进分子去寻找一种解决方案，也吸引了那些不满现状者去寻求表达他们不满的渠道。

橘孝三郎

橘孝三郎的例子最好地描述了农业原教旨主义通常会引起激进而不计后果行动的倾向。橘孝三郎从第一高等学校毕业之前就决定回到他在日本农村的家乡县里，第一高等学校是一家精英教育机构，由这里毕业的学生意味着将开始在官僚机构中的享有声望的职业生涯。尽管探究橘孝三郎的动机比较困难，但他自己解释做出这个决定的证言暗示，他感到有必要强迫自己直接与农村精神上和物质上的痛苦打交道。在他的心中，精神痛苦和肉体不适之间没有真正的区别。作为一个掌握了庞杂理论的复杂的思考者，橘孝三郎承认他受惠于托尔斯泰（Tolstoi）、甘地（Gandhi）、西方社会主义的历史，以及北一辉的早期思想。他寻求把各种主题糅合为一个激进人文主义和农业原教旨主义的统一综合体。在20世纪20年代末和30年代初，橘孝三郎转向了以直接和暴力的行动来反对现存秩序的策略，鼓动赞同此道的年轻陆海军军官采取更为大胆和更加恐怖的行动，这些行动包括在所谓的"五一五"事件中刺杀首相犬养毅。橘孝三郎还被牵扯到日本主要的政治党派政友会总部被炸的事件中，东京市中心地段的三井银行被炸也与他有牵连。

橘孝三郎思想的中心主线出现在他鼓动采取行动的文章《日本爱国革新本义》（"Nihon aikoku kakushin hongi"）的开头部分，这篇文章发表于1932年，他在文中宣称："没有人能够与土地分开。没有国家和社会能与人民分开。"[1]尽管这段文字循环往复，但这通呼喊在整个日本引起共鸣，在那些由于自己的农村渊源而对无法缓解的农村苦难感到最为痛心的社团中，激发起对乡村困境的特别关心。觉察到一场全国性的危机已经迫在眉睫，多数人是采取像北一辉和权藤成卿同样的方式，而橘孝三郎许下的解决方案，是通过一种对拥有土地人民的重新认定，作为必要的精神再生的源头，从而在对国家本身的爱国主义重新排序中达

726

---

[1] Tachibana Kosaburo, "Nihon aikoku kakushin hongi," in *Gendai Nihon shiso taikei*, vol. 31, pp. 213-238, esp. p. 213.

到高潮。通过这种重新排序，他的意思是向人民提供直接的救济以"拯救他们"（救国济民）。然而，为了完成这个目标，就有必要连根拔起在日本的西方资本主义和物质主义的文明。橘孝三郎特别提到了要取消包括政党政治、利益集团和被称为"财阀"的大型工业联合体等机构。

尽管他被认为是一个浪漫的乌托邦式思想家，但橘孝三郎拒绝把他的思想仅仅作为一种脱离了现实历史条件的抽象概念的描述。他的纲领的主要目标是从虚伪和专制的统治中"解放人民"。不幸的是，大多数日本人都已经被说服依据西方的概念和事物来看待他们的世界，而且除了钱以外什么都不想。生活条件已经达到了如此令人不幸的状态，这是由于日本被卷入了全球市场，被迫出售的不仅是传统意义上的商品，还包括劳工、土地、妇女，最终是这个国家本身。没有什么能够逃避价值交换的铁律。简朴的村庄和无差别的共同体生活在货币和商品的力量下被无情地毁坏。特权阶级、政治党派和工业联合体，全部位于城市，它们有效地剥夺了日本社会存在的基本条件，并致使国家向着奴隶制度的道路沉沦。这一结论的有力证据是日本被卷入世界金融腐败网络的毁灭性程度，这一金融网络导致了大萧条。橘孝三郎观察到，当权者们没能抓住的东西是关系到亚洲和西方社会能否发展的不同历史基础。与权藤成卿一样，橘孝三郎也相信农业和农村共同体是亚洲文明的最初的开端，而城市则构成了西方历史的实质内容。

橘孝三郎还相信，西方的思维模式是完全不适用于亚洲的。马克思主义和辩证唯物主义，是以阶级斗争的基本权利来解决社会矛盾，这种理论过于僵化和死板，因而并不适用于亚洲。正如他所说，日本人并不倾向于使用这种抽象性和限制性的逻辑来"中伤现实"。西方思想的历史来源植根于古代希腊的遥远经验，其"逻各斯"概念鼓励思索和科学，使他们相信所有的事情和事件都是来自一个辩证的过程。当与亚洲的思维模式做比较的时候，两者的差异就变得显而易见。因此，在伟大的亚洲知识分子和宗教体系中，比如在佛教、印度教、儒教，甚至早期基督教（橘孝三郎认为这也是一种东方宗教）中，自我和他人、主体和客体之间的辩证区分完全没有余地。由于这个原因，人类的互惠，非我超越自我的胜利，才是亚洲文明的核心原则。对于亚洲人来说，人类征服自然的想法是一种冒犯和异端，尽管它已经被用来证明资本主义在每个地方的兴起。然而这种唯物主义人生观如今已经感染了东京和其他亚洲国家的首都。为之粉饰的证据随处可见，比如大型百货商店里、银行里、报纸里和各种各样的工厂企业里。当这些新

的城市景观与亚洲农村景象相互并列比较时，想要避免有关日本人命运的结论是
不可能的。橘孝三郎委婉地问道，那些从一开始就已经定义了日本共同体生活的
共同信念和相互信任的思想究竟会变成什么模样？除了放弃大城市的资本主义， 728
回到真正的亚洲精神之源，并保证整个民族共同体不被粉碎和分裂之外，日本别
无选择。

橘孝三郎基于东西方的不同概念对当代现实所做的评估，使他确信只有通过
直接行动，才能使日本克服西方化的有害影响。这样一种摆脱西方支配的解放，
将会同时在整个亚洲产生相似的分离行动。所有这些都应该在无须西方援助的情
况下加以完成。他相信，在日本，通过激活天皇与民众之间的历史结盟，一场
"爱国主义的革命"是可期的。这个联盟的力量将会横扫不合理的规则，就如过
去经常展示的那样，让所有人都能清楚地看到国家本质的精神之光。橘孝三郎甚
至推测，日本开始农业革命将会传播到整个世界，并将使世界摆脱个人主义和物
质主义。

橘孝三郎的策略呼吁成立一个"爱国兄弟会"。所有日本人都认同一个以国
家本质作为象征相互间兄弟关系的想法。他还认为，最终的事件只有通过"志
士"（shishi）才能达成。这些志士将会按照天皇的意愿，无怨无悔地奉献自己的
生命以拯救人民。这些兄弟会的成员将从所有的社会阶层招募，因此这将代表一
个遵循天皇意志的更为完美的整体。显然，橘孝三郎旨在造成一个革命性的剧
变，在这当中，民族的命运将再次被重新定向为建立一个农业社群主义的社会。
他没有把国家前途托付给一场群众运动，而是相反，寄托给了一个由歃血为盟的
爱国者所发起的诉诸暴力和恐怖的冒险行动。

中野正刚

维新人士反叛理论的主要鼓吹者们通常占据着日本社会的边缘位置，这既说
明了他们的怨愤之所在，也解释了他们为何要激进地呼唤人们返回农村，但是，
比较接近主流的其他那些人则卷入了与主流人士相似的思维模式，对日本和亚洲
文化成疑的地位问题表现出强烈的关心。在20世纪20年代，作为一位著名的记
者和日本主要政党之一民政党的领导人，中野正刚（Nakano Seigō）是其中一个 729
典型的例子。中野正刚试图把边缘人士和中心人士不同的关注点连接起来。他的
激情而动人的演讲为人所知，他作为一个记者开始其职业生涯，并得到了深受三

宅雪岭（Miyake Setsurei）影响的"政教社"知识分子圈子和《日本与日本人》杂志的认同。[1] 中野正刚成了这个圈子推动的文化项目的主要发言人。在他的演讲和著作中，反复强调国家的政治基础是"人民"，这是一个以社会君主制作为象征的精神理想主义个体的集合名词。在中野正刚看来，与平均地权论者所广泛持有的观点一样，天皇是人民的天皇；而不是躲藏在宪法和工业秩序之下的精英们的囚徒。因此，尽管明治维新在维持日本独立、抵制殖民主义威胁中取得了成功，但它也产生出一个违反普遍民族共同体理想的精英主义制度。毋庸讳言，新的精英阶层领导人们误入歧途，对西方的思想、礼仪和事物不加批判地盲目遵从，并已经把人民从他们真正而持久的目标上转移了开去。中野正刚相信，是时候反驳这样的欺骗了，通过重新定义诸如大盐平八郎（Ōshio Heihachiro）、西乡隆盛等英雄人物反映在"阳明心学"（Ōyomeigaku）中的精神自治的真正传统，就可以击破这样的谎言。考虑到明治维新的期望未能实现，中野正刚呼吁进行将会导致"国家改造"（kokka kaizō）的"第二次维新"，并把天皇和人民结合起来形成一种强大的平等秩序。他强调指出，这样的"国家改造"也标志着日本将领导整个亚洲被殖民主义占据国家的解放事业，去实现它们自己本土的大众精神。在中野正刚的思想中，反对国内的官僚体制与实现亚洲解放的广阔视野紧密相连，他提出了"亚洲是亚洲人的亚洲"这一在 20 世纪 30 年代被思想家们一再重复的主题，一心要为日本自己在这个大陆上冒险的帝国主义行径辩护。

大川周明

持有这种思维模式的人中还有一个更好的例子，他就是大川周明（1886—1957）。尽管大川周明不是一个像中野正刚那样的"德国褐衫党徒"，但他参与了一系列活动，这些活动把政界官场与激进的准军事组织连接了起来。除了以上这些之外，大川周明还是一个能够给日本重建和亚洲解放的愿景带来令人印象深刻的凭据和知识成就的学者。作为在东京帝国大学新近设立的东洋研究所（Tōyō kenkyūjo）接受训练的，一位从事伊斯兰教研究，并且以对《可兰经》的翻译而闻名的学者，大川周明致力于研究亚洲的主要宗教系统，以之作为一种"回归"

---

[1] 参见 Tetsuo Najita, "Nakano Seigo and the Spirit of the Meiji Restoration in Twentieth- Century Japan," in *Dilemmas of Growth in Prewar Japan*, ed. James Morley (Princeton, N.J.: Princeton University Press, 1971), pp. 375-421。

他自己本土传统资源的条件。

在发表于 1939 年的一部论述他重新认识日本精神的反思性论文《日本精神研究》（"Nihon seishin kenkyū"）中，大川周明承认经过多年的精神困惑，他才重新发现了日本人心灵的故乡（*waga tamashii no kokyō*）。[1] 意识到这种回归类似于皈依的宗教体验，大川周明承认日本精神的恢复是如何解决心理矛盾的问题，这些矛盾在他年轻的头脑中长期折磨着他。他进一步把这一回归比拟为一种攀升到陡峭山岭另一侧的漫长而危险的登顶过程。但是，大川周明所谓的"登山"是一种为克服个人的文化绝望而进行艰苦斗争的隐喻；它并不是简单指一个具体的"地方"，就像权藤成卿和橘孝三郎曾经做过的那样。因此，大川周明所发现的并不是浪漫的平均地权论者乌托邦式的村庄，而是以佛教和儒教的主要宗教和哲学体系来调节道德传统，他对此深信不疑，并且一直强调适当的道义（*dōgi*）与宗教（*shūkyō*）之间的密切关系。在武士阶级的精神中，这种道义与宗教的结合得到了最好的体现。在做出这一发现的过程中，大川周明观察到了大多数人的精神困惑和痛苦。他感到痛心的是整个社会如他所想的一样目标缺失，而他认为这是由于现存社会规则未能提供明确的方向所致。他曾经描述过日本当前的所引起的精神萎靡不振、孤独和疏远等许多图景。在他面前的现实世界既不和平，也缺乏同情心。在他出版于 1951 年的冗长回忆录《安乐之门》（*Anraku no mon*）中，大川周明回想起一种近乎致命的疾病——心理错位——已经扩散到了整个亚洲。[2]

于是，大川周明"回归"日本，就包含着对亚洲大陆"觉醒"的关心。尽管他看到了西方革命作为一个典范，对于推翻帝国主义和促进亚洲复兴的重要性，但他认为亚洲人必须通过集体运动和共同目标来解放自己。他的观点背后的紧迫性是欧洲和亚洲的关系成为一种主从关系的信念；欧洲已经夺取了亚洲的灵魂，使之丧失了它的尊严和创造精神。在发表于 1922 年的一篇叫作《革命的欧洲和再兴的亚洲》（"Kaku-mei Europpa to fukko Ajia"）的文章中，大川周明指出了亚洲被欧洲支配的后果，并在亚洲复兴中看到了解决方案。1905 年的日俄战争是亚洲独立运动觉醒的转折点。[3] 在这场战争中，日本战胜了一个西方强国，这使得亚洲摆脱西方的支配的可能性变得鲜活起来。大川周明的论证也落实在赞扬亚洲

731

[1] Ōkawa Shumei, "Nihon seishin kenkyu," in *Gendai Nihon shisd taikei*, vol. 31, pp. 137-143.

[2] Ōkawa, "Anraku no mon," in *Gendai Nihon shisō taikei*, vol. 9: Ajia shugi, ed. Takeuchi Yoshimi, pp. 254-321.

[3] Ōkawa, "Kakumei Europpa to fukko Ajia," in *Gendai Nihon shisd laikei*, vol. 9, pp. 239-253.

文化人类文明的贡献上。许多西方用来征服东方的发明——印刷术、火药等，在亚洲早有发展。大川周明还发现，所有伟大的宗教都是起源于亚洲。正是出于这些原因，亚洲人民不应该被迫接受强加于他们的低人一等的地位。他强调，在过去的那些年里，"黄种人"被称作"白种人的负担"而被认为毫无价值。尽管日俄战争已经使人们看到了第一缕希望的微光，但是为了达到解放的目标以及创造一个新的世界历史，还有很多事情需要去做。亚洲的复兴必须建立在把传统社会改造成现代国家的基础之上。而这种改造的一个重要元素是代议制政治的引进。在这里，他指出了中国革命的失败及其对西方力量的依赖；而日本的例子则给出了一个国家真正获得独立的唯一可能的保证。

大川周明相信，亚洲独立运动若要取得成功，每个国家就要把自己的社会重建成一种理想的状态，这是一个他从他的柏拉图（Plato）式理想主义中得来的想法。他认为这一理想已经被西方的经验所扭曲，特别是耶稣基督和马克思。尽管他承认一开始的时候他很崇拜这两个人，但阅读柏拉图的著作已经改变了他的想法。在他看来，柏拉图的理想国被分为三个部分：天生具有"理性"的领导者，具备"献身"精神的军人，以及为"精神"需求做准备的农民、手工业者和商人。然而，大川周明对柏拉图的解释更接近于德川时代社会秩序理想化的表现，或者说，甚至连孟子的"道德境界"也要比哲学家的理想化政体更为实在。如果人们会得到帮助，受到保护和得以滋养，那么他们就会成为追求理想过程中稳固而健康的基础。在理想的状态下，就如大川周明在政党政治中所观察到的那样，私人的利益和情感必须为了公众利益而受到抑制；任何时候，国家都必须避免腐败，避免精英们在涉及利益的问题上相互竞争。良好的愿望必须加以把握，以克服党派间竞争的短期利益。在这里，他比较了柏拉图的"理想国"和孟子的"王道论"（ōdōron），并且利用希腊哲学家的"哲学"概念，确定以传统的理想化的"学问"作为文明统治的基础。后来他把儒家传统本身与柏拉图的学说连接了起来。在日本思想史中，熊泽蕃山（Kumazawa Banzan，1619—1691）和横井小楠（Yokoi Shōnan，1809—1869）的哲学，向他透露了一种与这一理想主义传统相一致的精神。

大川周明精神上的游历跨越了整个地球，经常透露出与 20 世纪 20 年代世界主义的一种紧密联系。与他对柏拉图政治理想主义的发现一道，他的求知欲还驱使他为了那些能够超越基督教限制的人们去探索西方文明的幽深之处。大川周明认为，东方和西方都有志同道合的文化英雄存在，用他们的个人努力去克服种族和地域的界限来反映国际化的理念。因此，达·芬奇（Leonardo da Vinci）代表了基督教会所不具备的人类精神的巨大复杂性。他对但丁（Dante）、斯宾诺莎（Spinoza）和拉尔夫·瓦尔多·爱默生（Ralph Waldo Emerson）都有同样的崇拜。大川周明特别称赞爱默生，因为他发现了超越了基督教、时间和空间的个人"直观论"，并使大川周明想起了中野正刚同样赞美的德川时代的"直觉说"。但同样成为事实的是，爱默生的吸引力存在于新英格兰的"超验主义"和印度宗教之间的假定关系之中。无论如何，大川周明在西方寻找到的精神资源是那些在功能上相当于亚洲宗教信仰的东西。他在这种普遍精神中看到了可能会使亚洲人摆脱西方统治枷锁的方法，同时也找到了在"现代化和工业化"影响下日本自身心理错位的解决方案。大川周明的"世界主义"也因此与他所相信的现代生活造成人类精神的普遍不适紧密联系了起来。在这里，个人的自我觉醒与日本和亚洲的精神复兴真的是同一个东西。大川周明相信，通过"日本精神"的中介作用，将有可能把现代性从"监狱"和"医院"中释放出来，并完全实现理想国家的承诺。

733

　　大川周明的理想国家概念和它所提供的从现代异化中解救出来的方案，使他得出了结论：现存的制度阻止他完成这项任务，因为它受到了政治腐败和党派斗争的困扰。在这里，大川周明用他的精神复兴的构想作为采取行动清除腐败政治的一个呼吁；并把彻底摆脱国内生活中的种种西方存在作为将帝国主义从亚洲驱逐出去的先决条件。作为一个研修亚洲哲学的学生，大川周明曾经对现代印度的命运和强加在其头上的英国专制统治很感兴趣。英国已经耗尽了印度的灵性。因此，国内的政治清理直接关系到使亚洲重归亚洲人怀抱的更为宽广的目标。日本的资本主义公司，特别在第一次世界大战后以加速度发展起来，在日本产生出了就像西方国家所已经出现的那些情况。劳工运动、佃农抗议、新贵阶层的炫富消费，以及无情的政党政治，都与人民的精神需求背道而驰。此外，日本正在经历的社会状况，早前曾在俄国导致了社会革命，在匈牙利导致了失败的起义，并在意大利和德国导致了法西斯统治的登台。出现在人们视野中的是由各种各样行动导向的团体所构成的"改造运动"（kaizō undō），致力于精神的复兴和政治的重建。在20世纪20年代晚期的某个时候，大川周明成为他们当中的一员。

　　很明显，对于大川周明和其他人来说，改造的目标是国内政治。这个目标必须通过任何可能发挥作用的方式达到，在20世纪30年代早期，这些方式意味着暴力和恐怖。事实上，暴力是必不可少的，因为它具有"净化"的倾向。它不仅可以把西方存在从日本和亚洲驱逐出去，而且能够清除腐败的政治和污染的风气。"个人灵魂"（*watakushi no tamashii*）的洗礼，为"国家精神"（*kokka no seishin*）的实现铺平了道路。大川周明和同时代的其他一些人所主张的隐含的泛亚洲主义，为大规模战略规划的建设提供了一个意识形态的映射，以在一场最终决战中，或者就像人们越来越多表达的那样，在一场"结束战争的战争"中，把西方势力从亚洲清除出去。这就是说，经诸如大川周明这样的作者们所召唤的精神重建，与发动一场战争的计划融合为一，或者是在亚洲大陆上对抗苏联，或者是在太平洋上对抗英国和美国。然而，亚洲复兴的原因及本意，并不总是与军事对抗的外交和政治的原因相同。但是，一种精神理念和军事侵略的合而为一，经常为日本提供自我辩护的理由，声称其在亚洲的存在是天经地义的，上天注定由它带领黄色人种走向新的秩序。如果一场战争对亚洲的"精神觉醒"是必须的话，那么，在日本领导下获取的和平将会带来一个"共荣的新秩序"。例如，在1939 年，一本名为《昭和维新》（*Shōwa Restoration*）的小册子公然宣称，"以战争结束战争"是一个历史的必然和进步的媒介。[1] 在第一次世界大战之后，人们争论说，全球趋势是各个国家重新合并成为一个更大的组织。这些新的板块是苏联、欧洲、南北美洲和亚洲。但是，根据《昭和维新》的说法，需要注意的只有两个主要的地域：亚洲，代表了公平和正义；西方（欧洲和北美），代表着暴虐和专制。光明和黑暗力量之间不可避免的冲突，将会在这两个区域交叉的太平洋地区发生，这样的一场战争将会为所有亚洲国家开创一个和平与自治的千年。这也正是建立在"天皇正义"原则基础之上的日本国家自身的命运所在，它达到的不仅是日本一个国家的"维新"，而且将会延伸到整个亚洲即"东业维新"（*Tōa ishin*），就像 20 世纪 30 年代晚期所说的那样。

文化主义

尽管大川周明自己投入了直接行动的潮流，但他的想法其实与一种更为深沉、更为复杂的反对西方的思潮有着密切的联系，就像 20 世纪 30 年代一直被

---

[1] Toa remmei doshikai, "Showa ishin ron," in *Gendai Nihon shiso taikei*, vol. 31, pp. 381-412.

明确表达的那样。这种抵抗西方的思潮是日本知识界普遍认可的从"世界主义"向"文化主义"（bunkashugi）转变的产物。这一运动模式超越了激进右翼势力的一孔之见和他们对当时许多著名作家和评论家的不满，这些作家和评论家包括谷崎润一郎（Tanizaki Junichiro，1886—1965）、西田几多郎（Nishida Kitarō，1870—1945）、和辻哲郎、柳田国男（Yanagida Kunio，1875—1962）和横光利一（Yokomitsu Riichi，1898—1947）。把这些作家和思想家联系在一起的，并不是一个由激进的右翼势力所提出的计划，而是在世界文明中寻求精神和批评的资源。这种探索使得文化成了问题，也使定义它的内容成了问题，并且意味着对政治和暴力行动的一个足够的替代品。对价值的探究首先导致了对西方文化的检验，这种检验不可避免地会使探究者"返回""精神的故乡"即所谓"日本回归"（Nihon kaiki）。此后不到 10 年时间，日本的作家和知识分子为了了解传统文化而抛弃了世界文明。那些曾经最深入参与"教养主义"（kyōyōshugi）和"人格主义"（jinkakushugi）讨论，以之作为文化更新条件的人，与那些已经转向西方思想文化史来获取批评灵感的人，以及那些已经接触了 20 世纪 20 年代欧洲主要哲学运动之一新康德主义的人，经常是同一些人。这是不足为奇的，日本那些涌向新康德主义的中产阶级知识分子认为自己与作为德国早期主要支柱的资产阶级处于一种类似的关系。这是一种理想主义和人文主义系统的思想，它在对世界本来面目的感知中给予了个人意识和道德意识的作用以优先地位。然而，用以理解这个世界的范畴，决定了这个世界将会是什么样子，而就其本身而言，一个世界是根本不可能被了解的。这也是康德主义复兴所强调的前提之一，新康德主义认为直观的主客体区别是具有欺骗性的，需要采取行动加以扬弃。客观世界和主观意图不是辩证的等价物；客观世界由源于主观意识的行动所决定。因此，日本的新康德主义者承认，由于个人意识创造了世界或创造了理解世界的范畴，这样的活动将会产生价值的创造。换句话说，他们认为意识的主要作用是判断价值，因为这个世界实际上是个什么样子从来都不能被我们真正了解。通过批判意识所能确认的最高价值是真（shin）、善（zen）、美（bi），而这些价值正是在文化中得以实现的。

三木清

　　哲学家三木清（Miki Kiyoshi，1897—1945）是新康德主义的早期信徒，他在自我修养的理想上提出，文学和哲学是文化科学的本质，而物理科学和技术则属于物质文明。显然，"文明"在 20 世纪 20 年代成了一个贬义的概念，逐渐被人们用来指物质进步和人类堕落，而文化则与创造性的自我实现有关。这种对文明（bunmei）与文化（bunka）两极化分类的重要意义是一种信念，那就是不能通过资本主义和工业技术来达成个人修养。另一个同时代的三木清一类的思想家桑木严翼（Kuwaki Genyaku，1874—1946），在 20 世纪 20 年代宣称文化主义是一种力量，能够揭示具有普遍意义的人类内在价值。文化被理解为人类创造的产物，与仅仅是机械重复的自然秩序相对立。其他一些人则认为，由于文化是人类创造的，所以它必须反映内在精神。然而，就如许多作者所说的那样，把文化和内在性等同起来，是使内在的自我从政治和科技的外部世界分离开来。这样的一种分离，说服思想家和写作家们下决心追求自我修养，使他们远离外部世界的腐败而不要试图改变它。在文化创造中追求价值，标志着普遍性的意义，超越了它们所由产生的特定的历史和生存环境。强调自我创造普遍性价值的能力，让作家和知识分子们远离社会责任和政治行动的问题。在最后的分析中，他们的哲学目的是建立一个独立于现有世界结构的纯粹创造性精神的领域。尽管把对文化的冲动视为普遍价值的体现最初是通过世界主义获知的，从而使得在承认没有国界的同时又要强调日本人对普遍人类文化做出独特贡献显得有点滑稽，但是，一种特定文化遗产的积极作用也很容易转化为文化例外主义。解释学上的"视野偏见"，即对于一个观察者来说，很容易缩小到偏狭民族文化的历史经验领域。在 20 世纪 20 年代末和 30 年代初那个国内国外动荡的岁月中，这一点表现得尤其明显。

在这个世界主义的间奏曲中，日本人转向文化史及其文本的书写。这些文化史书籍用以证明日本对全球文化的独特贡献，并赞扬它的成就与西方的业绩可以等量齐观。在许多这些历史书中都有一个共同的主题，那就是前近代日本文化的集中度。在这些作品中有一些比较著名的，比如和辻哲郎的《日本精神史研究》（*Nihon seishinshi kenkyū*, 1926），汉学家内藤虎次郎（Naito Torajirō）的《日本文化史研究》（*Nihon bunkashi kenkyū*, 1924），人文主义哲学家阿部次郎的《德川时代的艺术与社会》（*Tokugawa jidai ni okeru geijutsu no kenkyū*, 1928），津田左右吉对表现在文学中的民族精神的阐述《文学中展现的我国国民思想研究》（*Bungaku ni arawaretaru waga kokumin no shisō*, 1921），以及九鬼周造的《粹的构造》（*Iki no kōzō*, 1929）。所有这些作品都把真、善、美这些价值和理想定位为日本创造性贡献的核心，并将之作为文化如何体现自我和精神内在运作的例证。事实上，这些文本中试图弄清楚的有许多并不是文化发展的历史，相反是精神的旅程。和辻哲郎的"研究"尝试把握"古往今来日本人的生存与生活，以便展示自我是如何通过一系列的文化成果而得以实现自己的"。

关于文化和价值问题的最全面的综合性哲学著作是由西田几多郎做出的。在20世纪20年代到30年代，整整一代作家、知识分子和思想家，无论是同意还是反对，都受到了西田几多郎的强有力影响。西田几多郎的关键概念之一，是他的"场所"（*basho*）理论，这一概念代表了普遍价值得以自我实现的存在空间。在他早期的著名论文《善的研究》（"Zen no kenkyū", 1911）中，西田几多郎表述了一种"纯粹宗教意识"的理论。为了使这一表述概念化，他大量吸取了佛教禅宗传统中纯粹存在的哲学。从这个角度出发，他为"场所"概念构建了一个精致的形而上学框架，作为普遍创造的地点。西田几多郎否认自己的目的是使善复兴，或是宣扬善，他声称要为"生命"寻找一个稳固的基础，这个基础能够超越物质利益、历史变迁和西方资产阶级利己主义概念的限制。他的批评者，尤其是马克思主义思想家，西田几多郎以前的学生户坂润（Tosaku Jun，1900—1945），发现西田几多郎的想法在寻求形而上学确定性的同时，混淆了"存在"的概念和对它的"解释"。但是，西田几多郎继续强调知识和解释对于历史事实的优势，而没有做出任何妥协。他把普遍否定的范畴视为"场所"的定位，这一"场所"不受历史、个体自我和西方关于犹太教－基督教的绝对定义的约束。

西田几多郎的本体论的意义是由他的学生归纳出来的，其中的许多人后来都被集体称为"京都学派"。他们中最有名的是三木清。三木清深受西田几多郎《善的研究》和他对德国唯心主义研究的影响。作为一个年轻的知识分子，三木清被12世纪的佛教人文思想所吸引，这种佛教人文思想由亲鸾（Shinran）表述出来，与之形成对比的，是西田几多郎在"善"的研究上的终身兴趣。而很有可能的是，三木清在西田几多郎对佛教和德国唯心主义的糅合中看到了他自己哲学研究计划的一个范本。先是作为京都帝国大学的一个学生，然后作为交换生在德国留学三年，三木清探索了各种思想的多元性，从最初跟随西田几多郎了解到的新康德主义，到马克思主义和存在主义。

然而，三木清逐渐为人所知的在哲学上最为鲜明的定位，是他对现实随着时

738

间的推移而产生的现象学和解释学的理解。[1] 根据他在德国的研究，其中包括对威廉·狄尔泰（Wilhelm Dilthey）的研读，三木清争辩说，如果没有对事件的现象学解释，人类将只剩下毫无意义的"行动"。三木清特别强调事件的时间和空间维度，以之作为人类意义的关键。像当时的很多欧洲人和日本人一样，三木清相信当时主要的时间和历史问题是资本主义及其文化。在他的观点中，资本主义已经造成了一种利己主义和不公平的文化，任何对意义的评估必须包含这个可能性，即超越由资本主义造成的历史局限性。三木清并不提倡一种封建主义的简单恢复，也没有暗示必须回归到一些基本精神。相反，他把这些事件视为一种世界历史的进程及其逻辑论证。然而这种逻辑论证是由时间和空间特异性的结合所产生的。在这里，他提出了一个堪与西田几多郎的"场所"概念相媲美的"空间"概念。通过这一"空间"概念，三木清指的是那些已经处于西方统治之下，以及那些受制于资本主义，及其受到与历史力量相联系的"现代主义"思想影响的亚洲区域。他认为，在亚洲所发生的事件，很可能包含着潜在的新意义，比如创建一种新秩序的可能性，这种新秩序将超越由西方资本主义所设定的历史局限。三木清尤其强调亚洲各国之间建立一种新的"合作主义"，他模糊地引用了佛教的慈悲心和互助原则，主张这种合作主义将严格按照"东洋式人道主义"（*Tōyōteki hyumanisumu*）的要求，把各种不同的社会组合在一起。他还把这种东洋式人道主义描述为代表礼俗社会和法理社会，亦即传统社会和现代社会的综合体。这种新秩序将比资本主义先进，因为这将是资本主义和亚洲社会之间辩证相遇的一个结果，因而将包含有两者的元素同时却有很大的不同。

739　　三木清还指出了解决阶级问题的重要性。他把"合作主义"作为手段，首先要达到的目标是把"阶级"暴露为一种固定的社会存在类别，然后再完全地克服它。"公共领域"应该始终覆盖建立在狭隘利益基础之上的阶级利益，并提供一个空间，在这个空间里将基于知识和技能的习得形成新的劳动分工。在他的"合作主义"观念中，根据技术至上的原则，技术专家的想法将会成为公共生活的中心，并取代在资本主义制度下发展起来的阶级界限的标准。在这里，三木清显露出一种与马克斯·韦伯（Max Weber）早期对资本主义政治影响评价的相似

---

[1]　例见 Miki Kiyoshi, "Kaishakugaku teki genshogaku no kisogainen," in *Kindai Nihon shiso taikei*, vol. 27. *Miki Kiyoshi shu*, ed. Sumiya Kazuhiko (Tokyo: Chikuma shobo, 1975)。

性，而他随后的努力则是提出一种新的治理观，这种治理观建立在专家知识至上而非利润最大化的基础之上。像马克斯·韦伯一样，三木清设想了一种非世袭的专家管理作为一个新的发展阶段，这个阶段将会放弃以阶级为基础的社会分类。他也区分了基于技术能力的合作主义与极右势力所推动的浪漫社群主义。虽然右翼的善辩者曾对资本主义、自由主义和共产主义进行过批判，但他们在竭力与现代主义和马克思主义保持距离的绝望尝试中，除了走回头路之外并没能在提供批判的基础上采取进一步的行动，并已经陷入了不合逻辑的和危险的民族主义（*minzokushugi*）陷阱。

三木清把他的解释策略转而用于解释 1937 年发生在中国的事变，这一事变引发了日本的全面侵华战争。他利用这个机会提出了日本未来走向的问题。但是他相信，这个问题只能通过把握这一决定性事变的"世界历史意义"来回答。他了解战争和文化之间的关系，并且把前者看作后者转换的一个因果条件。第一次世界大战后发生在俄国和德国的事件，给他提供了充足的证据来支持这一结论。在日本入侵中国后不久，他就看到这场战争将会对中国和日本产生深远的文化影响。他把这些结果与 1917 年后的俄国革命性变化做了一个比较。他认为，在日本也一样，战争之后日本的文化地位将会激起所有敏感而善于思考的知识分子的激烈反应。他写道，战争需要建立对流行思潮、民众行动，以及和解创造力的控制。在这种情况下，诗人可能会创作强硬外交政策的赞歌，但这绝不是真正的诗歌。然而，控制系统永远无法根除人类精神的创造力。因此他确信，这种精神在整个战争时期都会继续活跃，以便塑造将会出现在和平重建中的新文化。

因此，三木清拒绝把"中国事变"仅仅看作一场赤裸裸的侵略行为。相反，他以合作主义的新秩序和亚洲人文主义的理想为基础，把这一事件作为亚洲真正统一的起点。仿佛他能够代表"理性的狡诈"（即黑格尔哲学所谓的后知之知）本身说话，他相信这一事件的意义在于创造了一个新的空间领域，不受资本主义影响的约束，准备开始世界历史的一个新的发展时期。三木清提出，亚洲解放的兑现，将标志着一种进步，进入到一个新的、尚未被理解的、超越了备受质疑的现代主义形式的历史阶段。

正是出于这个原因，三木清呼吁日本社会和执政者了解"中国 1937 年事变"所蕴含的深层历史意义。而且，正是他对这个事件可能意义的解释，帮助说明了三木清为什么会决定加入于 1938 年成立的由当时的著名学者，如笠信太郎（Ryu

740

Shintarō）、清水几太郎（Shimizu Ikutarō）、蜡山政道（Royama Masamichi）和林房雄（Hayashi Tatsuo）等人组成的"昭和研究会"（Showa kenkyukai）。这些人都是知名学者和知识分子，像马克斯·韦伯一样，他们相信 20 世纪资本主义的基本危机——资源和权力的有效分配——需要官僚制组织机构。因此，他们认为这种官僚机构应该由不受党派利益控制的、受过专门训练的科学家来管理，这些科学家能够用正确的知识确定国家的整体利益并制定出正确的政策。正是在这个意义上，他们看到了自己在政府中可能承担的角色，并抓住机会去影响国家即将采取的行动，这一立论在 20 世纪 30 年代即已得到了公认，但直到今天它仍然是 20 世纪的一个持续遗产。特别是，昭和研究会的成员希望通过向国家提供"计划编制"这种理性的政治管理来对资本主义加以完善，使之堪与科技和工业化的经济合理性相媲美。实际上，这意味着要想办法克服国家迄今为止一直没能解决的冲突和持久的威胁。

三木清把参加这个群体看作技术专家服务于公共政策的一个例子。他一直相信，在政府管理职位上雇佣那些能够证明他们自己已经掌握了某些领域专门知识的专家非常重要。他看到了自己作为一个专家所能够扮演的角色，那就是根据合作主义的视角对国家政策施加影响，以实现一个更好的未来。然而，就在三木清和昭和研究会的其他同仁满怀希望的时候，专业人员远离制定政策和决定事件进程的情况发生了进一步的恶化：专家知识分子在实际决策过程中仍然很少参与或根本不参与，而他们所提出的思想，比如三木清的亚洲合作概念，最终被战争动员机构用来作为"国家总动员"（kokka sōdōin）的宣传工具。三木清本人在战争年代的生活也很不安全，而且最终被他早前曾想为之效力的政府所囚禁。在他死于牢狱中之前，三木清写下了他研究亲鸾的最后一部作品，似乎又回到了他作为一个年轻学生开始他的知识冒险过程的时候，又回到了最初吸引他向西田几多郎求教的时候。

文化特殊主义

如果说三木清评估了战争对文化的负面影响，但却认可了知识分子和作家们为了和平使自己做好准备的必要性，那么，京都学派的哲学家们则把这一设想颠倒为将战争当作决定民族文化的一个必要条件。这些哲学家多为西田几多郎的学生，他们组成了一个名为京都学派的群体，并与京都大学哲学系的教授们相互认同。这一群体的主要成员有高山岩男（Koyama Iwao，1905—　）、高坂正显（Kōsaka Masaaki，1900—1969）、铃木成高（Suzuki Shigetaka，1907—　）和西谷启治（Nishitani Keiji，1900—　）。他们的目的是使西田几多郎的较为正式的概念更为实在具体，使之能够指导国家的政策和行动。在 20 世纪 30 年代，这些学者们写了一系列的书籍和文章，主要阐述西田几多郎对当前政治局势的观点及其所含的历史意义。在 1941 年的一次题为"世界史的立场与日本"（Sekaishiteki tachiba to Nihon）的研讨会上，他们所陈述的意见得到了总结归纳，随后发表在拥有很多读者的期刊《中央公论》（Chūō kōron）上。[1] 这个群体的主要目的是构建他们所称的"世界历史的哲学"（philosophy of world history），既可以用来说明日本现在所处的位置，也可以揭示其未来行动的航向。但是，对这个"世界历史的哲学"进行更仔细的审视，就可以发现一个几乎不加掩饰的理由，以黑格尔哲学形而上学的语言来说就是，为日本的侵略和持续的帝国主义行径辩护。在战前的日本，在帮助保卫国家的问题上，与京都学派的哲学家们相比，没有哪个团体能够更加一以贯之，更加热情持久，而且，也没有人能够比他们更接近于定义日本法西斯主义哲学的轮廓。

京都学派的哲学家们详细说明了西田几多郎的本体论的"场所"（意即"世界舞台"）的概念，在这样的"场所"里，所有的人类问题和所有的社会问题都将在日本的领导作用下得以解决。历史，或曰世界舞台，由"鲜血"和"土壤"的相互作用构成，这是一个已经由德国纳粹的辩护士们所达成的结论。然而，日本是唯一获得上天委任来解决历史斗争的国家，因为在哲学上，它已经成功地综合了东方的人文主义和西方的理性主义，从而推进到了人类发展的更高阶段。这一成就要求废除西方的霸权。因此，尽管他们使用的是抽象的哲学语言，但京都学派的哲学家们还是厚颜无耻地为了维护日本帝国侵略扩张的利益发言，把日本的对外扩张说成是一场伟大的历史运动的创造性时刻，达到了人类美德的新高度。对于国家和文化而言，历史的馈赠是富有意义的。事实上，京都学派几乎不在国家和文化这两类概念之间加以区分，而是经常不加区别地使用它们。在世界上，人们已经意识到国家在战争中才能充分发挥其道德潜能。人们相信战争是一

742

---

[1]　1943 年由《中央公论》以图书的形式出版。

切的核心，由此才能达到国家的生存。国家将继续作为一个机构，去创立一个新的秩序。正如高坂正显所说，国家的自我意识将由战争所维系。"只有当民族经历战争的时候，人们才能逐渐意识到国家以及它的主观性。"于是，"场所"不是西田几多郎所设想的正式范畴，而是一个"国家用来进行道德训练的基地"。[1] 对于高坂正显来说，战争是验证国家的道德状况是否有效的试金石。仅仅通过战争就可以彰显世界历史的意义。如果为了一个正当的理由而进行战争，那么国家就会对其道德主体性进行验证。但是，如果失去了这个理由，高坂正显提醒道，那就只会是为了不道德和非文化的原因而战。与利奥波德·兰克（Leopold Ranke）遥相呼应，高坂正显提出世界历史将会进入世界审判的阶段。

京都学派的成员们公开承认他们对欧洲法西斯主义的赞赏，也对他们自己与现代性力量的抗争感到自豪。他们将此看作是更大的世界历史运动的一部分，在这一运动中他们已经确定了日本的历史命运。这一运动的目的是推翻共产主义，并建立一个新的未来秩序。作为土生土长的法西斯作家，高坂正显和高山岩男坚持国家必须对国内社会进行严格的控制；必须铲除知识界的异端邪说，无论其如何温和，如何非关政治；同时必须在行为及实施中坚持硬性的盲从。虽然人们很容易联想到三木清自己的知识曾经来源于西田几多郎，联想到他随后作为近卫文麿的"智囊团"加入京都学派，但三木清和京都学派之间是有天壤之别的。三木清在他的哲学中表述了一个新的未来，将在和平的环境中使创造性的人类精神得到解放。而京都学派则把国家美化为理想的化身，用以证明日本在反抗西方的战争中发挥领导作用的正当性。

尽管人们常说反抗西方是一个由叛乱分子、刺客或"日本式法西斯主义者"——比如某些京都学派的成员——所鼓动的激进的沙文主义运动，但是这样的描述歪曲了这个问题的本质，而这是在大多数日本文化中都能被广泛感觉到的。这里涉及的是对文化状况，以及对于日本文化形式的更为迫切问题的重新评价。即使连最狂热的反叛者和法西斯主义的崇拜者，也都同意在 20 世纪工业化的背景下重新评价日本文化本质这个知识性议题的重要性。在很大程度上，这是早期的世界主义演变成了一种受到欢迎的日本文化，这种文化不同于西方，不同于资本主义，也不同于"现代"社会。因此，尽管这样的思考并不一定需要公开

[1] 引自 Takeuchi Yoshitomo, *Showa shisd shi* (Tokyo: Minerva shobo, 1958), p. 406。

反抗西方，但它充分地了解了日本的愿景本身，那就是作为一种比西方的成就更为优越的文化替代模式。

和辻哲郎

在这个文化问题上最有影响力的理论家之一是哲学家和辻哲郎，1925到1934年间，他在东京帝国大学任教，然后直到1949年为止一直待在东京大学。作为一个年轻的学者，和辻哲郎像很多他的同时代人一样沉浸在世界主义的文化中，比如他深深迷恋于西方哲学，特别是沉溺于自我在现代社会的价值问题。他的研究生论文着重于研究尼采。即使他拒绝了试图从直接生活经验推导出整个世界意识的新康德主义的解释，但尽管如此，和辻哲郎还是关注它的"生命哲学"的概念。尼采的哲学给和辻哲郎提供了一个对资本主义文明的有力批判，而这种批判集中在不平等的社会约束与个体表达之间的矛盾上。他也受到了尼采的英雄史观和有创造力个体的思想吸引。和辻哲郎主张精神文明优越于物质文明，并因此珍视有创造力的精英而漠视普通的民众，因为民众的生命是由相对丰裕或贫困的物质因素所决定的。正是在这样的参照框架内，他反对普遍的成年男子选举权，反对劳工运动，也反对20世纪20年代后期的社会民众政党。尼采也曾对19世纪80年代的德国社会主义运动做出过同样的批评。就如和辻哲郎所引用的那样，尼采哲学的论断也谴责了理性主义、科技文化和功利主义，认为所有这些东西都是用来掩饰新出现的工业资产阶级的唯物主义和虚伪的生活方式。尼采曾经在古代希腊寻求一种真实而有创造力的契机，而这一契机被从犹太教—基督教传统中挪用过来的现代资产阶级的理性主义所玷污，以大致相同的方式，和辻哲郎同样在古代日本寻找一种可与之比较的基本创造精神的体现。和辻哲郎的探索令人联想到橘孝三郎对历史开端之处的原始乌托邦运动的探寻。但是与橘孝三郎不同，相对于橘孝三郎所强调的兄弟情谊般的公共关系来说，和辻哲郎更关心创造精神。然而，他们之间也表现出一种密切的相似性，那就是都在寻找一种不受物质冲动影响的纯粹存在。在20世纪20年代的环境中，和辻哲郎认为反抗精神将会使个人从现实的物质桎梏中解放出来。这样的解放能够通过认同本土文化真正的创造力而得以实现。和辻哲郎特别感兴趣的是展现中世纪以后佛教艺术和建筑如何代表日本的纯粹创造精神。在《古寺巡礼》（*Koji junrai*, 1919）、《日本古代文化》（*Nihon kodai bunka*, 1920）和《日本精神史研究》等一系列作品中，和辻哲郎以

744

日本创造力的纯粹表达提醒他的同时代人，这种创造力在过去时有呈现，如今则遭到了忽视。值得注意的是，在 19 世纪末 20 世纪初，这条通向纯粹审美的道路已经被艺术史家和泛亚主义者冈仓天心绘制了出来。

和辻哲郎对日本历史上创造力的寻求，让人联想起尼采恢复一些古希腊伟大遗迹的努力。他对古代和中世纪创造精神的热衷，植根于他相信自己已经发现了日本人的基本创造方式。在这里，和辻哲郎对这种传统进行了理想化，甚至相信早期的日本大和朝廷（Yamato court）就是它在历史上的体现。在那个古代文化中，社群主义的社会解决了精神与肉体、自然与个人、君主与臣民之间的矛盾。就因为古希腊文化的精神被罗马的"物质主义"所摧毁，所以和辻哲郎担忧西方文明，例如英美以自我为中心的个人主义，正在威胁要消除日本的精神遗产。和辻哲郎曾经写道，美国尤其被瘟疫般的物质主义所折磨。由于坚持不懈地追求物质上的东西，他们已经失去了灵魂、放弃了理念、忽略了艺术，回归到"鸟兽"般的生活。他指出，美国人已经用古罗马人的铁和血与"资本"作了交换。但是，它们最终的结果是同样的。利用资本，美国人把整个世界变成了奴隶以适应物质主义文明的需要。于是，在和辻哲郎身上，我们看到了早前德国政治家们所说的"文化斗争"（Kulturkampf）的必要性，因为它为以文化术语所说的"战争"提供了一些意识形态的争论。和辻哲郎的思想，由尼采哲学派生而来，合而成为一种"精神共同体"（seishinteki kyōdōtai）的想法和存在哲学（iki no tetsugaku）"人格主义"，并形成了一种对现代资产阶级文化，它的理性主义，以及催生了这种文化的资本主义文明的强大抵抗力。

正是在这样的参考框架内，和辻哲郎开始了揭示日本伦理历史根源的学术研究。在研究过程中，像大川周明一样，和辻哲郎把他对真实性领域的理解扩大到了包括所有亚洲地区。他通过使用佛教作为整合的精神力量来证明这一内含物的正当性。这种"文化斗争"还包含了亚洲精神和西方物质主义之间的较量。和辻哲郎对佛教的把握中最关键的部分是"无"（mu）的范畴，这一范畴已经由西田几多郎以宽泛的哲学术语做了明确的表达。在和辻哲郎看来，就像与现有的物质条件分离一样，从"无"到纯粹生活的转变，正是佛教范畴与普遍"自然"本身的认同。"无"与"自然"这样的字符省略，目的在于超越"自然"乃是一个用来控制或操纵人类目的的"客体"的理性主义命题，而无论它们可能会被如何定义。于是，这种"无"的道德标准便反对将自我的理性特征描述为"外在"而不是"内在"的本性。因此，和辻哲郎寻求这一亚洲观念的来源，以及它优越于西方关于人类和自然之间逻辑论证的原因所在。他相信，要做到这一点，首先必须考虑到处于自然中的人类社会，并探寻其处于基本和纯粹状态下的风俗、习惯和道德观念。和辻哲郎以两种基本而并不相同的思考方式和逻辑推理来看待这个世界。虽然前者显然属于传统的西方思维模式，而后者属于东方的思维模式，但解释这两种不同认识论的结果同样都很重要。正是这个问题促使和辻哲郎撰写了题为《风土》（*Fūdo*，1935）的著名随笔。 746

1927 年，当和辻哲郎在德国留学时，他已经在海德格尔（Heidegger）的经典作品《存在与时间》（*Sein und Zeit*，1926）上投入了大量精力，这是一部并列论述存在与历史时间维度之间关系的著作。在他自己的作品中，和辻哲郎澄清了他与海德格尔的关系：虽然"时间"对海德格尔来说极为重要，尤其是在他对主观性和存在结构的论述中表现得更为明显，但和辻哲郎想要知道的是，为什么在同一时间他没有从比较哲学的角度看到"存在"。和辻哲郎主要关注的问题，正如他在《风土》的前言中所承认的，是详细考察风俗和环境的意义以及它们与历史文化的关系。用他的话来说："人们自我理解的活动，也就是说，人们在他的个体化存在和社会化存在的双重角色中，同时也存在着历史的本质。因此，风土不会脱离历史而存在，历史也不会脱离风土而存在。"[1] 如果海德格尔看到了与自然截然不同的时间，从而继续留在他从黑格尔那里继承来的辩证法的框架内，和辻哲郎则旨在将存在主义引入自然，因此受到了户坂润说他"主观化了自然"的批评。

通过把注意力集中在"气候与空间"上，和辻哲郎得以识别两个主要气候区域——季风气候和地中海气候——的基本特征，这也解释了欧洲气候与亚洲气候的基本区别。这一理论与当时盛行的关于地理决定文化、政治关系和种族差异的地缘政治讨论颇为相似。在和辻哲郎的分析中，地中海区域的特征是温带，半干旱，基本上是田园牧歌的景色，需要相对非密集的农业劳动。谷物可以轻松地种植，而不必费力建造梯田农场以抵御恶劣的气候条件。因此，自然在这个区域被视为良性的，也是有帮助的，就像人们由女性形象的诱发所赞美的"自然母亲"。自然也是可以预见的，宛如几何学的，大体稳定的，因而也是可以计算的。它代表着秩序和"理性"的立场。换句话说，和辻哲郎写道，"在自然没有展示出暴 747

---

[1]　引自 Watsuji Tetsuro, *Climate*, translation *of Fudo* by Geoffrey Bownas (Tokyo: Hokuseido Press, 1961), p. 8。

力的地方，她以逻辑和理性的形式表现出来……在仁慈和自然的合理性之间存在着某种联系，因为在她那儿仁慈的人很容易在自然中发现秩序……因此，欧洲的自然科学显然是欧洲草地气候的产物"[1]。

然而，在季风性气候的亚洲，和辻哲郎在亚洲大陆和印度洋之间看到了一种独特的季节性关系。在夏季的几个月里，当太阳穿过赤道的时候，季风从西南方向吹来拂过大地，而到了冬天，风从相反的方向吹来。结果是，在漫长的夏季空气中的湿度和热量十分强烈，并不时被暴雨所打断。以和辻哲郎的观点来看，水分和热量的结合已经产生了一些拥有丰富植被的国家，并产生出把世界看作一个充满动物和植物生命的地方的认识论。由于自然不是死亡而是生命，死亡反而站在了人的一边。因此，人与他的世界之间不是抵抗的关系而是顺从的关系。[2] 和辻哲郎还指出，猛烈的暴雨、狂风、洪水和干旱迫使这个地区的人民放弃所有对自然之力的抵抗。在这里，他相信自己已经找到了亚洲顺从于狂暴自然的性格的源头，自然的狂暴经常在亚洲的宗教中反映出来。然而，更基本的是，自然并不是有规律和守秩序的，而是恰恰相反，是严酷的、无规律的，从而产生出了一种不以几何学的理性看待其周边空间的文化。地中海气候促使人们把自然当成一种良性和被动的对象加以支配，从而产生出一种进步的和可预测的历史时间的观点，与之相反，季风气候则产生出了一种不同种类的文化。人类生活完全被自然所吞没，因而只存在于进步的历史时间之外，因为它不是按照逻辑顺序来管理的，而是服从于自然和它永恒的存在。回顾一下黑格尔早前提出的说法是很有必要的，在他关于"自由"从季风文化向西方文化迁徙的论述中，黑格尔指出亚洲并不拥有"历史"，因此也就没有发展出一个"进步的"时间概念。在这方面，和辻哲郎可能会被认为是企图重塑黑格尔关于东西方相对优势的命题，也可能会被认为试图避免根据绝对精神从世界的一个地区向另一个地区的运动来描述世界历史。因此，对于和辻哲郎来说，西方精神已经导致了一种个人主义，这种个人主义不仅把人类与自然分离了开来，也把人类与其周边的社会环境分离了开来。虽然在亚洲自然和社区替代了个人，但是在西方，人们却在不断努力去支配自然，并声称要过一种与社会相脱离的生活。在这里，和辻哲郎用他的"相关性"

748

---

[1]　引自 Watsuji Tetsuro, *Climate*, translation *of Fudo* by Geoffrey Bownas (Tokyo: Hokuseido Press, 1961), p. 74。

[2]　引自 Watsuji Tetsuro, *Climate*, translation *of Fudo* by Geoffrey Bownas (Tokyo: Hokuseido Press, 1961), p. 19。

(*aidagara*) 思想，即呼吁人类保持与特定空间环境的独特关系，补充了海德格尔关于"人类意图"的概念。这种人类意图具有暂时性，并受到历史的制约。

和辻哲郎关于相关性理论的核心是描述日本在季风性气候的亚洲所表现出来的特征，而反过来，这也规定了它在世界上的地位。和辻哲郎认为，尽管日本面临着与印度和中国那样伟大的大陆文明相似的环境，但它也具有一些与其他亚洲国家完全不同的特征。因为它遇到的是介于寒带与温带的气候条件，其标志是突然而可预测的季节变化。简而言之，日本处于季风气候带的东端，从而产生了"双重"的气候系统。在季风与非季风、寒带与温带之间的节律变换，产生了这样一个社会，在这样的社会中，随着季节的变换，情感的活力和激情的波动与那些大陆性亚洲文化的社会有明显的不同。这一观察引导出了和辻哲郎的主要论点，那就是由于特殊的气候条件，日本已经创造了一种与众不同的文化，这种文化建立在空间"相关性"的基础之上。特别是，和辻哲郎指出了"家庭"（*ie*）的组织结构和在这个空间中的情感培养。在家庭中，家庭的一些成员已经不仅仅是个人的简单集合，而且是一群无私的人各自扮演基本角色在相濡以沫的生活中进行合作的团体。然而，在家庭中，其成员并没有完全顺从于自然这个巨大而不可预知的力量，就像在亚洲大陆上那样，而是也与自然建立起一种紧张和积极的关系。因此，和辻哲郎评论说，"日本的这种被动态度表现为一种与众不同的无私行动的形式"，这种有纪律的行动并不是为了促进自己的利益，而是为了整个共同体中其他人的福祉服务。[1] 尽管和辻哲郎承认这一群体行动已经不再像德川时代那样普遍了，但他仍然相信它把日本的行为模式与西方的个人主义行为模式区分了开来，因为西方的行为模式是由西方的历史，尤其是由欧洲的资本主义塑造的。因此，日本资本主义与西方资本主义的类似，只是在表象上和肤浅方式上的相似。日本的资本主义是建立在当地的气候以及日本文明的空间基础上的，因此也是不受西方资本主义影响的。

和辻哲郎声称，他从欧洲游学之旅"回国"之后，对日本独特性的洞察已经取得了许多真知灼见。他承认，这是他第一次意识到西方使用空间的不适当，就像舶来式样的建筑物和在日本设置有轨电车所表现的那样。例如，他把有轨电车比喻成一头在田野里横冲直撞的"野猪"，与传统的文明社会并不合拍。尽管他

749

---

[1]　引自 Watsuji Tetsuro, *Climate*, translation *of Fudo* by Geoffrey Bownas (Tokyo: Hokuseido Press, 1961), pp. 136-137。

没有竭尽所能地敦促从日本消除这些东西，但与此同时他清楚地把这些东西看作是"舶来品"。正是因为如此，和辻哲郎对已经逐渐主导了东京风景的城市扩张感到绝望，他把西方的事物看作是一个侵入既定秩序的东西。他强调日本修建房屋是为了使隐私最小化，或只是为了尽可能少的分离，而不是为了给房屋加锁或给门上闩的需要。房屋的安全性只依赖于信任的语言。尽管他担心西方建筑可能会逐渐侵蚀那些已经建造了日本式小屋的社区的价值，但他也深深感到，就像工业资本主义会长期存在一样，人们既不会放弃自己对国内建筑样式的依恋，也不会放弃空间的完整性。正是由于如此的依恋，已经在西方获得发展的真正的议会民主制度和无产阶级运动，将不会（以他的观点看来也不应该）在日本牢固扎根。虽然在日本可能有这种运动的领导者，但人民将继续局限于他们的建筑"空间"和产生它的自然历史。和辻哲郎的意思是，由于其独特的空间意识，日本不太可能吸收如此之多的"公共"观念，而这是西方的政治实践所广泛要求的。

尽管和辻哲郎并不主张对西方进行一场公开的反抗，但由于他以一种美学抗议的措辞表达了他的思想，所以十分明显，他说的很多话都容易被人认为是在提倡对西方程序性意识形态在亚洲的存在进行正面的排斥。简而言之，他对气候论述的延伸，可以被概括为对西方个人主义、物质主义和理性主义的一种控诉。他判断西方的议会民主制度和马克思主义的无产阶级运动两者都是不适合日本的，对于作为一种霸权力量强加于日本的西方文明来说，要全面抵制这也是一个主要的理由。

柳田国男

750　　　和辻哲郎关于社会和审美空间的想法与他那个时代的另外两个有影响力的主题互相连接，文化人类学的民族学（*minzokugaku*）学者柳田国男和唯美怀旧的小说家谷崎润一郎就分别是其代表。与和辻哲郎相比，柳田国男接续了他对明治国家权力扩张的深度不信任。这反映了他在地方神道教信徒家庭的成长经历，也说明了他曾跟随明治时代的著名诗人和国学家松浦周平（Matsuura Shūhei）接受学校教育，柳田国男尤其受到针对官僚体制及其意识形态——比如德川时代的儒家学说——的批判态度的影响，使他自己的思想在受欢迎的国学研究中逐渐成形。难怪柳田国男会崇敬平田笃胤（Hirata Atsutane）（卒于 1843 年），他是德川时代反官僚主义的知识分子传统的主要思想家之一，由于某种无可言说的灵感，他在开创日本民俗学的努力中起到了重要作用。柳田国男强烈预感到官僚体制将会渗透到地区和地方的乡村，他担心这会破坏植根于本土以及习惯性信仰的日本公共生活。

甚至在 1919 年柳田国男辞去他在农商务省的职位以前，他就已经对日本的民间传说和民俗习惯很感兴趣。1910 年，他出版了他编撰的第一本民间故事集，名为《远野物语》(*Tōno monogatari*)。这本故事集建立在广泛的采风，特别是在日本国西北部地区旅行采风的基础之上。在详细叙述这些故事的时候，柳田国男得以展示这些地区之间在风俗和信仰上的巨大差距。更重要的是，他能够用这些故事来支持这样的想法，那就是日本的平民不会对某种官方秩序或某个有威望的帝王留下什么印象，相反会铭记国家神道教的主张。通过这一方法，柳田国男表达了他反对政府把整个国家的神道教神社整合进一个统一官僚主义系统的政策。

通过把关注的重点放在本土社区文化的保存上，柳田国男还提出了一种与众不同的日本社会学。在这里，他拒绝了那种强调文献、强调构成过去主要经验的政治事件的历史方法。通过避免这种权威性的历史重建，柳田国男展望了对那些生活在村庄和城镇的人民文化的再认识。对于他的分析来说，至关重要的是不成文的口头传统、民间故事、当地方言、地方宗教习俗、仪式和信仰，以及季节性的节日。尽管他是一个刻苦收集有关民俗资料的收藏家，但他并不是一个单纯的冬烘先生，而是认为这些知识应该具有社会效用。这种信念源于早期对农业经济学的担忧，打算用具体的方式来提升国民的福祉。因此，民俗文化学的建设意味着它应该帮助解决农村贫困的问题和由现代科技所造成的痛苦。他相信，他的方法促进了"社会改造"(*shakai kaizō*) 事业的发展，并促使人们在没有表面装饰的情况下了解他们自己，而这将会导致人们的自我认识和自我更新。一个建立在本土文化基础上的新社会将会由此从这种文化中被创造出来，而无须依赖由中央政府所塑造的官僚体制和现代科技的工具。为了达到这些目标，柳田国男显示了一种务实的折中主义，以便民俗学的研究能够包括各种各样的材料和方法。例如，英国人类学的民族志方法虽然从没有在研究中加以运用，但也被认为适合用于组织和处理从日本经验中所获得的地方性资料。

柳田国男的计划是通过对"常民"(*jōmin*) 的认同而得到证明的。在成为社会的功能性个体之前，作为一个农民、工人，或脑力劳动者，都是所谓"常民"的第一位的和最主要的成员。这指的是，现代西方资本主义最具争议性的方面之

751

一，是其根据一种基于假定的理性劳动分工为前提的对人民群众的重新定位，而事实上这已经体现为阶级间的竞争。尽管大多数证据都发生在西方工业社会，但在日本工业扩张的背景下也已经能够观察到类似的冲突。让人们注意到持久存在的民俗和习惯，也是在讨论日本社会存在的特殊形式，对此他们已经通过一种实际上住在农村的生活方式做出了表达。柳田国男把这种与众不同的特征定义为社群主义，指的是由一个相互援助的系统所紧紧连接在一起的横向社会关系，并通过一个领地守护神社的神祇来加以确认。此外，他还自信地认为，村庄里的社群主义生活正是亚洲社会的特色，而在西方资本主义和中央官僚体制渗透面前，这种社群生活即将面临瓦解的危险。由此，柳田国男把亚洲的礼俗社会与这些现代的舶来品对立了起来。正是出于这个原因，他强烈地反对明治政府按照一种系统的官僚主义方案编组各地神社的政策。

柳田国男推动了一场保护地方民间传说和信仰的运动，以之作为一种反对明治时代后期在国家神道教的框架之内重整整个国家各地神社的手段。他认为国家的神道教只是流行宗教实践的一个不诚实和虚假的代表。他强调，在民间的神道教里，没有专业的神职人员，也没有正式的教义。它的信仰来自集体的经验，并且自古以来就已经作为一种口头传统由普通民众传播开来。此外，这些信仰集中在对共有神灵的尊重之上，而无论这些神灵被供奉在什么地方。因此，这些神灵代表了人类祖先的精神，无论男女都是一样。与国家神道教所宣扬的不同，在民间神道教中没有神灵会被看作在等级上高于其他的神灵。同样重要的是，民间神道教的共同信仰植根于对自然的崇拜，而在大自然里，植物、动物被赋予了一种可与人类相媲美的精神。最后，柳田国男重申，民间信仰的中心目的是表示对已经逝去的祖先灵魂的尊重。这种形式的崇拜通常是与农业生产的生育神祇相关联的。在所有这些中，他特别强调了民间神道教代表了一个农业社会持续存在的现实，这个社会崇拜自身，欢庆自己的集体团结，并主张人类与自然之间的和谐相处。作为对国家推动的民间神道教官僚化的一种替代，柳田国男设想了一种扩大的守护神社。简而言之，就是普通社区将比等级制状态承担更大的重要性。

柳田国男当然不是一个激进反抗西方的倡导者，尽管如此，他对普通农业社区生活方式的强调，还是表明了一种强有力的替代方案，用以取代被他视为西方舶来品的现代工业和科技状态。在这一方面，他的想法可能被认为与那些更激进的农业原教旨主义者的观点相吻合。尽管柳田国男没有参与引人注目的政治性活动，就像井上日召和橘孝三郎等农业原教旨主义者所做的那样，但他确实与他们共享了同样的思想。

谷崎润一郎

　　柳田国男对西方理性主义的抗议，建立在其本土"自然文化"的基础之上，也可以说与一种来自本土美学理论观点相类似的批评有关。在这种理论看来，"本土"是用审美空间来识别的。和辻哲郎把海德格尔的观点用在他关于其后与性格关系的文章中，其中强调了地理环境以及与之相关的生活空间的重要性，他的思想得到了一些作家的共鸣，从而唤起人们关注"地理环境"与本土"审美风格"之间的决定性关系。也许，这一观点最优雅的代表是小说家谷崎润一郎。在他1934 年的文章《阴翳礼赞》（"In'ei raisan"）中，谷崎润一郎以一种植根于本土文化的新雅措辞重新定义了空间的意义，他表示，作为一个日本人，他的选择不一定是因为它们比其他社会的审美更高明，而是因为它们是日本的东西，所以他更喜欢。[1] 走向西方工业化的趋势是不可逆转的。与此同时，他觉得正是这个原因，也必须做出"阴翳"的审美选择，以便保护日本人独特的创造性灵魂。也必须将会为了保护日本独特的创造性灵魂做出"阴翳"这个审美选择。以一种讽刺性的姿态，谷崎润一郎解释了他做出这一选择的原因：

　　　　但是我和任何人一样，都知道这些只不过是小说家的梦想，已经走到了这一步，我们已然无法回头……然而，如果我的抱怨多少涉及事物的本来面目，那么，考虑一下与西方人相比我们已经多么不幸，我们已经遭受了什么损失，是没有害处的……我们已经遇到了一个更为优越的文明而不得不向它投降，我们已经离开了一条我们已经沿行了数千年的道路。[2]

　　被谷崎润一郎称为"借来的小玩意"的西方科学技术的重要性，已经给日本

---

[1]　Junichiro Tanizaki, *In Praise of Shadows*, translation of *In'ei raisan* by Edward Seidensticker and Thomas Harper (New Haven, Conn.: Leete's Island Books, 1977), p. 42.

[2]　Junichiro Tanizaki, *In Praise of Shadows*, translation of *In'ei raisan* by Edward Seidensticker and Thomas Harper (New Haven, Conn.: Leete's Island Books, 1977), p. 8.

人带来了不便，这些东西中最坏的白炽灯泡已经侵入了阴影的世界。这种功能强大的装置已经使得日本人生活中的细微差别纤毫毕现，已经抹去了作为日本人情感核心的模糊、朦胧的纹路。

为了阐发他的论点，谷崎润一郎首先举了一个他的听众可能会觉得荒谬的例子，把日本厕所内部与明亮的西方厕所比较，然后，以这个参照物为中心，又引申出许多在视觉上和空间上都更为优雅、更为精致的例子。与和辻哲郎这样的日本建筑风格的怀想者所定义的建筑空间一道，谷崎润一郎也关注那些给食物、肤色、漆器、陶器和能剧（the No drama）等着色的阴翳。这些都是阴翳世界中的元素，面对这些元素，日本人应该自觉地"冥想"，而这些对于西方技术来说则是多余的，因为西方技术要求的是光亮的精确度而不是它的微妙处。对于谷崎润一郎来说，阴翳意味着沉默和宁静。西方人在东方所感受到的这种明显的神秘之境，被其叫作"黑暗之处的诡异寂静"。[1] 在这些地方，人们发现了创造性的"魔力"和"神秘"，而这些对于日本的文化传统来说至关重要，"日本人把地上的光亮从上面剪除，而创造了一个阴翳的世界"。[2]

对于谷崎润一郎来说，强调阴翳的世界不再是主要的和现实的存在是很重要的，因为他看到了技术的牵引力冷酷无情且无可避免。因此，对于他来说，阴翳的世界是一种美学和文化的选择，必须将其作为一个抽象的概念，在理性上清晰地表达出来。然而，谷崎润一郎竭力去表达某种不可言喻性，寻求恢复那个时候一种有形的情感认同，并改变遭到放逐的威胁。他的忧郁的沉思戏剧化地比较了日本和西方对于世界的理解。他写道，我们的思维方式，专注于"不是在事物本身之中而是在阴影的模式之中，在光亮与阴暗之中，在两件相反的事物之中寻找美"。[3]

在西方，对于光亮的无尽追求已经支配了审美的敏感性。其最明显的特征就展现在烛光中的亮度已经成功地被油灯、汽灯和电灯不断加强的亮度所取代。

虽然谷崎润一郎并未声称日本美学风格的优越性，但显而易见的是他的偏好

---

[1] Junichiro Tanizaki, *In Praise of Shadows*, translation of *In'ei raisan* by Edward Seidensticker and Thomas Harper (New Haven, Conn.: Leete's Island Books, 1977), p. 20.

[2] Junichiro Tanizaki, *In Praise of Shadows*, translation of *In'ei raisan* by Edward Seidensticker and Thomas Harper (New Haven, Conn.: Leete's Island Books, 1977), p. 33.

[3] Junichiro Tanizaki, *In Praise of Shadows*, translation of *In'ei raisan* by Edward Seidensticker and Thomas Harper (New Haven, Conn.: Leete's Island Books, 1977), p. 30.

是绝对的。他断言，与其动用激进的手段来对本土的美学风格加以保护，或许通过文学和艺术，才是使阴翳的世界得以保留下来的最为重要的东西。他总结道，"我不要求所有地方都这样做，但或许我们可以被允许至少拥有一个场所，在这里我们可以关掉电灯，看看没有它们会是什么样子"[1]。

浪漫派作家

谷崎润一郎用"电灯"和"厕所"作为隐喻压缩了的对于西方科技的反抗，得到了当时一个美学家派系的呼应，这个美学家派系被称为"日本浪漫派"(*Nihon romanha*)。这个派系的成员清一色都是作家，公认的领导者是保田與重郎（Yasuda Yojuro，1910—1981），此外还有林房雄、龟井胜一郎（Kamei Katsuichiro，1907—1966）、佐藤春夫（Sato Haruo，1892—1964）和萩原朔太郎（Hagiwara Sakutaro，1886—1942）等人。战后时代著名的小说家大宰治（Dazai Osamu，1909—1948）和三岛由纪夫（Mishima Yukio，1925—1970），在他们早期生涯的一个短时期内，也都曾与一个创刊于1935年的名叫《日本浪漫派》（*Nihon romanha*）的文学期刊有过联系。[2] 在一份由保田與重郎执笔的声明中，这些作家团结在知识分子立场上，这份声明也就逐渐被当作整个团体的"宣言"。这份宣言标志着他们与马克思主义和文学现代主义的集体决裂。林房雄对此做了最好的概括，用他的话来说就是"告别现实主义。"

虽然这个团体的知识分子把他们的批评集中在现代文明的地位上，但他们的反抗表达的是对文学现代主义的普遍谴责。就宣言的本身而言，他们明确地将自然主义和现实主义作为理性西方社会的文学形式。他们进一步呼吁关注那些详尽描述日常生活细节琐事的本土文学和流行习俗。他们宣称，日本浪漫派的目的是向文学自然主义的有害趋势"发动战争"。他们最担心的是理性社会的要求已经侵蚀了日本本土文化的艺术敏感性，正如最近由谷崎润一郎所表述的那样。自然主义已经庸俗化了"人民的声音"，使艺术家的天赋变得机械和呆板，并造成了

[1] Junichiro Tanizaki, *In Praise of Shadows*, translation of *In'ei raisan* by Edward Seidensticker and Thomas Harper (New Haven, Conn.: Leete's Island Books, 1977), p. 42.

[2] 参见 Takeuchi Yoshimi and Kawakami Tetsutaro, eds., *Kindai no chokoku* (Tokyo: Fuzambo, !979); 亦见 Takeuchi's essay, "Kindai no chokoku," in *Kindai Nihon shisoshi koza*, vol. 7: *Kindaika to dento*, ed. Kamei Katsuichiro and Takeuchi Yoshimi (Tokyo: Chikuma shobo, 1959), pp. 227-281. Hiromatsu Wataru, *Kindai no chokoku ran* (Tokyo: Asahi shuppansha, 1980)。

恋物狂的流行精神风貌。在大众市场永不停息的徐诶去面前，创造性的自我已经丧失了所有的自主权。

因此，浪漫派作家呼吁他们的同时代人回到真正的文学传统。他们宣称，是时候公开赞美从国家的古老开端以来所有时代的日本歌集了，他们把这些歌集称为"青春"（seishun）之歌。在这样的背景下，浪漫派作家勾勒出了一个计划，那就是创建一个新的文学运动，以消除西方化作品的影响。他们把这一运动标识为"本道"（hondō），谴责其同时代人中普遍存在的对于西方审美形式的从属关系，他们把这种西方审美形式贬之为粗俗的和平庸的。这再一次唤起人们对谷崎润一郎关于"阴翳"分析的记忆，他们把自己的努力描述为恢复本土的审美情趣，并建议把拒绝现存的事物当作"自觉的讽刺"。因此，他们宣称自己刊物的目的是描绘已经被西方科技所大大削弱的传统美学的状况，并为它的复兴提供一个新的论坛。

浪漫派作家所感受的失落感经常与"回归"（kaiki）的隐喻相互连接。在大川周明之类的活动家和和辻哲郎、谷崎润一郎这样的作家中，这已经成为一个明显的主旋律。对于浪漫派作家而言，主张"回归"也伴生着一种它是无法完全实现的意识。这很明显地体现在诸如龟井胜一郎等作家的作品中，他们把"回归"认定为"梦想"（yume）。对"回归"的渴望与向往，加上承认旅途的终点将永远无法达到，这对定义这些浪漫派作家的特殊性格很有帮助。关于"回归"的想法，或许可以在诗人萩原朔太郎的诗篇中找到最好的说明，这首诗题为《回归日本》（Nihon e no kaiki），作于1938年。

在这首诗里，萩原朔太郎感叹，尽管日本人没有被剥夺掉物质的东西，但是他们已经在精神上投降了。因此，他写道，"我们虽然没有失去什么东西，但我们已经耗尽了我们的所有"。[1] 他承认早期的自己也曾被西方的文化所吸引，享受着西方文化提供的物质享受，比如床、沙发、食物等等。然而，如今这些东西不再能让他满足。因此他将寻找一个带有一间小茶室的安静的家，把这个家安放在京都偏僻的地方，面前有一个穿着传统和服的日本女人在轻轻地弹奏古老的琵琶（biwa）。这首极有影响力的诗篇向浪漫派作家提供了一个连贯的隐喻，表达了他们对回归日本的模糊向往。同时，它也传达了向一种真正的自我审美，一种

---

[1] Hagiwara Sakutaro, "Nihon e no kaiki".

"整体"意识的回归，这是一种对作为自然原始表现的故土家园的依恋，也是对人类历史上与西方的时间程序截然不同的本土居民历史时间的认同。同样的主题也出现在保田與重郎《日本的桥》（*Nihon no hashi*）这样的作品中。这部发表于1936年的作品呼吁"回归"日本的经典和古老的美感。在地理上回到一个具体而熟悉的"地方"，在横光利一（Yokomitsu Riichi）的小说《旅愁》（*Ryoshu*）中也可见一斑。这部发表于1946年的小说，描写了一个前往法国巴黎留学的日本学生思量他穿越西伯利亚苔原的缓慢旅程，并逐渐意识到"回归"自己精神家园的深刻意义。最终，正是在这个时候，1938年谷崎润一郎把《源氏物语》（*Tale of Genji*）翻译成优雅的现代日语，希望以此为他的同时代人保存一些古代经典的精粹，因为这些人已经对"日本的事物"（Nihontekinamono）迷失得太久了。

　　更重要的是，这种"回归"也包含着重新识别本土时代的概念。林房雄的《告别现实主义》提到了要拒绝西方对于过去和物质进步的理性描述。正如在文学形式上人类经验的西方描述被认为不适合于日本，它所承载的历史意义的模式也一样不适合于日本。理性的描述被视为展示西方霸权的一种外观模式。与此一道，代表着历史的辩证模式也被认为会误导或不适合于理解日本历史而被丢弃。在最粗糙的意识形态伪装中，浪漫派作家声称历史并非开始于基督时代，恰恰相反，在日本的情况下，它应该根据国家的起源来衡量，从大约公元前660年开始。然而，主要的问题并不在于理性的序列从何时开始。对于浪漫派作家而言，最关键的一点是找到一个创造性的起源，或者一个真正的"时刻"，在这个时间节点上，一个整体被显示了出来，西方的计时模式对此无法解释。回归真正的美的时刻，回归日本的自然家园，也意味着避免西方的历史计划诡计。简而言之，对"整体性""自然"和"故乡"的渴望，对真实而持久的美学"精神"和本土民族文化的向往，都要求人们关注"永恒"的维度，而这也就意味着对历史主义的放弃，以及对进步历史时代本身的贬低。

　　在一个与西方不同的具有永恒性的独特文化中，回归到真正的起源和信仰同时也意味着开始追求创造一个新的未来，而这将超越目前的种种限制。在保田與重郎和浪漫派作家的冥想中，大多数评论都是含蓄的。在一部写于1937年名为《文明开化理论的终结》（"Bunmei kaika no ronri no shūen ni tsuite"）的文章中，保田與重郎抱怨现代文学表达了或者具体化了西方的知识，以至于文学运动仅仅成为对理性主义的轻率追求。在这篇文章里，他也预料到由于未能具

757

体说明实际上意味着什么已经导致了自我的堕落。然而，对于保田與重郎来说，在现代日本，才智指的是一种文明和开化的理论，而他实际上是认同新的明治官僚体制以及创立了这一体制的那些人的。在它的投机形式中，它被作为马克思主义和无产阶级文学向下层社会传播。在保田與重郎看来，无论这种现代主义的传统具有何种力量，都曾经有不少勇敢的人自觉地反对现代国家及其意识形态。在这些人中，他最喜欢的是云井龙雄（Kumoi Tatsuo，死于 1869 年）和西乡隆盛（1827—1877）。除了这些反叛者之外，保田與重郎还提到了明治时代晚期的那些日本精神的代表，比如三宅雪岭（1860—1945）和文化实在论者冈仓天心。在某种意义上，保田與重郎把浪漫派作家视为这种批判理想主义的继承者，反对理性主义的现代主义和对自我实行的暴政。保田與重郎和浪漫派作家们在提议结束文明开化理论的同时，他们也提出了超越或克服现代化的可能性，这一努力逐渐被人们称为"近代的超克"（*kindai no chōkoku*）。保田與重郎宣称，"文明开化的最后阶段是马克思主义文学和艺术的发展"。[1] 对于他来说，马克思主义也是始于明治时代初期的文明和开化运动的最后阶段。因此，他认为，日本浪漫派作家的特殊使命就是结束这一历史的最后阶段，并开创一个新的历史时期，或者如他所说，是跨越"夜间的桥梁，迈向新的黎明"。这个比喻性的短语，"夜间的桥梁"，被用来吸引许多知识分子和作家参加 1942 年 7 月在京都举行的著名辩论，主题就是克服现代性。所有参加者都相信这场辩论将标志着现代文明在日本的终结，并将揭示一个辉煌新时代的特征。[2]

关于现代性的论争

尤其热衷于参与讨论现代性问题的人，代表了两个主要的知识分子群体：文学会（*bungakuka*）和浪漫派。其中包括文学和电影评论家、诗人、小说家、作曲家、哲学家、科学家、心理学家和历史学家。其中，比较出名的人物是小林秀雄（Kobayashi Hideo）、西谷启治（Nishitani Keiji）、龟井胜一郎、林房雄、三好达治（Miyoshi Tatsuji）、河上彻太郎（Kawakami Tetsutarō），以及中村光夫

---

[1] Yasuda Yojuro, "Bunmei kaika no ronri no shuen," 引自 Takeuchi and Kawakami, *Kindai no chokoku*, p. iii。

[2] Yasuda Yojuro, "Bunmei kaika no ronri no shuen," 引自 Takeuchi and Kawakami, *Kindai no chokoku*, p. iv。

（Nakamura Mitsuo）。这场辩论发生在太平洋战争爆发不久之后，其核心目的是探讨这一事件本身所具有的更大的"世界历史"意义，因为它可能与这些知识分子试图设想的不确定的未来愿景有关。作为会议活动的组织者之一，河上彻太郎在他的结束讲话中清楚地陈述了这一整体的关切。他观察到，无论讨论成功还是失败，在太平洋战争爆发的第一年里就发生了这样一场知识界的论争，本身就是非常重要、无可争辩的事实。此外，他把这场辩论看作是"真正激励我们精神生活的日本人的鲜血"与"近代时期已经叠加在日本之上的西方知识"之间斗争的反映。因此，不可避免地，冲突肯定是殊死的、血腥的。

一位接近浪漫主义运动反现代主义气质的杰出学者竹内好（Takeuchi Yoshimi，1910—1977）分析说，这场讨论的细节可以分成以下几个广泛的主题：竹内好强调了这种共同分享的假设，那就是太平洋战争的爆发已经使辩论的参与者们相信，这场冲突既是智力上的，又是军事上的。这是一场"西方智慧"与"日本鲜血"之间的智力上的对抗。[1]这场斗争被比喻为"战争"，因为"和平"就意味着文化的屈服。用龟井胜一郎的话来说，就是"比战争更可怕的是和平……宁要一场国王的战争，不要奴隶的和平"。[2]这种"超克"的想法也是对进化和辩证历史主义的一个批判。按照竹内好的说法，这一思想中包含了对明治维新"文明开化"（bunmei kaika）运动的否定，而这种观点之前已由浪漫派作家的成员提出。争论的参与者也对人们的感觉迟钝感到失望，在他们看来，关于这场思想交锋的意义，大多数人常常诉诸背诵口号。与此相联系的是，讨论会的参加者们希望研讨会将有助于克服把文化碎片化成专门领域的问题，并通过重建一种文化整体意识来消除社会中广泛存在的疏离感。所有的参与者都沉浸在"现代日本知识分子的命运"（gendai Nihon no chiteki unmei）这一问题中，同时也在思考他们被迫生活于其中的独特悲剧。由龟井胜一郎表达的一种观点在整个研讨会期间最为雄辩，在他的眼中，"现代"是一种执拗的疾病或不适。

尽管有些人使用疾病的比喻来专指眼下爆发的"圣战"，龟井胜一郎在这里使用的措辞，却是作为一个知识分子对抗现代性的一般命题。但无论哪种情况，对实际事件的类比都很难与战争分离，因此它也说明战争的更大目的是现代完成

---

[1]　Yasuda Yojuro, "Bunmei kaika no ronri no shuen," 引自 Takeuchi and Kawakami, *Kindai no chokoku*, p. 166。

[2]　Yasuda Yojuro, "Bunmei kaika no ronri no shuen," 引自 Takeuchi and Kawakami, *Kindai no chokoku*, p. 298。

其最终的征服。现在回想起来，这一观点在争论过程中给自己披上了一件智力欺骗的外衣。经过一番努力，竹内好争辩说讨论最终仍然完全未能解决问题，并指出这是由于参与者中对于未来秩序的意义存在许多不同的观点。然而，由诸如三好达治（1902—1964）、河上彻太郎、龟井胜一郎等一些知识名人所做的情感表达，清楚地表明在"克服现代性"这一隐喻的保护伞下发生的知识融合。

对于许多人来说，他们之所以心甘情愿地放弃所有的欲望以抵制政府已经采取行动的事件进程，对"圣战"的庆祝实在是功不可没。虽然这种欲望甚至在日本入侵中国之后仍然十分强烈，但在太平洋战争爆发之后它便迅速消散。在其新的意义中，战争被解读为一场对"现代"西方及其在亚洲霸权的反抗，这是一种对马克思主义者和前马克思主义者都毫无吸引力的观点。相比之下，早些时候对中国的攻击被认为是不同的，不被看作日本帝国主义不受控制的扩张，而被视为亚洲解放事业的一部分，亚洲随后的现代化进程将不是处于西方的统治之下，而是置于日本的监护之下。

对大多数人来说，"现代"总是与理性的"科学"密切相关。因此，关于现代性讨论的大部分都集中在展示现代科学是如何在特定历史条件下，即文艺复兴及其在西欧的余波中发展起来的。在回顾和辻哲郎在他的《风土》一文中所做的思考时，讨论的参加者们把欧洲文艺复兴精神的根源一直追溯到第一次提出科学哲学的古代希腊。就像林房雄所说的那样，随后西方科学的发展与日本的经验有很大差异。他指出，在西方的神话里，人们总是处于与众神斗争的状态。但在日本，神与人并无相互争斗，因为冲突总是在诸神之间发生。对神话传说的这种引用，旨在表明西方科学从根本上就不适合于日本人的精神。龟井胜一郎甚至走得更远，他说由于日本人的精神已经与众神（*kami*）疏离，因此在克服现代性的过程中日本人必须重新融入这些神灵的精神。在这里，龟井胜一郎将神灵作为一种代表整个日本人精神的隐喻。他把达到这一神人重聚的方法定义为当代日本哲学的中心问题。最后，想要战胜西方的愿望变成了反抗的原因本身。

761

仔细检查一下，基本的文化前提似乎对一种逐步"克服"现代性的观念产生了作用。小林秀雄最清楚地认识到了它所激发和强调的问题，这显然表明了一种来源于试图克服现代性的不可避免的矛盾心理。真正的敌人是变革和进步的思想，这些思想不断地误导现代人去创造虚假的知识期盼。历史的"负担"的卸除如今已经逐步以渐进现代化的演示作为先决条件。在由各个不同年龄段的日本现代史学家所写的著作中，小林秀雄声称已经发现所有这些都不过只是对过去的回顾或记述总结，因此只是粗浅地表现了人类的生存现状。这在那些关于过去的美学形式的讨论中尤其如此。小林秀雄坚称，美并不是以一种渐进的方式向现代性"进化"。因此，它不能从现代经验的角度来理解。但对小林秀雄来说，这个在历史上特定地方、特定环境的美的主题是必须加以理解和掌握的。然而，一个人从现代的视角来理解历史，这样一种立场实际上阻止了心灵接触历史上美的结构，因为它预设了遮蔽美是为美的历史演进作为前提。简而言之，美是与历史学家的观点相隔绝的。然而，眼光敏锐的人必须让自己的视线脱离历史存在主义的维度，深入考察超越了那一瞬间的底层结构。小林秀雄以镰仓时代的宗教艺术为例来论证自己的观点。他认为，镰仓宗教艺术中含有一种深厚而持久的形式，比它的即时历史和表达它的那一时刻要存活得更为长久。小林秀雄解释道，镰仓时期的艺术品摆在我们的眼前，但它们包含着一种独立的美，拥有一种现代学术所解释不了的永恒"生命"。由于这样的艺术品包含着不受特定历史时代约束的激情和优雅，因此美确实可以说是普遍的。小林秀雄毫不迟疑地承认他的观点直指一种审美形式的普遍主义概念，而就像他的批评者所承认的那样，这种审美形式的普遍主义概念确实不同于现代派的历史主义。具有讽刺意味的是，小林秀雄关于美的思想似乎与西方的柏拉图唯心主义并无二致，那些参加辩论的人很快就指出了这一点。在这一点上，小林秀雄同意存在与永恒的差别应该加以区分，以便把握历史上的基本审美趣味。在这里，他承认了他对柏拉图唯心主义精神，以及对近来哲学家中的亨利·柏格森（Henri Bergson）的创造力概念的赞同。[1]

于是，对于小林秀雄来说，"战胜"西方在本质上意味着使用柏拉图的思想来重新界定真与美的永恒形式，这已经超出了基于渐进演化思想的现代诠释的范围。小林秀雄拒绝使用古代、中世纪、现代等诸如此类的术语，也拒绝将现代性的"克服"看作一种迈向新的辉煌时代的"进步"。相反，他认为这是"超越"西方现代主义的限制，是重新解读美的永恒与持久形式的问题。然而，与小林秀雄关于永恒之美的想法同时发生的，是指称西方文明对现代日本产生了不利影响，日本需要从那个不幸的遗产中解放出来的主流观点。虽然"克服"现代性的

---

[1] Yasuda Yojuro, "Bunmei kaika no ronri no shuen," 引自 Takeuchi and Kawakami, *Kindai no chokoku*, p. 229.

拥护者说的是一个比现在要好的模糊未来——而小林秀雄并未沉溺于这种想法，因为他仍然对这种概念化的时间模式持怀疑态度——但是，他们都同意重新确定本土文化理想的必要性，主张给予本土文化充分的空间和时间，使之可以作为一种在接下来的历史中复兴和创造灵感的源泉。

最使小林秀雄感到担忧的，是唯恐日本会变成一个西方社会的苍白复制品。他通过引用马克思的《路易·波拿巴的雾月十八日》中的语句，夸张地表示了他对这个问题的关心。由此，他把西方的现代化称为一个"悲剧"，而把现代化在日本的翻版称为一个"喜剧"。他观察到，虽然典型的喜剧演员在日本还没有占领舞台，但是他们不可避免地将会登上舞台。[1] 对他来说，关键的问题是历史处于不断变化之中的命题，但在他看来，对于产生艺术和文学的创造行动来说，历史的这种变化实际上基本上是不重要的。小林秀雄坚信美学的创造是"非历史的"和永恒的，因为它们是以形式和规则的面貌来表现的，而不是以历史的面貌来表现的，他同样相信，现代人（包括日本在内）已经丢弃了生命赋予的艺术活力。然而，小林秀雄宣称，正是这种审美活力的唤醒，才能产生动态的和平衡的"张力"，从而强化历史本身的流动，而这是不可能从线性变化的角度来理解的，因为以线性变化的观点来看，一件事物往往被解释为与它之前是不同的，是胜于前者的。出于这个原因，小林秀雄随后表达了对于"变革"和"进步"思想的深刻悲观情绪，声称对这些思想感到"厌恶"和"恶心"。在表达这些观点时，小林秀雄已经预定了一个靠近原先已被谷崎润一郎所占据的位置。

小林秀雄所希望克服的是线性时间的观念，这种观念是明治时期日本人已经从西方舶来的。参与讨论的许多同伴非常关注一般的进化时间问题，更具体地说，是明治时代初期已经俘获知识分子心灵的"文明"的意义问题。例如，在龟井胜一郎看来，明治时代日本的文明开化运动已经引入了知识专业化和区域化的西方理念。他表示，这种认识论的进口，在日本人的生活中造成了"整体"意识的丧失。因此，西方功能专业化理念进入日本所产生的一个可识别的事件，是其成为日本精神生活中一种主要的破坏性力量。那些质疑这种破坏性影响的人寻求在非墨守成规的思维方式中找到解决的方案。在这一方面，龟井胜一郎列举了一

---

[1]　Yasuda Yojuro, "Bunmei kaika no ronri no shuen," 引自 Takeuchi and Kawakami, *Kindai no chokoku*, p. 219。

个杰出的典范——基督教领袖内村鉴三（Uchimura Kanzō，1861—1930）。对龟井胜一郎来说，内村鉴三的伟大在于他拒绝遵循专业化的模式，而这种模式已经越来越支配着他周围的世界。虽然作为一个海洋生物学专家，但内村鉴三把他的工作看成一个统一知识体系的一部分，在这一知识体系中，所有的事物都被告知具有某种内在的和神圣的精神（kami），而他则因认同这一宇宙观而保留了自己作为日本人的身份。他所创立的"无教会"（mukyōkai）只是一种对宇宙统一观本体论承诺的更深刻的演绎，仅此而已。

　　然而，专业化的过程延续到了 20 世纪。造成这种令人不安趋势的原因，是与明治时代启蒙运动过程中观念同化作用相伴随的西方功利主义的吸收。在这个过程中，"真实生活的哲人"（tetsujin）饱受摧残。龟井胜一郎反现代主义愿景的核心是恢复哲学的"整体性"和"知识的统一性"，因为它与一切生命、生物和事物都有关系，这在民间神道教的智者中是显而易见的。不难看出，龟井胜一郎关注的是受过教育的文化，而不是乡间村庄和口头传统的文化，除此之外，他的思想与柳田国男的思想是颇为相似的。龟井胜一郎和他的同事们还塑造了一种文化立场，这种立场类似于一些政治活动家所提出的文化立场，那就是转而反思明治时代的历史，指责其"背叛"了明治维新的精神，其明显表现就是官僚体制和技术至上国家的构建。与北一辉和中野正刚不同，尽管龟井胜一郎在国家起源的具体问题上保持沉默，但他在明治维新运动中看到了西方功利主义和功能哲学的泛滥，而这有可能在 20 世纪摧毁建立在万物统一基础之上的知识理论，而这一理论已被认为是前近代日本文明的精神财富。以龟井胜一郎的严谨术语来说，明治时代的文明开化运动已经把"畸形的专家"引入了当代日本文化。

　　在辩论的另一个主要参与者林房雄那里，这种对明治官僚文化的批判更进了一步。林房雄是一位小说家、文化批评家，也是一位前马克思主义者，他把自己对马克思主义的信仰转变为对由浪漫派作家所主张的纯粹日本文化理想的知识忠诚。他声称，"我相信，文明与开化意味着在明治维新之后对欧洲文化的采用，将会导致日本屈服于西方"。从一种外部的角度来看，明治维新代表了东方对于西方的最后一次反抗。虽然在某种程度上它可能会被视为是一个胜利——因为印度已被征服，中国遭到肢解，只有日本在设法抵御西方的浪潮——然而在另一个层面上，为了维持对欧洲的反抗，融入西方功利主义文明也是一种迫不得已之

764

举。于是，文明开化运动就成为一种缺乏基本内容的功利主义文化。[1]林房雄认为日本人对这种功利主义文化的不满出现于 19 世纪 80 年代后期，在这段时间里，一些具有反思精神的知识分子开始呼吁回归本民族的文化基础。在这些具有先见之明的批评者中，再一次提到了基督教理想主义者内村鉴三、艺术史学家冈仓天心，以及诸如西乡隆盛和乃木希典将军（General Nogi Maresuke，1849—1912）这样的英雄人物。林房雄还认为，所有把注意力放在批判这种功利主义文化上的人，都被西方化的时代趋势击败了。他总结道："直到最近为止，欧洲文明的概念一直持续作为支配的力量，对在本土传统中发现进步的观点持怀疑的态度。"正是在这样的背景下，林房雄讨论了以东亚战争作为最后的机会，来扭转这种亚洲功利主义的潮流。那些在日本仍然坚持这种西方认识论的人，也必然会被击败，并被按照真正的本土情感加以改造。林房雄相信，由功利主义孵化出来的官僚文化和精英主义在明治时期曾经受到自由民权运动（Movement for Popular Rights）的抵制。尽管有些讨论者不同意他的观点，并不把自由民权运动看作像他所说那样的理想产物，但林房雄坚持自己的信念，认为自由民权运动是一场本土的原生运动，旨在反对官僚通过拉帮结派获取专制权力，以致力于建设一个功利主义的国家。通过这种方式，林房雄重新解释了明治维新，否认了它的革命性推动力量，反驳了这种转型的法国或美国的模式，取而代之的是强调日本人民作为一个与天皇合为一体的"无阶级"社会的出现。

与这一立场相一致，林房雄和他的同事挑出"美国精神"作为功利主义全球扩张背后的主要力量。在 20 世纪，美国已经越来越取代欧洲，逐渐成为西方世界的领袖。讨论者们特意以物质主义的输入作为例证，第一次世界大战以后，在日本的城市青年中，比如在风靡一时的自称"时髦男孩"（mobo）和"时髦女孩"（moga）的群体中，这种粗鲁的、享乐至上的物质主义盛行无忌。特别是美国的电影，传播了"快餐式"（supido）和"色情的"生活方式，引诱年轻的日本人远离他们的文化之根。这些文化侵略是在美国发展起来的大规模生产战略力量的产物。不管这些战略在某种程度上是多么令人印象深刻，它们都在根本上破坏着日本文化的美德和植根于此的社会信仰。这种有害性在市场化的大众文化中尤其明显，这反映出美国自身缺乏一种根深蒂固的文化目的意识。这些人认为，由

---

[1]　Yasuda Yojuro, "Bunmei kaika no ronri no shuen," 引自 Takeuchi and Kawakami, *Kindai no chokoku*, pp. 239-240。

于美国是一个相对年轻的国家，所以它的艺术和道德文化传统险恶而浅薄。因此，他们的产品之所以每个人都可以得到，其原因正在于它们的简单和缺乏哲学深度。但是，功利主义大规模生产的欺骗性恰恰就在这里，它破坏了社会的根基以及与之共存的文化传统。这种美国精神的危险，在于其宣扬简单物质主义"普世"文化的能力。因此，美国从一个被称为"边疆"国家的移民之地，已经在世界历史上取得了一个新的负面形象。

在对大规模生产的电影及其他美国"小玩意"的评论中，隐含的观点是20世纪初的年轻人之所以准备接受这种物质主义文化，正是由于受到了明治时代功利主义潜伏的影响。对明治时代文化和政治史的这种严厉解读，与人们对20世纪初出现的消费文化的深切担忧有着密切的联系，这种消费文化只满足于大量的占有，而不满于宁缺毋滥，不屑于克制欲望的美德。因此，美国的民主，其实质是以大量生产的琐屑商品来迎合大众，而这种情况也渗透进了日本人的生活当中。

辩论者们反复地对明治时代文明开化运动做出悲观的评价，表明了20世纪20年代和30年代思想史上的一场深刻的学术分歧。他们的本意虽然隐藏在重估历史的语言之中，也还是针对着那些对明治时代文明开化运动匆忙做出积极评价，将其视为建立人道主义现代规则起点的同时代人。持有这一立场的代表人物是大正民主运动的主要理论家吉野作造。在他的指导下，正在进行一场集体努力以重构明治思想史。关于这一课题的多卷本著作《明治文化全集》（*Meiji bunka zenshū*），至今仍然是吉野作造理念的里程碑式的作品，吉野作造认为明治维新的成就在于把日本从腐朽的封建秩序和落后状态中解救了出来，在文明开化的过程中重建了日本社会。吉野作造和他的同事对已经主导明治国家的官僚精英们持有悲观的看法，因为这些官僚试图将政治与明治时代初期所设想的民主的未来相背离。但是，如果说现代主义的反对者与吉野作造在谴责官僚体制的问题上找到了共同的理由，但他们在关于现代日本文化精髓的更为引人注目的问题上还是分道扬镳了。林房雄和他的团队抨击了功利性官僚主义、功能专用化、大规模生产和消费主义的出现。为了抵制这些力量，他们要求恢复"永恒"的文化价值观。尽管参与辩论的人们之间存在着很大的不同，但他们都认同一种"与历史无关"的文化视角，并经常在反复进行的对线性时间概念（比如"进步"）的批判中对之加以表达。相比之下，吉野作造和像他一样赞赏明治时代文明开化运动的人们，则矢口否认这种"永恒"文化的优点，相反强调历史运动的"时限性"和人类在未来达到新的创造性道德目标的持续潜能。

在 20 世纪 40 年代初期的情况下，对"克服现代"的讨论做出结论一般要考虑到当时日本所具有的可能性。最后分析的问题是，日本会如何保留它的技术成果，或是保存那些使日本人与众不同的不可或缺的文化元素。当面临选择的时候，所有的参与者设想的都是倒转工业化时钟的不切实际的解决方案。然而，对这些人来说，"机器"必须被明确定义为仅仅是人类的仆人，人类精神是技术的创造者。因此，精神就被确认为是自主的，与制造的东西分离的，并且不受此类产品影响的。在这个方面，他们否认马克思主义的"异化"理论，不像马克思主义"异化论"那样把商品说成是使人丧失精神的对象。那么，对于现代日本来说，真正的"可能性"（*kanōsei*）就在于一种文化的创造和保留。在这种文化中，人类的精神将会保持独立，并被锚定在永恒的和基本的价值观里，而制造的商品只会作为脱离审美方面考虑的外部对象。在如何最好地复活并澄清这一文化本质的问题上，他们强调的是古代历史上伟大文学作品的意义。德川时代诸如本居宣长这样的伟大"国学"学者，其重要性就在于他们通过在 18 世纪"重新发现"那些经典，使自己成为民族精神和高度受人尊敬的上古神器的证明人。

明治时期的功利主义和官僚国家对日本文化产生了有害的影响，对其进行的批判离不开对西方列强所构建和主导的国际秩序的更加全面的谴责。因此，对国内官僚体制的批评，也就包含了对西方在亚洲霸权的拒绝。对他们中的许多人来说，"现代的克服"意味着从内部到外部把西方的物质主义和在亚洲的霸权连根拔起。于是，他们对日本理想的重新认同，使他们认识到在亚洲国家复苏类似文化理念的重要性，这样才能使亚洲国家承认日本保护它们免遭殖民主义侵害的必要性。因此，把日本的文化精神从西方物质主义中解放出来，与把亚洲从西方霸权下解救出来，就成为两种紧密联系的情感，两者的联系是如此之紧密，以至于对现代性的攻击也就为近卫文麿首相（1891—1945）在 1938 年呼吁建立"大东亚共荣圈"的声明中所阐述的意识形态提供了潜在的理由。正是在近卫文麿关于文化社群主义的理念中，这种"新秩序"更为实际的构想得到了明确的表达。声明宣称，日本的亚洲邻居将会睦邻友好、共存共荣。虽然中国人特别受到"邀请"与日本人共同创建这种相互合作的体系，但毫无疑问——尽管在语言上尽力压制日本自己的帝国野心——这个"新秩序"实际上将主要由日本导演。在这里，对现存西方官僚主义的拒绝被与泛亚细亚主义连接了起来，以便授权日本扩张自己在亚洲的霸权地位，而这与门罗主义（the Monroe Doctrine）所认可的美国人声称将会用防疫封锁线把西半球围起来几乎如出一辙。辩论的参加者们反对现代性，却没有意识到他们的批判与自己政府中那些人的扩张主义计划之间的联系，这是完全不可想象的。情况可能是，正如后来一些人所说的那样，辩论并没有产生一个为太平洋战争服务的系统而全面的意识形态，或许这本来就不是他们力图达到的目标。然而，事实依然如此，他们对明治官僚国家遗产的消极解读，已经讽刺性地使他们转而为一种寻求建立"新秩序"（或至少是其继承者）的扩张主义背书，而对此他们曾经始终如一地深恶痛绝。特别是，要求把东亚战争作为亚洲重建的一种条件的说辞，控制了日本自身的文化命运，实际上只是凸显了无意中具有讽刺意味的欺骗，在这一点上，辩论的参加者们都难逃干系。

结语

在 20 世纪 30 年代，日本浪漫派作家保田與重郎呼吁人们关注日本被认为是一种具有讽刺意味的事。他所指的是努力保护传统生活中的那些元素，在寻求变为一个现代社会的时候，这些元素证明了日本不可或缺的独特性。保田與重郎意识到，实现现代化的条件需要消除这些沿袭自过去的元素或形式，而这正是他和他的同事们所极力试图保存的东西。他所没能看到的是其他种类讽刺的可能性，那就是战争及其失败最终成为必然。事实上，在反对现代性的辩论中已经出现了不止一种层面的讽刺，并出现了呼唤一场反对西方的战争的刺耳喧嚣。事实上，这些辩论的参与者们当时并不可能知道，日本的总体军事溃败会把"战争"移作 20 世纪 30 年代曾经支配文化话语的中心对象。然而，如果没有战前岁月的斗争精神，此前的许多论述就不会留存到战后时代，成为引人关注和迫切需要解决的问题。就好像此前的论述还没有完全形成一个议事日程就被战争打断了一样，然后，敌对行动的停止又提供了一个回到未完成事业的机会。这意味着除了所到之处物质的和社会的景观所宣告的毁灭和悲剧之外，一切都没有发生真正的改变。但是，具有讽刺意味的是，尽管战前的作家和知识分子

769

一再批评现代国家及其官僚机构的各种过分行为，最终在战争的废墟中出现的却是一个更加理性的官僚权力的安排，不再致力于追求战争，而是专注于工业的增长和至高无上的地位。如果像保田舆重郎早期所说的那样，现代日本只能被理解为一种完全具有讽刺意味的经历，那么，战后日本的恢复便具有了某种双重讽刺的特征。那些早期曾经用来批评现代组织形式的文化例外主义的论点，其后被用来表示具有空前生产能力的技术秩序得以建立和能够获得成功的精神基础。新的日本秩序成功地产生出来了，在规模上，在卓越程度上都达到了此前大多数工业化国家未曾达到的水平，这些正是早期的文化批评家们所谴责的西方的东西，是对日本传统生活的危险颠覆。

最具讽刺意味的事情由龟井胜一郎引发，这位曾经参与战前现代性辩论的精神流亡者，1954 年写了《二十世纪日本的理想》（"Nijuseiki Nihon no riso"）这样一篇自我反省和哀伤忏悔的文章。即使战后日本自身已经做好了大规模工业扩张的准备，龟井胜一郎仍然呼吁日本回归到亚洲。这一召唤诱发了先前让日本人返回文化家园呼声的回音：

> 自从明治时代以来，日本人长期背负的问题之一，是有无必要考察日本在亚洲走的位置，以及我们作为亚洲人的特殊命运。就像我们每个人都知道的那样，日本是亚洲的第一个"现代化"国家，但是对于亚洲来说，这一现代化意味着什么目前尚不清楚。还有一个问题值得重视，拥有强大传统的亚洲思想，已经反复尝到失败的滋味，已经在西方科学面前有一种自卑感，如果不做进一步的斗争它将注定走向灭亡，反之，如果它能够在 20 世纪复兴，那将使我们能够克服当前的危机……自从战败以来，研究亚洲已经成为我们所肩负的最大责任。[1]

通过公开表示对明治理性主义和启蒙运动的不满，龟井胜一郎继续其早先的批判，同时，他寻求重返由冈仓天心所宣扬的亚洲团结的愿景，冈仓天心在他的《东方的理想》一书中，曾经公开发出过一种对兄弟情谊的召唤："亚洲是

---

[1] Ryusaku Tsunoda, Theodore de Bary, et al., *Sources of Japanese Tradition* (New York: Columbia University Press, 1958), pp. 392-393.

一家。"龟井胜一郎指出，日本已经放弃了它在亚洲的位置，通过盲目地模仿西方文明，只不过为它自己赢得了一个遭人白眼的"继子"地位。更糟糕的是，它的位置终结于一场使用西方技术工具对亚洲兄弟发动的战争。如今日本必须返回亚洲，而且必须在一种真正内疚和谦卑情感的引导下，确保其作为"东方世界继子"的位置。他争辩道，对西方进行文化抵抗的必要性远未结束，它将继续贯穿整个 20 世纪，以完成由甘地、泰戈尔、鲁迅（Lu Hsun）和冈仓天心开始的事业。

　　龟井胜一郎"回归亚洲"的警示提高了我们的认识，就是说，尽管早先"反抗西方"的严厉措辞由于战争而被消除，但日本的适当文化位置仍然是战后时期知识界的核心问题。简而言之，日本真正的根只能在亚洲找到，只会更接近故土，而不在遥远的西方文明的疆界内。竹内好的优雅沉思强化了这种通过近亲关系而产生的文化血缘意识，这位非常能干的学者公开表达了对冈仓天心和大川周明等主要文化批评家的亲和感。作为一名权威的中国文学和文化的翻译家，竹内好翻译了鲁迅的全部作品，向他这一代人提出了建立一门新的知识学科的任务，他把这门学科称为"亚洲的方法"（*hōhō to shite no Ajia*）。意识到亚洲的方法尚未得到充分的表述，这种意识来自亚洲多样化经验的启示，竹内好能肯定的是，对中国人、日本人和其他亚洲人民曾经怎样领会现代性的挑战有一个同情的理解，将会为完成今后的任务提供有益的解决模式。

　　在这篇文章中，竹内好介绍了找到另一种理解亚洲经验的方法的可能性，他坦言，他在战前作为一名学生是怎样学习中国文化和中文文献的，就好像它的语言及其可观的文献都不复存在一样。更有甚者，他注意到，他甚至不能确定中国是否只是一个抽象的概念。"当我们学习中国历史和地理的时候，我们从来没有学习过有人在那里生活的事实。"[1] 直到他的第一次中国之行，才让他意识到他所受的训练与真实事物之间的距离是多么遥远和抽象，他应对生活经历严重不足的准备是多么欠缺。他承认自己甚至无法与中国人交流，因为他的训练主要是用古典语言，而忽略了口头语言。他深有感受地说，实际上这就好像没有人说中国话一样。然而，竹内好与他所碰到的中国人之间显然会产生真正的同感，意识到他们就像朝鲜人一样，是日本最为紧密的邻居、实实在在的朋

771

---

[1]　Takeuchi Yoshimi, *Hoho to shite no Ajia: Waga semen senchu sengo* (Tokyo: Sokisha, 1978).

友和兄弟，而不是像他的教育所显示的那样陌生和遥远。为了纠正这个巨大的过失，竹内好开始了中文口语的学习，并最终发现了体现在鲁迅作品中的活生生的中国文学。那些曾在中国居住过的人的这一发现，迄今为止却由于汉学的名存实亡而受到了阻止，这激发了竹内好用其一生去寻找他所谓的活生生中国人"心灵"（kokoro）的踪迹。

对于地理上的即时性和真实中国经验的认识，向竹内好揭示了日本自己指导中国现代化的努力是建立在相同方法的基础上的，这种方法使得他和他的同时代人忽视了人类存在着巨大差异的可能性。他自己的后续研究显示，中国人、朝鲜人、印度人，以及其他亚洲人，由于各自不同的文化经验，所以锻造了应对西方现代化挑战的不同反应。但是，所有亚洲人所共享的，除了地理环境之外，还有就是追求理解现代主义而不丧失自己的文化禀赋。他观察到，这个不仅是泰戈尔在他的几次中国和日本之行中所得到的信息，也是冈仓天心认识到的道理。具有讽刺意味的是，当约翰·杜威（John Dewey）和伯特兰·罗素（Bertrand Russell）这样的西方人前来日本和中国考察时，也肯定了这一点。然而，由于日本人倾向于认同西方的技术和方法，因而往往被他们自己解决问题的经验所蒙蔽，并试图把一种与他们自己的冲动格格不入的现代化方法强加于中国及其他国家。因此，"回归亚洲"意味着通过活生生的经验来说明采取多样化方法的原因，并发展出一种真正注重差异，而不是强调抽象同一性的方法。竹内好写道：

> 对于西方权力进行严格的限制，我相信亚洲人已经认识到了这一点。东方的诗人们已经直观地意识到了这一点。无论是泰戈尔还是鲁迅，他们都已经在自己的一生中完成了普遍人性的理想。西方侵略了东方；有人对此表示反对。有些人，例如汤因比，提议将世界同质化，但同时代的亚洲人却并不仅仅把这看作是一种西方的局限性。为了实现优秀的西方文化价值，作为一种革新西方人自己的手段，西方不得不再一次遭到亚洲的截留；它不得不根据这种价值观的文化回卷，创造出普世主义。为了提升西方制造的普世价值，东方的力量正在西方引起革命性的变化。

竹内好总结道，对于当代东方和西方来说，这都是一个问题；对于日本来说，

772

应该"也是一个榜样"。[1]

　　这一新的"回归亚洲"的核心推论是再次强调了民间文化的社群主义理想，而明治国家为了满足官僚政治的权宜之计，曾经不假思索地对这种民间文化进行打压。在战后的日本，柳田国男所赞美的社群主义的固有形式，已经成为一些人清晰而响亮的吁求，这些人相信国家已经侵入了普通民众的日常生活。因此，诸多作家和各种运动通过召唤"常民"，即永恒之人的理想而获得身份认同和实现形式，就没有什么可奇怪的了，在他们这些人的努力竞争下，甚至会使国家干预发生逆转。从某种意义上说，柳田国男自己在战后时代也成为一名民间英雄，而于 20 世纪 60 年代和 70 年代早期席卷全国的所谓"柳田热"（Yanagida boom），也证明了这一另类选择的真实性。然而，就像他战前的前辈们一样，新的社群主义与所有那些呼吁回归亚洲的情绪有着不解之缘。"柳田热"及其随后回归民族文化的潮流，并不简单意味着伟大人类学家著作的复兴，也并不仅仅是一种由知识分子和学者们所推动的时尚。相反，它成了一场拯救民间艺术和工艺的全国性运动，用以强调区域和地方文化的多样性和差异性，对抗官僚体制千篇一律的无情要求。基于柳田国男对本土民间无结构社群主义的强调，学者、作家和知识分子们开始探索这一理想对战后社会新秩序的效用。随着日本的产业复苏"凤凰涅槃"般的不断加快，这一吁求也在不断扩展。在 20 世纪 60 年代，像吉本隆明（Yoshimoto Ryūmei，1924—　）和色川大吉（Irokawa Daikichi，1925—　）这样的知识分子和活动家，打出柳田国男的旗号与国家博弈，成为地方抗议运动的领袖，要求政府在诸如生态环境污染和区域自治明显消除等重要问题上承担责任。吉本隆明或许是这种社区复苏理想的最强有力的理论家，他希望将国家转换为一种无结构的实体，通过相互尊重和相互关爱把一个民族凝聚在一起。然而，对于社区的这种关注也为重新强调特殊主义和文化例外主义开辟了道路。关于文化例外主义的论述已经转变成为一门社会科学或曰"社会学"，其重点在于解释日本的独特性。但是也应该记得，柳田国男及其同时代的研究者们已经呼吁人们关注在日本建立一门社会科学，作为把握差异性的必要方法的可能性。战前的研究方法在于它坚持以规范的概念和方法能够用来解释日本的独特性，而战后社会科学中的新兴趣则脱离了战前的这种先例。其中最新锐的学生是那些曾经在西方接受

773

---

[1]　Takeuchi Yoshimi, *Hoho to shite no Ajia: Waga semen senchu sengo* (Tokyo: Sokisha, 1978), vol. 3, p. 420.

过训练的日本人。在 20 世纪 60 年代和 70 年代，不胜枚举的书籍保证对日本的独特性进行了"科学系统的"分析，用以证明日本为什么根本不同于其他社会，因而也优越于其他社会。

从一种对世界的普遍性理解回撤到一个独特文化家园的熟悉疆界，在诸如林房雄这样的极端民族主义的评论家中表现得最为明显。林房雄是战前参与现代主义辩论的另外一个幸存者。他自己对这片故土的颂扬表现在一部叫作《绿色的日本列岛》（*Midori no Nihon rettō*, 1966）的作品中，还有就是在与三岛由纪夫（Mishima Yukio）进行的关于日本精神的意义的谈话上。三岛由纪夫也在 1969 年的《文化防卫论》（*Bunka bōeiron*）中发表了他自己的声明。一点也不奇怪，两人都试图重新确认战前那些主张二次维新的牺牲了自己生命的激进分子的尚武精神，以使文化问题的紧迫性抓人眼球。然而，与三岛由纪夫颂扬大盐平八郎的革命理想主义，召唤战前这种德川晚期激进主义的理想有所不同，林房雄则为太平洋战争提供了一个历史的诠释。在他发表于 1964 年的《大东亚战争肯定论》（*Dai Tōa senso kōteiron*）中，林房雄把日本对西方的反抗视为亚洲的"第一个百年战争"的顶点，即以 1840 年的鸦片战争作为开始，以 1941 年的轰炸珍珠港作为高潮。对于日本来说，如今战争已经结束了，但是第二个百年战争已经在亚洲的其他地方开始，例如在东南亚和中国大陆。因此，林房雄把这些标志解读为对日本自己反抗西方的一种肯定，是对日本尽管知道失败和毁灭的概率仍然决定开战的一种辩护。他得出结论说，正如最近的事件所显示的那样，竞争仍然远未结束。

诺贝尔文学奖得主川端康成（Kawabata Yasunari, 1899—1972）代表了与天
774 生注定成为一个日本人及其伴随而来的"回归亚洲"冲动有关的两个相连接的范围。尽管他回到了标志着日本例外主义的持久美学形式的理念——就像早先由谷崎润一郎、小林秀雄和浪漫派作家所提出来的那样——川端康成在接受诺贝尔奖的演说《日本的美与我》中，唤起人们注意这种"独特的"美的遗产，正是这种独特的美把日本与其他国家区分开来。然而在若干年以前，在一篇写给他离世的朋友横光利一（Yokomitsu Riichi）的意味深长的诗意悼词中，川端康成承认这一美的传统是更大的亚洲整体的一部分。他的语言适用于战前的整整一代人，也包括后来的战后知识分子和作家们，横光利一可能是其原型，因为他曾经历过从西方到东方的曲折旅程。川端康成的悼词写道：

与西方作战的新亚洲的殉难者，

亚洲传统中新悲剧的先驱，

你肩负着这样的命运。

你离开了这个世界，

把微笑送去天庭。[1]

---

[1]　转引自 Yuasa Yasuo, *Watsuji Tetsuro* (Tokyo: Minerva shobo, 1981), 赠言页。

参考文献

Abe Isoo 安部磯雄. *Shakaishugiron* 社会主義論. Tokyo: Heiminsha, 1903.

Abe Isoo 安部磯雄. *Meiji Shakaishugiron* 明治社会主義論. Tokyo: Wabei Kyokai, 1907.

Abe Isoo 安部磯雄. "Meiji sanjūnen no shakai minshutō" 明治三十年の社会民主党. In *Nihon shakai undō* 日本社会運動 in *Shakai Kagaku* 社会科学 (February 1928).

Abe Isoo 安部磯雄. "Shakaishugi shōshi" 社会主義小史. In *Shakaishugi shiron* 社会主義史論, ed. Kishimoto Eitarō 岸本英太郎. Tokyo: Aoki shoten, 1955.

Abegglen, James C. *The Japanese Factory: Aspects of Its Social Organization.* Glencoe, Ill.: Free Press, 1958.

Adachi Gan 安達巖. *Kokumin undō no saishuppatsu* 国民運動の再出発. Tokyo: Kasumigaseki shobō, 1940.

Agawa Hiroyuki 阿川弘之. *Yamamoto Isoroku* 山本五十六. Tokyo: Shinchōsha, 1965; new ed., 1969.

Akita, George. *The Foundations of Constitutional Government in Modern Japan, 1868-1900.* Cambridge, Mass.: Harvard University Press, 1967.

Akuto Hiroshi 飽戸弘, Tominaga Ken'ichi 富永健一 and Sobue Takao 祖父江孝男, eds. *Hendōki no Nihon shakai* 変動期の日本社会. Tokyo: Nihon hōsō kyōkai, 1972.

Allen, G. C. *A Short Economic History of Modern Japan.* London: Allen & Unwin, 1946.

Allinson, Gary D. *Japanese Urbanism: Industry and Politics in Kariya, 1872-1972.* Stanford, Calif.: Stanford University Press, 1975.

Amakawa Akira 天川晃. "Senryō seisaku to kanryō no taiō" 占領政策と官僚の対応. In *Kyōdō kenkyū: Nihon senryōgun: Sono hikari to kage* 共同研究: 日本占領軍その光と影, ed. Shisō no kagaku kenkyūkai 思想の科学研究会, vol. 1. Tokyo: Tokuma shoten, 1978.

Amakawa Akira 天川晃. "Chihō jichi hō no kōzō" 地方自治法の構造. In *Senryōki Nihon no keizai to seiji* 占領期日本の経済と政治, ed. Nakamura Takafusa 中村隆英. Tokyo: Tōkyō daigaku shuppankai, 1979.

Amakawa Akira 天川晃. "Dai-43-dai: Higashikuni naikaku: Miyasama naikaku no shūsen shori 第43代 東久邇内閣—宮様内閣の終戦処理. In *Nihon naikaku shi roku* 日本内閣史録. vol. 5, ed. Hayashi Shigeru and Tsuji Kiyoaki 林茂, 辻清明. Tokyo: Daiichi hōki, 1981.

Amakawa Akira 天川晃. "Dai-44-dai: Shidehara naikaku: 'Minshu' kaikaku no hajimari" 第44代 幣原内閣—「民主」改革の始まり. In *Nihon naikaku shi roku* 日本内閣史録, vol. 5, ed. Hayashi Shigeru 林茂 and Tsuji Kiyoaki 辻清明. Tokyo: Daiichi hōki, 1981.

Amakawa Akira 天川晃. "Dai-45-dai: Dai-1-ji Yoshida naikaku: Shin kenpō taisei e no ikō" 第45代 第一次吉田内閣—新憲法体制への移行. In *Nihon naikaku shi roku* 日本内閣史録, vol. 5, ed. Hayashi Shigeru 林茂 and Tsuji Kiyoaki 辻清明. Tokyo: Daiichi hōki, 1981.

Andō Yoshio 安藤良雄, ed. *Shōwa seiji keizai shi e no shōgen* 昭和政治経済史への証言, 3 vols. Tokyo: Mainichi shinbunsha, 1972.

Andō Yoshio 安藤良雄 and Yamamoto Hirofumi 山本弘文, eds. *Kōgyō iken hoka Maeda Masana kankei shiryō* 興業意見他前田正名関係資料. Tokyo: Kōseikan, 1971.

Aoki Kōji 青木虹二. *Nihon rōdō undōshi nenpyō* 日本労働運動史年表, vol. 1. Tokyo: Shinseisha, 1968.

Aoki Nobumitsu 青木信光. *Baba Eiichi den* 馬場鍈一傳. Tokyo: Ko Baba Eiichi-shi kinenkai, 1945.

Arahata Kanson 荒畑寒村. "*Kindai shisō to Shinshakai*" 近代思想と新社会. *Shisō* 思想460 (October 1962): 115–25.

Arai Kurotake 新居玄武. *Taiheiyō sensōki ni okeru yūgyō jinkō no suikei* 太平洋戦争期における有業人口の推計, Nihon tōkei gakkai hōkoku 日本統計学会報告 (July 1978).

Arai Naoyuki 新井直之. "Senryō seisaku to jānarizumu." 占領政策とジャーナリズム. In *Kyōdō kenkyū: Nihon senryō* 共同研究: 日本占領, ed. Shisō no kagaku kenkyūkai 思想の科学研究会. Tokyo: Tokuma shoten, 1972.

Ari Bakuji 阿利莫二. "Chihō seido (hōtaisei hōkai-ki): Burakukai chōnaikai seido" 地方制度（法体制崩壊期）：部落会町内会制度. In *Kōza: Nihon kindaihō hattatsu shi - shihonshugi to hō no hatten*, vol. 6, ed. Fukushima Masao 福島正夫, Kawashima Takeyoshi 川島武宜, Tsuji Kiyoaki 辻清明 and Ukai Nobushige 鵜飼信成. Tokyo: Keisō shobō, 1959.

Arima Yoriyasu 有馬頼寧. *Seikai dōchūki* 政界道中記. Tokyo: Nihon shuppan kyōdō kabushiki kaisha, 1951.

Arisawa Hiromi 有沢広巳, ed. *Gendai Nihon sangyō kōza*, vol. 5: *Kikai kōgyō* (1) 現代日本産業講座 5：機械工業(1). Tokyo: Iwanami shoten, 1960.

Asada Kyōji 浅田喬二. *Nihon teikokushugi to kyū shokuminchi no jinushisei* 日本帝国主義と旧植民地の地主制. Tokyo: Mizu shobō, 1968.

Asada, Sadao. "The Japanese Navy and the United States." In *Pearl Harbor as History: Japanese-American Relations 1931–1941*, ed. Dorothy Borg and Shumpei Okamoto. New York: Columbia University Press, 1973.

Asahi shinbunsha 朝日新聞社. *Asahi nenkan* 朝日年鑑. Tokyo: Asahi shinbunsha, annual.

Asahi shinbunsha 朝日新聞社, ed. *Yokusan senkyo taikan* 翼賛選挙大観. Tokyo: Asahi shinbunsha, 1942.

Asahi shinbunsha 朝日新聞社. *Hyakka binran* 百科便覧 (*Asahi nenkan*, 1969, appendix) 朝日年鑑別冊. Tokyo: Asahi shinbunsha, 1969.

Asahi shinbunsha yoron chōsa shitsu 朝日新聞社世論調査室編, ed. *Asahi shin-bun yoron chōsa no 30-nen: Nihonjin no seiji ishiki* 朝日新聞世論調査の 30 年: 日本人の政治意識. Tokyo: Asahi shinbunsha, 1976.

Baerwald, Hans H. *The Purge of Japanese Leaders Under the Occupation (University of California Publications in Political Science*, vol. 8). Berkeley and Los Angeles: University of California Press, 1959.

Bailey, Thomas Andrew. *A Diplomatic History of the American People.* New York: Appleton-Century-Crofts, 1950.

Barraclough, Geoffrey. *An Introduction to Contemporary History.* Harmondsworth, England: Penguin, 1967.

Beckmann, George M. *The Making of the Meiji Constitution: The Oligarchs and the Constitutional Development of Japan, 1868-1891.* Lawrence: University of Kansas Press, 1957.

Beckmann, George M., and Okubo, Genji. *The Japanese Communist Party 1922-1945.* Stanford, Calif.: Stanford University Press, 1969.

Bennett, John W., and Ishino, Iwao. *Paternalism in the Japanese Economy: Anthropological Studies of Oyabun-Kobun Patterns.* Minneapolis: University of Minnesota Press, 1963.

Berger, Gordon Mark. *Parties Out of Power in Japan, 1931-1941.* Princeton, N.J.: Prinecton University Press, 1977.

Bernstein, Gail Lee. "Women in Rural Japan." In *Women in Changing Japan,* ed. Joyce Lebra et al. Boulder, Colo.: Westview Press, 1976.

Blumenthal, Tuvia トゥヴィア・ブルメンソール. "Senkanki no Nihon keizai" 戦間期の日本経済. In *Senkaki no Nihon keizai bunseki* 戦間期の日本経済分析, ed. Nakamura Takafusa 中村隆英. Tokyo: Yamakawa shuppansha, 1981.

Board of Planning. "On the National Mobilization Law." *Tokyo Gazette* 11 (May 1938): 1-9.

Board of Planning. "Invocation of the National General Mobilization Law." *Tokyo Gazette* 2 (March 1939).

Bōeichō bōei kenshūjo senshishitsu 防衛庁防衛研修所戦史室. *Senshi sōsho* 戦史叢書, 102 vols. Tokyo: Asagumo shinbunsha, 1966-80.

Bōeichō bōei kenshūjo senshishitsu 防衛庁防衛研修所戦史室. *Daihon'ei riku-gunbu* 大本営陸軍部, 2 vols. Tokyo: Asagumo shinbunsha, 1967-8.

Bōeicho bōei kenshūjo senshishitsu 防衛庁防衛研修所戦史室, ed. *Kantōgun* 関東軍, vol. 1. Tokyo: Asagumo shinbunsha, 1969.

Bōeichō bōei kenshūjo senshishitsu 防衛庁防衛研修所戦史室, ed. *Daihon'ei kai-gunbu: Rengō kantai*(1) 大本営海軍部: 聯合艦隊 (1). Tokyo: Asagumo shinbunsha, 1970.

Bōeichō bōei kenshūjo senshishitsu 防衛庁防衛研修所戦史室. *Daihon'ei riku-gunbu: Dai Tōa sensō kaisen keii* 大本営陸軍部: 大東亜戦争開戦経緯, vol. 1. Tokyo: Asagumo shinbunsha, 1973.

Borg, Dorothy, and Okamoto, Shumpei, eds. *Pearl Harbor As History: Japanese-American Relations 1931-1941.* New York: Columbia University Press, 1973.

Boulding, Kenneth E., and Gleason, Alan H. "War as an Investment: The Strange Case of Japan." In *Economic Imperialism*, ed. Kenneth E. Boulding and Tapan Mukerjee. Ann Arbor: University of Michigan Press, 1972.

Boyle, John H. *China and Japan at War 1937-45: The Politics of Collaboration.* Stanford, Calif.: Stanford University Press, 1972.

Brown, A. J. *The Mastery of the Far East: The Story of Korea's Transformation and Japan's Rise to Supremacy in the Orient.* New York: Scribner, 1919.

Brudnoy, David. "Japan's Experiment in Korea." *Monumenta Nipponica* 25 (1970): 155-195.

Butow, Robert J. C. *Tōjō and the Coming of the War.* Princeton, N.J.: Princeton University Press, 1961.

Chang, Han-yu, and Myers, Ramon H. "Japanese Colonial Development Policy in Taiwan, 1895-1906: A Case of Bureaucratic Entrepreneurship." *Journal of Asian Studies* 22 (August 1963): 433-49.

Chen, Ching-chin. "The Japanese Administration of the Pao-chia System in Taiwan, 1895-1945." *Journal of Asian Studies* 24 (February 1975): 391-446.

Chen, Ching-chin. "Community Control Systems and the Police in Japanese Colonies." In *The Japanese Colonial Empire, 1895-1945*, ed. Ramon H. Myers and Mark R. Peattie. Princeton, N.J.: Princeton University Press, 1984.

Chen, Edward I-te. "Japanese Colonialism in Korea and Formosa: A Comparison of the Systems of Political Control." *Harvard Journal of Asiatic Studies* 30 (1970): 126-58.

Chen, Edward I-te. "Japan's Decision to Annex Taiwan: A Study in Itō-Mutsu Diplomacy." *Journal of Asian Studies* 47 (November 1977): 61-72.

Chiang Kai-shek 蒋介石. *Shō Kai-seki hiroku - 9: Manshū jihen* 蒋介石秘録·9: 満州事変. Tokyo: Sankei shinbunsha, 1976.

Chiang Kai-shek 蒋介石. *Shō Kai-seki hiroku - 12: Nitchū zenmen sensō* 蒋介石秘録·12: 日中全面戦争. Tokyo: Sankei shinbunsha, 1976.

Chiang Kai-shek 蒋介石. *Shō Kai-seki hiroku - 13: Dai Tōa sensō* 蒋介石秘録·13: 大東亜戦争. Tokyo: Sankei shinbunsha, 1977.

Chihara Jun 茅原潤. "Gunju sangyō rōdōsha no haisen e no taiō" 軍需産業労働者の敗戦への対応. In *Kyōdō kenkyū: Nihon senryō* 共同研究: 日本古領, ed. Shisō no kagaku kenkyūkai 思想の科学研究会. Tokyo: Tokuma shoten, 1972.

Chihōshi kenkyū kyōgikai 地方史研究協議会, ed. *Nihon sangyōshi taikei* 日本産業史大系, 7 vols. Tokyo: Tōkyō daigaku shuppankai, 1960.

Chubachi, Masayoshi, and Taira, Koji. "Poverty in Modern Japan: Perceptions and Realities." In *Japanese Industrialization and Its Social Consequences*, ed. Hugh T. Patrick. Berkeley and Los Angeles: University of California Press, 1976.

Chūō bukka tōsei kyōryoku kaigi 中央物価統制協力会議. *Nihon ni okeru nōgyō keiei narabi ni tochi shoyū no hensen ni kansuru sankōshiryō* 日本に於ける農業経営ならびに土地所有の変遷に関する参考資料. Tokyo: Chūō bukka tōsei kyoryoku kaigi, 1943.

Clark, Colin. *The Condition of Economic Progress*, 2nd ed. London: Macmillan, 1951.

Cohen, Jerome B. *Japan's Economy in War and Reconstruction*. Minneapolis: University of Minnesota Press, 1949.

Cohen, Theodore. "Labor Democratization in Japan: The First Years." In *The Occupation of Japan*, ed. Laurence H. Redford. Norfolk, Va.: MacArthur Memorial, 1980.

Cole, Alan B., Totten, George O., and Uyehara, Cecil H. *Socialist Parties in Postwar Japan*. New Haven, Conn.: Yale University Press, 1966.

Cole, Robert E. *Japanese Blue Collar: The Changing Tradition*. Berkeley and Los Angeles: University of California Press, 1971.

Cole, Robert E. *Work, Mobility and Participation*. Berkeley and Los Angeles: University of California Press, 1979.

Conroy, Hilary. *The Japanese Seizure of Korea, 1868-1910*. Philadelphia: University of Pennsylvania Press, 1960.

Coox, Alvin D. *Japan: The Final Agony*. New York: Ballantine, 1970.

Coox, Alvin D. *Nomonhan: Japan Against Russia, 1939*, 2 vols. Stanford, Calif.: Stanford University Press, 1985.

Crawcour, E. Sydney. "The Tokugawa Heritage." In *The State and Economic Enterprise in Japan: Essays in the Political Economy of Growth*, ed. William W. Lockwood. Princeton, N.J.: Princeton University Press, 1965.

Crawcour, E. Sydney. "Japan, 1868-1920." In *Agricultural Development in Asia*, ed. R. T. Shand. Canberra: Australian National University Press, 1969.

Crawcour, E. Sydney. "Japanese Economic Studies in Foreign Countries in the Postwar Period." *Keizai kenkyū* 経済研究 30 (January 1979): 49-64.

Crawcour, E. Sydney, and Yamamura, Kozo. "The Tokugawa Monetary System: 1787-1868." *Economic Development and Cultural Change* 18 (July 1970): pr. 1, pp. 489-518.

Crowley, James B. *Japan's Quest for Autonomy: National Security and Foreign Policy, 1930-1938*. Princeton, N.J.: Princeton University Press, 1966.

Crump, John. *The Origins of Socialist Thought*. New York: St. Martin's Press, 1983.

Curtis, Gerald L. *Election Campaigning Japanese Style*. New York: Columbia University Press, 1971.

Dai Nihon fukugyō shōreikai 大日本副業奨励会, ed. *Nihon no fukugyō* 日本の副業. Tokyo: Dai Nihon fukugyō shōreikai, 1911.

Divine, Robert A. *Roosevelt and World War II*. Baltimore: Johns Hopkins University Press, 1969.

Donnelly, Michael W. "Setting the Price of Rice: A Study in Political Decision-making." In *Policymaking in Contemporary Japan*, ed. T. J. Pempel. Ithaca, N.Y.: Cornell University Press, 1977.

Dore, Ronald P. *Land Reform in Japan*. London: Oxford University Press, 1959.

Dore, Ronald P. "The Meiji Landlord: Good or Bad?" *Journal of Asian Studies* 18 (May 1959): 343-355.

Dore, Ronald P. "Agricultural Improvement in Japan, 1870-1890." *Economic Development and Cultural Change* 9 (October 1960): 69-91.

Dore, Ronald P., ed. *Aspects of Social Change in Modern Japan*. Princeton, N.J.: Princeton University Press, 1967.

Dore, Ronald P. *British Factory - Japanese Factory: The Origins of National Diversity in Industrial Relations*. Berkeley and Los Angeles: University of California Press; London: Allen & Unwin, 1973.

Dore, Ronald P. *Shinohata: A Portrait of a Japanese Village*. London: Lane, 1978.

Dōshisha daigaku jinbunkagaku kenkyūjō 同志社大学人文科学研究所, ed. *Rikugō zasshi* 六合雑誌 (microfilm). Tokyo: Nihon shiryō kankōkai, 1964.

Dower, John W. *Empire and Aftermath: Yoshida Shigeru and the Japanese Experience, 1878-1954*. Cambridge, Mass.: Harvard University Press, 1979.

Drea, Edward J. *The 1942 Japanese General Election: Political Mobilization in Wartime Japan* (International Studies, East Asian Series Research Publication 11). Lawrence: Center for East Asian Studies, University of Kansas, 1979.

Dull, Paul S. *A Battle History of the Imperial Japanese Navy (1941-1945)*. Annapolis, Md.: U.S. Naval Institute, 1978.

Dunn, Frederick S. *Peace-Making and the Settlement with Japan*. Princeton, N.J.: Princeton University Press, 1963.

Duus, Peter. *Party Rivalry and Political Change in Taishō Japan*. Cambridge, Mass.: Harvard University Press, 1968.

Duus, Peter. "Whig History, Japanese Style: The Min'yūsha Historians and the Meiji Restoration." *Journal of Asian Studies* 33 (May 1974): 415-36.

Duus, Peter. "Yoshino Sakuzō: The Christian as Political Critic." *Journal of Japanese Studies* 4 (Spring 1978): 301-326.

Duus, Peter. "Economic Dimensions of Meiji Imperialism: The Case of Korea, 1895-1910." In *The Japanese Colonial Empire, 1895-1945*, ed. Ramon H. Myers and Mark R. Peattie. Princeton, N.J.: Princeton University Press, 1984.

Duus, Peter. "Liberal Intellectuals and Social Conflict in Taisho Japan." In *Conflict in Modern Japanese History*, ed. Tetsuo Najita and Victor Koschmann. Princeton, N.J.: Princeton University Press, 1982.

Eguchi Eiichi 江口英一. *Gendai no "teishotokusō"* 現代の「低所得層」, 3 vols. Tokyo: Miraisha, 1979-1980.

Endō Saburō 遠藤三郎. *Nitchū jūgonen sensō to watakushi*. 日中十五年戦争と私. Tokyo: Nitchū shorin, 1974.

Fei, John C. H., and Ranis, Gustav. *Development of the Labor-Surplus Economy*. Homewood, Ill.: Irwin, 1964.

Fieldhouse, David. *The Colonial Empires; a Comparative Survey from the Eighteenth Century*. New York: Delacorte, 1966.

Flanagan, Scott C. "Electoral Change in Japan: An Overview." In *Political Opposition and Local Politics in Japan*, ed. Kurt Steiner, Ellis S. Krauss, and Scott C. Flanagan. Princeton, N.J.: Princeton University Press, 1980.

Fletcher, William Miles, III. *The Search for a New Order: Intellectuals and Fascism in Prewar Japan*. Chapel Hill: University of North Carolina Press, 1983.

Fogel, Joshua A. *Politics and Sinology: The Case of Naitō Kōnan (1866-1934)*. Cambridge, Mass.: Harvard University Press, 1984.

Franck, Harry A. *Glimpses of Japan and Formosa*. New York: Century, 1924.

Frank, Charles A., and Webb, Richard, eds. *Income Distribution and Growth in the Less Developed Countries*. Washington, D.C.: Brookings Institution, 1977.

Fridell, Wilbur M. *Japanese Shrine Mergers 1906-12: State Shinto Moves to the Grassroots*. Tokyo: Sophia University Press, 1973.

Fuchida Mitsuo 淵田美津雄. *Shinjuwan sakusen no shinsō* 真珠湾作戦の真相. Tokyo: Kawade shobō, 1967.

Fujii, Shōichi. "Capitalism, International Politics, and the Emperor System." In *The Emergence of Imperial Japan: Self-Defense or Calculated Aggression?* ed. Marlene Mayo. Lexington, Mass.: Heath, 1970.

Fujimura Michio 藤村道生. "Iwayuru jūgatsu jiken no saikentō" いわゆる十月事件の再検討. *Nihon rekishi* 日本歴史, no. 393 (February 1981): 52-65.

Fujinawa Masakatsu 藤縄正勝. *Nihon no saitei chingin* 日本の最低賃金. Tokyo: Nikkan rōdō tsūshinsha, 1972.

Fujiwara Akira 藤原彰, Imai Seiichi 今井清一 and Tōyama Shigeki 遠山茂樹. *Shōwa shi* 昭和史, rev. ed. Tokyo: Iwanami shoten, 1959.

Fukai Eigo 深井英吾. *Kaiko shichijūnen* 回顧七十年. Tokyo: Iwanami shoten, 1941.

Fukawa Kiyoshi 布川清司. "Nihonjin no hi-senryō kan" 日本人の被占領観. In *Kyōdō kenkyū: Nihon senryō* 共同研究: 日本占領, ed. Shisō no kagaku kenkyūkai 思想の科学研究会. Tokyo: Tokuma shoten, 1972.

Fukudome Shigeru 福留繁. *Kaigun no hansei* 海軍の反省. Tokyo: Nihon shuppan kyōdō, 1951.

Fukudome Shigeru 福留繁. *Shikan: Shinjuwan kōgeki* 史観: 真珠湾攻撃. Tokyo: Jiyū Ajiyasha, 1955.

Fukui Haruhiro 福井治弘. *Jiyū minshutō to seisaku kettei* 自由民主党と政策決定. Tokyo: Fukumura shuppan, 1969.

Fukui, Haruhiro. *Party in Power: The Japanese Liberal-Democrats and Policymaking*. Canberra: Australian National University; Berkeley and Los Angeles: University of California Press, 1970.

Fukui, Haruhiro. "The Japanese Communist Party: The Miyamoto Line and Its Problems." In *The Many Faces of Communism*, ed. Morton A. Kaplan. New York: Free Press, 1978.

Fukushima Jūrō 福島鑄郎. "Senryōka ni okeru ken'etsu seisaku to sono jittai" 占領下における検閲政策とその実態. In *Senryōki Nihon no keizai to seiji* 占領期日本の経済と政治, ed. Nakamura Takafusa 中村隆英. Tokyo: Tōkyō

691

daigaku shuppankai, 1979.

Fukushima Masao 福島正夫, Kawashima Takeyoshi 川島武宜, Tsuji Kiyoaki 辻清明 and Ukai Nobushige 鵜飼信成, eds. *Kōza: Nihon kindaihō hattatsu shi - shihonshugi to hō no hatten* 講座: 日本近代法発達史—資本主義と法の発展, vol. 6. Tokyo: Keisō shobō, 1959.

Fukutake, Tadashi. *Japanese Rural Society*, trans. Ronald P. Dore. New York: Oxford University Press, 1967.

Funayama Shin'ichi 船山信一. *Meiji tetsugakushi* 明治哲学史. Kyoto: Minerva shobō, 1959.

Furushima Kazuo 古島一雄. Ichi rō-seijika no kaisō 一老政治家の回想. Tokyo: Chūō kōronsha, 1951.

Furuta Hikaru 古田光. *Kawakami Hajime* 河上肇. Tokyo: Tōkyō daigaku shuppanbu, 1959.

Gaimushō 外務省, ed. *Shūsen shiroku* 終戦史録. Tokyo: Shinbun gekkansha, 1952.

Gaimushō 外務省, ed. *Nihon gaikō nenpyō narabini shuyō bunsho - jo* 日本外交年表竝主要文書·上, rev. ed. Tokyo: Hara shobō, 1965.

Gaimushō 外務省, ed. *Nihon gaikō nenpyō narabi ni shuyō bunsho-ge* 日本外交年表竝主要文書·下. Tokyo: Hara shobō, 1966.

Gaimushō chōsabu 外務省調査部. "Nihon koyū no gaikō shidō genri kōryō" Dec. 1939. 日本固有の外交指導原理綱領. In *Gaikō shiryōkan shiryō* 外交資料館資料 (Foreign Ministry File No. A-1-0-0-6).

Galenson, Walter, and Odaka, Konosuke. "The Japanese Labor Market." In *Asia's New Giant: How the Japanese Economy Works*, ed. Hugh T. Patrick and Henry Rosovsky. Washington, D.C.: Brookings Institution, 1976.

Gayn, Mark. *Japan Diary*. Tokyo: Tuttle, 1981.

Genda Minoru 源田実. *Kaigun kōkūtai shimatsuki* 海軍航空隊始末記, 2 vols. Tokyo: Bungei shunjūsha, 1968.

Gendaishi shiryō 現代史資料. *Nitchū sensō* 日中戦争, vols. 8-10, 12-13, 1964-66; *Taiheiyō sensō* 太平洋戦争, vol. 34-36, 38-39, 1968-1975; *Daihonei* 大本営, vol. 37, 1967. Tokyo: Misuzu shobō.

Gerschenkron, Alexander. *Economic Backwardness in Historical Perspective: A Book of Essays*. Cambridge, Mass: Belknap, 1962.

Gluck, Carol. *Japan's Modern Myths: Ideology in the Late Meiji Period*. Princeton, N.J.: Princeton University Press, 1985.

Gomikawa Junpei 五味川純平. *Gozen kaigi* 御前会議. Tokyo: Bungei shunjūsha, 1978.

Gondō Seikei 権藤成卿. "Jichi minsei ri" 自治民政理. In *Gendai Nihon shisō taikei*, vol. 31: *Chōkokkashugi* 現代日本思想大系, 31: 超国家主義, ed. Hashikawa Bunzō 橋川文三. Tokyo: Chikuma shobō, 1964.

Gordon, Andrew. *The Evolution of Labor Relations in Japan: Heavy Industry, 1853-1955*. Cambridge, Mass.: Harvard University Press, 1985.

Gotō Yasushi 後藤靖, ed. *Tennōsei to minshū* 天皇制と民衆. Tokyo: Tōkyō daigaku shuppankai, 1976.

Gouldner, Alvin. *The Two Marxisms*. New York: Oxford University Press, 1980.

Government Section, Supreme Commander for the Allied Powers. *Political Reorientation of Japan, September 1945 to September 1948*, 2 vols., Reprint ed. Grosse Pointe, Mich.: Scholarly Press, 1968.

Grajdanzev, Andrew. *Modern Korea: Her Economic and Social Development Under the Japanese*. New York: Institute of Pacific Relations, 1944.

Grajdanzev, Andrew. *Formosa Today: An Analysis of the Economic Development and Strategic Importance of Japan's Tropical Colony*. New York: Institute of Pacific Relations, 1942.

Griswold, Alfred Whitney. *The Far Eastern Policy of the United States*. New York: Harcourt, Brace, 1938.

Hadley, Eleanor. *Antitrust in Japan*. Princeton, N.J.: Princeton University Press, 1970.

Hafner, Sebastian. *Hitorā to wa nanika* ヒトラーとは何か, trans. Akabane Tatsuo 赤羽竜夫. Tokyo: Sōshisha, 1979.

Hagiwara Sakutarō 萩原朔太郎. *Nihon e no kaiki* 日本への回帰. Tokyo: Hakusuisha, 1938.

Hagiwara Susumu 萩原進. "Senji chingin tōsei no isan" 戦時賃金統制の遺産. *Chingin fōramu* 賃金フォーラム, nos. 11-20 (1977).

Hall, John Whitney. "A Monarch for Modern Japan." In *Political Development in Modern Japan*, ed. Robert E. Ward. Princeton, N.J.: Princeton University Press, 1968.

Hanzawa Hiroshi 判沢弘. *Ajia e no yume* アジアへの夢, vol. 6 of *Meiji no gunzō* 明治の群像. Tokyo: San'ichi shobō, 1970.

Hara Akinori 原晃徳. *Teikoku kaigun shireichōkan no nazo* 帝国海軍司令長官の謎. Tokyo: Tokuma shoten, 1972.

Hara Shirō 原司郎. "Kinyū kikan tachinaoru" 金融機関立ち直る. In *Shōwa keizai shi* 昭和経済史, ed. Arisawa Hiromi 有沢広巳. Tokyo: Nihon keizai shinbunsha, 1976.

Hara Takashi 原敬. *Hara Takashi nikki* 原敬日記, vol. 8. Tokyo: Tōkyō kengensha, 1950.

Hara Takashi 原敬. *Hara Takashi nikki* 原敬日記, vol. 2. Tokyo: Fukumaru shuppan, 1965.

Harada Kumao 原田熊雄. *Saionji-kō to seikyoku* 西園寺公と政局 (also known as *Harada nikki* 原田日記), 9 vols., ed. Maruyama Masao 丸山眞男 and Hayashi

Shigeru 林茂. Tokyo: Iwanami shoten, 1950-6.

Harris, John R., and Todaro, Michael P. "Migration, Unemployment and Development: A Two-Sector Analysis." *American Economic Review* 60 (March 1970): 126-42.

Hashikawa Bunzō 橋川文三. "Kakushin kanryō" 革新官僚. In *Kenryoku no shisō* 権力の思想, vol. 10 of *Gendai Nihon shisō taikei* 現代日本思想大系. ed. Kamishima Jirō 神島次郎. Tokyo: Chikuma shobō, 1965.

Hata Ikuhiko 秦郁彦. *Nitchū sensō shi* 日中戦争史. Tokyo: Kawade shobō, 1961.

Hata Ikuhiko 秦郁彦. *Gun fashizumu undōshi* 軍ファシズム運動史. Tokyo: Kawade shobō shinsha, 1972.

Hata Ikuhiko 秦郁彦. *Taiheiyō kokusai kankei shi* 太平洋国際関係史. Tokyo: Fukumura shuppan, 1972.

Hata Ikuhiko 秦郁彦. *Taiheiyō sensō: Roku daikessen: Naze Nihon wa yaburetaka* 太平洋戦争：六大決戦：なぜ日本は敗れたか. Tokyo: Yomiuri shinbunsha, 1976.

Hata Ikuhiko 秦郁彦. *Nitchū sensō shi* 日中戦争史, rev. ed. Tokyo: Hara shobō, 1979.

Hata Ikuhiko 秦郁彦. "Onnenshikan kara no dakkyaku" 怨念史観からの脱却. *Keizai ōrai* 経済往来 (February 1979).

Hata Ikuhiko 秦郁彦. "Rokōkyō daiippatsu no hannin" 蘆溝橋第一発の犯人. In *Ichiokunin no Shōwa shi 3: Nitchū sensō (2)* 一億人の昭和史 3：日中戦争 (2). Tokyo: Mainichi shinbunsha, 1979.

Hata Ikuhiko 秦郁彦. *Gun fashizumu undōshi* 軍ファシズム運動史, rev. ed. Tokyo: Hara shobō, 1980.

Hata Ikuhiko 秦郁彦. "Ryojōkō jiken no saikentō" 柳条溝事件の再検討. *Seiji keizai shigaku* 政治経済史学, no. 183 (August 1981): 1-19.

Hatada Takashi 旗田巍. "Nihonjin no Chōsenkan" 日本人の朝鮮観. In *Nihon to Chōsen* 日本と朝鮮, vol. 3 of *Ajia-Afurika Kōza* アジア・アフリカ講座. Tokyo: Keiso shobō, 1965.

Hatai, Yoshitaka. "Business Cycles and the Outflow of Labor from the Agricultural Sector." In *The Labor Market in Japan*, ed. Shunsaku Nishikawa and trans. Ross Mouer. Tokyo: Tokyo University Press, 1980.

Hatanaka Sachiko, comp. *A Bibliography of Micronesia from Japanese Publication [sic]. Occasional Papers* no. 8, Gakushūin University, Tokyo, 1979.

Hatano Sumio 波多野澄雄. "'Tōa shinchitsujo' to chiseigaku" 「東亜新称序」と地政学. In *Nihon no 1930 nendai* 日本の一九三〇年代, ed. Miwa Kimitada 三輪公忠. Tokyo: Sōryūsha, 1980.

Hattori Takushirō 服部卓四郎. *Dai Tōa sensō zenshi* 大東亜戦争全史, 4 vols. Tokyo: Masu shobō, 1953.

Havens, Thomas R. H. *Farm and Nation in Modern Japan: Agrarian Nationalism, 1870-1940*. Princeton, N.J.: Princeton University Press, 1974.

Havens, Thomas R. H. *Valley of Darkness: The Japanese People and World War Two*. New York: Norton, 1978.

Hayami, Yujirō, in association with Masakatsu Akino, Masahiko Shintani, and

Saburō Yamada. *A Century of Agricultural Growth in Japan, Its Relevance to Asian Development.* Minneapolis: University of Minnesota Press; and Tokyo: Tokyo University Press, 1965.

Hayami, Yūjirō, and Yamada, Saburō. "Agricultural Productivity and the Beginning of Industrialization." In *Agriculture and Economic Growth: Japan's Experience*, ed. Kazushi Ohkawa et al. Tokyo: Tokyo University Press; and Princeton, N.J.: Princeton University Press, 1969.

Hayashi Chikio 林知己夫. "Sengo no seiji ishiki" 戦後の政治意識. *Jiyū* 自由 (January 1964): 57-65.

Hayashi Chikio 林知己夫. "Nihonjin no ishiki wa seitōshijibetsu ni dō chigau ka" 日本人の意識は政党支持別にどう違うか. *Nihonjin kenkyū* 日本人研究 No. 2 (*Tokushū: Shijiseitōbetsu nihonjin shūdan*) 特集: 支持政党別日本人集団, ed. Nihonjin kenkyūkai 日本人研究会. Tokyo: Shiseidō, 1975.

Hayashi Fusao 林房雄. *Dai Tōa sensō kōteiron* 大東亜戦争肯定論, 2 vols. Tokyo: Banchō shobō, 1964, 1966.

Hayashi Saburō 林三郎. *Taiheiyō sensō rikusen gaishi* 太平洋戦争陸戦概史. Tokyo: Iwanami shoten, 1951.

Hayashi Shigeru 林茂. *Nihon shūsenshi* 日本終戦史, 3 vols. Tokyo: Yomiuri shinbunsha, 1962.

Hayashi Shigeru 林茂, *Taiheiyō sensō* 太平洋戦争. *Nihon no rekishi* 日本の歴史, vol. 25. Tokyo: Chūō kōronsha, 1967.

Hayashi Shigeru 林茂, and Tsuji Kiyoaki 辻清明. *Nihon naikakushi roku* 日本内閣史録, 6 vols. Tokyo: Daiichi hōki, 1981.

Hayashi Shigeru 林茂 et al., eds. *Heimin shinbun ronsetsushū* 平民新聞論説集. Tokyo: Iwanami shoten, 1961.

Hayashi Takehisa 林健久. "Shaupu kankoku to zeisei kaikaku" シャウプ勧告と税制改革. In *Keizai kaikaku* 経済改革, vol. 7 of *Sengo kaikaku* 戦後改革, ed. Tōkyō daigaku shakaikagaku kenkyūjo 東京大学社会科学研究所. Tokyo: Tōkyō daigaku shuppankai, 1974-5.

Hazama Hiroshi 間宏. *Nihon rōmu kanrishi kenkyū* 日本労務管理史研究. Tokyo: Diamondosha, 1964.

Hellmann, Donald C. *Japanese Domestic Politics and Foreign Policy: The Peace Agreement with the Soviet Union.* Berkeley and Los Angeles: University of California Press, 1969.

Hellmann, Donald C. *Japan and East Asia: The New International Order.* New York: Praeger, 1972.

Henderson, Dan F., ed. *The Constitution of Japan: Its First Twenty Years, 1947-1967.* Seattle: University of Washington Press, 1968.

Henderson, Gregory. *Korea: Politics of the Vortex.* Cambridge, Mass: Harvard University Press, 1966.

Higashikuni Naruhiko 東久邇稔彦. *Ichi kōzoku no sensō nikki* 一皇族の戦争日記. Tokyo: Nihon shūhōsha, 1959.

Hijikata Seibi 土方成美. "Shokugyōbetsu jinkō no hensen o tsūjite mitaru shitsugyō mondai" 職業別人口の変遷を通じて見たる失業問題. *Shakai seisaku jihō* 社会政策時報 108 (September 1929).

Hirai Tomoyoshi 平井友義. "Soren no dōkō (1933 nen-1939 nen)" ソ連の動向 一九三三年——一九三九年. In *Taiheiyō sensō e no michi* 太平洋戦争への道, vol. 4, ed. Nihon kokusai seiji gakkai Taiheiyō sensō gen'in kenkyūbu 日本国際政治学会太平洋戦争原因研究部. Tokyo: Asahi shinbunsha, 1963.

Hirano Ken'ichirō 平野健一郎. "Manshū jihenzen ni okeru zai-Man Nihonjin no dōkō" 満州事変前における在満日本人の動向. *Kokusai seiji* 国際政治, no. 43 (1970): 51-76.

Hirano Yoshitarō 平野義太郎, ed. *Kōtoku Shūsui senshū* 幸徳秋水選集, 3 vols. Tokyo: Sekai hyōronsha, 1948-1950.

Hiratsuka Atsushi 平塚篤, ed. *Itō Hirobumi hiroku* 伊藤博文秘録. Tokyo: Bunshusha, 1929.

Hiratsuka Atsushi 平塚篤, ed. *Zoku Itō Hirobumi hiroku* 続伊藤博文秘録. Tokyo: Bunshūsha, 1930.

Hiromatsu Wataru 廣松渉. *Kindai no chōkoku ron* 近代の超克論. Tokyo: Asahi shuppansha, 1980.

Hirota Kōki denki kankōkai 広田弘毅伝記刊行会, ed. *Hirota Kōki* 広田弘毅. Tokyo: Chūō kōron jigyō shuppan, 1966.

Hirschman, Albert O. *Exit, Voice, and Loyalty*. Cambridge, Mass.: Harvard University Press, 1970.

Hirschmeier, Johannes, S. V. D. "Shibusawa Eiichi: Industrial Pioneer." In *The State and Economic Enterprise in Japan: Essays in the Political Economy of Growth*, ed. William W. Lockwood. Princeton, N.J.: Princeton University Press, 1965.

Hirschmeier, Johannes, and Yui Tsunehiko. *The Development of Japanese Business, 1600-1973*. London: Allen & Unwin, 1975.

Ho, Samuel P. S. "Agricultural Transformations Under Colonialism: The Case of Taiwan." *Journal of Economic History* 28 (September 1968): 313-40.

Ho, Samuel P. S. "The Economic Development Policy of the Japanese Colonial Government in Taiwan, 1895-1945." In *Government and Economic Development*, ed. Gustav Ranis. New Haven, Conn.: Yale University Press, 1971.

Ho, Samuel P. S. "The Economic Development of Colonial Taiwan: Evidence and Interpretations." *Journal of Asian Studies* 34 (February 1975): 417-39.

Hofstadter, Richard. *The Idea of a Party System*. Berkeley and Los Angeles: University of California Press, 1969.

Horiba Kazuo 堀場一雄. *Shina jihen sensō shidō shi* 支那事変戦争指導史. Tokyo: Jiji tsūshinsha, 1962.

Hornbeck, Stanley. Memorandum, September 5, 1941. Hornbeck papers, Box 254, Hoover Institution, Stanford University, Stanford, Calif.

Hōsei daigaku Ōhara shakai mondai kenkyūjo 法政大学大原社会問題研究所. *Taiheiyō sensōka no rōdōsha jōtai* 太平洋戦争下の労働者状態. Tokyo: Tōyō keizai shinpōsha, 1964.

Hoshino Naoki 星野直樹. *Mihatenu yume: Manshūkoku gaishi* 見果てぬ夢: 満州国外史. Tokyo: Diamondosha, 1963.

Hoshino Yasusaburō 星野安三郎. "Keisatsu seido no kaikaku" 警察制度の改革. In *Seiji katei* 政治過程, vol. 3 of *Sengo kaikaku* 戦後改革, ed. Tōkyō daigaku shakaikagaku kenkyūjo 東京大学社会科学研究所編. Tokyo: Tōkyō daigaku shuppankai, 1974-1975.

Hosoi Wakizō 細井和喜蔵. *Jokō aishi* 女工哀史. Tokyo: Kaizōsha, 1925.

Hoston, Germaine A. *Marxism and the Crisis of Development in Prewar Japan.* Princeton, N.J.: Princeton University Press, 1986.

Hozumi Yatsuka 穂積八束. *Kenpō teiyō* 憲法提要. Tokyo: Yūhikaku, 1935.

Hunt, Frazier. *The Untold Story of Douglas MacArthur.* New York: Devin-Adair, 1954.

Ichihara Ryōhei 市原亮平. "Seitō rengō undō no kiban: 'Zaibatsu no tenkō' o shōten to shite" 政党連合運動の基盤:「財閥の轉向」を焦點として *Keizai ronsō* 經濟論叢73 (February 1954): 106-22.

Ichihara Ryōhei 市原亮平. "Seitō rengō undō no hasan: 'Teijin jiken' o shōten to shite" 政党連合運動の破産:「帝人事件」を焦點として, *Keizai ronsō* 經濟論叢73 (March 1954): 161-82.

Ide Yoshinori 井出嘉憲. "Sengo kaikaku to Nihon kanryōsei: Kōmuin seido no sōshutsu katei" 戦後改革と日本官僚制—公務員制度の創出過程. In *Seiji katei* 政治過程, vol. 3 of *Sengo kaikaku* 戦後改革, ed. Tōkyō daigaku shakaikagaku kenkyūjo 東京大学社会科学研究所編. Tokyo: Tōkyō daigaku shuppankai, 1974-5.

Ienaga Saburō 家永三郎. *Taiheiyō sensō* 太平洋戦争. Tokyo: Iwanami shoten, 1968.

Ike, Nobutaka. *Japan's Decision for War.* Stanford, Calif.: Stanford University Press, 1967.

Ike, Nobutaka. "War and Modernization." In *Political Development in Modern Japan*, ed. Robert E. Ward. Princeton, N.J.: Princeton University Press, 1968.

Ikeda Shigeaki 池田成彬. *Zaikai kaiko* 財界回顧. Tokyo: Konnichi no mondai-sha, 1949.

Iki Makoto 伊木誠. "Izanagi keiki" いざなぎ景気. In *Shōwa keizai shi* 昭和経済史, ed. Arisawa Hiromi 有沢広巳. Tokyo: Nihon keizai shinbunsha, 1976.

Imada Sachiko 今田幸子. "Gakureki kōzō no suisei bunseki" 学歴構造の趨勢分析. In *Nihon no kaisō kōzō* 日本の階層構造, ed. Tominaga Ken'ichi 富永健一. Tokyo: Tōkyō daigaku shuppankai, 1979.

Imada Takatoshi 今田高俊 and Hara Junsuke 原純輔. "Shakaiteki chii no ik-kansei to hi-ikkansei" 社会的地位の一貫性と非一貫性. In *Nihon no kaisō kōzō* 日本の階層構造, ed. Tominaga Ken'ichi 富永健一. Tokyo: Tōkyō daigaku shuppankai, 1979.

Imai Seiichi 今井清一 and Itō Takashi 伊藤隆, eds. *Kokka sōdōin* 国家総動員, vol. 2 of *Gendai shi shiryō* 現代史資料. Tokyo: Misuzu shobō, 1974.

Imamura Hitoshi 今村均. *Shiki: Ichigunjin rokujūnen no aikan* 私記:一軍人六十年の哀歓. Tokyo: Fuyō shobō, 1970.

Imanishi Kinji 今西錦司, ed. *Ponape-tō* ポナペ島. Tokyo: Shoko shoin, 1944.

Inoguchi Rikihei 猪口力平 and Nakajima Tadashi 中島正. *Kamikaze tokubetsu kōgekitai* 神風特別攻撃隊. Tokyo: Nihon shuppan kyōdōsha, 1951.

Inoki Masamichi 猪木正道. *Hyōden Yoshida Shigeru* 評伝吉田茂, 4 vols. Tokyo: Yomiuri shinbunsha, 1981.

Inoue Ichirō 井上一郎. "Senryō shoki no sozei gyōsei'in" 占領初期の租税行政院. In *Kyōdō kenkyū: Nihon senryōgun: Sono hikari to kage* 共同研究: 日本占領軍 その先と影, ed. Shisō no kagaku kenkyūkai 思想の科学研究会. Tokyo: Tokuma shoten, 1978.

Inoue Kiyoshi 井上清. "Nihon teikokushugi no keisei" 日本帝国主義の形成. In *Kindai Nihon no keisei* 近代日本の形成, ed. Rekishigaku kenkyūkai 歴史学研究会. Tokyo: Iwanami shoten, 1953.

Inoue Kiyoshi 井上清 and Watanabe Tōru 渡部徹, eds. *Kome sōdō no kenkyū* 米騒動の研究, vol. 5. Tokyo: Yūhikaku, 1962.

International Military Tribunal for the Far East. "Proceedings" (mimeographed). Tokyo, 1946–1949.

Inumaru Yoshikazu 犬丸義一. *Kōza: Gendai no ideorogii II, Nihon no marukusushugi, sono 2* 講座: 現代のイデオロギーⅡ, 日本のマルクス主義, その 2, Tokyo: San'ichi shobō, 1961.

Iriye, Akira. *After Imperialism: The Search for a New Order in the Far East, 1931–1941*. Cambridge, Mass.: Harvard University Press, 1965.

Iriye Akira 入江昭. *Nichi–Bei sensō* 日米戦争. Tokyo: Chūō kōronsha, 1978.

Ishibashi Tanzan 石橋湛山. *Ishibashi Tanzan zenshū* 石橋湛山全集, 15 vols. Tokyo: Tōyō keizai shinpōsha: 1970–2.

Ishida Takeshi. "Movements to Protect Constitutional Government – A Structural Functional Analysis." In *Democracy in Prewar Japan: Groundwork or Façade?* ed. George O. Totten. Lexington, Mass.: Heath, 1965.

Ishida, Takeshi. "The Development of Interest Groups and the Pattern of Political Modernization in Japan." In *Political Development in Modern Japan*, ed. Robert E. Ward. Princeton, N.J.: Princeton University Press, 1968.

Ishida Takeshi 石田雄. "Sengo kaikaku to soshiki oyobi shōchō" 戦後改革と組織および象徴. In *Kadai to shikaku* 課題と視角, vol. 1 of *Sengo kaikaku* 戦後改革, ed. Tōkyō daigaku shakaikagaku kenkyūjo 東京大学社会科学研究所. Tokyo: Tōkyō daigaku shuppankai, 1974–1975.

Ishida, Takeshi, and George, Aurelia D. "Nōkyō: The Japanese Farmers' Representative." In *Japan & Australia: Two Societies and Their Interaction*, ed. Peter Drysdale and Hironobu Kitaoji. Canberra: Australian National University Press, 1981.

Ishii Itarō 石射猪太郎. *Gaikōkan no isshō* 外交官の一生. Tokyo: Yomiuri shinbunsha, 1950.

Ishii Kin'ichirō 石井金一郎. "Nihon fuashizumu to chihō seido: 1943-nen no hōkaisei o chūshin ni" 日本ファシズムと地方制度: 1943年の法改正を中心に. In *Rekishigaku kenkyū* 歴史学研究307 (December 1965): 1–12.

Ishikawa Shingo 石川信吾. *Shinjuwan made no keii* 真珠港までの経緯. Tokyo: Jiji tsūshinsha, 1960.

Ishikawa Tatsuzo 石川達三. "Kokoro no naka no sensō" 心の中の戦争. *Chūō kōron* 中央公論 (March 1963): 201-7.

Ishiwara Kanji 石原莞爾. "Genzai oyobi shōrai ni okeru Nihon no kokubō" 現在及将来における日本の国防. In *Ishiwara Kanji shiryō (2): Sensō shiron* 石原莞爾資料 (2): 戦争史論, ed. Tsunoda Jun 角田順. Tokyo: Hara shobō, 1967.

Ishiwara Kanji 石原莞爾. *Ishiwara Kanji shiryō (1): Kokubō ronsaku* 石原莞爾資料 (1): 国防論策, ed. Tsunoda Jun 角田順. Tokyo: Hara shobō, 1971.

Ishizaki Tadao 石崎唯雄. "Sangyō kōzō to shūgyō kōzō" 産業構造と就業構造. In *Waga kuni kanzen koyō no igi to taisaku* 我国完全雇用の意義と対策, ed. Shōwa dōjinkai 昭和同人会編. Tokyo: Shōwa dōjinkai, 1957.

Ito, Daikichi. "The Bureaucracy: Its Attitudes and Behavior." *The Developing Economies* 6 (December 1968).

Ito, Hirobumi. *Commentaries on the Constitution of Empire of Japan*, trans. Miyoji Ito. Tokyo: Chūō daigaku, 1906.

Itō Mitsuharu 伊東光晴. *Hoshu to kakushin no Nihonteki kōzō* 保守と革新の日本的構造. Tokyo: Chikuma shobō, 1970.

Itō Takashi 伊藤隆. *Shōwa shoki seijishi kenkyū* 昭和初期政治史研究. Tokyo: Tōkyō daigaku shuppankai, 1969.

Ito, Takashi. "Conflicts and Coalitions in Japan, 1930: Political Groups [and] the London Naval Disarmament Conference." In *The Study of Coalition Behavior*, ed. Sven Groennings, W. W. Kelley, and Michael Leiserson. New York: Holt, Rinehart and Winston, 1970.

Itō Takashi 伊藤隆. "'Kyokoku itchi' naikakuki no seikai saihensei mondai: Shōwa jūsan-nen Konoe shintō mondai kenkyū no tame ni" 「挙国一致」内閣期の政界再編成問題: 昭和十三年近衛新党問題研究のために. In *Shakai kagaku kenkyū* 社会科学研究 24 (1972): 56-130.

Ito, Takashi. "The Role of Right-Wing Organizations in Japan." In *Pearl Harbor as History: Japanese-American Relations 1931-1941*, ed. Dorothy Borg and Shumpei Okamoto. New York: Columbia University Press, 1973.

Itō Takashi 伊藤隆. *Taishōki "Kakushin" ha no seiritsu* 大正期「革新」派の成立, Tokyo: Hanawa shoten, 1978.

Itō Takashi 伊藤隆. "Sengo seitō no keisei katei" 戦後政党の形成過程 In *Senryōki Nihon no keizai to seiji* 占領期日本の経済と政治, ed. Nakamura Takafusa 中村隆英. Tokyo: Tōkyō daigaku shuppankai, 1979.

Itoya Toshio 糸屋寿雄. *Kōtoku shūsui kenkyū* 幸徳秋水研究. Tokyo: Aoki shoten, 1967.

Iwabuchi Tatsuo 岩淵辰雄. *Yabururu hi made* 敗る日まで. Tokyo: Nihon shū-hōsha, 1946.

Iwamoto Sumiaki 岩本純明. "Senryōgun no tai-Nichi nōgyō seisaku" 占領軍の対日農業政策. In *Senryōki nihon no keizai to seiji* 占領期日本の経済と政治, ed. Nakamura Takafusa 中村隆英. Tokyo: Tōkyō daigaku shuppankai, 1979.

Iwasaki Chikatsugu 岩崎允胤. *Nihon marukusushugi tetsugakushi josetsu* 日本マルクス主義哲学史序説. Tokyo: Miraisha, 1971.

Izumiyama Sanroku 泉山三六. *Tora daijin ni naru made* トラ大臣になるまで.

Tokyo: Tōhō shoin, 1953.

Jansen, Marius B. *The Japanese and Sun Yat-sen*. Cambridge, Mass.: Harvard University Press, 1954.

Jansen, Marius B. "Modernization and Foreign Policy in Meiji Japan." In *Political Development in Modern Japan*, ed. Robert E. Ward. Princeton, N.J.: Princeton University Press, 1968.

Jay, Martin. *The Dialectical Imagination*. Boston: Little, Brown, 1973.

Jiji tsūshinsha 時事通信社. *Jiji nenkan* 時事年鑑. Tokyo: Jiji tsūshinsha, annual.

Johnson, Chalmers. "Japan: Who Governs? An Essay on Official Bureaucracy." *Journal of Japanese Studies* 2 (Autumn 1975): 1-28.

Johnson, Chalmers. *MITI and the Japanese Miracle: The Growth of Industrial Policy, 1925-1975*. Berkeley and Los Angeles: University of California Press, 1982.

Johnston, Bruce F. "The Japanese 'Model' of Agricultural Development: Its Relevance to Developing Nations." In *Agriculture and Economic Growth: Japan's Experience*, ed. Kazushi Ohkawa et al. Tokyo: Tokyo University Press; and Princeton, N.J.: Princeton University Press, 1969.

Jūyō sangyō kyōgikai 重要産業協議会. *Gunju kaishahō kaisetsu* 軍需会社法解説. Tokyo: Teikoku shuppan, 1944.

Kahn, Herman. *The Emerging Japanese Superstate: Challenge and Response*. Englewood Cliffs, N.J.: Prentice-Hall, 1970.

Kajimura Hideki 梶村秀樹. "Shokuminchi Chōsen de no Nihonjin" 植民地朝鮮での日本人. In *Chihō demokurashii to sensō* 地方デモクラシーと戦争, ed. Kimbara Samon 金原左門, vol. 9 of *Chihō bunka no Nihonshi* 地方文化の日本史. Tokyo: Bun'ichi sokai shuppan, 1978.

Kamei Katsuichirō 亀井勝一郎 and Takeuchi Yoshimi 竹内好, eds. *Kindai Nihon shisōshi kōza*, vol. 7: *Kindaika to dentō* 近代日本思想構座, 7, 近代化と伝統. Tokyo: Chikuma shobō, 1959.

Kamishima Jirō 神島二郎, ed. *Kenryoku no shisō* 権力の思想, vol. 10 of *Gendai Nihon shisō taikei* 現代日本思想大系. Tokyo: Chikuma shobō, 1965.

Kanamori Hisao 金森久雄. "Tenbō I: Kyōran doto no naka no seichō" 展望 I: 狂瀾怒濤の中の成長. In *Shōwa keizai shi* 昭和経済史, ed. Arisawa Hiromi 有沢広巳. Tokyo: Nihon keizai shinbunsha, 1976.

Kaneda, Hiromitsu. "Long-Term Changes in Food Consumption Patterns in Japan." In *Agriculture and Economic Growth, Japan's Experience*, ed. Kazushi Ohkawa et al. Princeton, N.J.: Princeton University Press, 1969.

Kaneko Tamio 金子人雄. *Chūō Ajia ni haitta Nihonjin* 中央アジアに入った日本人. Tokyo: Shinjinbutsu ōraisha, 1973.

Kankyōchō 環境庁. *Kankyō hakusho* 環境白書. Tokyo: Ōkurashō insatsu kyoku, annual.

Kannappan, Subbiah, ed. *Studies of Urban Labour Market Behaviour in Developing Areas*. Geneva: International Institute for Labour Studies, 1977.

Kanō Masanao 鹿野政直. "Meiji kōki ni okeru kokumin soshikika no katei" 明治後期における国民組織化の過程. *Shikan* 史観, no. 69 (March 1964): 18-46.

Kanō Masanao 鹿野政直. *Taishō demokurashii no teiryū* 大正デモクラシーの底流. Tokyo: Nihon hōsō shuppan kyōkai, 1973.

Kanpō gogai-Shōwa 12-nen 1-gatsu 22-nichi, Shūgiin giji sokkiroku dai 3-go. 官報号外・昭和十二年一月二十二日, 衆議院議事速記録第三号.

Kanpō gogai-Shōwa 14-nen 1-gatsu 22-nichi, Shūgiin giji sokkiroku dai 3-go. 官報号外・昭和十四年一月二十二日, 衆議院議事速記録第三号.

Kaplan, Morton A., ed. *The Many Faces of Communism*. New York: Free Press, 1978.

Karita Tōru 刈田徹. *Shōwa shoki seiji-gaikō shi kenkyū* 昭和初期政治・外交史研究. Tokyo: Ningen no kagakusha, 1978.

Karube Kiyoshi 加留部清. "Nihonjin wa dono yō ni shite shijiseitō o kimeru ka" 日本人はどのようにして支持政党をきめるか. In *Tokushū: Shijiseitōbetsu Nihonjin shūdan* 特集: 支持党別日本人集団, vol. 2 of *Nihonjin kenkyū* 日本人研究, ed. Nihonjin kenkyūkai 日本人研究会. Tokyo: Shiseidō, 1975.

Kata Kōji 加太こうじ. "Gunsei jidai no fūzoku" 軍政時代の風俗. In *Kyōdō kenkyū: Nihon senryō* 共同研究: 日本占領, ed. Shisō no kagaku kenkyūkai 思想の科学研究会. Tokyo: Tokuma shoten, 1972.

Katakura Tadashi 片倉衷. *Kaisō no Manshūkoku* 回想の満州国. Tokyo: Keizai ōraisha, 1974.

Katayama Sen 片山潜. "Waga shakaishugi" 我社会主義. In *Katayama Sen, Tazoe Tetsuji shū* 片山潜・田添鉄二集, ed. Kishimoto Eitarō 岸本英太郎. Tokyo: Aoki shoten, 1955.

Katsura Tarō 桂太郎. "Katsura Tarō jiden 111" 桂太郎自伝. Unpublished material in the Kokuritsu kokkai toshokan, Kensei shiryō shitsu.

Kawabe Torashirō 河辺虎四郎. *Ichigayadai kara Ichigayadai e* 市ヶ谷台から市ヶ谷台へ. Tokyo: Jiji tsūshinsha, 1962.

Kawai Ichirō 川合一郎 et al., eds. *Kōza: Nihon shihonshugi hattatsu-shiron*, vol. 3: *Kyōkō kara sensō e* 講座 日本資本主義発達史論 III. 恐慌から戦争へ. Tokyo: Nihon hyōronsha, 1968.

Kawai, Kazuo. *Japan's American Interlude*. Chicago: University of Chicago Press, 1960.

Kawakami Hajime 河上肇. "Minponshugi to wa nanizoya" 民本主義とは何ぞや. *Tōhō jiron* 東方時論 (October 1917).

Kawamura Nozomu 河村望. "Kosaku sōgi ki ni okeru sonraku taisei" 小作争議期における村落体制. *Sonraku shakai kenkyū nenpō* 村落社会研究年報, no. 7 (1960): 106–50.

Kawasaki Hideji 川崎秀二. *Yūki aru seijikatachi* 勇気ある政治家たち. Tokyo: Sengoku shuppansha, 1971.

Kawashima Takeyoshi 川島武宜. "Nōson no mibunkaisōsei" 農村の身分階層制. In *Nihon shihonshugi kōza* 日本資本主義講座, vol. 8. Tokyo: Iwanami shoten, 1954.

Kazahaya Yasoji 風早八十二. *Nihon shakai seisakushi* 日本社会政策史. Tokyo: Nihon hyōronsha, 1937.

Kazama Daiji 風間大治. "Chūnensō no shijiseitōbetsu seikatsu ishiki" 中年層の

支持政党别生活意識. In *Nihonjin kenkyū* 日本人研究, no. 2 (*Tokushū: shiji seitōbetsu Nihonjin shūdan*) 特集: 支持政党别日本人集团, ed. Nihonjin kenkyūkai 日本人研究会. Tokyo: Shiseidō, 1975.

Keene, Donald. "The Sino-Japanese War of 1894-95 and Its Cultural Effects in Japan." In *Tradition and Modernization in Japanese Culture*, ed. Donald H. Shively. Princeton, N.J.: Princeton University Press, 1971.

Keizai antei honbu 経済安定本部. *Taiheiyō sensō ni yoru wagakuni no higai sōgō hōkokusho* 太平洋戦争による我国の被害総合報告書. Tokyo, 1948.

Keizai antei honbu sōsai kanbō kikakubu 経済安定本部・総裁官房企画部. *Taiheiyō sensō ni yoru waga kuni higai sōgō hōkokusho* 太平洋戦争による我国被害綜合報告書. Tokyo, 1949.

Keizai kikakuchō 経済企画庁. (1976) *Gendai Nihon keizai no tenkai* 現代日本経済の展開. Tokyo, 1976.

Keizai kikakuchō 経済企画庁, ed. *Kokumin seikatsu hakusho: Shōwa 54-nen ban* 国民生活白書 昭和54年版. Tokyo: Ōkurashō insatsu kyoku, 1979.

Keizai kikakuchō kokumin shotokuka 経済企画庁国民所得課. *Kokumin shotoku dōkō* 国民所得動向. Tokyo, 1986.

Keizai kikakuchō chōsakyoku 経済企画庁調査局, ed. *Shiryō: keizai hakusho ni-jūgo nen* 資料: 経済白書25年. Tokyo, 1972.

Keizai kikakuchō sōgō keikakukyoku 経済企画庁総合計画局. ed. *Shotoku shisan bunpai no jittai to mondaiten: Shotoku bunpai ni kansuru kenkyūkai hōkoku* 所得資産分配の実態と問題点: 所得分配に関する研究会報告 Tokyo: Ōkurashō insatsu kyoku, 1975.

Kelley, Allen C., and Williamson, Jeffrey G. *Lessons from Japanese Economic Development. An Analytical Economic History*. Chicago: University of Chicago Press, 1974.

Kenpō chōsakai 憲法調査会. *Kenpō seitei no keika ni kansuru shōiinkai hōkoku-sho* 憲法制定の経過に関する小委員会報告書. (*Kenpō chōsakai hōkokusho fuzoku bunsho*, no. 2) 憲法調査会報告書付属文書. Tokyo: Kenpō chōsakai, July 1964.

Keynes, John Maynard. The Economic Consequences of Mr. Churchill. London: L. and V. Woolf, 1925.

"Kimura Eiichi riji no setsumei" 木村鋭一理事の説明. *Kikan gendai shi* 季刊・現代史 (November 1972).

Kinoshita Hanji 木下半治. "Kokuminshugi undō no gendankai" 国民主義運動の現段階. *Chūō kōron* 中央公論 615 (December 1938): 216-23.

Kishimoto Eitarō 岸本英太郎 and Koyama Hirotake 小山弘健, eds. *Nihon kin-dai shakai shisōshi* 日本近代社会思想史. Tokyo: Aoki shoten, 1959.

Kishimoto Eitarō 岸本英太郎 and Koyama Hirotake 小山弘健. *Nihon no hi-kyōsantō marukusushugisha* 日本の非共産党マルクス主義者. Tokyo: San'ichi shobō, 1962.

Kita Ikki 北一輝. "Nihon kaizō hōan taikō" 日本改造法案大綱. In *Gendai Nihon shisō taikei* 現代日本思想大系, vol. 31: *Chōkokka shugi* 超国家主義, ed. Hashikawa Bunzō 橋川文三. Tokyo: Chikuma shobō, 1964.

Kitaoka Shin'ichi 北岡伸一. "Rikugun habatsu tairitsu (1931–35) no saikentō" 陸軍派閥対立(一九三一—三五)の再検討. In *Shōwaki no gunbu* 昭和期の軍部, ed. Kindai Nihon kenkyūkai 近代日本研究会. Tokyo: Yamakawa shuppansha, 1979.

Kiya Ikusaburō 木舎幾三郎. *Konoe-kō hibun* 近衛公秘聞. Wakayama: Kōyasan shuppansha, 1950.

Ko-Baba Eiichi-shi kinenkai 故馬場鍈一氏記念会. *Baba Eiichi den* 馬場鍈一伝. Tokyo: Ko-Baba Eiichi-shi kinenkai, 1945.

Kobayashi Hideo 小林英夫. "Manshū kin'yū kōzō no saihensei katei – 1930 nendai zenhanki o chūshin to shite" 満州金融構造の再編成過程—1930年代前半期を中心として. In *Nihon teikokushugika no Manshū* 日本帝国主義下の満州, ed. Manshū kenkyūkai 満州研究会. Tokyo: Ochanomizu shobō, 1972.

Kobayashi Yukio 小林幸男. "Tai-So seisaku no suii to Man-Mō mondai" 対ソ政策の推移と満蒙問題. In *Taiheiyō sensō e no michi* 太平洋戦争への道, ed. Nihon kokusai seiji gakkai Taiheiyō sensō gen'in kenkyūbu 日本国際政治学会太平洋戦争原因研究部. Tokyo: Asahi shinbunsha, 1962.

Koiso Kuniaki jijoden kankōkai 小磯国昭自叙伝刊行会, ed. *Katsuzan kōsō* 葛山鴻爪. Tokyo: Koiso Kuniaki jijoden kankōkai, 1963.

Kokumin seikatsu sentā 国民生活センター, ed. *Kokumin seikatsu tōkei nempō '80* 国民生活統計年報'80. Tokyo: Shiseidō, 1980.

Kolakowski, Leszek. *Main Currents of Marxism*, vol. 2: *The Golden Age*. New York: Oxford University Press, 1978.

Komatsu Ryūji 小松隆二. *Kigyōbetsu kumiai no seisei* 企業別組合の生成. Tokyo: Ochanomizu shobō, 1971.

Komiya Ryutarō 小宮隆太郎. *Gendai Nihon keizai kenkyū* 現代日本経済研究. Tokyo: Tōkyō daigaku shuppankai, 1975.

Komiya Ryutarō 小宮隆太郎 et al., eds. *Kōdo seichō no jidai* 高度成長の時代. Tokyo: Nihon hyōronsha, 1981.

Komiya Ryutarō 小宮隆太郎 et al., eds. *Nihon no sangyō seisaku* 日本の産業政策. Tokyo: Tōkyō daigaku shuppankai, 1984.

Konoe Fumimaro-kō no shuki: Ushinawareshi seiji 近衛文麿公の手記: 失はれし政治. Tokyo: Asahi shinbunsha, 1946.

Kōsai Yutaka 香西泰. "Iwato keiki" 岩戸景気. In *Shōwa keizai shi* 昭和経済史, ed. Arisawa Hiromi 有沢広巳. Tokyo: Nihon keizai shinbunsha, 1976.

Kosai, Yutaka, and Ogino, Yoshitaro. *The Contemporary Japanese Economy*. New York: Macmillan, 1981.

Kōtoku Shūsui 幸徳秋水. "Shakaishugi no taïsei" 社会主義のたいせい. *Nihonjin* 日本人 August 20, 1900.

Kōtoku Shūsui 幸徳秋水 *Hyōron to zuisō* 評論と随想. Tokyo: Jiyūhyōronsha, 1950.

Kōtoku Shūsui 幸徳秋水. *Teikokushugi: Nijūseiki no kaibutsu* 帝国主義: 二十世紀の怪物. Tokyo: Iwanami shoten, 1954.

Kōtoku Shūsui 幸徳秋水. *Shakaishugi shinzui* 社会主義神髄. Tokyo: Iwanami shoten, 1955.

Kovalio, Jacob. "The Personnel Policy of Army Minister Araki Sadao: The Tosa-Saga Theory Re-examined." In *Tradition and Modern Japan*, ed. P. G. O'Neill. Tenterden, Kent: Paul Norbury, 1981.

Koyama Hirotake 小川弘健. *Nihon marukusushugishi* 日本マルクス主義史. Tokyo: Aoki shoten, 1956.

Koyama Hirotake 小山弘健. "Nihon no marukusushugi no keisei" 日本のマルクス主義の形成. In *Shōwa no hantaisei shisō* 昭和の反体制思想. ed. Sumiya Etsuji 住谷悦治. Tokyo: Haga shobō, 1967.

Koyama Hirotake 小山弘健 and Koyama Hitoshi 小山仁示. "Taishō shakai-shugi no shisōteki bunka" 大正社会主義の思想的分化. *Shisō* 思想 466 (April 1963): 119-30.

Koyama Hirotake 小山弘健 and Sugimori Yasuji 杉森康二. "Rōnōha marukusu-shugi" 労農派マルクス主義. In *Shōwa no hantaisei shisō* 昭和の反体制思想. ed. Sumiya Etsuji 住谷悦治. Tokyo: Haga shobō, 1967.

Krauss, Ellis S. "Opposition in Power: The Development and Maintenance of Leftist Government in Kyoto Prefecture." In *Political Opposition and Local Politics in Japan*, ed. Kurt Steiner, Ellis S. Krauss, and Scott C. Flanagan. Princeton, N.J.: Princeton University Press, 1980.

Krebs, Gerhard ゲルハルト・クレープス. "Doitsu kara mita Nihon no Dai Tōa seisaku" ドイツから見た日本の大東亜政策. In *Nihon no 1930 nendai* 日本の一九三〇年代, ed. Miwa Kimitada 三輪公忠. Tokyo: Sōryūsha, 1980.

Kublin, Hyman. "The Evolution of Japanese Colonialism." *Comparative Studies in Society and History* 2 (1959): 67-84.

Kublin, Hyman. *Asian Revolutionary: The Life of Sen Katayama*. Princeton, N.J.: Princeton University Press, 1964.

Kublin, Hyman. "Taiwan's Japanese Interlude, 1895-1945." In *Taiwan in Modern Times*, ed. Paul K. T. Sih. New York: St. John's University Press, 1973.

Kubota, Akira. *High Civil Servants in Postwar Japan: Their Social Origins, Educational Background, and Career Patterns*. Princeton, N.J.: Princeton University Press, 1969.

Kūki Shūzō 九鬼周造. *"Iki" no kōzō* 「いき」の構造. Tokyo: Iwanami shoten, 1967.

Kume Shigeru 久米茂. "Kokutetsu rōso to Suzuki Ichizō ni miru senryōka rōdō undō" 国鉄労組と鈴木市蔵にみる占領下労働運動. In *Kyōdō kenkyū: Nihon senryō* 共同研究: 日本占領, ed. Shisō no kagaku kenkyūkai 思想の科学研究会. Tokyo: Tokuma shoten, 1972.

Kusaka Ryūnosuke 草鹿龍之介. *Rengō kantai sanbōchō no kaisō* 連合艦隊参謀長の回想. Tokyo: Kōwadō, 1979.

Kusuda Minoru 楠田実. *Shushō hishokan* 首相秘書官. Tokyo: Bungei shun-jūsha, 1975.

Kuznets, Simon. *Economic Growth of Nations: Total Output and Production Structure*. Cambridge, Mass: Harvard University Press, 1971.

Lamley, Harry J. "Assimilation in Colonial Taiwan: The Fate of the 1914

Movement." *Monumenta Serica* 29 (1970-1): 496-520.

Landes, David S. "Technological Change and Development in Western Europe, 1750-1914." In *Cambridge Economic History of Europe*, vol. 1, ed. H. J. Habakuk and M. Postan. Cambridge, England: Cambridge University Press, 1965.

Large, Stephen S. *The Rise of Labor in Japan: The Yūaikai*. Tokyo: Sophia University Press, 1972.

Large, Stephen S. "Perspectives on the Failure of the Labour Movement in Prewar Japan." *Labour History* 37 (November 1979).

Large, Stephen S. *Organized Workers and Socialist Politics in Interwar Japan*. Cambridge, England: Cambridge University Press, 1981.

Lee, Bradford. *Britain and the Sino-Japanese War 1937-39*. Stanford, Calif.: Stanford University Press, 1977.

Lee, Chong-sik. *The Politics of Korean Nationalism*. Berkeley and Los Angeles: University of California Press, 1973.

LeMay, Curtis E., with Mackinlay Kantor. *Mission with LeMay: My Story*. Garden City, N.Y.: Doubleday, 1965.

Levine, Solomon B. *Industrial Relations in Postwar Japan*. Urbana: University of Illinois Press, 1958.

Levine, Solomon B., and Kawada, Hisashi. *Human Resources in Japanese Industrial Development*. Princeton, N.J.: Princeton University Press, 1980.

Lewis, W. Arthur. "Economic Development with Unlimited Supplies of Labour." *Manchester School of Economic and Social Studies* 22 (May 1954): 139-191.

Lichtheim, George, *Marxism: An Historical and Critical Study*. London: Routledge & Kegan Paul, 1961.

Lockwood, Willam W. *The Economic Development of Japan: Growth and Structural Change, 1868-1938*. Princeton, N.J.: Princeton University Press, 1954.

Lockwood, William W. *The State and Economic Enterprise in Japan: Essays in the Political Economy of Growth*. Princeton, N.J.: Princeton University Press, 1965.

(*Long-Term Economic Statistics*) Ōkawa Kazushi 大川一司, Shinohara Miyohei 篠原三代平 and Umemura Mataji 梅村又次, eds. *Chōki keizai tōkei* 長期経済統計 (*LTES, Long-Term Economic Statistics*). Tokyo: Tōyō keizai shinpōsha, 1965-).

(*LTES*, vol. 1) Ōkawa Kazushi 大川一司, Takamatsu Nobukiyo 高松信清 and Yamamoto Yūzō 山本有造, eds. *Kokumin shotoku* 国民所得. Tokyo: Tōyō keizai shinpōsha, 1974.

(*LTES*, vol. 3) Ōkawa Kazushi 大川一司 et al., eds. *Shihon sutokku* 資本ストック. Tokyo: Tōyō keizai shinpōsha, 1966.

(*LTES*, vol. 4) Emi Koichi 江見康一, ed. *Shihon keisei* 資本形成. Tokyo: Tōyō keizai shinpōsha, 1971.

(*LTES*, vol. 6) Shinohara Miyohei 篠原三代平, ed. *Kojin shōhi shishutsu* 個人消費支出, Tokyo: Tōyō keizai shinpōsha, 1967.

(*LTES*, vol. 7) Emi Koichi 江見康一 and Shionoya Yuichi 塩野谷祐一, eds. *Zaisei shishutsu* 財政支出, Tokyo: Tōyō keizai shinpōsha, 1966.

(*LTES*, vol. 8) Ōkawa Kazushi 大川一司等 et al., eds. *Bukka* 物価 Tokyo: Tōyō keizai shinpōsha, 1967.

(*LTES*, vol. 9) Umemura Mataji 梅村又次 et al., eds. *Nōringyō* 農林業. Tokyo: Tōyō keizai shinpōsha, 1966.

(*LTES*, vol. 10) Shinohara Miyohei 篠原三代平, ed. *Tekkōgyō* 鉄鋼業, Tokyo: Tōyō keizai shinpōsha, 1972.

(*LTES*, vol. 11) Fujino Shozaburō 藤野正三郎, Fujino Shirō 藤野志朗 and Ono Akira 小野旭, eds. *Sen'i kōgyō* 繊維工業. Tokyo: Tōyō keizai shinpōsha, 1979.

(*LTES*, vol. 12) Minami Ryōshin 南亮進, ed. *Tetsudō to denryoku* 鉄道と電力. Tokyo: Tōyō keizai shinpōsha, 1965.

(*LTES*, vol. 14) Yamazawa Ippei 山沢逸平 and Yamamoto Yūzō 山本有造, *Bōeki to kokusai shūshi* 貿易と国際収支. Tokyo: Tōyō keizai shinpōsha, 1979.

Lory, Hillis. *Japan's Military Masters: The Army in Japanese Life*. Westport, Conn.: Greenwood Press, 1943.

McCormack, Gavin. *Chang Tso-lin in Northwest China, 1911-1928: China, Japan, and the Manchurian Idea*. Stanford, Calif.: Stanford University Press, 1977.

McKean, Margaret A. "Political Socialization Through Citizen's Movement." In *Political Opposition and Local Politics in Japan*, ed. Kurt Steiner, Ellis S. Krauss, and Scott Flanagan. Princeton, N.J.: Princeton University Press, 1980.

McNair, Harley Farnsworth, and Lach, Donald F. *Modern Far Eastern International Relations*. New York: Van Nostrand, 1950.

Maddison, Angus. *Economic Growth in Japan and the USSR*. London: Allen & Unwin, 1969.

Maeda Masana 前田正名. "Kōgyō iken" 興業意見 (1885). In *Kōgyō iken hoka Maeda Masana kankei shiryō* 興業意見他前田正名関係資料, ed. Andō Yoshio 安藤良雄 and Yamamoto Hirofumi 山本弘文. Tokyo: Koseikan, 1971.

Maeda Yasuyuki 前田靖幸. *Shōkō seisakushi dai 11-kan: Sangyō tōsei* 商工政策史 第11巻：産業統制. Tokyo: Tsūshō sangyō kenkyūsha, 1964.

Magota Ryōhei 孫田良平. "Kigyōbetsu kumiai no keisei" 企業別組合の形成. *Journal of Humanities and Social Sciences*, no. 12 (May 1975): 21-38.

Makise Kikue 牧瀬菊枝. "Kichi no mawari de no kikigaki" 基地のまわりでの聞き書. In *Kyōdō kenkyū: Nihon senryō* 共同研究：日本占領, ed. Shisō no kagaku kenkyukai 思想の科学研究会. Tokyo: Tokuma shoten, 1972.

Man-Mō shūsenshi 満蒙終戦史. Tokyo: Kawade shobō shinsha, 1962.

Manshūshi kenkyūkai 満州史研究会, ed. *Nihon teikokushugika no Manshū* 日本帝国主義下の満州. Tokyo: Ochanomizu shobō, 1972.

Marr, David G. *Vietnamese Tradition on Trial, 1920-1945*. Berkeley and Los Angeles: University of California Press, 1981.

Marshall, Alfred. *Principles of Economics*, 8th ed. London: Macmillan, 1949.

Marshall, Byron K. *Capitalism and Nationalism in Prewar Japan: The Ideology of the Business Elite, 1868–1941*. Stanford, Calif.: Stanford University Press, 1967.

Maruyama Kanji 丸山幹治. "Minshuteki keikō to seitō" 民主的傾向と政党. *Nihon oyobi Nihonjin* 日本および日本人 (January 1913).

Maruyama, Masao. "Patterns of Individuation and the Case of Japan: A Conceptual Scheme." In *Changing Japanese Attitudes Toward Modernization*, ed. Marius B. Jansen. Princeton, N.J.: Princeton University Press, 1965.

Maruyama, Masao. *Thought and Behaviour in Modern Japanese Politics*, expanded ed., ed. Ivan Morris. London: Oxford University Press, 1969.

Matsuishi Yasuji 松石安治. "Kokubō daihōshin ni kansuru iken" 国防大方針ニ関スル意見. In *Daihon'ei rikugunbu* (1) 大本営陸軍部 (1), ed. Bōeichō bōei kenshūjo senshi shitsu 防衛庁防衛研修所戦史室. Tokyo: Asagumo shinbunsha, 1967.

Matsumoto Hiroshi 松元宏. "Meiji-Taishō ki ni okeru jinushi no beikoku hanbai ni tsuite" 明治大正期における地主の米穀販売について. *Hitotsubashi ronsō* 一橋論叢 60 (November 1968): 547–65.

Matsumura Shu'itsu 松村秀逸. *Miyakezaka: Gunbatsu wa ikanishite umareta ka* 三宅坂: 軍閥は如何にして生れたか. Tokyo: Tōkō shobō, 1952.

Matsumura Shu'itsu 松村秀逸. *Sensen kara shūsen made* 宣戦から終戦まで. Tokyo: Nihon shūhōsha, 1964.

Matsuo Takayoshi 松尾尊允. *Taishō demokurashii no kenkyū* 大正デモクラシーの研究. Tokyo: Aoki shoten, 1966.

Matsuo Takayoshi 松尾尊允. "Dai'ichi taisengo no fusen undō" 第一大戦後の普選運動. In *Taishōki no seiji to shakai* 大正期の政治と社会, ed. Inoue Kiyoshi 井上清. Tokyo: Iwanami shoten, 1969.

Matsuo Takayoshi 松尾尊允. "Katayama Sen, Miura Tetsutarō, Ishibashi Tanzan" 片山潜, 三浦銕太郎, 石橋湛山. In *Kindai Nihon to Chūgoku – ge* 近代日本と中国 – 下, ed. Takeuchi Yoshimi 竹内好 and Hashikawa Bunzō 橋川文三. Tokyo: Asahi shinbunsha, 1974.

Matsuoka Yōsuke denki kankōkai 松岡洋介傳記刊行会, eds. *Matsuoka Yōsuke* 松岡洋介. Tokyo: Kōdansha, 1974.

Matsushima Keizō 松島慶三. *Higeki no Nagumo chūjō* 悲劇の南雲中将. Tokyo: Tokuma shoten, 1967.

Matsushita Keiichi 松下圭一. "Sengo kenpōgaku no riron kōsei" 戦後憲法学の理論構成. In *Seiji katei* 政治過程, vol. 3 of *Sengo kaikaku* 戦後改革, ed. Tōkyō daigaku shakaikagaku kenkyūjo 東京大学社会科学研究所. Tokyo: Tōkyō daigaku shuppankai, 1974–5.

Matsushita Yoshio 松下芳男. *Meiji Taishō hansensō undōshi* 明治大正反戦争運動史. Tokyo: Sōbisha, 1949.

Matsuzawa Hiroaki 松沢弘陽. "Meiji shakaishugi no shisō" 明治社会主義の思想. In *Nihon no shakaishugi* 日本の社会主義, ed. Nihon seiji gakkai 日本政治学会. Tokyo: Iwanami shoten, 1968.

Matsuzawa Hiroaki 松沢弘陽. *Nihon shakaishugi no shisō* 日本社会主義の思想. Tokyo: Chikuma shobō, 1973.

Mitchell, B. R. *European Historical Statistics*. New York: Macmillan, 1975.

Miki Kiyoshi 三木清. *Miki Kiyoshi Zenshū* 三木清全集. vol. 3, ed. Ōuchi Hyōe 大内兵衛. Tokyo: Iwanami shoten, 1966-8.

Miki Kiyoshi 三木清. "Kaishakugakuteki genshōgaku no kisogainen" 解釈学的現象学の基礎概念. In *Kindai Nihon shisō taikei*, vol. 27: *Miki Kiyoshi shū* 近代日本思想大系, 27: 三木清集, ed. Sumiya Kazuhiko 住谷一彦. Tokyo: Chikuma shobō, 1975.

Mikuriya Takashi 御厨貴. "Kokusaku tōgōkikan setchi mondai no shiteki tenkai" 国策統合機関設置問題の史的展開. In *Nenpō kindai Nihon kenkyū - 1; Shōwa-ki no gunbu* 年報近代日本研究·1；昭和期の軍部. Tokyo: Yamakawa shuppansha, 1979.

Mikuriya Takashi 御厨貴. "Meiji kokka kikō sōsetsu katei ni okeru seiji shidō no kyōgō: Naikaku seido oyobi teikoku gikai sōsetsu no seiji katei" 明治国家機構創設過程における政治指導の鏡合―内閣制度および帝国議会創設の政治過程. *Kokka gakkai zasshi* 国家学会雑誌 92 (April 1979): 61-4, 77-9.

Miller, Frank O. *Minobe Tatsukichi, Interpreter of Constitutionalism in Japan*. Berkeley and Los Angeles: University of California Press, 1965.

Minami Manshū tetsudō kabushiki kaisha 南満州鉄道株式会社, comp. *Minami Manshū tetsudō kabushiki kaisha sanjū-nen ryakushi* 南満州鉄道株式会社三十年略史. Dairen: Minami Manshū tetsudō kabushiki kaisha, 1937.

Minami, Ryoshin. *The Turning Point in Economic Development*. Tokyo: Kinokuniya, 1973.

Minami Ryōshin 南亮進. *Dōryoku kakumei to gijutsu shimpo: Senzen-ki seizōgyō no bunseki* 動力革命と技術進歩：戦前期製造業の分析. Tokyo: Tōyō keizai shinpōsha, 1976.

Minami, Ryoshin. "The Introduction of Electric Power and Its Impact on the Manufacturing Industries: With Special Reference to Smaller Scale Plants." In *Japanese Industrialization and Its Social Consequences*, ed. Hugh T. Patrick. Berkeley and Los Angeles: University of California Press, 1976.

Minami, Ryoshin. "Mechanical Power in the Industrialization of Japan." *Journal of Economic History* 37 (December 1977): 935-958.

Minami Ryōshin 南亮進. *Nihon no keizai hatten* 日本の経済発展. Tokyo: Tōyō keizai shinpōsha, 1981.

Minami, Ryoshin, and Ono, Akira. "Wages." In *Patterns of Japanese Economic Development: A Quantitative Appraisal*, ed. Kazushi Ohkawa and Miyohei Shinohara. New Haven, Conn.: Yale University Press, 1979.

Minobe Tatsukichi 美濃部達吉. *Kenpō satsuyō* 憲法撮要. Tokyo: Yuhikaku, 1926.

Minobe Tatsukichi 美濃部達吉. *Chikujō kenpō seigi* 逐条憲法精義. Tokyo: Yuhikaku, 1927.

Minobe Tatsukichi 美濃部達吉. "Waga gikai seido no zento" 我が議会制度の前途. *Chūō kōron* 中央公論 553 (January 1934): 2-14.

Mishima Yukio 三島由紀夫. "Bunka bōeiron" 文化防衛論. In *Mishima Yukio zenshū* 三島由紀夫全集, vol. 33, ed. Saeki Shōichi 佐伯彰一. Tokyo: Shinchōsha, 1973-76.

Mita Munesuke 見田宗介. *Gendai nihon no shinjō to ronri* 現代日本の心情と論理. Tokyo: Chikuma shobō, 1971.

Mitani Taichirō 三谷太一郎. *Nihon seitō seiji no keisei, Hara Kei no seiji shidō no tenkai* 日本政党政治の形成, 原敬の政治指導の展開. Tokyo: Tōkyō daigaku shuppankai, 1967.

Mitani Taichirō 三谷太一郎. "Taishō shakaishugisha no 'seiji' kan – 'seiji no hitei' kara 'seijiteki taikō' e" 大正社会主義者の「政治」観 –「政治の否定」から「政治的対抗」へ. In *Nihon no shakaishugi* 日本の社会主義, ed. Nihon seiji gakkai 日本政治学会. Tokyo: Iwanami shoten, 1968.

Mitani Taichirō 三谷太一郎. *Taishō demokurashiiron* 大正デモクラシー論. Tokyo: Chūō kōronsha, 1974.

Mitani Taichirō 三谷太一郎. "Seiyūkai no seiritsu" 政友会の成立. In *Iwanami kōza Nihon rekishi, Kindai 3* 岩波講座日本歴史, 近代 三. Tokyo: Iwanami shoten, 1976.

Mitani Taichirō 三谷太一郎."Nihon ni okeru baishinsei seiritsu no seijishiteki imi, Shihōbu to seitō kenryoku kankei no tenkai (1)" 日本における陪審制成立の政治的意味—司法部と政党との権力関係の展開 (一). *Kokka gakkai zasshi* 国家学会雑誌92 (March 1979).

Mitani Taichirō 三谷太一郎. "Nihon ni okeru baishinsei seiritsu no seijishiteki imi, Shihōbu to seitō kenryoku kankei no tenkai (2)" 日本における陪審制成立の政治史的意味—司法部と政党との権力関係の展開 (二). *Kokka gakkai zasshi* 国家学会雑誌92 (June 1979).

Mitani Taichirō 三谷太一郎. "Nihon ni okeru baishin sei seiritsu no seijishiteki imi, Shihōbu to seitō kenryoku kankei no tenkai (3)" 日本における陪審制成立の政治史的意味—司法部と政党との権力関係の展開 (三). *Kokka gakkai zasshi* 国家学会雑誌 92 (October 1979).

Mitani Taichirō 三谷太一郎. *Kindai Nihon no shihōken to seitō: baishinsei seiritsu no seijishi* 近代日本の司法権と政党: 陪審制成立の政治史. Tokyo: Hanawa shobō, 1980.

Mitani Taichirō 三谷太一郎. "Kokusai kin'yū shihon to Ajia no sensō" 国際金融資本とアジアの戦争. In *Kindai Nihon kenkyū – 2: Kindai Nihon to Higashi Ajia* 近代日本研究·2: 近代日本と東アジア, ed. Kindai Nihon kenkyūkai 近代日本研究会. Tokyo: Yamakawa shuppansha, 1980.

Mitchell, Richard H. *Thought Control in Prewar Japan*. Ithaca, N.Y.: Cornell University Press, 1976.

Mitsubishi Zōsen K.K., Sōmuka 三菱造船株式会社総務課, ed. "Honpō kindai zōsen hogoseisaku no enkaku" 本邦近代造船保護政策の沿革. Reprinted in *Nihon sangyō shiryō taikei* 日本産業資料大系, vol. 5. Tokyo: Chūgai shōgyō shinpōsha, 1926.

Miwa Kimitada 三輪公忠. *Matsuoka Yōsuke* 松岡洋右. Tokyo: Chūō kōronsha, 1971.

Miwa Ryōichi 三和良一. "1926-nen kanzei kaisei no rekishiteki ichi" 1926年関税改正の歴史的位置. In *Nihon shihonshugi: Tenkai to ronri* 日本資本主義: 展開と論理, ed. Sakasai Takahito 逆井孝仁 et al. Tokyo: Tōkyō daigaku shuppankai, 1978.

Miwa Ryōichi 三和良一. "Takahashi zaiseiki no keizai seisaku" 高橋財政期の経済政策. In *Senji Nihon keizai* 戦時日本経済, ed. Tōkyō daigaku shakai kagaku kenkyūjo 東京大学社会科学研究所. Tokyo: Tōkyō daigaku shuppankai, 1979.

Miyake Ichirō 三宅一郎. "Yūkensha kōzō no hendō to senkyo" 有権者構造の変動と選挙. In *Nenpō seijigaku* 年報政治学 1977 (*55-nen taisei no seiritsu to hōkai: Zoku gendai Nihon no seiji katei*) 55 年体制の成立と崩壊—続現代日本の政治過程, ed. Nihon seiji gakkai 日本政治学会. Tokyo: Iwanami shoten, 1979.

Miyake Seiki 三宅晴輝. *Shinkō kontserun tokuhon* 新興コンツェルン読本. Tokyo: Shunjūsha, 1937.

Miyamoto Mataji 宮本又治. "Shōkō kumiai" 商工組合. In *Nihon keizaishi jiten* 日本経済史辞典, ed. Keizaishi kenkyūkai 経済史研究会. Tokyo: Nihon hyōronsha, 1940.

Miyashita Buhei 宮下武平. "Keisha seisan hōshiki" 傾斜生産方式. In *Shōwa keizai shi* 昭和経済史, ed, Arisawa Hiromi 有沢広巳編. Tokyo: Nihon keizai shinbunsha, 1976.

Miyazaki Giichi 宮崎義一. *Gendai Nihon no kigyō shūdan* 現代日本の企業集団. Tokyo: Tōyō keizai shinpōsha, 1976.

Miyazaki Yoshimasa 宮崎吉政. *Saishō: Satō Eisaku* 宰相佐藤栄作. Tokyo: Hara shobō, 1980.

Miyazawa Toshiyoshi 宮沢俊義. *Tennō kikansetsu jiken* 天皇機関説事件, 2 vols. Tokyo: Yūhikaku, 1970.

Miyoshi, Masao. *As We Saw Them*. Berkeley and Los Angeles: University of California Press, 1979.

Mizuguchi Norito 水口憲人. "Kamitsuchi ni okeru seiji sanka: Ōsaka daitoshi ken o rei to shite," 過密地における政治参加: 大阪大都市圏を例として. In *Nenpō seijigaku* 年報政治学 1974 (*Seiji sanka no riron to genjitsu*) 政治参加の理論と現実, ed. Nihon seiji gakkai 日本政治学会. Tokyo: Iwanami shoten, 1975.

Mochiji Rokusaburō 持地六三郎. *Taiwan shokumin seisaku* 台湾植民政策. Tokyo, Fuzanbō, 1912.

Mochikabu kaisha seiri iinkai 持株会社整理委員会, ed. *Nihon zaibatsu to sono kaitai* 日本財閥とその解体. Tokyo, 1951.

Moore, Barrington. *Social Origins of Dictatorship and Democracy: Lord and Peasant in the Making of the Modern World*. Boston: Beacon Press, 1967.

Mori Giichi 森義一. *Kosaku sōgi senjutsu* 小作争議戦術. Tokyo: Hakuyōsha, 1928.

Mori Katsumi 森克巳. *Manshū jihen no rimen shi* 満州事変の裏面史. Tokyo: Kokusho kankōkai, 1976.

Mori Takemaro 森武麿. "Nihon fuashizumu no keisei to nōson keizai kōsei undō" 日本ファシズムの形成と農村経済更生運動. *Rekishigaku kenkyū* 歴史学研究 (1971 special supplement): 135-52.

Morishima Morito 森島守人. *Imbō, ansatsu, guntō* 陰謀・暗殺・軍力. Tokyo: Iwanami shoten, 1950.

Morita Yoshio 森田良雄. *Nihon keieisha dantai hatten shi* 日本経営者団体発展史. Tokyo: Nikkan rōdō tsūshin, 1958.

Morley, James W., ed. *Dilemmas of Growth in Prewar Japan.* Princeton, N.J.: Princeton University Press, 1971.

Morley, James W., ed. *Deterrent Diplomacy: Japan, Germany and the USSR. 1935-1940.* New York: Columbia University Press, 1976.

Morley, James W., ed. *The Fateful Choice: Japan's Advance into Southeast Asia, 1939-1941.* New York: Columbia University Press, 1980.

Morley, James W., ed. *The China Quagmire: Japan's Expansion on the Asian Continent.* New York: Columbia University Press, 1983.

Morley, James W., ed. *Japan Erupts: The London Naval Conference and the Manchurian Incident, 1928-1932.* New York: Columbia University Press, 1984.

Morris, Morris D. "The Problem of the Peasant Agriculturalist in Meiji Japan." *Far Eastern Quarterly* 15 (1956): 357-70.

Moskowitz, Karl. "The Creation of the Oriental Development Company: Japanese Illusions Meet Korean Reality." *Occasional Papers on Korea*, no. 2, Joint Committee on Korean Studies and the Social Science Research Council, March 1974, pp. 73-109.

Muramatsu, Michio, and Krauss, Ellis S. "Bureaucrats and Politicians in Policymaking: The Case of Japan" *American Political Science Review* 78 (March 1984): 126-46.

Muramatsu Takeji 村松武司. "Shokuminsha no kaisō" 植民者の回想. *Chōsen kenkyū* 朝鮮研究. (September 1967-December 1968): 1-14.

Murata, Kiyoaki. "Emotions in Dispute." *Japan Times Weekly*, August 28, 1982.

Mutō Akira 武藤章. *Hitō kara Sugamo e* 比島から巣鴨へ. Tokyo: Jitsugyō no Nipponsha, 1952.

Myers, Ramon H. "Taiwan as an Imperial Colony of Japan, 1895-1945." *Journal of the Institute of Chinese Studies* 6 (December 1973): 425-451.

Myers, Ramon H., and Ching, Adrienne. "Agricultural Development in Taiwan Under Japanese Colonial Rule." *Journal of Asian Studies* 33 (August 1964): 555-570.

Myers, Ramon H., and Peattie, Mark R., eds. *The Japanese Colonial Empire, 1895-1945.* Princeton, N.J.: Princeton University Press, 1984.

Nagai Ryūtarō 永井柳太郎. *Kaizō no risō* 改造の理想. Tokyo, 1920.

Nagai Ryūtarō hensankai 永井柳太郎 編纂会, ed. *Nagai Ryūtarō* 永井柳太郎. Tokyo: Seikōsha, 1959.

Nagaoka Shinjirō 長岡新次郎. "Nanpō shisaku no gaikōteki tenkai (1937 nen-1941 nen)" 南方施策の外交的展開（一九三七年一一九四一年）. In *Taiheiyō sensō e no michi* 太平洋戦争への道, vol. 6, ed. Nihon Kokusai seiji gakkai Taiheiyō sensō gen'in kenkyūbu 日本国際政治学会太平洋戦争原因研究部. Tokyo: Asahi shimbunsha, 1963.

Nagata Tetsuzan 永田鉄山. "Kokka sōdōin junbi shisetsu to seishōnen kunren" 国家総動員準備施設と青少年訓練. In *Kokka sōdōin no igi* 国家総動員の意義, ed. Tsujimura Kusuzō 辻村楠造. Tokyo: Aoyama shoin, 1925.

Nagata Tetsuzan 永田鉄山. *Kokka sōdōin* 国家総動員. Osaka: Ōsaka mainichi shinbunsha, 1928.

Nahm, Andrew, ed. *Korea Under Japanese Colonial Rule*: *Studies of the Policy and Techniques of Japanese Colonialism*. Kalamazoo, Mich.: Center for Korean Studies, Institute of International and Area Studies, Western Michigan University, 1973.

Naigai senkyo dēta 内外選挙データ. ('78 *Mainichi nenkan bessatsu*) '78 每日年鑑別冊. Tokyo: Mainichi shinbunsha, 1978.

Naitō Norikuni 内藤則邦. "Rikugun no rōso hinin to danketsuken yōgo undō" 陸軍の労組否認と団結権擁護運動. In *Rōdō keizai to rōdō undō* 労働経済と労働運動, ed. Ōkōchi Kazuo sensei kanreki kinen ronbunshū hakkō iinkai 大河内一男先生還暦記念論文集発行委員会. Tokyo: Iwanami shoten, 1966.

Najita, Tetsuo. *Hara kei in the Politics of Compromise, 1905-1915*. Cambridge, Mass.: Harvard University Press, 1967.

Najita, Tetsuo. "Nakano Seigō and the Spirit of the Meiji Restoration in Twentieth-Century Japan." In *Dilemmas of Growth in Prewar Japan*, ed. James W. Morley. Princeton, N.J.: Princeton University Press, 1971.

Nakagawa, Keiichiro, ed. *Labor and Management: Proceedings of the Fourth Fuji Conference*. Tokyo: Tokyo University Press, 1979.

Nakagawa, Keiichirō, and Rosovsky, Henry. "The Case of the Dying Kimono: The Influence of Changing Fashions on the Development of the Japanese Woolen Industry." *Business History Review* 37 (Spring-Summer 1963): 59-80.

Nakamura Hideo 中村英郎, ed. *Saikin no shakai undō* 最近の社会運動. Tokyo: Kyōchokai, 1929.

Nakamura, James I. *Agricultural Production and the Economic Development of Japan 1873-1922*. Princeton, N.J.: Princeton University Press, 1966.

Nakamura, James I. "Incentives, Productivity Gaps, and Agricultural Growth Rates in Pre-War Japan, Taiwan and Korea." In *Japan in Crisis: Essays in Taishō Democracy*, ed. Bernard Silberman and H. D. Harootunian. Princeton, N.J.: Princeton University Press, 1974.

Nakamura Katsunori 中村勝範. "Nihon shakaitō no soshiki to undō" 日本社会党の組織と運動. *Hōgaku Kenkyū* 法学研究 33 (October 1960).

Nakamura Katsunori 中村勝範. *Meiji shakaishugi kenkyū* 明治社会主義研究. Tokyo: Sekai shoin, 1966.

Nakamura Masanori 中村正則. "Keizai kōsei undō to nōson tōgō" 経済更生運動と農村統合. In *Fuashizumuki no kokka to shakai* ファシズム期の国家と社会, vol. 1 of *Shōwa kyōkō* 昭和恐慌, ed. Tōkyō daigaku shakai kagaku kenkyūjo 東京大学社会科学研究所. Tokyo: Tōkyō daigaku shuppankai, 1978.

Nakamura Takafusa 中村隆英. "Zairai sangyō no hatten kikō - Meiji Taishō-ki no Nihon ni oite" 在来産業の発展機構—明治大正期の日本において. *Keizai hyōron* 経済評論 16 (January 1967): 134-156.

Nakamura Takafusa 中村隆英. *Senzenki Nihon keizai seichō no bunseki* 戦前期日本経済成長の分析. Tokyo: Iwanami shoten, 1971.

Nakamura Takafusa 中村隆英. "Shijō kōzō to sangyō soshiki" 市場構造と産業組織. In *Nihon keizai ron - keizai seichō 100-nen no bunseki* 日本経済論—経済

成長100年の分析, ed. Emi Kōichi 江見康一 and Shionoya Yūichi 塩野谷祐一. Tokyo: Yūhikaku, 1973.

Nakamura Takafusa 中村隆英. "Zairai sangyō no kibo to kōsei – Taishō 9-nen kokusei chōsa o chūshin ni" 在来産業の規模と構成—大正9年国勢調査を中心に. In *Sūryō keizaishi ronshū I. Nihon keizai no hatten* 数量経済史論集 I. 日本経済の発展. ed. Umemura Mataji 梅村又次, Shimbo Hiroshi 新保博, Nishikawa Shunsaku 西川俊策 and Hayami Akira 速水融. Tokyo: Nihon keizai shinbunsha, 1976.

Nakamura Takafusa 中村隆英. "Sensō keizai to sono hōkai" 戦争経済とその崩壊. In *Iwanami kōza, Nihon rekishi – 21: Kindai 8* 岩波講座, 日本歴史—21: 近代 8. Tokyo: Iwanami shoten, 1977.

Nakamura Takafusa 中村隆英. *Shōwa kyōkō to keizai seisaku* 昭和恐慌と経済政策. Tokyo: Nihon keizai shinbunsha, 1978.

Nakamura Takafusa 中村隆英. "Chōki tōkei no seido ni tsuite – 19-seiki Nihon no jakkan no sūji o megutte" 長期統計の精度について—19世紀日本の若干の数字をめぐって. *Keizai kenkyū* 経済研究 30 (January 1979): 1–9.

Nakamura Takafusa 中村隆英. "Zairai men orimonogyō no hatten to suitai – oboegaki" 在来綿織物業の発展と衰退—一覚書き. In *Sūryō keizaishi ronshū 2. Kindai ikōki no Nihon keizai – Bakumatsu kara Meiji e* 数量経済史論集 2. 近代移行期の日本経済, ed. Shinbo Hiroshi 新保博 and Yasuba Yasukichi 安場保吉. Tokyo: Nihon keizai shinbunsha, 1979.

Nakamura Takafusa 中村隆英. "Nihon no kahoku keizai kōsaku" 日本の華北経済工作. In *Kindai Nihon kenkyū – 2: Kindai Nihon to Higashi Ajia* 近代日本研究—2: 近代日本と東アジア, ed. Kindai Nihon kenkyūkai 近代日本研究会. Tokyo: Yamakawa shuppansha, 1980.

Nakamura, Takafusa. *The Postwar Japanese Economy: Its Development and Structure*. Tokyo: Tokyo University Press, 1981.

Nakamura, Takafusa. *Economic Growth in Prewar Japan*, trans. Robert A. Feldman. New Haven, Conn.: Yale University Press, 1983.

Nakamura Takafusa 中村隆英 and Hara Akira 原朗, eds. "Kaisetsu," "Ōkyū butsudō keikaku shian," "Setsumei shiryō" "解説" "応急物動計画試案", "説明資料." In *Kokka sōdōin (1) keizai – Gendaishi shiryō 31* 国家総動員(一)経済・現代史資料 31. Tokyo: Misuzu shobō, 1970.

Nakamura Takafusa 中村隆英 and Hara Akira 原朗. "Keizai shintaisei" 経済新体制. In *Nihon seiji gakkai nenpō 1972-nen* 日本政治学会年報 1972年. Tokyo: Iwanami shoten, 1972.

Nakane, Chie. *Kinship and Economic Organization in Rural Japan*. London: Athlone, 1967.

Nakano Tatsuo 中野達雄 and Iizuka Shigetarō 飯塚繁太郎. *Nihon o ugokasu soshiki: Shakaitō; minshatō* 日本を動かす組織: 社会党, 民社党. (*Nihon o ugokasu soshiki series*) 日本を動かす組織シリーズ. Tokyo: Sekkasha, 1968.

Nakase, Toshikazu. "The Introduction of Scientific Management in Japan and Its Characteristics – Case Studies of Companies in the Sumitomo Zaibatsu." In *Labor and Management: Proceedings of the Fourth Fuji Conference*, ed.

Keiichiro Nakagawa. Tokyo: Tokyo University Press, 1979.

Nakayama Ichirō 中山伊知郎, ed. *Nihon no kokufu kōzō* 日本の国富構造. Tokyo: Tōyō keizai shinpōsha, 1959.

Namiki Masayoshi 並木正吉. "Nōka jinkō no idō keitai to shūgyō kōzō." 農家人口の移動形体と就業構造. In *Nōgyō ni okeru senzai shitsugyō* 農業における潜在失業, ed. Tōhata Seiichi 東畑精一編. Tokyo: Nihon hyōronsha, 1956.

Namiki Masayoshi 並木正吉. "Chingin kōzō to nōka rōdōryoku" 賃金構造と農家労働力. In *Nihongata chingin kōzō no kenkyū* 日本型賃金構造の研究, ed. Shinohara Miyohei 篠原三代平 and Funahashi Naomichi 舟橋尚道. Tokyo: Rōdō hōgaku kenkyūjo, 1961.

Naoi Masaru 直井優. "Sangyōka to kaisō kōzō no hendō" 産業下と階層構造の変動. In *Hendōki no Nihon shakai* 変動期の日本社会, ed. Akuto Hiroshi 飽戸弘, Tominaga Ken'ichi 富永健一 and Sobue Takao 祖父江孝男. Tokyo: Nihon hōsō kyōkai, 1972.

Naoi Michiko 直井道子. "Kaisō ishiki to kaikyū ishiki" 階層意識と階級意識. In *Nihon no kaisō kōzō* 日本の階層構造, ed. Tominaga Ken'ichi 富永健一. Tokyo: Tōkyō daigaku shuppankai, 1979.

Nichi-Man nōsei kenkyūkai 日満農政研究会. *Saikin ni okeru jinkō idō no seikaku to nōgyō* 最近における人口移動の性格と農業. Tokyo, 1940.

Nichi-Man zaisei keizai kenkyūkai shiryō 日満財政経済研究会資料, 3 vols. Tokyo: Nihon kindai shiryō kenkyūkai, 1970.

Nihon gaikō gakkai 日本外交学会, ed. *Taiheiyō sensō shūketsuron* 太平洋戦争終決論. Tokyo: Tōkyō daigaku shuppankai, 1958.

Nihon ginkō chōsakyoku 日本銀行調査局. "Kantō shinsai yori Shōwa ni-nen kin'yū kyōkō ni itaru waga zaikai" 関東震災ヨリ昭和二年金融恐慌ニ至ル我財界. *Nihon kin'yūshi shiryō: Meiji Taishō hen* 日本金融史資料: 明治大正編, vol. 22. Tokyo, 1959.

Nihon ginkō chōsakyoku 日本銀行調査局. "Sekai taisen shūryōgo ni okeru hompō zaikai dōyōshi" 世界大戦終了後ニ於ケル本邦財界動揺史 *Nihon kin'yūshi shiryō: Meiji Taishō hen* 日本金融史資料: 明治大正編, vol. 22. Tokyo, 1959.

NHK hōsō yoron chōsajo 日本放送世論調査所, ed. *Gendai Nihonjin no ishiki kōzō* 現代日本人の意識構造. (*NHK Books*, 344) NHK ブックス. Tokyo: Nihon hōsō shuppankai, 1979.

Nihon kokusai seiji gakkai 日本国際政治学会. *Taiheiyō sensō e no michi* 太平洋戦争への道, 8 vols. Tokyo: Asahi shinbunsha, 1962–1963.

Nihon seiji gakkai 日本政治学会, ed. *Nihon no shakaishugi* 日本の社会主義. Tokyo: Iwanami shoten, 1968.

Nihon seiji gakkai 日本政治学会, ed. *"Konoe shintaisei" no kenkyū"* 「近衛新体制」の研究. (*Nenpō seijigaku 1972*) 年報政治学 1972. Tokyo: Iwanami shoten, 1973.

Nihon tekkō renmei 日本鉄鋼連盟. *Sengo tekkō shi* 戦後鉄鋼史. Tokyo: Nihon tekkō renmei, 1959.

Nihonjin kenkyūkai 日本人研究会. ed. *Nihonjin kenkyū, 2 Tokushū: Shijiseitō betsu Nihonjin shūdan* 日本人研究, 2 特集: 支持政党別日本人集団. Tokyo: Shiseido, 1975.

Nish, Ian. *Japan's Foreign Policy, 1868-1942: Kasumigaseki to Miyakezaka*. London: Routledge & Kegan Paul, 1977.

Nishida Kitarō 西田幾多郎. *Zen no kenkyū* 善の研究. Tokyo: Iwanami shoten, 1946.

Nishida Yoshiaki 西田美昭. "Kosaku sōgi no tenkai to jisakunō sōsetsu iji seisaku" 小作争議の展開と自作農創設維持政策. *Hitotsubashi ronsō* 一橋論叢 60 (November 1968): 524-546.

Nishida Yoshiaki 西田美昭. "Shōnō keiei no hatten to kosaku sōgi" 小農経営の発展と小作争議. *Tochi seido shigaku* 土地制度史学, no. 38 (1968): 24-41.

Nishida Yoshiaki 西田美昭. "Reisai nōkōsei to jinushiteki tochi shoyū: Niigata ken ichi tezukuri jinushi no bunseki" 零細農耕制と地主的土地所有: 新潟県一手作地主の分析. *Hitotsubashi ronsō* 一橋論叢 63 (1970).

Nishida Yoshiaki 西田美昭. "Nōmin undō no hatten to jinushi sei" 農民運動の発展と地主制. *Iwanami kōza Nihon rekishi* 岩波講座 日本歴史, vol. 18, Tokyo: Iwanami shoten, 1975.

Nishida Yoshiaki 西田美昭, ed. *Shōwa kyōkōka no nōson shakai undō* 昭和恐慌下の農村社会運動. Tokyo: Ochanomizu shobō, 1978.

Nishikawa Shunsaku 西川俊作. " 'Chōki keizai tōkei' no keiryō keizaigaku - Ōkawa hoka *Kokumin shotoku* no tembō rombun" 「長期経済統計」の計量経済学—大川他国民所得の展望論文. *Kikan riron keizaigaku* 季刊理論経済学 27 (August 1976): 126-134.

Nishikawa Shunsaku, ed., and Mouer, Ross, trans. *The Labor Market in Japan*. Tokyo: Tokyo University Press, 1980.

Nishimura Kumao 西村熊雄. *San Furanshisuko heiwa jōyaku* サンフランシスコ平和条約, vol. 27 of *Nihon gaiko shi* 日本外交史, ed. Kajima heiwa kenkyūjo 鹿島平和研究所. Tokyo: Kajima kenkyūjo shuppankai, 1971.

Nishio Masaru 西尾勝. "Gyōsei katei ni okeru taikō undō: Jūmin undō ni tsuite no ichikōsatsu" 行政過程における対抗運動—住民運動についての一考察. In *Nenpō seijigaku* 年報政治学 1974 (*Seiji sanka no riron to genjitsu*) 政治参加の理論と現実, ed. Nihon seiji gakkai 日本政治学会. Tokyo: Iwanami shoten, 1975.

Nishio Masaru 西尾勝. "Kaso to kamitsu no seiji gyōsei" 過疎と過密の政治行政. In *Nenpō seijigaku* 年報政治学 1977 (*55-nen taisei no keisei to hōkai: Zoku gendai Nihon no seiji katei*) 55年体制の形成と崩壊: 続現代日本の政治過程, ed. Nihon seiji gakkai 日本政治学会. Tokyo: Iwanami shoten, 1979.

Nishio Yōtarō 西尾陽太郎. *Kōtoku Shūsui* 幸徳秋水. Tokyo: Yoshikawa Kōbunkan, 1959.

Nishioka Takao 西岡孝男. *Nihon no rōdō kumiai soshiki* 日本の労働組合組織. Tokyo: Japan Institute of Labor, 1960.

Nitobe Inazō 新渡戸稲造. *Zenshū* 全集, 16 vols. Tokyo: Kyōbunkan, 1969-70.

Nōmin undōshi kenkyūkai 農民運動史研究会, ed. *Nihon nōmin undōshi* 日本農民運動史. Tokyo: Tōyō keizai shinpōsha, 1961.

Nomura Masao 野村正男. *Hōsō fūunroku – ge* 法曹風雲録―下. Tokyo; Asahi shinbunsha, 1966.

Nōsei chōsakai nōchi kaikaku kiroku iinkai 農制調査会農地改革記録委員会. "Shōwa 8-10 nen kijun seisan shisū 昭和8-10年基準生産指数. In *Dai sanjū ji Nōrinshō tōkeihyō* 第三十次農林省統計表. Tokyo, 1900.

Nōsei chōsakai nōchi kaikaku kiroku iinkai 農制調査会農地改革記録委員会. *Nōchi kaikaku tenmatsu gaiyō* 農地改革てん末概要. Tokyo, 1951.

Notehelfer, F. G. *Kōtoku Shūsui: Portrait of a Japanese Radical*. Cambridge, England: Cambridge University Press, 1971.

Oda Toshiyo 小田俊與. *Yokusan undō to Konoe-kō* 翼賛運動と近衛公. Tokyo: Shunpei shobō, 1940.

Odaka Konosuke 尾高煌之助. "Dainiji taisen zengo no kyū-Mitsubishi jūkō rōdō tōkei ni tsuite" 第二次大戦前後の旧三菱重工労働統計について. *Hitotsubashi ronsō* 一橋論叢 74 (1975): 1-16.

Odaka, Konosuke. "Historical Development in the Wage-Differential Structure." Paper presented at the Japan Economic Seminar, New York City, April 14, 1973.

Ōe Shinobu 大江志乃夫. "Shokuminchi ryōyū to gunbu" 植民地領有と軍部. *Rekishigaku kenkyū* 歴史学研究 (September 1978): 10-41.

Ogata, Sadako. *Defiance in Manchuria: The Making of Japanese Foreign Policy, 1931-1932*. Berkeley and Los Angeles: University of California Press, 1964.

Ogura Takekazu 小倉武一. *Tochi rippō no shiteki kōsatsu* 土地立法の史的考察. Tokyo: Nōrinshō nōgyō sōgō kenkyūjo, 1951.

Ogura, Takekazu, ed. *Agricultural Development in Modern Japan*. Tokyo: Fuji Publishing, 1963.

Ogura, Takekazu. *Can Japanese Agriculture Survive?* 2nd ed. Tokyo: Agricultural Policy Research Institute, 1980.

Ōhara shakai mondai kenkyūjo 大原社会問題研究所. *Nihon rōdō nenkan* 日本労働年鑑, vol. 50. Tokyo: Rōdō junpōsha, 1979.

Ōhashi Takanori 大橋隆憲. *Nihon no kaikyū kōsei* 日本の階級構成. (*Iwanami shinsho*, no. 789) 岩波新書. Tokyo: Iwanami shoten, 1971.

Ohkawa, Kazushi. *Differential Structure and Agriculture: Essays on Dualistic Growth*. Tokyo: Kinokuniya, 1972.

Ohkawa, Kazushi, and Rosovsky, Henry. "The Role of Agriculture in Modern Japanese Economic Development." *Economic Development and Cultural Change* 9 (October 1960): 43-67.

Ohkawa, Kazushi, and Rosovsky, Henry. *Japanese Economic Growth: Trend Acceleration in the Twentieth Century*. Stanford, Calif.: Stanford University Press, 1973.

Ohkawa, Kazushi, and Shinohara, Miyohei, with Meissner, Larry, eds. *Patterns of Japanese Economic Development: A Quantitative Appraisal*. New Haven, Conn.: Yale University Press, 1979.

Ohkawa, Kazushi, with Shinohara, Miyohei, Umemura, M., Ito, M., and

Noda, T. *The Growth Rate of the Japanese Economy Since 1878*. Tokyo: Kinokuniya, 1957.

Ōi Atsushi 大井篤. *Kaijō goeisen* 海上護衛戦. Tokyo: Nihon shuppan kyōdō, 1952.

Ōishi Kaichirō 大石嘉一郎. "Nōchi kaikaku no rekishiteki igi" 農地改革の歴史的意義. In *Nōchi kaikaku* 農地改革, vol. 6 of *Sengo kaikaku* 戦後改革, ed. Tōkyō daigaku shakaikagaku kenkyūjo 東京大学社会科学研究所. Tokyo: Tōkyō daigaku shuppankai, 1974-5.

Oka Toshirō 岡利郎. "Kindai Nihon ni okeru shakai seisaku shisō no keisei to tenkai" 近代日本における社会政策思想の形成と展開. *Shisō* 思想 558 (December 1970): 69-88.

Oka Yoshitake 岡義武, ed. *Gendai Nihon no seiji katei* 現代日本の政治過程. Tokyo: Iwanami shoten, 1958.

Oka, Yoshitake. "Generational Conflict after the Russo-Japanese War." In *Conflict in Modern Japanese History*, ed. Tetsuo Najita and Victor Koschmann. Princeton, N.J.: Princeton University Press, 1982.

Oka Yoshitake 岡義武 and Hayashi Shigeru 林茂, eds. *Taishō demokurashii ki no seiji, Matsumoto Gōkichi seiji nisshi* 大正モデクラシー期の政治, 松本剛吉政治日誌. Tokyo: Iwanami shoten, 1959.

Okakura, Kakuzo. *Ideals of the East, with Special Reference to the Art of Japan*. Rutland, Vt.: Tuttle, 1970.

Okamoto, Shumpei. *The Japanese Oligarchy and the Russo-Japanese War*. New York: Columbia University Press, 1970.

Ōkawa Kazushi 大川一司 et al. *Chōki keizai tōkei - 1: Kokumin shotoku* 長期経済統計·1: 国民所得. Tokyo: Tōyō keizai shinpōsha, 1974.

Ōkawa Shūmei 大川周明. "Nihon seishin kenkyu" 日本精神研究. In *Gendai Nihon shisō taikei* 現代日本思想大系, vol. 31: *Chōkokka shugi* 超国家主義, ed. Hashikawa Bunzō 橋川文三. Tokyo: Chikuma shobō, 1964.

Ōkawa Shūmei 大川周明. "Anraku no mon" 安楽の門. In *Gendai Nihon shisō taikei*, vol. 9: *Ajia Shugi* 現代日本思想大系 9: アジア主義, ed. Takeuchi Yoshimi 竹内好, Tokyo: Chikuma shobō, 1964.

Ōkawa Shūmei 大川周明. "Kakumei Europpa to fukkō Ajia" 革命ヨーロッパと復興アジア. In *Gendai Nihon shisō taikei*, vol. 9: *Ajia Shugi* 現代日本思想大系 9: アジア主義, ed. Takeuchi Yoshimi 竹内好. Tokyo: Chikuma shobō, 1964.

Okazaki Ayakoto 岡崎文勲. *Kihon kokuryoku dōtai sōran* 基本国力動態総覧. Tokyo: Kokumin keizai kenkyū kyōkai, 1953.

Oki Kibatarō denki hensan gakari 沖牙太郎伝記編纂係, ed. *Oki Kibatarō* 沖牙太郎. Tokyo: Oki Kibatarō denki hensan gakari, 1932.

Oki Shūji 沖修二. *Yamashita Tomoyuki* 山下奉文. Tokyo: Akita shoten, 1968.

Ōkōchi Kazuo 大河内和男. *Reimeiki no Nihon rōdō undō* 黎明期の日本労働運動. Tokyo: Iwanami shoten, 1952.

Ōkōchi Kazuo 大河内一男. *Sengo Nihon no rōdō undō* 戦後日本の労働運動, rev. ed. 改訂版. (*Iwanami shinsho*, no. 217) 岩波新書. Tokyo: Iwanami shoten, 1961.

Ōkōchi Kazuo sensei kanreki kinen ronbunshū hakkō iinkai 大河内一男先生還暦記念論文集発行委員会, ed.*Ōkōchi Kazuo sensei kanreki kinen ronbunshū, 2, Rōdō keizai to rōdō undō* 大河内一男先生還暦記念論文集，第 2 巻 労働経済と労働運動. Tokyo, 1966.

Ōkōchi Kazuo 大河内和男. *Kurai tanima no rōdō undō* 暗い谷間の労働運動. Tokyo: Iwanami shoten, 1970.

Okuda, Kenji. "Managerial Evolution in Japan." *Management Japan*, vol. 5, nos. 3 & 4, 1971-2; vol. 6, no. 1, 1972.

Okudaira Yasuhiro 奥平康弘. "Hōsōhōsei no saihensei" 放送法制の再編成. In *Seiji katei* 政治過程, vol. 3 of *Sengo kaikaku* 戦後改革, ed. Tōkyō daigaku shakaikagaku kenkyūjo 東京大学社会科学研究所. Tokyo: Tōkyō daigaku shuppankai, 1974-5.

Okumura Kiwao 奥村喜和男. "Henkaku-ki Nihon no seiji keizai" 変革期日本の政治経済. In *Kenryoku no shisō* 権力の思想, ed. Kamishima Jirō 神島次郎, vol. 10 of *Gendai Nihon shisō taikei* 現代日本思想大系. Tokyo: Chikuma shobō, 1965. pp. 274-90.

Ōkurashō zaiseishi hensanshitsu 大蔵省財政史編纂室. *Shōwa zaiseishi dai 10-kan kin'yū jō* 昭和財政史 第10巻 金融 上. Tokyo: Tōyō keizai shinpōsha, 1955.

Ōkurashō zaiseishishitsu 大蔵省財政史室. *Shōwa zaisei shi: shūsen kara kōwa made* 昭和財政史：終戦から講和まで, vol. 20. Tokyo: Tōyō keizai shinpōsha, 1982.

Ōmae Sakurō 大前朔郎 and Ikeda Shin 池田信. *Nihon rōdō undō shiron* 日本労働運動史論. Tokyo: Nihon hyōronsha, 1966.

Orchard, John E. *Japan's Economic Position: The Progress of Industrialization in Japan*. New York: McGraw-Hill, 1930.

Ōsawa Masamichi 大沢正道. *Ōsugi Sakae kenkyū* 大杉栄研究. Tokyo: Dōseisha, 1968.

Oshima, Harry T. "Meiji Fiscal Policy and Agricultural Progress." In *The State and Economic Enterprise in Japan: Essays in the Political Economy of Growth*, ed. William W. Lockwood. Princeton, N.J.: Princeton University Press, 1965.

Ōta Masao 太田雅夫, ed. *Taishō demokurashii ronshū* 大正デモクラシー論集, vols. 1 and 2. Tokyo: Shinsuisha, 1971.

Ōta Toshie 太田敏兄. "Kosakunō kaikyū no keizaiteki shakaiteki jōtai" 小作農階級の経済的社会的状態. *Sangyō kumiai* 産業組合 no. 261 (1927): 83-111.

Ōtani Keijirō 大谷敬二郎. *Rakujitsu no joshō* 落日の序章. Tokyo: Yagumo shoten, 1959.

Ōtani Keijirō 大谷敬二郎. *Shōwa kenpeishi* 昭和憲兵史. Tokyo: Misuzu shobō, 1966.

Otoda Masami 音田正巳. "Kōgai mondai" 公害問題. In *Shōwa keizai shi* 昭和経済史, ed. Arisawa Hiromi 有沢広巳. Tokyo: Nihon keizai shinbunsha, 1976.

Ōtsu Jun'ichirō 大津淳一郎. *Dai Nippon kensei shi* 大日本憲政史, vol. 6. Tokyo: Hōbunkan, 1927-1928.

Ōtsuka Katsuo 大塚勝夫. "Seishigyō ni okeru gijutsu dōnyū" 製糸業における技術導入. In *Nihon keizai no hatten* 日本経済の発展, ed. Umemura Mataji 梅村又次 et al. Tokyo: Nihon keizai shinbunsha, 1976.

Ōtsuka, Katsuo. "Technological Choice in the Japanese Silk Industry: Implications for Development in LDCs." (Working Paper Series no. A-05, mimeographed). Tokyo: International Development Center of Japan, March 1977.

Ōuchi Tsutomu 大内力. *Nihon nōgyō no zaiseigaku* 日本農業の財政学. Tokyo: Tōkyō daigaku shuppankai, 1950.

Ōuchi Tsutomu 大内力. "Nōchi kaikaku" 農地改革. In *Shōwa keizai shi* 昭和経済史, ed. Arisawa Hiromi 有沢広巳. Tokyo: Nihon keizai shinbunsha, 1976.

Oyama Azusa 大山梓. *Nichi-Ro sensō no gunsei shiroku* 日露戦争の軍政史録. Tokyo: Fūyo shobō, 1973.

Ōyama Ikuo 大山郁夫. "Kokka seikatsu to kyōdō rigai kannen" 国家生活と共同利害観念. *Shin shosetsu* 新小説 (February 1917).

Ōyama Ikuo 大山郁夫. "Rokoku kagekiha no jisseiryoku ni taisuru kashohi to sono seiji shisō no kachi ni taisuru kadaishi" 露国過激派の実勢力に対する過小視とその政治思想の価値に対する過大視. *Chūō kōron* 中央公論 (May 1917).

Ōyama Ikuo 大山郁夫. *Ōyama Ikuo zenshū* 大山郁夫全集, vol. 1. Tokyo: Chūō kōronsha, 1947.

Ozawa Yūsaku 小沢有作. "Kyū Nihonjin jinushi no Chōsenkan" 旧日本人地主の朝鮮観. *Chōsen kenkyū* 朝鮮研究 (December 1968): 34-41.

Packard, George R., III. *Protest in Tokyo: The Security Crisis of 1960*. Princeton, N.J.: Princeton University Press, 1966.

Passin, Herbert. *Society and Education in Japan*. New York: Teachers College, Columbia University, 1965.

Patrick, Hugh T. "Japan 1868-1914." In *Banking in the Early Stages of Industrialization*, ed. Rondo Cameron et al. London: Oxford University Press, 1967.

Patrick, Hugh T. "The Economic Muddle of the 1920's." In *Dilemmas of Growth in Prewar Japan*, ed. James W. Morley. Princeton, N.J.: Princeton University Press, 1971.

Patrick, Hugh T., ed. *Japanese Industrialization and Its Social Consequences*. Berkeley and Los Angeles: University of California Press, 1976.

Patrick, Hugh T., and Rosovsky, Henry, eds. *Asia's New Giant: How the Japanese Economy Works*. Washington, D.C.: Brookings Institution, 1976.

Peattie, Mark R. *Ishiwara Kanji and Japan's Confrontation with the West*. Princeton, N.J.: Princeton University Press, 1975.

Peattie, Mark R. *Nan'yō: The Rise and Fall of the Japanese in Micronesia 1885-1945*. Honolulu: University of Hawaii Press, 1988.

Pempel, T. J., ed. *Policy Making in Contemporary Japan*. Ithaca, N.Y.: Cornell University Press, 1977.

Pempel, T. J. "Political Parties and Social Change: The Japanese Experience." In *Political Parties: Development and Decay*, ed. Louis Maizel and Joseph

Cooper. Beverly Hills, Calif: Sage, 1978.

Pempel, T. J., and Tsunekawa, K. "Corporatism without Labor? The Japanese Anomaly." In *Trends Toward Corporatist Intermediation*, ed. P. C. Schmitter and G. Lehmbruch. Beverly Hills, Calif: Sage, 1979.

Pierson, John D. *Tokutomi Sohō, 1863-1957: A Journalist for Modern Japan.* Princeton, N.J.: Princeton University Press, 1980.

Pittau, Joseph. *Political Thought in Early Meiji Japan.* Cambridge, Mass.: Harvard University Press, 1967.

Purcell, David, Jr. "Japanese Expansion in the South Pacific, 1890-1935." Ph.D. diss., University of Pennsylvania, 1967.

Pyle, Kenneth B. *The New Generation in Meiji Japan: Problems of Cultural Identity.* Stanford, Calif.: Stanford University Press, 1969.

Pyle, Kenneth B. "The Technology of Japanese Nationalism." *Journal of Asian Studies* 33 (November 1973): 51-65.

Pyle, Kenneth B. "Advantages of Followership: German Economics and Japanese Bureaucrats, 1890-1925." *Journal of Japanese Studies* 1 (Autumn 1974): 127-164.

Quigley, Harold S. *Japanese Government and Politics: An Introductory Study.* New York: Century, 1932.

Ranis, Gustav. "The Financing of Japanese Economic Development." In *Agriculture and Economic Growth: Japan's Experience*, ed. Kazushi Ohkawa et al. Tokyo: Tokyo University Press; and Princeton, N.J.: Princeton University Press, 1969.

Redford, Lawrence H., ed. *The Occupation of Japan.* Norfolk, Va.: MacArthur Memorial, 1980.

Reischauer, Edwin O. *The United States and Japan*, rev. ed. New York: Viking 1957.

Reynolds, Lloyd G., and Gregory, Peter. *Wages, Productivity and Industrialization in Puerto Rico.* Homewood, Ill.: Irwin, 1965.

Rikugunshō 陸軍省. "Jūyō sangyō gokanen keikaku jisshi ni kansuru seisaku taikō (an)" 重要産業 5 ケ年計画実施に関する政策大綱（案）. In *Gendaishi shiryō - 8: Nitchū sensō* 現代史資料 8：日中戦争, ed. Shimada Toshihiko 島田俊彦 and Inaba Masao 稲葉正夫. Tokyo: Misuzu shobō, 1964.

Roden, Donald. "Baseball and the Quest for National Dignity in Meiji Japan." *American Historical Review* 85 (June 1980): 511-534.

Rōdō daijin kambō tōkei jōhō bu 労働大臣官房統計情報部, ed. *Nihonjin no kinrō kan* 日本人の勤労観. Tokyo: Shiseidō, 1974.

Rōdō undōshi kenkyūkai 労働運動史研究会. *Chokugen* 直言. Tokyo: Meiji bunken shiryō kankōkai, 1960.

Rōdō undōshi kenkyūkai 労働運動史研究会. *Shinkigen* 新紀元. Tokyo: Meiji bunken shiryō kankōkai, 1961.

Rōdō undō shiryō iinkai 労働運動史料委員会. *Rōdō sekai* 労働世界. Tokyo: Rōdō undō shiryō kankō iinkai, 1960.

Rōdō undō shiryō iinkai 労働運動史料委員会, ed. *Nihon rōdō undō shiryō* 日本労

働運動史料, vol. 3. Tokyo: Rōdō undō shiryō kankō iinkai, 1968.

Rōdō undō shiryō iinkai 労働運動史料委員会, ed. *Nihon rōdō undō shiryō* 日本労働運動史料, vols. 6 and 9. Tokyo: Rōdō undō shiryō kankō iinkai, 1965.

Rōdō undō shiryō iinkai 労働運動史料委員会, ed. *Nihon rōdō undō shiryō* 日本労働運動史料, vol. 10. Tokyo: Rōdō undō shiryō kankō iinkai, 1959.

Rōdōshō 労働省. *1954-nen kojinbetsu chingin chōsa* 1954年個人別賃金調査. Tokyo: Rōdōshō, 1955.

Rōdōshō 労働省. *1961-nen chinginjittai sōgō chōsa* 1961年賃金実態総合調査. Tokyo: Rōdōshō, 1962.

Rōdōshō – Daijin kanbō rōdō tōkei chōsabu 労働省・大臣官房労働統計調査部. *Chinginkōzō kihon tōkei chōsa hōkoku* 賃金構造基本統計調査報告. Tokyo: 1965– .

Rōyama Masamichi 蝋山政道. *Nichi-Man kankei no kenkyū* 日満関係の研究. Tokyo: Shibun shoin, 1933.

Sagara Shunsuke 相良俊輔. *Akai yūhi no Masunogahara ni* 赤い夕陽の満州野が原に. Tokyo: Kōjinsha, 1978.

Saigusa Hiroto 三枝博音. *Nihon no yuibutsuronsha* 日本の唯物論者. Tokyo: Eihōsha, 1956.

Saitō Takao 斎藤隆夫. *Saitō Takao seiji ronshū* 斎藤隆夫政治論集. Izushi-machi, Izushi-gun, Hyōgo-ken: Saitō Takao sensei kenshōkai, 1961.

Saitō Yoshie 斎藤良衛. *Azamukareta rekishi* 欺かれた歴史. Tokyo: Yomiuri shinbunsha, 1955.

Sakaguchi Akira 阪口昭. "Iki fukikaesu zaikai" 息吹き返す財界. In *Shōwa keizai shi* 昭和経済史, ed. Arisawa Hiromi 有沢広巳. Tokyo: Nihon keizai shinbunsha, 1976.

Sakamoto Fujiyoshi 坂本藤良. *Nihon koyōshi* 日本雇用史. Tokyo: Chūō keizaisha, 1977.

Sanbō honbu 参謀本部, ed. *Sugiyama Memo* 杉山メモ, 2 vols. Tokyo: Hara shobō, 1967.

Sanpei Takako 三瓶孝子. *Nihon mengyō hattatsu shi* 日本綿業発達史. Tokyo: Keiō shobō, 1941.

Sansom, G. B. *Japan: A Short Cultural History*. Stanford, Calif.: Stanford University Press, 1957.

Sartori, Giovanni. *Parties and Party Systems: A Framework for Analysis*. Cambridge, England: Cambridge University Press, 1976.

Sashihara Yasuzō 指原安三編. *Meiji seishi* 明治政史, vol. 8. Tokyo: Fuzanbō shoten, 1893.

Satō Kazuo 佐藤和夫. "Senkanki Nihon no makuro keizai to mikuro keizai" 戦間期日本のマクロ経済とミクロ経済. In *Senkanki no Nihon keizai bunseki* 戦間期の日本経済分析, ed. Nakamura Takafusa 中村隆英. Tokyo: Yamakawa shuppansha, 1981.

Satō Kenryō 佐藤賢了. *Tōjō Hideki to Taiheiyō sensō* 東条英機と太平洋戦争. Tokyo: Bungei shunjū shinsha, 1960.

Satō Kenryō 佐藤賢了. *Dai Tōa sensō kaikoroku* 大東亜戦争回顧録. Tokyo:

Tokuma shoten, 1966.

Satō Motohide 佐藤元英. "Tōhō kaigi to shoki Tanaka gaikō" 東方会議と初期田中外交. *Kokusai seiji* 国際政治, no. 66 (1980).

Satō Susumu 佐藤進. *Nihon no zeikin* 日本の税金. Tokyo: Tōkyō daigaku shuppankai, 1979.

Satō Tatsuo 佐藤達夫. *Nihonkoku kenpō seiritsu shi* 日本国憲法成立史, 2 vols. Tokyo: Yūhikaku, 1962, 1964.

Satō Tetsutarō 佐藤鉄太郎. *Teikoku kokubō shi ronshō* 帝国国防史論抄. Tokyo: Tōkyō insatsu kabushiki gaisha, 1912.

Sawyer, M. Income Distribution in OECD Countries. Paris: Organization for Economic Cooperation and Development, 1976.

Saxonhouse, Gary S. "Country Girls and Communication Among Competitors in the Japanese Cotton-Spinning Industry." In *Japanese Industrialization and Its Social Consequences*, ed. Hugh T. Patrick. Berkeley and Los Angeles: University of California Press, 1976.

Scalapino, Robert A. *Democracy and the Party Movement in Prewar Japan: The Failure of the First Attempt*. Berkeley and Los Angeles: University of California Press, 1962.

Scalapino, Robert A. *The Japanese Communist Movement, 1920-1966*. Berkeley and Los Angeles: University of California Press, 1967.

Scalapino, Robert A. "Elections and Political Modernization in Prewar Japan." In *Political Development in Modern Japan*, ed. Robert E. Ward. Princeton, N.J.: Princeton University Press, 1968.

Scalapino, Robert A., ed. *The Foreign Policy of Modern Japan*. Berkeley and Los Angeles: University of California Press, 1977.

Scalapino, Robert A., and Masumi, Junnosuke. *Parties and Politics in Contemporary Japan*. Berkeley and Los Angeles: University of California Press, 1962.

Schaller, Michael. *The U.S. Crusade in China, 1938-1945*. New York: Columbia University Press, 1979.

Schroeder, Paul W. *The Axis Alliance and Japanese-American Relations*. Ithaca, N.Y.: Cornell University Press. 1971.

Seki Hiroharu 関寛治. "Taigai kankei no kōzōhenka to gaikō" 対外関係の構造変化と外交. In *Nenpō seijigaku* 年報政治学 1977 (*55-nen taisei no keisei to hōkai: Zoku gendai Nihon no seiji katei*) 55年体制の形成と崩壊—続現代日本の政治過程, ed. Nihon seiji gakkai 日本政治学会. Tokyo: Iwanami shoten, 1979.

Seki Kanji 関寛治. "Manshū jihen zenshi" 満州事変前史. In *Taiheiyō sensō e no michi* 太平洋戦争への道, vol. 1, ed. Nihon kokusai seiji gakkai Taiheiyō sensō gen'in kenkyūbu 日本国際政治学会太平洋戦争原因研究部. Tokyo: Asahi shimbunsha, 1962.

Semple, Elizabeth C. "Japanese Colonial Methods." *Bulletin of the American Geographical Society* (April 1913).

Shibagaki Kazuo 柴垣和夫. "Zaibatsu kaitai to shūchū haijo" 財閥解体と集中排

除. In *Keizai kaikaku* 経済改革, vol. 7 of *Sengo kaikaku* 戦後改革, ed. Tōkyō daigaku shakaikagaku kenkyūjo 東京大学社会科学研究所. Tokyo: Tōkyō daigaku shuppankai, 1974-1975.

Shibusawa, Keizo, comp. and ed. *Japanese Life and Culture in the Meiji Era*, trans. Charles S. Terry. In *Japanese Culture in the Meiji Era*, vol. 5, ed. Centenary Cultural Council. Tokyo: Ōbunsha, 1958.

Shidehara heiwa zaidan 幣原平和財団, ed. *Shidehara Kijūrō* 幣原喜重郎. Tokyo: Shidehara heiwa zaidan, 1955.

Shigemitsu, Mamoru. *Japan and Her Destiny*, ed. F. S. G. Piggott and trans. Oswald White. London: Hutchinson, 1958.

Shillony, Ben-Ami. *Revolt in Japan*. Princeton, N.J.: Princeton University Press, 1973.

Shillony, Ben-Ami. *Politics and Culture in Wartime Japan*. Oxford, England: Clarendon Press, 1980.

Shima Yasuhiko 島恭彦 et al. *Chōson gappei to nōson no henbō* 町村合併と農村の変貌. Tokyo: Yūhikaku, 1958.

Shimada Toshihiko 島田俊彦. *Kantōgun* 関東軍. Tokyo: Chūō shinsō, 1965.

Shimane ken nōrinbu, nōchi kaitakuka 島根県農林部, 農地開拓課, ed. *Shimane ken nōchi kaikaku shi* 島根県農地改革誌. Hirata: Shimane ken, 1959.

Shimane Kiyoshi しまね きよし. "Tsuihō kaijo o yōsei suru ronri" 追放解除を要請する論理. In *Kyōdō kenkyū: Nihon senryō* 共同研究: 日本占領, ed. Shisō no kagaku kenkyūkai 思想の科学研究会. Tokyo: Tokuma shoten, 1972.

Shimizu Mutsumi 清水睦. "Kenpō 'kaisei' to gikai-seido kaikaku" 憲法「改正」と議会制度改革. In *Seiji katei* 政治過程, vol. 3 of *Sengo kaikaku* 戦後改革, ed. Tōkyō daigaku shakaikagaku kenkyūjo 東京大学社会科学研究所. Tokyo: Tōkyō daigaku shuppankai, 1974-1975.

Shimomura Kainan 下村海南. *Shūsenki* 終戦記. Tokyo: Kamakura bunko, 1948.

Shimura Yoshikazu 志村嘉一. "Antei kyōkō" 安定恐慌. In *Shōwa keizai shi* 昭和経済史, ed. Arisawa Hiromi 有沢広巳. Tokyo: Nihon keizai shinbunsha, 1976.

Shinmyō Takeo 新名丈夫. *Kaigun sensō kentō kaigi kiroku: Taiheiyō sensō kaisen no keii* 海軍戦争検討会議記録: 太平洋戦争開戦の経緯. Tokyo: Mainichi shinbunsha, 1976.

Shinohara Hajime 篠原一. *Gendai Nihon no bunka henyō: Sono seijigakuteki kōsatsu* 現代日本の文化変容: その政治学的考察. Tokyo: Renga shobō, 1971.

Shinohara Hajime 篠原一 and Miyazaki Ryūji 宮崎隆次. "Sengo kaikaku to seiji karuchā" 戦後改革と政治カルチャー. In *Kadai to shikaku* 課題と視角, vol. 1 of *Sengo kaikaku* 戦後改革, ed. Tōkyō daigaku shakaikagaku kenkyūjo 東京大学社会科学研究所. Tokyo: Tokyo daigaku shappankai, 1974-1975.

Shinohara, Miyohei. *Growth and Cycles in the Japanese Economy*. Tokyo: Kinokuniya, 1962.

Shinohara Miyohei 篠原三代平. *Chōki keizai tōkei - 10: Kōkōgyō* 長期経済統計·10: 鉱工業. Tokyo: Tōyō keizai shinpōsha, 1972.

Shinohara Miyohei 篠原三代平, and Funahashi Naomichi 舟橋尚道, eds. *Nihon-*

gata chinginkōzō no kenkyū 日本型賃金構造の研究. Tokyo: Rōdō hōgaku kenkyūjo, 1961.

Shiota Shōbei 塩田庄兵衛. *Sutoraiki no rekishi* ストライキの歴史. Tokyo: Shin Nihon shuppansha, 1966.

Shiraki Masayuki 白木正之. *Nihon seitō shi: Shōwa hen* 日本政党史: 昭和編. Tokyo: Chūō kōronsha, 1949.

Shisō no kagaku kenkyūkai 思想の科学研究会, ed. *Kyōdō kenkyū: Nihon senryō kenkyū jiten* 共同研究: 日本占領研究事典 (*Kyōdō kenkyū: Nihon senryōgun*, appendix) 共同研究: 日本占領軍, 別冊. Tokyo: Tokuma shoten, 1978.

Shōda Tatsuo 勝田龍夫. *Jūshintachi no Shōwa shi* 重臣たちの昭和史, 2 vols. Tokyo, 1981.

Shōwa dōjinkai 昭和同人会, ed. *Waga kuni kanzenkoyō no igi to taisaku* 我国完全雇用の意義と対策. Tokyo: Shōwa dōjinkai, 1957.

Shōwa shi no tennō 昭和史の天皇, 30 vols. Tokyo: Yomiuri shinbunsha, 1967–75.

Shūgiin 衆議院 and Sangiin 参議院編, eds. *Gikai seido shichijū-nen shi* 議会制度七十年史, 12 vols. Tokyo: Ōkurashō insatsukyoku 大蔵省印刷局. 1960–62.

Shunpōkō tsuishōkai 春畝公追頌会. Itō Hirobumi den 伊藤博文伝, vol. 2. Tokyo: Shunpōkō tsuishōkai, 1940.

Sievers, Sharon Lee. "Kōtoku Shūsui, The Essence of Socialism: A Translation and Biographical Essay." Ph.D. diss., Stanford University, 1969.

Silberman, Bernard, and Harootunian, H. D., eds. *Japan in Crisis: Essays on Taishō Democracy*. Princeton, N.J.: Princeton University Press, 1974.

Sinha, R. P. "Unresolved Issues in Japan's Early Economic Development." *Scottish Journal of Political Economy* 16 (June 1969): 141–8.

Smethurst, Richard J. "The Military Reserve Association and the Minobe Crisis in 1935." In *Crisis Politics in Prewar Japan: Institutional and Ideological Problems of the 1930s*, ed. George M. Wilson. Tokyo: Sophia University Press, 1970.

Smethurst, Richard J. *A Social Basis for Prewar Japanese Militarism: The Army and the Rural Community*. Berkeley and Los Angeles: University of California Press, 1974.

Smith, Henry D., II. *Japan's First Student Radicals*. Cambridge, Mass.: Harvard University Press, 1972.

Smith, Robert J. *Kurusu: The Price of Progress in a Japanese Village, 1951–1975*. Folkestone, Kent: Dawson, 1978.

Smith, Thomas C. *Political Change and Industrial Development in Japan: Government Enterprise 1868–1880*. Stanford, Calif.: Stanford University Press, 1955.

Soda Osamu 祖田修. *Maeda Masana* 前田正名. Tokyo: Yoshikawa kōbunkan, 1973.

Soda Osamu 祖田修. *Chihō sangyō no shisō to undō* 地方産業の思想と運動. Kyoto: Minerva shobō, 1980.

Soma Masao 杣正夫. "Senkyo seido no kaikaku" 選挙制度の改革. In *Seiji katei*

政治過程, vol. 3 of *Sengo kaikaku* 戦後改革, ed. Tōkyō daigaku shakaikagaku kenkyūjo 東京大学社会科学研究所. Tokyo: Tokyo daigaku shuppankai, 1974-1975.

Sōrifu tōkeikyoku 総理府統局, ed. *Nihon no tōkei* 日本の統計. Tokyo: Ōkurashō insatsu kyoku, annual.

Spaulding, Robert M., Jr. *Imperial Japan's Higher Civil Service Examinations*. Princeton, N.J.: Princeton University Press, 1967.

Spaulding, Robert M., Jr. "Japan's 'New Bureaucrats,' 1932-1945." In *Crisis Politics in Prewar Japan: Institutional and Ideological Problems of the 1930s*, ed. George M. Wilson. Tokyo: Sophia University Press, 1970.

Spaulding, Robert M., Jr. "The Bureaucracy as a Political Force, 1920-1945." In *Dilemmas of Growth in Prewar Japan*, ed. James W. Morley. Princeton, N.J.: Princeton University Press, 1971.

Stanley, Thomas A. *Ōsugi Sakae: Anarchist in Taishō Japan*. Cambridge, Mass.: Harvard University Press, 1982.

Steiner, Kurt. *Local Government in Japan*. Stanford, Calif.: Stanford University Press, 1965.

Steiner, K., Krauss, E., and Flanagan, S. C., eds. *Political Opposition and Local Politics in Japan*. Princeton, N.J.: Princeton University Press, 1980.

Stephan, John. *Sakhalin: A History*. Oxford, England: Clarendon Press, 1971.

Steven, R. P. G. "Hybrid Constitutionalism in Prewar Japan." *Journal of Japanese Studies* 3 (Winter 1977): 183-216.

Stockwin, J. A. A. *The Japanese Socialist Party and Neutralism: A Study of a Political Party and Its Foreign Policy*. Carlton, Victoria, Australia: Melbourne University Press, 1968.

Stockwin, J. A. A. *Japan: Divided Politics in a Growth Economy*. New York: Norton, 1975.

Storry, G. Richard. *The Double Patriots: A Study of Japanese Nationalism*. Boston: Houghton Mifflin, 1957.

Storry, G. Richard. *Japan and the Decline of the West in Asia, 1894-1943*. New York: St. Martin's Press, 1979.

Sudō Shinji 須藤真志. "Tōjō naikaku to Nichi-Bei kōshō" 東条内閣と日米交渉. *Kyōto sangyō daigaku ronshū* 京都産業大学論集 10 (1980).

Suehiro Izutarō 末弘厳太郎. *Nihon rōdō kumiai undōshi* 日本労働組合運動史. Tokyo: Chūō kōronsha, 1954.

Sugihara Masami 杉原正巳. *Kokumin soshiki no seiji-ryoku* 国民組織の政治力. Tokyo: Modan Nipponsha, 1940.

Sugihara Masami 杉原正巳. *Atarashii Shōwa shi* 新しい昭和史. Tokyo: Shin kigensha, 1958.

Suh, Chang-chul. *Growth and Structural Changes in the Korean Economy, 1910-1940*. Cambridge, Mass: Council on East Asian Studies, Harvard University, 1978.

Sumiya Etsuji 住谷悦治. *Nihon keizaigaku shi - zōteiban* 日本経済学史・増訂版. Kyoto: Minerva shobō, 1967.

Sumiya Mikio 隅谷三喜男. *Nihon chinrōdō shiron* 日本賃労働史論. Tokyo: Tōkyō daigaku shuppankai, 1955.

Sumiya, Mikio. *Social Impact of Industrialization in Japan*. Tokyo: UNESCO, 1963.

Sumiya Mikio 隅谷三喜男. *Shōwa kyōkō* 昭和恐慌. Tokyo: Yūhikaku, 1974.

Sumiya Mikio 隅谷三喜男, ed. *Nihon rōshi kankei shiron* 日本労使関係史論. Tokyo: Tōkyō daigaku shuppankai, 1977.

Sumiya, Mikio, and Taira, Koji, eds. *An Outline of Japanese Economic History, 1603-1940*. Tokyo: Tokyo University Press, 1979.

Suzuki Masayuki 鈴木正幸. "Nichi-Ro sengo no nōson mondai no tenkai" 日露戦後の農村問題の展開. *Rekishigaku kenkyū* 歴史学研究 (1974 special issue): 150-61.

Suzuki Masayuki 鈴木正幸. "Taishōki nōmin seiji shisō no ichi sokumen - jō" 大正期農民政治思想の一側面(上). *Nihonshi kenkyū* 日本史研究, no. 173 (January 1977): 1-26.

Szal, Richard, and Robinson, Sherman. "Measuring Income Inequality." In *Income Distribution and Growth in the Less-Developed Countries*, ed. Charles R. Frank, Jr., and Richard C. Webb. Washington, D.C.: Brookings Institution, 1977.

Tachibana Kōsaburō 橘孝三郎. "Nihon aikoku kakushin hongi" 日本愛国革新本義. In *Gendai Nihon shiso taikei*, vol. 31: *Chōkokka shugi* 現代日本思想大系, 32, 超国家主義, ed. Hashikawa Bunzō 橋川文三. Tokyo: Chikuma shobō, 1964.

Tachibanaki Toshiaki 橘木俊昭. "Shūnyū bunpai to shotoku bunpai no fubyōdō" 収入分配と所得分配の不平等. *Kikan gendai keizai* 季刊現代経済, no. 28 (1977): 160-175.

Taikakai 大霞会, ed. *Naimushō shi* 内務省史, 4 vols. Tokyo: Chihō zaimu kyōkai, 1970.

Taira, Koji. "Characteristics of Japanese Labor Markets." *Economic Development and Cultural Change* 10 (January 1962): 150-168.

Taira, Koji. *Economic Development and the Labor Market in Japan*. New York: Columbia University Press, 1970.

Taira, Koji. "Education and Literacy in Meiji Japan: An Interpretation." *Explorations in Economic History* 8 (July 1971): 371-394.

Taiyō 太陽 16 (November 1910).

Takabatake Michitoshi 高畠通敏. "Taishū undo no tayōka to henshitsu" 大衆運動の多様化と変質. In *Nenpō seijigaku* 年報政治学 1977 (*55-nen taisei no keisei to hōkai: Zoku gendai nihon no seiji katei*) 55年体制の形成と崩壊—続現代日本の政治過程, ed. Nihon seiji gakkai 日本政治学会. Tokyo: Iwanami shoten, 1979.

Takagi Sōkichi 高木惣吉. *Taiheiyō sensō to riku-kaigun no kōsō* 太平洋戦争と陸海軍の抗争. Tokyo: Keizai Ōraisha, 1967.

Takagi Sōkichi 高木惣吉. *Shikan: Taiheiyō sensō* 私観: 太平洋戦争. Tokyo: Bungei shunjūsha, 1969.

Takahashi Hisashi 高橋久志. "Tōa kyōdōtai ron" 東亜協同体論. In *Nihon no 1930 nendai* 日本の一九三〇年代, ed. Miwa Kimitada 三輪公忠. Tokyo: Sōryūsha, 1980.

Takahashi Hiroshi 高橋紘 and Suzuki Kunihiko 鈴木邦彦. *Tennōke no misshi tachi: "Hiroku senryō" to kōshitsu* 天皇家の密使たち—「秘録」占領と皇室. Tokyo: Tokuma shoten, 1981.

Takahashi Iichirō 高橋伊一郎 and Shirakawa Kiyoshi 白川清, eds. *Nōchi kaikaku to jinushi sei* 農地改革と地主制. Tokyo: Ochanomizu shobō, 1955.

Takahashi Kamekichi 高橋亀吉. *Nihon zaibatsu no kaibō* 日本財閥の解剖. Tokyo: Chūō kōronsha, 1930.

Takahashi Kamekichi 高橋亀吉. *Taishō Shōwa zaikai hendōshi* 大正昭和財界変動史, 3 vols. Tokyo: Tōyō keizai shinpōsha, 1954.

Takahashi Korekiyo 高橋是清. *Zuisōroku* 随想録. Tokyo: Chikura shobō, 1936.

Takamura Naosuke 高村直助. *Nihon bōsekigyō shi josetsu* 日本紡績業史序説. Tokyo: Hanawa shobō, 1971.

Takasuka Yoshihiro 高須賀義博. *Gendai Nihon no bukka mondai* 現代日本の物価問題, rev. ed. Tokyo: Shinhyōron, 1975.

Takayama Shinobu 高山信武. *Sambō honbu sakusenka: sakusen ronsō no jissō to hansei* 参謀本部作戦課：作戦論争の実相と反省. Tokyo: Fuyō shobō, 1978.

Takekoshi, Yosaburo. "Japan's Colonial Policy." In *Japan to America*, ed. Masaoka Naoichi. New York: Putnam, 1915.

Takekoshi Yosaburō 竹越與三郎, Inukai Tsuyoshi 犬養毅, et al. "Chōsen shidan zōsetsu mondai" 朝鮮師團増設問題. *Taiyō* 太陽 17 (August 1911): 81-92.

Takemae Eiji 竹前栄治. "Reddo pāji" レッドパージ. In *Kyōdō kenkyū: Nihon senryōgun: Sono hikari to kage* 共同研究：日本占領軍：その光と影, vol. 1, ed. Shisō no kagaku kenkyūkai 思想の科学研究会. Tokyo: Tokuma shoten, 1978.

Takemae Eiji 竹前栄治. "1949-nen rōdōhō kaisei zenshi: Senryō seisaku o chūshin to shite" 1949年労働法改正前史—占領政策を中心として. In *Senryōki nihon no keizai to seiji* 占領期日本の経済と政治, ed. Nakamura Takafusa 中村隆英. Tokyo: Tōkyō daigaku shuppankai, 1979.

Takemae Eiji 竹前栄治. *Senryō sengo shi: Tai-Nichi kanri seisaku no zenyō* 占領戦後史：対日管理政策の全容. Tokyo: Keisō shobō, 1980.

Takanaka Emiko 竹中恵美子. "Kyōkō to sensōka ni okeru rōdō shijō no henbō" 恐慌と戦争下における労働史上の変貌. *Kōza Nihon shihonshugi hattatsu shiron*, vol. 3: *Kyōkō kara sensō e* 講座 日本資本主義発達史論：III 恐慌から戦争へ, ed. Kawai Ichirō 川合一郎 et al. Tokyo: Hyōronsha, 1968.

Takeuchi Yoshimi 竹内好. *Hōhō to shite no Ajia: Waga senzen, senchū, sengo* 方法としてのアジア：わが戦前・戦中・戦後. Tokyo: Sōkisha, 1978.

Takeuchi Yoshimi 竹内好, and Kawakami Tetsutarō 河上徹太郎, eds. *Kindai no chōkoku* 近代の超克. Tokyo: Fuzambo, 1979.

Takeuchi Yoshitomo 竹内良知. *Shōwa shisōshi* 昭和思想史. Tokyo: Minerva shobō, 1958.

Takeuchi Yoshitomo 竹内良知 and Suzuki Tadashi 鈴木正. "'Shinkō kagaku no *hata no moto ni'* to '*Yuibutsuron kenkyū*' "「新興科学の旗のもとに」と「唯物論研究」. *Shisō* 思想 465 (March 1963): 108-19.

Tamura Yoshio 田村吉雄, ed. *Hiroku Daitōa sensō* 秘録大東亜戦争. Tokyo: Fuji shoen, 1952-5.

Tanaka Giichi 田中義一. "Zuikan zatsuroku" 随感雑録 (1906). In *Tanaka Giichi bunsho* 田中義一文書 in the possession of Yamaguchi ken bunsho kanzō 山口県文書館蔵.

Tanaka Manabu 田中学. "Nōchi kaikaku to nōmin undō" 農地改革と農民運動. In *Nōchi kaikaku* 農地改革, vol. 6 of *Sengo kaikaku* 戦後改革, ed. Tōkyō daigaku shakaikagaku kenkyūjo 東京大学社会科学研究所. Tokyo: Tōkyō daigaku shuppankai, 1974-1975.

Tanaka Manabu 田中学. "Rōdōryoku chōtatsu kikō to rōshi kankei" 労働力調達機構と労使関係. In *Kaikakugo no Nihon keizai* 改革後の日本経済, vol. 8 of *Sengo kaikaku* 戦後改革, ed. Tōkyō daigaku shakaikagaku kenkyūjo 東京大学社会科学研究所. Tokyo: Tōkyō daigaku shuppankai, 1974-5.

Tanaka Ryūkichi 田中隆吉. *Haiin o tsuku: Gunbatsu sen'ō no jissō* 敗因を衝く：軍閥専横の実相. Tokyo: Sansuisha, 1946.

Tanaka Sōgorō 田中惣五郎, ed. *Shiryō: Taishō shakai undōshi* 史料・大正社会運動史. Tokyo: San'ichi shobō, 1970.

Tanemura Sakō 種村佐孝. *Daihonei kimitsu nisshi* 大本営機密日誌. Tokyo: Diamondosha, 1979.

Tanizaki, Junichirō. *In Praise of Shadows*, trans. Edward Seidensticker and Thomas Harper. New Haven, Conn.: Leete's Island Books, 1977.

Teishinshō 遞信省, ed. *Tetsudō kokuyū shimatsu ippan* 鐵道國有始末一斑. In *Nihon sangyō shiryō taikei* 日本産業資料大系, vol. 11, ed. Takimoto Seiichi 瀧本誠一 and Mukai Shikamatsu 向井鹿松. Tokyo: Chūgai shōgyō shinpōsha, 1927.

Tendō Akira 天藤明. *Sangokai daikaisen: Kantai jūgun hiroku* 珊瑚海大海戦：艦隊従軍秘録. Tokyo: Masu shobō, 1956.

Terasaki, Gwen. *Bridge to the Sun*. Harmondsworth, England: Penguin, 1962.

Tetsudō jihōkyoku 鐵道時報局, ed. *10-nen kinen Nihon no tetsudō ron* 10年記念日本の鐵道論. *Meiji-ki tetsudōshi shiryō* 明治期鉄道史資料, suppl. vol. 1, ed. Noda Masaho 野田正穂, Harada Katsumasa 原田勝正 and Aoki Eiichi 青木栄一. Tokyo: Nihon keizai hyōronsha, 1981.

Tetsudōin 鐵道院, ed. *Hompō tetsudō no shakai oyobi keizai ni oyoboseru eikyō* 本邦鐵道の社會及經濟に及ぼせる影響. Tokyo: Tetsudōin, 1930.

Tezuka Kazuaki 手塚和彰. "Kyū-rōdōkumiaihō no keisei to tenkai: Shoki rōdō iinkai no kinō bunseki o chūshin to shite" 旧労働組合法の形成と展開—初期労働委員会の機能分析を中心として—. In *Rōdō seisaku* 労働政策, vol. 5 of *Sengo kaikaku* 戦後改革, ed. Tōkyō daigaku shakaikagaku kenkyūjo 東京大学社会科学研究所. Tokyo: Tōkyō daigaku shuppankai, 1974-1975.

Thayer, Nathaniel B. *How the Conservatives Rule Japan*. Princeton, N.J.: Princeton University Press, 1969.

Thorne, Christopher. *Allies of a Kind: The United States, Britain, and the War*

Against Japan, 1941-1945. New York: Oxford University Press, 1978.

Tiedemann, Arthur E. "Big Business and Politics in Prewar Japan." In *Dilemmas of Growth in Prewar Japan*, ed. James W. Morley. Princeton, N.J.: Princeton University Press, 1971.

Tōa remmei dōshikai 東亜連盟同志会. "Shōwa ishin ron" 昭和維新論. In *Gendai Nihon shisō taikei* 現代日本思想大系, vol. 31: *Chōkokka shugi* 超国家主議, ed. Hashikawa Bunzō 橋川文三. Tokyo: Chikuma shobō, 1964.

Tōbata Seiichi 東畑精一. "Jinushi no shohanchū" 地主の諸範疇. *Kokka gakkai zasshi* 国家学会雑誌 55 (June 1941): 37-56.

Tōbata Seiichi 東畑精一, ed. *Nōgyō ni okeru senzai shitsugyō* 農業における潜在失業. Tokyo: Nihon hyōronsha, 1956.

Tōbata Seiichi 東畑精一 and Ōkawa Kazushi 大川一司, eds. *Nihon no keizai to nōgyō* 日本の経済と農業, vol. 1. Tokyo: Iwanami shoten, 1956.

Tōgō Minoru 東郷實. *Nihon shokumin ron* 日本植民論. Tokyo: Bunbudo, 1906.

Tōgō, Shigenori. *The Cause of Japan*, trans. F. Tōgō and B. B. Blakeney. New York: Simon & Schuster, 1956.

Tōkyō daigaku shakaikagaku kenkyūjo 東京大学社会科学研究所, eds. *Nachisu keizai to nyuu deiiru* ナチス経済とニューディール, vol. 3 of *Fuashizumuki no kokka to shakai* ファシズム期の国家と社会. Tokyo: Tōkyō daigaku shuppankai, 1979.

Tōkyō daigaku shakaikagaku kenkyūjo 東京大学社会科学研究所, eds. *Senji Nihon no hōtaisei* 戦時日本の法体制, vol. 5 of *Fuashizumuki no kokka to shakai* ファシズム期の国家と社会. Tokyo: Tōkyō daigaku shuppankai, 1979.

Tōkyō daigaku shakaikagaku kenkyūjo 東京大学社会科学研究所, eds. *Yooropa no hōtaisei* ヨーロッパの法体制, vol. 4 of *Fuashizumuki no kokka to shakai* ファシズム期の国家と社会. Tokyo: Tōkyō daigaku shuppankai, 1979.

Tominaga Ken'ichi 富永健一. "Shakai kaisō to shakai idō no sūsei bunseki" 社会階層と社会移動の趨勢分析. In *Nihon no kaisō kōzō* 日本の階層構造, ed. Tominaga Ken'ichi 富永健一. Tokyo: Tōkyō daigaku shuppankai, 1979.

Totten, George O., III, ed. *Democracy in Prewar Japan: Groundwork of Façade?* Lexington, Mass.: Heath, 1965.

Totten, George O., III. *The Social Democratic Movement in Prewar Japan*. New Haven, Conn.: Yale University Press, 1966.

Totten, George O., III. "Collective Bargaining and Works Councils as Innovations in Industrial Relations in Japan during the 1920s." In *Aspects of Social Change in Modern Japan*, ed. Ronald P. Dore. Princeton, N.J.: Princeton University Press, 1967.

Totten, George O., III. "Japanese Industrial Relations at the Crossroads: The Great Noda Strike of 1927-1928." In *Japan in Crisis: Essays on Taishō Democracy*, ed. Bernard Silberman and H. D. Harootunian. Princeton, N.J.: Princeton University Press, 1974.

Toyama Saburō 外山三郎. *Dai Tōa sensō to senshi no kyōkun* 大東亜戦争と戦史の教訓. Tokyo: Hara shobō, 1979.

Toyama, Saburo. "Lessons from the Past." U.S. Naval Institute *Proceedings*, September 1982.

Tōyō keizai shinpōsha 東洋経済新報社, ed. *Meiji Taishō kokusei sōran* 明治大正国勢総覧. Tokyo: Tōyō keizai shinpōsha, 1927.

Tōyō keizai shinpōsha 東洋経済新報社. *Shōwa kokusei sōran* 昭和国勢総覧, 2 vols. Tokyo: Tōyō keizai Shinpōsha, 1980.

Toyoda Jō 豊田穣. *Namimakura ikutabizo* 波まくらいくたびぞ. Tokyo: Kōdansha, 1973.

Tsuchiya Takao 土屋喬雄. *Zaibatsu o kizuita hitobito* 財閥を築いた人々. Tokyo: Kōbundō, 1955.

Tsuchiya Takao 土屋喬雄. *Nihon no keieisha seishin* 日本の経営者精神. Tokyo: Keizai ōraisha, 1959.

Tsuda Sōkichi 津田左右吉. *Bungaku ni arawaretaru waga kokumin no shisō* 文学に現はれたる我が国民の思想. Tokyo: Rakuyōdō, 1918-1921.

Tsuji Kiyoaki 辻清明. "Sengo kaikaku to seiji katei" 戦後改革と政治過程. In *Seiji katei* 政治過程, vol. 3 of *Sengo kaikaku* 戦後改革, ed. Tōkyō daigaku shakaikagaku kenkyūjo 東京大学社会科学研究所. Tokyo: Tōkyō daigaku shuppankai, 1974-5.

Tsuji Masanobu 辻政信. *Guadalcanal* ガダルカナル. Tokyo: Kawade shobō, 1967.

Tsukuda Jitsuo 佃実夫. "Yokohama kara no shōgen" ヨコハマからの証言. In *Kyōdō kenkyū: Nihon senryō* 共同研究：日本占領, ed. Shisō no kagaku kenkyūkai 思想の科学研究会, Tokyo: Tokuma shoten, 1972.

Tsukui Tatsuo 津久井龍雄, ed *Nippon seiji nenpō: Shōwa jūshichi-nen* 日本政治年報：昭和十七年 vol. 1. Tokyo: Shōwa shobō, 1942.

Tsunoda Fusako 角田房子. *Issai yume ni gozasōrō: Honma Masaharu chūjō den* いっさい夢にござ候：本間雅晴中将伝. Tokyo: Chūō kōronsha, 1973.

Tsunoda Jun 角田順, ed. *Ishiwara Kanji shiryō: Kokubōronsaku* 石原莞爾資料：国防論策. Tokyo: Hara shobō, 1967.

Tsunoda, Ryusaku, de Bary, Theodore et al. *Sources of Japanese Tradition*. New York: Columbia University Press, 1958.

Tsurumi, E. Patricia. *Japanese Colonial Education in Taiwan, 1895-1945*. Cambridge, Mass.: Harvard University Press, 1977.

Tsuruta Yoshimasa 鶴田俊正. *Sengo Nihon no sangyō seisaku* 戦後日本の産業政策. Tokyo: Nihon keizai shinbunsha, 1982.

Tsurutani, Taketsugu. *Political Change in Japan*. New York: McKay, 1977.

Tsūshō sangyōshō 通商産業省. *Sangyō gorika hakusho* 産業合理化白書. Tokyo: Nikkan kōgyō shinbunsha, 1957.

Tsūshō sangyōshō 通商産業省, ed. *Shōkō seisaku shi*, vol. 15: *Sen'i kōgyō* (1) 商工政策史, 繊維工業 (1). Tokyo: Shōkō seisakushi kankōkai, 1968.

Tsūshō sangyōshō 通商産業省, ed. *Shōkō seisaku shi*, vol. 17: *Tekkō* 商工政策史, 鉄鋼. Tokyo: Shōkō seisakushi kankōkai, 1970.

Tsūshō sangyōshō jūkōgyō kyoku 通商産業省重工業局. *Tekkōgyō no gōrika to sono seika* 鉄鋼業の合理化とその成果. Tokyo: Kōgyō tosho shuppan, 1963.

Tung Hsien-kuang 董顕光. *Shō Kai-seki* 蒋介石, trans. Terashima Masashi 寺島正 and Okuno Masami 奥野正巳. Tokyo: Nihon gaisei gakkai, 1956.

Uchikawa Yoshimi 内川芳美. "Masukomi jidai no tenkai to seiji katei" マスコミ時代の展開と政治過程. In *Nenpō seijigaku* 年報政治学 1977 (*55-nen taisei no keisei to hōkai: Zoku gendai Nihon no seiji katei*) 55 年体制の形成と崩壊: 続 現代日本の政治過程, ed. Nihon seiji gakkai 日本政治学会. Tokyo: Iwanami shoten, 1979.

Uehara Nobuhiro 上原信博. "Nōchi kaikaku katei to nōchi kaikaku ron" 農地改革過程と農地改革論. In *Nōchi kaikaku* 農地改革, vol. 6 of *Sengo kaikaku* 戦後改革, ed. Tōkyō daigaku shakaikagaku kenkyūjo 東京大学社会科学研究所. Tokyo: Tōkyō daigaku shuppankai, 1974-1975.

Ueno Hiroya 上野裕也. *Nihon no keizai seido* 日本の経済制度. Tokyo: Nihon keizai shinbunsha, 1978.

Uesugi Shinkichi 上杉慎吉. *Teikoku kenpō chikujō kōgi* 帝国憲法逐条講義. Tokyo: Nihon hyōronsha, 1935.

Ueyama Shunpei 上山春平. *Dai Tōa sensō no imi* 大東亜戦争の意味. Tokyo: Chūō kōronsha, 1964.

Ugaki Kazushige 宇垣一成. *Ugaki Kazushige nikki* 宇垣一成日記, vol. 2. Tokyo: Misuzu shobō, 1970.

Umemura Mataji 梅村又次. *Sengo Nihon no rōdōyoku* 戦後日本の労働欲. Tokyo: Iwanami shoten, 1964.

Umemura Mataji 梅村又次. "Sangyōbetsu koyō no hendō 1880-1940 nen" 産業別雇用の変動 1880-1940 年. *Keizai kenkyū* 経済研究 24 (April 1973): 107-16.

Umemura, Mataji. "Population and Labor Force." In *Patterns of Japanese Economic Development: A Quantitative Appraisal*, ed. Kazushi Ohkawa, Miyohei Shinohara et al. New Haven, Conn.: Yale University Press, 1979.

Umemura Mataji 梅村又次 et al. *Chōki keizai tōkei - suikei to bunseki*, vol. 9: *Nōringyō* 長期経済統計―推計と分析 9: 農林業. Tokyo: Tōyō keizai shinpōsha, 1966.

Umihara Osamu 海原修. *Senshi ni manabu* 戦史に学ぶ. Tokyo: Asagumo shinbunsha, 1970.

Uraki Shin'ichi 浦城晋一. *Nihon nōmin no henkan katei* 日本農民の変換過程. Tokyo: Ochanomizu shobō, 1978.

U.S. Strategic Bombing Survey (Pacific), Military Analysis Division. *Japanese Air Power*. Washington, D.C.: USGPO, 1947.

U.S. Strategic Bombing Survey, Military Analysis Division. *Air Campaigns of the Pacific War*. Washington, D.C.: USGPO, 1946.

U.S. Strategic Bombing Survey (Pacific), Naval Analysis Division. *Interrogations of Japanese Officials*, 2 vols. Washington, D.C.: USGPO, 1946.

Ushiomi Toshitaka 潮見俊隆 et al. *Nihon no nōson* 日本の農村. Tokyo: Iwanami shoten, 1957.

Usui Katsumi 臼井勝美. *Nitchū sensō* 日中戦争. Tokyo: Chūō kōronsha, 1967.

Usui Katsumi 臼井勝美. *Nitchū gaikō shi: Hokubatsu no jidai* 日本外交史: 北伐の時代. Tokyo: Hanawa shobō, 1971.

Usui Katsumi 臼井勝美. *Manshū jihen* 満州事変. Tokyo: Chūō kōronsha, 1974.

Usui, Katsumi. "On the Duration of the Pacific War." *Japan Quarterly* (October–December 1981): 479–488.

Utley, Freda. *Japan's Feet of Clay*. New York: Norton, 1937.

Wada Hidekichi 和田日出吉. *Nissan kontserun tokuhon* 日産コンツェルン読本. Tokyo: Shunjūsha, 1937.

Wagner, Jeffrey Paul. "Sano Manabu and the Japanese Adaptation of Socialism." Ph. D. diss., University of Arizona, 1978.

Ward, Robert E. *Political Development in Modern Japan*. Princeton, N.J.: Princeton University Press, 1968.

Ward, Robert E. "Reflections on the Allied Occupation and Planned Political Change in Japan." In *Political Development in Modern Japan*, ed. Robert E. Ward. Princeton, N.J.: Princeton University Press, 1968.

Waswo, Ann. *Japanese Landlords: The Decline of a Rural Elite*. Berkeley and Los Angeles: University of California Press, 1977.

Waswo, Ann. "In Search of Equity: Japanese Tenant Unions in the 1920s." In *Conflict in Modern Japanese History: The Neglected Tradition*, ed. Tetsuo Najita and Victor Koschmann. Princeton, N.J.: Princeton University Press, 1982.

Watanabe, Akio. "Japanese Public Opinion and Foreign Policy, 1964–1973." In *The Foreign Policy of Modern Japan*, ed. Robert A. Scalapino. Berkeley and Los Angeles: University of California Press, 1977.

Watanabe Akio 渡辺昭夫. "Dai 61-dai: Dai 1-ji Satō naikaku: 'Kan'yō to nintai' kara 'kan'yō to chōwa' e" 第61代・第 1 次佐藤内閣「寛容と忍耐」から「寛容と調和」へ. In *Nihon naikakushi roku* 日本内閣史録. vol. 6, ed. Hayashi Shigeru 林茂. Tokyo: Daiichi hōki, 1981.

Watanabe Akio 渡辺昭夫. "Dai 62-dai: Dai 2-ji Satō naikaku: Jūjitsu shita 3-nen kan" 第62代・第 2 次佐藤内閣―充実した 3 年間. In *Nihon naikakushi roku* 日本内閣史録, vol. 6, ed. Hayashi Shigeru 林茂. Tokyo: Daiichi hōki, 1981.

Watanabe Akio 渡辺昭夫. "Dai 63-dai: Dai 3-ji Satō naikaku: Gekidō no 70-nendai e no hashi watashi" 第63代・第 3 次佐藤内閣―激動の70年代への橋渡し. In *Nihon naikakushi roku* 日本内閣史録, vol. 6, ed. Hayashi Shigeru 林茂. Tokyo: Daiichi hōki, 1981.

Watanabe Haruo 渡辺春男. *Nihon marukusushugi undō no reimei* 日本マルクス主義運動の黎明. Tokyo: Aoki shoten, 1957.

Watanabe, Hisamaru 渡辺久丸. "Shōchō tennōsei no seijiteki yakuwari" 象徴天皇制の政治的役割. In *Tennōsei to minshū* 天皇制と民衆, ed. Gotō Yasushi 後藤靖. Tokyo: Tōkyō daigaku shuppankai, 1976.

Watanabe Shin'ichi 渡辺信一. *Nihon no keiei kōzō – senzen hen* 日本の経営構造―戦前篇. Tokyo: Yushōdō, 1971.

Watanabe Toru 渡部徹. "Nihon no marukusushugi undō ron" 日本のマルクス主義運動論. In *Kōza marukusushugi* 講座 マルクス主義, vol. 12. Tokyo: Nihon hyōronsha, 1974.

Watanabe Yōzō 渡辺洋三. "Nōchi kaikaku to sengo nōchihō" 農地改革と戦後農地法. In *Nōchi kaikaku* 東京大学出版会, vol. 6 of *Sengo kaikaku* 戦後改革, ed. Tōkyō daigaku shakaikagaku kenkyūjō 東京大学社会科学研究所. Tokyo: Tōkyō daigaku shuppankai, 1974–1975.

Watanabe Yōzō 渡辺洋三. "Sengo kaikaku to Nihon gendaihō" 戦後改革と日本現代法. In *Kadai to shikaku* 課題と視角, vol, 1 of *Sengo kaikaku* 戦後改革, ed. Tōkyō daigaku shakaikagaku kenkyūjo 東京大学社会科学研究所. Tokyo: Tōkyō daigaku shuppankai, 1974–1975.

Watanuki Jōji 綿貫譲治. "Kōdo seichō to keizai taikokuka no seiji katei" 高度成長と経済大国化の政治過程. In *Nenpō seijigaku* 年報政治学 1977 (*55-nen taisei no keisei to hōkai: Zoku gendai nihon no seiji katei*) 55 年体制の形成と崩壊―続現代日本の政治過程. Tokyo: Iwanami shoten, 1979.

Watsuji Tetsurō 和辻哲郎. *Nihon kodai bunka* 日本古代文化. Tokyo: Iwanami shoten, 1920.

Watsuji Tetsurō 和辻哲郎. *Koji junrei* 古寺巡禮. Tokyo: Iwanami shoten, 1947.

Watsuji, Tetsurō. *Climate*, trans. Geoffrey Bownas. Tokyo: Hokuseido Press, 1961.

Watsuji Tetsurō 和辻哲郎. *Nihon seishinshi kenkyū* 日本精神史研究. Tokyo: Iwanami shoten, 1970.

White, James W. *The Sōkagakkai and Mass Society*. Stanford, Calif.: Stanford University Press, 1970.

Whitney, Courtney. *MacArthur: His Rendezvous with History*. New York: Knopf, 1956.

Williams, David E. "Beyond Political Economy: A Critique of Issues Raised in Chalmers Johnson's *MITI and the Japanese Miracle*." Social and Economic Research on Modern Japan, Occasional Paper no. 35. Berlin: East Asian Institute, Free University of Berlin, 1983.

Wilson, George M. *Radical Nationalist in Japan: Kita Ikki, 1883–1937*. Cambridge, Mass.: Harvard University Press, 1969.

Wilson, George M., ed. *Crisis Politics in Prewar Japan: Institutional and Ideological Problems of the 1930s*. Tokyo: Sophia University Press, 1970.

Wray, William D. *Mitsubishi and the N.Y.K., 1870–1914: Business Strategy in the Japanese Shipping Industry*. Cambridge, Mass.: Harvard University Press, 1985.

Yabe Teiji 矢部貞治, ed. *Konoe Fumimaro* 近衛文麿, 2 vols. Tokyo: Kōbundō, 1952.

Yamabe Kentaro 山辺健太郎. "Nihon teikokushugi to shokuminchi" 日本帝国主義と植民地. In *Iwanami kōza rekishi* 岩波講座歴史, vol. 19, ed. Iwanami kōza. Tokyo: Iwanami shoten, 1963.

Yamabe Kentarō 山辺健太郎. *Nihon tōchika no Chōsen* 日本統治下の朝鮮. Tokyo: Iwanami shinsho, 1975.

Yamada Junzō 山田準三. "Senjichū no rōdōsha" 戦時中の労働者. In *Gendai Nihon shihonshugi taikei IV: Rōdō* 現代日本資本主義体系 Ⅳ：労働, ed. Aihara Shigeru 相原茂. Tokyo: Kōbundō, 1958.

Yamada Saburō 山田三郎. "Nōgyō" 農業. In *Nihon keizai ron - Keizai seichō 100-nen no bunseki* 日本経済論 - 経済成長百年の分析 ed. Emi Kōichi 江見康一 and Shionoya Yūichi 塩野谷祐一. Tokyo: Yūhikaku, 1973.

Yamada, Saburo, and Yujiro, Hayami. "Agriculture." In *Patterns of Japanese Economic Development: A Quantitative Appraisal*, ed. Kazushi Ohkawa and Miyohei Shinohara et al. New Haven, Conn.: Yale University Press, 1979.

Yamada Yūzō 山田雄三. *Nihon kokumin shotoku suikei shiryō* 日本国民所得推計資料, rev. ed. Tokyo: Tōyō keizai shinpōsha, 1957.

Yamaguchi Jūji 山口重次. *Manshū teikoku* 満州帝国. Tokyo: Gyōsei tsūshinsha, 1975.

Yamaji Aizan 山路愛山. "Genji no shakai mondai oyobi shakaishugisha" 現時の社会問題及び社会主義者. In *Shakaishugi shiron* 社会主義史論, ed. Kishimoto Eitarō 岸本英太郎. Tokyo: Aoki shoten, 1955.

Yamakawa Hitoshi 山川均. "Rōdō undō no shakaiteki igi" 労働運動の社会的意義. In *Yamakawa Hitoshi zenshū* 山川均全集, vol. 2, ed. Yamakawa Kikue 山川菊栄 and Yamakawa Shinsaku 山川振作. Tokyo: Keisō shobō, 1966.

Yamakawa Hitoshi 山川均. "Tami o moto to sezaru Yoshino hakase to Ōyama Ikuo shi no minponshugi" 民を本とせざる吉野博士と大山郁夫氏の民本主義. In *Yamakawa Hitoshi zenshū* 山川均全集, vol. 2, ed. Yamakawa Kikue 山川菊栄 and Yamakawa Shinsaku 山川振作. Tokyo: Keisō shobō, 1966.

Yamakawa Hitoshi 山川均. "Musan kaikyū undō no hōkō tenkan" 無産階級運動の方向転換. In *Yamakawa Hitoshi zenshū* 山川均全集, vol. 4, ed. Yamakawa Kikue 山川菊栄 and Yamakawa Shinsaku 山川振作. Tokyo: Keisō shobō, 1967.

Yamakawa Hitoshi 山川均. "Rōdō undō ni taisuru chishiki kaikyū no chii" 労働運動に対する知識階級の地位. In *Yamakawa Hitoshi zenshū* 山川均全集, vol. 3, ed. Yamakawa Kikue 山川菊栄 and Yamakawa Shinsaku 山川振作. Tokyo: Keisō shobō, 1967.

Yamakawa Hitoshi 山川均. " 'Kaizō Nihon' to musan kaikyū undō"「改造日本」と無産階級運動. In *Yamakawa Hitoshi zenshū* 山川均全集, vol. 5, ed. Yamakawa Kikue 山川菊栄 and Yamakawa Shinsaku 山川振作. Tokyo: Keisō shobō, 1968.

Yamamoto Kiyoshi 山本潔. "Sengo rōdō kumiai no shuppatsuten" 戦後労働組合の出発点. In *Nihon rōshi kankei shiron* 日本労使関係史論, ed. Sumiya Mikio 隅谷三喜男. Tokyo: Tōkyō daigaku shuppankai, 1977.

Yamamoto Kiyoshi 山本潔. *Sengo rōdō undō shiron* 戦後労働史論, vol. 1. Tokyo: Ochanomizu shobō, 1977.

Yamamura, Kozo. "The Founding of Mitsubishi: A Case Study in Japanese Business History." *Business History Review* 41 (1967): 141-160.

Yamamura, Kozo. "Success Illgotten? The Role of Meiji Militarism in Japan's Technical Progress." *Journal of Economic History* 37 (March 1977).

Yamamura Kōzō ヤマムラ コーゾー. "Kikai kōgyō ni okeru seiō gijutsu no dōnyū" 機械工業における西欧技術の導入, trans. Nakamura Takafusa 中村隆

英. In *Washinton taisei to Nichibei kankei* ワシントン体制と日米関係, ed. Hosoya Chihiro 細谷千博 and Saitō Makoto 斉藤真. Tokyo: Tōkyō daigaku shuppankai, 1978.

Yamanouchi Yasushi 山之内靖. "Iwayuru shakai ishiki keitai ni tsuite" いわゆる社会意識形態について. *Shisō* 思想 568, 569 (October 1971–November 1971).

Yamazawa Ippei 山沢逸平 and Yamamoto Yūzō 山本有造. *Chōki keizai tōkei - 14: Bōeki to kokusai shūshi* 長期経済統計・14: 貿易と国際収支. Tokyo: Tōyō keizai shinpōsha, 1974.

Yamazumi, Masumi. "Textbook Revision: The Swing to the Right." *Japan Quarterly* (October–December 1981): 472–478.

Yanagida Izumi 柳田泉. *Kinoshita Naoe* 木下尚江. Tokyo: Rironsha, 1955.

Yanagida Kunio 柳田国男. *Tōno monogatari* 遠野物語. Tokyo: Kyōdo kenkyūsha, 1938.

Yanaihara Tadao 矢内原忠雄. "Sōsetsu" 総説. In *Sengo nihon shōshi* 戦後日本小史, vol. 1, ed. Yanaihara Tadao 矢内原忠雄. Tokyo: Tōkyō daigaku shuppankai, 1958.

Yano Tōru 矢野暢. *Nihon no Nan'yō shikan* 日本の南洋史観. Tokyo: Chūō shinsho, 1979.

Yano Tsuneta kinenkai 矢野恒太記念会, ed. *Nihon kokusei zue* 日本国勢図会. Tokyo: Kokuseisha, 1981.

Yasuba, Yasukichi. "The Evolution of Dualistic Wage Structure." In *Industrialization and Its Social Consequences*, ed. Hugh T. Patrick. Berkeley and Los Angeles: University of California Press, 1976.

Yasuba Yasukichi 安場保吉. "Senzen no Nihon ni okeru kōgyō tōkei no shimpyōsei ni tsuite" 戦前の日本における工業統計の信憑性について. *Ōsaka daigaku keizaigaku* 大阪大学経済学 17 (1977–1978).

Yasuda Tsuneo 安田常雄. *Nihon fuashizumu to minshū undō* 日本ファシズムと民衆運動. Tokyo: Renga shobō shinsha, 1979.

Yasuda Yojūrō 保田與重郎. "Nihon no hashi" 日本の橋. *Bungakukai* 文学界 (October 1936).

Yasuda Yōjūrō 保田與重郎. "Bunmei kaika no ronri no shūen" 文明開化の論理の終焉. In *Kindai no chōkoku* 近代の超克, ed. Takeuchi Yoshimi 竹内好 and Kawakami Tetsutarō 河上徹太郎. Tokyo: Fuzanbō, 1979.

Yatsugi Kazuo 矢次一夫. *Rōdō sōgi hiroku* 労働争議秘録. Tokyo: Nihon kōgyō shinbunsha, 1979.

Yawata seitetsusho 八幡製鉄所, ed. *Yawata seitetsusho 50-nen shi* 八幡製鉄所五十年史. Tokyo: Yawata seitetsusho, 1950.

Yayama, Taro. "The Newspapers Conduct a Mad Rhapsody over the Textbook Issue." *Journal of Japanese Studies* 9 (Summer 1983): 301–316.

Yoda Seiichi 依田精一. "Sengo kazoku seido kaikaku to shinkazokukan no seiritsu" 戦後家族制度改革と新家族観の成立. In *Kadai to shikaku* 課題と視角, vol. 1 of *Sengo kaikaku* 戦後改革, ed. Tōkyō daigaku shakaikagaku kenkyūjo 東京大学社会科学研究所. Tokyo: Tōkyō daigaku shuppankai, 1974–1975.

Yoda Seiichi 依田精一. "Senryō seisaku ni okeru fujin kaihō" 占領政策における婦人解放. In *Senryōki Nihon no keizai to seiji* 占領期日本の経済と政治, ed. Nakamura Takafusa 中村隆英. Tokyo: Tōkyō daigaku shuppankai, 1979.

Yokoyama Gen'nosuke 横山源之助. *Nihon no kasō shakai* 日本の下層社会. Tokyo: Kyōbunkan, 1899.

Yokoyama Keiji 横山桂次. "Toshi saikaihatsu to shimin sanka no seidoka" 都市再開発と市民参加の制度化. In *Nenpō seijigaku* 年報政治学 1974 (*Seiji sanka no riron to genjitsu*) 政治参加の理論と現実, ed. Nihon seiji gakkai 日本政治学会. Tokyo: Iwanami shoten, 1975.

Yokusan kokumin undō shi 翼賛国民運動史, ed. Yokusan undō shi kankōkai 翼賛運動史刊行会, Tokyo: Yokusan undō shi kankōkai, 1954.

Yoshida Katsumi 吉田克巳. "Nōchi kaikakuhō no rippō katei: Nōgyō keiei kibo mondai o chūshin to shite" 農地改革法の立法過程—農業経営規模問題を中心として. In *Nōchi kaikaku* 農地改革, vol. 6 of *Sengo kaikaku* 戦後改革, ed. Tōkyō daigaku shakaikagaku kenkyūjo 東京大学社会科学研究所. Tokyo: Tōkyō daigaku shuppankai, 1974–1975.

Yoshida Kei 吉田啓. *Denryoku kanrian no sokumen shi* 電力管理案の側面史. Tokyo: Kōtsū keizaisha shuppanbu, 1938.

Yoshida Shigeru 吉田茂. *Kaisō jūnen* 回想十年 4 巻, 4 vols. Tokyo: Shinchōsha, 1957.

Yoshida, Shigeru. *The Yoshida Memoirs*. New York: Houghton Mifflin, 1962.

Yoshihara, Kunio. *Japanese Economic Development: A Short Introduction*. Tokyo: Oxford University Press, 1979.

Yoshii Hiroshi 義井博. *Shōwa gaikō shi* 昭和外交史. Tokyo: Nansōsha, 1975.

Yoshimura Michio 吉村道男. *Nihon to Roshia* 日本とロシア. Tokyo: Hara shobō, 1968.

Yoshino Sakuzō 吉野作造. "Minponshugi, shakaishugi, kagekishugi" 民本主義, 社会主義, 過激主義. *Chūō kōron* 中央公論. (June 1919).

Yoshino, Shinji. "Our Planned Economy." *Contemporary Japan* 6 (December 1937): 369–677.

Yoshino Toshihiko 吉野俊彦. *Rekidai Nihon ginkō sōsai ron* 歴代日本銀行総裁論. Tokyo: Mainichi shinbunsha, 1976.

Yuasa Yasuo 湯浅泰雄. *Watsuji Tetsurō* 和辻哲郎. Tokyo: Minerva shobō, 1981.

Yui Masaomi 由井正臣. "Gunbu to kokumin tōgō" 軍部と国民統合. In *Fuashizumuki no kokka to shakai* ファシズム期の国家と社会, vol. 1 of *Shōwa kyōkō* 昭和恐慌, ed. Tōkyō daigaku shakaikagaku kenkyūjo 東京大学社会科学研究所. Tokyo: Tōkyō daigaku shuppankai, 1978.

Yui Tsunehiko 由井常彦. *Chūshō kigyō seisaku no shiteki tenkai* 中小企業政策の史的展開. Tokyo: Tōyō keizai shinpōsha, 1964.

词汇索引

759

译后记

在这个世界上，中国大概是最早记述和研究日本的国家，古往今来，有关日本的著作可谓洋洋洒洒，到了 20 世纪 80 年代，又有人提出了"创建中国的日本史学派"，"成为研究日本史的强国"的远大目标，可直到新世纪来临，一般知识界对我国日本史研究现状的评价是怎样的呢？

2007 年 8 月 30 日，《南方周末》发表了一篇题为《中国为什么没有日本史泰斗？》的文章，批评说：

> 我很赞同该多了解日本，但如何了解呢？了解一个国家就要知道它的过去，但除了戴季陶、周作人、鲁思·本尼迪克特等有关日本的著作，鲜有当代国人研撰的雅俗共赏的精品。为什么日本能出现白鸟库吉、内藤湖南、宫崎市定那样的汉学大师，而中国却鲜有驰誉中外的日本学泰斗？难道我们就只能通过读几本故人的旧作，看几部热播的日剧，去了解一个有着深厚底蕴且不断变化的国家？那样的话，我们永远只能知道"邻居"的电器和樱花，而不清楚"邻居"到底是什么人。

两年以后，2009 年 7 月 30 日，《南方周末》又发表了一篇题为《中国的外国史研究有问题，中国的中国史研究也有问题》的文章，作者写道：

> 中国一所颇有名望的大学，出版了一部颇被看好的《日本史》，我请东京大学一位研究中国的教授来发表其个人的评价。由于是熟人，他也没有办

法回避，支支吾吾了半天，最后才说，相当于日本中小学教材的水平。如果真能达到日本中小学教材的水平，我还可以认为不错，因为中小学教材要求提供最可靠的知识，但这位教授有一句话，让我感到背后发冷，"他们缺乏研究"。这是他比较了日本对本国的研究和中国对日本的研究而言的。

看来，国内的日本史研究著作的普及性和公信度，真是一个不容回避的问题。在某种意义上，这也可以看作为公众和知识界对于日本史研究的一种迫切期待。

症结何在呢？有学者指出，中国的日本史研究和中国的世界史研究中的其他国别史研究一样，史料依然是制约研究的"瓶颈"。他强调："世界史学者必须首先是一个造诣高深的翻译家。"这确实点到了问题的要害之所在。不在系统的日本史史料建设上下功夫，不在日本史研究的高水平著作的译介上用气力，中国的日本史研究要想深化是难以想象的。

本书的翻译，就是为了达此目标而贡献绵薄之力的一个小心尝试。"剑桥日本史"作为检验国际日本史研究水准的一项工程，是建立在当代世界日本史研究成果的坚实基础之上的。自从其编纂出版以来，一直被视为国际日本史研究领域的标杆，备受关注和好评。这部多卷本日本史著作的主要目标，虽然是优先考虑英语读者的需要而提供一部尽可能完备的关于日本历史的记录，但对其他语言，特别是中文读者来说，同样具有极其重要的参考价值，甚至可以说是具有指导性的意义。在此基础之上，中国的日本史学工作者或可使自己的研究事业得到有效的推进。

然而，史料建设和名著翻译，又谈何容易！早在一百多年前，王国维就在《论新学语之输入》一文中痛斥：

> 今之译者（指译日本书籍者），其有解日文之能力者，十无一二焉；其有国文之素养者，十无三四焉；其能兼通西文，深知一学之真意者，以余见闻之狭，殆未见其人也。彼等之著译，但以图一时之利耳；传知识之思想，彼等先天中所未有也。故其所作，皆粗漏庞杂佶屈而不可读……

对于眼前这本《剑桥日本史》的翻译来说，王国维于百余年前所提出的"解日文之能力""有国文之素养""能兼通西文，深知一学之真意"这三点要求，更是必不可少的前提条件。虽然自信以上三项条件自己多少还是具备了的，也自诩以我认真而严谨的办事态度，有助于这部中译本达到了自感还过得去的水准，但心中仍有几分惴惴不安，因为困难是明摆着的：《剑桥日本史》第6卷涉及19世纪日本社会的方方面面，而这又是日本历史上最为复杂多变的一个百年，五花八门的政治制度、文学艺术、宗教信仰、风俗习惯、对外关系、经济发展、社会变迁……有许多我也不很熟悉。可正是这些对我来说的新东西，使我译介此书的兴趣日浓。不了解的地方就查资料，各类参考书，包括百科全书类、专科辞典类、有关的研究专著、论文和通史性质的著述，等等，一批又换一批，始终陪伴在床头案首。完稿之后，深感受益良多，真切地体会到为什么有人说"翻译的过程就是一个学习的过程"。

在翻译此书的过程中，一个颇费踌躇的问题是，如何处理书中引用的日本历史文献，即究竟是将书中引用的日本文献直接按英文的意思翻译过来，还是代之以被引用的文献原文。最后的解决办法是，能够找到日本文献原文的，以原文替代；实在找不到原文的，只能径直从英文译出。读者或许会发现，在有些时候，译文的意思与日本文献原文的意思未必完全吻合，造成这种情况的原因大致有以下两点：一是英文引文有时是从长篇大论的文章（甚至从不同的文章）中摘取相距甚远的句子，中间加以省略号而成的，此处的翻译只能就事论事，勉为其难；二是英文引文本身就不十分准确，以致在译成中文时产生了二度失真，比如说其中的几首日本俳句，译作之笨拙，大概会令读者捧腹，尚祈诸君鉴谅。

最后，我想引用《剑桥日本史》全书总序的一段话作为"译后记"的结语：

> 我们这个世界需要更加广泛和更加深入地认识日本，这将继续是一件显而易见的事情。日本的历史属于世界，这不仅是因为人们具有认知的权利和必要性，同时也因为这是一个充满兴味的研究领域。

王　翔

2013 年 10 月 15 日

在本书翻译临近尾声之际，冰封已久的中日关系显露出了一丝回暖的迹象。中国政府希望中日两国能够相向而行，日本方面也表示要在 2018 年内努力实现两国领导人会谈。但愿天随人愿，笼罩在中日两国上空的阴霾早日散去。

王　翔

2018 年 1 月 15 日

图书在版编目（CIP）数据

剑桥日本史.第6卷，20世纪/（日）三谷太一郎等
著；王翔译.—杭州：浙江大学出版社，2020.2
　书名原文：The Cambridge History of Japan,
Volume 6: the Twentieth Century
　ISBN 978-7-308-19522-5

　Ⅰ.①剑… Ⅱ.①三… ②王… Ⅲ.①日本—历史—
20世纪 Ⅳ.①K313

中国版本图书馆CIP数据核字（2019）第200610号

剑桥日本史.第6卷，20世纪

[日] 三谷太一郎 等著　　王翔 译

责任编辑	叶　敏
责任校对	牟杨茜　杨利军
装帧设计	蔡立国
出版发行	浙江大学出版社
	（杭州天目山路148号 邮政编码310007）
	（网址：http://www.zjupress.com）
制　作	北京大观世纪文化传媒有限公司
印　刷	北京中科印刷有限公司
开　本	710mm×1000mm　1/16
印　张	50.5
字　数	794千
版 印 次	2020年2月第1版　2020年2月第1次印刷
书　号	ISBN 978-7-308-19522-5
定　价	168.00元

浙江省版权局著作权合同登记图字：11-2011-11 号